Norges Jernbaner: Beretning...

Norway. Hovedstyret for statsbanene

LIBRARY
OF
PRINCETON
UNIVERSITY
THE
BENJAMIN
STRONG
COLLECTION

1891-1892

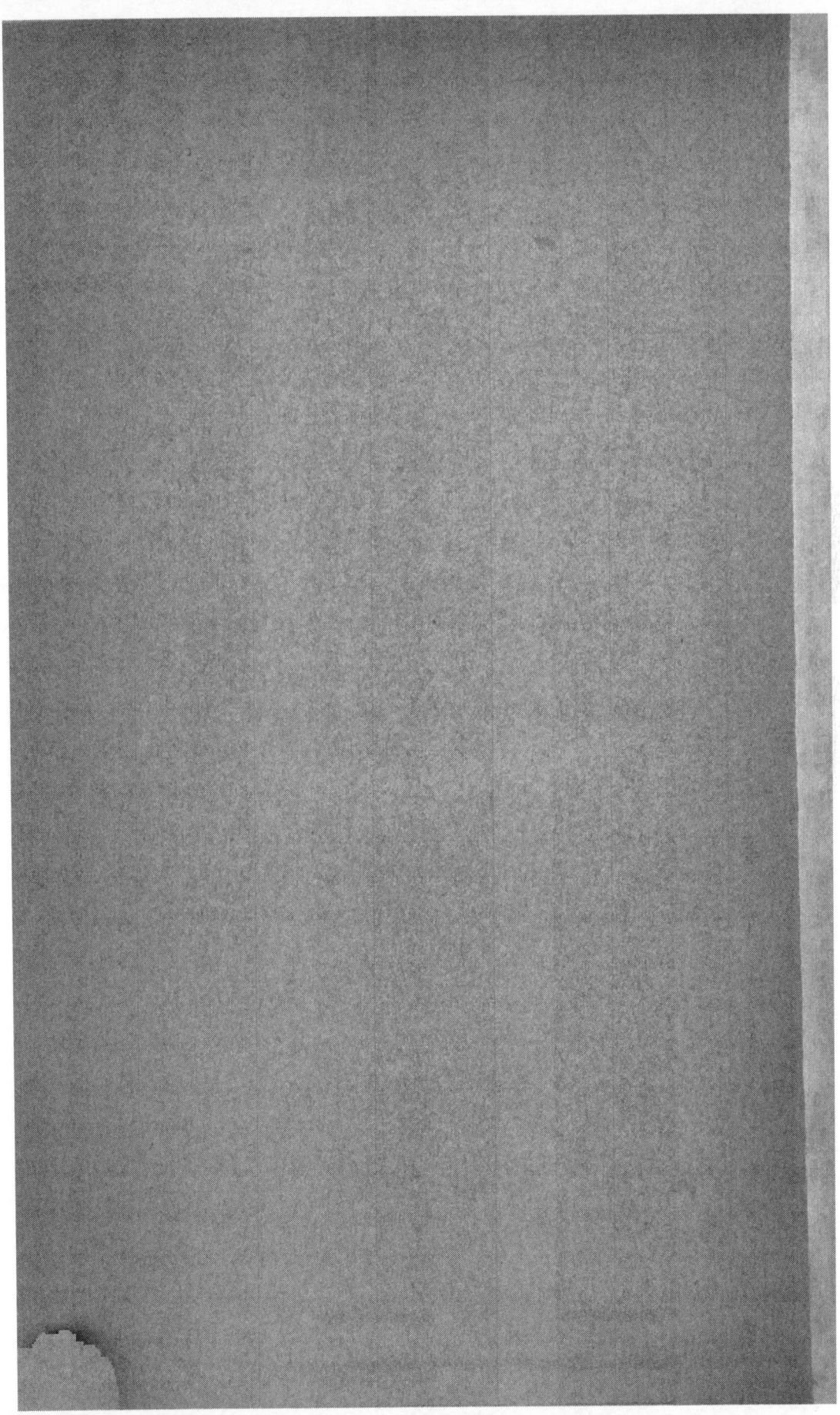

NORGES OFFICIELLE STATISTIK.
Tredie Række No. 168.

DE OFFENTLIGE JERNBANER.

(LES CHEMINS DE FER PUBLICS DE LA NORVÈGE.)

BERETNING
OM

DE NORSKE JERNBANERS DRIFT

I

TERMINEN 1STE JULI 1891—30TE JUNI 1892.

AFGIVET TIL
DEN KGL. NORSKE REGJERINGS DEPARTEMENT FOR DE OFFENTLIGE ARBEIDER.
FRA
STYRELSEN FOR STATSBANERNE.

KRISTIANIA.
I KOMMISSION HOS H. ASCHEHOUG & CO.
1893.

Beretninger for Terminerne 1884/85—1890/91 se Norges officielle Statistik, Tredie Række No. 14, 33, 55, 82, 101, 127, 147.

TRYKT I DET STEENSKE BOGTRYKKERI.

Indhold.

(Table des matières).

Text.

(Texte).

Tabeller.

(Tableaux).

Indledning.

Banernes Længde er i Terminen ikke undergaaet nogen Forandring og udgjør som ved foregaaende Termins Udgang 1 562 km., hvoraf 592 km. med 1.435 m. Sporvidde og 970 km. med 1.067 m. Sporvidde.

Af samtlige Linier tilhører 1 494 km. 13 Statsbaneinteressentskaber eller Baner, der eies af Staten i Forening med endel Private og Kommuner, men som administreres af Staten alene, selvfølgelig som særlige økonomiske Enheder; disse Baner benævnes Statsbaner. De resterende 68 km. falder paa «Den norske Hovedjernbane», for hvilken de økonomiske og administrative Forhold er ordnede ved Kontrakt af 17de Decbr. 1850 mellem den norske Stat og engelske Bygningsentreprenører. I Henhold til denne Kontrakt blev Halvdelen af Anlægskapitalen tilveiebragt af de engelske Entreprenører, der som Vederlag erholdt prioriterede og af Staten efter 100 Aars Forløb fra Banens Aabning til Pari indløselige Aktier, medens den anden Halvdel blev tilveiebragt af Staten med Bidrag af Kommuner og Private, der fik Aktier for sine Tilskud. Efter samme Kontrakt er Banens Bestyrelse underlagt en Direktion paa 6 Medlemmer, hvoraf de 3 udnævnes af Kongen, medens det tilkommer Eierne af de prioriterede Aktier at vælge de øvrige.

I administrativ Henseende inddeles Statsbanerne, der er underlagt den ved Kgl. Res. af 25de Novbr. 1882 og 1ste Juli 1884 anordnede centraliserede Styrelse, i 6 Trafikdistrikter nemlig:

1ste Trafikdistrikt (364 km.), der omfatter:

1. Kristiania—Fredrikshald—Rigsgrændsen, vestre og østre Linie eller Smaalensbanen, 249 km., Sporvidde 1.435 m. (vestre Linie 170 km. aabnet: den første Strækning Kristiania—Fredrikshald 137 km. 2den Januar 1879, i sin Helhed indtil Rigsgrændsen 25de Juli 1879; østre Linie, Ski—Sarpsborg, 79 km. aabnet 24de November 1882), hvoraf imidlertid Strækningen Fredrikshald—Rigsgrændsen (33 km.) i Henhold til Kontrakt, approberet ved Kgl. Res. af 10de Juli 1879, drives i Forbindelse med den tilstødende Dalslandsbane af sidstnævnte Banes

Styrelse. Den samlede Banestrækning benævnes Fredrikshald—Sunnanåbanen med Hovedkontor paa Fredrikshald.

2. Lillestrømmen—Kongsvinger—Rigsgrændsen Jernbane eller Kongsvingerbanen (115 km, Sporvidde 1.435 m. aabnet: den første Strækning 79 km. 3die Oktober 1862, i sin Helhed 4de November 1865). I Forbindelse med Kongsvingerbanen drives en Strækning (7 km.) af de svenske Statsbaner, nemlig fra Rigsgrændsen til Charlottenberg, som er den første Station paa hin Side Grændsen.

2det Trafikdistrikt (352 km.), der omfatter:

3. Kristiania—Drammen Jernbane (53 km., Sporvidde 1.067 m., aabnet 7de Oktober 1872).
4. Drammen—Skien Jernbane (156 km., Sporvidde 1.067 m., aabnet: den første Strækning indtil Laurvik med Sidelinier 110 km. den 7de December 1881, i sin Helhed 24de November 1882).
5. Drammen—Randsfjord Jernbane (143 km., Sporvidde 1.967 m.), hvori foruden Hovedlinien (aabnet: første Strækning 43 km. 15de November 1866, i sin Helhed 13de Oktober 1868) indgaar: Sidelinierne Hougsund—Kongsberg (28 km. aabnet 9de November 1871) samt Vikersund—Krøderen (26 km. aabnet 28de November 1872).

3die Trafikdistrikt (280 km.), der omfatter:

6. Eidsvold—Hamar Jernbane (58.4 km, Sporvidde 1.435 m., aabnet 8de November 1880),
7. Hamar—Elverum (Grundset) Jernbane (38.1 km., Sporvidde 1.067 m., aabnet 6te Oktober 1862).
8. Grundset—Aamot Jernbane (26.4 km., Sporvidde 1.067 m., aabnet 23de Oktober 1871), samt af:
9. Støren—Aamot Jernbane (318 km., Sporvidde 1.067 m., aabnet første Strækning, 56 km., 14de December 1875, i sin Helhed 17de Oktober 1877) Strækningen:
   Aamot—Tønset (157 km.).

4de Trafikdistrikt (314 km.), der omfatter:

af Støren—Aamotbanen Strækningen:
Tønset—Støren (161 km., Sporvidde 1.067 m.) samt:

10. Trondhjem—Støren Jernbane (51 km, Sporvidde 1.067 m. Aabnet 5te August 1864 med Længde 49 km.; Strækningen Trondhjem—Selsbak er senere omlagt og overgivet til Driften 24de Juni 1884, ved Omlægningen er Længden forøget til nævnte 51 km.) No. 7—10, Hamar—Trondhjem benævnes Rørosbanen.
11. Trondhjem—Rigsgrændsen eller Merakerbanen (102 km., Sporvidde 1.435 m., aabnet 17de Oktober 1881). I Forbindelse med Merakerbanen drives en Strækning (4 km.) af de svenske Statsbaner, nemlig fra Rigsgrændsen til Storlien.

5te Trafikdistrikt (76 km.):

12. Stavanger—Ekersund Jernbane eller Jæderbanen (Sporvidde 1.067 m., aabnet 1ste Marts 1878).

6te Trafikdistrikt (108 km):

13. Bergen—Voss Jernbane (Sporvidde 1.067 m., aabnet 11te Juli 1883).

Idet der forøvrigt med Hensyn til Banernes Stilling i juridisk og økonomisk Henseende henvises til «Beretning om de norske Jernbaner og deres Drift», Sth. Prp. No. 52, 1881, bemærkes, at Eiendomsforholdene ved disse 13 Statsbaner er indbyrdes ensartede, idet Baneselskabet som nævnt for hver af dem bestaar af Staten som den principale Aktieeier i Forening med endel Private og Kommuner, der har modtaget Aktier for sine Bidrag. Alle Aktier er ligeberettigede til Udbytte. Indløsning af de private og kommunale Aktier er ikke forbeholdt Staten uden ved Jæderbanen, hvis Aktier kunne indløses for deres paalydende Beløb. Ved Bergen—Vossbanen, Eidsvold—Hamarbanen og Drammen—Skienbanen er de kommunale og private Aktieeiere pligtige til uden Erstatning at finde sig i:

at Banen enten sættes under fælles Drift med en større eller en mindre Linie eller Gruppe af Linier paa Betingelse af saadant fælles Opgjør af de forskjellige Liniers Indtægter og Udgifter, som til Forenkling af Regnskabsforholdet maatte anordnes,

eller indordnes i fuld økonomisk Fællesskab med en større eller mindre Linie eller Gruppe af Linier eller i et samlet norsk Statsjernbaneinteressentskab,

alt eftersom til enhver Tid af Statsmyndighederne maatte bestemmes.

Regler for Fragtberegningen ved Statsbanerne gives i Henhold til Storthingets Bemyndigelse af Kongen eller vedkommende Regjeringsdepartement.

Efterfølgende Tabel viser Fordelingen af Jernbaner paa de forskjellige Amter, samt hvormange Kilometer Jernbane, der kommer paa hvert Titusinde af Amtets Befolkning og paa hvert Tusinde Kvadratkilometer m. m.

Amt	Folkemængde pr. 1ste Januar 1891.[1])	Flade-indhold.[2]) km.[2]	Længde af Baner pr. 30te Juni 1892. km.	Gjennemsnitstal. Antal km. Bane.		Mellem proportionalleddet til Antal km. Bane pr. 10 000 Indb. og pr. km.[2]
				pr. 10 000 Indb.	pr. 1 000 km.[2]	
Smaalenene	121 007	4 143	185	15.288	44.654	0.827
Akershus[3])	248 750	5 338	227	9.126	42.525	0.623
Hedemarken	120 356	27 508	374	31 074	13.596	0.650
Kristians	108 446	25 368	2	0.184	0.079	0.004
Buskerud	105 229	14 860	166	15 775	11.171	0.420
Jarlsberg og Laurvik	97 651	2 318	132	13.518	56 946	0.877
Bratsberg	91 406	15 189	23	2.516	1.514	0.062
Stavanger	114 305	9 146	76	6.649	8.310	0.235
Søndre Bergenhus[4])	180 527	15 616	108	5 982	6.916	0.203
Søndre Trondhjem	123 620	18 621	196	15.855	10.526	0.409
Nordre Do.	81 571	22 700	73	8.949	3 216	0.170

Udføres en tilsvarende Sammenstilling stiftsvis, faaes nedenstaaende Tabel:

Stift.	Folkemængde pr. 1ste Januar 1891.[1])	Flade indhold[2]) km.[2]	Længde af Banen pr. 30te Juni 1892. km.	Gjennemsnitstal. Antal km. Bane.		Mellem proportionalleddet til Antal km. Bane pr. 10 000 Indb. og pr. km.[2]
				pr. 10 000 Indb.	pr. 1 000 km.[2]	
Kristiania	572 637	26 659	710	12.399	26.633	0.575
Hamar	228 802	52 876	376	16.433	7.111	0.342
Trondhjem	281 298	51 070	269	9 563	5.267	0.224
Kristianssand	359 416	40 947	99	2.754	2.418	0.082
Bergen	320 097	39 365	108	3.374	2.744	0.096

I Gjennemsnit for hele Riget bliver de tilsvarende Forholdstal for Aarene fra 1880 til 1892:

[1]) Tilstedeværende Folkemængde efter de foreløbige Resultater af Folketællingen pr. 1ste Januar 1891.
[2]) Efter nye Beregninger, foretagne i Norges geografiske Opmaaling.
[3]) Kristiania By heri indbefattet.
[4]) Bergen By heri indbefattet.

Pr. 30te Juni.	Antal km. Bane pr. 10 000 Indb.	Antal km. Bane pr. 1 000 km.[2]	Mellemproportionalleddet til Antal km. Bane pr. 10 000 Indb. og pr. km.[2]
1880	5.850	3.322	0.139
1881	9.171	3 504	0.147
1882	7.344	4.170	0.175
1883	8.036	4.563	0.192
1884—1890	8.645	4 843	0.205
1891—1892	7.853	4.843	0.195

Stationernes*) Antal (Tabel I) er som ved Udgangen af foregaaende Termin 201. For samtlige Baner er den gjennemsnitlige Afstand mellem Stationerne 7.7 km., hvilket Forhold for de forskjellige Trafikdistrikter m. v. stiller sig saaledes:

1ste Trafikdistrikt	45	Stationer,	gjennemsn. Afst.	8.0 km.
heraf Smaalensbanen	33	—»—	—»—	7.6 »
» Kongsvingerbanen	12	—»—	—»—	9.6 »
2det Trafikdistrikt	56	—»—	—»—	6.3 »
heraf Kristiania—Drammenb.	10	—»—	—»—	5.3 »
» Drammen—Skienb.	24	—»—	—»—	6.6 »
» Drammen—Randsfjordb.	22	—»—	—»—	6.8 »
3die Trafikdistrikt	28	—»—	—»—	10.0 »
heraf Eidsvold—Hamarb.	6	—»—	—»—	8.3 »
» Hamar—Grundsetb.	8	—»—	—»—	5.4 »
» Grundset—Aamotb.	3	—»—	—»—	8.7 »
» Aamot—Tønset	11	—»—	—»—	14.3 »
4de Trafikdistrikt	34	—»—	—»—	9.2 »
heraf Tønset—Støren	15	—»—	—»—	10.2 »
» Trondhjem—Støren	9	—»—	—»—	5.7 »
» Trondhjem—Rigsgrændsen	10	—»—	—»—	10.6 »
5te Trafikdistrikt	12	—»—	—»—	6.9 »
6te Trafikdistrikt	14	—»—	—»—	8.3 »
Samtlige Statsbaner	189	—»—	—»—	8.0 »
Hovedbanen	12	—»—	—»—	6.2 »

Anvendt Kapital.

Til Oversigt angaaende Størrelsen af den Kapital, der er anvendt til Banerne med Tilbehør fra vor Jernbanedrifts Begyndelse, hidsættes nedenstaaende Opgave, der tillige meddeler Banernes Længde.

*) ɔ: Hvor der expederes Reisende, Reisegods, levende Dyr og Kjøreredskaber samt Gods af alle Slags.

Foruden Stationerne findes der 36 Stoppesteder, der ikke har Expedition af samtlige ovennævnte Transportgjenstande, og hvor Expeditionen er begrændset til Trafik med enkelte nærmest liggende Stationer. (Jfr. Tab. I, HP og HLP, samt Tab. VII, hvor Stoppestedernes Trafik findes anført).

Driftstermin.	Længde ved Terminens Udgang.	Midlere Driftslængde.	Den ved Terminens Udgang anvendte Kapital.			Heraf Udvidelser og Forbedringer, foretagne under Banens Drift.	Anvendt Kapital pr. Kilometer Bane.
			Banen og andre Anlæg.	Rullende Materiel.	Sum.		
	Kilometer.		I Tusinde Kroner.			I Tusinde Kroner.	
1855	68	68	7 677	1 049	8 726	.	128
1856	68	68	7 677	1 049	8 726	.	128
1857	68	68	7 677	1 049	8 726	.	128
1858	68	68	7 907	1 049	8 956	230	132
1859	68	68	7 951	1 049	9 000	273	132
1860	68	68	8 019	1 049	9 068	341	133
1861	68	68	8 044	1 066	9 110	384	134
1862	106		9 313	1 251	10 564	350	100
1863	185		14 009	2 042	16 051	427	87
1864	185	246.4	16 756	2 258	19 014	449	103
1865	270		18 628	2 398	21 026	455	78
1866	270		18 689	2 398	21 087	516	78
1867	270	277	18 721	2 398	21 119	548	78
1868	359	277	22 913	2 838	25 751	554	72
1869	359	385.5	22 951	2 972	25 923	726	72
1870	359	366	23 038	2 981	26 019	822	72
1871	413	375	24 640	3 233	27 873	825	67
1872	492	422.3	29 611	3 762	33 373	944	68
1873	492	511.3	30 015	3 998	34 013	1 585	69
1874	492	499	30 942	4 401	35 343	2 857	72
1875	549	501.8	—	—	38 663	3 469	70
1876	579	586	—	—	40 429	3 780	70
1877	811	693	45 660	6 254	51 914	4 155	64
1/1—30/6 1878	887	435.3	50 517	6 614	57 131	4 208	64
1878—79	1 023	964	67 062	8 490	75 552	5 028	74
1879—80	1 057	1 064	71 326	8 668	79 994	5 070	76
1880—81	1 115	1 103	75 982	9 046	85 028	5 149	76
1881—82	1 327	1 262	92 479	10 678	103 157	5 178	78
1882—83	1 452	1 418	102 030	12 129	114 159	5 842	78
1883—84	1 562	1 572	113 000	12 907	125 907	5 996	81
1884—85	1 562	1 578	113 368	12 989	126 357	6 090	81
1885—86	1 562	1 578	113 565	13 080	126 645	6 253	81
1886—87	1 562	1 578	113 836	13 253	127 089	6 481	81
1887—88	1 562	1 578	113 944	13 358	127 302	6 683	81
1888—89	1 562	1 578	114 011	13 392	127 403	6 808	82
1889—90	1 562	1 578	114 081	14 106	128 187	7 576	82
1890—91	1 562	1 578	114 237	14 970	129 207	8 583	83
1891—92	1 562	1 578	114 403	15 567	129 970	9 343	83

Tabel II. 1. indeholder et Sammendrag af Banernes Aktiva og Passiva pr. 30te Juni 1892.

Kapitalen i samtlige Statsbaner med tilhørende andre Eiendomme er i Terminen steget fra Kr. 117 961 543.68 til Kr. 118 573 289.38 eller med Kr. 611 745.70, idet nemlig de i Driftsaaret udførte Udvidelser og Forbedringer andrager til Kr. 609 745.70, medens Anlægskapitalen i Aarets Løb er forøget med Kr. 2 000.00.

Til Oplysning om Fordelingen af Kapitalen paa de enkelte Baner ved Terminens Begyndelse og Slutning hidsættes nedenstaaende Oversigt:

Baner.	Driftstermin endende 30te Juni.	Anlægs-kapital.	Udvidelser og Forbedringer. Betalte.	Dækkede ved Laan.	Tilsammen.
			Kroner.		
Smaalensbanen	1891	27 786 800	302 549.93	-	302 549.93
	1892	27 786 600	414 167.90	-	414 167.90
Kongsvingerbanen	1891	7 416 000	1 019 543.56	590 000.00	1 609 543.56
	1892	7 416 000	1 322 281.06	538 395.38	1 860 676.44
Kristiania—Dr.menb.	1891	4 557 600	621 344.78	1 116 483.95	1 737 828.73
	1892	4 557 600	724 050.22	1 064 283.95	1 788 334.17
Drammen—Skienb.	1891	11 728 900	136 108.89	-	136 108.89
	1892	11 731 300	164 621.23	-	164 621.23
Drammen—Randsfj.b.	1891	6 927 800	682 115.72	400 000.00	1 082 115.72
	1892	6 927 800	897 571.77	264 500.00	1 162 071.77
Eidsvold—Hamarb.	1891	4 985 900	43 215.94	-	43 215.94
	1892	4 985 900	88 907.28	-	88 907.28
Hamar—Grundsetb.	1891	1 567 200	203 506.06	-	203 506.06
	1892	1 567 200	203 506.06	-	203 506.06
Grundset—Aamotb.	1891	645 300	2 001.00	2 950.73	4 951.73
	1892	645 300	2 001.00	14 662.30	16 663.30
Støren—Aamotbanen	1891	16 093 200	-	363 489.26	363 489.26
	1892	16 093 200	-	373 521.13	373 521.13
Trondhjem—Størenb.	1891	3 900 100	288 286.31	-	288 286.31
	1892	3 899 900	290 264.48	-	290 264.48
Merakerbanen	1891	11 255 600	76 332.84	-	76 332.84
	1892	11 255 600	86 978.95	-	86 978.95
Jæderbanen	1891	5 164 400	-	40 559.97	40 559.97
	1892	5 164 400	-	40 559.97	40 559.97
Bergen—Vossbanen	1891	10 024 000	20 254.74	-	20 254.74
	1892	10 024 000	28 216.70	-	28 216.70
Tilsammen	1891	112 052 800	3 395 259.77	2 513 483.91	5 908 743.68
	1892	112 054 800	4 222 566.65	2 295 922.73	6 518 489.38

Forøgelsen under Udvidelser og Forbedringer falder saaledes:

	Linien med Telegraf, Grustag m. m.	Stationerne med Bygninger samt Sidespor.	Lokomotiver.	Vogne.	Sum.	Heraf Betalte.	Heraf Dækkede ved Laan.
	Kroner.						
Smaalensbanen	-	27 784.99	-	83 832.98	111 617.97	111 617.97	-
Kongsvingerbanen	-	1 012.00	-	250 120.88	251 132.88	158 037.50	93 095.38
Kristiania—Drammenbanen	-	9 798.67	31 716.72	8 990.05	50 505.44	50 505.44	-
Drammen—Skienbanen	11 436.88	-	-	17 075.46	28 512.34	28 512.34	-
Drammen—Randsfjordbanen	2 430.26	15 091.65	-	62 434.14	79 956.05	79 956.05	-
Eidsvold—Hamarbanen	-	-	45 133.72	557.62	45 691.34	45 691.34	
Grundset—Aamotbanen	-	11 711.57	-	-	11 711.57	-	11 711.57
Støren—Aamotbanen	-	8 575.87	-	1 456.00	10 031.87	-	10 031.87
Trondhjem—Størenbanen	-	1 978.17	-	-	1 978.17	1 978.17	-
Merakerbanen	-	740.20	-	9 905.91	10 646.11	10 646.11	
Bergen—Vossbanen	-	7 961.96	-	-	7 961.96	7 961.96	
Tilsammen	13 867.14	84 655.08	76 850.44	434 373.04	609 745.70	494 906.88	114 838.82

De oplagte Fonds (Tabel II., 1., Col. 13—16) er formindskede med Kr. 846 022.68, nemlig fra Kr. 2 709 393.51 til Kr. 1 863 370.83.

En Sammenstilling mellem Tilstanden ved hver Bane ved Terminens Begyndelse og Slutning hidsættes:

	Terminen endende 30te Juni.	Amortiseringsfonds. Kr.	Drifts- og Reservefonds. Kr.	Dividendefonds. Kr.	Sum. Kr.
Smaalensbanen	1891	-	502 944.23	76 533.39	579 477.62
	1892	-	197 064.74	17 991.87	215 056.61
Kongsvingerbanen	1891	110 672 64	184 473 98	4 476.40	299 623.02
	1892	-	168 059.03	7 644.92	175 703.95
Kristiania—Drammenb. .	1891	-	263 689.49	9 876 35	273 565.84
	1892	-	174 474 37	13 000.91	187 475.28
Drammen—Skienbanen .	1891	-	266 636.07	-	266 636.07
	1892	-	227 341.81	29 639.94	256 981.75
Drammen—Randsfj.b. ..	1891	119 900.00	205 544.16	4 544 18	329 988.34
	1892	-	100 451.77	5 537.97	105 989.74
Eidsvold—Hamarbanen .	1891	-	157 195.95	12 032.08	169 228.03
	1892	-	139 274.15	1 678.43	140 952.58
Hamar—Grundsetbanen.	1891	-	88 989.20	5 628.14	94 617.34
	1892	-	85 870.15	8 368.48	94 238.63
Trondhjem—Størenb. ..	1891	-	83 949.62	6 201.76	90 151.38
	1892	-	82 043.59	4 514 60	86 558.19
Merakerbanen	1891	-	371 116.76	9 633.62	380 750.38
	1892	-	355 160.75	10 568.89	365 729.64
Jæderbanen	1891	-	5 761.84	-	5 761.84
	1892	-	18 731.41	-	18 731.41
Bergen—Vossbanen	1891	-	219 593.65	-	219 593.65
	1892	-	215 953.05	-	215 953.05
Tilsammen	1891	230 572.64	2 349 894.95	128 925.92	2 709 393.51
	1892	-	1 764 424.82	98 946 01	1 863 370.83

Disse Fonds var pr. 30te Juni 1892 disponeret saaledes:

Ved Udlaan til Banerne selv	Kr.	1 026 173.17
Til Indkjøb af Materialforraad	«	509 197.66
Anbragt i Værdipapirer	«	328 000.00
	Kr.	1 863 370.83

Pr. 30te Juni 1892 udgjør ovennævnte Reservefonds pr. km. Bane Kr. 1 181 og 1.5 pCt. af den i Banerne og andre Eiendomme nedlagte Kapital. For de enkelte Baner stiller Forholdet sig saaledes:

Smaalensbanen	Kr. pr. km.	791	pCt.	0.7
Kongsvingerbanen	« —	1 466	—	1.8
Kristiania—Drammenbanen	« —	3 298	—	2.7
Drammen—Skienbanen	« —	1 458	—	1.9
Drammen—Randsfjordbanen	« —	700	—	1.3
Eidsvold—Hamarbanen	« —	2 385	—	2.7
Hamar—Grundsetbanen	« —	2 254	—	4.9
Trondhjem—Størenbanen	« —	3 120	—	3.8
Merakerbanen	« —	3 472	—	3.1
Jæderbanen	« —	245	—	0.3
Bergen—Vossbanen	« —	2 000	—	2.1

Driftskontoerne, Tabel II. 1, Col. 17, ere forøgede med Kr. 9 033.65, nemlig fra Kr. 672 073.90 til Kr. 681 107.55. Til nærmere Forklaring hidsættes en Sammenstilling for hver Bane af Tilstanden ved Terminens Begyndelse og Slutning:

	Terminen endende 30te Juni.	Kroner.
Grundset—Aamotbanen	1891 1892	7 886.71 821.69
Støren—Aamotbannn	1891 1892	664 187.19 680 285.86
Tilsammen	1891 1892	672 073.90 681 107.55

En Sammenstilling af Aktiva og Passiva ved Terminens Begyndelse og Slutning viser for Hovedbanen saadant Resultat:

			1891.		1892.
Aktiva		Kr.	12 943 642.90	Kr.	12 721 337.80
nemlig:	Anlægskapital	«	8 726 613.60	«	8 726 613.60
	Betalte Udvidelser og Forbedringer	«	2 316 719.60	«	2 503 202.20
	Udvidelser, belastet Kapitalkonto	«	375 794.53	«	340 000.00
	Materialforraad	«	433 109.73	«	468 702.12
	Øvrige Aktiva	«	1 091 405.44	«	682 819.88
Passiva		«	12 628 759.21	«	12 402 516.41
nemlig:	Aktiekapital	«	8 100 000.00	«	8 100 000.00
	Betalte Udvidelser og Forbedringer	«	2 316 719.60	«	2 503 202.20
	Anlægsgjæld	«	626 613.60	«	626 613.60
	Anden Gjæld	«	1 585 426.01	«	1 172 700.61
Balance. Oplagt Reservefond		«	314 883.69	«	318 821.39

Kapitalen i Banen med Tilbehør er i Terminen forøget med Kr. 150 688.07, der er betalt af Terminens Overskud og anvendt til Udvidelser og Forbedringer. Banens Reservefond er forøget med Kr. 3 937.70 og udgjør pr. km. Bane Kr. 4 702 og i Procent af den i Banen m. v. nedlagte Kapital 2.8.

I Tabel II. 2 indeholdes nærmere Oplysninger med Hensyn til den Kapital, der pr. 30te Juni 1892 er anvendt til den egentlige Bane med Tilbehør, andre Eiendomme altsaa ikke medtagne.

Paa de normalsporede Baner kommer af den anvendte Kapital Kr. 65 464 646.37 eller pr. km. Kr. 110 545 og paa de smalsporede Kr. 64 505 254.53 eller pr. km. Kr. 66 507.

Driftens økonomiske Resultater.

I Terminen 1891—92 har den midlere Driftslængde for samtlige Baner været 1 578 [1]) km., eller uforandret som i foregaaende Termin.

En Oversigt over de økonomiske Resultater af Driften i Terminen 1891—92 og foregaaende Aar siden Jernbanedriftens Begyndelse hidsættes:

---

[1]) Banernes Længde ved Terminens Begyndelse var 1 562 km, hvortil bliver at lægge 1 km. for Smaalensbanens østre Linie, hvis Driftslængde er større end Anlægslængde (mellem Ise og Sarpsborg, idet ved Ind- og Udkjørsel til Sarpsborg 1 km. maa passeres to Gange), 7 km. for Strækningen fra Rigsgrændsen til Charlottenberg, der drives af Kongsvingerbanen, 2 km. for Sidelinien til Røros, hvilken befares frem og tilbage af alle Tog, 4 km. for Strækningen Rigsgrændsen—Storlien, der drives af Merakerbanen, samt 2 km. for Sidelinien til Tønsberg, der befares frem og tilbage af alle Tog.

Driftstermin.	Indtægter. Ialt.	Indtægter. pr. Kilom. Driftslængde.	Udgifter til Drift og Vedligeholdelse. Ialt.	Udgifter til Drift og Vedligeholdelse. pr. Kilom. Driftslængde.	Udgift i pCt. af Indtægt.	Driftsoverskud. Ialt.	Driftsoverskud. pr. Kilom. Driftslængde.	Driftsoverskud. I pCt. af den i Banen nedlagte Kapital.
	Tusinde Kroner.	Kroner.	Tusinde Kroner.	Kroner.		Tusinde Kroner.	Kroner.	
1855	480	7 056	321	4 718	66.9	159	2 338	1.82
1856	571	8 400	294	4 327	51.5	277	4 073	3.17
1857	703	10 332	333	4 888	47.3	370	5 444	4.24
1858	669	9 831	354	5 205	52.9	315	4 626	3.51
1859	714	10 504	341	5 010	47.7	373	5 494	4.15
1860	678	9 970	438	6 443	64 6	240	3 527	2.64
1861	848	12 471	545	8 022	64.3	303	4 449	3.32
1862	902	13 264	586	8 623	65.0	316	4 641	3 51
[1] 1863-66	1 382	5 608	898	3 643	65.0	484	1 965	2.28
1867	1 540	5 559	985	3 557	64.0	555	2 002	2.56
1868	1 680	6 063	1 068	3 856	63.6	612	2 207	2 60
1869	2 051	5 322	1 288	3 341	62.8	763	1 981	2.83
1870	1 868	5 105	1 219	3 332	65.3	649	1 773	2.45
1871	1 877	5 005	1 244	3 317	66 3	633	1 688	2.50
1872	2 279	5 397	1 453	3 441	63.8	826	1 956	3.22
1873	3 315	6 483	2 134	4 173	64.4	1 181	2 310	3.28
1874	3 560	7 134	2 526	5 062	71.0	1 034	2 072	2.88
1875	3 747	7 468	2 699	5 379	72.0	1 048	2 089	2.97
1876	4 147	7 077	2 926	4 994	70.6	1 221	2 083	2.98
1877	4 402	6 352	2 943	4 247	66.9	1 459	2 105	3.29
1/1-30/6 78	2 022	4 646	1 474	3 386	72.9	548	1 260	1.96
1878-79	3 919	4 066	2 997	3 109	76.5	922	957	1.30
1879-80	4 304	4 044	3 290	3 091	76.4	1 014	953	1.26
1880-81	4 768	4 323	3 510	3 182	73 6	1 258	1 141	1.50
1881-82	5 923	4 694	3 953	3 132	66.7	1 970	1 562	2.00
1882-83	6 693	4 720	4 740	3 343	70.8	1 953	1 377	1.74
1883-84	7 252	4 613	5 121	3 258	70.6	2 131	1 355	1.68
1884-85	7 024	4 451	5 356	3 394	76.3	1 668	1 057	1.30
1885-86	7 242	4 589	5 276	3 343	72.9	1 966	1 246	1.53
1886-87	7 285	4 617	5 324	3 374	73.1	1 961	1 243	1.52
1887-88	7 545	4 781	5 275	3 343	69.9	2 270	1 438	1.77
1888-89	8 410	5 330	5 544	3 513	65.9	2 866	1 817	2.23
1889-90	9 017	5 714	5 925	3 755	65.7	3 092	1 959	2.38
1890-91	9 262	5 870	6 510	4 126	70.3	2 752	1 744	2.10
1891-92	9 026	5 720	6 790	4 303	75.2	2 236	1 417	1.70

Bruttoindtægterne af Jernbanedriften var i 1891—92 Kr. 9 026 372 (pr. km. Driftslængde Kr. 5 720), hvoraf Kr. 7 390 875 falder paa Statsbanerne (pr. km. Kr. 4 895). I Sammenligning med foregaaende Driftsaar er Indtægterne formindskede med Kr. 235 609, idet Indtægterne paa Statsbanerne er gaaet ned med Kr. 128 412 og for Hovedbanen med Kr. 107 197.

[1]) Aarlige Middeltal.

Til Indtægterne har Persontrafik bidraget med Kr. 4070741 eller ca. 45 pCt. (ved Statsbanerne 49 pCt.), Godstrafik med Kr. 4725312 eller ca. 52 pCt. (ved Statsbanerne 49 pCt.), medens Kr. 230319 eller 3 pCt. falder paa øvrige Indtægter, saasom: Telegrammer, Leie af overliggende Gods, Godtgjørelse for særlige Posttog, Indtægter udenfor den egentlige Drift, samt tilfældige Indtægter. I Terminen er Indtægterne af Persontrafik forøget med Kr. 35035, medens Indtægterne af Godstrafik er gaaet ned med Kr. 222363 og øvrige Indtægter gaaet ned med Kr. 48281.

Indtægternes Fordeling paa hver Maaned i Driftsaaret meddeles i Tab. XIV, hvoraf vil sees, at den største Indtægt er faldt i Juli med Kr. 982840 (Statsbanerne Kr. 806284) og den mindste i Januar med Kr. 539547 (Statsbanerne Kr. 449579).

Udgifterne til Drift og Vedligehold beløb sig i Driftsaaret til Kr. 6789824 (pr. km. Kr. 4303) mod Kr. 6510115 (pr. km. Kr. 4126) i foregaaende Driftsaar; af Udgifterne kommer paa Statsbanerne Kr. 5924545 (pr. km. 3924) mod Kr. 5639648 (pr. km. Kr. 3735) i foregaaende Driftsaar.

Af Udgifterne, der har udgjort 75 pCt. af Indtægterne mod foregaaende Aar 70 pCt. (Statsb. 80 pCt. mod foregaaende Aar 75 pCt.), kommer paa Bureauafdelingen ca. 2 pCt. (Statsb. ca. 2 pCt.), paa Trafikafdelingen ca. 30 pCt. (Statsb. ca. 29 pCt.), paa Maskinafdelingen ca. 33 pCt. (Statsb. ca. 32 pCt.) og paa Baneafdelingen ca. 35 pCt. (Statsb. ca. 37 pCt.) eller omtrent samme Procentforhold mellem de forskjellige Hovedposter som i foregaaende Driftsaar.

Driftsoverskudet, eller Forskjellen mellem Bruttoindtægterne og Udgifterne til Drift og Vedligehold bliver saaledes for 1891—92 Kr. 2236548 (pr. km. Kr. 1417), hvoraf Kr. 1466330 kommer paa Statsbanerne (pr. km. Kr. 971) mod Kr. 2751866 i foregaaende Termin (Statsb. Kr. 1879639), og er saaledes gaaet ned med tilsammen Kr. 515318 (Statsbanerne Kr. 413309). I pCt. af den pr. 30te Juni 1892 til Banerne anvendte Kapital udgjorde Driftsoverskudet i 1891—92 gjennemsnitlig for samtlige Baner 1.70 pCt., og gjennemsnitlig for Statsbanerne 1.22 pCt. mod henholdsvis 2.10 pCt. og 1.57 pCt. i det foregaaende Driftsaar.

De økonomiske Resultater af Driften ved hver Bane angives nærmere i Tab. IV.

I følgende Sammendrag meddeles en Oversigt for hver Bane over Indtægter, Udgifter og Overskud pr. km. Driftslængde samt Overskud i pCt. anvendt Kapital for 1890—91 og 1891—92 (jfr. Tab. IV); i Tabellen er Banerne ordnede efter Størrelsen af Indtægter pr. km. Driftslængde i 1891—92.

Baner.	Driftstermin endende 30te Juni.	Indtægter. Kr.	Udgifter. Kr.	Udgift i pCt. af Indtægt.	Driftsoverskud.	
		Pr. km. Driftslængde.		pCt.	Pr. km. Driftslængde. Kr.	1 pCt. af den i Banen nedlagte Kapital.
Hovedbanen	1891	25 628	12 801	49.9	12 827	7.86
	1892	24 051	12 724	53.0	11 327	6.77
Kristiania—Drammenbanen	1891	16 693	10 315	61.8	6 378	5.19
	1892	16 367	11 498	70.3	4 869	3.94
Kongsvingerbanen	1891	7 263	4 776	65.8	2 487	2.92
	1892	7 162	4 480	62.6	2 682	3.15
Drammen-Randsfjordbanen	1891	6 692	4 567	68.2	2 125	5.93
	1892	6 435	4 741	73.7	1 694	3.13
Eidsvold—Hamarbanen	1891	6 070	3 789	62.4	2 281	2.59
	1892	6 224	3 859	62.0	2 365	2.73
Smaalensbanen	1891	6 235	4 897	78.5	1 338	1.19
	1892	6 186	5 436	87.9	750	0.66
Trondhjem—Størenbanen	1891	5 255	4 222	80.3	1 033	1.24
	1892	5 117	4 263	83.3	854	1.04
Hamar—Grundsetbanen	1891	4 986	3 809	76.4	1 177	2.62
	1892	4 922	3 392	68.9	1 530	3.41
Drammen—Skienbanen	1891	4 252	3 941	92.7	311	0.42
	1892	4 450	4 279	96.2	171	0.23
Merakerbanen	1891	4 587	3 051	66.5	1 536	1.40
	1892	4 033	3 175	78.7	858	0.78
Bergen—Vossbanen	1891	2 819	2 332	82.7	487	0.52
	1892	2 924	2 623	89.7	301	0.32
Grundset—Aamotbanen	1891	2 949	2 243	76.1	706	2.35
	1892	2 904	2 333	80.3	571	1.88
Støren—Aamotbanen	1891	2 299	2 069	90.0	230	0.45
	1892	2 184	2 081	95.3	103	0.20
Jæderbanen	1891	1 921	1 748	91.0	173	0.25
	1892	1 981	1 796	90.7	185	0.27
Samtlige Baner	1891	5 870	4 126	70.3	1 744	2.10
	1892	5 720	4 303	75.2	1 417	1.70

Til Banernes Driftsoverskud kommer endvidere Indtægter ved udenfor Jernbanernes Drift trufne Forføininger (Tab. IV Col. 88), nemlig for Drammen—Randsfjordbanen Overskud af Dampskibsfart paa Spirillen Kr. 5 128 og for Hovedbanens Vedkommende den «særskilte Formues» Driftsoverskud med Kr. 23 658.

Med Hensyn til Anvendelsen af Overskudet (under dette medregnet Renteindtægter, forsaavidt de overskride Renteudgifterne, jfr. Tab. IV Col.

87) henvises til Tab. IV Col. 89—98, idet det bemærkes, at der af Driftsoverskudet udredes Tilskud til Forrentning af Kapital i andre Baner (Forrentning af Fællesstationer og Værksteder m. v.) samt Renteudgifter forøvrigt (Col. 90). Fradrages disse Beløb faaes Nettooverskudet, Kr. 2 062 348 mod Kr. 2 570 936 i foregaaende Driftsaar (Statsb. henholdsvis Kr. 1 295 191 og Kr. 1 694 658), hvoraf for Driftsaaret er bleven anvendt til Afdrag paa Kapitalkonto Kr. 139 872 (Statsb. 101 827), Afsætning til Amortiserings-, Reserve- og Dividendefonds Kr. 394 767 (Statsb. Kr. 234 680), samt til Aktieudbytte Kr. 1 527 709 (Statsb. Kr. 958 684), nemlig ved Smaalensbanen (0.6 pCt.), Kongsvingerbanen (2.8 pCt.), Kristiania—Drammenbanen (2.0 pCt.), Drammen—Randsfjordbanen (2.8 pCt.), Eidsvold—Hamarbanen (3.2 pCt.), Hamar—Grundsetbanen (2.8 pCt.), Trondhjem—Størenbanen (0.8 pCt.), Merakerbanen (1.0 pCt), samt ved Hovedbanen (7.5 og 6.5 pCt., henholdsvis for prioriterede og for uprioriterede Aktier).

En Sammenstilling for de fem sidste Driftsaar over Banernes økonomiske Resultater meddeles i Tab. XVIII.

Trafik.

I Terminen 1891—92 er paa samtlige Baner kjørt 4 495 556 Trafiktogkilometer (Tab. III Col. 3) mod 4 306 974 i foregaaende Termin; sammenholdt med den midlere Driftslængde giver dette for 1891—92 2 849 Trafiktog (Col. 8), der er passeret over hver Kilometer Bane, hvilket modsvarer 7.78 Trafiktog om Dagen.

Disse Middeltal er for alle Baner undtagen for Rørosbanen noget høiere end i foregaaende Termin, da der kjørtes 2 729 Trafiktog eller 7.48 pr. Dag over hver Kilometer.

I hvert Trafiktog medførtes i 1891—92 som Middeltal 25.6 Vognaxler, mod 26.3 i foregaaende Termin; den gjennemsnitlige Indtægt pr. Trafiktogkilometer i Driftsaaret var Kr. 2.01 eller noget lavere end i foregaaende Driftsaar (Kr. 2.15).

I efterfølgende Tabel er disse Forhold tilligemed de tilsvarende Resultater fra foregaaende Termins Drift angivne for hver Bane, der er ordnede efter Antal Trafiktog (Trafiktogkm. pr. km. Driftslængde) for Terminen 1891—92.

Baner.	Driftstermin endende 30te Juni.	Antal Trafiktog.	Antal Axler i hvert Tog.	Indtægt pr. Trafiktogkm. Kr.
Kristiania—Drammenbanen	1891 1892	7 160 7 156	24.4 24.2	2.33 2.20
Hovedbanen	1891 1892	4 545 4 550	42.8 43.2	5.64 5.29
Smaalensbanen (Kristiania—Grændsen)	1891 1892	3 364 3 835	25.8 24.0	1.85 1.61
Drammen—Skienbanen	1891 1892	3 344 3 472	18.9 19.3	1.27 1.28
Kongsvingerbanen	1891 1892	2 741 2 762	41.2 41.3	2.65 2.59
Drammen—Randsfjordbanen	1891 1892	2 672 2 725	29.5 28.8	2.50 2.36
Eidsvold—Hamarbanen	1891 1892	2 365 2 430	27.8 29.0	2 57 2.56
Bergen—Vossbanen	1891 1892	2 123 2 232	14.4 14.7	1.33 1.31
Merakerbanen	1891 1892	2 046 2 216	27.7 23.8	2.24 1.82
Jæderbanen	1891 1892	1 937 1 984	11.3 11.3	0.99 1.00
Rørosbanen	1891 1892	1 839 1 811	23.7 23.8	1.59 1.55
Samtlige Baner	1891 1892	2 729 2 849	26.3 25.6	2 15 2.01

Nærmere Oplysninger angaaende Banernes Befaring af rullende Materiel for Trafikens Bestridelse indeholdes i Tab. III Col. 3—22.

Følgende Sammenstilling indeholder en Oversigt over den. samlede Trafik paa Banerne i de tvende sidste Terminer, angivet i Tonkilometer, Netto og Brutto, pr. Kilometers Driftslængde, tilligemed Opgave over de samlede Udgifter til Drift og Vedligehold beregnet pr. Netto- og Bruttotonkilometer.

De forskjellige Baner er i Tabellen ordnede efter Trafikens Størrelse (Tonkilometer Netto af Reisende og Gods pr. km. Driftslængde) i Terminen 1891—92.

Baner.	Driftstermin endende 30te Juni.	Samlede Trafik.					Udgifter til Drift og Vedligehold.	
		Netto.			Brutto.	Netto i pCt. af Brutto.	pr. Netto	pr. Brutto
		Reisende*)	Gods.	Sum.			Tonkm.	
		Tonkilometer pr. km. Driftslængde.				pCt.	Øre.	
Hovedbanen	1891	14 065	255 195	269 260	1 146 863	23.5	4.75	1.12
	1892	15 003	252 160	267 163	1 163 866	23.0	4.76	1.09
Kongsvingerbanen	1891	3 768	151 707	155 475	589 470	26.4	3.07	0.81
	1892	4 214	153 535	157 749	603 720	26.1	2.84	0.75
Kr.ania—Dr.menb.	1891	23 428	89 587	113 015	716 756	15.8	9.13	1.44
	1892	24 813	89 915	114 728	748 517	15.3	10.02	1.54
Dr.men—Randsfjb.	1891	4 400	88 550	92 950	329 457	28.2	4.91	1.39
	1892	4 567	89 956	94 523	333 803	28.3	5.02	1.42
Merakerbanen	1891	2 864	89 352	92 216	388 040	23.8	3.31	0.79
	1892	2 867	76 126	78 993	373 692	21.1	4.02	0.85
Eidsv.—Hamarb.	1891	5 315	53 316	58 631	372 806	15.7	6.46	1.02
	1892	5 884	64 076	69 960	403 211	17.4	5.52	0.96
Smaalensbanen	1891	7 799	49 372	57 171	514 775	11.1	8.57	0.95
	1892	8 558	53 810	62 368	564 842	11.0	8.58	0.96
Rørosbanen	1891	2 667	32 507	35 174	175 518	20.0	7.06	1.42
	1892	2 569	33 177	35 746	176 477	20.3	6.90	1.40
Dr.men—Skienb.	1891	7 202	23 683	30 885	261 338	11.8	12.76	1.51
	1892	8 495	22 079	30 574	280 745	10.9	14.00	1.52
Bergen—Vossb.	1891	3 595	13 051	16 646	134 702	12.4	14.01	1.73
	1892	4 006	12 360	16 366	136 583	12.0	16.03	1.92
Jæderbanen	1891	3 257	7 667	10 924	87 156	12.5	16.00	2.01
	1892	3 408	7 878	11 286	88 821	12.7	15.90	2.02

Trafikens Størrelse, særskilt for Reisende og Gods m. m., i Terminen angives i Tabel III for Personbefordring i Col. 23—48 og for Godstransport i Col. 49—78.

Til Oversigt over Trafikens Udvikling fra vor Jernbanedrifts Begyndelse hidsættes følgende Sammendrag for samtlige Baner:

*) Den gjennemsnitlige Vægt pr. Reisende med Haandbagage ansat til 75 kg.

Driftstermin	Befordring af Reisende. Antal Reisende.	Personkilometer. Ialt.	Personkilometer. pr. km. Driftslængde.	Indtægt pr. Personkilometer.	Befordring af Fragtgods. Antal Ton.	Tonkilometer. Ialt.	Tonkilometer. pr. km. Driftslængde.	Indtægt pr Tonkilometer.	Midl. Transportlængde pr. Ton-km.
	Tusinder.			Øre.	Tusinder.			Øre.	
1855	128	—	—	—	83	—	—	—	—
1856	161	5 160	76	3.1	117	3 858	57	9.7	33.1
1857	174	5 769	85	3.0	139	4 604	68	11.0	33.3
1858	168	5 463	80	3.0	142	4 662	69	9.5	32.9
1859	170	3 702	84	3.0	154	5 202	77	9.5	33.8
1860	152	4 782	70	3.3	144	5 027	74	9.4	35.0
1861	142	5 185	76	3.2	174	6 420	94	9.7	37.0
1862	160	5 675	83	3.1	196	7 308	107	9.1	37.4
[1]) 1863-66	319	10 792	44	3.0	254	12 002	49	8.0	47.2
1867	386	13 459	49	2.7	274	16 048	58	6.6	55.5
1868	388	13 829	50	2.8	302	18 058	65	6.5	59.8
1869	613	19 418	36	2.6	356	20 668	54	6.7	58.0
1870	551	17 294	36	2.6	350	19 953	54	6.3	57.1
1871	584	18 580	38	2.7	344	18 527	49	6.5	53.8
1872	771	23 463	56	2.8	434	24 069	57	6.0	55.5
1873	1 579	46 395	91	2.7	528	29 647	58	6.1	56.1
1874	1 653	45 520	91	2.9	587	31 111	62	6.2	53.0
1875	1 541	43 262	86	3.2	587	33 076	66	6.2	56.3
1876	1 458	41 320	71	3.3	681	41 588	71	6.0	61.0
1877	1 405	40 984	59	3.4	686	43 919	63	6.0	64.0
1/1-30/6 78	608	18 888	41	3.5	283	18 598	43	6.1	65.7
1878—79	1 373	43 715	45	3.5	514	33 398	35	6.0	65.0
1879—80	1 648	50 644	49	3.3	605	38 325	37	5.6	63.3
1880—81	1 800	55 865	52	3.2	642	43 138	40	5.5	67.2
1881—82	2 334	72 001	57	3.2	792	56 743	46	5.4	71.6
1882—83	2 709	83 720	60	3.2	851	63 793	46	5.2	74.9
1883—84	3 162	93 276	61	3.2	918	67 919	46	5.1	73.9
1884—85	3 129	88 921	56	3.2	943	68 383	43	5.1	72.4
1885—86	3 147	92 004	58	3.2	957	67 780	43	5.3	70.8
1886—87	3 216	92 649	59	3.2	970	66 974	42	5.2	69.1
1887—88	3 197	91 653	58	3.3	1 023	69 919	44	5.3	68.3
1888—89	3 622	98 673	63	3.2	1 207	83 796	53	5.1	69.4
1889—90	3 989	106 858	68	3.2	1 326	89 019	56	5.2	67.1
1890—91	4 334	117 133	74	3.1	1 337	88 753	56	5.2	66.4
1891—92	4 680	125 879	80	2.9	1 337	87 908	56	4.9	65.7

I Sammenligning med foregaaende Driftsaar er Antallet af Reisende steget med ca. 346 000 samt Antal Personkilometer med ca. 8 700 000. Regnet pr. km. Driftslængde er Personfærdselen i Terminen fra 74 200 Reisende over hver Kilometer steget til 79 800 eller med ca. 8 pCt. For Godsbefordringens Vedkommende er Antal Ton Fragtgods omtrent ufor-

[1]) Aarlige Middeltal.

andret, medens Antal Tonkilometer er gaaet ned med 845 000. Gjennemsnitlig for alle Baner bliver der 55 700 Ton over hver Kilometer (Tonkm. pr. km. Driftslængde), medens tilsvarende Middeltal for alle Baner var 56 200 i 1890—91. Nedgangen i Tonkilometer bliver i Terminen saaledes ca. 0.9 pCt.

Trafikens og Indtægternes Størrelse ved hver Bane angives for Personfærdselens Vedkommende i følgende Sammendrag for de tvende sidste Terminer, Banerne ordnede efter Trafikens Størrelse i 1891—92 (Personkm. pr. km. Driftslængde):

Baner.	Driftstermin endende 30te Juni.	Personkilometer.		Indt. af Persontrafik.		Indtægt pr. Personkm.¹)	Midlere Reiselængde.
		pr. km. Driftslængde.	pCt.*)	pr. km. Driftslængde.	pCt.*)		
				Kr.		Øre.	km.
Kristiania—Drammenb.	1891	312 400	+ 9.2	10 409	+ 8.2	3.1	18.3
	1892	330 800	+ 5.9	10 166	÷ 2.3	2.7	17.8
Hovedbanen	1891	187 500	+ 11.2	6 243	+ 9.3	3.0	29.3
	1892	200 100	+ 6.7	6 261	+ 0.3	2.9	29.2
Smaalensbanen	1891	104 000	+ 6.8	3 556	+ 5.9	3.1	23.9
	1892	114 100	+ 9.7	3 589	+ 0.9	2.8	24.4
Drammen—Skienbanen	1891	96 000	+ 10.7	3 025	+ 9.7	2.9	23.9
	1892	113 300	+ 18.0	3 290	+ 8.8	2.6	25.2
Eidsvold—Hamarbanen	1891	70 900	+ 12.5	2 655	+ 8.1	3.3	34.0
	1892	78 500	+ 10.7	2 600	÷ 2.1	2.9	33.9
Drammen—Randsfj.b..	1891	58 700	-	1 935	+ 0.2	3.1	26.6
	1892	60 900	+ 3.7	1 786	÷ 7.7	2.7	25.8
Kongsvingerbanen	1891	50 200	+ 10.1	1 839	+ 6.4	3.4	40.5
	1892	56 200	+ 12.0	1 868	+ 1.6	3.0	40.1
Bergen—Vossbanen ...	1891	47 900	÷ 1.2	1 880	÷ 4.0	3.5	13.7
	1892	53 400	+ 11.5	2 139	+ 13.8	3.4	13.9
Jæderbanen	1891	43 400	+ 11.3	1 318	+ 16.0	2.8	25.3
	1892	45 400	+ 4.6	1 363	+ 3.4	2.8	24.5
Merakerbanen	1891	38 200	+ 19.4	1 233	+ 19.5	2.8	21.3
	1892	38 200	-	1 104	÷ 10.5	2.6	21.4
Rørosbanen	1891	35 600	+ 19.5	1 384	+ 7.5	3.4	55.9
	1892	34 200	÷ 3.9	1 384	-	3.3	51.0
Samtlige Baner	1891	74 200	+ 9.6	2 558	+ 7.0	3.1	27.0
	1892	79 800	+ 7.5	2 580	+ 0.9	2.9	26.9

*) Procent Forøgelse (+) eller Nedgang (+) i Sammenligning med foregaaende Driftsaar.

¹) Med Hensyn til Taxterne for Personbefordringen i Terminen 1890—91 bemærkes, at der indtil 1ste Juni 1891 var følgende Taxter gjældende: Ved Smaalensbanen beregnedes for blandede Tog II Klasse 4.5 Øre og III Klasse 3.0 Øre pr. km. samt for Hurtigtoget fra 1ste Juni 1888 9.0 Øre for I Klasse, 7.5 Øre for II Klasse, 4.5 Øre for III Klasse i indenlandsk Trafik indtil Fr.hald, og 8.5 Øre pr. km. for I Klasse, 6.5 Øre for II Klasse, 4.5 Øre for III Klasse i Trafik med svenske Baner.

Ved Drammen—Skienbanen (blandede Tog) beregnes samme Taxt som ved Smaalensbanens blandede Tog.

Ved Kr.ania—Drammenb. og Dr.men—Randsfjordb. beregnedes Taxterne for blandede Tog efter Formlerne 6.66 + 5.16 x for II Klasse og 6.66 + 2.95 x for III Klasse,

Jernbaner
1891—92.

Personfærdselens Størrelse har ved de forskjellige Baner varieret fra 330 800 Reisende (Kristiania—Dr.b.) til 34 200 Reisende (Rørosb.) gjennemsnitlig pr. km. Driftslængde, medens Indtægter af Persontrafik har varieret

hvori x er Distancen i Kilometer og Prisen faaes i Øre. For Hurtigtogene paa Kr.ania—Drammenb. beregnedes for II Kl. 5.5 Øre og III Klasse 3.75 Øre. Ved Eidsvold—Hamarbanen beregnedes for blandede Tog II Klasse 5.0 Øre, for III Klasse 3.25 Øre. Ved Jæderbanen beregnedes for II Klasse 5.25 Øre og for III Klasse 3.25 Øre pr. km. Ved Kongsvingerbanen og Rørosbanen samt Merakerbanen benyttedes de i Trafikdirektørens Forslag af 22de Januar 1879 (Bilag 5 til Sth. Prp. Nr. 13 1879) som normale opstillede Taxter, nemlig for Baner med tre Klasser henholdsvis 6.5, 5.0 og 3.25 Øre pr. km. og for Baner med kun II og III Klasse 5.5 og 3.25 Øre. For Hurtigtogene paa Eidsvold—Trondhjemb. samt Hovedbanen beregnedes fra 1ste Juni 1886 9.0 Øre for I Klasse, 7.5 Øre for II Klasse og 4.25 Øre for III Klasse. For Tur- & Returbilletter beregnedes fra 1ste Juni 1890 for de samme Baner: For I Klasse 13.5 Øre pr. km. for Afstande indtil 250 km., for Afstande over 250 indtil 300 km. 13.5 Øre pr. km. for de første 250 km. og 4.5 Øre pr. km. for de overskydende Antal km. og for Afstande over 300 km. beregnes der 12 Øre pr. km. For II Klasse 11.25 Øre pr. km. for Afstande indtil 200 km., for Afstande over 200 km. indtil 300 km. 11.25 Øre pr. km. for de første 200 km. og 4.5 Øre pr. km. for det overskydende Antal km, og for Afstande over 300 km. beregnedes der 9 Øre pr. km. For III Klasse 6.37 Øre pr. km. for Afstande indtil 260 km., for Afstande over 260 km. indtil 300 km. 6.37 Øre pr. km. for de første 260 km. og 3.5 Øre pr. km. for det overskydende Antal km., og for Afstande over 300 km. beregnes der 6 Øre pr. km. Ved Hovedbanen er Taxterne for blandede Tog ikke beregnede efter nogen Formel; pr. Kilometer bliver Prisen for I, II og III Klasse til Lillestrøm henholdsvis 9.5, 6.4 og 3.8 Øre samt til Eidsvold henholdsvis 7.0, 4.7 og 2.4 Øre. Ved Bergen—Vossb. var Taxten 7.0 Øre (II Kl.) og 3.5 Øre (III Kl.) pr. km.

Fra 1ste Juni 1891 indførtes der for Banerne i 1ste—4de Trafikdistrikt (samt Hovedbanen) i Henhold til Kgl. Resol. af 13de April 1891 forandrede Taxter og Regler for Befordring af Reisende m. v.

Taxterne for Befordring af Reisende er i Henhold hertil bestemt efter følgende Satser:

For blandede Tog beregnes:

6.0, 4.5 og 3.0 Øre pr. km. for respekt. I, II og III Klasse paa Smaalensbanen, Kristiania—Drammenbanen og Drammen—Skienbanen; paa de to sidste Baner anvendes ikke I Klasse.

6.5, 5.0 og 3.25 Øre pr. km. for respkt. I, II og III Klasse paa Kongsvingerbanen, Eidsvold—Hamarbanen, Rørosbanen og Merakerbanen; paa den sidste Bane anvendes ikke I Klasse. For Afstande over 50 km. indtil 150 km. beregnes dog for III Klasse blot 3.0 Øre pr. km. for den 50 km. overskydende Afstand, og for Afstande over 150 synker Satsen yderligere til 2.75 Øre pr. km. for den 150 km. overskydende Del.

For Drammen—Randsfjordbanen beregnes 5.0 og 3.0 Øre pr. km. for respektive II og III Klasse.

For Hurtigtog beregnes:

8.5, 6.0 og 4.0 Øre pr. km. for respektive I, II og III Klasse paa Smaalensbanen, Eidsvold—Hamarbanen og Rørosbanen. Paa Kristiania—Drammenbanen beregnes der 5.5 og 3.75 Øre pr. km. for respektive II og III Klasse. De øvrige Baner kjører for Tiden ikke Hurtigtog. Mindste Pris 60, 40 og 20 Øre for Enkeltbillet henholdsvis til I, II og III Klasse for saavel Hurtigtog som blandet Tog.

Tur- og Returbilletter, der koster 1¹/₂ Gang Enkeltbillet, udstedes i samme Udstrækning som Enkeltbilletter. Returbillettens Gyldighed udløber en Maaned regnet fra den Dato, Billetten er solgt.

For Hovedbanen gjælder samme Satser som for Eidsvold—Hamarbanen.

I Terminen 1891—92 har Taxterne været uforandrede, som de fra 1ste Juni 1891 indførte.

fra Kr. 10 166 til Kr. 1 104 pr. km. Under Persontrafik indgaar foruden Befordring af Reisende tillige Befordring af Reisegods*), Post, Heste*), Hunde, Kjøreredskaber*) og Lig. Ved Drammen—Skienbanen, Jæderbanen, Bergen—Vossbanen, Kristiania—Drammenbanen, Smaalensbanen, Grundset—Aamotbanen og Støren—Aamotbanen er Persontrafiken overveiende og har ved disse Baner indbragt fra 73 til ca. 50 pCt. af Indtægterne (jfr. Tab. IV Col. 42).

Af Banernes samlede Indtægter af Persontrafik, Kr. 4 070 742 kommer paa Befordring af Reisende (Indtægter af Personbilletter, alle Slags) Kr. 3 702 473, hvoraf Kr. 68 813 falder paa Maanedsbilletter (jfr. Tab. XII), Kr. 74 279 paa Familiebilletter**) med 464 200 Reisende og 3 080 475 Personkm., Kr. 54 675 paa Rundreisebilletter***) med 5 923 Reisende og 1 290 660 Personkm. samt Kr. 49 293 paa Turistbilletter†) med 5 718 Reisende og 564 949 Personkm.

For Godsfærdselens Vedkommende angives Trafikens og Indtægternes Størrelse ved hver Bane i følgende Sammendrag for Terminerne 1890—91 og 1891—92. Banerne ordnede efter Trafikens Størrelse (Tonkm. pr. km. Driftslængde) i 1891—92:

---

*) Angaaende Taxten for Reisegods, Heste og Kjøreredskaber fra 1ste Juni 1891 bemærkes For Reisegods erlægges:

for Veilængde i km.	pr. kg.
Fra 1—100	3 Øre
« 101—200	4 »
« 201—300	5 «

og fremdeles med Tillæg af 1 Øre pr. kg. for hver begyndende 100 km. Frivægt 25 kg. Mindste Pris 20 Øre.

Kjøreredskaber inddeles i fire Klasser. For IV Klasse er Formlen 50 + 2 x, hvori x er Distancen, og som giver Taxten i Øre; for III, II og I Klasse er Taxten henholdsvis 2, 4 og 7 Gange Taxten for IV Klasse. Mindste Pris Kr, 1.00, 2.00, 4.00 og 7.00.

Levende Dyr inddeles i tre Klasser, til hvis I Kl. Heste hører. For I Klasse er Formlen: 300 + 14 x. For II Klasse (Hornkvæg etc.):

For Distancer indtil 150 km.: 100 + 6 x.

« — over 150 km.: tillægges for hver km. over 150 km. 4 Øre.

For III Klasse (Smaafæ) er Formlen: 20 + 1.5 x.

Formlerne, hvori x er Distancen, giver Taxten i Øre for ét Dyr. For flere Dyr gives Moderation, hvorom henvises til de trykte Taxter. Mindste Pris er Kr. 5.00, 2.00 og 0.40.

**) Familiebilletter til III Kl. i Bøger à 25 Stkr. sælges til et begrændset Antal Stationer og paa kortere Afstande.

***) ɔ: Billetter, der sammensættes af Kouponer til reduceret Pris til forskjellige Strækninger efter den Reisendes Valg.

Indtil 1ste Juni 1889 blev de kun udstedt til I og II Klasse til Norge, Sverige, Danmark og Nordtyskland og kun i Maanederne Mai—September samt kun for Reiser af mindst 1 500 km. Længde (Norge og Sverige 1 000 km.).

Fra 1ste Juni 1889 udstedes de det hele Aar til alle tre Klasser og for Reiser af mindst 600 km. Længde i Norge, Sverige, Danmark, Tyskland, Luxemburg, Østerrig, Ungarn, Rumænien, Belgien, Holland og Schweitz.

†) ɔ: Ligeledes Kouponbilletter, der sælges til I og II Klasse gjennem Turistbureauer til forskjellige Strækninger af norske Baner i Forbindelse med norske Dampskibs- og Diligencerouter uden Fordring paa, at Strækninger af nogen bestemt Længde skal befares. Prisen er den ordinære.

Baner.	Driftstermin endende 30te Juni.	Tonkm. Fragtgods. pr km. Driftslængde.	pCt.*)	Indtægt af Godstrafik. pr. km. Driftslængde. Kr.	pCt.*)	Indtægt pr. Tonkm.¹) Øre.	Midlere Transportlængde pr. TonFragtgods km.
Hovedbanen	1891	241 900	+ 1.9	18 330	-	7.2	32.7
	1892	237 100	÷ 2.0	16 674	÷ 9.0	6.6	32.2
Kongsvingerbanen	1891	140 800	÷ 1.5	5 360	+ 0.3	3.6	82.7
	1892	141 200	+ 0.3	5 222	÷ 2.6	3.5	85.4
Drammen—Randsfjordb.	1891	82 700	÷ 7.9	4 647	÷ 8.7	5.4	47.5
	1892	83 900	+ 1.5	4 547	÷ 2.2	5.2	46.9
Kristiania—Drammenb.	1891	79 800	+ 4.5	5 914	+ 3.1	6.4	38.4
	1892	79 400	÷ 0.5	5 801	÷ 1.9	6.2	37.5
Merakerbanen	1891	83 100	÷ 7.9	3 243	÷ 9.5	3.8	73.1
	1892	70 100	÷ 15.6	2 823	÷ 13.0	3.9	71.9
Eidsvold—Hamarbanen	1891	50 200	+ 5.5	3 225	+ 5.8	5.8	50.6
	1892	58 700	+ 16.9	3 481	+ 7.9	5.3	49.4
Smaalensbanen	1891	39 200	+ 14.0	2 433	+ 7.0	5.4	45.7
	1892	41 400	+ 5.5	2 413	÷ 0.8	5.1	45.8
Rørosbanen	1891	30 200	÷ 1.6	1 434	÷ 0.3	4.2	116.1
	1892	30 200	-	1 381	÷ 3.7	4.1	114.3
Drammen—Skienbanen	1891	17 700	÷ 2.7	1 132	+ 1.0	5.4	47.9
	1892	16 200	÷ 8.5	1 070	÷ 5.5	5.5	44.4
Bergen—Vossbanen ...	1891	10 300	+ 12.0	791	+ 6.6	6.3	68.4
	1892	9 300	÷ 9.7	733	÷ 7.3	6.5	69.1
Jæderbanen	1891	6 200	+ 24.0	535	+ 15.1	7.8	36.4
	1892	6 100	÷ 1.6	552	+ 3.2	8.1	34.5
Samtlige Baner	1891	56 200	÷ 0.4	3 135	÷ 0.5	5.2	66.4
	1892	55 700	÷ 0.9	2 994	÷ 4.5	4.9	65.7

Godsfærdselens Størrelse har ved de forskjellige Baner varieret fra 237 100 Tonkm. (Hovedbanen) til 6 100 Tonkm. (Jæderbanen) pr. km. Driftslængde, medens Indtægter af Godstrafik har varieret fra Kr. 16 674 til Kr. 552 pr. km.

*) Procent Forøgelse (+) eller Nedgang (÷) i Sammenligning med foregaaende Driftsaar.

¹) Med Hensyn til Taxterne for Godsbefordring i Terminen 1890—91 bemærkes: Som normale Godstaxter er de i Trafikdirektørens Forslag af 22de Januar 1879 (Bilag 5 til Sth. Prp. Nr. 13 1879) opstillede at betragte. Efter disse beregnes Fragten:

For Befordring af Fragtgods med Henhold til Varesortens Klassifikation efter følgende Formler, der giver Fragtbeløbet i Øre pr. Ton.

For Befordringsdistancer indtil 100 Kilometer:

1ste Klasse	300 + 13 x	6te Klasse	90 + 3.5 x
2den do. A ...	240 + 11 x	7de do.	80 + 3 x
2den do. B. ...	200 + 9 x	8de do.	70 + 2.5 x
3die do. ...	160 + 7 x	9de do.	60 + 2 x
4de do. ...	120 + 5.5 x	10de do.	50 + 1.75 x
5te do. ...	100 + 4 x		

Under Godstrafik indgaar foruden Befordring af Fragtgods tillige Befordring af Kreaturer*) og Ilgods. Ved Kongsvingerbanen, Hovedbanen, Merakerbanen, Drammen—Randsfjordbanen, Trondhjem—Størenbanen, Eidsvold—Hamarbanen samt Hamar—Grundsetbanen er Godstrafiken den overveiende og har ved disse Baner indbragt fra 73 pCt. til ca. 50 pCt. af Indtægterne. (Jfr. Tab. IV., Col. 43).

I disse Formler betegner x Distance angivet i Kilometer.

For Befordringsdistancer over 100 Kilometer, men ikke over 300 Kilometer, beregnes Fragttillæg for den 100 Kilometer overskydende Distance med henholdsvis 11, 9, 8, 6, 4.5, 3.5, 3, 2.5, 2, 1.75 og 1.5 Øre pr. Ton og Kilometer. For hvad der af Befordringsdistancen maatte overskyde 300 Kilometer beregnes Fragttillæg med 2 Øre pr. Ton og Kilometer for 1ste, 2den, 3die og 4de Klasse, men 1.5 Øre for 5te og lavere Klasser.

De to laveste af disse Fragtklasser er at betragte som extraordinære.

Ved flere Baner har de undergaaet Modifikationer, hvorom bemærkes:

Ved Smaalensbanen og Drammen—Skienbanen benyttedes hovedsagelig 3die til og med 9de Klasse, ved Kongsvingerbanen 1ste til og med 9de Klasse, men med den Tillempning, at der kun benyttedes halv Værdi af Konstanten, ved Eidsvold—Trondhjem- og Merakerbanerne samt Kristiania—Drammenb. og Drammen—Randsfjordbanen 1ste til og med 9de Klasse og ved Jæderbanen alle 10 Klasser. Ved Hovedbanen haves som ved Kongsvingerbanen ligeledes 9 Klasser, for hvilke Taxterne imidlertid ikke ganske svarer til Statsbanernes.

Ved Bergen—Vossbanen er benyttet Taxter, der er noget afvigende fra de normale.

I første Halvdel af Terminen 1891—92 har Taxterne været de samme som for Aaret 1890—91.

Fra 1ste Januar 1892 er der i Henhold til Kgl. Resol. af 13de April 1891 indført nye Taxter og Regler for Befordring af Il- og Fragtgods for Banerne i 1ste—4de Trafikdistrikt (samt Hovedbanen).

Taxterne for Befordring af Fragtgods beregnes efter disse, med Henhold til Varesortens Klassifikation, efter følgende Formler, der giver Fragtbeløbet i Øre pr. Ton (x betegner Distance):

Klasser.	Konstant.	Afgift pr. Tonkm. i Øre for den Del af Transportafstanden, der ligger mellem								
		0—50 km.	51—100 km.	101—150 km.	151—200 km.	201—300 km.	301—400 km.	401—500 km.	501—600 km.	over 600 km.
1ste Klasse	100	15 x	13 x	11 x	11 x	9 x	4 x	2.5 x	2.5 x	2.5 x
2den —	100	11 x	9 x	8 x	8 x	6 x	2.5 x	2.5 x	2.5 x	2.5 x
3die —	100	8 x	7 x	6 x	6 x	5 x	2.5 x	2.5 x	2.5 x	2.5 x
4de —	100	6 x	5.5 x	4.5 x	4.5 x	4 x	2 x	2 x	2 x	2 x
5te —	50	5.5 x	4.5 x	4 x	3.5 x	3 x	2 x	2 x	2 x	2 x
6te —	50	4.3 x	3.5 x	3.5 x	3 x	2.5 x	2 y	2 x	2 x	2 x
7de —	50	3.6 x	3 x	2.7 x	2.5 x	2.2 x	2 x	2 x	2 x	2 x
8de —	50	3 x	2.5 x	2 x	2 x	2 x	1.7 x	1.7 x	1.7 x	1.7 x
9de —	50	2.6 x	2.2 x	1.9 x	1.8 x	1.8 x	1.7 x	1.6 x	1.6 x	1.6 x
A Undtagelsesklasse	50	2.2 x	2.0 x	1.8 x	1.7 x	1.6 x	1.6 x	1.6 x	1.5 x	1.5 x
B —	50	2.0 x	1.8 x	1.6 x	1.6 x	1.5 x	1.5 x	1.5 y	1.5 x	1.4 x
C —	50	1.7 x	1.6 x	1.5 x	1.5 x	1.4 x	1.4 x	1.4 x	1.4 x	1.4 x

*) Angaaende de for Kreaturer fra 1ste Juni 1891 gjældende Taxter, se foran Pag. XXI, Anmærkning.

Jernbaner
1891—92.

I Tabel VII er for Person- og Godsbefordringen meddelt Fordeling paa Lokaltrafik (ɔ: Færdsel mellem hver Banes egne Stationer) og Samtrafik (ɔ: Færdsel med tilstødende Baner ved direkte Indskrivning af Reisende og Gods). Til Oplysning om, i hvilken Udstrækning saadan direkte Indskrivning har fundet Sted i den sidst forløbne Termin, bemærkes følgende:

Direkte Indskrivning af Reisende, Reisegods, Kjøreredskaber og levende Dyr har fundet Sted mellem alle Stationer i 1ste, 2det, 3die og 4de Trafikdistrikt samt de norske Stationer af Fredrikshald—Sunnanåbanen og Hovedbanen. Expeditionen mellem Stationerne i 1ste, 3die og 4de Distrikt paa den ene Side og 2det Distrikts Stationer paa den anden Side kan foregaa enten via Kristiania eller via Moss—Horten.

Direkte Indskrivning af Il- og Fragtgods har efter Indførelsen af de nye Taxter den 1ste Januar 1892 foregaaet i samme Udstrækning, som foran angivet for Reisende.

Før 1ste Januar 1892 fandt direkte Indskrivning af Gods (Il- og Fragtgods) Sted mellem Hovedbanen og Kongsvingerbanen indbyrdes; mellem disse to Baner paa den ene og Smaalensbanen, Eidsvold—Trondhjembanerne og Merakerbanen paa den anden Side, mellem Eidsvold—Trondhjembanerne indbyrdes og mellem disse og Merakerbanen; mellem Smaalensbanen og Banerne i 2det Distrikt via Moss—Horten; mellem disse sidste indbyrdes.

Med svenske Baner*) har direkte Indskrivning af Reisende og Gods foregaaet til og fra samtlige Stationer paa Hovedbanen, Kongsvingerbanen,

---

I de Fragter, der fremkommer efter disse Formler, er der for enkelte Baner bestemt et Maximum i Satserne for 1ste—5te Klasses Gods, hovedsagelig begrundet i Konkurrance med Dampskibsfart. I Samtrafiken med Hovedbanen gjælder de samme Regler som for Statsbanerne med Hensyn til Fragtberegningen, dog er der for enkelte Varesorter noget høiere Taxter. I Lokaltrafiken paa Hovedbanen anvendes samme Fragtformler som for Statsbanerne, men Godsklassifikationen er tildels en anden.

Taxterne for Ilgods slutter sig for saavel Hovedbanen som Statsbanerne til Taxterne for Fragtgods paa følgende Maade for de respektive Klasser d, c, b og a:

Taxten i Klasse d (Sendinger i hele Vognladninger), beregnet pr. 100 kg., fremkommer ved at tillægge Kr. 0.40 til den tilsvarende Taxt for 1ste Fragtgodsklasse.

Taxten for Klasse c (Sendinger af 2 500—5 000 kg. Vægt), beregnet pr. 100 kg., fremkommer ved at tillægge 50 pCt. til den tilsvarende Taxt for Forsendelser i Klasse d.

I Klasse b (Sendinger over 20 kg. indtil 2 500 kg. Vægt), beregnet pr. 10 kg., er Taxten det dobbelte af den tilsvarende Taxt i Klasse d.

For Klasse a (Forsendelser af Vægt indtil 20 kg.; mindste Vægt, der beregnes er 5 kg.), beregnet for hvert kg., er Taxten lig de efter Klasse b fremkomne Taxter pr. kg. afrundet opad til nærmeste hele Øre.

Taxterne er udregnede særskilt for Banerne i 2det Trafikdistrikt og for de øvrige Distrikter med Hovedbanen underét. Ved Transport til og fra 2det Trafikdistrikt anvendes Summen af disse Taxter, hvortil kommer Fragt paa Strækningen mellem Moss og Horten eller Kristiania Ø. og Kristiania V.

Jæderbanens og Bergen—Vossbanens Taxter har i Driftsaaret i det Væsentlige været uforandrede som i Aaret 1890—91 for saavel Fragtgods som Ilgods.

*) Dog ikke for alle Stationers Vedkommende.

Smaalensbanen og Merakerbanen samt alene for Gods til og fra Bystationerne og de større Landstationer paa Eidsvold—Trondhjembanerne.

Endelig har direkte Indskrivning af Gods fundet Sted via Kornsø mellem Kristiania Station Ø. paa den ene og Fredrikshavn, Aalborg, Randers, Aarhus, Wamdrup, Altona (Ottensen), Hamburg, Berlin og Lübeck paa den anden Side, og tillige for Reisende og Reisegods fra og til Altona, Hamburg, Berlin, Bremen og Lübeck (over Fredrikshavn), Hamburg og Berlin (over Korsør—Kiel) samt mellem Smaalensbanens Bystationer og Kjøbenhavn (fra 1ste September 1888), endvidere mellem Kristiania og London (fra 20de Juni 1889) samt mellem Kristiania og Paris (fra 15de Novbr. 1889). Fra 1ste Septbr. 1890 expederes Reisende og Reisegods fra Kristiania Ø. via Korsør—Kiel til Kiel, Altona, Hamburg, Lübeck, Bremen, Charlottenburg, Berlin, Magdeburg, Leipzig, Køln og Frankfurt a. M., via Gøteborg—Fredrikshavn til Hamburg, via Gjedser—Warnemünde til Hamburg, Berlin, Dresden og Wien, via Malmø—Stralsund til Berlin, hvorhos fra 1ste Mai 1892 Indskrivning har foregaaet via Kjøbenhavn—Lübeck til Hamburg samt via Kjøbenhavn—Stettin til Berlin.

Sammenstilling af Indtægter i den saaledes bestaaende Lokal- og Samtrafik hidsættes for Terminerne 1890—91 og 1891—92.

Baner.	Terminen endende 30te Juni.	Indtægt af Lokaltrafik.	Indtægt af Samtrafik.	Tilsammen Trafikindtægter.[1]	Indtægt af Samtrafik, pCt.[2]
		Kroner.			
Smaalensbanen	1891	1 105 052	351 496	1 456 548	24.2
	1892	1 074 225	385 615	1 459 840	26.4
Kongsvingerbanen	1891	84 943	788 047	872 990	90.3
	1892	75 410	782 369	857 779	91.2
Kristiania—Drammenbanen	1891	532 138	325 045	857 183	37.9
	1892	507 091	326 571	833 662	39.2
Drammen—Skienbanen	1891	400 541	232 555	633 096	36.7
	1892	418 904	237 524	656 428	36.2
Drammen—Randsfjordbanen	1891	684 568	253 039	937 607	27.0
	1892	660 275	239 330	899 605	26.6
Eidsvold—Hamarbanen	1891	37 126	294 672	331 798	88.8
	1892	38 984	304 205	343 189	88.6
Rørosbanen	1891	652 461	528 055	1 180 516	44.7
	1892	642 641	495 567	1 138 208	43.5
Merakerbanen	1891	180 432	287 851	468 283	61.5
	1892	159 343	253 471	412 814	61.4
Hovedbanen	1891	922 649	742 036	1 664 685	44.6
	1892	839 949	713 347	1 553 296	45.9
Samtlige Baner[3])	1891	7 666 370	1 158 930	8 825 300	13.2
	1892	7 435 037	1 157 118	8 592 155	13.5

En Opgave for de tvende sidste Terminer over de i omhandlede Samtrafik befordrede Antal Reisende og Ton Fragtgods samt tilsvarende Indtægter af Reisende og Gods meddeles i følgende Tabel tilligemed Fordeling af Trafik og Indtægter paa Samtrafik med tilstødende Jernbaner:

1) Indtægter af Postbefordring ikke indbefattet.
2) I Procent af Trafikindtægter paa Banen (Indtægter ved Postbefordring excl.).
3) Jæderbanen og Bergen—Vossb. indbf. Indtægt af Samtrafik omfatter for samtlige Baner selvfølgelig alene Indtægt af Samtrafik med svenske og udenlandske Baner.

Baner.	Termin endende 30te Juni.	Indtægt af Samtrafik. Kr.	Hvoraf			
			Reisende.		Fragtgods.	
			Antal.	Indtægt. Kr.	Antal. Ton.	Indtægt. Kr.
Smaalensbanen	1891	351 496	45 537	168 960	72 189	150 361
Nemlig Samtrafik over:	1892	385 615	50 221	174 122	91 441	180 140
Kristiania	-	21 792	4 740	8 899	4 423	9 614
Moss & Horten	-	16 049	11 122	12 985	373	1 724
Kornsø	-	346 393	34 356	152 229	86 470	167 579
Gjennemgangstrafik	-	1 381	3	9	175	1 223
Kongsvingerbanen	1891	788 047	77 431	171 489	189 227	573 433
Nemlig Samtrafik over:	1892	782 369	97 251	170 848	185 700	566 708
Lillestrøm	-	240 190	84 366	116 345	99 827	248 318
Charlottenberg	-	165 408	1 938	2 606	6 365	16 970
Gjennemgangstrafik	-	376 771	10 947	51 897	79 508	301 420
Kristiania—Drammenbanen	1891	325 045	94 404	160 115	50 348	139 209
Nemlig Samtrafik over:	1892	326 571	105 370	161 092	53 637	139 755
Kristiania	-	4 022	2 125	2 084	201	838
Drammen	-	319 487	101 486	156 890	53 268	138 281
Gjennemgangstrafik	-	3 062	1 759	2 118	168	636
Drammen—Skienbanen	1891	232 555	66 362	152 583	18 197	57 980
Nemlig Samtrafik over:	1892	237 524	70 837	165 191	16 760	50 177
Drammen	-	219 055	59 713	151 546	16 387	47 280
Moss—Horten	-	18 121	10 886	13 321	364	2 875
Gjennemgangstrafik	-	348	238	324	9	22
Drammen—Randsfjordbanen	1891	253 039	54 229	95 461	51 378	141 165
Nemlig Samtrafik over:	1892	239 330	59 008	90 318	50 414	130 434
Drammen	-	239 330	59 008	90 318	50 414	130 434
Eidsvold—Hamarbanen	1891	294 672	64 043	111 950	52 691	159 641
Nemlig Samtrafik over:	1892	304 205	68 784	109 304	61 858	170 138
Eidsvold	-	177 643	40 159	56 224	38 667	108 014
Hamar	-	9 367	2 040	3 233	1 353	5 045
Gjennemgangstrafik	-	117 195	26 585	49 847	21 838	57 079
Rørosbanen	1891	528 055	30 941	296 780	27 537	172 228
Nemlig Samtrafik over:	1892	495 567	29 483	271 005	26 213	164 428
Hamar	-	450 980	27 842	254 523	22 898	138 107
Trondhjem	-	27 005	861	2 385	3 022	22 931
Gjeunemgangstrafik	-	17 582	780	14 097	293	3 390
Merakerbanen	1891	287 851	11 121	24 739	81 549	256 625
Nemlig Samtrafik over:	1892	253 471	7 127	22 213	68 510	225 261
Trondhjem	-	4 988	999	1 189	3 268	3 268
Storlien	-	245 434	5 486	18 300	65 194	221 700
Gjennemgangstrafik	-	3 049	642	2 724	48	293
Hovedbanen	1891	742 036	150 269	184 800	235 240	494 017
Nemlig Samtrafik over:	1892	713 347	163 614	189 702	240 339	463 621
Kristiania	-	7 184	2 199	2 283	2 945	3 587
Lillestrøm	-	291 075	92 910	56 460	175 759	216 525
Eidsvold	-	396 522	63 256	124 319	57 347	233 331
Gjennemgangstrafik	-	18 566	5 249	6 640	4 288	10 178

Af heromhandlede Indtægter har Samtrafiken med svenske Baner via Charlottenberg over Hoved- og Kongsvingerbanerne indbragt Kr. 525 174, hvoraf Indtægt ved Transport af Trælast og Brænde Kr. 139 497, Samtrafiken via Storlien over Merakerbanen Kr. 263 838, hvoraf Trælast og Brænde Kr. 110 621, samt Trafik via Kornsø over Smaalensbanen Kr. 368 106, hvoraf Trælast og Brænde Kr. 105 709. Paa Forbindelseslinierne med de svenske Baner kommer saaledes af norsk og svensk Samtrafik en Indtægt af Kr. 1 157 118, hvoraf ca. en Trediedel falder paa Indtægt af Trælast og Brænde.

Med Dampskibe haves nedenstaaende direkte Expeditionsforbindelser:

Reisende og Reisegods expederes direkte med Hurtigtogene mellem Kristiania Ø. samt Eidsvold paa den ene Side og Dampskibet «Hamars» Stoppesteder ved Mjøsen via Hamar paa den anden Side*) mellem 2det Trafikdistrikts Bystationer samt Vikersund paa den ene Side og Dampskibene paa Indsøen Nordsjø («Nordsjø», «Victoria», «Løveid» og «Inland«), Dampskibene paa Randsfjorden («Harald Haarfager» og «Oscar II»), Dampskibet «Bægna» paa Aadalselven og Spirillen, Dampskibet «Krøderen» paa Krøderen samt Dampskibet «Vøringen» i Rute Skien—Kristianssand paa den anden Side.

Ligesaa har direkte Indskrivning af Gods (Il- og Fragtgods) fundet Sted mellem Hoved- & Kongsvingerbanerne og Dampskibe paa Mjøsen; mellem samtlige 2det Distrikts Stationer og ovennævnte Dampskibe paa Nordsjø, Krøderen og Randsfjord, Kystdampskibet «Vøringen» (kun for Ilgods) og Dampskibet «Bægna» paa Aadalselven og Spirillen.

Endvidere har efter 1ste April 1892 direkte Indskrivning af Il- og Fragtgods samt Kjøreredskaber fundet Sted via Trondhjem til og fra Bergenske og Nordenfjeldske Dampskibsselskabers Anløbssteder i Kyst- og Lokalruter samt til og fra Anløbssteder i andre Dampskibsselskabers Ruter, hvormed Bergenske og Nordenfjeldske Dampskibsselskaber staar i Samtrafiksforbindelse.

Denne Trafik er saavel med Hensyn til Mængde som Indtægter medtaget under den Jernbanestation, hvorfra Dampskibsforbindelsen udgaar.

Angaaende Trafik og Udgifter[1]) samt ordinært Personale er der i Tab. VII og for Indtægternes Vedkommende i Tab. VIII meddelt Oplysninger for hver Station. I Tab. IX gives der Opgave over Fordelingen af Reisende med de ordinære Tog paa de forskjellige Afstande, og i Tab. XI gives Oplysning om, hvorledes de ordinære Tog har været besatte med Reisende og belastede med Gods mellem Stationerne.

Transportmængder af de væsentligste Varesorter er angivne i Tabel X saavel for hver Bane som for Banerne samlet og særskilt for Transport i Lokal- og Samtrafik m. m. I Tilslutning til den i «Beretning om de norske Jernbaner og deres Drift 1854—1879» optagne Fordeling

*) Ophørte 30te September 1891.

[1]) Udgifter vedkommende Trafikafdelingen; Udgifter vedkommende Stationernes Vedligehold indgaar under Baneafdelingens Udgifter (Tab. IV, Col. 70).

er i det Følgende Varerne grupperede i tre Hovedafdelinger: «Skovprodukter», «Produkter vedkommende Landbrug» og «Andet Fragtgods».

I Terminen 1891—92 er af Skovprodukter paa samtlige Baner[1]) tilsammen befordret 736 843 t., der udgjør 55.1 pCt. af den hele Fragttransport, af Produkter vedkommende Landbrug 184 524 t. eller 13.8 pCt., og af Andet Fragtgods 415 726 t. eller 31.1 pCt. af den hele Fragtgodstransport.

Transporten paa hver Bane fordelt paa ovennævnte 3 Varegrupper angives nærmere i følgende Specifikation for Terminerne 1890—91 og 1891—92:

Baner.	Terminen endende 30te Juni	Skovprodukter.		Produkter vedkommende Landbrug.		Andet Fragtgods.	
		t.	pCt.[2])	t.	pCt.[2])	t.	pCt.[2])
Smaalensbanen	1891	131 681	61.5	35 361	16.5	47 211	22.0
	1892	143 012	63.3	36 758	16.3	46 227	20.4
Kongsvingerbanen	1891	139 121	67.0	21 673	10.4	46 906	22.6
	1892	129 996	64.4	23 631	11.7	48 123	23.9
Kristiania—Drammenb.	1891	34 335	31.2	16 114	14.6	59 797	54.2
	1892	33 019	29.5	18 623	16.6	60 448	53.9
Drammen—Skienbanen	1891	27 898	47.7	12 008	20.5	18 608	31.8
	1892	26 879	46.7	11 474	19.9	19 263	33.4
Drammen—Randsfjordb.	1891	174 281	70.1	15 538	6.2	58 881	23.7
	1892	175 755	68.7	16 128	6.3	63 974	25.0
Eidsvold—Hamarbanen	1891	4 747	8.2	12 329	21.5	40 392	70.3
	1892	6 050	8.8	16 174	23.5	46 683	67.7
Rørosbanen	1891	19 266	16.9	19 705	17.4	74 486	65.7
	1892	18 670	16.2	22 939	19.9	73 485	63.9
Merakerbanen	1891	70 860	58.8	5 297	4.4	44 425	36.8
	1892	56 631	54.8	6 389	6.2	40 218	39.0
Jæderbanen	1891	1 100	8.5	4 882	37.5	7 013	54.0
	1892	1 130	8.5	4 608	34.5	7 609	57.0
Bergen—Vossbanen	1891	1 751	10.8	3 755	23.1	10 719	66.1
	1892	1 170	8.1	3 555	24.6	9 745	67.3
Hovedbanen	1891	299 542	59.5	73 037	14.6	130 437	25.9
	1892	287 018	57.4	76 167	15.2	137 261	27.4
Samtlige Baner	1891	753 811	56.4	173 903	13.0	409 784	30.6
	1892	736 843	55.1	184 524	13.8	415 726	31.1

[1]) Det maa i denne Forbindelse erindres (jfr. Anmærkning til Tab. III Pag. 28), at Opgaverne over, hvad der er transporteret paa de samlede Baner, er den virkelige Transportmængde, idet, hvad der er ført over to eller flere Baner, kun er medregnet én Gang.

[2]) I pCt. af den hele Fragtgodstransport paa vedkommende Bane.

Jernbaner 1891—92.

Transport af Skovprodukter er i Terminen gaaet ned med ca. 17 000 t., Transport af Landbrugsprodukter er steget ca. 11 000 t. og andet Fragtgods med ca. 6 000 t.

Af Skovprodukter indtager Trælast og Brænde den væsentligste Del, og udgjør denne Varesort den største Transportgjenstand paa de fleste Baner.

Opgaver over Størrelsen af denne Transport og de af samme flydende Fragtindtægter m. V. for 1890—91 og 1891—92 sammenstilles i følgende Tabel:

Baner.	Terminen endende 30te Juni.	Transport af Trælast og Brænde.			Indtægt.			Midl. Transportlængde.
		Ton.	Tonkm. Tusinder.	pCt.[1])	Ialt Kr.	pCt.[2])	pr. Tonkm. Øre.	km.
Smaalensbanen....	1891	106 659	4 017	41.0	174 866	32.9	4.4	37.7
	1892	121 996	4 923	47.6	193 259	36.8	3.9	40.4
Kongsvingerbanen.	1891	117 655	9 587	55.8	279 648	45.2	2.9	81.5
	1892	109 833	9 246	53.7	251 868	41.8	2.7	84.2
Kr.ania-Drammenb.	1891	27 183	1 029	24.3	40 428	14.8	3.9	37.9
	1892	25 215	904	21.5	35 450	13.5	3.9	35.9
Drammen—Skienb.	1891	27 638	1 185	42.3	41 740	27.8	3.5	42.9
	1892	26 631	996	38.9	37 638	26.9	3.8	37.4
Drammen-Randsfjb.	1891	82 849	3 393	28.7	133 648	20.8	3.9	41.0
	1892	74 714	2 393	19.9	100 306	16.0	4.2	32.0
Eidsvold—Hamarb.	1891	4 505	100	3.4	5 464	3.2	5.5	22.1
	1892	5 430	137	4.0	6 147	3.4	4.5	25.2
Rørosbanen......	1891	19 161	1 119	8.5	37 285	6.7	3.3	58.4
	1892	18 653	1 032	7.8	32 751	6.1	3.2	55.3
Merakerbanen....	1891	61 264	5 447	61.8	153 243	45.4	2.8	88.9
	1892	47 291	4 174	56.2	116 744	39.9	2.8	88.3
Jæderbanen.......	1891	1 100	26	5.5	1 396	3.8	5.4	23.7
	1892	1 130	26	5.7	1 433	3.8	5.5	23.0
Bergen—Vossb. ..	1891	1 751	120	10.8	6 440	9.2	5.4	68.4
	1892	1 170	87	8.7	5 521	8.5	6.3	74.4
Hovedbanen......	1891	263 884	6 640	40.4	418 293	35.3	6.3	25.2
	1892	251 618	5 997	37.2	355 752	33.3	5.9	23.8
Samtlige Baner	1891	591 557	32 663	36.8	1 292 451	28.3	4.0	55.2
	1892	569 685	29 915	34.0	1 136 869	26.2	3.8	52.5

[1]) 1 pCt. af Tonkm. Fragtgods paa vedk. Bane.

[2]) 1 pCt. af Banens hele Indtægt af Fragtgods.

Den Nedgang i Transport af Trælast og Brænde som indtraadte i foregaaende Termin er fortsat ogsaa i denne Termin, idet de fleste Baner viser Nedgang. Den samlede Nedgang i Terminen udgjør ca. 22 000 t. med ca. 2.8 Millioner Tonkilometer; den hertil svarende Nedgang i Indtægter udgjør ca. Kr. 155 600.

Transport af Træmasse er i Terminen gaaet op fra ca. 162 000 t. til ca. 167 000 t. eller med ca. 5 000 t. Næst Trælast og Brænde har denne Varesort været den største Fragtgjenstand, regnet efter Antallet af befordrede Tons. Stigning i Terminen er der paa Kristiania—Drammenbanen, Drammen—Randsfjordbanen og Eidsvold—Hamarbanen. Paa Smaalensbanen er Transporten gaaet ned med ca. 4 000 t. og paa Kongsvingerbanen med ca. 1 000 t.

Af Produkter vedkommende Landbrug har Korn- og Melvarer udgjort den største Transportgjenstand med ca. 66 000 t. eller ca. 36 pCt. af den hele Transport inden Gruppen; dernæst kommer Transport af Gjødning med ca. 57 000 t.

Af levende Dyr har der i Terminen paa samtlige Baner ialt været transporteret 49 734 Stkr., hvoraf 3 249 Heste, 35 393 Hornkvæg, større Svin etc. samt 11 092 Smaafæ.

Transport af Melk og Indtægten af denne Fragtgjenstand angives i følgende Tabel for de tvende sidste Terminer:

Baner.	1890—91.		1891—92.	
	Antal Ton.	Indtægt Kr.	Antal Ton.	Indtægt Kr.
Smaalensbanen	9 341	52 031	9 749	45 105
Kongsvingerbanen	1 754	7 605	2 048	6 623
Kristiania—Drammenbanen	4 449	21 171	5 494	24 901
Drammen—Skienbanen	1 044	3 954	1 312	3 415
Drammen—Randsfjordbanen	1 337	5 871	2 183	7 776
Eidsvold—Hamarbanen	*) 1 557	7 504	*) 1 938	8 506
Rørosbanen	1 626	8 380	1 614	6 634
Merakerbanen	248	1 024	244	879
Jæderbanen	301	1 510	313	1 650
Bergen—Vossbanen	1 359	12 574	1 236	10 158
Hovedbanen	*) 7 276	50 344	*) 8 111	48 915
Samtlige Baner	*) 25 875	171 968	*) 28 246	164 562

*) Paa Eidsvold—Hamarb. og Hovedbanen (Hamar—Kristiania) har desuden været transporteret af kondenseret Melk (indbefattet i »Øvrige Varer): 1887—88 2 559 t., 1888—89 2 746 t., 1889—90 3 081 t., 1890—91 3 325 t., 1891—92 2 255 t.

Nærmere Opgaver over, hvad der af Trælast- og Melketransport, Trafik og Indtægter, kommer paa Samtrafik og Lokaltrafik, er angivet i Tab. VII & VIII.

Som betydeligere Massetransporter hørende under den 3die Varegruppe kan anføres Kul, Jern og Malme tilsammen ca. 173 000 Tons, Mursten, Tagsten og Drainsrør tilsammen ca. 25 000 Tons samt Sild og Fisk ca. 20 000 Tons.

Størrelsen af Transporten m. m. paa hver Bane af de øvrige opførte Varesorter angives i Tab. X.

De forskjellige Varesorters Betydning i Forhold til den hele Fragtgodstransport paa samtlige Baner, regnet efter Antal befordrede Tons, fremgaar af efterstaaende Oversigt[1]):

Varesorter.	1890—91.		1891—92.	
	Ton.	I pCt. af den samlede Transport af Fragtgods.	Ton.	I pCt. af den samlede Transport af Fragtgods.
Trælast og Brænde	591 557	44.23	569 685	42.61
Heraf: Planker, Bord, Lægter og Stav	296 424	22.16	281 973	21.09
Tømmer, alle Slags, ○ og □	217 557	16.27	217 941	16.30
Brænde og Baghun	77 576	5.80	69 771	5.22
Træmasse	162 254	12.13	167 158	12.50
Kul (Sten-, Træ-), Cokes og Cinders	84 598	6.33	83 587	6.25
Kornvarer og Mel, alle Slags	71 164	5 32	65 672	4 91
Gjødning, alle Slags	49 290	3.68	57 318	4.29
Malme, Erts og Kis[2])	57 371	4.29	52 084	3.90
Jern og Staal og Arbeide deraf[3])	36 896	2.76	37 223	2.78
Melk	25 875	1.93	28 246	2.11
Mursten, Tagsten og Drainsrør	20 586	1.54	24 902	1.86
Sild og Fisk	18 464	1.38	20 371	1.52
Hø og Halm	4 951	0.37	9 744	0.73
Salt	9 218	0 69	8 931	0.67
Poteter	7 365	0.55	8 526	0.64
Kjød og Flesk	8 676	0.65	8 212	0.61
Smør og Ost	6 581	0.49	6 807	0.51
Øl, alle Slags	5 530	0.41	5 634	0.42
Brændevin paa Træer	4 910	0.37	4 256	0.32
Spiger	2 215	0.17	2 341	0.18
Ikke specificerede Varer	169 997	12.71	176 396	13.19
Tilsammen	1 337 498	100.00	1 337 093	100.00

En Sammenstilling for de fem sidste Driftsaar over Transport af de forskjellige Varesorter meddeles i Tab. XVIII. 2 særskilt for hver Bane.

---

[1]) Det maa i denne Forbindelse erindres (jfr. Anmærkning til Tab. III Pag. 28), at Opgaverne over, hvad der er transporteret paa de samlede Baner, er den virkelige Transportmængde, idet, hvad der er ført over to eller flere Baner, kun er medregnet én Gang.

[2]) For 1ste Trafikdistrikt og Eidsvold—Hamarbanen samt Hovedbanens Vedkommende tillige indbefattende Kalk, Ler, Sand, Sten.

[3]) Spiger undtagen.

Rullende Materiel.

I Tabel V er meddelt Opgave over Lokomotiver og Vogne ved Terminens Slutning med nærmere Beskrivelse af disse samt Oplysning om deres Anvendelse i Terminen m. V.

Til Oversigt ang. Banernes Udstyr med Lokomotiver hidsættes nedenstaaende Sammendrag af Tab. V. 1 særlig for de sammenhængende Komplexer af samme Sporvidde:

Baner.	Antal Lokomotiver.			Heraf Tank-lokomotiver.	Paa hvert Lokomotiv kommer Kilometer Bane.
	4 koblede.	6 koblede.	Sum.		
Normalsporede Baner.					
Smaalensbanen	21	6	27	2	9.2
Kongsvingerbanen	7	5	12	2	10.2
Eidsvold—Hamarbanen	4	1	5	-	11.7
Hovedbanen	16	7	23	5	2.9
Sum	48	19	67	9	7.4
Merakerbanen	5	4	9	2	11.8
Hovedsum	53	23	76	11	7.9
Smalsporede Baner.					
Kristiania—Drammenbanen	9	[1]) 2	11	10	4.8
Drammen—Skienbanen	14	-	14	10	11.1
Drammen—Randsfjordbanen	11	5	16	12	9.0
Sum	34	[1]) 7	41	32	8.6
Hamar—Grundset	3	2	5	3	7.6
Grundset—Aamot	1	-	1	1	26.3
Støren—Aamot	13	3	16	8	19.9
Trondhjem—Støren	4	3	7	4	7.3
Sum	21	8	29	16	14.9
Jæderbanen	5	-	5	5	15.3
Bergen—Vossbanen	6	-	6	6	18.0
Hovedsum	66	[1]) 15	81	59	12.0

Ved Terminens Begyndelse var Lokomotivernes Antal 150, af nye Lokomotiver er i Terminen tilkommet 7, hvoraf ved Smaalensbanen 4 Stkr., nemlig 2 Compoundtenderlokomotiver, 1 sexkoblet Tenderlokomotiv og 1 sexkoblet Tanklokomotiv, ved Kongsvingerbanen 1 sexkoblet Tenderlokomotiv og ved Eidsvold—Hamarbanen ligeledes 1 sexkoblet Tenderlokomotiv. Ved Hovedbanen er tilkommet 1 firkoblet Tanklokomotiv. Ialt fandtes saaledes ved Terminens Udgang 157 Lokomotiver, hvorefter der paa hvert Lokomotiv i Gjennemsnit kommer 10.0 km. Bane.

[1]) Heri medregnet 1 ottekoblet Maskine

Til Oversigt over Banernes Udstyr med Vogne ved Terminens Slutning hidsættes efterstaaende Opgaver efter Tab. V. 2 i Sammendrag, særlig for de sammenhængende Komplexer af samme Sporvidde:

Baner.	Personvogne og Personstoppevogne. Antal Vogne. 2-axlede.	Personvogne og Personstoppevogne. Antal Vogne. 4-axlede.	Personvogne og Personstoppevogne. Antal Axler[2]).	Postvogne. Antal Vogne. 2-axlede.	Postvogne. Antal Vogne. 4-axlede.	Postvogne. Antal Axler[3]).	Godsvogne og Godsstoppevogne. Antal Axler[4])	Tilsammen. Antal Axler.	Antal Pladse. Ialt.	Antal Pladse. Pr. km.	Lasteevne. Ton. Ialt.	Lasteevne. Ton. Pr. km.
Normalsporede Baner.												
Smaalensbanen........	86	11	222	6	4	22	1 052	1 296	3 747	15.0	5 502	22.1
Kongsvingerbanen.....	35	6	94	3	-	6	948	1 048	1 136	9.3	4 318	35.4
Eidsvold—Hamarb......	10	3	32	-	-	-	220	252	540	9.2	1 067	18.3
Hovedbanen..........	59	3	130	-	-	-	1 340	1 470	1 758	27.1	6 299	95.1
Sum	190	23	478	9	4	28	3 560	4 066	7 181	14.6	17186	34.9
Merakerbanen........	17	4	55	1	2	5	418	478	904	8.8	2 098	19.8
Hovedsum	207	27	533	10	6	33	3 978	4 544	8 085	13.5	19284	32.2
Smalsporede Baner.												
Kristiania—Drammen..	52	10	144	-	-	-	436	580	1 673	31.6	1 299	24.6
Drammen—Skien......	[1]) 14	26	137	-	5	10	546	693	1 995	12.8	1 809	11.6
Drammen—Randsfjb...	[1]) 37	6	99	-	2	4	1 032	1 135	1 296	9.0	3 155	22.0
Sum	103	42	380	-	7	14	2 014	2 408	4 964	14.1	6 263	17.8
Hamar—Grundset.....	8	-	16	1	-	2	106	124	172	4.5	273	7.2
Grundset—Aamot.....	-	1	4	-	-	-	-	4	44	1.7	-	-
Støren—Aamot.......	31	11	106	-	4	8	692	806	1 435	4.5	2 338	7.4
Trondhjem—Støren...	10	4	36	1	2	6	190	232	471	9.2	551	10.8
Sum	49	16	162	2	6	16	988	1 166	2 122	4.9	3 162	7.3
Jæderbanen..........	29	-	58	-	-	-	84	142	806	10.7	207	2.7
Bergen—Vossb.......	8	15	78	2	-	2	94	174	948	8.8	303	2.8
Hovedsum	189	73	678	4	13	32	3 180	3 890	8 840	9.1	9 935	10.2

Samtlige Godsvogne er toaxlede; de øvrige Vogne er dels to, dels tre eller fireaxlede, undtagen ved Jæderbanen, hvor der kun haves toaxlede Vogne.

---

[1]) Heri 1 treaxlet Vogn.

[2]) Foruden Antal Axler af de opførte Person- og Personstoppevogne er heri tillige indbefattet Antal Personvognaxler i kombinerede Person- & Postvogne, nemlig ved Smaalensbanen 6 Axler, ved Merakerbanen 5, ved Drammen—Skienbanen 4 samt ved Bergen—Vossbanen 2 Axler.

[3]) Personvognaxler i kombinerede Person- & Postvogne heri ikke indbefattet, jfr. foreg. Anmærkning; det samme er Tilfældet med Godsstoppevognaxler i kombinerede Post- & Stoppevogne, jfr. følgende Anmærkning.

[4]) Heri medregnet Stoppevognaxler i kombinerede Post- & Stoppevogne, nemlig ved Drammen—Skienbanen 6 Axler, ved Drammen—Randsfjordbanen 4, ved Støren—Aamotbanen 8 Axler samt ved Trondhjem—Størenbanen 4 Axler.

I Terminen er Antallet af Personvogne og Pladse undergaaet saadan Forandring:

Ved Kongsvingerbanen er tilkommet 2 Bogievogne, Litr. AB, hvorved Pladsenes Antal er forøget fra 1 064 til 1 136. Ved Kristiania—Drammenbanen er 4 Vogne Litr. C forandrede til CF, hvorved Pladsenes Antal er gaaet ned fra 1 705 til 1 673. Ved Jæderbanen er 1 Vogn, Litr. CF, forandret til Litr. DF (d. e. Personkupéen omdannet til Postkupé), hvorved Pladsenes Antal er gaaet ned fra 814 til 806. Ved Hovedbanen er i hver af 8 Vogne Litr. C borttaget 10 Pladse, paa Grund af Forandring til Gjennemgangsvogne, hvorved Pladsenes samlede Antal er gaaet ned fra 1 838 til 1 758. For samtlige Baner var Antallet af Pladse ved Udgangen af Terminen 16 925 eller gjennemsnitlig 10.8 pr. Kilometer Bane.

Antal Godsvogne er i Terminen undergaaet saadan Forandring:

Ved Smaalensbanen er tilkommet 4 Godsstoppevogne Litr. F, ved Kongsvingerbanen 40 lukkede Godsvogne Litr. G og 28 Stakevogne Litr. N. Ved Drammen—Randsfjordbanen er tilkommet 20 høikassede Godsvogne Litr. L, hvorhos 20 Vogne Litr. N er ombyggede fra Trælastvogne uden Svingbolster til Stakevogne. Ved Støren—Aamotbanen er 10 Trælast- og Malmvogne Litr. P ombyggede til Stakevogne Litr. N. Ved Merakerbanen er tilkommet 2 Godsstoppevogne Litr. F, hvorhos 19 Trælastvogne med Svingbolster Litr. K er ombyggede til lavkassede Godsvogne Litr. L. Ved Hovedbanen er tilkommet 34 lukkede Godsvogne Litr. G, 15 høikassede Godsvogne Litr. L og 10 Stakevogne Litr. N, hvorhos 6 Trælastvogne med Svingbolster Litr. K. er ombyggede til høikassede Godsvogne Litr. LL.

For samtlige Baner var Lasteevnen ved Udgangen af Terminen 29 219 t. eller gjennemsnitlig 18.6 t. pr. Kilometer Bane.

Til rullende Materiel var ved Terminens Udgang anvendt Kr. 15 567 141 (jfr. Tabel II.2, Col. 14).

Lokomotiverne har i Terminen (jfr. Tabel V.3, Col. 61—70) ialt kjørt 5 513 362 km., hvoraf paa fremmede Baner (svenske Baner) 67 980 km. Af de kjørte Distancer er 58 890 km. til Banernes Vedligehold og Ryddiggjørelse samt 5 454 472 km. til Trafikens Bestridelse, hvoraf 4 818 312 km. er kjørt i Tog, medens 112 581 km. er kjørt uden Tog, og 523 579 km. er Skiftning paa Stationerne.

Samtlige Vogne har i Terminen (jfr. Tab. V.5, Col. 101—104) tilsammen løbet 113 053 450 Axelkilometer, nemlig: Personvogne 39 604 626, Godsvogne 54 549 496, Stoppevogne (Person- og Gods-) 15 347 348 og Postvogne 3 551 980 Axelkm.

Til nærmere Oversigt angaaende det rullende Materiels Anvendelse i Terminen meddeles følgende Sammenstilling efter Tab. V.3 & V.5, over hvad hvert Lokomotiv i Gjennemsnit har løbet, samt gjennemløbne Distancer pr. Vognaxel af de forskjellige Slags Vogne, særskilt for de sammenhængende Komplexer af samme Sporvidde:

Materiel tilhørende.	Gjennemløbne Distancer i Kilometer.				
	Gjennemsnitlig pr. Lokomotiv.	Personvogne.	Postvogne.	Stoppevogne.	Godsvogne.
		Gjennemsnitlig pr. Vognaxel.			
Normalsporede Baner.					
Smaalensbanen	40 580	48 245	67 508	50 679	9 531
Kongsvingerbanen	29 746	40 382	7 720	50 134	6 784
Eidsvold—Hamarbanen	30 336	36 932	-	51 470	8 727
Hovedbanen	24 636	34 205	-	27 290	6 201
I Gjennemsnit	32 401	42 889	54 223	39 475	7 178
Merakerbanen	32 758	30 178	25 793	39 024	9 081
Smalsporede Baner:					
Banerne i 2det Trafikdistrikt	41 869	31 466	68 647	52 540	8 195
Rørosbanen	33 834	35 818	66 417	36 971	10 835
Jæderbanen	31 551	14 424	-	30 121	7 993
Bergen—Vossbanen	43 289	23 751	-	73 575	11 733

Banerne og deres Vedligehold.

I Tab. VI er givet en Oversigt over de vigtigste tekniske Forhold ved samtlige Baner, hvad angaar Stignings- og Krumningsforhold (Tab. VI. 1), Planeringsarbeider med Tunneler, Broer etc. (Tab. VI. 2), Stationsanlæg (Tab. VI. 3) samt Overbygningen (Tab. VI. 4), — alt i Tilslutning til de tilsvarende Opgaver i Storthingsprp. No. 52, 1881, Tab. II, hvor Opgaverne refererer sig til Udgangen af Terminen 1878—79 samt omfatter alene de ved nævnte Tidspunkt i Drift værende Baner, imedens foreliggende Opgaver refererer sig til Udgangen af Terminen 1891—92 og omfatter saaledes de senere tilkommende Baner samt Udvidelser og Forbedringer vedkommende Stationsarrangements, Ombygning af Træbroer til Jernbroer, Udvidelse af Sidespor, Omlægninger m. V.

Som Supplement til Opgaverne over Stignings- og Krumningsforhold meddeles i efterstaaende Tabel en Beregning over Banernes **virtuelle Længder**, virtuelle Forholdstal og største virtuelle Koefficient*):

Baner.	Banelængde.	Virtuelle Længde.		Virtuelle Forholdstal.		Største virtuelle Koefficient.	
		Op.	Ned [1]).	Op.	Ned [1]).	Op.	Ned [1]).
	km.	km.	km.				
Smaalensbanen:							
1. Kristiania—Rigsgr. (v. Linie)	170.1	329	266	1.9	1.6	9.4	5.3
Hvoraf: Kristiania—Ski	24.3	78	24	3.2	1.0	5.1	4.3
Ski—Sarpsborg	85.1	109	153	1.3	1.8	4.9	5.1
Sarpsborg—Fredrikshald	27.2	36	41	1.3	1.5	4.8	4.8
Fredrikshald—Grændsen	33.5	106	48	3.2	1.4	9.4	5.3
2. Ski—Sarpsborg (østre Linie)	79.0	141	180	1.8	2.3	5.9	5.6
Kongsvingerbanen	114.6	138	130	1.2	1.1	2.9	3.0
Kristiania—Drammen	52.9	112	108	2.1	2.0	5.9	6.7
Drammen—Skien (Hovedlinie)	148.6	300	294	2.0	2.0	8.0	5.8
Skopum—Horten (Sidelinie)	7.2	6	23	0.8	3.2	7.1	8.0
Drammen—Randsfj. (Hovedl.)	89.3	188	132	2.1	1.5	7.3	6.2
Hougsund—Kongsberg (Sidel.)	27.9	93	39	3.3	1.4	7.3	5.1
Vikersund—Krøderen (do.)	26.3	91	63	3.5	2.4	9.8	7.1
Eidsvold—Hamar	58.4	100	97	1.7	1.7	5.1	6.0
Rørosbanen	433.4	739	776	1.7	1.8	7.9	10.2
Hvoraf: Hamar—Grundset	38.1	84	52	2.2	1.4	5.2	6.4
Grundset—Aamot	26.4	43	28	1.6	1.1	4.0	4.1
Aamot—Tønset	156.8	300	182	1.9	1.2	5.1	5.0
Tønset—Støren	161.0	207	385	1.3	2.4	5.1	6.3
Trondhjem—Støren	51.1	105	129	2.1	2.5	7.9	10.1
Merakerbanen	102.3	331	107	3.2	1.0	8.3	4.1
Jæderbanen	76.3	128	129	1.7	1.7	5.7	5.7
Bergen—Vossbanen	106.7	204	228	1.9	2.1	9.2	9.0
Hovedbanen	67.8	153	101	2.3	1.5	9.9	7.2
Hvoraf: Kristiania—Lillestrøm	21.2	76	31	3.6	1.5	9.9	7.2
Lillestrøm—Eidsvold	46.6	77	70	1.7	1.5	5.2	5.1

*) En Jernbanes «virtuelle» Længde betegner Længden af en forøvrigt ensartet, men horizontal og retliniet Bane, der skulde give samme Arbeide for Trækkraften som den givne med sine Stigninger og Krumninger. Dette virtuelle Forholdstal angiver, hvormange Gange længere denne imaginære Bane vilde blive end den virkelige; medens største virtuelle Koefficient giver det Antal Gange, som Modstanden i Banens ugunstigste Partier er større, end den vilde være paa horizontal og retliniet Bane. Beregningerne er udført efter Lindner's Methode.

[1]) «Ned» betegner Retningen til Kristiania? for Jæderbanen og Bergen—Vossbanen, der ikke staar i direkte Forbindelse med Kristiania, følgelig Retningen henholdsvis Stavanger—Ekersund og Bergen—Voss.

Alle Baner er anlagte med enkelt Spor, hvoraf 592 km. med 1.435 m. Sporvidde og 970 km. med 1.067 m. Sporvidde. Foruden Længden af det gjennemgaaende Hovedspor, 1 562 km., forekommer paa og udenfor Stationernes Sidespor, hvis samlede Længde beløber sig til 212 km. for samtlige Baner, eller ca. 14 pCt. af Hovedsporets Længde.

Til Forbindelse mellem Hovedspor og Sidespor er 1 280 Sporvexlinger indlagte.

Et Sammendrag for hver Bane over samlet Sporlængde, med Opgave over Skinner af Jern og af Staal samt den anvendte Skinnevægt, indeholdes i følgende Tabel:

Baner.	Sporvidde.	Samlet Sporlængde.	Skinner.				Sleepers.
			af Jern.		af Staal.		
				Skinnevægt pr. løb. m.		Skinnevægt pr. løb. m.	
	Meter.	km.	km.	kg.	km.	kg.	Antal.
Smaalensbanen	1.435	280.5	337.5	25.00—29.76	223.5	27.28—29.76	335 080
Kongsvingerbanen ..	«	134.1	131.5	30.75	136.7	30.00	166 437
Kr.ania—Dr.menb. ..	1.067	65.0	10.1	19.84	119.8	19.84—22.32	95 614
Dr.men—Skienbanen	«	169.7	23.7	17.36—19.84	315.6	« — «	246 926
Dr.men—Randsfjb.[1]).	«	173.2	134.4	« — «	211.9	« — «	253 889
Eidsv.—Hamarb.[2]) ..	1.435	67.2	4.8	« —18.35	129.6	19.84—27.28	74 476
Rørosbanen	1 067	456.8	641.0	« —20.34	272 7	17.36—27.28	662 244
Merakerbanen[3])	1.435	123 2	31.4	« —29.76	221.2	19.84—27.28	144 270
Jæderbanen	1 067	81.4	150.9	17.36	11.9	17.36—17.53	128 425
Bergen—Vossbanen .	«	114.4	24.7	«	204.0	17.36	158 600
Hovedbanen[4])	1.435	108.7	44.8	29.76	172.6	29.76	138 334
Samtlige Baner ...	-	1774.2	1534.8	-	2019.5	-	2404304

Ved samtlige Baner anvendes Vignolskinner med bred Basis, der ligger uden Undtagelse paa Tværsleepers af Træ; alle Skinner er lagte med svævende Skjøder.

Den samlede Sporlængde af Staalskinner var ved Udgangen af Terminen 1891—92 1 009.8 km. eller ca. 65 pCt. af Hovedsporets Længde, hvoraf 465.8 km. var indlagt ved Banens Anlæg, imedens Resten, 544.0 km., er tilkommet ved Ombytning under Driften fra Jern til Staal.

I Forbindelse med Jernbanerne staar endvidere private Sidespor til samlet Længde 41.3 km.

Oplysning om **Udgifter til Banernes Vedligehold** indeholdes i Tabel IV, Col. 68—73, hvortil slutter sig en nærmere Specifikation i Tab. VI. 5 tilligemed Opgave over Ombytning af Skinner og Sleepers i Tab. VI. 6.

[1]) Drammen Fællesstation indbefattet.
[2]) Hamar Fællesstation indbefattet.
[3]) Trondhjem Fællesstation heri indbefattet.
[4]) Kristiania og Lillestrøm Fællesstationer indbefattet.

Af Baneafdelingens Udgifter i Terminen, Kr. 2 394 024, kommer Kr. 2 190 987 paa Vedligehold af Linie med Bygninger og Telegraf samt Bevogtning. Den væsentlige Del heraf falder paa Vedligehold af Linie og Stationspladse med Kr. 1 783 600, nemlig Materialier Kr. 650 230, Lønninger Kr. 1 133 370, hvori dog er indbefattet Udgifter til den ordinære Bevogtning paa Linien. Til særligt Bevogtningspersonale (Bro-, Tunnel- og Grindvogtere) er medgaaet Kr. 50 751. Til Vedligehold af Bygninger og Vandstationer samt andre Indretninger paa Stationerne, Vedligehold af Værksteder og hvad dertil hører dog ikke medregnet, er medgaaet Kr. 158 454 samt til Telegrafens Vedligehold Kr. 31 798.

Udgifter til Sne- og Isrydning (jfr. Tab. VI. 5 Col. 132) varierer forholdsvis betydeligt fra Aar til andet, beroende paa Vinterens Beskaffenhed; i Terminen 1891—92 har denne Udgift udgjort Kr. 96 793 (pr. km. Kr. 61) mod Kr. 46 806 i den foregaaende Termin (pr. km. Kr. 30). (Jfr. Anm. til Tab. VI, 5, Col. 132, d).

Regnet pr. Kilometer var de samlede Udgifter til Baneafdelingen i Terminen 1891—92 Kr. 1 517 mod Kr. 1 466 i foregaaende Termin.

Den i Driftsaaret foretagne Ombytning af Skinner og Sleepers (Tab. VI. 6) fordeles paa de enkelte Linier saaledes:

Baner.	Ombytning af Skinner.				Ombytning af Sleepers.	
	Af nye Jernskinner er indlagt. km.	Af nye Staalskinner er indlagt. km.	Tilsammen.		Stkr.	[2]) pCt. af samlet Antal.
			Ombyttet. km.	pCt.[1])		
Smaalensbanen	-	21.642	21.642	3.9	40 070	12.0
Kongsvingerbanen	-	10.136	10.136	3.8	17 781	10.7
Kristiania—Drammenbanen	-	10.429	10 429	8.0	11 204	11.8
Drammen—Skienbanen	-	0.173	0 173	0.05	24 015	9.7
Drammen—Randsfjordbanen	-	10.468	10.468	3.0	42 170	16.7
Eidsvold—Hamarbanen	-	0.095	0.095	0.07	3 969	5.3
Rørosbanen	0.044	32.960	33.004	3.6	49 527	7.6
Merakerbanen	-	0.096	0.096	0.04	11 466	8.1
Jæderbanen	-	4.587	4.587	2.8	9 094	7.1
Bergen—Vossbanen	0.070	0.158	0.228	0.1	21 494	13.6
Hovedbanen	0.425	2.696	3.121	1.4	5 181	3.8
Samtlige Baner	0.539	93.440	93.979	2.6	235 971	9.9

De i Terminen nye indlagte Skinner med Sporskifter og Krydsninger har efter Fradrag af kasserede Skinner tilsammen kostet Kr. 230 670 og nye indlagte Sleepers Kr. 195 719.

[1]) 1 pCt. af Terminens midlere Skinnelængde.
[2]) 1 pCt. af Antal Sleepers ved Terminens Begyndelse.

Opgaver vedkommende Jernbanernes Telegraf indeholdes i Tab. XVI, hvoraf fremgaar, at den samlede Længde af Telegraflinier ved Terminens Udgang var 1 585 km. med 2 803 km. Traadlængde, og samlet Betjening 197 Personer. Paa Jernbanernes Linier var i Terminen befordret 112 275 private Telegrammer, hvoraf 76 683 alene befordrede paa Jernbanernes Linier, Resten 35 592 tillige befordrede paa Statstelegrafen. Endvidere befordredes 146 489 Tjenestetelegrammer. Banernes Indtægt af private Telegrammer opgik til Kr. 57 674*) og Udgifter til Drift og Vedligehold Kr. 191 092.

Personale.

I Tabel XVII er meddelt Opgave over de ved Udgangen af Terminen ansatte Personer, der enten er aflønnede efter de af Statsmyndighederne (for Statsbanerne) bestemte Lønningsregler eller er Medlemmer af den for Statsbanerne fælles Pensionskasse og vedkommende Understøttelseskasse. Dette Personale udgjorde for Statsbanerne 2 539 og for Hovedbanen 509.

Pensions- og Understøttelseskasser.

Særskilte Pensionskasser, hvis Formaal er at sikre vedkommende Funktionær en i Forhold til hans Løn og Tjenestetid bestemt Pension, har bestaaet ved de forskjellige Statsbaner, indtil Storthinget i 1890 i det Væsentlige bifaldt den Kgl. Prop. af 1884 om Oprettelse af en fælles Kasse: «De norske Statsbaners Pensionskasse» (kfr. Driftsberetningen 1889—90, Pag. XXXVIII). Bestyrelsen er underlagt Styrelsen for Statsbanerne. Statuterne for Kassen findes indtagne i Driftsberetningen for 1889—90.

For Hovedbanens Pensionskasse gjælder fra 1ste Jnli 1890 nye Statuter, der i alt Væsentligt er overensstemmende med Statuterne for førnævnte Statsbaners Pensionskasse. Bestyrelsen er underlagt Hovedbanens Direktion.

Særskilt for Statsbanernes 1ste, 2det, 5te og 6te Trafikdistrikt samt fælles for 3die og 4de er oprettet Understøttelseskasser, hvis Hensigt er at yde Enker samt undtagelsesvis ogsaa Pensionister Hjælp i særlige Tilfælde af Trang, men saaledes, at dette sker i Form af Gratiale uden nogen bindende Regel i Henseende til Vedkommendes Berettigelse eller Beløbets Størrelse.

Understøttelseskasserne har havt samme Bestyrelse som Pensionskasserne indtil 1ste Juli 1890, og bestaar for Understøttelseskassernes Vedkommende fremdeles de ved Kgl. Resol. af 7de Juni 1880 for Pensions- og Understøttelseskasserne etablerede Bestyrelser.

Ved Hovedbanen findes lignende Understøttelseskasse, hvis Bestyrelse er underlagt Hovedbanens Direktion.

---

*) Taxten for Telegrammer var indtil $^{31}/_{12}$ 87 1 Kr. for indtil 15 Ord med Tillæg af 10 Øre for hvert 3 Ord mere; den blev forandret fra 1ste Januar 1888 til 50 Øre for indtil 10 Ord med Tillæg af 5 Øre for hvert Ord mere.

I Tabel XV er meddelt Opgave over de bestaaende Kassers Status pr. 30te Juni 1892, hvoraf vil sees, at Pensionskassernes Beholdning udgjorde Kr. 2 905 504 (Statsbanernes Pensionskasse Kr. 2 185 744), Understøttelseskassernes Kr. 832 932 (Statsbanernes Kr. 697 206).

Uheld.

I Tab. XX er meddelt Opgave over Uheld og Ulykkestilfælde.

Af denne fremgaar det, at der er tilstødt routegaaende Tog tolv Uheld: 3 paa fri Linie og 9 indenfor Stationernes Omraade. Af disse var 5 Afsporinger (2 paa fri Bane og 3 paa Station), 5 Sammenstød mellem Trafiktog og Materiel paa Station; to Tilfælde, hvoraf 1 paa fri Bane og 1 paa Station skyldtes andre Aarsager.

Ved disse Uheld er ingen Reisende omkommen eller skadet. Af Jernbanebetjente ved Tog- og Rangeringstjeneste er 1 omkommet (klemt mellem 2 Buffere ved Tilkobling af Vogne) og 6 skadede mer eller mindre, dels ved Rangering og dels paa anden Maade. Af andre Tjenestemænd i anden Tjeneste er 1 bleven skadet (1 Baneformand paa Dressin). Af andre Personer end ovennævnte samt af ikke tjenstgjørende Jernbanepersonale er under den ordinære Togdrift 5 Personer omkomne og 7 Personer mer eller mindre skadede. Af disse er der formedelst Sindssygdom, Drukkenskab eller anden Utilregnelighed omkommet 1 Person og kommet tilskade 6.

Ialt er der altsaa under den egentlige Jernbanedrift omkommet 6 Personer og 14 Personer er bleven mer eller mindre skadede.

Ved ovennævnte Uheld er desuden 1 Lokomotiv og 3 Vogne betydeligt skadede under en Afsporing paa Grund af 1 Stenras, og 8 Lokomotiver samt 48 Vogne er af forskjellige Aarsager ubetydeligt skadede.

Ved forskjellige Gjøremaal for Jernbanedriften udenfor den egentlige Togdrift er 51 Personer komne mer eller mindre tilskade.

Tabeller.
Tableaux.

Anmærkning til Tabellerne.

I. Hvor i Tabellerne tomme Rubrikker forekomme, betegner det enten, at vedkommende Opgaver savnes, hvilket betegnes ved en horizontal Streg i Rubrikken, eller at Colonnen er Banen uvedkommende, hvilket i Rubrikken er betegnet ved et Punkt.

II. Bemærkningen «(I Col. . .)» betyder, at den her manglende Opgave er indbefattet i den Colonne, hvortil Parenthesen henviser, og at en Deling paa de enkelte Colonner ikke har kunnet finde Sted.

III. Bogstaverne a, b, c . . ved Siden af Tallene i Tabellerne antyde, at nærmere Oplysninger til samme indeholdes i de Anmærkninger, der ledsage de enkelte Tabeller.

Tabel I.
Stationer og Stoppesteder ved Udgangen af Terminen.
Les stations et les haltes des lignes à la fin du terme.

Banernes Navn. Désignation des chemins de fer.	Stationer og Stoppesteder [1]). Stations et haltes.	Høide over Havet. Hauteur au dessus du niveau de la mer. m.	Beliggenhed. Situation. Afstand fra Kristiania. Distance de Kristiania. km.	Afstand fra foregaaende Station. Distance de la station précédente. km.	Herred. Commune rurale.	Amt. Préfecture.
Statsbanerne.						
1ste Trafikdistrikt.						
Smaalensbanen. (Vestre Linie, Kr.ania-Rigsgrændsen).	Kristiania Ø.	3	0	-	-	Kristiania.
	Bækkelaget	15	4	4	Aker	Akershus.
	Nordstrand HP[2])	—	6		do.	do.
	Lian	51	8	4	do.	do.
	Oppegaard	98	18	10	Næsodden	do.
	Ski	129	24	6	Kraakstad	do.
	Aas	94	32	8	Aas	do.
	Vestby	59	39	7	Vestby	do.
	Soner	25	48	9	do.	do.
	Moss Værk LP *	—	59	·	do.	do.
	Moss	4	60	12	-	Smaalenene.
	Dilling	27	65	5	Rygge	do.
	Rygge	26	69	4	do.	do.
	Raade	18	77	8	Raade	do.
	Onsø	4	87	10	Onsø	do.
	Fredrikstad	8	94	7	-	do.
	Lisleby HP	15	98	·	Glemminge	do.
	Greaker	8	103	9	Tune	do.
	Sannesund	25	107	4	do.	do.
	Sarpsborg	38	109	2	-	do.
	Skjeberg	3	119	10	Skjeberg	do.
	Døle HP	—	126	·	do.	do.
	Berg	11	131	12	Berg	do.
	Sagbrugsforeningens LP *	—	136	·	do.	do.
	Fredrikshald	3	137	6	-	do.
	Tistedalen	83	141	4	Id	do.
	Aspedammen	172	150	9	do.	do.
	Præstebakke	161	159	9	do.	do.
	Kornsø	145	169	10	do.	do.
(Østre Linie, Ski-Sarpsborg).	Ski	129	24	-	Kraakstad	Akershus.
	Kraakstad	93	30	6	do.	do.
	Tomter	98	37	7	Haabøl	Smaalenene.
	Spydeberg	107	45	8	Spydeberg	do.
	Askim	130	53	8	Askim	do.
	Slitu	132	59	6	Eidsberg	do.
	Mysen	107	64	5	do.	do.
	Eidsberg	153	69	5	do.	do.
	Rakkestad	103	79	10	Rakkestad	do.
	Gautestad	124	85	6	do.	do.
	Ise	40	97	12	Skjeberg	do.
	Sarpsborg	38	105	8	-	do.

[1]) HP bet. Holdeplads alene for Reisende.
LP « Lasteplads alene for Vognladningsgods.
HLP « Holdeplads for Reisende og Vognladningsgods.

[2]) Fra 1ste Januar 1892 har Nordstrand egen Expedition, forhen underlagt Lian Station.

[3]) * angiver, at Stoppestedet (Sidesporet) med Hensyn til Regnskabsaflæggelse er underlagt den i Tabellen efterfølgende Station; hvor ingen * er anbragt, underligger Stoppestedet (Sidesporet) den nærmest foranstaaende Station.

Tabel I (Forts.). Stationer og Stoppesteder

Banernes Navn.	Stationer og Stoppe-steder.	Beliggenhed. Høide over Havet m.	Afstand fra Kristiania, km.	Afstand fra foregaaende Station. km.	Herred.	Amt.
Kongsvingerbanen. (Lillestrøm-Kongsvinger-Rigsgrændsen).	Lillestrøm	108	21	3	Skedsmo	Akershus.
	Nerdrum LP	—	28	-	Fet	do.
	Lund LP *	—	28	-	do.	do.
	Fetsund	105	29	8	do.	do.
	Varaaen LP	—	30	-	do.	do.
	Blakjer	114	42	13	Urskoug	do.
	Haga	126	49	7	Næs	do.
	Aarnæs	127	58	9	do.	do.
	Funnefos LP *	—	65	-	do.	do.
	Sæterstøen	135	67	9	do.	do.
	Disenaaen HLP	—	73	-	do.	do.
	Skarnæs	138	79	12	SøndreOdalen	Hedemarken.
	Sander	142	87	8	do.	do.
	Galterud HLP	—	92	-	do.	do.
	Kongsvinger	147	100	13	Vinger	do.
	Vingersoen LP	—	101	-	do.	do.
	Sjøli LP	—	107	-	do.	do.
	Aabogen	145	112	12	Eidskog	do.
	Eidskog	135	122	10	do.	do.
	Skotterud	129	127	5	do.	do.
	Magnor	131	133	6	do.	do.
	(Eda LP)[1] *	—	137	-		-
	(Charlottenberg)[2]	126	143	10	-	-
2det Trafikdistrikt. **Kr.ania-Drammen.**	Kristiania V.	2	0	-	-	Kristiania.
	Skarpsno HP	2	2	-	-	do.
	Bygdø	2	3	3	Aker	Akershus.
	Bestum HP	11	4	-	do.	do.
	Lysaker	12	6	3	Bærum	do.
	Stabæk HP *	20	8	-	do.	do.
	Høvik	23	10	4	do.	do.
	Sandviken	12	13	3	do.	do.
	Kampebraat. LP	16	14	-	do.	do.
	Slæbende HP *	33	15	-	do.	do.
	Hvalstad	67	20	7	Asker	do.
	Asker	104	23	3	do.	do.
	Sætre LP *	100	28	-	do.	do.
	Heggedal	99	29	6	do.	do.
	Kjækstad LP *	109	33	-	Røken	Buskerud.
	Røken	116	34	5	do.	do.
	Spikestad HLP	139	37	-	do.	do.
	Lier	23	46	12	Lier	do.
	Brageroen HP[3])	2	51	-	-	do.
	Holmen LP *	3	52	-	-	do.
	Drammen	2	53	7	-	do.
Drammen-Skien. (Hovedlinie).	Drammen	2	53	-	-	Buskerud.
	Gundesø HP	80	62	-	Skouger	Jarlsberg & Laurvi[k]
	Skouger	76	63	10	do.	do.
	Galleberg	35	69	6	Sande	do.
	Sande	16	73	4	do.	do.
	Holm HP	24	77	-	do.	do.
	Holmestrand	5	86	13	-	do.
	Nykirke	79	96	10	Borre	do.
	Skopum	40	100	4	do.	do.
	Augedal	57	103	3	do.	do.

1) Lasteplads paa hin Side Rigsgrændsen; i Forbindelse med Kongsvingerb. drives den 7 km lange Strækning af de svenske Statsbaner fra Rigsgrændsen til Charlottenberg. 2) Svensk Tilslutningsstation. 3) Bragerøen har egen Expedition.

Banernes Navn.	Stationer og Stoppesteder.	Beliggenhed. Høide over Havet. m.	Afstand fra Kristiania. km.	Afstand fra foregaaende Station. km.	Herred.	Amt.
	Barkaker	47	109	6	Sæm	Jarlsberg & Laurv.
	Tønsberg	4	115	6	-	do.
	Sæm	14	[1]) 121	6	Sæm	do.
	Stokke	58	128	7	Stokke	do.
	Raastad	39	135	7	Sandeherred	do.
	Sandefjord	15	139	4	-	do.
	Joberg	24	144	5	Sandeherred	do.
	Tjødling	26	149	5	Tjødling	do.
	Grotting HP *	7	155	-	do.	do.
	Laugen LP *	3	156	-	Hedrum	do.
	Laurvik	2	158	9	-	do.
	Tjose	32	169	11	Brunlanæs	do.
	Aaklungen	45	182	13	Eidanger	Bratsberg
	Nordal LP *	77	186	-	do.	do.
	Birkedalen	72	188	6	do.	do.
	Eidanger	40	192	4	do.	do.
	Porsgrund	6	195	3	-	do.
	Osebakke HP	11	197	-	Porsgrund	do.
	Borgestad HP *	8	198	-	Gjerpen	do.
	Bøhle HP *	13	200	-	do.	do.
	Skien	3	204	9	-	do.
Sidelinie: Skopum—Horten).	Skopum	40	100	-	Borre	Jarlsberg & Laurv.
	Borre	26	103	3	do.	do.
	Horten	3	107	4	-	do.
Drammen—Randsfj. (Hovedlinie).	Gulskogen	8	56	3	Skouger	Jarlsberg & Laurv.
	Pukerud LP	7	58	-	do.	do.
	Narverud LP	14	59	-	Eker	Buskerud
	Mjøndalen	5	64	8	do.	do.
	Hougsund	8	70	6	do.	do.
	Burud	43	75	5	do.	do.
	Skotselven	17	80	5	do.	do.
	Aamot	23	86	6	Modum	do.
	Embretfos LP	33	87	-	do.	do.
	Gjethus	66	92	6	do.	do.
	Vikersund	67	96	4	do.	do.
	Nakkerud	74	105	9	Hole	do.
	Skjærdalen	79	111	6	do	do.
	Veholdt LP *	73	115	-	Norderhov	do.
	Ask	69	118	7	do	do
	Hønefos	96	124	6	-	do.
	Hofsfos LP	112	126	-	Norderhov	do.
	Røsholm LP	120	127	-	do.	do.
	Bægna LP	136	128	-	do.	do.
	Aadalen LP *	143	129	-	Aadalen	do.
	Heen	157	131	7	do.	do.
	Marigaard LP[2])	199	137	-	Norderhov	do.
	Randsfjord	141	142	11	Jevnaker	Kristians.
(Sidelinie: Hougsund—Kongsberg).	Hougsund	8	70	-	Eker	Buskerud.
	Vestfossen	23	75	5	do.	do.
	Flesager LP	26	78	-	do.	do.
	Darbo	60	81	6	do.	do.
	Krekling	126	85	4	do	do.
	Teigen LP	161	88	-	do.	do.
	Skollenborg	163	92	7	Sandsvær	do
	Laugerud LP	166	94	-	do.	do
	Kongsberg	149	98	6	-	do.

[1]) Sidelinien til Tønsberg heri indbefattet. [2]) Underlagt Randsfjord for Transport i Retning Randsfjord.

Banernes Navn.	Stationer og Stoppesteder.	Beliggenhed.				
		Høide over Havet. m.	Afstand fra Kristiania. km.	Afstand fra foregaaende Station. km.	Herred.	Amt.
(Sidelinie: Vikersund—Krøderen).	Vikersund	67	96	-	Modum	Buskerud.
	Hære HP *	165	101	.	do.	do.
	Hole HLP[1]) *	146	104	.	do.	de.
	Snarum	176	108	12	do.	do.
	Grina LP	162	111	-	do.	do.
	Uhla HLP	186	113	-	do.	do.
	Lia LP	182	115	-	do.	do.
	Ramfos LP	188	116	-	do.	do.
	Slettemoen LP	189	118	-	Sigdal	do.
	Krøderen	139	122	14	do.	do.
3die & 4de Trafikd. Eidsvold-Hamar.	Eidsvold	126	68	6	Eidsvold	Akershus
	Baadshaug LP *	—	69	.	do	do.
	Minne	142	75	7	do.	do.
	Dorr LP	—	76	.	do.	do.
	Ulvin	129	84	9	do.	do.
	Strandlokk. LP *	—	90	.	Stange	Hedemarken
	Espen	130	97	13	do.	do.
	Tangen	164	102	5	do.	do.
	Stensrud HLP[2])	—	107	.	do.	do.
	Stange	222	114	12	do.	do.
	Ottestad	186	119	5	do.	do.
	Gubberud LP	—	122	.	do	do.
Hamar-Grundset.	Hamar	127	126	7	.	Hedemarken
	Aker HLP *	—	129	.	Vang	do.
	Hjellum	132	131	5	do.	do.
	Ilseng	149	135	4	do.	do.
	Hørsand	173	139	4	Løiten	do.
	Aadalsbrug	196	141	2	do.	do.
	Løiten	231	144	3	do.	do.
	Midtskog LP *	—	153	.	Elverum	do.
	Elverum	187	158	14	do.	do.
	Grundset	195	164	6	do.	do.
Grundset-Aamot.	Øksna	203	171	7	Elverum	Hedemarken.
	Torgerstuen LP	—	174	.	do.	do.
	Rustad LP	—	176	.	do.	do.
	Aasta	225	184	13	Aamot	do.
	Rena	224	190	6	do.	do.
Støren-Aamot.	Hovda LP *	—	200	.	Storelvedalen	Hedemarken.
	Sætre LP *	—	201	.	do.	do.
	Stenviken	240	204	14	do.	do.
	Ophus	245	214	10	do.	do.
	Kroken LP	—	217	.	do.	do.
	Neta LP *	—	220	.	do.	do.
	Rasten	256	224	10	do.	do.
	Stai	263	237	13	do.	do.
	Koppang	353	247	10	do.	do.
	Tresa LP	—	251	.	do.	do.
	Bjøraanæs HLP	—	262	.	do.	do.
	Vieholmen LP	—	264	.	do.	do.
	Atna	357	272	25	do.	do.
	Tøraasbæk. LP *	—	279	.	Øvre Rendalen	do.
	Hanestad	382	285	13	do.	do.
	Barkald	453	304	19	Lilleelvedalen	do.
	Lilleelvedal	506	324	20	do.	do.
	Auma	487	337	13	Tønset	do.

[1]) Underlagt Vikersund for Transport af Gods i Retning Vikersund. [2]) Melk expederes fra Stensrud efter Henvendelse til Stange Station.

Banernes Navn.	Stationer og Stoppesteder.	Beliggenhed. Høide over Havet. m.	Afstand fra Kristiania km.	Afstand fra foregaaende Station. km.	Herred.	Amt.
	Tønset	494	347	10	Tønset	Hedemarken
	Telneset	498	358	11	do.	do.
	Tolgen	543	368	10	Tolgen	do.
	Os	602	385	17	do.	do.
	Røros	628	399	14	Røros	Søndre Trondhj.
	Nypladsen	627	[1]) 406	7	do.	do.
	Jensvold	638	412	6	do.	do.
	Tyvold [2])	664	420	8	do.	do.
	Storvolden LP	548	431	-	Aalen	do.
	Reitan	541	432	12	do.	do.
	Eidet	421	442	10	do.	do.
	Holtaalen	301	454	12	Holtaalen	do.
	Langletet	236	463	9	do.	do.
	Reitstøen	205	472	9	Singsaas	do.
	Singsaas	176	480	8	do.	do.
	Bjørgen	147	486	6	do.	do.
	Kotsøien HLP	126	491	-	do.	do.
	Rognæs	96	499	13	Støren	do.
Trondhjem-Støren.	Støren	64	510	11	Støren	Søndre Trondhj.
	Hovind	53	517	7	Horg	do.
	Lundemo	33	524	7	do.	do.
	Ler	24	530	6	Flaa	do.
	Kvaal	49	535	5	Melhus	do.
	Søberg	31	538	3	do.	do.
	Melhus	23	541	3	do.	do.
	Nypan	70	546	5	Leinstranden	do.
	Heimdal	141	551	5	Klæbu	do.
	Selsbak HP	52	556	-	Strinden	do.
	Trondhjem	3	562	11	-	do.
Merakerbanen.	Trondhjem	3	562	-	-	Søndre Trondhj.
	Leangen	34	565	3	Strinden	do.
	Ranheim	10	569	4	do.	do.
	Malvik	8	577	8	do.	do.
	Hommelvik	8	585	8	do.	do.
	Hell	3	594	9	NedreStjørdal	Nordre Trondhj.
	Reppe LP	6	596	-	do.	do.
	Hegre	18	604	10	Hegre	do.
	Floren	40	619	15	do.	do.
	Gudaa	85	634	15	Meraker	do.
	Meraker	220	643	9	do.	do.
	(Storlien) [3])	593	668	25	-	-
5te Trafikdistrikt.			Afst. fra Stavanger.			
Jæderbanen.	Stavanger	5	0		-	Stavanger.
	Hillevaag HLP	9	2	-	Hetland	do.
	Hinna	2	7	7	do.	do.
	Sandnæs	1	15	8	Høiland	do.
	Høiland	21	19	4	do.	do.
	Klep	26	25	6	Klep	do.

[1]) Sidelinien til Røros heri indbefattet. [2]) Herfra udgaar Kongens Grubes Bane (Arvedalsbanen. 9.3 km). [3]) Svensk Tilslutningsstation; i Forbindelse med Merakerbanen drives den 4 km lange Strækning af de svenske Statsbaner fra Rigsgrændsen til Storlien.

Tabel I (Forts.). Stationer og Stoppesteder ved Udgangen af Terminen.

Banernes Navn.	Stationer og Stoppesteder.	Beliggenhed.				
		Høide over Havet. m.	Afstand fra Stavanger km.	Afstand fra foregaaende Station. km.	Herred.	Amt.
	Time	29	30	5	Time	Stavanger.
	Hognestad HP[1])	26	34	-	do.	do.
	Nærbø	31	38	8	Haa	do.
	Varhoug	44	44	6	do.	do.
	Vigrestad	32	50	6	do.	do.
	Brubro HP[1])	2	55	-	do.	do.
	Ogne	4	59	9	Ogne	do.
	St Sirevaag HP[1])	15	61	-	do.	do.
	Vatnemo HP[1])	13	64	-	do.	do.
	Helvik	17	67	8	Ekersund Ls.	do
	Lille Sirev. HP[1])	26	69	-	do.	do.
	Ekersund	1	76	9	-	do.
			Afst. fra Bergen.			
6te Trafikdistrikt. **Bergen-Voss.**	Bergen	2	0	-	-	Bergen.
	Solheimsvik HP	10	2	-	Aarstad	Søndre Bergenhus.
	Minde HP	17	4	-	do.	do.
	Fjøsanger	8	5	5	Fane	do.
	Hop HP	17	8	-	do.	do.
	Næstun	31	9	4	do.	do.
	Heldal HP	69	15	-	do.	do.
	Haukeland	82	18	9	Haus	do.
	Arne	21	25	7	do.	do.
	Garnæs	21	29	4	do.	do.
	Trængereid	16	39	10	do.	do.
	Vaksdal	16	51	12	Brudvik	do.
	Stanghelle	3	59	8	do.	do.
	Dale	48	66	7	do.	do.
	Bolstad	8	78	12	Voss	do.
	Evanger	16	88	10	do.	do.
	Bulken	51	99	11	do.	do.
	Voss	55	108	9	do.	do.
			Afst. fra Kristiania.			
Hovedbanen. (Kristiania-Eidsvold)	Kristiania Ø	3	0	-	-	Kristiania.
	Bryn	79	4	4	Aker	Akershus.
	Alna LP	—	6	-	do.	do.
	Grorud	128	11	7	do	do.
	Robsrud LP	—	14		do.	do.
	Laasby LP *	—	17	-	Skedsmo	do.
	Fjeldham. LP *	—	17	-	do.	do.
	Strømmen	148	18	7	do.	do.
	do. Sideb. LP	—	18	-	do.	do.
	Lillestrøm	108	21	3	do.	do.
	Lersund	108	27	6	do.	do.
	Frogner	124	30	3	Sørum	do.
	Kløften	166	36	6	Ullensaker	do.
	Trøgstad	203	45	9	do.	do.
	Hauersæter LP	—	50	-	do.	do.
	Dahl	163	57	12	Eidsvold	do.
	Bøhn	133	62	5	do.	do.
	Eidsvold	126	68	6	do.	do.

[1]) Med Hensyn til Regnskabsaflæggelse er Stoppestederne for Trafik, der gaar i Retning Ekersund, underlagt den derfra længst bortliggende Nabostation, og for Trafik i Retning Stavanger den derfra længst bortliggende Nabostation.

Tabel II.

Anvendt Kapital.

Capital total employé.

Tabel II. 1. Sammendrag af Banernes Aktiva [illegible]

Actif et passif des chemins de [illegible]

1	2	3	4	5	6	7	8
	Activa. Actif.			**Passiva.** Passif.			
				Aktiekapital. Capital-actions.			
Banernes Navn. Désignatinon des chemins de fer.	Banen med Tilbehør og andre Eiendomme. a) La ligne, son attirail et bien-fonds.	Forøvrigt. b) Autre.	Sum Aktiva. Total de l'actif.	Staten tilhørende. c) De l'état.		Kommuner o[g] Private tilhørende. d) Des communes [et] des privés.	
				Ialt. En tout.	pCt. p. %.	Ialt. En tout.	p[Ct.] p. [%.]
	Kroner.			Kr.		Kr.	
Smaalensbanen.	28 200 767.90	771 405.26	28 972 173.16	23 516 600	84.6	4 270 000	[illegible]
Kongsvingerbanen.	9 276 676.44	483 678.96	9 760 355.40	6 558 400	88.4	857 600	[illegible]
Kr.ania-Drammenb.	6 345 934.17	389 685.09	6 735 619.26	1 115 200	51.7	1 042 400	[illegible]
Drammen-Skienb.	11 895 921.23	295 446.76	12 191 367.99	8 239 200	70.2	3 492 100	[illegible]
Drammen-Randsfj.b.	8 089 871.77	378 139.92	8 468 011.69	5 062 700	73.1	1 865 100	[illegible]
Eidsvold-Hamarb.	5 074 807.28	332 968.29	5 407 775.57	3 546 500	71.1	1 439 400	[illegible]
Hamar-Grundset.	1 770 706.06	175 020.59	1 945 726.65	960 700	61.3	606 500	[illegible]
Grundset-Aamotb.	661 963.30	-	661 963.30	519 700	80.5	125 600	[illegible]
Støren-Aamotb.	16 466 721.13	36 193.01	16 502 914.14	15 002 000	93.2	1 091 200	[illegible]
Trondhjem-Størenb.	4 190 164.48	139 107.77	4 329 272.25	3 276 800	84.0	623 100	[illegible]
Merakerbanen.	11 342 578.95	482 228.85	11 824 807.80	9 354 100	83.1	1 901 500	[illegible]
Jæderbanen.	5 204 959.97	18 731.41	5 223 691.38	3 783 400	73.3	1 381 000	[illegible]
Bergen-Vossbanen.	10 052 216.70	244 347.82	10 296 564.52	7 224 100	72.1	2 799 900	[illegible]
Statsbanerne.	118 573 289.38	3 746 953.73	122 320 243.11	88 159 400	80.4	21 495 400	[illegible]
Hovedbanen.	11 569 815.80	1 151 522.00	12 721 337.80	e)4 849 740	59.9	e)3250 260	[illegible]
Samtlige Baner.	130 143 105.18	4 898 475 73	135 041 580.91	93 009 140	79.0	24 745 660	[illegible]

…ssiva ved Udgangen af Terminen 1891—92.

…n fin du terme 1891—92.

9	10	11	12	13	14	15	16	17
Passiva. Passif.				Balance. Bilan.				
				Oplagte Fonds. Fonds.				
Sum. Total	Betalte Udvidelser. Agrandissements payés.	Anlægslaan og anden Gjæld samt udisponerede Bevilgninger. Emprunts pour le premierétablissement & créanciers divers.	Sum. Total.	Amortiserings-fonds. Fonds d'amortissement des capitaux.	Reserve-fonds. Fonds de réserve.	Dividende-fonds. Fonds de dividende des ations.	Sum. Total.	Drifts-konti. Solde passif du compte de l'exploitation.
Kroner.				Kroner.				Kroner.
786 600	414 167.90	556 348.65	28 757 116.55	-	197 064.74	17 991.87	215 056.61	-
416 000	1 322 281.06	846 370.39	9 584 651.45	-	168 059.03	7 644.92	175 703.95	-
57 600	724 050.22	3 666 493.76	6 548 143.98	-	174 474.37	13 000.91	187 475.28	-
731 300	164 621.23	38 465.01	11 934 386.24	-	227 341.81	29 639.94	256 981.75	-
27 800	897 571.77	536 650.18	8 362 021.95	-	100 451.77	5 537.97	105 989.74	-
85 900	88 907.28	192 015.71	5 266 822.99	-	139 274.15	1 678.43	140 952.58	-
67 200	203 506.06	80 781.96	1 851 488.02	-	85 870.15	8 368.48	94 238.63	-
45 300	2 001.00	15 483.99	662 784.99	-	-	-	-	821.69
93 200	-	1 090 000.00	17 183 200.00	-	-	-	-	680 285.86
99 900	290 264.48	52 549.58	4 242 714.06	-	82 043.59	4 514.60	86 558.19	-
55 600	86 978.95	116 499.21	11 459 078.16	-	355 160.75	10 568.89	365 729.64	-
64 400	-	40 559.97	5 204 959.97	-	18 731.41	-	18 731.41	-
24 000	28 216.70	28 394.77	10 080 611.47	-	215 953.05	-	215 953.05	-
54800	4 222 566.65	7 260 613.18	121 137 979.83	-	1 764 424.82	98 946.01	1 863 370.83	681 107.55
0 000	f) 496 467.00 2 006 735.20	1 799 314.21	12 402 516.41	-	318 821.39	-	318 821.39	-
54800	6 725 768.85	9 059 927.39	133 540 496.24	-	2 083 246.21	98 946.01	2 182 192.22	681 107.55

Tabel II. 2. Opgave over den ved Udgangen af Terminen 1891–92

Moyens financiers

1	2a	2b	3	4	5	6	7
			Anlægskapital. Capital de premier établissement.				Kap… Ca…
Banernes Navn. Désignation des chemins de fer.	Længde ved Terminens Udgang. Longueur à la fin du terme.	Midlere Driftslængde. Longueur moyenne exploitée.	Aktier. Actions.	Laan. Emprunts.	Sum. g) Total.	Betalt ved Driftens Overskud. De l'excédant.	Laa… Empru…
	Kilometer. Kilomètre.		Kroner.				
Smaalensbanen.	249.1	250	27 786 600	-	27 786 600.00	414 167.90	
Kongsvingerbanen.	114.6	122	7 416 000	-	7 416 000.00	1 322 281.06	538 3…
1ste Trafikdistr.	**363.7**	**372**	**35 202 600**	-	**35 202 600.00**	**1736 448.96**	**538 3…**
Kr.ania-Drammenb.	52.9	53	2 157 600	2 400 000.00	4 557 600.00	724 050.22	1 064 2…
Drammen-Skienb.	155.9	158	11 731 300	-	11 731 300.00	164 621.23	
Drammen-Randsfjb.	143.5	143	6 772 900	-	6 772 900.00	895 261.77	264 5…
2det Trafikdistr.	**352.3**	**354**	**20 661 800**	**2400 000.00**	**23 061 800.00**	**1783 933.22**	**1328 7…**
Eidsvold-Hamarb.	58.4	58	4 985 900	-	4 985 900.00	88 907.48	
Hamar-Grundsetb.	38.1	38	1 567 200	-	1 567 200.00	203 506.06	
Grundset-Aamotb.	26.3	26	645 300	-	645 300.00	2 001.00	14 6…
Støren-Aamotb.	317.8	321	16 093 200	-	16 093 200.00	-	373 5…
Trondhjem-Størenb.	51.1	51	3 899 900	-	3 899 900.00	290 264.48	
Merakerbanen.	102.3	106	11 255 600	-	11 255 600.00	86 978.95	
3die & 4de Trafikd.	**594.0**	**600**	**38 447 100**	-	**38 447 100.00**	**671 657.77**	**388 1…**
5te Trafikdistr.	**76.3**	**76**	**5 164 400**	-	**5 164 400.00**	-	**24 5…**
6te Trafikdistr.	**108.0**	**108**	**10 024 000**	-	**10 024 000.00**	**28 216.70**	
Statsbanerne.	**1 494.3**	**1 510**	**109 499 900**	**2400 000.00**	**111899 900.00**	**4220 256.65**	**2279 9…**
Hovedbanen.	67.8	68	8 100 000	626 613.60	8 726 613.60	h) 496 467.00 2 006 735.20	340 0…
Samtlige Baner.	**1 562.1**	**1 578**	**117 599 900**	**3026 613.60**	**120626 513.60**	**6723 458.85**	**2619 9…**

…nerne (andre Eiend. exclus.) anv. Kapital og sammes Tilveiebringelse.
… du terme 1891—92.

8	9	10	11	12	13	14	15
… Udvidelser og Forbedringer under Driften. … agrandissements et améliorations pendant l'exploitation.					Hovedsum. Total.		
	Heraf anvendt til: De cela employé pour.						
…um …otal.	Linien med Telegraf, Grustag m. m. La voie	Stationerne. med Bygninger samt Sidespor. Stations, bâtiments et voies de garage et de service.	Lokomotiver. Locomotives.	Vogne. Voitures et wagons.	Ialt. En tout.	Heraf anvendt til rullende Materiel. m) (Kfr. Tab. V. 1 & 2). De cela employé pour le matériel roulant. (Cfr. Tab. V. 1 & 2). m)	Pr. Kilometer. (Col. 13/2a) Par km. de ligne.
Kroner.							
14 167.90	6 700.27	215 767.90	14 000.00	177 699.73	28 200 767.90	3 047 409	113 211
60 676.44	733 621.84	i) 277 150.83	115 065.54	734 838.23	9 276 676.44	1 653 468	80 948
4844.84	740 322.11	i) 492 918.78	129 065.54	912 537.96	37 477 444.84	4 700 877	103 045
88 334.17	142 657.00	1 062 282.76	190 729.26	392 665.15	6 345 934.17	985 139	119 961
64 621.23	14 455.94	31 433.89	-	118 731.40	11 895 926.95	1 191 036	76 305
59 761.77	32 915.51	368 413.94	265 697.19	492 735.13	7 932 661.77	1 565 729	55 280
2717.17	190 028.45	k) 1 462 130.59	456 426.45	1 004 131.68	26 174 522.89	3 741 904	74 296
88 907.28	-	18 299.05	45 133.72	25 474.51	5 074 807.28	584 719	86 897
03 506.06	4 109.47	117 461.58	66 277.10	15 657.91	1 770 706.06	251 503	46 475
16 663.30	2 001.00	12 257.11	1 170.71	1 234.48	661 963.30	27 305	25 170
373 521.13	8 622.23	34 012.56	102 320.84	228 565.50	16 466 721.13	1 447 139	51 815
290 264.48	6 326.74	65 712.72	94 015.98	124 209.04	4 190 164.48	420 837	81 999
86 978.95	8 188.49	62 106.62	-	16 683.84	11 342 578.95	1 038 454	110 876
9841.20	29 247.93	309 849.64	308 918.35	411 825.28	39 506 941.20	3 769 957	66 510
4 559.97	12 493.28	1 173.70	10 892.89	-	5 188 959.97	301 640	71 310
8 216.70	908.75	14 611.98	-	12 695.97	10 052 216.70	455 636	93 076
179.28	973 000.62	2 280 684.64	905 303.28	2 341 190.89	118400085.10	12 970 014	79 234
43 202.20	158 411.80	l) 1 580 986.82	371 180.39	732 623.19	11 569 815.80	2 597 127	170 646
381.58	1131 412.42	3 861 671.46	1276 483.62	3 073 814.08	129969900.90	15 567 141	83 202

Anmærkninger til Tabel II.

ad Tabel II. 1.

Col. 2 a) Andre Eiendomme udgjør ved:

Drammen—Randsfjordbanen:

Elveoprensning og Kanalværker .... Kr. 130 473.37
Dampskibet Bægna .... « 26 736.63
Kr. 157 210.00

hvoraf oprindelig Aktiekapital Kr. 154 900.00 og betalt af Driftens Overskud Kr. 2 310.00.

Jæderbanen:

Af Anlægget afkjøbte faste Eiendomme nemlig:

Tomt ved Bredevandet i Stav.ger Kr. 4 500.00	Hus No. 151 c i Ekersund. Kr. 530.00
Do. « Kirkegaarden i do. « 4 000.00	—«— 152 i do. « 470.00
2 Søhuse i Sandnæs .... « 1 500.00	5 Smaahuse .... « 1 960.00
Hus No. 151 a i Ekersund... « 2 120.00	
—«— 151 b i do. ... « 920.00	Kr. 16 000 00

Col 3 b) Herunder er medtaget foruden Kasse- og Materialbeholdninger, Tilgodehavende og «Andre Aktiva», saasom uopgjorte Krav, Omkostninger ved udførte Arbeider, for hvis endelige Postering, der savnedes Bestemmelse ved Regnskabets Afslutning o. l. samt ved Hovedbanen den «særskilte Formues» Debet til Banen.

Col. 5 c) Desuden var indtil 30te Juni 1892 far Amortiseringsfondet for afdragsfrie Statsobligationer indkjøbt af de Kommuner og Private tilhørende Aktier.

Aktier i Smaalensb. ...... Kr. 1 600,00	Akktier i Grundset-Aamotb.. Kr. 500.00
Do. i Kongsvingerb..... « 105 600.00	Do. i Trondhjem-Størenb. « 3 000.00
Do. i Kr.ania-Drammenb. « 98 800 00	Do. i Merakerb......... « 2 700.00
Do. i Drammen-Skienb. . « 3 200.00	Uprioriterede Aktier i Hovedbanen til Beløb ...... « 63 800.00
Do. i Drammen-Randsfj. « 69 600.00	
Do. i Eidsvold-Hamarb. « 452 000.00	
Do i Hamar-Grundsetb. « 13 800.00	Kr. 814 600.00

Col. 7 d) Heri indbefattet Aktietegningsbeløb, som af vedk. Aktietegner endnu ikke er fuldt indbetalte, og hvoraf Statskassen derfor midlertidig hæver Udbyttet; endvidere indbefattet de under Anm. c) ovenfor omhandlede Beløb.

Col. 5 & 7 e) Staten tilhørende Aktier i Hovedbanen bestaar af:

Prioriterede Aktier £ 153 130 à Kr. 18.00 .... Kr. 2 756 340 00
Uprioriterede .... « 2 093 400.00
Kr. 4 849 740.00

Statskassen har endvidere hidtil hævet Udbytte af Aktietegningsbeløb, som af vedk. Aktietegnere endnu ikke er fuldt indbetalte (jfr. foreg. Anm. c) Kr. 41 300.00, hvilket Beløb i foregaaende Driftsberetninger indtil og med 1884—85 er opført sammen med de Staten tilhørende Aktier.

Col. 10 f) Se Anmærkning h) nedenfor.

ad Tabel II. 2.

Col. 5 g) Opgaverne refererer sig til foreløbigt Opgjør ved Smaalensbanen, Drammen—Skienbanen, Eidsvold—Hamarbanen, Støren—Aamotbanen, Merakerbanen og Jæderbanen; ved de øvrige Baner er Anlægsregnskabet afsluttet.

Col. 6 h) Det her opførte Beløb er Aktionærernes Tilkommende for den Anpart af Sørengen Eiendom, som i Henhold til kgl. Res. af 14de Oktober 1882 (kfr. Sth. Prp. No. 16, 1881) er overført fra den særskilte Formue til Banen med .... Kr. 596 855.00
hvorfra imidlertid er fratrukket for den af Jernbanens oprindelige Grund i 1881 solgte Strækning .... « 100 388.00
Kr. 496 467.00

Col. 10 i) Heri indbefattet Betjentboliger med Kr. 36 398.66

—«— k) Heri indbefattet Værksteder med Kr. 129 895.85.

—«— l) Heri indbefattet Betjentboliger med Kr. 109 655.23 samt Værksteder Kr. 33 532.23 hvoraf Cokesovne Kr. 17 737.70

Col. 14 m) Heri er indbefattet Udgifterne til Anskaffelse af Tendere til Rørosbanens Lokomotiver No. 5—9, Kr. 19 123, hvoraf der falder paa Hamar—Grundsetb. Kr. 1 689.00, paa Grundset—Aamotb. Kr. 1 171.00, paa Støren —Aamotb. Kr. 14 102.00 og paa Trondhjem—Størenb. Kr. 2 161.00; ligesaa er Udgifter til automatiske Bremser Kr. 87 740.00 heri indbefattet, hvilket fordeler sig paa Smaalensbanen med Kr. 19 026.00, paa Kristiania—Drammenb. Kr. 8 990,00, Drammen—Skienb. Kr. 17 075.00, paa Drammen—Randsfjordb. Kr. 5 032.00, paa Eidsv.—Hamarb. Kr. 4 635.00, paa Hamar—Grundsetb. Kr. 1 782.00, paa Grundset—Aamotb. Kr. 1 234.00, Støren—Aamotb. Kr. 14 878.00 og paa Trondhjem—Størenb. Kr. 2 386.00 samt paa Bergen—Vossb. med Kr. 12 696.00. Disse Udgifter er ikke medtagne i de i Tab. V 1 & 2 meddelte Priser paa Materiellet.

Tabel III.

Trafik.

Trafic.

Tabel I

1	3	4	5	6	7	8	9	10
	Af egne og fremmede Lokomotiver er paa Banen gjennemløbet.[1]) Parcours kilométrique des locomotives propres et étrangères.							
	I Tog. Remorquant des trains.							
Banernes Navn. Désignation des chemins de fer.	Som Hoved-maskine (Trafik-togkilo-meter). Machines de tête. (Trains-kilomètres).	Som assiste-rende. Machines auxi-liaires.	Loko-motiv alene. à vide.	Skift-ning paa Statio-nerne. b) Man-oeuvre de gare.	Sum Loko-motiv-kilo-meter. Total de locomo-tives-kilo-mètres.	Trafik-togkilo-meter pr. Kilo-meter Drifts-længde. Trains-kilomètres par kilo-mètre exploité.	Lokomo-tivkilo-meter pr. Kilo-meter Drifts-længde. Locomo-tives-kilo-mètres par kilo-mètre exploité.	Perso[…] vogn[…] Voitur[…] à voy[…] geurs
	Kilometer Kilomètres.							Axelk[…] km.d'essi[…]
Smaalensbanen.	958 660	23 190	4 261	68 193	1 054 304	3 835	4 217	10 809
Heraf Kr.ania—Fr.hald.	862 488	19 615	978	63 003	946 084	3 975	4 360	10 005
Kongsvingerbanen.	336 986	2 744	734	13 704	354 168	2 762	2 903	2 977
1ste Trafikdistrikt. a)	**1 295 646**	**25 934**	**4 995**	**81 897**	**1 408 472**	**3 483**	**3 786**	**13 787**
Kr.ania-Drammenb.	395 169	46 095	31 994	75 368	548 626	7 456	10 351	4 924
Drammen-Skienb.	548 519	36 011	3 069	33 891	621 490	3 472	3 933	5 019
Drammen-Randsfj b.	389 678	28 585	7 998	105 884	532 145	2 725	3 721	2 419
2det Trafikdistrikt. a)	**1 333 366**	**110 691**	**43 061**	**215 143**	**1 702 261**	**3 767**	**4 809**	**12 363**
Eidsvold-Hamarb.	140 917	4 359	1 385	4 737	151 398	2 430	2 610	1 272
Rørosbanen.	789 497	60 197	20 063	35 495	905 252	1 811	2 076	5 587
Merakerbanen.	234 870	23 576	322	32 368	291 136	2 216	2 747	1 600
3die & 4de Trafikd. a)	**1 165 284**	**88 132**	**21 770**	**72 600**	**1 347 786**	**1 942**	**2 246**	**8 460**
5te Trafikdistrikt.	**150 807**	**619**	**170**	**4 524**	**156 120**	**1 984**	**2 054**	**750**
6te Trafikdistrikt.	**241 056**	**6 022**	**1 008**	**7 442**	**255 528**	**2 232**	**2 366**	**1 805**
Statsbanerne. a)	**4 186 159**	**231 398**	**71 004**	**381 606**	**4 870 167**	**2 772**	**3 225**	**37 166**
Hovedbanen.	309 397	88 332	42 551	21 266	461 546	4 550	6 787	3 380
Samtlige Baner. a)	**4 495 556**	**319 730**	**113 555**	**402 872**	**5 331 713**	**2 849**	**3 379**	**40 546**

[1]) Exklusive Tog for Banens Vedligehold.
(Non compris trains pour l'entretien de la voie).

k.

Af egne og fremmede Vogne er paa Banen gjennemløbet [1]).

Kilomètres parcourus par le matériel propre et étranger.

11	12	13	14	15	16	17	18
Befordringsevne i Pladskilometer. Parcours kilométrique des places offertes.				Post- & Stoppe-vogne. Wagons poste et freins.	Godsvogne. Wagons à marchandises.	Sum. (Col. 10 + 15 + 16). Total.	Pr. Kilometer Driftslængde. Par kilomètre exploité.
	II. Klasse. Classe.	III.	Sum. Total.	Axelkilometer. Kilomètres d'essieux.			
15 670 745 446	44 919 794 40 720 363	123 761 150 116 142 899	176 226 614 162 608 708	4 110 964 3 633 990	8 123 452 6 507 382	23 043 736 20 147 052	92 175 92 843
10 337	14 311 462	37 417 224	55 869 023	1 552 620	9 387 566	13 917 982	114 082
6 007	59 231 256	161 178 374	232 095 637	5 663 584	17 511 018	36 961 718	99 359
-	17 161 539	53 937 071	71 098 610	1 746 188	2 871 537	9 542 206	180 042
-	19 180 755	51 982 072	71 162 827	2 557 392	2 962 971	10 539 728	66 707
-	9 051 794	31 294 375	40 346 169	1 685 240	7 107 333	11 212 447	78 409
-	45 394 088	137 213 518	182 607 606	5 988 820	12 941 841	31 294 381	88 402
1 739	4 380 442	15 876 430	21 858 611	699 446	2 101 446	4 073 024	70 225
1 130	15 746 665	51 770 175	74 407 970	3 206 982	10 022 982	18 817 502	43 159
-	5 998 632	17 968 432	23 967 064	935 918	3 049 770	5 586 680	52 705
2 869	26 125 739	85 615 037	120 233 645	4 842 346	15 174 198	28 477 206	47 462
-	2 440 650	9 524 192	11 964 842	356 690	628 946	1 735 700	22 838
-	6 487 640	19 099 864	25 587 504	735 750	984 480	3 525 286	32 642
8 876	139 679 373	412 630 985	572 489 234	17 587 190	47 240 483	101 994 291	67 546
4 654	12 586 113	45 123 005	60 863 772	1 408 992	8 596 202	13 385 370	196 844
3 539	152 265 486	457 753 990	633 353 006	18 996 182	55 836 685	115 379 661	73 118

Tabe

1	19	20	21	22	23		24
	Trafiktogenes gjennemsnitlige Sammensætning. Composition moyenne des trains.				**Personbefordring.** Transport des voyageurs		
							Fordel… Réparti…
Banernes Navn. Désignation des chemins de fer.	Person-vogne. Voitures à voyageurs.	Post- & Stoppe-vogne. Wagons-poste et -freins.	Gods-vogne. Wagons à marchandises.	Sum. Total.	I. Klasse. Classe.		II.
	Antal Axler. Nombre d'essieux.				Antal. Nombre.	%	Antal.
Smaalensbanen.	11.3	4.3	8.5	24.0	4 931	0.4	62 208
Heraf Kr.ania—Fr.hald.	11.6	4.2	7.5	23.3	4 241	0.4	61 982
Kongsvingerbanen.	8.8	4.6	27.9	41.3	1 832	1.1	14 113
1ste Trafikdistrikt a)	**10.6**	**4.4**	**13.6**	**28.6**	**6 763**	**0.5**	**76 244**
Kr.ania-Drammenb.	12.5	4.4	7.3	24.2	-	-	68 848
Drammen-Skienb.	9.2	4.7	5.4	19.3	-	-	46 315
Drammen-Randsfj.b.	6.2	4.3	18.2	28.8	-	-	22 041
2det Trafikdistrikt a)	**9.3**	**4.5**	**9.7**	**23.5**	-	-	**111 830**
Eidsvold-Hamarb.	9.0	5.0	15.0	29.0	1 431	1.1	12 021
Rørosbanen.	7.1	4.0	12.7	23.8	1 487	0.5	12 274
Merakerbanen.	6.8	4.0	13.0	23.8	-	-	6 456
3die & 4de Trafikd. a)	**7.3**	**4.2**	**13.0**	**24.2**	**1 605**	**0.3**	**25 258**
5te Trafikdistrikt.	**4.7**	**2.4**	**4.2**	**11.3**	-	-	**5 949**
6te Trafikdistrikt.	**7.5**	**3.1**	**4.1**	**14.7**	-	-	**10 175**
Statsbanerne. a)	**8.9**	**4.2**	**11.3**	**24.4**	**8 363**	**0.2**	**227 876**
Hovedbanen.	10.9	4.6	27.7	43.2	3 825	0.8	41 905
Samtlige Baner. a)	**9.0**	**4.2**	**12.4**	**25.6**	**9 357**	**0.2**	**248 429**

25		26	27	28	29	30	31	32
Personbefordring. Transport des voyageurs.								
…de paa …urs à					Af det befordrede Antal Reisende*) kommer paa Répartition des voyageurs au			
III.		Sum alle Klasser. Total (Trains ordinaires, extraordinaires et militaires).	Heraf med Extratog og som militær Transport. De cela avec trains extraordinaires et militaires.	Reisende pr. km. Driftslængde. Voyageurs par km. exploité.	Lokaltrafik. (Mellem Banens egne Stationer). Trafic local. (Entre les stations propres).	Samtrafik. Trafic avec des lignes étrangères. Afgaaet til fremmede Baners Stationer. Expediés aux stations de lignes étrangères.	Ankommet fra fremmede Baners Stationer. Arrivés des stations de lignes étrangères.	Gjennemgangstrafik. Trafic de transit.
…tal. …bre.	%	Antal. Nombre.			Antal. Nombre.			
…2 081	94.3	1 169 220	4 983	4 677	1 114 016	25 242	24 976	3
…63 561	94.2	1 128 984	4 983	5 203	—	—	—	—
…4 788	90.6	170 733	1 061	1 399	72 421	43 406	42 898	10 947
…5 888	**93.8**	**1 338 895**	**6 044**	**3 599**	**1 187 495**	**67 590**	**66 816**	**10 950**
…6 068	93.0	984 916	1 787	18 583	877 759	50 154	53 457	1 759
…1 053	93.5	707 368	3 837	4 477	632 695	36 225	34 373	238
…5 535	93.5	337 576	2 467	2 361	276 101	30 277	28 731	-
…6 044	**94.2**	**1 917 874**	**7 208**	**5 418**	**1 895 660**	**7 550**	**7 456**	-
…0 822	90.0	134 274	4 126	2 315	61 358	21 359	20 846	26 585
…78 991	95.3	292 752	1 367	671	261 897	14 712	13 996	780
…83 294	96.6	189 750	6 460	1 790	176 163	2 693	3 792	642
…58 791	**95.4**	**585 654**	**11 096**	**976**	**502 318**	**35 864**	**35 734**	**642**
…34 892	**95.8**	**140 841**	**110**	**1 853**	**140 731**	-	-	-
…05 105	**97.5**	**415 280**	**1 367**	**3 845**	**413 913**	-	-	-
…45 674	**94.6**	**4 381 913**	**25 825**	**2 902**	**4 156 496**	**94 502**	**93 501**	**11 589**
…30 755	90.2	466 485	8 318	6 860	294 553	77 901	80 464	5 249
…22 388	**94.5**	**4 680 174**	**29 533**	**2 966**	**4 597 895**	**c) 25 597**	**c) 27 149**	-

*) Med ordinære Tog.

1	33		34		35		36
	Personbefordring. Transport des voyageurs.						
	Personkilometer. Parcours kilométrique des voyageurs.						
Banernes Navn. Désignation des chemins de fer.	I.		II.		III.		Sum alle Klasser. Total.
	Klasse. Classe.						
	Antal. Nombre.	%	Antal. Nombre.	%	Antal. Nombre.	%	Antal. Nombre.
Smaalensbanen.	524 063	1.8	3 871 645	13.6	24 130 067	84.6	28 525 7[illegible]
Heraf Kr.ania-Fr.hald.	377 049	1.4	3 591 803	13.4	22 779 312	85.2	26 748[illegible]
Kongsvingerbanen.	203 076	3.0	970 564	14.1	5 680 562	82.9	6 854 2[illegible]
1ste Trafikdistrikt. a)	**727 139**	**2.0**	**4 842 209**	**13.7**	**29 810 629**	**84.3**	**35 379 [illegible]**
Kr.ania-Drammenb.	-	-	2 428 858	13.9	15 106 008	86.1	17 534 8[illegible]
Drammen-Skienb.	-	-	2 538 500	14.2	15 357 339	85.8	17 895 8[illegible]
Drammen-Randsfjb.	-	-	1 061 856	12.2	7 645 499	87.8	8 707 3[illegible]
2det Trafikdistrikt. a)	-	-	**6 029 214**	**13.7**	**38 108 846**	**86.3**	**44 138 0[illegible]**
Eidsvold-Hamarb.	82 323	1.8	618 648	13.6	3 849 470	84.6	4 550 4[illegible]
Rørosbanen.	573 536	3.8	2 171 287	14.6	12 187 533	81.6	14 932 3[illegible]
Merakerbanen.	-	-	312 671	7.7	3 739 970	92.3	4 052 6[illegible]
3die & 4de Trafikd. a)	**655 859**	2.8	**3 102 606**	**13.2**	**19 776 973**	**84.0**	**23 535 4[illegible]**
5te Trafikdistrikt.	-	-	**303 876**	**8.8**	**3 149 962**	**91.2**	**3 453 8[illegible]**
6te Trafikdistrikt.	-	-	**651 059**	**11.3**	**5 117 326**	**88.7**	**5 768 3[illegible]**
Statsbanerne. a)	**1 382 998**	**1.2**	**14 928 964**	**13.3**	**95 963 736**	85.5	**112 275 6[illegible]**
Hovedbanen.	167 755	1.2	1 600 423	11.8	11 835 343	87.0	13 603 5[illegible]
Samtlige Baner. a)	**1 550 753**	1.2	**16 529 387**	**13.1**	**107 799 079**	**85.7**	**125 879 21[illegible]**

…ts.). Trafik.

Personbefordring.
Transport des voyageurs.

…37	38	39	40	41	42	43	44	45	46	47	48
			Hver Person har gjennemsnitlig reist. Parcours moyen d'un voyageur.					Af de bevægede Pladse er gjennemsnitlig bleven optaget. Rapport des places occupées aux places offertes.			
Par km. exploité.	Pr. Trafiktogkm. Moyenne des voyageurs par train.	Pr. Axelkm. Moyenne des voyageurs par essieu.	I. Klasse. Classe.	II. Klasse. Classe.	III. Klasse. Classe.	Gjennemsnitlig for alle Klasser. Moyenne de toutes classes.	I pCt. af Banens Længde. Proportion pour cent sur la longueur des lignes.	I. Klasse. Classe.	II. Klasse. Classe.	III. Klasse. Classe.	Gjennemsnitlig for alle Klasser. Moyenne de toutes classes.
Antal. Nombre.			Kilometer. Kilomètres.					Procent. Pour cent.			
…103	29.8	2.6	106.3	62.2	21.9	24.4	—	6.9	8.6	19.5	16.2
…263	31.0	2.7	91.1	58.6	21.4	23.7	-	6.6	8.8	19.6	16.4
…182	20.3	2.3	110.8	68.8	36.7	40.1	35.0	4.9	6.8	15.2	12.3
…107	**27.3**	**2.6**	**107.5**	**63.5**	**23.7**	**26.4**	-	**6.2**	**8.2**	**18.5**	**15.2**
…847	44.4	3.6	-	35.3	16.5	17.8	33.6	-	14.2	28.0	24.7
…265	32.6	3.6	-	54.8	23.2	25.2	16.2	-	13.2	29.5	25.1
…891	22.3	3.6	-	48.2	24.2	25.8	-	-	11.7	24.4	21.6
…684	**33.1**	**3.6**	-	**53.9**	**21.1**	**23.0**	-	-	**13.3**	**27.8**	**24.2**
…456	32.3	3.6	57.5	51.5	31.9	33.9	58.0	5.1	14.1	24.2	20.8
…249	18.9	2.7	385.7	176.9	43.7	51.0	11.8	8.3	13.8	23.5	20.1
…232	17.3	2.5	-	48.4	20.4	21.4	20.6	-	5.2	20.8	16.9
…226	**20.2**	-	**408.6**	**122.8**	**35.4**	**40.2**	-	**7.7**	**11.9**	**23.1**	**19.6**
…445	**22.9**	**4.6**	-	**51.1**	**23.4**	**24.5**	**32.1**	-	**12.5**	**33.1**	**28.9**
…411	**23.9**	**3.2**	-	**64.0**	**12.6**	**13.9**	**12.9**	-	**10.0**	**26.8**	**22.5**
…355	**26.8**	-	**165.4**	**65.5**	**23.1**	**25.6**	-	**6.9**	**10.7**	**23.3**	**19.6**
…052	44.0	4.0	43.9	38.2	28.1	29.2	43.1	5.3	12.7	26.2	22.4
…771	**28.0**	-	**165.7**	**66.5**	**24.4**	**26.9**	-	**6.6**	**10.9**	**23.5**	**19.9**

1	49	50	51	52	53
	Godsbefordring. Transport de marchandises.				
	Gods Marchandises.				
				Heraf Dont	
				i Retning.	
Banernes Navn. Désignation des chemins de fer.	Fragtgods. Petite vitesse.	Fragtfrit Gods Petite vitesse (Transport gratuit).	Sum. Total.	Op.*) Aller.	Ned. Retour.
	Ton. Tonnes.				
Smaalensbanen.	225 997	17 840	243 837	67 575	176 26
Heraf Kr.ania—Fr.hald.	188 814	17 256	206 070	—	—
Kongsvingerbanen.	201 750	10 726	212 476	44 695	167 78
1ste Trafikdistrikt a)	**426 663**	**28 476**	**455 139**	-	-
Kr.ania-Drammenb.	112 090	3 675	115 765	41 406	74 35
Drammen-Skienb.	57 616	6 059	63 675	35 596	28 07
Drammen-Randsfj.b.	255 857	11 148	267 005	70 741	196 26
2det Trafikdistrikt a)	**365 440**	**19 507**	**384 947**	-	-
Eidsvold-Hamarb.	68 907	645	69 552	48 409	21 14
Rørosbanen.	115 094	5 116	120 210	71 313	48 89
Merakerbannn	103 238	3 322	106 560	42 612	63 94
3die & 4de Trafikd. a)	**260 733**	**8 931**	**269 664**	-	-
5te Trafikdistrikt.	**13 347**	**706**	**14 053**	**5 735**	**8 31**
6te Trafikdistrikt.	**14 470**	**1 916**	**16 386**	**9 499**	**6 88**
Statsbanerne. a)	**1 076 986**	**59 504**	**1 136 490**	-	-
Hovedbanen.	500 446	9 226	509 672	157 928	351 74
Samtlige Baner. a)	**1 337 093**	**67 030**	**1 404 123**	-	-

*) «Op» betegner Retningen fra Kristiania.
«Aller» signifie la direction de Kristiania.

...). Trafik.

	55	56	57	58	59	60	61	62
					Godsbefordring. Transport de marchandises.			
...redskaber og levende Dyr. Equipages et animaux.			Tilsammen. Transport total.		Af det befordrede Fragtgods kommer paa Répartition des tonnes de marchandises au			
						Samtrafik. Trafic avec des lignes étrangères.		
...ered-...ber. ...ges.	Levende Dyr. Animaux.	Vægt. d) Poids.	Ialt. (Col. 51 + 56). En tout.	Pr. km. Driftslængde. Par km. exploité.	Lokaltrafik (Mellem Banens egne Stationer). Trafic local (entre les stations propres).	Til fremmede Baners Stationer. Expédiées aux stations de lignes étrangeres.	Fra fremmede Baners Stationer. Arrivées des stations de lignes étrangeres.	I Gjennemgangstrafik. Trafic de transit.
Antal. Nombre.		Ton. Tonnes.			Ton Tonnes.			
784	21 148	5 768	249 605	998	134 556	7 920	83 346	175
730	13 599	4 266	210 336	969	—	—	—	—
108	8 663	2 947	215 423	1 766	16 050	77 362	28 830	79 508
891	**28 706**	**8 677**	**463 816**	**1 247**	**151 569**	**96 402**	**178 692**	.
360	2 252	903	116 668	2 201	58 453	18 284	35 185	168
506	1 276	625	64 300	407	40 855	6 803	9 949	9
474	1 391	649	267 654	1 872	205 443	35 311	15 103	.
1 195	**4 361**	**1 925**	**386 872**	**1 093**	**364 698**	**452**	**290**	.
95	5 576	1 795	71 347	1 230	7 049	13 086	26 934	21 838
412	3 452	1 203	121 413	278	88 880	9 965	15 956	293
55	800	285	106 845	1 008	34 728	17 917	50 545	48
483	**8 207**	**2 809**	**272 478**	**454**	**135 014**	**36 611**	**89 079**	**29**
27	**4 017**	**658**	**14 711**	**194**	**13 347**	.	.	.
87	**1 347**	**500**	**16 886**	**156**	**14 470**	.	.	.
2 323	**47 274**	**14 289**	**1 150 779**	**762**	**681 103**	**119 335**	**198 538**	**77 970**
543	16 551	5 619	515 291	7 578	260 107	75 038	161 013	4 228
2 787	**49 734**	**15 247**	**1 419 370**	**899**	**1 099 332**	c) **36 291**	c) **201 470**	.

Tab[…]

1	63	64	65	66	67	68	
	Godsbefordring. Transport de marchandises.						
	Tonkilometer Netto. Parcours kilométrique des tonnes.						
				Heraf / Dont			
				i Retning.			
Banernes Navn. Désignation des chemins de fer.	Fragtgods. Petite vitesse.	Fragtfrit Gods. Petite vitesse. (Transport gratuit).	Sum. Total.	Op. Aller.	Ned. Retour.	Kjøreredskaber og levende Dyr. d) Equipages et animaux.	P[…] Il[…] Reis[…] Po[…] gra[…] vites[…] baga[…]
	Antal. Nombre.						
Smaalensbanen.	10 351 605	692 737	11 044 342	3 614 736	7 429 606	368 491	2 03[…]
Heraf Kr.ania-Fr.hald.	6 330 528	584 795	6 915 323	2 523 569	4 391 754	312 417	1 8[…]
Kongsvingerbanen.	17 231 923	568 809	17 800 732	3 207 190	14 593 542	320 233	61[…]
1ste Trafikdistrikt. a)	**27 583 528**	**1 261 546**	**28 845 074**	-	-	**688 724**	**2 64[…]**
Kr.ania-Drammenb.	4 208 733	130 393	4 339 126	1 480 802	2 858 324	35 623	390[…]
Drammen-Skienb.	2 559 706	285 252	2 844 958	1 753 783	1 091 175	37 840	605 7[…]
Drammen-Randsfj.b.	11 995 050	530 531	12 525 581	3 312 925	9 212 656	29 387	308 6[…]
2det Trafikdistrikt. a)	**18 763 489**	**946 176**	**19 709 665**	-	-	**102 850**	**1 305 1[…]**
Eidsvold-Hamarb.	3 401 709	22 598	3 424 307	2 417 527	1 006 780	97 886	194[…]
Rørosbanen.	13 154 637	279 915	13 434 552	8 025 726	5 408 826	228 844	801 7[…]
Merakerbanen.	7 425 487	159 405	7 584 892	2 428 463	5 156 429	16 479	467 9[…]
3die & 4de Trafikd. a)	**23 981 833**	**461 918**	**24 443 751**	-	-	**343 209**	**1 463 9[…]**
5te Trafikdistrikt.	**460 055**	**24 685**	**484 740**	**200 747**	**283 993**	**24 797**	**89 1[…]**
6te Trafikdistrikt.	**999 454**	**105 436**	**1 104 890**	**639 044**	**465 846**	**42 431**	**187 5[…]**
Statsbanerne. a)	**71 788 359**	**2 799 761**	**74 588 120**	-	-	**1 202 011**	**5 695 6[…]**
Hovedbanen.	16 119 909	233 789	16 353 698	6 228 516	10 125 182	182 595	610 5[…]
Samtlige Baner. a)	**87 908 268**	**3 033 550**	**90 941 818**	-	-	**1 384 606**	**6 306 2[…]**

…). **Trafik.**

…o	71	72	73	74	75	76	77	78
	Godsbefordring. Transport de marchandises.							
		Gjennemsnitlig Transportlængde pr. Ton. Parcours moyen d'une tonne.						
…sum. (65 + … + 69). …tal.	**Pr. km. Driftslængde.** Par km. exploité.	Fragtgods. Petite vitesse.	Fragtfrit Gods. Petite vitesse. (Transport gratuit).	Kjøreredskaber & levende Dyr. Equipages et animaux.	Middeltal. Moyenne générale.	I pCt. af Banens Længde. Rapport à la longueur de la ligne.	Gjennemsnitlig Belastning pr. Godsvognaxel. Charge moyenne par essieu.	Gjennemsnitlig Udnytning af Godsvognenes Lasteevne. Utilisation moyenne de la faculté de chargement.
		Kilometer. Kilométres.				%	Ton. Tonnes.	%
…2 433	53 810	45.8	38.8	63.9	45.7	-	1.40	28.2
…028 853	41 608	33.5	33.9	73.2	34.4	—	1.11	22.4
…1 234	153 535	85.4	53.0	108.7	84.1	68.9	1.93	39.6
…3 667	**86 515**	**64.6**	**44.3**	**79.4**	**63.7**	-	**1.69**	-
…5 501	89 915	37.5	35.5	39.4	37.5	70.8	1.52	48.5
…8 550	22 079	44.4	47.1	60.5	44.8	28.4	0.97	31.0
…3 646	89 956	46.9	47.6	45.2	46.9	-	1.77	56.3
…7 697	**59 655**	**51.3**	**48.5**	**53.4**	**51.2**	-	**1.53**	**48.8**
…6 405	64 076	49.4	35.0	54.5	49.4	85.2	1.68	34.5
…5 141	33 177	114.3	54.7	190.2	112.5	25.8	1.36	41.6
[illegible]	76 126	71.9	48.0	57.8	71.1	67.2	2.49	49.3
…0 876	**43 751**	**92.0**	**51.7**	**122.1**	**91.0**	-	-	-
…8 709	**7 878**	**34.5**	**35.0**	**37.7**	**34.6**	**45.5**	**0.81**	**32.5**
…4 844	**12 360**	**69.1**	**55.0**	**84.9**	**67.9**	**62.9**	**1.17**	**35.7**
…5 793	**53 964**	**66.7**	**47.1**	**84.1**	**65.9**	-	-	-
…6 858	252 160	32.2	25.3	32.5	32.9	48.4	1.92	39.9
…2 651	**62 505**	**65.7**	**45.3**	**90.8**	**65.0**	-	-	-

1	79	80	81	82	83	84	85
	Samlet Trafik. Mouvement total.						
	Personbefordring. Voyageurs.			Godsbefordring. Marchandises.			
Banernes Navn. Désignation des chemins de fer.	Reisende*) & Personvogne. Voyageurs et voitures à voyageurs.	Befordret Vognvægt pr. Reisende. Poids moyen de voitures par voyageur.	Nettovægt i pCt. af Bruttovægt. Rapport du poids net au poids brut.	Gods & Godsvogne. Marchandises & wagons à marchandises.	Post, Ilgods & Reisegods, Post- & Stoppevogne. Poste, grande vitesse et bagages, wagons-poste et-freins.	Sum. Total.	Gjennemsnitlig Vognvægt pr. Ton Gods. Poids moyen de wagon par tonne de marchandises (Petite vitesse).
	Tonkilometer. Tonnes-kilomètres.	Ton. Tonnes.	%	Tonkilometer. Tonnes-kilomètres.			Ton. Tonnes.
Smaalensbanen.	46 514 537	1.56	4.6	33 122 740	16 763 615	49 886 355	1.90
Heraf Kr.ania—Fr.hald.	43 066 652	1.54	4.7	24 856 710	14 961 077	39 817 787	2.44
Kongsvingerbanen.	12 917 841	1.81	4.0	41 772 952	5 175 127	46 948 079	1.31
1ste Trafikdistrikt. a)	**59 432 378**	-	4.3	**74 895 692**	**21 938 742**	**96 834 434**	-
Kr.ania-Drammenb.	14 826 114	0.77	8.9	9 830 669	4 661 670	14 492 339	1.25
Drammen-Skienb.	15 055 823	0.77	8.9	8 512 443	7 316 756	15 829 199	1.95
Drammen-Randsfj.b.	8 167 897	0.86	8.0	26 058 901	3 516 457	29 575 358	1.08
2det Trafikdistrikt. a)	**38 049 834**	**0.79**	**8.7**	**44 402 013**	**15 494 883**	**59 896 896**	**1.24**
Eidsvold-Hamarb.	5 207 318	1.07	6.6	9 252 711	2 516 111	11 768 822	1.63
Rørosbanen.	16 391 757	1.02	6.8	31 504 304	8 078 182	39 582 486	1.31
Merakerbanen.	8 218 915	1.95	3.7	15 787 257	3 861 178	19 648 435	1.08
3die & 4de Trafikd. a)	**29 817 990**	-	-	**56 544 272**	**14 455 471**	**70 999 743**	-
5te Trafikdistrikt.	**2 085 508**	**0.53**	**12.4**	**1 629 061**	**980 897**	**2 609 958**	**2.20**
6te Trafikdistrikt.	**5 965 168**	**0.96**	**7.3**	**2 929 230**	**1 837 522**	**4 766 752**	**1.55**
Statsbanerne. a)	**135 350 878**	-	-	**180 400 268**	**54 707 515**	**235 107 783**	-
Hovedbanen.	13 889 865	0.95	7.3	39 502 405	5 093 869	44 596 274	1.39
Samtlige Baner. a)	**149 240 743**	-	-	**219 902 673**	**59 801 384**	**279 704 057**	-

*) Gjennemsnitlig Vægt pr. Person ansat til 75 kg.
Poids moyen d'un voyageur calculé à 75 kg.

87	88	89	90	91	92	93	94	95	96	97
Samlet Trafik. Mouvement total.										
	Tilsammen. Ensemble.					Trafiktogenes gjennemsnitlige Vægt. Poids moyen des trains.				
…sende og Gods …Slags. (…etto). (…ageurs …rchan…ses, …etc.).	Vogne og Lokomotiver (Dødvægt). Poids mort.		Brutto. Brut.		Netto pCt. af Brutto. Rapport du poids net au poids brut.	Reisende. Voyageurs.	Gods alle Slags. Marchandises de toute nature.	Vogne. Voitures et wagons.	Lokomotiver. Locomotives.	Hovedsum. Total.
	Personvogne Gods-, Post- og Stoppe-vogne. Voitures à voyageurs, wagons à marchandises, wagons-poste et-freins.	Lokomotiver og Tendere. Locomotives & Tenders.	Ialt. (Col. 87 + 88 + 89). Total.	Pr. km. Drifts-længde. Par km. exploité.						
Tonkilometer. Tonnes-kilomètres.					%	Ton. Tonnes.				
…591 866 …034 965	80 809 026 71 849 474	e) 44 809 646 e) 41 263 455	141 210 538 124 147 894	564 842 572 110	11.0 8.9	2.2 2.3	14.0 10.5	84.3 83.3	43.8 44.8	144.3 140.9
…245 299	40 620 621	13 787 895	73 653 815	603 720	26.1	1.5	55.6	120.5	39.3	216.9
…37 165	**121 429 647**	**e) 58 597 541**	**214 864 353**	**577 592**	**16.2**	**2.1**	**24.8**	**93.7**	**42.6**	**163.2**
…080 616	23 237 837	10 352 938	39 671 391	748 517	15.3	3.3	12.1	58.8	23.0	97.2
…830 738	26 054 284	13 472 619	44 357 641	280 745	10.9	2.4	6.4	47.5	23.3	79.6
…516 698	24 226 557	9 990 548	47 733 803	333 803	28.3	1.7	33.0	62.2	21.0	117.9
…428 052	**73 518 678**	**33 816 105**	**131 762 835**	**372 211**	**18.5**	**2.5**	**15.8**	**55.1**	**22.6**	**96.0**
…057 692	12 918 448	6 410 071	23 386 211	403 211	17.4	2.4	26.4	91.7	44.0	164.5
…585 068	40 389 175	20 969 686	76 943 929	176 477	20.3	1.4	18.3	51.2	25.5	96.4
…373 278	19 494 072	11 744 040	39 611 390	373 692	21.1	1.3	34.4	83.0	45.6	164.3
…916 038	**72 801 695**	**39 123 797**	**139 941 530**	**233 236**	**20.0**	-	-	-	-	-
…857 747	**3 837 719**	**2 054 917**	**6 750 383**	**88 821**	**12.7**	**1.7**	**4.0**	**25.5**	**13.2**	**44.4**
…767 473	**8 964 447**	**4 018 993**	**14 750 913**	**136 583**	**12.0**	**1.8**	**5.5**	**37.2**	**16.7**	**61.2**
…906 475	**280 552 186**	**e) 137 611 353**	**508 070 014**	**336 470**	**17.7**	-	-	-	-	-
…167 088	40 319 051	e) 20 656 758	79 142 897	1 163 866	23.0	3.3	55.4	130.3	63.6	252.6
…073 563	**320 871 237**	**e) 158 268 111**	**587 212 911**	**372 125**	**18.4**	-	-	-	-	-

Anmærkninger til Tabel III.

Col. 1 a) Med Hensyn til de for Trafikdistrikterne meddelte Opgaver bemærkes, at disse refererer sig til Distriktet som Driftsenhed. De for disse opførte Antal Reisende og Antal Ton er saaledes ikke Summen af det for de enkelte Baner opførte Antal; men i denne Sum er der gjort Fradrag for det Antal Reisende (Ton), som i samme Reise har passeret paa to eller flere Baner (fra den ene til den anden inden Distriktet), da dette Antal selvfølgelig indbefattes i Opgaven over Antal Reisende og Ton for hver af de enkelte Baner. I Overensstemmelse hermed er det for Statsbanerne og samtlige Baner anførte Antal Reisende og Ton lig Summen af Antallet for Distrikterne formindsket med det Antal Reisende (Ton), som i samme Reise har passeret mellem eller over 2 eller flere Distrikter.

Col. 6 b) Desuden Skiftning paa Kristiania Fællesstation 120 603 km., udført fælles for Smaalensbanen og Hovedbanen (jfr. Tabel V. 3, Col. 64).

Col. 30, 31, 60 og 61 c). Samtrafik med svenske Baner.

Col. 58 & 68 d) For Bestemmelse af Vægt og Tonkilometer for Kjøreredskaber og levende Dyr er der antaget en gjennemsnitlig Vægt

for Kjøreredskaber	af 400	kg.
« Heste	« 400	«
« Hornkvæg etc.	« 350	«
« Smaafæ	« 40	«

Col. 58 og 68 har tidligere kun været udfyldt for 1ste Distrikt og Hovedbanen, og er Opgaverne deri fremkommet paa den Maade, at hver Vogn, hvori der blev fragtet Dyr og Kjøreredskaber, i Gjennemsnit var forudsat at føre en Nettolast af 1 Ton.

Col. 89 e) Tonkilometer af Lokomotiver paa Kristiania Fællesstation (2 444 127 Tonkm.), der skulde blive at fordele paa Smaalensbanen og Hovedbanen, heri ikke indbefattet.

Tabel IV.

Økonomiske Resultater.

Résultats financiers.

Tabel IV. Økonomis
Résul

1	3		4		5		6	7	8
Banernes Navn. Désignation des chemins de fer.	Indtægter af Persontrafik. Recettes du trafic des voyageurs.								
	Reisende. Voyageurs.								
	I. Klasse. Classe.		II.		III.		Med Saisonbilletter og som Exess. Billets de saison & excès.	Tilsammen. (Fol. 3, 4, 5, 6). Total.	Heraf med Extratog og som militær Transport.
	Kroner.	%	Kroner.	%	Kroner.	%	Kroner.		
Smaalensbanen.	37 645.82	4.8	162 157.59	20.6	588 855.43	74.6	36 418.50	825 077.34	3 2…
Heraf Kr.ania—Fr hald.	—	—	—	—	—	—	—	757 648.54	
Kongsvingerbanen.	13 330.26	6.5	42 066.57	20.4	150 357.37	73.1	1 759.70	207 513.90	47…
1ste Trafikdistr.	**50 976.08**	-	**204 224.16**	-	**739 212.80**	-	**38 178.20**	**1032591.24**	8 0…
Kr.ania-Dr.menb.	-	-	97 431.00	20.2	384 089.91	79.8	29 298.91	510 819.82	2 0…
Dr.men-Skienb.	-	-	96 783.00	20.8	368 049.33	79.2	6 520.94	471 353.27	4 6…
Dr.men-Randsfj.b.	-	-	44 276.04	18.9	190 390.92	81.1	2 157.52	236 824.48	2 3…
2det Trafikdistr.	-	-	**238 490.04**	-	**942 530.16**	-	**37 977.37**	**1218997.57**	9 0…
Eidsvold-Hamarb.	5 830.97	4.4	27 505.73	20.8	98 650.42	74.8	2 197.13	134 184.25	2 3…
Hamar-Gr.setb.	—	—	—	—	—	—	—	76 614.26	
Gr.setb.-Aamotb.	—	—	—	—	—	—	—	34 178.06	
Støren-Aamotb.	—	—	—	—	—	—	—	303 528.21	
Tr.hjem-Størenb.	—	—	—	—	—	—	—	94 346.86	
Rørosbanen.	42 454.81	8.6	107 809.81	21.7	345 756.63	69.7	12 646.14	508 667.39	6…
Merakerbanen.	-	-	13 693.76	13.2	90 205.98	86.8	1 930.68	105 830.42	4 2…
3die & 4de Trafikd.	**48 285.78**	-	**149 009.30**	-	**534 613.03**	-	**16 773.95**	**748 682.06**	7 3…
5te Trafikdistr.	-	-	**14 821.17**	**15.6**	**80 490.53**	**84.4**	**162.76**	**95 474.46**	52…
6te Trafikdistr.	-	-	**41 676.77**	**21.3**	**154 182.48**	**78.7**	**13 276.80**	**209 136.05**	3 3…
Statsbanerne.	**99 261.86**	-	**648 221.44**	-	**2451029.00**	-	**106 369.08**	**3304881.38**	28 1…
Hovedbanen.	11 236.21	2.9	69 183.08	17.7	309 792.51	79.4	7 379.47	397 591.27	6 5…
Samtlige Baner.	**110 498.07**	-	**717 404.52**	-	**2760821.51**	-	**113 748.55**	**3702472.65**	34 7…

ltater.

ıers.

	10	11	12	13	14	15	16	17	18	19	20
	Indtægter af Persontrafik. Recettes du trafic des voyageurs.										
	Reilende. Voyageurs										
	ægt pr. Vognaxelkilometer. cette par kilomètre d'essieux.			Indtægt pr. Person. Recette par voyageur.				Indtægt pr. Personkilometer. Recette par le parcours kilométrique des voyageurs.			
	II. Klasse. Classe.	III.	Middel alle Klasser. Moyenne de toutes classes.	I.	II. Klasse. Classe	III.	Middel alle Klasser. Moyenne de toutes classes.	I.	II. Klasse. Classe.	III.	Middel alle Klasser. Moyenne de toutes classe.
	Øre.			Øre.				Øre.			
5	5.0	9.0	7.6	763	261	53	67	7.2	4.2	2.4	2.8
—	—	—	—	—	—	—	64	—	—	—	2.7
3	4.4	7.6	6.3	728	298	97	120	6.6	4.3	2.6	3.0
5	**4.9**	**8.7**	**7.3**	**754**	**268**	**59**	**74**	**7.0**	**4.2**	**2.5**	**2.8**
-	7.7	10.9	10.0	-	142	42	49	-	4.0	2.5	2.7
-	6.2	10.4	9.1	-	209	56	66	-	3.8	2.4	2.6
-	6.2	8.9	8.3	-	201	60	70	-	4.2	2.5	2.7
-	**6.8**	**10.3**	**9.3**	**-**	**213**	**52**	**62**	**-**	**4.0**	**2.5**	**2.7**
3	8.1	12.2	10.3	407	229	82	98	7.1	4.4	2.6	2.9
—	—	—	—	—	—	—	—	—	—	—	3.0
—	—	—	—	—	—	—	—	—	—	—	3.2
—	—	—	—	—	—	—	—	—	—	—	3.6
—	—	—	—	—	—	—	—	—	—	—	3.2
4.7	9.0	10.3	9.1	2 855	878	124	169	7.4	5.0	2.8	3.3
-	2.8	8.4	6.6	-	212	49	55	-	4.4	2.4	2.6
-	**-**	**-**	**-**	**3 008**	**590**	**96**	**125**	**7.4**	**4.8**	**2.7**	**3.1**
-	**9.6**	**13.5**	**12.7**	**-**	**249**	**60**	**68**	**-**	**4.9**	**2.6**	**2.8**
-	**8.6**	**12.9**	**11.6**	**-**	**410**	**38**	**47**	**-**	**6.4**	**3.0**	**3.4**
-	**-**	**-**	**-**	**1 187**	**284**	**59**	**73**	**7.2**	**4.3**	**2.6**	**2.8**
1.2	7.8	13.2	11.8	294	165	74	84	6.7	4.3	2.6	2.9
-	**-**	**-**	**-**	**1 181**	**289**	**62**	**77**	**7.1**	**4.3**	**2.6**	**2.9**

1	21	22	23	24	25	26	27
	Indtægter af Persontrafik. Recettes du trafic des voyageurs.						
					Tilsammen. Ensemble.		
Banernes Navn. Désignation des chemins de fer.	Reisegods. Bagages.	Post. Poste.	Heste, Hunde, Lig. Chevaux, chiens, cercueils.	Kjøredskaber. Equipages.	Sum. Total.	Pr. Kilometer Driftslængde. Par kilomètre exploité.	Fragtgo… Petite vit…
	Kroner.						Krone…
Smaalensbanen.	12 041.49	52 225.84	6 263.56	1 540.82	897 149.05	3 589	525 6…
Heraf Kr.ania—Fr.hald.	10 491.28	44 375.80	5 726.85	1 432.70	819 675.17	3 777	380 …
Kongsvingerbanen.	4 703.97	11 609.52	2 614.33	1 539.67	227 981.39	1 868	602 0…
1ste Trafikdistr.	16 745.46	63 835.86	8 877.89	3 080.49	1 125 130.44	3 024	1 127 62…
Kr.ania-Dr.menb.	4 769.11	20 678.86	1 257.39	1 274.26	538 799.44	10 166	262 2…
Dr.men-Skienb.	6 678.87	37 880.67	1 700.71	2 166.82	519 780.34	3 290	140 1…
Dr.men-Randsfj.b.	2 465.75	13 471.68	928.72	1 713.92	255 404.55	1 786	628 1…
2det Trafikdistr.	13 913.78	72 031.21	3 886.82	5 155.00	1 313 984.83	3 712	1 030 5…
Eidsvold-Hamarb.	2 471.08	11 049.58	2 481.94	582.85	150 769.70	2 600	181 5…
Hamar-Gr.setb.	1 227.73	5 841.36	612.49	704.77	85 000.61	2 237	80…
Gr.set-Aamotb.	614.56	3 996.72	362.78	215.00	39 367.12	1 514	28…
Støren-Aamotb.	6 547.53	56 349.36	3 484.18	1 633.31	371 542.59	1 157	287…
Tr.hjem-Størenb.	1 451.32	10 277.28	956.25	515.07	107 546.78	2 109	136…
Rørosbanen.	9 841.14	76 464.72	5 415.70	3 068.15	603 457.10	1 384	533 2…
Merakerbanen.	2 342.17	6 983.28	1 616.75	281.62	117 054.24	1 104	292 6…
3die&4deTrafikd.	14 654.89	94 497.58	9 514.89	3 932.62	871 281.04	1 452	1 007 5…
5te Trafikdistr.	683.80	6 926.16	349.82	134.06	103 567.80	1 363	37 3…
6te Trafikdistr.	1 498.85	18 684.00	1 220.17	460.80	230 999.87	2 139	65 31…
Statsbanerne.	47 495.78	255 974.81	23 849.09	12 762.97	3 644 963.48	2 414	3 268 3…
Hovedbanen.	6 241.27	14 255.48	5 691.64	1 998.44	425.778.10	6 261	1 068 …
Samtlige Baner.	53 737.00	270 229.79	29 540.78	14 761.41	4 070 741.58	2 580	4 336 7…

*) Renteindtægter og Indtægter ved Dampskibsfart (jfr. Col. 87 og 88) heri ikke medre…

	29	30	31	32	33	34	35	36	37	38
Indtægter af Godstrafik. Recettes du trafic des marchandises.								Øvrige Indtægter. *) Autres recettes.		
…gods og andre levende Dyr. …rchandises et autres animaux.						Tilsammen. Ensemble.				
…e …le …s …x.	Sum. En tout.	Indtægt pr. Vognaxelkilom. Recettes par kilomètre d'essieux.	Indtægt pr. Ton Gods. Recettes par tonne.	Indtægt pr. Tonkilometer. Recettes par tonne kilométrique.	Ilgods. Grande vitesse.	Ialt. Total.	Pr. Kilometer Driftslængde. Par kilomètre exploité.	Extra Trafik-indtægter. a) Revenus extraordinaires de l'exploitation.	Andre Indtægter b) Produits divers.	Sum. Total
	Kroner.	Øre.			Kroner.					
0.70	555 608.06	6.5	233	5.1	47 779.52	603 387.58	2 413	21 234.80	24 800.03	46 034.83
6.57	403 523.05	5.8	201	6.0	45 394.09	448 917.14	2 069	10 995.82	24 800.03	35 795.85
6.91	621 679.99	6.4	298	3.5	15 402.48	637 082.47	5 222	4 323.79	4 429.47	8 753.26
.61	**1 177 288.05**	**6.4**	**264**	**4.1**	**63 182.00**	**1 240 470.05**	**3 335**	**25 558.59**	**29 229.50**	**54 788.09**
9.04	266 278.76	9.1	234	6.2	41 195.29	307 474.05	5 801	8 067.46	13 127.76	21 195.22
3.59	142 573.36	4.7	243	5.5	26 505.39	169 078.75	1 070	5 448.76	8 858.30	14 307.06
3.45	630 806.19	8.8	246	5.2	19 408.60	650 214.79	4 547	7 456.94	7 130.69	14 587.63
.08	**1 039 658.81**	**8.0**	**282**	**5.5**	**87 109.28**	**1 126 767.59**	**3 183**	**20 973.16**	**29 116.75**	**50 089.91**
8.19	186 221.71	8.6	263	5.3	15 703.45	201 925.16	3 481	1 543.79	6 769.16	8 312.95
0.85	82 249.87	7.5	171	6.2	11 424.75	93 674.62	2 465	2 159.04	6 198.12	8 357.16
3.20	29 091.13	5.2	109	4.5	6 428.72	35 519.85	1 366	449.61	169.67	619.28
3.39	293 780.42	4.5	396	3.5	30 461.87	324 242.29	1 010	4 353.07	1 071.39	5 424.46
5.96	138 030.96	7.0	208	4.5	10 474.18	148 505.14	2 912	2 312.18	2 609.51	4 921.69
3.40	543 152.38	5.3	463	4.1	58 789.52	601 941.90	1 381	9 273.90	10 048.69	19 322.59
8.25	293 722.33	9.5	283	3.9	5 472.42	299 194.75	2 823	3 547.85	7 743.84	11 291.69
.84	**1 023 096.42**	-	**386**	**4.2**	**79 965.89**	**1 103 061.81**	**1 838**	**14 365.54**	**24 561.69**	**38 927.28**
.89	**40 230.68**	**5.9**	**280**	**8.1**	**1 741.18**	**41 971.81**	**552**	**2 166.88**	**2 870.14**	**5 036.47**
.65	**67 531.02**	**6.6**	**451**	**6.5**	**11 695.56**	**79 226.58**	**733**	**5 014.81**	**557.52**	**5 571.83**
.97	**3 347 804.48**	-	**303**	**4.6**	**243 693.86**	**3 591 497.84**	**2 379**	**68 077.98**	**86 335.60**	**154 413.58**
5.39	1 083 061.51	12.4	213	6.6	50 752.33	1 133 813.84	16 674	7 959.32	67 945.82	75 905.14
.26	**4 430 865.99**	-	**324**	**4.9**	**294 445.69**	**4 725 311.68**	**2 994**	**76 037.25**	**154 281.42**	**230 318.67**

1	39	40	41	42	43	44
	Samlede Indtægter. Recettes totales.					
				Af Indtægter kommer paa Décomposition des recettes:		
Banernes Navn. Désignation des chemins de fer.	Sum. Total.	Pr. Kilometer Driftslængde. Par kilomètre exploité.	I pCt. af den i Banen nedlagte Kapital. Proportion p. % du capital total d'établissement.	Persontrafik (Col. 25). Trafic des voyageurs.	Godstrafik (Col. 34). Trafic des marchandises.	And Indtæ (Col. Autr recett
	Kroner.		Procent. Pour cent.			
Smaalensbanen.	1 546 571.46	6 186	5.46	58.0	39.0	
Heraf Kr.ania—Fr.hald.	1 304 388.16	6 011	—	62.8	34.4	
Kongsvingerbanen.	873 817.12	7 162	8.40	26.1	72.9	
1ste Trafikdistr.	**2 420 388.58**	**6 506**	**6.20**	**46.5**	**51.2**	
Kr.ania-Dr.menb.	867 468.71	16 367	13.24	62.1	35.5	
Dr.men-Skienb.	703 166.15	4 450	5.92	73.9	24.1	
Dr.men-Randsfj.b.	920 206.97	6 435	11.89	27.7	70.7	
2det Trafikdistr.	**2 490 841.88**	**7 036**	**9.52**	**52.8**	**45.2**	
Eidsvold-Hamarb.	361 007.81	6 224	7.19	41.8	55.9	
Hamar-Gr.setb.	187 032.39	4 922	10.98	45.4	50.1	
Gr.set-Aamotb.	75 506.25	2 904	9.54	52.1	47.1	
Støren-Aamotb.	701 209.34	2 184	4.27	53.0	46.2	
Tr.hjem-Størenb.	260 973.61	5 117	6.20	41.2	56.9	
Rørosbanen.	1 224 721.59	2 809	5.30	49.3	49.1	
Merakerbanen.	427 540.68	4 033	3.68	27.4	70.0	
3die&4deTrafidk.	**2 013 270.08**	**3 355**	**5.07**	**43.3**	**54.8**	
5te Trafikdistr.	**150 576.08**	**1 981**	**2.90**	**68.8**	**27.9**	
6te Trafikdistr.	**315 798.28**	**2 924**	**3.14**	**73.1**	**25.1**	
Statsbanerne.	**7 390 874.85**	**4 895**	**6.15**	**49.4**	**48.5**	
Hovedbanen.	1 635 497.08	24 051	14.38	26.0	69.3	
Samtlige Baner.	**9 026 371.93**	**5 720**	**6.86**	**45.1**	**52.3**	

*) Jfr. Anmærkning Pag. 42.

	46	47	48	49	50	51	52	53
Udgifter (Drift og Vedligehold). Dépenses (exploitation et entretien).								
Bureauafdelingen. Administration générale.				Trafikafdelingen. Service commercial et des trains.				
…el i …sens …er.*) …part …s …ses la …ion …ale.	Andel i Distrikts-kontorets Udgifter.*) Quote-part des dépenses de la direction locale.	Sum. Total.	Pr. Kilometer Drifts-længde. Par kilomètre exploité.	Andel i Styrelsens Udgifter.*) Quote-part des dépenses de la direction générale.	Andel i Distrikts-kontorets Udgifter.*) Quote-part des dépenses de la direction locale.	Station- og Telegraf-tjenesten.**) Service des stations et du télégraphe.	Togtjene-sten. Service des trains.	Vognenes Renhold, Opvarm-ning og Belys-ning. Nettoyage, chauffage & éclairage des wagons.
Kroner.								
…28.64	1 411.72	16 340.36	65	16 946.02	16 656.43	293 225.43	59 221.84	23 139.44
—	—	—	—	—	—	—	—	—
…93.28	888.28	8 781.56	72	8 959.94	8 592.92	82 920.09	25 633.20	10 229.87
…21.92	**2 300.00**	**25 121.92**	**67**	**25 905.96**	**25 249.85**	**376 145.52**	**84 855.04**	**33 369.81**
…84.40	1 078.65	7 763.05	146	7 587.70	5 807.44	165 801.65	25 504.91	9 705.60
…181.69	1 278.11	10 459.80	66	10 422.44	6 881.32	129 087.92	35 449.54	11 023.93
…388.89	1 328.04	10 716.93	75	10 657.66	7 150.13	129 365.58	25 357.32	5 972.80
…54.98	**3 684.80**	**28 939.78**	**82**	**28 667.80**	**19 838.80**	**424 255.15**	**86 311.77**	**26 702.83**
…391.14	1 221.44	4 612.58	79	3 849.40	3 680.94	44 398.44	8 785.79	3 416.39
2 436.88	990.80	3 427.68	90	2 766.19	2 985.88	39 084.45	5 778.33	1 405.40
1 104.12	672.40	1 776.52	68	1 253.33	2 026.35	7 015.56	2 689.17	673.16
9 797.97	2 525.12	12 323.09	38	11 122.02	7 609.71	72 571.33	32 050.32	8 149.08
3 330.73	1 174.08	4 504.81	88	3 780.83	3 538.21	41 377.18	9 348.04	2 301.57
…669.70	5 362.40	22 032.10	51	18 922.37	16 160.15	160 048.52	49 865.86	12 529.21
…640.54	1 416.16	6 056.70	57	5 267.64	4 267.74	52 573.00	18 286.54	4 205.87
…701.88	**8 000.00**	**32 701.88**	**55**	**28 039.41**	**24 108.83**	**257 019.96**	**76 938.19**	**20 151.47**
…472.68	**2 600.00**	**4 072.68**	**53**	**1 671.69**	**10 133.58**	**24 786.67**	**6 371.45**	**799.95**
…212.08	**2 200.00**	**4 412.08**	**41**	**2 511.01**	**10 398.51**	**46 724.60**	**10 222.74**	**1 962.66**
…463.04	**18 784.80**	**95 247.84**	**63**	**86 795.87**	**89 729.11**	**1 128 931.90**	**264 699.19**	**82 985.72**
…Col. 47)	(I Col. 47)	35 557.68	523	(I Col. 50)	16 400.67	247 784.92	39 524.10	10 103.21
…463.04	**18 784.80**	**130 805.52**	**83**	**86 795.87**	**106 129.78**	**1 376 716.82**	**304 223.29**	**93 088.98**

…Specifikation er meddelt Tabel VII, Col. 29—32 med tilhørende Anmærkning.

1	54	55	56	57	58	59
	Udgifter (D Dépenses (e					
	Trafikafdelingen. Service commercial et des trains.			Ma Exploitatio		
Banernes Navn. Désignation des chemins de fer.	Tilskud til Pensions- og Understøttelses-kasserne. Dépenses aux caisses de pensions & de secours.	Sum. Total.	Pr. Kilometer Driftslængde. Par kilomètre exploité.	Andel i Styrelsens Udgifter.**) Quote-part des dépenses de la direction générale.	Fællesudgifter ved Distriktskontorerne og Værkstederne. Quote-part des dépenses de la direction locale.	Vedlig hold Entreti
	Kroner.					
Smaalensbanen.	7 614.76	416 803.92	1 667	3 631.29	-	47 2
Heraf Kr.ania—Fr hald.	—	—	—	—	—	
Kongsvingerbanen.	3 353.49	139 689.51	1 145	1 919.98	-	21 4
1ste Trafikdistr.	**10 968.25**	**556 493.48**	**1 496**	**5 551.27**	-	**68 73**
Kr.ania-Dr.menb.	6 030.87	220 438.17	4 159	1 625.94	714.35	22 0
Dr.men-Sklenb.	5 421.39	198 286.54	1 255	2 233.38	1 733.16	23 8
Dr.men-Randsfj.b.	5 433.94	183 937.43	1 286	2 283.79	1 548.94	20 6
2det Trafikdistr.	**16 886.20**	**602 662.14**	**1 702**	**6 143.11**	**3 996.45**	**66 55**
Eidsvold-Hamarb.	1 732.10	65 863.06	1 136	824.87	419.80	11 2
Hamar-Gr.setb.	1 558.41	53 578.66	1 410	592.75	416.31	3
Gr.setb.-Aamotb.	386 20	14 043.77	540	268.57	192.96	1
Støren-Aamotb.	3 482.30	134 984.76	421	2 383.29	1 940.53	18
Tr.hjem-Størenb.	1 494.86	61 840.69	1 213	810.18	424.00	5
Rørosbanen.	6 921.77	264 447.88	607	4 054.79	2 973.80	28 9
Merakerbanen.	1 971.44	86 572.23	817	1 128.78	704.35	20 3
3die&4deTrafikd.	**10 625.31**	**416 883.17**	**695**	**6 008.44**	**4 097.95**	**60 53**
5te Trafikdistr.	**1 474.67**	**45 237.96**	**595**	**358.22**	-	**4 35**
6te Trafikdistr.	**2 034.90**	**73 854.42**	**684**	**538.08**	-	**11 91**
Statsbanerne.	**41 989.38**	**1 695 131.12**	**1 123**	**18 599.12**	**8 094.40**	**212 09**
Hovedbanen.	(I Col. 74)	313 812.90	4 615	-	-	47 8
Samtlige Baner.	**41 989.38**	**2 008 944.02**	**1 273**	**18 599.12**	**8 094.40**	**259 96**

*) Efter Fradrag eller Tillæg for Leie af rullende Materiel (Godtgjørelse for Vedligehold).

omiske Resultater.

o	61	62	63	64	65	66	67
'edligehold). et entretien).							
ingen.*) ien du matériel roulant.							
motiver. notives.		Vogne. Wagons.			Tilskud til Pensions- og Understøttelses-kasserne.	Totalsum. Maskin-afdelingen. (Col. 57 + 58 + 61 + 64 + 65.	Pr. Kilometer Drifts-længde.
rift.	Sum.	Vedlige-hold.	Drift.	Sum.			
tion.	En tout.	Entretien.	Traction.	En tout.	Dépenses aux caisses de pensions & de secours.	Total.	Par kilomètre exploité
			Kroner.				
181.75	325 478.07	76 951.94	15 114.34	92 066.28	4 520.20	425 695.84	1 703
—	—	—	—	—	—	—	—
3 876.88	135 311.79	52 397.93	7 734.97	60 132.90	2 490.43	199 855.10	1 638
058.68	460 789.86	129 349.87	22 849.81	152 199.18	7 010.68	625 550.94	1 681
2 637.08	164 662.45	30 951.01	7 006.77	37 957.78	2 573.89	207 534.41	3 916
6 826.88	190 682.82	34 459.96	7 776.79	42 236.75	2 959.05	239 845.16	1 518
7 552.30	158 225.27	34 356.97	8 314.06	42 671.03	2 886.05	207 615.08	1 452
016.26	513 570.54	99 767.04	23 097.62	122 865.56	8 418.99	654 994.65	1 850
7 928.79	69 176.74	9 548.71	3 307.40	12 856.11	1 069.52	84 347.04	1 454
22 049.89	25 607.42	5 083.83	884.77	5 968.60	422.40	33 007.48	869
9 612.46	11 255.09	2 497.06	433.36	2 930.42	188.07	14 735.11	567
129 290.28	147 328.34	29 836.87	5 185.61	35 022.48	2 219.72	188 894.36	588
43 134.20	48 883.58	8 776.48	1 518.57	10 295.05	700.30	61 113.11	1 198
4 045.83	232 974.43	46 194.24	8 022.31	54 216.55	3 530.49	297 750.06	683
7 338.04	107 698.29	8 216.13	4 419.91	12 636.04	1 513.49	123 680.95	1 167
312.66	409 849.46	63 959.08	15 749.62	79 708.70	6 113.50	505 778.05	843
517.97	29 876.20	2 495.80	1 689.06	4 184.86	609.81	35 028.09	461
729.02	63 640.79	10 640.49	2 808.77	13 449.26	919.97	78 548.10	727
634.55	1 477 726.85	306 212.68	66 194.38	372 407.06	23 072.40	1 899 899.88	1 258
700.85	265 569.72	46 420.51	7 315.45	53 735.96	(I Col. 74)	319 305.68	4 695
335.40	1 743 296.57	352 633.19	73 509.88	426 143.02	23 072.40	2 219 205.51	1 407

*) Jfr. Anmærkning Pag. 42).

Tabel IV. (Fort

1	68	69	70	71	72	73	74
	Udgifter (Dr Dépenses (ex						
	Baneafdelingen. Entretien et surveillance de la voie.						
Banernes Navn. Désignation des chemins de fer.	Andel i Styrelsens Udgifter.*) Quote-part des dépenses de la direction générale.	Andel i Fælles-Lønninger og Distrikts-kontorets Udgifter. Quote-part des dépenses communes et de la direction locale.	Vedligehold af Linie med Bygninger og Telegraf samt Bevogtning.**) Entretien de la voie, des bâtiments et du télégraphe.	Tilskud til Pensions- & Understøttelseskasserne. Dépenses aux caisses de pensions & de secours.	Sum. Total.	Pr. Km. Driftslængde. Par kilomètre exploité.	Forskjellig Udgift Autres dépense
	Kroner.						
Smaalensbanen.	4 841.72	28 311.78	455 599.69	6 177.72	494 930.91	1 980	5 32
Heraf Kr.ania—Fr.hald.	—	—	—	—	—	—	.
Kongsvingerbanen.	2 559.98	13 075.73	178 957.83	3 155.19	197 748.73	1 621	52
1ste Trafikdistr.	**7 401.70**	**41 387.51**	**634 557.52**	**9 332.91**	**692 679.64**	**1 862**	**5 852**
Kr.ania-Dr.menb.	2 167.91	5 579.93	159 739.36	1 580.18	169 067.38	3 190	4 61
Dr.men-Skienb.	2 977.84	16 423.95	201 713.71	3 720.75	224 836.25	1 423	2 72
Dr.men-Randsfj.b.	3 045.05	15 055.28	251 545.86	2 909.92	272 556.11	1 906	3 17
2det Trafikdistr.	**8 190.80**	**37 059.16**	**612 998.98**	**8 210.85**	**666 459.74**	**1 883**	**10 517**
Eidsvold-Hamarb.	1 099.83	4 299.37	61 988.11	1 298.76	68 686.07	1 184	34
Hamar-Gr.setb.	790.34	2 804.90	34 453.30	731.81	38 780.35	1 020	9
Gr.set-Aamotb.	358.10	1 943.55	27 262.55	475.82	30 040.02	1 155	6
Støren-Aamotb.	3 177.72	27 056.26	293 545 66	6 626.15	330 405.79	1 029	1 0
Tr.hjem-Størenb.	1 080.24	4 909.31	82 486.54	1 187.21	89 663.30	1 758	7
Rørosbanen.	5 406.40	36 714.02	437 748.05	9 020.99	488 889.46	1 121	1 90
Merakerbanen.	1 505.04	9 818.62	106 188.76	2 426.20	119 938.62	1 131	33
3die&4deTrafikd.	**8 011.27**	**50 832.01**	**605 924.92**	**12 745.95**	**677 514.15**	**1 129**	**2 588**
5te Trafikdistr.	**477.62**	**1 800.00**	**48 711.12**	**1 071.55**	**52 060.20**	**685**	**144**
6te Trafikdistr.	**717.43**	**3 096.66**	**120 561.54**	**1 794.62**	**126 170.25**	**1 168**	**279**
Statsbanerne.	**24 798.82**	**134 175.34**	**2 022 754.08**	**33 155.88**	**2214884.07**	**1 467**	**19 381**
Hovedbanen.	-	10 907.36	168 232.47	(I Col. 74)	179 139.83	2 634	c)17 46
Samtlige Baner.	**24 798.82**	**145 082.70**	**2 190 986.50**	**33 155.88**	**2394023.90**	**1 517**	**36 844**

*) Jfr. Anmærkning Pag. 42. **) Specifikation heraf er meddelt i Tabel VI. 5.

…edligehold).
…t entretien).

75	76	77	78	79	80	81	82	83
Samlede Udgifter. Dépenses totales.			Af Udgifter kommer paa: Decomposition des dépenses en:					Udgift i pCt. af Indtægt.
…m. …tal.	Pr. Trafiktog-kilometer. (Tab. III Col. 3). Par train-kilomètre.	Pr. Kilometer Drifts-længde. Par kilomètre exploité.	Bureau-afdeling. (Col. 47). Administration générale.	Trafik-afdeling. (Col. 55). Service commercial et des trains.	Maskin-afdeling. (Col. 66). Exploitation et entretien du matériel roulant.	Bane-afdeling. (Col. 72). Entretien et surveillance de la voie.	For-skjellige Udgifter. (Col. 74). Autres dépenses.	Rapport % de la dépense totale à la recette brute.
Kroner.			Procent. Pour cent.					
9 098.19	1.42	5 436	1.2	30.7	31.3	36.4	0.4	87.9
—	—	—	—	—	—	—	—	—
6 600.68	1.62	4 480	1.6	25.5	36.6	36.2	0.1	62.6
5 698.87	1.47	5 123	1.3	29.2	32.8	36.4	0.3	78.7
09 421.83	1.54	11 498	1.3	36.2	34.0	27.7	0.8	70.3
76 152.49	1.23	4 279	1.5	29.3	35.5	33.3	0.4	96.2
77 999.25	1.74	4 741	1.6	27.1	30.6	40.2	0.5	73.7
3 573.57	1.47	5 547	1.5	30.7	33.4	33.9	0.5	78.8
23 852.75	1.59	3 859	2.1	29.4	37.7	30.7	0.1	62.0
128 893.29	1.41	3 392	2.6	41.6	25.6	30.1	0.1	68.9
60 658.32	1.42	2 333	2.9	23.2	24.3	49.5	0.1	80.3
668 079.60	1.32	2 081	1.8	20.2	28.3	49.5	0.2	95.3
277 395.92	1.47	4 263	2.1	28.5	28.1	41.2	0.1	83.3
1075 027.13	1.36	2 466	2.0	24.6	27.7	45.5	0.2	87.8
336 584.95	1.43	3 175	1.8	25.7	36.8	35.6	0.1	78.7
65 464.82	-	2 726	2.0	25.5	30.9	41.4	0.2	81.2
136 543.55	0.91	1 796	3.0	33.1	25.7	38.1	0.1	90.7
23 263.85	1.17	2 623	1.6	26.1	27.7	44.5	0.1	89.7
24 544.67	-	3 924	1.6	28.6	32.1	37.4	0.3	80.2
65 278.98	2.80	12 724	4.1	36.3	36.9	20.7	2.0	53.0
89 823.65	-	4 303	1.9	29.6	32.7	35.3	0.5	75.2

1	84	85	86	87	88	89	90
	Driftsoverskud. Produit net de l'exploitation.			Til Driftsoverskudet kommer endvidere: A ajouter au produit net de l'exploitation:		Af Driftsoverskud er udredet: Du produit net de l'exp tation est employé:	
Banernes Navn. Désignation des chemins de fer.	Total.	Pr. Kilometer Driftslængde. Par kilomètre exploité.	Forrenter den i Banen nedlagte Kapital. d) Intérêts du capital total d'établissement.	Renteindtægter. Intérêts.	Indtægter ved udenfor Jernbanens Drift trufne Forføininger. Recettes par des dispositions hors de l'exploitation.	Bidrag til Kommunikationsmidler, der staar i Forbindelse med Banen. Aux communications appartenantes au chemin de fer (Bateaux à vapeur etc.).	Forrentning a fremme Kapital Aux intérêts
	Kroner.		%	Kroner.			
Smaalensbanen.	187 473.27	750	0.66	9 183.74	-	-	13 47
Heraf Kr.ania—Fr.hald.	—	—	—	—	—	—	
Kongsvingerbanen.	327 216.44	2 682	3.15	8 792.14	-	-	43 86
1ste Trafikdistr.	514 689.71	1 383	1.32	17 975.88	-	-	57 34
Kr.ania-Dr.menb.	258 046.88	4 869	3.94	8 086.27	-	-	148 55
Dr.men-Sklenb.	27 013.66	171	0.23	5 942.43	-	-	3 05
Dr.men-Randsfj.b.	242 207.72	1 694	3.13	21 244.61	5 127.63	-	15 10
2det Trafikdistr.	527 268.26	1 489	2.01	35 273.81	5 127.63	-	166 72
Eidsvold-Hamarb.	137 155.06	2 365	2.73	13 542.93	-	-	1 50
Hamar-Gr.setb.	58 139.10	1 530	3.41	9 018.54	-	-	1 6
Gr.set-Aamotb.	14 847.93	572	1.88	697.60	-	-	8 4
Støren-Aamotb.	33 129.74	103	0.20	7 606.34	-	-	56 7
Tr.hjem-Størenb.	43 577.69	854	1.04	5 889.17	-	-	4 6
Rørosbanen.	149 694.46	343	0.65	23 211.65	-	-	71 5
Merakerbanen.	90 955.73	858	0.78	24 814.88	-	-	2 2
3die&4deTrafikd	377 805.25	629	0.95	61 569.46	-	-	75 2
5te Trafikdistr.	14 032.58	185	0.27	585.19	-	-	1 62
6te Trafikdistr.	32 534.48	301	0.32	9 312.46	-	-	
Statsbanerne.	1 466 330.18	971	1.22	124716.80	5 127.63	-	300 9
Hovedbanen.	770 218.10	11 327	6.77	41 682.02	23 657.72	-	68 4
Samtlige Baner.	2 236 548.28	1 417	1.70	166 398.82	28 785.34	-	369 3

*) Specifikation i Anmærkning Pag. 42.

…1	92	93	94	95	96	97	98
	Rest Nettooverskud. Reste du produit net.						
	Anvendelse: Emploi:						
		Afsætning til Fond. Fonds.				Aktieudbytte. Dividende des actions.	
			Heraf til: De cela employé pour:				
…lt. …tal.	Afdrag paa Kapitalkonto. Amortissement.	Sum. Total.	Amortiseringsfonds. Fonds d'amortissement des capitaux.	Reservefonds. Fonds de réserve.	Dividendefonds. Fonds de dividende des actions.	Ialt. Total.	%
Kroner.							
3 178.08	-	16 458.48	-	75 000.00	÷ 58 541.52	166 719.60	0.6
—	—	—	—	-	-	—	-
92 143.88	34 027.36	50 468.52	-	47 300.00	3 168.52	207 648.00	2.8
5 321.96	**34 027.36**	**66 927.00**	-	**122 300.00**	**÷ 55 373.00**	**374 367.60**	-
17 576.56	52 200.00	22 224.56	-	19 100.00	3 124.56	43 152.00	2.0
29 897.35	-	29 897.35	-	-	29 897.35	-	-
53 472.19	15 600.00	43 893.79	-	42 900.00	993.79	193 978.40	2.8
0 946.10	**67 800.00**	**96 015.70**	-	**62 000.00**	**34 015.70**	**237 130.40**	-
49 195.15	-	÷ 10 353.65	-	-	÷ 10 353.65	159 548.80	3.2
65 521.94	-	21 640.34	-	18 900.00	2 740.34	43 881.60	2.8
7 069.97	-	e) 7 069.97	-	e) 7 069.97	-	-	-
÷ 16 009.58	-	÷ 16 009.58	-	÷ 16 009.58	-	-	-
44 812.04	-	13 612.84	-	15 300.00	÷ 1 687.16	31 199.20	0.8
101 394.37	-	26 313.57	-	25 260.39	1 053.18	75 080.80	-
113 491.27	-	935.27	-	-	935.27	112 556.00	1.0
64 080.79	-	**16 895.19**	-	**25 260.39**	**÷ 8 365.20**	**347 185.60**	-
12 995.82	-	**12 995.82**	-	**12 995.82**	-	-	-
41 846.89	-	**41 846.89**	-	**41 846.89**	-	-	-
295 191.06	**101 827.36**	**234 680.10**	-	**264 402.60**	**÷ 29 722.50**	**958 683.60**	-
767 156.97	38 044.86	160 087.11	-	160 087.11	-	569 025.00	f) 7.5 / 6.5
962 348.08	**139 872.22**	**394 767.21**	-	**424 489.71**	**÷ 29 722.50**	**1 527 708.60**	-

Anmærkninger til Tabel IV.

Styrelsens Udgifter samt Udgifterne ved Trafikafdelingens Distriktskontor fordeler sig paa hver enkelt Bane saaledes, som nedenstaaende Oversigt viser, der tillige meddeler hver Banes Tilskud til Pensions- og Understøttelseskasserne samt Opgjør over Rente-Indtægter.

		Andel i Styrelsens Udgifter. (Col. 45 + 49 + 57 + 68).	Heraf Andel i Tilskud til Pensions- og Understøttelses-kasserne.	Andel i Trafikafdelingens Distrikts-kontor. (Col. 46 + 50).	Tilskud til Pensions- og Understøttelses-kasserne.	Renter.							
						Indtægt + / Udgift ÷					Sum.		
						Af Kapital i Banerne m. m.				Af Tilgodehavende eller Gjæld.			
						For Leie af Lokomotiver.	For Leie af Vogne.	Af fælles Stationer.	Af fælles Værksteder.		Indtægt.	Udgift.	
		Kroner.				Kroner.							
1	Smaalensbanen	40 347.67	769.32	18 068.15	19 082.00	+ 520.17	÷ 3 470.89	+ 3 081.11	÷ 10 008.04	+ 5 582.46	9 183.74	13 478.93	1
2	Kongsvingerbanen . . .	21 333.18	406.76	9 481.20	9 405.87	+ 58.51	÷ 20 484.43	.	÷ 4 207.18	+ 8 733.63 ÷ 19 173.09	8 792.14	43 864.70	2
3	Kristiania—Drammenbanen	18 065.95	344.47	6 886.09	10 529.41	÷ 5 472 32	÷ 3 485.85	÷ 2 189.06	+ 845.88	+ 7 240.39 ÷ 137 409.36	8 086.27	148 556.59	3
4	Drammen—Skienbanen . .	24 815.35	473.16	8 159.43	12 574.35	÷ 3 058.74	+ 1 235.30	+ 2 062.00	+ 261.89	+ 2 383.24	5 942.43	3 058.74	4
5	Drammen—Randsfjordbanen	25 375.39	483.84	8 478.17	11 713.75	+ 8 531.06	+ 2 250.55	+ 127.06	÷ 1 107.77	+ 10 335.94 ÷ 14 000.00	21 244.61	15 107.77	5
6	Eidsvold—Hamarbanen . .	9 165.24	174.75	4 902 38	4 275.13	÷ 55.93	+ 4 077.83	÷ 5.64	÷ 1 441.27	+ 9 465.10	13 542 93	1 502 84	6
7	Hamar—Grundsetbanen . .	6 586 16	125.58	3 976.68	2 838.20	+ 4 106.96	÷ 1 635.70	+ 40.20	+ 830.18	+ 4 041.20	9 018.54	1 635.70	7
8	Grundset—Aamotbanen . .	2 984.12	56.90	2 698.75	1 106.99	÷ 784.86	÷ 5 654.78	+ 697.60	÷ 725.81	÷ 1 310.11	697.60	8 475.56	8
9	Støren—Aamotbanen . . .	26 481.00	504.92	10 134 83	12 833.09	÷ 4 011.21	+ 4 632.28	÷ 1 312.96	+ 2 974.06	÷ 51 421.40	7 606.34	56 745.66	9
10	Trondhjem—Størenbanen .	9 001.98	171.64	4 712.29	3 554.01	+ 689.11	+ 2 658.20	÷ 4 654.82	+ 642.18	+ 1 899 68	5 889.17	4 554.82	10
11	Merakerbanen	12 542.00	239 14	5 683 90	6 150.27	.	+ 4 347.37	+ 5 235.62	÷ 2 279 34	+ 15 231 89	24 814.88	2 279.34	11
12	Jæderbanen	3 980.21	75.89	12 733.53	3 231.42	.	.	.	.	+ 585.19 ÷ 1 622.40	585.19	1 622.40	12
13	Bergen—Vossbanen . . .	5 978.60	113.99	12 598.51	4 863.48	.	.	.	.	+ 9 312.46	9 312.46	.	13
	Tilsammen	206 656.85	3 940.36	108 513 91	102 157.97	+ 522.75	÷ 15 530.12	+ 3 081.11	÷ 14 215.22	÷ 150 125.27	124 716.30	300 983.05	

Col. 36 a) Extra Trafikindtægter indbefatter: Indtægter af Telegrammer og Leie af overliggende Gods, samt ved Smaalensbanen Godtgjørelse for Nattog til Postens Befordring, hvilken Godtgjørelse udgjør Kr. 9 705.84.

Col. 37 b) Andre Indtægter indbefatter foruden tilfældige Indtægter og Hus-, Pakhus-, Tomte- og Bryggeleie tillige Indtægter ved Omlæsning og Afgift for Benyttelse af Kran samt Hovedbanens og Jernbaneundersøgelsernes Bidrag til Styrelsens Udgifter.

Col. 74 c) Heraf Kr. 15 477.48 Bidrag til Understøttelses- og Pensionskassen.

Col. 86 d) Ved Beregning af denne Procent er Kapitalen forøget i det Forhold, hvori vedkommende Bane paa Grund af Benyttelse af anden Banes Eiendom har bidraget til Forrentning af dennes Kapital, medens paa den anden Side tilsvarende Formindskelse har fundet Sted, naar vedkommende Bane som Eier har havt Indtægt af saadant Fællesskab og saaledes faaet sin Kapital, delvis forrentet af den anden Banes Afkastning. Col. 93 & 95 e) Afdrag paa Driftskontoen. Col. 98 f) Prioriterede Aktier.

Tabel V.

Rullende Materiel og sammes Anvendelse.

Etat et mouvement du matériel roulant.

Tabel V. I. Beskrivel
Spécificati

3	4	5	6	7	8	9	10	11	12	13	14	15	16
Lokomotivernes		**Cylinder.** Cylindre.			**Kjedel.** Chaudière.				**Varmeflade.** Surface de chauffe.				
No. No. des locomotives.	Antal pr. 30te Juni 1892. Nombre au 30 juin 1892.	Diameter. Diamètre. m.	Kolbeslag. Coup de piston. m.	Beliggenhed. Position.	Diameter. Diamètre. m.	Længde. Longueur. m.	Antal Varmerør. Nombre des tubes.	Varmerørenes Diameter. Diamètre des tubes. cm.	I Fyrkassen. Du foyer. m.²	I Rørene. Des tubes. m.²	Sum. Total. m.²	Risteflade. Surface de la grille. m.²	Dampens Overtryk i Kjedelen. Surcharge de la vapeur dans la chaudière. kg. pr. cm.²
1ste Trafikdistrikt. Smaalensbanen.													
13	1	0.305	0.508	udv.	0.990	3.045	110	4.8	4.31	54.90	59.21	0.75	8.44
40	1	0.254	0.406	»	0.807	2.794	68	5.4	2.73	33.70	36.43	0.50	»
41—48 & 53—61	[1]) 17	0.381	0.508	»	1.167	2.756	179	4.8	6.94	73.70	80.64	1.30	9.84
49—52	4	0.406	0.559	indv.	1.159	3.048	150	5.1	6.85	73.50	80.35	»	»
66	1	»	0.610	udv.	1.219	3.078	185	4.8	7.15	85.20	92.35	»	10.00
67	[2]) 1	»	»	»	»	»	»	»	»	»	»	»	»
68 & 69	[2]) [3]) 2	0.400 0.585	»	»	»	»	»	»	»	»	»	»	12.00
Kongsvingerbanen.													
14 & 18	2	0.305	0.508	udv.	0.990	3.045	110	4.8	4.31	54.90	59.21	0.75	8.44
15—17	3	»	»	»	»	»	»	»	»	»	»	»	»
19	1	0.381	0.559	»	1.118	3.962	123	5.1	5.95	85.00	90.95	1.00	»
20	1	0.406	»	indv.	1.159	3.048	150	»	6.85	73.50	80.35	1.30	»
21	1	0.305	0.508	udv.	0.990	3.085	110	4.8	4.40	56.80	61.20	0.75	»
26—28	3	0.406	0.559	»	1.118	3.962	125	5.4	5.95	86.00	91.95	1.00	9.84
65	1	»	0.610	»	1.219	3.078	185	4.8	7.15	85.20	92.35	1.30	10.00
2det Trafikdistrikt. Kristiania—Drammenbanen.													
10, 11, 14, 15, 19, 20, 24	7	0.279	0.457	udv.	0.889	2.438	107	4.1	3.72	34.93	38.65	0.67	9.14
12	1	0.240	0.381	»	0.686	2.089	80	»	2.69	22.30	24.99	0.45	»
22	1	0.356	0.457	»	0.965	2.430	134	»	4.09	44.03	48.12	0.82	»
25	1	0.254	»	»	0.846	2×2.514	2×100	»	6.50	65.22	71.72	1.04	»
30	[3]) 1	0.320 0.480	0.458	»	0.939	2.440	132	»	5.00	43.25	48.25	0.77	12.00
Drammen—Skienbanen.													
51—54	[2]) 4	0.305	0.458	udv.	0.939	2.440	132	4.1	5.00	43.25	48.25	0.77	9.14
55—62	[4]) 8	0.277	»	»	0.890	»	109	»	3.80	35.60	39.40	0.66	9.80
49 & 50	2	0.279	0.457	»	0.883	2.489	105	»	3.67	35.02	38.69	0.63	9.14
Drammen—Randsfjordbanen.													
1	1	0.254	0.457	udv.	0.864	2.679	88	4.1	4.18	30.75	34.93	0.72	8.44
2—4, 7 & 8, 16—18, 23	9	0.279	»	»	0.889	2.438	107	»	3.72	34.93	38.65	0.67	9.14
13	1	0.240	0.381	»	0.686	2.089	80	»	2.69	22.30	24.99	0.45	»
21	1	0.356	0.457	»	0.965	2.438	134	»	4.09	44.03	48.12	0.82	»
26	1	0.350	0.460	»	1.070	2.570	141	4.4	5.00	51.50	56.50	0.93	10.00
27—29	3	»	»	»	»	»	»	»	»	»	»	»	»

[1]) Heraf 5 Stk. forsynede med automatiske Bremser. [2]) Forsynede med automatiske Bre
[3]) Compound Lokomotiv. [4]) Heraf 1 Stk. forsynet med automatisk Bremse.

…okomotiver.
…comotives.

19	20	21	22	23	24	25	26	27	28	29	30	31	32	33	34
Hjul. Roues.				**Hjulstand.** Écartement des essieux.		**Vægt.** Poids.			**Tender.** Tenders.				**Vægt af Behold-ning i Tender eller Tank** Poids de la contenance dans le tank ou le tender		
…hjul. …mbre …roues …antes.		**Diameter.** Diamètre.							Hjul. Roues.						
i Bogie. avec bogie.	Tilsammen. Total.	af Drivhjulene. des roues motrices.	af Løbehjulene. des roues courantes.	Fast Hjulstand. Écartement des essieux fixes d'avant et d'arrière.	Total Hjulst. af Lokomotiv med Tender. Base totale des roues de la locomotive et du tender.	Største Vægt paa Drivhjulene. Poids sur les roues motrices.	Lokomotivets Vægt i Arbeidsstand. *) de la locomotive en service.*)	Lokomotivets Vægt uden Vand og Kul. de la locomotive vide.	Antal. Nombre.	Diameter. Diamètre.	Afstand mellem For- og Baghjul. Écartement des essieux d'avant et d'arrière.	Vægt uden Vand og Kul. Poids à vide.	af Vand. de l'eau.	af Kul. du houille.	Længde over Bufferne af Lokomotiv med Tender. Longueur de dehors en dehors des tampons de la locomotive et du tender.
Antal.		m.		m.		t.				m.		t.	t.		m.
-	6	1.448	0.965	3.734	3.734	17.8	21.9	19.8	Tanklokomotiv				2.2	0.7	7.560
-	4	0.965	-	1.830	1.830	15.0	12.8	12.0	—»—				2.0	0.2	6 030
4	8	1.448	0.711	2.134	10.440	18.1	29.7	27.0	4	0.965	2.743	8.2	5.3	2.5	12.650
2	8	»	0.965	4.419	11.285	27.5	32.7	30.1	4	1.095	2.642	10.9	7.4	3.0	13.770
2	8	»	»	3.810	11.340	27.4	34.0	31.0	4	0.965	2.515	10.5	7.0	2.5	14.430
4	10	»	»	»	8.356	30.8	40.5	37.5	Tanklokomotiv				3.4	1.25	11.170
4	8	1.730	»	2.159	11.304	20.6	35.0	32.0	4	0.965	2.515	10 8	7.0	2.5	14.370
-	6	1.448	0.965	3.734	3.734	17.8	21.9	19.8	Tanklokomotiver				2.2	0.7	7.560
-	6	»	»	»	7.735	14.0	21.2	19.1	4	0.965	1.829	5.9	3.3	2.0	11.010
-	6	»	»	3.340	9.303	21.0	28.0	25.3	4	1.095	2.591	8.4	4.6	3.0	12.900
2	8	»	»	4.419	11.670	27.5	32.7	30.1	6	0.965	3.353	10.1	6.9	»	14.040
-	6	»	»	3.734	8.547	14.0	21.0	19.0	4	»	2.743	8.0	4.5	2.0	11.630
2	8	»	»	3.505	10.974	30.1	37.8	35.0	4	»	2.591	»	6.9	3.0	13.410
2	8	»	»	3.810	11.340	27.4	34.0	31.0	4	»	2.515	10.5	7.0	2.5	14.430
2	6	1.143	0.610	1.905	4.345	13.6	15.8	15.0	Tanklokomotiver				1.4	0.5	7.088
2	6	»	»	1.524	3.506	8.7	10.4	9.9	—»—				0.9	0.4	6.186
a) 2	8	0.914	»	3.429	5.105	19.0	19.9	18.9	—»—				2.5	0.6	7.730
-	8	0.990	-	1.448	5.844	27.4	22.5	21.1	—»—				3.0	1.9	9.451
4	8	1.422	0.610	1.905	8.886	14.2	22.0	20.8	4	0.76	1.83	5.5	3.1	1.0	11.036
4	8	1.422	0.610	1.905	8.886	13.6	20.8	19.6	4	0.76	1.83	5.5	3.1	1.0	11.036
2	6	1.150	»	»	4.345	14.0	16.8	15.7	Tanklokomotiver				1.4	0.5	7.070
4	8	1.143	»	1.524	4.573	11.5	16.9	16.1	—»—				1.8	0.8	7.189
-	b) 6	0.990	0.685	1.854	4.216	12.4	15.6	14.8	—»—				1.4	1.0	7.355
2	6	1.143	0.610	1.905	4.345	13.6	15.8	15.0	—»—				»	0.5	7.088
2	6	»	»	1.524	3.506	8.7	10.4	9.9	—»—				0.9	0.4	6.186
a) 2	8	0.914	»	3.429	5.105	19.0	19.9	18.9	—»—				2.5	0.6	7.730
2	8	1.050	0.800	3.400	10.200	18.2	22.0	20.4	c) 6	0.800	2.60	6.5	4.0	2.7	12.200
2	8	»	0.700	»	10.290	»	»	»	»	»	»	»	»	»	12.290

*) Exclusive Vægt af Kul- og Vandbeholdning i Tank eller Tender. Non compris poids de l'eau [et de la] houille dans le tank ou le tender.

3	4	5	6	7	8	9	10	11	12	13	14	15	16
Lokomotivernes		Cylinder.			Kjedel.				Varmeflade.				
No.	Antal pr. 30te Juni 1892.	Diameter.	Kolbeslag.	Beliggenhed.	Diameter.	Længde.	Antal Varmerør.	Varmerørenes Diameter.	I Fyrkassen.	I Rørene.	Sum.	Risteflade.	Dampens Overtryk i Kjedelen.
		m.	m.		m.	m.		cm.	m².	m².	m².	m².	kg. pr. cm.²
3die & 4de Trafikdistrikt. Eidsvold-Hamarbanen.													
29—31 ¹)	3	0.381	0.508	udv.	1.156	2.768	175	4.8	6.41	74.78	81.19	1.30	9.49
60	1	»	»	»	1.219	2.755	179	»	6.94	»	81 72	1.24	»
64	1	0.406	0.610	»		3.078	185	»	7.15	85.20	92.35	1.30	10.00
Hamar-Grundsetbanen.													
18—20	3	0.254	0.457	udv.	0.794	2.997	84	4.5	3.62	34.93	38.55	0.64	8.44
24	1	0.330	»	»	1.143	2.488	156	3.8	5.07	45.87	50.94	0.96	9.84
25 ²)	1	0.350	0.460	»	1.130	2.628	163	4.4	5.30	59.00	64.30	0.89	10.00
Grundset-Aamotbanen.													
21	1	0.240	0.381	udv.	0.686	2.089	80	4.1	2.69	22.30	24.99	0.37	9.14
Støren-Aamotbanen.													
5—9 ²)	5	0.279	0.457	udv.	0.889	2.438	107	4.1	3.72	34.93	38.65	0.66	9.14
10—17 ²)	8	»	»	»	0.883	2.489	105	»	3.67	35.02	38.69	0.67	»
23	1	0.330	»	»	1.143	2.488	156	3.8	5.07	45.87	50.94	0.96	9.84
27 & 28 ²)	2	»	»	»	»	»	»	»	»	»	»	»	10.60
Trondhjem-Størenbanen.													
1	1	0.254	0.457	udv.	0.794	2.997	84	4.5	3.62	34.93	38.55	0.64	8.44
2	1	»	0.381	»	0.762	2.743	82	3.8	3.16	26.94	30.10	—	»
3 & 4	2	»	0.457	»	0.864	2.692	88	4.1	4.18	30.75	34.93	0.63	»
22	1	0.330	»	»	1.143	2.488	156	3.8	5.07	45.87	50.94	0.96	9.84
26 ²)	1	0.350	0.460	»	1.130	2.628	163	4.4	5.30	59.00	64.30	0.89	10.00
29 ²)	1	0.330	0.457	»	1.143	2.488	156	3.8	5.07	45.87	50.94	0.96	10.60
Merakerbanen.													
51—54	4	0.406	0.610	udv.	1.150	3.720	142	5.1	7.94	74.40	82.34	1.42	9.49
55—57	3	0.380	0.510	»	1.219	2.755	179	4.8	6.94	74.78	81.72	1.24	»
58 & 59	2	0.260	0.500	»	0.950	2.800	96	4.0	2.68	37.10	39.78	0.63	10.00
5te Trafikdistrikt. (Jæderbanen).													
1 & 2	2	0.279	0.457	udv.	0.883	2.489	105	4.1	3.67	35.02	38.69	0.62	8.44
5 & 6	2	»	0.381	»	0.686	2.089	75	»	2.69	20.91	23.60	0.41	»
9	1	0.240	»	»	»	»	80	»	»	22.30	24.99	0.45	9.14
6te Trafikdistrikt. (Bergen—Voss).													
1 & 2	2	0.277	0.458	udv.	0.890	2.440	109	4.1	3.80	35.60	39.40	0.66	9.80
3—6 ²)	4	0.279	0.457	»	0.889	2.438	107	»	3.72	34.93	38.65	0.67	9.14
Hovedbanen.													
1—5	5	0.381	0.559	udv.	1.118	3.962	123	5.6	5.95	85.00	90.95	1.00	8.44
8 & 10 ⁴)	2	»	»	»	»	3.658	127	5.2	6.50	75.20	81.70	1.12	9.84
9	1	»	»	»	»	»	»	5.4	»	»	»	»	7.73
12	1	»	»	»	»	3.962	123	»	5.95	85.00	90.95	1.00	8.44
22 & 23	2	»	»	»	»	»	»	5.1	»	»	»	»	»
11, 24, 25, 34 & 62	4	0.254	0.406	»	0.807	2.794	68	5.4	2.73	32.98	35.71	0.50	»
32 & 33	2	0.406	0.559	»	1.118	3.962	125	»	6.50	85.65	92.15	1.00	9.84
35—39	5	»	»	»	»	»	»	»	»	»	»	»	»

¹) Lokomotiv No. 30 er forsynet med automatisk Bremse. ²) Lokomotiverne No. 5—9, 11, 12, automatiske Bremser. ⁴) Lokomotiverne No. 8 og 10 er forsynede med automatiske Brems
*) Exclusive Vægt af Kul- og Vandbeholdning i Tender eller Tank.

okomotiver.

19	20	21	22	23	24	25	26	27	28	29	30	31	32	33	34
Hjul.				Hjulstand.		Vægt.			Tender.				Vægt af Beholdning i Tender eller Tank		
...hjul		Diameter							Hjul.						
i Bogie.	Tilsammen.	af Drivhjulene.	af Løbehjulene.	Fast Hjulstand.	Total Hjulstand af Lokomotiv med Tender.	Største Vægt paa Drivhjulene.	Lokomotivets Vægt i Arbeidsstand.[a])	Lokomotivets Vægt uden Vand og Kul.	Antal.	Diameter.	Afstand mellem For- og Baghjul.	Vægt uden Vand og Kul.	af Vand.	af Kul.	Længde over Bufferne af Lokomotiv med Tender.
Antal.		m.		m.		t.				m.		t.	t.		m.
4	8	1.448	0.711	2.130	10.443	18.8	29.5	26.3	4	0.965	2.740	8.8	5.5	2.0	12.69
4	8	»	0.720	»	»	16.7	27.5	25.0	4	»	2.733	»	»	»	»
2	8	»	0.965	3.810	11.340	27.4	34.0	31.0	4	»	2.515	10.5	7.0	2.5	14.430
-	6	0.914	0.610	3.886	3.886	12.7	15.2	14.0	Tanklokomotiver				0.9	0.5	7.080
2	8	0.991	0.647	3.657	10.903	17.9	21.8	19.5	8	0.667	3.615	7.6	3.7	2.4	12.721
2	8	1.170	0.700	3.400	10.255	17.3	21.5	19.3	6	0.800	2.705	6.9	4.0	2.2	12.300
2	6	1.143	0.610	1.524	3.512	8.1	10.2	9.0	Tanklokomotiv				0.7	0.4	6.300
2	6	1.143	0.610	1.905	8.627	14.1	16.6	15.3	4	0.761	1.980	4.7	[5])3.4	1.3	10.810
4	8	»	»	1.524	4.576	12.2	17.6	16.3	Tanklokomotiver				1.9	0.8	7.510
2	8	0.991	0.647	3.657	10.903	17.9	21.8	19.5	8	0.667	3.615	7.6	3.7	2.6	12.721
2	8	1.143	»	»	»	»	21.9	19.6	8	»	»	»	»	»	»
-	6	0.914	0.610	3.886	3.886	12.7	15.2	14.0	Tanklokomotiv				1.3	0.5	7.080
-	6	0.838	0.660	2.753	3.480	-	-	-	—»—				»	-	6.325
2	6	0.914	0.610	1.857	3.385	12.2	15.3	14.0	—»—				1.7	0.6	6.840
2	8	0.991	0.647	3.657	10.903	17.9	21.8	19.5	8	0.667	3.615	7.6	3.7	2.4	12.721
2	8	1.170	0.700	3.400	10.255	17.3	21.5	19.3	6	0.800	2.705	6.9	4.0	2.2	12.300
2	8	1.143	0.647	3.657	10.903	17.9	21.9	19.6	8	0.667	3.615	7.6	3.7	2.6	12.721
4	10	1.448	0.756	3.830	11.862	23.4	33.9	30.5	6	0.945	2.630	10.6	6.9	3.2	14.35
4	8	»	0.720	2.130	10.443	16.7	27.5	25.0	4	0.965	2.740	7.3	5.4	1.7	12.69
-	4	1.090	-	2.000	2.000	18.1	14.5	13.0	Tanklokomotiver				2.4	1.3	6.46
4	8	1.143	0.610	1.524	4.573	11.5	16.9	16.1	—»—				1.8	0.8	7.189
2	6	»	»	»	3.506	8.1	9.3	8.8	—»—				1.0	0.5	6.186
2	6	»	»	»	»	»	»	»	—»—				»	»	»
2	6	1.150	0.610	1.905	4.345	13.1	15.2	14.4	—»—				1.4	0.6	7.070
2	6	1.143	»	»	»	»	»	»	—»—				»	»	7.088
-	6	1.448	0.965	3.340	9.792	21.0	28.0	25.3	6	0.965	3.048	9.2	4.7	3.0	13.060
2	6	»	»	2.591	10.800	22.9	32.1	29.6	4	»	2.591	7.4	6.3	»	13.400
-	4	»	-	»	8.941	27.0	27.0	24.5	4	»	»	7.7	5.3	»	12.750
-	6	»	0.965	3.340	9.792	21.0	28.0	25.3	6	»	3.048	9.2	4.7	»	13.060
-	6	»	»	»	9.754	»	»	»	6	»	»	10.3	5.2	»	13.180
-	4	0.965	-	1.830	1.830	15.4	13.2	12.4	Tanklokomotiver				2.0	0.2	6.030
2	8	1.448	0.965	3.506	19.974	28.5	36.8	33.9	4	0.965	2.591	8.0	6.7	3.0	13.580
2	8	»	»	»	»	»	»	»	4	»	»	»	7.3	»	»

29 er forsynede med automatiske Bremser. [5]) Lokomotiverne No. 3, 5 og 6 er forsynede med
sse Lokomotiver er forsynede med Tendere, der kommunicerer med Lokomotivernes Vandtanke.

Tabel V. 2. Beskri[…]
Spécification des v[…]

35	36	37	38	39	40	41	42	43	44	45	46
Litra.	Vognsort. Espèce de voiture ou de wagon.	Antal Vogne pr. 30te Juni 1892. Nombre de wagons au 30. juin 1892.	Hjul. Roues. Antal under hver Vogn. Nombre par voiture.	Hjul. Roues. Diameter. Diamètre. m.	Hjulstand. Ecartement des essieux. Fast Hjulstand. Ecartement des essieux fixes. m.	Hjulstand. Ecartement des essieux. Total Hjulstand. Ecartement total des essieux. m.	Antal Pladse. Nombre de places. I hver Vogn. Par voiture. I. Klasse. Classe.	II.	III.	Tilsamm[…] Ensemb[…] I. Klasse. Classe.	II.
	1ste Trafikdistrikt.										
	Smaalensbanen.										
	Personvogne:										
B.	2den Klasse Bogievogne[1])	2	8	0.925	1.980	13.260	-	24	-	-	48
»	2den do.	[4]) 29	4	»	3.500	3.500	-	24	-	-	696
BC.	2den og 3die Klasse Bogievogne	3	8	»	1.980	10.520	-	24	40	-	72
C.	3die Klasse Bogievogne	3	»	»	»	»	-	-	80	-	-
»	3die do. do.[2])	1	»	»	»	»	-	-	68	-	-
»	3die do. do.[2])	2	»	»	»	13.260	-	-	87	-	-
»	3die do.	41	4	»	3.650	3.650	-	-	40	-	-
»	3die do.	14	»	»	»	-	-	-	40	-	-
	Sum	95	-	-	-	-	-	-	-	-	816
BCDF.	Person-, Post- & Stoppe-Bogievogne[2])	1	8	0.925	1.800	11.240	-	12	29	-	12
CD.	Person- & Post-Bogievogne	3	»	»	1.980	11.020	-	-	16	-	-
»	Person- & Postvogne	1	4	»	3.660	3.660	-	-	20	-	-
CF.	Personstoppevogne	2	»	»	3.360	3.360	-	-	10	-	-
D.	Postvogne	5	»	»	3.500	3.500	-	-	-	-	-
F.	Godsstoppevogne	20	»	»	3.360	3.360	-	-	-	-	-
»	do.[2]) (med Dampkjedel)	2	»	»	4.200	4.200	-	-	-	-	-
»	do.[2])	4	»	»	»	»	-	-	-	-	-
	Godsvogne:										
G.	Lukkede Godsvogne[3])	148	4	0.925	3.050	3.050	-	-	-	-	-
Gk.	Varme- og Kjølevogne	2	»	»	»	»	-	-	-	-	-
K.	Trælastvogne med Svingbolster	32	»	»	2.890	2.890	-	-	-	-	-
L.	Høikassede Godsvogne	72	»	»	3.650	3.650	-	-	-	-	-
M.	Grusvogne	20	»	»	3.750	3.750	-	-	-	-	-
N.	Stakevogne	218	»	»	»	»	-	-	-	-	-
S.	Melkevogne	8	»	»	3.050	3.050	-	-	-	-	-
	Sum Godsvogne	500	-	-	-	-	-	-	-	-	-
	Hovedsum	633	-	-	-	-	-	-	-	-	828
	Kongsvingerbanen.										
	Personvogne:										
A.	Kongelig Vogn	[5]) 1	4	0.950	3.350	3.350	-	-	-	-	-
AB.	1ste og 2den Klasse	8	»	»	»	»	8	20	-	64	160
»	1ste og 2den do. Bogievogne	2	8	»	1.980	13.260	12	50	-	24	100
»	1ste og 2den do. do.[1])	2	»	0.925	»	11.250	18	18	-	36	36
C.	3die Klasse	12	4	0.950	3.210	3.210	-	-	36	-	-
»	3die do. Bogievogne[2])	2	8	0.925	1.980	13.260	-	-	87	-	-
	Sum	27	-	-	-	-	-	-	-	124	296
BF.	Personstoppevogne	8	4	0.950	3.210	3.210	-	10	-	-	80
CF.	do.[2])	2	»	0.925	4.200	4.200	-	-	5	-	-
«	do.[2])	4	»	»	3.760	3.760	-	-	5	-	-
D.	Postvogne	3	»	0.950	3.210	3.210	-	-	-	-	-
F.	Godsstoppevogne	1	»	»	2.590	2.590	-	-	-	-	-

[1]) Sovevogne, Indgang fra Enderne og Gjennemgang. [2]) Indgang fra Enderne og Gjennem[…] med alle Kupeer i indbyrdes Kommunikation. [3]) Indgang fra Siderne og alle Kupeer i indb[…]

…Vogne.
…des wagons.

48	49	50	51	52	53	54	55	56	57	58
…evne. …de chargement.		Egenvægt. Poids à vide.				Maal (indvendig). Mesures (intérieures).				
Moyenne par essieu.	Sum. Total.	I Gjennemsnit pr. Axel. Moyenne par essieu.	Sum. Total.	For hver Personplads Par place.	Heraf forsynede med Bremse. Pourvus de freins.	Rammens Længde. Longueur de la caisse.	Rammens Bredde. Largeur de la caisse.	Rammens Høide. Hauteur de la caisse.	Længde over Bufferne. Longueur de dehors en dehors des tampons.	Kostende i Gjennemsnit pr. Vogn. ved Anskaffelsen (atr. a) Prix moyen par wagon.
t.			t.		Antal. Nombre	m.			m.	Kroner.
-	-	5.58	22.3	0.93	6) 2	14.48	2.70	2.21	17.40	18 230
-	-	3.95	229.1	0.33	6) 2	6.10	2.45	2.07	7.37	7 170
-	-	4.22	50.6	0.26	-	12.50	2.44	2.06	13.80	13 850
-	-	3.95	47.4	0.20	-	»	»	»	»	11 040
-	-	4.78	19.1	0.28	6) 1	12.40	2.70	2.21	15.19	13 040
-	-	5.22	41.8	0.24	6) 2	14.70	»	»	17.40	12 852
-	-	3.95	323.9	0.20	6) 2	6.43	2.44	2.08	7.67	4 680
-	-	4.05	113.4	»	14	»	»	»	»	»
-	-	4.10	869.9	0.24	23	-	-	-	-	-
-	-	5.73	22.9	-	-	14.89	2.72	2.23	17.02	13 799
-	-	4.60	55.2	-	6) 3	12.50	2.44	1.93	13.80	12 740
-	-	3.95	7.9	-	6) 1	6.43	2.43	1.98	7.67	5 140
…30	13.2	3.40	13.6	-	2	6.42	2.25	2.17	7.60	3 880
-	-	3.60	36.0	-	-	6.08	2.43	2.01	7.37	6 130
…30	132.0	3.40	136.0	-	7)20	5.28	2.25	2.22	7.54	3 730
…50	14.0	4.60	18.4	-	6) 2	6.60	2.70	2.21	8.92	8 036
»	28.0	»	36.8	-	4	»	»	»	»	5 429
…00	1 480.0	3.30	976.8	-	148	5.44	2.23	2.23	6.79	3 330
…50	18.0	4.03	16.1	-	2	5.40	2.41	2.10	6.81	3 271
…50	352.0	2.40	153.6	-	32	4.60	2.36	0.15	5.88	2 265
»	792.0	2.80	403.2	-	72	5.33	2.35	1.25	6.80	2 170
»	220.0	2.70	108.0	-	20	6.88	2.31	0.31	8.07	2 365
»	2 398.0	»	1 177.2	-	218	»	»	»	»	2 360
…40	54.4	3.30	52.8	-	8	5.46	2.25	2.12	6.83	3 330
…31	5 314.4	2.89	2 887.7	-	500	-	-	-	-	-
-	5 501.6	-	4 084.4	-	555	-	-	-	-	-
-	-	3.05	6.1	-	-	5.94	2.28	1.98	7.21	11 340
-	-	3.35	53.6	0.24	-	5.77	2.30	1.90	7.18	5 430
-	-	4.70	37.6	0.30	-	14.90	»	»	15.78	15 000
-	-	5.95	47.6	0.66	6) 2	14.68	2.72	2.07	17.00	21 149
-	-	2.75	66.0	0.15	-	5.68	2.29	1.88	6.89	4 200
-	-	4.91	39.3	0.23	-	14.70	2.70	2.21	17.40	11 309
-	-	3.79	250.2	0.24	2	-	-	-	-	-
-	-	3.30	52.8	-	8	5.62	2.27	1.90	6.88	4 340
-	-	4.60	18.4	-	2	6.60	2.70	2.21	8.92	5 300
-	-	4.00	32.0	-	4	5.84	2.46	2.24	7.80	3 080
-	-	3.65	21.9	-	-	5.68	2.47	2.00	7.22	6 240
…00	6.0	2.88	5.8	-	1	4.47	2.13	1.83	5.26	3 080

…rettede for Heste- og Troppetransport (32 Mand eller 6 Heste pr. Vogn). 4) Heraf 1 Vogn …nikation. 6) Automatiske Bremser. 7) Heraf 3 Stkr. forsynede med automatiske Bremser.

35	36	37	38	39	40	41	42	43	44	45	46
			Hjul.		Hjulstand.		Antal Pladse.				
							I hver Vogn.			Tilsammen	
Litra.	Vognsort.	Antal Vogne pr. 30te Juni 1892.	Antal under hver Vogn.	Diameter.	Fast Hjulstand.	Total Hjulstand.	I.	II.	III.	I.	II.
				m.	m.		Klasse.			Klasse.	
	Godsvogne:										
G.	Lukkede Godsvogne [1])	5	4	0.950	3.050	3.050	-	-	-	-	-
»	do. do. [1])	25	»	»	3.660	3.660	-	-	-	-	-
»	do. do. [1])	10	»	0.925	»	»	-	-	-	-	-
»	do. do. [2])	40	»	0.950	»	»	-	-	-	-	-
Gk.	Varme- og Kjølevogne	1	»	0.925	3.050	3.050	-	-	-	-	-
K.	Trælastvogne med Svingbolster	25	»	0.950	3.210	3.210	-	-	-	-	-
»	do. » do.	45	»	»	3.050	3.050	-	-	-	-	-
»	do. » do.	8	»	0.925	2.900	2.900	-	-	-	-	-
»	do. » do.	18	»	0.950	2.740	2.740	-	-	-	-	-
»	do. » do.	19	»	»	2.590	2.590	-	-	-	-	-
L.	Høikassede Godsvogne	10	»	0.925	3.660	3.660	-	-	-	-	-
»	do. do.	40	»	0.950	2.590	2.590	-	-	-	-	-
M.	Grusvogne	40	»	»	3.120	3.120	-	-	-	-	-
N.	Stakevogne	50	»	»	3.760	3.760	-	-	-	-	-
»	do.	54	»	»	»	»	-	-	-	-	-
»	do.	24	»	»	»	»	-	-	-	-	-
»	do.	12	»	»	»	»	-	-	-	-	-
»	do.	28	»	0.925	»	»	-	-	-	-	-
S.	Melkevogne	5	»	0.950	3.320	3.320	-	-	-	-	-
T.	Stakevogne uden Sidevægge	9	»	»	3.960	3.960	-	-	-	-	-
»	do. » do.	5	»	0.925	4.000	4.000	-	-	-	-	-
	Sum Godsvogne	473	-	-	-	-	-	-	-	-	-
	Hovedsum	518	-	-	-	-	-	-	-	124	376
	2det Trafikdistrikt.										
	Kristiania-Drammen.										
	Personvogne:										
B.	2den Klasse	2	4	0.761	3.048	3.048	-	24	-	-	48
»	do. Bogie, Sommervogne [3])	3	8	»	6.601	12.042	-	35	-	-	105
BC.	2den og 3die Klasse, Salon-Bogiev.	2	»	»	»	11.418	-	28	32	-	56
»	do. Bogievogne	3	»	»	»	11.488	-	32	{ 24 / 32 }	-	96
»	do. do.	2	»	»	»	10.874	-	16	36	-	32
C.	3die Klasse, Sommervogne	5	4	»	3.048	3.048	-	-	28	-	-
»	do. almindelige [4])	25	»	»	{ 3.048 / 3.353 }	{ 3.048 / 3.353 }	-	-	28	-	-
	Sum	42	-	-	-	-	-	-	-	-	337
CF 1	Personstoppevogne [5])	13	4	0.761	{ 3.048 / 3.353 }	{ 3.048 / 3.353 }	-	-	20	-	-
CF.	do. [6])	7	»	»	3.048	3.048	-	-	4	-	-
F.	Godsstoppevogne	1	»	»	»	»	-	-	-	-	-
	Godsvogne:										
G.	Lukkede Godsvogne	38	4	0.761	3.048	3.048	-	-	-	-	-
»	do. do. [8])	15	»	»	»	»	-	-	-	-	-
Gk.	Varme- og Kjølevogne	1	»	»	3.200	3.200	-	-	-	-	-
K.	Trælastvogne med Svingbolster	34	»	»	3.048	3.048	-	-	-	-	-
L.	Høikassede Godsvogne	48	»	»	»	»	-	-	-	-	-
»	do. do.	4	»	»	»	»	-	-	-	-	-
»	Lavkassede do. [7])	10	»	»	»	»	-	-	-	-	-
N.	Trælastvogne uden Svingbolster	30	»	»	3.962	3.962	-	-	-	-	-

[1]) Indrettede til Heste- og Troppetransport (32 Mand eller 6 Heste pr. Vogn). [2]) Indrett
Enderne og Gjennemgang og 1 Stk. med Indgang fra Siderne og alle Kupeer i indbyrdes K
gang fra Enderne og Gjennemgang. [8]) Indrettede for Hestetransport og 10 Stk. tillige for Tr
Bremser. [9]) Heraf 2 Stk. tillige forsynede med automatiske Bremser.

48	49	50	51	52	53	54	55	56	57	58
…	…vne.	Egenvægt.				Maal (indvendig).				
…	Sum.	I Gjennemsnit pr. Axel.	Sum.	For hver Personplads.	Heraf forsynede med Bremse.	Rammens Længde.	Rammens Bredde.	Rammens Høide.	Længde over Bufferne.	Kostende i Gjennemsnit pr. Vogn ved Anskaffelsen. (afr.) a)
	t.	t.			Antal.	m.			m.	Kroner.
00	50.0	3.30	33.0	-	5	5.44	2.23	2.23	6.51	2 320
»	250.0	3.00	150.0	-	25	5.42	2.21	»	6.42	3 850
»	100.0	»	60.0	-	10	»	»	»	»	2 553
»	400.0	3.10	248.0	-	40	5.45	2.45	2.30	6.81	2 605
.50	9.0	4.03	8.1	-	1	5.40	2.41	2.10	»	3 119
.50	175.0	2.50	125.0	-	25	6.00	2.32	0.12	7.00	3 140
»	315.0	2.25	202.5	-	45	3.45	2.05	0.07	6.88	1 615
.50	88.0	2.50	40.0	-	8	4.60	2.30	0.12	5.50	1 562
.50	126.0	2.15	77.4	-	18	3.97	2.12	0.09	6.00	1 544
»	133.0	2.10	79.8	-	19	3.46	2.03	0.14	5.04	1 580
50	110.0	2.80	56.0	-	10	5.53	2.34	1.25	6.51	1 744
.50	280.0	2.25	180.0	-	40	4.19	2.08	1.20	5.01	1 680
»	280.0	2.10	168.0	-	40	5.09	2.34	0.36	6.00	1 500
50	550.0	2.55	255.0	-	50	6.86	2.30	0.31	7.80	2 880
»	594.0	2.80	302.4	-	54	»	»	»	7.87	1 722
»	264.0	2.70	129.6	-	24	»	»	»	»	1 637
»	132.0	2.80	67.2	-	12	»	»	»	»	1 947
»	308.0	»	156.8	-	28	»	»	»	»	»
00	30.0	3.50	35.0	-	5	5.60	2.10	1.95	6.90	2 944
.50	63.0	2.00	36.0	-	9	6.96	2.08	»	7.71	1 552
.50	55.0	2.80	28.0	-	5	7.75	2.44	»	8.55	»
.56	4 312.0	2.58	2 025.0	-	473	-	-	-	-	-
-	4 318.0	-	2 818.9	-	490	-	-	-	-	-
-	-	2.42	9.68	0.20	-	5.94	1.93	1.97	7.01	5 560
-	-	2.86	34.26	0.33	[8] 3	13.63	»	1.90	14.70	11 500
-	-	3.11	24.88	0.21	-	12.86	»	»	13.93	»
-	-	3.05	36.60	0.20	1	13.10	1.93	»	14.17	»
-	-	3.01	24.10	0.23	2	12.50	»	»	13.57	10 000
-	-	1.98	19.80	0.14	-	5.94	»	»	7.01	2 480
-	-	2.16	108.00	0.15	-	5.79	»	»	6.86	3 080
-	-	2.47	257.32	0.18	6	-	-	-	-	-
-	-	2.16	56.16	0.22	13	5.79-5.94	1.93	1.70	6.86-7.01	3 495
-	-	2.49	34.86	-	[9] 7	5.94	1.98-1.93	1.78-1.70	7.01	3 680
2 50	5.00	2.37	4.73	-	1	5.33	1.93	1.70	6.40	2 320
2 60	197.60	1.87	142.12	-	38	5.33	1.93	1.63-1.70	6.40	1 600
3.25	97.50	1.95-2.25	65.10	-	15	5.33-5.30	1.93-1.95	1.86-1.96	6.37	2 240
2.50	5.00	3.00	6.00	-	1	5.35	1.89	1.88	6.60	2 896
		1.75	119.00	-	34	5.38	2.03	0.29	6.40	1 892
		1.87	179.52	-	48	5.33	1.93	1.14	»	1 600
2.93	737.88	»	14.96	-	4	»	1.98	1.07	»	2 132
		1.62	32.40	-	10	5.38	1.97	0.14	»	1 400
		1.75	104.70	-	30	7.06	1.93	»	8.08	1 880

…, Heste- & Troppetransport (32 Mand eller 8 Heste pr. Vogn). [3]) 2 Stk. med Indgang fra …tion. [4]) Heraf 1 Stk. med Indgang fra Enderne og Gjennemgang. [5]) Heraf 2 Stk. med Ind… …port (24 Mand eller 6 Heste pr. Vogn). [7]) Benyttes ogsaa som Grusvogne. [8]) Automatiske

35	36	37	38	39	40	41	42	43	44	45	46	47
			Hjul.		Hjulstand.		Antal Pladse.					
							I hver Vogn.			Tilsamme[n]		
Litra.	Vognsort.	Antal Vogne pr. 30te Juni 1892.	Antal under hver Vogn.	Diameter. m.	Fast Hjulstand. m.	Total Hjulstand. m.	I. Klasse.	II. Klasse.	III. Klasse.	I. Klasse.	II. Klasse.	I[II.]
N.	Stakevogne	36	»	»	3.962	3.962	-	-	-	-	-	
S.	Melkevogne	1	»	»	3.048	3.048	-	-	-	-	-	
	Sum Godsvogne	217	-	-	-	-	-	-	-	-	-	
	Hovedsum	280	-	-	-	-	-	-	-	-	337	1
	Drammen-Skien.											
	Personvogne:											
A.	1ste Klasse, Salon-Bogievogne[1])	1	8	0.761	1.371	»	15	-	-	15	-	
B.	2den do. do. do.	1	»	»	1.524	10.366	-	44	-	-	44	
»	do. Bogievogne, almindelige	6	»	»	» / 1.371	» / 10.213	-	48	-	-	288	
BC.	2den og 3die Klasse Bogievogne	2	»	»	1.601 / 1.371	10.726 / 10.670	-	24	32	-	48	
»	do. do. Cleminson.	1	6	»	-	8.530	-	24	32	-	24	
C.	3die Klasse, Bogievogne[2])	16	8	»	1.524 / 1.371	10.823 / 10.670	-	-	56 / 64	-	-	1
»	do. almindelige	13	4	»	3.353	3.353	-	-	32	-	-	
	Sum	40	-	-	-	-	-	-	-	15	404	1
CDF.	Person-, Post- & Stoppe-Bogievogne	2	8	0.761	1.524	10.823	-	-	24	-	-	
DF.	Post- & Stoppe-Bogievogne	3	»	»	1.371	10.518	-	-	-	-	-	
F.	Godsstoppevogne	11	4	»	3.353	3.353	-	-	-	-	-	
	Godsvogne:											
G.	Lukkede Godsvogne[3])	70	4	0.761	3.048	3.048	-	-	-	-	-	
»	do. do. [4])	50	»	»	3.200	3.200	-	-	-	-	-	
Gk.	Varme- og Kjølevogne	1	»	»	»	»	-	-	-	-	-	
K.	Trælastvogne med Svingbolster	20	»	»	3.048	3.048	-	-	-	-	-	
L.	Høikassede Godsvogne	36	»	»	»	»	-	-	-	-	-	
»	Grindvogne	30	»	»	»	»	-	-	-	-	-	
»	Grusvogne	20	»	»	»	»	-	-	-	-	-	
N.	Stakevogne	30	»	»	3.962	3.962	-	-	-	-	-	
S.	Melkevogne	2	»	»	3.048	3.048	-	-	-	-	-	
	Sum Godsvogne	259	-	-	-	-	-	-	-	-	-	
	Hovedsum	315	-	-	-	-	-	-	-	15	404	1
	Drammen-Randsfjord.											
	Personvogne:											
BC.	2den og 3die Klasse, Salonvogne	2	4	0.761	3.048	3.048	-	14	16	-	28	
»	do. do. Langvogne	1	6	»	»	6.400	-	16	24	-	16	
»	do. do. almindelige	5	4	»	»	3.048	-	16	16	-	80	
»	do. do. Bogievogne	4	8	»	1.524 / 1.601	11.471 / 11.488	-	32	32	-	128	
»	do. do. do.	2	»	»	»	10.430	-	16	28	-	32	
C.	3die Klasse, almindelige[5])	18	4	»	3.048	3.048	-	-	24 / 28	-	-	
»	do. Sommervogne	6	»	»	-	»	-	-	28	-	-	
	Sum	38	-	-	-	-	-	-	-	-	284	

[1]) Indgang fra Enderne og Gjennemgang. [2]) Heraf 1 Stk. med Indgang fra Enderne og Gjenn
Troppe- og Sygetransport (24 Mand eller 6 Heste pr. Vogn). [5]) Heraf 3 Stk. med Indgang fra Ende
[8]) Heraf 7 Stk. med automatiske Bremser. [9]) Heraf 10 Stk. med automatiske Bremser. [10]) Hera

…velse af Vogne.

	49	50	51	52	53	54	55	56	57	58
	…rne.	Egenvægt.				Maal (indvendig).				
	Sum.	I Gjennemsnit pr. Axel.	Sum.	For hver Personplads.	Heraf forsynede med Bremse.	Rammens Længde.	Rammens Bredde.	Rammens Høide.	Længde over Bufferne.	Kostende i Gjennemsnit pr. Vogn ved Anskaffelsen. (afr.) a)
	t.		t.		Antal.	m.			m.	Kroner.
	252.00	2.00	144.00	-	36	7.00	1.95	0 30	8.07	1 610
57	3.75	2.75	5.50	-	1	5.94	1.98	1.75	7.01	2 800
98	1 293.73	1.87	813.30	-	217	-	-	-	-	-
-	1 298.73	-	-	-	244	-	-	-	-	-
-	-	-	-	-	6) 1	10.70	2.21	1.98	18.13	13 630
-	-	3.00	12.00	0.27	7) 1	11.70	2.06	1.83	12.80	12 340
-	-	»	72.00	0.25	7) 6	»	»	»	»	11 845
-	-	2.73	21.80	0.19	-	12.05	»	»	13.12	11 070
-	-	3.67	11.00	0.20	-	»	»	»	»	11 250
-	-	2.93	187.52	0.18	8) 8	12.20	»	»	13.27	8 060
-	-	»	76.05	»	9) 10	6.00	»	»	7.07	3 640
-	-	-	380.37	0.20	26	-	-	-	-	-
-	-	2.93	23.44	-	2	12.20	2.06	1.83	13.27	7 970
-	-	2.78	33.30	-	7) 3	12.05	»	»	13.12	7 955
75	60.50	2.75	60.50	-	10) 11	6.00	»	»	7.07	3 230
25	455.00	2.25	315.00	-	70	5.30	1.95	1.96	6.37	1 920
»	325.00	»	225.00	-	11) 50	5.43	1.97	2.03	6.50	2 000
50	5.00	3.00	6.00	-	1	5.35	1.89	1.88	6.60	2 896
50	140.00	1.80	72.00	-	20	5.30	1.95	0.23	6.37	1 550
»	252.00	2.00	144.00	-	36	»	»	1.12	»	1 610
»	210.00	1.75	105.00	-	30	5.42	2.06	0.45	6.49	1 710
»	140.00	1.63	65.00	-	20	»	»	0.30	»	1 490
»	210.00	2.00	120.00	-	30	7.00	1.95	»	8.07	1 500
75	11.00	2.60	10.40	-	2	5.30	»	1.87	6.37	2 360
.37	1 748.00	2.05	1 062.40	-	259	-	-	-	-	-
-	1 808.50	-	-	-	301	-	-	-	-	-
-	-	2.37	9.46	0.16	-	5.94	1.93	1.70	7.01	4 260
-	-	»	7.12	0.18	-	9.30	»	»	10.36	6 000
-	-	2.38	23.80	0.15	-	5.94	»	»	7.16	4 165
-	-	3.05	48.80	0.19	-	13.10	1.98	»	14.17	11 500
-	-	2.86	22.90	0.26	2	12.04	1.93	»	13.11	10 000
-	-	2.06	74.16	0.16	-	5.94	»	»	7.01	2 800
-	-	1.98	23.76	0.14	-	»	»	»	»	2 440
-	-	2.36	210.00	0.172	2	-	-	-	-	-

…) Heraf 30 Stk. indrettede for Hestetransport (6 Heste pr. Vogn). 4) Indrettede for Heste-, …gennemgang. 6) Forsynede med Rørledning for automatiske Bremser. 7) Automatiske Bremser, … med automatiske Bremser. 11) Heraf 5 Stk. forsynede med Rørledning for automatiske Bremser.

35	36	37	38	39	40	41	42	43	44	45	46
			Hjul.		**Hjulstand.**		**Antal Pladse.**				
							I hver Vogn.			Tilsammen	
Litra.	**Vognsort.**	Antal Vogne pr. 30te Juni 1892.	Antal under hver Vogn.	Diameter.	Fast Hjulstand.	Total Hjulstand.	I.	II.	III.	I.	II.
							Klasse.			Klasse.	
				m.	m.						
DF.	Post- & Stoppe-Bogievogne	2	8	0.761	1.601	11.455	-	-	-	-	-
CF 1.	Personstoppevogne........	2	4	»	3.048	3.048	-	-	24	-	-
CF.	do.	3	»	»	»	»	-	-	8	-	-
F.	Godsstoppevogne..........	2	»	»	»	»	-	-	-	-	-
»	do.	4	»	»	»	»	-	-	-	-	-
	Godsvogne:										
G.	Lukkede Godsvogne[1]).........	31	4	0.761	3.048	3.048	-	-	-	-	-
»	do. do.	9	»	»	»	»	-	-	-	-	-
Gk.	Varme- og Kjølevogne	1	»	»	3.200	3.200	-	-	-	-	-
K.	Trælastvogne med Svingbolster ..	65	»	»	2.134	2.134	-	-	-	-	-
»	do. » do. ..	5	»	»	»	»	-	-	-	-	-
»	do. » do. ..	48	»	»	3.048	3.048	-	-	-	-	-
»	do. » do. ..	3	»	»	»	»	-	-	-	-	-
L.	Høikassede Godsvogne	39	»	»	»	»	-	-	-	-	-
»	do. do.	20	»	»	3.200	3.200	-	-	-	-	-
»	Lavkassede do.	5	»	»	3.048	3.048	-	-	-	-	-
N.	Trælastvogne uden Svingbolster .	160	»	»	3.962	3.962	-	-	-	-	-
»	Stakevogne..................	121	»	»	»	»	-	-	-	-	-
S.	Melkevogne	1	»	»	3.048	3.048	-	-	-	-	-
	Sum Godsvogne	508	-	-	-	-	-	-	-	-	-
	Hovedsum	559	-	-	-	-	-	-	-	-	284
	3die & 4de Trafikdistrikt.										
	Eidsvold–Hamar.										
	Personvogne:										
AB.	1ste og 2den Klasse, Bogievogne	1	8	0.925	1.980	10.514	20	24	-	20	24
B.	2den Klasse..................	4	4	»	3.500	3.500	-	24	-	-	96
C.	3die Klasse	6	»	»	3.810	3.810	-	-	40	-	-
»	do. Bogievogne.........	2	8	»	1.980	10.514	-	-	80	-	-
	Sum	13	-	-	-	-	-	-	-	20	120
F.	Godsstoppevogne..........	6	4	0.925	3.350	3.350	-	-	-	-	-
	Godsvogne:										
G.	Lukkede Godsvogne[2])	23	4	0.925	3.050	3.050	-	-	-	-	-
Gk.	Varme- og Kjølevogne	5	»	»	»	»	-	-	-	-	-
L.	Høikassede Godsvogne	10	»	»	3.650	3.650	-	-	-	-	-
N.	Stakevogne..................	64	»	»	3.760	3.760	-	-	-	-	-
S.	Melkevogne	2	»	»	3.050	3.050	-	-	-	-	-
	Sum Godsvogne	104	-	-	-	-	-	-	-	-	-
	Hovedsum	123	-	-	-	-	-	-	-	20	120
	Hamar–Grundset.										
	Personvogne:										
B.	2den Klasse..................	1	4	0.761	3.048	3.048	-	24	-	-	24
BC.	2den og 3die Klasse	2	»	»	»	»	-	16	16	-	32
C.	3die Klasse	2	»	»	»	»	-	-	30	-	-
	Sum	5	-	-	-	-	-	-	-	-	56

[1]) Indrettede for Hestetransport og 10 Stk. tillige for Troppetransport (24 Mand eller 6
matiske Bremser. [4]) Heraf 1 Stk. med automatiske Bremser. [5]) Heraf 2 Stk. forsynede med
bremser.

ivelse af Vogne.

49	50	51	52	53	54	55	56	57	58
eevne.	Egenvægt.			Heraf forsynede med Bremse.	Maal (indvendig).			Længde over Bufferne.	Kostende i Gjennemsnit pr. Vogn ved Anskaffelsen (dit. 9).
Sum.	I Gjennemsnit pr. Axel.	Sum.	For hver Persoplads.		Rammens Længde.	Rammens Bredde.	Rammens Høide.		
t.		t.		Antal.	m.			m.	Kroner.
-	3.05	24.40	-	³) 2	13.07	1.93	1.70	14.19	11 500
-	2.16	8.64	0.18	2	5.94	»	»	7.01	3 200
-	2.49	14.94	-	3	»	»		»	3 072
6.50	2.37	9.46	-	2	5.33	»	»	6.40	2 000
18.00	»	18.92	-	4	»	»	»	-	1 800
201.50	2.25	139.50	-	31	5.30	1.95	1.96	6.35	2 240
50.00	1.90	34.25	-	9	5.33	1.93	1.70	6.40	1 600
5.00	3.00	6.00	-	1	5.35	1.89	1.88	6.60	2 614
377.00	1.50	195.00	-	65	4.17	1.94	0.11	5.18	1 020
31.25	1.63	16.25	-	5	4.17	1.95	»	»	1 550
284.00	1.60	153.60	-	48	5.38	1.93 à 2.03	»	6.40	1 200
19.40	1.80	10.80	-	3	5.30	1.95	0.23	6.37	1 550
214.50	1.88	146.25	-	39	5.33	1.93	1.07	6.40	1 300
132.00	2.20	88.00	-	20	5.49	2.02	0.70	6.60	1 755
27.50	1.63	16.25	-	5	5.38	1.94	0.51	6.40	1 165
937.60	1.75	560.00	-	160	6.83	1.93 à 2.03	0.11	8.08	1 880
847.00	2.00	484.00	-	121	7.00	1.95	0.30	8.07	1 831
3.75	2.75	5.50	-	1	5.94	1.93	0.75	7.01	2 800
3 130.50	1.83	1 855.40	-	508	-	-	-	-	-
3 155.00		-	-	523	-	-	-	-	-
-	4.25	17.0	0.39	³) 1	12.12	2.44	2.08	13.40	15 620
-	3.95	31.6	0.33	-	6.10	-	»	7.40	7 360
-	»	47.4	0.20	-	6.40	-	»	7.70	4 800
-	4.25	34.0	0.21	⁴) 2	12.12	-	»	13.40	11 340
-	4.06	130.0	0.24	3	-	-	-	-	-
39.6	3.40	40.8	-	⁴) 6	5.28	2.23	2.22	7.57	3 900
161.0	3.20	147.2	-	⁵) 23	5.44	2.23	2.23	6.80	2 830
39.0	4.20	42.0	-	⁶) 5	5.39	2.40	2.10	6.74	1 168
110.0	2.95	59.0	-	10	5.53	2.35	1.25	6.80	1 930
704.0	2.70	345.6	-	64	6.88	2.31	0.31	8.07	2 300
13.0	3.30	13.2	-	2	5.44	2.23	2.12	6.80	3 500
1 027.0	2.92	607.0	-	104	-	-	-	-	-
1 066.6	-	777.8	-	113	-	-	-	-	-
-	2.15	4.3	0.18	-	5.94	1.93	1.75	7.01	4 570
-	»	8.6	0.13	-	-	»	»	-	»
-	2.40	9.6	0.16	-	-	»	1.78	-	4 100
-	2.25	22.5	0.15	-	-	-	-	-	-

gs). ³) Indrettede for Heste- og Troppetransport (32 Mand eller 6 Heste pr. Vogn). ⁵) Auto-
g for automatiske Bremser. ⁶) Forsynede baade med automatiske Bremser og med Haand-

Tabel V. 2 (Fo[rts.])

35	36	37	38	39	40	41	42	43	44	45	46
			Hjul.		Hjulstand.		Antal Pladse.				
							I hver Vogn.			Tilsammen.	
Litra.	Vognsort.	Antal Vogne pr. 30te Juni 1892.	Antal under hver Vogn.	Diameter.	Fast Hjulstand.	Total Hjulstand.	I.	II.	III.	I.	II.
							Klasse.			Klasse.	
				m	m.	m.					
CF.	Personstoppevogne	3	4	0.761	3.048	3.048	-	-	8	-	-
D.	Postvogne	1	»	»	»	»	-	-	-	-	-
	Godsvogne:										
G.	Lukkede Godsvogne[1])	9	4	0.761	3.048	3.048	-	-	-	-	-
Gk.	Varme- og Kjølevogne	3	»	»	3.200	3.200	-	-	-	-	-
L.	Høikassede Godsvogne	1	»	»	3.048	3.048	-	-	-	-	-
»	Lavkassede do.	10	»	»	»	»	-	-	-	-	-
N.	Stakevogne	20	»	»	»	»	-	-	-	-	-
P.	Trælast- og Malmvogne	10	»	»	2.134	2.134	-	-	-	-	-
	Sum Godsvogne	53	-	-	-	-	-	-	-	-	
	Grundset-Aamot.										
	Personvogne:										
C.	3die Klasse, Bogievogne[2])	1	8	0.761	1.600	11.350	-	-	44	-	-
	Støren-Aamot.										
	Personvogne:										
A.	1ste Klasse, Salon Bogievogne[2])	1	8	0.609	1.219	9.144	15	-	-	15	-
»	1ste Klasse, Bogievogne[2])	3	»	0.761	1.600	11.050	34	-	-	102	-
B.	2den Klasse	2	4	»	3.200	3.200	-	24	-	-	48
»	do.	1	»	»	3.505	3.505	-	32	-	-	32
»	do.	1	»	»	3.810	3.810	-	22	-	-	22
BC.	2den og 3die Klasse	2	»	»	3.048	3.048	-	10	16	-	20
»	do. do. Bogievogne	5	8	»	1.372	10.210	-	24	32	-	120
C.	3die Klasse, Bogievogne	2	»	»	»	»	-	-	64	-	-
»	3die Klasse	16	4	»	3.353	3.353	-	-	32	-	-
»	do.	2	»	»	3.048	3.048	-	-	24	-	-
»	do.	7	»	»	3.353	3.353	-	-	28	-	-
	Sum	42	-	-	-	-	-	-	-	117	242
DF.	Post- & Stoppe-Bogievogne	4	8	0.761	1.829	11.582	-	-	-	-	-
F.	Stoppevogne	4	4	»	3.353	3.353	-	-	-	-	-
FG.	Godsstoppevogne	12	»	»	3.048	3.048	-	-	-	-	-
	Godsvogne:										
G.	Dækkede Godsvogne	5	4	0.761	3.048	3.048	-	-	-	-	-
»	Lukkede do[3])	42	»	»	»	»	-	-	-	-	-
»	do. do.[4])	18	»	»	»	»	-	-	-	-	-
Gk.	Varme- og Kjølevogne	10	»	»	3.200	3.200	-	-	-	-	-
K.	Trælastvogne med Svingbolster	5	»	»	3.962	3.962	-	-	-	-	-
»	do. do. do.	5	»	»	3.048	3.048	-	-	-	-	-
L.	Høikassede Godsvogne	25	»	»	»	»	-	-	-	-	-
«	Lavkassede do.	20	»	»	»	»	-	-	-	-	-
N.	Stakevogne	10	»	»	3.657	3.657	-	-	-	-	-
»	do.	37	»	»	3.048	3.048	-	-	-	-	-
»	do.	40	»	»	3.962	3.962	-	-	-	-	-
P.	Trælast- og Malmvogne[5])	64	»	»	2.286	2.286	-	-	-	-	-
»	Malmvogne	45	»	»	2.800	2.800	-	-	-	-	-
	Sum Godsvogne	326	-	-	-	-	-	-	-	-	-

[1]) Indrettede for Hestetransport og 1 Vogn tillige for Troppetransport (24 Mand eller 6 He[ste] (24 Mand pr. Vogn). [4]) Indrettede for Hestetransport og 12 Stk. tillige for Troppetransport Rørledning for automatiske Bremser. [7]) Forsynede blot med automatiske Bremser. [8]) Autom[atiske] forsynede med automatiske Bremser og 2 Stk. med kun Rørledning for samme. [11]) Heraf 16 automatiske Bremser (3 Vogne, Litra P, er blot midlertidig forsynede med Rørledning).

49	50	51	52	53	54	55	56	57	58
evne.	Egenvægt.				Maal (indvendig).				
Sum.	I Gjennemsnit pr. Axel.	Sum.	For hver Personplads.	Heraf forsynede med Bremse.	Rammens Længde.	Rammens Bredde.	Rammens Høide.	Længde over Bufferne.	Kostende i Gjennemsnit pr. Vogn ved Anskaffelsen. (afr.) a)
	t.			Antal.	m.			m.	Kroner.
-	2.05	12.3	-	3	5.94	1.93	1.78	7.01	4 100
-	2.00	4.0	-	-	-	1.98	1.88	»	3 740
59.4	2.20	39.6	-	6) 9	5.33	1.89	1.85	6.40	2 230
13.8	3.20	19.2	-	7) 3	5.39	»	1.88	6.44	3 467
5.0	1.75	3.5	-	1	5.64	»	1.07	6.71	1 480
50.0	1.70	34.0	-	10	5.33	»	0.51	6.40	1 300
100.0	1.60	64.0	-	20	5.64	1.98	0.31	6.71	1 320
45.0	1.50	30.0	-	10	3.51	1.89	»	4.57	1 270
273.2	1.80	190.3	-	53	-	-	-	-	-
-	3.30	13.2	0.30	8) 1	13.34	2.21	1.91	15.30	6 000
-	1.75	7.0	0.47	8) 1	10.52	2.06	2.21	12.80	16 000
-	3.25	39.0	0.38	8) 3	12.92	2.14	1.91	15.62	14 000
-	2.55	10.2	0.21	9) -	5.64	1.98	1.85	6.71	5 700
-	2.60	5.2	0.16	-	7.01	»	1.78	8.08	6 510
-	2.50	5.0	0.23	-	6.78	»	1.85	7.85	6 050
-	2.55	10.2	0.20	-	5.94	»	»	7.01	5 380
-	3.00	60.0	0.21	8) 5	11.73	»	»	12.80	8 930
-	»	24.0	0.19	8) 2	12.03	»	»	13.10	»
-	2.40	76.8	0.15	-	5.94	»	»	7.01	3 230
-	»	9.6	0.20	-	»	»	»	»	3 080
-	2.55	35.7	0.18	10) 7	»	»	»	»	3 750
-	2.67	282.7	0.20	18	-	-	-	-	-
-	2.50	40.0	-	8) 4	12.03	1.98	1.88	13.10	6 740
-	2.00	16.0	-	4	5.94	»	1.85	7.01	2 600
79.2	1.80	43.2	-	12	5.33	»	1.78	6.40	2 260
33.0	1.80	18.0	-	5	5.33	1.98	1.80	6.40	2 090
277.2	1.85	155.4	-	42	»	»	1.83	»	2 230
118.8	2.20	79.2	-	11) 18	»	»	1.96	6.40	»
46.0	3.20	64.0	-	8) 10	5.39	1.89	1.88	6.44	3 232
35.0	1.75	17.5	-	5	7.01	1.87	0.10	8.68	1 900
35.0	1.60	16.0	-	5	5.33	1.98	0.23	6.40	1 890
175.0	1.75	87.5	-	25	»	»	1.07	»	1 860
140.0	1.70	68.0	-	20	»	»	0.51	»	2 140
70.0	1.80	36.0	-	10	6.25	»	0.24	7.32	2 055
259.0	1.60	118.4	-	12) 37	5.33	»	0.15	6.40	2 673
280.0	2.00	160.0	-	40	7.05	2.01	0.35	8.08	1 405
448.0	1.50	192.0	-	12) 64	4.11	1.98	»	5.18	2 115
342.0	1.70	153.0	-	10	4.50	2.10	0.25	5.70	1 430
2 259.0	1.78	1 165.0	-	291	-	-	-	-	-

[2]) Indgang fra Enderne og Gjennemgang. [3]) Heraf 40 Stk. indrettede for Troppetransport
ller 6 Heste pr. Vogn). [5]) Anvendes ogsaa for Ballastering. [6]) Heraf 5 Stk. forsynede med
. [9]) Disse Vogne er forsynede med Rørledning for automatiske Bremser. [10]) Heraf 4 Stk.
e med Rørledning for automatiske Bremser. [12]) Heraf 3 Stk. forsynede med Rørledning for

35	36	37	38	39	40	41	42	43	44	45	46
			Hjul.		Hjulstand.		Antal Pladse.				
							I hver Vogn.			Tilsammen	
Litra.	Vognsort.	Antal Vogne pr. 30te Juni 1892.	Antal under hver Vogn.	Diameter. m.	Fast Hjulstand. m.	Total Hjulstand. m.	I. Klasse.	II. Klasse.	III. Klasse.	I. Klasse.	II. Klasse.
	Trondhjem-Støren.										
	Personvogne:										
A.	1ste Klasse, Bogievogne [1])	1	8	0.761	1.600	13.340	30	-	-	30	-
AC.	1ste og 3die Klasse, Bogievogne [1])	3	»	»	»	12.730	15	-	28	45	-
BC.	2den og 3die Klasse	4	4	»	3.048	3.048	-	16	16	-	64
C.	3die Klasse	4	»	»	»	»	-	-	30	-	-
»	do.	2	»	»	»	»	-	-	32	-	-
	Sum	14	-	-	-	-	-	-	-	75	64
DF.	Post- & Stoppe-Bogievogne	2	8	0.761	1.829	10.560	-	-	-	-	-
D.	Postvogne	1	4	»	3.048	3.048	-	-	-	-	-
F.	Stoppevogne	2	»	»	»	»	-	-	-	-	-
FG.	Godsstoppevogne	2	»	»	»	»	-	-	-	-	-
	Godsvogne:										
G.	Dækkede Godsvogne	6	4	0.761	3.048	3.048	-	-	-	-	-
»	Lukkede do.	4	»	»	»	»	-	-	-	-	-
»	do. do. [2])	6	»	»	»	»	-	-	-	-	-
Gk.	Varme- og Kjølevogne	3	»	»	3.200	3.200	-	-	-	-	-
K.	Trælastvogne med Svingbolster	10	»	»	3.048	3.048	-	-	-	-	-
»	do. » do.	4	»	»	2.286	2.286	-	-	-	-	-
L.	Høikassede Godsvogne	6	»	»	3.048	3.048	-	-	-	-	-
»	Lavkassede do.	10	»	»	»	»	-	-	-	-	-
N.	Stakevogne	10	»	»	»	»	-	-	-	-	-
P.	Malmvogne	30	»	»	2.800	2.800	-	-	-	-	-
	Sum Godsvogne	89	-	-	-	-	-	-	-	-	-
	Merakerbanen.										
	Personvogne:										
B.	2den Klasse	6	4	0.950	3.500	3.500	-	24	-	-	144
BC.	2den og 3die Klasse, Bogievogne [1])	2	8	»	1.980	8.570	-	24	36	-	48
C.	3die Klasse	11	4	»	3.650	3.650	-	-	40	-	-
»	do. Bogievogne [1])	2	8	»	1.980	8.570	-	-	70	-	-
	Sum	21	-	-	-	-	-	-	-	-	192
CDF.	Person-, Post- & Stoppe-Bogievogne	2	8	0.950	1.980	11.200	-	-	20	-	-
CD.	Person- og Postvogne	1	4	»	3.650	3.650	-	-	20	-	-
F.	Godsstoppevogne	7	»	»	3.360	3.360	-	-	-	-	-
»	do.	2	»	»	»	»	-	-	-	-	-
	Godsvogne:										
G.	Lukkede Godsvogne [3])	37	4	0.950	3.040	3.040	-	-	-	-	-
K.	Trælastvogne med Svingbolster [4]).	21	»	»	2.890	2.890	-	-	-	-	-
L.	Lavkassede Godsvogne	19	»	»	»	»	-	-	-	-	-
»	Høikassede do.	20	»	»	3.650	3.650	-	-	-	-	-
N.	Stakevogne	100	»	»	3.750	3.750	-	-	-	-	-
S.	Melkevogne	3	»	»	3.040	3.040	-	-	-	-	-
	Sum Godsvogne	200	-	-	-	-	-	-	-	-	-
	Hovedsum	233	-	-	-	-	-	-	-	-	192

[1]) Indgang fra Enderne og Gjennemgang. [2]) Indrettede for Hestetransport og 4 Stk. tillige
(32 Mand eller 6 Heste pr. Vogn). [4]) 15 Stk. er forsynede med Sidelemmer for Brug ved Ballasteri
[7]) Kostende for med Bremse udstyret Vogn; uden Bremse (4 Stk.) Kr. 4 370 pr. Vogn.

'else af Vogne.

49	50	51	52	53	54	55	56	57	58
evne.	Egenvægt.			Heraf forsynede med Bremse.	Maal (indvendig).			Længde over Bufferne.	Kostende i Gjennemsnit pr. Vogn ved Anskaffelsen. (afr.) a)
Sum.	I Gjennemsnit pr. Axel.	Sum.	For hver Personplads.		Rammens Længde.	Rammens Bredde.	Rammens Høide.		
.	t.			Antal.	m.			m.	Kroner.
-	4.51	18.0	0.60	[5]) 1	14.85	2.40	2.04	17.20	14 360
-	4.23	50.7	0.39	[5]) 3	14.19	2.25	»	16.59	13 388
-	2.30	18.4	0.14	-	5.94	1.93	1.75	7.01	4 320
-	2.00	16.0	0.13	1	»	»	1.78	»	2 820
-	1.95	7.8	0.12	-	5.33	»	»	6.40	2 700
-	3.08	110.9	0.24	5	-	-	.	-	.
-	3.53	28.2	-	[5]) 2	13.33	2.09	1.98	15.86	6 300
-	2.00	4.0	-	-	5.94	1.98	1.88	7.01	3 740
-	2.05	8.2	-	2	»	1.93	1.78	»	3 280
13.2	1.83	7.3	-	2	5.33	1.89	»	6.40	»
30.0	1.80	21.6	-	6	5.33	1.89	1.80	6.40	1 260
26.4	1.85	14.8	-	4	»	1.98	1.83	»	2 230
39.6	2.20	26.4	-	[6]) 6	»	»	1.96	»	»
13.8	3.20	19.2	-	[6]) 3	5.39	1.89	1.88	6.44	3 812
50.0	1.60	32.0	-	10	5.33	1.87	0.10	6.40	1 110
20.0	1.50	12.0	-	4	4.11	»	»	5.18	»
30.0	1.75	21.0	-	6	5.33	1.89	1.07	6.40	1 070
50.0	1.70	34.0	-	10	»	»	0.51	»	1 040
50.0	1.60	32.0	-	10	5.64	1.98	0.35	6.71	1 110
228.0	1.70	102.0	-	-	4.50	2.10	0.25	5.70	1 433
537.8	1.77	315.0	-	59	-	-	-	-	-
-	3.95	47.4	0.33	-	6.10	2.45	2.07	7.37	7 130
-	3.88	31.0	0.26	2	12.10	2.67	2.06	15.22	13 380
-	3.95	86.9	0.20	7	6.43	2.44	2.08	7.67	[7]) 5 210
-	3.88	31.0	0.22	2	12.10	2.67	2.66	15.22	10 850
-	3.93	196.3	0.23	11	-	-	-	-	-
-	4.05	32.4	-	2	12.75	2.42	1.86	14.88	12 688
-	3.95	7.9	-	-	6.40	2.42	1.86	7.70	5 290
46.2	3.40	47.6	-	7	6.22	2.25	2.22	7.54	4 010
12.8	3.80	15.2	-	2	6.24	2.47	2.17	8.25	4 953
259.0	3.30	244.2	-	37	5.44	2.23	2.23	6.79	4 000
231.0	2.40	100.8	-	21	4.60	2.36	0.15	5.88	2 140
209.0	2.75	104.5	-	19	4.62	2.36	0.90	»	* * *
220.0	2.95	118.0	-	20	5.53	2.35	1.25	6.80	2 200
1 100.0	2.70	540.0	-	100	6.88	2.31	0.31	8.07	2 355
20.4	3.30	19.8	-	3	5.45	2.26	2.12	6.83	3 140
2 039.4	2.81	1 127.3	-	200	-	-	-	-	-
2 098.4	[illegible]	-	-	220	-	-	-	-	-

...etransport (24 Mand eller 6 Heste pr. Vogn). [8]) Indrettede for Heste- og Troppetransport
...matiske Bremser. [6]) Heraf 2 Stk. forsynede med Rørledning for automatiske Bremser.

35	36	37	38	39	40	41	42	43	44	45	46
			Hjul.		Hjulstand.		Antal Pladse.				
							I hver Vogn.			Tilsammen	
Litra.	Vognsort.	Antal Vogne pr. 30te Juni 1892.	Antal under hver Vogn.	Diameter. m.	Fast Hjulstand. m.	Total Hjulstand. m.	I. Klasse.	II. Klasse.	III. Klasse.	I. Klasse.	II. Klasse.
	5te Trafikdistrikt.										
	Jæderbanen.										
	Personvogne:										
B.	Salonvogne	1	4	0.761	3.353	3.353	-	22	-	-	22
»	2den Klasse	2	»	»	3.048	3.048	-	24	-	-	48
BC.	2den og 3die Klasse	4	»	»	3.657	3.657	-	16	16	-	64
»	do.	1	»	»	3.353	3.353	-	16	16	-	16
C.	3die Klasse	15	»	»	»	»	-	-	32	-	-
»	do.	3	»	»	»	»	-	-	32	-	-
	Sum	26	-	-	-	-	-	-	-	-	150
DF.	Personstoppevogne med Postkupé	3	4	0.761	3.353	3.353	-	-	-	-	-
F.	Godsstoppevogne	2	»	»	3.048	3.048	-	-	-	-	-
	Godsvogne:										
G.	Lukkede Godsvogne[2])	8	4	0.761	3.048	3.048	-	-	-	-	-
K.	Trælastvogne	4	»	»	»	»	-	-	-	-	-
L.	Høikassede Godsvogne	[5]) 10	»	»	»	»	-	-	-	-	-
»	Lavkassede do.	10	»	»	»	»	-	-	-	-	-
M.	Grusvogne	8	»	»	»	»	-	-	-	-	-
	Sum Godsvogne	40	-	-	-	-	-	-	-	-	-
	Hovedsum	71	-	-	-	-	-	-	-	-	150
	6te Trafikdistrikt.										
	Bergen–Voss.										
	Personvogne:										
B.	2den Klasse, Bogievogne[3])	2	8	0.761	1.676	10.210	-	34	-	-	68
BC.	2den. & 3die Klasse, Bogievogne[3])	6	»	»	»	»	-	16	28	-	96
C.	3die Klasse, Bogievogne[3])	5	»	»	»	»	-	-	60	-	-
»	3die Klasse, 2-axlede Bogievogne[3])	2	4	»	3.962	3.962	-	-	32	-	-
		2	»	»	»	»	-	-	32	-	-
C[1]).	3die do.	4	»	»	3.048	3.048	-	-	24	-	-
	Sum	21	-	-	-	-	-	-	-	-	164
CD.	Person- & Post-Bogiev. 2-axl.[3])	2	4	0.761	3.962	3.962	-	-	13	-	-
BCF.	Person- & Stoppe-Bogiev.[3])	2	8	»	2.676	10.210	-	4	29	-	8
F.	Godsstoppevogne	3	4	»	3.353	3.353	-	-	-	-	-
	Godsvogne:										
G.	Lukkede Godsvogne[4])	10	4	0.761	3.048	3.048	-	-	-	-	-
»	Dækkede do. [9])	11	»	»	»	»	-	-	-	-	-
K.	Trælastvogne	3	»	»	»	»	-	-	-	-	-
L.	Høikassede Godsvogne	2	»	»	»	»	-	-	-	-	-
M.	Grusvogne	8	»	«	»	»	-	-	-	-	-
N.	Stakevogne	10	»	»	»	»	-	-	-	-	-
	Sum Godsvogne	44	-	-	-	-	-	-	-	-	-
	Hovedsum	72	-	-	-	-	-	-	-	-	172

[1]) Forandret fra dækkede Godsvogne til Personvogne for Sommertrafiken. [2]) Anvendelige Hestetransport og 5 Stk. tillige for Troppetransport (32 Mand eller 6 Heste pr. Vogn) samt 1 V samt 3 Stk. forsynede med automatiske Bremser. [5]) Heraf 6 Stk. forandrede til dækkede Godsvo Bremser. [8]) Automatiske Bremser. [9]) Heraf 9 Stk. indrettede for Hestetransport à 6 Heste; 2 Rørledning for automatiske Bremser. [10]) Forsynede med Rørledning for automatiske Bren

49	50	51	52	53	54	55	56	57	58
evne.	Egenvægt.				Maal (indvendig).				
Sum.	I Gjennemsnit pr. Axel.	Sum.	For hver Persomplads.	Heraf forsynede med Bremse.	Rammens Længde.	Rammens Bredde.	Rammens Høide.	Længde over Bufferne.	Kostende i Gjennemsnit pr. Vogn ved Anskaffelsen. (afr.) a)
.	t.			Antal.	m.			m.	Kroner.
-	2.60	5.20	0.24	-	5.943	1.981	1.778	6.857	6 450
-	»	10.40	0.22	-	5.791	»	»	6.705	5 350
-	»	20.80	0.16	-	6.401	»	»	7.315	5 790
-	2.35	4.70	0.15	-	5.943	»	»	9.857	»
-	»	70.50	»	-	»	»	»	»	3 470
-	»	14.10	»	-	»	»	»	»	3 410
-	2.42	125.70	0.16	-	-	-	-	-	-
-	2.50	15.00	-	3	5.943	1.981	1.651	6.857	3 923
8.00	2.49	9.96	-	2	5.308	1.956	»	6.222	2 660
39.85	1.90	30.40	-	8	5.308	1.956	1.651	6.222	2 160
19.92	1.70	13.60	-	4	5.384	2.032	0.305	6.298	1 850
49.81	1.85	37.00	-	10	5.308	1.956	1.130	6.222	1 940
49.81	1.70	34.00	-	10	5.384	2.032	0.508	6.298	1 820
39.85	»	27.20	-	8	»	»	0.205	»	1 750
199.24	1.78	142.20	-	40	-	-	-	-	-
207.24	-	-	-	45	-	-	-	-	-
-	3.25	26.00	0.38	6) {2	12.090	2.210	1.870	14.850	13 150
-	3.175	76.20	0.29	{6	»	»	»	»	10 950
-	3.125	62.50	0.21	7) 5	»	»	»	»	8 700
-	3.35	13.40	0.21	-	5.994	»	»	8.756	4 310
-	3.10	12.40	0.19	-	»	»	»	»	»
-	1.95	15.60	0.16	4	5.300	1.950	2.160	6.220	2 450
-	3.03	206.10	0.24	17	-	-	-	-	-
-	3.10	12.40	0.48	-	5.994	2.210	1.870	8.756	4 610
-	»	24.80	0.38	8) 2	12.090	»	-	14.850	9 320
16.20	2.25	13.50	-	3	4.980	2.260	1.960	7.320	3 760
60.00	2.10	42.00	-	4)10	5.30	1.95	2.16	6.220	2 580
66.00	1.85	40.70	-	9)11	»	»	»	»	2 310
21.00	1.70	10.20	-	3	»	2.02	0.23	»	»
14.00	1.85	7.40	-	10) 2	»	1.95	1.13	»	1 880
56.00	1.65	26.40	-	8	»	2.02	0.31	»	»
70.00	»	33.00	-	11)10	»	»	»	»	2 030
[illegible]	1.81	159.70	-	44	-	-	-	-	-
[illegible]	-	-	-	66	-	-	-	-	-

rt af Smaaheste. 3) Indgang fra Enderne og Gjennemgang. 4) Heraf 9 Stk. indrettede for
for Sygetransport (4 Senge); 5 Stk. forsynede med Rørledning for automatiske Bremser,
4 Stk. forsynede med automatiske Bremser. 7) Heraf 2 Stk. forsynede med automatiske
e med automatiske Bremser, 5 Stk. (hvoraf 2 Stk. anvendte som Melkevogne) forsynede med
f 3 Stk. forsynede med Rørledning for automatiske Bremser.

35	36	37	38	39	40	41	42	43	44	45	46
Litra.	Vognsort.	Antal Vogne pr. 30te Juni 1892.	Hjul.		Hjulstand.		Antal Pladse.				
			Antal under hver Vogn.	Diameter. m.	Fast Hjulstand. m.	Total Hjulstand. m.	I hver Vogn. I. Klasse.	II. Klasse.	III. Klasse.	Tilsammen I. Klasse.	II. Klasse.
	Hovedbanen.										
	Personvogne:										
A.	1ste Klasse	4	4	0.950	3.350	3.350	24	-	-	96	-
AB.	1ste og 2den Klasse	6	»	»	3.210	3.210	8	20	-	48	120
B.	2den Klasse[1])	8	»	»	»	»	-	30	-	-	240
C.	3die do. [2])	8	»	»	3.350	3.350	-	-	30	-	-
»	3die do.	11	»	»	»	»	-	-	40	-	-
»	3die do.	4	»	»	3.520	3.520	-	-	40	-	-
»	3die do. Bogievogne[3])	3	8	»	1.900	11.310	-	-	82	-	-
	Sum	44	-	-	-	-	-	-	-	144	360
BF.	Personstoppevogne	6	4	0.950	3.350	3.350	-	10	-	-	60
CF.	do.	2	»	»	3.500	3.500	-	-	4	-	-
»	do.	10	»	»	3.510	3.510	-	-	10	-	-
F.	Godsstoppevogne	2	»	»	2.590	2.590	-	-	-	-	-
»	do.	2	»	»	3.510	3.510	-	-	-	-	-
	Sum	22	-	-	-	-	-	-	-	-	60
	Godsvogne:										
G.	Lukkede Godsvogne[4])	20	4	0.950	3.350	3.350	-	-	-	-	-
»	do. do. [4])	50	»	»	3.050	3.050	-	-	-	-	-
»	do. do. [4])	34	»	»	3.660	3.660	-	-	-	-	-
»	do. do. [5])	2	»	»	4.120	4.120	-	-	-	-	-
K.	Trælastvogne med Svingbolster	91	»	»	2.440	2.440	-	-	-	-	-
»	do. » do.	48	»	»	»	»	-	-	-	-	-
»	do. » do.	5	»	»	2.740	2.740	-	-	-	-	-
LL.	Høikassede Godsvogne	45	»	»	3.050	3.050	-	-	-	-	-
L.	do. do.	37	»	»	2.360	2.360	-	-	-	-	-
»	do. do.	10	»	»	2.440	2.440	-	-	-	-	-
»	do. do.	17	»	»	2.590	2.590	-	-	-	-	-
»	do. do.	12	»	»	3.660	3.660	-	-	-	-	-
»	do. do.	3	»	»	2.850	2.850	-	-	-	-	-
»	do. do.	10	»	»	2.800	2.800	-	-	-	-	-
»	do. do.	31	»	»	3.030	3.030	-	-	-	-	-
M.	Grusvogne	15	»	»	3.370	3.370	-	-	-	-	-
N.	Stakevogne	121	»	»	3.760	3.760	-	-	-	-	-
»	do.	110	»	»	»	»	-	-	-	-	-
S.	Melkevogne	4	»	»	3.210	3.210	-	-	-	-	-
«	do.	1	»	»	3.350	3.350	-	-	-	-	-
	Sum Godsvogne	666	-	-	-	-	-	-	-	-	-
	Hovedsum	732	-	-	-	-	-	-	-	144	420

[1]) Heraf er 2 Stk. indrettede med Gjennemgang; Indgang fra Siderne. [2]) Indrettede med Gjen
og Troppetransport (32 Mand eller 6 Heste pr. Vogn). [5]) Hver Vogn rummer 32 Mand elle

else af Vogne.

49	50	51	52	53	54	55	56	57	58
…vne.	Egenvægt.				Maal (indvendig).				
Sum.	I Gjennemsnit pr. Axel.	Sum.	For hver Personplads.	Heraf forsynede med Bremse.	Rammens Længde.	Rammens Bredde.	Rammens Høide.	Længde over Bufferne.	Kostende i Gjennemsnit pr. Vogn ved Anskaffelsen. (atr.) a)
	t.			Antal.	m.			m.	Kroner.
-	3.68	29.4	0.31	6) 2	5.83	2.45	2.01	7.00	7 714
-	3.45	41.4	0.25	-	5.95	2.47	2.02	6.77	6 912
-	3.43	54.8	0.23	6) 1	5.50	»	2.01	6 91	5 292
-	3.10	49.6	0.21	7) 6	»	2.45	»	6.78	3 960
-	2.80	61.6	0.14	1	5.74	2.11	1.87	6.93	»
-	3.10	24.8	0.16	-	5.91	2.45	2.01	6.48	2 000
-	4.91	58.9	0.24	3	14.71	2.66	2.12	17.01	12 890
-	3.41	320.5	0.20	13	-	-	-	-	-
-	3.30	39.6	-	6	5.70	2.47	2.00	6.91	5 046
14.0	4.50	18.0	-	2	6.86	2.58	2.28	7.80	4 784
70.0	4.00	80.0	-	10	6.83	2.26	2.23	8.08	4 200
12.0	2.98	11.9	-	2	4.48	2.13	1.83	5.26	3 357
14.0	3.85	15.4	-	2	6.81	2.23	2.23	6.08	3 900
110.0	3.75	164.9	-	22	-	-	-	-	-
200.0	3.30	132.0	-	20	5.77	2.26	2.23	6.68	3 600
500.0	»	330.0	-	50	5.65	2.23	»	6.58	2 944
340.0	3.00	204.0	-	34	5.45	2.45	2.24	6.81	2 782
18.0	3.45	13.8	-	2	7.67	2.44	1.80	8.57	3 600
637.0	2.28	415.0	-	91	3.72 à 3.48	2.04	0.15	5.96 à 5.50	1 618
336.0	2.03	194.9	-	48	3.53 à 3.52	»	»	5.13	»
35.0	2.55	25.5	-	5	5.13	»	0.10	5.87	»
495.0	2.25	202.5	-	45	»	2.36	1.89	5.90	1 689
259.0	2.10	155.4	-	37	4.60	2.10	1.05	5.20	1 846
70.0	2.03	40.6	-	10	4.37	2.35	0.73	5.11	»
119.0	2.18	74.1	-	17	4.18	2.10	1.12	4.94	»
132.0	2.80	67.2	-	12	5.53	2.34	1.25	6.51	2 000
21.0	2.47	14.8	-	3	5.70	2.15	1.12	6.53	1 846
70.0	2.57	51.4	-	10	5.80 à 5.68	2.20	1.51 à 1.48	6.55 à 6.54	»
217.0	2.40	148.8	-	31	5.15	2.40	1.25	5.60	1 355
165.0	2.50	75.0	-	15	6.00	2.34	0.36	6.60	1 750
1 331.0	2.80	677.6	-	121	6.86	2.30	0.31	7.87	2 280
1 210.0	»	616.0	-	110	»	»	»	»	1 931
27.2	3.80	30.4	-	4	5.61	2.25	0.83	6.90	2 640
6.8	»	7.6	-	1	»	»	»	6.93	»
6 189.0	2.61	3 476.6	-	666	-	-	-	-	-
6 299.0	-	3 962.0	-	701	-	-	-	-	-

Indgang fra Siderne. [8]) Indgang fra Enderne og Gjennemgang. [4]) Indrettede for Heste-
[?]) Automatiske Bremser. [7]) Heraf 2 Stk. forsynede med automatiske Bremser.

Tabel V 3. Lokomotivernes gjennemløb[…]

Parcours et dépenses[…]

1	59	60	61	62	63	64	65	66[…]
Banernes Navn. Désignation des chemins de fer.	**Lokomotivernes** No. No.	Antal. Nombre.	**Af egne Lokomoti[…]** Parcours des locomot[…] For Trafikens Bestridelse. Pour soutenir le trafic. I Tog. Remorquant des trains. Som Hoved-maskine. (Trafiktog-kilom.). Machines de tête.	Som assiste-rende. Machines auxiliaires.	Lokomo-tiv alene. à vide.	Skiftning paa Statio-nerne. Manoeuvre de gare.	For Bane[…] Vedligeho[…] og Ryddig[…] Pour entret[…] et déblayer[…] voie. Med Sne-ploug. Avec des chasse neige.	M[…] A[…] bei[…] to[…] A[…] d[…] tra[…] de[…] va[…]
	des locomotives.		Kilometer.					
Smaalensbanen.	a) 13	1	-	158	165	3 086	-	1
	40	1	-	-	-	21 350	-	
	41—48 & 53—61	17	705 461	19 195	3 010	53 886	266	15
	49—52	4	109 296	804	88	5 500	-	
	66	1	22 130	16	-	1 107	-	
	67	1	44 688	-	-	2 235	-	
	68—69	2	80 486	2 640	8	2 499	-	
	Sum	27	962 061	22 813	3 271	89 663	266	17
Kongsvingerbanen.	14 & 18	2	52 454	330	42	1 721	-	1
	15—17	3	56 392	284	447	1 882	-	
	19	1	31 192	305	39	1 040	15	
	20	1	26 386	-	2	1 318	-	
	21	1	51 188	47	5	1 844	-	
	26—28	3	96 324	1 389	203	4 742	293	
	65	1	23 252	538	128	1 173	36	
	Sum	12	337 188	2 893	866	13 720	344	1
1ste Trafikdistr.	Tilsammen	39	1 299 249	25 706	4 137	103 383	610	19
2det Trafikdistr.	1	1	-	40	2	24 683	-	
	2—4, 7, 8, 10, 11, 14—20 23 & 24	16	421 977	65 659	30 841	113 477	1 199	11
	12 & 13	2	28 726	706	669	1 835	-	
	21 & 22	2	37 628	84	58	1 283	-	
	25	1	11 963	17	32	359	-	
	26—29	4	175 996	802	879	6 369	-	
	30	1	87 103	114	28	2 666	-	
	49 & 50	2	34 009	17 995	3 192	13 720	-	
	51—54	4	167 193	410	728	7 074	-	
	55—62	8	368 771	24 864	6 632	43 677	139	
	Tilsammen	41	1 333 366	110 691	43 061	215 143	1 338	13

ncer og Vedligeholdelsesudgifter.
ien des locomotives.

(67)	68	69	70	71	72	73	74	75	76
…emløbne Distancer. …ompagnie.				Lokomotivernes Vedligehold. Entretien des locomotives.					
	Heraf gjennemløbet. Parcours.			Udgifter i Terminen. Dépenses pendant le terme.			Lokomotiverne har til og med 30te Juni 1892. Les locomotives ont jusqu'au 30 juin 1892 incl.		
								kostet i Vedligehold. coûté à entretenir.	
l- …en. …l. …66) …ble.	Paa egen Bane. Sur son propre réseau.	Paa fremmede Baner. Sur les lignes étrangères.	Gjennemsnitlig pr. Lokomotiv. Moyenne par locomotive.	Ialt. Total.	Heraf Andel i Maskinafdelingens Fællesudgifter. Dont quote-part des dépenses communes de la traction et du matériel.	Samlede Udgifter pr. Lokomotivkilometer. Dépenses totales par locomotive-kilomètre.	gjennemløbet. parcouru.	Ialt. Total.	Pr. Lokomotivkilometer. Par locomotive-kilomètre.
	Kilometer.			Kroner.		Øre.	km.	Kr.	Øre.
…243	5 243	-	5 243				223 909		
…350	21 350	-	21 350				238 128		
…203	729 223	d) 67 980	46 894				7 507 142		
…046	116 046	-	29 012	e) 47 658.18	10 140.79	4.44	1 603 802	i) 441 473.87	4.62
…253	23 253	-	23 253				23 253		
…923	46 923	-	46 923				46 923		
…633	85 633	-	42 817				85 633		
…651	1 027 671	d) 67 980	40 580	e) 47 658.18	10 140.79	4.44	9 728 790	i) 441 473.87	4.62
[illegible]	56 480	-	28 240				g) 2 165 438		
[illegible]	58 993	12	19 668				2 550 843		
[illegible]	32 575	16	32 591				1 044 182		
[illegible]	27 706	-	27 706	21 475.61	2 429.51	6.02	784 380	825 483.11	9.27
[illegible]	53 074	10	53 084				894 056		
[illegible]	102 553	402	34 318				1 443 665		
[illegible]	25 052	75	25 127				25 127		
…948	356 433	515	29 746	21 475.61	2 429.51	6.02	g) 8 907 691	825 483.11	9.27
…599	1 384 104	d) 68 495	37 246	e) 69 133.79	12 570.30	4.83	18 636 481	i) 1 266 956.98	6.86
…725	24 725	-	24 725	514.22		2.08	518 333	39 844.21	7.69
…813	644 813	-	40 301	33 072.29		5.13	11 631 612	668 680.66	5.75
…144	32 144	-	16 072	999.07		3.11	1 126 554	46 076.61	4.09
…053	39 053	-	19 527	7 870.74	17802.25	20.15	812 189	92 242.19	11.36
…371	12 371	-	12 371	1 820.10		14.71	124 120	35 760.08	28.81
…046	184 046	-	46 012	5 711.27		3.10	578 314	21 237.59	3.67
…936	89 936	-	89 936	465.59		0.52	115 207	480.54	0.42
…314	69 314	-	34 657	590.87		0.85	588 942	27 405.39	4.65
…655	175 655	-	43 914	4 866.97		2.77	2 321 858	80 316.05	3.44
…581	444 581	-	55 573	10 643.16		2.39	4 299 506	104 659.30	2.43
…638	1 716 638	-	41 869	66 554.28	17 802.25	3.88	22 126 635	1 116 702.62	5.05

Tabel V. 3. (Forts.). Lokomotivernes gjennemsn[illegible]

Banernes Navn.	Lokomotivernes No.	Lokomotivernes Antal.	Af egne Lokomot[illegible] For Trafikens Bestridelse. I Tog. Som Hovedmaskine. (Trafiktog-kilometer).	Som assisterende.	Lokomotiv alene.	Skiftning paa Stationerne.	For Banens [illegible]ligehold [illegible] Ryddiggjør[illegible] Med Sneploug.
1	59	60	61	62	63	64	65
			Kilometer.				
Eidsvold-Hamarb.	29—31	3	87 495	3 069	1 003	3 037	-
	60	1	37 171	1 035	286	1 174	-
	64	1	16 009	221	96	510	-
	Tilsammen	5	140 675	4 325	1 385	4 721	-
Rørosbanen.	1 & 18—20	4	26 141	1 152	149	944	80
	2—4	b) 3	16 148	692	108	1 059	-
	5—9	5	131 459	12 806	7 978	6 442	-
	10—17	8	342 687	20 111	9 871	10 807	253
	21	1	2 735	2 210	251	155	88
	22—24	3	139 247	3 033	185	4 979	-
	25 & 26	2	32 045	7 489	220	3 334	34
	27—29	3	99 035	12 704	1 301	7 775	-
	Tilsammen	b) 29	789 497	60 197	20 063	35 495	455
Merakerbanen.	51—54	4	95 372	21 324	6	4 626	1 610
	55—57	3	118 299	492	251	15 316	77
	58 & 59	2	21 199	1 760	65	12 426	270
	Tilsammen	9	234 870	23 576	322	32 368	1 957
3die & 4de Trafikd.	Tilsammen	b) 43	1 165 042	88 098	21 770	72 584	2 412
5te Trafikdistr.	1 & 2	2	57 749	139	-	1 733	144
	5 & 6	2	64 682	254	50	1 940	433
	a) 9	1	28 376	226	120	851	-
	Tilsammen	5	150 807	619	170	4 524	577
6te Trafikdistr.	1 & 2	2	64 273	1 734	373	1 992	18
	3—6	4	176 783	4 288	635	5 451	-
	Tilsammen	6	241 056	6 022	1 008	7 443	18
Statsbanerne.	Tilsammen	134	4 189 520	231 136	70 146	403 077	4 955
Hovedbanen.	1—5	5	98 223	31 741	11 511	5 735	-
	6 & 7	c) 2	-	-	-	-	-
	8—10	3	63 940	2 786	2 764	31 459	-
	12	1	9 686	5 824	3 577	752	-
	22 & 23	2	31 909	1 005	1 625	1 279	-
	11, 24, 25, 34 & 62	5	-	-	16	68 750	-
	32—33	2	43 663	2 127	1 999	2 681	-
	35—39	5	62 017	44 735	20 943	9 846	559
	Tilsammen	*) 23	309 438	88 218	42 435	120 502	559
Samtlige Baner.	Hovedsum	*) 157	4 498 958	319 354	112 581	523 579	5 514

*) Antal Lokomotiver ved Terminens Udgang.

…en. …t. …6).	68	69	70	71	72	73	74	75	76
…emløbne Distancer.				Lokomotivernes Vedligehold.					
	Heraf gjennemløbet.			Udgifter i Terminen.			Lokomotiverne har til og med 30te Juni 1892		
								kostet i Vedligehold.	
	Paa egen Bane.	Paa fremmede Baner.	Gjennemsnitlig pr. Lokomotiv.	Ialt.	Heraf Andel i Maskin-afdelingens Fællesudgifter.	Samlede Udgifter pr. Lokomotivkilometer.	gjennemløbet.	Ialt.	pr. Lokomotivkilometer.
	Kilometer.			Kroner.		Øre.	km.	Kroner.	Øre.
980	94 980	-	31 660	8 071.16		8.50	1 155 386	55 545.08	4.81
838	39 838	-	39 838	2 965.21	3 748.95	7.44	366 362	20 574.37	5.62
860	16 812	48	16 860	200.93		1.19	16 860	200.93	1.19
678	151 630	48	30 336	11 237.30	3 748.95	7.41	1 538 608	76 320.38	4.96
090	35 090	-	11 697	1 364.83		3.89	2 125 436	158 390.09	7.45
027	18 027	-	9 014	2 806.84		15.57	1 409 163	92 524.35	6.57
254	159 254	-	31 851	2 431.71		1.53	3 246 312	153 588.11	4.73
729	383 729	-	47 966	13 429.98	9 445.27	3.50	5 173 346	211 428.22	3.96
931	5 931	-	5 931	116.79		1.97	168 329		
444	147 444	-	49 148	3 651.11		2.48	1 166 856	26 431.26	2.27
152	43 152	-	21 576	3 852.62		8.93	294 062	14 919.99	5.07
884	120 884	-	40 295	1 274.72		1.05	225 133	3 611.85	1.60
511	913 511	-	33 834	28 928.60	9 445.27	3.17	13 808 637	660 893.87	4.79
491	123 491	-	30 873	9 536.76		7.72	1 275 190	64 620.98	5.07
406	135 406	-	45 135	7 314.97	6 598.98	5.40	835 539	31 283.92	3.74
927	35 927	-	17 964	3 508.52		9.77	257 059	9 192.02	3.58
824	294 824	-	32 758	20 360.25	6 598.98	6.91	2 367 788	105 096.92	4.44
013	1 359 965	48	33 171	60 526.15	19 793.20	-	17 715 033	842 311.17	-
793	60 793	-	30 397				956 852		
359	67 359	-	33 680	4 358.23	899.49	2.76	884 886	57 179.52	3.03
603	29 603	-	29 603				47 551		
755	157 755	-	31 551	4 358.23	899.49	2.76	h) 1 889 289	57 179.52	3.03
479	68 479	-	34 240	11 911.76	2 256.72	4.59	499 086	64 421.59	3.30
257	191 257	-	47 814				1 451 615		
736	259 739	-	43 289	11 911.76	2 256.72	4.59	1 950 701	64 421.59	3.30
741	4 878 198	d) 68 543	36 916	e) 212 484.21	53 321.96	4.30	62 318 139	i) 3 347 571.88	5.39
944	151 928	16	30 389				5 670 634		
-	-	-	-				650 943		
949	100 949	-	33 650				1 577 309		
897	19 897	-	19 897				1 716 184		
495	36 495	-	18 248	f) 47 450.53	9 755.22	8.37	1 286 084	k) 1 636 876.35	13.65
766	68 705	61	13 753				694 129		
470	50 130	340	25 235				573 648		
100	138 100	-	27 620				705 474		
621	566 204	417	24 636	47 450.53	9 755.22	8.37	12 874 405	k) 1 636 876.35	13.65
362	5 445 382	d) 67 980	35 522	259 934.74	63 077.18	-	75 192 544	l) 4 984 448.23	

Tabel V. 4.

1	77	78	79	80	81	82	
Banernes Navn. Désignation des chemins de fer.	Brænde til Opfyring. Bois pour l'allumage des locomotives.	Kul. Charbon. Forbrug. Consommation. Ialt. Total.	Kul. Forbrug. Pr. Lokomotivkilometer. (Col. 67) *). Par locomotive-kilomètre.	Kul. Kostende. Coût. Ialt. Total.	Kul. Kostende. Pr. Lokomotivkilometer. (Col. 67) *). Par locomotive-kilomètre.	Smørelse. Talg m. m.). Graissage. Forbrug. Consommation. Ialt. Total.	Smørelse. Forbrug. Pr. Lokomotivkilometer. (Col. 67) *).
	Kr.	t.	kg.	Kr.	Øre.	kg.	kg.
Smaalensbanen.	2 777.09	9 745	9.09	147 082.32	13.71	33 500	0.
Heraf Kr.ania-Fr hald.	2 675.33	8 608	8.87	129 675.48	13.36	30 069	
Kongsvingerbanen.	847.28	3 786	10.61	63 538.39	17.80	15 228	0.
1ste Trafikdistr.	3 624.37	13 531	9.47	210 620.71	14.73	48 728	0.
2det Trafikdistr.	4 849.06	14 550	8.48	231 096.00	13.46	63 026	0.
Eidsv.—Hamarb.	1 219.28	1 738	11.46	33 950.98	22.38	4 800	0.
Rørosbanen.	2 629.49	5 952	6.52	109 978.24	12.04	12 25[illegible]	0.
Merakerbanen.	1 123.93	2 977	10.10	46 665.98	15.83	7 017	0.
3die&4deTrafikd.	4 972.70	10 667	-	190 595.20	-	24 079	
5te Trafikdistr.	159.62	780	4.94	12 085.91	7.66	2 066	0.
6te Trafikdistr.	63.50	1 524	5.87	24 551.52	9.45	12 133	0.
Statsbanerne.	13 669.25	41 052	-	668 949.34	-	150 032	
Hovedbanen.	2 209.62	7 074	15.32	109 861.50	23.80	29 347	0.
Samtlige Baner.	15 878.87	48 126	-	778 810.84	-	179 379	

*) For 1ste Trafikd. Eidsv.—Hamarb. og Hovedb. omfatter de her opførte Forbrugssager, hvad dog saaledes, at Rangértjenesten paa Kristiania Station ikke er medregnet. De til Forbru 970 002 km), Kongsvingerbanen 356 948, 1ste Trafikdistrikt 1 429 395, Eidsvold—Hamarba

85	86	87	88	89	90	91	92	93
…relse. (Olie, …lg m. m.). …Graisage.	Puds- og Pakningssager. Nettoyage et étoupage.						Samlede Udgifter. Dépenses totales.	
…ostende. Coût.	Forbrug. Consommation.		Kostende. Dépenses.					
Pr. Lokomotivkilometer. (Col. 67) *). Par locomotive-kilomètre.	Ialt. Total.	Pr. Lokomotivkilometer. (Col. 67) *). Par locomotive-kilomètre.	Ialt. Total.	Pr. Lokomotivkilometer. (Col. 67) *). Par locomotive-kilomètre.	Belysning. Eclairage.	Diverse. Dépenses diverses.	Ialt. (Col. 77 + 80 + 84 + 88 + 90 + 91).	Pr. Lokomotivkilometer. (Col. 67) *). Par locomotive-kilomètre.
Øre.	kg.	kg.	Kr.	Øre.	Kroner.			Øre.
0.85 0.85	7 863 7 056	0.007 0.007	6 039.32 5 505.51	0.56 0.57	4 346.98 4 205.86	1 272.73 848.08	170 645.84 151 168.62	15.91 15.58
1.16	1 709	0.005	1 367.99	0.38	555.56	776.03	71 235.06	19.96
0.93	9 572	0.007	7 407.31	0.52	4 902.54	2 048.76	241 880.90	16.92
1.26	16 753	0.010	9 128.27	0.53	1 926.45	4 321.99	272 966.27	15.90
1.60	1 475	0.010	916.72	0.60	152.02	58.05	38 723.66	25.53
0.70	5 283	0.006	3 258.75	0.36	1 805.60	317.63	124 413.70	13.62
1.35	2 265	0.008	1 377.44	0.47	898.04	255.45	54 308.33	18.42
-	9 023	-	5 552.91	-	2 855.66	631.13	217 445.09	-
0.58	609	0.004	380.52	0.24	136.99	71.31	13 753.92	8.72
1.73	1 915	0.007	1 255.09	0.48	148.49	122.56	30 632.42	11.79
-	37 872	-	23 724.10	-	9 970.13	7 195.75	776 678.60	-
2.40	4 762	0.010	3 748.07	0.81	5 198.74	678.08	132 795.80	29.76
-	42 634	-	27 472.17	-	15 168.87	7 873.83	909 474.40	-

…gt paa vedkommende Bane til egne og til uden Forbrugssager leiede fremmede Lokomotiver, …e gjennemløbne km. bliver da for Smaalensbanen 1 072 447 (heraf Kristiania—Fredrikshald …8 og Hovedbanen 461 722.

Tabel V. 4. (Forts.). Lokomotivernes Drift.

1	94	95	96	97	98	99
		Udgifter til Lokomotiv-personale. Dépenses du personnel des locomotives.			Hovedsum Udgifter. Dépenses totales.	
Banernes Navn. Désignation des chemins de fer.	Udgifter til Kul- og Vand-forsyning. Dépenses pour le chargement de l'eau et du houille.	Ialt. En tout.	Pr. Lokomotivkilometer. (Col. 67) *). Par locomotive-kilomètre.	Andel i Maskin-afdelingens Fælles-udgifter. Quotepart des dépenses communes de la traction et du matériel.	Ialt. (Col. 92 + 94 + 95 + 97). En tout.	Pr. Lokomotivkilometer. (Col. 67) *).
	Kroner.	Kroner.	Øre.	Kroner.	Kroner.	Øre.
Smaalensbanen.	10 286.95	92 819.22	8.65	5 809.31	279 561.32	[illegible]
Heraf Kr.ania-Fr.hald.	9 254.55	85 928.17	8.86	5 809.31	252 160.65	[illegible]
Kongsvingerbanen.	4 714.29	35 953.57	10.07	2 129.15	114 032.07	[illegible]
1ste Trafikdistrikt.	15 001.24	128 772.79	9.01	7 938.46	393 593.39	[illegible]
2det Trafikdistrikt.	10 452.52	159 137.07	9.27	4 460.40	447 016.26	[illegible]
Eidsv.—Hamarbanen.	2 066.87	15 662.51	10.33	1 476.35	57 928.79	[illegible]
Rørosbanen.	5 231.28	72 924.50	7.98	1 476.35	204 045.83	[illegible]
Merakerbanen.	2 416.09	29 137.27	9.88	1 476.35	87 338.04	[illegible]
3die & 4de Trafikd.	9 714.24	117 724.28	-	4 429.05	349 312.66	[illegible]
5te Trafikdistrikt.	124.65	10 964.78	6.95	674.62	25 517.97	[illegible]
6te Trafikdistrikt.	343.00	19 061.07	7.34	1 692.54	51 729.03	[illegible]
Statsbanerne.	35 635.65	435 659.99	-	19 195.07	1 267 169.31	[illegible]
Hovedbanen.	10 740.64	67 753.15	14.67	4 816.33	216 105.92	[illegible]
Samtlige Baner.	46 376.29	503 413.14	-	24 011.40	1 483 275.23	[illegible]

*) Kfr. omstaaende Anmærkning paa Pag. 68.

Tabel V. 5. Vognenes gjenneml. Distancer og Vedligeholdelsesudgifter.
Parcours et frais de l'entretien des voitures et des wagons.

1	100	101	102	103	104	105	106	107
		Af egne Vogne gjennemløbne Distancer. Parcours des voitures et des wagons de la Compagnie.				Udgifter til Vognenes Vedligehold. Dépenses totales de l'entretien des voitures et des wagons.		
				Tilsammen. Total.				
…ernes Navn. …ation des chemins de fer.	Vognsort. Espèce de voiture ou de wagon.	Paa egen Bane. Sur son propre réseau.	Paa fremmede Baner. Sur les lignes étrangères.	Ialt. En tout.	Gjennemsnitlig pr. Axel. Moyenne par essieu.	Ialt. En tout.	Pr. Vognaxelkilometer (Col. 103). Par kilomètre d'essieu.	Heraf Andel i Maskinafdelingens Fællesudgifter. Dont quote-part des dépenses communes de la traction et du matériel.
		Axelkilometer. Kilomètres d'essieux.				Kr.	Øre.	Kr.
…alensbanen. (…ia-Grændsen) m)	Personvogne	8 504 082	2 013 232	10 517 314	48 245	51 341.50	0.35	10954.41
	Postvogne	364 364	1 053 312	1 417 676	67 508			
	Stoppevogne	2 712 804	175 920	2 888 724	50 679			
	Godsvogne	3 624 226	5 907 168	9 531 394	9 531	20 887.27	0.22	
	i Trafiktog	3 351 924	5 907 168	9 259 092				
	i Arbeidstog	272 302	-	272 302				
	Tils.	15 205 476	9 149 632	24 355 108	-	72 228.77	0.30	10 954.41
…svingerbanen.	Personvogne	1 913 402	671 024	2 584 426	40 382	9 840.46	0.24	4 459.98
	Postvogne	28 350	18 004	46 354	7 720			
	Stoppevogne	1 207 400	296 624	1 504 024	50 134			
	Godsvogne	2 113 952	4 303 684	6 417 636	6 784	27 331.09	0.43	
	i Trafiktog	2 034 318	4 303 684	6 338 002				
	i Arbeidstog	79 634	-	79 634				
	Tils.	5 263 104	5 289 336	10 552 440	-	37 171.55	0.35	4 459.98
… Trafikdistr.	Personvogne	11 073 348	2 028 392	13 101 740	46 460	61 181.96	0.32	15419.39
	Postvogne	556 642	907 388	1 464 030	54 223			
	Stoppevogne	4 045 048	347 700	4 392 748	50 491			
	Godsvogne	8 530 898	7 418 132	15 949 030	8 196	48 218.36	0.30	
	i Trafiktog	8 178 962	7 418 132	15 597 094				
	i Arbeidstog	351 936	-	351 936				
	Tils.	24 205 936	10 701 612	34 907 548	-	109 400.32	0.31	15 419.39
…t Trafikdistr.	Personvogne	12 363 720	-	12 363 720	31 466	62 899.52	0.34	13 253.69
	Postvogne	892 416	-	892 416	68 647			
	Stoppevogne	5 096 404	-	5 096 404	52 540			
	Godsvogne	13 079 608	-	13 079 608	8 195	36 868.42	0.28	7 456.53
	i Trafiktog	12 941 841	-	12 941 841				
	i Arbeidstog	137 767	-	137 767				
	Tils.	31 432 148	-	31 432 148	-	99 767.94	0.32	20 710.22

Tabel V. 5 (Forts.). Vognenes gjennemløbne

1	100	101	102	103	104	105	106	10
		Af egne Vogne gjennemløbne Distancer.				Udgifter til Vogne Vedligehold.		
				Tilsammen.				
Banernes Navn.	Vognsort.	Paa egen Bane.	Paa fremmede Baner.	Ialt.	Gjennemsnitlig pr. Axel.	Ialt.	Pr. Vognaxelkilometer. (Col. 103).	Heraf Andel i Maskin-afdelingens Fælles-
		Axelkilometer.				Kr.	Øre.	Kr.
Eidsvold—Hamarb.	Personvogne	587 452	594 360	1 181 812	36 932			
	Postvogne	-	-	-	-	4 810.22	0.27	
	Stoppevogne	384 322	233 320	617 642	51 470			3 68
	Godsvogne	344 550	1 470 694	1 815 244	8 727	7 457.04	0.41	
	i Trafiktog	342 274	1 740 694	1 812 968				
	i Arbeidstog	2 276	-	2 276				
	Tils.	1 316 324	2 298 374	3 614 698	-	12 267.26	0.34	3 68
Rørosbanen.	Personvogne	5 587 538	-	5 587 538	35 818			
	Postvogne	1 062 674	-	1 062 674	66 417	18 371.26	0.21	
	Stoppevogne	2 144 308	-	2 144 308	36 971			138
	Godsvogne	10 141 598	-	10 141 598	10 835	27 822.98	0.27	
	i Trafiktog	10 022 982	-	10 022 982				
	i Arbeidstog	118 616	-	118 616				
	Tils.	18 936 118	-	18 936 118	-	46 194.24	0.24	13 8
Merakerbanen.	Personvogne	1 599 416	-	1 599 416	30 178			
	Postvogne	77 380	-	77 380	25 793	4 275.51	0.17	
	Stoppevogne	858 538	-	858 538	39 024			3 2
	Godsvogne	1 755 778	1 876 428	3 632 206	9 081	6 838.87	0.19	
	i Trafiktog	1 754 566	1 876 428	3 630 994				
	i Arbeidstog	1 212	-	1 212				
	Tils.	4 291 112	1 876 428	6 167 540	-	11 114.38	0.18	3 2
3die & 4de Trafikd.	Personvogne	7 774 406	594 360	8 368 766	34 725			
	Postvogne	1 140 054	-	1 140 054	60 003	27 456.99	0.21	
	Stoppevogne	3 387 168	233 320	3 620 488	39 353			20 8
	Godsvogne	12 241 926	3 347 122	15 589 048	10 097	42 118.89	0.27	
	i Trafiktog	12 119 822	3 347 122	15 466 944				
	i Arbeidstog	122 104	-	122 104				
	Tils.	24 543 554	4 174 802	28 718 356	-	69 575.88	0.24	20 8
5te Trafikdistrikt.	Personvogne	750 064	-	750 064	14 424			
	Postvogne	55 480	-	55 480	-	2 495.30	0.14	4
	Stoppevogne	301 210	-	301 210	30 121			
	Godsvogne	639 442	-	639 442	7 993			
	i Trafiktog	628 946	-	628 946				
	i Arbeidstog	10 496	-	10 496				
	Tils.	1 746 196	-	1 746 196	-	2 495.30	0.14	4

…cer og Vedligeholdelsesudgifter.

I	100	101	102	103	104	105	106	107
		Af egne Vogne gjennemløbne Distancer.				Udgifter til Vognenes Vedligehold.		
				Tilsammen.				
…ernes Navn.	Vognsort.	Paa egen Bane.	Paa fremmede Baner.	Ialt.	Gjennemsnitlig pr. Axel.	Ialt.	Pr. Vognaxelkilometer. (Col. 103).	Heraf Andel i Maskinafdelingens Fællesudgifter.
		Axelkilometer.				Kr.	Øre.	Kr.
…rafikdistrikt.	Personvogne	1 805 056	-	1 805 056	23 751			
	Postvogne	-	-	-	-			
	Stoppevogne	735 750	-	735 750	73 575	10 640.49	0.30	1 128.36
	Godsvogne	1 032 490	-	1 032 490	11 733			
	i Trafiktog	984 480	-	984 480				
	i Arbeidstog	48 010	-	48 010				
	Tils.	3 573 296	-	3 573 296	-	10 640.49	0.30	1 128.36
…banerne.	Personvogne	33 793 662	2 595 684	36 389 346	37 094			
	Postvogne	2 757 808	794 172	3 551 980	60 203			
	Stoppevogne	13 566 508	580 092	14 146 600	47 793	291879.93	0.29	58 508.90
	Godsvogne	37 265 688	9 023 930	46 289 618	8 228			
	i Trafiktog	36 595 375	9 023 930	45 619 305				
	i Arbeidstog	670 313	-	670 313				
	Tils.	87 383 666	12 993 878	100377544	-	291 879.93	0.29	58 508.90
…ibanen.	Personvogne	2 100 782	1 114 498	3 215 280	34 205			
	Postvogne	-	-	-	-	18 569.35	0.42	
	Stoppevogne	829 544	371 204	1 200 748	27 290			5 777.83
	Godsvogne	3 482 174	4 777 704	8 259 878	6 201	46 420.51	0.56	
	i Trafiktog	3 414 588	4 777 704	8 192 292				
	i Arbeidstog	67 586	-	67 586				
	Tils.	6 412 500	6 263 406	12 675 906	-	64 989.86	0.51	5 777.83
…ige Baner.	Personvogne	38 253 854	1 350 772	39 604 626	36 842			
	Postvogne	2 921 644	630 336	3 551 980	60 203			
	Stoppevogne	15 182 868	164 480	15 347 348	45 139	366869.79	0.32	64 286.73
	Godsvogne	49 611 514	4 937 982	54 549 496	7 840			
	i Trafiktog	48 873 615	4 937 982	53 811 597				
	i Arbeidstog	737 899	-	737 899				
	Tils.	105969880	7 083 570	113053450	-	366 869.79	0.32	64 286.73

Tabel V.
Renseignement sur la tract

1	108	109	110	111
	Vognvisitat Visite			
			Tilsammen Total.	
Banernes Navn. Désignation des chemins de fer.	Forbrugssager. Matières de consommation.	Lønninger. Dépenses du personnel.	Ialt. Total.	Pr. Axelkilomet (Col. 17 Tabel III.**) Par kilomètre d'ess
	Kroner.			Øre.
Smaalensbanen.	4 352.56	10 282.66	14 635.22	0.(
Heraf Kr.ania—Fr.hald.	3 787.69	7 033.51	10 821.20	0(
Kongsvingerbanen.	2 592.65	4 814.37	7 407.02	0.(
1ste Trafikdistrikt.	6 945.21	15 097.03	22 042.24	0.(
2det Trafikdistrikt.	4 851.91	13 785.31	18 637.22	0.(
Eidsvold-Hamarbanen.	896.55	934.50	1 831.05	0
Rørosbanen.	2 617.55	3 928.41	6 545.96	0.
Merakerbanen.	574.50	2 369.06	2 943.56	0.
3die & 4de Trafikdistr.	4 088.60	7 231.97	11 320.57	
5te Trafikdistrikt.	203.38	1 260.80	1 464.18	0.
6te Trafikdistrikt.	995.49	1 249.10	2 244.59	0
Statsbanerne.	17 084.59	38 624.21	55 708.80	
Hovedbanen.	2 491.59	4 626.72	7 118.31	0
Samtlige Baner.	19 576.18	43 250.93	62 827.11	

*) Udgifterne til Vognenes Puds & Renhold, Opvarmning og Belysning findes anført under gifterne ved Trafikafdelingen (Tabel IV, Col. 53).

**) Vognaxelkilometer i Trafiktog med Tillæg af Vognaxelkilometer i Arbeidstog (Tabel Col. 101).

…enes Drift. *)
…itures et des wagons.

112	113	114	115	116	117
…mørelse. …s & graissage.			Andel i Maskin-afdelingens Fælles-udgifter. Quote-parts des dépenses communes de la traction et du matériel.	Samlet Udgift. Dépenses totales.	
Af Udgifterne falder paa Smørelse. Dépense de la graisse.					
…orbrug. …ommation.	Kostende. Coût.	Kostende pr. Axelkm. (Col. 17 Tabel III.***) Coût par kilomètre d'essieux.		Ialt. (Col. 110 + 115). Total.	Pr. Axelkm. (Col. 17 Tab. III.**) Par kilomètre d'essieux.
kg.	Kr.	Øre.	Kroner.		Øre.
21 231	3 259.52	0.014	479.12	15 114.34	0.06
18 578	2 694.64	0.013	479.12	11 300.32	0.06
12 717	1 844.48	0.013	327.95	7 734.97	0.06
33 948	5 104.00	0.014	807.07	22 849.31	0.06
18 842	4 252.15	0.014	4 460.40	23 097.62	0.07
2 127	837.56	0.021	1 476.35	3 307.40	0.08
6 452	2 479.32	0.013	1 476.35	8 022.31	0.05
1 338	538.59	0.010	1 476.35	4 419.91	0.08
9 917	3 855.47	-	4 429.05	15 749.62	-
520	186.79	0.011	224.88	1 689.06	0.10
2 889	893.60	0.025	564.18	2 808.77	0.08
66 116	14 292.01	-	10 485.58	66 194.38	-
12 221	1 772.64	0.013	315.17	7 433.48	0.06
78 337	16 064.65	-	10 800.75	73 627.86	-

Tabel V. 7. Samlede Udgifter ved Vedligeh
Dépenses totales de l'entretie

1	118	119	120	121	122	123	124
	Lokomotiver. Locomotives.						
	Vedligehold og Drift. Entretien et traction.				Leie af fremmede Lokomotiver.*) Loyer des locomotives étrangères.	Tilsammen Udg Dépenses to	
	I Terminen 1891—92. Pendant le terme 1891—92.		Aarlige Middeltal 1886—91. Moyennes annuelles 1886—91.				Heraf De
Banernes Navn. Désignation des chemins de fer.	Ialt. (Col. 71 + 98). Total.	Pr. Lokomotivkilometer. Par locomotive-kilomètre.	Ialt. Total.	Pr. Lokomotivkilometer. Par locomotive-kilomètre.		Ialt. (Col. 118 + 122). En tout.	Maskinafdelingen. (Tabel IV, Col 61). Traction et entretien du
	Kr.	Øre.	Kr.	Øre.	Kroner.		
Smaalensbanen.	327 219.50	30.51	234 113	26.61	÷ 1 741.43	325 478.07	325 47
Kongsvingerbanen.	135 507.68	37.98	109 187	33.28	÷ 195.89	135 311.79	135 31
1ste Trafikdistr.	462 727.18	32.37	-	-	÷ 1 937.32	460 789.86	460 78
2det Trafikdistr.	513 570.54	29.92	397 127	26.24	-	513 570.54	513 57
Eidsv.-Hamarb.	69 124.62	45.60	50 416	34.91	10.65	69 135.27	69 13
Rørosbanen.	233 015.90	25.51	204 927	22.78	-	233 015.90	233 01
Merakerbanen.	107 698.29	36.15	78 444	33.33	-	107 698.29	107 69
3die&4deTrafikd.	409 838.81	-	-	-	10.65	409 849.46	409 84
5te Trafikdistr.	29 876.20	18.94	24 498	18.11	-	29 876.20	29 87
6te Trafikdistr.	63 640.79	24.51	46 719	20.51	-	63 640.79	63 64
Statsbanerne.	1 479 653.52	-	-	-	÷ 1 926.67	1 477 726.85	1 477 7
Hovedbanen.	263 556.45	55.17	192 940	47.47	2 939.07	266 495.52	265 5
Samtlige Baner.	1 743 209.97	-	-	-	1 012.40	1 744 222.37	1 743 2

*) Godtgjørelse for Vedligehold (og for Lokomotivernes Vedkommende ved 1ste Distrikt ti for Drift), idet den Del af Leien, der bestaar i Rente- og Amortisationsafgift, ikke er regnet til Driftsudgifter.

**) Konti for Arbeider, udførte for Private eller for Regning af Reservefond eller Kapitalkon

ift af rullende Materiel.
traction du matériel roulant.

126	127	128	129	130	131	132	133
Vogne. Voitures et wagons.							
Vedligehold og Drift. Entretion et traction.				Leie af fremmede Vogne.*) Loyer des wagons étrangers.	Tilsammen Udgifter. Dépenses totales.		
I Terminen 1891—92. Pendant le terme 1891—92.		Aarlige Middeltal 1886—91. o) Moyennes annuelles 1886—91.			Ialt. (Col. 126 + 130). En tout.	Heraf falder paa De cela fait.	
Ialt. (Col. 105 + 116). Total.	Pr. Axelkilometer. Par kilomètre d'essieux.	Ialt. Total.	Pr. Axelkilometer. Par kilomètre d'essieux.			Maskinafdelingen. (Tabel IV, Col. 64). Traction et entretien du matériel roulant.	Andre Konti.**) Autres dépenses.
Kr.	Øre.	Kr.	Øre.	Kroner.			
87 343.11	0.36	56 162	0.26	4 723.17	92 066.28	92 066.28	-
44 906.52	0.41	43 716	0.46	15 226.38	60 132.90	60 132.90	-
132 249.63	0.37	-	-	19 949.55	152 199.18	152 199.18	-
122 865.96	0.39	102 463	0.36	-	122 865.96	122 865.96	-
15 574.66	0.42	11 557	0.32	+ 2 718.55	12 856.11	12 856.11	-
54 216.55	0.29	58 214	0.32	-	54 216.55	54 216.55	-
15 534.29	0.26	13 582	0.24	÷ 2 898.25	12 636.04	12 636.04	-
85 325.50	-	-	-	÷ 5 616.80	79 708.70	79 708.70	-
4 184.36	0.24	3 896	0.27	-	4 184.36	4 184.36	-
13 409.26	0.38	10 243	0.35	-	13 409.26	13 409.26	-
358 034.71	-	-	-	14 332.75	372 367.46	372 367.46	-
50 104.51	0.57	54 873	0.51	3 985.55	54 090.06	53 735.96	354.10
408 139.22	-	-	-	18 318.30	426 457.52	426 103.42	354.10

Anmærkning til Tabel V.

ad Tabel V. 1. Beskrivelse af Lokomotiver.

Banernes Navn. Désignation des chemins de fer.	Lokomotivets No.	Lokomotivets Navn.	Værkstedets eller Fabrikantens Navn.	Aar, da Lokomotivet traadte i Driftens Tjeneste.	Kostende pr. Lokomotiv & Tender[1]) (Afrundet). Kr.	Gjennemløbne Lokomotivkilometer. I Terminen. km.	Gjennemløbne Lokomotivkilometer. Ialt. (Age kilométrique). km.
Statsbanerne.							
1ste Trafikdistrikt.							
Smaalensbanen.	13	-	Rob. Stephenson & Co.	1862	[2]) 14 000	5 243	[3])223 909
	40	-	Manning Wardle, Leeds	1879	20 200	21 350	238 128
	41	-		»	40 000	42 726	470 710
	42	-		»	»	45 111	619 194
	43	-		»	»	42 894	496 721
	44	-	Beyer, Peacock & Co.	»	»	30 695	379 358
	45	-	Manchester.	»	»	66 137	464 953
	46	-		»	»	54 936	796 174
	47	-		»	»	47 720	1 012 347
	48	-		»	»	43 257	479 770
	49	Loke		»	49 700	13 949	417 908
	50	Njørd		»	»	37 978	342 793
	51	Ymer		»	»	33 792	526 700
	52	Forsete		»	»	30 327	316 401
	53	-		1881	37 300	40 235	340 454
	54	-	Nydquist & Holm,	1882	»	25 398	273 439
	55	-	Trollhättan.	»	»	12 917	262 404
	56	-		»	»	62 718	295 087
	57	-		»	»	29 161	227 008
	58	-		»	»	58 286	286 086
	59	-		»	»	62 411	299 966
	60	-		»	»	80 891	496 700
	61	-		»	»	51 710	306 771
	66	-		1891	* * *	23 253	23 253
	67	-	Dubs & Co. Glasgow.	»	* * *	46 923	46 923
	68	-		»	* * *	46 111	46 111
	69	-		»	* * *	39 522	39 522
Kongsvingerb.	14	-		1862	28 000	24 935	821 148
	15	-		»	32 400	30 046	937 034
	16	-	Rob.Stephenson&Co.	»	»	17 704	845 146
	17	-		»	»	11 255	768 663
	18	-		1865	28 000	31 545	747 825
	19	-		»	41 200	32 591	1 044 182
	20	-	Beyer, Peacock & Co.	1867	43 200	27 706	784 380
	21	-		1868	32 400	53 084	894 056
	26	-		1879	35 500	36 648	474 036
	27	-	Rob.Stephenson&Co.	»	»	29 413	492 096
	28	-		»	»	36 894	477 533
	65	-	Dubs & Co. Glasgow.	1891	* * *	25 127	25 127
2det Trafikdistrikt.							
Kr.ania-Dr.menb.	10	Odin	Beyer, Peacock & Co.	1872	23 500	15 676	617 349
	11	Thor		»	»	39 320	779 913

[1]) Kostende ved Anskaffelsen (automatiske Bremser ikke indbefattet).
[2]) Kostende ved Afgivelse fra Kongsvingerbanen til Smaalensbanen (Kontraktpris Kr. 28 000).
[3]) Desuden løbet 596 465 km. som Kongsvingerbanens Lokomotiv.

Banernes Navn.	Lokomotivets		Værkstedets eller Fabrikantens Navn.	Aar, da Lokomotivet traadte i Driftens Tjeneste.	Kostende pr. Lokomotiv & Tender[1]). (Afrundet).	Gjennemløbne Lokomotiv-kilometer.	
	No.	Navn.			Kr.	I Terminen. km.	Ialt. km.
	12	Mode		1872	18 900	11 174	294 340
	14	Hermod		»	23 500	44 809	801 472
	15	Vale		»	»	37 806	806 190
	19	Starkad	Beyer, Peacock & Co.	1873	28 200	30 138	826 250
	20	Mjølner		»	»	56 367	830 305
	22	Høgne		1874	31 050	4 488	391 398
	24	Frode		1875	28 200	45 193	669 834
	25	Rob. Fairley	R. & W. Hawthon,	1877	51 730	12 371	124 120
	30	Jupiter	Nydquist & Holm, Trollhättan.	1891	31 717	89 936	115 207
Dr.men-Sklenb.	49	Metis	Beyer, Peacock w Co.	1883	28 500	28 391	[2])278 441
	50	Hygeia		»	»	40 923	[2])310 501
	51	Merkur		1881	25 560	45 613	528 434
	52	Venus	Dubs & Co.	1882	»	11 086	656 567
	53	Mars		1881	»	62 538	514 639
	54	Tellus		»	»	56 418	632 218
	55	Rimfaxe		1882	21 500	61 768	551 737
	56	Skinfaxe		1881	»	45 179	507 338
	57	Sleipner		»	»	37 063	609 761
	58	Od	Motala mek. Værkst.	1882	»	49 403	562 865
	59	Embla		»	»	49 300	460 165
	60	Ask		»	»	65 186	563 983
	61	Urd		»	23 300	64 989	529 341
	62	Skuld		»	»	71 693	514 316
Dr.men-Randsfjb.	1	Halfdan	Slaughter Grun. &Co.	1866	21 800	24 725	518 333
	2	Trygve		»	25 000	62 413	692 500
	3	Sigurd		»	»	36 775	696 411
	4	Harald		1867	»	37 497	709 892
	7	Skrim		1871	23 400	55 962	707 794
	8	Uller		»	»	56 591	730 888
	13	Magne	Beyer, Peacock & Co.	1872	18 900	20 970	482 385
	16	Heimdal		1873	28 200	51 660	696 232
	17	Vegtam		»	»	28 925	777 984
	18	Balder		»	»	17 125	586 611
	21	Hedin		1874	31 050	34 565	420 791
	23	Frig		1875	28 200	28 564	701 995
	26	Mogul		1885	33 000	34 095	179 948
	27	Bjørn		1886	34 000	42 572	181 026
	28	Elg	Nydquist & Holm.	1890	33 400	60 529	118 657
	29	Ulv		»	»	46 850	91 683
3die & 4de Trafikd.							
Eldsv.-Hamarb.	29	-		1880	38 520	33 169	385 428
	30	-	Nydquist & Holm.	»	»	33 159	383 198
	31	-		»	»	28 652	386 760
	60	Nidaros	Beyer, Peacock & Co.	1881	40 020	39 838	366 362
	64	-	Dubs & Co. Glasgow.	1891	45 134	16 860	16 860

[1]) Kostende ved Anskaffelsen (automatiske Bremser ikke indbefattet).

[2]) Lokomotiv No. 49 og 50 har desuden løbet 88 214 km. paa Jæderbanen, respektive 48 924 km. og 39 290 km. som Jæderbanens No. 3 og 4.

Banernes Navn.	Lokomotivets No.	Lokomotivets Navn.	Værkstedets eller Fabrikantens Navn.	Aar, da Lokomotivet traadte i Driftens Tjeneste.	Kostende pr. Lokomotiv & Tender [1]). (Afrundet). Kr.	Gjennemløbne Lokomotivkilometer. I Terminen. km.	Gjennemløbne Lokomotivkilometer. Ialt. km.
Hamar-Grundsetb.	18	-	Rob Stephenson&Co.	1861	21 830	-	490 431
	19	-	»	»	»	7 391	487 273
	20	-	»	»	»	14 739	502 951
	24	-	Baldwin Locomotive Works, Philadelphia	1884	27 860	54 294	391 046
	25	-	Nydquist & Holm.	1886	32 680	19 423	157 607
Grundset-Aamotb.	21	Alf	Beyer, Peacock & Co.	1871	18 900	5 931	168 329
Støren-Aamotb.	5	Einar	Beyer, Peacock & Co.	1873	[2])27 900	40 735	803 347
	6	Olaf	»	1874	[2]) »	28 872	621 023
	7	Thora	»	1877	[2]) »	42 680	584 348
	8	Gudrun	»	»	[2]) »	7 360	517 994
	9	Erling	»	1874	[2]) »	39 607	719 600
	10	Ceres	»	1877	28 800	50 716	744 334
	11	Pallas	»	»	»	75 705	702 572
	12	Juno	»	»	»	30 985	532 047
	13	Vesta	»	»	»	37 818	600 855
	14	Astræa	»	1875	»	69 618	761 237
	15	Hebe	»	1877	»	31 186	685 530
	16	Iris	Nydquist & Holm	»	»	44 668	576 194
	17	Flora	»	»	»	43 033	570 577
	23	-	Baldwin Locomotive Works, Philadelphia	1884	27 860	46 984	384 778
	27	-	»	1889	27 340	34 401	105 204
	28	-	»	1890	29 070	41 214	72 674
Tr.hjem-Størenb.	1	Robert	Rob.Stephenson&Co.	1865	21 830	12 960	644 781
	2	Trønderen	Nidelvens mek. Værksted.	»	20 000	-	122 941
	3	Hakon.	Slaugther Grunning & Co. Bristol.	»	20 480	5 851	695 682
	4	Sverre	»	»	»	12 176	590 540
	22	-	Baldwin Locomotive Works,Philadelphia.	1884	27 860	46 166	391 032
	26	-	Nydquist & Holm.	1886	32 680	23 729	136 455
	29	-	Baldwin Locomotive Works,Ppiladelphia	1891	27 270	45 269	47 255
Merakerbanen.	51	Amerika	Baldwin Lokomotive Works,Philadelphia.	1881	37 000	31 678	352 731
	52	Leiv	»	»	»	22 661	381 190
	53	Washington	»	»	[3])32 790	36 061	279 174
	54	Baldwin	»	»	»	33 091	262 095
	55	Eystein	Beyer, Peacock & Co.	»	40 020	36 765	226 952
	56	Magnus	»	»	42 870	54 450	281 956
	57	Inge	»	»	»	44 191	326 631
	58	-	Krauss&Co.Munchen.	1884	16 700	20 034	134 451
	59	-	»	»	»	15 893	122 608

[1]) Kostende ved Anskaffelsen (automatiske Bremser ikke indbefattet).
[2]) Lokomotiverne No. 5—9 er ifl. Storthingsbeslutning af 1888 forsynede med Tendere. Kostendet Kr. 19 123 er fordelt paa Rørosbanens Banedele efter Længden og ikke medtaget i disse Tal.
[3]) Kostende ved Afgivelse fra Smaalensbanen til Merakerbanen (Kantraktpris Kr. 37 000).

Banernes Navn.	Lokomotivets No.	Lokomotivets Navn.	Værkstedets eller Fabrikantens Navn.	Aar, da Lokomotivet traadte i Driftens Tjeneste.	Kostende pr Lokomotiv & Tender [1]) (Afrundet). Kr.	Gjennemløbne Lokomotivkilometer. I Terminen. km.	Gjennemløbne Lokomotivkilometer. Ialt. km.
5te Trafikdistrikt.							
Jæderbanen.	1	Victoria	Beyer, Peacock & Co.	1878	28 500	16 918	500 221
	2	Parthenope		»	»	43 875	456 631
	5	Tjalve		»	[2])16 000	36 393	422 415
	6	Røskva		»	»	30 966	374 256
	9	Eivind		1872.	[3]) 10 890	29 603	[4]) 47 551
6te Trafikdistrikt.							
Bergen—Voss.	1	Hugin	Motala Værksted.	1883	24 060	26 137	251 238
	2	Munin		»	»	40 350	245 856
	3	Gere	Beyer, Peacock & Co.	»	23 960	40 510	383 145
	4	Freke		»	»	28 070	191 178
	5	Brage		»	23 990	50 886	413 820
	6	Idun		»	»	66 340	458 021
Hovedbanen.	1	-	Rob.Stephenson&Co. Newcastle.	1854	48 000	14 254	1 140 395
	2	-		»	»	31 692	1 140 063
	3	-		»	»	29 974	1 160 974
	4	-		»	»	28 464	1 077 240
	5	-		»	»	47 560	1 151 962
	8	-		1857	40 000	45 867	601 415
	9	-		»	»	35 013	465 851
	10	-		»	»	20 069	510 043
	11	-	Manning Wardle.	1892	18 556	6 580	[5]) 6 580
	12	-	Rob.Stephenson&Co. Newcastle.	1861	37 000	19 897	927 817
	22	-		1870	43 200	20 268	547 292
	23	-		»	»	16 227	738 792
	24	-	Manning Wardle.	1875	20 200	21 376	240 470
	25	-		»	»	21 280	230 141
	32	-	Sharp, Stewart & Co. Manchester.	1881	44 800	12 327	237 609
	33	-		»	»	38 143	336 039
	34	-	Manning Wardle.	»	18 400	5 285	170 003
	35	-	Sharp, Stewart & Co. Manchester.	1885	44 750	24 275	127 550
	36	-		»	»	31 024	214 721
	37	-		»	»	30 839	209 057
	38	-		1889	46 500	15 967	62 068
	39	-		»	»	35 995	92 078
	62	-	Manning Wardle.	»	17 500	14 245	46 935

[1]) Kostende ved Anskaffelsen (automatiske Bremser ikke indbefattet).
[2]) Kostende ved Afgivelse fra Vestbanerne til Jæderbanen (Kontraktpris Kr. 22 500).
[3]) Do. » —·— » do. (— » 18 900).
[4]) Desuden løbet paa Drammen—Randsfjordbanen 349 829 km.
[5]) Et i December 1888 udrangeret Lokomotiv No. 11 havde ialt løbet 788 367 km. der ikke er medtaget her.

Col. 19 a) En Adamsens Bogie tilbygget i 1887.
Col. 20 b) Bag Drivhjulene en 2-hjulet Bogie med radierende Axelboxe.
Col. 28 c) Bagerste Hjulpar en Adamsens Bogie af samme Konstruktion som Lokomotivets.

ad Tabel V. 2.

I Tabellens Col. 35 er vedføiet hver Vognsorts Litra, idet Litra A, B og C angiver Personvogne, henholdsvis 1ste, 2den og 3die Vognklasse. D angiver Postvogne, F Stoppevogne; Kombination af to eller flere Sorter Vogne angives ved Sammensætning af de respektive Litra. De efter F følgende Litra angiver de forskjellige Slags Godsvogne.

Col. 58 a) Udgifterne til automatiske Bremser er ikke indbefattet i Prisen pr Vogn.
*** betegner, at Regnskabet for vedkommende Vogne ikke er afsluttet.

ad Tabel V. 3.

Col. 59 a) Lokomotiv No. 13 er ifølge Storthingsbeslutning af 17de Juni 1885 overført fra Kongsvingerbanen pr. 1ste Juli 1885. Lokomotivet har pr. 30te Juni 1885 løbet 596 465 km. (som Kongsvingerbanens Lokomotiv).
—·— Lokomotiv No. 9 er ifølge Storthingsbeslutning af 19de Juni 1890 overført fra Drammen—Randsfjordbanen til Jæderbanen. Lokomotivet har løbet 349 829 km. som Drammen—Randsfjordbanens Lokomotiv.
Col. 60 b) Rørosbanens Lokomotiv No. 2 har staaet i Reserve i de sidste Driftsaar.
—·— c) Hovedbanens Lokomotiver No. 6, No. 7 og No. 11 er udrangerede. Et nyt Lokomotiv No. 11 er tilkommet i 1892 (se under No. 24 m. fl.).
Col. 69 d) Heraf 67 980 km. løbet paa Dalslandsbanen.
Col. 71 e) Lokomotiv No. 40 vedligeholdes for Kristiania Fællesstations Regning, og er saaledes den tilsvarende Udgift ikke indbefattet i de her opførte Vedligeholdelsesudgifter.
—·— f) Vedligeholdelsesudgifter vedkommende Rangérlokomotiverne No. 9, 11, 24, 25, 34 & 62 med gjennemløbne Distancer 103 779 km. heri ikke medregnede (vedligeholdes for Kristiania Fællesstations Regning).
Col. 74 g) Heraf har Lokomotiv No. 13. der fra 1ste Juli 1885 er overført til Smaalensbanen, løbet 596 465 km. i Tidsrummet 1862—1885.
—·— h) Heri indbetattet 88 215 km., løbet af Lokomotiverne No. 3 og 4, der under 4de Juli 1880 blev overførte til Drammen—Skienbanen som Lokomotiverne No. 49 og 50.
Col. 75 i) Til den her opførte Vedligeholdelsesudgift Kr. 441 473.87, Kr. 1 266 956.98 og Kr. 3 347 571.88, henholdsvis for Smaalensbanen, 1ste Trafikdistrikt og Statsbanerne, svarer gjennemløbne km. henholdsvis 9 565 385, 18 473 076 og 62 154 734, da Rangérlokomotiv No. 40 pr. 30te Juni 1882 havde løbet 63 174 km. samt fra 1ste Juli 1884 til 30te Juni 1892 100 231 km., i hvilke Tidsrum Maskinen har været vedligeholdt for Kristiania Fællesstations Regning.
—·— k) Rangérlokomotivernes Vedligeholdelsesudgifter til Udgangen af Juni 1879 heri medregnede; de tilsvarende Lokomotivkilometer bliver 11 991 204.
—·— l) Tilsvarende Lokomotivkm. 74 145 938 (jfr. Anm. under i) & k) ovenfor).

ad Tabel V. 5.

I Driftsaaret har foruden de i Tabellen nævnte Baners Vogne paa Driftsbanerne ogsaa løbet Godsvogne tilhørende de under Bygning værende Jernbaner, nemlig af Kongsvinger—Flisenbanens Vogne 20 660 Axelkm. og af Hamar—Sellbanens Vogne 7 174 Axelkm.

Col. 1 m) Paa Strækningen Kristiania—Fredrikshald er gjennemløbet af Personvogne 8 222 258 Axelkm., Postvogne 286 986 Axelkm., Stoppevogne 2 627 978 Axelkm. og Godsvogne 2 755 666 Axelkm.

ad Tabel V. 6.

Col. 116 n) Udgifterne til Puds & Renhold, Opvarmning og Belysning, Kr. 10 103.21 heri ikke medtaget, men tillagt Udgifterne ved Trafikafdelingen i Lighed med, hvad der er angivet for Statsbanerne. (Jfr. Tabel IV, Col. 53).

ad Tabel V. 7.

Col. 128 & 129 o) Udgifterne til Vognenes Renhold, Opvarmning og Belysning heri ikke indbefattet fra 1ste Juli 1884 (jfr. Anm. til Col. 116 n).
Col. 131 p) Jfr. Anm. til Col. 116 n).

Tabel VI.

Opgaver

vedkommende

Beskrivelse af Banerne samt Banernes Vedligehold.

Renseignement

sur

La description des chemins de fer et l'entretien et la surveillance de la voie.

Tabel VI. I. Stigni

Détail des conditions de niveau

1	2	3	4	5	6	7	8	9	10
Banernes Navn. Désignation des chemins de fer.	Længde. Longueur des lignes.	Sporvidde. Largeur de la voie.	Største Høide over Havet. Hauteur maximum au dessus du niveau de la mer.	Høideforskjel mellem Banens Endepunkter. Différence de hauteur entre les extrémités de la ligne	**Horizontal.** Horizontal. Samlet Længde. Longueur totale.	I pCt. af Banens Længde. Rapport % à la longueur de la ligne.	Indtil 5‰ (1/200). Cinq et au dessous par mille.	Over 5‰ (1/200) til 10‰ (1/100). Au de là de 5‰ jusqu' à 10‰.	Over 10‰ (1/100) til 15‰ (1/67). Au de là de 10‰ jusqu' à 15‰.
	km.	m.	m.	m.	km.	%	km.		
1ste Trafikdistrikt.									
Smaalensbanen.									
Kr ania-Rigsgr. (v. L.)	170.1	1.435	189	142	44.9	26	12.5	46.5	-
Ski-Sarpsborg (ø. L.)	79.0	»	155	89	14.2	18	3.5	13.6	9.6
Kongsvingerbanen.	114.6	»	154	24	29.8	26	41.6	-	-
2det Trafikdistrikt.									
Kr.ania-Dr.menb.	52.9	1.067	138	1	12.0	23	5.4	8.2	9.2
Dr.men-Skienb.	148.6	»	84	1	33.3	22	13.4	35.2	10.5
Skopum-Horten.	7.3	-	40	37	1.5	20	-	-	-
Dr.men-Randsfj.b.	89.3	»	201	139	17.2	19	17.2	19.9	6.3
Hougs.-Kongberg.	27.9	»	172	141	4.3	15	0.4	4.1	4.4
Vikers.-Krøderen.	26.3	»	189	71	4.8	18	1.9	3.4	0.8
3die Trafikdistrikt.									
Eidsvold-Hamarb.	a) 58.6	1.435	230	-	29.9	51	4.0	12.2	-
Hamar-Grundset.	b) 37.9	1.067	270	69	8.2	22	5.7	7.1	7.1
Grundset-Aamot.	26.4	»	225	28	9.4	35	7.9	3.7	-
Aamot—Tønset.	156.8	»	506	268	56.3	36	30.0	39.5	-
4de Trafikdistrikt.									
Tønset-Støren.	161.0	1.067	670	429	45.4	28	13.1	24.0	-
Tr.hjem-Støren.	51.1	»	141	61	9.6	19	3.3	5.7	1.1
Merakerbanen.	102.3	1.435	557	554	29.9	29	14.0	14.3	6.2
5te Trafikdistrikt.	76.3	1.067	48	-	23.5	31	6.9	19.0	-
6te Trafikdistrikt.	c) 106.7	»	94	53	32.8	31	17.2	8.2	5.8
Hovedbanen.	67.8	1.435	218	124	8.0	12	14.4	10.6	6.8

[1]) I Retning fra Kristiania.

rumningsforhold.
ion des lignes de chemin de fer.

12	13	14	15	16	17	18	19	20	21
Stigninger.[1]) Rampes.						**Fald.**[1]) Pentes.			
Maximum Stigning. Rampe maximum.									
Rampe maximum.	Antal. Nombre.	Samlet Længde. Longueur totale.	I pCt. af Banens Længde. Rapport % à la longueur de la ligne.	Samlet Længde i Stigning. Longueur totale des rampes.	I pCt. af Banens Længde. Rapport % à la longueur de la ligne	Indtil 5‰ ($\frac{1}{200}$). Cinq et au dessous par mille.	Over 5‰ ($\frac{1}{200}$) til 10‰ ($\frac{1}{100}$). Au de là de 5‰ jusqu' à 10‰.	Over 10‰ ($\frac{1}{100}$) til 15‰ ($\frac{1}{67}$). Au de là de 10‰ jusqu' à 15‰.	Steilere end 15‰ ($\frac{1}{67}$). Au de là de 15‰.
mille.		m.	%	km.	%	km.			
($\frac{1}{25}$)	1	3 654	2	62.6	37	21.0	41.6	-	-
($\frac{1}{58}$)	13	5 172	7	26.7	34	7.8	15.8	14.5	-
($\frac{1}{200}$)	16	12 515	11	41.6	36	43.2	-	-	-
($\frac{1}{80}$)	1	1 707	3	22.8	43	2.5	5.5	10.1	-
($\frac{1}{55}$)	1	810	1	60.5	41	7.8	28.3	18.7	-
($\frac{1}{40}$)	1	586	8	0.6	8	0.4	4.1	-	0.7
($\frac{1}{60}$)	1	1 951	2	45.4	51	13.0	10.1	3.6	-
($\frac{1}{40}$)	2	6 245	22	15.1	54	0.6	7.9	-	-
($\frac{1}{45}$)	3	3 847	15	12.3	47	0.9	2.5	5.8	-
($\frac{1}{100}$)	8	10 467	18	16.2	28	0.5	8.4	3.6	-
($\frac{1}{85}$)	2	4 829	13	19.9	52	2.8	1.9	5.1	-
($\frac{1}{130}$)	3	1 950	7	11.6	44	3.9	1.5	-	-
($\frac{1}{150}$)	6	18 167	12	69.5	44	16.3	14.7	-	-
($\frac{1}{100}$)	4	3 055	2	37.1	23	20.8	30.5	27.2	-
($\frac{1}{25}$)	1	2 420	5	16.8	33	8.1	9.5	0.8	6.3
($\frac{1}{58}$)	11	17 429	17	56.5	55	4.9	11.0	-	-
($\frac{1}{100}$)	10	7 972	10	25.9	34	9.0	17.9	-	d) 0.2
($\frac{1}{50}$)	1	2 367	2	34.1	32	17.3	13.1	4.8	4.6
($\frac{1}{40}$)	1	2 839	4	34.7	51	11.3	5.4	6.1	2.3

Tabel VI. 1 (Forts.). Stigning
Détail des conditions de niveau et

1	22	23	24	25	26	27	28	29
	Fald.[1] Pentes.						Sum. Stigninger & Fald. Total des rampes et des pentes.	
	Maximum Fald. Pente maximum.							
Banernes Navn. Désignation des chemins de fer.	Maximumfald. Pente maximum.	Antal. Nombre.	Samlet Længde. Longueur totale.	I pCt. af Banens Længde. Rapport % à la longueur de la ligne.	Samlet Længde i Fald. Longueur totale des pentes.	I pCt. af Banens Længde. Rapport % à la longueur de la ligne.	Samlet Længde. Longueur totale.	I pCt. af Banens Længde. Rapport % à la longueur de la ligne.
	Pro mille.		m		km.	%	km.	%
1ste Trafikdistrikt.								
Smaalensbanen.								
Kr.ania-Rigsgr. (v. L.)	10($\frac{1}{100}$)	18	19 426	11	62.6	37	125.2	74
Ski-Sarpsborg (ø. L.)	13($\frac{1}{80}$)	6	1 945	3	38.1	48	64.8	82
Kongsvingerbanen.	4($\frac{1}{250}$)	14	8 838	8	43.2	38	84.8	74
2det Trafikdistrikt.								
Kr.ania-Dr.menb.	14($\frac{1}{70}$)	3	7 429	14	18.1	34	40.9	77
Dr.men-Skienb.	14($\frac{1}{70}$)	1	413	-	54.8	37	115.3	78
Skopum-Horten.	18($\frac{1}{55}$)	1	681	9	5.2	72	5.8	80
Dr.men-Randsfj.b.	13($\frac{1}{75}$)	2	3 580	4	26.7	30	72.1	81
Hougs.-Kongsberg.	10($\frac{1}{100}$)	1	767	3	8.5	31	23.6	85
Vikers.-Krøderen.	14($\frac{1}{70}$)	3	4 832	18	9.2	35	21.5	82
3die Trafikdistrikt.								
Eidsvold—Hamarb.	14($\frac{1}{70}$)	1	1 558	-	12.5	21	28.7	49
Hamar-Grundset.	14($\frac{1}{70}$)	1	681	2	9.8	26	29.7	78
Grundset-Aamot.	8($\frac{1}{130}$)	1	862	3	5.4	21	17.0	65
Aamot-Tønset.	9($\frac{1}{111}$)	1	705	-	31.0	20	100.5	64
4de Trafikdistrikt.								
Tønset-Støren.	13($\frac{1}{75}$)	9	3 400	2	78.5	49	115.6	72
Tr.hjem-Støren.	23($\frac{1}{43}$)	2	3 780	7	24.7	48	41.5	81
Merakerbanen.	7($\frac{1}{143}$)	15	10 880	11	15.9	16	72.4	71
5te Trafikdistrikt.	10($\frac{1}{100}$)	10	6 275	8	27.1	35	52.8	69
6te Trafikdistrikt.	20($\frac{1}{50}$)	4	3 664	3	39.7	37	73.8	69
Hovedbanen.	17($\frac{1}{60}$)	1	2 337	4	25.1	37	59.8	88

[1]) I Retning fra Kristiania.

…mningsforhold.
… des lignes de chemin de fer.

	32	33	34	35	36	37	38	39	40	41
	Linie. … droites.	**Strækninger i Kurve.** Lignes courbes.								
					Minimal-Radius. Rayon des courbes minimum.					
	I pCt. af Banens Længde. Rapport % à la longueur de la ligne.	Radius over 1000 m. Rayon au de là de 1000 m.	Radius fra 1000 m. til 500 m. Rayon de 1000 m. jusqu'à 500 m.	Radius mindre end 500 m. Rayon au dessous de 500 m.	Minimal-Radius. Rayon minimum.	Antal. Nombre.	Samlet Længde. Longueur totale.	I pCt. af Banens Længde. Rapport % à la longueur de la ligne.	Samlet Længde. Longueur totale des courbes.	I pCt. af Banens Længde. Rapport % à la longueur de la ligne.
	%	km.			m.		m.	%	km.	%
3	53	21.3	23.2	35.8	240	1	90	-	80.3	47
2	47	11.8	13.7	16.2	314	30	9 228	12	41.7	53
1	55	20.4	27.1	4.4	372	1	273	-	51.9	45
5	44	6.4	7.0	16.2	196	1	157	-	29.6	56
5	41	28.8	23.0	35.2	188	3	662	-	87.0	59
5	35	2.9	0.6	1.3	314	1	72	1	4.8	65
1	42	11.3	19.4	21.5	282	3	1 335	-	52.2	58
9	46	3.7	1.9	9.4	314	20	3 581	12	15.0	54
7	37	0.7	2.3	13.6	188	17	2 880	11	16.6	63
5	46	9.7	11.2	10.9	314	12	3 911	7	31.8	54
1	69	4.8	4.7	2.3	235	1	215	1	11.8	31
9	60	3.0	3.0	4.5	314	2	610	2	10.5	40
2	49	24.4	23.4	32.8	204	1	275	-	80.6	51
2	42	25.3	22.9	45.6	188	3	840	1	93.8	58
6	54	5.4	7.1	11.0	235	1	100	-	23.5	46
0	40	17.2	14.6	29.5	282	15	4 020	4	61.3	60
8	51	13.2	8.3	16.1	188	23	4 756	6	37.6	49
2	41	6.3	11.5	45.7	173	6	914	1	63.5	59
7	36	23.7	14.9	4.5	293	2	706	1	43.1	64

1	42	43	44	45	46	47	48	49	50	51
Banernes Navn. Désignation des chemins de fer.		Planeringens Kronbredde. Largeur de la plateforme.			Planerings-arbeider. g) Terrassements.			Tunneler. Tunnels.		Veiover-gange. Passage[...]
	Samlet Grundareal. Surface totale des terrains.	paa Banker. des remblais.	i Jordskjæringer (Grøfter uberegnet). des déblais (non compris des fossés).	i Fjeldskjæringer (Grøfter medregnet). des tranchées au rocher (y compris des fossés).	Gravning. Fouille.	Sprengning. Travaux de mine.	Mur samt Stenbeklædning. Murs et perrés.	Antal. Nombre.	Samlet Længde. Longueur totale.	I Planum med Grinder. Au niveau des barrières.
	ha.	m.			I 1000 Kubikmeter.				m.	Antal.
1ste Trafikdistrikt.										
Smaalensbanen.										
Kr.ania-Rigsgr. (v. L.)	401.6	5.647	6.274	4.705	1 987.0	406.8	29.7	9	949	417
Ski-Sarpsborg (ø. L.)	165.9	5.019	5.647	»	976.2	117.7	12.7	2	259	186
Kongsvingerbanen.	288.4	5.647	5.020	5.647	2 030.4	99.5	66.6	-	-	240
2det Trafikdistrikt.										
Kr.ania-Dr.menb.	134	3.921	3.921	3.765	922.2	153.1	25.3	3	301	121
Dr.men-Skienb.	350	»	»	»	1 211.4	319.3	43.9	16	1 530	428
Skopum-Horten.	13	»	»	»	23.6	3.3	»	-	-	26
Dr.men-Randsfj.b.	247.3	»	»	»	1 498.3	88.3	61.15	-	-	254
Hougs.-Kongsberg	56.98	»	»	»	250.6	35.4	3.9	-	-	69
Vikers.-Krøderen.	54	»	»	»	246.9	22.2	7.8	-	-	87
3die Trafikdistrikt.										
Eidsvold-Hamarb.	169	5.019	5.647	4.705	909.4	127.6	204.3	1	122	108
Hamar-Grundset.	—	3.921	3.921	3.765	340.0	5.0	—	-	-	76
Grundset-Aamot.	—	»	»	»	181.0	10.0	14.0	-	-	87
Aamot-Tønset.	—	»	»	»				1	50	336
4de Trafikdistrikt.					2 227.5	283.6	122.2			
Tønset-Støren.	662	3.921	3.921	3.765				10	623	283
Tr.hjem-Støren.	e) 102.3	»	-	»	955.6	79.0	31.8	2	203	83
Merakerbanen.	566	5.020	5.647	4.706	1 215.6	405.8	95.0	2	169	118
Tr.hjem-Fællesst.	f) 13	»	-	-	—	—	—	-	-	3
5te Trafikdistrikt	201	3.921	3.921	3.765	563.0	193.0	18.0	3	177	176
6te Trafikdistrikt.	163	»	»	»	550.2	531.4	104.9	51	9 527	279
Hovedbanen.	225	5.647	5.020	4.500	612.4	91.1	23.0	2	371	133

[1]) Private Veiovergange medregnede. [2]) Heri indbefattet Veiovergange.

54	55	56	57	58	59	60	61	62	63	64	65	66	67	68
…ender til 2 m. …ning. …educs …ux à 2 m. …ortée.		Broer og Viadukter.[2]) Ponts & viaducs												
		Stenbroer. Ponts en pierre.			Jernbroer paa Sten- eller Jernunderbygning. Ponts en fer sur fondement en pierre ou en fer.			Træbroer Ponts en bois						
								paa Stenunderbygning sur fondement en pierre.			paa Pæle. sur pilots.			
Antal løbende Meter. Nombre de mètres courants.	Lukkede Render (Antal løbende Meter). Rigoles fermées (nombre de mètres courants).	Antal. Nombre.	Største Spand. Portée maximum.	Samlet Længde. Longueur totale.	Antal. Nombre.	Største Spand. Portée maximum.	Samlet Længde. Longueur totale.	Antal. Nombre.	Største Spand. Portée maximum.	Samlet Længde. Longueur totale.	Antal. Nombre.	Største Spand. Portée maximum.	Samlet Længde. Longueur totale.	Sum Længde. Longueur totale.
m.	m		m.	m.		m.	m.		m.	m.		m.	m.	m.
9 036	12 924	-	-	-	108	53.34	1 596	-	-	-	-	-	-	1 596
6 394	17 601	1	3.14	12	42	63.00	731	-	-	-	-	-	-	743
8 500	21 550	-	-	-	54	37.65	1 380	-	-	-	-	-	-	1 380
3 360	12 978	1	4.00	4	42	32.00	382	4	11.80	34	8	17.30	1 518	1 938
8 921	26889	1	8.98	18	97	40.92	917	-	-	-	-	-	-	935
213		-	-	-	5	6.30	24	-	-	-	-	-	-	24
7 758	23 661	1	6.30	28	22	37.60	458	3	12.50	141	12	12.50	927	1 554
1 921	3 441	-	-	-	13	13.00	61	18	9.20	139	1	4.10	8	208
1 617	1 446	-		-	-	-	-	10	7.00	54	-	-	-	54
3 971	3 537	-	-	-	36	63.00	530	-	-	-	-	-	-	530
759	2 649	-	-	-	5	43.92	k) 313	8	10.00	59	2	13.00	66	438
1 009	63	-	-	-	11	31.40	127	3	5.40	11	2	6.00	57	195
8 382	5 000	-	-	-	65	15.95	248	50	47.00	360	6	15.60	273	881
6 266	16 449	-	-	-	-	-	-	150	31.37	775	4	31.40	425	1 200
—	—	-	-	-	2	7.80	11	9	31.37	154	13	9.40	900	1 065
6 267	7 952	-	-	-	81	31.37	768	-	-	-	-	-	-	768
-	-	-	-	-	2	29.50	120	-	-	-	-	-	-	120
3 184	1 239	1	2	10	h) 27	28.24	327	-	-	-	1	5.20	30	367
4 818	—	-	-	-	i) 87	47.52	873	-	-	-	-	-	-	873
3 719	3 000	15	9.40	188	12	25.12	688	-	-	-	8	3.10	509	1 385

1	69	70	71	72	73	74	75	76	77	78	79	80	81
	Stationer, Holdeplads og Lasteplads. Stations et haltes.				**Bygning** Bâtiment								
					Stations-bygninger. Bâtiments des voyageurs.			Godshuse. Halles aux marchandises.		Vogn-remiser. Remises à voitures.		Lokomoti stalde. Remises à locomotives.	
Banernes Navn. Désignation des chemins de fer.	Antal Stationer Nombre de stations.	Antal Holdeplads & Lasteplads. Nombre de haltes.	Sum. Total.	Gjennemsn. Afst. mell. Stationerne. Distance moyenne des stations.	Antal. Nombre.	Bebygget Grundflade. Base des bâtiments.	Platformlængde. Longueur des trottoirs.	Antal. Nombre.	Bebygget Grundflade. Base des bâtiments.	Antal. Nombre.	Bebygget Grundflade. Base des bâtiments.	Antal. Nombre.	Bebygget Grundflade. Base des bâtiments.
	Antal.			km		m.²	m.		m.²		m.²		m.²
1ste Trafikdistrikt.													
Smaalensbanen.													
Kr.ania-Rigsgr. (v. L.)	23	4	27	6.5	23	4 522	4 101	24	4 134	1	205	6	2 186
Ski-Sarpsborg (ø. L.)	10	-	10	7.3	10	1 123	1 134	11	964	-	-	1	330
Kongsvingerbanen.	12	8	20	9.6	12	1 838	1 931	12	1 619	1	112	2	719
2det Trafikdistrikt.													
Kr.ania-Dr.menb.	10	11	21	4.8	12	1 782	1 375	10	1 150	-	-	2	830
Dr.men-Fællesst.	1	-	1	-	1	467	591	1	1 199	1	354	1	1 084
Drammen-Skienb.	22	8	30	6.8	22	3 511	-	22	3 513	4	1 494	5	803
Skopum-Horten.	2	-	2	3.6	2	348	157	2	187	1	290	1	118
Dr.men-Randsfj.b.	14	8	22	6.0	14	1 671	1 006	13	1 534	3	618	2	391
Hougs.-Kongsberg	5	2	7	5.6	5	453	155	7	725	1	127	2	340
Vikers.-Krøderen.	2	6	8	13.2	2	206	123	2	265	1	144	1	70
3die Trafikdistrikt.													
Eidsvold-Hamarb.	6	5	11	8.3	6	765	660	6	662	-	-	-	-
Hamar Fællesst.	1	-	1	-	1	475	228	2	1 187	2	904	2	843
Hamar-Grundset.	7	2	9	5.4	7	540	462	7	721	-	-	1	91
Grundset-Aamot.	3	1	4	8.7	3	428	164	4	621	-	-	1	104
Aamot-Tønset.	11	7	18	14.3	11	1 414	692	11	1 596	-	-	2	536
4de Trafikdistrikt.													
Tønset-Støren.	15	2	17	10.7	15	2 143	679	13	944	m) 1	1 108	4	505
Tr.hjem-Støren.	9	1	10	5.7	9	656	492	8	527	m) 1	164	2	146
Merakerbanen.	9	1	10	10.6	9	1 231	593	8	713	-	-	4	1 118
Tr.hjem Fællesst.	1	-	1	-	1	644	212	2	2 345	m) 1 1	1 874 1 154	2	1 833
5te Trafikdistrikt.	12	6	18	6.9	8	1 345	497	11	1 121	5	1 656	2	480
6te Trafikdistrikt.	14	4	18	8.3	l) 18	1 712	1 350	7	580	3	1 922	4	547
Hovedbanen.	10	6	16	6.2	10	1 447	2 563	8	2 633	-	-	1	379
Kristiania Fællesst.	1	-	1	-	1	3 324	389	2	9 200	3	4 664	5	2 122
Lillestrøm do.	1	-	1	-	1	180	178	2	131	1	315	1	315

84	85	86	87	88	89	90	91	92	93	94	95	96	97	98	99
…ationer. …ux d'eau.		Øvrige mindre Bygn. ved Station. Autres bâtiments inférieurs aux stations.		Vogterboliger. Maisons de garde		Dreieskiver. Plaques tournantes.		Sporvexlinger. Aiguillages de voie.		Andre Anlæg. Autres bâtiments. Værksteder. Ateliers.		Materialboder. Magazins.		Øvrige mindre Bygn. udenfor Stat. Autres bâtiments inférieurs au dehors de la gare.	
…Bebygget Grundflade. Base des bâtiments.	Gjennemsnitlig Afstand. Distance moyenne.	Antal. Nombre.	Bebygget Grundflade. Base des bâtiments.	Antal. Nombre.	Bebygget Grundflade. Base des bâtiments.	Antal. Nombre.	Diameter. Diamètre.	Antal. Nombre.	Mindste Radius. Rayon minimum.	Antal. Nombre.	Bebygget Grundflade. Base des bâtiments.	Antal. Nombre.	Bebygget Grundflade. Base des bâtiments.	Antal. Nombre.	Bebygget Grundflade. Base des bâtiments.
m.²	km.		m.²		m.²		m.		m.		m.²		m.²		m.²
108	24.3	53	1 394	17	1 047	4 3 1	4.71 12.55 13.70	139	188	-	-	5	577	30	102
94	26.8	15	291	1	54	3	13.70	49	190	-	-	2	37	2	91
143	20.1	65	4 549	8	431	2	12.55	69	130 q)	-	-	4	432	16	291
70	8.8	25	894	-	-	2	1=10.70 1= 5.02	80	126	1	545	-	-	5	50
33	-	10	1 930	-	-	1	10.70	48	126	1	1 140	4	794	-	-
109	12.3	33	1 363	18	1 106	5	2=10.80 1= 5.80 2= 4.40	105	40	-	-	4	368	22	372
10	-	3	128	-	-	1	10.80	7	126	-	-	-	-	-	-
108	11.2	35	1 531	-	-	3	2=10.80 1= 5.02	109	126	-	-	-	-	-	-
20	7.0	7	172	-	-	1	5.02	29	126	-	-	-	-	-	-
24	13.2	8	388	2	81	1	5.02	16	126	-	-	-	-	2	68
16	29.0	4	67	11	1 051	-	-	23	188	-	-	-	-	-	-
-	-	7	524	-	-	1	12.05	42	150	2	669	1	236	-	-
14	12.7	11	693	2	301	1	4.82	23	150	-	-	-	-	4	365
15	13.0	5	126	3	583	1	4.87	13	150	-	-	-	-	-	-
110	14.3	31	1 822	30	4 088	2	1= 6.50 1=12.40	45	150	-	-	1	150	4	216
107	13.5	24	653	7	683	3	5.00 4.70	58	125	-	-	2	41	7	203
41	10.4	16	747	1	39	1	4.70	30	125	-	-	1	27	1	22
77	21.2	21	908	16	1 084	3	13.70	46	188	-	-	-	-	28	707
-	-	8	348	-	-	1	13.70	61	188	2	2 562	3	411	-	-
68	9.5	o) 23	1 461	o) 8	642	3	6.59	42	100	1	155	2	464	6	79
16	13.3	25	580	3	208	3	6.50	54	157 r)	1	713	2	552	-	-
60	-	48	2 135	7	880	1	12.55	72	188	1	2 510	2	226	9	1 640
22	16.9	16	1 187	-	-	p) 2	12.55	96	188	-	-	2	984	-	-
28		20	1 225	-	-	1	14.12	24	188	-	-	-	-	-	-

1	100	101	102	103	104	105	106	107	108	
	Sporlængde. Longueur des voies.				**Skinner** Rails					
		Sidespor u) Voies de garage et de service			af Jern. en fer.			af Staal. en acier		
Banernes Navn. Désignation des chemins de fer.	Hovedspor (Gjennemgaaende). Voie principale.	paa Station. dans les gares.	udenfor Station. v) au dehors des gares.	Sum Længde. Longueur totale.	Samlet Længde. Longueur totale.	Skinnev. pr. løb. Meter. Poids par mètre courant.	System. Système.	Samlet Længde. Longueur totale.	Skinnevægt. Poids par mètre courant.	System.
	Kilometer.				km.	kg.		km.	kg.	
1ste Trafikdistrikt. **Smaalensbanen.**	249.063	28.509	2.931	280.503	206.107 131.416	29.76 24.80	Vignol »	34.557 97.700 91.226	28.77 29.76 27.28	Vi
Kongsvingerbanen.	114.577	18.444	1.083	134.104	131.487	30.75	»	136.721	30.00	
2det Trafikdistrikt **Kr.ania-Dr.menb.**	52.900	11.045	1.035	64.980	10.128	19.84	»	0.408 96.898 22.526	31.75 22.32 19.84	
Dr.men Fællesst.	-	5.628	-	5.628	5.715	»	»	0.860 4.681	22.32 19.84	
Drammen-Skienb.	148.600	11.714	1.445	161.759	22.482	17.36 19.84	»	298.400 2.566 0.070	» 20.50 31.75	
Skopum-Horten.	7.300	0.630	-	7.930	1.260	17.36 19.84	»	14.600	19.84	
Dr.men-Randsfj.b.	89.306	19.290	0.603	109.199	36.699	»	»	4.703 77.461 99.535	22.32 20.50 19.84	
Hougs.-Kongsberg	27.900	2.875	0.080	30.855	91.992	17.36 19.84	»	24.572 0.011 0.115	» 20.50 22.32	
Vikers.-Krøderen.	26.300	1.100	0.090	27.490						
3die Trafikdistrikt. **Eidsvold-Hamarb.**	s)58.572	3.325	0.568	62.465	0.230	17.36	»	124.505 0.195	27.28 19.84	
Hamar Fællesst.	-	4.750	-	4.750	2.628 1.965	18.35 17.36	»	0.066 0.383 4.458	» 20.50 27.28	
Hamar-Grundset.	t) 37.900	2.420	0.783	41.103	24.720	18.35	»	27.827 29.659	19.84 20.50	
Grundset-Aamot.	26.358	1.163	0.305	27.826	33.859	17.36	»	2.000 19.793	17.36 20.50	
Aamot-Tønset.	156.756	5.377	1.642	163.775	261.735	»	»	14.673 51.142	19.84 20.50	
4de Trafikdistrikt. **Tønset-Støren.**	160.987	6.422	1.251	168.660	193.270 95.678	19.84 17.36	»	11.503 1.214 35.655	17.36 19.84 20.50	
Tr.hjem-Støren.	51.093	3.670	0.715	55.478	21.063 4.414 6.274	» 19.84 20.34	»	43.237 35.234 0.734	19.84 20.50 27.28	
Merakerbanen.	102.259	7.768	0.223	110.250	0.058 10.890	19.84 29.76	»	208.840 0.712	» 28.77	
Tr.hjem Fællesst.	-	9.480	x)3.451	y)12 931	3.550 4.797 12.097	17.36 19.84 29.76	»	0.733 0.059 9.937 0.876	19.84 20.50 27.28 28.77	
5te Trafikdistrikt	76.290	4.688	0.437	81.415	150.931	17.36	»	3.479 8.420	17.53 17.36	
6te Trafikdistrikt.	106.840	5.304	2.227	114.371	24.742	»	»	204.000	»	
Hovedbanen.	67.770	18.083	3.170	89.023	23.155	29.76	Vignol	154.891	29.76	
Kristiania Fællesst.	-	13.587	-	13.587	14.761	»	og	12.413	»	
Lillestrøm do.	-	6.088	-	6.088	6.852	»	Broskn.	5.324		

	111	112	113	114	115	116	117	118	119	120	121
	Sleepers. Traverses.					**Ballast.** Ballast.		**Gjærder** z) Clôtures			
	Material. Matériaux.		Dimensioner for Træ. Dimensions des traverses en bois.			Tykkelse. Hauteur.					
	Træ. Bois.	Heraf pre-erverede Dont préservés. Furu. Pin.	Længde. Longueur.	Firkant. Equarries.	Halvkløvninger. Démi-rondes.	I Midten. Au milieu.	Kronbredde. Largeur en couronne.	af Staaltraad. en fil de fer.	af Bord, Rajer eller Lægter. en planches.	af Sten. en pierre.	Sum. Longueur totale.
	Antal. (Nombre.)		Centimeter.			m		Kilometer.			
1.00	335 089	-	250	25×12	-	0.540 0.484	3.454 3.295	314.37	153.71	20.49	488.57
—	166 437	-	»	—»—	-	0.466	3.765	101.38	86.29	20.19	207.86
0.86	95 614	—	200	22×11	—	0.418	2.510	6.96	105.24	0.80	113.00
—	7 960	—	»	—»—	—	»	»	—	—	—	—
0.71	235 396	—	»	—»—	—	0.470 0.366	2.660	81.39	215.61	0.90	297.90
0.71	11 530	—	»	—»—	—	0.470 0.366	»	1.80	12.80	-	14.60
0.86	160 134	—	»	—»—	—	0.418	2.510	1.66	188.44	-	190.10
—	45 385	—	»	—»—	—	»	»	2.90	56.70	-	59.60
—	40 410	—	»	—»—	—	»	»	6.00	49.70	-	55.70
1.01	67 886	131	265	23.5×13.1	26—29	0.540	3.138	0.03	103.15	1.12	104.30
— 0.70	6 590	-	» 200	—»— 22×11	—»— 22—23	»	»	-	1.44	-	1.44
—	57 965	60	»	—»—	—»—	0.400	2.510	3.57	70.33	2.40	76.30
—	43 126	80	»	—»—	—»—	»	»	-	51.89	0.27	52.16
—	237 394	-	»	—»—	—»—	» 0.470	»	-	317.84	-	317.84
0.87	246 373	—	204	23×11.7	23×11.7	0.400	»	99.89	208.71	-	308.60
—	77 386	—	»	—»—	—»—	»	»	26.74	76.56	-	103.30
1.01	127 919	—	267	23.5×13	23.5×13	0.513	3.294	18.03	139.17	-	157.20
1.01	16 351	—	204 267	23×11.7 23.5×13	23×11.7 23.5×13	»	»	-	5.21	-	5.21
0.86	128 425	-	204	22×10	23×12	0.392 0.472	2.510	89.14	0.80	46.46	136.40
0.86	158 600	-	»	—»—	—»—	0.439	2.667	200.00	3.00	-	ca. 203
0.94	114 760	77 727	267	25×11	—»—	0.471	3.454	26.24	103.66	0.10	130.00
-	17 420	7 155	»	—»—	—»—	»	»	-	2.60	0.10	2.70
-	6 154	3 213	»	—»—	—»—	»	»	1.07	0.42	-	1.49

Tabel VI. 6. Opgave over Ombytning af Skinner og Sleepers.

Renseignement sur le renouvellement des rails et des traverses.

1	136	137	138	139	140	141	142	143	144	145
	Ombytning i Terminen. Renouvellement pendant le terme.									
	Jernskinner ombyttet med. Rails en fer remplacés de					Staalskin. ombyttet med Staal. (Vignol). Rails en acier remplacés de rails en acier.			Sleepers. Traverses.	
	Jernskinner. (Vignol). Rails en fer.		Staalskinner. (Vignol). Rails en acier.							
Banernes Navn. Désignation des chemins de fer.	Samlet Længde. Longueur totale.	Skinnevægt pr. løbende Meter. Poids par mètre courant.	Samlet Længde. Longueur totale.	Skinnevægt pr. løbende Meter. Poids par mètre courant.	Omb. i pCt. af Jernsk. lgd. ved Terminens Beg. Rapport du renouv. à la long. des rails en fer au com. du terme	Samlet Længde. Longueur totale.	Skinnevægt pr. løbende Meter. Poids par mètre courant.	Omb. i pCt. af Staalsk lgd. ved Terminens Beg. Rapport du renouv. à la long. des rails en acier au com. du terme	Ialt. Total. Nombre.	pCt. Ombytning i Terminen.*) Renouvellement pendant le terme.
	km	kg.	km.	kg.	%	km.	kg.	%		%
1ste Trafikdistrikt.										
Smaalensbanen.	-	-	17.734 3.908	29.76 28.77	6.10	-	-	-	40 070	12.00
Kongsvingerbanen.	-	-	6.516	30.00	4.72	3.620	30.00	-	17 781	10.68
2det Trafikdistrikt.										
Kr.ania-Dr.menb.	-	-	2.142 0.552	22.32 19.84	21.07	7.735	22.32	6.63	11 204	11.76
Drammen Fællesst.	-	-	0.889	»	13.46	0.696	»	14.96	1 464	18.30
Dr.men-Sklenb.	-	-	0.008	20.50	0.04	0.142 0.023	20.50 19.84	0.05	24 015	9.74
Skopum-Horten.	-	-	-	-	-	-	-	-		
Dr.men-Randsfj.b.	-	-	1.003 1.568 1.852	22.32 19.84 20.50	11.23	0.300 1.513	22.32 20.50	1.03	40 706	16.63
Hougs.-Kongsberg. **Vikers.-Krøderen.**	-	-	2.640	19.84	2.79	0.007	19.84	-		
3die Trafikdistrikt.										
Eidsvold-Hamarb.	-	-	-	-	-	0.095	27.28	0.07	3 969	5.34
Hamar-Grundset.	-	-	1.980	20.50	7.42	0.022	20.50	0.04	5 367	9.26
Grundset-Aamot.	-	-	6.047	»	15.15	-	-	-	3 727	8.64
Aamot-Tønset.	-	-	8.345	»	3.09	0.022	20.50	0.04	26 119	11.00
4de Trafikdistrikt.										
Tønset-Støren.	-	-	7.799	»	2.63	-	-	-	9 219	3.90
Støren-Tr.hjem.	0.044	19.84	8.682 0.004	» 19.84	21.42	0.059	19.84	0.08	5 095	7.00
Merakerbanen.	-	-	-	-	-	[1])0.060	27.28	0.03	10 362	8.32
Tr.hjem Fællesst.	-	-	0.015 0.008 0.007	19.84 27.28 28.77	0.15	0.006	19.84	0.05	1 104	6.72
5te Trafikdistrikt.	-	-	4.355 0.232	17.36 17.53	2.95	-	-	-	9 094	7.08
6te Trafikdistrikt.	0.070	17.36	-	-	0.28	0.158	17.36	0.08	21 494	13.55
Hovedbanen.	0.425	29.76	2.696	29.76	10.76	-	-	-	5 181	3.75
Heraf:										
Kristiania—Lillestrøm	0.252	»	2.036	»	—	-	-	—	2 669	—
Lillestrøm—Eidsvold	0.173	»	0.660	»	—	-	-	—	2 512	—

*) I pCt. af Antal Sleepers ved Terminens Begyndelse.

[1]) Desuden Staalskinner ombyttet med Jernskinner 0.015 km 29.76 kg

Anmærkninger til Tabel VI.

ad Tabel VI. 1. Stignings- og Krumningsforhold.

Col. 2 a) **Længden** (58 572 m.) maalt til 238 m. ovenfor nordre Hjørne af Hamar Stationsbygning.
—»— b) **Fra Udgangspunkt** beliggende 238 m. ovenfor nordre Hjørne af Hamar Stationsbygning.
—»— c) **Sporet til** Vaagen i Bergen (1.3 km.) heri ikke indbefattet.
Col. 21 d) **Mellem** Stavanger Station og Godshus ved Søen.

ad Tabel VI. 2. Underbygning og Broer.

Col 42 e) **Trondhjem**—Støren. Arealet for den nedlagte Jernbanelinie Trondhjem—Selsbak samt af Ustmyren (15 ha.) ved Heimdal ikke indbefattet.
—»— f) **Sidelinie** til Ihlen ikke indbefattet.
Col 46—48 g) **Opgaver** over Masser vedrørende Planeringsarbeider refererer sig til Banens **første** Anlæg.
Col. 59 h) **Heraf** 1 Svingbro 18.8 m. lang. Desuden 19 Veiundergange.
—»— i) **Heraf** 37 Veiundergange.
Col. 61 k) **Heri er** iberegnet Veibroen over Glommen ved Elverum.

ad Tabel VI. 3. Stationer og andre Anlæg.

Col. 73 l) **Heraf** 4 Expeditionslokaler med Venterum paa Stoppestederne Solheimsviken, **Minde, Hop** og Heldal.
Col. 78 m) **Platform** og Toghal.
Col. 83 n) **Vandstationerne** ere Stændere uden Indbygning med Undtagelse af Vandstationen **paa Garnæs.**
Col. 86—89 o) **Under** Vogterboliger er medtaget Banens 4 Stoppestedsbygninger (Høiland, **Varhoug,** Vigrestad og Helvik) og tilhørende Udhuse medtaget under Øvrige **Bygninger.**
Col. 90 p) **Desuden** 9 Vogndreieskiver med 4.90 m. Diameter.
Col. 94 q) **Kongsvinger**banen har et mindre Reparationsværksted paa Kongsvinger (medtaget **i Col. 86**).
—»— r) **Reparations**værksted (i 2 Bygninger).

ad Tabel VI. 4. Overbygning.

Col. 100 s) **Jfr. Anm.** a) ovenfor.
—»— t) **Jfr. Anm.** b) ovenfor.

Col. 101 & 102 u) Desuden private Spor, der staar i Forbindelse med Jernbanerne, nemlig i:

1ste Distrikt:

Smaalensbanen	0.965 km.
Kongsvingerbanen	1.870 —

2det Distrikt:

Kristiania—Drammenbanen	1.662 —
Drammen—Skienbanen	1.306 —
Drammen—Randsfjordbanen	3.256 —
Hougsund—Kongsberg	0.576 —
Vikersund—Krøderen	0.200 —
3die Distrikt	0.579 —
4de Distrikt bredt Spor	0.581 —
smalt Spor	10.214 —
Heraf Sidelinien Tyvold—Arvedals Stoll (Kongens Grubes Bane) 9.3 km. (aabnet 16de Oktbr. 1886).	
Hovedbanen	20.100 —
Sum	41.309 km.

Col. 102 v) Ballastbaner iberegnede.

—»— x) Sidelinie til Ihlen med tilhørende Sidespor.

Col. 103 y) Heraf 0.075 km. kombineret Spor med 4 Skinnestrenge.

5.193 — — » » 3 —

3.642 — bredt.

4.021 — smalt.

Sidelinien til Ihlen udgjør heraf 2.703 km. med tilhørende Sidespor 0.748 km. tilsammen 3.451 km., hvoraf 2.703 km. kombineret Spor, 0.532 km. bredt Spor og 0.216 km. smalt Spor. Desuden tilkommer en Skinnestreng i Kombination med Trondhjem—Størenbanens Hovedspor 0.462 km og med Merakerbanens Hovedspor 0.082 km.

Col. 118—121 z) Kongsvingerbanen. I Col 119 indbefattet 2.89 km. Torvgjærde. Drammen—Skienbanen. I Col. 118 indbefattet 6.30 km. levende Hegn (Haktorn).

ad Tabel VI. 5. Udgifter til Banernes Vedligehold.

Col. 129 a) Heri medregnet Udgifter til Vedligeholdelse af Bygninger udenfor den egentlige Drift.

Col. 132 b) Heri er indbefattet Udgifter til Extrapersonale for Sne- og Isrydning samt Lønninger til det faste Liniepersonale, forsaavidt dette har været anvendt til Bortskaffelse af Sne og Is paa Linien. I de foregaaende Aar har det faste Liniepersonales hele Lønning været anført under Vedligehold af Linie og Stationspladse (Col. 122) undtagen for Hovedbanen, hvor Fordeling har fundet Sted.

Col. 135 c) Heri indbefattet Kr. 6 000.00 som Afgift for Benyttelse af Strækningen Rigsgrændsen—Charlottenberg.

—»— d) Heri indbefattet Kr. 6 000.00 som Afgift for Benyttelse af Strækningen Rigsgrændsen—Storlien.

—»— e) Jfr. ovenfor under Anmærkning c) og d).

Tabel VII.

Stationernes Trafik med Fordeling paa Lokal- og Samtrafik, Personale ved Stationerne samt Udgifter ved Stations- og Telegraftjenesten.

Renseignement

sur

Le trafic, les dépenses et le personnel des stations.

Tabel VII. Stationernes Tr…
Renseignement sur le trafic…

Løbenummer.	Stationernes Navne. Désignation des stations.	Trafik. Trafic. Reisende med ordinære Tog. Voyageurs avec trains ordinaires. Afgaaede, fordelt paa hver Klasse. Partis (Répartition par classe de voitures). Tur. Simple course.			Tur & Retur. Aller et retour.			Tilsammen. Ensemble.	
		I.	II.	III.	I.	II.	III.	I.	II.
		Antal. Nombre.							
	1	2	3	4	5	6	7	8	9
	1ste Trafikdistrikt.								
	Smaalensbanen.								
	Gjennemgangstrafik. .	-	1	2	-	-	-	-	1
	Lokal- og Samtrafik:								
1	Kristiania *Fællesst.* . .	*1831*	*11 388*	*75 680*	*1261*	*29 087*	*430 849*	*3092*	*40 475*
	Heraf denne Bane.	976	5 503	34 832	456	15 973	297 950	1432	21 476
2	Bækkelaget	-	591	11 651	-	1 084	59 300	-	1 675
3	Nordstrand Stoppest.	-	474	12 041	-	1 362	77 114	-	1 836
4	Lian a)	-	257	7 559	-	2 437	78 902	-	2 694
5	Oppegaard	-	28	1 024	-	316	6 293	-	344
6	Ski	2	116	3 048	2	490	14 879	4	606
7	Aas	1	356	2 846	1	905	11 205	2	1 261
8	Vestby	-	49	1 072	-	162	5 290	-	211
9	Soner	-	67	2 104	-	250	7 786	-	317
10	Moss a)	62	1 576	11 341	17	4 154	37 434	79	5 730
11	Dilling	-	84	2 200	-	373	4 838	-	457
12	Rygge	-	34	1 998	-	111	9 909	-	145
13	Raade	-	36	1 730	-	280	10 875	-	316
14	Onsø	-	49	1 746	-	118	5 238	-	167
15	Fredriksstad a)	37	1 648	16 132	29	6 208	55 371	66	7 856
16	Lisleby Stoppested	-	38	1 601	-	13	1 429	-	51
17	Greaker	-	106	3 991	-	177	10 014	-	283
18	Sannesund	-	85	2 131	-	211	5 141	-	296
19	Sarpsborg	3	678	8 941	10	2 432	35 776	13	3 110
20	Skjeberg a)	-	30	1 652	-	282	11 958	-	312
21	Døle Stoppested	-	-	147	-	1	338	-	1
22	Berg	-	39	3 405	-	147	11 187	-	186
23	Fredrikshald	524	1 364	21 705	423	3 665	48 296	947	5 029
24	Kraakstad	-	13	1 271	-	133	6 554	-	146
25	Tomter	-	118	1 711	-	218	7 524	-	336
26	Spydeberg	-	62	2 035	-	186	9 419	-	248
27	Askim	-	64	1 894	-	221	8 020	-	285
28	Slitu	-	61	1 653	-	204	4 514	-	265
29	Mysen	-	179	3 434	-	324	10 336	-	503
30	Eidsberg	-	30	1 111	-	66	4 866	-	96
31	Rakkestad	-	85	1 706	-	226	9 115	-	311
32	Gautestad	-	12	741	-	22	5 025	-	34
33	Ise	-	12	1 282	-	23	6 424	-	35
34	Tistedalen	-	158	4 621	-	97	6 349	-	255

…gifter samt Personale.

…s et le personnel des stations.

…ET.	12	13	14	15	16	17	18	19	20	
	Trafik. Trafic.									
	Ankomne. Arrivés.	Levende Dyr. Animaux.								Løbenummer.
		Heste. Chevaux.		Andre levende Dyr. Autres animaux.				Tilsammen. Total.		
				Hornkvæg, større Svin etc. Bétail.		Smaafæ. Petit bétail.				
.	Ialt. Total.	Afg. Partis.	Ank. Arrivés.	Afg. Partis.	Ank. Arrivés.	Afg. Partis.	Ank. Arrivés.	Afg. Partis.	Ank. Arrivés.	
	Antal. Nombre.									
3	-	-	-	-	-	-	-	-	-	
096	560 312	497	799	658	16 822	175	1 993	1 330	19 614	1
690	369 341	65	204	344	5 236	104	693	513	6 133	
626	66 932	-	-	-	431	2	205	2	636	2
991	78 485	-	-	-	-	-	-	-	-	3
155	94 060	-	-	1	10	1	116	2	126	4
661	7 624	-	-	25	17	5	3	30	20	5
537	18 451	-	2	137	91	3	5	140	98	6
314	14 969	112	116	129	86	40	3	281	205	7
573	6 550	-	-	51	25	5	2	56	27	8
207	10 219	-	-	48	22	9	5	57	27	9
584	52 399	18	17	336	1 253	75	1 246	429	2 516	10
495	7 807	28	29	23	92	3	39	54	160	11
052	12 340	2	1	17	16	8	2	27	19	12
921	12 954	37	26	122	79	40	26	199	131	13
151	7 372	-	7	28	98	-	27	28	132	14
425	80 498	170	137	34	1 635	6	63	210	1 835	15
081	1 813	-	-	-	-	-	-	-	-	16
288	14 463	-	-	4	66	3	19	7	85	17
568	7 831	-	-	3	-	-	3	3	3	18
840	47 191	1	4	68	344	8	47	77	395	19
922	14 489	1	-	51	87	4	20	56	107	20
486	339	-	-	-	-	-	-	-	-	21
778	15 466	-	-	21	-	7	-	28	-	22
977	72 031	87	65	4 217	3 813	1 511	3 756	5 815	7 634	23
971	7 873	-	-	66	26	2	3	68	29	24
571	9 344	1	-	59	15	9	3	69	18	25
702	11 746	1	-	174	53	7	1	182	54	26
199	10 221	-	1	874	34	1	2	875	37	27
432	6 341	172	1	133	13	10	8	315	22	28
273	14 240	3	1	753	12	34	9	790	22	29
073	6 585	3	1	164	22	18	13	185	36	30
132	10 911	13	4	191	26	30	26	234	56	31
800	5 925	2	-	31	5	21	3	54	8	32
741	7 849	-	-	10	197	3	8	13	205	33
225	14 814	1	1	2	-	2	1	5	2	34

Tabel VII. Stationernes Tr

Renseignement sur le tra

Løbenummer.	1	21	22	23	24	25	26
		Trafik. Trafic.					
		Gods. Marchandises.					
	Stationernes Navne. Dèsignation des station.	Ilgods. Grande vitesse.		Trælast og Brænde. Bois de construction et bois à brûler.		Andet Fragtgods. Petite vitesse.	
		Afg. Parties.	Ank. Arrivées.	Afg. Parties.	Ank. Arrivées.	Afg. Parties.	A… Arriv…
		Antal Ton. (2 Decimaler). Tonnes.					
	1ste Trafikdistrikt.						
	Smaalensbanen.						
	Gjennemgangstrafik.	[1]) 2.61	[2]) 9.21	-	-	[1]) 104.40	[2]) 58
	Lokal- og Samtrafik:						
1	Kristiania *Fællesst.*	*1 549.89*	*2 204.63*	*6 561.78*	*231 740 08*	*164 566.05*	*123 98*
	Heraf denne Bane	438.07	519.73	600.28	12 867.38	31 657.14	26 84
2	Bækkelaget	0.87	2.36	0.25	154.94	29.79	31
3	Nordstrand Stoppested	-	0.01	-	-	-	
4	Lian a)	1.06	4.01	108.60	653.00	26.95	1 76
5	Oppegaard	0.76	3.43	655.30	70.50	143.77	78
6	Ski	3.41	12.05	1 879.77	54.56	626.00	3 80
7	Aas	5.57	19.79	767.40	248.60	849.15	3 99
8	Vestby	1.96	5.52	1 541.60	-	532.34	1 18
9	Soner	3.53	6.93	1 440.20	13.50	386.66	94
10	Moss a)	58.76	89.13	815.50	2 346.90	6 655.06	4 77
11	Dilling	4.18	4.72	269.15	25.90	305.28	45
12	Rygge	4.51	6.35	165.15	-	616.30	1 34
13	Raade	7.70	9.39	1 455.40	32.40	1 364.35	1 19
14	Onsø	2.68	1.97	233.50	60.70	287.65	27
15	Fredriksstad a)	102.02	158.21	296.00	31 416.19	3 522.53	6 86
16	Lisleby Stoppested	-	-	-	-	-	12
17	Greaker	2.92	5.63	2.43	60.40	1 183.27	52
18	Sannesund	2.46	6.03	29.00	645.60	178.70	2 74
19	Sarpsborg	33.31	55.83	571.40	267.50	1 381.66	2 99
20	Skjeberg a)	3.02	5.24	96.20	74.90	1 094.95	85
21	Døle Stoppested	-	-	-	-	-	
22	Berg	1.69	2.66	173.10	27.80	369.77	16
23	Fredrikshald	195.25	118.64	520.74	69 810.38	8 793.00	14 03
24	Kraakstad	1.11	5.98	1 045.55	19.60	486.55	2 00
25	Tomter	5.38	14.17	2 025.30	50.54	2 488.48	1 77
26	Spydeberg	9.54	19.11	4 003.62	28.47	1 227.48	2 10
27	Askim	8.33	17.13	1 219.75	90.40	6 439.64	1 19
28	Slitu	9.40	8.79	697.20	22.48	1 126.30	79
29	Mysen	25.19	28.13	2 521.74	102.90	2 908.03	2 41
30	Eidsberg	2.62	13.50	438.40	20.15	725.53	54
31	Rakkestad	7.98	27.69	4 496.86	0.53	2 961.36	1 42
32	Gautestad	1.51	6.40	1 643.88	1.28	2 532.78	20
33	Ise	1.45	6.07	701.10	48.88	954.65	62
34	Tistedalen	2.99	8.21	8 219.00	972.90	8 957.03	4 82

[1]) Afgaaet: Trafik i Retning fra Kristiania. [2]) Ankommet: Trafik i Retning til Kristi

…ifter samt Personale.

et le personnel des stations.

28		29	30	31	32	33	
Tilsammen. Total.		Udgifter. Dépenses.				Fast Personale. Employés.	Løbenummer.
… …es.	Ank. Arrivées.	Lønninger og Beklædning. Dépenses du personnel.	Husleie, Opvarmning, Belysning, Renhold og Inventar. Loyer, chauffage, éclairage, nettoyage et inventaire	Kontor-udgifter. Nécessaire de comptoir.	Sum. b) Total.		
		Kroner.				Antal. Nombre.	
…07.01	[2]) 67.98	-	-	-	-		
…77.72	*357 931.29*	*158 444.32*	*39 450.71*	*9 922.62*	*207 817.65*	[3]) 132	1
		Andel med Hovedbanen ……			83 326.48		
…95.49	40 229.41	Egne Udgifter ……		2 145.59	2 145.59	—	
…30.91	471.76	4 091.52	1 075.64	181.34	5 348.50	4	2
-	0.01	1 118.61	711.60	163.92	1 994.13	1	3
…136.61	2 419.49	3 854.54	951.42	221.85	5 027.81	4	4
…799.83	862.82	2 837.36	353.97	64.70	3 256.03	3	5
…509.18	3 867.17	9 149.60	1 319.34	141.88	10 610.82	9	6
…622.12	4 259.30	2 782.94	382.43	120.05	3 285.42	2	7
…075.90	1 186.75	2 436.15	524.13	95.11	3 055.39	2	8
…830.39	962.17	2 806.67	504.60	85.45	3 396.72	3	9
…529.32	7 207.90	11 856.77	3 848.50	610.37	16 315.64	12	10
…578.61	484.54	2 435.05	328.00	93.53	2 856.58	2	11
…785.96	1 354.07	3 022.45	491.01	95.55	3 609.01	3	12
…827.45	1 238.53	2 939.02	413.73	108.71	3 461.46	3	13
…523.83	339.19	1 726.87	447.47	80.61	2 254.95	2	14
…920.55	38 434.67	11 458.16	3 133.99	704.06	15 296.21	13	15
-	126.08	360.00	11.25	76.91	448.16	-	16
…188.62	593.91	2 097.13	397.58	108.96	2 603.67	2	17
…210.16	3 392.06	2 923.42	367.18	89.66	3 380.26	3	18
…986.37	3 314.70	13 598.53	3 127.25	450.85	17 176.63	14	19
…194.17	939.70	2 912.12	458.86	137.11	3 508.09	2	20
-	-	180.00	20.81	28.29	229.10	-	21
…544.56	194.95	1 828.68	521.50	106.52	2 456.70	2	22
…508.99	83 959.24	16 675.46	6 337.39	1 423.39	24 436.24	20	23
…533.21	2 033.74	2 521.42	501.98	86.65	3 110.05	2	24
…519.16	1 837.80	2 677.39	559.06	92.08	3 328.53	3	25
…240.64	2 147.83	3 024.61	301.96	121.57	3 448.14	3	26
…667.72	1 303.83	3 097.02	470.05	138.76	3 705.83	3	27
…832.90	827.64	2 760.22	772.93	125.94	3 659.09	2	28
…454.96	2 544.16	5 523.78	1 256.60	188.76	6 969.14	7	29
…166.55	577.59	2 259.80	524.36	76.14	2 860.30	2	30
…466.20	1 450.40	3 851.59	812.64	183.91	4 848.14	4	31
…178.17	211.92	1 835.59	366.64	84.69	2 286.92	2	32
…657.20	682.29	2 311.13	427.85	81.19	2 820.17	2	33
…179.02	5 802.77	3 933.15	449.35	303.83	4 686.33	3	34

…alet Personale ved Stationen (Fælles for Hoved- og Smaalensbanen).

Tabel VII. (Forts.). Stationernes T

Løbenummer.	Stationernes Navne.	Trafik. Reisende med ordinære Tog. Afgaaede, fordelt paa hver Klasse. Tur. I.	Tur. II.	Tur. III.	Tur & Retur. I.	Tur & Retur. II.	Tur & Retur. III.	Tilsammen. I.	Tilsammen. II.
	1	2	3	4	5	6	7	8	9
		Antal.							
35	Aspedammen	-	4	1 051	-	33	3 242	-	37
36	Præstebakke	-	95	1 963	-	176	6 562	-	271
37	Kornsø	-	26	1 653	-	66	3 946	-	92
	Tilsammen	**1 605**	**14 127**	**181 023**	**938**	**43 146**	**898 419**	**2543**	**57 273**
	Hvoraf Lokaltrafik ..	88	10 890	171 429	349	41 497	889 763	437	52 387
	« Samtrafik	1 517	3 237	9 594	589	1 649	8 656	2106	4 886
	nemlig Trafik over:								
	Kristiania	-	58	491	-	196	1 659	-	254
	Moss & Horten ...	-	186	1 799	-	323	3 207	-	509
	Kornsø	1 517	2 993	7 304	589	1 130	3 790	2106	4 123
	Kongsvingerbanen.								
	Gjennemgangstrafik.	**677**	**3 086**	**5 240**	**323**	**963**	**658**	**1000**	**4 049**
	Lokal- og Samtrafik:								
1	Lillestrøm *Fællesst.* ..	*13*	*515*	*7 531*	*120*	*1 787*	*31 698*	*133*	*2 302*
	Heraf denne Bane ..	8	129	1 842	56	157	5 390	64	286
2	Nerdrum Sidespor...	-	-	-	-	-	-	-	-
3	Fetsund a)	-	132	2 550	14	650	11 276	14	782
4	Varaaen Sidespor ...	-	-	-	-	-	-	-	-
5	Blakjer	3	140	1 811	2	440	8 001	5	580
6	Haga	2	48	912	39	121	3 833	41	169
7	Aarnæs	1	127	1 371	-	341	5 296	1	468
8	Funnefos Sidespor...	-	-	-	-	-	-	-	-
9	Sæterstøen a).......	-	46	910	4	101	3 042	4	147
10	Disenaaen	-	9	323	-	4	166	-	13
11	Skarnæs	-	123	2 029	2	482	6 843	2	605
12	Sander a)...........	-	54	1 188	5	155	4 642	5	209
13	Galterud	-	2	473	-	2	543	-	4
14	Kongsvinger a)	9	376	4 584	61	1 520	16 012	70	1 896
15	Sjøli Sidespor	-	-	-	-	-	-	-	-
16	Aabogen	-	28	933	-	79	4 520	-	107
17	Eidsskog...........	-	55	1 229	-	214	3 058	-	269
18	Skotterud	-	48	1 214	2	84	4 023	2	132
19	Magnor	1	51	1 082	-	205	4 153	1	256
20	Eda Sidespor	-	-	-	-	-	-	-	-
21	Charlottenberg a) ...	13	194	2 056	27	475	3 681	40	669
	Tilsammen	**37**	**1 562**	**24 507**	**212**	**5 030**	**84 479**	**249**	**6 592**
	Hvoraf Lokaltrafik ..	11	916	15 328	18	2 186	53 962	29	3 102
	« Samtrafik	26	646	9 179	194	2 844	30 517	220	3 490
	nemlig Trafik over:								
	Lillestrøm	23	610	8 839	138	2 829	30 324	161	3 439
	Charlottenberg	3	36	340	56	15	193	59	51

[1]) **Afgaaet:** Trafik fra Hovedbanen over denne Bane til svenske Baner.
[2]) **Ankommet:** do. « do. « « do. fra do. do.

…igifter samt Personale.

…	12	13	14	15	16	17	18	19	20	
	Trafik.									
		Levende Dyr.								Løbenummer.
	Ankomne.	Heste.		Andre levende Dyr.				Tilsammen.		
…er.	Ialt.			Hornkvæg, større Svin etc.		Smaafæ.				
		Afg.	Ank.	Afg.	Ank.	Afg.	Ank.	Afg.	Ank.	
	Antal.									
…330	4 843	-	1	-	-	-	2	-	3	35
…796	8 976	1	-	221	5	101	2	323	7	36
…691	5 700	-	8	689	10	1 243	-	1 932	18	37
…258	**1 138 992**	**7 18**	**626**	**9 026**	**13 819**	**3 315**	**6 361**	**13 059**	**20 806**	
…016	1 114 016	520	520	8 938	8 938	3 259	3 259	12 717	12 717	
…242	24 976	198	106	88	4 881	56	3 102	342	8 089	
…404	2 336	176	12	69	403	43	3	288	418	
…515	5 607	-	1	19	2	13	1	32	4	
…323	17 033	22	93	-	4 476	-	3 098	22	7 667	
…47	-	**¹) 60**	**²) 71**	-	**5 339**	-	**180**	**60**	**5 590**	
…564	*41 206*	-	*1*	*38*	*53*	*10*	*5*	*48*	*59*	1
…582	7 351	-	-	4	34	7	5	11	39	
-	-	-	-	-	-	-	-	-	-	2
…622	14 715	27	-	49	112	4	42	80	154	3
-	-	-	-	-	-	-	-	-	-	4
…397	10 567	-	1	215	32	10	10	225	43	5
…955	4 933	1	-	95	13	45	1	141	14	6
…136	7 141	-	-	145	22	6	1	151	23	7
-	-	-	-	-	-	-	-	-	-	8
…103	4 240	-	-	53	4	1	1	54	5	9
…502	173	-	-	-	-	-	-	-	-	10
…179	9 634	2	2	133	10	6	12	141	24	11
…044	6 127	-	-	113	13	14	-	127	13	12
…020	553	-	-	-	-	-	-	-	-	13
…562	22 634	8	21	504	13	154	12	666	46	14
-	-	-	-	-	-	-	-	-	-	15
…560	5 809	-	-	29	20	4	3	33	23	16
…556	3 957	-	-	20	1	4	-	24	1	17
…371	5 704	-	-	68	-	1	3	69	3	18
…192	5 703	-	1	105	-	18	1	123	2	19
-	-	-	-	-	-	-	-	-	-	20
…146	6 078	80	53	871	3	2	1	953	57	21
…27	**115 319**	**118**	**78**	**2 404**	**277**	**276**	**92**	**2 798**	**447**	
…121	72 421	1	1	149	149	82	82	232	232	
…106	42 898	117	77	2 255	128	194	10	2 566	215	
…63	41 603	112	74	2 255	81	194	10	2 561	165	
…43	1 295	5	3	-	47	-	-	5	50	

Tabel VII. (Forts.). Stationernes Trafik

Løbenummer.	Stationernes Navne.	Trafik. Gods. Ilgods		Trælast og Brænde.		Andet Fragtgods.
		Afg.	Ank.	Afg.	Ank.	Afg.
		Antal Ton. (2 Decimaler).				
	1	21	22	23	24	25
35	Aspedammen	0.45	1.24	45.90	62.95	160.12
36	Præstebakke	5.55	6.67	5 004.20	135.92	343.02
37	Kornsø	15.86	5.23	6 233.67	54.36	271.94
	Tilsammen	**971.09**	**1 205.95**	**49 917.14**	**120 442.51**	**91 587.22**
	Hvoraf Lokaltrafik	881.39	881.39	48 363.34	48 363.34	85 310.86
	« Samtrafik	89.70	324.56	1 553.80	72 079.17	6 276.37
	nemlig Trafik over:					
	Kristiania	10.30	18.35	1 348.60	1 432.40	477.39
	Moss & Horten	17.19	9.60	-	-	101.68
	Kornsø	62.21	296.61	205.20	70 646.77	5 697.30
	Kongsvingerbanen.					
	Gjennemgangstrafik	**[2]) 87.90**	**[2]) 78.97**	**44.50**	**33 548.20**	**11 948.91**
	Lokal- og Samtrafik:					
1	Lillestrøm *Fællesst.*	*29.93*	*78.02*	*94 636.00*	*15 887.60*	*2 480.73*
	Heraf denne Bane	6.65	7.57	262.52	14 647.10	178.77
2	Nerdrum Sidespor	-	-	7 780.20	-	153.00
3	Fetsund a)	19.33	22.71	653.70	165.56	2 109.05
4	Varaaen Sidespor	-		710.80	-	689.00
5	Blakjer	30.17	21.62	5 845.80	89.64	1 197.21
6	Haga	12.64	14.43	2 589.90	4.55	852.98
7	Aarnæs	15.42	26.98	2 601.60	16.27	1 136.14
8	Funnefos Sidespor	-	-	-	-	6 579.90
9	Sæterstøen a)	5.85	11.95	5 819.60	22.37	260.71
10	Disenaaen	-	-	2 227.00	14.00	260.30
11	Skarnæs	32.44	31.87	4 837.43	384.30	525.83
12	Sander a)	18.09	11.66	3 611.30	29.62	1 578.22
13	Galterud	-	-	3 517.60	5.00	7.10
14	Kongsvinger a)	105.44	74.31	2 435.80	1 513.91	843.06
15	Sjøli Sidespor	-	-	708.00	-	1.80
16	Aabogen	11.73	6.13	7 472.65	11.13	458.60
17	Eidsskog	8.35	8.32	2 476.10	5.00	187.80
18	Skotterud	22.85	13.16	7 242.40	9.40	778.55
19	Magnor	17.21	14.18	2 880.10	49.93	464.80
20	Eda Sidespor	-	-	812.90	191.70	365.40
21	Charlottenberg a)	5.37	7.76	6 764.20	168.70	3 222.64
	Tilsammen	**311.54**	**272.65**	**71 249.60**	**17 328.18**	**21 850.86**
	Hvoraf Lokaltrafik	59.48	59.48	12 337.20	12 337.20	3 653.36
	« Samtrafik	252.06	213.17	58 912.40	4 990.98	18 197.50
	nemlig Trafik over:					
	Lillestrøm	251.46	211.21	58 912.40	10.88	17 103.57
	Charlottenberg	0.60	1.96	-	4 980.10	1 093.93

[1]) Samlet Personale ved Stationen (Fælles for Hoved- og Kongsvingerbanen). [2]) Afg
stiania over Kongsvingerbanen.

Udgifter samt Personale.

27	28	29	30	31	32	33	
Tilsammen.		Udgifter.				Fast Personale.	Løbenummer.
Afg.	Ank.	Lønninger og Beklædning.	Husleie, Opvarmning, Belysning, Renhold og Inventar.	Kontorudgifter.	Sum. b).		
		Kroner.				Antal.	
206.47	287.69	1 036.50	375.73	288.68	1 700.91	1	35
5 352.77	1 485.95	2 982.49	371.96	298.59	3 653.04	3	36
6 521.47	870.13	3 335.18	503.26	289.71	4 128.15	3	37
[illegible]475.46	217 902.16	144 240.92	33 422.02	9 694.91	187 357.85	—	
34 555.59	134 555.59						
7 919.87	83 346.57						
1 836.29	2 586.67						
118.87	254.10						
5 964.71	80 505.80						
12 081.21	67 426.46	-	-	-	-		
97 146.66	*23 945.19*	*21 195.91*	*3 959.33*	*414.88*	*25 570.12*	[1]) 20	1
447.94	14 876.16	*Andel med Hovedbanen*			3 710.00	—	
7 933.20	112.79	Egne Udgifter .	100.35		100.35	-	2
2 782.08	3 194.39						
1 399.80	-	3 861.75	562.27	171.36	4 595.38	4	3
7 073.18	3 115.02	3 723.34	541.88	142.67	4 407.89	-	4
3 455.52	2 003.35	2 852.04	588.84	88.50	3 529.38	4	5
3 753.16	1 987.61	4 626.07	864.05	138.35	5 628.47	3	6
6 579.90	-					5	7
6 086.16	785.73	3 675.08	499.88	115.98	4 290.94	-	8
2 487.30	181.50	916.03	142.96	15.60	1 074.59	4	9
5 395.70	2 596.97	3 696.16	469.80	134.49	4 300.45	1	10
5 207.61	1 520.31	3 717.41	635.00	151.16	4 503.57	4	11
3 524.70	312.80	1 258.43	114.07	31.46	1 403.96	4	12
3 3[illegible]4.30	8 004.37	13 999.44	2 595.74	386.23	16 981.41	1	13
709.80	5.00	918.59	5.46	-	924.05	16	14
[illegible]942.98	625.48	3 131.54	418.77	90.30	3 640.61	1	15
[illegible]672.25	501.72	2 725.99	573.27	84.92	3 384.18	3	16
[illegible]043.80	1 319.57	2 700.62	443.11	90.18	3 233.91	2	17
[illegible]362.11	886.28	2 983.64	1 393.80	106.06	4 483.50	3	18
[illegible]178.30	1 181.50					3	19
[illegible]992.21	1 669.98	-	-	-	11 241.40	-	20
						-	21
[illegible]	44 880.58	54 786.13	9 949.25	1 747.26	66 482.64	—	
[illegible]050.04	16 050.04						
[illegible]361.96	28 830.49						
[illegible]767.43	23 559.98						
[illegible]494.53	5 270.51						

[illegible] i *Retning* fra Kristiania over Kongsvingerbanen. [3]) Ankommet: Trafik i Retning til Kri-

Tabel VII. (Forts.). Stationernes Tr

Løbenummer.	Stationernes Navne.	Trafik. Reisende med ordinære Tog. Afgaaede, fordelt paa hver Klasse. Tur. I.	Tur. II.	Tur. III.	Tur & Retur. I.	Tur & Retur. II.	Tur & Retur. III.	Tilsammen. I.	Tilsammen. II.	Tilsammen. III.
1	2	3	4	5	6	7	8	9		
		Antal.								
	2det Trafikdistrikt.									
	Kr.ania-Dr.menb.									
	Gj.nemgangstrafik.	-	48	391	-	118	1 202	-	166	1
	Lokal-og Samtrafik:									
1	Kristiania a)........	-	7 006	47 206	-	24 888	356 570	-	31 894	403 7
2	Skarpsno Stoppested	-	314	3 124	-	80	7 977	-	394	11 1
3	Bygdø a)	-	474	9 679	-	725	44 989	-	1 199	54
4	Bestum Stoppested ..	-	300	3 468	-	875	40 203	-	1 175	43
5	Lysaker...........	-	424	7 161	-	1 516	69 848	-	1 940	77
6	Stabæk Stoppested ..	-	104	2 691	-	190	17 675	-	294	20
7	Høvik a)...........	-	479	3 805	-	2 705	41 112	-	3 184	44
8	Sandviken a)...... ..	-	827	9 344	-	3 247	56 687	-	4 074	66
9	Slæbende Stoppested	-	96	1 036	-	250	4 108	-	346	5
10	Hvalstad a).........	-	326	3 270	-	1 273	16 338	-	1 599	19
11	Asker	-	338	3 502	-	604	17 755	-	942	21
12	Heggedal a)........	-	38	1 899	-	180	9 580	-	218	11
13	Røken a)	-	83	1 892	-	264	9 413	-	347	11
14	Spikestad Stoppested	-	-	677	-	-	1 123	-	-	1
15	Lier...............	-	101	3 961	-	365	17 998	-	466	21
16	Bragerøen Stoppested	-	35	1 269	-	206	2 361	-	241	3
17	Drammen a) *Fællesst.*	-	*2 306*	*21 289*	-	*10 334*	*109 524*	-	*12 640*	*130*
	Heraf denne Bane	-	1 095	9 137	-	6 491	45 156	-	7 586	54
	Tilsammen	-	**12 040**	**113 121**	-	**43 859**	**758 893**	-	**55 899**	**872**
	Heraf Lokaltrafik ...	-	8 001	102 088	-	36 135	731 535	-	44 136	833
	« Samtrafik.....	-	4 039	11 033	-	7 724	27 358	-	11 763	38
	nemlig Trafik over:									
	Kristiania	-	21	130	-	74	836	-	95	
	Drammen	-	4 018	10 903	-	7 650	26 522	-	11 668	37
	Drammen-Sklenb.									
	Gjnemgangstrafik.	-	7	77	-	2	152	-	9	
	Lokal-og Samtrafik:									
1	Drammen a) denne Bane	-	775	5 742	-	1 573	24 317	-	2 348	30
2	Gundesø Stoppested.	-	-	118	-	-	468	-	-	
3	Skouger............	-	18	1 669	-	48	6 635	-	66	8
4	Galleberg	-	22	1 536	-	57	6 179	-	79	7
5	Sande a)...........	-	76	2 681	-	286	11 822	-	362	14
6	Holm Stoppested ...	-	3	650	-	18	692	-	21	1
7	Holmestrand........	-	680	5 216	-	1 487	18 874	-	2 167	24
8	Nykirke	-	22	1 780	-	43	6 073	-	65	7
9	Skopum	-	143	2 616	-	568	11 817	-	711	14
10	Augedal	-	89	1 503	-	75	4 817	-	164	6
11	Barkaker..........	-	17	1 632	-	56	5 645	-	73	7
12	Tønsberg	-	1 718	15 131	-	4 204	61 412	-	5 922	76
13	Sæm	-	62	3 765	-	184	18 204	-	246	21
14	Stokke	-	90	2 530	-	226	15 556	-	316	18
15	Raastad...........	-	17	1 085	-	27	2 342	-	44	3
16	Sandefjord	-	980	9 189	-	2 533	37 549	-	3 513	46
17	Joberg............	-	1	720	-	4	1 636	-	5	2
18	Tjødling	-	35	2 447	-	164	8 631	-	19[illegible]	11

[1]) Afgaaet: Trafik i Retning fra Kristiania over Kristiania—Drammenbanen.

dgifter samt Personale.

11	12	13	14	15	16	17	18	19	20	
	Trafik.									
		Levende Dyr.								Løbenummer.
				Andre levende Dyr.						
n e ser.	Ankomne Ialt.	Heste.		Hornkvæg, større Svin, etc.		Smaafæ.		Tilsammen.		
		Afg.	Ank.	Afg.	Ank.	Afg.	Ank.	Afg.	Ank.	
	Antal.									
759	-	[1]) -	[2]) -	1	-	-	-	1		
670	442 853	38	47	924	1 024	21	70	983	1 141	1
495	10 250	-	-	-	-	-	-	-	-	2
867	54 985	-	-	-	3	-	1	-	4	3
846	43 820	-	-	-	-	-	-	-	-	4
949	81 387	2	-	-	2	-	-	2	2	5
660	20 013	-	-	-	-	-		-	-	6
101	48 434	-	-	9	3	1	-	10	3	7
105	68 762	-	-	219	12	2	-	221	12	8
490	5 186	-	-	-	-	-	-	-	-	9
207	20 458	-	-	62	38	1	-	63	38	10
199	22 101	1	-	249	54	48	2	298	56	11
697	11 426	-	-	49	39	1	3	50	42	12
652	12 517	1	1	156	65	13	-	170	66	13
800	1 391	-	-	-	-	-	-	-	-	14
425	22 501	1	-	68	335	2	3	71	338	15
871	2 899	-	-	-	-	-	-	-	-	16
453	*143 233*	*34*	*15*	*81*	*1 245*	*28*	*75*	*143*	*1 335*	17
879	62 233	13	4	27	359	2	29	42	392	
913	**931 216**	**56**	**52**	**1 763**	**1 934**	**91**	**108**	**1 910**	**2 094**	
759	877 759	19	19	1 643	1 643	91	91	1 753	1 753	
154	53 457	37	33	120	291	-	17	157	341	
061	1 064	1	-	-	3	-	2	1	5	
093	52 393	36	33	120	288	-	15	156	336	
238	-	-	-	-	-	-	-	-	-	
407	32 220	17	9	22	143	13	3	52	155	1
586	588	-	-	-	-	-	-	-	-	2
370	9 099	-	-	6	10	-	1	6	11	3
794	7 566	-	1	17	2	3	3	20	6	4
865	14 946	-	-	110	34	1	7	111	41	5
363	1 475	-	-	-	-	-	-	-	-	6
257	25 318	2	3	49	84	3	2	54	89	7
918	7 831	-	-	-	3	-	-	-	3	8
144	15 178	-	-	1	-	-	-	1	-	9
484	6 767	-	1	3	1	5	-	8	2	10
350	7 856	-	1	10	12	1	-	11	13	11
465	82 294	10	21	21	72	2	1	33	94	12
215	22 803	-	-	172	12	7	-	179	12	13
402	18 812	-	1	49	7	6	10	55	18	14
471	3 728	1	-	-	5	-	1	1	6	15
251	48 745	6	4	53	34	1	16	60	54	16
361	2 567	-	-	3	5	-	4	3	9	17
277	11 787	-	-	7	-	-	2	7	2	18

i Retning til Kristiania over Kristiania—Drammenbanen.

Tabel VII. (Forts.). Stationernes Tr

Løbenummer.	Stationernes Navne.	Trafik. Gods. Ilgods. Afg.	Ank.	Trælast og Brænde. Afg.	Ank.	Andet Fragtgods Afg.	Ank.
	1	21	22	23	24	25	26
		Antal Ton. (2 Decimaler).					
	2det Trafikdistrikt.						
	Kr.ania-Dr.menb.						
	Gjennemgangstrafik.	1) 3.86	2) 3.15	-	-	60.66	10
	Lokal- og Samtrafik:						
1	Kristiania a)	700.83	266.16	1 145.34	15 535.51	33 917.74	41 82
2	Skarpsno Stoppested	-	-	-	-	-	
3	Bygdø a)	1.70	8.10	2.50	384.70	90.24	37
4	Bestum Stoppested	-	-	-	-	-	
5	Lysaker	1.99	4.88	70.08	1 155.96	2 101.99	7 37
6	Stabæk Stoppested	-	-	-	-	-	
7	Høvik a)	2.07	5.04	81.70	630.00	1 531.62	1 85
8	Sandviken a)	1.95	9.28	2 761.46	242.35	8 867.28	3 16
9	Slæbende Stoppested	-	-	-	-	-	
10	Hvalstad a)	2.67	16.84	75.80	373.25	298.93	1 02
11	Asker	3.64	6.75	1 012.30	231.50	886.28	1 82
12	Heggedal a)	2.54	16.57	639.52	5 498.94	2 081.32	1 36
13	Røken a)	7.09	15.73	747.20	167.70	1 010.70	1 66
14	Spikestad Stoppested	-	0.71	113.30	65.10	336.94	24
15	Lier	8.30	15.27	1 287.73	326.55	3 889.83	1 86
16	Bragerøen	-	-	-	-	-	
17	Drammen a) *Fællesst.*	*303.74*	*352.14*	*8 753.19*	*16 338.15*	*48 762.73*	*106 87*
	Heraf denne Bane	96.40	176.51	6 387.85	281.44	6 569.87	5 61
	Tilsammen	**829.18**	**541.84**	**14 324.78**	**24 893.00**	**61 582.74**	**68 20**
	Heraf Lokaltrafik	359.77	359.77	14 002.69	14 002.69	44 090.36	44 09
	» Samtrafik	469.41	182.07	322.09	10 890.31	17 492.38	24 11
	nemlig Trafik over:						
	Kristiania	3.30	4.31	-	-	89.99	10
	Drammen	466.11	177.76	322.09	10 890.31	17 402.39	24 00
	Drammen-Skienb.						
	Gjennemgangstrafik.	3) 0.19	4) 0.51	-	-	2.46	
	Lokal- og Samtrafik:						
1	Drammen a) denne Bane	64.34	134.84	1 140.15	3 554.05	4 371.63	1 52
2	Gundesø Stoppested	-	-	-	-	-	
3	Skouger	0.77	2.34	2 365.59	57.49	354.38	65
4	Galleberg	1.16	3.86	1 097.65	8.50	724.89	45
5	Sande a)	8.23	15.28	1 508.25	66.75	1 126.94	1 45
6	Holm Stoppested	-	-	-	-	-	
7	Holmestrand	34.96	47.31	1 808.32	932.07	918.05	1 56
8	Nykirke	0.74	1.45	72.10	86.10	82.24	49
9	Skopum	0.91	1.36	9.95	59.16	148.69	17
10	Augedal	0.28	0.96	106.38	32.73	31.32	34
11	Barkaker	0.98	1.11	62.28	36.36	55.55	14
12	Tønsberg	86.06	101.49	108.89	2 416.23	2 020.34	3 12
13	Sæm	1.20	4.15	1 210.20	350.21	912.49	92
14	Stokke	2.30	6.40	309.80	223.10	248.08	94
15	Raastad	0.20	1.47	6.30	34.10	58.58	13
16	Sandefjord	45.15	64.19	1 522.80	2 507.04	1 285.78	3 06
17	Joberg	0.08	0.22	135.50	86.70	80.86	17
18	Tjødling	0.89	1.17	171.35	65.60	603.27	18

1) 2) Se Anm. paa foregaaende Side. 3) 4) Afgaaet: Trafik i Retning fra Kristiania over Dr

dgifter samt Personale.

27	28	29	30	31	32	33	
Tilsammen.		Udgifter.				Fast Personale.	Løbenummer.
Afg.	Ank.	Lønninger og Beklædning.	Husleie, Opvarmning, Belysning, Renhold og Inventar.	Kontor-udgifter.	Sum. b)		
		Kroner.				Antal.	
64.52	103.22						
5 763.91	57 621.81	66 621.11	13 866.13	2 865.12	83 352.36	58	1
-	-					1	2
94.44	770.03	4 967.78	1 165.00	217.05	6 350.03	5	3
-	-					1	4
2 174.06	8 538.46	3 955.67	730.56	226.89	4 913.12	5	5
-	-					1	6
1 615.39	2 494.06	4 792.38	868.37	230.61	5 891.36	4	7
1 630.69	3 413.05	6 055.23	887.85	304.35	7 247.43	6	8
-	-					1	9
377.40	1 410.38	3 587.50	724.55	118.36	4 430.41	3	10
1 902.22	2 060.26	4 797.64	1 044.44	139.42	5 981.50	4	11
2 723.38	6 880.59	2 883.43	582.18	93.17	3 558.78	3	12
1 764.99	1 852.29	4 031.63	808.13	136.25	4 976.01	3	13
450.24	315.38	.	.	.	.	1	14
5 185.86	2 207.83	4 202.34	719.03	162.93	5 084.30	4	15
-	-	1 287.99	278.15	40.13	1 606.27	1	16
7 819.66	*123 561.27*	*75 647.37*	*8 191.50*	*2 094.70*	*85 933.57*	80	17
3 054.12	6 074.29	27 898.75	3 021.02	772.53	31 692.30	—	
6 736.70	**93 638.42**	**135 081.45**	**24 695.61**	**5 306.81**	**165 083.87**	—	
8 452.82	58 452.82						
8 283.88	35 185.61						
93.29	107.67						
8 190.59	35 077.94						
2.65	**6.51**						
5 576.12	5 211.05	19 225.02	2 081.79	532.34	21 839.15	—	1
-	-					-	2
2 720.74	714.02	1 894.27	517.62	66.83	2 478.72	1	3
1 823.70	463.18	2 141.42	399.36	66.93	2 607.71	2	4
2 643.42	1 538.63	2 795.27	458.47	110.59	3 364.33	2	5
-	-					-	6
2 761.33	2 542.56	6 453.86	793.89	266.86	7 514.61	6	7
155.08	581.10	1 110.21	197.48	50.82	1 358.51	1	8
159.55	230.71	4 088.82	992.42	130.58	5 211.82	4	9
137.98	382.57	1 504.19	415.50	65.84	1 985.53	1	10
118.81	184.22	973.31	270.74	70.49	1 314.54	1	11
2 215.29	5 640.55	6 834.57	1 242.96	466.44	8 543.97	7	12
2 123.89	1 274.58	2 851.08	318.17	128.31	3 297.56	3	13
560.18	1 177.41	2 776.94	403.82	137.41	3 318.17	3	14
65.08	167.94	986.79	196.28	101.29	1 284.36	1	15
53.73	5 637.39	5 883.85	1 020.75	373.93	7 278.53	6	16
116.44	265.00	1 017.85	266.28	47.46	1 331.59	1	17
175.51	256.27	1 227.95	242.13	64.71	1 534.79	1	18

banen via Moss—Horten. Ankommet: Trafik i den modsatte Retning.

Tabel VII. (Forts.). Stationernes Tra[...]

Løbenummer.	Stationernes Navne.	Trafik. Reisende med ordinære Tog. Afgaaede, fordelt paa hver Klasse.								
		Tur.			Tur & Retur.			Tilsammen.		
		I.	II.	III.	I.	II.	III.	I.	II.	III.
		Antal.								
1	1	2	3	4	5	6	7	8	9	
19	Grøtting Stoppested .	-	20	896	-	33	1 381	-	53	2
20	Laurvik a)	-	2 448	11 661	-	3 911	40 248	-	6 359	51
21	Tjose	-	3	382	-	37	2 667	-	40	3
22	Aaklungen	-	12	694	-	22	4 155	-	34	4
23	Birkedalen a).......	-	5	608	-	2	1 585	-	7	2
24	Eidanger...........	-	215	3 538	-	360	13 152	-	575	16
25	Porsgrund a)	-	1 368	16 299	-	2 850	48 457	-	4 218	64
26	Osebakke	-	46	3 172	-	72	6 354	-	118	9
27	Borgestad..........	-	142	9 596	-	-	1 450	-	142	11
28	Bøhle..............	-	138	10 536	-	-	725	-	138	11
29	Skien a)	-	2 395	35 363	-	4 667	66 415	-	7 062	101
30	Borre	-	134	2 563	-	281	6 663	-	415	9
31	Horten	-	1 181	8 886	-	1 952	30 200	-	3 133	39
	Tilsammen	-	**12 855**	**164 204**	-	**25 740**	**466 121**	-	**38 595**	**630**
	Heraf Lokaltrafik ...	-	9 694	154 779	-	20 608	447 614	-	30 302	602
	« Samtrafik	-	3 161	9 425	-	5 132	18 507	-	8 293	27
	nemlig Trafik over:									
	Drammen	-	2 983	7 570	-	4 810	15 376	-	7 793	22
	Moss—Horten	-	178	1 855	-	322	3 131	-	500	4
	Drammen-Randsfj.									
	Lokal- og Samtrafik:									
1	Drammen, denne Bane	-	436	6 410	-	2 270	40 051	-	2 706	46
2	Gulskogen a)	-	47	1 481	-	124	3 366	-	171	4
3	Mjøndalen	-	21	3 274	-	147	15 715	-	168	18
4	Hougsund..........	-	192	4 666	-	964	20 833	-	1 156	25
5	Burud	-	-	501	-	25	2 359	-	25	2
6	Skotselven	-	39	1 422	-	245	8 999	-	284	10
7	Aamot a)	-	132	2 453	-	571	11 650	-	703	14
8	Gjethus	-	56	2 084	-	310	5 628	-	366	7
9	Vikersund *)........	-	692	3 798	-	936	15 055	-	1 628	18
10	Nakkerud	-	20	826	-	49	3 251	-	69	4
11	Skjærdalen	-	29	1 364	-	130	5 238	-	159	6
12	Ask a).............	-	62	2 242	-	161	5 089	-	223	7
13	Hønefos a).........	-	813	7 599	-	1 537	22 164	-	2 350	29
14	Heen a)	-	543	2 566	-	385	7 092	-	928	9
15	Randsfjord a).......	-	1 065	3 456	-	1 172	11 319	-	2 237	14
16	Vestfossen..........	-	68	2 411	-	209	10 341	-	277	12
17	Darbo	-	9	931	-	52	3 750	-	61	4
18	Krekling a).........	-	4	448	-	1	1 474	-	5	1
19	Skollenborg a)......	-	20	2 324	-	69	4 418	-	89	6
20	Kongsberg	-	751	4 324	-	1 424	13 628	-	2 175	17
21	Snarum a) *)	-	10	600	-	42	3 743	-	52	4
22	Krøderen a) *)......	-	208	2 105	-	451	4 405	-	659	6
	Tilsammen	-	**5 217**	**57 285**	-	**11 274**	**219 568**	-	**16 491**	**276**
	Heraf Lokaltrafik ...	-	2 735	49 578	-	7 938	202 816	-	10 673	252
	« Samtrafik:									
	nemlig over Drammen	-	2 482	7 707	-	3 336	16 752	-	5 818	[illegible]

*) Desuden 13 034 Reisende paa Lokalbilletter mellem Stationer og Stoppesteder paa [...]

…gifter samt Personale.

11	12	13	14	15	16	17	18	19	20	
		Trafik.								
		Levende Dyr.								
		Heste.		Andre levende Dyr.				Tilsammen.		Løbenummer.
				Hornkvæg, større Svin etc.		Smaafæ.				
…r.	Ankomne Ialt.	Afg.	Ank.	Afg.	Ank.	Afg.	Ank.	Afg.	Ank.	
		Antal Ton								
…330	2 112	-	.	-	-	.	.	.	-	19
…268	57 941	14	35	149	33	2	6	165	74	20
…089	3 178	-	.	3	-	1	-	4	-	21
…383	4 912	-	.	36	7	23	-	59	7	22
…200	2 222	-	.	1	1	1	-	2	1	23
…265	17 956	1	2	-	3	-	-	1	5	24
…977	69 129	2	4	14	255	-	26	16	285	25
…644 }										26
…188 }	41 465	-	-	-	-	-	-	.	.	27
…399 }										28
…839	97 569	21	4	66	208	-	8	87	220	29
…641	9 534	1	-	-	3	1	-	2	3	30
…219	41 469	3	1	89	67	12	-	104	68	31
…922	**667 067**	**78**	**87**	**881**	**1 001**	**82**	**90**	**1 041**	**1 178**	
…695	632 695	51	51	816	816	76	76	943	943	
…227	34 372	27	36	65	185	6	14	98	235	
…741	28 972	26	36	63	166	5	1	94	203	
…486	5 400	1	.	2	19	1	13	4	32	
…167	48 780	4	2	32	743	13	43	49	788	1
…018	4 698	-	.	-	6	.	3	-	9	2
…157	19 197	-	.	6	.	2	2	8	2	3
…655	26 487	-	.	121	53	7	2	128	55	4
…885	2 915	-	.	25	-	.	-	25	-	5
…705	10 821	-	.	40	7	1	2	41	9	6
…806	14 926	-	-	261	13	2	1	263	14	7
…078	7 874	-	.	8	3	2	3	10	6	8
…481	20 342	3	4	158	74	9	11	170	89	9
…146	4 178	-	-	8	10	2	-	10	10	10
…761	6 653	-	.	12	10	-	-	12	10	11
…554	7 621	-	.	3	1	.	-	3	1	12
…113	30 187	1	4	91	24	8	3	100	31	13
…586	11 612	1	-	-	13	1	-	2	13	14
…012	17 429	4	2	187	2	25	1	216	5	15
…029	13 009	-	.	45	-	13	-	58	-	16
…742	4 624	-	.	10	5	1	.	11	5	17
…927	1 957	-	.	2	1	-	1	2	2	18
…831	6 421	-	.	9	1	-	1	9	2	19
…127	20 407	8	5	153	13	.	4	161	22	20
…395	4 486	-	.	34	2	1	-	35	3	21
…169	7 174	4	1	49	3	6	5	59	8	22
…344	**291 798**	**25**	**18**	**1 254**	**984**	**93**	**82**	**1 372**	**1 084**	
…067	263 067	12	12	971	971	82	82	1 065	1 065	
…277	28 731	13	6	283	13	11	-	307	19	

…sand—Krøderen.

Tabel VII. 1. (Forts.). Stationernes Tr

Løbenummer.	Stationernes Navne.	Trafik. Gods. Ilgods. Afg.	Ilgods. Ank.	Trælast og Brænde. Afg.	Trælast og Brænde. Ank.	Andet Fragtgods Afg.	Andet Fragtgods Ank.
	1	21	22	23	24	25	
		Antal Ton. (2 Decimaler).					
19	Grøtting Stoppested	-	-	-	-	-	
20	Laurvik a)	203.01	107.84	2 410.00	6 543.79	7 449.49	3 64
21	Tjose	0.27	0.78	561.42	41.30	43.66	9
22	Aaklungen	0.44	1.07	4 774.30	5.00	182.74	17
23	Birkedalen a)	0.03	0.35	1 627.50	-	107.62	6
24	Eidanger	0.88	2.61	214.40	16.32	703.73	12
25	Porsgrund	46.50	45.95	53.80	1 253.00	1 060.68	1 68
26	Skien a)	63.54	129.58	10.47	4 920.40	1 510.16	2 87
27	Borre	0.08	2.87	97.50	24.45	108.43	15
28	Horten	42.95	53.78	85.10	1 083.23	1 391.52	1 48
	Tilsammen	**606.85**	**732.48**	**21 470.00**	**24 403.68**	**25 581.12**	**25 66**
	Heraf Lokaltrafik	455.44	455.44	19 242.71	19 242.71	21 157.27	21 15
	« Samtrafik	151.41	276.99	2 227.29	5 160.97	4 423.85	4 51
	nemlig Trafik over:						
	Drammen	142.00	264.20	2 227.29	5 160.97	4 181.81	4 41
	Moss—Horten	9.41	12.79	-	-	242.04	9
	Drammen-Randsfj.						
	Lokal- og Samtrafik:						
1	Drammen, denne Bane	143.00	40.79	1 225.19	12 502.66	37 821.23	99 73
2	Gulskogen	2.41	3.66	621.82	547.80	1 708.01	37
3	Mjøndalen	3.85	9.90	2 666.99	823.40	7 775.71	1 41
4	Hougsund	8.78	24.16	140.82	413.68	1 459.13	1 30
5	Burud	0.44	1.89	109.85	205.00	122.90	20
6	Skotselven	6.49	16.68	858.20	1 378.76	3 577.49	6 13
7	Aamot a)	9.20	30.24	3 923.44	1 896.15	12 182.44	2 06
8	Gjethus	4.06	12.44	65.70	6 835.17	6 415.22	5 26
9	Vikersund	25.16	62.40	455.90	521.77	805.32	2 01
10	Nakkerud	3.38	5.35	134.90	105.90	215.32	47
11	Skjærdalen	5.34	8.70	1 209.65	184.30	4 251.74	1 48
12	Ask a)	2.64	4.08	33.10	347.10	320.47	24
13	Hønefos a)	58.37	70.03	1 838.38	26 323.51	37 724.33	6 23
14	Heen a)	5.31	20.82	10 273.58	1 402.65	11 287.68	2 26
15	Randsfjord a)	47.31	78.13	29 253.88	190.50	12 617.23	11 05
16	Vestfossen	10.44	18.35	1 788.59	4 886.00	9 428.18	5 93
17	Darbo	2.01	4.53	1 241.80	101.10	156.71	25
18	Krekling a)	0.30	0.33	906.35	3.00	25.74	9
19	Skollenborg a)	2.11	5.40	393.10	107.90	8 400.15	1 46
20	Kongsberg	40.07	98.01	11 634.14	523.55	3 145.93	7 03
21	Snarum a)	1.86	9.39	1 813.73	1 559.70	5 882.16	50
22	Krøderen a)	7.20	31.64	3 963.60	191.21	488.56	3 35
	Tilsammen	**389.78**	**556.92**	**74 552.71**	**61 050.81**	**165 811.65**	**158 93**
	Heraf Lokaltrafik	304.18	304.18	60 889.27	60 889.27	144 249.90	144 24
	« Samtrafik:						
	nemlig over Drammen	85.55	252.74	13 663.44	161.54	21 561.75	14 68

…ifter samt Personale.

	28	29	30	31	32	33	
		Udgifter.					
Tilsammen.		Lønninger og Beklædning.	Husleie, Opvarmning, Belysning, Renhold og Inventar.	Kontor-udgifter.	Sum. f).	Fast Personale.	Løbenummer.
	Ank.						
		Kroner.				Antal.	
-	-	-	-	-	-	-	19
…62.50	10 300.16	10 842.57	1 563.95	516.90	12 923.42	10	20
…05.35	133.79	924.64	125.82	36.99	1 087.45	1	21
…57.48	183.39	1 699.42	390.96	63.81	2 154.19	2	22
…35.15	62.64	1 387.95	218.92	38.28	1 645.15	1	23
…19.01	145.06	2 656.92	543.51	117.64	3 318.07	2	24
…60.98	2 982.26	7 234.21	1 022.99	465.55	8 722.75	5	25
…84.17	7 923.04	11 523.77	2 722.04	723.80	14 969.61	12	26
…06.91	187.24	1 062.93	321.92	57.50	1 442.35	2	27
…19.57	2 619.33	6 392.10	1 154.47	408.14	7 954.71	5	28
…57.97	**50 804.09**	**105 489.91**	**17 882.24**	**5 109.44**	**128 481.59**		
…55.42	40 855.42						
…02.55	9 948.67						
…51.10	9 836.31						
…51.45	112.36						
…89.42	112 275.93	28 523.60	3 088.69	789.83	32 402.12	—	1
…32.24	921.80	1 205.87	201.37	55.52	1 462.76	1	2
…46.55	2 251.02	2 320.44	598.24	146.42	3 065.10	2	3
…08.73	1 738.97	7 280.82	1 174.82	221.98	8 677.62	7	4
…33.19	416.52	945.07	269.92	35.25	1 250.24	1	5
…42.18	7 535.13	2 092.90	408.46	69.32	2 570.68	2	6
…15.08	3 993.74	3 984.70	366.93	169.22	4 520.85	4	7
…84.98	12 109.81	2 294.84	335.77	117.35	2 747.96	2	8
…86.38	2 601.16	6 158.89	919.63	221.68	7 300.20	6	9
…53.60	586.16	1 039.93	226.63	45.99	1 312.55	1	10
…66.73	1 681.63	2 290.95	383.35	96.35	2 770.65	2	11
…56.21	593.66	3 274.55	358.77	69.47	3 702.79	3	12
…21.08	32 630.53	8 993.12	947.18	483.14	10 423.44	7	13
…66.57	3 691.24	5 045.69	523.53	159.74	5 728.96	5	14
…18.42	11 325.64	9 694.82	2 190.09	407.21	12 292.12	8	15
…27.21	10 842.48	4 305.05	569.24	223.60	5 097.89	3	16
…00.52	364.50	953.87	293.95	48.03	1 295.85	1	17
…32.39	95.01	1 523.25	355.39	29.34	1 907.98	1	18
…95.36	1 577.77	2 264.84	354.96	91.66	2 711.46	2	19
…80.14	7 654.46	8 166.40	968.90	312.39	9 447.69	8	20
…97.75	2 077.53	2 217.77	743.31	94.16	3 055.24	2	21
…59.36	3 581.96	3 872.42	766.28	105.28	4 743.98	4	22
…54.09	**220 546.65**	**108 449.79**	**16 045.41**	**3 992.98**	**128 488.18**		
…43.35	205 443.35						
…10.74	15 103.30						

Tabel VIII. (Forts.). Stationernes Tr

1		2	3	4	5	6	7	8	9	
		Trafik.								
		Reisende med ordinære Tog.								
		Afgaaede, fordelt paa hver Klasse.								
Løbenummer.	Stationernes Navne.	Tur.			Tur & Retur.			Tilsammen.		
		I.	II.	III.	I.	II.	III.	I.	II.	II
		Antal.								
	3die & 4de Trafikd.									
	Eidsvold—Hamarb.									
	Gjennemgangstrafik.	**630**	**2 714**	**9 953**	**378**	**2 218**	**10 692**	**1008**	**4 932**	**20**
	Lokal- og Samtrafik:									
1	Eidsvold *Fællesstation*	*128*	*1 356*	*7 127*	*310*	*1 664*	*15 919*	*438*	*3 020*	*23*
	Heraf denne Bane.	10	165	1 796	118	234	5 306	128	399	7
2	Minne a)	2	110	1 830	-	247	7 521	2	357	9
3	Ulvin a)	1	14	513	2	40	2 594	3	54	3
4	Espen a)	-	9	758	3	22	2 358	3	31	3
5	Tangen a)	-	30	1 248	-	122	6 055	-	152	7
6	Stensrud	-	-	128	-	-	247	-	-	
7	Stange	-	81	3 107	-	257	11 324	-	338	14
8	Ottestad a)	-	63	1 876	-	189	4 809	-	252	6
9	Hamar *Fællesstation*	*109*	*1 191*	*14 701*	*52*	*2 446*	*40 656*	*161*	*3 637*	*55*
	Heraf denne Bane.	66	797	8 132	29	1 848	18 656	95	2 645	26
	Tilsammen	**79**	**1 269**	**19 388**	**152**	**2 959**	**58 870**	**231**	**4 228**	**78**
	Heraf Lokaltrafik	29	527	12 854	25	945	46 978	54	1 472	59
	» Samtrafik	50	742	6 534	127	2 014	11 892	177	2 756	18
	nemlig Trafik over:									
	Eidsvold	50	709	6 237	22	1 957	11 387	72	2 666	17
	Hamar	-	33	297	105	57	505	105	90	
	Rørosbanen.									
	Gjennemgangstrafik.	**95**	**335**	**278**	-	**16**	**56**	**95**	**351**	
	Lokal- og Samtrafik:									
	Hamar—Grundsetb.									
1	Hamar, denne Bane	43	394	6 569	23	598	22 000	66	992	28
2	Aker Stoppested	-	2	240	-	-	89	-	2	
3	Hjellum a)	-	30	1 549	-	43	2 528	-	73	4
4	Ilseng	-	36	1 586	-	66	6 591	-	102	8
5	Hørsand	-	27	1 082	-	44	3 664	-	71	4
6	Aadalsbrug	-	16	1 294	-	55	5 113	-	71	6
7	Løiten	-	53	2 189	-	78	8 170	-	131	10
8	Elverum a)	7	271	5 583	9	676	14 991	16	947	20
9	Grundset *Fællesstation*	-	*3*	*609*	-	*22*	*824*	-	*25*	*1*
	Heraf Hamar-Gr.setb.	-	3	337	-	11	577	-	14	
	Sum	50	832	20 429	32	1 571	63 723	82	2 403	84
	Grundset—Aamotb.									
	Grundset, denne Bane	-	-	272	-	11	247	-	11	
10	Øxna a)	-	-	497	-	5	1 594	-	5	2
11	Aatsa	-	10	1 287	-	32	2 084	-	42	3
12	Rena *Fællesstation*	*1*	*65*	*2 282*	-	*157*	*5 015*	*1*	*222*	[illegible]
	Heraf Gr.set-Aamotb.	1	41	1 586	-	126	3 640	1	167	5
	Sum	1	51	3 642	-	174	7 565	1	225	11
	Støren—Aamotb.									
	Rena, denne Bane	-	24	696	-	31	1 375	-	55	2
13	Sætre Sidespor	-	-	-	-	-	-	-	-	

[1]) Afgaaet: Trafik i Retningen fra Hovedbanen. Ankommet: Trafik i Retning til Hovedba

igifter samt Personale.

	12	13	14	15	16	17	18	19	20	
		Trafik.								
		Levende Dyr.								
				Andre levende Dyr.						
	Ankomne. Ialt.	Heste.		Hornkvæg, større Svin etc.		Smaafæ.		Tilsammen.		Løbenummer.
er.		Afg.	Ank.	Afg.	Ank.	Afg.	Ank.	Afg.	Ank.	
		Antal.								
585	-	*) 18	*) 7	46	1 145	4	346	68	1 498	
504	*26 082*	*61*	*14*	*840*	*101*	*253*	*10*	*1 154*	*125*	1
629	7 200	8	9	4	75	1	3	13	87	
710	9 960	81	13	310	7	4	2	395	22	2
164	3 102	-	-	29	-	5	-	34	-	3
150	3 035	-	-	-	1	5	1	5	2	4
455	7 534	2	2	24	8	3	4	29	14	5
375	279	-	-	-	-	-	-	-	-	6
769	14 737	126	11	500	35	15	2	641	48	7
937	7 239	-	-	56	3	1	1	57	4	8
155	*58 048*	*243*	*33*	*2 110*	*653*	*325*	*14*	*2 678*	*700*	9
528	29 112	237	17	2 091	75	325	4	2 653	96	
717	**82 198**	**454**	**52**	**3 014**	**204**	**359**	**17**	**3 827**	**273**	
358	61 358	14	14	61	61	15	15	90	90	
359	20 840	440	38	2 953	143	344	2	3 737	183	
362	19 797	439	36	2 953	110	335	2	3 727	148	
997	1 043	1	2	-	33	9	-	10	35	
780	-	¹) 5	¹) 2	-	-	-	-	5	2	
627	28 936	6	16	19	578	-	10	25	604	1
331	89	-	-	-	-	-	-	-	-	2
150	5 141	1	3	-	125	-	-	1	128	3
279	8 650	-	6	10	39	4	11	14	56	4
817	4 997	-	-	2	11	-	1	2	12	5
478	6 573	-	-	15	8	1	-	16	8	6
490	10 513	-	5	32	25	12	3	44	33	7
537	20 928	4	78	93	20	3	10	100	108	8
458	*1 428*	-	-	-	-	-	-	-	-	9
928	1 042	-	-	-	-	-	-	-	-	
637	86 869	11	108	171	806	20	35	202	949	
530	386	-	-	-	-	-	-	-	-	
096	2 394	-	-	3	2	1	4	4	6	10
413	3 088	-	1	9	-	3	2	12	3	11
520	*7 725*	-	*1*	*39*	*15*	*20*	*15*	*59*	*31*	12
394	5 746	-	1	38	8	10	15	48	24	
433	11 614	-	2	50	10	14	21	64	33	
126	1 979	-	-	1	7	10	-	11	7	
-	-	-	-	-	-	-	-	-	-	13

Tabel VII. (Forts.). Stationernes Tr

Løbenummer.	Stationernes Navne.	Trafik. Gods. Ilgods. Afg.	Ank.	Trælast og Brænde. Afg.	Ank.	Andet Fragtgods Afg.	Ank.
1		21	22	23	24	25	26
		Antal.					
	3die & 4de Trafikd.						
	Eidsvold—Hamarb.						
	Gj.nemgangstrafik ...	[1]) **319.21**	[2]) **1 204.58**	**122.50**	**255.50**	**13 921.12**	**6 01**
	Lokal- og Samtrafik:						
1	Eidsvold *Fællesstation* ...	*62.52*	*104.16*	*21 559.15*	*120.85*	*11 867.81*	*20 13*
	Heraf denne Bane....	6.29	7.76	200.25	98.20	1 314.18	11
2	Minne a)........	16.10	23.13	734.80	180.15	2 543.07	3 09
3	Ulvin a)	3.54	6.66	511.50	2.50	138.65	234
4	Espen a)	2.30	4.11	1 878.20	5.00	89.69	27
5	Tangen a)........	10.20	14.13	1 115.29	51.50	962.89	81
6	Stange	33.17	29.24	236.30	1 228.10	2 298.20	1 92
7	Ottestad a)........	8.40	9.54	-	1 294.00	612.24	64
8	Hamar *Fællesstation* ...	*247.92*	*260.06*	*189.30*	*4 281.51*	*14 445.01*	*25 990*
	Heraf denne Bane....	105.80	183.03	9.60	1 003.64	7 304.36	22 740
	Tilsammen	**185.80**	**277.60**	**4 685.94**	**3 863.09**	**15 263.28**	**29 842**
	Heraf Lokaltrafik	62.52	62.52	3 497.34	3 497.34	3 489.29	3 48
	« Samtrafik	123.28	215.08	1 188.60	365.75	11 773.99	26 353
	nemlig Trafik over:						
	Eidsvold	114.32	207.85	1 145.40	255.00	10 797.02	26 147
	Hamar........	8.96	7.23	43.20	110.75	976.97	205
	Rørosbanen.						
	Gj.nemgangstrafik ...	[1]) **2.88**	[2]) **3.06**	-	-	**201.06**	**86**
	Lokal- og Samtrafik:						
	Hamar—Grundsetb.						
1	Hamar, denne Bane ...	142.12	77.03	179.70	3 277.87	7 140.65	3 249
2	Aker Stoppested	-	-	-	361.50	279.23	1 002
3	Hjellum a)........	2.47	7.37	16.00	844.30	1 365.19	1 158
4	Ilseng	14.99	10.26	23.10	173.50	1 577.59	603
5	Hørsand	5.19	6.73	117.70	5.80	707.45	276
6	Aadalsbrug........	5.79	17.42	67.80	2 427.28	1 930.69	3 546
7	Løiten........	16.62	20.16	420.70	472.00	1 494.52	1 358
8	Elverum a)........	46.54	115.43	2 955.10	556.13	871.81	6 160
9	Grundset *Fællesstation*. .	*0.48*	*1.48*	*836.60*	*47.35*	*47.69*	*81*
	Heraf Hamar-Gr.setb.	0.36	1.40	831.60	-	45.62	58
	Sum	234.08	255.80	4 611.70	8 118.38	15 412.75	17 413
	Grundset—Aamotb.						
	Grundset, denne Bane .	0.12	0.08	5.00	47.35	2.07	22
10	Øxna a)........	1.09	2.99	1 303.33	56.28	329.55	197
11	Aasta........	2.99	6.93	178.90	89.15	147.64	323
12	Rena *Fællesstation*	*24.00*	*39.97*	*127.20*	*429.62*	*432.30*	*2 091*
	Heraf Gr.set-Aamotb. .	12.85	32.14	115.40	70.13	355.48	1 882
	Sum	17.05	42.14	1 602.63	262.91	834.74	2 426
	Støren—Aamotb.						
	Rena, denne Bane......	11.15	7.83	11.80	359.49	76.80	208
13	Sætre Sidespor........	-	-	-	-	-	-

[1]) Afgaaet: Trafik i Retning fra Hovedbanen. [2]) Ankommet: Trafik i Retning til Hovedban

[U]dgifter samt Personale.

[2]7	28	29	30	31	32	33	
Tilsammen.		Udgifter.				Fast Personale.	Løbenummer.
Afg.	Ank.	Lønninger og Beklædning.	Husleie, Opvarmning, Belysning, Renhold og Inventar.	Kontor-udgifter.	Sum. f)		
		Kroner.				Antal.	
14 362.83	7 475.17	-	-	-	-		
3 439.48	20 358.79	21 981.50	4 186.31	452.61	26 620.42		1
1 520.72	222.58	{Andel med Hovedbanen		....	4 620.00	—	
		{Egne Udgifter	...	85.41	85.41		
3 293.97	3 295.77	2 852.17	328.88	106.73	3 287.78	3	2
653.69	243.88	2 233.36	272.65	46.90	2 552.91	2	3
1 970.19	282.04	2 165.71	264.48	47.28	2 477.47	2	4
2 088.38	878.15	2 326.76	364.76	81.35	2 772.87	2	5
2 567.67	3 184.01	3 091.06	450.57	121.51	3 663.14	3	6
620.64	1 949.77	2 063.30	443.78	67.06	2 574.14	2	7
4 852.23	30 531.62	34 990.97	3 518.59	1 131.49	39 641.05	30	8
7 410.76	23 927.35	18 382.86	1 848.53	594.44	20 825.83		
20 135.02	33 983.55	33 115.22	3 973.65	1 150.68	38 239.55	—	
7 049.15	7 049.15						
13 085.87	26 934.40						
12 056.74	26 610.45						
1 029.13	323.95						
203.94	89.09						
7 462.47	6 604.27	16 608.11	1 670.06	537.05	18 815.22	—	1
279.23	1 363.99	-	-	-	-	—	2
1 383.66	2 010.25	2 100.69	219.69	60.57	2 380.95	2	3
1 615.68	786.86	1 509.59	264.13	61.91	1 835.63	1	4
830.34	289.46	1 445.22	314.96	62.89	1 823.07	1	5
2 004.28	5 990.86	1 992.36	273.27	89.53	2 355.16	2	6
1 931.84	1 850.67	2 104.85	155.90	84.92	2 345.67	1	7
3 873.45	6 831.67	7 441.85	718.76	406.63	8 567.24	6	8
884.77	130.13	1 069.17	25.91	16.48	1 111.56	1	9
877.5[illegible]	60.11	780.49	18.91	12.03	811.43		
20 258.53	25 788.14	33 983.16	3 635.68	1 315.53	38 934.37	—	
7.19	70.02	288.68	7.00	4.45	300.13	—	
1 633.97	257.21	1 318.05	350.45	33.89	1 702.39	1	10
329.53	419.23	1 539.69	120.13	56.88	1 716.70	1	11
531.90	2 561.07	3 126.99	1 380.26	221.34	4 728.59	3	12
483.73	1 985.08	2 157.62	952.38	152.72	3 262.72		
2 454.42	2 731.54	5 304.04	1 429.96	247.94	6 981.94	—	
99.75	575.99	969.37	427.88	68.62	1 465.87	—	
-	-	-	-	-	-	—	13

Tabel VII. (Forts.). Stationernes T

Løbenummer.	Stationernes Navne.	Trafik. Reisende med ordinære Tog. Afgaaede, fordelt paa hver Klasse. Tur. I.	Tur. II.	Tur. III.	Tur & Retur. I.	Tur & Retur. II.	Tur & Retur. III.	Tilsammen. I.	Tilsammen. II.	
	1	2	3	4	5	6	7	8	9	
		Antal.								
14	Stenviken a)........	-	16	758	-	26	1 642	-	42	
15	Ophus a)...........	-	13	522	-	26	903	-	39	1
16	Rasten a)	-	26	803	-	63	1 584	-	89	2
17	Stai	-	49	1 069	1	64	1 600	1	113	2
18	Koppang a)	5	125	1 568	7	168	2 963	12	293	4
19	Bjoraanæsset Stoppest.	-	-	51	-	-	179	-	-	
20	Atna a)..	3	25	429	-	19	1 129	3	44	1
21	Hanestad a)	1	15	343	1	34	746	2	49	1
22	Barkald	-	2	229	-	5	322	-	7	
23	Lilleelvedal:........	13	150	944	4	90	1 409	17	240	2
24	Auma..............	-	5	278	-	-	354	-	5	
25	Tønset...	7	235	1 483	12	211	2 439	19	446	3
26	Telneset	-	2	202	-	-	371	-	2	
27	Tolgen.....	-	35	503		24	1 270	-	59	1
28	Os	-	34	738	2	45	1 832	2	79	2
29	Røros	20	277	3 964	8	302	7 464	28	579	11
30	Nypladsen..........	-	20	1 956	-	24	1 740	-	44	3
31	Jensvold	-	22	1 173	-	13	1 459	-	35	2
32	Tyvold a)..........	-	17	783	-	62	3 826	-	79	4
33	Reitan	-	7	1 330	-	13	2 147	-	20	3
34	Eidet	6	57	1 135	-	25	2 435	6	82	3
35	Holtaalen	-	27	575	-	17	1 121	-	44	1
36	Langletet	-	9	247	-	11	291	-	20	
37	Reitstøen....	-	7	214	-	8	225	-	15	
38	Singsaas	37	19	601	1	20	654	38	39	1
39	Bjørgen............	-	8	729	-	5	820	-	13	1
40	Kotsøien Stoppested.	-	9	322	-	6	617	-	15	
41	Rognæs a)..........	-	18	473	-	11	892	-	29	1
42	Støren *Fællesstation* ..	*29*	*226*	*2 076*	*8*	*220*	*4 137*	*37*	*446*	*6*
	Heraf Støren Aamotb.	25	51	495	6	31	376	31	82	
	Sum	117	1 304	24 613	42	1 354	44 185	159	2 658	68
	Tr.hjem—Størenb.									
	Støren, denne Bane .	4	175	1 581	2	189	3 761	6	364	5
43	Hovind	-	33	999	-	18	2 450	-	51	3
44	Lundemo...........	-	2	898	-	8	2 508	-	10	3
45	Leer..	-	10	1 134	-	28	3 750	-	38	4
46	Kvaal......... ..	-	3	1 119	-	27	2 351	-	30	3
37	Søberg.............	-	3	587	-	40	1 555	-	43	2
48	Melhus....	-	36	1 937	-	151	6 669	-	187	8
49	Nypan	-	10	629	-	33	1 829	-	43	2
50	Heimdal a)	-	164	3 348	-	272	10 601	-	436	13
51	Selsbak Stoppested .	-	23	1 913	-	7	5 117	-	30	7
52	Trondhjem *Fællesst.* .	*348*	*2 291*	*24 267*	*308*	*3 425*	*94 929*	*656*	*5 716*	*11*
	Heraf Tr.hjem-Størenb.	348	1 428	14 349	308	1 546	32 971	656	2 974	47
	Sum	352	1 887	28 494	310	2 319	73 562	662	4 206	10
	Tils. Rørosbanen	**520**	**4 074**	**77 178**	**384**	**5 418**	**189 035**	**904**	**9 492**	**26**

…igifter samt Personale.

11 (…n …e …ser.)	12 Ankomne. Ialt.	13 Trafik. Levende Dyr. Heste. Afg.	14 Heste. Ank.	15 Andre levende Dyr. Hornkvæg, større Svin etc. Afg.	16 Hornkvæg, større Svin etc. Ank.	17 Smaafæ. Afg.	18 Smaafæ. Ank.	19 Tilsammen. Afg.	20 Tilsammen. Ank.	Løbenummer.
		Antal.								
442	2 470	-	2	1	-	4	4	5	6	14
464	1 417	-	-	3	1	-	-	3	1	15
476	2 511	3	-	11	3	-	2	14	5	16
783	2 548	3	2	6	13	1	4	10	19	17
836	4 908	2	1	11	3	5	10	18	14	18
230	287	-	-	-	-	-	-	-	-	19
605	1 680	-	-	17	-	6	-	23	-	20
140	1 174	-	-	30	-	1	1	31	1	21
558	541	-	-	38	-	-	-	38	-	22
610	2 674	12	-	701	3	240	3	953	6	23
637	613	-	-	-	-	-	-	-	-	24
387	4 434	20	1	203	63	7	7	230	71	25
575	559	-	-	17	-	-	-	17	-	26
832	1 787	-	-	42	1	5	2	47	3	27
651	2 550	-	1	113	5	-	-	113	6	28
035	11 777	17	7	59	4	2	13	78	24	29
740	3 449	-	-	-	-	-	-	-	-	30
667	2 306	-	7	53	7	2	4	55	18	31
688	6 715	-	-	-	1	-	2	-	3	32
497	2 834	2	-	23	5	2	1	27	6	33
658	3 238	-	-	16	1	4	5	20	6	34
740	1 719	-	-	62	3	14	5	76	8	35
558	530	-	1	12	5	10	-	22	6	36
454	512	-	-	2	-	-	1	2	1	37
332	1 398	-	-	30	1	5	4	35	5	38
562	1 334	-	-	2	-	2	1	4	1	39
954	1 105	-	-	-	-	-	-	-	-	40
394	1 404	-	-	48	-	1	5	49	5	41
696	*6 743*	*1*	*2*	*208*	*6*	*65*	*4*	*274*	*12*	42
984	1 499	-	-	105	-	46	-	151	-	
615	71 952	59	22	1 606	126	367	74	2 032	222	
5 712	5 244	1	2	103	6	19	4	123	12	
3 500	3 558	-	-	10	2	41	1	51	3	43
3 416	3 371	-	-	61	3	22	1	83	4	44
4 922	5 104	-	-	24	3	10	7	34	10	45
3 500	3 280	-	1	27	20	4	5	31	26	46
2 185	2 271	-	-	9	9	5	-	14	9	47
8 793	8 782	90	96	73	40	5	9	168	145	48
2 501	2 504	-	-	-	1	-	-	-	1	49
4 385	15 236	1	1	3	2	5	5	9	8	50
7 060	8 134	-	-	-	-	-	-	-	-	51
5 568	*124 806*	*342*	*122*	*370*	*640*	*90*	*146*	*802*	*908*	52
0 950	47 969	154	94	327	304	77	96	558	494	
6 924	105 453	246	194	637	390	188	128	1 071	712	
[illegible]	**275 888**	**316**	**326**	**2 464**	**1 332**	**589**	**258**	**3 369**	**1 916**	

Tabel VII. (Forts.). Stationernes Tra

Løbenummer.	1	21	22	23	24	25	26
		Trafik.					
		Gods.					
	Stationernes Navne.	Ilgods.		Trælast og Brænde.		Andet Fragtgod	
		Afg.	Ank.	Afg.	Ank.	Afg.	Ank
		Antal Ton. (2 Decimaler).					
14	Stenviken a)	3.74	12.92	387.69	29.50	430.16	529
15	Ophus a)	1.78	5.79	29.50	53.72	49.97	191
16	Rasten a)	7.53	17.89	1 555.92	16.60	227.60	705
17	Stai	9.76	20.64	-	177.20	265.01	636
18	Koppang a)	14.17	31.86	330.30	181.74	180.07	2 185
19	Bjøraanæsset Stoppested	-	-	-	-	-	5
20	Atna a)	2.20	8.57	305.10	16.60	51.36	216
21	Hanestad a)	7.88	8.41	187.80	6.72	55.89	508
22	Barkald	1.89	1.69	-	2.70	25.39	125
23	Lilleelvedal	42.63	22.97	644.10	67.65	287.22	1 150
24	Auma	1.64	2.99	218.50	4.00	18.08	95
25	Tønset	91.74	30.98	141.00	82.45	300.16	1 739
26	Telneset	0.20	0.63	662.08	51.00	48.63	17
27	Tolgen	57.39	7.23	221.76	7.20	239.89	473
28	Os	14.70	4.36	154.45	86.98	2 187.38	491
29	Røros	203.83	37.96	707.30	1 181.56	1 229.55	10 508
30	Nypladsen	0.28	0.89	30.20	28.94	15.38	78
31	Jensvold	8.36	2.97	127.25	223.79	651.89	417
32	Tyvold a)	0.74	6.28	5.00	1 125.82	23 319.77	705
33	Reitan	5.67	3.15	-	171.77	4 340.87	216
34	Eidet	2.87	4.73	30.96	118.52	101.37	654
35	Holtaalen	3.87	4.09	251.08	5.00	116.06	201
36	Langletet	0.58	1.48	222.17	-	25.98	295
37	Reitstøen	0.81	0.74	648.50	20.20	220.43	132
38	Singsaas	2.44	2.80	631.00	6.00	39.18	820
39	Bjørgen	1.33	2.49	641.50	17.80	109.86	236
40	Kotsøien Stoppested	-	0.01	482.00	-	32.20	57
41	Rognæs a)	2.92	2.16	710.90	-	839.63	417
42	Støren *Fællesstation*	*21.26*	*16.53*	*605.71*	*34.90*	*1 135.85*	*1 971*
	Heraf Støren Aamotb.	6.82	2.96	16.40	7.50	300.63	107
	Sum	508.92	257.47	9 354.26	4 050.45	35 786.41	24 130
	Trondhjem—Størenbanen						
	Støren, denne Bane	14.44	13.57	589.31	27.40	835.22	1 863
43	Hovind	5.51	9.69	898.75	37.00	1 773.66	492
44	Lundemo	10.01	2.65	173.00	24.55	2 202.85	317
45	Leer	7.31	3.84	674.20	38.65	889.56	844
46	Kvaal	6.12	2.64	105.55	7.45	247.82	212
47	Søberg	2.83	1.05	0.94	91.70	132.18	1 073
48	Melhus	12.46	4.45	42.00	154.40	773.16	733
49	Nypan	0.39	0.54	-	-	28.34	24
50	Heimdal a)	17.66	3.99	307.25	71.30	695.27	2 675
51	Selsbak Stoppested	-	-	-	-	-	-
52	Trondhjem *Fællesstation*	*1 136.39*	*317.08*	*419.39*	*24 872.67*	*47 637.06*	*44 039*
	Heraf Tr.hjem-Størenb.	920.03	276.34	117.50	5 235.75	18 999.04	33 634
	Sum	996.76	318.76	2 908.50	5 688.20	26 577.10	41 870
	Tils. Rørosbanen	**1 756.81**	**874.17**	**18 477.09**	**18 119.94**	**78 611.00**	**85 841**

…dgifter samt Personale.

27	28	29	30	31	32	33	
Tilsammen.		Udgifter.				Fast Personale.	Løbenummer.
Afg.	Ank.	Lønninger og Beklædning.	Husleie, Opvarmning, Belysning, Renhold og Inventar.	Kontor-udgifter.	Sum. b)		
		Kroner.				Antal.	
821.59	571.92	2 108.04	178.80	57.61	2 344.45	2	14
81.25	250.94	1 136.83	221.52	31.24	1 389.59	1	15
1 791.05	740.16	1 162.01	185.44	58.10	1 405.55	1	16
274.77	834.21	2 191.36	445.15	81.08	2 717.59	2	17
524.54	2 399.32	5 205.03	1 098.37	240.97	6 544.37	5	18
-	5.80	-	-	-	-	-	19
358.66	241.63	1 194.15	245.33	50.81	1 490.29	1	20
251.57	523.82	2 285.27	179.53	57.02	2 521.82	2	21
27.28	129.51	1 097.02	230.33	36.02	1 363.37	1	22
973.95	1 240.85	2 854.85	400.60	80.56	3 336.01	2	23
238.22	102.26	1 211.82	275.63	24.96	1 512.41	1	24
532.90	1 853.30	5 520.01	1 565.74	232.02	7 317.77	4	25
710.91	69.23	397.20	149.22	24.00	570.42	1	26
519.04	487.73	1 565.31	395.06	51.31	2 011.68	1	27
2 356.53	582.64	1 851.36	468.57	33.19	2 353.12	1	28
2 140.68	11 728.28	7 866.92	2 239.76	383.91	10 490.59	7	29
45.86	108.16	969.50	÷ 52.58	18.30	935.22	-	30
787.50	643.90	1 546.24	245.71	33.76	1 825.71	1	31
3 325.51	1 838.00	1 914.74	778.59	77.00	2 770.33	1	32
4 346.54	391.70	1 311.55	374.86	36.63	1 723.04	1	33
135.20	777.59	2 181.40	425.64	42.40	2 649.44	1	34
371.01	210.39	1 568.96	240.21	31.04	1 840.21	1	35
248.73	297.24	1 290.26	268.12	22.19	1 580.57	1	36
869.74	153.02	1 272.68	151.07	15.80	1 439.55	1	37
672.62	829.38	2 103.17	948.56	120.22	3 171.95	2	38
752.69	256.47	1 314.09	380.07	46.86	1 741.02	1	39
514.20	57.13	279.76	21.50	44.79	346.05	-	40
1 553.45	419.36	1 451.83	373.28	43.00	1 868.11	1	41
1 762.82	*2 022.76*	*5 479.73*	*801.38*	*225.90*	*6 507.01*	5	42
323.85	118.41	1 205.54	176.30	49.70	1 431.54	-	.
5 649.59	28 438.34	57 026.27	13 038.26	2 093.11	72 157.64		
1 438.97	1 904.35	4 274.19	625.08	176.20	5 075.47		
2 677.92	539.33	1 718.70	365.70	40.12	2 124.52	2	43
2 385.86	344.53	1 781.60	292.03	32.40	2 106.03	2	44
1 571.07	887.38	1 563.18	336.83	36.45	1 936.46	2	45
359.49	222.55	762.68	101.16	23.89	887.73	1	46
135.95	1 165.82	1 027.33	83.04	21.48	1 131.85	1	47
827.62	892.28	1 793.73	246.57	63.38	2 103.68	2	48
28.73	24.69	262.15	63.46	13.21	338.82	-	49
1 020.18	2 750.35	2 154.46	380.04	63.58	2 598.08	2	50
-	-	258.90	26.21	35.15	320.26	-	51
…9 192.84	*69 229.68*	*35 853.90*	*7 794.52*	*1 976.99*	*45 625.41*	32	52
…0 036.57	39 146.64	17 709.32	3 849.95	976.49	22 535.76		
…0 482.36	47 877.92	33 306.24	6 370.07	1 482.35	41 158.66		
…8 844.90	**104 835.94**	**129 619.71**	**24 473.97**	**5 138.98**	**159 232.61**		

Tabel VII. (Forts.). Stationernes Tra[illegible]

Løbenummer.	Stationernes Navne.	Trafik. Reisende med ordinære Tog. Afgaaede, fordelt paa hver Klasse. Tur. I.	Tur. II.	Tur. III.	Tur & Retur. I.	Tur & Retur. II.	Tur & Retur. III.	Tilsammen. I.	Tilsammen. II.	Tilsammen. III.
	1	2	3	4	5	6	7	8	9	10
		Antal.								
	Hvoraf Lokaltrafik ..	179	2 876	71 611	88	4 251	182 892	267	7 127	[illegible]
	« Samtrafik. ..	341	1 198	5 567	296	1 167	6 143	637	2 365	[illegible]
	nemlig Trafik over:									
	Hamar	341	1 193	5 512	294	1 159	5 821	635	2 352	[illegible]
	Trondhjem	-	5	55	2	8	322	2	13	[illegible]
	Merakerbanen.									
	Gj.nemgangstrafik.	-	**420**	**222**	-	-	-	-	**420**	[illegible]
	Lokal- og Samtrafik:									
1	Tr.hjem, denne Bane	-	863	9 918	-	1 879	61 957	-	2 742	[illegible]
2	Leangen	-	91	2 528	-	168	10 061	-	259	[illegible]
3	Ranheim	-	68	4 718	-	356	26 590	-	424	[illegible]
4	Malvik	-	20	1 113	-	94	7 700	-	114	[illegible]
5	Hommelvik.........	-	121	3 010	-	737	14 353	-	858	[illegible]
6	Hell a)	-	90	3 117	-	372	15 424	-	462	[illegible]
7	Hegre	-	14	901	-	37	4 492	-	51	[illegible]
8	Floren	-	-	335	-	1	1 425	-	1	[illegible]
9	Gudaa	-	13	567	-	20	1 038	-	33	[illegible]
10	Meraker..........	-	20	689	-	116	1 895	-	136	[illegible]
11	Storlien	-	69	677	-	213	986	-	282	[illegible]
	Tilsammen	-	**1 369**	**27 573**	-	**3 993**	**145 921**	-	**5 362**	[illegible]
	Hvoraf Lokaltrafik ..	-	905	26 382	-	3 831	145 045	-	4 736	[illegible]
	« Samtrafik....	-	464	1 191	-	162	876	-	626	[illegible]
	nemlig Trafik over:									
	Trondhjem	-	9	167	-	21	347	-	30	[illegible]
	Storlien	-	455	1 024	-	141	529	-	596	[illegible]
	5te Trafikdistrikt.									
	Jæderbanen. a)									
1	Stavanger	-	1 293	9 176	-	1 395	36 679	-	2 688	[illegible]
2	Hinna	-	34	2 626	-	78	5 164	-	112	[illegible]
3	Sandnæs	-	181	4 879	-	506	23 142	-	687	[illegible]
4	Høiland..	-	7	509	-	16	1 815	-	23	[illegible]
5	Klep	-	36	733	-	56	3 173	-	92	[illegible]
6	Time	-	63	1 721	-	188	8 938	-	251	[illegible]
7	Nærbø..........	-	54	1 356	-	145	7 436	-	199	[illegible]
8	Varhoug	-	-	694	-	11	2 816	-	11	[illegible]
9	Vigrestad	-	11	622	-	16	3 479	-	27	[illegible]
10	Ogne	-	13	505	-	64	2 980	-	77	[illegible]
11	Helvik..........	-	2	486	-	6	2 679	-	8	[illegible]
12	Ekersund..........	-	1 117	3 927	-	641	9 263	-	1 758	[illegible]
	Tilsammen	-	**2 811**	**27 234**	-	**3 122**	**107 564**	-	**5 933**	[illegible]

gifter samt Personale.

	12	13	14	15	16	17	18	19	20	
		Trafik.								
		Levende Dyr.								
				Andre levende Dyr.						Løbenummer.
	Ankomne. Ialt.	Heste.		Hornkvæg, større Svin etc.		Smaafæ.		Tilsammen.		
er.		Afg.	Ank.	Afg.	Ank.	Afg.	Ank.	Afg.	Ank.	
		Antal.								
897	261 897	311	311	1 286	1 286	243	243	1 840	1 840	
712	13 991	5	15	1 178	46	346	15	1 529	76	
320	13 522	5	14	1 178	46	346	13	1 529	73	
392	469	-	1	-	-	-	2	-	3	
642	-	-	-	-	-	-	-	-	-	
617	76 839	188	28	43	336	13	50	244	414	1
848	13 549	-	-	1	20	1	6	2	26	2
732	31 041	1	-	-	4	1	3	2	7	3
927	8 980	-	1	10	33	2	3	12	37	4
221	17 510	1	1	16	3	12	6	29	10	5
003	18 788	25	10	244	39	112	10	381	59	6
444	5 460	-	-	78	4	15	1	93	5	7
761	1 826	-	-	11	4	1	2	12	6	8
638	1 494	-	2	26	-	-	-	26	2	9
720	2 872	5	1	10	1	7	7	22	9	10
945	1 596	1	-	6	12	1	6	8	18	11
856	179 955	221	43	445	456	165	94	831	593	
163	176 163	16	16	445	445	92	92	553	553	
693	3 792	205	27	-	11	73	2	278	40	
544	455	5	5	-	-	2	-	7	5	
149	3 337	200	22	-	11	71	2	271	35	
543	48 954	20	35	54	1 253	285	449	359	1 737	1
902	8 018	-	-	8	28	55	9	63	37	2
708	28 867	4	2	171	53	142	150	317	205	3
347	2 320	-	-	32	1	9	4	41	5	4
998	4 011	2	3	72	11	42	29	116	43	5
910	10 922	8	4	469	64	202	947	679	1 015	6
991	9 223	6	2	225	13	304	300	535	315	7
521	3 499	2	3	69	2	179	51	250	56	8
128	4 276	7	1	127	10	40	37	174	48	9
562	3 506	1	-	53	15	151	24	205	39	10
173	3 142	-	-	16	-	70	7	86	7	11
948	13 993	17	17	196	42	979	451	1 192	510	12
731	140 731	67	67	1 492	1 492	2 458	2 458	4 017	4 017	

Tabel VII. (Forts.). Stationernes Tr

Løbenummer.	Stationernes Navne.	Trafik. Gods. Ilgods. Afg.	Ilgods. Ank.	Trælast og Brænde. Afg.	Trælast og Brænde. Ank.	Andet Fragtgods Afg.	Andet Fragtgods Ank
	1	21	22	23	24	25	
		Antal Ton. (2 Decimaler).					
	Hvoraf Lokaltrafik	547.45	547.45	17 944.24	17 944.24	70 388.50	70 38
	« Samtrafik	1 209.36	326.72	532.85	175.70	8 222.50	15 45
	nemlig Trafik over:						
	Hamar	1 208.74	325.30	366.25	165.70	6 135.03	14 69
	Trondhjem	0.62	1.42	166.60	10.00	2 087.47	75
	Merakerbanen.						
	Gjennemgangstrafik .	*) 0.29	*) 0.14	-	-	34.18	1
	Lokal- og Samtrafik:						
1	Trondhjem, denne Bane	216.36	40.74	301.89	19 636.92	28 638.02	10 40
2	Leangen	1.21	1.05	-	-	11.48	8
3	Ranheim	9.39	4.99	106.80	6 687.49	2 737.14	9 53
4	Malvik	12.35	1.65	96.22	35.84	262.03	29
5	Hommelvik	9.22	20.01	1 029.50	20 763.65	9 864.69	6 70
6	Hell a)	8.31	15.27	537.10	72.92	2 681.52	6 28
7	Hegre	3.24	3.05	1 264.30	10.71	520.16	43
8	Floren	1.60	0.92	959.50	0.40	119.32	14
9	Gudaa	1.40	2.89	24.00	15.04	31.02	10
10	Meraker	1.41	6.08	33.20	40.52	3 111.03	77
11	Storlien	0.14	4.14	0.08	17.20	52.23	3 12
	Tilsammen	**264.68**	**100.79**	**4 352.59**	**47 280.69**	**48 028.64**	**37 89**
	Hvoraf Lokaltrafik	88.67	88.67	4 342.59	4 342.59	30 297.21	30 29
	« Samtrafik	175.96	12.12	10.00	42 938.10	17 731.43	7 59
	nemlig Trafik over:						
	Trondhjem	4.35	3.20	10.00	166.60	829.30	2 25
	Storlien	171.61	8.92	-	42 771.50	16 902.13	5 34
	5te Trafikdistrikt.						
	Jæderbanen. a)						
1	Stavanger	24.15	4.53	106.50	145.00	3 579.97	4 10
2	Hinna	0.08	0.13	-	19.00	22.13	4
3	Sandnæs	3.74	11.34	958.00	5.00	3 040.82	81
4	Høiland	0.10	0.31	-	5.00	82.18	26
5	Klep	0.06	1.12	-	15.00	411.88	1 09
6	Time	0.58	3.35	-	353.50	1 267.06	1 51
7	Nærbø	0.27	2.08	-	354.60	1 009.78	1 20
8	Varhoug	0.16	0.61	10.00	71.00	199.68	27
9	Vigrestad	0.07	0.92	-	116.72	471.78	37
10	Ogne	0.27	0.68	-	23.50	1 429.08	29
11	Helvik	0.15	0.19	1.20	0.40	82.73	11
12	Ekersund	4.58	8.95	54.92	21.90	585.54	2 06
	Tilsammen	**34.21**	**34.21**	**1 130.62**	**1 130.62**	**12 182.63**	**12 18**

*) Afgaaet: Trafik i Retning fra Trondhjem. Ankommet: Trafik i Retning til Trondhjem.
¹) Bestyres af en Baneformand. ²) Bestyres af en Banevogter.

…lgifter samt Personale.

…7	28	29	30	31	32	33	
		Udgifter.					
Tilsammen.		Lønninger og Beklædning.	Husleie, Opvarmning, Belysning, Renhold og Inventar.	Kontor-udgifter.	Sum. b).	Fast Per-sonale.	Løbenummer.
…fg.	Ank.						
		Kroner.				Antal.	
…880.19	88 880.19						
…964.71	15 955.75						
…710.02	15 188.03						
…254.69	767.72						
34.47	13.17						
…156.27	30 083.04	18 144.58	3 944.57	1 000.50	23 089.65	—	1
12.69	82.78	900.65	99.85	47.24	1 047.74	1	2
…853.33	16 230.80	2 884.43	319.52	128.19	3 332.14	2	3
370.60	332.33	1 671.20	231.57	58.70	1 961.47	1	4
…903.41	27 483.73	4 511.70	394.26	168.65	5 074.61	4	5
…226.93	6 376.39	3 309.94	538.85	180.56	4 029.35	3	6
…787.70	447.46	1 793.77	318.48	68.39	2 180.64	1	7
…080.42	142.43	1 315.88	195.21	35.86	1 546.95	1	8
56.42	127.50	1 430.29	374.90	41.65	1 846.84	1	9
…145.64	818.55	1 740.73	265.00	73.25	2 078.98	1	10
52.45	3 148.42	*Andel med svenske Statsbaner*			*6 137.84*	—	11
…645.84	**85 273.48**	**37 703.17**	**6 682.21**	**1 802.99**	**46 188.87**		
…728.47	34 728.47						
…917.39	50 544.96						
843.65	2 424.15						
…073.74	48 120.81						
…710.62	4 249.77	6 180.06	1 950.46	213.41	8 343.93	6	1
22.21	60.92	197.65	138.47	28.37	364.49	1) -	2
…002.56	835.84	3 052.68	441.57	126.18	3 620.43	3	3
82.28	267.35	281.30	106.22	12.03	399.55	2) -	4
411.94	1 110.62	621.11	91.53	22.84	735.48	1	5
…267.64	1 876.78	1 798.53	252.99	67.79	2 119.31	2	6
…010.05	1 563.84	1 492.49	182.21	52.93	1 727.63	1	7
209.84	348.05	514.85	175.85	21.34	712.04	1	8
471.85	495.77	674.85	27.41	27.24	729.50	1	9
…429.35	318.69	1 157.93	186.94	17.49	1 362.36	1	10
84.08	120.27	281.30	143.00	14.18	438.48	1) -	11
645.04	2 099.56	3 450.52	550.55	89.48	4 090.55	4	12
…347.46	**13 347.46**	**19 703.27**	**4 247.20**	**693.28**	**24 643.75**		

Tabel VII. (Forts.). Stationernes Tr[afik]

Løbenummer.	Stationernes Navne.	Trafik. Reisende med ordinære Tog. Afgaaede, fordelt paa hver Klasse. Tur. I.	Tur. II.	Tur. III.	Tur & Retur. I.	Tur & Retur. II.	Tur & Retur. III.	Tilsammen. I.	Tilsammen. II.
1		2	3	4	5	6	7	8	9
		Antal.							
	6te Trafikdistrikt.								
	Bergen-Vossbanen.								
1	Bergen	-	1 556	31 242	-	3 020	145 826	-	4 576
2	Solheimsviken Stoppest.	-	24	3 371	-	34	16 222	-	58
3	Minde	-	21	2 669	-	30	8 961	-	51
4	Fjøsanger	-	267	9 974	-	740	49 972	-	1 007
5	Hop Stoppested	-	80	1 962	-	205	9 088	-	285
6	Næstun	-	165	9 689	-	567	58 861	-	732
7	Heldal	-	1	404	-	-	829	-	1
8	Haukeland	-	1	1 352	-	9	4 126	-	10
9	Arne	-	5	1 069	-	9	2 990	-	14
10	Garnæs	-	31	1 973	-	65	4 675	-	96
11	Trængereid	-	6	876	-	61	1 431	-	67
12	Vaksdal	-	7	1 034	-	45	2 748	-	52
13	Stanghelle	-	-	558	-	1	810	-	1
14	Dale	-	10	2 577	-	80	5 654	-	90
15	Bolstad	-	10	1 836	-	3	1 474	-	13
16	Evanger	-	22	923	-	19	3 127	-	41
17	Bulken	-	11	1 656	-	28	2 599	-	39
18	Voss	-	1 249	4 011	-	1 498	7 464	-	2 747
	Tilsammen	-	**3 466**	**77 176**	-	**6 414**	**326 857**	-	**9 880**
	Hovedbanen.								
	Gjennemgangstrafik.	5	**153**	**1 603**	-	**318**	**3 168**	5	**471**
	Lokal- og Samtrafik:								
1	Kristiania, denne Bane	855	5 885	40 848	805	13 114	132 899	1 660	18 999
2	Bryn	-	242	5 374	-	863	17 556	-	1 105
3	Grorud a)	2	307	5 116	2	677	20 238	4	984
4	Strømmen a)	7	120	2 448	14	1 152	11 494	21	1 272
5	Lillestr., denne Bane	5	386	5 689	64	1 630	26 308	69	2 016
6	Lersund	-	90	1 173	3	120	4 606	3	210
7	Frogner	-	38	843	-	105	4 929	-	143
8	Kløften	-	158	2 005	-	479	9 117	-	637
9	Trøgstad a)	-	311	3 342	4	1 148	12 180	4	1 459
10	Dahl	3	158	2 072	3	364	6 725	6	522
11	Bøhn	-	106	2 208	15	376	6 797	15	482
12	Eidsvold, denne Bane	118	1 188	5 331	192	1 430	10 613	310	2 618
	Tilsammen	**990**	**8 989**	**76 449**	**1 102**	**21 458**	**263 462**	**2 092**	**30 447**
	Heraf Lokaltrafik	315	5 097	56 299	591	15 206	217 045	906	20 303
	« Samtrafik	675	3 892	20 150	511	6 252	46 417	1 186	10 144
	nemlig Trafik over:								
	Kristiania	-	9	176	-	56	853	-	65
	Lillestrøm	395	1 844	10 336	300	3 251	29 774	695	5 095
	Eidsvold	280	2 039	9 638	211	2 945	15 790	491	4 984

[1]) Afgaaet: Trafik i Retning fra Kristiania over Hovedbanen.
[2]) Ankommet: Trafik i Retning til do. · do.

… 11	12	13	14	15	16	17	18	19	20	
	Trafik.									
		Levende Dyr.								
n e …ser.	Ankomne. Ialt.	Heste.		Andre levende Dyr. Hornkvæg, større Svin etc.		Andre levende Dyr. Smaafæ.		Tilsammen.		Løbenummer.
		Afg.	Ank.	Afg.	Ank.	Afg.	Ank.	Afg.	Ank.	
	Antal.									
644	179 233	134	62	126	728	11	22	271	812	1
651	19 752	-	-	-	3	-	-	-	3	2
681	10 966	-	-	-	-	-	-	-	-	3
953	63 645	-	-	7	14	7	2	14	16	4
335	11 227	-	1	-	2	-	-	-	3	5
282	69 468	8	10	25	46	6	7	39	63	6
234	1 190	-	-	2	19	-	-	2	19	7
488	5 867	1	-	20	49	8	5	29	54	8
073	4 220	7	4	4	13	2	11	13	28	9
744	6 437	9	8	5	6	3	3	17	17	10
374	2 427	-	1	2	5	2	-	4	6	11
834	4 208	15	6	6	39	-	1	21	46	12
369	1 338	-	-	5	-	-	-	5	-	13
321	7 439	5	5	10	21	2	-	17	26	14
323	2 013	16	12	33	3	1	1	50	16	15
091	5 864	7	3	104	22	-	11	111	36	16
294	3 859	7	6	78	1	2	-	87	7	17
222	14 760	83	174	562	18	22	3	667	195	18
913	**413 913**	**292**	**292**	**989**	**989**	**66**	**66**	**1 347**	**1 347**	
247	-	[1]) 3	[2]) 17	-	403	1	3	4	423	
406	190 971	432	595	314	11 586	71	1 300	817	13 481	1
035	27 522	-	-	3	1 110	-	150	3	1 260	2
342	28 285	-	2	2	32	1	2	3	36	3
235	15 163	-	-	17	48	-	3	17	51	4
082	33 855	-	1	34	19	3	-	37	20	5
992	6 123	-	-	53	49	2	-	55	49	6
915	6 121	-	1	75	8	3	-	78	9	7
759	11 769	-	6	130	5	9	2	139	13	8
985	17 445	230	710	166	15	22	-	418	725	9
325	9 226	-	1	143	6	19	-	162	7	10
502	9 655	-	-	15	1	7	2	22	3	11
872	18 882	53	5	836	26	252	7	1 141	38	12
450	**375 017**	**715**	**1 321**	**1 788**	**12 905**	**389**	**1 466**	**2 892**	**15 692**	
553	294 553	535	535	1 551	1 551	374	374	2 460	2 460	
897	80 464	180	786	237	11 354	15	1 092	432	13 232	
094	1 102	3	174	-	66	-	40	3	280	
900	47 010	126	182	81	7 486	10	371	217	8 039	
903	32 352	51	430	156	3 802	5	681	212	4 913	

Tabel VII. (Forts.). Stationernes Tra[fik]

Løbenummer.	1	21	22	23	24	25	26
		Trafik.					
		Gods.					
	Stationernes Navne.	Ilgods.		Trælast og Brænde.		Andet Fragtgods	
		Afg.	Ank.	Afg.	Ank.	Afg.	Ank.
		Antal Ton. (2 Decimaler).					
	6te Trafikdistrikt.						
	Bergen-Vossbanen.						
1	Bergen	380.61	69.19	348.05	635.07	5 025.50	6 99
2	Solheimsviken Stoppest.	2.12	1.19	-	15.00	1.47	1
3	Minde	0.23	3.13	-	-	6.19	
4	Fjøsanger	4.46	28.92	5.00	50.05	0.40	23
5	Hop Stoppested	1.73	33.68	-	23.91	48 09	20
6	Næstun	3.18	35.91	-	57.75	299.02	20
7	Heldal	1.49	5.96	-	0.47	410.67	11
8	Haukeland	9.58	32.06	-	32.05	346.57	37
9	Arne	2.38	21.33	-	25.46	72.08	11
10	Garnæs	1.57	8.53	1.04	15.33	31.63	16
11	Trængereid	1.19	1.85	-	0.05	1.76	2
12	Vaksdal	3.11	8.73	-	69.63	22.90	26
13	Stanghelle	0.67	0.80	-	6.80	0.47	9
14	Dale	28.10	57.21	7.28	136.87	4 134.25	1 31
15	Bolstad	4.78	6.62	115.10	5.83	17.02	7
16	Evanger	6.72	14.19	205.21	24.43	119.46	29
17	Bulken	8.22	35.29	64.18	6.89	309 46	25
18	Voss	35.95	131.50	424.07	64.34	1 956.93	2 07
	Tilsammen	**496.09**	**496.09**	**1 169.98**	**1 169.98**	**12 803.87**	**12 80**
	Hovedbanen.						
	Gjnemgangstrafik.	**[1]) 18.13**	**[2]) 53.29**	**172.20**	**842.00**	**1 694.17**	**1 50**
	Lokal- og Samtrafik:						
1	Kristiania, denne Bane	1 111.82	1 684.90	5 961.50	218 872.70	132 908.91	97 14
2	Bryn	3.62	8.77	7.20	9 114.31	2 982.95	2 39
3	Grorud a)	1.06	5.96	11.90	1 630.08	3 197.95	13 86
4	Robsrud Sidespor	-	-	208.40	130.20	54.00	2 61
5	Laasby Sidespor	-	-	1 605.80	-	15.00	1 73
6	Fjeldhammer Sidespor	-	-	663.90	586.60	216.70	36
7	Strømmen a)	4.47	20.46	2 173.48	1 535.90	990.96	2 50
8	Lillestr., denne Bane	23.28	70.45	94 373.48	1 240.50	2 301.96	7 75
9	Lersund	1.39	4.43	3 237.65	17.00	3 601.07	81
10	Frogner	1.57	5.82	642.20	29.61	741.61	9
11	Kløften	19.08	19.05	2 132.60	78.86	1 387.19	3 1
12	Trøgstad a)	22.97	96.18	4 244.90	299.62	3 522.17	4 0
13	Hauersæter Sidespor	-	-	1 932.80	-	-	7
14	Dahl	16.17	33.44	17 833.96	34.56	1 197.89	2 27
15	Bøhn	7.71	31.53	19.00	16 159.90	13 795.25	8 84
16	Eidsvold. denne Bane	56.23	96.40	21 358.90	22.65	10 553.63	20 01
	Tilsammen	**1 269.37**	**2 077.39**	**156 407.67**	**249 752.49**	**177 467.22**	**169 2**
	Heraf Lokaltrafik	483.09	483.09	155 556.59	155 556.59	104 067.10	104 0
	« Samtrafik	786.28	1 594.30	851.08	94 195.90	73 400.12	65 2
	nemlig Trafik over:						
	Kristiania	2.75	3.39	590.40	1 348.60	859.45	1
	Lillestrøm	270.82	322.03	55.38	91 446.40	34 009.34	49 6
	Eidsvold	512.71	1 268.88	205.30	1 400.90	38 531.33	15 4

[1]) Afgaaet: Trafik i Retning fra Kristiania over Hovedbanen.
[2]) Ankommet: Trafik i Retning til do. - do.

dgifter samt Personale.

27	28	29	30	31	32	33	
		Udgifter.				Fast Personale.	Løbenummer.
Tilsammen.		Lønninger og Beklædning.	Husleie, Opvarmning, Belysning, Renhold og Inventar.	Kontorudgifter.	Sum. f).		
Afg.	Ank.	Kroner.				Antal.	
5 754.16	7 694.52	14 420.02	5 071.85	858.88	20 350.75	10	1
3.59	26.51	1 047.08	116.13	146.71	1 309.92	[3]) -	2
6.42	3.40	560.64	63.45	128.01	752.10	1	3
9.86	315.28	1 234.80	453.59	285.69	1 974.08	1	4
49.82	267.17	1 017.93	122.26	159.11	1 299.30	1	5
302.20	303.54	2 446.20	404.53	298.12	3 148.85	2	6
412.16	119.20	99.96	27.17	28.13	155.26	[3]) -	7
356.15	438.69	47.21	176.57	161.85	385.63	[3]) -	8
74.46	160.33	856.45	185.94	72.25	1 114.64	1	9
34.24	185.10	2 050.63	321.82	121.90	2 494.35	2	10
2.95	22.06	47.71	229.97	88.34	366.02	[3]) -	11
26.01	343.52	99.39	273.91	100.79	474.09	[3]) -	12
1.14	101.04	46.21	147.44	73.64	267.29	[3]) -	13
4 169.63	1 508.93	1 481.06	279.93	119.01	1 880.00	1	14
136.90	85.78	863.04	194.83	87.79	1 145.66	1	15
331.39	331.51	959.71	171.67	155.21	1 286.59	1	16
381.86	293.82	968.71	157.55	154.90	1 281.16	1	17
2 416.95	2 269.49	5 657.64	840.48	218.46	6 716.58	4	18
4 469.89	**14 469.89**	**33 904.89**	**9 239.09**	**3 258.79**	**46 402.27**		
1 884.50	**2 403.44**	-	-	-	-		
9 982.23	317 701.88	97 477.05	20 252.09	4 616.44	122 345.58	[5]) 132	1
2 993.77	11 518.53	4 874.48	784.28	178.83	5 837.59	5	2
5 210.91	15 498.36	4 086.68	1 074.05	201.08	5 361.81	4	3
262.40	2 750.11	966.74	116.46	-	1 083.20	1	4
1 620.80	1 739.50	6 610.58	695.26	175.75	7 481.59	-	5
880.60	951.26	-	-	-	-	-	6
3 168.91	4 060.82	-	-	-	-	7	7
[illegible]698.72	9 069.03	18 108.45	3 296.87	354.45	21 759.77	20	8
6 840.09	838.53	2 599.68	485.98	99.73	3 185.39	2	9
1 385.38	973.07	2 270.97	585.30	80.48	2 936.75	2	10
3 538.87	3 279.80	4 260.05	687.16	200.46	5 147.67	4	11
7 790.04	4 418.24	5 211.95	793.38	225.52	6 230.85	5	12
[illegible]932.80	797.29	867.24	168.16	-	1 035.40	1	13
[illegible].02	2 346.48	4 264.80	635.97	175.80	5 076.57	5	14
[illegible].96	25 041.11	3 138.86	433.66	136.77	3 709.29	3	15
[illegible].76	20 136.21	10 317.05	1 964.85	172.34	12 454.24	22	16
[illegible]	**421 120.22**	**165 054.58**	**31 973.47**	**6 617.65**	**203 645.70**		
[illegible].78	260 106.78						
[illegible]37.48	161 013.44						
1 452.60	1 492.97						
4 335.54	141 423.19						
9 249.34	18 097.28						

[illegible]ses af en Baneformand. [4]) Samlede Personale ved Stationen (Fælles for Sml.b. og Hovedb.).
[illegible]lede Personale ved Stationen (Fælles for Hovedbanen og Kongsvingerbanen).

Anmærkninger til Tabel VII.

Det ved hver Station opførte Antal afgaaede og ankomne Reisende, levende Dyr og Ton Gods refererer sig til den hele ved Stationen existerende Trafik, hvad enten denne gaar udenfor egen Bane eller ikke. Tabellen indeholder Antal af samtlige Reisende med ordinære Tog, altsaa indbefattet Reisende med Rundreise- Turist- og Familiebilletter (jfr. Tab. XIII) samt andre Reisende med Fragtmoderationer, undtagen Reisende paa Maanedsbilletter (jfr. Tab. XII). Hunde er ikke medtaget i Antallet af levende Dyr.

Col. 1 a) Opgaverne omfatter de Stationerne underlagte Stoppesteder og Sidespor, hvor Opgaver for disse ikke er særskilt anførte (jfr. Tab. I).

Smaalensbanen. Ved Nordstrand Stoppested foregaar der blot Billetsalg for Reiser til Kristiania, Bækkelaget og Lian. Antallet af Reisende er delvis indbefattet under disse Stationer, da der for Reiser til Stoppestedet ikke haves egne Billetter, men er Nabostationernes Billetter benyttede med Undtagelse af Familiebilletterne, der lyder paa Stoppestedet (Kristiania—Nordstrand).

Ved Lisleby Stoppested sker Billetsalg til Kristiania, men forøvrigt er Salget begrændset til Stationerne paa Strækningen Fredrikstad—Fredrikshald.

Ved Døle Stoppested sker Billetsalg blot til Stationer paa Strækningen Sarpsborg —Fredrikshald.

Trafik mellem Moss via Horten paa den ene Side og 2det Trafikdistrikt paa den anden Side er betragtet som Trafik fra eller til Drammen—Skienbanen (Horten); ligeledes er Trafik mellem 1ste, 3die og 4de Trafikdistrikt via Moss paa den ene Side til Horten paa den anden Side betragtet som Trafik til eller fra Smaalensbanen (Moss).

Kongsvingerbanen. Ved Disenaaen og Galterud Stoppesteder foregaar Billetsalg til Kristiania og forresten til Kongsvingerbanens samtlige Stationer.

Kristiania—Drammenbanen. Ved Skarpsno, Bestum og Stabæk Stoppesteder foregaar Billetsalg kun til Stationerne paa Strækningen Kristiania—Asker, ved Spikestad Stoppested til Stationerne Kristiania, Røken, Lier og Drammen og ved Slæbende Stoppested til samtlige Kristiania—Drammenbanens Stationer.

Drammen—Skienbanen. Ved Gundesø Stoppested foregaar Trafik kun til og fra Drammen og Skouger. Ved Holm Stoppested foregaar kun Billetsalg til Stationerne paa Strækningen Drammen—Holmestrand og ved Grøtting Stoppested kun til Stationerne paa Strækningen Sandefjord—Laurvik. Ved Borgestad og Bøhle Stoppesteder foregaar kun Salg for Strækningen Porsgrund—Skien og ved Osebakken tillige til Eidanger Station.

Trafik paa Horten, jfr. ovenstaaende Anmærkninger under Smaalensbanen.

Drammen—Randsfjordbanen. Trafik paa Stoppestederne, Hole, Hære, Uhla og Ramfos foregaar kun paa Strækningen, Vikersund—Krøderen for Reisende.

Eidsvold—Hamarbanen. Ved Stensrud Stoppested foregaar Billetsalg til Stationerne paa Strækningen Tangen—Hamar.

Rørosbanen. Ved Aker og Bjøraanæsset Stoppesteder foregaar der Billetsalg kun til Nabostationerne, ved Kotsøien Stoppested til Stationerne paa Strækningen Røros—Trondhjem og ved Selsbak Stoppested til Stationerne paa Strækningen Støren—Trondhjem.

Jæderbanen. Trafik til og fra Stoppestederne indbefattes i Opgaverne for de nærmeste Stationer, mellem hvilke Stoppestedet er beliggende.

Col. 32 b) Til de i denne Colonne opførte Udgifter kommer følgende Tillæg ved hver Bane:

	Sum. (Col. 32).	Assurance og Afgifter.	Erstatninger for tabt eller beskadiget Gods.	Andre Udgifter.	Tilsammen (jfr. Tabel IV, Col. 51).
	Kroner.				
Smaalensbanen	187 357.85	509.11	752.73	-	188 619.69
Kongsvingerbanen	66 482.64	101.40	94.65	-	66 678.69
Sum	253 840.49	610.51	847.38	-	255 298.38
Andel i Fællesstationen:					
Kristiania	83 326.48	3 148.26	0.60	*) 18 130.40	104 605.74
Lillestrøm	3 710.00	-	-	1 290.00	5 000.00
Charlottenberg	11 241.40	-	-	-	11 241.40
1ste Trafikdistrikt	352 118.37	3 758.77	847.98	19 420.40	376 145.52
Kristiania—Drammenbanen	165 083.87	201.70	516.08	-	165 801.65
Drammen—Skienbanen	128 481.59	73.00	533.33	-	129 087.92
Drammen—Randsfjordbanen	128 488.13	221.97	655.48	-	129 365.58
2det Trafikdistrikt	422 053.59	496.67	1 704.89	-	424 255.15
Eidsvold—Hamarbanen	38 239.55	-	158.89	-	38 398.44
Hamar—Grundsetbanen	38 934.37	-	150.08	-	39 084.45
Grundset—Aamotbanen	6 981.94	-	33.62	-	7 015.56
Støren—Aamotbanen	72 157.64	72.55	341.14	-	72 571.33
Trondhjem—Støren	41 158.66	143.89	74.63	-	41 377.18
Merakerbanen	46 188.37	160.09	86.70	-	46 435.16
Sum	243 660.53	376.53	845.06	-	244 882.12
Andel i Fællesstationen:					
Eidsvold	4 620.00	-	-	1 380.00	6 000.00
Storlien	6 137.84	-	-	-	6 137.84
3die & 4de Trafikdistrikt	254 418.37	376.53	845.06	1 380.00	257 019.96
5te Trafikdistrikt	24 643.75	134.72	8.20	-	24 786.67
6te Trafikdistrikt	46 402.27	160.27	162.06	-	46 724.60
Statsbanerne	1 099 636.35	4 926.96	3 568.19	20 800.40	1 128 931.90
Hovedbanen	203 645.70	6 753.74	562.47	36 823.01	247 784.92
Samtlige Baner	1 303 282.05	11 680.70	4 130.66	57 623.41	1 376 716.82

*) Administration, Kontorhold og Regnskabsførsel Kr. 1 208.71, Vognskiftning Kr. 12 245.08, Hestehold og Kjøreredskaber Kr. 2 127.35, Tilskud til Pensions- og Understøttelseskasserne Kr. 2 000.02 samt tilfældige Udgifter Kr. 49.60. Hertil kommer Løn for Smaalensbanens Revisor ved Stationen Kr. 499.64.

Tabel VIII. Sta[…]
Les rec[…]

	1	2	3	4	5	6	7
		Indtægter. Recettes.					
		for afgaaen Trafik. du trafic de départ.					
			Heraf for / Dont				
Løbenummer.	Stationernes Navne. Désignation des stations.	Total. Total.	Reisende. Voyageurs.	Heste, Hunde og Lig. Chevaux, chiens, cercueils.	Andre levende Dyr. Autres animaux.	Ilgods. Grande vitesse.	Ialt. Total.
		Kroner.					
	1ste Trafikdistrikt.						
	Smaalensbanen.						
	Gjennemgangstrafik.	1) 428.02	-	1.39	-	86.37	340.36
	Lokal- og Samtrafik:						
1	Kristiania *Fællesst.*	*1079880.55*	*466519.35*	*4231.03*	*1497.96*	*54960.32*	*532796.72*
	Heraf denne Bane.	444 469.38	287 383.80	1 857.88	918.29	28 574.14	115 521.86
2	Bækkelaget	12 077.24	11 516.46	3.13	1.00	226.34	102.14
3	Nordstrand Stoppest.	14 349.28	14 349.28	-	-	-	-
4	Lian a)	26 971.08	26 414.07	3.20	3.00	60.78	262.81
5	Oppegaard	4 928.75	3 320.16	10.53	42.90	26.60	1 441.59
6	Ski	15 859.05	10 386.38	15.99	219.11	177.74	4 834.51
7	Aas	17 185.11	11 555.43	349.35	262.80	210.41	4 521.76
8	Vestby	9 555.46	4 511.67	9.45	98.10	59.19	4 758.49
9	Soner	11 005.35	6 882.03	23.70	105.00	104.90	3 742.22
10	Moss a)	80 310.65	55 256.14	220.67	589.99	1 309.96	21 492.80
11	Dilling	5 442.51	3 518.00	83.44	24.60	138.99	1 594.81
12	Rygge	7 800.28	4 879.31	39.15	28.60	118.04	2 655.85
13	Raade	15 276.52	7 102.54	201.90	360.10	237.66	7 235.05
14	Onsø	4 452.71	2 898.93	1.60	75.10	53.06	1 351.58
15	Fredrikstad a)	93 102.02	77 978.24	739.81	53.00	1 807.22	10 062.36
16	Lisleby Stoppested	1 367.63	1 367.37	-	-	-	0.26
17	Greaker	8 152.44	6 238.84	29.30	12.50	134.96	1 512.77
18	Sannesund	6 485.92	5 226.61	0.65	5.40	121.44	790.12
19	Sarpsborg	36 510.79	29 031.05	37.10	175.44	563.89	5 924.68
20	Skjeberg a)	10 701.40	6 254.31	29.65	92.90	115.79	4 118.78
21	Døle Stoppested	192.75	192.75	-	-	-	-
22	Berg	5 881.85	4 713.57	14.10	97.60	61.96	823.31
23	Fredrikshald a)	114 595.48	74 328.04	787.90	7 797.36	3 987.81	25 250.13
24	Kraakstad	8 708.17	4 502.98	15.75	123.90	45.66	3 931.94
25	Tomter	18 732.55	6 850.86	24.60	123.50	126.27	21 467.99
26	Spydeberg	24 536.05	9 491.79	18.80	443.70	244.39	14 105.41
27	Askim	32 593.02	8 965.13	8.90	1 269.48	225.65	21 874.24
28	Slitu	14 571.84	6 017.47	389.53	410.32	188.78	7 457.53
29	Mysen	35 886.68	14 411.27	34.99	1 764.71	519.67	18 708.99
30	Eidsberg	10 951.88	4 843.37	29.55	574.72	134.27	5 271.21
31	Rakkestad	27 645.91	8 371.88	101.95	777.20	259.75	17 881.90
32	Gautestad	11 857.31	2 848.13	2.35	153.20	58.75	8 724.60
33	Ise	6 031.42	2 395.58	1.20	37.80	71.59	3 479.75
34	Tistedalen	22 983.33	4 268.49	12.69	19.19	120.01	18 365.08
35	Aspedammen	1 969.32	1 562.58	3.47	8.97	17.55	373.35

1) Afgaaet: Indtægt af Trafik i Retning fra Kristiania.
2) Ankommet: — » — . — til —

…es Indtægter.
…itions.

	10	11	12	13	14	15	16	17	
	Indtægter. Recettes.								
		for ankommen Trafik. du trafic d'arrivée.							
		Heraf for Dont							
						Fragtgods. de petite vitesse.			
							Deraf de cela.		
… t.	Total. Total.	Reisende. Voyageurs.	Heste, Hunde og Lig. Chevaux, chiens, cercueils.	Andre levende Dyr. Autres animaux.	Ilgods. Grande vitesse.	Ialt. Total.	Trælast og Brænde. Bois de construction et bois à brûler.	Melk. Lait.	Løbenummer.
	Kroner.								
·	²) 1 180.08	4.38	2.66	-	59.26	1 113.78	-	-	
.53	1 302 286.45	465 959.35	4 373.69	28 893.86	41 069.31	746 174.62	347 901.70	84 069.13	
.11	481 214.95	285 343.38	2 018.04	16 125.59	19 427.31	148 474.56	24 528.22	35 561.91	1
·	12 006.39	10 335.49	3.58	696.91	254.45	642.09	208.77	61.86	2
·	11 751.67	11 751.67	-	-	-	-	-	-	3
·	31 398.34	27 403.92	5.30	90.06	142.04	3 655.35	1 236.79	192.59	4
.74	4 734.44	3 289.42	8.74	40.36	130.85	1 193.10	97.84	-	5
.56	16 673.81	10 423.88	69.93	228.99	494.14	5 271.53	107.67	0.68	6
.02	19 994.87	11 166.87	322.29	207.60	763.35	7 239.42	395.82	1.88	7
.63	7 060.36	4 451.78	6.99	55.10	269.21	2 092.00	-	0.34	8
.57	9 514.52	6 797.21	26.65	45.60	289.76	2 174.50	9.15	-	9
.76	78 115.25	51 975.31	261.49	2 615.19	3 405.69	18 705.84	4 169.07	338.31	10
.78	5 860.12	3 682.94	196.37	510.89	227.80	1 085.31	43.66	0.59	11
.38	8 071.78	4 925.20	47.95	46.30	277.97	2 699.41	-	0.67	12
.29	11 342.49	7 038.51	175.43	159.62	429.27	3 372.13	53.73	-	13
.19	4 187.64	2 860.78	60.30	148.21	69.04	988.59	74.94	2.65	14
.52	185 894.34	79 703.46	817.13	1 932.65	5 888.85	95 129.30	71 026.95	4 658.87	15
.26	1 495.19	838.58	-	-	-	656.61	-	656.61	16
.24	9 356.76	6 208.80	1.25	101.10	255.21	2 589.92	66.50	140.22	17
.78	14 876.27	5 477.15	3.86	2.10	141.37	8 908.48	956.96	2 368.23	18
.31	47 539.41	29 092.90	46.73	456.38	1 983.90	15 289.02	463.72	470.03	19
.22	9 639.36	6 457.93	25.35	106.40	256.87	2 688.12	110.59	5.00	20
	129.55	129.55	-	-	-	-	-	-	21
.59	5 790.73	4 914.69	9.93	-	101.30	619.38	61.87	0.48	22
.22	200 593.17	76 286.96	511.55	5 161.50	4 778.48	111 430.51	84 870.32	621.25	23
.78	7 935.59	4 403.21	2.30	62.00	239.41	3 167.19	33.84	-	24
.38	12 585.25	6 672.79	12.45	41.80	513.40	5 197.81	124.98	0.74	25
.38	16 457.07	9 415.89	15.21	159.30	616.44	6 034.84	63.92	2.51	26
.23	14 683.30	9 092.90	30.00	91.00	623.82	4 588.50	250.02	1.12	27
.38	10 448.59	6 023.02	350.79	45.40	402.07	3 474.02	48.03	2.15	28
.67	27 020.12	14 701.22	33.09	58.30	923.24	10 814.45	184.72	4.34	29
.44	8 325.71	5 095.76	31.35	66.60	565.40	2 460.70	43.58	0.38	30
.12	16 706.84	8 489.94	31.80	74.70	851.66	7 051.29	1.51	3.54	31
.22	4 142.23	2 894.12	2.45	23.30	162.33	1 005.75	2.66	2.42	32
.35	5 214.70	2 380.46	8.45	221.40	132.96	2 421.92	82.63	6.08	33
	15 183.28	4 826.07	15.92	22.32	323.45	9 909.72	917.35	-	34
	2 699.97	1 758.07	6.70	9.25	117.63	793.87	59.72	-	35

Tabel VIII (Fo

Løbenummer.	Stationernes Navne.	Total.	Reisende.	Heste, Hunde og Lig.	Andre levende Dyr.	Ilgods.	Ialt.	Trælast og Brænd
1	1	2	3	4	5	6	7	8
		Indtægter for afgaaen Trafik.						
			Heraf for				Fr	
		Kroner.						
36	Præstebakke	15 000.14	5 443.21	15.67	327.07	144.68	8 948.67	7 70
37	Kornsø	19 252.48	4 765.54	16.40	1 125.32	379.32	12 895.15	10 77
	Tilsammen	**1197393.75**	**740 043.26**	**5 134.85**	**18 121.87**	**40 627.15**	**371 483.71**	**85 04**
	Hvoraf Lokaltrafik...	1 074 048.02	650 960.07	4 056.32	17 799.85	38 375.07	345 246.04	82 61
	« Samtrafik....	123 345.73	89 083.19	1 078.03	322.02	2 252.08	26 237.67	2 43
	nemlig Trafik over:							
	Kristiania	10 835.30	4 516.49	501.69	196.63	372.38	4 249.95	2 24
	Moss—Horten	7 518.43	6 230.58	11.00	66.72	340.31	639.18	
	Kornsø	104 992.00	78 336.12	565.34	58.67	1 539.39	21 348.54	18
	Kongsvingerbanen.							
	Gjnemgangstrafik.	[1]**100339.94**	**24 834.85**	**543.11**	·	**2 112.24**	**71 151.06**	**18**
	Lokal- og Samtrafik:							
1	Lillestrøm *Fællesst.*...	*183 757.26*	*24 601.13*	*50.08*	*127.90*	*888.11*	*157 360.09*	*150 14*
	Heraf denne Bane.	12 303.40	5 718.34	11.72	19.44	285.80	6 127.51	4 86
2	Nerdrum Sidespor...							
3	Fetsund a).........	8 551.10	4 126.49	40.77	44.40	202.88	3 966.20	97
4	Varaaen Sidespor ..							
5	Blakjer	15 289.82	5 780.90	11.83	257.58	301.98	8 764.18	5 69
6	Haga	8 270.42	2 834.86	9.01	128.57	167.78	5 061.14	2 99
7	Aarnæs	14 568.22	5 794.37	6.25	230.64	297.88	8 017.56	3 78
8	Funnefos Sidespor...		3 385.33					
9	Sæterstøen a).......	30 331.20	426.26	2.92	120.54	124.36	26 136.24	12 10
10	Disenaaen Sidespor..							
11	Skarnæs	21 942.09	9 019.88	23.22	318.80	575.29	11 623.64	9 4
12	Sander a)	24 502.02	3 855.90	6.24	263.26	278.37	19 236.85	15 0
13	Galterud Sidespor...		620.57					
14	Kongsvinger a)	42 452.11	25 902.40	84.11	1 143.76	1 500.88	11 890.61	7 2
15	Sjøli Sidespor							
16	Aabogen	26 350.79	3 755.41	4.80	93.71	211.03	22 132.75	20 8
17	Eidskog...........	9 651.67	2 513.57	2.94	62.68	177.98	6 762.37	6 2
18	Skotterud	28 900.13	4 232.82	6.04	235.98	408.89	23 865.75	22 0
19	Magnor	15 671.60	3 393.95	5.57	266.33	395.74	11 365.07	9 0
20	Eda Sidespor	4 288.28	-	-	-	-	3 997.17	2 7
21	Charlottenberg a) ...	52 526.22	15 729.16	548.40	2 225.72	137.38	32 604.51	22 0
	Tilsammen	**315 599.07**	**97 090.21**	**763.82**	**5 411.41**	**5 066.24**	**201 551.55**	**145 1**
	Hvoraf Lokaltrafik ..	75 409.50	36 665.54	63.89	374.49	1 445.12	35 296.26	27 3
	« Samtrafik	240 189.57	60 424.67	699.93	5 036.92	3 621.12	166 255.29	117 8
	nemlig Trafik over:							
	Lillestrøm	236 794.28	59 179.83	670.12	5 036.92	3 596.47	164 234.52	117 8
	Charlottenberg......	3 395.29	1 244.84	29.81	-	24.65	2 020.77	

1) Afgaaet: Indtægt af Trafik fra Hovedbanen over denne Bane til Svenske Baner.
Ankommet: do. « do. til do. « « do. fra do. do.

…rnes Indtægter.

	10	11	12	13	14	15	16	17	
	Indtægter.								
	for ankommen Trafik.								
		Heraf for							
						Fragtgods.			
							Deraf		
…elk.	Total.	Reisende.	Heste, Hunde og Lig.	Andre levende Dyr.	Ilgods.	Ialt.	Trælast og Brænde.	Melk.	Løbenummer.
	Kroner.								
-	9 174.04	5 356.48	6.31	25.16	148.38	3 544.05	468.96	-	
-	7 067.72	4 323.46	15.80	37.60	74.76	2 556.27	60.28	-	36
…1.61	**1334885.82**	**735 989.77**	**5 181.48**	**29 668.68**	**45 381.81**	**497 925.55**	**190 825.77**	**45 105.45**	37
…1.61	1 074 048.02	650 960.07	4 056.32	17 799.85	38 375.07	345 246.04	82 610.15	45 101.61	
-	260 837.80	85 029.70	1 125.16	11 868.83	7 006.74	152 679.51	108 215.62	3.84	
-	10 956.53	4 382.91	159.44	317.63	597.67	5 363.55	2 696.25	3.84	
-	8 530.52	6 754.63	6.30	8.10	425.33	1 085.12	-	-	
-	241 350.75	73 892.16	959.42	11 543.10	5 983.74	146 230.84	105 519.37	-	
-	**276 430.74**	**27 062.28**	**590.98**	**14 057.84**	**2 372.28**	**230 269.29**	**92 287.06**	-	
…96	*81 580.01*	*24 276.26*	*59.24*	*120.21*	*1 670.43*	*55 002.82*	*40 419.91*	*257.85*	1
-	45 186.04	5 291.52	8.12	65.43	152.44	39 574.87	37 986.23	157.85	2
…8.79	8 466.22	4 141.07	16.83	253.56	471.68	3 509.49	145.79	-	3 4
…9.36	11 050.53	6 045.00	43.45	58.34	496.16	4 300.86	116.27	0.24	5
…6.95	5 632.64	2 815.85	3.54	22.52	310.76	2 430.40	11.26	0.25	6
…3.59	10 617.14	5 727.26	9.17	43.30	638.37	4 133.82	27.99	0.21	7
…5.28	6 917.28	3 475.84 198.99	6.38	7.87	325.43	2 801.03	54.14	-	8 9 10
…3.85	19 121.89	9 119.87	26.70	31.08	812.22	8 981.51	450.13	14.90	11
…6.39	9 920.82	3 823.26 302.60	6.95	26.31	337.40	5 291.54	59.48	-	12 13
…8.86	70 238.06	26 191.60	189.01	35.00	2 187.06	41 020.29	2 333.49	179.79	14 15
…3.72	6 737.13	3 641.29	3.02	26.04	207.89	2 750.77	20.57	-	16
…4.12	4 705.49	2 354.59	11.12	2.40	253.56	2 022.40	8.50	0.30	17
-	10 426.78	4 178.63	7.39	1.40	404.47	5 738.49	6.71	-	18
…3.30	7 865.87	3 528.60	19.56	0.70	519.19	3 734.39	54.00	-	19
-	1 345.22	-	-	-	-	1 345.22	128.42	-	20
-	22 586.77	14 356.13	429.07	8.20	180.34	6 994.06	139.00	7.20	21
…61	**240 817.88**	**95 192.10**	**780.81**	**582.15**	**7 296.97**	**134 629.14**	**41 541.98**	**360.74**	
[illegible].7	75 409.50	36 665.54	63.89	374.49	1 445.12	35 596.16	27 317.97	301.70	
[illegible].71	165 408.38	58 526.56	716.42	207.66	5 851.85	99 032.98	14 224.01	59.04	
[illegible].71	149 223.29	57 165.24	702.65	98.04	5 803.76	84 083.54	24.49	59.04	
-	16 185.09	1 361.32	13.77	109.62	48.09	14 949.44	14 199.52	-	

Løbenummer.	Stationernes Navne.	Indtægter for afgaaen Trafik. Total.	Heraf for Reisende.	Heste, Hunde og Lig.	Andre levende Dyr.	Ilgods.	F… Ialt.	Træ… og Bræn…
1		2	3	4	5	6	7	8
		Kroner.						
	2det Trafikdistrikt.							
	Kr.ania–Dr.menb.							
	Gj.nemgangstrafik.	[1]) **1 282.67**	**961.19**	**0.91**	**2.78**	**76.17**	**235.56**	
	Lokal- og Samtrafik:							
1	Kristiania a)	376 044.61	234 340.75	578.89	2 135.96	26 794.06	104 355.03	1 3
2	Skarpsno Stoppested	1 549.05	1 549.05	-	-	-	-	
3	Bygdø a)	9 914.23	8 754.65	9.83	-	446.81	413.44	
4	Bestum Stoppested ..	6 514.05	6 514.05	-	-	-	-	
5	Lysaker	17 783.67	13 057.74	16.12	-	314.22	4 123.64	
6	Stabæk Stoppested ..	4 375.18	4 375.18	-	-	-	-	
7	Høvik a)	22 372.68	17 984.61	15.10	13.80	387.09	3 542.52	
8	Sandviken a)	38 139.01	23 621.96	4.80	297.52	530.15	13 394.76	2 4
9	Slæbende Stoppested	2 753.94	2 753.94	-	-	-	-	
10	Hvalstad a)	12 235.33	10 391.61	17.35	86.54	247.71	1 177.77	
11	Asker	15 598.39	11 336.88	29.17	381.70	206.12	3 439.65	1 1
12	Heggedal a)	11 957.57	5 953.28	8.78	81.87	160.88	5 632.99	8
13	Røken a)	14 719.38	6 412.58	18.65	291.70	273.66	6 551.56	8
14	Spikestad Stoppested		939.70	-	-	-		1
15	Lier	21 643.87	8 791.18	26.39	140.90	314.27	12 163.69	2 2
16	Brageroen Stoppested	3 013.41	2 972.55	2.65	-	-	-	
17	Drammen a) *Fællesst.*	*331 200.63*	*138 433.79*	*394.90*	*365.80*	*11 395.90*	*172 083.14*	*15 4*
	Heraf denne Bane	103 362.67	66 777.40	88.30	171.50	3 759.29	30 159.08	10 7
	Tilsammen	**661 977.04**	**426 527.11**	**816.03**	**3 601.49**	**33 434.26**	**184 954.13**	**20 08**
	Heraf Lokaltrafik ...	507 090.96	349 727.63	362.35	3 337.90	22 193.07	122 495.00	19 4
	« Samtrafik	154 886.08	76 799.48	453.68	263.59	11 241.19	62 459.13	6
	nemlig Trafik over:							
	Kristiania	2 232.80	935.05	8.20	-	267.77	444.29	
	Drammen	152 653.28	75 864.43	445.48	263.59	10 973.42	62 014.84	6
	Drammen–Skienb.							
	Gj.nemgangstrafik	[2]) **173.69**	**170.03**	-	-	**0.78**	**2.88**	
	Lokal- og Samtrafik:							
1	Drammen a) denne Bane	54 805.63	31 786.48	167.85	51.20	2 282.86	17 476.66	2 3
2	Gundesø Stoppested	134.60	134.60	-	-	-	-	
3	Skouger	5 357.29	2 464.13	4.30	11.85	30.36	2 793.64	2 1
4	Galleberg	5 762.05	2 795.75	1.50	24.72	44.72	2 816.69	1 1
5	Sande a)	11 892.67	6 644.95	4.78	220.63	316.00	4 455.18	1 4
6	Holm Stoppested ...	536.12	536.12	-	-	-	-	
7	Holmestrand	25 568.46	18 742.30	24.30	125.37	568.27	5 623.29	2 4
8	Nykirke	2 974.08	2 541.54	6.97	-	21.82	377.87	
9	Skopum	4 964.05	4 197.10	0.90	2.00	36.41	574.14	
10	Augedal	2 965.27	2 631.32	1.76	11.60	17.47	266.14	
11	Barkaker	2 571.66	2 120.74	2.11	22.00	41.74	321.08	
12	Tønsberg	60 962.94	50 018.17	123.28	169.84	1 891.58	7 228.76	
13	Sæm	10 799.89	5 727.32	5.15	387.80	54.09	4 489.55	1
14	Stokke	9 147.87	7 433.56	3.49	101.41	84.70	1 179.03	
15	Raastad	1 410.05	1 141.98	13.38	20.10	9.97	188.71	
16	Sandefjord	42 014.94	33 797.14	117.23	115.57	988.95	5 892.40	1
17	Joberg	1 301.18	837.56	6.80	10.80	5.73	427.90	
18	Tjødling	4 705.55	3 619.98	5.26	27.11	38.40	961.98	

[1]) **Afgaaet: Indtægt af Trafik i Retning fra Kristiania.**
Ankommet: Indtægt af Trafik i den modsatte Retning.

…nernes Indtægter.

…	10	11	12	13	14	15	16	17	
	Indtægter for ankommen Trafik.								
		Heraf for							
						Fragtgods.			
							Deraf		
…lk.	Total.	Reisende.	Heste, Hunde og Lig.	Andre levende Dyr.	Ilgods.	Ialt.	Trælast og Brænde.	Melk.	Løbenummer.
	Kroner.								
-	1) **1 778.94**	**1 156.81**	**10.19**	-	**151.11**	**400.44**	-	-	
…9.66	398 034.63	241 850.98	578.76	1 600.98	18 107.98	129 138.25	23 956.52	23 787.11	1
-	1 189.75	1 189.75	-	-	-	-	-	-	2
-	10 363.48	8 601.66	4.01	6.65	483.04	1 165.11	524.69	13.25	3
-	6 284.39	6 284.39	-	-	-	-	-	-	4
…9.09	26 213.95	13 590.39	10.50	6.00	422.31	12 012.66	1 438.13	719.97	5
-	4 190.57	4 190.57	-	-	-	-	-	-	6
…0.96	22 247.93	18 041.92	4.39	6.00	467.86	3 419.47	790.34	17.77	7
…6.46	29 108.11	23 213.45	14.17	23.53	719.69	4 886.12	277.62	26.65	8
-	2 654.86	2 654.86	-	-	-	-	-	-	9
…3.22	13 210.31	9 979.37	15.56	61.10	600.27	2 263.27	459.42	4.30	10
…0.84	15 724.72	11 266.03	13.43	106.00	343.93	3 805.76	292.66	4.35	11
…8.08	16 217.28	5 876.43	4.30	73.23	597.04	9 591.51	5 730.61	3.70	12
…2.75	12 277.55	6 783.24	17.42	152.30	529.20	3 795.67	178.22	8.05	13
…3.40		771.50	-	-	-		68.48	1.40	14
…3.57	14 551.77	8 653.98	13.72	711.52	510.95	4 428.23	233.97	18.08	15
-	2 188.79	2 169.68	1.00	-	-	-	-	-.	16
…4.80	*498 214.02*	*139 056.39*	*346.72*	*3 024.94*	*10 994.26*	*338 577.88*	*27 643.01*	*2 843.79*	17
…4.65	101 256.31	66 784.64	115.35	1 015.36	6 944.55	24 648.54	888.25	4.62	
…2.70	**675 714.40**	**431 902.84**	**792.61**	**3 762.67**	**29 726.82**	**199 154.59**	**34 838.01**	**24 609.25**	
…00.57	507 090.96	349 727.63	362.35	3 337.90	22 193.07	122 495.00	19 469.30	15 300.57	
…92.13	168 623.44	82 175.21	430.26	424.77	7 533.75	76 659.59	15 369.61	9 308.68	
-	1 789.61	1 149.27	1.80	8.40	158.12	393.71	-	-	
…92.13	166 833.83	81 025.94	428.46	416.37	7 375.63	76 265.88	15 369.61	9 308.68	
-	2) **174.12**	**154.28**	-	-	**0.90**	**18.99**	-	-	
…0.15	49 365.00	32 837.57	109.05	315.75	2 230.26	12 158.92	3 821.47	2.95	1
-	134.60	134.60	-	-	-	-	-	-	2
…56.8[illegible]	3 651.02	2 704.71	2.43	17.06	79.36	819.89	48.43	0.07	3
[illegible]	3 658.13	2 743.52	2.66	5.50	145.84	701.44	8.79	-	4
…42.63	10 104.16	6 644.22	8.34	39.58	625.46	2 593.31	94.68	0.52	5
-	540.81	540.81	-	-	-	-	-	-	6
…0.40	25 888.65	17 927.77	39.47	154.81	1 269.08	5 989.32	1 018.84	0.51	7
…0.30	3 521.84	2 534.07	6.07	6.65	54.85	890.96	134.92	0.30	8
…33.[illegible]	4 827.72	4 181.09	0.60	-	51.09	542.97	76.05	1.80	9
-	3 554.29	2 690.31	12.00	2.80	37.65	760.94	53.23	-	10
[illegible]	2 737.79	2 210.24	11.21	28.10	36.56	410.62	82.13	0.30	11
[illegible]	70 776.80	50 591.83	158.22	134.55	3 264.73	14 870.86	3 321.08	373.49	12
[illegible]	8 931.40	5 860.94	6.88	21.17	141.92	2 796.55	429.81	-	13
[illegible]	10 994.51	7 537.68	19.07	26.92	251.13	2 806.63	311.48	166.84	14
…7.76	1 628.02	1 167.39	0.40	21.66	26.91	386.34	41.49	-	15
[illegible]	49 371.73	32 880.40	124.90	86.80	2 246.94	13 126.08	3 360.78	1.05	16
…5.57	1 382.04	871.47	-	13.30	12.12	472.02	91.07	-	17
…5.73	4 458.37	3 815.27	4.08	2.20	48.82	528.95	60.09	-	18

…. Afgaaet: Indtægt af Trafik i Retning fra Kristiania via Moss—Horten til Smaalensbanen.
Ankommet: Indtægt af Trafik i den modsatte Retning.

Tabel VIII. (Forts

Løbenummer.	1	2	3	4	5	6	7	8
		Indtægter						
		for afgaaen Trafik.						
			Heraf for					
								Fra
								D
	Stationernes Navne.	Total.	Reisende.	Heste, Hunde og Lig.	Andre levende Dyr.	Ilgods.	Ialt.	Trælast Brænd
		Kroner.						
19	Grøtting Stoppested	430.66	430.66	-	-	-	-	-
20	Laurvik a)	90 223.31	55 797.86	211.31	171.75	3 199.20	28 600.28	3 007
21	Tjose	1 822.47	1 215.22	1.60	7.00	10.09	568.66	48
22	Aaklungen	8 546.39	2 160.83	16.10	75.60	19.75	6 210.86	5 80
23	Birkedalen a)	2 464.50	566.85	1.55	4.40	2.89	1 874.25	1 60
24	Eidanger	7 576.77	6 243.54	28.08	-	46.99	1 074.88	18
25	Porsgrund a)	43 673.42	36 335.83	80.14	3.30	1 848.41	4 800.19	15
26	Skien a)	91 830.49	81 511.78	229.23	235.62	2 042.83	6 393.58	4
27	Borre	3 608.96	2 917.28	12.60	0.50	49.50	476.76	16
28	Horten	33 867.78	28 097.07	59.56	186.51	878.82	3 933.32	15
	Tilsammen	**531 919.05**	**392 447.66**	**1 129.13**	**1 986.68**	**14 531.55**	**109 006.49**	**25 357**
	Heraf Lokaltrafik	418 903.38	306 162.19	648.75	1 792.77	10 920.36	89 973.25	22 64
	« Samtrafik	113 015.67	86 285.47	480.38	193.91	3 611.19	19 033.24	2 71
	nemlig Trafik over:							
	Drammen	103 268.18	79 444.46	467.07	165.40	3 140.20	17 197.44	2 71
	Moss—Horten	9 747.49	6 841.01	13.31	28.51	470.99	1 835.80	
	Drammen-Randsfj.							
	Lokal- og Samtrafik:							
1	Drammen, denne Bane	173 032.33	39 869.91	138.75	143.10	5 353.75	124 447.40	2 28
2	Gulskogen a)	5 258.85	2 064.29	6.03	-	117.23	3 056.30	52
3	Mjøndalen	16 498.12	6 058.96	7.35	10.12	135.46	10 142.24	3 09
4	Hougsund	14 558.59	10 659.73	18.38	228.73	264.54	3 030.17	17
5	Burud	1 867.83	1 217.80	0.90	53.97	19.83	565.43	12
6	Skotselven	12 618.18	5 157.78	18.68	81.64	202.20	6 981.36	91
7	Aamot a)	36 674.22	7 995.57	28.09	495.15	356.41	27 456.68	3 4
8	Gjethus	19 257.26	3 750.64	8.00	20.35	228.79	15 064.90	8
9	Vikersund a)	18 620.15	12 546.26	32.01	359.52	837.93	3 944.70	6
10	Nakkerud	3 210.51	1 897.33	8.32	29.55	109.14	1 134.69	1
11	Skjærdalen	17 313.69	3 189.78	11.28	36.52	207.03	13 734.88	1 7
12	Ask a)	6 259.40	4 687.55	7.99	8.30	105.55	1 369.07	
13	Hønefos a)	148 099.73	21 677.34	58.15	233.90	1 302.73	123 828.64	3 6
14	Heen a)	60 197.40	7 044.05	40.12	2.40	196.73	52 594.55	15 6
15	Randsfjord a)	105 966.53	20 798.57	75.24	314.56	1 498.15	82 128.54	35 4
16	Vestfossen	22 669.55	4 961.61	8.50	107.93	207.56	17 198.90	1 9
17	Darbo	3 754.37	1 859.96	4.03	23.80	59.37	1 741.76	1 4
18	Krekling a)	2 088.46	695.25	-	5.30	10.30	1 366.99	1 3
19	Skollenborg a)	21 313.95	2 513.48	6.69	25.20	72.39	18 619.26	4
20	Kongsberg	48 244.87	18 414.17	89.81	192.13	500.94	27 321.98	18 0
21	Snarum a)	23 393.73	2 422.08	6.42	111.10	104.91	20 662.00	3 2
22	Krøderen a)	23 117.02	13 368.47	142.16	151.13	253.13	8 718.93	5 6
	Tilsammen	**784 014.74**	**192 850.58**	**716.90**	**2 634.40**	**12 144.07**	**565 109.27**	**100 1**
	Heraf Lokaltrafik	660 274.15	146 506.40	455.10	2 168.32	10 214.64	494 699.11	76 2
	« Samtrafik:							
	nemlig over Drammen	123 740.59	46 344.18	261.80	466.08	1 929.43	70 410.16	23 8

...nernes Indtægter.

10	11	12	13	14	15	16	17	
Indtægter								
for ankommen Trafik.								
Total.	Heraf for							Løbenummer.
	Reisende.	Heste, Hunde og Lig.	Andre levende Dyr.	Ilgods.	Fragtgods.			
					Ialt.	Deraf		
						Trælast og Brænde.	Melk.	
Kroner.								
391.19	391.19	-	-	-	-	-	-	19
85 523.84	54 059.11	376.11	87.53	3 403.05	25 772.87	12 963.78	352.94	20
1 523.27	1 248.79	0.40	-	24.71	227.74	39.50	-	21
2 771.77	2 128.53	3.20	14.00	48.30	530.39	6.50	28.46	22
852.37	574.95	2.85	5.10	21.58	222.44	26.54	-	23
7 215.13	6 331.93	42.79	8.30	79.51	560.40	1 146.82	-	24
45 773.38	35 879.57	91.50	629.02	1 921.35	6 736.63	-	163.81	25
102 745.69	75 372.20	159.13	493.83	4 959.81	20 070.30	5 908.28	223.27	26
3 515.55	2 875.26	2.28	10.52	118.14	425.73	46.20	-	27
37 224.63	28 008.12	36.69	104.53	1 793.35	6 692.36	1 833.64	265.53	28
543 063.70	**384 743.54**	**1 220.83**	**2 229.68**	**22 892.52**	**121 094.66**	**34 925.60**	**1 581.84**	
418 903.38	306 162.19	648.75	1 792.77	10 920.36	89 973.25	22 645.63	1 581.04	
124 160.32	78 581.35	571.58	436.91	11 972.16	31 121.41	12 279.97	0.80	
115 786.92	72 101.36	555.88	380.51	11 386.97	30 082.70	12 279.97	0.80	
8 373.40	6 479.99	15.70	56.40	585.19	1 038.71	-	-	
347 592.72	39 434.18	122.32	1 693.83	1 819.45	301 770.42	22 933.29	2 836.22	1
3 623.41	1 914.23	3.37	15.25	87.44	1 592.66	820.95	288.59	2
10 104.85	6 078.37	8.29	0.80	338.75	3 593.13	1 424.61	43.42	3
14 747.72	10 784.47	12.24	90.54	638.55	2 988.90	467.00	2.64	4
1 946.77	1 229.65	-	-	63.76	636.36	219.00	-	5
17 691.79	5 184.83	17.87	15.25	549.82	11 799.61	1 638.88	2.38	6
19 019.47	8 054.58	20.67	23.20	978.75	9 679.44	4 850.95	-	7
24 128.07	3 679.73	10.51	2.70	520.99	19 797.29	6 552.01	107.11	8
22 171.53	12 404.27	32.59	112.00	1 457.90	7 718.93	710.11	275.96	9
4 315.64	1 909.54	7.96	9.50	246.31	2 105.52	165.07	3.94	10
8 469.24	3 149.88	9.95	8.00	381.72	4 825.15	230.39	0.67	11
6 353.74	4 754.42	8.14	4.20	147.00	1 364.27	328.66	1.35	12
74 233.75	19 930.40	69.41	71.52	2 346.75	51 288.12	22 674.19	162.02	13
19 751.91	6 358.07	28.68	41.20	647.87	12 438.07	2 625.74	96.64	14
81 129.01	21 925.87	91.55	10.01	2 198.31	55 993.83	430.24	24.23	15
22 744.70	4 952.39	9.90	-	636.14	17 011.39	7 514.15	0.15	16
2 799.64	1 790.49	4.87	13.60	168.45	774.33	8.19	-	17
858.32	680.48	-	3.00	13.51	150.24	5.00	-	18
7 305.69	2 462.46	4.56	5.68	182.02	4 607.55	190.94	-	19
46 591.71	17 900.73	91.03	70.79	2 685.03	25 201.39	866.18	87.52	20
6 496.29	2 457.62	6.55	7.40	376.01	3 593.65	254.37	0.22	21
33 788.06	13 443.64	106.46	8.90	994.64	18 792.33	1 544.05	83.41	22
775 864.01	**190 480.30**	**666.92**	**2 207.87**	**17 479.17**	**557 722.58**	**76 453.97**	**4 016.47**	
660 274.15	146 506.40	455.10	2 168.32	10 214.64	494 699.11	76 261.53	4 008.05	
115 589.86	43 973.90	211.82	39.05	7 264.53	63 023.47	192.44	8.42	

Tabel VIII. (Forts

Løbenummer.	Stationernes Navne.	Indtægter for afgaaen Trafik. Total.	Heraf for Reisende.	Heste, Hunde og Lig.	Andre levende Dyr.	Ilgods.	Fr… Ialt.	Træla og Brænd
1	1	2	3	4	5	6	7	8
		Kroner.						
	3die & 4de Trafikd.							
	Eidsvold—Hamarb.							
	Gjnemgangstrafik.	1) **69 007.23**	**24 079.54**	**255.73**	**44.92**	**2 915.75**	**41 355.56**	148
	Lokal- og Samtrafik:							
1	Eidsvold *Fællesstation*	*124 955.44*	*33 570.07*	*416.00*	*1 734.01*	*2 130.10*	*85 015.77*	*29 631*
	Heraf denne Bane.	7 813.00	4 645.36	79.94	15.90	164.77	2 642.24	23
2	Minne a)	7 782.62	2 471.95	70.84	103.44	225.53	4 754.95	56
3	Ulvin a)	2 607.75	1 446.67	5.21	27.30	66.88	993.83	63
4	Espen a)	3 837.24	1 510.00	2.29	1.70	44.35	2 245.77	197
5	Tangen a)	8 578.82	4 043.24	19.99	29.89	190.69	4 162.69	149
6	Stange	15 661.58	6 914.01	273.62	572.90	467.96	7 169.51	25
7	Ottestad a)	4 340.77	2 471.83	1.03	10.41	128.74	1 594.42	
8	Hamar *Fællesstation*	*147 711.23*	*67 949.90*	*1 226.46*	*2 766.59*	*7 399.00*	*64 057.81*	270
	Heraf denne Bane.	67 692.57	31 508.55	934.49	2 695.89	2 723.87	28 384.77	2
	Tilsammen	**118 314.35**	**55 011.61**	**1 387.41**	**3 457.43**	**4 012.79**	**51 948.18**	5 179
	Heraf Lokaltrafik	38 984.37	24 880.57	159.94	109.30	1 596.13	11 424.89	4 00
	» Samtrafik	79 329.98	30 131.04	1 227.47	3 348.13	2 416.66	40 523.29	1 17
	nemlig Trafik over:							
	Eidsvold	74 505.80	28 524.35	1 224.47	3 336.13	2 240.85	38 096.61	1 12
	Hamar	4 824.18	1 606.69	3.00	12.00	175.81	2 426.68	5
	Rørosbanen.							
	Gjnemgangstrafik.	1) **9 601.84**	**7 328.80**	-	-	**51.71**	**2 218.02**	
	Lokal- og Samtrafik:							
	Hamar—Grundsetb.							
1	Hamar, denne Bane	80 018.66	36 441.35	291.97	70.70	4 675.13	35 673.04	24
2	Hjellum a)	8 239.18	1 528.07	7.40	-	96.96	6 530.64	1
3	Ilseng	10 806.74	3 069.00	7.24	20.30	308.15	7 344.00	1
4	Hørsand	5 414.54	1 916.72	0.80	4.00	160.84	3 247.20	9
5	Aadalsbrug	9 955.39	2 791.34	1.77	26.40	145.08	6 739.63	
6	Løiten	11 288.03	5 048.73	3.60	68.43	277.63	5 765.93	3
7	Elverum a)	31 635.78	20 727.21	75.27	129.68	2 070.19	7 097.77	3 2
8	Grundset *Fællesstation*	1 827.69	562.70	0.60	-	19.89	1 240.55	1 1
	Heraf Hamar-Gr.setb.	—	—	—	—	—	—	
	Grundset—Aamotb.							
	Grundset, denne Bane	—	—	—	—	—	—	
9	Øxna a)	3 326.60	970.77	3.05	6.30	41.85	2 265.73	1 7
10	Aasta	2 969.33	1 891.68	4.38	23.35	105.37	822.33	2
11	Rena *Fællesstation*	10 736.28	7 436.36	16.21	132.17	601.19	2 066.30	1
	Heraf Gr.set-Aamotb.	—	—	—	—	—	—	
	Støren—Aamotb.							
	Rena, denne Bane	—	—	—	—	—	—	
12	Stenviken a)	4 026.93	2 199.56	13.34	15.80	121.22	1 578.62	7

1) **Afgaaet: Indtægt af Trafik i Retning fra Hovedbanen.**

…nernes Indtægter.

…	10	11	12	13	14	15	16	17	
	Indtægter for ankommen Trafik.								
		Heraf for							
						Fragtgods.			
							Deraf		
…Melk.	Total.	Reisende.	Heste, Hunde og Lig.	Andre levende Dyr.	Ilgods.	Ialt.	Trælast og Brænde.	Melk.	Løbenummer.
	Kroner.								
-	[1]) **48 187.68**	**25 766.92**	**137.61**	**967.27**	**4 424.18**	**15 724.18**	**261.82**	**1 084.08**	
-	*146 307.08*	*33 269.75*	*236.32*	*146.75*	*3 095.70*	*107 848.87*	*239.50*	*0.34*	1
-	5 511.56	4 469.65	101.63	97.25	127.26	573.48	145.82	-	
217.37	6 577.85	2 533.69	38.32	5.33	450.87	3 461.18	190.08	0.40	2
183.60	2 242.66	1 414.53	3.89	-	217.21	569.71	3.25	38.35	3
82.43	2 180.44	1 421.48	3.47	2.40	109.85	627.92	6.00	0.85	4
288.29	7 023.49	4 051.73	21.97	9.10	446.21	2 427.29	57.41	305.22	5
260.29	14 604.43	6 929.86	458.35	62.28	713.12	6 328.42	1 186.55	5.88	6
146.53	5 883.32	2 507.00	0.90	9.30	242.04	3 084.93	1 503.70	34.11	7
35.53	*180 891.33*	*71 274.31*	*677.19*	*2 216.08*	*5 789.72*	*98 516.08*	*8 336.43*	*5 469.47*	8
231.15	102 640.43	30 878.81	211.41	112.21	3 640.30	66 887.56	1 470.80	931.93	
[illegible].56	**146 664.18**	**54 206.75**	**839.94**	**297.87**	**5 946.86**	**83 960.49**	**4 563.61**	**1 316.74**	
304.38	38 984.37	24 880.57	159.94	109.30	1 596.13	11 424.89	4 006.27	1 304.38	
105.28	107 679.81	29 326.18	680.00	188.57	4 350.73	72 535.60	557.34	12.36	
104.18	103 137.13	27 699.59	674.00	138.57	4 204.67	69 917.63	489.21	4.43	
1.00	4 542.68	1 626.59	6.00	50.00	146.06	2 617.97	68.13	7.93	
-	[1]) **7 979.62**	**6 767.69**	-	-	**37.10**	**1 172.56**	-	-	
4.38	78 250.90	40 395.50	465.78	2 103.87	2 149.42	31 628.52	6 865.63	4 537.54	1
330.[illegible]	7 212.10	1 703.15	85.45	513.76	201.02	4 672.25	1 309.89	1.73	2
487.06	5 282.57	3 257.38	90.47	152.28	309.41	1 409.08	277.49	0.73	3
324.44	3 279.51	1 930.88	1.45	44.70	207.86	1 053.34	3.82	2.92	4
393.17	11 353.52	2 867.15	10.58	35.50	458.80	7 897.75	2 669.88	4.34	5
[illegible]	10 015.60	5 092.46	24.78	83.70	623.17	4 116.99	764.90	15.72	6
3.43	51 109.43	20 571.41	1 226.79	70.80	1 996.86	26 553.26	635.47	147.45	7
40.63	1 005.33	577.44	4.81	-	53.99	366.55	127.18	2.70	8
—	—	—	—	—	—	—	—	—	
—	—	—	—	—	—	—	—	—	
47.[illegible]	2 087.61	1 073.38	3.05	5.83	125.24	855.01	159.15	0.46	9
[illegible]	3 803.03	1 758.89	25.96	1.20	356.30	1 597.84	136.91	52.77	10
[illegible]	19 321.73	7 221.98	35.96	74.59	1 393.13	10 364.64	634.60	120.91	11
—	—	—	—	—	—	—	—	—	
—	—	—	—	—	—	—	—	—	
0.90	5 779.61	2 133.82	21.15	3.04	589.28	2 977.15	27.10	5.97	12

…Askommet: Indtægt af Trafik i Retning til Hovedbanen.

Tabel VIII. (Fort…

Løbenummer.	Stationernes Navne.	Total.	Reisende.	Heste, Hunde og Lig.	Andre levende Dyr.	Ilgods.	Ialt.
	1	2	3	4	5	6	7
		Indtægter for afgaaen Trafik.					
			Hvoraf for				
		Kroner.					
13	Ophus a)	1 665.04	1 247.67	5.58	17.87	83.32	264.68
14	Rasten a)	8 220.76	2 860.71	28.51	41.78	176.88	4 938.99
15	Stai	4 678.92	3 075.78	63.55	36.99	293.10	1 040.19
16	Koppang a)	11 356.56	8 275.79	57.51	81.90	450.43	1 946.87
17	Bjøraanæsset Stoppest.	147.50	147.50	-	-	-	-
18	Atna	3 385.38	2 201.20	46.07	55.90	87.53	870.43
19	Hanestad a)	3 971.39	2 496.58	8.51	95.10	219.12	1 030.91
20	Barkald	1 056.89	735.56	5.16	124.85	57.02	108.31
21	Lilleelvedal	15 072.02	6 828.93	205.17	2 405.27	878.74	4 308.55
22	Auma	1 383.44	530.67	5.59	-	57.51	744.97
23	Tønset	21 366.91	14 333.62	362.57	747.58	2 018.44	3 167.75
24	Telneset	1 834.36	392.86	0.85	3.50	8.85	1 428.30
25	Tolgen	6 504.65	2 107.66	19.46	167.20	1 133.99	2 907.84
26	Os	14 495.09	2 932.61	16.00	369.60	365.45	10 649.77
27	Røros	37 734.62	17 343.50	393.76	250.85	4 908.27	13 483.10
28	Nypladsen	1 223.23	1 081.72	9.20	-	14.25	112.76
29	Jensvold	5 377.47	1 808.63	10.35	222.89	197.10	3 006.39
30	Tyvold a)	86 229.89	2 661.96	21.61	-	32.99	83 282.77
31	Reitan	20 057.03	2 034.79	9.65	116.26	122.15	17 671.89
32	Eidet	5 100.11	4 049.50	18.70	59.61	88.48	819.79
33	Holtaalen	3 691.37	1 905.19	11.74	284.81	134.22	1 267.76
34	Langletet	1 488.97	536.45	3.10	107.43	30.37	785.31
35	Reitstøen	2 632.59	301.16	1.80	12.80	33.01	2 275.17
36	Singsaas	4 007.33	2 102.78	17.92	147.48	78.19	1 566.89
37	Bjørgen	3 086.93	1 000.76	6.70	7.85	50.95	1 956.92
38	Kotsøien Stoppested. }	7 884.33	600.00 }	18.65	67.85	68.04	5 706.14
39	Rognæs a) }		1 365.78 }				
40	Støren *Fællesstation*	22 756.18	11 274.08	24.95	940.90	486.04	9 520.93
	Heraf Støren-Aamotb.	—	—	—	—	—	—
	Tr.hjem—Størenb. Støren, denne Bane	—	—	—	—	—	—
41	Hovind	8 473.57	2 810.25	2.00	69.10	161.25	5 345.66
42	Lundemo	6 937.51	1 863.08	0.45	192.04	140.13	4 695.55
43	Leer	6 563.09	2 857.38	4.45	58.10	123.26	3 420.92
44	Kvaal	3 200.16	1 753.85	5.05	94.65	99.23	1 225.00
45	Søberg	1 519.06	1 053.26	2.60	26.70	41.09	368.26
46	Melhus	8 243.13	4 763.99	179.63	370.53	311.04	2 357.28
47	Nypan	1 248.77	1 135.24	2.00	-	13.95	90.43
48	Heimdal a)	7 034.07	4 832.98	36.20	10.55	156.77	1 914.54
49	Selsbak Stoppested	1 283.98	1 283.98	-	-	-	-
50	Trondhjem *Fællesst.*	*518 693.58*	*212 000.06*	*3 170.01*	*1 863.16*	*27 218.59*	*265 735.54*
	Heraf: Rørosbanen	357 052.62	169 984.35	2 030.20	1 781.56	23 179.81	153 875.15
	Hvoraf: Tr.hjem-Størenb.	—	—	—	—	—	—
	Tils. Rørosbanen	**878 210.07**	**373 155.29**	**4 060.87**	**9 466.68**	**44 924.47**	**428 527.99**

nernes Indtægter.

	10	11	12	13	14	15	16	17	
	Indtægter for ankommen Trafik.								
		Heraf for							
						Fragtgods.			
							Deraf		
	Total.	Reisende.	Heste, Hunde og Lig.	Andre levende Dyr.	Ilgods.	Ialt.	Trælast og Brænde.	Melk.	Løbenummer.
	Kroner.								
9.69	2 753.27	1 213.44	18.01	5.20	288.87	1 161.17	80.39	1.58	13
6.77	7 678.50	2 836.01	8.39	23.10	640.95	4 075.45	37.09	14.08	14
8.25	9 440.99	2 957.94	80.13	28.20	853.97	5 393.98	211.92	11.16	15
-	23 169.87	8 258.18	73.02	34.66	1 249.77	13 292.47	200.92	20.40	16
-	193.50	193.50	-	-	-	-	-	-	17
0.15	4 898.48	2 032.48	43.36	-	383.99	2 377.42	24.90	25.68	18
-	8 594.24	2 652.92	10.96	0.40	410.03	5 397.48	27.57	-	19
-	1 775.74	619.53	1.85	-	94.24	1 053.82	15.35	3.20	20
0.13	23 312.77	7 427.26	60.18	20.50	1 049.93	14 467.89	287.10	-	21
3.60	1 482.38	516.25	2.20	-	137.80	813.10	8.00	-	22
-	32 572.42	14 242.97	95.07	100.59	1 151.61	16 437.08	171.63	0.15	23
1.10	607.34	335.68	2.20	-	41.69	225.47	65.90	-	24
0.63	8 475.31	1 909.05	5.40	4.00	352.58	6 083.93	25.08	-	25
1.98	7 651.97	2 231.89	69.90	6.50	267.89	5 029.15	234.74	-	26
2.05	71 305.20	16 900.51	188.54	25.90	1 902.04	51 236.60	2 260.29	46.36	27
5.45	1 666.85	965.34	10.85	-	38.42	646.94	65.24	1.20	28
9.33	5 527.94	1 701.40	53.35	16.60	149.26	3 518.58	463.89	0.47	29
6.78	10 677.95	3 715.34	27.91	1.60	268.94	6 550.49	1 905.94	133.79	30
15.16	4 648.01	1 776.79	9.05	13.10	208.89	2 586.70	518.20	0.80	31
7.59	8 868.55	3 953.79	9.55	5.90	326.02	4 503.02	121.61	1.10	32
4.01	3 891.03	1 847.35	13.55	19.65	270.03	1 705.10	6.50	1.31	33
-	1 631.44	508.31	20.50	15.05	56.99	1 005.45	-	13.77	34
0.15	1 324.97	325.24	0.90	0.50	43.87	932.71	38.32	12.59	35
-	3 817.40	1 747.55	20.55	5.15	123.32	1 863.38	10.20	12.90	36
12.18	2 659.26	924.83	6.60	0.70	158.61	1 535.00	13.37	-	37
-	4 743.14	628.65 1 383.96	11.25	5.40	125.02	2 559.06	-	-	38 39
-	23 019.90	10 414.12	104.10	13.25	616.11	11 342.24	23.26	5.04	40
—	—	—	—	—	—	—	—	—	
—	—	—	—	—	—	—	—	—	
-	5 264.47	2 589.93	2.70	7.00	233.26	2 384.47	64.15	0.15	41
.21	3 213.74	1 863.14	1.65	15.10	114.55	1 171.50	41.59	-	42
6.63	5 484.72	2 895.76	7.07	10.82	172.40	2 306.45	81.56	1.35	43
[illegible]	2 726.94	1 702.73	11.75	52.22	110.04	829.35	17.24	0.22	44
2.31	2 595.33	1 081.37	2.10	18.15	45.36	1 425.05	113.78	-	45
6.22	7 632.10	4 764.70	158.74	90.20	209.30	2 202.72	228.75	-	46
-	1 225.00	1 105.43	2.00	2.00	21.61	89.38	-	-	47
-	10 319.35	5 317.14	46.39	9.38	127.74	4 712.70	112.11	-	48
-	1 493.52	1 493.52	-	-	-	-	-	-	49
.34	506 839.79	199 806.54	1 355.53	1 927.06	11 882.08	280 900.87	63 410.29	1 292.03	50
2.75	370 213.75	153 460.32	1 066.92	1 155.57	11 065.59	195 843.42	10 398.81	925.23	
—	—	—	—	—	—	—	—	—	
[illegible]	885 058.29	359 077.76	4 242.92	4 795.66	31 775.17	470 251.10	31 487.42	6 125.77	

	1	2	3	4	5	6	7	8
		Indtægter						
		for afgaaen Trafik.						
			Heraf for					
							F…	
Løbenummer.	Stationernes Navne.	Total.	Reisende.	Heste, Hunde og Lig.	Andre levende Dyr.	Ilgods.	Ialt.	Træ… og Bræn…
		Kroner.						
	Hvoraf Lokaltrafik ..	642 641.64	237 662.15	2 888.09	4 408.89	17 998.93	368 870.69	31 1…
	« Samtrafik	235 568.43	135 493.14	1 172.78	5 057.74	26 925.54	59 657.30	1 2…
	nemlig Trafik over:							
	Hamar	217 397.16	134 676.34	1 016.78	5 057.74	26 235.06	43 262.40	1 2…
	Trondhjem	18 171.27	816.80	156.00	-	690.48	16 394.90	
	Merakerbanen.							
	Gjnemgangstrafik.	[1]) **1 578.30**	**1 362.15**	**0.97**	-	**6.25**	**190.96**	
	Lokal- og Samtrafik:							
1	Tr.hjem, denne Bane	161 640.96	42 015.71	1 139.81	81.60	4 038.78	111 860.39	5…
2	Leangen	2 415.31	2 332.12	9.70	3.20	25.59	37.44	
3	Ranheim	10 233.23	6 186.74	19.79	0.60	91.91	3 746.05	
4	Malvik	4 074.56	3 183.98	12.05	19.80	69.26	745.20	
5	Hommelvik.........	28 934.33	9 552.81	34.15	33.00	286.80	18 186.43	1 1…
6	Hell a)	21 688.77	13 254.73	139.12	470.02	294.86	7 070.84	6…
7	Hegre	8 733.23	3 987.13	10.30	211.78	96.40	4 343.17	1 8…
8	Floren	3 237.70	1 147.95	9.53	36.71	24.90	2 003.46	1 6…
9	Gudaa	1 855.82	1 314.06	12.29	98.80	46.13	272.77	
10	Meraker............	12 545.17	3 247.03	17.57	44.83	81.28	8 767.20	
11	Storlien	6 181.93	5 206.10	22.60	31.00	13.30	332.85	
	Tilsammen	**261 541.01**	**91 428.36**	**1 426.91**	**1 031.34**	**5 069.21**	**157 365.70**	**6 02…**
	Hvoraf Lokaltrafik ..	159 342.58	83 617.22	339.80	1 007.49	2 722.45	67 393.52	6 0…
	« Samtrafik....	102 198.43	7 811.14	1 087.11	23.85	2 346.76	89 972.18	
	nemlig Trafik over:							
	Trondhjem	1 707.74	604.65	31.21	1.40	61.00	685.85	
	Storlien	100 490.69	7 206.49	1 055.90	22.45	2 285.76	89 286.33	
	5te Trafikdistrikt.							
	Jæderbanen. a)							
1	Stavanger	52 288.13	37 320.96	116.90	165.40	1 024.88	12 833.64	1…
2	Hinna	1 871.66	1 779.97	1.60	19.85	3.45	51.84	
3	Sandnæs	20 330.44	11 845.84	32.71	231.71	323.55	6 898.21	1 1…
4	Høiland..............	1 144.35	879.83	0.80	42.50	7.10	210.20	
5	Klep	3 234.88	1 989.23	6.83	113.06	7.20	1 067.61	
6	Time	11 453.31	6 179.45	32.60	749.05	30.23	4 105.11	
7	Nærbø...............	9 286.74	4 944.46	24.96	459.55	22.06	3 632.78	
8	Varhoug	2 496.17	1 598.80	5.06	160.31	9.09	720.11	
9	Vigrestad	4 179.20	2 294.36	17.27	235.82	6.24	1 617.53	
10	Ogne	4 743.50	1 742.02	12.58	159.73	12.92	2 722.89	
11	Helvik..............	1 589.62	1 049.75	6.00	41.28	6.84	483.51	
12	Ekersund...........	28 288.31	23 849.79	92.81	519.63	287.57	3 116.29	
	Tilsammen	**140 906.31**	**95 474.46**	**349.42**	**2 897.89**	**1 741.18**	**37 459.72**	**1 4…**

[1]) **Afgaaet: Indtægt af Trafik i Retning fra Trondhjem.**

…nernes Indtægter.

	10	11	12	13	14	15	16	17	
	Indtægter. for ankommen Trafik.								
		Heraf for.							
						Fragtgods.			
							Deraf		
…lk.	Total.	Reisende.	Heste, Hunde og Lig.	Andre levende Dyr.	Ilgods.	Ialt.	Trælast og Brænde.	Melk.	Løbenummer.
	Kroner.								
…2.84	642 641.64	237 662.15	2 888.09	4 408.89	17 998.93	368 870.69	31 107.60	6 122.84	
…8.54	242 416.65	121 415.61	1 354.83	386.77	13 776.24	101 380.41	379.82	2.93	
…8.54	233 583.32	119 846.98	1 080.82	385.87	13 372.52	94 844.46	379.82	2.93	
.	8 833.33	1 568.63	274.01	0.90	403.72	6 535.95	-	-	
.	*) 1 470.68	1 362.15	-	-	6.90	101.58	-	-	
…0.55	136 626.04	46 346.22	288.71	771.49	816.49	85 057.45	53 011.48	366.80	1
.	2 916.28	2 547.09	8.25	35.60	55.94	259.03	4 385.00	175.74	2
…-57	32 218.61	6 042.07	15.00	9.80	222.93	25 815.02	9 744.19	-	3
…22	4 098.08	3 149.35	14.55	73.43	94.73	716.86	68.33	65.76	4
…-70	74 164.60	9 184.26	41.21	11.20	581.51	63 836.27	49 198.10	153.58	5
…45	24 531.64	13 995.42	62.53	71.10	571.59	9 417.89	153.37	23.63	6
…56	6 975.38	4 338.51	15.20	14.60	147.79	2 350.07	25.13	19.53	7
…98	1 841.88	1 171.95	11.37	19.08	49.51	577.67	2.24	0.30	8
.	2 306.10	1 229.75	23.23	-	126.83	842.81	27.74	0.92	9
…76	8 196.98	3 351.64	22.42	15.10	336.00	4 295.91	106.30	14.08	10
.	13 690.61	3 938.72	26.20	23.00	109.19	9 220.38	21.68	58.49	11
…83	**307 566.20**	**95 294.98**	**528.67**	**1 044.40**	**3 112.51**	**202 389.86**	**116 743.56**	**878.83**	
…83	159 342.58	83 617.22	339.80	1 007.49	2 722.45	67 393.52	6 025.96	878.83	
.	148 223.62	11 677.76	188.87	36.91	390.06	134 995.84	110 717.60	-	
.	3 280.09	584.74	15.42	-	88.91	2 582.27	96.39	-	
.	144 943.53	11 093.02	173.45	36.91	301.15	132 413.57	110 621.21	-	
-	56 730.36	39 914.47	169.27	2 126.11	300.62	13 065.69	—	—	1
0.13	1 974.78	1 795.52	1.60	66.20	4.98	94.03	—	—	2
…9.78	15 104.32	11 942.66	15.37	91.75	418.34	2 238.67	—	—	3
0.90	1 228.57	869.30	1.60	0.80	14.31	341.16	—	—	4
6 20	3 744.01	1 987.80	6.50	25.22	62.52	1 585.84	—	—	5
…53.12	10 971.67	6 144.55	25.80	257.77	215.84	4 179.73	—	—	6
…30.37	9 291.17	5 068.55	9.40	37.75	156.06	3 895.29	—	—	7
15.52	2 751.23	1 633.04	9.59	12.41	45.70	1 041.99	—	—	8
…82.11	4 119.56	2 496.89	3.55	25.75	55.89	1 510.58	—	—	9
31.30	3 040.65	1 736.42	7.20	11.34	36.09	1 195.88	—	—	10
.	1 449.40	1 026.23	-	2.63	11.63	403.81	—	—	11
.	30 500.59	20 859.03	99.59	240.16	419.15	7 907.05	—	—	12
…0.05	**140 906.31**	**95 474.46**	**349.42**	**2 897.89**	**1 741.18**	**37 459.72**	—	—	

Ankommet: Indtægt af Trafik i Retning mod Trondhjem.

Tabel VIII. (Fo

1		2	3	4	5	6	7
		Indtægter					
		for afgaaen Trafik.					
			Heraf for				
Løbenummer.	Stationernes Navne.	Total.	Reisende.	Heste, Hunde og Lig.	Andre levende Dyr.	Ilgods.	Ialt.
		Kroner.					
	6te Trafikdistrikt.						
	Bergen-Vossbanen.						
1	Bergen	132 641.09	91 341.63	611.17	197.10	6 122.32	33 234.75
2	Solheimsviken Stoppest.	—	3 601.54	—	—	—	—
3	Minde	—	1 787.90	—	—	—	—
4	Fjøsanger	10 438.26	10 246.96	37.20	12.80	93.15	3.85
5	Hop Stoppested	—	3 486.57	—	—	—	—
6	Næstun	27 087.81	25 184.50	84.50	62.50	1 543.81	153.15
7	Heldal	—	448.73	—	—	—	—
8	Haukeland	—	2 510.84	—	—	—	—
9	Arne	—	2 896.50	—	—	—	—
10	Garnæs	5 475.68	5 163.98	33.25	7.90	80.60	151.40
11	Trængereid	—	2 279.68	—	—	—	—
12	Vaksdal	—	3 173.67	—	—	—	—
13	Stanghelle	—	592.18	—	—	—	—
14	Dale	15 021.20	7 755.50	60.30	21.75	296.	6 833.90
15	Bolstad	—	1 723.15	—	—	— 60	—
16	Evanger	—	3 012.84	—	—	—	—
17	Bulken	—	2 708.80	—	—	—	—
18	Voss	57 083.77	41 221.08	374.15	1 912.40	3 559.89	9 330.65
	Tilsammen	—	**209 136.05**	—	—	—	—
	Hovedbanen.						
	Gjnemgangstrafik.	**9 611.36**	**3 424.44**	**48.41**	**1.03**	**471.72**	**5 575.61**
	Lokal- og Samtrafik:						
1	Kristiania, denne Bane	635 411.17	179 135.55	2 373.15	579.67	26 386.18	417 274.86
2	Bryn	10 437.13	6 128.07	15.78	5.50	114.00	4 090.56
3	Grorud a)	11 444.15	8 872.22	14.46	3.43	56.24	2 424.55
4	Robsrud Sidespor	480.71	-	-	-	-	480.71
5	Strømmen a)	15 139.55	6 886.38	10.94	29.40	189.42	7 777.82
6	Strømmen Sidespor	1 063.35	-	-	-	-	1 063.35
7	Lillestrøm *Fællesst.*	*183 757.26*	*24 601.13*	*50.08*	*127.90*	*888.11*	*157 360.09*
	Lillestr., denne Bane.	171 453.86	18 882.79	38.36	108.46	602.31	151 232.58
8	Lersund	14 407.43	2 993.89	8.00	104.20	46.41	11 183.95
9	Frogner	9 283.03	3 629.42	4.35	141.39	54.83	5 400.98
10	Kløften	23 658.07	8 758.42	9.66	284.02	365.75	14 096.80
11	Trøgstad a)	50 718.87	18 172.14	614.52	381.04	686.77	30 412.81
12	Hauersæter Sidespor.	-	-	-	-	-	-
13	Dahl	65 257.42	9 371.40	49.25	328.68	494.05	54 850.34
14	Bøhn	47 159.16	5 590.63	4.33	68.10	341.93	40 949.07
15	Eidsvold, denne Bane	117 142.44	28 924.71	336.06	1 718.11	1 965.33	82 373.53
	Tilsammen	**1173056.34**	**297 345.62**	**3 478.86**	**3 752.00**	**31 303.22**	**823 611.91**
	Heraf Lokaltrafik	839 948.96	207 889.45	1 957.66	3 364.10	14 807.32	604 775.54
	« Samtrafik	333 107.38	89 456.17	1 521.20	387.90	16 495.90	218 836.37
	nemlig Trafik over:						
	Kristiania	4 292.04	1 094.37	294.01	-	90.34	2 361.48
	Lillestrøm	97 859.12	27 939.15	360.22	101.99	4 764.84	61 931.29
	Eidsvold	230 956.22	60 422.65	866.97	285.91	11 640.72	154 543.60

…nernes Indtægter.

…	10	11	12	13	14	15	16	17	
	Indtægter								
	for ankommen Trafik.								
		Heraf for							
…s.						Fragtgods.			
							Deraf		
…elk.	Total.	Reisende.	Heste, Hunde og Lig.	Andre levende Dyr.	Ilgods.	Ialt.	Trælast og Brænde.	Melk.	Løbenummer.
Kroner.									
-	119 271.89	88 510.32	389.70	2 448.85	10 564.25	16 390.15	—	—	1
-	—	3 500.01	—	—	—	—	—	—	2
7.50	—	1 626.95	—	—	—	—	—	—	3
10.60	12 169.87	10 783.99	37.20	23.10	626.08	614.40	—	—	4
3.60	—	3 483.03	—	—	—	—	—	—	5
1 409.80	27 563.78	25 271.60	97.70	92.90	560.83	1 412.55	—	—	6
242.25	—	460.57	—	—	—	—	—	—	7
…367.50	—	2 785.06	—	—	—	—	—	—	8
540.00	—	3 160.20	—	—	—	—	—	—	9
30.20	5 790.60	4 934.92	31.25	17.60	200.43	574.55	—	—	10
19.25	—	2 394.17	—	—	—	—	—	—	11
6.40	—	3 379.88	—	—	—	—	—	—	12
56.90	—	606.02	—	—	—	—	—	—	13
0.45	19 384.29	7 024.35	10.10	45.65	2 143.84	10 064.15	—	—	14
0.60	—	1 239.95	—	—	—	—	—	—	15
1.85	—	3 802.21	—	—	—	—	—	—	16
…33.50	—	2 508.30	—	—	—	—	—	—	17
…27.35	66 176.49	43 664.52	638.57	58.05	2 501.75	18 803.25	—	—	18
…7.75	—	**209 136.05**	—	—	—	—	—	—	
-	**8 954.39**	**3 215.94**	**101.28**	**326.61**	**551.36**	**4 602.43**	**832.74**	-	
8.42	821 020.95	180 615.97	2 305.10	12 768.27	21 642.00	597 700.06	323 373.48	48 507.22	1
-	19 654.59	6 859.58	18.35	860.56	191.70	11 666.18	8 854.81	196.89	2
0.50	23 234.34	9 958.78	30.43	38.44	156.54	12 940.51	1 635.72	125.67	3
-	3 112.11	-	-	-	-	3 112.11	175.23	-	4
76.…4	15 870.93	6 866.15	11.29	50.29	533.46	8 228.18	1 223.81	-	5
-	514.27	-	-	-	-	514.27	514.27	-	6
…78.96	*81 580.01*	*24 276.26*	*59.24*	*120.20*	*1 670.43*	*55 002.83*	*40 419.91*	*215.17*	7
…78.96	36 393.97	18 984.74	51.12	54.78	1 517.99	15 427.96	2 433.68	57.32	
…98.29	4 860.13	3 029.08	6.95	39.61	199.88	1 489.58	16.11	-	8
…016.06	6 302.39	3 744.38	17.39	14.70	287.17	2 182.04	42.96	-	9
…60.78	17 340.22	8 804.68	47.40	13.43	628.20	7 673.32	127.92	0.15	10
…709.07	41 121.68	19 007.05	1 329.36	45.30	2 492.03	17 629.25	386.65	0.51	11
-	-	-	-	-	-	-	-	-	12
…02.98	20 993.55	9 307.55	61.88	13.60	1 274.30	10 144.98	56.27	0.29	13
…87.41	50 408.00	5 516.66	6.79	1.37	1 341.64	43 397.88	14 462.45	17.10	14
…64.43	140 795.52	28 800.10	134.69	49.50	2 968.44	107 275.39	93.68	0.34	15
…1.24	**1201 622.65**	**301 494.72**	**4 020.75**	**13 949.85**	**33 233.85**	**839 381.71**	**353 397.04**	**48 905.40**	
…94.81	839 948.96	207 889.45	1 957.66	3 364.10	14 807.32	604 775.54	257 813.78	32 394.81	
9.52	361 673.69	93 605.27	2 063.09	10 585.75	18 426.03	234 606.17	95 583.26	16 510.68	
1.49	2 892.16	1 188.11	332.19	20.02	99.81	1 225.44	694.42	-	
0.58	193 216.29	28 521.20	341.37	4 722.03	4 254.03	154 593.57	91 500.97	6 393.40	
7.26	165 565.24	63 895.96	1 389.53	5 843.70	14 072.19	78 787.16	3 387.87	10 117.28	

Anmærkninger til Tabel VIII.

Den ved hver Station opførte Indtægt ved Baner, der staar i Samtrafik med andre, er ikke den hele Indtægt, men den Andel af samme, som tilfalder den Bane, hvortil Stationen hører (ved Fællesstationer den Bane, hvorunder Stationen er opført).

Col. 1 a) Opgaverne omfatter de Stationerne underlagte Stoppesteder og Sidespor, hvor Opgaver for disse ikke er særskilt anførte (jfr. Tab. I). Indtægten ved Nordstrands Stoppested af Reisende er delvis indbefattet i Kristiania, Bækkelaget og Lian, da Stoppestedet ikke har havt egen Expedition det hele Aar (jfr. Anm. Tab. VII).

Jæderbanen. Indtægter til og fra Stoppestederne indbefattes i Opgaverne for de nærmeste Stationer, mellem hvilke Stoppestedet er beliggende.

Col. 1 b) Bergen—Vossbanen. De opførte Indtægter (Col. 4—7 & Col. 12—15) refererer sig alene til den Trafik, som paa almindelig Maade er bleven expederet ved Stationerne.

Tabel IX.

…gave over Fordelingen af de Reisende paa de forskjellige Afstande særskilt for hver Klasse og for Tur & Retur for Terminen 1891—92.

…partition des voyageurs par classe des voitures sur les distances différentes pendant le terme 1891—92.

…tande. …tances	Tur. Aller.				Tur & Retur. Aller Retour.				Tilsammen. Ensemble.			
	I.	II.	III.	Ialt. Total.	I.	II.	III.	Ialt. Total.	I.	II.	III.	Ialt. Total.
	Antal Reisende. (Nombre de voyageurs).											
– 5	6	5 638	171 482	177 126	-	10 708	583 182	593 890	6	16 346	754 664	771 016
– 10	7	7 721	268 653	276 381	-	25 422	1 186 608	1 212 030	7	33 143	1 455 261	1 488 411
– 15	9	4 981	91 421	96 411	4	16 250	462 934	479 188	13	21 231	554 355	575 599
– 20	7	1 762	31 829	33 598	32	9 444	228 456	237 932	39	11 206	260 285	271 530
– 25	50	3 000	41 368	44 418	44	12 408	239 306	251 758	94	15 408	280 674	296 176
– 30	15	1 468	20 239	21 722	42	6 270	122 602	128 914	57	7 738	142 841	150 636
– 35	1380	1 822	27 115	30 317	518	6 928	122 858	130 304	1898	8 750	149 973	160 621
– 40	7	1 178	14 165	15 350	2	3 282	55 654	58 938	9	4 460	69 819	74 288
– 45	24	2 022	18 988	21 034	26	7 631	91 076	98 733	50	9 653	110 064	119 767
– 50	11	1 560	10 113	11 684	74	3 462	42 804	46 340	85	5 022	52 917	58 024
– 55	28	2 778	18 671	21 477	8	14 304	83 038	97 350	36	17 082	101 709	118 827
– 60	28	2 075	12 699	14 802	22	5 150	50 138	55 310	50	7 225	62 837	70 112
– 65	4	1 104	9 442	10 550	30	2 628	30 244	32 902	34	3 732	39 686	43 452
– 70	227	2 128	11 282	13 637	68	3 434	33 188	36 690	295	5 562	44 470	50 327
– 75	2	316	3 766	4 084	-	1 628	12 426	14 054	2	1 944	16 192	18 138
– 80	61	2 831	12 063	14 955	26	2 434	23 846	26 306	87	5 265	35 909	41 261
– 85	5	357	2 285	2 647	2	594	6 796	7 392	7	951	9 081	10 039
– 90	-	743	3 980	4 723	10	2 142	13 100	15 252	10	2 885	17 080	19 975
– 95	16	1 045	5 449	6 510	26	5 362	17 288	22 676	42	6 407	22 737	29 186
–100	13	1 974	8 902	10 889	108	3 724	18 338	22 170	121	5 698	27 240	33 059
–105	5	537	2 574	3 116	-	770	4 936	5 706	5	1 307	7 510	8 822
–110	59	3 794	10 909	14 762	56	3 146	13 758	16 960	115	6 940	24 667	31 722
–115	-	1 025	4 253	5 278	-	2 868	10 274	13 142	-	3 893	14 527	18 420
–120	2	200	1 678	1 880	-	450	2 618	3 068	2	650	4 296	4 948
–125	7	802	3 669	4 478	-	1 352	6 294	7 646	7	2 154	9 963	12 124
–130	81	1 164	8 553	9 798	64	3 110	12 470	15 644	145	4 274	21 023	25 442
–135	-	467	1 426	1 893	-	512	2 490	3 002	-	979	3 916	4 895
–140	28	2 375	6 814	9 217	26	4 046	13 132	17 204	54	6 421	19 946	26 421
–145	552	2 612	7 540	10 704	204	830	5 566	6 600	756	3 442	13 106	17 304
–150	-	88	434	522	-	166	726	892	-	254	1 160	1 414
–155	-	176	700	876	-	272	1 228	1 500	-	448	1 928	2 376
–160	2	1 356	3 642	5 000	8	1 834	6 378	8 220	10	3 190	10 020	13 220
–165	15	140	838	993	16	178	1 368	1 562	31	318	2 206	2 555
–170	1345	3 565	3 706	8 616	588	2 166	1 412	4 166	1933	5 731	5 118	12 782
–175	-	11	117	128	-	22	276	298	-	33	393	426
–180	-	25	256	281	-	48	366	414	-	73	622	695
–185	-	56	309	365	-	44	402	446	-	100	711	811
–190	1	94	689	784	-	132	1 244	1 376	1	226	1 933	2 160
–195	-	524	1 012	1 536	-	892	1 672	2 564	-	1 416	2 684	4 100
–200	-	40	286	326	-	36	1 350	1 386	-	76	1 636	1 712

Tabel IX (Forts.). Opgave over Fordelingen af de Reisende paa de forskjell
Afstande særskilt for hver Klasse og for Tur & Retur for Terminen 1891—92.

Afstande.	Tur.				Tur & Retur.				Tilsammen.			
	I.	II.	III.	Ialt.	I.	II.	III.	Ialt.	I.	II.	III.	Ial
	Antal Reisende.											
201—210	1	1 119	2 498	3 618	-	1 730	4 378	6 108	1	2 849	6 876	9
211—220	7	102	467	576	6	102	514	622	13	204	981	1
221—230	2	72	547	621	2	122	572	696	4	194	1 119	1
231—240	4	46	256	306	8	102	466	576	12	148	722	
241—250	6	73	333	412	10	80	454	544	16	153	787	
251—260	3	20	143	166	-	14	112	126	3	34	255	
261—270	2	5	61	68	-	18	122	140	2	23	183	
271—280	-	50	249	299	-	22	244	266	-	72	493	
281—290	3	10	108	121	-	16	210	226	3	26	318	
291—300	-	2	13	15	-	2	38	40	-	4	51	
301—315	2	28	79	109	-	10	102	112	2	38	181	
316—330	20	125	345	490	-	92	326	418	20	217	671	
331—345	-	4	25	29	-	10	78	88	-	14	103	
346—360	3	94	365	462	6	116	404	526	9	210	769	
361—375	-	7	68	75	-	16	94	110	-	23	162	
376—390	2	20	95	117	2	12	56	70	4	32	151	
391—410	17	116	407	540	-	22	208	230	17	138	615	
411—430	1	11	63	75	-	8	52	60	1	19	115	
431—450	85	299	782	1 166	28	94	412	534	113	393	1 194	1
451—470	-	1	48	49	4	2	22	28	4	3	70	
471—490	29	9	35	73	-	-	10	10	29	9	45	
491—515	27	43	196	266	4	20	82	106	31	63	278	
516—540	-	1	35	36	-	-	46	46	-	1	81	
541—565	410	1 555	5 099	7 064	208	1 006	2 830	4 044	618	2 561	7 929	11
566—590	1	8	24	33	-	16	28	44	1	24	52	
591—640	-	6	65	71	-	16	86	102	-	22	151	
641—690	-	9	91	100	-	14	70	84	-	23	161	
691—740	-	15	29	44	-	12	41	53	-	27	70	
741—770	-	3	8	11	-	22	130	152	-	25	138	
	4622	69 407	855 851	929 880	2282	169 775	3 524 029	3 696 086	6904	239 182	4 379 880	4 625
Desuden Lokalbilletter paa Strækningen Vikersund—Krøderen									-	-	13 034	13
Hertil kommer:												
Rundreisebilletter									670	3 628	1 625	5
Turistbilletter									1311	4 407	-	5
									8885	247 217	4 394 539	4 65

Tabel X.

Opgave

over

Transportmængde af de væsentligste Varesorter.

Renseignement

sur

Le mouvement des articles principaux de marchandises.

Tabel X. Opgave over Transp

Løbenummer.	Varesorter.	Transportens Retning.	Gjennemgangstrafik.	Smaalensbar				
				S				
				Afsendt / Ankomme				
				Hovedbanen.	Kongsvingerbanen.	Sv. Baner over Charlottenb.	Eidsvold—Hamarbanen.	Rørosbanen.
				Antal Ton. (2 Decimaler).				
1	Brændevin paa Træer	Afs	2.82	-	0.61	-	-	-
		Ank.		11.50	-	-	-	0.15
2	Gjødning, alle Slags	Afs.	0.20	-	-	-	-	-
		Ank		634.00	-	-	-	-
3	Hø og Halm	Afs.	-	-	-	-	-	8.50
		Ank.		0.46	10.20	-	-	-
4	Jern og Staal og Arbeide deraf, undtagen Spiger	Afs.	15.20	24.36	6.40	0.90	11.20	0.04
		Ank.		5.00	0.72	5.02	0 72	2.72
5	Kjød og Flesk, alle Slags	Afs.	-	0.61	-	-	0.14	-
		Ank.		0.03	0.33	-	0.02	0.15
6	Kornvarer og Mel, alle Slags	Afs.	13.63	7.74	21.34	12.48	3.14	0.15
		Ank.		6.19	3.18	0.04	10.14	0.05
7	Kul (Sten-, Træ-), Cokes og Cinders	Afs*	5.00	-	-	-	-	-
		Ank.		-	-	14.20	-	5.50
8	Malme, Erts og Kis a)	Afs.	16.61	-	0.46	-	0.10	-
		Ank		-	0.70	-	-	18.34
9	Melk	Afs.	-	-	-	-	-	-
		Ank.		-	0.64	-	-	-
10	Murstén, Tagsten og Drainsrør	Afs.	-	-	-	-	91.20	-
		Ank		76.85	-	-	-	-
11	Poteter	Afs.	-	3.10	0.06	-	-	-
		Ank.		14.72	12.01	-	51.82	6.97
12	Salt	Afs.	-	-	13.08	-	-	-
		Ank		-	-	-	-	-
13	Sild og Fisk	Afs.	3.47	0.30	0.85	17.12	-	-
		Ank.		-	0.02	-	-	1.67
14	Smør og Ost	Afs.	4.14	0.11	-	-		-
		Ank.		0.28	0.60	0.38	0.99	1.63
15	Spiger	Afs.	-	-	1.13	-	-	-
		Ank		0.30	2.40	-	-	-
16	Trælast & Brænde. Planker, Bord, Lægter og Stav	Afs	-	15.40	-	-	-	-
		Ank.		346.30	668.50	56.30	-	-
17	Trælast & Brænde. Tømmer, alle Slags, O og ☐	Afs.	-	1 311.00	-	-	-	-
		Ank.		184.80	100.80	-	-	-
18	Trælast & Brænde. Brænde og Baghun	Afs	-	22.20	-	-	-	-
		Ank.		59.30	16.40	-	-	-
19	Træmasse	Afs.	-	5.00	-	-	-	-
		Ank.		-	-	-	-	-
20	Øl, alle Slags	Afs.	0.28	-	0.10	-	-	-
		Ank.		-	-	-	-	-
21	Øvrige Varer (Ilgods indbef.)	Afs.	113.64	74.13	52.84	9.71	26.26	42.14
		Ank		78.98	49.23	5.22	33.40	39.85
	Tilsammen	Afs.	174.99	1 463.95	96.87	40.21	132.04	50.83
		Ank.		1 418.71	865.73	81.16	97.09	77.03

…gde af de væsentligste Varesorter.

…stiania—Grændsen).

…k.

…alensbanen.
do.

…tiania.		over Moss—Horten					Lokaltrafik. Afs. til Kr.ania fra Stationerne / Ank. fra do. til do.				
…—Skien-banen.	Drammen.—Randsfj.-banen.	Kristiania—Drammenbanen.	Drammen—Skien-banen. b)	Drammen—Randsfj.-banen.	Over Kornsø. Svenske Baner.	Tilsammen.	Bække-laget.	Lian.	Oppe-gaard.	Ski.	Løbenummer.
Antal Ton. (2 Decimaler).											
-	-	-	-	-	0.06	0.67	-	-	-	-	1
-	-	-	0.05	-	0.74	15.36	-	0.06	0.01	-	
-	-	-	-	-	177.82	177.82	-	-	-	1.70	2
-	-	-	-	-	0.54	634.54	-	61.98	416.78	2 941.52	
-	-	-	-	-	0.49	13 99	-	-	12.90	88.13	3
-	-	-	-	-	9.76	20.42	0.33	10.04	-	0.28	
0.35	0.21	-	3.26	0.07	117.79	165.11	-	0.12	-	0.99	4
1.41	5.75	-	45.19	-	1 201.59	1 269.88	2.90	7.20	4.32	18.70	
-	-	-	1.61	-	12.14	14.50	-	-	0.20	0.09	5
-	0.04	0.14	0.55	-	269.93	271.19	0.18	1.58	1.18	13.05	
-	0.37	-	0.86	0.10	245.38	291.79	0.15	2.50	0.68	36.48	6
-	0.66	-	0.38	-	204.39	225.03	7.18	58.85	83.75	345.46	
-	-	-	0.04	-	2 309.99	2 310.03	-	-	-	-	7
-	-	-	-	-	209.30	229.00	4.30	0.96	11.01	83.83	
-	-	-	0.13	-	146.43	147.65	-	-	-	-	8
-	-	-	-	-	2 093.56	2 112.60	205.32	931.92	98.36	6.15	
-	-	-	-	-	-	-	-	-	89.05	341.58	9
-	-	-	26.54	-	-	27.18	-	-	-	-	
-	-	-	-	-	87.10	178.30	-	-	-	-	10
-	-	-	0.08	-	43.80	120.73	0.10	9.30	47.67	2.75	
-	-	-	1.91	0.21	0.40	6.86		0.19	3.86	26.31	11
-	0.08	-	0.57	-	34.77	127.21	4.82	3 67	1.80	3.41	
-	-	-	-	-	195.65	208.73	-	-	-	-	12
-	-	-	-	-	6.80	6.80	0.16	2.26	3.89	20.83	
-	-	-	-	0.60	584.55	603.54	-	-	-	-	13
-	-	-	0.53	-	1.52	3.74	0.03	1.85	1.25	6.70	
0.61	-	-	6.47	0.15	15.40	22.76	-	-	-	-	14
-	0.07	-	19.33	-	184.54	209.02	0.20	0.16	0.68	4.76	
-	-	-	0.07	-	333.67	334.87	-	-	-	-	15
-	-	-	-	-	-	2.70	0.18	1.04	1.12	2.15	
-	-	-	-	-	200.20	215.60	-	102.40	255.00	173.87	16
-	-	-	-	-	40 007.15	41 078.25	12.30	26.80	27.60	8.00	
-	-	-	-	-	5.00	1 316.00	0.10	-	235.00	479.10	17
-	-	-	-	-	29 218.50	29 504.10	-	27.70	22.30	5.00	
-	-	-	-	-	-	22.20	-	-	111.00	580.00	18
-	-	-	-	-	1 421.12	1 496.82	-	5.00	-	-	
-	-	-	-	-	-	5.00	-	-	-	-	19
-	-	-	-	-	2 832.86	2 832.86	-	-	-	-	
-	-	-	-	-	0.28	0.38	-	-	-	-	20
-	-	-	0.05	-	-	0.22	0.22	0.84	2.84	13.85	
1.16	5.47	0.18	98.01	5.19	1 532.36	1 884.07	7.23	8.32	25.10	68.09	21
0.15	8.88	0.04	158.18	2.47	2 764.93	3 158.91	30.05	128.69	87.61	212.91	
2.12	6.05	0.18	112.36	6.32	5 964.71	7 919.87	7.48	113.53	732.79	1 796.34	
1.56	15.48	0.18	251.45	2.47	80 505.80	83 346.56	277.27	1 279.90	812.17	3 689.35	

Tabel X (Forts.). Opgave over Tran…

Løbenummer.	Varesorter.	Transportens Retning.	Smaalensb…						
			Af… Ankomm…						
			Aas.	Vestby.	Soner.	Moss.	Dilling.	Rygge.	
			Antal Ton. (2 Decimaler).						
1	Brændevin paa Træer	Afs.	-	-	0.05	25.02	-	-	
		Ank.	0.29	0.02	7.52	5.49	-	0.05	
2	Gjødning, alle Slags	Afs.	-	-	-	-	-	-	
		Ank.	2 391.74	673.20	309.08	34.95	241.30	340.70	10
3	Hø og Halm	Afs.	46.44	120.16	178.16	7.18	0.32	0.16	
		Ank	0.04	-	-	-	-	-	
4	Jern og Staal og Arbeide deraf, undtagen Spiger	Afs	1.80	0.06	0.50	6.67	-	0.03	
		Ank.	45.84	8.58	11.69	154.35	32.54	10.75	
5	Kjød og Flesk, alle Slags	Afs.	0.47	0.49	0.67	2.28	19.71	0.31	
		Ank.	15.39	3.62	5.71	16.94	0.21	6.01	
6	Kornvarer og Mel, alle Slags	Afs.	54.79	27.02	1.60	31.01	14.80	0.02	
		Ank.	251.55	142.06	43.16	91.89	20.38	79.14	1
7	Kul (Sten-, Træ-), Cokes og Cinders	Afs.	-	-	-	-	-	-	
		Ank.	265.75	2.00	6.96	248.80	-	-	
8	Malme, Erts og Kis a)	Afs.	0.20	-	-	18.00	-	-	
		Ank	17.53	78.38	147.10	18.72	0.20	0.82	
9	Melk	Afs.	483.04	288.59	33.23	16.76	63.46	141.35	14
		Ank.	-	-	-	-	-	-	
10	Mursten, Tagsten og Drainsrør	Afs.	-	-	-	-	-	-	
		Ank.	0.94	12.65	-	7.87	1.28	0.05	
11	Poteter	Afs.	4.45	4.46	4.47	2.70	6.64	15.97	
		Ank.	1.65	0.14	0.79	89.16	-	1.51	
12	Salt	Afs.	-	-	-	-	-	-	
		Ank.	21.39	5.98	3.78	6.46	0.62	1.07	
13	Sild og Fisk	Afs.	-	-	-	0.43	0.09	-	
		Ank.	6.13	2.06	4.05	3.85	0.38	2.46	
14	Smør og Ost	Afs.	0.31	0.03	0.27	1.60	10.19	13.51	
		Ank.	6.87	1.03	1.82	62.62	0.23	2.69	
15	Spiger	Afs.	-	-	-	-	-	-	
		Ank.	4.41	1.58	2.58	4.39	0.49	2.76	
16	Trælast & Brænde. Planker, Bord, Lægter og Stav	Afs.	8.10	107.40	38.00	159.60	9.00	-	3
		Ank.	10.00	-	-	67.60	5.00	-	
17	Trælast & Brænde. Tømmer, alle Slags, ○ og □	Afs.	297.80	608.10	148.60	171.00	94.50	-	
		Ank.	10.20	-	-	16.40	-	-	
18	Trælast & Brænde. Brænde og Baghun	Afs.	275.30	355.80	229.60	-	-	21.45	
		Ank.	-	-	-	-	-	-	
19	Træmasse	Afs.	-	-	-	1 883.96	-	-	
		Ank.	-	-	-	-	-	-	
20	Øl, alle Slags	Afs.	-	-	0.05	0.32	-	-	
		Ank.	70.99	10.17	35.79	12.51	1.03	0.05	
21	Øvrige Varer (Ilgods indbef.)	Afs.	133.97	62.64	66.19	344.50	16.80	18.67	
		Ank.	218.51	54.25	74.27	1 159.39	28.86	61.05	1
	Tilsammen	Afs.	1 306.67	1 574.75	701.39	2 671.03	235.51	211.47	6
		Ank.	3 339.22	995.72	654.30	2 001.39	332.52	509.11	4

ngde af de væsentligste Varesorter.

istiania—Grændsen) (Forts.).

fik.

stiania fra Stationerne.
do. til do.

	Fredriksstad.	Greaker.	Sannesund.	Sarpsborg.	Skjeberg.	Berg.	Fredrikshald.	Tistedalen.	Aspedammen.	Præstebakke.	Kornsø.	Løbenummer.
Antal Ton. (2 Decimaler).												
-	-	-	-	-	-	-	-	-	-	-	-	1
25	4.20	0.11	0.05	43.52	0.20	0.35	3.60	0.33	0.13	0.30	-	
-	-	-	-	-	-	-	-	-	0.10	-	-	2
00	5.57	14.39	29.34	5.72	39.89	58.09	0.27	1.00	1.70	1.35	-	
-	-	-	-	-	8.70	19.00	-	-	-	-	-	3
-	1.80	-	-	0.96	-	-	-	-	-	-	-	
34	3.16	0.10	0.40	2.26	-	2.58	20.13	1.28	-	0.07	-	4
63	86.36	11.93	81.51	372.71	4.94	1.15	87.08	76.85	2.33	2.63	0.17	
-	0.79	1.44		-	0.82	-	120.02	0.84	0.18	30.21	36.68	5
23	16.53	10.83	3.00	15.47	5.67	1.63	9.70	7.28	3.28	4.42	2.66	
18	0.75	0.12	0.20	0.23	1.51	0.14	0.16	0.13	0.10	-	0.02	6
93	24.89	57.30	10.10	86.55	90.14	9.85	19.49	16.80	7.17	9.37	5.18	
-	0.29	-	-	-	-	0.02	32.89	-	0.10	-	-	7
-	5.91	0.06	-	47.64	-	-	37.02	0.18	-	-	-	
-	-	0.09	-	-	-	1.90	20.30	-	0.03	-	-	8
-	0.61	0.03	0.79	64.53	0.15	2.00	1.11	2.82	-	12.25	0.15	
-	-	25.43	-	-	17.58	-	18.76	-	-	-	-	9
-	-	-	-	-	-	-	-	-	-	-	-	
-	28.22	-	-	-	-	-	-	-	-	-	-	10
-	14.00	-	7.83	43.67	0.20	-	0.37	2.40	-	-	-	
0.27	0.20	0.50	0.09	0.05	1.15	1.13	0.16	0.92	-	0.89	0.33	11
-	9.60	-	0.56	0.28	-	-	2.61	0.09	0.12	5.60	-	
-	-	-	-	-	-	-	1.00	-	-	-	-	12
-	0.47	0.53	1.02	1.27	0.84	-	0.08	0.82	-	-	-	
0.33	1.14	-	-	-	0.04	0.02	0.50	0.02	-	-	-	13
0.29	2.20	2.70	0.59	3.32	0.21	0.02	1.47	1.48	-	0.14	-	
4.33	4.23	0.06	0.06	0.04	6.52	-	20.11	0.31	-	0.02	0.50	14
c 86	67.92	9.07	9.21	38.39	1.50	0.21	86.03	9.37	0.45	1.18	-	
-	-	-	-	-	-	-	-	-	-	-	-	15
0 14	3.47	6.88	2.74	31.13	1.99	-	3.09	1.43	0.05	0.30	0.05	
-	27.20	-	-	5.00	-	-	-	-	-	-	-	16
-	250.10	-	-	-	-	-	-	-	-	-	-	
-	31.90	-	15.70	93.50	-	-	-	-	-	16.00	-	17
-	24.00	-	47.30	-	-	-			-	-	-	
5.60	17.00	-	-	5.00	16.00	-	-	-	-	-	-	18
-	-	-	-	-	-	-	-	-	-	-	-	
-	-	-	-	616.16	-	-	13.60	510.80	-	-	-	19
-	-	-	-	-	-	-	-		-	-	-	
-	-	-	-	-	-	-	0.13	-	-	-	-	20
0 08	15.95	0.62	1.02	34.21	0.23	0.13	5.67	0.70	0.10	-	-	
8.80	209.54	12.41	11.96	218.22	8.30	3.57	1 528.91	18.50	0.75	54.85	16.02	21
9.11	705.34	89.67	540.99	845.39	53.19	20.49	828.61	139.70	16.76	74.32	27.00	
7.85	324.42	40.15	28.41	940.46	60.62	28.36	1 776.67	532.80	1.26	102.04	53.55	
1.52	1 238.92	204.12	736.05	1 634.76	199.15	93.92	1 086.20	261.25	32.09	111.86	35.21	

Tabel X (Forts.). Opgave over Transp

Smaalensba

Løbenummer.	Varesorter.	Transportens Retning.	Kraakstad.	Tomter.	Spydeberg.	Askim.	Slitu.	Mysen.
			Afsendt / Ankommet					
			Antal Ton. (2 Decimaler).					
1	Brændevin paa Træer	Afs.	-	-	-	-	-	
		Ank.	0.02	0.36	0.48	0.78	0.98	3
2	Gjødning, alle Slags	Afs.	-	-	-	-	-	o
		Ank.	1 428.82	407.75	824.58	208.30	53.74	82
3	Hø og Halm	Afs.	0.39	123.93	200.98	119.07	31.48	13
		Ank	-	0.02	-	0.55	-	
4	Jern og Staal og Arbeide deraf, undtagen Spiger	Afs.	0.63	36.30	-	-	0.38	5
		Ank.	14.59	66.74	33.52	36.29	22.15	80
5	Kjød og Flesk, alle Slags	Afs.	0.20	1.09	5.32	12.18	17.63	252
		Ank.	6.70	18.67	18.89	14.20	16.35	34
6	Kornvarer og Mel, alle Slags	Afs.	53.61	29.44	115.21	129.80	214.45	150
		Ank.	129.83	494.92	413.14	279.72	246.23	845
7	Kul (Sten-, Træ-), Cokes og Cinders	Afs.	-	-	-	-	-	o
		Ank.	52.60	131.77	180.29	101.93	76.46	240
8	Malme, Erts og Kis a)	Afs.	0.44	1.06	2.65	-	-	
		Ank.	4.75	84.16	10.84	61.14	3.78	14
9	Melk	Afs.	351.67	956.53	651.76	718.87	625.34	614
		Ank.	-	-	-	-	-	
10	Mursten, Tagsten og Drainsrør	Afs.	-	-	-	-	-	
		Ank.	19.86	1.42	4.39	3.65	0.64	1
11	Poteter	Afs.	6.22	32.08	27.43	35.01	20.08	36
		Ank.	2.06	1.00	0.54	1.10	0.18	o
12	Salt	Afs.	-	-	-	-	-	
		Ank.	12.96	36.64	49.69	36.05	30.24	56
13	Sild og Fisk	Afs.	-	0.02	0.30	-	0.12	
		Ank.	4.94	18.52	15.32	12.80	13.14	52
14	Smør og Ost	Afs.	-	25.04	3.25	4.16	8.30	41
		Ank.	0.71	1.44	0.84	3.66	1.28	4
15	Spiger	Afs.	-	-	-	-	-	
		Ank.	1.94	7.18	10.58	6.26	5.96	11
16	Trælast & Brænde. Planker, Bord, Lægter og Stav	Afs.	166.60	632.00	1 126.30	80.60	7.40	164
		Ank.	5.60	24.38	-	-	-	
17	Trælast & Brænde. Tømmer, alle Slags, O og ☐	Afs.	423.65	195.50	1 321.82	827.15	411.80	456
		Ank.	-	-	-	-	-	
18	Trælast & Brænde. Brænde og Baghun	Afs.	239.20	889.54	426.10	-	54.90	2
		Ank.	-	-	-	-	-	
19	Træmasse	Afs.	-	1 037.70	-	4 798.00	-	93
		Ank.	-	-	-	-	-	
20	Øl, alle Slags	Afs.	-	0.10	-	-	-	
		Ank.	3.36	9.14	56.00	20.82	14.45	4
21	Øvrige Varer (Ilgods indbef.)	Afs.	40.46	144.70	153.40	329.56	102.11	41
		Ank.	131.32	337.34	259.74	288.22	233.02	45
	Tilsammen	Afs.	1 283.07	4 105.03	4 034.52	7 054.40	1 493.99	3 1
		Ank.	1 820.06	1 641.45	1 878.84	1 075.47	718.60	1 92

…ngde af de væsentligste Varesorter.

…stiania – Grændsen) (Forts.).

Rakkestad.	Gautestad.	Ise.	Sum.	Øvrige Lokaltrafik, afsendt eller ankommet.b)	Tilsammen afsendt eller ankommet.b)	Samlet Trafik. Op.	Samlet Trafik. Ned.	Samlet Trafik. Hovedsum. Afsendt eller ankommet.b)	Løbenummer.
(…tiania fra Stationerne: … til do.)									
Antal Ton. (2 Decimaler).									
- 4.79	- 0.47	- -	25.07 78.41	10.47	113.95	103.32	29.48	132.80	1
- 75.65	- 9.75	- 15.60	2.87 10 813.76	388.78	11 205.41	11 873.45	144.52	12 017.97	2
45.73 -	- -	- -	1 017.57 14.02	369.18	1 400.77	308.35	1 126.83	1 435.18	3
0.34 67.54	0.04 3.14	2.27 59.01	85.88 1 426.72	418.65	1 931.25	1 869.83	1 511.61	3 381.44	4
271.24 21.52	28.54 2.44	3.89 6.48	860.42 304.99	95.05	1 260.46	352.90	1 193.25	1 546.15	5
92.89 400.70	3.25 61.46	- 34.35	1 021.23 4 705.45	3 943.56	9 670.24	7 498.60	2 702.09	10 200.69	6
- 128.04	- 11.00	- 62.15	33.70 1 781.45	1 596.33	3 411.48	5 390.70	564.81	5 955.51	7
- 18.25	82.51 3.69	- 0.64	127.38 1 793.72	6 183.64	8 104.74	3 812.33	6 569.27	10 381.60	8
213.34 -	145.21 -	41.04 -	6 449.78 -	3 271.80	9 721.58	1 304.64	8 444.12	9 748.76	9
- 2.89	- 0.18	- -	28.22 186.15	2 798.37	3 012.74	1 943.52	1 368.25	3 311.77	10
2.30 0.23	0.81 005	0.84 0.10	256.87 132.40	361.85	751.12	450.22	434.97	885.19	11
- 54.60	- 4.52	- 0.90	1.00 372.91	157.96	531.87	643.57	103.83	747.40	12
- 11.46	- 0.41	- 1.47	3.31 182.00	91.15	276.40	846.80	40.41	887.21	13
36.89 1.71	0.22 0.14	0.04 0.28	218.63 323.05	146.22	687.00	422.52	501.30	923.82	14
- 11.14	- 1.26	- 1.95	- 133.69	13.87	147.56	477.82	7.31	485.13	15
46.00 -	- -	17.00 -	3 435.11 437.38	24 077.48	27 949.97	5 042.07	64 201.75	69 243.82	16
217.00 -	8.20 -	- -	6 122.52 157.90	10 011.86	16 292.28	1 947.26	45 165.12	47 112.38	17
- -	- -	- -	3 261.09 5.00	855.00	4 121.09	444.00	5 196.11	5 640.11	18
- -	- -	- -	9 791.46 -	8 386.40	18 177.86	204.45	20 811.27	21 015.72	19
- 15.40	- 0.78	- 0.84	0.62 380.45	51.34	432.41	415.44	17.85	433.29	20
46.69 307.68	9.07 30.58	8.42 65.04	4 175.07 7 784.02	3 395.44	15 354.45	11 529.31	8 981.84	20 511.15	21
…972.42 1 121.60	277.85 129.87	73.50 248.81	36 917.80 31 013.47	66 624.40	134 555.59	56 881.10	169 115.99	225 997.09	

Tabel X (Forts.). Opgave over Trans[…]

Løbenummer.	Varesorter.	Transportens Retning.	Gjennemgangstrafik. Ialt.	Gjennemgangstrafik. Hvoraf afs. & ank. Kristiania.	Kongsv[…] A[…] Ank[…] Smaalensbanen.	Svenske Baner over Kornsø.	Hovedbanen.	Eidsvold —Ha[…] ban[…]
			Antal Ton. (2 Decimaler).					
1	Brændevin paa Træer	Afs.	5.24	0.34	-	-	0.10	
		Ank.		-	0.61	-	120.39	0
2	Gjødning, alle Slags	Afs.	245.78	245.78	-	-	1.84	
		Ank.		-	-	-	8 594.20	5
3	Hø og Halm	Afs.	-	-	10.20	-	481.96	12
		Ank.		-	-	-	15.78	5
4	Jern og Staal og Arbeide deraf, undtagen Spiger	Afs.	14 168.97	510.60	0.72	-	1 474.78	15
		Ank.		12 317.06	6.40	-	1 085.25	2
5	Kjød og Flesk, alle Slags	Afs.	1 817.46	767.34	0.33	-	124.15	
		Ank.		1 043.49	-	-	221.21	
6	Kornvarer og Mel, alle Slags	Afs.	1 784.62	1 633.98	3.18	-	622.36	c
		Ank.		130.84	21.34	-	5 612.97	13
7	Kul (Sten-, Træ-) Cokes og Cinders	Afs.	592.60	578.40	-	-	117.38	139
		Ank.		-	-	-	1 565.40	
8	Malme, Erts og Kis a)	Afs.	351.16	174.78	0.70	-	1 908.92	
		Ank.		38.50	0.46	-	694.49	c
9	Melk	Afs.	-	-	0.64	-	1 977.80	
		Ank.		-	-	-	-	
10	Mursten, Tagsten og Drainsrør	Afs.	-	-	-	-	2.75	7
		Ank.		-	-	-	68.92	
11	Poteter	Afs.	20.86	-	12.01	-	501.53	q
		Ank.		15.60	0.06	-	7.77	c
12	Salt	Afs.	85.92	85.92	-	-	-	
		Ank.		-	13.08	-	707.48	
13	Sild og Fisk	Afs.	3 046.15	2 384.61	0.02	-	2.30	
		Ank.		22.38	0.85	-	477.82	
14	Smør og Ost	Afs.	378.28	189.42	0.60	-	141.69	
		Ank.		187.57	-	-	53.85	
15	Spiger	Afs.	299.56	203.70	2.40	-	16.99	
		Ank.		53.72	1.13	-	83.26	
16	Trælast & Brænde. Planker, Bord, Lægter og Stav	Afs.	30 931.50	44.50	668.50	-	21 254.10	11
		Ank.		30 640.40	-	-	10.88	
17	Trælast & Brænde. Tømmer, alle Slags, O og □	Afs.	2 628.20	-	100.80	-	29 275.10	
		Ank.		2 628.20	-	-	-	
18	Trælast & Brænde. Bræde og Baghun	Afs.	33.00	-	16.40	-	7 425.30	
		Ank.		33.00	-	-	-	
19	Træmasse	Afs.	12 736.42	81.40	-	-	7 426.40	
		Ank.		12 545.02	-	-	0.05	
20	Øl, alle Slags	Afs	2.10	2.10	-	-	1.72	
		Ank.		-	0.10	-	102.54	
21	Øvrige Varer (Ilgods indbf.)	Afs.	10 379.95	4 330.26	49.23	0.05	2 002.67	
		Ank.		5 543.36	52.84	0.31	3 654.05	1
	Tilsammen	Afs.	79 507.77	11 233.13	865.73	0.05	74 759.84	37
		Ank.		65 199.14	96.87	0.31	23 076.31	4

…gde af de væsentligste Varesorter.

…n.

…ngsvingerbanen.
do.

…trøm.

Meraker-banen.	Kristiania—Drammenbanen.	Drammen—Skien-banen.	Drammen—Randsfj.-banen.	Over Charlottenberg (Sv. Baner.)	Tilsammen.	Hvoraf: Afs. til **Kristiania** fra Stationerne: / Ankommet fra do. til do. — Nerdrum Sidespor.	Fetsund & Øierst.erne over Fetsund.	Varaaen Sidespor.	Blakjer.	Haga.	Løbenummer.
Antal Ton. (2 Decimaler).											
-	-	-	-	-	0.10	-	-	-	-	-	1
-	0.76	-	-	0.46	123.47	-	0.51	-	4.78	1.13	
-	-	-	-	-	1.84	-	-	-	1.34	-	2
-	-	-	-	5.60	8 605.03	97.83	440.34	-	1 060.40	1 463.14	
-	-	-	-	-	505.06	-	31.20	-	116.35	97.79	3
-	-	-	-	-	20.78	-	-	-	-	-	
-	3.59	0.93	0.54	1.81	1 517.11	-	11.88	-	1.49	-	4
-	0.70	0.39	0.04	54.32	1 173.87	-	70.84	-	65.28	15.98	
-	0.02	-	-	-	124.58	-	1.91	-	17.52	2.95	5
-	-	-	-	-	221.42	-	22.76	-	15.98	5.79	
-	-	-	0.07	0.08	626.02	-	70.54	-	211.72	79.61	6
-	0.18	-	0.43	76.59	5 725.86	4.82	773.18	-	560.82	147.49	
-	-	-	-	810.10	1 134.48	17.20	12.02	-	-	-	7
-	-	-	-	-	1 565.40	-	625.90	-	89.68	98.97	
-	-	-	-	-	1 919.36	-	1 095.20	-	1.45	-	8
-	-	-	-	14.05	709.62	5.00	17.49	-	16.90	26.90	
-	-	-	-	-	1 978.44	-	591.09	-	482.32	268.78	9
-	0.97	-	-	0.28	1.25	-	-	-	-	-	
-	-	-	-	189.60	321.95	-	-	-	-	-	10
-	-	-	-	-	68.92	-	16.62	-	9.42	0.04	
-	0.10	1.10	0.04	-	515.66	-	12.83	-	54.96	28.68	11
-	-	-	-	-	8.19	-	1.46	-	0.88	0.05	
-	-	-	-	-	-	-	-	-	-	-	12
-	-	-	-	0.44	721.00	-	94.77	-	73.93	32.40	
-	-	-	-	9.65	15.28	-	0.04	-	0.15	0.32	13
0.09	0.04	-	-	2.90	750.08	-	33.07	-	33.23	19.16	
-	-	0.02	-	0.04	142.37	-	13.76	-	21.58	5.94	14
-	-	0.22	0.02	0.70	58.03	-	5.96	-	2.19	6.51	
-	-	-	-	-	34.51	-	0.04	-	-	-	15
-	-	-	-	0.30	86.59	-	10.59	-	7.73	2.47	
-	-	-	-	-	22 094.80	2 628.90	257.00	-	2 010.70	650.10	16
-	-	-	-	4 924.00	4 934.88	-	-	-	-	-	
-	-	-	-	-	29 375.90	2 576.90	149.30	-	2 051.00	849.90	17
-	-	-	-	17.40	17.40	-	-	-	-	-	
-	-	-	-	-	7 441.70	2 158.00	26.90	-	200.70	379.20	18
-	-	-	-	38.70	38.70	-	-	-	-	-	
-	-	-	-	-	7 426.40	-	1.00	689.00	-	-	19
-	-	-	-	0.20	0.25	-	-	-	-	-	
-	-	0.05	-	0.10	4.59	-	-	-	-	-	20
-	-	-	-	0.18	102.82	-	13.92	-	48.48	2.63	
[illegible]	5.81	4.91	4.69	83.15	2 181.81	90.40	135.72	-	228.70	58.44	21
[illegible]	9.95	6.38	3.09	134.39	3 896.93	5.00	418.20	-	280.29	73.82	
-	9.52	7.01	5.34	1 094.53	77 361.96	7 471.40	2 410.43	689.00	5 399.98	2 421.71	
[illegible]	12.60	6.99	3.58	5 270.51	28 830.49	112.65	2 545.61	-	2 269.99	1 896.48	

Tabel X (Forts.). Opgave over Trans[illegible]

Løbenummer.	Varesorter.	Transportens Retning.	Aarnæs.	Funnefos Sidespor.	Sæter-støen.	Disen-aaen Sidespor.	Skarnæs.	Sander.
			Kongsvin[illegible]					
			Heraf: Afs[illegible] Ankom[illegible]					
			Antal Ton (2 Decimaler).					
1	Brændevin paa Træer	Afs.	-	-	-	-	-	
		Ank.	2.43	-	0.89	-	7.85	:
2	Gjødning, alle Slags	Afs.	-	-	-	-	-	
		Ank.	840.67	-	155.73	49.10	560.26	55
3	Hø og Halm	Afs.	132.12	-	0.04	25.00	31.46	
		Ank.	0.02	-	1.79	-	0.37	
4	Jern og Staal og Arbeide deraf undtagen Spiger	Afs	2.55	-	3.97	-	2.35	
		Ank.	24.41	-	21.96	-	49.21	2
5	Kjød og Flesk, alle Slags	Afs.	5.94	-	3.73	-	6.56	
		Ank.	11.07	-	5.47	-	20.41	
6	Kornvarer og Mel, alle Slags	Afs.	149.72	-	30.45	5.00	33.62	1
		Ank.	317.57	-	199.66	5.00	598.19	26
7	Kul (Sten-, Træ-), Cokes og Cinders	Afs.	-	-	-	-	-	
		Ank.	126.24	-	21.67	-	34.82	6
8	Malme, Erts og Kis a)	Afs.	0.32	-	-	-	0.57	
		Ank.	11.81	-	9.92	-	22.17	
9	Melk	Afs.	504.48	-	32.10	-	2.88	6
		Ank.	-	-	-	-	-	
10	Mursten, Tagsten og Drainsrør	Afs.	-	-	-	-	-	
		Ank.	0.17	-	0.05	-	0.16	
11	Poteter	Afs.	73.62	-	49.53	25.20	112.19	5
		Ank.	0.17	-	-	-	3.42	
12	Salt	Afs.	-	-	-	-	-	
		Ank.	45.23	-	30.24	-	72.99	2
13	Sild og Fisk	Afs.	-	-	-	-	0.22	
		Ank.	26.12	-	18.01	-	71.31	1
14	Smør og Ost	Afs.	12.30	-	0.02	-	1.80	
		Ank.	3.27	-	4.32	-	5.26	
15	Spiger	Afs.	-	-	-	-	-	
		Ank.	6.30	-	3.61	-	9.24	
16	Trælast & Brænde. Planker, Bord, Lægter og Stav	Afs.	921.40	-	1 346.00	220 50	1 614.40	3
		Ank.	-	-	-	-	-	
17	Trælast & Brænde. Tømmer, alle Slags, O og □	Afs.	322.90	-	1 748.00	1 054.80	2 078.50	19
		Ank.	-	-	-	-	-	
18	Trælast & Brænde. Brænde og Baghun	Afs.	374.30	-	1 626.00	770.70	498.90	1
		Ank.	-	-	-	-	-	
19	Træmasse	Afs.	-	6 579.90	-	-	-	
		Ank.	-	-	-	-	0.05	
20	Øl, alle Slags	Afs.	0.02	-	0.17	-	0.09	
		Ank.	14.26	-	0.42	-	1.53	
21	Øvrige Varer (Ilgods indbef.)	Afs.	83.13	-	43.89	167.50	154.53	
		Ank	186.51	-	173.01	-	31[illegible]	
	Tilsammen	Afs.	2 582.80	6 579.90	4 883.90	2 268.70	4 5[illegible]	
		Ank	1 616.25	-	646.75	54.10	1 7[illegible]	

n (Forts.).

stiania fra Stationerne:
do. til do.

…	Kongs-vinger.	Sjøli Sidespor.	Aabogen.	Eidskog.	Skotterud.	Magnor.	Eda Sidespor.	Char-lottenberg.	Sum.	Løbenummer.
Antal Ton. (2 Decimaler).										
-	0.08	-	-	-	0.02	-	-	-	0.10	1
-	89.99	-	2.02	0.71	4.96	2.12	-	0.56	120.39	
-	-	-	-	-	-	-	-	-	1.34	2
.40	295.61	-	210.65	143.26	570.10	218.08	-	38.20	6 956.82	
-	13.50	-	-	-	-	-	-	-	452.96	3
-	-	-	0.16	0.10	-	0.36	-	0.18	2.98	
-	31.20	-	5.33	0.43	1.38	93.97	-	1 280.01	1 435.93	4
-	724.62	-	4.21	8.21	12.06	13.75	-	30.68	1 061.42	
-	10.83	-	2.23	0.25	4.14	0.36	-	61.14	123.43	5
-	106.63	-	1.52	2.45	5.21	4.30	-	14.01	221.17	
.50	7.47	-	1.22	0.25	2.38	2.84	-	4.27	614.68	6
-	2 047.24	-	139.11	114.02	270.54	129.66	-	36.03	5 604.22	
-	-	-	88.16	-	-	-	-	-	117.38	7
-	60.94	-	0.20	20.90	7.20	51.50	-	364.08	1 565.40	
-	-	-	0.38	5.00	0.02	-	-	804.28	1 908.92	8
-	188.03	-	2.96	9.45	32.74	18.23	312.00	13.50	688.95	
-	0.75	-	-	-	-	-	-	-	1 944.77	9
-	-	-	-	-	-	-	-	-	-	
-	-	-	-	-	0.15	-	-	-	0.15	10
-	2.23	-	0.80	-	0.77	-	-	0.06	30.32	
-	38.28	1.80	8.84	5.42	10.74	3.32	-	1.87	486.64	11
-	0.34	-	-	-	0.07	0.10	-	-	6.49	
-	-	-	-	-	-	-	-	-	-	12
-	252.88	-	16.38	10.77	32.62	8.92	-	12.15	707.48	
-	0.28	-	-	-	0.25	0.04	-	-	1.50	13
-	169.04	-	12.29	5.77	22.08	15.45	-	35.43	477.62	
-	74.82	-	2.72	-	4.04	-	-	3.31	140.29	14
-	18.54	-	0.24	1.36	1.05	1.88	-	0.06	51.06	
-	0.26	-	-	0.12	-	0.67	-	15.62	16.71	15
-	25.13	-	1.64	1.47	2.45	1.66	-	7.51	82.84	
90	100.30	90.90	3 464.10	246.50	3 432.80	858.00	45.10	1 665.50	20 149.20	16
-	5.00	-	-	-	-	-	-	-	5.00	
.40	1 980.50	404.60	2 223.20	1 200.70	2 591.40	962.90	447.10	3 043.70	28 229.80	17
-	-	-	-	-	-	-	-	-	-	
.20	251.70	168.90	212.30	14.90	116.30	48.50	-	76.00	7 372.70	18
-	-	-	-	-	-	-	-	-	-	
-	-	-	-	-	-	-	-	156.50	7 426.40	19
-	-	-	-	-	-	-	-	-	0.05	
-	0.15	-	-	-	-	-	-	-	1.27	20
-	12.67	-	0.58	0.71	0.60	0.24	-	0.07	96.44	
-	363.74	-	57.51	31.17	169.94	101.34	141.00	30.80	1 930.16	21
-	1 317.17	-	58.58	39.31	107.74	61.63	-	416.23	3 590.42	
.00	2 873.86	666.20	6 065.99	1 504.74	6 333.56	2 071.94	633.20	7 143.00	72 354.33	
.40	5 316.06	-	451.34	358.49	1 070.19	527.88	312.00	968.75	21 269.07	

Tabel X (Forts.). Opgave over Transp

Løbenummer.	Varesorter.	Transportens Retning.	Kongsvingerbanen (Forts.). Lokaltrafik, afsendt eller ankommet.	Samlet Trafik. Op.	Samlet Trafik. Ned.	Samlet Trafik. Hovedsu Afsend eller ankomm
			Antal Ton. (2 Decimaler).			
1	Brændevin paa Træer	Afs. Ank.	1.00	125.13	4.68	12
2	Gjødning, alle Slags	Afs. Ank.	207.54	8 997.11	63.08	9 06
3	Hø og Halm	Afs. Ank.	156.35	161.41	520.78	68
4	Jern og Staal og Arbeide deraf, undtagen Spiger	Afs. Ank.	158.27	1 652.06	15 366.16	17 01
5	Kjød og Flesk, alle Slags	Afs. Ank.	9.14	996.03	1 176.57	2 17
6	Kornvarer og Mel, alle Slags	Afs. Ank.	355.38	7 493.28	998.60	8 49
7	Kul (Sten-, Træ-). Cokes og Cinders	Afs. Ank.	199.41	3 088.69	403.20	3 49
8	Malme, Erts og Kis a)	Afs. Ank.	126.69	901.84	2 204.99	3 10
9	Melk	Afs. Ank.	68.67	39.31	2 009.05	2 04
10	Mursten, Tagsten og Drainsrør	Afs. Ank.	589.56	416.68	563.75	98
11	Poteter	Afs. Ank.	49.28	27.64	566.35	59
12	Salt	Afs. Ank.	3.25	809.73	0.44	81
13	Sild og Fisk	Afs. Ank.	95.22	3 835.90	70.83	3 90
14	Smør og Ost	Afs. Ank.	3.19	248.13	333.74	58
15	Spiger	Afs. Ank.	17.90	290.42	148.14	4
16	Trælast & Brænde. Planker, Bord, Lægter og Stav	Afs. Ank.	10 692.20	507.31	68 146.07	68 6
17	Trælast & Brænde. Tømmer, alle Slags, O og □	Afs. Ank.	687.80	34.40	32 674.90	32 7
18	Trælast & Brænde. Brænde og Baghun	Afs. Ank.	957.20	542.80	7 927.80	8 4
19	Træmasse	Afs. Ank.	-	101.45	20 061.62	20 1
20	Øl, alle Slags	Afs. Ank.	359.05	171.34	297.22	4
21	Øvrige Varer (Ilgods indbef.)	Afs. Ank.	1 312.94	8 998.06	8 773.57	17 7
	Tilsammen	Afs. Ank.	16 050.04	39 438.72	162 311.54	201 7

Kristiania—Drammenbanen.

	Samtrafik. Afsendt fra Kristiania—Drammenbanen. Ankommet til do. do. — over Kristiania. Smaalensbanen.	Hovedbanen.	Kongsvingerbanen.	Eidsvold—Hamarbanen.	Rørosbanen.	Merakerbanen.	over Drammen. Smaalensbanen.	Drammen—Skienbanen.	Drammen—Randsfjordbanen.	Tilsammen.	Lokaltrafik. Afs. til Kr. Ank. fra do. Bygdø.	Lysaker.	Løbenummer.
	Antal Ton. (2 Decimaler).												
58	2.92	-	0.76	0.94	0.59	-	-	9.18	111.48	125.87	-	-	1
	-	-	-	-	0.35	-	-	0.05	47.74	48.14	-	0.08	
22	-	-	-	-	-	-	-	456.49	952.03	1 408.52	-	-	2
		-	-	-	-	-	-	23.50	3.86	27.36	2.21	18.16	
-	-	-	-	-	-	-	-	7.41	21.02	28.43	-	-	3
	5.00	3.20	-	-	-	-	-	333.89	93.06	435.15	-	0.04	
69	1.76	0.02	0.70	1.90	-	-	-	222.18	1 021.50	1 248.06	8.71	2.12	4
	0.53	0.24	3.59	0.49	0.27	-	-	219.71	664.92	889.75	148.97	49.88	
21	-	-	-	1.33	-	-	0.14	27.05	317.93	346.45	-	-	5
	-	-	0.02	0.81	1.03	-	-	1.63	37.66	41.15	0.31	3.08	
76	-	-	0.18	1.07	0.03	-	-	270.25	1 859.57	2 131.10	-	0.08	6
	0.23	0.50	-	4.82	-	-	-	43.30	45.00	93.85	1.54	76.60	
-	-	-	-	-	-	-	-	99.02	94.96	193.98	-	-	7
	-	-	-	-	-	-	-	5.45	11.12	16.57	53.61	2 388.22	
-	-	-	-	-	-	-	-	0.83	278.14	278.97	-	-	8
	0.53	-	-	-	-	-	-	-	4.97	5.50	-	21.50	
-	-	-	0.97	2.32	0.11	-	-	0.39	3.19	6.98	-	30.65	9
	-	-	-	-	-	-	-	903.18	1 146.42	2 049.60	-	3.54	
-	-	-	-	-	-	-	-	31.19	35.56	66.75	-	-	10
	-	-	-	-	-	-	-	0.03	513.60	513.63	-	15.62	
93	0.07	-	-	-	-	-	-	13.31	17.30	30.68	-	0.69	11
	1.18	0.63	0.10	0.30	0.40	-	-	7.26	99.59	109.46	0.96	5.15	
-	-	-	-	-	-	-	-	8.38	82.79	91.17	-	-	12
	-	-	-	-	-	-	-	0.08	-	0.08	0.03	4.21	
95	-	-	0.04	-	-	-	-	6.73	316.69	323.46	0.25	-	13
	0.12	-	-	-	2.21	-	-	72.51	7.64	82.48	0.34	2.82	
98	-	0.10	-	0.13	-	-	-	283.97	156.42	440.62	-	0.25	14
	0.02	0.24	-	-	0.08	-	-	178.01	157.16	335.51	0.29	1.94	
	-	-	-	-	-	-	-	11.56	75.00	86.56	-	-	15
	-	-	-	1.21	-	-	-	-	0.23	1.44	2.15	0.55	
-	-	-	-	-	-	-	-	241.00	36.53	277.53	-	31.10	16
	-	-	-	-	-	-	-	355.60	3 145.65	3 501.25	17.10	63.10	
-	-	-	-	-	-	-	-	20 20	24.36	44.56	2.50	22.90	17
	-	-	-	-	-	-	-	1 435.44	4 392.13	5 827.57	5.10	69.70	
-	-	-	-	-	-	-	-	-	-	-	-	6.00	18
	-	-	-	-	-	-	-	335.60	1 225.89	1 561.49	-	-	
	-	-	-	-	-	-	-	-	0.05	0.05	-	-	19
	-	-	-	-	-	-	-	15.00	7 635.78	7 650.78	-	55.70	
10	0.17	-	-	-	-	-	-	19.68	405.25	425.10	-	-	20
	-	-	-	-	-	-	-	0.42	1.87	2.29	-	0.67	
47	17.38	4.53	9.95	23.18	22.06	0.08	0.04	2 530.65	8 121.17	10 729.04	2 68	1 195.67	21
	35.15	7.32	5.81	12.75	18.45	0.08	0.18	1 442.11	10 470.71	11 992.56	46.62	1 061.02	
55	22.30	4.65	12.60	30.87	22.79	0.08	0.18	4 259.47	13 930.94	18 283.88	14.14	1 289.46	
	42.76	12.13	9.52	20.38	22.79	0.08	0.18	5 372.77	29 705.00	35 185.61	279.23	3 841.58	

Tabel X (Forts.). Opgave over Trans[...]

Kristiani[...]

Afsendt til Kristiani[...]
Ankommet fra do.

Antal Ton. (2 Decimaler).

Løbenummer.	Varesorter.	Transportens Retning.	Høvik.	Sand-viken.	Hvalstad.	Asker.	Heggedal.	Røken.
1	Brændevin paa Træer	Afs.	-	-	-	-	-	-
		Ank.	0.07	0.08	0.08	0.13	0.42	0.15
2	Gjødning, alle Slags	Afs.	-	-	-	-	-	-
		Ank.	272.96	812.56	361.34	722.94	216.67	806.82
3	Hø og Halm	Afs.	-	14.60	-	15.50	41.36	449.03
		Ank.	-	-	0.92	0.20	-	-
4	Jern og Staal og Arbeide deraf, undtagen Spiger	Afs.	56.50	17.16	0.02	2.58	7.96	0.89
		Ank.	65.86	202.09	7.63	11.78	11.37	12.76
5	Kjød og Flesk, alle Slags	Afs.	-	0.32	0.46	0.14	0.64	0.07
		Ank.	5.34	15.70	6.39	10.40	14.58	5.72
6	Kornvarer og Mel, alle Slags	Afs.	0.38	9.52	1.54	0.45	6.87	12.04
		Ank.	68.49	350.76	117.24	286.11	268.57	134.24
7	Kul (Sten-, Træ-) Cokes og Cinders	Afs.	-	-	-	-	-	-
		Ank.	107.47	721.43	37.67	161.21	165.88	19.78
8	Malme, Erts og Kis	Afs.	-	-	-	-	0.03	-
		Ank.	-	11.80	-	-	40.15	-
9	Melk	Afs.	15.01	205.08	184.19	242.13	140.78	731.41
		Ank.	-	0.84	1.14	1.43	0.96	0.79
10	Mursten, Tagsten og Dranisrør	Afs.	-	243.70	-	-	-	-
		Ank.	71.40	16.01	27.55	32.19	8.30	-
11	Poteter	Afs.	1.07	16.98	30.84	28.52	2.31	2.29
		Ank.	4.37	3.25	0.13	0.50	6.19	2.58
12	Salt	Afs.	-	-	-	-	-	-
		Ank.	2.39	25.69	7.03	11.62	9.59	3.23
13	Sild og Fisk	Afs.	-	-	-	-	-	-
		Ank.	3.69	10.04	4.63	8.41	7.95	2.82
14	Smør og Ost	Afs.	-	1.65	0.27	0.44	0.23	0.03
		Ank.	1.95	6.77	2.42	4.51	17.24	6.08
15	Spiger	Afs.	-	-	-	-	0.01	-
		Ank.	0.63	2.13	1.18	2.22	7.76	2.78
16	Trælast & Brænde. Planker, Bord, Lægter og Stav	Afs.	-	830.80	-	230.90	55.70	-
		Ank.	192.60	108.35	185.15	40.20	-	-
17	Trælast & Brænde. Tømmer, alle Slags, O og □	Afs.	69.60	686.00	63.80	417.90	478.76	90.80
		Ank.	61.45	69.80	31.10	25.35	-	-
18	Trælast & Brænde. Brænde og Baghun	Afs.	7.00	645.80	12.00	296.60	60.50	333.70
		Ank.	-	5.00	11.50	-	-	-
19	Træmasse	Afs.	-	-	-	-	-	-
		Ank.	-	-	-	-	-	-
20	Øl, alle Slags	Afs.	0.02	-	0.20	3.16	-	-
		Ank.	4.73	14.97	17.29	53.35	16.49	26.07
21	Øvrige Varer (Ilgods indbef.)	Afs.	1 306.31	7 408.30	53.64	483.78	1 267.98	48.12
		Ank.	994.71	842.51	328.35	325.91	332.70	159.60
	Tilsammen	Afs.	1 455.89	10 079.91	346.96	1 722.10	2 063.13	1 668.38
		Ank.	1 858.11	3 219.78	1 148.74	1 698.46	1 124.82	1 183.42

menbanen (Forts.).

rne:		Afsendt til **Drammen** fra Stationerne: Ankommet fra do. til do.										
	Sum.	Bygdø.	Lysaker.	Høvik.	Sand-viken.	Hvalstad.	Asker.	Heggedal.	Røken.	Lier.	Sum.	Løbenummer.
	Antal Ton. (2 Decimaler).											
00	101.00	-	-	-	-	-	-	-	-	-	-	1
32	180.33	-	-	0.05	-	-	-	0.02	0.19	-	0.26	
-	-	-	6.55	-	-	-	-	-	-	-	6.55	2
50	3 398.86	-	-	-	-	-	2.40	-	11.91	121.10	135.41	
25	673.84	-	-	-	-	-	-	-	-	-	-	3
36	1.52	-	-	-	-	-	-	-	-	-	-	
89	589.50	6.48	0.47	1.05	-	-	2.99	0.45	0.57	1.58	13.59	4
27	1 292.24	3.89	-	0.30	0.08	1.27	1.36	4.71	2.85	7.94	22.40	
83	9.46	-	1.07	-	-	-	-	-	-	-	1.07	5
24	196.69	-	-	-	-	0.19	-	0.21	2.16	1.42	3.98	
95	55.46	-	-	-	-	-	-	2.80	1.64	1.30	5.74	6
33	2 144.75	-	0.17	0.10	-	0.23	3.41	25.67	94.51	272.80	396.89	
00	6.00	-	-	-	-	-	-	-	-	-	-	7
03	3 806.04	-	-	-	-	-	-	10.50	34.13	135.95	180.58	
97	1.00	-	-	-	-	-	-	-	-	-	-	8
20	73.65	-	-	-	-	-	-	-	-	-	-	
88	3 277.98	-	-	-	-	-	-	-	-	-	-	9
26	14.87	-	-	-	-	-	-	-	-	-	-	
89	717.59	-	-	-	-	-	-	-	-	-	-	10
64	185.51	25.00	91.82	41.48	66.30	25.91	39.11	61.86	150.43	64.56	566.47	
69	126.79	0.17	0.22	0.54	0.15	0.30	0.07	0.07	-	0.36	1.88	11
81	25.20	0.11	0.29	-	-	-	-	0.15	3.47	5.12	9.14	
31	0.31	-	-	-	-	-	-	-	-	-	-	12
45	70.52	-	-	-	1.10	-	0.08	1.42	18.27	58.80	79.67	
67	10.92	-	-	-	-	-	-	-	-	-	-	13
75	86.89	-	-	0.02	0.30	-	0.37	2.42	5.51	13.41	22.03	
06	53.46	-	38.55	-	-	-	-	-	-	2.01	40.56	14
66	332.98	-	0.23	0.10	0.08	0.03	-	0.61	0.72	0.70	2.47	
96	32.97	-	15.18	-	-	-	-	-	-	-	15.18	15
09	76.80	-	-	-	0.23	-	-	0.05	0.77	0.86	1.91	
15	3 833.45	-	-	-	-	-	-	-	194.20	62.80	257.00	16
04	607.54	12.60	251.25	17.70	18.30	50.80	118.35	281.50	97.10	195.15	1 042.75	
60	2 074.86	-	-	-	-	-	12.60	-	-	-	12.60	17
-	262.50	-	19.45	11.40	-	-	-	1 754.50	5.10	-	1 790.45	
90	2 821.78	-	-	-	-	-	5.00	-	5.80	-	10.80	18
-	16.50	-	6.50	-	6.50	-	-	155.00	80.50	11.50	260.00	
10	77.10	-	-	-	-	-	-	-	-	-	-	19
00	65.70	-	-	-	-	-	-	-	-	-	-	
39	143.77	-	-	-	-	-	-	-	-	-	-	20
19	358.66	-	-	0.27	-	6.92	0.46	0.50	12.43	0.35	20.93	
48	15 062.30	14.94	30.62	61.24	15.52	7.16	3.54	55.40	36.17	26.08	250.67	21
28	7 429.94	5.58	68.86	49.93	9.10	14.08	45.37	64.37	84.71	129.55	471.55	
97	29 669.54	21.59	92.66	62.83	15.67	7.46	24.20	58.72	238.38	94.13	615.64	
12	20 627.69	47.18	438.57	121.35	101.99	99.43	210.91	2 363.49	604.76	1 019.21	5 006.89	

Tabel X (Forts.). Opgave over Transp

Løbenummer.	Varesorter.	Transportens Retning.	Kristiania— Drammenbanen (Forts.) Lokaltrafik. Øvrige Lokaltrafik, afsendt eller ankommet.	Lokaltrafik. Tilsammen, afsendt eller ankommet.	Samlet Trafik. Op.	Samlet Trafik. Ned.	Samlet Trafik. Hoved sum, afsend eller a komme
			Antal Ton. (2 Decimaler).				
1	Brændevin paa Træer	Afs. Ank.	-	281.59	301.72	154.26	45
2	Gjødning, alle Slags	Afs. Ank.	33.10	3 573.92	4 846.80	163.22	5 01
3	Hø og Halm	Afs. Ank.	3.50	678.86	38.15	1 104.29	1 14
4	Jern og Staal og Arbeide deraf, undtagen Spiger	Afs. Ank.	19.07	1 936.80	2 578.39	1 522.91	4 10
5	Kjød og Flesk, alle Slags	Afs. Ank.	0.10	211.30	544.97	54.14	59
6	Kornvarer og Mel, alle Slags	Afs. Ank.	13.53	2 616.37	4 302.09	543.99	4 84
7	Kul (Sten-, Træ-), Cokes og Cinders	Afs. Ank.	0.27	3 992.89	4 000.02	203.42	4 20
8	Malme, Erts og Kis	Afs. Ank.	-	74.65	353.15	5.97	35
9	Melk	Afs. Ank.	144.82	3 437.67	18.53	5 475.72	5 49
10	Mursten, Tagsten og Drainsrør	Afs. Ank.	455.42	1 924.99	314.18	2 191.19	2 50
11	Poteter	Afs. Ank.	5.01	168.02	64.34	245.75	31
12	Salt	Afs. Ank.	-	150.50	161.69	80.06	24
13	Sild og Fisk	Afs. Ank.	0.27	120.11	413.57	113.43	52
14	Smør og Ost	Afs. Ank.	10.15	439.62	827.93	392.80	1 22
15	Spiger	Afs. Ank.	12.33	139.19	192.14	35.11	22
16	Trælast & Brænde. Planker, Bord, Lægter og Stav	Afs. Ank.	73.10	5 813.84	1 163.17	8 429.45	9 5
17	Trælast & Brænde. Tømmer, alle Slags, O og □	Afs. Ank.	884.36	5 024.77	409.66	10 487.24	10 8
18	Trælast & Brænde. Brænde og Baghun	Afs. Ank.	55.00	3 164.08	27.30	4 698.27	4 7
19	Træmasse	Afs. Ank.	-	142.80	65.75	7 737.88	7 8
20	Øl, alle Slags	Afs. Ank.	-	523.36	783.64	167.21	9
21	Øvrige Varer (Ilgods indbef.)	Afs. Ank.	823.03	24 037.49	18 724.83	28 151.73	46 8
	Tilsammen	Afs. Ank.	2 533.06	58 452.82	40 132.02	71 958.04	112 0

Drammen—Skienbanen.

Samtrafik.

Afsendt fra Drammen—Skienbanen.
Ankommet til do. do

	over Drammen.								over Moss—Horten. Smaalensbanen. c)	Tilsammen.	Løbenummer.
	Smaalensbanen.	Kr.ania—Drammenbanen.	Drammen—Randsfj.-banen.	Hovedbanen.	Kongsvingerbanen.	Eidsvold—Hamarbanen.	Rørosbanen.	Merakerbanen.			
	Antal Ton. (2 Decimaler).										
-	-	0.05	0.21	-	-	-	-	-	0.05	0.31	1
	-	9.18	-	-	-	-	0.02	-	-	9.20	
-	-	23.50	54.10	-	-	-	0.20	-	-	77.80	2
	-	456.49	11.00	-	-	-	0.02	-	-	467.51	
-	-	333.89	81.73	-	-	-	-	-	-	415.62	3
	-	7.41	35.33	-	-	-	-	-	-	42.74	
7	1.41	219.71	51.49	0.30	0.39	1.83	7.66	-	45.19	327.98	4
	0.35	222.18	23.37	0.69	0.93	0.16	0.02	-	3.26	250.96	
14	-	1.63	0.47	0.04	-	-	-	-	0.55	2.69	5
	-	27.05	0.41	0.03	-	0.04	0.02	-	1.61	29.16	
10	-	43.30	538.87	-	-	-	-	-	0.38	582.55	6
	-	270.25	12.79	0.45	-	0.78	-	-	0.86	285.13	
-	-	5.45	5.53	-	-	-	-	-	-	10.98	7
	-	99.02	0.78	-	-	-	-	-	0.04	99.84	
-	-	-	-	-	-	-	-	-	-	-	8
	-	0.83	-	-	-	-	-	-	0.02	0.85	
-	-	903.18	-	-	-	-	-	-	26.54	929.72	9
	-	0.39	12.50	-	-	-	-	-	-	12.89	
-	-	0.03	-	-	-	-	-	-	0.08	.0.11	10
	-	31.19	181.50	-	-	-	-	-	-	212.69	
1	-	7.26	1.03	-	-	0.10	-	-	0.57	8.96	11
	-	13.31	39.43	0.11	1.10	0.30	0.20	-	1.91	56.36	
-	-	0.08	0.01	-	-	-	-	-	-	0.09	12
	-	8.38	-	-	-	-	-	-	-	8.38	
0	-	72.51	14.09	0.10	-	0.02	0.15	-	0.53	87.40	13
	-	6.73	0.07	-	-	-	0.36	-	-	7.16	
5	-	178.01	18.04	0.02	0.22	0.18	-	-	19.33	215.80	14
	0.61	283.97	4.18	0.10	0.02	2.79	0.66	-	6.47	298.80	
-	-	-	-	-	-	-	-	-	-	-	15
	-	11.56	-	-	-	-	0.03	-	0.07	11.66	
-	-	355.60	67.05	-	-	-	-	-	-	422.65	16
	-	241.00	4 674.77	-	-	-	-	-	-	4 915.77	
-	-	1 435.44	33.60	-	-	-	-	-	-	1 469.04	17
	-	20.20	80.20	-	-	-	-	-	-	100.40	
-	-	335.60	-	-	-	-	-	-	-	335.60	18
	-	-	144.80	-	-	-	-	-	-	144.80	
-	-	15.00	5.00	-	-	-	-	-	-	20.00	19
	-	-	-	-	-	-	-	-	-	-	
-	-	0.42	0.33	-	-	-	-	-	0.05	0.80	20
	-	19.68	0.40	-	0.05	-	-	-	-	20.13	
	0.15	1 442.11	258.88	7.72	6.38	6.07	14.60	0.36	158.18	1 894.45	21
	1.16	2 530.65	326.40	4.65	4.91	2.33	5.83	0.19	98.12	2 974.24	
	1.56	5 372.77	1 130.43	8.18	6.99	8.20	22.61	0.36	251.45	6 802.55	
	2.12	4 259.47	5 547.93	6.03	7.01	6.40	7.16	0.19	112.36	9 948.67	

Tabel X (Forts). Opgave over Transp

Løbenummer.	Varesorter.	Transportens Retning.	Skouger.	Galleberg.	Sande.	Holmestrand.	Nykirke.	Skopum.	Augedal.
			Drammen-						
			Sa						
			Hvoraf: Afsendt / Ankommet						
			Antal Ton. (2 Decimaler).						
1	Brændevin paa Træer	Afs.	-	-	-	-	-	-	
		Ank.	-	-	0.51	0.94	0.05	0.13	0.
2	Gjødning, alle Slags	Afs.	-	-	-	-	-	-	
		Ank.	129.18	52.86	126.53	33.65	56.51	10.00	
3	Hø og Halm	Afs.	43.95	60.41	181.02	3.42	-	32.69	
		Ank.	-	-	-	-	-	-	
4	Jern og Staal og Arbeide deraf undtagen Spiger	Afs.	-	0.29	120.94	0.23	-	-	0.
		Ank.	0.39	0.10	26.16	3.35	0.35	0.09	0
5	Kjød og Flesk, alle Slags	Afs.	0.06	-	0.03	0.28	0.02	-	
		Ank.	1.50	1.88	7.21	0.90	0.16	1.28	0
6	Kornvarer og Mel, alle Slags	Afs.	-	0.85	0.07	0.10	-	-	
		Ank.	36.81	18.61	102.55	3.08	16.30	8.84	8
7	Kul (Sten-, Træ-), Cokes og Cinders	Afs.	-	-	0.45	-	-	-	
		Ank.	-	-	-	-	-	-	
8	Malme, Erts og Kis	Afs.	-	-	-	-	-	-	
		Ank.	-	-	-	-	-	-	
9	Melk	Afs.	167.94	431.54	225.99	-	-	-	
		Ank.	-	-	0.30	0.09	-	-	
10	Mursten, Tagsten og Drainsrør	Afs.	-	-	-	-	-	-	
		Ank.	-	-	6.20	-	-	-	
11	Poteter	Afs.	0.58	0.43	0.75	0.32	0.18	0.23	0
		Ank.	0.21	-	-	1.61	-	-	
12	Salt	Afs.	-	-	-	-	-	-	
		Ank.	0.86	0.38	1.24	-	-	-	
13	Sild og Fisk	Afs.	-	-	0.04	17.28	-	-	
		Ank.	0.02	0.52	0.49	0.27	0.17	0.07	[illegible]
14	Smør og Ost	Afs.	12.40	1.40	41.37	16.03	8.40	5.11	1
		Ank.	1.86	1.46	7.74	6.98	0.39	1.53	[illegible]
15	Spiger	Afs.	-	-	-	-	-	-	
		Ank.	0.13	0.86	0.25	0.08	0.76	0.47	[illegible]
16	Trælast & Brænde. Planker, Bord, Lægter og Stav	Afs	94.50	-	15.60	10.30	-	0.30	
		Ank.	-	-	-	-	-	-	
17	Trælast & Brænde. Tømmer, alle Slags, O og □	Afs	-	-	76.80	6.30	-	-	
		Ank.	-	-	-	-	-	-	
18	Trælast & Brænde. Brænde og Baghun	Afs.	22.50	5.50	199.00	-	-	-	
		Ank.	-	-	-	-	-	-	
19	Træmasse	Afs.	-	-	-	-	-	-	
		Ank.	-	-	-	-	-	-	
20	Øl, alle Slags	Afs.	-	-	-	-	-	-	
		Ank.	-	0.06	0.94	0.05	0.18	-	
21	Øvrige Varer (Ilgods indbef.)	Afs.	13.53	8.99	31.66	52.35	10.55	2.92	
		Ank	39.62	19.26	109.32	127.20	11.02	9.91	1
	Tilsammen	Afs.	355.46	509.41	893.72	106.61	19.15	41.25	
		Ank.	210.58	95.99	389.44	178.20	85.89	32.32	2

de af de væsentligste Varesorter.

ıbanen (Forts.).

ania fra Stationerne:
til do.

	Tønsberg.	Sæm.	Stokke.	Raastad.	Sande-fjord.	Joberg.	Tjødling.	Laurvik.	Tjose.	Aak-lungen.	Birke-dalen.	Eidanger.	Løbenummer.
Antal Ton. (2 Decimaler).													
.	-	-	-	-	-	-	-	-	-	-	-	-	
-	0.81	0.29	0.13	-	5.13	-	-	0.17	-	-	-	0.05	1
-	6.30	-	-	-	-	-	-	.	-	-	-	-	
o	-	8.40	2.45	0.20	2.77	0.30	0.40	-	-	-	-	-	2
.o	1.00	-	-	-	-	-	-	-	-	-	-	-	
-	6.40	-	-	-	0.25	-	-	-	-	-	-	-	3
.	1.29	0.01	-	0.15	0.62	-	-	1.54	-	-	-	0.30	
	14.33	3.07	4.20	-	15.96	4.63	0.25	32.19	-	-	-	1.14	4
-	0.26	-	0.05	-	0.18	-	0.22	-	-	-	-	-	
-	0.61	2.07	2.83	-	2.94	-	0.27	1.89	-	-	-	0.32	5
-	-	-	0.35	0.07	1.85	-	0.36	-	-	-	-	-	
40	4.28	23.06	27.23	0.89	5.03	0.10	3.13	3.26	-	-	-	0.20	6
-	5.00	-	-	-	-	-	-	-	-	-	-	-	
-	9.00	0.30	-	-	10.06	-	-	15.50	-	-	-	-	7
-	-	-	-	-	-	-	-	-	-	-	-	-	
50	0.23	-	-	-	-	-	-	-	-	-	-	-	8
-	-	-	-	-	-	-	-	-	-	-	-	-	
-	-	-	-	-	-	-	-	-	-	-	-	-	9
-	-	-	-	-	-	-	-	-	-	-	-	-	
-	-	3.20	3.27	-	0.06	-	-	10.97	-	-	-	-	10
-	0.59	0.21	0.21	0.07	0.55	-	0 64	1.06	0.15	-	-	-	
-	-	0.09	0.10	-	0.47	-	-	-	-	-	-	-	11
-	-	-	-	-	-	-	-	-	-	-	-	-	
8	0.20	0.08	1.36	0.22	3.65	-	-	0.08	-	-	-	-	12
-	2.05	-	0.03	-	24.25	-	0.21	27.77	-	-	-	-	
	0.20	0.01	-	0.15	0.81	-	-	-	-	1.03	0.04	0.17	13
-	1.29	26.14	46.64	-	7.57	-	-	5.91	-	0.02	-	0.04	
.	91.68	1.11	4.19	0.02	47.59	-	0.46	49.29	-	0.02	-	4.82	14
-	-	-	-	-	-	-	-	-	-	-	-	-	
-	0.49	1.55	1.05	-	1.44	0.03	0.40	1.33	-	-	-	0.14	15
40	6.30	187.40	-	-	13.10	-	-	-	-	-	-	-	
-	81.90	16.10	-	-	88.20	-	-	-	-	-	-	-	16
-	-	-	-	-	-	-	-	5.00	-	14.50	-	-	
-	11.40	2.50	-	-	-	-	-	-	-	-	-	-	17
-	-	-	-	-	-	-	-	96.00	-	-	-	-	
-	-	-	-	-	-	-	-	-	-	-	-	-	18
-	-	-	-	-	-	-	-	-	-	-	-	-	
-	-	-	-	-	-	-	-	-	-	-	-	-	19
-	-	-	-	-	-	-	-	-	-	-	-	-	
-	0.45	0.43	0.70	0.25	9.66	-	-	1.32	-	-	-	0.16	20
	137.37	412.48	13.96	1.12	101.13	0.14	103.78	104.48	0.35	6.64	0.08	4.07	21
	423.54	131.27	53.76	4.33	252.88	1.73	5.94	288.25	0.79	0.52	1.21	7.69	
	161.45	626.24	61.24	1.41	149.25	0.14	105.21	241.76	0.50	21.16	0.08	4.41	
	645.52	193.53	101.27	6.06	446.90	6.79	10.85	404.25	0.79	1.57	1.25	14.69	

Tabel X (Forts.). Opgave over Tran

Løbenummer.	Varesorter.	Transportens Retning.	Samtrafik. Afsendt til **Kristiania** fra Stationerne: Ank. fra do til do. Porsgrund.	Skien.	Borre.	Horten.	Sum.	Skouger.
			Antal Ton. (2 Decimaler).					
1	Brændevin paa Træer	Afs. Ank.	- 0.08	0.05 0.14	- -	- 0.08	0.05 9.18	- -
2	Gjødning, alle Slags	Afs. Ank.	- -	- -	- 0.60	- 1.53	6.30 431.98	- 17.00
3	Hø og Halm	Afs Ank.	- -	- 0.76	- -	- -	328.89 7.41	- -
4	Jern og Staal og Arbeide deraf, undtagen Spiger	Afs. Ank.	- 2.83	49.05 4.99	0.02 37.09	40.51 46.82	215.03 198.50	0.05 1.55
5	Kjød og Flesk, alle Slags	Afs. Ank.	0.12 0.53	0.05 1.66	- -	- 0.14	1.27 26.77	- 1.37
6	Kornvarer og Mel, alle Slags	Afs. Ank.	- 0.72	0.33 1.37	- 0.47	- -	3.98 264.65	- 73.59
7	Kul (Sten-, Træ-), Cokes og Cinders	Afs. Ank.	- -	- 44.25	- 19.91	- -	5.45 99.02	- 27.60
8	Malme, Erts og Kis	Afs. Ank.	- -	- -	- -	- -	- 0.83	0.40 -
9	Melk	Afs. Ank.	- -	- -	- -	- -	825.47 0.39	1.58 -
10	Mursten, Tagsten og Drainsrør	Afs. Ank.	0.03 -	- -	- 1.99	- 5.50	0.03 31.19	- 100.47
11	Poteter	Afs. Ank.	0.04 0.32	0.16 7.02	0.32 -	- -	6.53 9.82	0.22 0.05
12	Salt	Afs. Ank.	- -	- -	- -	- 0.03	- 8.28	- 21.40
13	Sild og Fisk	Afs. Ank.	- 2.33	0.30 0.08	- 0.04	- 0.04	71.93 6.54	- 2.56
14	Smør og Ost	Afs. Ank.	0.83 7.83	2.84 12.34	- 0.04	0.04 30.04	177.92 270.02	0.33 0.45
15	Spiger	Afs. Ank.	- 1.13	- 0.29	- -	- 0.07	- 10.75	- 1.16
16	Trælast & Brænde. Planker, Bord, Lægter og Stav	Afs. Ank.	- -	- -	- -	- 34.60	335.90 220.80	801.00 -
17	Trælast & Brænde. Tømmer, alle Slags, O og □	Afs. Ank.	48.80 -	- -	47.80 -	- 6.30	199.20 20.20	1 105.59 20.10
18	Trælast & Brænde. Brænde og Baghun	Afs. Ank.	- -	- -	- -	- -	323.00 -	- -
19	Træmasse	Afs. Ank.	- -	15.00 -	- -	- -	15.00 -	- -
20	Øl, alle Slags	Afs. Ank.	- 0.14	0.32 5.34	- -	- -	0.32 19.68	- 0.75
21	Øvrige Varer (Ilgods indbef.)	Afs. Ank.	194.81 138.06	96.73 347.51	8.23 10.85	45.07 144.07	1 354.51 2 147.03	4.16 91.23
	Tilsammen	Afs. Ank.	244.63 153.97	164.83 425.75	56.37 70.99	85.62 269.22	3 870.78 3 783.04	1 913.33 359.28

ıde af de væsentligste Varesorter.

nbanen (Forts.).

Lokaltrafik.

Afsendt til Drammen fra Stationerne:
Ankommet fra do. til do.

	Holme-strand	Nykirke.	Skopum.	Augedal.	Barkaker.	Tønsberg.	Sæm.	Stokke.	Raastad.	Sande-fjord.	Joberg.	Tjødling.	Løbenummer.
	Antal Ton. (2 Decimaler).												
4	-	-	-	-	-	-	-	-	-	-	-	-	1
41	7.44	0.34	0.05	-	-	39.90	0.33	-	-	11.09	-	-	
-	-	-	-	-	-	27.90	-	-	-	-	-	-	2
50	-	-	-	-	-	-	-	-	-	-	-	-	
68	-	-	-	-	-	0.13	-	-	-	-	-	-	3
-	1.80	-	-	0.60	-	-	-	-	-	-	-	-	
73	0.59	-	0.06	-	-	7.70	-	-	-	0.06	2.78	-	4
46	25.34	0.15	0.26	1.22	0.03	56.52	1.17	7.53	-	20.59	4.48	-	
27	6.57	1.11	0.50	-	-	1.18	-	-	-	0.26	-	-	5
11	9.98	0.37	0.61	1.06	-	0.23	0.64	0.88	-	-	-	-	
24	4.20	0.10	-	0.10	-	3.25	-	-	-	-	-	-	6
64	93.15	7.86	7.35	4.70	40.02	0.92	20.62	8.53	1.13	1.29	-	-	
.00	-	-	-	-	-	-	-	-	-	-	-	-	7
53	-	-	-	-	-	5.00	18.88	1.90	-	-	11.50	-	
-	-	-	-	-	-	-	-	-	-	-	-	-	8
-	-	-	-	-	-	-	-	-	-	-	-	-	
-	-	-	-	-	-	-	-	-	-	-	-	-	9
-	-	-	-	-	-	-	-	-	-	-	-	-	
-	-	-	-	-	-	-	-	-	-	-	-	-	10
.96	50.26	28.66	9.05	33.51	18.96	19.69	150.36	144.08	68.15	75.25	-	-	
23	0.81	0.04	-	-	-	0.28	-	-	-	0.08	-	-	11
.46	6.29	-	0.48	-	-	5.30	0.65	0.09	0.15	0.40	-	-	
-	-	-	-	-	-	-	-	-	-	-	-	-	12
17	16.40	9.12	4.95	1.66	-	4.08	1.01	0.80	-	12.25	-	-	
22	63.27	-	-	-	-	5.62	-	0.26		31.22	-	0.02	13
94	9.46	0.93	0.05	0.15	-	-	-	0.24	-	-	-	-	
39	28.13	0.57	-	0.17	1.27	0.64	-	1.07	-	0.13	-	-	14
18	1.83	0.05	0.03	0.05	-	0.60	0.42	0.31	-	0.08	-	-	
-	-	-	-	-	-	-	-	-	-	-	-	-	15
65	3.37	0.13	-	0.34	0.07	2.59	0.98	1.07	-	1.82	-	0.18	
70	49.95	-	-	-	-	4.00	44.80	-	-	-	-	-	16
50	75.92	-	-	5.00	30.30	234.10	13.40	20.70	-	18.78	-	-	
10	25.30	14.90	-	25.13	40.18	-	59.10	-	-	-	-	-	17
.15	-	-	-	-	-	32.90	-	-	-	-	-	-	
.00	-	-	-	-	-	-	-	-	-	-	-	-	18
-	24.50	66.50	-	-	-	192.25	-	-	-	-	-	-	
-	-	-	-	-	-	-	-	-	-	-	-	-	19
-	-	-	-	-	-	5.00	-	-	-	-	-	-	
-	-	-	-	-	-	0.49	-	-	-	-	-	-	20
86	0.69	-	-	0.03	-	0.06	0.12	0.45	-	0.18	-	-	
22	38.73	3.07	3.01	6.91	0.74	139.89	5.32	3.86	0.11	40.65	0.11	0.18	21
85	102.36	22.20	11.35	16.10	6.04	242.21	20.34	32.47	5.17	142.98	0.24	1.86	
	217.55	19.79	3.57	32.31	42.19	191.08	109.22	5.19	0.11	72.40	2.89	0.20	
	428.79	136.31	34.18	64.42	95.42	841.35	228.92	219.05	74.60	284.71	16.22	2.04	

Tabel X (Forts.). Opgave over Transpo

Løbenummer.	Varesorter.	Transportens Retning.	Laurvik.	Tjose.	Aak-lungen.	Birke-dalen.	Eidanger.	Pors-grund.	Skien.
			Drammen						
			Lok						
			Afsendt til Dramm / Ankommet fra do.						
			Antal Ton. (2 Decimaler)						
1	Brændevin paa Træer	Afs	1.22	-	-	-	-	-	
		Ank.	3.69	-	-	-	-	21.31	55
2	Gjødning, alle Slags	Afs.	5.00	-	-	-	-	-	
		Ank.	-		-	-	-	-	1.
3	Hø og Halm	Afs	-	-	-	-	-	-	
		Ank.	1.21	-	-	-	-	-	
4	Jern og Staal og Arbeide deraf, undtagen Spiger	Afs.	0.41	-	-	-	0.01	0.32	0
		Ank.	25.90	-	-	-	0.02	9.56	17
5	Kjød og Flesk, alle Slags	Afs.	6.09	-	-	-	-	-	
		Ank.	0.26	-	-	-	-	-	0
6	Kornvarer og Mel, alle Slags	Afs.	305.88	-	-	-	-	-	
		Ank.	4.15	-	-	-	-	-	0
7	Kul (Sten-, Træ-), Cokes og Cinders	Afs.	-	-	-	-	-	-	
		Ank.	0.36	-	-	-	-	-	
8	Malme, Erts og Kis	Afs.	-	-	-	-	-	-	
		Ank.	-	-	-	-	-	-	
9	Melk	Afs.	-	-	-	-	-	-	
		Ank.	-	-	-	-	-	-	
10	Mursten, Tagsten og Drainsrør	Afs.	-	-	-	-	-	-	
		Ank.	0.19	-	-	-	-	-	
11	Poteter	Afs.	0.52	-	-	-	-	-	
		Ank.	-	-	-	-	-	0.25	1.
12	Salt	Afs.	-	-	-	-	-	-	
		Ank.	5.00	-	-	-	-	-	
13	Sild og Fisk	Afs.	16.10	-	-	-	-	-	
		Ank.	10.83	-	-	-	-	-	0
14	Smør og Ost	Afs.	7.10	-	-	-	-	-	0
		Ank.	0.36	-	-	-	-	2.56	3
15	Spiger	Afs.	-	-	-	-	-	-	
		Ank.	13.91	-	-	-	-	0.75	14
16	Trælast & Brænde. Planker, Bord, Lægter og Stav	Afs.	-	-	-	-	-	-	1
		Ank.	7.30	-	-	-	-	-	14
17	Trælast & Brænde. Tømmer, alle Slags, O og □	Afs.	-	-	-	-	-	-	
		Ank.	-	-	-	-	-	-	
18	Trælast & Brænde. Brænde og Baghun	Afs.	-	-	-	-	-	-	
		Ank.	-	-	-	-	-	-	
19	Træmasse	Afs.	1.00	-	-	-	-	-	
		Ank.	-	-	-	-	-	-	
20	Øl, alle Slags	Afs.	-	-	-	-	-	-	1
		Ank.	14.66	-	-	-	-	-	[illegible]
21	Øvrige Varer (Ilgods indbef.)	Afs.	245.67	0.12	0.84	-	1.23	44.80	7
		Ank.	210.98	0.11	0.11	0.02	1.21	25.84	20
	Tilsammen	Afs.	588.99	0.12	0.84	-	1.24	45.12	7
		Ank.	298.80	0.11	0.11	0.02	1.23	60.27	[illegible]

[...]nbanen (Forts.).

[...]tionerne: do.					Samlet Trafik.			
	Horten.	Sum.	Øvrige Lokaltrafik afsendt eller ankommet.	Tilsammen, afsendt eller ankommet. c)	Op.	Ned.	Hovedsum. Afsendt eller ankommet. c)	Løbenummer.
Antal Ton. (2 Decimaler).								
- -	0.15 12.14	1.41 152.34	26.57	180.32	170.57	19.26	189.83	1
- -	- -	32.90 139.65	783.08	955.63	733.94	767.00	1 500.94	2
- -	- -	21.27 3.61	703.91	728.79	684.90	502.25	1 187.15	3
- 2.69	29.43 24.40	79.90 222.26	792.57	1 094.73	773.57	900.17	1 673.74	4
- 0 27	13.22 1.34	29.20 18.97	94.84	143.01	118.93	56.07	175.00	5
- 0 21	25.59 2.36	344.79 527.64	4 369.72	5 242.15	2 809.11	3 300.82	6 109.93	6
- 5.00	- 16.56	26.00 201.56	446.04	673.60	342.71	441.71	784.42	7
- -	- -	0.40 -	6.70	7.10	1.95	6.00	7.95	8
- -	- -	1.58 -	367.38	368.96	224.11	1 087.46	1 311.57	9
- 1.71	- 74.94	- 1 119.10	219.43	1 338.53	1 477.01	74.32	1 551.33	10
0.05 0.04	0.15 0.54	6.65 31.94	171.09	209.68	229.91	45.30	275.21	11
- -	- 17.12	- 141.14	187.00	328.14	185.14	151.47	336.61	12
0.02 -	1.83 13.31	120.56 50.47	210.17	381.20	172.22	304.14	476.36	13
- 0.03	3.98 0.43	51.57 12.59	334.86	399.02	607.21	306.56	913.77	14
- -	- 0.22	- 43.67	4.65	48.32	57.34	2.64	59.98	15
- 2.60	- 198.55	1 791.75 664.15	2 355.60	4 811.50	6 824.30	3 325.62	10 149.92	16
[illegible] -	- 12.60	1 691.80 75.75	9 389.96	11 157.51	8 129.75	4 597.20	12 726.95	17
- -	- 117.00	70.50 400.25	2 802.95	3 273.70	1 154.20	2 599.90	3 754.10	18
- -	5.00 -	6.00 5.00	217.53	228.53	5.00	243.53	248.53	19
- -	8.29 0.29	10.02 21.37	852.62	884.01	309.43	595.51	904.94	20
[illegible] [illegible]	[illegible].74 [illegible]	894.67 1 628.27	5 878.05	8 400.99	7 689.38	5 588.19	13 277.57	21
[illegible] [illegible]	[illegible] [illegible]	5 180.97 [illegible]	30 214.72	40 855.42	32 700.68	24 915.12	57 615.80	

Tabel X (Forts.). Opgave over Trans[illegible]

Løbenummer.	Varesorter.	Transportens Retning.	Dramm[illegible] — Afsendt fra Dramm[illegible] / Ankommet til do. — over Drammen: Kristiania —Drammen-banen.	Drammen —Skien-banen.	Smaalens-banen.	Hoved-banen.	Kongs-vinger-banen.	Eidsvold —Ha[illegible]
			Antal Ton. (2 Decimaler).					
1	Brændevin paa Træer	Afs.	47.74	-	-	-	-	
		Ank.	111.48	0.21	-	-	-	
2	Gjødning, alle Slags	Afs.	3.86	11.00	-	-	-	
		Ank.	952.03	54.10	-	-	-	
3	Hø og Halm	Afs.	93.06	35.33	-	-	-	
		Ank.	21.02	81.37	-	-	-	
4	Jern og Staal og Arbeide deraf, undtagen Spiger	Afs.	664.92	23.37	5.75	2.63	0.04	0.
		Ank.	1 021.50	51.49	0.28	3.00	0.54	0.
5	Kjød og Flesk, alle Slags	Afs.	37.66	0.41	0.04	-	-	
		Ank.	317.93	0.47	-	-	-	
6	Kornvarer og Mel, alle Slags	Afs.	45.00	12.79	0.66	0.12	0.43	
		Ank.	1 859.57	538.87	0.47	-	0.07	1
7	Kul (Sten-, Træ-) Cokes og Cinders	Afs.	11.12	0.78	-	-	-	
		Ank.	94.96	5.53	-	-	-	
8	Malme, Erts og Kis	Afs.	4.97	-	-	-	-	
		Ank.	278.14	-	-	-	-	
9	Melk	Afs.	1 146.42	12.50	-	-	-	
		Ank.	3.19	-	-	-	-	
10	Mursten, Tagsten og Dranisrør	Afs.	513.60	181.50	-	-	-	
		Ank.	35.56	-	-	-	-	
11	Poteter	Afs.	99.59	39.43	0.08	-	-	
		Ank.	17.30	1.03	0.21	-	0.04	
12	Salt	Afs.	-	-	-	-	-	
		Ank.	82.79	0.01	-	-	-	
13	Sild og Fisk	Afs.	7.64	0.07	-	-	-	
		Ank.	316.69	14.09	0.60	-	-	
14	Smør og Ost	Afs.	157.16	4.18	0.07	0.02	0.02	
		Ank.	156.42	18.04	0.15	0.02	-	
15	Spiger	Afs.	0.23	-	-	-	-	
		Ank.	75.00	-	-	0.03	-	
16	Trælast & Brænde. Planker, Bord, Lægter og Stav	Afs.	3 145.65	4 674.77	-	-	-	
		Ank.	36.53	67.05	-	-	-	
17	Trælast & Brænde. Tømmer, alle Slags, O og □	Afs.	4 392.13	80.20	-	-	-	
		Ank.	24.36	33.60	-	-	-	
18	Trælast & Brænde. Brænde og Baghun	Afs.	1 225.89	144.80	-	-	-	
		Ank.	-	-	-	-	-	
19	Træmasse	Afs.	7 635.78	-	-	-	-	
		Ank.	0.05	5.00	-	-	-	
20	Øl, alle Slags	Afs.	1.87	-	-	0.05	-	
		Ank.	405.25	0.33	-	-	-	
21	Øvrige Varer (Ilgods indbef.)	Afs.	10 470.71	326.80	11.35	5.01	3.[illegible]	
		Ank.	8 121.17	258.88	10.66	2.99	[illegible]	
	Tilsammen	Afs.	29 705.00	5 547.93	17.95	7.83	3[illegible]	
		Ank.	13 930.94	1 130.43	12.37	6.04	5.3[illegible]	

e af de væsentligste Varesorter.

fjordbanen.

	jordbanen. do.		Afsendt til **Kristiania** fra Stationerne: Ankommet fra do. til do.									
	Merakerbanen.	Tilsammen	Gulskogen.	Mjøndalen.	Hougsund.	Burud.	Skotselven.	Aamot.	Gjethus.	Vikersund.	Nakkerud.	Løbenummer.
	Antal Ton. (2 Decimaler).											
	-	47.74	-	-	-	-	-	-	-	-	-	1
	-	112.05	1.98	-	0.07	0.03	0.08	1.16	0.16	0.11	-	
	-	14.86	-	-	0.80	-	-	0.17	-	0.95	-	2
	-	1 006.13	-	14.85	47.90	31.98	33.66	25.42	0.70	37.20	5.30	
	-	128.39	32.20	-	2.10	23.40	-	-	-	-	-	3
	-	102.75	5.00	-	-	-	-	-	-	-	-	
4	-	697.34	-	23.20	2.67	-	22.94	8.03	12.23	1.13	0.27	4
5	-	1 076.96	4.65	186.67	3.91	0.59	8.81	24.10	55.71	7.07	2.12	
	-	38.11	-	-	0.37	-	-	0.33	-	-	-	5
4	-	318.44	2.62	15.13	9.25	0.48	4.98	7.38	2.55	9.73	2.82	
	-	59.00	-	-	1.58	0.04	-	3.04	-	0.51	0.22	6
5	-	2 400.86	5.94	20.20	36.83	8.31	19.80	73.36	9.27	57.98	10.20	
	-	11.90	-	-	1.54	-	-	-	-	-	-	7
	-	100.49	-	0.50	-	-	0.14	0.18	-	0.26	-	
	-	4.97	-	-	-	-	-	-	-	0.40	0.02	8
	-	278.14	-	-	-	-	154.30	-	-	-	-	
	-	1 158.92	0.45	147.89	153.02	10.03	66.87	30.92	-	60.00	136.56	9
	-	3.19	-	1.08	0.30	-	0.87	-	-	-	0.84	
	-	695.10	282.00	-	-	-	-	-	-	-	-	10
	-	35.56	2.60	-	1.54	-	-	-	-	5.00	-	
	-	139.10	4.10	2.15	5.91	0.35	1.51	2.38	0.73	1.81	0.60	11
	-	18.58	0.05	-	-	-	0.15	1.23	-	2.74	-	
	-	-	-	-	-	-	-	-	-	-	-	12
	-	82.80	-	0.30	0.96	-	0.07	0.69	0.29	7.61	0.35	
	-	7.71	-	-	1.67	-	-	0.15	-	-	-	13
2	-	331.70	0.13	1.66	1.80	0.15	2.11	2.20	0.17	4.40	0.21	
72	-	161.47	0.72	3.22	5.20	-	0.50	10.32	0.03	5.31	6.99	14
5	0.05	174 86	5.15	10.05	5.83	0.43	5.44	5.15	6.12	13.72	1.16	
	-	0.23	-	-	-	-	-	-	-	0.23	-	15
	-	75.03	3.00	0.74	0.22	-	1.67	0.52	0.36	1.92	0.04	
	-	7 820.42	179.60	98.00	6.30	-	-	-	-	19.50	-	19
	-	103.58	-	-	-	-	-	-	-	13.80	-	
	-	4 472.33	-	-	-	-	17.50	60.84	23.60	-	-	17
	-	57.96	-	-	-	-	-	-	-	-	-	
	-	1 370.69	46.00	10.60	-	-	-	46.10	-	35.50	24.00	18
	-	-	-	-	-	-	-	-	-	-	-	
	10.00	7 645.78	-	-	-	-	1 059.53	1 137.22	-	-	-	19
	-	5.05	-	-	-	-	-	-	-	-	-	
	-	1.92	-	-	-	-	-	-	-	-	-	20
	-	405.58	0.38	0.02	0.24	-	0.83	20.36	0.42	11.82	0.14	
	0.04	10 834.76	347.33	5 687.19	44.88	1.78	32.45	44.07	931.11	77.23	4.16	21
	-	8 413.59	54.04	67.47	109.48	3.70	282.97	238.45	170.01	258.34	26.45	
	10.04	35 310.74	892.40	5 972.25	226.04	35.60	1 201.30	1 343.57	967.70	202.57	172.82	
	0.05	15 103.30	85.54	318.67	218.33	45.67	515.88	400.20	245.76	431.70	49.63	

Tabel X (Forts.). Opgave over Tran[...]

Løbenummer.	Varesorter.	Transportens Retning.	Dramm[...] Afsen[...] Ankommet[...] Skjærdalen.	Ask.	Hønefos.	Heen.	Randsfjord.	Vest-[...]
			Antal Ton. (2 Decimaler).					
1	Brændevin paa Træer	Afs.	-	-	-	-	47.74	
		Ank.	0.02	-	54.95	2.74	20.24	[illegible]
2	Gjødning, alle Slags	Afs.	-	-	-	-	0.80	
		Ank.	4.50	0.80	163.75	25.70	138.83	2[...]
3	Hø og Halm	Afs.	6.80	-	5.00	-	-	[illegible]
		Ank.	-	-	-	-	2.25	
4	Jern og Staal og Arbeide deraf, undtagen Spiger	Afs.	2.30	18.81	69.61	3.75	8.30	34[...]
		Ank.	11.11	0.62	188.20	67.26	104.39	6[...]
5	Kjød og Flesk, alle Slags	Afs.	-	0.07	2.07	-	5.89	
		Ank.	1.80	1.53	37.20	19.73	77.45	1[...]
6	Kornvarer og Mel, alle Slags	Afs.	7.95	0.29	16.86	-	3.48	
		Ank.	6.68	31.11	323.74	113.16	407.06	6[...]
7	Kul (Sten-, Træ-), Cokes og Cinders	Afs.	-	-	-	-	-	
		Ank.	0.20	0.06	-	-	76.23	
8	Malme, Erts og Kis	Afs.	0.71	-	-	0.92	0.31	
		Ank.	-	-	0.25	-	23.59	10[...]
9	Melk	Afs.	75.36	104.51	105.74	-	-	23[...]
		Ank.	-	-	-	-	-	
10	Mursten, Tagsten og Drainsrør	Afs.	-	-	-	-	155.40	
		Ank.	-	-	20.23	-	0.97	
11	Poteter	Afs.	0.82	1.43	15.97	-	50.42	
		Ank.	0.17	0.22	7.88	0.20	0.08	
12	Salt	Afs.	-	-	-	-	-	
		Ank.	0.08	0.66	3.58	0.92	22.41	
13	Sild og Fisk	Afs.	0.03		-	-	0.45	
		Ank.	2.90	0.53	99.27	6.04	122.56	
14	Smør og Ost	Afs.	0.44	3.74	19.65	-	51.67	
		Ank.	1.78	1.46	32.79	7.31	13.60	
15	Spiger	Afs.	-	-	-	-	-	
		Ank.	0.62	0.04	15.18	5.23	22.74	
16	Trælast & Brænde. Planker, Bord, Lægter og Stav	Afs.	-	-	-	232.10	-	
		Ank.	-	-	4.00	-	-	
17	Trælast & Brænde. Tømmer, alle Slags, O og □	Afs.	45.90	-	-	74.68	58.10	1[...]
		Ank.	-	-	-	-	-	
18	Trælast & Brænde. Brænde og Baghun	Afs.	-	-	-	-	466.20	
		Ank.	-	-	-	-	-	
19	Træmasse	Afs.	11.00	-	2 272.22	31.70	-	4[...]
		Ank.	-	-	-	-	0.05	
20	Øl, alle Slags	Afs.	-	-	-	-	0.08	
		Ank.	0.14	0.52	4.55	2.52	118.89	
21	Øvrige Varer (Ilgods indbef.)	Afs.	106.90	8.19	243.19	32 87	1 943.37	1[...]
		Ank.	60.38	19.08	1 043.41	206.13	1 626.24	5[...]
	Tilsammen	Afs.	258.21	137.04	2 750.31	376.02	2 792.21	1 [...]
		Ank.	90.38	56.63	1 998.98	456.94	2 777.58	[illegible]

…gde af de væsentligste Varesorter.

…dsfjordbanen (Forts.).

…k.

…iania fra Stationerne:
…fo. til do.

Krekling	Skollenborg	Kongsberg	Snarum	Krøderen	Sum	Lokaltrafik. Afsendt til Drammen fra Stationerne: Ank. fra do til do. Gulskogen	Mjøndalen	Hougsund	Burud	Skotselven	Løbenummer
Antal Ton. (2 Decimaler)											
-	-	-	-	-	47.74	-	-	-	-	-	
-	0.26	21.48	0.10	7.78	111.48	-	-	0.10	0.14	0.37	1
-	-	-	-	-	2.72	-	-	-	-	-	
26.87	0.20	7.78	1.00	38.53	666.43	-	0.25	33.20	19.50	0.36	2
-	-	-	-	-	70.92	-	-	0.20	0.48	-	
-	-	-	-	0.05	7.30	-	-	5.00	0.05	-	3
-	39.57	46.55	21.38	0.44	631.08	-	-	1.53	-	2.82	
-	20.05	122.62	2.20	22.02	895.84	0.03	6.10	18.25	2.77	25.78	4
-	0.09	4.53	-	22.24	37.59	-	-	0.09	-	0.26	
-	9.44	69.71	1.35	30.21	317.72	0.08	3.03	5.33	0.71	2.17	5
-	0.10	0.97	0.12	0.18	36.30	-	0.10	21.49	0.10	0.11	
6.94	57.77	270.13	7.28	67.00	1 614.22	0.40	211.93	214.80	14.35	211.49	6
0.50	-	9.08	-	-	11.12	-	-	-	-	-	
-	-	10.02	-	5.20	93.73	-	516.70	65.67	6.79	3 903.94	7
-	-	-	0.14	0.23	2.73	-	-	-	0.12	-	
-	-	-	-	-	278.14	-	-	-	-	-	8
5.37	-	-	10.04	-	1 146.36	-	0.21	16.89	2.15	-	
-	-	-	-	-	3.09	-	-	-	-	-	9
-	-	-	-	-	437.40	-	-	-	-	-	
-	-	3.33	-	0.86	35.56	-	6.82	202.80	26.33	264.32	10
-	-	1.63	0.38	1.84	95.26	-	8.07	54.44	3.84	2.68	
-	0.08	1.08	0.25	0.12	14.25	-	0.44	-	0.05	1.17	11
-	-	-	-	-	-	-	-	-	-	-	
-	0.94	28.61	-	10.36	82.79	-	34.93	39.70	3.87	32.58	12
-	-	1.67	-	3.48	7.45	-	-	-	-	-	
0.34	1.39	26.55	0.13	37.23	316.67	0.03	9.80	16.98	2.34	12.34	13
-	5.55	2.61	-	19.22	153.39	-	1.04	1.60	-	0.93	
-	1.47	27.26	0.15	2.92	149.42	0.56	4.37	2.15	0.02	1.29	14
-	-	-	-	-	0.23	-	-	-	-	-	
-	3.00	11.64	0.32	2.60	71.15	-	1.19	3.11	0.28	1.08	15
-	136.70	1 737.45	-	-	2 446.35	-	19.60	7.80	-	-	
-	-	-	-	-	17.80	-	98.50	106.03	45.00	48.20	16
32.70	23.10	1 778.71	106.85	-	2 507.28	-	-	-	44.00	143.50	
-	-	-	-	-	-	-	-	-	5.10	-	17
5.00	-	5.00	236.09	18.00	993.69	-	13.50	11.10	-	220.60	
-	-	-	-	-	-	-	5.00	24.50	-	6.50	18
-	135.13	115.00	45.00	-	5 252.60	-	-	803.74	-	1 761.00	
-	-	-	-	-	0.05	-	-	-	-	-	19
-	-	0.75	-	-	1.87	-	-	-	-	-	
0.05	0.74	214.18	0.35	25.63	405.25	0.04	2.95	4.34	0.25	3.68	20
6.45	18.62	414.59	28.85	72.34	10 199.41	5.79	712.67	32.77	2.84	27.13	
1.12	140.84	1 040.23	25.60	340.67	6 272.30	1.54	109.28	240.66	18.03	228.60	21
50.02	358.86	4 118.54	448.85	137.97	24 081.49	5.79	755.19	951.65	53.53	2 159.03	
35.32	236.18	1 854.62	38.73	591.18	11 353.19	2.68	1 011.29	982.62	145.58	4 743.87	

Tabel X (Forts.). Opgave over Trans

Løbenummer.	Varesorter.	Transportens Retning.	Aamot.	Gjethus.	Vikersund.	Nakkerud.	Skjær-dalen.	Ask.
			Dramme					
			Af… Ankommet					
			Antal Ton. (2 Decimaler).					
1	Brændevin paa Træer	Afs.	0.02	-	-	-	-	
		Ank.	10.23	0.34	0.62	0.86	0.13	[illegible]
2	Gjødning, alle Slags	Afs.	0.20	-	0.09	-	-	
		Ank.	2.60	-	0.70	1.00	0.33	
3	Hø og Halm	Afs.	0.05	-	-	-	-	
		Ank.	-	-	0.08	-	-	
4	Jern og Staal og Arbeide deraf undtagen Spiger	Afs.	1.60	26.26	0.38	0.47	2.39	[illegible]
		Ank.	54.33	14.74	11.22	5.29	8.48	
5	Kjød og Flesk, alle Slags	Afs.	0.19	0.31	0.50	0.02	0.10	
		Ank.	12.51	4.71	2.88	3.38	1.06	
6	Kornvarer og Mel, alle Slags	Afs.	6.51	0.33	1.86	1.69	13.11	
		Ank.	506.01	120.52	298.38	111.91	91.33	[illegible]
7	Kul (Sten-, Træ-), Cokes og Cinders	Afs.	0.24	-	-	-	-	
		Ank.	242.96	4 159.63	314.88	113.85	982.48	[illegible]
8	Malme, Erts og Kis	Afs.	129.48	-	-	-	-	
		Ank.	-	-	-	-	-	
9	Melk	Afs.	410.86	-	269.24	-	0.42	
		Ank.	-	-	-	-	-	
10	Mursten, Tagsten og Drainsrør	Afs.	-	-	-	-	-	
		Ank.	77.45	39.16	261.81	16.15	19.16	
11	Poteter	Afs.	3.12	0.21	2.21	0.61	31.18	
		Ank.	0.70	1.38	3.92	-	-	
12	Salt	Afs.	-	-	-	-	-	
		Ank.	156.37	15.81	65.79	28.45	22.38	[illegible]
13	Sild og Fisk	Afs.	0.08	0.15	0.15	-	-	
		Ank.	41.86	8.65	17.96	4.76	4.47	
14	Smør og Ost	Afs.	1.34	0.31	5.74	1.21	0.07	
		Ank.	3.96	4.30	1.35	0.26	0.17	
15	Spiger	Afs.	-	-	-	-	-	
		Ank.	7.15	2.62	2.17	1.38	1.30	
16	Trælast & Brænde: Planker, Bord, Lægter og Stav	Afs.	64.40	-	-	-	107.70	
		Ank.	70.30	15.60	71.60	17.20	17.60	
17	Trælast & Brænde: Tømmer, alle Slags, O og □	Afs.	138.90	17.10	13.40	-	45.15	
		Ank.	-	-	10.26	-	-	
18	Trælast & Brænde: Brænde og Baghun	Afs.	59.20	-	6.50	-	47.30	
		Ank.	-	-	2.00	-	-	
19	Træmasse	Afs.	9 767.85	3 493.50	-	-	3 764.10	
		Ank.	-	-	5.00	-	-	
20	Øl, alle Slags	Afs.	0.09	-	-	-	-	
		Ank.	33.75	19.60	33.79	0.26	1.42	
21	Øvrige Varer (Ilgods indbef.)	Afs.	105.50	1 842.82	95.06	7.20	9.8[illegible]	
		Ank.	274.74	168.87	159.48	36.01	39.6[illegible]	
	Tilsammen	Afs.	10 689.63	5 380.99	395.13	11.20	4 021.3[illegible]	
		Ank.	1 494.92	4 575.93	1 263.89	340.76	1 189.9[illegible]	

gde af de væsentligste Varesorter.

dsfjordbanen (Forts.).

k.

men fra Stationerne:
o. til do.

	Heen.	Randsfjord.	Vestfossen.	Darbo.	Krekling.	Skollenborg.	Kongsberg.	Snarum.	Krøderen.	Sum.	Løbenummer.
Antal Ton. (2 Decimaler).											
-	-	176.20	-	-	-	-	-	-	0.05	176.27	1
4.73	18.59	19.70	0.13	0.11	0.02	0.88	57.33	0.72	34.57	149.81	
-	-	-	1.50	-	-	-	-	-	-	1.79	2
-	0.65	1.10	0.80	0.60	-	-	0.20	0.20	2.47	63.96	
-	-	-	-	-	-	-	-	37.30	-	38.03	3
2.50	0.06	40.00	-	-	-	0.64	12.50	0.48	14.70	76 01	
1.72	-	0.06	49.92	-	-	1.24	4.30	0.28	0.41	117.03	4
2.40	27.34	153.74	361.52	1.82	0.09	7.86	50.50	8.29	63.50	989.85	
0.46	-	2.58	-	0.26	-	0.02	4.38	-	7.59	16.76	5
11.88	10.62	35.56	1.28	3.24	0.02	6.78	16.42	4.17	26.13	152.78	
2.47	-	1.44	0.66	0.63	-	2.32	3.45	0.20	1.54	61.06	6
679.36	379.13	1 114.59	331.65	64.98	4.25	260.91	1 590.16	92.34	642.98	6 962.19	
-	-	-	-	-	-	-	0.95	-	-	1.19	7
85.56	256.03	4 203.75	2 572.03	16.27	0.38	182.78	1 249.88	9.60	400.28	20 295.48	
-	-	-	-	-	-	-	0.20	-	0.01	129.81	8
-	-	-	9.00	-	-	-	0.23	-	-	9.23	
12.25	-	-	0.17	-	-	-	-	-	-	712.19	9
-	-	-	-	-	-	-	-	-	-	-	
-	-	-	-	-	-	-	-	-	-	-	10
25 37	8.05	8.30	125.38	18.03	-	409.65	442.48	41.60	200.73	2 194.05	
46.93	-	48.92	20.41	1.72	1.15	0.70	0.57	-	25.83	252.67	11
0.20	0.13	0.31	9.23	0.20	-	0.05	0.12	0.70	1.97	20.57	
10.00	-	0.61	-	-	-	-	-	-	-	10.61	12
38.90	99.80	483.39	51.63	17.55	0.91	71.77	261.75	12.59	289.94	1 846.74	
-	-	0.30	0.51	0.29	-	-	1.95	-	2.00	5.43	13
53.60	48.38	92.46	15.86	4.34	0.70	9.40	44.76	6.14	72.77	453.78	
3.91	-	30.67	0.46	3.25	-	3.68	7.48	0.03	64.32	126.45	14
1.28	1.56	2.78	1.95	0.19	-	0.97	1.21	0.92	1.02	30.31	
-	-	-	-	-	-	-	-	-	-	-	15
5.90	3.99	18.86	6.54	0.53	0.03	2.30	11.79	2.08	13.97	90.53	
51.63	316.30	487.17	187.10	73.90	-	20.20	4 474.48	-	-	6 940.28	16
55.20	5.00	84.30	40.00	-	-	26.80	306.00	43.00	106.50	1 156.83	
-	277.40	139.90	768.35	218.90	550.35	-	769.60	550.93	99.10	3 798.18	17
-	-	-	5.00	-	-	-	5.00	-	-	25.36	
	102.00	121.00	242.74	168.60	86.50	12.00	-	288.16	385.00	1 764.20	18
-	-	-	5.00	-	-	-	-	-	-	43.00	
40.80	10 974.43	7 284.02	7 633.25	-	-	8 118.20	2 106.50	5 188.00	-	92 835.39	19
-	-	-	-	-	-	-	-	-	-	5.00	
-	-	-	0.13	-	-	-	0.89	-	-	1.27	20
72.19	29.16	50.32	1.61	0.82	0.13	0.54	0.45	5.81	120.84	321.99	
9.20	44.07	1 589.69	169.35	6.39	6.16	14.39	109.98	13.09	169.82	5 287.32	21
5.81	133.71	1 081.18	414.61	33.58	2.62	84.45	399.36	74.07	410.98	4 301.95	
37	11 714.20	9 882.56	9 074.55	473.94	644.16	8 172.75	7 484.73	6 077.99	755.67	112 275.93	
88	1 022.20	7 390.34	3 953.22	162.26	9.15	1 065.78	4 450.14	302.71	2 403.35	39 189.42	

Tabel X (Forts.). Opgave over Transp

Løbenummer.	Varesorter.	Transportens Retning.	Drammen—Randsfjordbanen (Forts.)				
			Lokaltrafik.		Samlet Trafik.		
			Øvrige Lokaltrafik, afsendt eller ankommet.	Tilsammen, afsendt eller ankommet.	Op, afsendt eller ankommet.	Ned, afsendt eller ankommet.	Hove sum. afsen eller ankomı
			Antal Ton. (2 Decimaler).				
1	Brændevin paa Træer	Afs. Ank.	8.29	334.37	263.95	230.21	49
2	Gjødning, alle Slags	Afs. Ank.	96.87	162.62	1 138.80	44.81	1 18
3	Hø og Halm	Afs. Ank.	566.06	680.10	688.46	222.78	91
4	Jern og Staal og Arbeide deraf, undtagen Spiger	Afs. Ank.	121.29	1 228.17	2 163.57	838.90	3 00
5	Kjød og Flesk, alle Slags	Afs. Ank.	16.68	186.22	480.40	62.37	54
6	Kornvarer og Mel, alle Slags	Afs. Ank	729.57	7 752.82	9 855.47	357.21	10 21
7	Kul (Sten-, Træ-) Cokes og Cinders	Afs. Ank.	35.15	20 331.82	20 430.87	13.34	20 44
8	Malme, Erts og Kis a)	Afs. Ank.	0.55	139.59	287.58	135.12	42
9	Melk	Afs. Ank.	308.69	1 020.88	153.07	2 029.92	2 18
10	Mursten, Tagsten og Dranisrør	Afs. Ank.	1 645.32	3 839.37	2 929.66	1 640.37	4 57
11	Poteter	Afs. Ank.	105.23	378.47	79.32	456.83	53
12	Salt	Afs. Ank.	2.38	1 859.73	1 931.17	11.36	1 94
13	Sild og Fisk	Afs. Ank.	63.21	522.42	841.26	20.57	86
14	Smør og Ost	Afs. Ank.	65.81	222.57	218.90	340.00	55
15	Spiger	Afs. Ank.	0.26	90.79	165.61	0.44	16
16	Trælast & Brænde. Planker, Bord, Lægter og Stav	Afs. Ank.	2 854.75	10 951.86	2 223.05	16 652.81	18 87
17	Trælast & Brænde. Tømmer, alle Slags, O og □	Afs. Ank.	41 957.47	45 781.01	6 298.26	44 013.04	50 31
18	Trælast & Brænde. Brænde og Baghun	Afs. Ank.	2 349.20	4 156.40	167.70	5 359.39	5 5
19	Træmasse	Afs. Ank.	549.17	93 389.56	543.89	100 496.50	101 0
20	Øl, alle Slags	Afs. Ank.	327.10	650.36	970.63	87.23	1 0
21	Øvrige Varer (Ilgods indbef.)	Afs. Ank.	2 174.95	11 764.22	14 087.74	16 924.83	31 0
	Tilsammen	Afs. Ank.	53 978.00	205 443.35	65 919.36	189 938.03	255 8

Eidsvold—Hamarbanen.

Samtrafik.

Afsendt fra Eidsvold – Hamarbanen.
Ankommet til do. do.

n- n- gs- fk.	Smaalensbanen. (over Eidsvold)	Sv. Baner over Kornsø. (over Eidsvold)	Hovedbanen. (over Eidsvold)	Kongsvingerbanen. (over Eidsvold)	Sv. Baner over Charlottenberg. (over Eidsvold)	Kristiania—Drammenbanen. (over Eidsvold)	Drammen—Skienbanen. (over Eidsvold)	Drammen—Randsfjordbanen. (over Eidsvold)	Rørosbanen. (o. Hamar)	Løbenummer.
	Antal Ton. (2 Decimaler).									
88.47	- -	- -	604.87 56.59	0.16 -	- -	- 0.94	- -	0.04 -	2.19 0.70	1
87.52	- -	- -	9.10 1 471.26	5.23 -	- -	- -	- -	- -	- -	2
31.87	- -	- -	122.40 3.32	5.00 12.90	- -	- -	- -	- -	463.64 0.08	3
46.27	0.72 11.20	- -	327.80 1 218.60	2.63 15.08	2.16 62.52	0.49 1.90	0.16 1.83	0.02 0.59	72.77 22.00	4
49.22	0.02 0.14	- -	172.01 217.08	- -	- -	0.81 1.33	0.04 -	- -	1.42 0.21	5
52.81	10.14 3.14	3.04 9.07	448.60 3 609.19	13.96 0.10	0.46 5.10	4.82 1.07	0.78 -	1.43 -	46.61 6.19	6
84.98	- -	- -	- 9 339.52	- 139.60	- -	- -	- -	- -	- -	7
38.01	- 0.10	- 8.40	4.63 142.53	0.50 -	- 10.40	- -	- -	- -	38.80 0.05	8
61.16	- -	- -	1 394.42 -	- -	- -	- 2.32	- -	- -	0.19 0.08	9
03.61	- 91.20	- 5.00	- 3 842.28	- 72.00	- -	- -	- -	- -	209.11 -	10
73.04	51.82 -	- -	1 672.37 1.81	0.29 0.13	5.10 -	0.30 -	0.30 0.10	- -	14.25 0.61	11
56.97	- -	- -	- 468.81	- -	- -	- -	- -	- -	0.42 -	12
59.22	- -	- -	3.36 189.20	0.05 2.96	0.04 0.16	- -	- 0.02	- -	0.15 125.15	13
33.25	0.99 -	- -	580.33 91.31	1.05 0.02	- -	- 0.13	2.79 0.18	0.13 -	0.18 2.15	14
21.82	- -	- -	0.45 83.70	- 2.44	- -	1.21 -	- -	- -	- 1.55	15
17.80	- -	- -	173.80 110.80	- 118.50	- -	- -	- -	- -	19.30 63.15	16
53.70	- -	- -	766.70 25.70	- -	- -	- -	- -	- -	18.10 12.00	17
6.50	- -	- -	204.90 -	- -	- -	- -	- -	- -	5.80 35.60	18
17.54	- -	- -	595.50 -	- -	- -	- -	- -	- -	- -	19
8.16	- -	- -	216.94 42.68	- 0.18	- -	- -	- -	- -	- 0.05	20
96.08	33.40 26.26	0.61 8.26	4 462.51 4 903.25	16.98 7.17	105.85 135.62	12.75 23.18	2.33 6.07	7.45 5.51	115.84 54.14	21
38.00	97.09 132.04	3.65 30.73	11.760.69 25 817.63	45.85 371.08	113.61 213.80	20.38 30.87	6.40 8.20	9.07 6.10	1 008.77 323.71	

Tabel X (Forts.). Opgave over Transp

Løbenummer.	Varesorter.	Transportens Retning.	Eidsvol							
			Afs. fra Eidsv.-Hamarb. Ank. til do. do. over Hamar.			Heraf: Afs. Ankom				
			Meraker-banen.	Sv. Baner over Storlien.	Tilsammen.	Minne.	Ulvin.	Espen.	T...
			Antal Ton (2 Decimaler).						
1	Brændevin paa Træer	Afs. Ank.	- -	- -	607.26 58.23	123.75 9.17	- 0.39	- 0.03	
2	Gjødning, alle Slags	Afs. Ank.	- -	- -	14.33 1 471.26	- 430.14	- 14.90	- 0.10	
3	Hø og Halm	Afs. Ank.	20.00 -	- -	611.04 16 30	- 2.72	- -	- -	
4	Jern og Staal og Arbeide deraf, undtagen Spiger	Afs. Ank.	- -	- -	406.75 1 333.72	14.15 75.24	- 2.54	- 0.57	 1
5	Kjød og Flesk, alle Slags	Afs. Ank.	- -	- -	174.30 218.76	29.13 40.37	3.48 2.58	1.11 1.47	 1
6	Kornvarer og Mel, alle Slags	Afs. Ank.	- -	. -	529.84 3 633.86	25.50 767.41	2.10 61.74	- 26.92	1 12
7	Kul (Sten-, Træ-), Cokes og Cinders	Afs. Ank.	- -	- -	- 9 479.12	 87.65	 1.82	- -	 4
8	Malme, Erts og Kis a)	Afs. Ank.	- -	- -	43.93 161.48	4.00 14.15	- -	- -	
9	Melk	Afs. Ank.	- -	- -	1 394.61 2.40	138.25 -	47.61 -	0.73 -	26,
10	Mursten, Tagsten og Drainsrør	Afs. Ank.	- -	- -	209.11 4 010.48	- 9.50	- -	- -	
11	Poteter	Afs. Ank.	0.04 -	- -	1 744.47 2.65	174.17 -	29.18 -	34.62 0.05	19
12	Salt	Afs. Ank.	- -	- -	0.42 468.81	- 85.96	- 9.55	- 6.46	 6
13	Sild og Fisk	Afs. Ank.	- -	- -	3.60 317.49	- 40.14	- 9.89	- 1.40	
14	Smør og Ost	Afs. Ank.	- -	- -	585.47 93.79	158.11 7.10	0.44 0.52	0.17 0.32	6
15	Spiger	Afs. Ank.	- -	- -	1.66 87.69	- 32.86	- 0.72	- 0.37	
16	Trælast & Brænde. Planker, Bord, Lægter og Stav	Afs. Ank.	- -	- -	193.10 292.45	26.20 -	- -	- -	13
17	Trælast & Brænde. Tømmer, alle Slags, O og □	Afs. Ank.	. -	- -	784.80 37.70	489.10 -	46.30 -	51.00 -	12
18	Trælast & Brænde. Brænde og Baghun	Afs. Ank.	- -	- -	210.70 35.60	120.50 -	65.50 -	13.80 -	
19	Træmasse	Afs. Ank.	- -	- -	595.50 -	114.40 -	- -	- -	
20	Øl, alle Slags	Afs. Ank.	- -	- -	216.94 42.91	- 11.31	- 0.73	- 1.48	
21	Øvrige Varer (Ilgods indbef.)	Afs. Ank.	0.32 0.18	- 0.06	4 758.04 5 169.70	556.68 669.94	10.91 28.10	12.33 28.63	4 1:
	Tilsammen	Afs. Ank.	20.36 0.18	- 0.06	13 085.87 26 934.40	1 973.94 2 283.66	205.52 133.48	113.76 67.80	8 4(

…gde af de væsentligste Varesorter.

…marbanen.

…k

	…ristiania fra Stationerne: do. til do.			Lokaltrafik. Afsendt til Hamar fra Stationerne: Ankommet fra do. til do.								
	Ottestad.	Hamar.	Sum.	Eidsvold.	Minne.	Ulvin.	Espen.	Tangen.	Stange.	Ottestad.	Sum.	Løbenummer.
	Antal Ton. (2 Decimaler).											
-	140.62	340.17	604.54	-	-	-	-	-	-	-	-	1
[illegible]05	2.33	28.22	56.59	-	0.04	0.09	0.27	0.08	0.17	-	0.65	
-	-	9.10	9.10	10.00	-	-	-	-	-	-	10.00	2
[illegible]3.33	46.60	823.99	1 375.26	0.10	-	0.30	0.68	15.23	33.18	21.85	71.34	
[illegible]1.80	5.60	5.00	122.40	-	1.45	0.07	-	-	11.33	6.69	19.54	3
-	-	-	2.72	-	-	0.10	-	-	-	5.18	5.28	
[illegible]3.16	0.17	302.27	319.75	91.32	3.20	0.28	0.17	-	3.31	-	98.28	4
[illegible]12.05	13.73	1 056.89	1 204.00	1.75	0.15	-	0.85	2.68	10.16	0.92	16.51	
[illegible]4.15	4.00	120.31	169.07	0.32	0.53	0.16	0.18	0.80	1.56	0.13	3.68	5
[illegible]22.69	3.13	127.98	215.97	0.02	0.24	-	0.03	0.12	1.74	0.40	2.55	
[illegible]66.29	37.60	195.86	444.44	9.47	12.91	0.20	0.21	18.14	31.80	4.25	76.98	6
[illegible]96.21	73.61	2 250.92	3 605.08	0.10	1.08	0.56	1.44	10.22	14.57	10.17	38.14	
-	-	-	-	-	-	-	-	-	-	-	-	7
[illegible]69.96	62.00	8 877.50	9 339.52	0.24	-	-	0.25	1.32	2.24	5.56	9.61	
-	-	0.54	4.54	-	720.00	-	-	-	-	-	720.00	8
0.51	1.06	108.82	124.90	-	25.18	0.08	1.08	7.11	31.37	3.19	68.01	
[illegible]23.00	-	421.71	1 394.42	-	-	5.85	12.25	44.25	113.64	-	175.99	9
-	-	-	-	-	-	0.02	0.09	0.05	0.46	-	0.62	
-	-	-	-	474.85	-	-	-	-	-	9.00	483.85	10
1.80	-	46.18	57.48	-	-	-	-	1.20	20.90	-	22.10	
[illegible]41.21	162.06	531.85	1 667.65	-	0.50	0.08	0.79	5.67	7.60	1.13	15.77	11
-	1.12	0.03	1.20	0.30	-	-	-	0.05	0.85	0.10	1.30	
-	-	-	-	-	-	-	-	-	-	-	-	12
81.87	17.02	202.69	468.66	-	-	-	-	0.10	0.67	-	0.77	
-	-	0.45	0.45	0.15	-	-	-	-	10.41	-	10.56	13
10.00	0.53	123.92	189.20	2.93	0.15	0.27	2.08	11.40	8.56	7.93	33.32	
53.89	3.30	293.83	578.95	0.12	0.06	0.13	0.34	0.05	1.69	-	2.39	14
6.23	1.72	72.83	91.23	0.75	-	-	0.06	0.16	1.93	0.99	3.89	
-	-	-	-	0.24	-	-	-	-	-	-	0.24	15
8.17	0.88	36.85	83.07	0.16	0.04	-	0.10	0.12	0.64	0.20	1.26	
-	-	-	161.80	11.70		-	-	98.74	95.20	-	205.64	16
-	-	12.30	12.30	-	9.60	-	-	-	-	-	9.60	
-	-	-	713.40	18.00	-	-	-	-	11.60	-	29.60	17
-	-	11.20	11.20	-	-	-	-	-	-	-	-	
-	-	-	204.90	-	63.00	168.80	42.30	198.90	54.90	-	527.90	18
		-	-	-	-	-	-	-	-	-	-	
-	-	481.10	595.50	-	-	-	-	-	-	-	-	19
	-	-	-	-	-	-	-	-	-	-	-	
-	-	125.54	125.54	0.17	-	-	-	-	-	-	0.17	20
[illegible]32	0.64	25.50	41.64	7.20	15.68	2.24	1.35	4.48	28.11	1.87	60.93	
[illegible]25	15.44	3 682.80	4 377.31	26.74	58.30	7.10	4.11	22.48	37.84	11.85	168.42	21
[illegible]72	95.18	3 611.75	4 787.23	10.97	5.93	6.25	5.83	29.80	79.98	34.06	172.82	
[illegible]75	308.79	6 510.53	11 493.76	643.08	859.95	182.67	60.35	389.03	380.88	33.05	2 549.01	
[illegible]01	319.55	17 417.57	21 667.25	24.52	58.09	9.91	14.11	84.12	235.53	92.42	518.70	

Tabel X (Forts.). Opgave over Transp

Løbenummer	Varesorter.	Transportens Retning.	Eidsvold—Hamarbanen (Forts.). Lokaltrafik. Øvrige Lokaltrafik. afsendt eller ankommet.	Lokaltrafik. Tilsammen, afsendt eller ankommet.	Samlet Trafik. Op.	Samlet Trafik. Ned.	Samlet Trafik. Hovedsu afsend eller ankomm
			Antal Ton. (2 Decimaler).				
1	Brændevin paa Træer	Afs. Ank.	2.21	2.86	111.11	1 545.71	1 65
2	Gjødning, alle Slags	Afs. Ank	41.32	122.66	1 904.80	90.97	1 99
3	Hø og Halm	Afs. Ank.	141.43	166.25	575.82	249.64	82
4	Jern og Staal og Arbeide deraf undtagen Spiger	Afs. Ank.	63.05	177.84	3 429.58	735.00	4 16
5	Kjød og Flesk, alle Slags	Afs. Ank.	5.09	11.32	555.46	298.14	85
6	Kornvarer og Mel, alle Slags	Afs. Ank.	259.27	374.39	6 186.82	704.08	6 89
7	Kul (Sten-, Træ-), Cokes og Cinders	Afs. Ank.	0.52	10.13	10 858.75	15.48	10 87
8	Malme, Erts og Kis a)	Afs. Ank.	227.64	1 015.65	1 833.66	125.41	1 95
9	Melk	Afs. Ank.	103.37	279.98	210.28	1 727.87	1 93
10	Mursten, Tagsten og Drainsrør	Afs. Ank.	79.75	585.70	5 286.80	22.10	5 30
11	Poteter	Afs. Ank.	10.44	27.51	36.32	1 911.35	1 94
12	Salt	Afs. Ank.	13.18	13.95	939.33	0.82	94
13	Sild og Fisk	Afs. Ank.	12.22	56.10	233.47	1 302.94	1 53
14	Smør og Ost	Afs. Ank.	4.27	10.55	363.50	1 359.56	1 72
15	Spiger	Afs. Ank.	3.34	4.84	199.55	36.46	23
16	Trælast & Brænde. Planker, Bord, Lægter og Stav	Afs. Ank.	463.80	679.04	972.04	310.35	1 28
17	Trælast & Brænde. Tømmer, alle Slags, O og ☐	Afs. Ank.	469.00	498.60	520.60	1 054.20	1 57
18	Trælast & Brænde. Brænde og Baghun	Afs. Ank.	1 791.80	2 319.70	2 293.10	279.40	2 57
19	Træmasse	Afs. Ank.	7.00	7.00	17.00	603.04	62
20	Øl, alle Slags	Afs. Ank.	0.56	61.66	81.67	278.00	35
21	Øvrige Varer (Ilgods indbef.)	Afs. Ank.	282.18	623.42	11 395.03	8 252.21	19 64
	Tilsammen	Afs. Ank.	3 981.44	7 049.15	48 004.69	20 902.73	68 9

…ngde af de væsentligste Varesorter.

Rørosbanen.

Samtrafik.

Afsendt fra Rørosbanen.
Ankommet til do.

over Hamar.

Antal Ton. (2 Decimaler).

…en- …m- …gs- …fik.	Eidsvold —Hamarbanen.	Smaalensbanen.	Sv. Baner over Kornsø.	Hovedbanen.	Kongsvingerbanen.	Sv. Baner over Charlottenberg.	Kristiania —Drammenbanen.	Drammen —Skienbanen.	Drammen —Randsfjordbanen.	Løbenummer.
8.50	0.70	0.15	2.64	913.15	1.09	0.86	0.35	0.02	0.32	1
	2.19	-	0.18	46.58	-	4.04	0.59	-	-	
5.80	-	-	-	-	-	-	-	0.02	-	2
	-	-	0.20	381.30	-	-	-	0.20	-	
…0.00	0.08	-	-	7.37		-	-	-	-	3
	463.64	8.50	-	16.00	-	-	-	-	-	
34.56	22.00	2.72	1.70	324.29	24.14	0.46	0.27	0.02	0.13	4
	72.77	0.04	11.54	1 555.17	19.66	263.87	-	7.66	0.04	
2.20	0.21	0.15	-	113.18	0.21	5.91	1.03	0.02	0.04	5
	1.42	-	-	326.28	0.08	0.12	-	-	-	
32.75	6.19	0.05	0.10	56.37	0.39	-	-	-	0.45	6
	46.61	0.15	1.18	2 259.91	0.23	1.20	0.03	-	-	
-	-	5.50	-	-	-	-	-	-	-	7
	-	-	-	1 312.08	67.40	-	-	-	-	
5.06	-	-	8.17	2.68	-	10.04	-	-	-	8
	4.00	-	-	450.57	9.74	-	-	-	-	
-	0.08	-	-	261.05	-	-	-	-	-	9
	0.19	-	-	-	-	-	0.11	-	-	
-	-	-	-	-	-	-	-	-	-	10
	209.11	-	-	446.01	57.60	-	-	-	-	
11.89	0.61	6.97	-	152.22	0.07	-	0.40	0.20	-	11
	14.25	-	-	0.58	0.75	-	-	-	-	
-	-	-	-	-	-	-	-	-	-	12
	0.42	-	-	456.97	-	-	-	-	-	
0.78	125.15	1.67	3.31	231.76	268.33	621.84	2.21	0.36	0.32	13
	0.15	-	0.16	27.93	0.35	-	-	0.15	-	
31.08	2.15	1.63	0.64	732.76	2.19	0.83	0.08	0.66	0.05	14
	0.18	-	3.50	259.78	-	0.08	-	-	0.02	
…6.97	1.55	-	-	27.48	1.90	-	-	0.03	-	15
	-	-	-	50.62	12.68	42.14	-	-	-	
-	63.15	-	-	7.00	-	-	-	-	-	16
	19.30	-	-	57.10	53.70	-	-	-	-	
-	12.00	-	-	242.00	-	-	-	-	-	17
	18.10	-	-	11.70	-	-	-	-	-	
-	35.60	-	-	6.50	-	-	-	-	-	18
	5.80	-	-	-	-	-	-	-	-	
…7.54	-	-	-	-	-	-	-	-	-	19
	-	-	-	-	-	-	-	-	-	
-	0.05	-	-	0.08	-	-	-	-	-	20
	-	-	0.28	35.26	2.54	-	-	-	-	
…90	54.19	58.19	12.31	3 178.10	18.82	28.33	18.45	5.83	7.75	21
	150.64	42.14	76.58	5 566.25	24.13	156.70	22.06	14.60	12.25	
…03	323.71	77.03	28.87	6 255.99	317.14	668.27	22.79	7.16	9.06	
	1 008.77	50.83	93.62	13 260.09	248.86	468.15	22.79	22.61	12.31	

Tabel X (Forts.). Opgave over Transp…

Løbenummer.	Varesorter.	Transportens Retning.	Afsendt fra **Rørosbanen.** Ankommet til do. over **Trondhjem.** Meraker-banen.	Sv. Baner over Storlien.	Tilsammen.	Hvoraf: Afse… Ankom… Aker.	Hjellum.
			Antal Ton. (2 Decimaler).				
1	Brændevin paa Træer	Afs. Ank.	- -	- 1.00	919.28 54.58	279.23 -	232.40 0.12
2	Gjødning, alle Slags	Afs. Ank.	2.10 -	- -	2.12 381.70	- -	- 25.82
3	Hø og Halm	Afs. Ank.	- 7.60	- -	7.45 495.74	- -	- -
4	Jern og Staal og Arbeide deraf, undtagen Spiger	Afs. Ank.	2.34 0.87	0.08 2.30	378.15 1 933.92	- -	- 4.33
5	Kjød og Flesk, alle Slags	Afs. Ank.	0.18 0.03	0.54 -	121.47 327.93	- -	- 4.07
6	Kornvarer og Mel, alle Slags	Afs. Ank.	0.71 1.88	- 0.70	64.26 2 311.89	- -	5.00 145.16
7	Kul (Sten-, Træ-) Cokes og Cinders	Afs. Ank.	- -	- -	5.50 1 379.48	- -	- 317.60
8	Malme, Erts og Kis	Afs. Ank.	2 035.11 -	- -	2 056.00 464.31	- -	- -
9	Melk	Afs. Ank.	0.02 -	- -	261.15 0.30	- -	78.50 -
10	Mursten, Tagsten og Dranisrør	Afs. Ank.	5.00 718.00	- -	5.00 1 430.72	- -	- -
11	Poteter	Afs. Ank.	13.00 0.97	- -	173.47 16.55	- -	23.72 -
12	Salt	Afs. Ank.	- -	- -	- 457.39	- -	- 24.46
13	Sild og Fisk	Afs. Ank.	- 0.15	- -	1 254.95 28.89	- -	- 0.30
14	Smør og Ost	Afs. Ank.	0.56 0.04	3.32 -	744.87 263.60	- -	0.88 2.09
15	Spiger	Afs. Ank.	- -	- -	30.96 105.44	- -	- 1.22
16	Trælast & Brænde. Planker, Bord, Lægter og Stav	Afs. Ank.	0.20 -	- -	70.35 130.10	- -	- -
17	Trælast & Brænde. Tømmer, alle Slags, O og □	Afs. Ank.	166.40 10.00	- -	420.40 39.80	- -	- -
18	Trælast & Brænde. Brænde og Baghun	Afs. Ank.	- -	- -	42.10 5.80	- -	- -
19	Træmasse	Afs. Ank.	- -	- -	- -	- -	- -
20	Øl, alle Slags	Afs. Ank.	- -	- 0.10	0.13 38.18	- -	- 0.98
21	Øvrige Varer (Ilgods indbef.)	Afs. Ank.	21.97 16.73	3.16 7.35	3 407.10 6 089.43	- 5.49	14.89 235.63
	Tilsammen	Afs. Ank.	2 247.59 756.27	7.10 11.45	9 964.71 15 955.75	279.23 5.49	355.39 761.78

…ngde af de væsentligste Varesorter.

…en (Forts.).

…k.

…Kristiania fra Stationerne:
do. til do.

Harsand.	Aadals-brug.	Løiten.	Elverum.	Grundset.	Øxna.	Aasta.	Rena.	Stenviken.	Ophus.	Løbenummer.
Antal Ton. (2 Decimaler).										
-	-	250.53	0.09	-	-	-	-	-	-	
0.05	-	9.61	10.14	0.06	0.14	0.38	1.46	0.99	0.17	1
-	-	-	-	-	-	-	-	-	-	
8.50	-	116.20	72.09	8.10	1.00	0.10	6.65	6.03	-	2
-	-	7.30	-	-	-	-	-	-	-	
-	-	-	-	-	-	-	-	-	-	3
-	291.78	-	2.75	-	-	-	0.58	-	-	
3.94	349.88	22.01	119.56	0.14	0.72	2.66	23.63	27.08	0.60	4
-	0.21	0.56	1.13	-	-	0.18	0.35	-	-	
[illegible]43	26.22	11.75	151.24	-	2.32	3.85	25.35	9.72	0.61	5
5.10	7.73	25.77	2.10	-	-	-	0.50	-	-	
41.20	93.41	331.55	940.59	3.71	5.50	16.64	198.04	20.79	5.34	6
-	-	-	-	-	-	-	-	-	-	
11.17	729.10	41.70	129.61	-	-	0.24	26.13	-	-	7
-	-	-	-	-	-	-	-	-	-	8
-	448.80	-	-	-	-	-	-	-	-	
-	23.06	69.10	0.10	6.30	-	15.42	27.29	-	-	
-	-	-	-	-	-	-	-	-	-	9
-	-	-	-	-	-	-	-	-	-	
-	-	-	-	-	-	-	-	-	-	10
5.00	1.17	6.10	33.67	-	-	0.88	0.82	0.48	-	11
-	0.15	-	0.11	-	-	-	-	-	-	
-	-	-	-	-	-	-	-	-	-	
14.60	8.46	66.59	212.06	-	-	0.61	41.26	2.63	-	12
-	-	-	0.04	-	-	-	0.24	0.09	-	
0.27	0.55	1.47	14.54	0.03	0.10	0.02	6.58	0.07	-	13
0.62	8.03	66.20	33.47	0.28	0.94	11.69	29.61	1.63	0.12	14
1.24	4.83	3.10	11.18	-	0.10	0.12	2.38	0.26	0.21	
-	24.46	-	-	-	-	-	-	-	-	
1.58	3.00	1.38	12.36	-	-	0.18	3.82	0.10	-	15
-	-	-	-	-	-	-	-	-	-	16
-	5.00	-	-	-	-	-	-	-	-	
	-	-	-	-	-	-	-	-	-	17
-	11.70	-	-	-	-	-	-	-	-	
-	-	-	6.50	-	-	-	-	-	-	18
-	-	-	-	-	-	-	-	-	-	
-	-	-	-	-	-	-	-	-	-	19
-	-	-	-	-	-	-	-	-	-	
-	-	-	-	-	-	-	-	-	-	
0.10	0.10	0.10	2.63	-	-	-	1.25	1.72	0.48	20
6.94	579.05	60.86	177.08	0.95	1.05	3.64	24.97	6.86	1.81	21
[illegible]0.01	532.41	248.38	953.13	1.86	8.61	18.38	149.91	31.08	10.76	
[illegible]7.66	935.49	486.42	256.93	7.53	1.99	31.81	84.36	9.06	1.93	
[illegible]5.09	2 213.61	853.84	2 629.24	13.90	18.49	43.18	486.46	100.47	18.17	

Tabel X (Forts.). Opgave over Trans[...]

Løbenummer.	Varesorter.	Transportens Retning.	Rasten.	Stai.	Koppang.	Atna.	Hanestad.	Barkald.
			Rø[...] — S[...] — Hvoraf: Afs[...] Ankom[...]					
			Antal Ton. (2 Decimaler).					
1	Brændevin paa Træer	Afs.	-	-	-	-	-	
		Ank.	0.64	0.83	0.85	1.08	0.39	
2	Gjødning, alle Slags	Afs.	-	-	-	-	-	
		Ank.	-	5.40	5.40	-	6.70	
3	Hø og Halm	Afs.	-	-	-	-	-	
		Ank.	-	-	-	-	-	
4	Jern og Staal og Arbeide deraf, undtagen Spiger	Afs.	-	0.03	0.40	-	-	
		Ank.	135.54	9.83	15.18	0.78	4.65	
5	Kjød og Flesk, alle Slags	Afs.	-	-	-	-	0.18	
		Ank.	8.26	12.19	21.26	2.92	4.57	
6	Kornvarer og Mel, alle Slags	Afs.	-	-	-	-	-	
		Ank.	55.74	95.59	85.77	19.06	22.62	
7	Kul (Sten-, Træ-), Cokes og Cinders	Afs.	-	-	-	-	-	
		Ank.	-	16.00	24.00	-	-	
8	Malme, Erts og Kis	Afs.	-	-	-	-	-	
		Ank.	-	-	-	-	-	
9	Melk	Afs.	0.03	-	-	-	-	
		Ank.	-	-	-	-	-	
10	Mursten, Tagsten og Drainsrør	Afs.	-	-	-	-	-	
		Ank.	-	-	0.03	-	-	
11	Poteter	Afs.	-	-	0.16	-	-	
		Ank.	-	-	-	-	-	
12	Salt	Afs.	-	-	-	-	-	
		Ank.	0.38	18.88	28.12	6.48	13.70	
13	Sild og Fisk	Afs.	-	-	0.04	-	1.09	
		Ank.	-	0.31	0.49	0.25	0.17	
14	Smør og Ost	Afs.	-	3.72	2.89	1.40	3.12	
		Ank.	0.58	1.23	1.82	0.04	0.14	
15	Spiger	Afs.	-	-	-	-	-	
		Ank.	0.12	0.39	1.25	0.12	0.39	
16	Trælast & Brænde. Planker, Bord, Lægter og Stav	Afs.	-	-	-	-	-	
		Ank.	-	-	-	-	-	
17	Trælast & Brænde. Tømmer, alle Slags, O og □	Afs.	-	-	-	-	-	
		Ank.	-	-	-	-	-	
18	Trælast & Brænde. Brænde og Baghun	Afs.	-	-	-	-	-	
		Ank.	-	-	-	-	-	
19	Træmasse	Afs.	-	-	-	-	-	
		Ank.	-	-	-	-	-	
20	Øl, alle Slags	Afs.	-	-	0.08	-	-	
		Ank.	0.74	2.26	1.76	0.75	0.22	
21	Øvrige Varer (Ilgods indbef.)	Afs.	6.13	168.86	13.33	3.26	8.13	
		Ank.	39.63	87.44	94.55	15.21	44.39	
	Tilsammen	Afs.	6.16	172.61	16.90	4.66	12.52	
		Ank.	241.63	250.35	280.48	46.69	97.94	

ængde af de væsentligste Varesorter.

nen (Forts.).

fik.

Kristiania fra Stationerne:
do. til do.

Lillesle-dal.	Auma.	Tønset.	Telneset.	Tolgen.	Os.	Røros.	Stat. mell. Røros og Tr.hjem.	Trond-hjem.	Sum.	Løbenummer.
Antal Ton. (2 Decimaler).										
-	-	-	-	-	-	-	-	150.67	912.92	1
274	0.19	1.38	-	0.02	0.14	1.89	0.30	12.19	46.17	
-	-	-	-	-	-	-	-	-	-	2
28.00	0.20	30.50	-	5.00	10.50	11.10	10.35	0.36	381.30	
-	-	-	-	-	-	-	-	-	7.37	3
-	-	-	-	-	-	-	-	16.00	16.00	
0.08	0.14	-	-	0.34	0.02	0.73	0.24	20.37	317.46	4
217.55	0.90	26.87	0.71	9.43	7.90	29.11	43.22	475.17	1 538.55	
0.33	-	3.66	1.52	5.21	5.84	8.83	10.04	73.87	113.02	5
10.67	-	5.68	-	0.27	-	7.54	0.65	12.46	326.28	
-	-	-	-	-	-	-	-	3.34	54.94	6
28.54	1.06	21.30	-	17.52	10.80	35.19	7.06	25.95	2 259.30	
-	-	-	-	-	-	-	-	-	-	7
0.70	-	14.00	-	-	-	-	-	0.30	1 312.08	
-	-	-	-	0.79	-	1.26	0.22	0.41	2.68	8
-	-	-	-	-	-	-	-	-	448.80	
-	-	-	-	-	-	-	0.12	-	261.05	9
-	-	-	-	-	-	-	-	-	-	
-	-	-	-	-	-	-	-	-	-	10
-	-	0.05	-	-	-	-	-	-	0.19	
-	-	-	-	-	-	0.02	58.70	12.22	150.91	11
0.04	-	0.17	-	-	-	-	-	0.02	0.53	
-	-	-	-	-	-	-	-	-	-	12
2.50	-	0.06	-	-	0.24	0.23	-	0.50	456.97	
-	-	-	-	-	-	3.44	0.06	214.02	219.02	13
0.60	-	0.07	-	0.06	-	0.20	0.02	1.62	27.72	
38.52	0.64	60.58	0.04	52.77	32.83	19.32	294.20	67.53	731.56	14
0.53	-	0.23	-	0.07	-	1.64	0.54	225.88	258.68	
-	-	-	-	-	-	-	0.20	-	24.66	15
1.75	-	0.92	-	0.62	0.52	4.61	0.89	12.50	49.67	
-	-	-	-	-	-	-	-	-	-	16
-	-	-	-	-	-	-	-	-	5.00	
-	-	-	-	-	-	-	-	-	-	17
-	-	-	-	-	-	-	-	-	11.70	
-	-	-	-	-	-	-	-	-	6.50	18
-	-	-	-	-	-	-	-	-	-	
-	-	-	-	-	-	-	-	-	-	19
-	-	-	-	-	-	-	-	-	-	
-	-	-	-	-	-	-	-	-	0.08	20
2.78	0.10	0.88	-	-	0.12	1.43	-	16.09	35.10	
51.60	1.57	83.87	0.19	56.89	14.55	190.56	76.40	1 594.58	3 154.58	21
97.29	4.21	80.23	0.33	19.44	26.44	163.15	283.85	2 263.88	5 482.17	
90.62	2.35	148.11	1.75	116.00	53.24	224.16	440.18	2 137.01	5 956.75	
[illegible]3.69	6.66	182.34	1.04	52.43	56.66	256.09	346.88	3 062.92	12 656.21	

Tabel X (Forts.). Opgave over Transp

Løbenummer.	Varesorter.	Transportens Retning.	Aker.	Hjellum.	Ilseng.	Hørsand.	Aadals-brug.	Løiten.	…
			Rø						
			Lo						
			Afsendt til Har / Ankommet fra d						
			Antal Ton (2 Decimaler).						
1	Brændevin paa Træer	Afs.	-	0.31	-	-	-	0.24	
		Ank.	-	4.06	-	-	0.39	3.10	
2	Gjødning, alle Slags	Afs.	-	-	-	-	-	0.30	
		Ank.	-	11.35	29.39	9.52	3.11	22.42	5
3	Hø og Halm	Afs.	-	-	6.43	-	0.03	-	
		Ank.	-	-	0.40	-	0.53	-	4
4	Jern og Staal og Arbeide deraf, undtagen Spiger	Afs	-	-	0.12	-	224.47	-	
		Ank.	-	1.37	6.02	1.14	102.64	9.91	4
5	Kjød og Flesk, alle Slags	Afs.	-	-	0.33	-	0.06	-	
		Ank.	-	0.50	1.11	0.52	0.24	1.09	1
6	Kornvarer og Mel, alle Slags	Afs.	-	37.45	16.09	6.21	4.68	1.21	
		Ank.	-	133.26	36.81	15.40	33.49	11.04	57
7	Kul (Sten-, Træ-). Cokes og Cinders	Afs.	-	-	0.08	-	-	-	
		Ank	-	1.70	3.51	1.44	2.50	2.34	
8	Malme, Erts og Kis	Afs.	-	-	-	-	-	-	
		Ank.	-	-	-	-	13.21	-	
9	Melk	Afs.	-	58.46	376.06	333.32	75.82	213.62	
		Ank.	-	0.25	0.31	0.47	0.15	0.43	
10	Mursten, Tagsten og Drainsrør	Afs.	-	-	-	-	-	-	
		Ank.	-	1.20	10.19	6.43	18.41	19.48	
11	Poteter	Afs.	-	3.31	3.68	2.20	0.40	7.19	1
		Ank.	992.90	49.26	0.05	0.27	0.28	0.20	
12	Salt	Afs.	-	-	-	-	-	-	
		Ank.	-	0.95	0.91	0.60	1.59	9.30	
13	Sild og Fisk	Afs.	-	-	-	-	-	1.01	
		Ank.	-	9.48	10.46	4.51	6.30	20.45	
14	Smør og Ost	Afs.	-	-	0.22	-	1.28	7.22	
		Ank.	-	-	0.19	0.02	0.16	0.38	
15	Spiger	Afs.	-	-	0.02	-	18.36	-	
		Ank.	-	0.60	0.71	0.04	-	0.28	
16	Trælast & Brænde. Planker, Bord, Lægter og Stav	Afs.	-	13.00	-	-	-	-	
		Ank.	-	-	-	-	58.90	5.00	
17	Trælast & Brænde. Tømmer, alle Slags, O og □	Afs.	-	-	-	-	-	-	
		Ank.	-	18.70	-	-	-	-	
18	Trælast & Brænde. Brænde og Baghun	Afs.	-	3.00	22.50	104.30	5.00	48.70	8
		Ank.	-	-	-	-	-	-	
19	Træmasse	Afs.	-	-	-	-	-	-	
		Ank.	-	-	-	-	-	-	
20	Øl, alle Slags	Afs.	-	-	-	-	-	-	
		Ank.	-	0.97	7.28	3.62	10.37	8.85	
21	Øvrige Varer (Ilgods indbef.)	Afs.	-	3.86	18.28	19.99	46.81	48.61	
		Ank.	4.10	26.02	55.49	46.30	611.58	77.59	
	Tilsammen	Afs.	-	119.39	443.81	466.02	376.91	328.10	1
		Ank.	997.00	259.67	162.83	90.28	863.85	191.86	1

…de af de væsentligste Varesorter.

…n (Forts.).

…tionerne :
do.

	Øxna.	Aasta.	Rena.	Stenviken.	Ophus.	Rasten.	Stai.	Koppang.	Atna.	Hanestad.	Barkald.	Løbenummer.
Antal Ton. (2 Decimaler).												
-	0.13	0.13	0.74	0.71	0.14	0.44	0.70	1.22	-	1.20	0.24	1
…17	3.45	6.85	12.88	5.63	4.40	6.10	4.60	7.40	0.90	3.17	0.90	2
-	2.45	3.69	35.31	9.40	-	10.20	9.00	10.33	-	8.40	19.30	3
-	17.40	31.40	51.24	16.69	-	-	0.04	2.11	-	5.08	5.00	
…08	0.98	13.38	37.46	3.37	2.85	46.97	11.27	18.39	6.36	3.75	1.78	4
-	0.23	0.06	0.14	-	0.04	-	-	-	-	0.29	-	
…00	0.44	0.53	4.82	1.51	0.81	0.81	3.04	5.33	0.33	2.78	0.06	5
								0.19				
…33	14.78	21.35	187.41	48.75	11.69	34.95	36.17	110.18	11.77	37.04	8.92	6
-	7.60	1.43	208.26	1.74	2.00	2.35	1.69	1 237.77	-	75.18	0.40	7
-	-	-	-	-	-	-	-	-	-	-	0.37	8
-	-	3.02	-	-	-	-	-	-	-	-	-	9
-	-	-	16.14	11.13	1.20	6.96	2.18	5.10	1.05	-	-	10
…25	0.25	0.58	0.36	2.75	-	-	0.02	-	-	-	-	
…07	-	-	0.10	0.60	0.40	8.39	-	1.71	0.11	-	1.40	11
-	0.27	3.36	2.44	2.83	2.45	4.50	1.39	6.01	1.28	9.74	0.45	12
-	-	-	0.53	0.02	-	-	-	0.47	1.96	1.37	-	
-	1.57	1.37	6.27	1.13	0.24	0.83	0.66	0.45	0.04	0.32	-	13
-	-	0.63	2.75	0.40	0.04	-	0.04	0.11	1.70	0.15	-	
-	0.02	-	0.06	0.03	0.07	0.20	0.49	0.05	-	-	-	14
…18	-	0.28	0.40	0.39	0.04	0.35	0.51	0.65	0.14	0.65	0.24	15
…50	-	-	5.60	100.50	-	66.67	-	-		-	-	
-	-	-	40.00	-	6.00	15.00	-	-	-	-	-	16
-	58.80	-	-	18.50	23.00		-	58.00	10.00	68.80	-	
-	-	5.00	25.00	-	-	-	-	-	-	-	-	17
…10	866.70	22.90	5.50	11.80	-	367.20	-	64.60	46.10	5.00	-	18
-	-	-	-	-	-	-	-	-	-	-	-	19
…32	1.02	4.04	65.55	2.96	2.85	7.50	10.35	48.29	16.77	15.93	0.60	20
…01	18 41	6.94	63.40	25.14	13.13	58.07	14.60	58.23	13.04	15.86	1.28	
…76	26.68	20.88	183.11	29.84	17.61	19.01	34.10	86.36	17.56	34.63	1.55	21
…96	961.79	65.53	129.52	175.80	36.21	491.94	14.70	183.71	72.80	96.55	6.65	
…17	59.39	82.29	825.95	120.02	52.75	164.56	116.15	1 539.24	56.31	192.79	35.84	

Tabel X (Forts.). Opgave over Transp

Løbenummer.	Varesorter.	Transportens Retning.	Rø						
			Lo						
			Afsendt til Han / Ankommet fra do						
			Lilleelvedal.	Auma.	Tønset.	Telneset.	Tolgen.	Øs.	[illegible]
			Antal Ton. (2 Decimaler).						
1	Brændevin paa Træer	Afs.	-	-	-	-	-	-	
		Ank.	0.87	0.41	0.49	0.23	1.14	0.17	[illegible]
2	Gjødning, alle Slags	Afs.	-	-	-	-	-	-	
		Ank.	1.43	3.00	5.00	-	5.08	5.20	
3	Hø og Halm	Afs.	-	-	-	-	-	-	
		Ank.	24.79	5.00	-	-	-	-	
4	Jern og Staal og Arbeide deraf undtagen Spiger	Afs.	-	0.10	3.70	-	0.60	0.05	[illegible]
		Ank.	8.88	3.21	7.86	-	0.84	2.28	[illegible]
5	Kjød og Flesk, alle Slags	Afs.	0.17	-	1.86	-	3.22	0.06	[illegible]
		Ank.	-	-	0.11	0.09	0.02	-	[illegible]
6	Kornvarer og Mel, alle Slags	Afs.	-	-	-	-	-	-	
		Ank.	9.40	2.59	19.46	0.17	12.64	1.18	[illegible]
7	Kul (Sten-, Træ-), Cokes og Cinders	Afs.	-	-	-	-	-	-	
		Ank.	0.50	-	0.28	-	-	-	[illegible]
8	Malme, Erts og Kis a)	Afs.	0.33	-	-	-	0.30	-	
		Ank.	-	-	-	-	-	-	
9	Melk	Afs.	-	-	-	-	-	-	
		Ank.	-	-	-	-	-	-	
10	Mursten, Tagsten og Drainsrør	Afs.	-	-	-	-	-	-	
		Ank.	-	-	-	-	-	-	
11	Poteter	Afs.	-	-	0.09	-	-	-	
		Ank.	3.09	0.10	2.31	-	0.30	5.80	[illegible]
12	Salt	Afs.	-	-	-	-	-	-	
		Ank.	-	-	0.60	-	-	-	[illegible]
13	Sild og Fisk	Afs.	-	-	0.21	-	0.07	0.08	[illegible]
		Ank.	-	-	1.00	-	0.20	-	[illegible]
14	Smør og Ost	Afs.	2.35	-	0.11	0.02	0.37	0.10	[illegible]
		Ank.	-	-	0.04	-	-	-	[illegible]
15	Spiger	Afs.	-	-	-	-	-	-	
		Ank.	0.92	0.07	0.48	-	0.28	0.16	[illegible]
16	Trælast & Brænde. Planker, Bord, Lægter og Stav	Afs.	-	-	-	-	-	-	
		Ank.	-	-	1.10	-	-	-	
17	Trælast & Brænde. Tømmer, alle Slags, O og □	Afs.	177.10	-	-	-	-	-	
		Ank.	-	-	-	-	-	-	
18	Trælast & Brænde. Brænde og Baghun	Afs.	27.00	20.00	-	-	-	-	
		Ank.	-	-	-	-	-	-	
19	Træmasse	Afs.	-	-	-	-	-	-	
		Ank.	-	-	-	-	-	-	
20	Øl, alle Slags	Afs.	-	-	-	-	-	-	
		Ank.	18.09	0.16	15.17	0.36	5.03	0.64	[illegible]
21	Øvrige Varer (Ilgods indbef.)	Afs.	40.62	7.34	16.62	0.30	5.97	7.36	[illegible]
		Ank.	19.35	0.56	25.07	0.44	2.16	1.69	[illegible]
	Tilsammen	Afs.	247.57	27.44	22.59	0.32	10.53	7.65	[illegible]
		Ank.	87.32	15.10	78.97	1.29	27.69	17.12	[illegible]

…en (Forts.).

…k.

…ationerne: do.			Afsendt til **Trondhjem** fra Stationerne: Ankommet fra do. til do.										
Tr.hjem	Trond-hjem.	Sum.	Hjellum.	Ilseng.	Hørsand.	Aadals-brug.	Løiten.	Elverum.	Grundset.	Øxna.	Aasta.	Rena.	Løbenummer.
Antal Ton. (2 Decimaler).													
-	3.16	3.71	16.32	-	-	-	-	-	-	-	-	-	1
4.30	92.21	114.91	0.08	-	-	-	-	0.28	-	-	-	0.40	
-	-	0.30	-	-	-	-	-	-	-	-	-	-	2
-	-	210.58	-	-	-	-	-	-	-	-	-	-	
-	-	6.46	-	15.00	5.20	-	-	-	-	-	-	-	3
-	-	181.10	-	-	-	-	-	-	-	-	-	-	
0.59	35.02	397.61	-	-	-	182.18	-	5.00	-	-	-	-	4
5.25	45.24	386.87	1.14	-	-	47.30	0.06	1.25	-	-	0.08	0.44	
-	0.26	10.96	-	-	-	-	-	-	-	-	-	-	5
05	1.52	38.13	0.15	-	-	-	-	0.17	-	-	-	0.08	
10	0.13	66.56	4.59	1.59	0.38	-	-	0.28	-	-	-	-	6
22	9.83	1 388.91	-	-	-	-	-	0.21	-	-	-	-	
-	-	0.63	-	-	-	-	-	-	-	-	-	-	7
-	-	1 557.67	-	-	-	-	-	-	-	-	-	-	
-	-	1.00	-	-	-	-	-	-	-	-	-	-	8
-	-	13.21	-	-	-	-	-	-	-	-	-	-	
-	-	1 060.30	-	-	-	-	-	-	-	-	-	-	9
-	-	1.61	-	-	-	-	-	-	-	-	-	-	
-	-	-	-	-	-	-	-	-	-	-	-	-	10
-	-	101.72	-	-	-	-	-	-	-	-	-	-	
9	0.10	37.06	0.16	-	-	0.11	-	-	-	-	-	-	11
0	0.20	1 077.12	0.22	-	-	-	4.50	-	-	-	-	-	
-	-	-	-	-	-	-	-	-	-	-	-	-	12
-	-	52.89	-	-	-	-	-	-	-	-	-	-	
7	809.12	831.54	-	-	-	-	-	-	-	0.04	-	-	13
-	-	87.17	6.73	5.79	27.36	3.16	30.75	453.33	0.04	0.45	2.72	24.93	
5	0.07	24.76	-	-	-	-	-	0.04	-	-	-	-	14
4	0.61	3.88	-	-	-	0.14	-	-	-	-	-	-	
-	-	18.38	-	-	-	13.08	-	-	-	-	-	-	15
-	-	8.83	-	-	-	-	-	-	-	-	-	-	
-	-	191.27	-	-	-	-	-	-	-	-	-	-	16
-	-	131.00	-	-	-	-	-	-	-	-	-	-	
-	-	414.20	-	-	-	-	-	-	-	-	-	-	17
-	-	48.70	-	-	-	-	-	-	-	-	-	-	
-	-	2 672.40	-	-	-	-	-	-	-	-	-	-	18
-	-	-	-	-	-	-	-	-	-	-	-	-	
-	-	-	-	-	-	-	-	-	-	-	-	-	19
-	-	-	-	-	-	-	-	-	-	-	-	-	
-	-	-	-	-	-	-	-	-	-	-	-	-	20
-	-	294.60	-	-	-	-	-	-	-	-	-	-	
5	125.66	864.45	0.75	1.17	0.25	14.23	1.97	11.87	0.14	0.05	0.22	0.99	21
2	138.03	1 761.75	3.69	0.56	0.26	4.36	1.21	15.38	-	0.14	0.32	1.93	
3	973.52	6 601.59	21.82	17.76	5.83	209.60	1.97	17.19	0.14	0.09	0.22	0.99	
8	287.64	7 460.65	12.01	6.35	27.62	54.96	36.52	470.62	0.04	0.59	3.12	27.78	

Tabel X (Forts.). Opgave over Transp

Løbenummer.	Varesorter.	Transportens Retning.	Rør						
			Lo						
			Afsendt til Trondhj / Ankommet fra do.						
			Stenviken.	Ophus.	Rasten.	Stai.	Koppang.	Atna.	Hanestad.
			Antal Ton. (2 Decimaler).						
1	Brændevin paa Træer	Afs.	-	-	-	-	-	-	
		Ank.	0.14	0.09	0.04	0.44	0.69	0.34	0
2	Gjødning, alle Slags	Afs.	-	-	-	-	-	-	
		Ank	-	-	-	-	-	-	
3	Hø og Halm	Afs.	-	-	-	-	-	-	
		Ank.	-	-	-	-	-	-	
4	Jern og Staal og Arbeide deraf, undtagen Spiger	Afs.	-	-	-	-	-	-	
		Ank.	0.27	0.04	0.30	0.25	0.32	0.18	0
5	Kjød og Flesk, alle Slags	Afs.	-	-	-	-	-	-	
		Ank.	-	-	-	0.06	0.40	0.54	
6	Kornvarer og Mel, alle Slags	Afs.	-	-	-	-	-	-	c
		Ank.	-	-	-	3.90	30.10	19.25	35
7	Kul (Sten-, Træ-), Cokes og Cinders	Afs.	-	-	-	-	-	-	
		Ank.	-	-	-	-	-	-	
8	Malme, Erts og Kis	Afs.	-	-	-	-	-	-	
		Ank.	-	-	-	-	-	-	
9	Melk	Afs.	-	-	-	-	-	-	
		Ank.	-	-	-	-	-	-	
10	Mursten, Tagsten og Drainsrør	Afs.	-	-	-	-	-	-	
		Ank.	-	-	-	-	-	-	
11	Poteter	Afs.	-	-	-	0.05	-	-	
		Ank.	-	-	-	-	-	-	
12	Salt	Afs.	-	-	-	-	-	-	
		Ank.	-	-	-	-	0.30	0.30	0.
13	Sild og Fisk	Afs.	-	-	-	-	-	-	
		Ank.	3.65	1.96	5.82	11.02	25.61	3.73	24
14	Smør og Ost	Afs.	-	-	-	0.15	-	-	
		Ank.	-	-	-	-	-	-	c
15	Spiger	Afs.	-	-	-	-	-	-	
		Ank.	-	-	-	-	-	-	
16	Trælast & Brænde. Planker, Bord, Lægter og Stav	Afs.	-	-	-	-	-	-	
		Ank.	-	-	-	-	-	-	
17	Trælast & Brænde. Tømmer, alle Slags, O og □	Afs.	-	-	-	-	-	-	
		Ank.	-	-	-	-	-	-	
18	Trælast & Brænde. Brænde og Baghun	Afs.	-	-	-	-	-	-	
		Ank.	-	-	-	-	-	-	
19	Træmasse	Afs.	-	-	-	-	-	-	
		Ank.	-	-	-	-	-	-	
20	Øl, alle Slags	Afs.	-	-	-	-	-	-	
		Ank.	-	-	-	0.05	-	-	(
21	Øvrige Varer (Ilgods indbef.)	Afs.	0.19	0.25	7.28	0.67	1.86	0.69	:
		Ank.	0.14	0.38	0.94	1.44	5.76	3.21	(
	Tilsammen	Afs.	0.19	0.25	7.28	0.87	1.86	0.69	.
		Ank.	4.20	2.47	7.10	17.16	63.18	27.55	6:

…gde af de væsentligste Varesorter.

…en (Forts.).

…k

…ationerne:
do.

…	Lilleelvdal	Auma.	Tønset.	Telneset.	Tolgen.	Os.	Røros.	Ny-pladsen.	Jensvold.	Tyvold.	Reitan.	Løbenummer.
Antal Ton. (2 Decimaler).												
-	-	-	-	-	-	-	-	-	-	-	-	
14	1.92	0.43	3.02	0.10	2.55	1.05	2.75	0.13	0.86	0.19	0.74	1
-	-	-	-	-	-	-	-	-	-	-	-	
-	-	-	0.95	-	0.20	-	0.82	0.70	-	-	-	2
-	-	-	-	-	-	-	-	-	-	-	-	
-	-	-	0.20	-	-	-	0.20	-	-	-	0.50	3
	-	-	-	0.40	-	0.25	10.96	-	15.24	-	29.00	
06	4.21	0.61	5.41	0.06	4.13	1.85	85.88	0.08	87.04	49.92	12.84	4
02	0.08	-	1.43	-	1.01	0.04	7.37	0.05	1.89	-	0.61	
04	9.40	0.04	12.26	-	5.88	6.70	92.55	1.29	4.72	4.59	2.91	5
-	-	-	-	-	-	-	-	-	0.30	1 714.90	-	
26	272.82	3.76	362.43	1.85	150.77	96.55	937.92	15.97	134.71	29.26	55.34	6
-	-	-	-	-	-	-	0.02	-	-	-	-	
-	2.16	-	664.46	-	1.88	5.00	1 983.62	-	2.48	304.18	3.85	7
	0.29	-	-	-	-	-	120.02	-	426.20	16 151.00	4 236.17	
-	-	-	-	-	-	-	1.31	-	0.14	-	0.02	8
-	-	-	-	-	-	-	-	-	0.02	-	0.09	
-	-	-	-	-	-	-	-	-	-	-	-	9
-	-	-	-	-	-	-	-	-	-	-	-	
-	-	-	-	-	-	52.55	1.64	-	-	-	-	10
-	-	-	-	-	-	-	-	-	-	-	0.37	
	-	-	0.95	-	-	0.04	4.12	0.20	1.04	3.09	0.09	11
	-	-	-	-	-	-	-	-	-	-	-	
	49.75	0.82	67.72	-	42.74	31.53	97.05	1.66	18.56	2.38	6.22	12
	-	-	0.14	-	-	-	0.13	-	-	-	-	
5	51.01	3.95	75.49	0.83	24.69	13.83	135.95	1.60	9.47	4.75	5.72	13
-	5.13	0.22	2.29	-	1.73	0.34	7.62	0.11	1.30	-	0.50	
-	0.08	-	0.40	-	0.02	-	1.58	-	-	0.35	-	14
	-	-	-	-	-	-	-	-	0.05	-	-	
-	-	-	0.12	-	1.10	0.66	2.33	-	0.92	5.30	0.50	15
	-	-	-	-	-	-	-	-	-	-	-	
	2.00	-	-	-	7.20	8.00	5.00	-	-	-	16.00	16
	-	-	-	-	-	-	-	-	-	-	-	
-	-	-	-	6.00	-	30.00	-	-	6.00	-	7.00	17
-	-	65.00	7.00	75.00	38.00	6.00	-	-	-	-	-	
	-	-	-	-	-	-	-	-	-	-	-	18
-	-	-	-	-	-	-	-	-	-	-	-	
	-	-	-	-	-	-	-	-	-	-	-	19
-	-	-	-	-	-	-	-	-	-	-	-	
-	1.08	-	9.05	0.20	2.16	4.88	19.67	0.27	1.18	2.17	1.20	20
[illegible]	13.94	0.94	36.19	0.62	33.62	25.28	590.48	1.49	51.17	7.83	6.53	
[illegible]	58 12	2.16	96.61	0.94	50.32	43.45	341.31	7.51	32.76	56.41	31.06	21
[illegible]	19.44	66.16	47.05	76.02	74.36	31.91	736.60	1.65	495.17	17 873.73	4 273.27	
[illegible]	452.55	11.77	1 299.07	9.98	293.64	296.09	3 713.70	29.41	299.88	462.59	143.99	

Tabel X (Forts.). Opgave over Transp…

Afsendt til Trondh… / Ankommet fra do.

Løbenummer.	Varesorter.	Transportens Retning.	Eidet.	Holtaalen.	Langletet.	Reitstøen.	Singsaas.	Bjørgen.
			Antal Ton (2 Decimaler).					
1	Brændevin paa Træer	Afs.	-	-	-	-	-	-
		Ank.	2.35	1.43	0.34	0.41	0.66	0.90
2	Gjødning, alle Slags	Afs.	-	-	-	-	-	-
		Ank.	0.30	2.20	-	-	-	0.50
3	Hø og Halm	Afs.	-	0.15	-	-	0.09	-
		Ank.	0.13	0.60	-	0.14	0.14	0.20
4	Jern og Staal og Arbeide deraf, undtagen Spiger	Afs.	0.08	15.84	-	-	7.00	15.00
		Ank.	7.23	4.15	1.72	1.55	0.54	11.33
5	Kjød og Flesk, alle Slags	Afs.	1.12	2.30	0.50	0.07	0.25	0.02
		Ank.	5.47	2.99	0.47	2.31	0.34	2.07
6	Kornvarer og Mel, alle Slags	Afs.	0.18	-	-	-	-	0.30
		Ank.	184.07	61.34	26.47	51.27	13.15	75.31
7	Kul (Sten-, Træ-) Cokes og Cinders	Afs.	-	-	-	-	-	-
		Ank.	265.02	3.75	214.50	-	731.30	36.81
8	Malme, Erts og Kis	Afs.	-	-	-	-	-	0.27
		Ank.	-	-	-	-	0.22	-
9	Melk	Afs.	0.08	-	-	-	-	1.31
		Ank.	-	-	-	-	-	-
10	Mursten, Tagsten og Dranisrør	Afs.	-	-	-	-	-	-
		Ank.	-	-	-	2.00	-	1.40
11	Poteter	Afs.	1.16	0.06	0.06	0.10	-	0.07
		Ank.	0.04	0.08	-	0.10	-	0.14
12	Salt	Afs.	-	-	-	-	-	-
		Ank.	13.07	10.64	5.75	8.36	1.36	9.81
13	Sild og Fisk	Afs.	0.07	-	-	-	0.04	0.07
		Ank.	18.39	9.06	4.76	6.16	7.29	19.12
14	Smør og Ost	Afs.	7.51	3.99	0.35	0.29	0.22	7.54
		Ank.	-	0.02	-	0.17	0.02	0.36
15	Spiger	Afs.	-	-	-	-	-	-
		Ank.	1.00	0.86	0.11	0.04	0.04	0.17
16	Trælast & Brænde. Planker, Bord, Lægter og Stav	Afs.	-	-	-	-	-	-
		Ank.	4.00	-	-	-	-	2.50
17	Trælast & Brænde. Tømmer, alle Slags, O og □	Afs.	-	-	35.00	-	116.00	-
		Ank.	-	-	-	-	-	-
18	Trælast & Brænde. Brænde og Baghun	Afs.	-	45.00	150.00	440.00	365.00	594.50
		Ank.		-	-	-	-	-
19	Træmasse	Afs.	-	-	-	-	-	-
		Ank.	-	-	-	-	-	-
20	Øl, alle Slags	Afs.	-	-	-	-	-	-
		Ank.	12.18	1.29	1.41	1.00	19.72	1.45
21	Øvrige Varer (Ilgods indbef.)	Afs.	18.99	14.48	4.05	9.36	16.92	26.17
		Ank.	51.92	40.86	10.34	13.35	13.58	29.91
	Tilsammen	Afs.	29.19	81.82	189.96	449.82	505.52	645.25
		Ank.	565.17	139.27	265.87	86.86	788.36	191.98

…tigde af de væsentligste Varesorter.

…en (Forts.).

…tik.

…Stationerne:
do.

…	Støren.	Hovind.	Lundemo.	Ler.	Kvaal.	Søberg.	Melhus.	Nypan.	Heimdal.	Sum.	Løbenummer.
	Antal Ton. (2 Decimaler).										
-	-	-	-	-	-	-	-	-	-	16.32	
2.28	21.39	3.18	0.53	0.28	0.26	-	0.41	-	0.90	52.50	1
-	-	-	-	250.46	-	-	0.40	1.00	-	251.86	
…40	11.02	28.87	39.77	435.76	13.87	3.80	238.74	2.13	1 000.44	1 780.47	2
-	10.19	2.56	190.05	50.39	80.67	30.22	279.06	14.42	22.00	700.00	
-	0.65	0.64	-	-	-	-	-	-	1.85	5.25	3
-	8.40	0.20	-	0.15	7.00	-	-	-	1.93	298.63	
…71	88.47	20.80	19.87	14.50	8.37	0.92	28.99	2.41	33.38	592.17	4
…72	5.09	1.92	6.05	0.71	0.65	0.16	1.77	0.14	0.02	34.99	
…47	18.57	10.00	4.33	3.95	3.30	0.39	4.81	-	14.07	220.32	5
-	5.65	0.31	4.61	11.71	8.01	17.01	21.28	1.43	1.16	1 793.79	
…25	674.14	149.32	46.61	58.71	42.02	20.92	77.69	2.57	155.93	3 960.27	6
-	-	-	-	-	-	-	10.00	-	-	10.02	
…13	18.44	7.04	63.01	56.17	23.31	1.60	33.18	0.37	13.59	4 456.15	7
-	-	-	-	221.30	0.04	-	-	-	-	21 155.29	
-	0.13	-	-	-	-	-	0.15	-	0.27	2.24	8
-	-	-	63.61	77.84	1.50	0.77	16.06	-	-	161.28	
-	-	-	-	-	-	-	-	-	-	-	9
-	-	-	1 004.10	-	-	-	39.80	-	-	1 043.90	
-	1.30	-	0.30	0.25		-	2.75	1.60	22.35	86.14	10
…84	53.47	40.25	19.44	20.06	6.29	1.35	5.22	0.10	2.41	172.57	
-	0.15	-	0.09	0.41	0.49	0.03	0.70	-	4.21	20.69	11
-	-	-	-	-	-	-	-	-	-	-	
…1	139.03	27.60	11.26	20.42	17.46	0.40	34.15	0.18	15.17	661.45	12
-	0.05	0.75	-	-	0.14	-	0.39	-	19.70	21.52	
…7	198.78	39.28	20.48	21.93	12.12	2.97	23.73	0.47	52.50	1 445.46	13
…00	64.95	7.41	1.80	3.99	0.99	0.41	0.42	-	3.69	129.99	
-	0.63	0.32	-	-	0.04	0.07	0.40	0.08	1.32	6.02	14
-	-	-	-	-	-	-	-	-	-	13.13	
…27	3.66	2.52	0.72	0.77	0.76	0.03	0.94	-	3.61	27.43	15
…50	118.11	324.70	43.00	187.00	21.50	-	16.00	-	-	851.81	
-	-	-	-	-	-	-	-	-	13.80	58.50	16
…00	66.00	75.00	85.00	218.80	11.80	-	-	-	103.00	730.60	
-	-	-	-	-	-	10.00	-	-	-	59.00	17
…00	320.80	213.30	20.00	195.00	56.80	0.94	26.00	-	25.00	3 653.34	
-	-	-	-	-	-	-	-	-	-	-	18
-	-	-	-	-	-	-	-	-	-	-	
-	-	-	-	-	-	-	-	-	-	-	19
-	0.02	-	-	-	-	0.08	-	-	-	0.10	
…8	41.84	2.51	0.69	0.51	1.52	0.55	10.05	0.63	26.21	164.56	20
…9	614.09	736.46	114.32	71.22	51.59	23.63	254.74	3.37	552.40	4 012.58	
…5	422.09	91.32	46.68	82.11	68.76	80.04	168.83	5.82	202.56	2 196.28	21
…5	1 266.82	1 402.86	1 551.98	1 308.63	246.98	74.57	671.14	20.46	731.31	35 051.72	
…2	1 640.29	383.40	254.34	695.77	192.28	121.72	625.52	16.26	1 562.16	15 794.90	

Tabel X (Forts.). Opgave over Transp

Løbenummer.	Varesorter.	Transportens Retning.	Rørosbanen (Forts.). Lokaltrafik. Øvrige Lokaltrafik, afsendt eller ankommet.	Tilsammen, afsendt eller ankommet.	Samlet Trafik. Op.	Ned.	Hove sum afser eller komn
			Antal Ton. (2 Decimaler).				
1	Brændevin paa Træer	Afs. Ank.	64.54	251.98	246.91	997.43	1 24
2	Gjødning, alle Slags	Afs. Ank.	91.29	2 334.50	911.84	1 812.28	2 72
3	Hø og Halm	Afs. Ank.	2 003.97	2 896.78	3 155.39	264.58	3 41
4	Jern og Staal og Arbeide deraf, undtagen Spiger	Afs. Ank.	281.50	1 956.78	2 818.03	1 485.38	4 30
5	Kjød og Flesk, alle Slags	Afs. Ank.	52.80	357.20	430.62	378.18	80
6	Kornvarer og Mel, alle Slags	Afs. Ank.	1 725.42	8 934.95	6 935.68	4 408.17	11 34
7	Kul (Sten-, Træ-), Cokes og Cinders	Afs. Ank.	169.98	6 194.45	2 954.00	4 625.43	7 57
8	Malme, Erts og Kis	Afs. Ank.	5 484.02	26 655.76	23 694.49	5 486.64	29 18
9	Melk	Afs. Ank.	129.21	1 352.40	240.24	1 373.61	1 61
10	Murstch, Tagsten og Drainsrør	Afs. Ank.	698.31	1 930.07	2 315.03	1 050.76	3 36
11	Poteter	Afs. Ank.	248.60	1 556.04	1 336.97	420.98	1 75
12	Salt	Afs. Ank.	22.68	737.02	522.17	672.24	1 19
13	Sild og Fisk	Afs. Ank.	114.73	2 500.42	158.35	3 626.69	3 78
14	Smør og Ost	Afs. Ank.	65.61	230.26	412.78	857.03	1 26
15	Spiger	Afs. Ank.	20.06	87.83	151.65	79.55	23
16	Trælast & Brænde. Planker, Bord, Lægter og Stav	Afs. Ank.	1 389.49	2 622.07	1 923.64	898.88	2 82
17	Trælast & Brænde. Tømmer, alle Slags, O og □	Afs. Ank.	2 007.07	3 259.57	2 243.70	1 476.07	3 7
18	Trælast & Brænde. Brænde og Baghun	Afs. Ank.	5 736.86	12 062.60	4 670.74	7 439.76	12 1
19	Træmasse	Afs. Ank.	-	-	10.00	7.54	
20	Øl, alle Slags	Afs. Ank.	132.23	591.49	430.27	199.53	6
21	Øvrige Varer (Ilgods indbef.)	Afs. Ank.	3 532.96	12 368.02	13 847.03	8 123.42	21 9
	Tilsammen	Afs. Ank.	23 971.33	88 880.19	69 409.53	45 684.15	115 0

Merakerbanen.

Samtrafik.

Afsendt fra **Merakerbanen.**
Ankommet til do.

over Trondhjem.								over Storlien			
Røros-banen.	Eidsvold—Hamar-banen.	Hoved-banen.	Kongs-vinger-banen.	Smaalens-banen.	Kristiania—Drammen-banen.	Drammen—Skien-banen.	Drammen—Randsfj.-banen	Ialt. (Svenske Baner).	hvoraf Trondhjem.	Til-sammen	Løbenummer.
Antal Ton. (2 Decimaler).											
-	-	18.50	-	-	-	-	-	11.28	11.28	29.78	1
-	-	-	-	-	-	-	-	-	-	-	
-	-	5.00	-	-	-	-	-	125.70	125.70	130.70	2
2.10	-	0.80	-	-	-	-	-	-	-	2.90	
7.60	-	-	-	-	-	-	-	-	-	7.60	3
-	20.00	-	-	-	-	-	-	48.72	39.52	68.72	
0.87	-	3.80	-	-	-	-	-	159.98	158.98	164.65	4
2.34	-	26.24	-	-	-	-	-	648.52	592.44	677.10	
0.03	-	-	-	-	-	-	-	1 490.13	1 489.93	1 490.16	5
0.18	-	-	-	-	-	-	-	9.22	9.16	9.40	
1.88	-	0.12	-	-	-	-	-	1 395.29	1 193.82	1 397.29	6
0.71	-	32.59	-	-	-	-	-	15.27	15.27	48.57	
-	-	-	-	-	-	-	-	240.67	240.67	240.67	7
-	-	-	-	-	-	-	-	84.60	6.40	84.60	
-	-	-	-	-	-	-	-	9.85	9.85	9.85	8
2 035.11	-	5.00	-	-	-	-	-	-	-	2 040.11	
-	-	-	-	-	-	-	-	29.82	-	29.82	9
0.02	-	-	-	-	-	-	-	-	-	0.02	
718.00	-	-	-	-	-	-	-	172.21	41.61	890.21	10
5.00	-	-	-	-	-	-	-	21.47	0.17	26.47	
0.97	-	5.65	-	6.20	-	-	-	206.94	149.97	219.76	11
13.00	0.04	-	-	-	-	-	-	0.16	0.16	13.20	
-	-	-	-	-	-	-	-	265.59	265.59	265.59	12
-	-	-	-	-	-	-	-	-	-	-	
0.15	-	0.69	0.09	-	-	-	-	9 572.55	9 564.45	9 573.48	13
-	-	-	-	-	-	-	-	1.42	1.36	1.42	
0.04	-	26.97	-	1.20	-	-	-	26.98	20.58	55.19	14
0.56	-	0.68	-	-	-	-	-	1.38	1.38	2.62	
-	-	-	-	-	-	-	0.05	15.10	15.10	15.15	15
-	-	1.97	-	-	-	-	-	0.22	0.22	2.19	
-	-	-	-	-	-	-	-	-	-	-	16
0.20	-	-	-	-	-	-	-	37 830.80	17 949.80	37 831.00	
10.00	-	-	-	-	-	-	-	-	-	10.00	17
166.40	-	-	-	-	-	-	-	3 785.30	9.50	3 951.70	
-	-	-	-	-	-	-	-	-	-	-	18
-	-	-	-	-	-	-	-	1 155.40	758.00	1 155.40	
-	-	7.54	-	-	-	-	-	0.62	-	8.16	19
-	-	-	-	-	-	-	10.00	3 949.40	3 929.00	3 959.40	
-	-	-	-	-	-	-	-	1.00	1.00	1.00	20
-	-	-	-	-	-	-	-	0.10	-	0.10	
16.73	0.18	10.68	0.24	0.20	0.08	0.19	-	3 350.03	2 165.47	3 378.33	21
21.97	0.32	76.97	-	1.47	0.08	0.36	0.04	568.83	528.72	670.04	
756.27	0.18	78.95	0.33	7.60	0.08	0.19	0.05	17 073.74	15 454.00	17 917.39	
2 247.59	20.36	144.25	-	1.47	0.08	0.36	10.04	48 120.81	23 841.10	50 544.96	

Tabel X (Forts.). Opgave over Transp

Løbenummer.	Varesorter.	Transportens Retning.	Meral — Lo — Afsendt Ankommet: Leangen.	Ranheim.	Malvik.	Hommelvik.	Hell.	Hegre.
			Antal Ton. (2 Decimaler).					
1	Brændevin paa Træer	Afs.	-	-	-	0.02	0.22	
		Ank.	-	0.28	0.38	2.06	6.05	1.
2	Gjødning, alle Slags	Afs.	-	-	-	1.42	11.20	
		Ank.	27.10	167.55	105.24	81.28	88.63	21
3	Hø og Halm	Afs.	-	31.64	30.70	3.99	37.85	0
		Ank.	-	-	0.10	2.47	11.44	0
4	Jern og Staal og Arbeide deraf, undtagen Spiger	Afs.	-	5.00	0.11	20.93	2.52	2
		Ank.	0.25	116.86	4.56	39.98	175.04	17
5	Kjød og Flesk, alle Slags	Afs.	-	-	0.80	1.15	29.40	25
		Ank.	0.04	2.37	0.39	12.03	25.35	4
6	Kornvarer og Mel, alle Slags	Afs.	-	6.65	33.76	15.01	51.37	25
		Ank.	0.59	19.55	14.86	268.62	357.91	70
7	Kul (Sten-, Træ-), Cokes og Cinders	Afs.	-	-	-	-	-	
		Ank.	-	5 450.14	1.44	760.60	121.63	28
8	Malme, Erts og Kis	Afs.	-	-	-	-	-	
		Ank.	-	-	-	19.07	-	0
9	Melk	Afs.	-	0.86	45.41	-	46.67	2
		Ank.	-	-	0.08	-	-	
10	Mursten, Tagsten og Drainsrør	Afs.	-	-	-	-	701.90	
		Ank.	-	133.50	0.45	42.91	1.13	1
11	Poteter	Afs.	-	31.91	61.94	8.62	245.85	75
		Ank.	-	3.62	0.69	4.84	2.05	0.
12	Salt	Afs.	-	-	-	-	-	
		Ank.	-	3.37	2.39	76.08	61.29	29
13	Sild og Fisk	Afs.	0.16	-	2.98	6.33	-	0
		Ank.	-	9.33	10.24	69.07	120.23	69
14	Smør og Ost	Afs.	-	-	-	6.63	31.29	40
		Ank.	-	0.97	0.33	9.11	7.41	c
15	Spiger	Afs.	-	-	-	-	-	
		Ank.	-	2.19	0.65	5.40	5.84	2
16	Trælast & Brænde. Planker, Bord, Lægter og Stav	Afs.	-	25.70	0.22	249.00	5.00	
		Ank.	-	144.84	35.15	54.65	31.52	c
17	Trælast & Brænde. Tømmer, alle Slags, O og □	Afs.	»	73.10	-	109.00	20.00	37
		Ank.	-	10.25	0.54	1.60	5.00	
18	Trælast & Brænde. Brænde og Baghun	Afs.	-	8.00	-	162.00	15.60	9
		Ank.	-	6.70	0.15	-	-	
19	Træmasse	Afs.	-	2 109.43	-	-	-	
		Ank.	-	223.48	-	-	-	
20	Øl, alle Slags	Afs.	-	-	0.13	-	0.99	(
		Ank.	0.54	11.23	5.36	18.65	101.87	
21	Øvrige Varer (Ilgods indbef.)	Afs.	0.23	398.80	46.59	353.55	481.75	13
		Ank.	1.54	2 626.17	72.46	347.09	365.10	8
	Tilsammen	Afs.	0.39	2 691.09	222.64	937.65	1 681.61	44
		Ank.	30.06	8 932.40	255.46	1 815.51	1 487.49	33

de af de væsentligste Varesorter.

n (Forts.).

hjem fra Stationerne: til do. Gudaa.	Meraker.	Storlien.	Sum.	Øvrige Lokaltrafik, afsendt eller ankommet.	Tilsammen, afsendt eller ankommet.	Samlet Trafik. Op.	Ned.	Hovedsum, afsendt eller ankommet.	Løbenummer.
Antal Ton. (2 Decimaler).									
- 0.94	- 2.42	- -	0.24 13.97	0.47	14.68	25.72	19.74	45.46	1
- 0.56	- 1.43	- -	12.62 548.62	30.72	591.96	679.99	45.57	725.56	2
- 0.10	- 0.72	- -	104.53 16.47	71.82	192.82	106.47	162.67	269.14	3
0.02 1.61	0.18 10.87	- 1.17	32.39 370.63	3.93	406.95	565.78	689.82	1 255.60	4
0.60 0.91	0.28 14.83	1.66 0.04	60.81 61.28	1.75	123.84	1 554.83	71.31	1 626.14	5
0.10 24.75	0.20 135.01	- 6.77	133.29 914.01	122.96	1 170.26	2 430.47	186.39	2 616.86	6
- 1.60	- 257.88	- -	- 6 623.77	4 780.79	11 404.56	11 645.23	84.60	11 729.83	7
- -	0.04 -	- -	0.04 19.15	2 360.01	2 379.20	4 429.17	0.05	4 429.22	8
- -	- -	- -	95.16 0.08	118.65	213.89	51.14	192.59	243.73	9
- -	- 0.10	- -	701.90 179.20	208.70	1 089.80	398.86	1 607.62	2 006.48	10
0.53 0.33	0.24 1.20	- 1.68	439.37 15.15	47.54	502.06	263.64	471.38	735.02	11
- 4.24	- 8.98	- 1.05	- 190.84	500.86	691.70	957.03	0.26	957.29	12
0.15 8.99	0.30 20.65	- 37.42	10.78 357.99	12.02	380.79	9 941.55	14.14	9 955.69	13
0.77 0.07	0.93 0.53	0.02 0.21	82.42 18.97	7.62	109.01	54.94	117.38	172.32	14
- 0.42	- 1.64	- -	- 19.22	0.11	19.33	41.29	0.38	41.67	15
- 2.54	- 8.52	- -	289.92 277.65	56.38	623.95	290.35	38 164.60	38 454.95	16
4.00 -	- -	- -	243.10 17.39	2 616.20	2 876.69	247.99	6 590.40	6 838.39	17
- -	- -	- -	386.60 6.85	448.50	841.95	6.85	1 990.50	1 997.35	18
0.10 -	55.02 -	- -	2 164.55 223.48	2 984.89	5 372.92	234.22	9 106.26	9 340.48	19
- 9.34	- 13.80	- 4.16	1.18 170.54	0.39	172.11	171.54	1.77	173.31	20
16.44 29.19	29.82 94.53	14.55 25.80	1 483.04 3 657.02	409.94	5 550.00	7 254.25	2 369.72	9 623.97	21
22.71 85.59	87.01 573.11	16.23 78.30	6 241.94 13 702.28	14 784.25	34 728.47	41 351.31	61 887.15	103 238.46	

Tabel X (Forts.). Opgave over Transp[…]

Løbenummer.	Varesorter.	Transportens Retning.	Jæd[…] Afsendt til Stavan[…] Ankommet fra do.					
			Hinna.	Sandnæs.	Høiland.	Klep.	Time.	Nærbø.
			Antal Ton. (2 Decimaler).					
1	Brændevin paa Træer	Afs.	-	-	-	-	-	
		Ank.	-	1.00	0.23	0.24	2.86	2[…]
2	Gjødning, alle Slags	Afs.	-	14.60	-	-	-	
		Ank.	20.00	65.30	50.36	191.44	191.85	205[…]
3	Hø og Halm	Afs.	5.00	20.00	10.00	-	2.80	5[…]
		Ank.	-	-	-	-	0.60	
4	Jern og Staal og Arbeide deraf, undtagen Spiger	Afs.	-	9.80	1.93	-	6.22	[illegible]
		Ank.	0.22	43.20	2.41	6.94	22.00	1[…]
5	Kjød og Flesk, alle Slags	Afs.	-	36.00	1.33	0.45	35.71	2[…]
		Ank.	-	4.92	0.04	3.48	8.56	[illegible]
6	Kornvarer og Mel, alle Slags	Afs.	-	87.00	3.17	5.42	62.17	3[…]
		Ank.	1.19	30.51	7.78	90.58	367.89	21[…]
7	Kul (Sten-, Træ-), Cokes og Cinders	Afs.	-	-	-	-	-	
		Ank.	0.06	-	-	15.00	51.67	3[…]
8	Malme, Erts og Kis	Afs.	-	-	-	-	-	
		Ank.	-	-	-	-	-	
9	Melk	Afs.	0.01	63.47	0.03	0.02	78.27	6[…]
		Ank.	-	-	-	-	-	
10	Mursten, Tagsten og Drainsrør	Afs.	-	481.00	-	-	-	
		Ank.	-	3.00	-	0.33	-	16[…]
11	Poteter	Afs.	-	21.40	7.51	61.63	180.04	45[…]
		Ank.	-	0.42	0.05	0.07	0.44	0[…]
12	Salt	Afs.	-	-	-	-	-	
		Ank.	-	10.38	0.08	6.80	66.03	56[…]
13	Sild og Fisk	Afs.	-	0.30	0.09	-	3.56	3[…]
		Ank.	0.04	24.16	1.57	9.62	41.22	3[…]
14	Smør og Ost	Afs.	-	35.35	1.08	4.53	31.14	1[…]
		Ank.	-	2.60	0.06	0.52	1.25	[illegible]
15	Spiger	Afs.	-	-	-	-	-	
		Ank.	-	0.08	0.06	0.80	4.06	
16	Trælast & Brænde. Planker, Bord, Lægter og Stav	Afs.	-	105.00	-	-	-	
		Ank.	-	-	-	-	-	4.[…]
17	Trælast & Brænde. Tømmer, alle Slags, O og □	Afs.	-	15.00	-	-	-	
		Ank.	5.00	5.00	-	-	-	1[…]
18	Trælast & Brænde. Brænde og Baghun	Afs.	-	15.00	-	-	-	
		Ank.	-	-	-	-	7.50	
19	Træmasse	Afs.	-	-	-	-	-	
		Ank.	-	-	-	-	-	
20	Øl, alle Slags	Afs.	-	0.60	-	-	-	
		Ank.	0.17	17.46	0.80	2.42	7.86	
21	Øvrige Varer (Ilgods indbef.)	Afs.	0.35	176.99	36.38	264.13	404.92	23[…]
		Ank.	2.27	237.65	9.20	68.09	193.84	16[…]
	Tilsammen	Afs.	5.36	1 081.51	61.52	336.18	804.83	43[…]
		Ank.	28.95	445.68	72.64	396.33	967.63	8[…]

de af de væsentligste Varesorter.

n.

ionerne:
do

	Vigrestad.	Ogne.	Helvik.	Ekersund.	Sum.	Øvrige Trafik paa Banen, afsendt eller ankommet.	Samlet Trafik. Op.	Samlet Trafik. Ned.	Samlet Trafik. Hovedsum.	Løbenummer.
	Antal Ton. (2 Decimaler).									
- 1	- 0.68	- 0.32	- -	- 0.12	- 9.67	0.23	0.23	9.67	9.90	1
0 0	- 11.80	- 24.53	- 6.20	- 21.50	25.10 823.28	688.69	28.30	1 508.77	1 537.07	2
8 -	5.00 -	- -	- -	- -	106.74 0.60	279.70	106.84	280.20	387.04	3
- 0	- 2.50	- 1.40	- 0.24	- 16.13	18.17 109.40	134.20	25.91	235.86	261.77	4
6 8	11.41 1.81	3.50 1.42	- -	8.08 2.00	144.24 32.55	16.52	147.61	45.70	193.31	5
0 7	- 62.20	0.21 27.59	- 3.44	0.01 23.24	197.91 872.85	388.16	264.01	1 194.91	1 458.92	6
- -	- 20.00	- 0.41	- -	- 21.04	- 141.42	16.56	3.37	154.61	157.98	7
- -	- -	- -	0.02 -	- -	0.02 -	0.02	0.04	-	0.04	8
1 -	- -	- -	- -	- -	204.76 -	107.90	210.48	102.18	312.66	9
- -	- -	- -	- -	- -	481.00 19.68	687.83	486.50	702.01	1 188.51	10
6 -	1.42 -	1.85 -	0.38 -	2.74 4.16	324.34 5.23	241.43	452.03	118.97	571.00	11
- 0	- 27.24	- 16.57	- 0.31	0.07 25.76	0.07 227.06	8.38	1.94	233.57	235.51	12
7 4	0.61 24.01	22.69 11.53	36.67 3.57	71.67 25.56	141.81 194.95	84.73	183.50	237.99	421.49	13
2 -	9.46 0.01	2.63 0.19	- 0.05	6.37 9.32	118.66 14.65	14.45	119.51	28.25	147.76	14
- 2	- 0.73	- 0.20	- 0.04	- 0.18	- 8.06	1.34	-	9.40	9.40	15
0 -	- -	- -	- -	- 6.50	115.00 51.50	828.09	184.09	810.50	994.59	16
- -	- -	- -	- -	- 10.00	15.00 32.50	50.05	15.05	82.50	97.55	17
- -	- 5.00	- -	- -	- 5.00	15.00 22.50	0.98	15.58	22.90	38.48	18
- -	- -	- -	- -	- -	- -	-	-	-	-	19
5 0	- 0.36	- 0.83	- -	- 0.05	0.65 36.87	1.10	1.69	36.93	38.62	20
8 3	209.61 46.77	764.01 65.30	3.22 18.85	231.05 255.03	2 337.23 1 107.85	1 840.78	3 301.90	1 983.96	5 285.86	21
3 1	237.51 20;.11	794.89 150.29	40.29 32.70	319.99 425.59	4 245.70 3 710.62	5 391.14	5 548.58	7 798.88	13 347.46	

Tabel X (Forts.). Opgave over Transp

Løbenummer.	Varesorter.	Transportens Retning.	Bergen								
			Afsendt til Berg / Ankommet fra do.								
			Solheimsviken.	Minde.	Fjøsanger.	Hop.	Næstun.	Heldal	Haukeland.	Arne.	Garnes.
			Antal Ton. (2 Decimaler).								
1	Brændevin paa Træer	Afs.	-	-	-	-	-	-	-	-	
		Ank.	-	-	-	-	-	0.04	0.04	0.05	
2	Gjødning, alle Slags	Afs.	-	-	-	-	-	-	-	-	
		Ank.	-	-	140.00	46.96	89.80	95.00	271.20	50.00	25
3	Hø og Halm	Afs.	-	-	-	-	-	-	2.92	-	
		Ank.	-	-	0.10	-	-	-	0.09	-	
4	Jern og Staal og Arbeide deraf, undtagen Spiger	Afs.	-	-	-	-	0.45	-	-	-	
		Ank.	-	-	1.44	2.59	8.23	0.10	1.48	1.27	1
5	Kjød og Flesk, alle Slags	Afs.	-	-	-	-	0.06	-	0.26	0.02	[illegible]
		Ank.	-	-	0.03	0.06	0.21	-	-	0.05	[illegible]
6	Kornvarer og Mel, alle Slags	Afs.	-	-	-	-	0.32	-	0.06	-	
		Ank.	-	0.07	0.52	3.13	24.90	15.25	36.90	16.68	[illegible]
7	Kul (Sten-, Træ-), Cokes og Cinders	Afs.	-	-	-	-	-	-	-	-	
		Ank.	-	-	0.10	95.16	23.74	0.71	2.39	0.33	[illegible]
8	Malme, Erts og Kis	Afs.	-	-	-	-	-	-	-	-	
		Ank.	-	-	-	-	-	-	-	-	
9	Melk	Afs.	-	0.68	-	1.48	282.15	35.58	337.94	55.90	
		Ank.	-	-	-	-	-	-	-	-	
10	Mursten, Tagsten og Drainsrør	Afs.	-	-	-	-	-	-	-	-	
		Ank.	-	-	7.08	1.65	5.00	-	13.15	2.15	
11	Poteter	Afs.	-	-	-	-	0.10	-	0.15	0.87	[illegible]
		Ank.	-	-	0.10	0.59	0.24	-	0.50	0.32	[illegible]
12	Salt	Afs.	-	-	-	-	-	-	-	-	
		Ank.	-	-	-	0.70	0.09	-	3.05	1.22	
13	Sild og Fisk	Afs.	-	-	-	-	0.04	-	-	0.02	
		Ank.	-	0.08	0.06	1.64	0.17	-	5.93	1.44	[illegible]
14	Smør og Ost	Afs.	-	-	-	-	-	-	0.60	-	
		Ank.	-	0.02	0.12	0.09	1.06	-	0.17	0.50	
15	Spiger	Afs.	-	-	-	-	-	-	-	-	
		Ank.	-	-	-	0.04	0.15	-	0.44	0.18	[illegible]
16	Trælast & Brænde. Planker, Bord, Lægter og og Stav	Afs.	-	-	-	-	-	-	-	-	
		Ank.	-	-	50.05	23.41	18.00	0.45	31.78	18.56	1
17	Trælast & Brænde. Tømmer, alle Slags, Oog□	Afs.	-	-	-	-	-	-	-	-	[illegible]
		Ank.	-	-	-	0.45	0.05	-	0.17	-	
18	Trælast & Brænde. Brænde og Baghun	Afs.	-	-	5.00	-	-	-	-	-	
		Ank.	-	-	-	0.05	-	0.03	0.10	-	[illegible]
19	Træmasse	Afs.	-	-	-	-	-	-	-	-	
		Ank.	-	-	-	-	-	-	-	-	
20	Øl, alle Slags	Afs.	-	-	-	-	-	-	-	-	
		Ank.	-	-	0.07	0.10	0.39	0.35	1.14	0.84	1
21	Øvrige Varer (Ilgods indbef.)	Afs.	0.17	5.74	3.74	48.31	3.45	376.55	14.18	17.50	1
		Ank.	0.77	3.22	42.26	83.70	48.71	7.12	43.81	41.80	1
	Tilsammen	Afs.	0.17	6.42	8.74	49.79	286.57	412.13	356.11	74.31	1
		Ank.	0.77	3.39	241.93	260.32	220.74	119.05	412.34	135.39	6

…gde af de væsentligste Varesorter.

…sbanen.

…tionerne: do.												
Vaksdal.	Stanghelle	Dale.	Bolstad.	Evanger.	Bulken.	Voss.	Sum.	Øvrige Trafik paa Banen, afs. eller ank.	Samlet Trafik. Op.	Ned.	Hoved sum	Løbenummer.
Antal Ton. (2 Decimaler).												
-	-	-	-	-	-	0.22	0.22	-	0.22	12.60	12.82	1
0.10	-	0.80	0.09	0.73	1.65	9.10	12.60					
-	-	-	-	-	-	-	-	-	-	723.31	723.31	2
5.00	-	-	-	-	-	0.35	723.31					
-	-	6.40	-	-	-	-	9.32	30.63	9.77	78.76	88.53	3
-	-	-	1.75	2.20	1.20	43.24	48.58					
0.05	-	283.56	0.02	0.43	1.87	2.70	289.11	1.72	290.63	157.11	447.74	4
8.75	-	21.44	1.53	10.84	6.35	91.03	156.91					
0.10	-	0.28	0.37	29.99	0.22	4.14	35.45	1.56	36.02	19.44	55.46	5
0.49	-	5.19	0.19	1.14	1.76	9.31	18.45					
0.20	-	-	-	0.04	-	1.65	2.27	12.70	4.81	1 352.11	1 356.92	6
0.30	0.17	160.77	21.23	100.98	118.17	841.68	1 341.95					
-	-	-	-	-	-	-	-	0.50	0.30	597.06	597.36	7
-	-	321.55	0.12	8.64	1.63	142.38	596.86					
-	-	-	-	-	-	1.16	1.16	-	1.16	-	1.16	8
-	-	-	-	-	-	-	-					
0.03	-	-	-	-	264.72	230.96	1 209.44	26.79	1 231.72	4.51	1 236.23	9
-	-	-	-	-	-	-	-					
-	-	0.22	-	-	-	-	0.22	15.99	6.21	173.93	180.14	10
11.71	-	10.37	1.16	5.17	12.63	93.86	163.93					
0.03	-	0.60	0.03	0.39	1.44	5.53	9.26	6.82	12.61	28.32	40.93	11
-	-	22.00	0.05	0.16	-	0.77	24.85					
-	-	-	-	-	-	-	-	0.11	-	82.26	82.26	12
-	-	6.79	0.53	1.80	8.41	59.56	82.15					
-	-	0.15	-	-	-	1.32	1.53	0.38	1.53	241.35	242.88	13
0.07	-	26.27	13.41	27.60	23.18	140.85	240.97					
-	-	0.11	3.58	8.62	0.68	21.49	35.08	1.26	36.04	17.30	53.34	14
1.50	-	6.50	0.07	0.42	1.27	5.28	17.00					
-	-	-	-	-	-	-	-	0.24	0.24	19.90	20.14	15
0.45	-	2.11	0.04	1.49	3.04	11.80	19.90					
-	-	-	-	-	-	70.70	70.70	120.96	191.35	347.41	538.76	16
54.55	5.00	63.44	0.10	7.46	-	64.03	347.10					
-	-	-	-	-	10.00	96.00	106.70	45.69	152.20	0.86	153.06	17
-	-	-	-	-	-	-	0.67					
-	-	-	115.00	205.00	54.17	78.50	457.67	20.16	477.67	0.44	478.11	18
-	-	-	-	-	-	-	0.28					
-	-	-	-	-	-	-	-	-	-	-	-	19
-	-	-	-	-	-	-	-					
-	-	-	-	0.14	0.33	0.32	0.79	0.48	1.24	243.40	244.64	20
10.79	-	73.02	0.93	8.32	7.37	127.99	243.37					
10.28	0.84	3 629.01	12.26	72.80	45.26	1 213.02	5 465.60	735.23	6 118.09	1 798.01	7 916.10	21
31.99	0.80	689.08	12.68	52.96	64.15	550.92	1 715.27					
10.69	0.84	3 920.33	131.26	317.41	378.69	1 727.71	7 694.52	1 021.22	8 571.81	5 898.08	14 469.89	
45.70	5.97	1 409.33	53.88	229.91	250.81	2 192.15	5 754.15					

Tabel X (Forts.). Opgave over Transp…

Løbenummer.	Varesorter.	Transportens Retning.	Gjennemgangstrafik.	Smaalensbanen.	Sv. B. over Kornsø.	Kr.—Dr.-banen.	Dr.-Skienbanen.	Dr.—Rfj.-banen.	Kongsvingerbanen.	Sv. Baner over Char…
				over Kristiania					over Lillestr…	
				Antal Ton. (2 Decimaler).						
1	Brændevin paa Træer	Afs.	12.75	11.50	-	-	-	-	120.39	
		Ank.		-	-	-	-	-	0.10	
2	Gjødning, alle Slags	Afs.	5.65	634.00	-	-	-	-	8 594.20	24…
		Ank.		-	-	-	-	-	1.84	
3	Hø og Halm	Afs.	36.60	0.46	-	3.20	-	-	15.78	
		Ank		-	-	-	-	-	481.96	
4	Jern og Staal og Arbeide deraf, undtagen Spiger	Afs.	449.78	5.00	-	0.24	0.69	3.00	1 085.25	51…
		Ank.		24.36	1.96	0.02	0.30	2.63	1 474.78	13 32…
5	Kjød og Flesk, alle Slags	Afs.	10.25	0.03	-	-	0.03	-	221.21	76…
		Ank.		0.61	-	-	0.04	-	124.15	1 04…
6	Kornvarer og Mel, alle Slags	Afs.	94.61	6.19	-	0.50	0.45	-	5 612.97	1 63…
		Ank.		7.74	0.24	-	-	0.12	622.36	13…
7	Kul (Sten-, Træ-), Cokes og Cinders	Afs.	226.70	-	-	-	-	-	1 565.40	57…
		Ank.		-	-	-	-	-	117.38	
8	Malme, Erts og Kis a)	Afs.	72.55	-	-	-	-	-	694.49	17…
		Ank		-	-	-	-	-	1 908.92	15…
9	Melk	Afs.	4.04	-	-	-	-	-	-	
		Ank.		-	-	-	-	-	1 977.80	
10	Murstén, Tagsten og Drainsrør	Afs.	225.80	76.85	-	-	-	-	68.92	
		Ank.		-	-	-	-	-	2.75	
11	Poteter	Afs.	85.94	14.72	-	0.63	0.11	-	7.77	
		Ank.		3.10	-	-	-	-	501.53	1…
12	Salt	Afs.	13.08	-	-	-	-	-	707.48	8…
		Ank.		-	-	-	-	-	-	
13	Sild og Fisk	Afs.	920.05	-	-	-	-	-	477.82	2 3…
		Ank.		0.30	-	-	0.10	-	2.30	
14	Smør og Ost	Afs.	17.46	0.28	-	0.24	0.10	0.02	53.85	1…
		Ank.		0.11	-	0.10	0.02	0.02	141.69	1…
15	Spiger	Afs.	63.93	0.30	-	-	-	0.03	83.26	2…
		Ank.		-	-	-	-	-	16.99	
16	Trælast & Brænde: Planker, Bord, Lægter og Stav	Afs.	897.00	346.30	-	-	-	-	10.88	
		Ank.		15.40	-	-	-	-	21 254.10	30 8…
17	Trælast & Brænde: Tømmer, alle Slags, O og □	Afs.	100.80	184.80	-	-	-	-	-	
		Ank.		1311.00	-	-	-	-	29 275.10	2 6…
18	Trælast & Brænde: Brænde og Baghun	Afs.	16.40	59.30	-	-	-	-	-	
		Ank.		22.20	-	-	-	-	7 425.30	
19	Træmasse	Afs.	10.00	-	-	-	-	-	0.05	
		Ank.		5.00	-	-	-	-	7 426.40	12…
20	Øl, alle Slags	Afs.	3.15	-	-	-	-	-	102.54	
		Ank.		-	-	-	-	0.05	1.72	
21	Øvrige Varer (Ilgods indbef.)	Afs.	1 021.40	78.98	9.69	7.32	4.65	2.99	3 654.05	4…
		Ank.		74.13	6.16	4.53	7.72	5.01	2 002.67	5…
	Tilsammen	Afs.	4 287.94	1418.71	9.69	12.13	6.03	6.04	23 076.31	11…
		Ank.		1463.95	8.36	4.65	8.18	7.83	74 759.84	66…

…ngde af de væsentligste Varesorter.

…nen (Forts.).

…fik. …edbanens Stationer: do. do. over Eidsvold.					Lokaltrafik. Afsendt til Kristiania fra Stationerne: Ankommet fra do til do.				
…banen.	Røros-banen.	Meraker-banen.	Svenske Baner over Storlien.	Tilsammen.	Bryn.	Grorud.	Robsrud Sidespor.	Laasby Sidespor.	Løbenummer.
Antal Ton. (2 Decimaler).									
56.59 604.87	46.58 913.15	- 18.50	- -	235.40 1 536.62	- 0.01	- -	- -	- -	1
1471.26 0.10	381.30 -	0.80 5.00	- -	11 327.34 15.94	- -	17.60 11 431.40	- 1 471.40	- 1 693.10	2
3.32 122.40	16.00 7.37	- -	- -	38.76 611.73	- -	- 1.59	- -	- -	3
1218.60 327.80	1 555.17 324.29	26.24 3.80	4.20 0.32	4 411.41 15 481.28	0.04 0.90	- 1.61	- 1.50	- -	4
217.08 172.01	326.28 113.18	- -	2.12 0.08	1 534.31 1 453.94	- 1.24	- 0.13	- -	- -	5
3609.19 448.60	2 259.91 56.37	32.59 0.12	0.04 -	13 155.88 1 266.85	- 2.30	1.81 26.50	- -	- -	6
9339.52 -	1 312.08 -	- -	- -	12 795.40 117.38	- 1 723.98	- 678.07	- 519.75	- -	7
142.53 4.63	664.09 14.37	7.50 -	0.06 -	1 683.45 2 081.32	15.00 121.60	- 53.70	- 57.00	- -	8
- 1204.42	- 261.05	- -	- -	- 3 633.27	- -	0.10 -	- -	- -	9
3842.28 -	446.01 -	- -	- -	4 434.06 2.75	- -	- 6.00	- -	- -	10
1.81 672.37	0.58 152.22	- 5.65	- -	25.62 2 350.63	- 0.11	0.34 2.11	- -	- -	11
468.81 -	456.97 -	- -	- -	1 719.18 -	- 13.60	- 7.49	- -	- -	12
189.20 3.36	27.93 231.76	- 0.69	- -	3 079.56 260.89	- 0.25	0.02 0.27	- -	- -	13
91.31 580.33	259.78 732.76	0.68 26.97	2.18 -	597.86 1 669.57	- 0.09	- 0.37	- -	- -	14
53.70 0.45	50.62 27.48	1.97 -	5.00 -	428.58 98.64	- -	- 0.62	- -	- -	15
110.80 173.80	57.10 7.00	- -	- -	569.58 52 281.00	- 13.00	- 23.50	- 29.00	819.30 -	16
25.70 [illegible].70	11.70 242.00	- -	- -	222.20 34 223.00	- 4 983.40	11.90 647.40	196.40 9.00	- -	17
- 204.90	- 6.50	- -	- -	59.30 7 691.90	- -	- -	- -	731.50 -	18
- 595.50	- -	- 7.54	- -	101.45 20 669.46	- -	40.00 -	- -	- -	19
42.68 216.94	35.26 0.08	- -	- -	182.58 218.79	 3.85	- 14.98	- -	- -	20
[illegible]3.25 [illegible]2.51	5 352.73 3 166.41	74.47 10.68	13.77 1.25	18 435.56 15 348.48	24.55 112.38	6.19 419.25	54.00 347.56	- -	21
[illegible]7.63 [illegible]0.69	13 260.09 6 255.99	144.25 78.95	27.37 1.65	75 037.48 161 013.44	39.59 6 976.71	77.96 13 314.99	250.40 2 435.21	1 550.80 1 693.10	

Tabel X (Forts.). Opgave over Trans[illegible]

Løbenummer.	Varesorter.	Transportens Retning.	Fjeld-hammer Sidespor.	Strømmen.	Lille-strøm.	Lersund.	Frogner.
			H[illegible]				
			Af[illegible] Ankommet				
			Antal Ton. (2 Decimaler).				
1	Brændevin paa Træer	Afs.	-	-	-	-	
		Ank.	-	0.06	0.69	0.02	[illegible]
2	Gjødning, alle Slags	Afs.	-	-	-	-	
		Ank.	-	705.93	473.65	608.10	45[illegible]
3	Hø og Halm	Afs.	3.20	12.78	115.67	33.04	2[illegible]
		Ank.	-	-	-	-	
4	Jern og Staal og Arbeide deraf, undtagen Spiger	Afs.	-	72.54	51.79	0.11	[illegible]
		Ank.	-	448.19	285.68	5.39	1[illegible]
5	Kjød og Flesk, alle Slags	Afs.	-	0.12	2.03	0.07	[illegible]
		Ank.	-	7.68	56.24	3.00	
6	Kornvarer og Mel, alle Slags	Afs.	-	71.76	58.05	10.80	2[illegible]
		Ank.	-	153.88	950.81	72.52	13[illegible]
7	Kul (Sten-, Træ-), Cokes og Cinders	Afs.	-	-	-	-	
		Ank.	-	474.25	3 966.40	10.75	12[illegible]
8	Malme, Erts og Kis a)	Afs.	-	-	-	3 292.24	
		Ank.	10.00	97.32	68.84	0.76	
9	Melk	Afs.	-	9.15	238.12	205.78	59[illegible]
		Ank.	-	-	-	-	
10	Mursten, Tagsten og Drainsrør	Afs	-	-	19.60	-	
		Ank.	354.66	16.77	68.46	2.43	
11	Poteter	Afs.	-	1.06	12.38	4.95	[illegible]
		Ank.	-	3.71	7.72	0.03	[illegible]
12	Salt	Afs.	-	0.07	-	-	
		Ank.	-	11.93	68.74	9.51	1[illegible]
13	Sild og Fisk	Afs.	-	0.15	3.82	-	[illegible]
		Ank.	-	5.54	52.17	4.58	
14	Smør og Ost	Afs.	-	0.11	1.81	-	1[illegible]
		Ank.	-	10.33	41.98	1.68	
15	Spiger	Afs.	-	-	0.11	-	
		Ank.	-	6.01	18.76	1.10	
16	Trælast & Brænde. Planker, Bord, Lægter og Stav	Afs.	190.30	576.00	53 827.30	1 058.10	
		Ank.	-	32.00	89.80	-	
17	Trælast & Brænde. Tømmer, alle Slags, O og □	Afs.	285.40	1 408.80	21 992.80	1 250.50	6[illegible]
		Ank.	-	39.70	-	-	
18	Trælast & Brænde. Brænde og Baghun	Afs.	4.50	93.50	15 243.40	896.40	[illegible]
		Ank.	-	-	-	-	
19	Træmasse	Afs.	-	-	202.30	-	
		Ank.	-	-	-	-	
20	Øl, alle Slags	Afs.	-	-	0.56	-	
		Ank.	-	45.60	179.54	4.28	
21	Øvrige Varer (Ilgods indbef.)	Afs.	196.00	644.41	1 237.02	13.4[illegible]	
		Ank.	-	187.89	904.41	6[illegible]	
	Tilsammen	Afs.	679.40	2 890.45	93 006.76	6[illegible]	
		Ank.	364.66	2 246.79	7 833.8[illegible]	[illegible]	

…gde af de væsentligste Varesorter.

…en (Forts.).

….

…tiania fra Stationerne:
…do. til do.

Klæften.	Trøgstad.	Hauersæter Sidespor.	Dahl.	Bøhn.	Eidsvold.	Mjøsstationerne	Sum.	Løbenummer.
Antal Ton. (2 Decimaler).								
-	-	-	0.05	-	789.71	240.45	1 030.21	1
0.25	1.42	-	2.22	1.20	15.03	28.71	49.69	
-	-		-	-	1.14	-	18.74	2
764.43	1 211.12	777.90	770.06	122.65	343.32	139.68	21 997.78	
3.88	193.01	-	53.54	4.12	65.64	0.09	513.57	3
-	2.29	-	-	-	20.00	8.93	32.81	
0.22	7.01	-	9.32	89.80	27.79	125.22	383.86	4
29.42	58.92	4.95	57.93	320.81	387.38	647.22	2 264.52	
1.93	5.27	-	14.51	3.44	39.72	25.27	92.86	5
11.89	63.83	-	20.08	7.75	131.74	87.89	395.08	
63.32	86.22	-	44.44	0.17	116.92	22.42	498.93	6
419.97	687.18	-	586.63	162.60	2 698.80	1 008.15	6 904.21	
-	-	-	-	-	-	-	-	7
375.03	527.37	-	242.77	4 883.18	5 109.93	947.10	19 584.65	
0.95	0.25	-	0.42	-	-	22.73	3 331.59	8
8.73	27.02	-	5.08	745.72	292.72	242.67	1 734.04	
1 169.00	1 143.02	-	481.74	106.25	477.53	-	4 428.92	9
-	-	-	-	-	-	-	-	
-	-	-	-	-	-	-	19.60	10
3.55	1.81	-	2.26	3.99	0.85	24.90	485.68	
14.17	433.38	-	368.89	37.15	328.92	96.92	1 307.94	11
0.35	0.10	-	0.67	-	0.57	0.14	15.71	
-	-	-	-	-	-	-	0.07	12
50.44	100.52	-	65.91	18.75	598.14	1 044.71	2 003.64	
0.15	0.17	-	-	0.20	0.14	1.06	5.83	13
30.60	47.83	-	43.21	12.78	109.86	68.06	384.19	
14.94	27.10	-	53.63	1.63	605.72	275.73	1 001.12	14
5.37	24.61	-	17.36	11.63	16.44	20.05	151.04	
-	-	-	-	562.57	0.04	0.02	562.74	15
6.07	15.82	-	8.49	3.09	40.30	60.56	162.70	
289.90	56.00	16.30	8 301.90	-	615.80	1 530.20	67 281.10	16
-	-	-	-	-	-	5.00	192.30	
1 364.80	3 947.70	1 708.40	1 685.90	-	1 660.60	23.70	36 147.90	17
-	-	-	-	-	-	-	5 679.50	
316.50	102.70	48.20	7 422.60	19.00	394.30	-	25 303.80	18
-	-	-	-	-	-	-	-	
-	-	-	-	9 238.20	5 105.36	10.03	14 595.89	19
-	-	-	-	23.00	0.50	-	23.50	
-	0.20	-	0.05	-	0.10	0.16	1.07	20
30.78	250.53	-	55.98	33.68	159.83	20.47	805.39	
77.32	371.95	-	128.56	1 331.43	831.76	1 155.25	6 091.67	21
225.45	742.05	-	297.67	1 530.45	3 382.39	1 781.67	10 066.70	
317.08	6 373.98	1 772.90	18 565.55	11 393.96	11 061.19	3 529.25	162 617.41	
962.33	3 762.42	782.85	2 176.32	7 881.28	13 307.80	6 135.91	72 933.13	

Tabel X (Forts.). Opgave over Transp

Løbenummer.	Varesorter.	Transportens Retning.	Hovedbanen (Forts.). Samlet Trafik. Øvrige Lokaltrafik, afsendt eller ankommet.	Samlet Trafik. Tilsammen, afsendt eller ankommet.	Samlet Trafik. Op.	Samlet Trafik. Ned.	Hovedsum afsendt eller kommet
			Antal Ton. (2 Decimaler).				
1	Brændevin paa Træer	Afs. Ank.	0.16	1 080.06	280.71	2 584.12	2 86
2	Gjødning, alle Slags	Afs. Ank.	725.11	22 741.63	33 416.72	673.84	34 09
3	Hø og Halm	Afs. Ank.	6.70	553.08	91.50	1 148.67	1 24
4	Jern og Staal og Arbeide deraf, undtagen Spiger	Afs. Ank.	85.21	2 733.59	8 116.56	14 959.50	23 07
5	Kjød og Flesk, alle Slags	Afs. Ank.	2.60	490.54	1 932.03	1 557.01	3 4
6	Kornvarer og Mel, alle Slags	Afs. Ank.	53.99	7 457.13	20 144.02	1 830.45	21 9
7	Kul (Sten-, Træ-), Cokes og Cinders	Afs. Ank.	17.78	19 602.43	32 589.53	152.38	32 7
8	Malme, Erts og Kis a)	Afs. Ank.	89.85	5 155.48	3 587.90	5 404.90	8 9
9	Melk	Afs. Ank.	44.47	4 473.39	3.40	8 107.30	8 1
10	Mursten, Tagsten og Drainsrør	Afs. Ank.	1 846.74	2 352.02	6 428.56	586.07	7 01
11	Poteter	Afs. Ank.	32.69	1 356.34	32.67	3 785.86	3 81
12	Salt	Afs. Ank.	0.51	2 004.22	3 736.41	0.07	3 7
13	Sild og Fisk	Afs. Ank.	6.54	396.56	3 490.46	1 166.60	4 6
14	Smør og Ost	Afs. Ank.	6.62	1 158.78	752.05	2 691.62	3 4
15	Spiger	Afs. Ank.	1.54	726.98	650.54	667.59	1 3
16	Trælast & Brænde. Planker, Bord, Lægter og Stav	Afs. Ank.	3 508.89	70 982.29	967.92	123 761.95	124 7
17	Trælast & Brænde. Tømmer, alle Slags, O og □	Afs. Ank.	16 519.90	58 347.30	7 089.20	85 804.10	92 8
18	Trælast & Brænde. Brænde og Baghun	Afs. Ank.	923.20	26 227.00	79.20	33 915.40	33
19	Træmasse	Afs. Ank.	0.03	14 619.42	209.95	35 190.38	35
20	Øl, alle Slags	Afs. Ank.	35.91	842.37	1 026.58	220.31	1
21	Øvrige Varer (Ilgods indbef.)	Afs. Ank.	647.80	16 806.17	29 304.63	22 306.98	51
	Tilsammen	Afs. Ank.	24 556.24	260 106.78	153 930.54	346 515.10	500

…gde af de væsentligste Varesorter.

Sammendrag for samtlige Baner d).

Afsendt til Svenske Baner. Ankommet fra do. do.				Lokaltrafik, afsendt eller ankommet.	Samlet Trafik.	Løbenummer.
…r Kornsø.	over Charlottenberg	over Storlien.	Tilsammen.			
Antal Ton. (2 Decimaler).						
2.70 0.92	1.20 4.50	11.28 1.00	15.18 6.42	4 234.76	4 256.36	1
177.82 0.74	245.78 5.60	125.70 -	549.30 6.34	56 762.28	57 317.92	2
0.49 9.76	- -	- 48.72	0.49 58.48	9 685.22	9 744.19	3
119.49 1 215.09	518.35 13 706.75	164.26 651.14	802.10 15 572.98	20 848.35	37 223.43	4
12.14 269.93	773.47 1 043.99	1 492.79 9.30	2 278.40 1 323.22	4 609.97	8 211.59	5
248.52 214.88	1 647.06 214.23	1 395.33 15.97	3 290.91 445.08	61 936.35	65 672.34	6
2 309.99 209.30	1 388.50 14.20	240.67 84.60	3 939.16 308.10	79 339.89	83 587.15	7
154.60 2 101.96	184.82 177.85	9.91 -	349.33 2 279.81	49 454.91	52 084.05	8
- -	- 0.28	29.82 -	29.82 0.28	28 216.03	28 246.13	9
87.10 48.80	189.60 -	172.21 21.47	448.91 70.27	24 383.11	24 902.29	10
0.40 34.77	5.10 15.76	206.94 0.16	212.44 50.69	8 262.59	8 525.72	11
195.65 6.80	85.92 0.44	265.59 -	547.16 7.24	8 376.17	8 930.57	12
587.86 1.68	3 033.26 25.44	9 572.55 1.42	13 193.67 28.54	7 148.96	20 371.17	13
16.04 188.04	190.29 188.73	32.48 1.38	238.81 378.15	6 189.60	6 806.56	14
333.67 -	203.70 96.16	20.10 0.22	557.47 96.38	1 687.33	2 341.18	15
200.20 40 007.15	44.50 35 811.00	- 37 830.80	244.70 113 648.95	168 079.40	281 973.05	16
5.00 29 218.50	- 2 645.60	- 3 785.30	5.00 35 649.40	182 286.37	217 940.77	17
- 1 421.12	- 71.70	- 1 155.40	- 2 648.22	67 122.70	69 770.92	18
- 2 832.86	101.40 12 635.22	0.62 3 949.40	102.02 19 417.48	147 638.41	167 157.91	19
0.28 0.28	2.20 0.18	1.00 0.20	3.48 0.66	5 630.04	5 634.18	20
1 555.02 2 856.24	4 560.70 6 039.34	3 366.96 577.49	9 482.68 9 473.07	157 440.15	176 395.90	21
6 006.97 [illegible]638.82	13 175.85 72 696.97	17 108.21 48 133.97	36 291.03 201 469.76	1 099 332.59	1 337 093.38	

Anmærkninger til Tabel X.

Med «Op» betegnes overalt Retningen fra Kristiania; ved Jæderbanen og Bergen—Vossbanen, der ikke staa i direkte Forbindelse med Kristiania, betegner følgelig «Op» Retningen henholdsvis fra Ekersund til Stavanger og fra Voss til Bergen.

a) Heri for 1ste Distrikt, Eidsvold—Hamarbanen og Hovedbanen indbefattet Kalk, Kalksten, Jord, Ler, Sand og Sten.

Smaalensbanen:

b) Trafik mellem 1ste, 3die & 4de Trafikdistrikt samt Hovedbanen paa den ene Side og Horten pr. Dampskibet «Bastø» paa den anden Side er behandlet som Trafik vedkommende Smaalensbanen, hvilken Trafik har udgjort:

Afsendt fra Horten	29.53	Ton hvoraf til	Smaalensbanen	28.94	Ton
Ankommet til —«—	17.35	« —«— fra	—«—	17.26	«

ligeledes er Trafik mellem 2det Trafikdistrikt paa den ene Side og Moss pr. Dampskibet «Bastø» paa den anden Side behandlet som Trafik vedkommende Drammen—Skienbanen, hvilken Trafik har udgjort:

Afsendt fra Moss	93.31	Ton hvoraf til	Drammen—Skienbanen	84.52	Ton
Ankommet til —«—	170.87	« —«— fra	—«—	164.41	«

Drammen—Skienbanen:

c) Se Anmærkning b) ovenfor.

Samtlige Baner:

d) Det bemærkes, at Opgaverne over, hvad der er transporteret paa samtlige Baner, refererer sig til den virkelige Transportmængde, idet hvad, der er ført over to eller flere Baner, kun er medregnet én Gang.

Tabel XI.

Opgave over hvorledes Togene har været besatte med Reisende og belastede med Gods mellem Stationerne.

Renseignement sur l'occupation des trains par des voyageurs et des marchandises entre les stations.

Mellem Stationerne.	Antal Reisende. (Ordinære Tog). Nombre des voyageurs. (Trains ordinaires).			Antal Ton Fragtgods. Tonnes de marchandises. (Petite vitesse).		
	Op. ¹) Aller. ¹)	Ned. Retour.	Tilsammen Total.	Op. ¹) Aller ¹)	Ned. Retour.	Tilsammen. Tatal.
1ste Trafikdistrikt.						
Smaalensbanen. (Kristiania—Rigsgrændsen).						
Vestre Linie:						
Kristiania og Bækkelaget	358 024	371 754	729 778	35 389	42 134	77 523
Bækkelaget - Nordstrand	295 354	303 390	598 744	35 024	42 209	77 233
Nordstrand - Lian	217 158	212 688	429 846	} 33 479	} 42 947	} 76 426
Lian - Oppegaard	126 377	126 812	253 189			
Oppegaard - Ski	120 875	121 273	242 148	32 677	42 209	74 886
Ski - Aas	73 229	73 638	146 867	18 733	17 009	35 742
Aas - Vestby	64 851	64 915	129 766	15 421	16 334	31 755
Vestby - Soner	62 026	62 067	124 093	14 776	14 800	29 576
Soner - Moss	62 169	62 222	124 391	15 173	14 329	29 502
Moss - Dilling	74 666	72 437	147 103	14 298	12 997	27 295
Dilling - Rygge	70 668	68 751	139 419	14 064	12 669	26 733
Rygge - Raade	64 352	62 723	127 075	13 206	12 379	25 585
Raade - Onsø	64 030	62 434	126 464	13 932	11 516	25 448
Onsø - Fredrikstad	67 977	66 602	134 579	13 989	11 308	25 297
Fredrikstad - Lisleby	70 130	69 828	139 958	10 328	42 241	52 569
Lisleby - Greaker	71 440	69 870	141 310	10 261	42 301	52 562
Greaker - Sannesund	67 948	66 553	134 501	10 774	42 219	52 993
Sannesund - Sarpsborg	64 785	63 653	128 438	8 922	43 549	52 471
Sarpsborg - Skjeberg	55 269	53 526	108 795	7 484	28 953	36 437
Skjeberg - Døle	49 774	48 598	98 372	7 016	28 231	35 247
Døle - Berg	49 985	48 662	98 647	7 019	28 056	35 075
Berg - Fredrikshald	59 025	58 390	117 415	7 135	28 000	35 135
Fredrikshald - Tistedalen	40 215	35 634	75 849	10 125	105 440	115 565
Tistedalen - Aspedammen	29 496	28 504	58 000	8 035	91 974	100 009
Aspedammen - Præstebakke	27 590	27 111	54 701	7 849	91 869	99 718
Præstebakke - Kornsø	21 427	21 128	42 555	6 717	86 870	93 587
Kornsø - Rigsgrændsen	17 323	17 033	34 356	6 072	80 574	86 646
Østre Linie:						
Ski og Kraakstad	41 505	41 400	82 905	11 919	24 533	36 452
Kraakstad - Tomter	36 706	36 503	73 209	9 931	23 045	32 976
Tomter - Spydeberg	31 000	30 570	61 570	8 237	18 669	26 906
Spydeberg - Askim	23 888	23 502	47 390	7 061	14 400	21 461
Askim - Slitu	19 679	19 315	38 994	6 305	7 281	13 586
Slitu - Mysen	17 475	17 020	34 495	5 836	5 807	11 643
Mysen - Eidsberg	10 852	10 364	21 216	5 574	2 634	8 208
Eidsberg - Rakkestad	8 892	8 916	17 808	5 559	2 029	7 588
Rakkestad - Gautestad	11 244	11 047	22 291	10 632	1 087	11 719
Gautestad - Ise	11 516	11 446	22 962	14 379	868	15 247
Ise - Sarpsborg	17 380	17 418	34 798	15 463	977	16 440
Kongsvingerbanen.						
Lillestrøm og Nerdrum *)	} 54 971	} 55 900	} 110 871	36 089	158 570	194 659
Nerdrum *) - Fetsund				36 031	150 691	186 722
Fetsund - Varaaen *)	} 42 855	} 43 877	} 86 732	33 085	148 158	181 243
Varaaen *) - Blakjer				33 098	146 771	179 869

¹) «Op» betegner Retningen fra Kristiania. («Aller» signifie la direction de Kristiania). *) Sidespor.

Tabel XI. (Forts.). Opgave over hvorledes Togene har været

Mellem Stationerne.			Antal Reisende. (Ordinære Tog).			Antal Ton Fragtgods		
			Op.	Ned.	Tilsammen.	Op.	Ned.	Tilsammen.
Blakjer	og	Haga	34 693	35 885	70 578	30 229	139 944	170 173
Haga	-	Aarnæs	32 642	33 812	66 454	28 377	136 640	165 017
Aarnæs	-	Funnefos*)	28 192	29 367	57 559	26 687	133 184	159 871
Funnefos*)	-	Sæterstøen				26 687	126 604	153 291
Sæterstøen	-	Disenaaen*)	26 376	27 688	54 064	26 087	120 704	146 791
Disenaaen*)	-	Skarnæs	26 498	27 481	53 979	25 941	118 252	144 193
Skarnæs	-	Sander	25 451	26 679	52 220	24 203	113 715	137 918
Sander	-	Galterud*)	25 088	26 309	51 397	23 311	109 136	132 447
Galterud*)	-	Kongsvinger	25 668	26 422	52 090	23 144	105 757	128 901
Kongsvinger	-	Sjøli*)	19 788	20 614	40 402	16 778	104 011	120 789
Sjøli*)	-	Aabogen				16 773	103 301	120 074
Aabogen	-	Eidskog	16 145	17 220	33 365	16 438	95 648	112 086
Eidskog	-	Skotterud	16 183	16 659	32 842	16 058	93 098	109 156
Skotterud	-	Magnor	14 013	14 822	28 835	15 535	85 851	101 386
Magnor	-	Eda*)	11 884	12 904	24 788	15 097	82 937	98 034
Eda*)	-	Charlottenberg				14 846	82 689	97 535
2det Trafikdistrikt.								
Kristiania-Drammenb.								
Kristiania	og	Skarpsno	437 610	444 793	882 403	35 936	57 818	93 754
Skarpsno	-	Bygdø	428 789	434 727	863 516			
Bygdø	-	Bestum	379 938	384 994	764 932	35 736	58 294	94 030
Bestum	-	Lysaker	337 067	341 097	678 164			
Lysaker	-	Stabæk	265 175	271 643	536 818	32 768	61 690	94 458
Stabæk	-	Høvik	246 627	252 448	499 075			
Høvik	-	Sandviken	205 931	212 085	418 016	31 036	60 836	91 872
Sandviken	-	Slæbende	145 682	150 493	296 175	28 417	50 000	78 417
Slæbende	-	Hvalstad	140 659	145 166	285 825			
Hvalstad	-	Asker	124 868	128 625	253 493	27 202	49 819	77 021
Asker	-	Heggedal	110 630	114 289	224 919	25 527	48 302	73 820
Heggedal	-	Røken	105 383	108 771	214 154	24 390	51 321	75 711
Røken	-	Spikestad	104 474	108 727	213 201	23 418	50 437	73 855
Spikestad	-	Lier	104 019	107 863	211 882	23 275	50 158	73 433
Lier	-	Brageröen	114 460	118 380	232 840	24 329	48 235	72 564
Brageröen	-	Drammen	112 203	115 151	227 354			
Drammen-Skienbanen.								
Drammen	og	Skouger	61 502	63 077	124 579	15 415	11 769	27 184
Skouger	-	Galleberg	55 682	57 988	113 670	14 988	9 334	24 322
Galleberg	-	Sande	53 081	55 159	108 240	15 034	8 020	23 054
Sande	-	Holmestrand	46 925	49 054	95 979	14 394	6 276	20 670
Holmestrand	-	Nykirke	47 088	48 420	95 508	13 904	5 567	19 471
Nykirke	-	Skopum	50 117	51 362	101 479	13 699	5 788	19 487
Skopum	-	Augedal	62 753	63 268	126 021	12 405	5 780	18 185
Augedal	-	Barkaker	62 414	63 212	125 626	12 190	5 810	18 000
Barkaker	-	Tønsberg	66 554	67 858	134 412	12 094	5 779	17 873
Tønsberg	-	Sæm	78 461	79 594	158 055	10 636	7 747	18 383
Sæm	-	Stokke	61 265	62 986	124 251	10 262	6 523	16 785
Stokke	-	Raastad	55 633	57 764	113 397	9 909	6 787	16 696
Raastad	-	Sandefjord	57 187	59 575	116 762	9 829	6 810	16 639
Sandefjord	-	Joberg	55 060	55 942	111 002	9 508	9 273	18 781
Joberg	-	Tjødling	54 932	56 020	110 952	9 487	9 301	18 788
Tjødling	-	Laurvik	60 704	61 954	122 658	9 993	9 287	19 280
Laurvik	-	Tjose	34 746	35 799	70 545	4 348	3 880	8 228
Tjose	-	Aaklungen	32 570	33 712	66 282	4 230	3 291	7 521
Aaklungen	-	Birkedalen	34 741	35 912	70 653	8 521	2 807	11 328

*) Sidespor.

besatte med Reisende og belastede med Gods mellem Stationerne.

Mellem Stationerne.	Antal Reisende. (Ordinære Tog). Op.	Ned.	Tilsammen.	Antal Ton Fragtgods. Op.	Ned.	Tilsammen.
Birkedalen og Eidanger	36 001	37 194	73 195	10 198	2 812	13 010
Eidanger - Porsgrund	49 482	51 366	100 848	10 681	2 520	13 201
Porsgrund - Skien	102 881	120 502	223 383	7 923	1 584	9 507
Skopum - Borre	45 490	46 254	91 744	3 023	1 807	4 830
Borre - Horten	47 077	47 734	94 811	2 873	1 638	4 511
Drammen—Randsfjordb.						
Drammen og Gulskogen	77 898	79 057	156 955	54 293	147 587	201 880
Gulskogen - Mjøndalen	80 181	81 020	161 201	55 041	146 924	201 965
Mjøndalen - Hougsund	70 667	71 546	142 213	56 686	140 374	197 060
Hougsund - Burud	47 310	47 783	95 093	40 904	108 081	148 985
Burud - Skotselven	45 910	46 413	92 323	40 708	108 069	148 777
Skotselven - Aamot	41 113	41 732	82 845	34 108	104 561	138 669
Aamot - Gjethus	37 760	38 499	76 259	33 686	92 018	125 704
Gjethus - Vikersund	38 384	38 919	77 303	25 497	89 453	114 950
Vikersund - Nakkerud	23 882	24 374	48 256	19 895	78 669	98 564
Nakkerud - Skjærdalen	24 308	24 832	49 140	19 522	78 529	98 051
Skjærdalen - Ask	25 314	25 730	51 044	18 847	74 068	92 915
Ask - Hønefos	26 390	26 873	53 263	18 700	74 158	92 858
Hønefos - Heen	26 962	25 519	52 481	13 954	62 422	76 376
Heen - Randsfjord	17 429	17 012	34 441	11 326	41 918	53 244
Hougsund - Vestfossen	28 624	27 862	56 486	17 370	34 011	51 381
Vestfossen - Darbo	20 125	20 343	40 468	9 401	25 657	35 058
Darbo - Krekling	18 713	18 813	37 526	9 195	24 416	33 611
Krekling - Skollenborg	18 315	18 445	36 760	9 106	23 489	32 595
Skollenborg - Kongsberg	20 407	20 127	40 534	7 654	14 820	22 474
Vikersund - Snarum	9 962	9 866	[1]) 19 828	7 082	10 580	17 662
Snarum - Krøderen	7 174	7 169	[1]) 14 343	6 582	4 459	11 041
3die & 4de Trafikdistrikt.						
Eidsvold-Hamarbanen.						
Eidsvold og Minne	40 334	41 246	81 580	42 494	19 754	62 248
Minne - Ulvin	33 500	34 662	68 162	40 464	17 726	58 190
Ulvin - Strandløkken *) }	32 473	33 573	66 046	40 718	17 570	58 288
Strandløkken*) - Espen }				41 057	17 520	58 577
Espen - Tangen	34 700	35 685	70 385	42 404	17 568	59 972
Tangen - Stensrud *)	36 697	37 761	74 458	42 454	17 176	59 630
Stensrud *) - Stange	37 033	38 001	75 034	42 896	16 850	59 746
Stange - Ottestad	41 517	42 453	83 970	40 997	15 567	56 564
Ottestad - Gubberud *) }	43 017	44 255	87 272	39 879	15 219	55 098
Gubberud *) - Hamar }				39 319	15 219	54 538
Rørosbanen.						
Hamar og Aker	43 536	43 656	87 192	22 854	14 403	37 257
Aker - Hjellum	43 483	43 361	86 844	21 852	14 486	36 338
Hjellum - Ilseng	40 807	41 676	82 483	21 617	14 877	36 494
Ilseng - Hørsand	36 444	37 684	74 128	22 388	14 820	37 208
Hørsand - Aadalsbrug	34 125	35 544	69 669	22 492	14 383	36 875
Aadalsbrug - Løiten	31 731	33 245	64 976	19 544	15 421	34 965
Løiten - Midtskog }	29 003	30 540	59 543	19 395	15 191	34 586
Midtskog - Elverum }				19 395	15 191	34 586
Elverum - Grundset	21 314	22 245	43 559	13 802	12 556	26 358
Grundset - Øxna	20 802	21 703	42 505	13 749	11 749	25 498
Øxna - Rustad *) }	19 109	20 308	39 417	13 612	10 235	23 847
Rustad *) - Aasta }				13 612	10 235	23 847

*) Sidespor. [1]) Desuden Reisende paa Lokalbilletter mellem Stationerne og Stoppesteder paa Sidelinien Vikersund--Krøderen.

Tabel XI. (Forts.). Opgave over hvorledes Togene har været

Mellem Stationerne.			Antal Reisende. (Ordinære Tog).			Antal Ton Fragtgods.		
			Op.	Ned.	Tilsammen.	Op.	Ned.	Tilsammen.
Aasta	og	Rena	19 986	20 860	40 846	13 413	10 126	23 539
Rena	-	Sætre*)	16 366	17 445	33 811	11 528	10 218	21 746
Sætre*)	-	Stenviken				11 528	10 218	21 746
Stenviken	-	Ophus	14 962	16 069	31 031	11 090	9 530	20 620
Ophus	-	Kroken*)	14 995	16 055	31 050	10 893	9 503	20 396
Kroken*)	-	Neta*)				10 893	9 503	20 396
Neta*)	-	Rasten				10 893	9 503	20 396
Rasten	-	Stai	14 085	15 180	29 265	10 432	7 991	18 423
Stai	-	Koppang	14 113	14 973	29 086	9 807	7 926	17 733
Koppang	-	Tresa*)	12 907	13 839	26 746	7 749	7 743	15 492
Tresa*)	-	Bjøraanæsset				7 749	7 743	15 492
Bjøraanæsset	-	Atna	12 654	13 643	26 297	7 744	7 743	15 787
Atna	-	Hanestad	11 430	12 494	23 924	7 548	7 431	14 979
Hanestad	-	Barkald	11 076	12 177	23 253	7 221	7 376	14 597
Barkald	-	Lilleelvedal	11 235	12 319	23 554	7 134	7 391	14 525
Lilleelvedal	-	Auma	11 166	12 314	23 480	6 529	7 052	13 581
Auma	-	Tønset	11 091	12 215	23 306	6 657	7 045	13 702
Tønset	-	Telneset	10 752	11 926	22 678	6 517	8 225	14 742
Telneset	-	Tolgen	10 720	11 878	22 598	7 126	8 192	15 318
Tolgen	-	Os	11 304	12 417	23 721	7 331	8 366	15 697
Os	-	Røros	12 272	13 284	25 556	9 433	8 694	18 127
Røros	-	Nypladsen	16 710	17 464	34 174	9 235	18 084	27 319
Nypladsen	-	Jensvold	14 458	14 921	29 379	9 226	18 137	27 363
Jensvold	-	Tyvold	13 695	13 797	27 492	9 737	18 505	28 242
Tyvold	-	Reitan	14 219	16 348	30 567	26 615	13 894	40 509
Reitan	-	Eidet	12 962	14 428	27 390	30 838	14 163	45 001
Eidet	-	Holtaalen	11 791	12 837	24 628	30 838	14 806	45 644
Holtaalen	-	Langletet	11 530	12 555	24 085	30 912	14 718	45 630
Langletet	-	Reitstøen	11 602	12 599	24 201	31 104	14 960	46 064
Reitstøen	-	Singsaas	11 754	12 809	24 563	31 571	14 710	46 281
Singsaas	-	Bjørgen	12 048	13 169	25 217	32 092	15 387	47 479
Bjørgen	-	Kotsøien	12 467	13 360	25 827	32 776	15 575	48 351
Kotsøien	-	Rognæs	12 202	13 246	25 448	33 283	15 625	48 908
Rognæs	-	Støren	12 778	13 832	26 610	34 690	15 898	50 588
Støren	-	Hovind	17 651	18 752	36 403	36 011	17 479	53 490
Hovind	-	Lundemo	19 224	20 383	39 607	38 335	17 664	55 999
Lundemo	-	Ler	20 250	21 364	41 614	40 282	17 570	57 852
Ler	-	Kvaal	22 199	23 495	45 694	41 528	18 132	59 660
Kvaal	-	Søberg	23 522	24 598	48 120	41 771	18 238	60 009
Søberg	-	Melhus	24 280	25 442	49 722	40 862	18 359	59 221
Melhus	-	Nypan	28 710	29 861	58 571	41 303	18 865	60 168
Nypan	-	Heimdal	29 985	31 139	61 124	41 316	18 874	60 190
Heimdal	-	Selsbak	42 598	44 603	87 201	41 605	20 893	62 498
Selsbak	-	Trondhjem	48 739	51 818	100 557			
Merakerbanen.								
Trondhjem	og	Leangen	75 393	77 704	153 097	31 615	30 940	62 555
Leangen	-	Ranheim	65 749	68 761	134 510	31 597	30 992	62 589
Ranheim	-	Malvik	39 331	41 652	80 983	22 624	35 396	58 020
Malvik	-	Hommelvik	33 191	35 565	68 756	22 420	35 154	57 574
Hommelvik	-	Hell	24 206	25 869	50 075	27 267	56 582	83 849
Hell	-	Hegre	9 420	10 868	20 288	21 512	53 976	75 488
Hegre	-	Floren	6 966	8 430	15 396	21 267	52 391	73 658

*) Sidespor.

besatte med Reisende og belastede med Gods mellem Stationerne.

Mellem Stationerne.			Antal Reisende. (Ordinære Tog).			Antal Ton Fragtgods.		
			Op.	Ned.	Tilsammen.	Op.	Ned.	Tilsammen.
Floren	og	Gudaa	5 720	7 249	12 969	21 133	51 319	72 452
Gudaa	-	Meraker	5 611	6 996	12 607	21 009	51 266	72 275
Meraker	-	Storlien	4 066	5 603	9 669	20 257	48 186	68 443
5te Trafikdistrikt.								
Jæderbanen.								
Stavanger	og	Hillevaag	48 954	48 543	97 497	4 24[illegible]	3 711	7 957
Hillevaag	-	Hinna				4 250	3 711	7 961
Hinna	-	Sandnæs	45 037	44 510	89 547	4 276	3 699	7 975
Sandnæs	-	Høiland	26 939	26 253	53 192	3 691	6 131	9 822
Høiland	-	Klep	25 722	25 063	50 785	3 608	6 012	9 620
Klep	-	Time	23 111	22 439	45 550	3 565	5 270	8 835
Time	-	Nærbø	18 650	17 966	36 616	2 684	3 780	6 464
Nærbø	-	Varhoug	14 929	14 013	28 942	2 311	2 853	5 164
Varhoug	-	Vigrestad	13 390	12 496	25 886	2 199	2 603	4 802
Vigrestad	-	Ogne	12 216	11 174	23 390	2 024	2 404	4 428
Ogne	-	Helvik	13 558	12 572	26 130	711	2 201	2 912
Helvik	-	Ekersund	14 948	13 993	28 941	645	2 100	2 745
6te Trafikdistrikt.								
Bergen-Vossbanen.								
Bergen	og	Solheimsviken	179 233	181 644	360 877	7 695	5 754	13 449
Solheimsviken	-	Minde	166 985	169 295	336 280	7 720	5 757	13 477
Minde	-	Fjøsanger	155 795	158 820	314 615	7 714	5 753	13 467
Fjøsanger	-	Hop	100 988	101 321	202 309	7 778	5 513	13 291
Hop	-	Nestun	90 468	90 909	181 377	7 735	5 252	12 987
Nestun	-	Heldal	26 133	26 388	52 521	7 531	5 047	12 578
Heldal	-	Haukeland	25 175	25 474	50 649	7 119	4 928	12 047
Haukeland	-	Arne	21 140	21 060	42 200	6 788	4 514	11 302
Arne	-	Garnæs	19 161	18 934	38 095	6 732	4 372	11 104
Garnæs	-	Trængereid	14 905	14 985	29 890	6 836	4 325	11 161
Trængereid	-	Vaksdal	14 158	14 185	28 343	6 851	4 321	11 172
Vaksdal	-	Stanghelle	15 627	15 280	30 907	7 038	4 191	11 229
Stanghelle	-	Dale	16 282	15 966	32 248	7 132	4 185	11 317
Dale	-	Bolstad	11 738	12 304	24 042	3 115	2 829	5 944
Bolstad	-	Evanger	12 170	14 046	26 216	3 003	2 767	5 770
Evanger	-	Bulken	12 910	13 013	25 923	2 763	2 527	5 290
Bulken	-	Voss	14 222	14 760	28 982	2 417	2 269	4 686
Hovedbanen.								
Kristiania	og	Bryn	197 532	194 028	391 560	142 058	320 413	462 471
Bryn	-	Grorud	180 354	180 337	360 691	136 594	323 474	460 068
Grorud	-	Robsrud *)	157 308	159 234	316 542	124 584	323 751	448 335
Robsrud *)	-	Laasby *)				122 091	323 746	445 837
Laasby *)	-	Fjeldhammer *)				120 358	322 132	442 490
Fjeldhammer *)	-	Strømmen				120 114	321 958	442 072
Strømmen	-	Lillestrøm	148 304	150 158	298 462	117 827	320 563	438 390
Lillestrøm	-	Lersund	82 911	83 375	166 286	78 880	85 934	164 814
Lersund	-	Frogner	78 293	78 888	157 181	78 070	79 123	157 193
Frogner	-	Kløften	73 728	74 529	148 257	77 117	77 757	154 874
Kløften	-	Trøgstad	67 219	68 030	135 249	73 937	74 318	148 255
Trøgstad	-	Hauersæter *)	54 403	55 674	110 077	70 582	67 591	138 173
Hauersæter *)	-	Dahl				69 785	65 658	135 443
Dahl	-	Bøhn	49 973	51 145	101 118	67 530	46 702	114 232
Bøhn	-	Eidsvold	51 589	52 913	104 502	61 109	51 501	112 610

*) Sidespor.

Tabel XII.

Opgave over Maanedsbilletter*) i Terminen 1891—92.

Billets de saison, terme 1891—92.

Mellem Stationerne.	Billetternes Varighed. Durée des billets de saison.		Antal. Nombre. II Kl.	III Kl.	Indtægt. Recettes. II Kl. Kr.	III Kl. Kr.	Tilsammen Total. Kr.
Smaalensbanen.							
Kristiania—Lian.	Helbillet	12 Maaneder	79	161	4 937.50	6 037.50	10 975.00
	Halvbillet	12 --	14	80	525.00	1 797.50	2 322.50
	Helbillet	11 —	1	1	108.00	36.00	144.00
	Halvbillet	11 —	-	1	-	21.60	21.60
	Helbillet	10 --	3	2	168.00	67.20	235.20
	Halvbillet	10 --	2	3	67.20	60.48	127.68
	Helbillet	9 —	1	-	52.00	-	52.00
	Halvbillet	9 —	-	1	-	18.72	18.72
	Helbillet	8 —	3	-	144.00	-	144.00
	Halvbillet	8 —	3	3	86.40	51.84	138.24
	Helbillet	7 —	-	4	-	105.60	105.60
	Halvbillet	7 —	1	-	26.40	-	26.40
	Helbillet	6 —	11	41	440.00	984.00	1 424.00
	Halvbillet	6 —	2	15	48.00	216.00	264.00
	Helbillet	5 —	4	5	140.00	105.00	245.00
	Halvbillet	5 —	1	4	21.00	51.80	72.80
	Helbillet	4 —	7	35	210.00	630.00	840.00
	Halvbillet	4 —	-	10	-	108.00	108.00
	Helbillet	3 —	5	87	125.00	1 305.00	1 430.00
	Halvbillet	3 —	2	17	30.00	153.00	183.00
	Helbillet	2 —	2	57	36.00	615.60	651.60
	Halvbillet	2 —	-	8	-	51.84	51.84
	Helbillet	1 —	23	346	230.00	2 076.00	2 306.00
	Halvbillet	1 —	2	108	12.00	388.80	400.80
		Sum	166	989	7 406.50	14 881.48	22 287.98

*) Fra og med 1ste Juni 1891 udstedes Maanedsbilletter (Saisonbilletter) for Voxne til alle 3 Vognklasser, forsaavidt de føres i Togene, efter følgende Taxter og Regler:

For 1 Maaned beregnes for Afstande indtil 15 km. for første, anden og tredie Vognklasse henholdsvis Kr. 1.50, 1.00 og 0.60 pr. km. For Afstande over 15 km. gjælder følgende Taxter for 1 Maaned:

Km.	16—20	21—25	26—30	31—35	36—40	41—45	46—50	51—55	56—60
I Kl. Kr	25.20	27.90	30.40	32.70	34.90	37.00	38.80	40.60	42.40
II » »	16.80	18.60	20.30	21.80	23.30	24.70	25.90	27.10	28.30
III » »	10.10	11.20	12.20	13.10	14.00	14.80	15.50	16.30	17.00

Km.	61—65	66—70	71—75	76—80	81—85	86—90	91—95	96—100
I Kl. Kr.	44.20	46.00	47.80	49.50	50.80	52.20	53.50	54.90
II » »	29.50	30.70	31.90	33.00	33.90	34.80	35.70	36.60
III » »	17.70	18.40	19.10	19.80	20.30	20.90	21.40	22.00

o. s. v. saaledes, at der tillægges henholdsvis Kr. 1.30, 0.90 og 0.50 for hver overskydende 5 km. eller Dele deraf.

For 2 indtil 12 Maanedes beregnes:

for Maaneder:	2	3	4	5	6	7	8	9	10	11	12
til respektive	1.8	2.5	3.0	3.5	4.0	4.4	4.8	5.2	5.6	6.0	6.25

Gange Taxten for 1 Maaned.

For Skolebørn, dog ikke over 18 Aar, udstedes Maanedsbilletter til 0.6 Gange foranstaaende Taxter (Halvbilletter).

Maanedsbilletter udstedes kun for et helt Antal Maaneder, indtil et Aar ad Gangen og gjælder blot for navngiven Person.

Tabel XII (Forts.). Opgave over Maanedsbilletter i Terminen 1891—92.

Mellem Stationerne.	Billetternes Varighed.	Antal.		Indtægt.		
		II Kl.	III Kl.	II Kl.	III Kl.	Tilsammen.
				Kr.		
Kristiania-Oppegaard	Helbillet 12 Maaneder	2	-	210.00	-	210.00
	do. 11 —	1	-	100.80	-	100.80
	do. 7 —	1	-	73.92	-	73.92
	do. 4 —	1	-	50.40	-	50.40
	do. 3 —	-	1	-	25.25	25.25
	do. 2 —	-	2	-	36.36	36.36
	Halvbillet 1 —	-	1	-	6.06	6.06
	Sum	5	4	435.12	67.67	502.79
do. —Ski	Helbillet 12 Maaneder	-	1	-	70.00	70.00
	do. 2 —	-	1	-	20.16	20.16
	do. 1 —	-	4	-	44.80	44.80
	Sum	-	6	-	134.96	134.96
do. —Aas	Helbillet 1 Maaned	-	1	-	13.10	13.10
do. —Vestby	do. 1 —	-	2	-	28.00	28.00
do. —Moss	do. 12 Maaneder	-	1	-	106.25	106.25
	do. 2 —	1	-	50.94	-	50.94
	Sum	1	1	50.94	106.25	157.19
do. —Raade	Helbillet 12 Maaneder	1	-	206.25	-	206.25
do. —Fredrikstad	do. 1 —	-	1	-	21.40	21.40
do. —Sarpsborg	do. 6 —	2	-	307.20	-	307.20
do. —Kraakstad	do. 12 —	1	-	126.88	-	126.88
	do. 1 —	-	1	-	24.40	24.40
	Sum	1	1	126.88	24.40	151.28
Moss—Rygge	Halvbillet 1 Maaned	-	1	-	6.48	6.48
Dilling—Fredrikstad	Helbillet 4 Maaneder	1	-	60.90	-	60.90
Fredrikstad—Greaker	do. 5 —	-	1	-	21.00	21.00
	do. 4 —	-	1	-	18.00	18.00
	do. 1 —	-	1	-	6.00	6.00
	Sum	-	3	-	45.00	45.00
do. —Sannesund	Helbillet 4 Maaneder	-	1	-	23.40	23.40
	do. 1 —	-	2	-	15.60	15.60
	Sum	-	3	-	39.00	39.00
do. —Fr.hald	Helbillet 5 Maaneder	-	1	-	51.80	51.80
Greaker—Sarpsborg	Halvbillet 3 —	-	1	-	9.00	9.00
do. —Eidsberg	Helbillet 10 —	1	-	138.32	-	138.32
Sannesund—Fr.hald	do. 3 —	1	-	50.75	-	50.75
Sarpsborg—Skjeberg	Halvbillet 6 —	-	4	-	57.60	57.60
	Helbillet 3 —	-	1	-	15.00	15.00
	Halvbillet 3 —	-	1	-	27.00	27.00
	do. 2 —	-	1	-	6.48	6.48
	Sum	-	7	-	106.08	106.08
Berg—Fr.hald	Halvbillet 2 Maaneder	-	1	-	6.48	6.48
Eidsberg-Rakkestad	do. 7 —	-	1	-	15.84	15.84
Fr.hald—Tistedalen	Helbillet 12 —	1	-	62.50	-	62.50
	Halvbillet 3 —	-	1	-	9.00	9.00
	do. 2 —	-	1	-	6.48	6.48
	do. 1 —	-	3	-	10.80	10.80
	Sum	1	5	62.50	26.28	88.78
Tistedalen-Aspedam.	Helbillet 1 Maaned	-	1	-	6.00	6.00
	Hovedsum Smaalensb.	180	1 029	8 845.36	15 589.22	24 434.58
Kongsvingerbanen.						
Kristiania—Fetsund	Helbillet 12 Maaneder	2	-	70.02	-	70.02
	do. 2 —	2	-	12.10	-	12.10
	do. 1 —	-	4	-	13.48	13.48
	Sum	4	4	82.12	13.48	95.60

Tabel XII (Forts.). Opgave over Maanedsbilletter i Terminen 1891—92.

Mellem Stationerne.	Billetternes Varighed.	Antal. II Kl.	Antal. III Kl.	Indtægt. II Kl. Kr.	Indtægt. III Kl. Kr.	Indtægt. Tilsammen. Kr.
Kristiania—Blakjer	Helbillet 1 Maaned	-	1	-	15.54	15.54
do. —Sæterstøen	do. 12 Maaneder	[1]1	-	197.40	-	197.40
do. —Kongsvinger	do. 6 —	1	-	115.66	-	115.66
Lillestrøm—Fetsund	Halvbillet 12 —	-	2	-	45.00	45.00
	Hovedsum Kongsvingerb.	6	7	395.18	74.02	469.20
Kristiania—Drammenbanen						
Kristiania—Høvik	Helbillet 12 Maaneder	47	51	2 937.50	1 912.50	4 850.00
	Halvbillet 12 —	10	72	375.00	1 609.03	1 984.03
	do. 11 —	-	2	-	45.60	45.60
	Helbillet 10 —	2	5	112.00	168.00	280.00
	Halvbillet 10 —	-	6	-	120.96	120.96
	Helbillet 9 —	1	2	52.00	62.40	114.40
	Halvbillet 9 —	-	1	-	18.72	18.72
	Helbillet 8 —	-	5	-	144.00	144.00
	Halvbillet 8 —	-	1	-	17.28	17.28
	do. 7 —	-	4	-	57.68	57.68
	Helbillet 6 —	9	14	360.00	336.00	696.00
	Halvbillet 6 —	-	16	-	230.40	230.40
	Helbillet 5 —	3	7	105.00	147.00	252.00
	Halvbillet 5 —	1	9	21.00	113.40	134.40
	Helbillet 4 —	8	19	240.00	342.00	582.00
	Halvbillet 4 —	-	6	-	64.80	64.80
	Helbillet 3 —	22	42	550.00	630.00	1 180.00
	Halvbillet 3 —	-	10	-	90.00	90.00
	Helbillet 2 —	6	30	108.00	324.00	432.00
	Halvbillet 2 —	3	21	32.40	136.08	168.48
	Helbillet 1 —	12	133	120.00	798.00	918.00
	Halvbillet 1 —	25	88	150.00	316.80	466.80
	Sum	149	544	5 162.90	7 684.65	12 847.55
do. —Sandviken	Helbillet 12 Maaneder	6	6	487.50	292.50	780.00
	Halvbillet 12 —	-	3	-	87.75	87.75
	do. 11 —	-	1	-	28.08	28.08
	Helbillet 9 —	-	1	-	31.20	31.20
	do. 6 —	-	3	-	93.60	93.60
	Halvbillet 6 —	-	2	-	37.44	37.44
	Helbillet 5 —	6	2	273.00	54.60	327.60
	do. 4 —	3	5	117.00	117.00	234.00
	Halvbillet 4 —	-	2	-	28.08	28.08
	Helbillet 3 —	5	19	162.50	370.50	533.00
	Halvbillet 3 —	-	3	-	35.10	35.10
	Helbillet 2 —	10	9	234.00	126.36	360.36
	Halvbillet 2 —	1	1	14.04	8.43	22.47
	Helbillet 1 —	18	89	234.00	694.20	928.20
	Halvbillet 1 —	4	51	31.20	238.68	269.88
	Sum	53	197	1 553.24	2 243.52	3 796.76
Kristiania-Slæbende	Helbillet 12 Maaneder	-	1	-	56.25	56.25
	do. 11 —	1	-	90.00	-	90.00
	Halvbillet 10 —	-	2	-	60.48	60.48
	Helbillet 6 —	1	1	60.00	36.00	96.00
	do. 4 —	3	-	135.00	-	135.00
	do. 3 —	1	10	37.50	225.00	262.50
	Halvbillet 3 —	-	1	-	13.50	13.50
	Helbillet 2 —	2	1	54.00	16.20	70.20
	do. 1 —	10	27	150.00	243.00	393.00
	Halvbillet 1 —	2	11	18.00	59.40	77.40
	Sum	20	54	544.50	709.83	1 254.33

[1] I Klasse.

Tabel XII (Forts.). Opgave over Maanedsbilletter i Terminen 1891—92.

Mellem Stationerne.	Billetternes Varighed.	Antal. II Kl.	Antal. III Kl.	Indtægt. II Kl.	Indtægt. III Kl.	Indtægt. Tilsammen.
				Kr.		
Kristiania—Hvalstad	Helbillet 12 Maaneder	1	7	105.00	441.91	546.91
	Halvbillet 10 —	-	1	-	33.94	33.94
	Helbillet 8 —	-	1	-	48.48	48.48
	Halvbillet 8 —	-	1	-	29.09	29.09
	Helbillet 7 —	-	1	-	44.44	44.44
	do. 6 —	-	1	-	40.40	40.40
	do. 4 —	2	1	100.80	30.30	131.10
	do. 3 —	2	8	84.00	202.00	286.00
	Halvbillet 3 —	-	1	-	15.15	15.15
	Helbillet 2 —	-	2	-	36.36	36.36
	Halvbillet 2 —	-	4	-	43.64	43.64
	Helbillet 1 —	4	24	67.20	242.40	309.60
	Halvbillet 1 —	1	8	10.08	48.48	58.56
	Sum	10	60	367.08	1 256.59	1 623.67
do. —Asker	Helbillet 12 Maaneder	1	-	116.25	-	116.25
	do. 11 —	1	-	111.60	-	111.60
	do. 8 —	-	1	-	53.76	53.76
	do. 6 —	-	2	-	89.60	89.60
	do. 5 —	-	1	-	39.20	39.20
	do. 4 —	-	1	-	33.60	33.60
	do. 3 —	-	2	-	56.00	56.00
	do. 2 —	-	2	-	40.32	40.32
	do. 1 —	3	9	55.80	100.80	156.60
	Halvbillet 1 —	-	1	-	6.72	6.72
	Sum	5	19	283.65	420.00	703.65
do. —Heggedal	Helbillet 12 Maaneder	-	1	-	76.25	76.25
do. —Røken	do. 3 —	-	÷ 1	-	÷ 32.75	÷ 32.75
	do. 2 —	1	-	39.24	-	39.24
	do. 1 —	-	1	-	13.10	13.10
	Sum	1	-	39.24	÷ 19.65	19.59
do. —Drammen	Helbillet 12 Maaneder	1	2	169.38	203.76	373.14
	do. 6 —	1	1	108.40	65.20	173.60
	do. 3 —	1	-	67.75	-	67.75
	do. 1 —	1	4	27.10	65.20	92.30
	Sum	4	7	372.63	334.16	706.79
do. —Kongsberg	Helbillet 8 Maaneder	-	1	-	74.36	74.36
Sandviken—Asker	Halvbillet 12 —	-	4	-	90.00	90.00
	do. 11 —	-	7	-	151.20	151.20
	do. 10 —	-	1	-	20.16	20.16
	Sum	-	12	-	261.36	261.36
Heggedal—Dr.men	Helbillet 2 Maaneder	-	1	-	20.16	20.16
Røken— do.	Halvbillet 12 —	-	1	-	37.88	37.88
	do. 6 —	-	1	-	24.24	24.24
	Helbillet 3 —	-	1	-	25.25	25.25
	do. 1 —	-	3	-	30.30	30.30
	Halvbillet 1 —	-	1	-	6.06	6.06
	Sum	-	7	-	123.73	123.73
Lier—Drammen	Halvbillet 12 Maaneder	-	3	-	67.50	67.50
	do. 10 —	-	1	-	80.64	80.64
	Helbillet 8 —	-	1	-	28.80	28.80
	do. 3 —	-	1	-	15.00	15.00
	do. 2 —	-	1	-	10.80	10.80
	do. 1 —	-	1	-	6.00	6.00
	Sum	-	8	-	208.74	208.74
	Hoveds. Kr.ania-Dr.menb.	242	911	8 323.24	13 393.70	21 716.94

Tabel XII (Forts.). Opgave over Maanedsbilletter i Terminen 1891—92.

Mellem Stationerne.	Billetternes Varighed.			Antal. II Kl.	Antal. III Kl.	Indtægt. II Kl. Kr.	Indtægt. III Kl. Kr.	Indtægt. Tilsammen. Kr.
Drammen—Skienbanen.								
Drammen—Holm	Helbillet	2	Maaneder	1	1	33.48	20.16	53.64
	do.	1	—	-	2	-	22.40	22.40
			Sum	1	3	33.48	42.56	76.04
do. —Holmestrand	Helbillet	2	Maaneder	-	1	-	23.58	23.58
	do.	1	—	1	1	21.80	13.10	34.90
			Sum	1	2	21.80	36.68	58.48
do. —Horten	Helbillet	12	Maaneder	-	1	-	101.88	101.88
do. —Laurvik	do.	12	—	1	-	234.38	-	234.38
Sande—Holmestrand	do.	1	—	-	1	-	7.80	7.80
Skopum—Horten	Halvbillet	11	—	-	1	-	21.60	21.60
	do.	10	—	-	1	-	20.16	20.16
	do.	3	—	-	1	-	9.00	9.00
	do.	2	—	-	1	-	6.48	6.48
	do.	1	—	-	10	-	36.00	36.00
			Sum	-	14	-	93.24	93.24
Nykirke—do.	Halvbillet	10	Maaneder	-	1	-	22.18	22.18
Augedal—do.	Helbillet	4	—	-	1	-	18.00	18.00
	do.	2	—	-	3	-	32.40	32.40
	do.	1	—	-	1	-	6.00	6.00
			Sum	-	5	-	56.40	56.40
Barkaker—Tønsberg	Helbillet	6	Maaneder	-	1	-	24.00	24.00
	do.	3	—	-	3	-	45.00	45.00
			Sum	-	4	-	69.00	69.00
Tønsberg—Horten	Helbillet	6	Maaneder	2	-	148.80	-	148.80
do. —Sem	do.	3	—	-	3	-	45.00	45.00
	Halvbillet	2	—	-	1	-	6.48	6.48
	Helbillet	1	—	-	1	-	6.00	6.00
			Sum	-	5	-	57.48	57.48
do. —Stokke	Helbillet	4	Maaneder	-	1	-	14.04	14.04
	do.	3	—	-	1	-	19.50	19.50
	do.	1	—	-	2	-	15.60	15.60
			Sum	-	4	-	49.14	49.14
do. —Sandefjord	Helbillet	1	Maaned	-	2	-	22.40	22.40
do. —Tjødling	do.	1	—	-	1	-	13.10	13.10
do. —Laurvik	do.	6	Maaneder	1	-	98.80	-	98.80
Stokke—Sandefjord	Halvbillet	12	—	-	2	-	49.50	49.50
	Helbillet	1	—	-	6	-	39.60	39.60
			Sum	-	8	-	89.10	89.10
Raastad—Joberg	Helbillet	10	Maaneder	-	1	-	33.60	33.60
Sandefjord—Horten	do.	3	—	1	-	64.75	-	64.75
do. —Tjødling	do.	6	—	-	1	-	24.00	24.00
	do.	1	—	-	7	-	42.00	42.00
			Sum	-	8	-	66.00	66.00
do. —Laurvik	Helbillet	5	Maaneder	1	-	58.80	-	58.80
	do.	3	—	-	1	-	25.25	25.25
	do.	2	—	-	1	-	18.18	18.18
	do.	1	—	-	2	-	20.20	20.20
			Sum	1	4	58.80	63.63	122.43
Tjødling—do.	Helbillet	3	Maaneder	-	1	-	15.00	15.00
	do.	1	—	-	8	-	48.00	48.00
			Sum	-	9	-	63.00	63.00

Tabel XII (Forts.). Opgave over Maanedsbilletter i Terminen 1891—92.

Mellem Stationerne.	Billetternes Varighed.	Antal.		Indtægt.		
		II Kl.	III Kl.	II Kl.	III Kl.	Tilsammen.
				Kr.		
Laurvik—Tjose	Helbillet 2 Maaneder	1	-	19.80	-	19.80
	do. 1 —	-	5	-	33.00	33.00
	Halvbillet 1 —	-	2	-	7.92	7.92
	Sum	1	7	19.80	40.92	60.72
Eidanger-Porsgrund	Halvbillet 10 Maaneder	-	1	-	20.16	20.16
do. —Skien	Helbillet 12 —	1	1	75.00	45.00	120.00
	do. 6 —	1	-	48.00	-	48.00
	do. 5 —	2	-	84.00	-	84.00
	do. 3 —	-	4	-	72.00	72.00
	do. 2 —	-	3	-	38.88	38.88
	do. 1 —	-	3	-	21.60	21.60
	Halvbillet 1 —	-	9	-	38.88	38.88
	Sum	4	20	207.00	216.36	423.36
Porsgrund—Skien	Helbillet 12 Maaneder	-	6	-	225.00	225.00
	Halvbillet 12 —	-	12	-	270.00	270.00
	do. 6 —	-	3	-	43.20	43.20
	Helbillet 4 —	-	10	-	180.00	180.00
	do. 3 —	4	5	100.00	75.00	175.00
	Halvbillet 3 —	-	1	-	9.00	9.00
	Helbillet 1 —	-	18	-	108.00	108.00
	Sum	4	55	100.00	910.20	1 010.20
	Hoveds. Drammen-Skienb.	17	156	987.61	2 074.83	3 062.44
Drammen—Randsfjordbanen.						
Kristiania-Kongsberg	Helbillet 12 Maaneder	-	1	-	63.14	63.14
Drammen-Hougsund	do. 12 —	1	-	105.00	-	105.00
do. —Skotselven	do. 1 —	1	-	20.30	-	20.30
do. —Gjethus	do. 1 —	-	1	-	14.00	14.00
do. Hønefos	do. 3 —	-	1	-	47.75	47.75
Vestfossen—Darbo	Halvbillet 1 —	-	2	-	7.20	7.20
do. —Krekling	do. 1 —	-	1	-	3.60	3.60
Hønefos—Heen	Helbillet 3 —	-	1	-	15.00	15.00
	Hoveds. Dr.men-Randsfj.b.	2	7	125.30	150.69	275.99
Eidsvold—Hamarbanen.						
Eidsvold—Tangen	Helbillet 1 Maaned	-	1	-	13.10	13.10
Stange—Hamar	Halvbillet 12 Maaneder	-	5	-	135.00	135.00
	do. 11 —	-	8	-	207.36	207.36
	Sum	-	13	-	342.36	342.36
Ottestad—Hamar	Helbillet 11 Maaneder	-	1	-	36.00	36.00
	Halvbillet 11 —	-	2	-	43.20	43.20
	do. 10 —	-	5	-	100.80	100.80
	do. 6 —	-	1	-	14.40	14.40
	Helbillet 4 —	-	1	-	18.00	18.00
	do. 2 —	-	1	-	10.80	10.80
	Sum	-	11	-	223.20	223.20
	Hoveds. Eidsv.—Hamarb.	-	25	-	578.66	578.66
Rørosbanen.						
Hamar—Hjellum	Helbillet 11 Maaneder	-	1	-	36.00	36.00
	Halvbillet 11 —	-	6	-	129.60	129.60
	do. 6 —	-	1	-	24.00	24.00
	do. 4 —	-	1	-	10.80	10.80
	do. 3 —	-	1	-	9.00	9.00
	Sum	-	10	-	209.40	209.40

Tabel XII (Forts.). Opgave over Maanedsbilletter i Terminen 1891—92.

Mellem Stationerne.	Billetternes Varighed.			Antal. II Kl.	Antal. III Kl.	Indtægt. II Kl. Kr.	Indtægt. III Kl. Kr.	Indtægt. Tilsammen Kr.
Hamar—Ilseng	Helbillet	12	Maaneder	-	1	-	37.50	37.50
	Halvbillet	12	—	-	3	-	67.50	67.50
	Helbillet	11	—	-	1	-	36.00	36.00
	Halvbillet	11	—	-	5	-	108.00	108.00
	do.	10	—	-	1	-	20.16	20.16
	do.	4	—	-	3	-	32.40	32.40
	Helbillet	3	—	-	1	-	15.00	15.00
	do.	1	—	-	1	-	6.00	6.00
			Sum	-	16	-	322.56	322.56
do. —Hørsand	Halvbillet	12	Maaneder	-	1	-	29.25	29.25
	do.	11	—	-	3	-	84.24	84.24
	do.	5	—	-	1	-	16.38	16.38
	Helbillet	1	—	-	2	-	15.60	15.60
			Sum	-	7	-	145.47	145.47
do. —Aadalsbrug	Halvbillet	1	Maaned	-	1	-	5.40	5.40
do. —Løiten	do.	11	Maaneder	-	2	-	72.72	72.72
Hørsand—do.	do.	11	—	-	2	-	43.20	43.20
Søberg—Trondhjem	Helbillet	1	—	-	1	-	11.20	11.20
Nypan—do.	do.	1	—	-	1	-	10.10	10.10
Heimdal—do.	do	3	—	-	6	-	99.00	99.00
	do.	2	—	-	2	-	23.76	23.76
	do.	1	—	-	3	-	19.80	19.80
			Sum	-	11	-	142.56	142.56
Selsbak—do.	Helbillet	3	Maaneder	-	2	-	30.00	30.00
	do.	1	—	-	4	-	24.00	24.00
	Halvbillet	1	—	-	1	-	3.60	3.60
			Sum	-	7	-	57.60	57.60
	Hovedsum Rørosb.			-	58	-	1 020.21	1 020.21
Merakerbanen								
Trondhjem-Ranheim	Helbillet	12	Maaneder	2	2	125.00	75.00	200.00
	Halvbillet	12	—	-	2	-	45.00	45.00
	Helbillet	8	—	-	2	-	57.60	57.60
	Halvbillet	8	—	-	2	-	34.60	34.60
	Helbillet	6	—	1	-	40.00	-	40.00
	do.	5	—	-	1	-	21.00	21.00
	Halvbillet	5	—	-	1	-	12.60	12.60
	Helbillet	4	—	-	1	-	18.00	18.00
	do.	3	—	3	3	75.00	45.00	120.00
	Halvbillet	3	—	-	5	-	45.00	45.00
	Helbillet	2	—	-	3	-	32.40	32.40
	Halvbillet	2	—	-	7	-	45.36	45.36
	Helbillet	1	—	2	19	20.00	114.00	134.00
	Halvbillet	1	—	-	35	-	136.80	136.80
			Sum	8	83	260.00	682.36	942.36
do. —Malvik	Helbillet	12	Maaneder	-	1	-	56.25	56.25
	do.	4	—	-	1	-	27.00	27.00
	do.	3	—	-	1	-	22.50	22.50
	do.	2	—	-	4	-	64.80	64.80
	do.	1	—	-	1	-	9.00	9.00
	Halvbillet	1	—	-	4	-	21.60	21.60
			Sum	-	12	-	201.15	201.15

Tabel XII (Forts.). Opgave over Maanedsbilletter i Terminen 1891—92.

Mellem Stationerne.	Billetternes Varighed.	Antal. II Kl.	Antal. III Kl.	Indtægt. II Kl.	Indtægt. III Kl.	Indtægt. Tilsammen.
				Kr.	Kr.	Kr.
Tr.hjem-Hommelvik	Halvbillet 11 Maaneder	-	1	-	40.35	40.35
	Helbillet 4 —	-	1	-	33.60	33.60
	Halvbillet 3 —	-	-	11.10	-	11.10
	do. 2 —	-	1	-	12.10	12.10
	Helbillet 1 —	-	1	-	11.20	11.20
	Halvbillet 1 —	-	3	-	20.16	20.16
	Sum	-	7	11.10	117.41	128.51
do. —Hell	Halvbillet 9 Maaneder	-	1	-	40.90	40.90
	Hovedsum Merakerb.	8	103	271.10	1 041.82	1 312.92
Jæderbanen.						
Stavanger—Sandnæs	Halvbillet 3 Maaneder	-	1	-	13.50	13.50
Bergen—Vossbanen.						
Bergen—Næstun	Helbillet 12 Maaneder	34	65	2 125.00	2 437.50	4 562.50
	Halvbillet 12 —	9	22	337.50	495.00	832.50
	Helbillet 11 —	-	1	-	36.00	36.00
	do. 10 —	1	-	56.00	-	56.00
	do. 8 —	1	-	48.00	-	48.00
	do. 7 —	-	6	-	158.40	158.40
	do. 6 —	8	20	320.00	480.00	800.00
	Halvbillet 6 —	5	22	120.00	316.80	436.80
	Helbillet 5 —	11	14	385.00	294.00	679.00
	Halvbillet 5 —	3	8	63.00	100.80	163.80
	Helbillet 4 —	20	38	600.00	684.00	1 284.00
	do. 3 —	7	50	175.00	750.00	925.00
	Halvbillet 3 —	-	3	-	27.00	27.00
	Helbillet 2 —	-	76	-	820.80	820.80
	Halvbillet 2 —	9	28	97.20	182.00	279.20
	Helbillet 1 —	10	125	100.00	750.00	850.00
	Halvbillet 1 —	1	69	6.00	248.40	254.40
	Sum	119	547	4 432.70	7 780.70	12 213.40
do. —Haukeland	Helbillet 2 Maaneder	-	2	-	36.40	36.40
	do. 1 —	-	4	-	40.40	40.40
	Halvbillet 1 —	-	2	-	12.20	12.20
	Sum	-	8	-	89.00	89.00
do. —Arne	Helbillet 3 Maaneder	-	1	-	28.00	28.00
	do. 2 —	-	2	-	40.40	40.40
	do. 1 —	-	4	-	44.80	44.80
	Sum	-	7	-	113.20	113.20
do. —Garnæs	Helbillet 3 Maaneder	-	1	-	30.50	30.50
	do. 1 —	-	1	-	12.20	12.20
	Sum	-	2	-	42.70	42.70
do. —Evanger	Helbillet 2 Maaneder	-	1	-	37.70	37.70
	do. 1 —	-	1	-	20.90	20.90
	Sum	-	2	-	58.60	58.60
Voss—Evanger	Helbillet 6 Maaneder	-	2	-	80.80	80.80
	Hoveds. Bergen—Vossb.	119	568	4 432.70	8 165.00	12 597.70

Tabel XII (Forts.). Opgave over Maanedsbilletter i Terminen 1891—92.

Mellem Stationerne.	Billetternes Varighed.	Antal. II Kl.	Antal. III Kl.	Indtægt. II Kl. Kr.	Indtægt. III Kl. Kr.	Indtægt. Tilsammen. Kr.
Hovedbanen.						
Kristiania—Bryn	Helbillet 12 Maaneder	3	2	187.50	75.00	262.50
	Halvbillet 12 —	-	6	-	135.00	135.00
	do. 7 —	-	1	-	15.84	15.84
	Helbillet 6 —	1	1	40.00	24.00	64.00
	Halvbillet 6 —	-	1	-	14.40	14.40
	Helbillet 4 —	2	1	60.00	18.00	78.00
	Halvbillet 4 —	-	5	-	54.00	54.00
	Helbillet 3 —	-	1	-	15.00	15.00
	do. 2 —	1	-	18.00	-	18.00
	Halvbillet 2 —	-	1	-	6.48	6.48
	Helbillet 1 —	1	8	10.00	48.00	58.00
	Halvbillet 1 —	2	4	12.00	14.40	26.40
	Sum	10	31	327.50	420.12	747.62
do. —Grorud	Helbillet 12 Maaneder	2	1	137.50	41.25	178.75
	do. 6 —	-	3	-	79.20	79.20
	do. 4 —	-	1	-	19.80	19.80
	do. 3 —	3	2	82.50	33.00	115.50
	Halvbillet 3 —	-	1	-	9.90	9.90
	do. 2 —	-	2	-	14.26	14.26
	Helbillet 1 —	1	49	11.00	323.40	334.40
	Halvbillet 1 —	-	15	-	59.40	59.40
	Sum	6	74	231.00	580.21	811.21
do. —Strømmen	Helbillet 12 Maaneder	-	1	-	63.13	63.13
	do. 6 —	1	-	67.20	-	67.20
	do. 4 —	-	1	-	30.30	30.30
	do. 1 —	2	11	33.60	111.10	144.70
	Halvbillet 1 —	5	14	50.40	84.84	135.24
	Sum	8	27	151.20	289.37	440.57
do. —Lillestrøm	Halvbillet 10 Maaneder	-	1	-	37.63	37.63
	do. 6	-	1	-	26.88	26.88
	Helbillet 6 —	-	1	-	44.80	44.80
	do. 5 —	-	2	-	78.40	78.40
	do. 3 —	-	1	-	28.00	28.00
	Halvbillet 3 —	-	1	-	16.80	16.80
	do. 1 —	-	4	-	26.88	26.88
	Sum	-	11	-	259.39	259.39
do. —Lersund	Helbillet 1 Maaned	-	1	-	12.20	12.20
do. —Dahl	do. 4 —	*)1	-	127.20	-	127.20
do. —Eidsvold	do. 12 —	2	-	383.76	-	383.76
Lillestrøm—Frogner	Halvbillet 6 —	-	1	-	17.28	17.28
do. —Kløften	do. 10 —	-	1	-	33.94	33.94
do. —Trøgstad	do. 11 —	-	1	-	40.32	40.32
Kløften— do.	do. 7 —	-	4	-	63.36	63.36
	do. 2 —	-	1	-	6.48	6.48
	Sum	-	5	-	69.84	69.84
Kristiania—Fetsund	Helbillet 12 Maaneder	2	-	183.74	-	183.74
	do. 2 —	2	-	31.76	-	31.76
	do. 1 —	-	4	-	35.32	35.32
	Sum	4	4	215.50	35.32	250.82
do. —Blakjer	Helbillet 1 Maaned	-	1	-	15.54	15.54
do. —Sæterstøen	do. 12 Maaneder	*)1	-	90.10	-	90.10
do. —Kongsvinger	do. 6 —	1	-	30.74	-	30.74
	Hovedsum Hovedb.	33	157	1 557.00	1 773.53	3 330.53

*) I Klasse.

Tabel XIII.

Opgave over Befordring af Reisende med Familiebilletter *).

Mellem Stationerne.	Antal Reisende.	Indtægt. Kr.
Smaalensbanen.		
Kristiania—Bækkelaget . .	51 650	6 198.00
Do. —Norstrand . . .	41 525	5 813.50
Do —Lian	16 675	2 501.25
Sum	109 850	14 512.75
Kri.ania-Drammenb.		
Kristiania—Skarpsno	7 075	707.50
Do. —Bygdø	43 325	4 765.75
Do. —Bestum.	42 175	5 061.00
Do. —Lysaker	21 775	3 048.50
Do. —Stabæk.	13 300	2 128.00
Do. —Høvik.	18 025	3 605.00
Do. —Sandviken . . .	16 325	4 244.50
Do —Slæbende. . . .	3 950	1 185.00
Do. —Hvalstad	5 125	2 050.00
Do. —Asker	3 275	1 506.50
Do. —Heggedal. . . .	150	87.00
Drammen—Røken	175	66.50
Do. —Lier	600	90.00
Sum	175 275	28 545.25
Drammen-Skienb.		
Drammen—Gundesø	25	4.50
Do. —Skouger	225	45.00
Do. —Galleberg. . . .	350	112.00
Do. —Sande	25	10.00
Do. —Holm	250	120.00
Do. —Holmestrand .	225	148.50
Tønsberg—Barkaker . . .	100	14.00
Do. —Sem	75	10.50
Do. —Stokke	50	13.00
Laurvig—Grøtting	1 275	140.25
Eidanger—Osebakke	50	6.50
Porsgrund—Eidanger. . . .	1 525	167.75
Do. —Borgestad . . .	300	33.00
Do. —Skien.	4 925	886.50
Osebakke—Skien	1 900	285.00
Skien—Eidanger.	875	196.00
Do. —Porsgrund.	3 125	562.50
Do. —Osebakke	1 300	195.00
Do. —Borgestad	2 600	364.00
Do. —Bøhle	1 450	174.00
Sum	20 650	3 488.00
Drammen-Randsfj.b.		
Drammen —Mjøndalen . . .	2 625	577.50
Do. —Hougsund . . .	1 175	399.50
Sum	3 800	977.00
Rørosbanen.		
Trondhjem—Melhus	550	227.70
Do. —Nypan	400	123.20
Do. —Heimdal. . . .	3 250	650.00
Do. —Ler.	225	144.00
Do. —Kvaal	125	67.50
Do. —Søberg	275	132.00
Do. —Selsbak	1 425	199.50
Sum	6 250	1 543.90
Merakerbanen.		
Trondhjem—Malvik	2 050	615.00
Do. —Hommelvik .	1 900	874.00
Do. —Hell	550	352.00
Do. —Leangen . . .	11 850	1 303.50
Do. —Ranheim . . .	6 175	926.25
Sum	22 525	4 070.75
Jæderbanen.		
Stavanger—Hinna	725	108.75
Do. —Sandnæs	4 225	1 267.50
Sum	4 950	1 376.25
Bergen-Vossbanen.		
Bergen—Solheimsviken . .	17 025	1 702.50
Do. —Minde	9 775	1 173.00
Do. —Fjøsanger.	35 175	4 924.50
Do —Nestun	50 550	10 110.00
Sum	112 525	17 910.00
Hovedbanen.		
Kristiania—Bryn.	5 550	796.75
Do. —Grorud.	1 250	336.65
Do. —Strømmen . . .	550	224.80
Do. —Lillestrøm . . .	1 025	496.60
Sum	8 375	1 854.80
Hovedsum	464 200	74 278.70

*) Familiebilletter til III Klasse i Bøger à 25 Stk. sælges til et begrændset Antal Stationer og paa kortere Afstande (Reisende med Familiebilletter er indbefattet i Specifikationen under Tabel VII).

Tabel XIV. Trafikindtægter
La distribution

Maaned.	Persontrafik. Trafic des voyageurs.				
	Reisende. Voyageurs.	Reisegods. Bagages.	Kjøretøier, Heste, Hunde og Lig. Equipages, chevaux, chiens, cercueils.	Post-befordring. Poste.	Sum. Total.
	Kroner.				
1ste Trafikdistrikt.					
Smaalensbanen.					
1891 Juli	80 510.34	1 163.18	515.72	4 405.72	86 594.[illegible]
— August	88 709.29	1 191.49	1 832.28	4 403.30	96 130.[illegible]
— September	70 383.64	1 108.02	676.49	4 284.38	76 452.[illegible]
— Oktober	72 594.34	996.90	623.74	4 405.72	78 620.[illegible]
— November	56 291.69	923.44	288.88	4 296.37	61 800.[illegible]
— December	68 147.26	939.81	167.98	4 415.79	73 670.[illegible]
1892 Januar	49 277.97	783.38	201.18	4 415.76	54 678.[illegible]
— Februar	53 202.58	771.01	645.87	4 176.98	58 796.[illegible]
— Marts	53 800.96	913.19	688.01	4 420.59	59 822.[illegible]
— April	76 784.97	1 145.80	500.30	4 291.53	82 722.[illegible]
— Mai	66 307.36	1 061.32	942.84	4 413.34	72 724.[illegible]
— Juni	89 066.94	1 043.95	721.09	4 296.36	95 128.[illegible]
Sum for Terminen	825 077.34	12 041.49	7 804.38	52 225.84	897 149.[illegible]
Kongsvingerbanen.					
1891 Juli	25 569.42	588.87	538.63	983.32	27 680.[illegible]
— August	24 474.10	548.81	242.69	983.32	26 248.[illegible]
— September	16 770.35	427.43	448.73	951.60	18 598.[illegible]
— Oktober	18 076.84	399.63	228.49	984.32	19 689.[illegible]
— November	11 700.21	361.95	463.23	952.60	13 477.[illegible]
— December	14 361.95	250.01	101.46	981.32	15 694.7[illegible]
1892 Januar	9 092.82	227.65	72.10	983.32	10 375.8[illegible]
— Februar	12 112.97	285.57	616.64	919.88	13 935.[illegible]
— Marts	13 118.02	328.47	313.56	983.32	14 743.[illegible]
— April	20 234.97	406.58	283.18	951.60	21 876.[illegible]
— Mai	17 305.75	413.53	181.21	983.32	18 883.[illegible]
— Juni	24 696.50	465.47	664.08	951.60	26 777.[illegible]
Sum for Terminen	207 513.90	4 703.97	4 154.00	11 609.52	227 981.[illegible]
2det Trafikdistrikt.					
Kristiania-Drammenbanen.					
1891 Juli	57 322.42	539.42	282.25	1 775.82	59 919.[illegible]
— August	60 777.94	608.66	268.78	1 755.29	63 410.[illegible]
— September	44 950.11	419.55	265.80	1 715.89	47 351.[illegible]
— Oktober	39 598.95	410.78	185.59	1 775.20	41 970.[illegible]
— November	30 878.67	260.74	144.55	1 694.75	32 978.[illegible]
— December	38 278.19	301.84	175.65	1 734.13	40 489.[illegible]
1892 Januar	31 453.20	361.77	85.53	1 734.12	33 634.[illegible]
— Februar	33 755.33	339.58	385.56	1 655.38	36 135.[illegible]
— Marts	32 452.68	326.06	140.37	1 775.21	34 694.[illegible]
— April	43 656.92	361.25	167.50	1 653.67	45 839.[illegible]
— Mai	41 271.15	369.00	223.20	1 714.05	43 577.[illegible]
— Juni	56 424.26	470.46	206.87	1 695.35	58 796.[illegible]
Sum for Terminen	510 819.82	4 769.11	2 531.65	20 678.86	538 799.[illegible]

[1]) Nemlig: Indtægter af Telegrammer, Leie af overliggende Gods, samt Godtgjørelse for Post[illegible]

...ing paa hver Maaned.
...s à chaque mois.

...gods. ...de vitesse	Godstrafik. Trafik des marchandises. Fragtgods. Petite vitesse.	Kreaturer m. m Animaux.	Sum. Total.	Øvrige Trafik-Indtægter [1]). Revenus autre de l'exploitation.	Hovedsum Trafik-Indtægter. Recettes totales de l'exploitation.	Procent paa hver Maaned af den hele Trafik-Indtægt. Proportion p. % des recettes totales.
Kroner.						
3 049.70	49 584.72	2 412.03	55 046.45	1 681.33	143 322.74	9.4
2 999.26	41 248.95	3 062.07	47 310.28	1 711.22	145 157.86	9.5
3 441.90	42 071.15	2 871.90	48 384.95	1 596.53	126 434.01	8.3
3 632.34	44 305.65	3 385.78	51 323.77	1 694.94	131 639.41	8.7
3 667.35	40 489.17	3 360.02	47 516.54	1 672.84	110 989.76	7.3
5 543.83	42 294.82	2 621.75	50 460.40	1 572.36	125 703.60	8.3
3 417.90	40 615.15	2 062.47	46 095.52	1 505.18	102 278.99	6.7
3 108.20	42 583.03	1 590.95	47 282.18	1 384.39	107 463.01	7.0
3 569.05	53 088.45	2 077.85	58 735.35	1 426.74	119 984.84	7.9
3 696.75	45 062.27	2 036.73	50 795.75	1 522.98	135 041.33	8.9
3 836.10	42 556.44	2 407.83	48 800.37	1 505.54	123 030.77	8.1
7 817.14	41 717.56	2 101.32	51 636.02	3 960.75	150 725.11	9.9
47 779.52	525 617.36	29 990.70	603 387.58	21 234.80	1 521 771.43	100.0
1 003.79	49 721.47	1 399.66	52 124.92	311.30	80 116.46	9.2
987.76	47 516.73	2 236.50	50 740.99	361.78	77 351.69	8.9
1 153.53	63 814.58	2 129.53	67 097.64	325.09	86 020.84	9.9
1 239.44	53 629.19	2 701.96	57 570.59	520.19	77 780.06	9.0
1 251.07	42 520.77	1 963.25	45 735.09	315.74	59 528.82	6.9
1 860.96	42 553.15	1 486.72	45 900.83	384.06	61 979.63	7.1
1 269.92	37 377.59	1 193.49	39 841.00	311.40	50 528.29	5.8
1 205.14	55 351.78	1 210.16	57 767.08	381.00	72 083.14	8.3
1 390.05	71 007.20	1 402.36	73 799.61	361.21	88 904.19	10.2
1 268.81	49 494.77	1 399.78	52 163.36	408.71	74 448.40	8.6
1 407.80	45 302.19	1 326.60	48 036.59	349.41	67 269.81	7.7
1 364.21	43 713.66	1 226.90	46 304.77	293.90	73 376.32	8.4
15 402.48	602 003.08	19 676.91	637 082.47	4 323.79	869 387.65	100.0
3 872.11	21 774.93	297.36	25 944.40	885.91	86 750.22	10.1
3 316.78	22 534.88	268.17	26 119.83	834.39	90 364.89	10.6
3 280.84	23 936.35	404.38	27 621.57	835.96	75 808.88	8.9
3 329.85	22 813.35	281.92	26 425.12	683.74	69 079.38	8.1
2 993.89	21 540.92	284.79	24 819.60	565.76	58 364.07	6.8
4 476.59	22 313.27	245.90	27 035.76	569.53	68 095.10	7.9
2 724.07	19 708.03	285.90	22 718.00	560.27	56 912.89	6.7
2 941.36	23 018.38	247.32	26 207.06	496.35	62 839.26	7.4
3 201.89	24 691.83	304.27	28 197.99	518.93	63 411.24	7.4
3 284.15	20 138.68	452.65	23 875.48	546.47	70 261.29	8.2
2 585.31	21 022.08	397.86	24 005.25	662.97	68 245.62	8.0
5 188.45	18 757.02	558.52	24 503.99	907.18	84 208.11	9.9
41 195.29	262 249.72	4 029.04	307 474.05	8 067.46	854 340.95	100.0

...ning med Nattog.

Maaned.	Persontrafik.				
	Reisende.	Reisegods.	Kjøretøier, Heste, Hunde og Lig.	Post-befordring	Sum.
	Kroner.				
Drammen-Skienbanen.					
1891 Juli	62 835.92	786.76	460.12	3 355.66	67 438.
— August	61 430.49	725.91	401.12	3 298 83	65 856.
— September	49 662.62	597.77	374.01	3 235.84	53 870.
— Oktober	35 398.78	614.62	263.99	3 226.31	39 503.
— November	28 027.24	456.89	250.28	3 077.27	31 811.
— December	37 816.65	493.10	349.97	3 139.85	41 799.
1892 Januar	30 364.23	437.74	195.30	3 139.37	34 136.
— Februar	29 665.95	453.23	388.16	3 026.05	33 533.
— Marts	29 624.78	484.38	206.11	3 249.83	33 565.
— April	35 520.72	498.50	306.44	2 972.73	39 298.
— Mai	29 530.15	532.25	377.30	3 084.38	33 524.
— Juni	41 475.74	597.72	294.73	3 074.55	45 442.
Sum for Terminen	471 353.27	6 678.87	3 867.53	37 880.67	519 780.
Drammen-Randsfjordbanen.					
1891 Juli	36 827.30	378.94	294.78	1 140.95	38 641.
— August	32 064.68	482.69	385.59	1 140.96	34 073.
— September	18 682.14	203.47	308.23	1 104.15	20 297.
— Oktober	18 734.89	197.75	194.97	1 149.01	20 276.
— November	13 053.13	82.77	154.16	1 111.95	14 402.
— December	16 333.27	157.36	131.61	1 149.02	17 771.
1892 Januar	10 965.07	101.49	56.51	1 149.01	12 272.
— Februar	15 074.99	140.69	274.96	1 074.89	16 565.
— Marts	12 888.68	112.66	119.56	1 149.02	14 269.
— April	17 561.89	135.15	200.49	1 111.95	19 009.
— Mai	17 914.00	172.58	220.27	1 149.02	19 455.
— Juni	26 724.44	300.20	301.51	1 041.75	28 367.
Sum for Terminen	236 824.48	2 465.75	2 642.64	13 471.68	255 404.
3die & 4de Trafikdistrikt.					
Eidsvold-Hamarbanen.					
1891 Juli	19 682.89	276.43	237.92	979.91	21 177.
— August	17 749 19	301.30	492.50	979.91	19 522
— September	10 508.14	233.17	404.32	948.30	12 093
— Oktober	8 963.67	198.36	216.70	929.16	10 30[illegible]
— November	7 098.55	141.23	108.89	887.40	8 236
— December	9 550.78	176.73	83.19	908.28	10 718
1892 Januar	6 762.39	151.79	60.40	908.28	7 882
— Februar	6 704.62	115.23	244.40	866.52	7 930
— Marts	8 047.87	163.17	358.05	929.16	9 498
— April	10 415.24	203.13	237.75	866.52	11 722
— Mai	12 057.27	260.65	464.38	897.84	13 680
— Juni	16 643.64	249.89	156.29	948.30	17 998
Sum for Terminen	134 184.25	2 471.08	3 064.79	11 049.58	150 769
Hamar—Grundset.					
1891 Juli	12 014.03	162.80	189.39	636.12	13 002
— August	10 816.79	159.38	202.07	636.12	11 814
— September	6 096.15	147.41	81.57	615 60	6 940
— Oktober	5 586.54	100.45	85.88	424.08	6 196
— November	3 617.83	56.01	51.08	410.40	4 135
— December	4 126.70	72.24	49.84	424.08	4 672

…ling paa hver Maaned.

Godstrafik.				Øvrige Trafik-Indtægter [1]).	Hovedsum Trafik-Indtægter.	Procent paa hver Maaned af den hele Trafik-Indtægt.
…gods.	Fragtgods.	Kreaturer m. m.	Sum.			
Kroner.						
2 143.68	13 936.98	269.68	16 350.34	653.49	84 442.29	12.2
1 840.92	11 743.98	267.85	13 852.75	577.36	80 286.46	11.6
2 341.92	12 419.14	282.12	15 043.18	537.54	69 450.96	10.0
2 043.19	12 402.89	260.35	14 706.43	434.60	54 644.73	7.9
2 011.53	11 937.45	134.76	14 083.74	435.55	46 330.97	6.7
3 287.36	10 549.00	157.54	13 993.90	434.88	56 228.35	8.1
1 948.89	8 096.18	157.00	10 202.07	385.96	44 724.67	6.4
1 796.41	10 220.38	80.27	12 097.06	327.31	45 957.76	6.6
2 158.66	12 925.21	201.46	15 285.33	342.86	49 193.29	7.1
2 222.04	10 851.44	105.05	13 178.53	453.43	52 930.35	7.6
2 016.18	13 533.55	156.83	15 706.56	327.60	49 558.24	7.1
2 694.61	11 533.57	350.68	14 578.86	538.18	60 559.78	8.7
26 505.39	140 149.77	2 423.59	169 078.75	5 448.76	694 307.85	100.0
1 863.82	60 604.15	120.28	62 588.25	1 055.42	102 285.64	11.2
1 657.66	66 599.62	102.62	68 359.92	999.09	103 432.93	11.3
1 478.55	61 387.26	353.62	63 219.43	699.11	84 216.53	9.2
1 556.80	66 204.00	172.54	67 933.34	677.68	88 887.64	9.8
1 469.43	56 337.04	215.54	58 022.01	401.73	72 825.75	8.0
1 928.64	57 445.81	184.58	59 559.03	507.66	77 837.95	8.5
1 318.33	37 125.49	114.30	38 558.12	441.64	51 271.84	5.6
1 559.43	34 815.04	227.22	36 601.69	450.89	53 618.11	5.9
1 564.62	43 023.80	224.39	44 812.81	398.15	59 480.88	6.5
1 537.21	38 308.18	238.80	40 084.19	438.27	59 531.94	6.5
1 570.24	52 613.01	409.46	54 592.71	542.93	74 591.51	8.2
1 903.85	53 669.34	310.10	55 883.29	844.37	85 095.56	9.3
19 408.60	628 132.74	2 673.45	650 214.79	7 456.94	913 076.28	100.0
1 582.96	14 504.58	197.31	16 284.85	138.71	37 600.71	10.6
889.37	9 749.61	203.44	10 842.42	149.47	30 514.79	8.6
841.96	15 418.08	830.02	17 090.06	119.71	29 303.70	8.3
1 079.91	14 029.22	348.72	15 457.85	133.71	25 899.45	7.3
1 245.87	11 779.40	297.68	13 322.95	95.60	21 654.62	6.1
2 040.84	14 552.24	152.62	16 745.70	151.25	27 615.93	7.8
1 198.62	13 436.07	200.72	14 835.41	111.34	22 829.61	6.5
1 401.76	18 798.77	304.15	20 504.68	110.51	28 545.96	8.1
1 481.71	21 665.51	720.66	23 867.88	97.65	33 463.78	9.4
1 100.88	16 974.35	542.13	18 617.36	127.01	30 467.01	8.6
1 248.44	16 204.67	386.27	17 839.38	155.29	31 674.81	8.9
1 591.13	14 451.02	474.47	16 516.62	153.54	34 668.28	9.8
15 703.45	181 563.52	4 658.19	201 925.16	1 543.79	354 238.65	100.0
1 608.06	6 313.80	45.83	7 967.69	234.08	21 204.11	11.7
833.11	6 358.26	142.65	7 334.02	205.00	19 353.38	10.7
781.76	7 073.47	519.84	8 375.07	209.73	15 525.53	8.6
859.59	7 111.81	270.16	8 241.56	185.33	14 623.84	8.1
901.61	6 732.88	125.13	7 759.62	121.89	12 016.83	6.6
1 336.18	5 942.04	24.80	7 303.02	142.90	12 118.78	6.7

[1]) Jf. Anm. Pag. 230.

Tabel XIV (Forts.). Trafikindtægte[…]

Maaned.	Persontrafik. Reisende.	Reisegods.	Kjøretøier, Heste, Hunde og Lig.	Post-befordring	Sum.
	Kroner.				
1892 Januar	3 742.68	78.04	46.29	424.08	4 291
— Februar	3 665.28	58.26	80.40	396.72	4 200
— Marts	5 418.28	83.11	149.43	424.08	6 074
— April	5 055.59	72.83	71.88	410.40	5 610
— Mai	6 077.79	94.93	94.81	424.08	6 691
— Juni	10 396.60	142.27	214.62	615.60	11 369
Sum for Terminen	76 614.26	1 227.73	1 317.26	5 841.36	85 000
Grundset—Aamot.					
1891 Juli	6 330.60	88.87	93.08	435.24	6 947
— August	5 352.17	91.46	99.64	435.24	5 978
— September	3 112.53	76.63	38.03	421.20	3 64
— Oktober	2 090.53	43.17	40.08	290.16	2 46
— November	1 519.72	26.58	27.53	280.80	1 854
— December	1 391.05	39.65	14.19	290.16	1 73
1892 Januar	1 414.42	37.51	34.98	290.16	1 777
— Februar	1 286.01	22.97	45.19	271.44	1 625
— Marts	1 884.55	30.87	35.06	290.16	2 240
— April	2 025.23	35.72	27.40	280.80	2 369
— Mai	2 777.24	44.93	38.35	290.16	3 150
— Juni	4 994.01	76.20	84.25	421.20	5 575
Sum for Terminen	34 178.06	614.56	577.78	3 996.72	39 367
Støren—Aamot.					
1891 Juli	59 401.68	974.66	956.32	5 356.80	66 689
— August	48 888.59	968.72	715.68	5 356.80	55 929
— September	26 737.02	848.28	313.67	5 184.00	33 082
— Oktober	14 802.32	386.51	308.98	4 480.74	19 978
— November	12 262.45	288.89	196.52	4 336.20	17 084
— December	10 033.00	363.18	90.63	4 480.74	14 967
1892 Januar	13 537.19	434.63	290.44	4 480.74	18 743
— Februar	13 478.44	261.12	561.14	4 191.66	18 492
— Marts	13 737.88	295.83	363.27	4 480.74	18 877
— April	18 300.82	381.16	169.68	4 336.20	23 18
— Mai	27 642.01	484.69	359.93	4 480.74	32 967
— Juni	44 706.81	859.86	791.23	5 184.00	51 541
Sum for Terminen	303 528.21	6 547.53	5 117.49	56 349.36	371 542
Trondhjem—Støren.					
1891 Juli	17 040.61	238.57	284.19	870.48	18 43
— August	14 002.81	223.82	431.28	870.48	15 52
— September	7 830.40	178.57	67.13	842.40	8 91
— Oktober	5 142.38	82.37	67.42	870.48	6 16
— November	4 162.35	67.05	69.14	842.40	5 14
— December	4 599.11	81.01	35.20	870.48	5 58
1892 Januar	4 031.45	76.86	43.08	870.48	5 02
— Februar	4 105.64	53.74	108.92	814.32	5 08
— Marts	4 634.17	56.30	71.59	870.48	5 63
— April	6 361.86	100.77	36.70	842.40	7 34
— Mai	8 020.20	108.71	61.40	870.48	9 06
— Juni	14 415.88	183.55	195.27	842.40	15 63
Sum for Terminen	94 346.86	1 451.32	1 471.32	10 277.28	107 54

ling paa hver Maaned.

gods.	Godstrafik. Fragtgods.	Kreaturer m. m.	Sum.	Øvrige Trafik-indtægter [1]).	Hovedsum Trafik-indtægter.	Procent paa hver Maaned af den hele Trafik-indtægt.
Kroner.						
802.28	6 500.26	66.75	7 369.29	155.92	11 816.30	6.5
749.59	8 132.90	51.26	8 933.75	142.51	13 276.92	7.4
735.35	9 610.10	54.76	10 400.21	203.27	16 678.38	9.2
707.03	5 371.26	30.41	6 108.70	184.87	11 904.27	6.6
833.03	6 001.03	69.31	6 903.37	179.60	13 774 58	7.6
1 277.16	5 591.22	109.95	6 978.32	193.94	18 541.35	10.3
[illegible] 424.75	80 739.02	1 510.85	93 674.62	2 159.04	180 834.27	100.0
1 230.68	2 062.98	20.63	3 314.29	64.25	10 326.33	13.7
545.26	2 699.81	89.83	3 334.90	49.50	9 362.92	12.4
475.44	2 374.31	312.58	3 162.33	25.55	6 836.27	9.1
538.61	2 426.07	155.42	3 120.10	26.10	5 610.14	7.5
621.76	2 366.70	81.70	3 070.16	25.17	4 949.96	6.6
939.18	1 857.27	15.76	2 812.21	49.10	4 596.36	6.1
326.22	1 924.21	39.37	2 289.80	32.83	4 099.70	5.4
354.61	2 368.91	19.97	2 743.49	30.65	4 399.75	5.8
351.11	3 560.93	36.08	3 948.12	29.61	6 218.37	8.3
249.83	2 080.71	20.30	2 350.84	46.45	4 766.44	6.3
264.52	2 267.60	25.11	2 557.23	34.25	5 742.16	7.6
[illegible]531.50	2 238.43	46.45	2 816.38	36.15	8 428.19	11.2
[illegible]28.72	28 227.93	863.20	35 519.85	449.61	75 336.58	100.0
[illegible]4 749.80	26 495.99	158.25	31 404.04	463.61	98 557.11	14.1
[illegible]1 973.77	23 367.54	755.42	26 096.73	548.45	82 574.97	11.8
[illegible]1 718.43	31 101.54	1 932.10	34 752.07	374.87	68 209.91	9.7
1 945.64	26 371.55	1 039.96	29 357.15	318.96	49 654.66	7.1
2 267.47	22 564.19	620.26	25 451.92	336.39	42 872.37	6.1
3 490.65	16 978.05	186.38	20 655.08	373.71	35 996.34	5.1
2 210.90	21 974.16	367.58	24 552.64	318.94	43 614.58	6.2
2 496.87	24 546.40	142.23	27 185.50	332.41	46 010.27	6.6
2 408.98	28 121.30	411.42	30 941.70	317.04	50 136.46	7.2
1 629.25	21 628.14	236.63	23 493.96	336.96	47 018.78	6.7
1 575.35	23 518.60	193.08	25 287.03	343.74	58 598.14	8.4
3 994.[illegible]	20 889.57	180.08	25 064.47	287.99	76 894.36	11.0
30 461.87	287 557.03	6 223.39	324 242.29	4 353.07	700 137.95	100.0
1 433.66	13 560.05	68.36	15 062.07	270.16	33 766.08	13.1
706.74	11 218.13	134.40	12 059.27	275.57	27 863.23	10.8
634.06	12 770.74	132.53	13 537.33	159.46	22 615.29	8.7
595.01	11 033.56	119.23	11 747.80	131.47	18 041.92	7.0
671.83	8 975.42	91.11	9 738.36	101.90	14 981.20	5.8
1 017.29	6 523.15	87.98	7 628.42	128.25	13 342.47	5.2
702.50	10 397.88	106.98	11 207.46	130.85	16 360.18	6.3
805.33	11 253.82	74.53	12 133.68	122.78	17 339.08	6.7
772.56	12 630.83	110.13	13 513.12	133.97	19 279.63	7.5
609.87	11 847.84	98.87	12 556.58	147.74	20 046.05	7.7
683.83	13 782.46	85.19	14 551.48	194.65	23 806.92	9.2
1 841.80	12 781.12	146.65	14 769.57	515.38	30 922.05	12.0
[illegible]474.18	136 775.00	1 255.96	148 505.24	2 312.18	258 364.10	100.0

[1]) Anm. Pag. 230.

Maaned.	Persontrafik.				
	Reisende.	Reisegods.	Kjøretøier, Heste, Hunde og Lig.	Post-befordring	Sum.
	Kroner.				
Rørosbanen. (Hamar—Trondhjem).					
1891 Juli	94 786.92	1 464.90	1 522.98	7 298.64	105 073
— August	79 060.36	1 443.38	1 448.67	7 298.64	89 251
— September	43 776.10	1 250.89	500.40	7 063.20	52 590
— Oktober	27 621.77	612.50	502.36	6 065.46	34 802
— November	21 562.35	438.53	344.27	5 869.80	28 214
— December	20 149.86	556.08	189.86	6 065.46	26 961
1892 Januar	22 725.74	627.04	414.79	6 065.46	29 833
— Februar	22 535.37	396.09	795.65	5 674.14	29 401
— Marts	25 674.88	466.11	619.35	6 065.46	32 825
— April	31 743.50	590.48	305.66	5 869.80	38 50
— Mai	44 517.24	733.26	554.49	6 065.46	51 87
— Juni	74 513.30	1 261.88	1 285.37	7 063.20	84 12
Sum for Terminen	508 667.39	9 841.14	8 483.85	76 464.72	603 45
Merakerbanen.					
1891 Juli	17 242.62	376.11	398.19	591.48	18 60
— August	14 357.26	336.64	90.53	591.48	15 37
— September	8 655.47	245.36	151.48	572.40	9 62
— Oktober	6 886.57	123.40	91.65	591.48	7 69
— November	5 386.52	79.80	94.50	572.40	6 13
— December	5 625.71	95.86	53.31	591.48	6 36
1891 Januar	4 323.68	85.29	191.52	591.48	5 19
— Februar	4 446.45	91.15	58.35	553.32	5 14
— Marts	5 495.28	117.59	70.80	591.48	6 27
— April	7 428.99	151.66	51.24	572.40	8 20
— Mai	9 086.44	267.95	62.04	591.48	10 00
— Juni	16 895.43	371.36	584.76	572.40	18 42
Sum for Terminen	105 830.42	2 342.17	1 898.37	6 983.28	117 054
5te Trafikdistrikt.					
1891 Juli	11 191.52	109.50	50.12	522.36	11 87
— August	12 080.05	104.80	40.73	518.72	12 74
— September	9 602.86	70.90	30.77	505.04	10 20
— Oktober	9 211.16	57.80	131.97	538.56	9 93
— November	5 322.79	38.80	28.21	516.40	5 90
— December	5 882.05	42.30	17.17	530.08	6 47
1892 Januar	4 034.73	26.80	11.59	530.08	4 60
— Februar	4 907.04	43.20	11.26	502.72	5 46
— Marts	6 589.05	30.90	43.32	538.56	7 20
— April	7 367.37	39.70	34.94	507.92	7 94
— Mai	7 279.62	50.70	26.34	525.84	7 88
— Juni	12 006.22	67.90	57.46	1 189.88	13 32
Sum for Terminen	95 474.46	683.30	483.88	6 926.16	103 5
6te Trafikdistrikt.					
1891 Juli	38 792.40	285.90	172.40	501.12	39 7
— August	33 702.28	278.75	152.95	492.48	34 6
— September	14 233.90	137.90	113.70	483.84	14 9
— Oktober	11 422.71	93.35	321.77	2 519.20	14 3
— November	9 045.37	48.20	60.05	2 487.80	11 6
— December	8 559.00	60.65	85.95	2 511.56	11 2

…ling paa hver Maaned.

…gods.	Godstrafik. Fragtgods.	Kreaturer m. m.	Sum.	Øvrige Trafik-Indtægter [1]).	Hovedsum Trafik-Indtægter.	Procent paa hver Maaned af den hele Trafik-Indtægt.
Kroner.						
9 022.20	48 432.82	293.07	57 748.09	1 032.10	163 853.63	13.5
4 058.88	43 643.74	1 122.30	48 824.92	1 078.52	139 154.49	11.5
3 609.69	53 320.06	2 897.05	59 826.80	769.61	113 187.00	9.3
3 938.85	46 942.99	1 584.77	52 466.61	661.86	87 930.56	7.2
4 462.67	40 639.19	918.20	46 020.06	585.35	74 820.36	6.2
[illegible] 783.30	31 300.51	314.92	38 398.73	693.96	66 053.95	5.4
4 042.00	40 796.51	580.68	45 419.19	638.54	75 890.76	6.2
4 406.40	46 302.03	287.99	50 996.48	628.35	81 026.02	6.7
4 267.60	53 923.16	612.39	58 803.15	683.89	92 312.84	7.6
3 1[illegible]5.92	40 927.95	386.21	44 510.08	716.02	83 735.54	6.9
[illegible] 356.73	45 569.69	372.69	49 299.11	752.24	101 921.80	8.4
7 645.28	41 500.33	483.13	49 628.74	1 033.46	134 785.95	11.1
[illegible] 789.52	533 298.98	9 853.40	601 941.90	9 273.90	1 214 672.90	100.0
440.25	23 777.80	71.15	24 289.20	365.28	43 262.88	10.3
405.65	19 771.98	44.85	20 222.48	392.92	35 991.31	8.6
356.74	29 754.34	137.36	30 248.44	297.98	40 171.13	9.6
387.90	35 307.63	147.13	35 842.66	234.95	43 770.71	10.4
558.53	31 963.40	66.58	32 588.51	238.41	38 960.14	9.3
574.41	22 152.57	42.20	22 769.18	214.23	29 349.77	7.0
545.94	17 932.26	64.70	18 542.90	273.16	24 008.03	5.7
548.03	19 221.07	72.54	19 841.64	228.14	25 219.05	6.0
574.16	24 944.61	102.64	25 621.41	227.67	32 124.23	7.6
353.07	21 347.40	119.00	21 819.47	223.50	30 247.26	7.2
315.20	22 318.32	119.90	22 753.42	231.97	32 993.39	7.9
412.54	24 162.70	80.20	24 655.44	619.64	43 699.03	10.4
5 472.42	292 654.08	1 068.25	299 194.75	3 547.85	419 796.84	100.0
149.66	3 248.33	93.15	3 491.14	178.75	15 543.39	10.5
145.43	3 010.37	282.90	3 438.70	268.81	16 451.81	11.1
133.56	3 128.74	460.84	3 723.14	232.00	14 164.71	9.6
135.32	3 150.80	328.68	3 614.80	207.08	13 761.37	9.3
123.27	2 706.40	279.09	3 108.76	185.90	9 200.86	6.2
155.86	2 575.96	225.05	2 956.87	142.54	9 571.01	6.5
114.19	1 504.83	239.66	1 858.68	158.63	6 620.51	4.5
130.14	2 608.41	196.07	2 934.62	130.99	8 529.83	5.8
163.08	3 758.06	248.94	4 170.08	172.72	11 544.63	7.8
145.24	4 069.58	163.78	4 378.60	162.16	12 490.69	8.5
177.34	3 746.32	260.64	4 184.30	175.21	12 242.01	8.3
168.04	3 824.99	119.09	4 112.12	151.54	17 585.12	11.9
1 741.13	37 332.79	2 897.89	41 971.81	2 166.33	147 705.94	100.0
1 372.17	6 689.80	66.80	8 128.77	1 225.30	49 105.89	15.6
1 283.22	5 059.75	21.20	6 364.17	1 170.78	42 161.41	13.4
985.54	5 358.20	137.10	6 480.84	424.70	21 874.88	6.9
895.00	6 135.55	398.45	7 429.00	230.00	22 016.03	7.0
814.79	5 654.85	322.80	6 792.44	209.74	18 643.60	5.9
967.92	4 269.25	221.65	5 458.82	226.70	16 902.68	5.3

[1]) Jfr. Anm. Pag. 230.

Maaned.	Persontrafik.				
	Reisende.	Reisegods.	Kjøretøier, Heste, Hunde og Lig.	Post-befordring	Sum.
	Kroner.				
1892 Januar	7 032.95	105.05	79.15	2 511.24	9 728.
— Februar	7 763.35	38.10	120.70	2 463.70	10 385.
— Marts	8 436.30	40.45	56.10	2 549.02	11 081.
— April	13 621.50	96.15	171.95	457.92	14 347.
— Mai	23 611.29	156.40	193.70	462.24	24 423.
— Juni	32 915.00	157.95	152.55	1 243.88	34 469.
Sum for Terminen	209 136.05	1 498.85	1 680.97	18 684.00	230 999.
Statsbanerne.					
1891 Juli	444 761.75	5 970.01	4 473.11	21 554.98	476 759.
— August	424 405.64	6 022.43	5 355.84	21 462.93	457 246.
— September	287 225.33	4 694.46	3 273.93	20 864.64	316 058.
— Oktober	248 509.68	3 705.09	2 761.23	22 184.42	277 160.
— November	188 366.52	2 832.35	1 937.02	21 466.74	214 602.
— December	224 704.72	3 073.74	1 356.15	22 026.97	251 161.
1892 Januar	176 032.78	2 908.00	1 368.07	22 028.12	202 336.
— Februar	190 168.65	2 673.85	3 541.55	20 913.58	217 297.
— Marts	196 128.50	2 982.98	2 615.23	22 251.65	223 978.
— April	264 336.07	3 628.40	2 259.45	19 256.04	289 479.
— Mai	268 880.27	4 017.64	3 245.77	19 886.97	296 030.
— Juni	391 361.47	4 986.78	4 424.71	22 077.27	422 850.
Sum for Terminen	3 304 881.38	47 495.73	36 612.06	255 974.31	3 644 963.
Hovedbanen.					
1891 Juli	60 116.04	931.90	685.12	1 184.50	62 917.5
— August	54 054.52	896.97	934.87	1 184.50	57 070.8
— September	32 849.19	662.71	781.99	1 184.50	35 478.3
— Oktober	28 447.17	522.37	1 282.87	1 184.50	31 436.9
— November	19 848.40	303.70	351.32	1 184.50	21 687.9
— December	29 229.61	344.36	146.80	1 184.50	30 905.2
1892 Januar	17 583.09	271.43	120.91	1 184.50	19 159.3
— Februar	19 634.68	233.65	481.84	1 184.50	21 53
— Marts	21 994.73	294.13	968.64	1 184.50	24 442
— April	29 626.34	417.42	446.87	1 184.50	31 675
— Mai	30 421.59	571.57	917.06	1 184.50	33 094
— Juni	53 785.91	791.06	571.79	1 225.98	56 374
Sum for Terminen	397 591.27	6 241.27	7 690.08	14 255.48	425 778.
Samtlige Baner.					
1891 Juli	504 877.79	6 901.91	5 158.23	22 739.48	539 677.4
— August	478 460.16	6 919.40	6 290.71	22 647.43	514 317.7
— September	320 074.52	5 357.17	4 055.92	22 049.14	351 536.7
— Oktober	276 956.85	4 227.46	4 044.10	23 368.92	308 597.3
— November	208 214.92	3 136.05	2 288.34	22 651.24	236 290.5
— December	253 934.33	3 418.10	1 502.95	23 211.47	282 066.8
1892 Januar	193 615.87	3 179.43	1 488.98	23 212.62	221 496.9
— Februar	209 803.33	2 907.50	4 023.39	22 098.08	238 832.3
— Marts	218 123.23	3 277.11	3 583.87	23 436.15	248 420.3
— April	293 962.41	4 045.82	2 706.32	20 440.54	321 155.
— Mai	299 301.86	4 589.21	4 162.83	21 071.47	329 125.
— Juni	445 147.38	5 777.84	4 996.50	23 303.25	479 224.
Sum for Terminen	3 702 472.65	53 737.00	44 302.14	270 229.79	4 070 741.

…ling paa hver Maaned.

…gods.	Godstrafik. Fragtgods.	Kreaturer m. m.	Sum.	Øvrige Trafik-Indtægter [1]).	Hovedsum Trafik-Indtægter.	Procent paa hver Maaned af den hele Trafik-Indtægt.
Kroner.						
697.70	3 729.85	158.40	4 585.95	198.74	14 513.08	4.6
894.55	4 867.20	167.25	5 928.90	264.37	16 579.12	5.3
786.55	6 298.25	148.20	7 233.00	214.04	18 528.91	5.9
801.29	5 062.75	200.55	6 064.59	239.56	20 651.67	6.6
949.65	5 499.40	119.55	6 568.60	265.49	31 257.72	9.9
1 247.18	6 691.82	252.50	8 191.50	344.89	43 005.77	13.6
11 695.56	65 316.57	2 214.45	79 226.58	5 014.31	315 240.76	100.0
24 500.34	292 275.58	5 220.49	321 996.41	7 527.59	806 283.85	11.0
37 584.95	270 879.61	7 611.90	296 076.46	7 544.34	760 867.64	10.4
27 624.23	310 607.90	10 503.92	338 736.05	5 838.23	660 632.64	9.0
18 238.60	304 921.27	9 610.30	332 770.17	5 478.75	615 409.34	8.4
18 598.40	265 568.59	7 842.71	292 009.70	4 706.62	511 318.95	7.0
27 619.71	250 006.58	5 652.93	283 279.22	4 897.17	539 337.97	7.4
17 277.56	220 321.96	5 057.32	242 656.84	4 584.86	449 578.67	6.2
17 991.42	257 785.99	4 383.92	280 161.33	4 402.30	501 861.26	6.9
19 157.37	315 326.08	6 043.16	340 526.61	4 443.86	568 948.83	7.8
17 605.36	252 237.37	5 644.68	275 487.41	4 838.11	569 805.48	7.8
17 462.99	268 365.67	5 957.63	291 786.29	4 968.65	592 785.59	8.1
30 032.43	260 022.01	5 956.91	296 011.35	8 847.45	727 709.03	10.0
43 693.36	3 268 318.61	79 485.87	3 591 497.84	68 077.93	7 304 539.25	100.0
5 442.20	106 369.25	1 008.47	112 819.92	818.77	176 556.25	11.2
3 913.30	95 000.51	1 026.00	99 939.81	755.73	157 766.40	10.1
3 576.53	101 288.94	1 547.58	106 413.05	670.15	142 561.59	9.1
3 900.73	101 307.81	1 796.09	107 004.63	764.47	139 206.01	8.9
3 789.09	90 628.68	1 053.01	95 470.78	587.44	117 746.14	7.5
5 928.73	90 722.96	896.24	97 547.93	663.52	129 116.72	8.2
3 410.62	66 008.07	815.17	70 233.86	574.46	89 968.25	5.7
3 658.62	84 133.09	873.69	88 665.40	546.27	110 746.34	7.1
3 903.42	99 270.67	1 390.44	104 564.53	615.56	129 622.09	8.3
3 371.59	72 883.58	1 238.19	77 493.36	541.19	109 709.68	7.0
3 694.05	79 851.06	1 435.68	84 980.79	664.22	118 739.73	7.6
6 163.45	80 931.50	1 584.83	88 679.78	757.54	145 812.06	9.3
59 752.33	1 068 396.12	14 665.39	1 133 813.84	7 959.32	1 567 551.26	100.0
29 942.54	398 644.83	6 228.96	434 816.33	8 346.36	982 840.10	11.1
21 498.25	365 880.12	8 637.90	396 016.27	8 300.07	918 634.04	10.4
21 200.76	411 896.84	12 051.50	445 149.10	6 508.38	803 194.23	9.0
22 139.33	406 229.08	11 406.39	439 774.80	6 243.22	754 615.35	8.5
22 387.49	356 197.27	8 895.72	387 480.48	5 294.06	629 065.09	7.1
33 548.44	340 729.54	6 549.17	380 827.15	5 560.69	668 454.69	7.5
20 658.18	286 330.03	5 872.49	312 890.70	5 159.32	539 546.92	6.1
21 650.04	341 919.08	5 257.61	368 826.73	4 948.57	612 607.60	6.9
23 060.79	414 596.75	7 433.60	445 091.14	5 059.42	698 570.92	7.9
20 976.95	325 120.95	6 882.87	352 980.77	5 379.30	679 515.16	7.7
21 157.04	348 216.73	7 393.31	376 767.08	5 632.87	711 525.32	8.0
36 195.88	340 953.52	7 541.74	384 691.13	9 604.99	873 521.09	9.8
24 445.69	4 336 714.73	94 151.26	4 725 311.68	76 037.25	8 872 090.51	100.0

[1]) Jfr. Anm. Pag. 230.

Tabel XIV (Forts.). Fordeling af Indtægter ved Dampskibsfart [1]) paa hver Maaned.

Maaned.	Persontrafik. Ialt.	Persontrafik. Hvoraf Reisende.	Godstrafik. Ialt.	Godstrafik. Hvoraf Fragtgods.	Hovedsum Trafikindtægter.	Procent paa hver Maaned af den hele Trafikindtægt.
	Kroner.					
1891 Juli	2 728.71	2 714.75	654.79	624.90	3 383.50	20.4
— August	2 752.18	2 716.66	625.00	597.53	3 377.18	20.3
— September	856.82	838.73	1 021.17	1 003.57	1 877.99	11.3
— Oktober	615.00	607.80	1 251.92	1 237.70	1 866.92	11.2
— November	324.85	320.05	1 072.68	1 025.83	1 397.53	8.4
— December	-	-	82.00	82.00	82.00	0.5
1892 Mai	495.20	485.00	891.00	879.23	1 386.20	8.3
— Juni	2 284.34	1 757.77	953.21	927.07	3 237.55	19.6
Sum for Terminen	10 057.10	9 440.76	6 551.77	6 377.83	16 608.87	100.0

Trafik af Reisende og Gods i Lokal- og Samtrafik har udgjort:

Reisende.		Op.	Ned.	Sum.
1ste Plads	Antal	830	1 038	1 868
2den do.	do.	2 676	2 503	5 179
	Tilsammen	3 506	3 541	7 047
Il- & Fragtgods.				
Lokaltrafik	kg.	95 260	11 020	106 280
Samtrafik med Kristiania—Drammenbanen, Drammen—Skienbanen og Drammen—Randsfjordbanen	kg.	646 900	38 820	685 720
	Tilsammen	742 160	49 840	792 000

Gjennemsnitsindtægten for hver Reisende har været Kr. 1.34 og pr. Ton Gods Kr. 8.05.

Udgifter til Drift og Vedligehold har udgjort Kr. 11 481.24, hvoraf til Lønninger Kr. 4 886.07, til Forbrugssager Kr. 4 634.56, til Vedligehold af Skibet Kr. 1 271.70 samt til Vedligehold af Brygger og Kanalværker Kr. 688.91. Dampskibet har havt Fyr oppe i 1 511 Timer og gjennemløbet 16 630 km. Det har forbrugt 216 000 kg. Kul, Kostende Kr. 3 922.92 foruden 40 m.^{3} Brænde, Kostende Kr. 26.00 Forbruget pr. km har været 12.99 kg. Kul, 0.036 l. Olie, 0.006 kg. Talg og 0.005 kg. Pudsegarn.

[1]) Drammen—Randsfjordbanens Dampskib «Bægna» paa Indsøen Spirillen. Dampskibet var i Fart fra Terminens Begyndelse indtil 28de November, samt fra 14de Mai til Terminens Udgang. Fra 26de September til 12te Oktober og fra 5te til 28de November samt fra 14de til 16de Mai gik Skibet kun til Næs. I Aarets Løb er der udført 4 Extrature.

Tabel XV.

Oversigt over Pensions- og Understøttelseskassernes Status pr. 30te Juni 1892.

Situation financière des caisses de pensions et de secours au 30. juin 1892.

Tabel XV. Oversigt over Pensions- og Un
Situation financière des caisses

1	2	3	4	5	6	7	8
			Indtægter. Recettes.				
	Trafikdistrikter. Sections de ligne.	**Beholdning pr. 30. Juni 1891.** Situation au 30. Juin 1891.	Tilskud fra Banen. Allocations des compagnies.		Bidrag fra Personalet. Cotisations des membres de la caisse.	Renter & tilfældige Indtægter. Intérêts.	Sum. Indtægt Total
			Direkte. Directement.	Indirekte. Indirectement.			
		Kroner.					
Pensionskasserne. Caisses de pension.	**Statsbanerne.**	1 990 723.63	93 223.99	-	31 415.14	85 325.10	209 96
	Hovedbanen.	' 679 325.52	1) 18 829.62	-	6 276.54	28 702.90	53 80
	Samtlige Baner.	2 670 049.15	112 053.61	-	37 691.68	114 028.00	263 77
Understøttelseskasserne. Caisses de secours.	**1ste Trafikdistrikt.**	196 623.63	3 269.62	6 069.02	5 796.90	9 559.66	24 69
	2det Trafikdistrikt.	261 821.99	3 468.13	5 969.20	9 818.19	11 512.60	30 768
	3die og 4de Trafikd.	154 156.95	3 057.01	5 686.35	6 051.84	7 009.13	21 804
	5te Trafikdistrikt.	21 745.45	329.58	251.34	561.53	919.11	2 061
	6te Trafikdistrikt.	21 854.25	484.25	835.97	750.29	1 046.49	3 11
	Statsbanerne.	656 202.27	10 608.59	18 811.88	22 978.75	30 046.99	82 446
	Hovedbanen.	134 907.92	2 092.18	4 451.80	3 103.67	5 484.93	15 13
	Samtlige Baner.	791 110.19	12 700.77	23 263.68	26 082.42	35 531.92	97 57

1) Heri Tilskud for Hovedbanens særskilte Formue og fra Statsbanerne for Værkstedet og K stiania Fællesstation.
2) Heri tilbagebetalte Bidrag Kr. 1 672.81.
3) Tilbagebetalte Bidrag.

…sseskassernes Status pr. 30te Juni 1892.
…s et de secours au 30. juin 1892.

9	10	11	12	13	14	15	16	17
	Udgifter. Dépenses.				Af Fondet henstaar: Des fonds sont restants:			
…ioner …ler …der- …dser. …sions …cours.	Andre Udgifter. Dépenses diverses.	Sum. Udgifter. Total.	Overskud i Terminen. Excédant.	Beholdning pr. 30. Juni 1892. Solde au 30. juin 1892.	mod Pant i faste Eiendomme. avec nantissement de propriétés solides.	hos Banerne. chez les compagnies.	Antal Medlemmer pr. 30. Juni 1892. Nombre de membres au 30. juin 1892.	Antal Personer, der nød Pension eller Understøttelse pr. 30. Juni 1892. Nombre de personnes avec pension ou secours au 30. juin 1892.
			Kroner.					
…62.03	[2]) 1 681.41	14 943.44	195 020.79	2 185 744.42	742 212.50	[4])1 443 531.92	2 400	[5]) 49
…78.30	[3]) 897.20	13 375.50	40 433.56	719 759.08	680 300.00	39 459.08	494	[6]) 38
…40.33	2 578.61	28 318.94	235 454.35	2 905 503.50	1 422 512.50	1 482 991.00	2 894	87
…727.66	-	12 727.66	11 967.54	208 591.17	207 860.00	731.17	677	50
…283.37	5.00	14 288.37	16 479.75	278 301.74	267 600.00	10 701.74	825	49
…005.27	-	12 005.27	9 799.06	163 956.01	154 050.00	9 906.01	719	41
…800.41	-	1 800.41	261.15	22 006.60	21 620.00	386.60	72	5
…600.00	20.92	620.92	2 496.08	24 350.33	21 850.00	2 500.33	107	3
…416.71	25.92	41 442.63	41 003.58	697 205.85	672 980.00	24 225.85	2 400	148
…3779.44	535.37	14 314.81	817.77	135 725.69	83 500.00	52 225.69	494	66
…5196.15	561.29	55 757.44	41 821.35	832 931.54	756 480.00	76 451.54	2 894	214

[4] *Heraf* i Henhold til Storthingets Beslutning af 1891 Laan til Kristiania - Drammen og Støren —Aamotbanen mod Statens Garanti Kr. 1 240 000.00.

[5] *Heraf erholdt* 20 tillige Bidrag af Understøttelseskassen.

[6] *Heraf erholdt* 2 do. do. - do.

Tabel XVI. Opgaver vedk

Renseignement s

1	2	3	4	5	6	7	8	9	10	11	12
Banernes Navn. Désignation des chemins de fer.	Telegraflinier. Réseau télégraphique.		Linier for elektriske Signaler. Réseau pour signaux électriques.		Jernbanestationer eller Stoppesteder udstyrede med: Stations pourvues de:					Vogterbolig eller Vagth udstyrede m Maisons de g pourvues de	
	Liniernes Længde. Longueur des lignes du réseau.	Traadenes Længde. Développement des fils conducteurs.	Liniernes Længde. Longueur des lignes.	Traadenes Længde. Développement des fils conducteurs.	Telegraf- og Signalapparater. Appareils télégraphiques et signaux.	Telegrafapparater. Appareils télégraphiques.	Telefon- og Signalapparater. Appareils téléphoniques et signaux.	Telefoner. Téléphones.	Signalapparater. Appareils signals.	Telefon- og Signalapparater. Appareils téléphoniques et signaux.	Telefoner. Téléphones.
	Kilometer. Kilomètres.				Antal. Nombre.						
Smaalensbanen.	249.1	412.0	249.1	249.1	33	-	-	-	1	-	-
Kongsvingerbanen	135.6	271.2	135.6	114.6	12	-	-	2	-	-	-
1ste Trafikdistr.	384.7	683.2	384.7	363.7	45	-	-	2	1	-	-
Kr ania-Dr.menb.	54.4	107.3	52.9	52.9	10	-	1	-	2	-	-
Dr.men-Skienb.	156.0	316.0	156.0	158.0	20	-	4	-	-	1	-
Dr.men-Randsfj.b.	143.5	249.0	143.5	143.5	18	-	4	-	-	-	-
2det Trafikdistr.	353.9	672.3	352.4	354.4	48	-	9	-	2	1	-
Eidsvold-Hamarb.	58.4	116.8	58.4	58.4	6	-	-	-	-	-	-
Rørosbanen.	433.4	872.0	2.0	2.0	-	43	1	-	-	1	-
Merakerbanen.	102.3	102.3	102.3	102.3	8	-	1	-	-	-	1
3die & 4de Trafikd.	594.1	1 091.1	162.7	162.7	14	43	2	-	-	1	1
5te Trafikdistr.	76.2	92.0	-	-	-	9	-	-	-	-	-
6te Trafikdistr.	108.0	108.0	9.0	9.0	2	11	1	2	1	-	-
Statsbanerne.	1 516.9	2 646.6	908.8	889.8	109	63	12	4	4	2	1
Hovedbanen.	67.8	156.6	67.8	67.8	11	-	1	-	-	-	2
Samtlige Baner.	1 584.7	2 803.2	976.6	957.6	120	63	13	4	4	2	3

Af de samlede Indtægter af Telegrafen falder paa:

Porto af Telegrammer, der alene er befordrede paa Jernbanens Linier (heri indbefattet hele Bergen—Vossbanens Indtægt) . . . . Kr. 48 176

Jernbanernes Andel af Telegrammer, der tillige er befordrede paa Statstelegrafens Linier . . . . « 9 086

Øvrige Indtægter (Viderebefordringer med Fradrag af Udgifter til Ombringelse) . . . . . « 41C

Kr. 57 673

…e Jernbanernes Telegraf.

…phe des chemins de fer.

(14)	15	16	17	18	19	20	21	22	23	24
…pparater. …eils en service.			Betjening. Personnel.		Private Telegrammer. Télégrammes privés.		Tjenestetelegrammer[2]). Télégrammes de service.	Indtægter: Jernbanernes Andel. Recettes: Quote-part des chemins de fer.	Udgifter. Dépenses.	
…	Telefonapparater. Appareils téléphoniques.	Signalapparater. Appareils signals.	Telegrafister. Hommes.	Telegrafistinder. Femmes.	Alene befordrede paa Jernbanernes Linier. Seulement expediés aux réseaux des chemins de fer.	Tillige befordrede paa Statstelegrafens Linier. Expediés aux réseaux de l'état.			Nye Anlæg. Nouveau réseau.	Drift og Vedligehold. Entretien et exploitation.
Antal. Nombre.								Kroner.		
…6	-	74	27	3	14 999	3 847	22 211	8 480.97	-	[3]) 37 074.04
…1	4	28	14	2	6 126	315	5 038	4 099.65	-	12 616.70
…7	4	102	41	5	21 125	4 162	27 249	12 580.62	-	49 690.74
…9	2	29	13	7	9 083	4 728	24 142	5 959.64	-	22 735.54
…3	10	54	17	9	7 372	1 955	18 704	4 844.36	-	29 212.08
…4	8	42	13	9	8 905	7 834	20 412	6 929.02	-	23 253.85
…6	20	125	43	25	25 360	14 517	63 258	17 733.02	-	75 201.47
…9	-	14	6	-	1 812	692	5 625	1 445.80	-	4 247.92
…5	2	-	17	1	12 205	5 745	28 651	8 843.66	-	18 142.15
…9	4	25	5	-	3 203	3 276	5 404	3 230.77	-	4 889.04
…3	6	39	28	1	17 220	9 713	39 680	13 520.23	-	27 279.11
…9	-	-	3	2	1 666	4 227	1 862	2 166.33	-	4 330.08
…3	4	5	-	-	-	-	-	4 954.09	-	1 934.48
…8	34	271	115	33	65 371	32 619	132 049	50 954.29	-	158 435.88
…0	4	28	42	7	11 312	2 973	14 440	6 719.27	-	[3]) 32 655.96
…8	38	299	157	40	76 683	35 592	146 489	57 673.56	-	191 091.84

Apparaterne tilhører følgende Systemer:
Morse, sluttet Linie 19 Stkr., Digneys Viserapparater 113 Stkr.
Morse, aaben Linie 88 Stkr., Siemens & Halskes Viserapparater 34 Stkr. Telefoner 27.
Kun de paa Jernbanens Linier befordrede.
Heri indbefattet Andel i Udgifter ved Kristiania Fællesstation.

Tabel XVII.

Personale.

Personnel.

	Styrelsen. Direction générale.	Statsbanerne. Chemins de fer de l'état. 1ste Trafikdistrikt.	2det Trafikdistrikt.	3die Trafikdistrikt.	4de Trafikdistrikt.	5te Trafikdistrikt.	6te Trafikdistrikt.	Tilsammen. Total.	Hovedbanen. Chemin de fer principal.	Tilsammen for samtlige Baner. Tous les chemins de fer.
		km. *) 364	km. 352	km. 280	km. 314	km. 76	km. 108	km. 1 494	km 68	km. 1 562
	Antal. Nombre.									
Bureauafdelingen	18	-	1	1	1	1	1	23	20	43
Generaldirektør	1	-	-	-	-	-	-	1	-	1
Direktører	-	-	-	-	-	-	-	-	6	6
Overbestyrer	-	-	-	-	-	-	-	-	1	1
Bureauchef	1	-	-	-	-	-	-	1	-	1
Kontorchef	-	-	-	-	-	-	-	-	1	1
Hovedkasserer	1	-	-	-	-	-	-	1	1	2
Hovedbogholder	1	-	-	-	-	-	-	1	1	2
Forstander for det statistiske Kontor	1	-	-	-	-	-	-	1	-	1
Sekretær	1	-	-	-	-	-	-	1	-	1
Assistent hos Hovedbogholderen	1	-	-	-	-	-	-	1	-	1
Distriktskasserere	-	1) -	1	1	1	1	1	5	-	5
Fuldmægtige	3	-	-	-	-	-	-	3	-	3
Kontorister	4	-	-	-	-	-	-	4	9	13
Kontoristlærlinge og Bud	4	-	-	-	-	-	-	4	1	5
Trafikafdelingen	41	2) 277	430	119	117	26	40	1050	249	1299
Direktør for Trafikafdelingen	1	-	-	-	-	-	-	1	-	1
Driftsbestyrere	-	1	1	3) 1	1	1	1	6	-	6
Overtrafikkontrollør	1	-	-	-	-	-	-	1	-	1
Assistent hos Direktøren	1	-	-	-	-	-	-	1	-	1
Driftsassistenter	-	1	2	1	1	-	-	5	-	5
Togkontrollør	1	-	-	-	-	-	-	1	-	1

*) For Maskinafdelingens Vedkommende refererer det opførte Personale sig til 331 km., idet Fredrikshald—Grændsen ikke er indbefattet.
1) Som Distriktskasserer fungerer Hovedkassereren.
2) Heri Stationsbetjening for Strækningen Fredrikshald—Kornsø.
3) Tillige Distriktsingeniør.

Tabel XVII (Forts.). Personale.

	Styrelsen.	Statsbanerne. 1ste Trafikdistrikt.	2det Trafikdistrikt.	3die Trafikdistrikt.	4de Trafikdistrikt.	5te Trafikdistrikt.	6te Trafikdistrikt.	Tilsammen.	Hovedbanen.	Tilsammen for samtlige Baner.
		km. *) 364	km. 352	km. 280	km. 314	km. 76	km. 108	km. 1 494	km. 68	km. 1 562
	Antal.									
Billetforvalter	1	-	-	-	-	-	-	1	-	1
Trafikkontrollører	4	-	-	-	-	[1]) -	[1]) -	4	-	4
Forstander for Rundreisekontoret	1	-	-	-	-	-	-	1	-	1
Fuldmægtige	6	1	1	1	-	-	-	9	-	9
Kontorister	22	3	2	-	2	1	1	31	-	31
Bud	3	1	1	1	1	-	-	7	-	7
Stationsmestere	-	44	50	24	28	6	6	158	12	170
Stations- og Stoppestedsexpeditører	-	4	9	4	2	1	7	[2]) 27	2	29
Understationsmestere	-	-	2	-	-	-	-	2	1	3
Fuldmægtige ved Stationerne	-	-	5	1	2	-	-	8	3	11
Kontorister = do.	-	8	36	10	13	1	5	73	31	104
Kontoristlærlinge	-	-	2	1	-	-	-	3	-	3
Telegrafister	-	41	43	17	11	3	-	115	42	157
Telegrafistinder	-	5	25	1	-	2	-	33	7	40
Formænd og Vognskrivere	-	7	16	5	2	-	2	32	34	66
Faste Sporskiftere	-	9	32	6	8		3	58	8	66
Pakkekjørere	-	-	4	1	-	-	-	5	3	8
Telegrafkyndige Stationsbetjente	-	29	19	10	3	-	-	61	-	61
Andre Stationsbetjente	-	52	75	13	9	4	7	160	60	220
Portnere	-	-	-	-	-	-	-	-	1	1
Vagtmænd	-	-	6	-	-	-	-	6	-	6
Vognpudsere	-	-	1	-	-	-	-	1	-	1
Lærlinge og Bud	-	8	31	-	5	2	1	47	9	56
Overkonduktører	-	20	24	9	11	2	4	70	9	79
Underkonduktører	-	42	40	13	18	3	3	119	15	134
Skiftekonduktører	-	1	3	-	-	-	-	4	10	14
Billetkontrollører	-	-	-	-	-	-	-	-	2	2
Maskinafdelingen	3	97	215	64	137	14	21	551	187	738
Direktør for Maskinafdelingen	1	-	-	-	-	-	-	1	-	1
Maskiningeniører	-	-	1	-	[3]) 1	-	-	2	1	3
Værksmestere	-	-	1	-	-	-	-	1	1	2
Bogholdere	-	-	1	-	1	[4]) 1	[4]) 1	4	1	5
Materialforvaltere	-	-	1	1	1	-	-	3	1	4
Lokomotivmestere	-	-	1	-	1	1	1	4	-	4
Værkstedsformænd	-	-	2	1	3	-	-	6	3	9

*) For Maskinafdelingens Vedk. 331 km., (jfr. Anm. Pag. 246).
[1]) Stillingen er forbunden med Bogholderens.
[2]) Expeditionen ved 2 Stoppesteder i 1ste Distrikt, 13 i 2det, 3 i 3die, 6 i 4de og 8 i 5te Distrikt besørges af Udenforstaaende; ved 3 Stoppesteder i 5te Distrikt og 5 i 6te besørges Expeditionen af Betjente ved Baneafdelingen.
[3]) Tillige for 3die Distrikt.
[4]) I 5te og 6te Distrikt tillige Materialforvaltere.

Tabel XVII (Forts.). Personale.

	Statsbanerne.								Hovedbanen.	Tilsammen for samtlige Baner.
	Styrelsen.	1ste Trafikdistrikt.	2det Trafikdistrikt.	3die Trafikdistrikt.	4de Trafikdistrikt.	5te Trafikdistrikt.	6te Trafikdistrikt.	Tilsammen.		
		km. *) 364	km. 352	km. 280	km. 314	km. 76	km. 108	km. 1 494	km. 68	km. 1 562
	Antal.									
Tegner	-	-	-	-	-	-	-	-	1	1
Kontorister	-	-	4	1	2	-	-	7	6	13
do. Lærlinge	1	-	-	-	-	-	-	1	-	1
Lokomotivførerformænd	-	1	1	-	-	-	-	2	-	2
Lokomotivførere	-	33	42	13	25	4	6	123	23	146
Fyrbødere	-	35	38	13	20	2	6	114	19	133
Pudsere	-	11	30	5	-	-	-	46	27	73
Faste Værkstedsarbeidere	-	7	75	28	82	5	6	203	84	287
Kullempere	-	2	5	-	-	-	-	7	6	13
Vagtmænd	-	1	-	-	-	-	-	1	3	4
Vandpumpere	-	1	-	-	-	-	-	1	2	3
Vognpudsere	-	-	1	-	-	-	-	1	-	1
Vognvisitører	-	5	10	1	1	1	1	19	7	26
Maskinister	-	1	1	-	-	-	-	2	1	3
Materialbetjente	-	-	1	1	-	-	-	2	-	2
Bud	1	-	-	-	-	-	-	1	1	2
Baneafdelingen	5	262	218	159	189	31	51	915	53	968
Direktør for Baneafdelingen	1	-	-	-	-	-	-	1	-	1
Distriktsingeniører	-	1	1 **)	-	1	-	-	3	-	3
Sektionsingeniører	-	3	3	2	2	-	-	10	1	11
Telegrafinspektør	1	-	-	-	-	-	-	1	1	2
Assistenter	-	-	-	-	1	-	-	1	1	2
Tegner	1	-	-	-	-	-	-	1	-	1
Fuldmægtige	-	1	1	-	-	-	-	2	-	2
Kontorister	1	2	2	2	2	-	-	9	1	10
Telegrafmestere	-	1	1	-	-	-	-	2	-	2
Telegraftilsynsmænd	-	1	1	-	-	-	-	2	-	2
Banemestere	-	9	6	5	6	1	2	29	-	29
Baneformænd	-	64	59	47	56	11	16	253	13	266
Banevogtere	-	142	118	95	109	18	33	515	24	539
Broformænd	-	2	-	-	2	-	-	4	1	5
Brotømmermænd	-	3	6	4	2	1	-	16	1	17
Snedkere og Smede	-	6	2	4	2	-	-	14	-	14
Brovogtere	-	3	5	-	4	-	-	12	-	12
Sporskiftere	-	-	1	-	-	-	-	1	-	1
Grind- og Tunnelvogtere	-	23	12	-	2	-	-	37	8	45
Maskinist	-	1	-	-	-	-	-	1	-	1
Bud	1	-	-	-	-	-	-	1	1	2
Gartner	-	-	-	-	-	-	-	-	1	1
Totalsum	67	636	864	343	444	72	113	2 539	509	3 048

*) For Maskinafdelingens Vedk. 331 km. (jfr. Anm. Pag. 246).
**) Distriktsingeniørens Forretninger er tillagt Driftsbestyreren.

Tabel XVIII.

Sammendrag for Aarene 1887—92.

Résumé 1887—92.

Tabel XVIII. 1. (Forts.). Sammendrag for Aar…
Résumé 1887-…

1	2	3	4	5	6	7	8
			Anvendt Kapital. Capital total employé.				
				Hvoraf: Dont:			Anven… Kapital … km. Ba…
				Til Udvidelser og Forbedringer. Pour agrandissements et améliorations pendant l'exploitation.			
Banernes Navn. Désignations des chemins de fer.	Driftsaar. Année d'exploitation.	Midlere Driftslængde. Longueur moyenne exploitée.	Ialt ved Driftsaarets Udgang. Total à la fin du terme. (Tab. II. 2, Col. 13).	Betalte. Payés.	Kapital-konto. Amortissement.	Sum. Total.	Capit… employ… par kilomètr… ligne. (Tab. II. Col. 13/2a)
		km.	Kroner.				
Smaalensbanen.	1887—88	250	28 027 034	240 334	-	240 334	112 5
	1888—89	250	28 030 279	242 779	-	242 779	112 5
	1889—90	250	28 062 177	275 577	-	275 577	112 6
	1890—91	250	28 089 350	302 550	-	302 550	112 7
	1891—92	250	28 200 768	414 168	-	414 168	113 2
Kongsvingerbanen.	1887—88	122	8 869 137	783 137	670 000	1 453 137	77 3
	1888—89	122	8 896 799	830 799	650 000	1 480 799	77 6
	1889—90	122	8 996 769	960 769	620 000	1 580 769	78 5
	1890—91	122	9 025 544	1 019 544	590 000	1 609 544	78 7
	1891—92	122	9 276 676	1 322 281	538 395	1 860 676	80 9
Kr.ania-Dr.menb.	1887—88	53	6 157 955	248 555	1 353 400	1 601 955	116 4
	1888—89	53	6 163 511	447 495	1 160 016	1 607 511	116 5
	1889—90	53	6 274 636	529 852	1 188 784	1 718 636	118 6
	1890—91	53	6 295 429	621 345	1 116 484	1 737 829	119 0
	1891—92	53	6 345 934	724 050	1 064 284	1 788 334	119 9
Dr.men-Skienb.	1887—88	158	11 684 664	16 764	-	16 764	74 9
	1888—89	158	11 685 043	17 743	-	17 743	74 9
	1889—90	158	11 846 057	128 657	-	128 657	75 9
	1890—91	158	11 865 009	136 109	-	136 109	76 1
	1891—92	158	11 895 927	164 621	-	164 621	76 3
Dr.men-Randsfjb.	1887—88	143	7 708 807	250 207	685 700	935 907	53 7
	1888—89	143	7 731 593	523 693	435 000	958 693	53 [illegible]
	1889—90	143	7 741 592	548 692	420 000	968 692	53 [illegible]
	1890—91	143	7 852 705	679 805	400 000	1 079 805	54 [illegible]
	1891—92	143	7 932 662	895 262	264 500	1 159 762	55 [illegible]
Eidsvold-Hamarb.	1887—88	58	4 997 725	13 725	-	13 725	85 5
	1888—89	58	4 997 925	13 725	-	13 725	85 5
	1889—90	58	5 001 785	17 385	-	17 385	85 6
	1890—91	58	5 029 116	43 216	-	43 216	86 1
	1891—92	58	5 074 807	88 907	-	88 907	86 8
Hamar-Gr.setb.	1887—88	38	1 748 815	171 615	10 000	181 615	45 7
	1888—89	38	1 751 924	179 724	5 000	184 724	45 9
	1889—90	38	1 757 700	190 500	-	190 500	46 1
	1890—91	38	1 770 706	203 506	-	203 506	46 4
	1891—92	38	1 770 706	203 506	-	203 506	46 4
Gr.set-Aamotb.	1887—88	26	647 301	2 001	-	2 001	24 6
	1888—89	26	649 081	2 001	1 780	3 781	24 6
	1889—90	26	649 081	2 001	1 780	3 781	24 6
	1890—91	26	650 252	2 001	2 951	4 952	24 7
	1891—92	26	661 963	2 001	14 662	16 663	25 [illegible]

—92, Trafik, Indtægter og Udgifter.
…, recettes et dépenses.

9	10	11	12	13	14	15	16	17	18
	Befordring af Reisende. Transport de voyageurs.						Befordring af Gods. Transport des marchandises.		
Driftslængde. Trains kilomètres par km. exploité.	Antal Reisende. Nombre des voyageurs	Personkilometer. Parcours kilométrique des voyageurs. Ialt. Total.	Personkilometer. Pr. km. Driftslængde. Par kilomètre exploité.	Midlere Reiselængde pr. Person. Parcours moyen d'un voyageur km.	Procent af Vognenes Pladse benyttede. Rapport des places occupées aux places disponibles. pCt.	Nettov. i pCt. af Bruttovægt. Rapport o/o du poids net au poids brut.	Antal Tons Fragtgods. Tonnes de marchandises.	Tonkilom. Fragtgods. Tonnes kilométriques. Ialt. Total.	Tonkilom. Fragtgods. Pr. km. Driftslængde. Par kilomètre exploité.
3 236	774 781	19 844 850	79 379	25.6	13.4	4.3	144 938	7 196 019	28 784
3 238	901 155	21 721 920	86 888	24.1	13.6	4.1	171 602	8 297 652	33 191
3 256	1 016 194	24 359 757	97 439	24.0	14.3	4.3	183 668	8 611 553	34 446
3 364	1 088 494	25 996 508	103 986	23.9	15.8	4.4	214 253	9 790 772	39 163
3 835	1 169 220	28 525 775	114 103	24.4	16.2	4.6	225 997	10 351 605	41 406
2 356	118 444	5 165 712	42 342	43.6	11.0	4.1	165 517	13 482 905	110 516
2 354	127 982	5 292 953	43 386	41.4	11.1	4.2	194 403	16 387 895	134 327
2 385	138 148	5 565 370	45 618	40.3	11.5	4.0	204 588	17 445 796	142 998
2 741	151 518	6 130 075	50 247	40.5	11.4	3.9	207 700	17 181 111	140 829
2 762	170 733	6 854 202	56 182	40.1	12.3	4.0	201 750	17 231 923	141 245
6 959	640 403	12 503 025	235 906	19.5	23.2	8.5	108 944	4 339 707	81 881
6 888	728 932	13 710 642	258 691	18.8	23.7	8.7	98 741	3 769 858	71 129
7 035	816 430	15 157 125	285 983	18.6	24.4	8.9	109 425	4 051 542	76 444
7 169	906 162	16 556 080	312 379	18.3	24.7	8.8	110 246	4 229 772	79 807
7 456	984 916	17 534 866	330 847	17.8	24.7	8.9	112 090	4 208 733	79 410
3 364	493 971	12 205 337	77 249	24.7	20.3	7.3	64 191	2 982 364	18 876
3 326	543 431	12 859 744	81 391	23.7	21.7	7.8	60 072	2 815 198	17 818
3 348	592 313	13 696 514	86 687	23.1	22.3	8.0	61 958	2 869 754	18 163
3 344	634 150	15 172 145	96 026	23.9	23.7	8.4	58 514	2 800 502	17 725
3 472	707 368	17 895 839	113 265	25.2	25.1	8.9	57 616	2 559 706	16 201
2 073	255 808	6 995 375	48 919	27.3	23.3	8.7	189 204	8 870 622	62 032
2 241	283 939	7 757 243	54 246	27.3	24.9	9.3	238 802	11 414 938	79 825
2 402	304 143	8 390 314	58 674	27.6	24.4	9.1	266 750	12 834 945	89 755
2 072	315 576	8 389 688	58 669	26.6	21.5	7.9	248 700	11 822 423	82 674
2 725	337 576	8 707 355	60 891	25.8	21.6	8.0	255 857	11 995 050	83 881
2 292	99 501	3 316 897	57 188	33.3	17.0	5.8	43 628	2 206 420	38 042
2 209	106 719	3 511 808	60 548	32.9	17.6	6.0	52 222	2 667 675	45 994
2 339	111 539	3 651 728	62 961	32.7	17.3	5.7	53 762	2 761 547	47 613
2 365	120 866	4 110 197	70 865	34.0	18.9	6.1	57 468	2 909 306	50 160
2 430	134 274	4 550 441	78 456	33.9	20.8	6.6	68 907	3 401 709	58 650
—	88 787	1 899 657	49 991	21.4	—	—	34 582	969 392	25 510
—	97 113	2 025 622	53 306	20.9	—	—	40 777	1 166 494	30 697
—	104 867	2 197 825	57 838	21.0	—	—	41 528	1 132 849	29 812
—	115 164	2 404 788	63 284	20.9	—	—	43 365	1 201 677	31 623
—	122 853	2 518 753	66 283	20.5	—	—	47 329	1 300 262	34 217
—	38 095	860 574	33 099	22.6	—	—	18 353	450 020	17 309
—	38 420	872 951	33 575	22.7	—	—	25 825	647 687	24 911
—	41 413	919 753	35 375	22.2	—	—	23 747	590 213	22 701
—	46 737	1 058 871	40 726	22.7	—	—	24 423	599 551	23 060
—	46 744	1 055 214	40 585	22.6	—	—	25 839	629 731	24 220

Tabel XVIII. 1. (Forts.). Sammendrag for Aa[illegible]

1	2	3	4	5	6	7	8
Banernes Navn.	Driftsaar.	Midlere Driftslængde.	Anvendt Kapital.				
			Ialt ved Driftsaarets Udgang. (Tab. II. 2, Col. 13).	Hvoraf: Til Udvidelser og Forbedringer.			Anve[illegible] Kapital km. B[illegible] (Tab. I[illegible] Col. [illegible])
				Betalte.	Kapital-konto.	Sum.	
		km.	Kroner.				
Støren-Aamotb.	1887—88	321	16 275 915	-	156 315	156 315	51[illegible]
	1888—89	321	16 298 279	-	179 379	179 379	51[illegible]
	1889—90	321	16 280 123	-	186 723	186 723	51[illegible]
	1890—91	321	16 456 689	-	363 489	363 489	51[illegible]
	1891—92	321	16 466 721	-	373 521	373 521	51[illegible]
Tr.hjem-Størenb.	1887—88	51	4 041 051	111 251	-	111 251	79[illegible]
	1888—89	51	4 038 901	128 001	-	128 001	79[illegible]
	1889—90	51	4 104 672	202 072	-	202 072	80[illegible]
	1890—91	51	4 188 386	288 286	-	288 286	81[illegible]
	1891—92	51	4 190 165	290 265	-	290 265	81[illegible]
Rørosbanen.	1887—88	436	22 713 082	284 867	166 315	451 182	52[illegible]
	1888—89	436	22 738 185	309 726	186 159	495 885	52[illegible]
	1889—90	436	22 791 577	394 573	188 503	583 076	52[illegible]
	1890—91	436	23 066 033	493 793	366 440	860 233	53[illegible]
	1891—92	436	23 089 555	495 772	388 183	883 955	53[illegible]
Merakerbanen.	1887—88	106	11 268 538	10 138	-	10 138	110[illegible]
	1888—89	106	11 279 649	25 649	-	25 649	110[illegible]
	1889—90	106	11 303 458	49 358	-	49 358	110[illegible]
	1890—91	106	11 331 933	76 333	-	76 333	110[illegible]
	1891—92	106	11 342 579	86 979	-	86 979	110[illegible]
Jæderbanen.	1887—88	76	5 175 025	-	10 625	10 625	67[illegible]
	1888—89	76	5 176 893	-	12 493	12 493	67[illegible]
	1889—90	76	5 176 893	-	12 493	12 493	67[illegible]
	1890—91	76	5 188 960	-	24 560	24 560	68[illegible]
	1891—92	76	5 188 960	-	24 560	24 560	71[illegible]
Bergen-Vossb.	1887—88	108	10 039 140	15 140	-	15 140	92[illegible]
	1888—89	108	10 042 437	18 437	-	18 437	92[illegible]
	1889—90	108	10 042 437	18 437	-	18 437	92[illegible]
	1890—91	108	10 044 255	20 255	-	20 255	93[illegible]
	1891—92	108	10 052 217	28 217	-	28 217	93[illegible]
Statsbanerne.	1887—88	1 510	116 641 108	1 862 868	2 886 040	4 748 908	78[illegible]
	1888—89	1 510	116 742 314	2 430 046	2 443 668	4 873 714	78[illegible]
	1889—90	1 510	117 237 380	2 923 299	2 429 781	5 353 080	78[illegible]
	1890—91	1 510	117 788 334	3 392 950	2 497 484	5 890 434	78[illegible]
	1891—92	1 510	118 400 085	4 220 257	2 279 922	6 500 179	79[illegible]
Hovedbanen.	1887—88	68	10 660 431	1 403 174	530 644	1 933 818	157[illegible]
	1888—89	68	10 660 431	1 518 023	415 794	1 933 817	157[illegible]
	1889—90	68	10 949 897	1 827 489	395 795	2 223 284	161[illegible]
	1890—91	68	11 419 128	2 316 720	375 794	2 692 514	168[illegible]
	1891—92	68	11 569 816	2 503 202	340 000	2 843 202	170[illegible]
Samtlige Baner.	1887—88	1 578	127 301 539	3 266 042	3 416 684	6 682 726	81[illegible]
	1888—89	1 578	127 402 745	3 948 069	2 859 462	6 807 531	81[illegible]
	1889—90	1 578	128 187 278	4 750 789	2 825 575	7 576 364	82[illegible]
	1890—91	1 578	129 207 462	5 709 670	2 873 278	8 582 948	82[illegible]
	1891—92	1 578	129 969 901	6 723 459	2 619 922	9 343 381	83[illegible]

—92. Trafik, Indtægter og Udgifter.

9	10	11	12	13	14	15	16	17	18
	Befordring af Reisende.						Befordring af Gods.		
		Personkilometer.						Tonkilom. Fragtgods.	
Driftslængde.	Antal Reisende	Ialt	Pr. km. Driftslængde.	Midlere Reiselængde pr. Person. km.	Procent af Vognenes Pladse benyttede. pCt.	Nettovægt i Procent af Bruttovægt. pCt.	Antal Tons Fragtgods.	Ialt.	Pr. km. Driftslængde.
—	72 608	6 875 209	21 418	93.3	—	—	58 678	6 506 493	20 269
—	74 859	6 804 470	21 198	90.9	—	—	78 045	8 691 555	27 076
—	86 170	7 201 527	22 435	83.6	—	—	75 840	8 364 169	26 057
—	95 460	8 945 759	27 868	93.7	—	—	73 813	8 157 919	25 414
—	98 703	8 410 024	26 199	85.3	—	—	72 652	8 165 849	25 439
—	99 389	2 684 724	52 642	27.0	—	—	55 280	2 611 619	51 208
—	94 060	2 524 968	49 509	26.8	—	—	68 843	3 331 667	65 327
—	101 673	2 656 449	52 087	26.1	—	—	68 308	3 282 180	64 356
—	118 935	3 092 762	60 642	26.0	—	.	68 009	3 213 249	63 005
—	116 332	2 948 365	57 811	25.3	—	—	65 911	3 058 794	59 976
770	222 782	12 380 084	28 395	55.6	13.5	5.0	90 934	10 537 524	24 169
38	227 273	12 284 094	28 175	54.0	18.4	7.0	110 202	13 837 403	31 737
94	254 952	12 975 554	29 760	50.9	18.4	6.0	112 852	13 369 411	30 664
39	277 363	15 502 180	35 555	55.9	20.4	6.9	113 457	13 172 396	30 212
811	292 752	14 932 356	34 249	51.0	20.1	6.8	115 094	13 154 637	30 171
469	135 466	3 188 800	30 081	23.5	17.3	5.1	91 200	7 082 940	66 820
576	155 934	3 389 940	31 981	21.7	18.5	5.4	110 604	8 485 100	80 048
490	151 108	3 389 164	31 973	22.4	16.6	4.9	121 685	9 555 996	90 151
046	190 155	4 047 436	38 183	21.3	17.9	4.0	120 582	8 813 017	83 142
116	189 750	4 052 641	38 232	21.4	16.9	3.7	103 238	7 425 487	70 052
637	97 081	2 316 873	30 485	23.9	26.1	11.5	10 323	361 431	4 756
640	109 887	2 620 203	34 476	23.8	28.4	12.5	10 210	359 679	4 733
702	122 546	2 964 647	39 009	24.2	30.0	13.1	10 946	380 684	5 009
937	130 534	3 300 283	43 425	25.3	27.3	12.0	12 995	473 407	6 229
984	140 841	3 453 838	45 445	24.5	28.9	12.4	13 347	460 055	6 053
985	266 816	3 816 703	35 340	14.3	21.6	7.2	9 475	673 557	6 580
1 059	318 586	4 561 788	42 239	14.3	23.5	7.8	11 817	828 417	7 671
1 090	352 891	5 243 256	48 549	14.9	23.8	7.8	15 015	994 554	9 209
1 123	377 930	5 176 386	47 930	13.7	22.0	7.1	16 225	1 109 411	10 272
1 232	415 280	5 768 385	53 411	13.9	22.5	7.3	14 470	999 454	9 254
445	2 998 135	81 733 656	54 128	27.3	16.5	-	828 699	57 733 489	38 234
488	3 389 084	87 710 336	58 086	25.9	18.0	-	973 441	68 864 115	45 605
504	3 735 390	95 393 429	63 714	25.5	18.3	-	1 057 509	72 875 782	48 262
48	4 048 752	104 380 978	69 926	25.8	19.2	-	1 069 722	72 302 117	47 882
72	4 381 913	112 275 698	74 355	25.6	19.6	-	1 076 986	71 788 359	47 542
6	321 056	9 919 262	145 872	30.9	19.4	7.0	372 108	12 185 132	179 693
55	362 378	10 962 626	161 215	30.3	20.3	7.2	451 972	14 932 257	219 592
95	389 598	11 464 468	168 595	29.4	20.5	7.1	495 910	16 143 356	237 402
45	435 807	12 752 052	187 530	29.3	21.5	7.4	503 016	16 450 545	241 920
50	466 485	13 603 521	200 052	29.2	22.4	7.4	500 446	16 119 909	237 057
[illegible]	3 196 225	91 652 918	58 082	28.7	16.8	-	1 023 212	69 918 621	44 332
[illegible]	3 621 757	98 672 962	62 530	27.2	18.2	-	1 206 922	83 796 372	53 103
[illegible]	3 989 447	106 857 897	67 717	26.8	18.5	-	1 325 770	89 019 138	56 413
[illegible]	4 334 225	117 133 030	74 229	27.0	19.4	-	1 337 498	88 752 662	56 244
[illegible]	4 680 174	125 879 219	79 771	26.9	19.9	-	1 337 093	87 908 268	55 709

Tabel XVIII. 1. (Forts.). Sammendrag for Aar
Résumé 1887-

1	2	19	20	21	22	23
		Befordring af Gods. Transport des marchandises.			**Samlet Trafik.** Mouvement total.	
Banernes Navn. Désignation des chemins de fer.	**Driftsaar.** Année d'exploitation.	Midlere Transportlængde pr. Ton Fragtgods. Parcours moyen d'une tonne.	Midlere Belastning pr. Godsvognaxel. Charge moyenne par essieux.	Nettovægt i pCt. af Bruttovægt. Rapport o/o du poids net au poids brut.	Samlet Bruttovægt, Lokomotiver & Tendere incl. pr. km. Driftslængde. Poids brut total, locomotives et tenders incl. par km. exploité.	Nettovæ i pCt. Brutto vægt. Rapport du poid net au poids br
		km.	t.	pCt.	Tonkm.	pCt.
Smaalensbanen.	1887—88	49.6	1.15	24.0	438 705	8.
	1888—89	48.4	1.28	25.7	479 322	10.
	1889—90	46.9	1.26	25.6	491 295	10.
	1890—91	45.7	1.31	26.7	514 775	11.
	1891—92	45.8	1.40	27.0	564 842	11.
Kongsvingerbanen.	1887—88	81.5	1.79	38.6	490 545	25.
	1888—89	84.3	1.90	39.4	542 621	26.
	1889—90	85.3	1.92	40.2	565 154	27.
	1890—91	82.7	1.89	39.5	589 470	26.
	1891—92	85.4	1.93	39.9	603 720	26.
Kr.ania-Dr.menb.	1887—88	39.8	1.59	35.9	632 477	17.
	1888—89	38.2	1.55	33.7	624 951	16.
	1889—90	37.0	1.57	33.6	670 476	16.
	1890—91	38.4	1.52	33.3	716 756	15.
	1891—92	37.5	1.52	32.9	748 517	15.
Dr.men-Skienb.	1887—88	46.5	1.13	25.7	241 183	12.
	1888—89	46.9	1.09	24.6	247 540	12.
	1889—90	46.3	1.08	24.9	251 506	12.
	1890—91	47.9	1.03	24.1	261 338	11.
	1891—92	44.4	0.97	22.0	280 745	10
Dr.men-Randsfj.b.	1887—88	47.0	1.67	42.6	246 324	28.
	1888—89	47.8	1.68	43.6	293 918	30
	1889—90	48.1	1.67	43.4	328 667	30
	1890—91	47.5	1.69	43.1	329 457	28
	1891—92	46.9	1.77	43.5	333 803	28
Eidsvold-Hamarb.	1887—88	50.6	1.48	27.9	322 768	14
	1888—89	51.1	1.47	28.2	351 779	15.
	1889—90	51.4	1.53	29.2	358 710	15
	1890—91	50.6	1.52	25.5	372 806	15
	1891—92	49.4	1.68	31.6	403 211	17
Hamar-Grundsetb.	1887—88	28.0	—	—	—	
	1888—89	28.6	—	—	—	
	1889—90	27.3	—	—	—	
	1890—91	27.7	—	—	—	
	1891—92	27.5	—	—	—	
Grundset-Aamotb.	1887—88	24.5	—	—	—	
	1888—89	25.1	—	—	—	
	1889—90	24.9	—	—	—	
	1890—91	24.5	—	—	—	
	1891—92	24.3	—	—	—	

…—92. Trafik. Indtægter og Udgifter.

…recettes et dépenses.

…4	25	26	27	28	29	30	31	32
Indtægter. Recettes.								
Persontrafik. …des voyageurs.		Godstrafik. Trafic des marchandises.		Øvrige Indtægter. Autres recettes.	Sum. Total.	Pr. km. Driftslængde. Par kilomètre exploité.	Indtægt pr. Personkilometer. Recettes par le parcours kilométrique des voyageurs.	Indtægt pr. Tonkilometer. Recettes par tonne kilométrique.
…lt. …l.	Pr. km. Driftslængde. Par kilomètre exploité.	Ialt. Total.	Pr. km. Driftslængde. Par kilomètre exploité.					
Kroner.							Øre.	
…364	2 701	461 889	1 848	77 486	1 214 739	4 859	3.0	5.5
…814	2 979	515 257	2 061	79 577	1 339 648	5 359	3.1	5.5
…173	3 357	568 244	2 273	79 667	1 487 084	5 948	3.1	5.7
…052	3 556	608 231	2 433	61 556	1 558 839	6 235	3.1	5.4
…149	3 589	603 388	2 413	46 035	1 546 572	6 186	2.8	5.1
…000	1 631	507 972	4 164	5 850	712 822	5 843	3.5	3.6
…782	1 646	600 425	4 921	6 064	807 271	6 617	3.5	3.5
…932	1 729	652 169	5 346	7 106	870 207	7 133	3.5	3.6
…350	1 839	653 922	5 360	7 757	886 029	7 263	3.4	3.6
…981	1 868	637 083	5 222	8 753	873 817	7 162	3.0	3.5
…830	8 148	308 391	5 819	15 865	756 086	14 266	3.1	6.4
…795	8 732	286 059	5 397	18 288	767 142	14 474	3.1	6.7
…824	9 620	303 917	5 734	19 626	833 367	15 724	3.1	6.6
…668	10 409	313 440	5 914	19 613	884 721	16 693	3.1	6.4
…800	10 166	307 474	5 801	21 195	867 469	16 367	2.7	6.2
…661	2 625	187 581	1 187	11 736	613 978	3 886	3.1	5.5
…724	2 745	169 509	1 073	13 556	616 789	3 904	3.1	5.2
…763	2 758	177 102	1 121	15 020	627 885	3 974	2.9	5.3
…966	3 025	178 895	1 132	14 938	671 799	4 252	2.9	5.4
…780	3 290	169 079	1 070	14 307	703 166	4 450	2.6	5.5
…1 692	1 620	518 041	3 623	10 979	760 712	5 320	3.1	5.6
…3 156	1 770	645 324	4 513	12 521	911 001	6 371	3.0	5.5
…76 255	1 932	727 862	5 090	14 884	1 019 001	7 126	3.1	5.5
…76 740	1 935	664 570	4 647	15 723	957 033	6 692	3.1	5.4
255 404	1 786	650 215	4 547	14 588	920 207	6 435	2.7	5.2
128 735	2 220	154 374	2 662	8 836	291 945	5 034	3.4	6.4
135 787	2 341	177 405	3 059	10 437	323 629	5 580	3.4	5.9
142 448	2 456	176 799	3 048	10 489	329 736	5 685	3.4	5.8
…54 033	2 655	187 041	3 225	11 012	352 086	6 070	3.3	5.8
…50 770	2 600	201 925	3 481	8 313	361 008	6 224	2.9	5.3
79 046	2 080	75 781	1 994	10 588	165 415	4 353	3.8	7.0
77 157	2 030	87 722	1 309	11 628	176 507	4 645	3.4	6.5
…1 533	2 146	86 232	2 269	11 520	179 285	4 718	3.4	6.7
…5 371	2 247	90 736	2 388	13 345	189 452	4 986	3.2	6.5
…5 001	2 237	93 675	2 465	8 357	187 032	4 922	3.0	6.2
…711	1 489	27 359	1 052	1 860	77 930	2 613	3.9	4.9
…920	1 446	36 355	1 398	760	74 705	2 873	3.7	4.3
…158	1 494	32 291	1 242	1 005	72 154	2 775	3.7	4.3
…712	1 566	34 133	1 313	1 821	76 666	2 949	3.3	4.3
…367	1 514	35 520	1 366	619	75 506	2 904	3.2	4.5

Tabel XVIII. I. (Forts.). Sammendrag for A…

1	2	19	20	21	22	23
		Befordring af Gods.			Samlet Traf…	
Banernes Navn.	Driftsaar.	Midlere Transportlængde pr. Ton. Fragtgods.	Midlere Belastning pr. Godsvognaxel.	Nettovægt i Procent af Bruttovægt.	Samlet Bruttovægt, Lokomotiver & Tendere incl. pr. km. Driftslængde.	Netto… i pCt. af Brut… vægt
		km.	t.	pCt.	Tonkm.	pCt.
Støren-Aamotb.	1887—88	110.9	—	—	—	—
	1888—89	111.4	—	—	—	—
	1889—90	110.3	—	—	—	—
	1890—91	110.5	—	—	—	—
	1891—92	112.4	—	—	—	—
Tr.hjem-Størenb.	1887—88	47.2	—	—	—	—
	1888—89	48.4	—	—	—	—
	1889—90	48.0	—	—	—	—
	1890—91	47.2	—	—	—	—
	1891—92	46.5	—	—	—	—
Rørosbanen.	1887—88	115.9	1.33	36.4	157 425	18.
	1888—89	125.6	1.29	36.2	168 378	21.
	1889—90	118.5	1.41	38.5	167 159	21.
	1890—91	116.1	1.31	36.5	175 518	20.
	1891—92	114.3	1.36	36.5	176 477	20.
Merakerbanen.	1887—88	77.7	2.14	38.6	314 017	23.
	1888—89	76.7	2.45	43.4	330 380	26.
	1889—90	78.5	2.46	43.9	361 650	26.
	1890—91	73.1	2.49	42.7	388 040	23.
	1891—92	71.9	2.49	41.1	373 692	21.1
Jæderbanen.	1887—88	35.0	0.75	22.8	73 626	11.
	1888—89	35.2	0.76	22.8	72 393	12.
	1889—90	34.8	0.78	23.4	75 685	12.4
	1890—91	36.4	0.86	23.9	87 156	12.5
	1891—92	34.5	0.81	22.9	88 821	12.7
Bergen-Vossb.	1887—88	71.1	1.03	23.7	108 480	10.
	1888—89	70.1	1.14	24.9	117 021	11.
	1889—90	66.2	1.20	25.0	129 235	11
	1890—91	68.4	1.29	27.3	134 702	12.
	1891—92	69.1	1.17	28.0	136 583	12.
Statsbanerne.	1887—88	69.7	-	33.7	274 391	17.
	1888—89	70.7	-	34.9	296 206	18.
	1889—90	68.9	-	35.5	308 461	18.
	1890—91	67.6	-	34.9	322 817	18.
	1891—92	66.7	-	34.7	336 470	17.
Hovedbanen.	1887—88	32.7	1.83	37.8	900 156	22.
	1888—89	33.0	1.42	38.4	1 037 227	23.
	1889—90	32.6	1.91	38.9	1 098 311	23.
	1890—91	32.7	1.93	38.9	1 146 863	23
	1891—92	32.2	1.92	38.4	1 163 866	23
Samtlige Baner.	1887—88	68.3	-	34.3	301 357	1
	1888—89	69.4	-	35.4	328 138	1
	1889—90	67.1	-	36.1	342 497	1
	1890—91	66.4	-	35.5	358 327	1
	1891—92	65.7	-	35.3	372 125	1

-92, Trafik, Indtægter og Udgifter.

	25	26	27	28	29	30	31	32
Indtægter.								
Persontrafik.		Godstrafik.						
Ialt	Pr. km. Drifts-længde.	Ialt.	Pr. km. Drifts-længde.	Øvrige Indtægter.	Sum.	Pr. km. Drifts-længde.	Indtægt pr. Person-kilometer.	Indtægt pr. Ton-kilometer.
Kroner.							Øre.	
0 698	1 030	281 881	878	18 151	630 730	1 965	4.1	4.0
7 108	1 019	367 359	1 144	18 209	712 676	2 220	4.0	3.7
43 552	1 070	351 627	1 096	18 949	714 128	2 225	4.1	3.9
3 096	1 159	345 974	1 078	20 030	738 100	2 299	3.5	3.8
1 543	1 157	324 242	1 010	5 424	701 209	2 184	3.6	3.5
95 045	1 864	129 443	2 538	7 047	231 535	4 540	3.2	4.7
92 547	1 815	156 370	3 066	10 923	259 840	5 095	3.3	4.4
7 367	1 909	156 909	3 077	8 714	262 990	5 157	3.3	4.5
05 284	2 064	154 522	3 030	8 197	268 003	5 255	3.1	4.5
7 547	2 109	148 505	2 912	4 922	260 974	5 117	3.2	4.5
43 500	1 247	514 464	1 180	37 646	1 095 610	2 513	3.8	4.5
34 402	1 225	647 806	1 486	41 520	1 223 728	2 807	3.7	4.1
61 309	1 288	627 059	1 438	40 188	1 228 556	2 818	3.8	4.3
03 464	1 384	625 365	1 434	43 392	1 272 221	2 918	3.4	4.2
03 457	1 384	601 942	1 381	19 323	1 224 721	2 809	3.3	4.1
06 217	1 002	295 884	2 791	10 328	412 429	3 891	2.9	4.1
25 774	1 092	346 448	3 269	10 065	472 287	4 455	2.9	4.0
9 374	1 032	379 825	3 583	11 395	500 594	4 723	2.8	3.9
30 721	1 233	343 755	3 243	11 726	486 202	4 587	2.8	3.8
17 054	1 104	299 195	2 823	11 292	427 541	4 033	2.6	3.9
70 598	929	33 019	434	4 393	108 010	1 421	2.9	8.4
78 558	1 034	33 515	441	4 799	116 872	1 538	2.9	8.5
6 333	1 136	35 304	465	4 951	126 588	1 666	2.8	8.3
00 143	1 318	40 640	535	5 167	145 949	1 921	2.8	7.8
03 568	1 363	41 972	552	5 036	150 576	1 981	2.8	8.1
59 385	1 476	63 460	588	3 725	226 570	2 098	3.6	7.5
79 542	1 663	73 042	676	4 017	256 601	2 376	3.4	7.2
11 540	1 959	80 185	742	5 308	297 033	2 750	3.5	6.6
13 079	1 880	85 376	791	5 952	304 408	2 819	3.5	6.3
31 000	2 139	79 226	733	5 572	315 798	2 924	3.4	6.5
60 982	1 961	3 045 075	2 016	186 845	6 192 902	4 101	3.2	4.9
39 334	2 079	3 494 791	2 314	200 844	6 834 969	4 526	3.2	4.7
82 951	2 241	3 728 465	2 469	208 634	7 320 050	4 848	3.2	4.7
11 215	2 392	3 701 236	2 451	206 836	7 519 287	4 980	3.1	4.7
44 963	2 414	3 591 498	2 379	154 414	7 390 875	4 895	2.8	4.6
39 676	4 995	966 879	14 219	45 426	1 351 981	19 882	3.1	7.5
68 785	5 423	1 155 644	16 995	50 959	1 575 388	23 167	3.0	7.3
88 417	5 712	1 246 102	18 325	62 538	1 697 057	24 957	3.1	7.4
24 491	6 243	1 246 439	18 330	71 764	1 742 694	25 628	3.0	7.2
25 778	6 261	1 133 814	16 674	75 905	1 635 497	24 051	2.9	6.6
658	2 092	4 011 955	2 542	232 270	7 544 883	4 781	3.2	5.3
120	2 223	4 650 434	2 947	251 802	8 410 356	5 330	3.2	5.1
1 368	2 390	4 974 567	3 152	271 172	9 017 107	5 714	3.2	5.2
5 706	2 558	4 947 675	3 135	278 600	9 261 981	5 870	3.1	5.2
741	2 580	4 725 312	2 994	230 319	9 026 372	5 720	2.9	4.9

Tabel XVIII. 1. (Forts.). Sammendrag for Aar

Résumé 1887-

1	2	33	34	35	36	37	38	39	
		Udgifter (Drift og Vedligehold). Dépenses (exploitation et entretien).							
		Bureauafdeling. Administration générale.		Trafikafdeling. Services commercial et des trains.		Maskinafdeling. Exploitation et entretien du matériel roulant.		Baneafdeli… Entretien et veillance de la…	
Banernes Navn. Désignation des chemins de fer.	**Driftsaar.** Année d'exploitation.	Ialt. Total.	Pr. km. Driftslængde. Par kilomètre exploité.	Ialt. Total	Pr. km. Driftslængde. Par kilomètre exploité.	Ialt. Total.	Pr. km. Driftslængde. Par kilomètre exploité.	Ialt. Total.	Pr. km. Driftslængde…
		Kroner.							
Smaalensbanen.	1887—88	12 809	51	328 154	1 313	264 576	1 058	362 448	1
	1888—89	12 850	51	332 886	1 332	258 614	1 034	381 495	1
	1889—90	14 479	58	351 598	1 406	297 176	1 189	394 781	1
	1890—91	15 416	62	397 562	1 590	348 835	1 395	460 561	1
	1891—92	16 340	65	416 804	1 667	425 696	1 703	494 931	1
Kongsvingerbanen.	1887—88	6 768	56	135 219	1 108	132 465	1 086	173 653	1
	1888—89	7 161	59	133 459	1 094	132 451	1 086	208 683	1
	1889—90	7 622	63	129 574	1 062	207 159	1 698	190 218	1
	1890—91	7 984	66	139 361	1 142	248 137	2 034	186 687	1
	1891—92	8 782	72	139 690	1 145	199 855	1 638	197 749	1
Kr.ania-Dr.menb.	1887—88	6 999	132	172 913	3 262	144 428	2 725	143 822	2
	1888—89	6 236	118	175 039	3 303	144 342	2 723	125 301	2
	1889—90	7 646	144	185 106	3 493	163 107	3 078	134 747	2
	1890—91	7 949	150	206 106	3 889	187 992	3 547	143 201	2
	1891—92	7 763	146	220 438	4 159	207 534	3 916	169 067	3
Dr.men-Skienb.	1887—88	8 788	56	164 534	1 041	181 181	1 147	154 880	
	1888—89	8 482	54	164 989	1 044	191 124	1 210	185 462	1
	1889—90	8 942	57	168 331	1 065	197 718	1 251	203 584	1
	1890—91	9 835	62	185 297	1 173	216 578	1 371	209 927	1
	1891—92	10 460	66	198 287	1 255	239 845	1 518	224 836	1
Dr.men-Randsfj.b.	1887—88	9 011	63	145 277	1 016	130 827	915	234 958	1
	1888—89	9 043	63	147 830	1 034	155 894	1 090	234 711	1
	1889—90	10 782	76	159 769	1 117	177 138	1 239	219 404	1
	1890—91	10 635	74	175 948	1 230	200 838	1 405	263 867	1
	1891—92	10 717	75	183 937	1 286	207 615	1 452	272 556	1
Eidsvold-Hamarb.	1887—88	3 855	67	56 724	978	53 261	918	78 049	1
	1888—89	3 781	65	56 110	968	65 530	1 130	74 723	1
	1889—90	4 160	72	58 653	1 011	58 786	1 014	63 277	1
	1890—91	4 416	76	63 032	1 087	79 967	1 379	71 599	1
	1891—92	4 613	79	65 863	1 136	84 347	1 454	68 686	1
Hamar-Grundsetb.	1887—88	3 061	81	45 172	1 189	27 031	711	51 925	1
	1888—89	2 885	76	46 279	1 218	28 519	751	52 037	1
	1889—90	3 283	87	48 567	1 278	30 488	802	43 162	1
	1890—91	3 446	91	52 837	1 390	30 766	810	57 430	1
	1891—92	3 428	90	53 579	1 410	33 007	869	38 780	1
Grundset-Aamotb.	1887—88	1 565	60	11 927	459	12 960	498	26 280	1
	1888—89	1 570	60	12 134	467	13 304	512	27 749	1
	1889—90	1 636	63	12 199	469	14 157	545	23 301	
	1890—91	1 707	66	12 859	494	15 058	579	28 467	1
	1891—92	1 777	68	14 044	540	14 735	567	30 040	1

…7-92. Trafik. Indtægter og Udgifter.

…recettes et dépenses.

41	42	43	44	45	46	47	48	49	50	51	52
…lede Udgifter. …penses totales.			Udgift i pCt. af Indtægt.	Overskud. (Forskjel mellem Indtægt og Udgift). Excédant. (Différence entre les recettes et les dépenses).							Oplagte Fonds. Fonds.
						Forrenter den i Banen nedlagte Kapital.	Af Overskudet har været anvendt til Emploi de l'excédant pour				
									Dividende. Dividende.		
…lt. …tal.	Pr. km. Driftslængde. Par kilomètre exploité.	Pr. Trafiktogkm. Par train-kilomètre.	Rapport % de la dépense totale à la recette brute.	Ialt. Total.	Pr. km. Driftslængde. Par kilomètre exploité.	Intérêts du capital total d'établissement.	Afsætning til Fonds. Fonds.	Afdrag paa Kapitalkonto. Amortissement	Ialt. Total.	pCt. Pour cent.	
			pCt.	Kroner.		pCt.	Kroner.				Kr.
…2 615	3 890	1.20	80.1	242 124	969	0.86	106 051	-	138 934	0.50	536 439
…7 036	3 948	1.22	73.7	352 611	1 411	1.26	140 503	-	222 300	0.80	619 628
…1 498	4 246	1.30	71.4	425 586	1 702	1.53	171 066	-	277 866	1.00	755 576
…4 268	4 897	1.46	78.5	334 571	1 338	1.19	72 625	-	277 868	1.00	579 477
…9 098	5 436	1.42	87.9	187 473	750	0.66	16 458	-	166 720	0.60	215 057
…0 904	3 696	1.57	63.3	261 918	2 147	2.59	41 993	30 000	148 320	2.00	404 462
…571	3 956	1.68	59.8	324 700	2 661	3.20	76 260	20 000	185 400	2.50	448 659
…442	4 397	1.84	61.6	333 765	2 736	3.25	62 521	30 000	200 232	2.70	463 010
…620	4 776	1.74	65.8	303 409	2 487	2.92	26 593	30 000	200 232	2.70	299 623
…601	4 480	1.62	62.6	327 217	2 682	3.15	50 469	34 027	207 648	2.80	175 704
…9 942	8 867	1.27	62.2	286 144	5 399	4.48	71 373	35 700	21 560	1.00	319 759
…031	8 529	1.24	58.9	315 111	5 945	5.01	116 366	23 000	21 560	1.00	234 485
…190	9 306	1.32	59.2	340 177	6 418	5.30	77 326	77 300	32 340	1.50	254 654
…701	10 315	1.43	61.8	338 020	6 378	5.19	72 219	72 300	43 152	2.00	273 566
…9 422	11 498	1.54	70.3	258 047	4 869	3.94	22 225	52 200	43 152	2.00	187 475
…1 337	3 236	0.96	83.3	102 641	650	0.87	48 233	-	58 340	0.50	408 256
…0 764	3 486	1.05	89.3	66 025	418	0.56	14 709	-	58 337	0.50	317 017
…1 332	3 679	1.10	92.6	46 553	295	0.40	÷ 3 564	-	58 587	0.50	299 890
2 603	3 941	1.18	92.7	49 196	311	0.42	÷ 2 533	-	58 644	0.50	266 636
6 153	4 279	1.23	96.2	27 013	171	0.23	29 897	-	-	-	256 982
1 579	3 648	1.76	68.6	239 133	1 672	3.25	89 053	21 100	138 556	2.00	577 038
8 082	3 833	1.71	60.2	362 919	2 538	4.79	151 104	25 000	193 978	2.80	465 029
0 794	3 992	1.66	56.0	448 207	3 134	5.83	176 012	15 000	263 256	3.80	452 074
3 135	4 567	1.70	68.2	303 898	2 125	3.93	47 964	20 000	242 473	3.50	329 988
7 999	4 741	1.74	73.7	242 208	1 694	3.13	43 894	15 600	193 978	2.80	105 990
…2 665	3 322	1.45	66.0	99 280	1 712	2.01	3 003	-	109 648	2.20	271 552
…0 483	3 457	1.50	61.9	123 146	2 123	2.44	2 634	-	124 605	2.50	272 137
…6 044	3 208	1.37	56.4	143 691	2 477	2.91	÷ 305	-	159 501	3.20	272 222
…9 781	3 789	1.60	62.4	132 305	2 281	2.59	÷ 19 800	-	159 549	3.20	169 288
…3 853	3 859	1.59	62.0	137 155	2 365	2.73	÷ 10 354	-	159 549	3.20	140 952
…7 723	3 361	—	77.2	37 692	992	2.36	18 396	5 000	23 508	1.50	82 170
…0 670	3 439	—	74.0	45 837	1 206	2.58	13 587	5 000	28 210	1.80	90 990
…6 333	3 325	—	70.5	52 952	1 393	3.17	16 167	5 000	39 180	2.50	109 081
…731	3 809	1.58	76.4	44 721	1 177	2.62	11 963	-	39 180	2.50	94 617
…893	3 392	1.41	68.9	58 139	1 530	3.41	21 640	-	43 882	2.80	94 239
…3 068	2 041	—	78.1	14 862	572	2.11	9 704	-	-	-	÷ 37 840
…964	2 152	—	74.9	18 741	721	2.20	6 591	-	-	-	÷ 31 250
…635	1 986	—	71.6	20 519	789	2.68	12 995	-	-	-	÷ 18 255
…323	2 243	1.33	76.1	18 343	706	2.35	10 394	-	-	-	÷ 7 887
…658	2 333	1.42	80.3	14 848	571	1.88	7 070	-	-	-	÷ 822

Tabel XVIII. 1. (Forts.). Sammendrag for Aar

1	2	33	34	35	36	37	38	39
		Udgifter (Drift og Vedligehold						
		Bureauafdeling.		Trafikafdeling.		Maskinafdeling.		Baneafdel
Banernes Navn.	Driftsaar.	Ialt.	Pr. km. Driftslængde.	Ialt.	Pr. km. Driftslængde.	Ialt.	Pr. km. Driftslængde.	Ialt.
		Kroner.						
Støren-Aamotb.	1887—88	9 528	30	112 913	352	155 444	484	314 438
	1888—89	10 626	33	114 618	357	176 902	551	323 900
	1889—90	10 240	32	118 223	368	176 622	550	317 956
	1890—91	10 742	33	127 851	398	189 000	589	335 374
	1891—92	12 323	38	134 985	421	188 894	588	330 406
Tr.hjem-Størenb.	1887—88	3 965	78	50 972	999	47 533	932	79 644
	1888—89	3 845	76	52 642	1 032	51 817	1 016	81 136
	1889—90	4 266	84	55 315	1 085	61 161	1 199	80 853
	1890—91	4 447	87	60 075	1 178	66 153	1 297	84 500
	1891—92	4 505	88	61 841	1 213	61 113	1 098	89 663
Rørosbanen.	1887—88	18 119	42	220 984	507	242 968	557	472 287
	1888—89	18 926	43	225 673	518	270 542	621	484 822
	1889—90	19 425	45	234 303	537	282 428	648	465 272
	1890—91	20 342	47	253 622	582	300 977	690	505 771
	1891—92	22 032	51	264 448	607	297 750	683	488 889
Merakerbanen.	1887—88	5 314	50	68 780	649	86 089	812	109 933
	1888—89	5 401	51	70 451	665	93 734	884	121 496
	1889—90	5 902	56	74 690	705	106 273	1 002	127 717
	1890—91	6 001	57	85 195	804	110 088	1 039	121 687
	1891—92	6 057	57	86 572	817	123 681	1 167	119 939
Jæderbanen.	1887—88	3 666	48	39 533	520	27 051	356	40 090
	1888—89	3 889	51	40 246	530	27 099	357	41 371
	1889—90	3 922	52	39 642	522	29 374	386	50 441
	1890—91	4 182	55	43 065	567	36 709	483	48 303
	1891—92	4 073	53	45 238	595	35 028	461	52 060
Bergen-Vossb.	1887—88	4 641	43	53 451	495	50 225	465	98 969
	1888—89	5 040	47	57 216	530	57 031	528	121 674
	1889—90	5 009	46	58 866	545	67 142	622	110 420
	1890—91	5 172	48	64 027	593	70 692	655	110 736
	1891—92	4 412	41	73 854	684	78 548	727	126 170
Statsbanerne.	1887—88	79 971	53	1 385 568	918	1 313 071	869	1 869 089
	1888—89	80 809	53	1 403 899	930	1 396 361	925	1 979 739
	1889—90	87 888	58	1 460 533	967	1 586 300	1 051	1 059 860
	1890—91	91 933	61	1 613 215	1 068	1 800 813	1 193	2 122 339
	1891—92	95 248	63	1 695 131	1 123	1 899 900	1 258	2 214 884
Hovedbanen.	1887—88	25 229	371	215 234	3 165	210 006	3 088	143 866
	1888—89	26 162	385	224 273	3 298	239 120	3 516	165 208
	1889—90	31 654	465	268 889	3 954	306 037	4 501	178 177
	1890—91	33 700	495	302 189	4 444	325 462	4 786	191 124
	1891—92	35 558	523	313 813	4 615	319 306	4 695	179 140
Samtlige Baner.	1887—88	105 200	67	1 600 802	1 014	1 523 077	965	2 012 955
	1888—89	106 971	68	1 628 172	1 032	1 635 481	1 036	2 144 946
	1889—90	117 541	76	1 729 421	1 096	1 892 337	1 199	2 138 037
	1890—91	125 633	80	1 915 404	1 214	2 126 275	1 347	2 313 463
	1891—92	130 806	83	2 008 944	1 273	2 219 206	1 407	2 394 024

-92, Trafik, Indtægter og Udgifter.

41	42	43	44	45	46	47	48	49	50	51	52
…lede Udgifter.			Udgift i pCt. af Indtægt.	Overskud. (Forskjel mellem Indtægt og Udgift).							Oplagte Fonds.
						Forrenter den i Banen nedlagte Kapital.	Af Overskuddet har været anvendt til				
									Dividende.		
…lt.	Pr. km. Drift-længde.	Pr. Trafik-togkm.		Ialt.	Pr. km. Driftslængde.		Afsætning til Fonds.	Afdrag paa Kapitalkonto.	Ialt.	pCt.	
			pCt.	Kroner.		pCt.	Kroner.				Kr.
…72	1 852	--	94.3	36 138	113	0.22	÷ 6 909	-	-	-	÷ 774 408
…65	1 956	—	88.1	84 811	264	0.53	44 765	-	-	-	+ 729 642
…02	1 951	—	87.7	87 926	274	0.54	41 615	-	-	-	+ 688 027
…59	2 069	1.28	90.0	73 941	230	0.45	24 289	-	-	-	÷ 664 187
…80	2 081	1.32	95.3	33 130	103	0.20	÷ 16 010	-	-	-	+ 680 286
…71	3 586	—	79.0	48 664	954	1.19	33 830	-	19 649	0.50	182 164
…47	3 723	—	73.1	69 993	1 372	1.50	13 351	-	31 287	0.80	139 397
…49	3 968	—	76.9	60 641	1 189	1.43	16 834	-	39 026	1.00	116 960
…317	4 222	1.47	80.3	52 686	1 033	1.24	12 586	-	39 001	1.00	90 152
…396	4 263	1.4?	83.3	43 577	854	1.04	13 613	-	31 199	0.80	86 558
…55	2 198	1.24	87.5	137 355	315	0.61	55 022	5 000	43 157	-	-
…46	2 304	1.25	82.1	219 382	503	0.94	78 294	5 000	59 497	-	—
…19	2 309	1.29	81.9	222 037	509	0.97	87 611	5 000	78 206	-	—
…530	2 483	1.35	85.1	189 691	435	0.82	59 232	-	78 181	-	—
…75 027	2 466	1.36	87.8	149 694	343	0.65	26 314	-	75 081	-	—
…71 239	2 559	1.74	65.8	141 190	1 332	1.22	52 170	-	112 584	1.00	466 138
…92 056	2 755	1.75	61.8	180 231	1 700	1.66	22 211	-	225 080	2.00	470 839
…35 826	2 980	2.00	63.1	184 768	1 743	1.59	÷ 20 157	-	225 082	2.00	448 273
…73 345	3 051	1.49	66.5	162 857	1 536	1.40	+ 38 639	-	225 112	2.00	380 750
…36 585	3 175	1.43	78.7	90 956	858	0.78	935	-	112 556	1.00	365 730
…110 637	1 456	0.89	102.4	÷ 2 627	÷ 35	0.05	+ 5 080	-	-	-	÷ 7 830
…112 662	1 483	0.90	96.4	4 210	55	0.08	a) 2 693	-	-	-	÷ 5 137
…124 252	1 635	0.96	98.2	2 336	31	0.05	» 124	-	-	-	÷ 5 013
…32 816	1 748	0.90	91.0	13 133	173	0.25	10 909	-	-	-	5 762
…36 543	1 796	0.91	90.7	14 033	185	0.27	12 995	-	-	-	18 731
…07 780	1 924	0.97	91.7	18 790	174	0.19	20 678	-	-	-	93 249
…41 800	2 239	1.09	94.2	14 801	137	0.15	17 639	-	-	-	108 591
…42 028	2 241	1.07	81.5	55 005	509	0.55	57 374	-	-	-	165 965
…51 849	2 332	1.10	82.7	52 559	487	0.52	58 577	-	-	-	219 594
…53 264	2 623	1.18	89.7	32 534	301	0.32	41 847	-	-	-	215 953
…66 952	3 091	-	75.4	1 525 950	1 010	1.29	482 496	91 800	771 098	-	2 521 149
…71 831	3 226		71.3	1 963 138	1 390	1.66	622 413	73 000	1 090 757	-	2 400 742
…17 925	3 389	-	69.9	2 202 125	1 459	1.85	608 009	127 300	1 295 070	-	2 626 410
…39 648	3 735	-	75.0	1 879 639	1 245	1.57	287 147	122 300	1 285 211	-	2 037 379
…24 545	3 924	-	80.2	1 466 330	971	1.22	234 680	101 827	958 684	-	1 182 263
…06 326	8 946	2.28	45.0	743 655	10 936	7.26	167 435	54 438	b) 488 779	c) 5.50	302 738
…72 239	9 886	2.38	42.7	903 149	13 281	8.72	221 510	114 849	» 570 375	» 6.50	524 248
…773	11 864	2.83	47.5	890 284	13 093	8.25	293 049	23 055	» 569 869	» 6.50	312 790
…70 467	12 801	2.82	49.9	872 227	12 827	7.86	286 915	20 000	» 569 363	» 6.50	314 884
…5 279	12 724	2.80	53.0	770 218	11 327	6.77	160 087	38 045	» 569 025	» 6.50	318 821
…75 278	3 343		69.9	2 269 605	1 438	1.77	649 932	146 238	b) 1 259 877	-	2 823 887
…970	3 513	-	65.6	2 866 286	1 817	2.23	843 923	187 849	» 1 661 132	-	2 924 990
…698	3 755	-	65.7	3 092 409	1 959	2.38	901 059	150 355	» 1 864 939	-	2 939 200
…115	4 126	-	70.3	2 751 866	1 744	2.10	574 062	142 300	» 1 854 574	-	2 352 263
…624	4 303	-	75.2	2 236 548	1 417	1.70	394 767	139 872	» 1 527 709	-	1 501 084

Tabel XVIII. 2. (Forts.). Sammendrag for Aars…
Résumé 1887—…

Banernes Navn. Désignation des chemins de fer.	Driftsaar. Année d'exploitation.	Brændevin paa Træer. Eau-de-vie.	Gjødning, alle Slags. Engrais de toute espèce.	Hø og Halm. Foin et paille.	Arbeider*) af Jern og Staal. Fer et ouvrage de fer.	Kjød og Flesk, alle Slags. Viande et lard.	Kornvarer og Mel. Céréales et farine.	Kul, Cokes og Cinders. Houille, coke.	Malme, Erts og Kis**). Minerai.	Melk.
		Ton. Tonnes.								
Statsbanerne.										
Smaalensbanen.	1887—88	114	6 420	863	3 021	983	10 762	5 110	5 404	[illegible]
	1888—89	128	8 221	1 291	2 574	1 153	12 430	5 753	6 959	[illegible]
	1889—90	151	9 885	1 004	4 090	1 598	13 249	6 357	5 244	[illegible]
	1890—91	136	9 333	426	4 150	1 737	12 915	5 389	12 995	[illegible]
	1891—92	133	12 018	1 435	3 381	1 546	10 201	5 956	10 382	[illegible]
Kongsvingerbanen.	1887—88	105	4 639	849	10 398	1 427	5 850	3 063	6 065	[illegible]
	1888—89	105	4 573	571	15 363	773	8 442	2 510	3 495	[illegible]
	1889—90	117	6 085	1 239	15 227	1 781	10 217	3 901	981	[illegible]
	1890—91	124	7 857	302	15 145	2 308	8 387	4 512	4 551	[illegible]
	1891—92	130	9 060	682	17 018	2 173	8 492	3 492	3 107	[illegible]
Kr.ania-Dr.menb.	1887—88	620	4 769	666	4 336	426	5 228	6 296	89	[illegible]
	1888—89	491	3 179	634	5 591	767	3 985	4 423	71	[illegible]
	1889—90	467	4 617	655	5 812	529	4 803	4 173	173	[illegible]
	1890—91	538	4 403	452	4 526	774	4 588	4 434	375	[illegible]
	1891—92	456	5 010	1 142	4 101	599	4 846	4 203	359	[illegible]
Dr.men-Skienb.	1887—88	185	809	1 271	1 500	235	7 230	1 247	6	[illegible]
	1888—89	191	809	717	1 492	230	5 991	870	8	[illegible]
	1889—90	153	1 486	907	1 645	233	6 959	780	16	[illegible]
	1890—91	224	1 637	413	1 668	255	7 623	789	2	[illegible]
	1891—92	190	1 501	1 187	1 674	175	6 110	784	8	[illegible]
Dr.men-Randsfj.b.	1887—88	772	940	1 424	3 142	328	10 422	8 119	4 137	[illegible]
	1888—89	411	745	722	4 833	714	11 528	10 814	2 808	[illegible]
	1889—90	459	1 134	1 087	5 139	533	13 210	12 501	1 403	[illegible]
	1890—91	511	1 200	484	3 877	664	10 974	17 801	556	[illegible]
	1891—92	494	1 184	911	3 002	543	10 213	20 444	423	[illegible]
Eidsvold-Hamarb.	1887—88	1 535	819	467	3 099	430	5 229	6 292	297	1) [illegible]
	1888—89	1 190	744	1 668	2 928	474	6 862	9 103	736	1) [illegible]
	1889—90	1 332	1 030	888	3 862	578	6 252	9 149	1 283	1) [illegible]
	1890—91	1 571	1 183	567	3 398	737	5 813	10 594	1 429	1) [illegible]
	1891—92	1 657	1 996	825	4 165	854	6 891	10 874	1 959	[illegible]

*) Undtagen Spiger.
**) For 1ste Trafikdistrikts samt Hovedbanens og Eidsvold—Hamarbanens Vedkommende till…
omfattende Kalk, Ler, Sand, Sten.

…-92, Specifikation af Varesorter.
…cation des marchandises.

…	Poteter. Pommes de terre.	Salt. Sel.	Sild og Fisk. Hareng et poisson.	Smør og Ost. Beurre et fromages.	Spiger. Clous.	Trælast & Brænde. Bois de construction et bois à bruler. Planker, Bord, Lægter og Stav. Planches.	Tømmer, alle Slags, O og □. Bois de construction.	Brænde og Baghun. Bois à bruler.	Træmasse. Pulpe de bois.	Øl, alle Slags. Bière.	Øvrige Varer. Marchandises non dénommées.	Sum. Total.
						Ton. Tonnes.						
1317	667	712	947	777	538	31 511	30 725	5 283	11 685	378	19 626	144 938
1084	619	707	778	817	343	47 347	30 952	4 673	17 949	349	19 001	171 602
1100	847	831	1 089	838	471	51 204	31 510	4 863	20 373	359	18 540	183 668
1189	655	723	1 060	955	437	60 929	37 280	8 449	25 022	406	19 326	214 253
1312	885	747	887	924	485	69 244	47 112	5 640	21 016	433	20 511	225 997
…93	700	886	3 734	682	353	63 957	24 728	9 030	13 037	439	13 185	165 517
…368	232	1 628	3 948	866	381	78 609	28 642	7 863	19 173	406	13 772	194 403
…123	315	911	4 667	613	459	84 325	27 410	8 423	20 154	399	14 414	204 588
…138	603	797	3 949	461	305	73 452	33 172	11 032	21 466	430	15 955	207 700
…980	594	810	3 907	582	439	68 653	32 709	8 471	20 163	468	17 772	201 750
…733	180	421	538	770	347	6 508	6 800	5 904	19 986	736	38 620	108 944
…722	285	514	585	790	300	6 340	11 641	5 923	10 531	864	37 288	98 741
…75	249	208	560	986	212	8 476	10 556	6 057	7 946	996	45 722	109 425
…34	293	288	501	1 155	359	10 140	8 301	8 742	7 152	1 190	46 052	110 246
…305	310	242	527	1 221	227	9 593	10 897	4 726	7 804	951	46 877	112 090
554	211	159	321	530	153	9 003	11 516	3 407	12 611	701	10 935	64 191
863	182	144	281	463	130	12 954	16 112	3 202	2 514	734	10 774	60 072
248	348	229	262	585	91	15 213	13 116	3 541	280	772	12 761	61 958
078	217	203	230	819	58	12 351	11 284	4 002	260	923	13 433	58 513
551	275	337	476	914	60	10 150	12 727	3 754	248	905	13 278	57 616
766	267	1 963	1 018	478	233	17 725	41 046	4 214	65 790	822	19 236	189 204
773	311	2 091	886	430	226	25 398	54 764	5 271	83 632	1 039	23 922	238 802
117	252	1 797	1 095	476	196	35 548	56 753	4 034	93 836	1 197	25 640	266 750
783	352	2 018	852	528	303	28 883	48 096	5 870	91 432	1 166	28 013	248 700
570	536	1 942	862	559	166	18 876	50 311	5 327	101 040	1 058	31 013	255 857
123	608	1 011	916	1 206	235	728	924	2 285	193	242	14 986	43 628
[illegible]	672	911	1 375	1 113	226	540	2 091	1 890	721	320	16 117	52 222
[illegible]	521	891	1 523	972	212	715	2 003	2 480	7	309	17 162	53 762
[illegible]	1 242	1 098	1 261	1 231	244	774	1 851	1 880	242	304	17 567	57 468
[illegible]	1 948	940	1 536	1 723	236	1 282	1 575	2 572	620	360	19 647	68 907

…desuden kondenseret Melk i 1887—88 2 559 t., 1888 -89 2 746 t., 1889—90 3 081 t., 1890—91 …325 t., 1891—92 2 255 t., (Indbefattet i øvrige Varer).

Tabel XVIII. 2. (Forts.). Sammendrag for Aar

Banernes Navn.	Driftsaar.	Brændevin paa Træer.	Gjødning, alle Slags.	Hø og Halm.	Jern og Staal og Arbeide deraf, undtagen Spiger.	Kjød og Flesk, alle Slags.	Kornvarer og Mel, alle Slags.	Kul (Sten-, Træ-), Cokes og Cinders.	Malme, Erts og Kis*).	
		Ton.								
Rørosbanen.	1887—88	1 154	766	3 277	3 293	405	10 555	3 015	23 170	1
	1888—89	975	876	3 904	3 940	484	12 278	8 182	31 969	1
	1889—90	1 208	1 625	1 053	4 817	675	11 173	5 547	34 916	1
	1890—91	1 440	1 800	2 004	3 911	822	11 151	8 803	31 191	1
	1891—92	1 244	2 724	3 420	4 303	809	11 344	7 579	29 181	1
Merakerbanen.	1887—88	20	315	2 323	515	1 949	4 933	5 925	1 271	
	1888—89	131	338	376	1 281	1 129	3 201	10 480	1 954	
	1889—90	126	462	117	1 059	2 206	3 285	9 174	2 849	
	1890—91	94	305	223	1 415	1 297	2 734	13 966	6 689	
	1891—92	45	726	269	1 256	1 626	2 617	11 730	4 429	
Jæderbanen.	1887—88	10	457	876	129	153	1 492	169	-	
	1888—89	11	552	354	115	184	1 698	121	-	
	1889—90	12	789	287	120	191	1 757	138	-	
	1890—91	8	1 267	603	123	220	1 744	151	-	
	1891—92	10	1 537	387	262	193	1 459	158	-	
Bergen-Vossb.	1887—88	21	684	56	170	37	1 165	428	5	
	1888—89	18	603	70	216	62	1 338	382	3	1
	1889—90	16	915	72	404	76	1 196	420	-	1
	1890—91	14	731	54	306	52	1 446	540	11	1
	1891—92	13	723	89	448	56	1 357	597	1	1
Hovedbanen.	1887—88	3 272	20 778	2 577	15 406	2 143	16 620	23 651	7 476	1)
	1888—89	2 421	23 660	1 771	20 320	1 611	23 733	26 237	6 333	1)
	1889—90	3 013	27 505	2 206	22 020	2 783	27 833	30 134	4 059	1)
	1890—91	3 362	30 917	466	21 411	3 847	23 320	32 889	10 190	1)
	1891—92	2 865	34 091	1 240	23 076	3 489	21 974	32 742	8 993	1)
Samtlige Baner.	1887—88	5 090	33 631	11 838	27 081	6 165	64 024	53 349	41 637	2
	1888—89	3 767	37 411	8 411	34 662	5 442	71 017	65 865	49 576	2
	1889—90	4 284	46 183	6 667	39 641	8 046	77 631	68 798	45 649	2
	1890—91	4 910	49 290	4 951	36 896	8 676	71 164	84 598	57 371	2
	1891—92	4 256	57 318	9 744	37 223	8 212	65 672	83 587	52 084	2

*) For 1ste Trafikdistrikt samt Hovedbanens og Eidsvold—Hamarbanens Vedkommende
indbefattet Kalk, Ler, Sand, Sten.

—92, Specifikation af Varesorter.

	Poteter.	Salt.	Sild og Fisk.	Smør og Ost.	Spiger.	Trælast og Brænde. Planker, Bord, Lægter og Stav.	Tømmer, alle Slags, O og □.	Brænde og Baghun.	Træmasse.	Øl, alle Slags.	Øvrige Varer.	Sum.
	Ton.											
27	1 964	1 256	3 390	1 000	270	2 343	4 980	10 449	43	464	16 094	90 934
197	1 176	1 149	3 568	963	264	2 686	3 568	10 098	141	476	18 073	110 202
115	2 505	1 150	4 053	985	255	3 260	5 057	9 141	12	510	20 226	112 852
17	1 164	1 183	3 025	1 139	286	3 496	4 942	10 723	105	574	21 045	113 457
66	1 758	1 194	3 785	1 270	231	2 823	3 720	12 111	18	630	21 970	115 094
834	245	343	9 399	144	27	41 916	7 164	2 642	3 749	66	7 300	91 200
931	467	824	12 719	209	33	51 819	5 273	2 913	7 147	112	8 124	110 604
674	275	432	12 858	281	62	58 792	7 576	1 978	10 371	126	7 760	121 685
806	318	1 265	8 477	171	33	46 338	12 118	2 809	9 595	210	10 071	120 582
006	735	957	9 956	172	42	38 455	6 838	1 997	9 341	173	9 624	103 238
684	1 120	278	379	119	10	841	100	60	-	24	3 084	10 323
46	533	262	404	149	10	841	69	65	-	28	3 479	10 210
04	382	277	501	133	10	1 015	49	20	-	31	3 775	10 946
19	600	340	771	147	7	982	60	57	-	26	4 469	12 995
88	571	235	421	148	9	995	98	38	-	39	5 286	13 347
260	49	101	229	70	19	579	279	662	-	128	3 194	9 018
377	38	92	219	61	24	941	581	438	-	121	4 845	11 817
701	40	105	209	73	29	1 137	261	394	-	153	7 323	15 015
785	48	89	181	65	19	987	397	367	-	233	8 541	16 225
180	41	82	243	53	20	539	153	478	-	245	7 916	14 469
668	2 644	3 766	4 380	3 058	1 115	105 384	59 321	28 530	25 505	1 180	38 301	373 108
191	1 653	4 539	4 587	3 170	1 278	130 446	86 835	27 157	34 838	1 064	41 544	451 972
998	2 120	3 721	5 413	3 019	1 251	135 455	102 560	31 367	34 651	1 029	45 652	495 918
711	3 956	3 684	4 593	3 255	1 120	126 471	100 012	37 400	35 658	1 019	48 459	503 016
015	3 819	3 736	4 657	3 444	1 318	124 730	92 893	33 995	35 400	1 247	51 612	500 445
795	7 249	8 310	19 719	5 762	2 465	228 536	158 440	62 264	109 225	4 313	136 649	1 023 211
209	5 088	9 598	22 676	5 881	2 366	283 413	204 315	59 993	144 586	4 645	145 271	1 206 922
498	6 929	8 244	24 651	6 073	2 342	318 581	223 032	63 017	159 737	4 952	161 656	1 325 770
536	7 365	9 218	18 464	6 581	2 215	296 424	217 557	77 576	162 254	5 530	169 997	1 337 498
902	8 526	8 931	20 371	6 807	2 341	281 973	217 941	69 771	167 158	5 634	176 396	1 337 903

[a] Desuden kondenseret Melk i Driftsaaret 1887—88 2 559 t., 1888—89 2 746 t., 1889—90 3081 t., 1890—91 3 325 t., 1891—92 2 255 t., (Indbetattet i øvrige Varer).

Tabel XIX. Driftsresultater ved norsk
(Renseignement sur l'exploitation des chemins de fer de

1	2	3	4	5	6	7	8
	Banernes Længde, Konstruktion og anvendt Kapital. Longueur, construction et capital employé.				**Rullen** Maté		
Banernes Navn. Désignation des chémins de fer.	Længde. Longueur totale.	Midlere Driftslængde. Longueur moyenne exploitée.	Sporvidde. Largeur de la voie.	Anvendt Kapital pr. Kilometer. Capital employé par kilomètre.	Lokomotiver. Locomotives.	Personvogne. Voitures à voyageurs.	Gods-, Kreatur-, Heste- og Bagagevogne. Wagons à marchandises, bestiaux, écuries et
	Kilomètres.		Mètres.	Francs.	Antal. Nombre.		
I. Norvége.							
Chemin de fer de Smaalenene.	249.1	250	1.435	157 363	27	97	5
—„— « « « Kongsvinger.	114.6	[6]) 122	1.435	112 518	12	41	4
—„— « « « Kristiania—Drammen.	52.9	53	1.067	166 746	11	62	2
—„— « « « Drammen—Skien.	155.9	158	1.067	106 064	14	40	2
—„— « « « Drammen—Randsfjord.	143.5	143	1.067	76 839	16	43	5
—„— « « « Eidsvold—Hamar.	58.4	58	1.435	120 787	5	13	1
—„— « « « Røros.	433.3	436	1.067	74 070	29	65	4
—„— « « « Meraker.	102.3	[7]) 106	1.435	154 118	9	21	2
—„— « « « Jæderen.	76.3	76	1.067	99 121	5	29	
—„— « « « Bergen—Voss.	108.0	108	1.067	129 376	6	23	
—„— « « « Principal (Kr.ania—Eidsv.)[2])	67.8	68	1.435	237 198	22	62	6
Total	1 562.1	1 578	·	115 651	156	496	3
II. Suède.							
Chemins de fer de l'Etat.	2 742	2 645	1.435	134 371	392	867	9
Chemin « « « Bergslagerna[1]).	486	486	1.435	123 532	41	74	1
—„— « « « Dalsland[3]).	69	70	1.435	94 795	6	16	
III. Danemark.							
Chemins de fer de l'Etat[4]).	[8])1 525	1 519	1.435	142 500	262	773	4

[1]) Driftsterminen er: (Terme de l'exploitation).
ved norske Baner: fra $^{1}/_{7}$ 1891 — $^{30}/_{6}$ 92. (Chemins de fer norvégiens: $^{1}/_{7}$ 1891—$^{30}/_{6}$ 92).
« svenske do. - $^{1}/_{1}$—$^{31}/_{12}$ 1891. (— « « suèdois: $^{1}/_{1}$—$^{31}/_{12}$ 1891).
« danske do. - $^{1}/_{4}$ 1891—$^{31}/_{3}$ 92. (— « « danois: $^{1}/_{4}$ 1891—$^{31}/_{3}$ 92).

[2]) Privatbane. (Chemin de fer privé).

[3]) Privatbaner der forbinde Smaalensbanen med det svenske Jernbanenet: Privatbanernes saml Længde udgjorde pr. 31te Decbr. 1891 5 537 km. Chemin de fer privés, qui communiquent ave chemin de fer de Smaalenene: la longueur totale des chemins de fer privés au 31. decbr. 1891 était kilométres).

ske og danske Jernbaner 1891—92 [1]).

ge de la Suède et du Danemark 1891—92 [1]).

	10	11	12	13	14	15	16	17	18	19	20
	riel.						Trafik. Mouvement.				
	Tilsammen Person- Post- og Godsvogne. Total des voitures et des wagons.	Antal Pladse. Nombre de places.		Godsvognenes Lasteevne. Capacité de charge des wagons à marchandises.		Midlere Længde gjennemløbet pr. Lokomotiv. Parcours kilométrique moyen de chaque locomotive.	Togkilometer pr. Kilometer Driftslængde. Rapport des kilomètres de parcours des trains à un kilomètre.	Befordring af Reisende. Transport de voyageurs			
		Sum. Total.	Pr. Kilometer. Par kilomètre.	Sum. Total.	Pr. Kilometer. Par kilomètre.			Antal Reisende. Nombre des voyageurs.	Personkilometer. Parcours kilométrique des voyageurs. Sum. Total.	Pr. Kilometer Driftslængde. Par kilomètre exploité.	Midlere Reiselængde pr. Person. Parcours moyen d'un voyageur.
	Antal. …mbre.			Tons. Tonnes.		km.					km.
	633	3 747	15.0	5 502	22.1	40 580	3 835	1 169 220	28 525 775	114 103	24
	518	1 136	9.9	4 318	37.7	29 746	2 762	170 733	6 854 202	56 182	40
	280	1 673	31.6	1 299	24.6		7 456	984 916	17 534 866	330 847	18
	315	1 995	12.8	1 809	11.6	41 869	3 472	707 368	17 895 839	113 265	25
	559	1 296	9.0	3 155	22.0		2 725	337 576	8 707 355	60 891	26
	123	540	9.2	1 067	18.3	30 336	2 430	134 274	4 550 441	78 456	34
	561	2 122	4.9	3 162	7.3	33 834	1 811	292 752	14 932 356	34 249	51
3	233	904	8.8	2 098	20.5	32 758	2 216	189 750	4 052 641	38 232	21
	71	806	10.6	207	2.7	31 551	1 984	140 841	3 453 838	45 445	25
2	72	948	8.8	303	2.8	43 289	2 232	415 280	5 768 385	53 411	14
	732	1 758	25.9	6 299	92.9	24 636	4 550	466 485	13 603 521	200 052	29
3	4 097	16 925	10.8	29 219	18.7	35 522	2 849	4 680 268	125 879 219	79 771	27
	10 259	26 642	9.72	84 191	30.7	29 759	3 302	4 761 992	212 555 245	80 361	45
	1 391	2 465	5.1	13 552	27.9	30 664	2 336	467 804	19 368 880	39 854	41
	148	596	8.6	1 311	19.0	38 232	2 515	52 275	2 018 686	28 838	39
	5 075	33 409	21.9	36 987	24.3	24 637	4 057	9 648 113	281 497 353	185 318	29

(The value 41 869 in column 15 is bracketed across the rows with 24.6, 11.6 and 22.0.)

Fra 1ste Oktober 1885 er Driften af samtlige Statsbaner samlet under en Bestyrelse. (Les chemins de fer de l'Etat sont du 1. oct. 1885 administrés d'une direction générale de l'exploitation).

Ved Udgangen af 1891—92 desuden 431 Kilometer Privatbaner og 30 km. Statsbaner under privat Drift. (Il y avait de plus 431 kilomètres chemins privés et 30 km. chemins de l'Etat exploités par des compagnies).

Heri medregnet 7 Kilometer mellem Rigsgrændsen og Charlottenberg. (Y compris 7 kilomètres entre la frontière et la station suédoise Charlottenberg).

Heri medregnet 4 Kilometer mellem Rigsgrændsen og Storlien. (Y compris 4 kilomètres entre la frontière et la station suédoise Storlien).

Tabel XIX (Forts.). Driftsresultater ved nors
(Renseignement sur l'exploitation des chemins de fer de

1	21	22	23	24
	Trafik. Mouvement.			
	Befordring af Gods. Transport de marchandises.			
		Tonkilometer. Tonnes kilométriques		
Banernes Navn. Désignation des chemins de fer.	Antal Tons. Nombre des tonnes.	Sum. Total.	Pr. Kilometer Driftslængde. Par kilomètre exploité.	Midlere Transportlængde pr. Ton. Parcours moyen d'une tonne de marchandises. km
I. Norvége.				
Chemin de fer de Smaalenene.	249 605	11 412 833	45 651	[illegible]
—»— « « « Kongsvinger.	215 423	18 120 965	148 533	[illegible]
—»— « « « Kristiania—Drammen.	116 668	4 374 749	82 542	[illegible]
—»— « « « Drammen—Skien.	64 300	2 882 798	18 246	[illegible]
—»— « « « Drammen—Randsfjord.	267 654	12 554 968	87 797	[illegible]
—»— « « « Eidsvold—Hamar.	71 347	3 522 193	60 727	[illegible]
—»— « « « Røros.	121 413	13 663 396	31 338	[illegible]
—»— « « « Meraker.	106 765	7 601 371	71 711	[illegible]
—»— « « « Jæderen.	14 711	509 537	6 704	[illegible]
—»— « « « Bergen—Voss.	16 886	1 147 321	10 623	[illegible]
—»— « « « Principal (Kr.ania—Eidsv.).	514 519	16 536 293	243 181	[illegible]
Total	1 413 434	92 326 424	58 509	[illegible]
II. Suède.				
Chemins de fer de l'Etat.	3 277 773	328 101 367	124 046	[illegible]
Chemin « « « Bergslagerna.	668 512	79 991 203	164 591	[illegible]
—»— « « « Dalsland.	96 544	3 951 475	56 450	[illegible]
III. Danemark.				
Chemins de fer de l'Etat.	1 697 670	121 779 888	80 171	[illegible]

…e og danske Jernbaner 1891—92.

…, de la Suède et du Danemark 1891—92).

Økonomiske Resultater.

Résultats financiers de l'exploitation.

25	26	27	28	29	30	31	32	33	34
Indtægter. Recettes.				Udgifter. Dépenses.			Overskud. Produit net		
Sum. Total.	Pr. Kilometer Driftslængde. Par kilomètre exploité.	Indtægt pr. Personkilometer. Produit kilométrique d'un voyageur.	Indtægt pr. Tonkilometer. Produit kilométrique d'une tonne de marchandises.	Sum. Total.	Pr. Kilometer Driftslængde. Par kilomètre exploité.	Udgift i Procent af Indtægt. Rapport de la dépense totale à la recette brute.	Sum. Total.	Pr. Kilometer Driftslængde. Par kilomètre exploité.	I pCt. af den anvendte Kapital. Rapport du produit net au capital employé.
Francs.	Francs.	Cents.	Cents.	Francs.	Francs	Pour cent.	Francs	Francs.	Pour cent
[illegible] 149 734	8 599	3.9	7.1	1 889 146	7 557	87.9	260 588	1 042	0.66
[illegible] 214 606	9 956	4.2	4.9	759 775	6 228	62.6	454 831	3 728	3.15
[illegible] 205 781	22 751	3.8	8.6	847 096	15 983	70.3	358 685	6 768	3.94
977 401	6 186	3.6	7.6	939 852	5 948	96.2	37 549	238	0.23
[illegible] 279 088	8 945	3.8	7.2	942 419	6 591	73.7	336 669	2 354	3.13
501 801	8 652	4.0	7.4	311 155	5 365	62.0	190 646	3 287	2.73
1 702 363	3 904	4.6	5.7	1 494 288	3 427	87.8	208 075	477	0.65
594 281	5 606	3.6	5.4	467 853	4 413	78.7	126 428	1 193	0.78
209 301	2 754	3.9	11.3	189 796	2 497	90.7	19 505	257	0.27
438 960	4 064	4.7	9.0	393 737	3 645	89.7	45 223	419	0.32
2 273 341	33 431	4.0	9.2	1 202 738	17 687	53.0	1 070 603	15 744	6.77
12 546 657	7 951	4.0	6.8	9 437 855	5 981	75.2	3 108 802	1 970	1.70
30 977 691	11 712	5.0	6.3	22 010 003	8 321	71.1	8 967 688	3 391	2.52
5 030 802	10 351	5.5	4.9	1 981 122	4 076	39.4	3 049 680	6 275	5.08
484 604	6 923	6.5	5.6	302 574	4 323	62.4	182 030	2 600	2.78
[illegible]401 835	14 748	3.9	8.2	18 345 658	12 078	81.9	4 056 177	2 670	1.87

Anmærkninger til Tabel XVIII.

ad Tabel XVIII. 1.

Col. 48 a) Afdrag paa Driftskontoen.
Col. 50 b) Heri medregnet Hovedbanens særskilte Formues Driftsoverskud.
Col. 51 c) Uprioriterede Aktier, prioriterede 1 pCt. høiere.

ad Tabel XVIII. 2

d) Opgaverne over hvad der er transporteret paa de samlede Baner er den virkelige Transportmængde, idet hvad der er ført over to eller flere Baner kun er medregnet én Gang.

Observations:

1 Krone (100 Øre) = 1 Franc 39 Centimes.

Tabel XX.

Opgave

over

Uheld eller Ulykkestilfælde i Driftsaaret 1891—92.

Renseignement

sur

Les accidents pendant le terme 1891—92.

Tabel XX. Opgave over Uheld e

Renseignement sur les accid

1	2	3	4	5	6	7	8	9	10	11
	Accidents des t									
	Afsporinger. Déraillements.									
	Sted. Lieu.									
Baner. Désignation des chemins de fer.	Paa fri Bane. Sur la ligne.	Ved Station. Dans les stations.	Synkninger etc. af Banelegemet. Enfoncements &c. du corps de la ligne.	Mangler ved Overbygningen. Défectuosités de la superstructure.	Jord- og Stenras, Sneskred. Glissements de terre et de pierres, avalanches de neige.	Sne- og Ishindringer. Obstacles de neige et de glace.	Paakjøring af Traller, Kjøretøier & Kreaturer, Tømmer etc. Echasements de draisines, véhicules, bétail, bois &c.	Mangler ved rullende Materiel, Axelbrud etc. Avaries au matériel roulant, ruptures d'essieux &c.	Feilagtig Udøvelse af Stationstjenesten. Fautes commises dans le service des stations.	Feilagtig Udøvelse af Togtjenesten. Fautes commises dans le service des trains.
Smaalensbanen.	-	-	-	-	-	-	-	-	-	-
Kongsvingerbanen.	-	-	-	-	-	-	-	-	-	-
1ste Trafikdistrikt.	-	-	-	-	-	-	-	-	-	-
Kr.ania-Drammenb.	2	1	-	-	2	-	-	-	1	-
Drammen-Skienb.	-	-	-	-	-	-	-	-	-	-
Drammen-Randsfj.b.	-	1	-	-	-	-	-	1	-	-
2det Trafikdistrikt.	2	2	-	-	2	-	-	1	1	-
Eidsvold-Hamarb.	-	-	-	-	-	-	-	-	-	-
Rørosbanen.	-	-	-	-	-	-	-	-	-	-
Merakerbanen.	-	-	-	-	-	-	-	-	-	-
3die & 4de Trafikd.	-	-	-	-	-	-	-	-	-	-
5te Trafikdistrikt.	-	1	-	-	-	-	-	-	1	-
6te Trafikdistrikt.	-	-	-	-	-	-	-	-	-	-
Statsbanerne.	2	3	-	-	2	-	-	1	2	-
Hovedbanen.	-	-	-	-	-	-	-	-	-	-
Samtlige Baner.	2	3	-	-	2	-	-	1	2	-

…astilfælde i Driftsaaret 1891—92.

…at le terme 1891—92.

14	15	16	17	18	19	20	21	22	23	24	25	26
…l. …a la route.											Andre Uheld. Autres accidents.	
	Sammenstød. Collisions.						Andre Toguheld. Accidents divers.					
							Sted. Lieu.					
Ved Station. Dans les stations.	Feilagtige Dispositioner af Stationsbefalet. Fautes commises dans la disposition des chefs des stations.	Feilagtig Pointsstilling eller Signalisering. Fautes commises dans la position de l'aiguille ou dans les signalements.	Feilagtigt Forhold af Togpersonalet. Fautes commises par le personnel des trains.	Uforsigtig Rangering eller feilagtig Opstilling af Materiel. Fautes commises dans la formation ou dans la disposition du matériel.	Deling af Tog. Séparation d'un train.	Andre Aarsager. Causes diverses.	Paa fri Bane. Sur la ligne.	Ved Station. Dans les stations.	Ild i Toget. Incendie dans le train.	Andre Aarsager. Causes diverses.	Uheld tilstødt Person under Togdrift. Accidents survenus à des personnes dans l'exploitation des trains.	Uheld tilstødt Person eller Materiel under Rangering. Accidents survenus à des personnes ou au matériel dans la formation des trains.
1	-	1	-	-	-	-	-	1	-	1	1	3
-	-	-	-	-	-	-	-	-	-	-	1	-
1	-	1	-	-	-	-	-	1	-	1	2	3
-	-	-	-	-	-	-	-	-	-	-	1	8
1	1	-	-	-	-	-	1	-	-	1	6	1
2	-	1	-	-	-	1	-	-	-	-	-	2
3	1	1	-	-	-	1	1	-	-	1	7	11
-	-	-	-	-	-	-	-	-	-	-	1	-
-	-	-	-	-	-	-	-	-	-	-	1	-
1	-	-	1	-	-	-	-	-	-	-	-	-
1	-	-	1	-	-	-	-	-	-	-	2	-
-	-	-	-	-	-	-	-	-	-	-	-	-
-	-	-	-	-	-	-	-	-	-	-	-	-
5	1	2	1	-	-	1	1	1	-	2	11	14
-	-	-	-	-	-	-	-	-	-	-	2	1
5	1	2	1	-	-	1	1	1	-	2	13	15

Tabel XX (Forts.). Opgave over Uheld

Renseignement sur les acc

1	27	28	29	30	31	32	33	34	35	36	37
	Døde og Kvæstede samt beskadiget Personnes tués et blessés, avaries										
	Reisende. Voyageurs.										
					Tilsammen. Ensemble.						
Banerne. Désignation des chemins de fer.	Ved Toguheld. Accidents des trains pendant la route.		Ved Paa- og Afstigning eller paa Tog. En montant sur le train ou en descendant ou en passant.		Ialt. (Col. 27—30). En tout.		Pr. 1 000 000 Reisende. Par 1 000 000 de voyageurs.		Pr. 1 000 000 Person-kilometer. Par 1 000 000 de kilomètres de voyageurs.		Tog[illegible] des trains pendant la route.
	Døde. tués.	Kvæstede. blessés	Døde. tués.	Kvæstede. blessés.	Døde. tués.	Kvæstede. blessés	Døde. tués.	Kvæstede. blessés	Døde. tués.	Kvæstede. blessés.	Døde. tués.
Smaalensbanen.	-	-	-	-	-	-	-	-	-	-	-
Kongsvingerbanen.	-	-	-	-	-	-	-	-	-	-	-
1ste Trafikdistr.	-	-	-	-	-	-	-	-	-	-	-
Kr.ania-Dr.menb.	-	-	-	-	-	-	-	-	-	-	-
Dr.men-Skienb.	-	-	-	-	-	-	-	-	-	-	-
Dr.men-Randsfj.b.	-	-	-	-	-	-	-	-	-	-	-
2det Trafikdistr.	-	-	-	-	-	-	-	-	-	-	-
Eidsvold-Hamarb.	-	-	-	-	-	-	-	-	-	-	-
Rørosbanen.	-	-	-	-	-	-	-	-	-	-	-
Merakerbanen.	-	-	-	-	-	-	-	-	-	-	-
3die & 4de Trafikd.	-	-	-	-	-	-	-	-	-	-	-
5te Trafikdistr.	-	-	-	-	-	-	-	-	-	-	-
6te Trafikdistr.	-	-	-	-	-	-	-	-	-	-	-
Statsbanerne.	-	-	-	-	-	-	-	-	-	-	-
Hovedbanen.	-	-	-	-	-	-	-	-	-	-	-
Samtlige Baner.	-	-	-	-	-	-	-	-	-	-	-

...kestilfælde i Driftsaaret 1891—92.
...t le terme 1891—92.

40	41	42	43	44	45	46	47	48	49	50	51	52	53	54
...r den egentlige Jernbanedrift[1]). ...xploitation.														
Jernbanebetjente ved Tog- og Rangeringstjeneste. Agents des chemins de fer dans le service des trains et de la formation.														
Paa- og ...tigning paa Tog. ...montant ... train ou ...scendant ... passant	Ved Rangeringstjeneste. Dans le service de la formation.						Ved Ophold paa eller Gang over Spor. En s'arrêtant ou en passant sur la voie.		Ved andre Uheld. Accidents divers.		Tilsammen. Ensemble.			
	Ved Tilkobling. En accrochant des véhicules.		Ved Afkobling. En décrochant des véhicules.		Paa anden Maade. Autres causes.						Ialt. (Col. 37—50). En tout.		Pr. 1 000 000 Tog-kilometer. Par 1 000 000 de kilomètres de train.	
Kvæstede. blessés.	Døde. tués.	Kvæstede. blessés	Døde. tués.	Kvæstede. blessés	Døde. tués.	Kvæstede. blessés	Døde. tués.	Kvæstede. blessés	Døde. tués.	Kvæstede. blessés	Døde. tués.	Kvæstede. blessés	Døde. tués.	Kvæstede. blessés
1	1	-	-	-	-	-	-	-	-	-	1	1	1.04	1.04
-	-	-	-	-	-	-	-	-	-	-	-	-	-	-
1	1	-	-	-	-	-	-	-	-	-	1	1	0.77	0.77
-	-	-	-	-	-	1	-	-	-	-	-	2	-	5.06
-	-	-	-	-	-	1	-	-	-	-	-	1	-	1.82
-	-	-	-	-	-	-	-	-	-	-	-	-	-	-
-	-	-	-	-	-	2	-	-	-	-	-	3	-	2.25
-	-	-	-	-	-	-	-	-	-	-	-	-	-	-
-	-	-	-	-	-	-	-	-	-	-	-	-	-	-
-	-	-	-	-	-	-	-	-	-	-	-	-	-	-
-	-	-	-	-	-	-	-	-	-	-	-	-	-	-
-	-	-	-	1	-	-	-	-	-	-	-	1	-	6.63
-	-	-	-	-	-	-	-	-	-	-	-	-	-	-
1	1	-	-	1	-	2	-	-	-	-	1	5	0.24	1.19
-	-	-	-	-	-	1	-	-	-	-	-	1	-	3.23
1	1	-	-	1	-	3	-	-	-	-	1	6	0.22	1.33

Følgerne af de under Col. 2—26 anførte Uheld.
Effets des accidents compris dans les colonnes 2—26.

Tabel XX (Forts.). Opgave over Uheld e

Renseignement sur les accid

1	55	56	57	58	59	60	61	62	63	6
	Døde og Kvæstede samt beskadiget Mate Personnes tués du blessés, avaries au mat									
	Tjenestemænd i Tjeneste. Agents dans le service.				Andre Personer og Tjenestemænd udenfor Tjeneste. Autres personnes et agents en dehors de tout ser					
Baner. Désignation des chemins de fer.	Ved Toguheld. Accidents des trains pendant la route.		Ved andre Uheld. Accidents divers.		Ved Toguheld. Accidents des trains pendant la route.		Ved andre Uheld. Accidents divers.		Ved Sindssygd Drukkensk Selvmord Folie, ivres suicide et	
	Døde. tués.	Kvæstede. blessés.	Døde. tués.	Kvæstede. blessés.	Døde. tués.	Kvæstede. blessés.	Døde. tués.	Kvæstede. blessés.	Døde. tués.	Kv ste bles
Smaalensbanen.	-	-	-	-	-	-	-	-	-	
Kongsvingerbanen.	-	-	-	-	-	-	1	-	-	
1ste Trafikdistrikt.	-	-	-	-	-	-	1	-	-	
Kr.ania-Drammenb.	-	-	-	-	-	-	1	1	-	
Drammen-Skienb.	-	-	-	-	-	-	1	-	-	
Drammen-Randsfj.b.	-	-	-	1	-	-	-	-	-	
2det Trafikdistrikt.	-	-	-	1	-	-	2	1	-	
Eidsvold-Hamarb.	-	-	-	-	-	-	-	-	-	
Rørosbanen.	-	-	-	-	-	-	-	-	-	
Merakerbanen.	-	-	-	-	-	-	-	-	-	
3die & 4de Trafikd.	-	-	-	-	-	-	-	-	-	
5te Trafikdistrikt.	-	-	-	-	-	-	-	-	-	
6te Trafikdistrikt.	-	-	-	-	-	-	-	-	-	
Statsbanerne.	-	-	-	1	-	-	3	1	-	
Hovedbanen.	-	-	-	-	-	-	1	-	1	
Samtlige Baner.	-	-	-	1	-	-	4	1	1	

…uheldstilfælde i Driftsaaret 1891—92.
…t le terme 1891—92.

…	66	67	68	69	70	71	72	73	74	75	76
…den egentlige Jernbanedrift [1]). …exploitation.								Omkomne og Kvæstede udenfor den egentlige Jernbanedrift [2]). Personnes tués ou blessés au dehors de l'exploitation.			
Døde og Kvæstede. Tués et blessés.				Beskadiget Materiel. Avaries au matériel.							
Ialt. …31 + 32 …+ 52 + …—64). Total.		Pr. 1 000 000 Togkilometer. Par 1 000 000 de kilomètres de train.		Betydeligt. Considérables.		Ubetydeligt. Inconsidérables.		Tjenestemænd og Arbeidere i Tjeneste. Agents et ouvriers dans le service.		Andre Personer og Tjenestemænd udenfor Tjeneste. Autres personnes et agents en dehors de tout service.	
…de. …s.	Kvæstede. blessés.	Døde. tués.	Kvæstede. blessés.	Lokomotiver. locomotives.	Vogne. voitures et wagons.	Lokomotiver. locomotives.	Vogne. voitures et wagons.	Døde. tués.	Kvæstede. blessés.	Døde. tués.	Kvæstede. blessés.
1	2	1.04	2.09	-	-	-	10	-	-	-	-
1	-	2.97	-	-	-	-	-	-	-	-	-
2	2	1.54	1.54	-	-	-	10	-	16	-	-
1	3	2.53	7.59	1	3	3	9	-	-	-	-
1	4	1.82	7.29	-	-	3	10	-	-	-	-
-	1	-	2.57	-	-	1	15	-	-	-	-
2	8	1.50	6.00	1	3	7	34	-	35	-	-
-	1	-	7.10	-	-	-	-	-	-	-	-
-	1	-	1.27	-	-	-	-	-	-	-	-
-	-	-	-	-	-	1	3	-	-	-	-
-	2	-	1.72	-	-	1	3	-	-	-	-
-	1	-	6.63	-	-	-	1	-	-	-	-
-	-	-	-	-	-	-	-	-	-	-	-
4	13	0.96	3.11	1	3	8	48	-	51	-	-
2	1	6.46	3.23	-	-	-	-	-	-	-	-
6	14	1.33	3.11	1	3	8	48	-	51	-	-

[1]) Følgerne af de under Col. 2—26 anførte Uheld.
Effets des accidents compris dans les colonnes.

[2]) Heromhandlede Uheld staar ikke i nogen Forbindelse med de under Col. 2—26 anførte Uheld.
Ces accidents ne se rapportent pas à ceux des colonnes 2—26.

Anmærkning til Tabel XX.

Under Col. 2—26 opføres et hvert Uheld, der er indtruffet under den egentlige Jernbanedrift, altsaa ved Trafiktogenes eller dermed i Klasse staaende Extratogs Fremdrift (routegaaende Tog) og den til sammes Opstilling og Deling fornødne Rangering (Col. 26).

Følgerne heraf med Hensyn til Personer er angivet i Col. 27—68 og med Hensyn til Materiel er angivet i Col. 69—72. Under Rubriken 73—76 er opført Ulykkeshændelser, der er foranledigede ved Gjøremaal under Jernbanedriften, hvilke ikke staar i direkte Forbindelse med den egentlige Tog- og Rangeringstjeneste, f. Ex. Hændelser vedkommende Arbeidstog, Extratog for Grusning, Sneplougkjørsel etc., under Rangering i Grustog og paa Værkstedstomter etc., under Arbeide i Grustog ved Liniens Vedligehold, Bygningers og Broers Opførelse og Vedligehold, Værkstedsarbeider, Renhold af Materiellet, Paa- og Aflæsning af Gods i Godshuse og paa Tomter m. m.

Som Toguheld (Col. 2—24) opføres alene de Slags Uheld, der har medført eller efter sin Art kunde medføre Fare for Personer og Materiel, saaledes enhver Afsporing i Tog, Axelbrud. etc., men ikke Uheld, der alene medføre Togforsinkelser, saasom Sprængning af Kjedelrør eller mindre Brækager paa Lokomotivet, Snehindringer, Ophold paa Grund af Sten- o: Jordras etc. Har en af de sidst nævnte eller lignende Aarsager foranlediget Skade paa Personer eller Materiel bliver Tilfældet at opføre som Toguheld.

Col. 26 omfatter foruden Rangeringen paa Stationerne ogsaa Trafiken paa Sidelinier. Uheld under denne Col. opføres kun naar Personer eller Materiel er kommen til Skade.

Kollisioner mellem rangerende Materiel og Trafiktog opføres under Col. 13—20.

Under Col. 25 opføres alene Tilfælde, hvorved Personer forulykker eller kommer til Skade under den egentlige Jernbanedrift, uden at Tilfældet kan henføres under Col. 2—24 og 26.

Under «Reisende», Col. 27—36, føres foruden samtlige betalende Reisende, der kommer tilskade ved Uheld under den egentlige Jernbanedrift, ogsaa saadanne Reisende, der er forsynede med Fribillet, naar Reisen foretages i eget Anliggende, altsaa ogsaa Tjenestemænd. Under «Jernbanebetjente ved Tog- og Rangeringstjeneste», Col. 37—54, føres alene de ved Tog eller ved Rangering tjenstgjørende Personer paa Tog, ved Stationer eller paa Linie for Anledningen tjenstgjørende Betjente.

Under «Tjenestemænd i Tjeneste», Col. 55—58, føres Jernbanefunktionærer, der reiser eller forøvrigt befinder sig ved eller paa Jernbanens Omraade i Tjenesteanliggende, men ikke er tjenstgjørende ved Tog eller Rangering, men t. Ex. befinde sig paa Inspektion eller er beskjæftigede paa anden Maade med et eller andet Arbeide vedrørende Jernbanen og herunder omkommer eller bliver skadede ved eller i Trafiktog eller under Rangering.

Under «Andre Personer og Tjenestemænd udenfor Tjeneste», Col. 59—64, opføres saadanne Tjenestemænd, der ikke gjøre Tjeneste eller kunne henregnes til Reisende efter foranstaaende Forklaring, altsaa saadanne, der tilfældig er tilstede. Videre henføres hid Post- og Toldfunktionærer etc. saavel tjenstgjørende som ikke tjenstgjørende, naar de reise uden at erlægge særskilt Betaling. Endvidere enhver Person, som ikke kan opføres i nogen af de foran nævnte Rubriker, naar Vedkommende er kommen til Skade eller omkommet ved Trafiktog eller under Rangering for samme. Forsaavidt en Reisende under Ophold paa Station etc., men ikke paa Tog, omkommer eller kommer til Skade ved Driftsmateriellet, bliver han at henføre til denne Afdeling. I Col. 63 og 64 føres Personer, der ikke kunne ansees tilregnelige, herunder ogsaa Døve og Blinde samt mindre Børn.

Ulykker ved Jernbanens Dampskibe eller mulige andre i Forbindelse med den staaende Transportindretninger vedrøre ikke denne Statistik.

Under Col. «Døde» henføres saadanne, der er døde strax eller inden 24 Timer. «Kvæstede» opføres alene, naar Skaden er saavidt stor, at Lægehjælp maa ansees fornøden.

Naar Skade paa Materiellet anslaaes til ca. 1/10 af dets Kostende anføres Tilfældet som «betydeligt»; er Skaden mindre; men større end 10 Kroner som «ubetydeligt». Mindre Skade end 10 Kroner opføres ikke.

NORGES OFFICIELLE STATISTIK.

Tredie Række No. 187.

DE OFFENTLIGE JERNBANER.

(LES CHEMINS DE FER PUBLICS DE LA NORVÈGE.)

BERETNING

OM

DE NORSKE JERNBANERS DRIFT

I

TERMINEN 1STE JULI 1892—30TE JUNI 1893.

AFGIVET TIL

DEN KGL. NORSKE REGJERINGS DEPARTEMENT FOR DE OFFENTLIGE ARBEIDER

FRA

STYRELSEN FOR STATSBANERNE.

KRISTIANIA.

I KOMMISSION HOS H. ASCHEHOUG & CO.

1894.

Pris: Kr. 1.00.

Norges officielle Statistik, Tredie Række.

(Statistique officielle de la Norvége, troisième série.)

No. 1—85 findes opførte i Fortegnelse over Norges officielle Statistik m. v. 1828—30 Juni 1889, S. 22—27.
— 86—146 findes opførte i Fortegnelse over Norges officielle Statistik m. v. 1 Juli 1889—31 December 1891, S. 1—5.
— 147. De offentlige Jernbaner 1890/91. *(Rapport sur les chemins de fer publics.)*
— 148. Civil Retspleie 1889. *(Statistique de la justice civile.)*
— 149. Norges Skibsfart 1890. *(Statistique de la navigation.)*
— 150. Rekruteringsstatistik 1891. *(Statistique du recrutement.)*
— 151. Skiftevæsenet 1889. *(Tableaux des successions et faillites.)*
— 152. Norges kommunale Finantser 1889. *(Finances des communes.)*
— 153. Veterinærvæsenet 1890. *(Compte rendu du service vétérinaire.)*
— 154. Norges Handel 1891. *(Statistique du commerce.)*
— 155. Folkemængdens Bevægelse 1889. *(Mouvement de la population.)*
— 156. Norges Sparebanker 1891. *(Statistique des caisses d'épargne.)*
— 157. Strafarbeidsanstalter 1889/90. *(Statistique des maisons centrales pénitentiaires.)*
— 158. Den norske Statstelegraf 1891. *(Statistique des télégraphes de l'Etat.)*
— 159. Distriktsfængsler 1890. *(Prisons départementales.)*
— 160. Norges Postvæsen 1891. *(Statistique postale.)*
— 161. De Spedalske i Norge 1886—1890. *(Les lépreux en Norvége.)*
— 162. Sundhedstilst. og Medicinalforholdene 1890. *(Rapport sur l'état sanitaire et médical.)*
— 163. Norges Fiskerier 1891. *(Grandes pêches maritimes.)*
— 164. Sindssygeasylernes Virksomhed 1891. *(Statistique des hospices d'aliénés.)*
— 165. Norges Bergværksdrift 1889 og 1890. *(Statistique des mines et usines.)*
— 166. Civil Retspleie 1890. *(Statistique de la justice civile.)*
— 167. Folkemængdens Bevægelse 1890. *(Mouvement de la population.)*
— 168. De offentlige Jernbaner 1891/92. *(Rapport sur les chemins de fer publics.)*
— 169. Norges Skibsfart 1891. *(Statistique de la navigation.)*
— 170. Norges Fabrikanlæg 1890. *(Établissements industriels.)*
— 171. Skiftevæsenet 1890. *(Tableaux des successions et faillites.)*
— 172. Rekruteringsstatistik 1892. *(Statistique du recrutement.)*
— 173. Norges Sparebanker 1892. *(Statistique des caisses d'épargne.)*
— 174. Norges Handel 1892. *(Statistique du commerce.)*
— 175. Skolestatistik 1889. *(Statistique de l'instruction publique.)*
— 176. Den norske Statstelegraf 1892. *(Statistique des télégraphes de l'Etat.)*
— 177. Strafarbeidsanstalter 1890/91. *(Statistique des maisons centrales pénitentiaires.)*
— 178. Norges kommunale Finantser 1890. *(Finances des communes.)*
— 179. Norges Postvæsen 1892. *(Statistique postale.)*
— 180. Distriktsfængsler 1891. *(Prisons départementales.)*
— 181. Veterinærvæsenet 1891. *(Compte rendu du service vétérinaire.)*
— 182. Norges almindelige Brandforsikrings-Indretning for Bygninger 1885—1889. *(Statistique de l'institution générale des assurances des bâtiments contre l'incendie.)*
— 183. Norges Fiskerier 1892. *(Grandes pêches maritimes.)*
— 184. Kriminalstatistik 1890. *(Statistique de la justice criminelle.)*
— 185. Sundhedstilst. og Medicinalforholdene 1891. *(Rapport sur l'état sanitaire et médical.)*
— 186. Civil Retspleie 1891. *(Statistique de la justice civile.)*
— 187. De offentlige Jernbaner 1892/93. *(Rapport sur les chemins de fer publics).*

Fortsættelse: se Omslagets 3die Side.

NORGES OFFICIELLE STATISTIK.
Tredie Række No. 187.

DE OFFENTLIGE JERNBANER.

(LES CHEMINS DE FER PUBLICS DE LA NORVÈGE.)

BERETNING
OM
DE NORSKE JERNBANERS DRIFT
I
TERMINEN 1STE JULI 1892—30TE JUNI 1893.

AFGIVET TIL
DEN KGL NORSKE REGJERINGS DEPARTEMENT FOR DE OFFENTLIGE ARBEIDER.
FRA
STYRELSEN FOR STATSBANERNE.

KRISTIANIA.
I KOMMISSION HOS H. ASCHEHOUG & CO.
1894.

Beretninger for Terminerne 1884/85—1891/92 se Norges officielle Statistik, Tredie Række No. 14, 33, 55, 82, 101, 127, 147, 168.

TRYKT I DET STEENSKE BOGTRYKKERI.

Indhold.

(Table des matières).

Text.

(Texte).

Tabeller.

(Tableaux).

Indledning.

Banernes Længde er i Terminen ikke undergaaet nogen Forandring og udgjør som ved foregaaende Termins Udgang 1 562 km., hvoraf 592 km. med 1.435 m. Sporvidde og 970 km. med 1.067 m. Sporvidde.

Af samtlige Linier tilhører 1 494 km. 13 Statsbaneinteressentskaber eller Baner, der eies af Staten i Forening med endel Private og Kommuner, men som administreres af Staten alene, selvfølgelig som særlige økonkmiske Enheder; disse Baner benævnes Statsbaner. De resterende 68 km. falder paa «Den norske Hovedjernbane», for hvilken de økonomiske og administrative Forhold er ordnede ved Kontrakt af 17de Decbr. 1850 mellem den norske Stat og engelske Bygningsentreprenører. I Henhold til denne Kontrakt blev Halvdelen af Anlægskapitalen tilveiebragt af de engelske Entreprenører, der som Vederlag erholdt prioriterede og af Staten efter 100 Aars Forløb fra Banens Aabning til Pari indløselige Aktier, medens den anden Halvdel blev tilveiebragt af Staten med Bidrag af Kommuner og Private, der fik Aktier for sine Tilskud. Efter samme Kontrakt er Banens Bestyrelse underlagt en Direktion paa 6 Medlemmer, hvoraf de 3 udnævnes af Kongen, medens det tilkommer Eierne af de prioriterede Aktier at vælge de øvrige.

I administrativ Henseende inddeles Statsbanerne, der er underlagt den ved Kgl. Res. af 25de November 1882 og 1ste Juli 1884 anordnede centraliserede Styrelse, i 6 Trafikdistrikter, nemlig:

1ste Trafikdistrikt (364 km.), der omfatter:

1. Kristiania—Fredrikshald—Rigsgrændsen, vestre og østre Linie, eller Smaalensbanen, 249 km., Sporvidde 1.435 m. (vestre Linie 170 km., aabnet: den første Strækning Kristiania—Fredrikshald 137 km. 2den Januar 1879, i sin Helhed indtil Rigsgrændsen 25de Juli 1879; østre Linie, Ski—Sarpsborg, 79 km., aabnet 24de November 1882), hvoraf imidlertid Strækningen Fredrikshald—Rigsgrændsen (33 km.) i Henhold til Kontrakt, approberet ved Kgl. Res. af 10de Juli 1879, drives i Forbindelse med den tilstødende Dalslandsbane af sidstnævnte Banes

Styrelse. Den samlede Banestrækning benævnes Fredrikshald—Sunnanåbanen med Hovedkontor paa Fredrikshald.

2. Lillestrømmen—Kongsvinger—Rigsgrændsen Jernbane eller Kongsvingerbanen (115 km., Sporvidde 1.435 m., aabnet: den første Strækning 79 km. 3die Oktober 1862, i sin Helhed 4de November 1865). I Forbindelse med Kongsvingerbanen drives en Strækning (7 km.) af de svenske Statsbaner, nemlig fra Rigsgrændsen til Charlottenberg, som er den første Station paa hin Side Grændsen.

2det Trafikdistrikt (352 km.), der omfatter:

3. Kristiania—Drammen Jernbane (53 km., Sporvidde 1.067 m., aabnet 7de Oktober 1872).

4. Drammen—Skien Jernbane (156 km., Sporvidde 1.067 m., aabnet: den første Strækning indtil Laurvik med Sidelinier 110 km. 7de December 1881, i sin Helhed 24de November 1882).

5. Drammen—Randsfjord Jernbane (143 km., Sporvidde 1.067 m), hvori foruden Hovedlinien (aabnet: første Strækning 43 km. 15de November 1866, i sin Helhed 13de Oktober 1868) indgaar: Sidelinierne Hougsund—Kongsberg (28 km., aabnet 9de November 1871) samt Vikersund—Krøderen (26 km. aabnet 28de November 1872).

3die Trafikdistrikt (280 km), der omfatter:

6. Eidsvold—Hamar Jernbane (58.4 km., Sporvidde 1.435 m., aabnet 8de November 1880).

7. Hamar—Elverum (Grundset) Jernbane (38.1 km., Sporvidde 1.067 m., aabnet 6te Oktober 1862).

8. Grundset—Aamot Jernbane (26.3 km., Sporvidde 1.067 m., aabnet 23de Oktober 1871), samt af:

9. Støren—Aamot Jernbane (317.8 km., Sporvidde 1.067 m., aabnet første Strækning 56 km. 14de December 1875, i sin Helhed 17de Oktober 1877) Strækningen:
Aamot—Tønset (156.8 km.).

4de Trafikdistrikt (314 km.), der omfatter:

af Støren—Aamotbanen Strækningen:
Tønset—Støren (161 km., Sporvidde 1.067 m.) samt:

10. Trondhjem—Støren Jernbane (51 km., Sporvidde 1.067 m. Aabnet 5te August 1864 med Længde 49 km.; Strækningen Trondhjem—Selsbak er senere omlagt og overgivet til Driften 24de Juni 1884, ved Omlægningen er Længden forøget til nævnte 51 km.) No. 7—10, Hamar—Trondhjem, benævnes Rørosbanen.

11. Trondhjem—Rigsgrændsen eller Merakerbanen (102 km., Sporvidde 1.435 m., aabnet 17de Oktober 1881). I Forbindelse med Merakerbanen drives en Strækning (4 km.) af de svenske Statsbaner, nemlig fra Rigsgrændsen til Storlien.

5te Trafikdistrikt (76 km):

12. Stavanger—Ekersund Jernbane eller Jæderbanen (Sporvidde 1.067 m., aabnet 1ste Marts 1878).

6te Trafikdistrikt (108 km.):

13. Bergen—Voss Jernbane (Sporvidde 1.067 m., aabnet 11te Juli 1883).

Idet der forøvrigt med Hensyn til Banernes Stilling i juridisk og økonomisk Henseende henvises til «Beretning om de norske Jernbaner og deres Drift», Sth. Prp. No. 52, 1881, bemærkes, at Eiendomsforholdene ved disse 13 Statsbaner er indbyrdes ensartede, idet Baneselskabet som nævnt for hver af dem bestaar af Staten som den principale Aktieeier i Forening med endel Private og Kommuner, der har modtaget Aktier for sine Bidrag. Alle Aktier er ligeberettigede til Udbytte. Indløsning af de private og kommunale Aktier er ikke forbeholdt Staten uden ved Jæderbanen, hvis Aktier kan indløses for deres paalydende Beløb. Ved Bergen—Vossbanen, Eidsvold—Hamarbanen og Drammen—Skienbanen er de kommunale og private Aktieeiere pligtige til uden Erstatning at finde sig i:

at Banen enten sættes under fælles Drift med en større eller en mindre Linie eller Gruppe af Linier paa Betingelse af saadant fælles Opgjør af de forskjellige Liniers Indtægter og Udgifter, som til Forenkling af Regnskabsforholdet maatte anordnes,

eller indordnes i fuldt økonomisk Fællesskab med en større eller mindre Linie eller Gruppe af Linier eller i et samlet norsk Statsjernbaneinteressentskab,

alt eftersom til enhver Tid af Statsmyndighederne maatte bestemmes.

Regler for Fragtberegningen ved Statsbanerne gives i Henhold til Storthingets Bemyndigelse af Kongen eller vedkommende Regjeringsdepartement.

Efterfølgende Tabel viser Fordelingen af Jernbaner paa de forskjellige Amter, samt hvormange Kilometer Jernbane der kommer paa hvert Titusinde af Amtets Befolkning og paa hvert Tusinde Kvadratkilometer m. m.

Amt.	Folkemængde pr. 1ste Januar 1891.[1])	Fladeindhold[2]) km.[2]	Længde af Baner pr. 30te Juni 1893 km.	Gjennemsnitstal. Antal km. Bane. pr. 10 000 Indb.	pr. 1 000 km.[2]	Mellemproportionalleddet til Antal km. Bane pr. 10 000 Indb. og pr. km.[2]
Smaalenene	120 864	4 143	185	15.306	44.654	0.827
Akershus[3])	248 640	5 338	227	9.130	42.525	0.623
Hedemarken	120 386	27 508	374	31.067	13.596	0.650
Kristians	108 579	25 363	2	0.184	0.079	0.004
Buskerud	105 203	14 997	166	15.779	11.069	0.420
Jarlsberg og Laurvik	97 745	2 321	132	13.505	56.872	0.877
Bratsberg	91 410	15 189	23	2.516	1.514	0.062
Stavanger	114 223	9 147	76	6 654	8.309	0.235
Søndre Bergenhus[4])	180 481	15 620	108	5.983	6.914	0.203
Søndre Trondhjem	123 750	18 606	196	15.832	10.534	0.409
Nordre Do.	81 529	22 768	73	8.957	3.206	0.170

Udføres en tilsvarende Sammenstilling stiftsvis, faaes nedenstaaende Tabel:

Stift.	Folkemængde pr. 1ste Januar 1891.[1])	Fladeindhold.[2]) km.[2]	Længde af Baner pr. 30te Juni 1893. km.	Gjennemsnitstal. Antal km. Bane. pr. 10 000 Indb.	pr. 1 000 km.[2]	Mellemproportionalleddet til Antal km. Bane pr. 10 000 Indb. og pr. km.[2]
Kristiania	572 452	26 798	710	12.403	26.494	0.575
Hamar	228 965	52 870	376	16.421	7.112	0.342
Trondhjem	281 374	51 125	269	9.560	5.262	0.224
Kristianssand	359 198	40 949	99	2.756	2.418	0.082
Bergen	319 888	39 332	108	3.376	2.746	0.096

I Gjennemsnit for hele Riget bliver de tilsvarende Forholdstal[5]) for Aarene fra 1880 til 1893:

[1]) Tilstedeværende Folkemængde efter Folketællingen pr. 1ste Januar 1891.

[2]) Efter nye Beregninger (jfr. Oversigt over Norges civile, geistlige og judicielle Inddeling pr. 31te Januar 1893).

[3]) Kristiania By heri indbefattet.

[4]) Bergen By heri indbefattet.

[5]) Rigets hele tilstedeværende Folkemængde pr. 1ste Januar 1891 var 1 988 674 og Fladeindholdet 322 664 km.[2]

Pr. 30te Juni.	Antal km. Bane		Mellemproportionalleddet til Antal km. Bane pr. 10 000 Indb. og pr. km.[1]
	pr. 10 000 Indb.	pr. 1 000 km.[1]	
1880	5.850	3.322	0.139
1881	9.171	3.504	0.147
1882	7.344	4.170	0.175
1883	8.036	4.563	0.192
1884—1890	8.645	4.843	0.205
1891—1893	7.855	4.843	0.195

I Tabel I er meddelt Fortegnelse over Stationer og Stoppesteder samt disses Afstande*) indbyrdes og henholdsvis fra Kristiania, Stavanger og Bergen. Som ved Udgangen af foregaaende Termin haves der 201 Stationer**). For samtlige Baner er den gjennemsnitlige Afstand mellem Stationerne 7.7 km., hvilket Forhold for de forskjellige Trafikdistrikter m. v. stiller sig saaledes:

1ste Trafikdistrikt	45	Stationer,	gjennemsn. Afst.	8.0 km.
heraf Smaalensbanen	33	—»—	—»—	7.4 »
» Kongsvingerbanen	12	—»—	—»—	9.6 »
2det Trafikdistrikt	56	—»—	—»—	6.3 »
heraf Kristiania—Drammenb.	10	—»—	—»—	5.3 »
» Drammen—Skienb.	24	—»—	—»—	6.6 »
» Drammen—Randsfjordb.	22	—»—	—»—	6.8 »
3die Trafikdistrikt	28	—»—	—»—	10.0 »
heraf Eidsvold—Hamarb.	6	—»—	—»—	8.3 »
» Hamar—Grundsetb.	8	—»—	—»—	5.4 »
» Grundset—Aamotb.	3	—»—	—»—	8.7 »
» Aamot—Tønset	11	—»—	—»—	14.3 »
4de Trafikdistrikt	34	—»—	—»—	9.2 »
heraf Tønset—Støren	15	—»—	—»—	10.2 »
» Trondhjem—Støren	9	—»—	—»—	5.7 »
» Trondhjem—Rigsgrændsen	10	—»—	—»—	10.6 »
5te Trafikdistrikt	12	—»—	—»—	6.9 »
6te Trafikdistrikt	14	—»—	—»—	8.3 »
Samtlige Statsbaner	189	—»—	—»—	8.0 »
Hovedbanen	12	—»—	—»—	6.2 »

Anvendt Kapital.

Til Oversigt angaaende Størrelsen af den Kapital, der er anvendt til Banerne med Tilbehør fra vor Jernbanedrifts Begyndelse, hidsættes nedenstaaende Opgave, der tillige meddeler Banernes Længde:

*) Paa Grund af Afrunding, og fordi Afstandene delvis refererer sig til andet Udgangspunkt end vedkommende Banes Endestation, falder de i Tabel I angivne Afstande ikke overalt sammen med den i Tabel II 2. angivne Driftslængde for de forskjellige Baner.

**) ɔ: Hvor der expederes Reisende, Reisegods, levende Dyr og Kjøreredskaber samt Gods af alle Slags.

Foruden Stationerne findes der 39 Stoppesteder, der ikke har Expedition af samtlige ovennævnte Transportgjenstande, og hvor Expeditionen er begrændset til Trafik med enkelte nærmest liggende Stationer. (Jfr. Tab. I, HP og HLP, samt Tab. VII hvor Stoppestedernes Trafik findes anført).

Driftstermin.	Længde ved Terminens Udgang.	Midlere Driftslængde.	Den ved Terminens Udgang anvendte Kapital. Banen og andre Anlæg.	Rullende Materiel.	Sum	Heraf Udvidelser og Forbedringer, foretagne under Banens Drift.	Anvendt Kapital pr. Kilometer Bane.
	Kilometer.		I Tusinde Kroner.			I Tusinde Kroner.	
1855	68	68	7 677	1 049	8 726	.	128
1856	68	68	7 677	1 049	8 726	.	128
1857	68	68	7 677	1 049	8 726	.	128
1858	68	68	7 907	1 049	8 956	230	132
1859	68	68	7 951	1 049	9 000	273	132
1860	68	68	8 019	1 049	9 068	341	133
1861	68	68	8 044	1 066	9 110	384	134
1862	106		9 313	1 251	10 564	350	100
1863	185		14 009	2 042	16 051	427	87
1864	185	246.4	16 756	2 258	19 014	449	103
1865	270		18 628	2 398	21 026	455	78
1866	270		18 689	2 398	21 087	516	78
1867	270	277	18 721	2 398	21 119	548	78
1868	359	277	22 913	2 838	25 751	554	72
1869	359	385.5	22 951	2 972	25 923	726	72
1870	359	366	23 038	2 981	26 019	822	72
1871	413	375	24 640	3 233	27 873	825	67
1872	492	422.3	29 611	3 762	33 373	944	68
1873	492	511.3	30 015	3 998	34 013	1 585	69
1874	492	499	30 942	4 401	35 343	2 857	72
1875	549	501.8	—	—	38 663	3 469	70
1876	579	586	—	—	40 429	3 780	70
1877	811	693	45 660	6 254	51 914	4 155	64
1/1—30/6 1878	887	435.3	50 517	6 614	57 131	4 208	64
1878—79	1 023	964	67 062	8 490	75 552	5 028	74
1879—80	1 057	1 064	71 326	8 668	79 994	5 070	76
1880—81	1 115	1 103	75 982	9 046	85 028	5 149	76
1881—82	1 327	1 262	92 479	10 678	103 157	5 178	78
1882—83	1 452	1 418	102 030	12 129	114 159	5 842	78
1883—84	1 562	1 572	113 000	12 907	125 907	5 996	81
1884—85	1 562	1 578	113 368	12 989	126 357	6 090	81
1885—86	1 562	1 578	113 565	13 080	126 645	6 253	81
1886—87	1 562	1 578	113 836	13 253	127 089	6 481	81
1887—88	1 562	1 578	113 944	13 358	127 302	6 683	81
1888—89	1 562	1 578	114 011	13 392	127 403	6 808	82
1889—90	1 562	1 578	114 081	14 106	128 187	7 576	82
1890—91	1 562	1 578	114 237	14 970	129 207	8 583	83
1891—92	1 562	1 578	114 403	15 567	129 970	9 343	83
1892—93	1 562	1 578	114 699	16 069	130 768	9 998	84

Tabel II. 1. indeholder et Sammendrag af Banernes Aktiva og Passiva pr. 30te Juni 1893.

Kapitalen i samtlige Statsbaner med tilhørende andre Eiendomme er i Terminen **steget** fra Kr. 118 573 289.38 til Kr. 119 327 328.90 eller med Kr. 754 039.52, **idet** nemlig de i Driftsaaret udførte Udvidelser og Forbedringer andrager til **Kr.** 610 239.52, medens Anlægskapitalen i Aarets Løb er forøget med Kr. 143 800.00.

Til Oplysning om Fordelingen af Kapitalen paa de enkelte Baner ved Terminens **Begyndelse** og Slutning hidsættes nedenstaaende Oversigt:

Baner.	Driftstermin endende 30te Juni.	Anlægs-kapital.	Udvidelser og Forbedringer.		
			Betalte.	Dækkede ved Laan.	Tilsammen.
			Kroner.		
Smaalensbanen	1892	27 786 600	414 167.90	-	414 167.90
	1893	27 930 900	623 135.21	-	623 135.21
Kongsvingerbanen . .	1892	7 416 000	1 322 281.06	538 395.38	1 860 676.44
	1893	7 416 000	1 406 733.87	508 000.00	1 914 733.87
Kristiania—Dr.menb. .	1892	4 557 600	724 050.22	1 064 283.95	1 788 334.17
	1893	4 557 600	919 998.47	1 054 600.00	1 974 598.47
Drammen—Skienb. . .	1892	11 731 300	164 621.23	-	164 621.23
	1893	11 730 100	173 673.31	-	173 673.31
Drammen—Randsfj.b.	1892	6 927 800	897 571.77	264 500.00	1 162 071.77
	1893	6 927 800	928 160.11	261 900.00	1 190 060.11
Eidsvold—Hamarb. . .	1892	4 985 900	88 907.28	-	88 907.28
	1893	4 986 900	133 837.59	-	133 837.59
Hamar—Grundsetb. .	1892	1 567 200	203 506.06	-	203 506.06
	1893	1 567 200	217 101.70	-	217 101.70
Grundset—Aamotb. . .	1892	645 300	2 001.00	14 662.30	16 663.30
	1893	645 300	2 001.00	14 662.30	16 663.30
Støren—Aamotbanen	1892	16 093 200	-	373 521.13	373 521.13
	1893	16 093 100	-	378 482.48	378 482.48
Trondhjem—Størenb.	1892	3 899 900	290 264.48	-	290 264.48
	1893	3 897 400	294 305.12	-	294 305.12
Merakerbanen	1892	11 255 600	86 978.95	-	86 978.95
	1893	11 257 900	97 900.84	-	97 900.84
Jæderbanen	1892	5 164 400	-	40 559.97	40 559.97
	1893	5 164 400	-	49 121.82	49 121.82
Bergen—Vossbanen . .	1892	10 024 000	28 216.70	-	28 216.70
	1893	10 024 000	65 115.08	-	65 115.08
Tilsammen	1892	112 054 800	4 222 566.65	2 295 922.73	6 518 489.38
	1893	112 198 600	4 861 962.30	2 266 766.60	7 128 728.90

Forøgelsen under Udvidelser og Forbedringer falder saaledes:

	Linien med Telegraf, Grustag m. m.	Stationerne med Bygninger samt Sidespor.	Lokomotiver.	Vogne.	Sum.	Heraf Betalte.	Heraf Dækkede ved Laan.
	Kroner.						
Smaalensbanen	5 017.31	23 087.17	180 862.83	-	208 967.31	208 967.31	-
Kongsvingerbanen	1 796.73	7 973.01	44 287.69	-	54 057.43	54 057.43	-
Kristiania—Drammenbanen	7 021.64	12 839.89	37 149.07	129 253.70	186 264.30	136 762.62	49 501.68
Drammen—Skienbanen	-	9 052.08	-	-	9 052.08	9 052.08	-
Drammen—Randsfjordbanen	-	14 988 34	-	-	14 988.34	14 988.34	-
Eidsvold—Hamarbanen	-	23 292.72	-	21 637.59	44 930.31	44 930.31	-
Hamar—Grundsetbanen	13 595.64	-	-	-	13 595.64	13 595.64	-
Støren—Aamotbanen	3 702.15	1 259.20	-	-	4 961.35	-	4 961.35
Trondhjem—Størenbanen	3 446.89	593.75	-	-	4 040.64	4 040.64	-
Merakerbanen	-	2 461.60	-	8 460.29	10 921.89	10 921.89	-
Jæderbanen	8 561.85	-	-	-	8 561.85	-	8 561.85
Bergen—Vossbanen	10 752.47	-	-	26 145.91	36 898.38	36 898.38	-
Tilsammen	53 894.68	95 547.76	262 299.59	185 497.49	597 239.52	534 214.64	63 024.88

De oplagte Fonds (Tab. II., 1., Col. 13—16) er formindskede med Kr. 333 555.02, nemlig fra Kr. 1 863 370.83 til Kr. 1 529 815.81.

En Sammenstilling mellem Tilstanden ved hver Bane ved Terminens Begyndelse og Slutning hidsættes:

	Terminen endende 30te Juni.	Amortiseringsfonds. Kr.	Drifts- og Reservefonds. Kr.	Dividendefonds. Kr.	Sum. Kr.
Smaalensbanen	1892	-	197 064.74	17 991.87	215 056.61
	1893	3 000.00	195 197.43	854.30	199 051.73
Kongsvingerbanen	1892	-	168 059.03	7 644.92	175 703.95
	1893	-	167 701.60	26.58	167 728.18
Kristiania—Drammenb.	1892	-	174 474.37	13 000.91	187 475.28
	1893	-	134 730.70	13 062.57	147 793.27
Drammen—Skienbanen	1892	-	227 341.81	29 639.94	256 981.75
	1893	-	98 649.61	18 355.15	117 004.76
Drammen—Randsfj.b.	1892	-	100 451.77	5 537.97	105 989.74
	1893	-	93 555.45	1 449.74	95 005.19
Eidsvold—Hamarbanen	1892	-	139 274.15	1 678.43	140 952.58
	1893	-	103 943.84	6 324.72	110 268.56
Hamar—Grundsetbanen	1892	-	85 870.15	8 368.48	94 238.63
	1893	-	48 324.51	10 048.64	58 373.15
Grundset—Aamotbanen	1892	-	÷ *) 821.69	-	÷ *) 821.69
	1893	-	14 963.44	-	14 963.44
Trondhjem—Størenb.	1892	-	82 043.59	4 514.60	86 558.19
	1893	-	72 602.95	5 804.27	78 407.22
Merakerbanen	1892	-	355 160.75	10 568.89	365 729.64
	1893	-	330 188.86	1 086.36	331 275.22
Jæderbanen	1892	-	18 731.41	-	18 731.41
	1893	-	24 542.07	-	24 542.07
Bergen—Vossbanen	1892	-	215 953.05	-	215 953.05
	1893	-	185 403.02	-	185 403.02
Tilsammen	1892	-	1 764 424.82	98 946.01	1 863 370.83
	1893	3 000.00	1 469 803.48	57 012.33	1 529 815.81

Disse Fonds var pr. 30te Juni 1893 disponeret saaledes:

Ved Udlaan til Banerne selv	Kr.	130 022.20
Til Indkjøb af Materialforraad	«	1 074 693.61
Anbragt i Værdipapirer	«	325 100.00
	Kr.	1 529 815.81

*) Driftskonto.

Pr. 30te Juni 1893 udgjør ovennævnte Reservefonds pr. km. Bane Kr. 984 og 1.23 pCt. af den i Banerne og andre Eiendomme nedlagte Kapital. For de enkelte Baner stiller Forholdet sig saaledes:

Smaalensbanen	Kr.	pr. km.	784	pCt.	0.7
Kongsvingerbanen	«	—	1 463	—	1.8
Kristiania—Drammenbanen	«	—	2 547	—	2.1
Drammen—Skienbanen	«	—	633	—	0.8
Drammen—Randsfjordbanen	«	—	652	—	1.2
Eidsvold—Hamarbanen	«	—	1 780	—	2.0
Hamar—Grundsetbanen	«	—	1 268	—	2.7
Grundset—Aamotbanen	«	—	569	—	2.3
Trondhjem—Størenbanen	«	—	1 421	—	1.7
Merakerbanen	«	—	3 228	—	2.9
Jæderbanen	«	—	322	—	0.5
Bergen—Vossbanen	«	—	1 717	—	1.8

Driftskonto (Tabel II., 1., Col. 17) har ved Terminens Slutning alene Støren—Aamotbanen, for hvilken denne i Terminen er blevet forøget med Kr. 9 908.72, nemlig fra Kr. 680 285.86 til Kr. 690 194.58.

En Sammenstilling af Aktiva og Passiva ved Terminens Begyndelse og Slutning viser for Hovedbanen saadant Resultat:

			1892.		1893.
Aktiva		Kr.	12 721 337.80	Kr.	12 805 173.62
nemlig:	Anlægskapital	«	8 726 613.60	«	8 726 613.60
	Betalte Udvidelser og Forbedringer	«	2 503 202.20	«	2 580 665.59
	Udvidelser, belastet Kapitalkonto	«	340 000.00	«	320 000.00
	Materialforraad	«	468 702.12	«	420 190.18
	Øvrige Aktiva	«	682 819.88	«	757 704.25
Passiva		«	12 402 516.41	«	12 486 001.07
nemlig:	Aktiekapital	«	8 100 000.00	«	8 100 000.00
	Betalte Udvidelser og Forbedringer	«	2 503 202.20	«	2 580 665.59
	Anlægsgjæld	«	626 613.60	«	626 613.60
	Anden Gjæld	«	1 172 700.61	«	1 178 721.88
Balance.	Oplagt Reservefond	«	318 821.39	«	319 172.55

Kapitalen i Banen med Tilbehør er i Terminen forøget med Kr. 57 463.39, der er betalt af Terminens Overskud og anvendt til Udvidelser og Forbedringer. Banens Reservefond er forøget med Kr. 351.16 og udgjør pr. km. Bane Kr. 4 708 og i Procent af den i Banen m. v. nedlagte Kapital 2.8.

I Tabel II. 2 indeholdes nærmere Oplysninger med Hensyn til den Kapital, der pr. 30te Juni 1893 er anvendt til den egentlige Bane med Tilbehør, andre Eiendomme altsaa ikke medtagne.

Paa de normalsporede Baner kommer af den anvendte Kapital Kr. 65 988 586.70 eller pr. km. Kr. 111 467 og paa de smalsporede Kr. 64 779 811.39 eller pr. km. Kr. 66 783.

Driftens økonomiske Resultater.

I Terminen 1892—93 har den midlere Driftslængde for samtlige Baner været 1 578[1]) km., eller uforandret som i foregaaende Termin.

En Oversigt over de økonomiske Resultater af Driften i Terminen 1892—93 og foregaaende Aar siden Jernbanedriftens Begyndelse hidsættes:

[1] Banernes Længde ved Terminens Begyndelse var 1 562 km., hvortil bliver at lægge 1 km. for Smaalensbanens østre Linie, hvis Driftslængde er større end Anlægslængde (mellem Ise og Sarpsborg, idet ved Ind- og Udkjørsel til Sarpsborg 1 km. maa passeres to Gange), 7 km. for Strækningen fra Rigsgrændsen til Charlottenberg, der drives af Kongsvingerbanen, 2 km. for Sidelinien til Røros, hvilken befares frem og tilbage af alle Tog, 4 km. for Strækningen Rigsgrændsen—Storlien, der drives af Merakerbanen, samt 2 km. for Sidelinien til Tønsberg, der befares frem og tilbage af alle Tog.

Driftstermin.	Indtægter.		Udgifter til Drift og Vedligeholdelse.		Udgift i pCt. af Indtægt.	Driftsoverskud.		
	Ialt.	pr. Kilom. Driftslængde	Ialt.	pr. Kilom. Driftslængde.		Ialt.	pr. Kilom. Driftslængde.	I pCt. af den i Banen nedlagte Kapital.
	Tusinde Kroner.	Kroner.	Tusinde Kroner.	Kroner.		Tusinde Kroner.	Kroner.	
1855	480	7 056	321	4 718	66.9	159	2 338	1.82
1856	571	8 400	294	4 327	51.5	277	4 073	3.17
1857	703	10 332	333	4 888	47.3	370	5 444	4.24
1858	669	9 831	354	5 205	52.9	315	4 626	3.51
1859	714	10 504	341	5 010	47.7	373	5 494	4.15
1860	678	9 970	438	6 443	64.6	240	3 527	2.64
1861	848	12 471	545	8 022	64.3	303	4 449	3.32
1862	902	13 264	586	8 623	65.0	316	4 641	3.51
[1]) 1863-66	1 382	5 608	898	3 643	65.0	484	1 965	2.28
1867	1 540	5 559	985	3 557	64 0	555	2 002	2.56
1868	1 680	6 063	1 068	3 856	63.6	612	2 207	2.60
1869	2 051	5 322	1 288	3 341	62.8	763	1 981	2 83
1870	1 868	5 105	1 219	3 332	65 3	649	1 773	2.45
1871	1 877	5 005	1 244	3 317	66.3	633	1 688	2.50
1872	2 279	5 397	1 453	3 441	63.8	826	1 956	3.22
1873	3 315	6 483	2 134	4 173	64.4	1 181	2 310	3.28
1874	3 560	7 134	2 526	5 062	71.0	1 034	2 072	2.88
1875	3 747	7 468	2 699	5 379	72.0	1 048	2 089	2.97
1876	4 147	7 077	2 926	4 994	70.6	1 221	2 083	2 98
1877	4 402	6 352	2 943	4 247	66.9	1 459	2 105	3.29
1/1-30/6 78	2 022	4 646	1 474	3 386	72.9	548	1 260	1.96
1878-79	3 919	4 066	2 997	3 109	76.5	922	957	1.30
1879 80	4 304	4 044	3 290	3 091	76.4	1 014	953	1.26
1880-81	4 768	4 323	3 510	3 182	73.6	1 258	1 141	1.50
1881-82	5 923	4 694	3 953	3 132	66.7	1 970	1 562	2.00
1882-83	6 693	4 720	4 740	3 343	70.8	1 953	1 377	1.74
1883-84	7 252	4 613	5 121	3 258	70.6	2 131	1 355	1.68
1884-85	7 024	4 451	5 356	3 394	76.3	1 668	1 057	1.30
1885-86	7 242	4 589	5 276	3 343	72.9	1 966	1 246	1.53
1886-87	7 285	4 617	5 324	3 374	73.1	1 961	1 243	1.52
1887-88	7 545	4 781	5 275	3 343	69.9	2 270	1 438	1.77
1888-89	8 410	5 330	5 544	3 513	65 9	2 866	1 817	2.23
1889-90	9 017	5 714	5 925	3 755	65.7	3 092	1 959	2.38
1890-91	9 262	5 870	6 510	4 126	70.3	2 752	1 744	2.10
1891 92	9 026	5 720	6 790	4 303	75.2	2 236	1 417	1.70
1892-93	9 189	5 823	7 054	4 470	76.8	2 135	1 353	1.61

Bruttoindtægterne af Jernbanedriften var i 1892—93 Kr. 9 188 655 (pr. km. Driftslængde Kr. 5 823), hvoraf Kr. 7 572 115 falder paa Statsbanerne (pr. km. Kr. 5 015). I Sammenligning med foregaaende Driftsaar er Indtægterne forøgede med Kr. 162 483, idet Indtægterne paa Stats-

[1]) Aarlige Middeltal.

banerne er steget med Kr. 181 240 og medens Indtægterne for Hovedbanen er gaaet ned med Kr. 18 957.

Til Indtægterne har Persontrafik[1]) bidraget med Kr. 4 049 000 eller ca. 44 pCt. (ved Statsbanerne 48 pCt.), Godstrafik[1]) med Kr. 4 916 005 eller ca. 54 pCt. (ved Statsbanerne 50 pCt.), medens Kr. 223 650 eller 2 pCt. falder paa andre Trafikindtægter, saasom: Telegrammer, Leieindtægt, Godtgjørelse for særlige Posttog, Indtægter udenfor den egentlige Drift, samt tilfældige Indtægter. I Terminen er Indtægterne af Persontrafik[1]) forøget med Kr. 22 561 og Indtægterne af Godstrafik[1]) er steget med Kr. 146 391, medens andre Trafikindtægter er gaaet ned med Kr. 6 669.

Indtægternes Fordeling paa hver Maaned i Driftsaaret meddeles i Tab. XIV, hvoraf vil sees, at den største Indtægt er faldt i Juli med Kr. 958 862 (Statsbanerne Kr. 985 007) og den mindste i Januar med Kr. 563 829 (Statsbanerne Kr. 469 380).

Udgifterne til Drift og Vedligehold beløb sig i Driftsaaret til Kr. 7 053 847 (pr. km. Kr. 4 470) mod Kr. 6 789 824 (pr. km. Kr. 4 303) i foregaaende Driftsaar; af Udgifterne kommer paa Statsbanerne Kr. 6 098 204 (pr. km. 4 039) mod Kr. 5 924 545 (pr. km. Kr. 3 924) i foregaaende Driftsaar.

Af Udgifterne, der har udgjort 77 pCt. af Indtægterne mod foregaaende Aar 75 pCt. (Statsb. 81 pCt. mod foregaaende Aar 80 pCt.), kommer paa Bureauafdelingen ca. 2 pCt. (Statsb. ca. 2 pCt.), paa Trafikafdelingen ca. 31 pCt. (Statsb. ca. 30 pCt.), paa Maskinafdelingen ca. 32 pCt. (Statsb. ca. 32 pCt.) og paa Baneafdelingen ca. 35 pCt. (Statsb. ca. 36 pCt.) eller omtrent samme Procentforhold mellem de forskjellige Hovedposter som i foregaaende Driftsaar.

Driftsoverskudet, eller Forskjellen mellem Bruttoindtægterne og Udgifterne til Drift og Vedligehold bliver saaledes for 1892—93 Kr. 2 134 808 (pr. km. Kr. 1 353), hvoraf Kr. 1 473 911 kommer paa Statsbanerne (pr. km. Kr. 976) mod Kr. 2 236 548 i foregaaende Termin (Statsb. Kr. 1 466 330), og er saaledes gaaet ned med tilsammen Kr. 101 740 (Hovedbanens Indtægter er gaaet ned med Kr. 109 321, medens Statsbanernes Indtægter er steget med Kr. 7 581) I pCt. af den pr. 30te Juni 1893 til Banerne anvendte Kapital udgjorde Driftsoverskudet i 1892—93 gjennemsnitlig for samtlige Baner 1.61 pCt. og gjennemsnitlig for Statsbanerne 1.22 pCt. som i det foregaaende Driftsaar.

De økonomiske Resultater af Driften ved hver Bane angives nærmere i Tab. IV.

I følgende Sammendrag meddeles en Oversigt for hver Bane over Indtægter, Udgifter og Overskud pr. km. Driftslængde samt Overskud i pCt. anvendt Kapital for 1891—92 og 1892—93 (jfr. Tab. IV); i Tabellen er Banerne ordnede efter Størrelsen af Indtægter pr. km. Driftslængde i 1892—93.

---

[1]) Indtægterne af Heste, Hunde og Lig samt af Kjøreredskaber, der forhen henregnedes til Persontrafik, er nu henført til Godstrafik. I den Sammenligning med det foregaaende Aar, som her er foretaget, er derfor ogsaa disse Indtægter fradraget Indtægter af Persontrafik og tillagt Indtægter af Godstrafik

Baner.	Drifts-termin endende 30te Juni.	Indtægter. Kr.	Udgifter. Kr.	Udgift i pCt. af Indtægt.	Driftsoverskud.	
		Pr. km. Driftslængde		pCt.	Pr. km. Drifts-længde. Kr	1 pCt. af den i Banen nedlagte Kapital.
Hovedbanen	1892	24 051	12 724	53.0	11 327	6.77
	1893	23 773	14 054	59.1	9 719	5.84
Kristiania—Drammenbanen	1892	16 367	11 498	70.3	4 869	3.94
	1893	16 977	11 821	69.6	5 156	4.05
Kongsvingerbanen	1892	7 162	4 480	62.6	2 682	3.15
	1893	7 083	4 694	66.3	2 389	2.75
Drammen-Randsfjordbanen	1892	6 435	4 741	73.7	1 694	3.13
	1893	6 324	4 824	76.3	1 500	2.79
Eidsvold—Hamarbanen	1892	6 224	3 859	62.0	2 365	2.73
	1893	6 325	4 383	69.3	1 942	2.08
Smaalensbanen	1892	6 186	5 436	87.9	750	0.66
	1893	6 354	5 359	84.3	995	0.88
Trondhjem—Størenbanen	1892	5 117	4 263	83.3	854	1.04
	1893	5 489	4 535	82.6	954	1.16
Hamar—Grundsetbanen	1892	4 922	3 392	68.9	1 530	3.41
	1893	4 910	3 572	72.7	1 338	2.92
Drammen—Skienbanen	1892	4 450	4 279	96.2	171	0.23
	1893	4 295	4 338	101.0	÷ 43	÷ 0.06
Merakerbanen	1892	4 033	3 175	78.7	858	0.78
	1893	4 905	3 433	70.0	1 472	1.33
Bergen—Vossbanen	1892	2 924	2 623	89.7	301	0.32
	1893	2 979	2 864	96.1	115	0.12
Grundset—Aamotbanen	1892	2 904	2 333	80.3	571	1.88
	1893	2 986	2 083	69.7	903	2.95
Støren—Aamotbanen	1892	2 184	2 081	95.3	103	0.20
	1893	2 287	2 164	94.6	123	0.24
Jæderbanen	1892	1 981	1 796	90.7	185	0.27
	1893	1 974	1 853	93.9	121	0.18
Samtlige Baner	1892	5 720	4 303	75.2	1 417	1.70
	1893	5 823	4 470	76.8	1 353	1.61

Til Banernes Driftsoverskud kommer endvidere Indtægter ved udenfor Jernbanernes Drift trufne Forføininger (Tab. IV, Col. 89), nemlig for Drammen—Randsfjordbanen Overskud af Dampskibsfart paa Spirillen Kr. 3 094 og for Hovedbanens Vedkommende den «særskilte Formues» Driftsoverskud med Kr. 43 497.

Med Hensyn til Anvendelsen af Overskudet (under dette medregnet Renteindtægter, forsaavidt de overskride Renteudgifterne, jfr. Tab.

IV, Col. 88) henvises til Tab. IV, Col. 90—99, idet det bemærkes, at der af Driftsoverskudet udredes Tilskud til Forrentning af Kapital i andre Baner (Forrentning af Fællesstationer og Værksteder m. v.) samt Renteudgifter forøvrigt (Col. 91) Fradrages disse Beløb faaes Nettooverskudet, Kr. 1 931 421 mod Kr. 2 062 348 i foregaaende Driftsaar (Statsb. henholdsvis Kr. 1 249 843 og Kr. 1 295 191), hvoraf for Driftsaaret er bleven anvendt til Afdrag paa Kapitalkonto Kr. 125 744 (Statsb. 105 181), Afsætning til Amortiserings-, Reserve- og Dividendefonds Kr. 290 379 (Statsb. Kr. 199 402), samt til Aktieudbytte Kr. 1 515 298 (Statsb. Kr. 945 261), nemlig ved Smaalensbanen (0.7 pCt.), Kongsvingerbanen (2.5 pCt.), Kristiania—Drammenbanen (2.0 pCt.), Drammen—Randsfjordbanen (2.4 pCt.), Eidsvold—Hamarbanen (2.0 pCt.), Hamar—Grundsetbanen (2.8 pCt.), Trondhjem—Størenbanen (0.8 pCt.), Merakerbanen (1.6 pCt.), samt ved Hovedbanen (7.5 og 6.5 pCt., henholdsvis for prioriterede og uprioriterede Aktier).

En Sammenstilling for de fem sidste Driftsaar over Banernes økonomiske Resultater meddeles i Tab. XIX.

Trafik.

I Terminen 1892—93 er paa samtlige Baner kjørt 4 517 281 Trafiktogkilometer (Tab. III, Col. 3) mod 4 495 556 i foregaaende Termin; sammenholdt med den midlere Driftslængde giver dette for 1882—93 2 863 Trafiktog (Col. 8), der er passeret over hver Kilometer Bane, hvilket modsvarer 7.84 Trafiktog om Dagen.

Disse Middeltal er for alle Baner undtagen for Smaalensbanen, Kongsvingerbanen, Bergen—Vossbanen og Hovedbanen noget høiere end i foregaaende Termin, da der kjørtes 2 849 Trafiktog eller 7.78 pr. Dag over hver Kilometer.

I hvert Trafiktog medførtes i 1892—93 som Middeltal 26.1 Vognaxler, mod 25.6 i foregaaende Termin; den gjennemsnitlige Indtægt pr. Trafiktogkilometer i Driftsaaret var Kr. 2.03 eller noget høiere end i foregaaende Driftsaar (Kr. 2.01).

I efterfølgende Tabel er disse Forhold tilligemed de tilsvarende Resultater fra foregaaende Termins Drift angivne for hver Bane, der er ordnede efter Antal Trafiktog (Trafiktogkm. pr. km. Driftslængde) for Terminen 1892—93.

Baner.	Driftstermin endende 30te Juni.	Antal Trafiktog.	Antal Axler i hvert Tog.	Indtægt pr. Trafiktogkm. Kr.
Kristiania—Drammenbanen	1892	7 156	24.2	2.20
	1893	7 509	25.0	2.26
Hovedbanen	1892	4 550	43.2	5.29
	1893	4 504	44.6	5.28
Smaalensbanen (Kristiania—Grændsen)	1892	3 835	24.0	1.61
	1893	3 803	24.4	1.67
Drammen—Skienbanen	1892	3 472	19.3	1.28
	1893	3 533	18.7	1.22
Drammen—Randsfjordbanen	1892	2 725	28.8	2.36
	1893	2 757	28.6	2.29
Kongsvingerbanen	1892	2 762	41.3	2.59
	1893	2 737	40.7	2.59
Eidsvold—Hamarbanen	1892	2 430	29.0	2.56
	1893	2 573	29.3	2.46
Bergen—Vossbanen	1892	2 232	14.7	1.31
	1893	2 276	15.3	1.32
Merakerbanen	1892	2 216	23.8	1.82
	1893	2 250	27.1	2.18
Jæderbanen	1892	1 984	11.3	1.00
	1893	1 941	11.4	1.02
Rørosbanen	1892	1 811	23.8	1.55
	1893	1 823	24.7	1.61
Samtlige Baner	1892	2 849	25.6	2.01
	1893	2 863	26.1	2.03

Nærmere Oplysninger angaaende Banernes Befaring af rullende Materiel for Trafikens Bestridelse indeholdes i Tab. III, Col. 3—22.

Følgende Sammenstilling indeholder en Oversigt over den samlede Trafik paa Banerne i de tvende sidste Terminer, angivet i Tonkilometer, Netto og Brutto, pr. Kilometers Driftslængde, tilligemed Opgave over de samlede Udgifter til Drift og Vedligehold beregnet pr. Netto- og Bruttotonkilometer.

De forskjellige Baner er i Tabellen ordnede efter Trafikens Størrelse (Tonkilometer Netto af Reisende og Gods pr. km. Driftslængde) i Terminen 1892—93.

Baner.	Driftstermin endende 30te Juni.	Samlede Trafik. Netto. Reisende*)	Gods.	Sum.	Brutto.	Netto i pCt. af Brutto.	Udgifter til Drift og Vedligehold. pr. Netto Tonkm.	pr. Brutto Tonkm.
		Tonkilometer pr. km. Driftslængde.				pCt.	Øre.	
Hovedbanen	1892	15 003	252 160	267 163	1 163 866	23.0	4.76	1.09
	1893	15 798	258 553	274 351	1 195 131	22.9	5.12	1.18
Kongsvingerbanen.	1892	4 214	153 535	157 749	603 720	26.1	2.84	0.75
	1893	4 297	152 939	157 236	614 119	25.6	2.99	0.76
Kr.ania—Dr.menb.	1892	24 813	89 915	114 728	748 517	15.3	10.02	1.54
	1893	29 092	98 004	127 096	802 157	15.8	9.30	1.47
Dr.men—Randsfjb.	1892	4 567	89 956	94 523	333 803	28.3	5.02	1.42
	1893	4 558	90 951	95 509	337 516	28.3	5.05	1.43
Merakerbanen	1892	2 867	76 126	78 993	373 692	21.1	4.02	0.85
	1893	2 905	99 897	102 802	414 146	24.8	3.34	0.83
Eidsv.—Hamarb. ..	1892	5 884	64 076	69 960	403 211	17.4	5.52	0.96
	1893	5 968	68 173	74 141	440 057	16.8	5.91	1.00
Smaalensbanen ...	1892	8 558	53 810	62 368	564 842	11.0	8.72	0.96
	1893	9 713	55 163	64 876	587 589	11.0	8.26	0.91
Rørosbanen	1892	2 569	33 177	35 746	176 477	20.3	6.90	1.40
	1893	2 704	36 284	38 988	187 461	20.8	6.56	1.37
Dr.men—Skienb. ..	1892	8 495	22 079	30 574	280 745	10.9	14.00	1.52
	1893	7 762	24 595	32 357	280 708	11.5	13.41	1.55
Bergen—Vossb. ...	1892	4 006	12 360	16 366	136 583	12.0	16.03	1.92
	1893	4 742	13 537	18 279	151 887	12.0	15.67	1.89
Jæderbanen	1892	3 408	7 878	11 286	88 821	12.7	15.90	2.02
	1893	3 487	7 884	11 371	89 014	12.8	16.30	2.08

Trafikens Størrelse, særskilt for Reisende og Gods m. m., i Terminen angives **i Tabel III** for Personbefordring i Col. 23—49 og for Godstransport **i Col. 50—80.**

Til Oversigt over Trafikens Udvikling fra vor Jernbanedrifts Begyndelse **hidsættes** følgende Sammendrag for samtlige Baner:

* Den gjennemsnitlige Vægt pr. Reisende med Haandbagage ansat til 75 kg.

Driftstermin	Befordring af Reisende.				Befordring af Il- og Fragtgods.				
	Antal Reisende.	Personkilometer. Ialt.	Personkilometer. pr. km. Driftslængde.	Indtægt pr. Person kilometer.	Antal Ton.	Tonkilometer. Ialt.	Tonkilometer. pr. km. Driftslængde.	Indtægt pr Tonkilometer.	Midl. Transportlængde pr. Ton-km.
	Tusinder.			Øre.	Tusinder.			Øre.	km.
1855	128	—	—	—	83	—	—	—	—
1856	161	5 160	76	3.1	117	3 858	57	9.7	33.1
1857	174	5 769	85	3.0	139	4 604	68	11.0	33.3
1858	168	5 463	80	3.0	142	4 662	69	9.5	32.9
1859	170	3 702	84	3.0	154	5 202	77	9.5	33.8
1860	152	4 782	70	3.3	144	5 027	74	9.4	35.0
1861	142	5 185	76	3.2	174	6 420	94	9.7	37.0
1862	160	5 675	83	3.1	196	7 308	107	9.1	37.4
[1]) 1863-66	319	10 792	44	3.0	254	12 002	49	8.0	47.2
1867	386	13 459	49	2.7	274	16 048	58	6.6	55.5
1868	388	13 829	50	2.8	302	18 058	65	6.5	59.8
1869	613	19 418	36	2.6	356	20 668	54	6.7	58.0
1870	551	17 294	36	2.6	350	19 953	54	6.3	57.1
1871	584	18 580	38	2.7	344	18 527	49	6.5	53.8
1872	771	23 463	56	2.8	434	24 069	57	6.0	55.5
1873	1 579	46 395	91	2.7	528	29 647	58	6.1	56.1
1874	1 653	45 520	91	2.9	587	31 111	62	6.2	53.0
1875	1 541	43 262	86	3.2	587	33 076	66	6.2	56.3
1876	1 458	41 320	71	3.3	681	41 588	71	6.0	61.0
1877	1 405	40 984	59	3.4	686	43 919	63	6.0	64.0
1/1-30/6 78	608	18 888	41	3.5	283	18 598	43	6.1	65.7
1878-79	1 373	43 715	45	3.5	514	33 398	35	6.0	65.0
1879-80	1 648	50 644	49	3.3	605	38 325	37	5.6	63.3
1880-81	1 800	55 865	52	3.2	642	43 138	40	5.5	67.2
1881-82	2 334	72 001	57	3.2	792	56 743	46	5.4	71.6
1882-83	2 709	83 720	60	3.2	851	63 793	46	5.2	74.9
1883-84	3 162	93 276	61	3.2	918	67 919	46	5.1	73.9
1884-85	3 129	88 921	56	3.2	943	68 383	43	5.1	72.4
1885-86	3 147	92 004	58	3.2	957	67 780	43	5.3	70.8
1886-87	3 216	92 649	59	3.2	970	66 974	42	5.2	69.1
1887-88	3 197	91 653	58	3.3	1 023	69 919	44	5.3	68.3
1888-89	3 622	98 673	63	3.2	1 207	83 796	53	5.1	69.4
1889-90	3 989	106 858	68	3.2	1 326	89 019	56	5.2	67.1
1890-91	4 334	117 133	74	3.1	1 337	88 753	56	5.2	66.4
1891-92	4 680	125 879	80	2.9	1 337	87 908	56	4.9	65.7
1892-93	5 686	134 076	85	2.8	1 389	94 232	60	4.8	67.8

I Opgaven for sidste Driftsaar er medtaget Reisende med Maanedsbilletter efter en skjønsmæssig Beregning [2]), medens der tidligere ikke har

[1]) Aarlige Middeltal.

[2]) Paa hver Maanedsbillet antages 2 Reiser pr. Dag, der giver 944 000 Reiser og 8 483 000 Personkilometer (kfr. Tab. III).

været taget Hensyn til disse. For Sammenligning med foregaaende Driftsaar 1891—92 er derfor ogsaa for dette beregnet det tilsvarende Antal Reiser og Personkilometer for Reisende med Maanedsbilletter, henholdsvis 818 000 og 6 945 000. Antallet af Reisende findes da at være steget med ca. 188 000 og Antallet af Personkilometer med 1 252 000. Regnet pr. km. Driftslængde er Personfærdselen i Terminen fra 84 300 Reisende over hver Kilometer steget til 85 000 eller med ca. 1 pCt. For Godsbefordringens Vedkommende er Antal Ton Il- og Fragtgods steget med ca. 52 000 Ton og Antal Tonkilometer er steget med 6 324 000. Gjennemsnitlig for alle Baner bliver der 59 700 Ton over hver Kilometer (Tonkm. pr. km. Driftslængde), medens tilsvarende Middeltal for alle Baner var 55 700 i 1891—92. Stigningen i Tonkilometer bliver i Terminen saaledes ca. 6.7 pCt.

Trafikens og Indtægternes Størrelse ved hver Bane angives for Personfærdselens Vedkommende i følgende Sammendrag for de tvende sidste Terminer. For 1891—92 er ogsaa her taget Hensyn til Reisende med Maanedsbillet. Banerne ere ordnede efter Trafikens Størrelse i 1892—93 (Personkm. pr. km. Driftslængde):

Baner.	Driftstermin endende 30te Juni.	Personkilometer. pr. km. Driftslængde.	pCt.*)	Indt. af Persontrafik. pr. km. Driftslængde.	pCt.*)	Indtægt pr. Person-km.[1]) Øre.	Midlere Reiselængde. km.
Kristiania—Drammenb.	1892	373 200	+ 5.9	10 118	÷ 2.3	2.7	16.2
	1893	387 900	+ 3.9	10 511	+ 3.9	2.6	15.7
Hovedbanen	1892	205 700	+ 6.7	6 139	+ 0.8	2.9	28.1
	1893	210 600	+ 2.4	6 313	+ 2.8	2.9	28.5
Smaalensbanen	1892	123 400	+ 9.7	3 558	+ 0.9	2.8	20.7
	1893	129 500	+ 4.9	3 656	+ 2.8	2.6	20.3
Drammen—Skienb. ..	1892	115 900	+ 18.0	3 265	+ 8.7	2.6	24.8
	1893	103 500	÷ 10.7	3 030	÷ 7.2	2.7	23.2
Eidsvold—Hamarbanen	1892	79 700	+ 10.7	2 546	÷ 1.9	2.9	32.6
	1893	79 600	÷ 0.13	2 590	+ 1.7	3.0	31.4
Bergen—Vossbanen ...	1892	63 500	+ 11.5	2 031	+ 8.8	3.4	11.9
	1893	63 200	÷ 0.5	2 005	÷ 1.3	3.0	12.3
Drammen—Randsfj.b. .	1892	61 300	+ 3.7	1 768	÷ 7.7	2.7	25.8
	1893	60 800	÷ 0.8	1 756	÷ 0.7	2.7	25.2
Kongsvingerbanen	1892	56 900	+ 12.0	1 835	+ 1.8	3.0	39.8
	1893	57 200	+ 0.5	1 831	÷ 0.2	3.0	38.3
Jæderbanen	1892	45 500	+ 4.6	1 356	+ 3.3	2.8	24.5
	1893	46 500	+ 2.2	1 348	÷ 0.6	2.7	24.8
Merakerbanen	1892	39 500	.	1 077	÷ 10.9	2.6	19.9
	1893	38 700	÷ 2.0	1 123	+ 4.3	2.7	19.9
Rørosbanen	1892	34 500	÷ 3.9	1 365	+ 1.0	3.3	49.2
	1893	36 100	+ 4.6	1 393	+ 2.1	3.3	48.2
Samtlige Baner	1892	84 300	+ 7.5	2 552	+ 1.1	2.9	24.2
	1893	85 000	+ 0.8	2 566	+ 0.5	2.8	23.6

Personfærdselens Størrelse har ved de forskjellige Baner varieret fra 387 900 Reisende (Kristiania—Dr.b.) til 36 100 Reisende (Rørosb.) gjennemsnitlig pr. km. Driftslængde, medens Indtægter af Persontrafik har varieret fra Kr. 10 511 til Kr. 1 123 pr. km. Under Persontrafik indgaar foruden

*) Procent Forøgelse (+) eller Nedgang (÷) i Sammenligning med foregaaende Driftsaar

[1]) Med Hensyn til Taxterne for Personbefordringen i Terminen 1891—92 bemærkes, at der fra 1ste Juni 1891 var følgende Taxter for Reisende gjældende for Banerne i 1ste —4de Trafikdistrikt (samt Hovedbanen):

For blandede Tog beregnes:

6.0, 4.5 og 3.0 Øre pr. km. for respekt. I, II og III Klasse paa Smaalensbanen, Kristiania—Drammenbanen og Drammen—Skienbanen; paa de to sidste Baner anvendes ikke I Klasse.

6.5, 5.0 og 3.25 Øre pr. km. for respekt. I, II og III Klasse paa Kongsvingerbanen. Eidsvold—Hamarbanen, Rørosbanen og Merakerbanen; paa den sidste Bane anvendes ikke I Klasse. For Afstande over 50 km. indtil 150 km. beregnes dog for III Klasse blot 3.0 Øre pr. km. for den 50 km. overskydende Afstand, og for Afstande over 150 synker Satsen yderligere til 2.75 Øre pr. km. for den 150 km. overskydende Del.

For Drammen—Randsfjordbanen beregnes 5.0 og 3.0 Øre pr. km. for respektive II og III Klasse.

Befordring af Reisende tillige Befordring af Reisegods*) og Post. Ved Drammen—Skienbanen. Jæderbanen, Bergen—Vossbanen, Kristiania—Drammenbanen, Smaalensbanen, Støren—Aamotbanen og Grundset—Aamotbanen er Persontrafiken overveiende og har ved disse Baner indbragt fra 71 til ca. 51 pCt. af Indtægterne (jfr. Tab. IV Col. 43).

Af Banernes samlede Indtægter af Persontrafik, Kr. 4 049 000, kommer paa Befordring af Reisende (Indtægter af Personbilletter, alle Slags) Kr. 3 721 567, hvoraf Kr. 75 545 falder paa Maanedsbilletter (jfr. Tab. XII), Kr. 70 350 paa Familiebilletter**) med 436 427 Reisende og 2 829 255 Personkm., Kr. 51 567 paa Rundreisebilletter***) med 5 907 Reisende og 1 217 436 Personkm. samt Kr. 31 655 paa Turistbilletter†) med 3 132 Reisende og 472 978 Personkm.

For Godsfærdselens Vedkommende angives Trafikens og Indtægternes Størrelse ved hver Bane i følgende Sammendrag for Terminerne 1890—91, 1891—92 og 1892—93. Banerne ordnede efter Trafikens Størrelse (Tonkm. pr. km. Driftslængde) i 1892—93:

For Hurtigtog beregnes:

8.5, 6.0 og 4.0 Øre pr. km. for respekt. I, II og III Klasse paa Smaalensbanen, Eidsvold—Hamarbanen og Rørosbanen. Paa Kristiania—Drammenbanen beregnes der 5.5 og 3.75 Øre pr. km. for respektive II og III Klasse. De øvrige Baner kjører for Tiden ikke Hurtigtog. Mindste Pris 60, 40 og 20 Øre for Enkeltbillet henholdsvis til I, II og III Klasse for saavel Hurtigtog som blandet Tog.

Tur- og Returbilletter, der koster $1^1/_2$ Gang Enkeltbillet, udstedes i samme Udstrækning som Enkeltbilletter. Returbillettens Gyldighed udløber en Maaned regnet fra den Dato, Billetten er solgt.

For Hovedbanen gjælder samme Satser som for Eidsvold—Hamarbanen.

I Terminen 1892—93 har Taxterne været uforandrede, som i foregaaende Termin.

*) Angaaende Taxten for Reisegods bemærkes:

For Reisegods erlægges fra 1ste Juni 1891:

for Veilængde i km.	pr. kg.
Fra 1—100	3 Øre
« 101—200	4 «
« 201—300	5 «

og fremdeles med Tillæg af 1 Øre pr. kg. for hver begyndende 100 km. Frivægt 25 kg. Mindste Pris 20 Øre.

**) Familiebilletter til III Kl. i Bøger à 25 Stkr. sælges ved et begrændset Antal Stationer paa kortere Afstande.

***) ɔ: Billetter, der sammensættes af Kouponer til reduceret Pris til forskjellige Strækninger efter den Reisendes Valg.

Indtil 1ste Juni 1889 blev de kun udstedt til I og II Klasse til Norge, Sverige, Danmark og Nordtyskland og kun i Maanederne Mai—September samt kun for Reiser at mindst 1 500 km. Længde (Norge og Sverige 1 000 km).

Fra 1ste Juni 1889 udstedes de det hele Aar til alle tre Klasser og for Reiser at mindst 600 km. Længde i Norge, Sverige, Danmark, Tyskland, Luxemburg, Østerrig, Ungarn, Rumænien, Belgien, Holland og Schweitz.

†) ɔ: Ligeledes Kouponbilletter, der sælges til I og II Klasse gjennem Turistbureauer til forskjellige Strækninger af norske Baner i Forbindelse med norske Dampskibs- og Diligencerouter uden Fordring paa, at Strækninger af nogen bestemt Længde skal befares. Prisen er den ordinære.

Baner.	Driftstermin endende 30te Juni.	Tonkm. Il- og Fragtgods		Indtægt af Godstrafik.		Indtægt pr. Tonkm.[1])	Midlere Transportlængde pr. Ton Fragtgods
		pr. km. Driftslængde.	pCt.*)	pr. km. Driftslængde. Kr.	pCt.*)	Øre.	km.
Hovedbanen	1891	241 900	+ 1.9	18 444	-	7.2	32.7
	1892	237 100	÷ 2.2	16 762	÷ 9.1	6.6	32.2
	1893	242 900	+ 2.4	16 362	÷ 2.4	6.3	32.0
Kongsvingerbanen . . .	1891	140 800	÷ 1.5	5 397	+ 0.2	3.6	82.7
	1892	141 200	+ 0.3	5 256	÷ 2.6	3 5	85.4
	1893	144 100	+ 2.0	5 195	÷ 1.1	3.4	82.5
Merakerbanen	1891	83 100	÷ 7.9	3 267	÷ 9.3	3.8	73.1
	1892	70 100	÷ 15.6	2 841	÷ 13.0	3.9	71.9
	1893	93 000	+ 24.6	3 680	+ 22.8	3.8	77.7
Kristiania—Drammenb.	1891	79 800	+ 4.5	5 970	+ 3.1	6.4	38.4
	1892	79 400	÷ 0.5	5 849	÷ 1.9	6.2	37.5
	1893	89 000	+ 10.8	6 114	+ 4.3	6.0	38.8
Drammen—Randsfj.b. .	1891	82 700	÷ 7.9	4 667	÷ 8.6	5.4	47.5
	1892	83 900	+ 1.5	4 565	÷ 2.2	5.2	46.9
	1893	86 000	+ 2.4	4 476	÷ 1.9	5.0	47.6
Eidsvold—Hamarbanen	1891	50 200	+ 5.5	3 284	+ 6.1	5.8	50.6
	1892	58 700	+ 16.9	3 534	+ 7.9	5.3	49.4
	1893	62 000	+ 5.3	3 656	+ 3.3	5.3	50.4
Smaalensbanen	1891	39 200	+ 14.0	2 464	+ 7.1	5 4	45.7
	1892	41 400	+ 5.5	2 445	÷ 0.8	5.1	45.8
	1893	43 100	+ 3.9	2 530	+ 3.4	5.2	46.9
Rørosbanen	1891	30 200	÷ 1.6	1 466	+ 1.1	4.2	116.1
	1892	30 200	+ 1.1	1 400	÷ 3.7	4.1	114.3
	1893	33 100	+ 8.8	1 500	+ 6.7	4.1	117.7
Drammen—Skienbanen	1891	17 700	÷ 2.7	1 153	+ 0.9	5.4	47.9
	1892	16 200	÷ 8.5	1 095	÷ 5.5	5.5	44.4
	1893	19 000	+ 14.7	1 178	+ 7.0	5.2	52.5
Bergen—Vossbanen . . .	1891	10 300	+ 12.0	805	+ 6.5	6.3	68.4
	1892	9 300	÷ 9.7	749	÷ 7.3	6.5	69.1
	1893	9 600	+ 3.1	820	+ 8.7	7 0	79.7
Jæderbanen	1891	6 200	+ 24.0	540	+ 14.2	7.8	36.4
	1892	6 100	÷ 1.6	559	+ 3.2	8.1	34.5
	1893	5 900	÷ 3.4	557	÷ 0.4	8.3	34.5
Samtlige Baner	1891	56 200	÷ 0.4	3 169	÷ 0.3	5.2	66.4
	1892	55 700	÷ 0.9	3 023	÷ 4.5	4.9	65.7
	1893	59 700	+ 6.7	3 115	+ 3.0	4.8	67.8

*) Procent Forøgelse (+) eller Nedgang (÷) i Sammenligning med foregaaende Driftsaar.

[1]) Med Hensyn til Taxterne for Godsbefordring i Terminen 1890—92 bemærkes: Indtil 1ste Januar 1892 gjaldt som normale Godstaxter de i Trafikdirektørens Forslag af 22de Januar 1879 (Bilag 5 til Sth. Prp. Nr. 13 1879) opstillede. Efter disse beregnedes Fragten

Godsfærdselens Størrelse har i Terminen ved de forskjellige Baner varieret fra 242 900 Tonkm. (Hovedbanen) til 5 900 Tonkm. (Jæderbanen) pr. km. Driftslængde, medens Indtægter af Godstrafik har varieret fra Kr. 16 362 til Kr. 557 pr. km.

---

for Befordring af Fragtgods med Henhold til Varesortens Klassifikation (10 Klasser) efter Formler, med Hensyn til hvilke henvises til Driftsberetningen for 1891—92.

De to laveste af Fragtklasserne betragtedes som extraordinære.

Ved flere Baner havde de undergaaet Modifikationer, hvorom bemærkes:

Ved Smaalensbanen og Drammen—Skienbanen benyttedes hovedsagelig 3die til og med 9de Klasse, ved Kongsvingerbanen 1ste til og med 9de Klasse, men med den Tillempning, at der kun benyttedes halv Værdi af Konstanten, ved Eidsvold—Trondhjem- og Merakerbanerne samt Kristiania—Drammenb. og Drammen—Randsfjordbanen 1ste til og med 9de Klasse og ved Jæderbanen alle 10 Klasser. Ved Hovedbanen haves som ved Kongsvingerbanen ligeledes 9 Klasser, for hvilke Taxterne imidlertid ikke ganske svarer til Statsbanernes.

Ved Bergen—Vossbanen er benyttet Taxter, der er noget afvigende fra disse.

Fra 1ste Januar 1892 er der i Henhold til Kgl. Resol. af 13de April 1891 indført nye Taxter og Regler for Befordring af Il- og Fragtgods for Banerne i 1ste—4de Trafikdistrikt (samt Hovedbanen).

Taxterne for Befordring af Fragtgods beregnes efter disse, med Henhold til Varesortens Klassifikation, efter følgende Formler, der giver Fragtbeløbet i Øre pr. Ton (x betegner Distance):

Klasser.	Konstant.	Afgift pr. Tonkm. i Øre for den Del af Transportafstanden, der ligger mellem								
		0—50. km.	51—100. km.	101—150. km.	151—200. km.	201—300. km.	301—400. km.	401—500. km.	501—600. km.	over 600. km.
1ste Klasse	100	15 x	13 x	11 x	11 x	9 x	4 x	3.5 x	2.5 x	2.5 x
2den —	100	11 x	9 x	8 x	8 x	6 x	2.5 x	2.5 x	2.5 x	2.5 x
3die —	100	8 x	7 x	6 x	6 x	5 x	2.5 x	2.5 x	2.5 x	2.5 x
4de —	100	6 x	5.5 x	4.5 x	4.5 x	4 x	2 x	2 x	2 x	2 x
5te —	50	5.5 x	4.5 x	4 x	3.5 x	3 x	2 x	2 x	2 x	2 x
6te —	50	4.3 x	3.5 x	3.5 x	3 x	2.5 x	2 y	2 x	2 x	2 x
7de —	50	3.6 x	3 x	2.7 x	2.5 x	2.2 x	2 x	2 x	2 x	2 x
8de —	50	3 x	2.5 x	2 x	2 x	2 x	1.7 x	1.7 x	1.7 x	1.7 x
9de —	50	2.6 x	2.2 x	1.9 x	1.8 x	1.8 x	1.7 x	1.6 x	1.6 x	1.6 x
A Undtagelsesklasse	50	2.2 x	2.0 x	1.8 x	1.7 x	1.6 x	1.6 x	1.6 x	1.5 x	1.5 x
B —	50	2.0 x	1.8 x	1.6 x	1.6 x	1.5 x	1.5 x	1.5 y	1.5 x	1.4 x
C —	50	1.7 x	1.6 x	1.5 x	1.5 x	1.4 x	1.4 x	1.4 x	1.4 x	1.4 x

I de Fragter, der fremkommer efter disse Formler, er der for enkelte Baner bestemt et Maximum i Satserne for 1ste—5te Klasses Gods, hovedsagelig begrundet i Konkurrance med Dampskibsfart. I Samtrafiken med Hovedbanen gjælder de samme Regler som for Statsbanerne med Hensyn til Fragtberegningen, dog er der for enkelte Varesorter noget høiere Taxter. I Lokaltrafiken paa Hovedbanen anvendes Fragtformler, der er noget afvigende fra Statsbanernes, og Godsklassifikationen er tildels en anden.

Taxterne for Ilgods slutter sig for saavel Hovedbanen som Statsbanerne til Taxterne for Fragtgods paa følgende Maade for de respektive Klasser d, c, b og a:

Taxten i Klasse d (Sendinger i hele Vognladninger), beregnet pr. 100 kg., fremkommer ved at tillægge Kr. 0.40 til den tilsvarende Taxt for 1ste Fragtgodsklasse.

Jernbaner 1892—93.

Under Godstrafik indgaar foruden Befordring af Fragtgods tillige Befordring af Kjøreredskaber*), levende Dyr*) og Ilgods. Ved Merakerbanen, Kongsvingerbanen, Hovedbanen, Drammen—Randsfjordbanen, Trondhjem—Størenbanen, Eidsvold—Hamarbanen samt Hamar—Grundsetbanen er Godstrafiken den overveiende og har ved disse Baner indbragt fra 75 pCt. til ca. 52 pCt. af Indtægterne. (Jfr. Tab. IV, Col. 44).

De fra 1ste Januar 1892 for Il- og Fragtgods indtraadte Taxtforandringer ved alle Baner (undtagen Jæderbanen og Bergen—Vossbanen) var gjennemgaaende Nedsættelser. Til Belysning af Virkningen af disse maa sammenholdes Opgaverne for 1890—91 og 1892—93 som de Terminer, der den hele Tid har havt samme Taxter. Af foranstaaende Sammendrag vil ogsaa sees, at Indtægten pr. Tonkm. Fragtgods for sidstnævnte Termin er lavere end for 1890—91 undtagen for Merakerbanen, for hvilken Samtrafiken med Sverige er den overveiende og det bestemmende for nævnte Indtægt. For samtlige Baner (Jæderbanen og Bergen—Vossbanen excl.) er der en Nedgang i Indtægten pr. Tonkilometer Fragtgods fra ca. 5.2 Øre (5.201) til ca. 4.8 Øre (4.769), hvilket efter Tonkilometer Fragtgods i 1890—91 og 1892—93 repræsenterer en Mindreindtægt af henholdsvis ca. Kr. 371 000 og ca. Kr. 395 000**).

I Tabel VII er for Person- og Godsbefordringen meddelt Fordeling paa Lokaltrafik (ɔ: Færdsel mellem hver Banes egne Stationer)

Taxten for Klasse c (Sendinger af 2 500—5 000 kg. Vægt), beregnet pr. 100 kg., fremkommer ved at tillægge 50 pCt. til den tilsvarende Taxt for Forsendelser i Klasse d.

I Klasss b (Sendinger over 20 kg. indtil 2 500 kg. Vægt), beregnet pr. 10 kg., er Taxten det dobbelte af den tilsvarende Taxt i Klasse d.

For Klasse a (Forsendelser af Vægt indtil 20 kg.; mindste Vægt, der beregnes, er 5 kg.), beregnet for hvert kg., er Taxten lig de efter Klasse b fremkomne Taxter pr. kg. afrundet opad til nærmeste hele Øre.

Taxterne er udregnede særskilt for Banerne i 2det Trafikdistrikt og for de øvrige Distrikter med Hovedbanen underét. Ved Transport til og fra 2det Trafikdistrikt anvendes Summen af disse Taxter, hvortil kommer Fragt paa Strækningen mellem Moss og Horten (med Dampskibet «Bastø», med hvilket er sluttet Overenskomst om Gjennemgangstrafik) eller Kristiania Ø. og Kristiania V. (med Vognmandskjørsel).

Jæderbanens og Bergen—Vossbanens Taxter har i Driftsaaret i det Væsentlige været uforandrede som i Aaret 1891—92 for saavel Fragtgods som Ilgods.

*) Angaaende Taxten for Kjøreredskaber og levende Dyr fra 1ste Juni 1891 bemærkes:

Kjøreredskaber inddeles i fire Klasser. For IV Klasse er Formlen 50 + 2 x, hvori x er Distancen, og som giver Taxten i Øre; for III, II og I Klasse er Taxten henholdsvis 2, 4 og 7 Gange Taxten for IV Klasse. Mindste Pris Kr. 1.00, 2.00, 4.00 og 7.00.

Levende Dyr inddeles i tre Klasser, til hvis I Kl. Heste hører. For I Klasse er Formlen: 300 + 14 x. For II Klasse (Hornkvæg etc.):

For Distancer indtil 150 km.: 100 + 6 x.

» — over 150 km.: tillægges for hver km. over 150 km. 4 Øre.

For III Klasse (Smaafæ) er Formlen: 20 + 1.5 x.

Formlerne, hvori x er Distancen, giver Taxten i Øre for ét Dyr. For flere Dyr gives Moderation, hvorom henvises til de trykte Taxter. Mindste Pris er Kr. 5.00, 2.00 og 0.40.

**) For vedkommende Statsbaner alene er Nedgangen i Indtægt pr. Tonkm. fra ca. 4.7 Øre (4.720) til ca. 4.4 Øre (4.432) og Mindreindtægten henholdsvis ca. Kr. 200 000 og ca. Kr. 216 000.

og Samtrafik (ɔ: Færdsel med tilstødende Baner ved direkte Indskrivning af Reisende og Gods). Til Oplysning om, i hvilken Udstrækning saadan direkte Indskrivning har fundet Sted i den sidst forløbne Termin, bemærkes følgende:

Direkte Indskrivning af Reisende, Reisegods, Kjøreredskaber, levende Dyr, Il- og Fragtgods har fundet Sted mellem alle Stationer i 1ste, 2det, 3die og 4de Trafikdistrikt samt de norske Stationer af Fredrikshald—Sunnanåbanen og Hovedbanen. Expeditionen mellem Stationerne i 1ste, 3die og 4de Distrikt paa den ene Side og 2det Distrikts Stationer paa den anden Side kan foregaa enten via Kristiania eller via Moss—Horten.

Med svenske Baner*) har direkte Indskrivning af Reisende, Reisegods, Kjøreredskaber, levende Dyr, Il- og Fragtgods foregaaet til og fra samtlige Stationer paa Hovedbanen, Kongsvingerbanen, Smaalensbanen og Merakerbanen samt for Kjøreredskaber, levende Dyr, Il- og Fragtgods til og fra Bystationerne og de større Landstationer paa Eidsvold—Trondhjembanerne.

Endvidere har til Udgangen af Februar 1893 direkte Indskrivning af Il- og Fragtgods fundet Sted via Kornsø mellem Kristiania Station Ø. paa den ene Side og Fredrikshavn, Aalborg, Randers, Aarhus, Wamdrup, Altona (Ottensen), Hamburg, Berlin og Lübeck paa den anden Side. Efter Udgangen af Februar 1893 har direkte Indskrivning af Il- og Fragtgods foregaaet mellem Kristiania Ø., Moss, Fredrikstad, Drammen, Horten, Tønsberg, Laurvig, Skien, Hamar og Trondhjem paa den ene Side og Stationer tilhørende de kgl. preussiske Jernbanedirektioner i Altona, Berlin, Elberfeld, Erfurt, Hannover, Køln (venstrerhinsk), Køln (høirerhinsk) og Magdeburg samt Lübeck—Buchener Jernbaner paa den anden Side.

Endelig har fra 1ste April 1893 direkte Indskrivning af Pakker, Il- og Fragtgods fundet Sted mellem Hovedbanens og Kongsvingerbanens samtlige Stationer, Smaalensbanens og Eidsvold—Trondhjemsbanernes By- og større Landstationer paa den ene Side og danske Baner**) paa den anden Side, samt af levende Dyr i hele Vognladninger mellem Stationerne Kristiania Ø., Moss, Fredrikstad, Sarpsborg og Hamar paa den ene Side og de danske Stationer Hillerød og Kjøbenhavn paa den anden Side.

For Reisende og Reisegods har direkte Indskrivning fundet Sted mellem Smaalensbanens Bystationer og Kjøbenhavn samt mellem Kristiania Ø. og følgende Steder, nemlig: London, Paris, Wien, Berlin, Hamburg, Kiel, Altona, Lübeck, Bremen, Charlottenberg, Magdeburg, Leipzig, Køln, Frankfurt a. M. og Dresden.

Sammenstilling af Indtægter i den saaledes bestaaende Lokal- og Samtrafik hidsættes for Terminerne 1891—92 og 1892—93:

*) Dog ikke for alle Stationers Vedkommende.

**) For Il- og Fragtgods's Vedkommende dog kun for de paa Banestrækningen Helsingør—Fredriksberg liggende Stationer.

Baner.	Terminen endende 30te Juni.	Indtægt af Lokaltrafik.	Indtægt af Samtrafik*).	Tilsammen Trafikindtægter[1]).	Indtægt af Samtrafik, pCt.[2])
		Kroner.			
Smaalensbanen	1892	1 074 225	385 615	1 459 840	26.4
	1893	1 092 978	402 009	1 494 987	26.9
Kongsvingerbanen	1892	75 410	782 369	857 779	91 2
	1893	85 945	763 281	849 226	89 9
Kristiania—Drammenbanen	1892	507 091	326 571	833 662	39.2
	1893	509 243	356 755	865 998	41.2
Drammen—Skienbanen	1892	418 904	237 524	656 428	36 2
	1893	383 678	248 034	631 712	39.3
Drammen—Randsfjordbanen	1892	660 275	239 330	899 605	26 6
	1893	648 073	235 891	883 964	26.7
Eidsvold—Hamarbanen	1892	38 984	304 205	343 189	88 6
	1893	43 072	309 547	352 619	87.8
Rørosbanen	1892	642 641	495 567	1 138 208	43.5
	1893	677 473	516 772	1 194 245	43.3
Merakerbanen	1892	159 343	253 471	412 814	61.4
	1893	175 844	330 048	505 892	65.2
Hovedbanen	1892	839 949	713 347	1 553 296	45.9
	1893	848 608	685 551	1 534 159	44.7
Samtlige Baner[3])	1892	7 435 037	1 157 118	8 592 155	13.5
	1893	7 548 923	1 206 380	8 755 303	13.8

En Opgave for de tvende sidste Terminer over de i omhandlede Samtrafik befordrede Antal Reisende og Ton Fragtgods samt tilsvarende Indtægter af Reisende og Gods meddeles i følgende Tabel tilligemed Fordeling af Trafik og Indtægter paa Samtrafik med tilstødende Jernbaner:

*) Gjennemgangstrafik iberegnet.
[1]) Indtægter af Postbefordring ikke indbefattet.
[2]) I Procent af Trafikindtægter paa Banen (Indtægter ved Postbefordring incl.).
[3]) Jæderbanen og Bergen—Vossb. indbf. Indtægt af Samtrafik omfatter for samtlige Baner selvfølgelig alene Indtægt af Samtrafik med svenske og udenlandske Baner.

Baner.	Termin endende 30te Juni.	Indtægt af Samtrafik. Kr.	Hvoraf Reisende. Antal.	Hvoraf Reisende. Indtægt. Kr.	Hvoraf Fragtgods. Antal. Ton.	Hvoraf Fragtgods. Indtægt. Kr.
Smaalensbanen	1892	385 615	50 221	174 122	91 441	180 140
Nemlig Samtrafik over:	1893	402 009	49 747	178 067	91 415	190 843
Kristiania	-	27 297	6 685	12 239	4 554	10 537
Moss—Horten	-	17 478	9 408	14 099	285	2 159
Kornsø	-	353 859	33 646	151 721	86 107	175 541
Gjennemgangstrafik	-	3 375	8	8	469	2 606
Kongsvingerbanen	1892	782 369	97 251	170 848	185 700	566 708
Nemlig Samtrafik over:	1893	763 281	98 312	169 245	193 227	555 100
Lillestrøm	-	394 804	86 599	116 441	114 440	255 098
Charlottenberg	-	17 908	1 038	2 727	4 798	14 766
Gjennemgangstrafik	-	350 569	10 675	50 077	73 989	285 236
Kristiania—Drammenbanen	1892	326 571	105 370	161 092	53 637	139 755
Nemlig Samtrafik over:	1893	356 755	110 587	170 305	62 697	159 393
Kristiania	-	6 534	3 610	2 886	412	1 936
Drammen	-	344 447	104 742	164 372	61 643	155 369
Gjennemgangstrafik	-	5 774	2 235	3 047	642	2 088
Drammen—Skienbanen	1892	237 524	70 837	165 191	16 760	50 177
Nemlig Samtrafik over:	1893	248 034	69 640	157 128	22 241	67 302
Drammen	-	233 967	60 223	146 552	21 956	65 590
Moss—Horten	-	13 733	9 199	10 270	282	1 703
Gjennemgangstrafik	-	334	218	306	3	9
Drammen—Randsfjordbanen	1892	239 330	59 008	90 318	50 414	130 434
Nemlig Samtrafik over:	1893	235 891	58 787	91 897	54 390	128 300
Drammen	-	235 891	58 787	91 897	54 390	128 300
Eidsvold—Hamarbanen	1892	304 205	68 784	109 304	61 858	170 138
Nemlig Samtrafik over:	1893	309 547	69 629	109 596	63 073	172 927
Eidsvold	-	174 292	40 466	55 108	35 641	103 744
Hamar	-	4 380	1 478	1 698	1 488	2 140
Gjennemgangstrafik	-	130 875	27 685	52 790	25 944	67 043
Rørosbanen	1892	495 567	29 483	271 005	26 213	164 428
Nemlig Samtrafik over:	1893	516 772	29 870	276 656	28 072	175 774
Hamar	-	492 653	28 376	260 617	27 128	169 076
Trondhjem	-	5 028	707	2 073	639	2 588
Gjennemgangstrafik	-	19 091	787	13 966	305	4 110
Merakerbanen	1892	253 471	7 127	22 213	68 510	225 261
Nemlig Samtrafik over:	1893	330 048	8 055	25 403	86 785	296 854
Trondhjem	-	2 436	878	764	876	1 057
Storlien	-	324 605	6 561	22 041	85 841	295 409
Gjennemgangstrafik	-	3 007	616	2 598	68	388
Hovedbanen	1892	713 347	163 614	189 702	240 339	463 621
Nemlig Samtrafik over:	1893	685 551	167 294	193 015	249 731	431 539
Kristiania	-	8 537	3 273	3 196	2 446	3 606
Lillestrøm	-	277 037	93 844	56 615	184 268	204 061
Eidsvold	-	375 375	64 239	125 944	57 387	209 444
Gjennemgangstrafik	-	24 602	5 938	7 260	5 630	14 428

Jernbaner
1892—93.

Af heromhandlede Indtægter har Samtrafiken med svenske Baner via Charlottenberg over Hoved- og Kongsvingerbanerne indbragt Kr. 499 984, hvoraf Indtægt ved Transport af Trælast og Brænde Kr. 124 191, Samtrafiken via Storlien over Merakerbanen Kr. 343 395, hvoraf Trælast og Brænde Kr. 143 041, samt Trafik via Kornsø over Smaalensbanen Kr. 363 001, hvoraf Trælast og Brænde Kr. 95 028. Paa Forbindelseslinierne med de svenske Baner kommer saaledes af norsk og svensk Samtrafik en Indtægt af Kr. 1 206 380, hvoraf ca. en Trediedel falder paa Indtægt af Trælast og Brænde.

Med Dampskibe haves nedenstaaende direkte Expeditionsforbindelser:

Reisende og Reisegods expederes direkte mellem 2det Trafikdistrikts Bystationer samt Vikersund paa den ene Side og Dampskibene paa Indsøerne Nordsjø og Hiterdalsvandet («Nordsjø», «Victoria», «Løveid» og «Inland»), Dampskibene paa Randsfjorden («Harald Haarfager» og «Oscar II.»), Dampskibet «Bægna» paa Aadalselven og Spirillen, Dampskibet «Krøderen» paa Krøderen og Dampskibet «Vøringen» i Ruten Skien—Kristianssand paa den anden Side. Ligeledes expederes efter 1ste Juni 1893 Reisende i Rundreise fra og til Kristiania Ø., Ski, Moss, Fredrikstad, Sarpsborg, Fredrikshald og Tistedalen i Forbindelse med Dampskibene «Strømmen» paa Øieren og «Turisten» paa Fredrikshaldskanalen.

Kjøreredskaber, levende Dyr, Il- og Fragtgods expederes direkte mellem Hoved- og Kongsvingerbanerne og Dampskibe paa Mjøsen samt mellem samtlige 2det Distrikts Stationer og ovennævnte Dampskibe paa Nordsjø og Hiterdalsvandet, Krøderen og Randsfjord, Kystdampskibet «Vøringen» (kun for Ilgods) og Dampskibet «Bægna» paa Aadalselven og Spirillen.

Endvidere finder direkte Indskrivning af Il- og Fragtgods samt Kjøreredskaber Sted via Trondhjem til og fra Bergenske og Nordenfjeldske Dampskibsselskabers Anløbssteder i Kyst- og Lokalruter samt til og fra Anløbssteder i andre Dampskibsselskabers Ruter, hvormed de Bergenske og Nordenfjeldske Dampskibsselskaber staar i Samtrafiksforbindelse.

Denne Samtrafik med Dampskibe er saavel med Hensyn til Mængde som Indtægter medtaget under den Jernbanestation, hvorfra Dampskibsforbindelsen udgaar.

Angaaende Trafik og Udgifter[1]) samt ordinært Personale er der i Tab. VII og for Indtægternes Vedkommende i Tab. VIII meddelt Oplysninger for hver Station. I Tab. IX gives der Opgave over Fordelingen af Reisende med de ordinære Tog paa de forskjellige Afstande og i Tab. XI gives Oplysning om, hvorledes de ordinære Tog har været besatte med Reisende og belastede med Gods mellem Stationerne.

Transportmængder af de væsentligste Varesorter er angivne i Tab. X saavel for hver Bane som for Banerne samlet og særskilt for Transport i Lokal- og Samtrafik m m. I Tilslutning til den i «Beretning om de norske Jernbaner og deres Drift 1854—1879» (Side 19 og 20)

[1]) Udgifter vedkommende Trafikafdelingen; Udgifter vedkommende Stationernes Vedligehold indgaar under Baneafdelingens Udgifter (Tab. IV, Col. 71).

optagne Fordeling er i det Følgende Varerne grupperede i tre Hovedafdelinger*): «Skovprodukter», «Produkter vedkommende Landbrug» og «Andet Fragtgods».

I Terminen 1892—93 er af Skovprodukter paa samtlige Baner[1]) tilsammen befordret 722 710 t., der udgjør 52.0 pCt. af den hele Fragttransport, af Produkter vedkommende Landbrug 214 995 t. eller 15.5 pCt., og af Andet Fragtgods 451 730 t. eller 32.5 pCt. af den hele Fragtgodstransport.

Transporten paa hver Bane fordelt paa ovennævnte 3 Varegrupper angives nærmere i følgende Specifikation for Terminerne 1891—92 og 1892—93:

Baner.	Terminen endende 30te Juni	Skovprodukter.		Produkter vedkommende Landbrug.		Andet Fragtgods.	
		t.	pCt.[2])	t.	pCt.[2])	t.	pCt.[2])
Smaalensbanen	1892	143 012	63.3	36 758	16.3	46 227	20.4
	1893	132 776	57.7	45 651	19.8	51 729	22.5
Kongsvingerbanen	1892	129 996	64.4	23 631	11.7	48 123	23.9
	1893	128 874	60.4	26 550	12.5	57 767	27.1
Kristiania—Drammenb.	1892	33 019	29.5	18 623	16.6	60 448	53.9
	1893	30 352	25.1	24 360	20.1	66 313	54.8
Drammen—Skienbanen	1892	26 879	46.7	11 474	19.9	19 263	33.4
	1893	19 104	33.5	13 568	23.8	24 298	42.7
Drammen—Randsfjordb.	1892	175 755	68.7	16 128	6.3	63 974	25.0
	1893	170 464	66.0	17 911	6.9	69 963	27.1
Eidsvold—Hamarbanen	1892	6 050	8.8	16 174	23.5	46 683	67.7
	1893	6 700	9.5	17 671	24.9	46 493	65.6
Rørosbanen	1892	18 670	16.2	22 939	19.9	73 485	63.9
	1893	19 604	16.0	28 147	23.0	74 847	61.0
Merakerbanen	1892	56 631	54.8	6 389	6.2	40 218	39.0
	1893	70 772	55.6	11 919	9 4	44 629	35.0
Jæderbanen	1892	1 130	8.5	4 608	34.5	7 609	57.0
	1893	1 204	9.2	4 564	34.8	7 343	56.0
Bergen—Vossbanen	1892	1 170	8.1	3 555	24.6	9 745	67.3
	1893	822	6.3	3 885	30.0	8 251	63.7
Hovedbanen	1892	287 018	57.4	76 167	15.2	137 261	27.4
	1893	280 216	54.2	82 768	16.0	153 651	29.8
Samtlige Baner	1892	736 843	55.1	184 524	13.8	415 726	31.1
	1893	722 710	52.0	214 995	15.5	451 730	32.5

*) «Skovprodukter» indbefatter her Trælast og Brænde samt Træmasse, «Produkter vedkommende Landbrug» omfatter Gjødning, Hø & Halm, Kjød og Flesk, Korn og Mel, Melk, Poteter samt Smør og Ost, «Andet Fragtgods» det øvrige Gods.

[1]) Det maa i denne Forbindelse erindres (jfr. Anmærkning til Tab. III, Pag. 28), at Opgaverne over, hvad der er transporteret paa de samlede Baner, er den virkelige Transportmængde, idet, hvad der er ført over to eller flere Baner, kun er medregnet én Gang.

[2]) i pCt. af den hele Fragtgodstransport paa vedkommende Bane.

Transport af Skovprodukter er i Terminen gaaet ned med ca. 14 000 t., Transport af Landbrugsprodukter er steget ca. 30 000 t. og andet Fragtgods med ca. 36 000 t.

Af Skovprodukter indtager Trælast og Brænde den væsentligste Del, og udgjør denne Varesort den største Transportgjenstand paa de fleste Baner.

Opgave over Størrelsen af denne Transport og de af samme flydende Fragtindtægter m. V. for 1891—92 og 1892—93 sammenstilles i følgende Tabel:

Baner.	Terminen endende 30te Juni.	Transport af Trælast og Brænde.			Indtægt.			Midl. Transportlængde.
		Ton.	Tonkm. Tusinder.	pCt.[1])	Ialt. Kr.	pCt.[2])	pr. Tonkm. Øre.	km
Smaalensbanen....	1892	121 996	4 923	47 6	193 259	36 8	3.9	40 4
	1893	107 737	4 013	38.0	150 986	27.7	3 8	37.2
Kongsvingerbanen.	1892	109 833	9 246	53 7	251 868	41.8	2.7	84.2
	1893	110 948	9 047	51.6	242 268	40.3	2 7	81.5
Kr.ania-Drammenb.	1892	25 215	904	21.5	35 450	13.5	3 9	35 9
	1893	20 939	758	16.4	28 427	10.3	3 8	36.2
Drammen—Skienb	1892	26 631	996	38 9	37 638	26.9	3.8	37.4
	1893	18 742	764	26.3	26 819	17 6	3.5	40 8
Drammen-Randsfjb.	1892	74 714	2 393	19.9	100 306	16.0	4 2	32.0
	1893	68 807	2 441	19.9	92 173	15.0	3 8	35.5
Eidsvold—Hamarb.	1892	5 430	137	4.0	6 147	3.4	4.5	25.2
	1893	6 183	171	4 9	7 172	3.9	4.2	27 7
Rørosbanen	1892	18 653	1 032	7.8	32 751	6.1	3.2	55.3
	1893	19 565	1 064	7.7	33 064	5 8	3.1	54 4
Merakerbanen	1892	47 291	4 174	56.2	116 744	39.9	2.8	88.3
	1893	59 656	5 334	54.1	149 595	39.4	2 8	89 4
Jæderbanen......	1892	1 130	26	5.7	1 433	3.8	5.5	23.0
	1893	1 204	39	8.7	1 501	4.0	3.8	32.4
Bergen—Vossb...	1892	1 170	87	8.7	5 521	8.5	6.3	74.4
	1893	823	55	5.5	4 282	6.1	7 8	66.8
Hovedbanen......	1892	251 618	5 997	37.2	355 752	33 3	5 9	23.8
	1893	246 862	5 498	33.6	314 094	30.4	5.7	22 3
Samtlige Baner	1892	569 685	29 915	34 0	1 136 869	26.2	3.8	52.5
	1893	551 274	29 184	31.4	1 050 381	23.5	3.6	52.9

[1]) 1 pCt. af Tonkm Fragtgods paa vedk. Bane.
[2]) 1 pCt. af Banens hele Indtægt af Fragtgods.

Den Nedgang i Transport af Trælast og Brænde, som indtraadte i foregaaende Termin, er fortsat ogsaa i denne Termin, idet de fleste Baner viser Nedgang. Merakerbanen viser dog en større Stigning af ca. 12 000 t., hvilket skriver sig fra svensk Trafik. Den samlede Nedgang i Terminen udgjør ca. 18 000 t. med ca. 731 000 Tonkilometer; den hertil svarende Nedgang i Indtægter udgjør ca. Kr. 86 500.

Transport af Træmasse er i Terminen gaaet op fra ca. 167 000 t. til ca. 171 000 t. eller med ca. 6 000 t. Næst Trælast og Brænde har denne Varesort været den største Fragtgjenstand, regnet efter Antallet af befordrede Tons. Stigning i Terminen er der paa Smaalensbanen, Kristiania—Drammenbanen, Drammen—Randsfjordbanen og Merakerbanen. Paa Kongsvingerbanen er Transporten gaaet ned med ca 2 000 t. og paa Hovedbanen med ca. 2 000 t.

Af Produkter vedkommende Landbrug har Korn- og Melvarer udgjort den største Transportgjenstand med ca 87 000 t. eller ca. 40 pCt. af den hele Transport inden Gruppen; dernæst kommer Transport af Gjødning med ca. 62 000 t.

Af levende Dyr har der i Terminen paa samtlige Baner ialt været transporteret 45 011 Stkr., hvoraf 4 841 Heste, 30 640 Hornkvæg, større Svin etc samt 9 530 Smaafæ.

Transport af Melk og Indtægten af denne Fragtgjenstand angives i følgende Tabel for de tvende sidste Terminer:

Baner.	1891—92.		1892—93.	
	Antal Ton.	Indtægt. Kr.	Antal Ton.	Indtægt Kr.
Smaalensbanen	9 749	45 105	11 055	41 904
Kongsvingerbanen	2 048	6 623	2 585	6 405
Kristiania—Drammenbanen	5 494	24 901	6 093	25 900
Drammen—Skienbanen	1 312	3 415	1 311	2 923
Drammen—Randsfjordbanen	2 183	7 776	2 299	7 311
Eidsvold—Hamarbanen	*) 1 938	8 506	2 602	9 512
Rørosbanen	1 614	6 634	1 747	4 534
Merakerbanen	244	879	429	873
Jæderbanen	313	1 650	388	1 917
Bergen—Vossbanen	1 236	10 158	1 117	8 899
Hovedbanen	*) 8 111	48 915	9 340	50 297
Samtlige Baner	*) 28 246	164 562	31 559	160 475

*) Paa Eidsvold—Hamarb. og Hovedbanen (Hamar—Kristiania) har desuden været transporteret af kondenseret Melk (indbefattet i «Øvrige Varer»): 1888—89 2 746 t., 1889—90 3 081 t., 1890—91 3 325 t., 1891—92 2 255 t., 1892—93 2 121 t.

Nærmere Opgaver over, hvad der af Trælast- og Melketransport, Trafik og Indtægter kommer paa Samtrafik og Lokaltrafik, er angivet i Tab. VII & VIII.

Som betydeligere Massetransporter hørende under den 3die Varegruppe kan anføres Kul, Jern og Malme, tilsammen ca. 188 000 Ton, Sild og Fisk ca. 29 000 Ton samt Mursten, Tagsten og Drainsrør tilsammen ca. 22 000 Ton.

Størrelsen af Transporten m. m. paa hver Bane af de øvrige opførte Varesorter angives i Tab. X.

De forskjellige Varesorters Betydning i Forhold til den hele Fragtgodstransport paa samtlige Baner, regnet efter Antal befordrede Ton, fremgaar af efterstaaende Oversigt[1]):

Varesorter.	1891—92.		1892—93.	
	Ton.	1 pCt. af den samlede Transport af Fragtgods.	Ton.	1 pCt. af den samlede Transport af Fragtgods.
Trælast og Brænde	569 685	42.61	551 274	39.68
Heraf: Planker, Bord, Lægter og Stav	281 973	21.09	270 550	19.47
Tømmer, alle Slags, ○ og □	217 941	16.30	209 369	15.07
Brænde og Baghun	69 771	5.22	71 355	5.14
Træmasse	167 158	12.50	171 436	12.34
Kul (Sten-, Træ-), Cokes og Cinders	83 587	6.25	98 958	7.12
Kornvarer og Mel, alle Slags	65 672	4.91	86 751	6.24
Gjødning, alle Slags	57 318	4.29	61 660	4.44
Jern og Staal og Arbeide deraf[2])	37 223	2.78	45 252	3.26
Malme, Erts og Kis[3])	52 084	3.90	43 567	3.14
Melk	28 246	2.11	31 559	2.27
Sild og Fisk	20 371	1.52	29 062	2.09
Mursten, Tagsten og Drainsrør	24 902	1.86	21 881	1.57
Hø og Halm	9 744	0.73	10 729	0.77
Salt	8 931	0.67	8 868	0.64
Smør og Ost	6 807	0.51	8 496	0.61
Poteter	8 526	0.64	8 243	0.59
Kjød og Flesk	8 212	0.61	7 557	0.54
Øl, alle Slags	5 634	0.42	5 906	0.43
Brændevin paa Træer	4 256	0.32	5 104	0.37
Spiger	2 341	0.18	2 416	0.17
Ikke specificerede Varer	176 396	13.19	190 716	13.73
Tilsammen	1 337 093	100.00	1 389 435	100.00

En Sammenstilling for de fem sidste Driftsaar over Transport af de forskjellige Varesorter meddeles i Tab. XIX. 2 særskilt for hver Bane.

[1]) Det maa i denne Forbindelse erindres (jfr. Anmærkning til Tab. III, Pag. 28), at Opgaverne over, hvad der er transporteret paa de samlede Baner, er den virkelige Transportmængde, idet, hvad der er ført over to eller flere Baner, kun er medregnet én Gang.

[2]) Spiger undtagen.

[3]) For 1ste Trafikdistrikt og Eidsvold—Hamarbanen samt Hovedbanens Vedkommende tillige indbefattende Kalk, Ler, Sand, Sten.

Rullende Materiel.

I Tabel V er meddelt Opgave over Lokomotiver og Vogne ved Terminens Slutning med nærmere Beskrivelse af disse samt Oplysning om deres Anvendelse i Terminen m. V.

Til Oversigt angaaende Banernes Udstyr med Lokomotiver hidsættes nedenstaaende Sammendrag af Tab. V. i særlig for de sammenhængende Komplexer af samme Sporvidde:

Baner	Antal Lokomotiver.			Heraf Tanklokomotiver.	Paa hvert Lokomotiv kommer Kilometer Bane.
	4 koblede.	6 koblede.	Sum.		
Normalsporede Baner.					
Smaalensbanen	23	6	29	3	8.6
Kongsvingerbanen	8	5	13	2	9.3
Eidsvold—Hamarbanen	4	1	5	-	11.7
Hovedbanen	16	7	23	5	2.9
Sum	51	19	70	10	7.1
Merakerbanen	5	4	9	2	11.8
Hovedsum	56	23	79	12	7.6
Smalsporede Baner.					
Kristiania—Drammenbanen	10	[1]) 2	12	10	4.4
Drammen—Skienbanen	14	-	14	10	11.1
Drammen—Randsfjordbanen	11	5	16	12	9.0
Sum	35	[1]) 7	42	32	8.4
Hamar—Grundset	3	2	5	3	7.6
Grundset—Aamot	1	-	1	1	26.3
Støren—Aamot	13	3	16	8	19.9
Trondhjem—Støren	4	3	7	4	7.3
Sum	21	8	29	16	14.9
Jæderbanen	5	-	5	5	15.3
Bergen—Vossbanen	6	-	6	6	18.0
Hovedsum	67	[1]) 15	82	59	11.8

Ved Terminens Begyndelse var Lokomotivernes Antal 157, af nye Lokomotiver er i Terminen tilkommet 4, hvoraf ved Smaalensbanen 2 firkoblede Compoundtenderlokomotiver, ved Kongsvingerbanen 1 Compoundtenderlokomotiv og ved Kristiania—Drammenbanen 1 firkoblet Compoundtenderlokomotiv. Ialt fandtes saaledes ved Terminens Udgang 161 Lokomotiver, hvorefter der paa hvert Lokomotiv i Gjennemsnit kommer 9.8 km. Bane.

[1]) Heri medregnet 1 ottekoblet Maskine.

Til Oversigt over Banernes Udstyr med Vogne ved Terminens Slutning hidsættes efterstaaende Opgaver efter Tab. V. 2 i Sammendrag, særlig for de sammenhængende Komplexer af samme Sporvidde:

Baner.	Personvogne og Personstoppevogne.			Postvogne.			Godsvogne og Godsstoppevogne.	Tilsammen.	Antal Pladse.		Lasteevne, Ton.	
	Antal Vogne.		Antal Axler[2]).	Antal Vogne.		Antal Axler[3]).						
	2-axlede.	4-axlede.		2-axlede.	4-axlede.		Antal Axler[4])	Antal Axler.	Ialt.	Pr. km. Driftslængde.	Ialt.	Pr. km. Driftslængde.
Normalsporede Baner.												
Smaalensbanen........	86	22	266	6	4	22	1 134	1 422	4 625	18.5	5 953	23.8
Kongsvingerbanen	35	9	106	3	-	6	948	1 060	1 328	10.9	4 350	35.6
Eidsvold—Hamarb.	10	4	36	-	-	-	220	256	582	10.0	1 067	18.4
Hovedbanen	59	3	131	1	-	1	1 372	1 504	1 660	24.4	6 474	95.2
Sum	190	38	539	10	4	29	3 674	4 242	8 195	16.4	17844	35.8
Merakerbanen.........	17	4	55	1	2	5	418	478	904	8.5	2 158	20.4
Hovedsum	207	42	594	11	6	34	4 092	4 720	9 099	15.0	20002	33.1
Smalsporede Baner.												
Kristiania—Drammen ..	52	19	183	-	1	1	436	620	2 217	41.8	1 356	25.6
Drammen—Skien	1) 14	26	137	-	5	10	546	693	1 995	12.6	1 809	11.4
Drammen—Randsfjb. ..	1) 37	6	99	-	2	4	1 032	1 135	1 296	9.0	3 155	22.0
Sum	103	51	419	-	8	15	2 014	2 448	5 508	15.6	6 320	17.9
Hamar—Grundset	8	-	16	1	-	2	106	124	172	4.5	273	7.2
Grundset—Aamot	-	1	4	-	-	-	-	4	44	1.7	-	-
Støren—Aamot	31	11	106	-	4	8	692	806	1 435	4.5	2 338	7.3
Trondhjem—Støren ...	10	4	36	1	2	6	190	232	471	9.2	551	10.8
Sum	49	16	162	2	6	16	988	1 166	2 122	4.9	3 162	7.3
Jæderbanen...........	29	-	58	-	-	-	84	142	806	10.7	207	2.7
Bergen—Vossb.	8	17	86	2	-	2	94	182	1 065	9.9	303	2.8
Hovedsum	189	84	725	4	14	33	3 180	3 938	9 501	9.8	9 992	10.3

Samtlige Godsvogne er toaxlede; de øvrige Vogne er dels to, dels tre eller fireaxlede, undtagen ved Jæderbanen, hvor der kun haves toaxlede Vogne.

---

1) Heri 1 treaxlet Vogn.

2) Foruden Antal Axler af de opførte Person- og Personstoppevogne er heri tillige indbefattet Antal Personvognaxler i kombinerede Person- & Postvogne, nemlig ved Smaalensbanen 6 Axler, ved Merakerbanen 5, ved Kristiania—Drammenbanen 3, ved Drammen—Skienbanen 4, ved Bergen—Vossbanen 2 Axler samt ved Hovedbanen 1 Axel.

3) Personvognaxler i kombinerede Person- & Postvogne heri ikke indbefattet, jfr. foreg. Anmærkning; det samme er Tilfældet med Godsstoppevognaxler i kombinerede Post- & Stoppevogne, jfr. følgende Anmærkning.

4) Heri medregnet Stoppevognaxler i kombinerede Post- & Stoppevogne, nemlig ved Drammen—Skienbanen 6 Axler, ved Drammen—Randsfjordbanen 4, ved Støren—Aamotbanen 8 Axler samt ved Trondhjem—Størenbanen 4 Axler.

I Terminen er Antallet af Personvogne og Pladse undergaaet saadan Forandring:

Ved Smaalensbanen er tilkommet 11 Bogievogne (1 Litr. A, 2 Litr. AB og 8 Litr. C), hvorved Pladsenes Antal er forøget fra 3747 til 4625. Ved Kongsvingerbanen er tilkommet 3 Bogievogne (1 Litr. AB og 2 Litr. BC), hvorved Pladsenes Antal er steget fra 1136 til 1328. Ved Kristiania—Drammenbanen er tilkommet 10 Bogievogne (2 Litr. B, 2 Litr. BC og 4 Litr. C samt 1 Litr. CDF og 1 Litr. CF), hvorved Pladsenes Antal er steget fra 1673 til 2217. Ved Eidsvold—Hamarbanen er tilkommet 1 Bogievogn Litr. AB og Pladsenes Antal er steget fra 540 til 582. Ved Bergen—Vossbanen er tilkommet 2 Bogievogne (1 Litr. BC og 1 Litr. C) og Pladsenes Antal er steget fra 948 til 1065. Ved Hovedbanen er tilkommet 1 tohjulet Person- & Postvogn med 14 Pladse; paa Grund af Forandringer af flere Personvogne for Gjennemgang er Pladsenes Antal ved Hovedbanen gaaet ned fra 1758 til 1660. — For samtlige Baner var Antallet af Pladse ved Udgangen af Terminen 18600 eller gjennemsnitlig 11.8 pr. Kilometer Driftslængde.

Antal Godsvogne har i Terminen undergaaet saadan Forandring:

Ved Smaalensbanen er tilkommet 41 Stakevogne Litr. N. Ved Støren—Aamotbanen er 12 Trælast- & Malmvogne Litr. P ombyggede til Stakevogne Litr. N. Ved Merakerbanen er 20 lukkede Godsvogne Litr. G forstærket til en Bæreevne af 5 Ton pr. Axel. Ved Hovedbanen er tilkommet 16 lukkede Godsvogne Litr. G og 2 Trælastvogne med Svingbolster er ombygget til høikassede Godsvogne Litr. LL.

For samtlige Baner var Lasteevnen ved Udgangen af Terminen 29994 t. eller gjennemsnitlig 19,0 t. pr. km. Driftslængde.

Til rullende Materiel var ved Terminens Udgang anvendt Kr. 16068651 (jfr. Tabel II.2, Col. 14).

Lokomotiverne har i Terminen (jfr. Tabel V.3, Col. 61—70) ialt kjørt 5778470 km., hvoraf paa fremmede Baner (svenske Baner) 68440 km. Af de kjørte Distancer er 101538 km. til Banernes Vedligehold og Ryddiggjørelse, 23222 km. for Baneanlægget Kongsvinger—Flisen samt 5653710 km. til Trafikens Bestridelse, hvoraf 4913980 km. er kjørt i Tog, medens 135235 km. er kjørt uden Tog, og 604495 km. er Skiftning paa Stationerne.

Der er medgaaet 50761 Ton Kul med et Kostende af Kr. 738997 (Statsbanerne 43497 Ton og Kr. 647860). (Jfr. Tab. V. 4 Col. 78 og Col. 80).

Samtlige Vogne har i Terminen (jfr. Tab. V.5, Col. 101—104) tilsammen løbet 115951238 Axelkilometer, nemlig: Personvogne 40231163, Godsvogne 56253390, Stoppevogne (Person- og Gods-) 15288928 og Postvogne 4177765 Axelkm.

Til nærmere Oversigt angaaende det rullende Materiels Anvendelse i Terminen meddeles følgende Sammenstilling efter Tab. V. 3 & V. 5, over hvad hvert Lokomotiv i Gjennemsnit har løbet, samt gjennemløbne Distancer pr. Vognaxel af de forskjellige Slags Vogne, særskilt for de sammenhængende Komplexer af samme Sporvidde:

Materiel tilhørende.	Gjennemløbne Distancer i Kilometer.				
	Gjennemsnitlig pr. Lokomotiv.	Personvogne.	Postvogne.	Stoppevogne.	Godsvogne.
		Gjennemsnitlig pr. Vognaxel.			
Normalsporede Baner.					
Smaalensbanen	37 859	42 190	81 783	54 987	8 138
Kongsvingerbanen	28 966	37 085	8 506	38 224	6 993
Eidsvold—Hamarbanen	34 260	35 758	-	52 244	8 271
Hovedbanen	26 067	33 472	1 874	28 364	6 471
I Gjennemsnit	32 096	39 109	62 445	42 964	9 987
Merakerbanen	36 144	26 895	38 690	47 868	9 702
Smalsporede Baner.					
Banerne i 2det Trafikdistrikt	43 009	33 061	74 839	51 205	6 925
Rørosbanen	36 358	36 265	66 326	37 138	11 824
Jæderbanen	30 617	14 267	18 493	41 850	7 533
Bergen—Vossbanen	44 460	22 859	37 498	75 885	12 567

Banerne og deres Vedligehold.

I Tab. VI er givet en Oversigt over de vigtigste tekniske Forhold ved samtlige Baner, hvad angaar Stignings- og Krumningsforhold (Tab. VI. 1), Planeringsarbeider med Tunneler, Broer etc. (Tab. VI. 2), Stationsanlæg (Tab. VI. 3) samt Overbygningen (Tab. VI. 4), — alt i Tilslutning til de tilsvarende Opgaver i Storthingsprp. No. 52, 1881, Tab. II, hvor Opgaverne refererer sig til Udgangen af Terminen 1878—79 samt omfatter alene de ved nævnte Tidspunkt i Drift værende Baner, imedens foreliggende Opgaver refererer sig til Udgangen af Terminen 1892—93 og omfatter saaledes de senere tilkommende Baner samt Udvidelser og Forbedringer vedkommende Stationsarrangements, Ombygning af Træbroer til Jernbroer, Udvidelse af Sidespor, Omlægninger m. V.

Som Supplement til Opgaverne over Stignings- og Krumningsforhold meddeles i efterstaaende Tabel en Beregning over Banernes **virtuelle Længder**, virtuelle Forholdstal og største virtuelle Koefficient*):

Baner.	Banelængde.	Virtuelle Længde.		Virtuelle Forholdstal.		Største virtuelle Koefficient	
		Op.	Ned[1]).	Op.	Ned[1]).	Op.	Ned[1]).
	km.	km.	km.				
Smaalensbanen:							
1. **Kristiania**—Rigsgr. (v. Linie)	170.1	329	266	1.9	1.6	9.4	5.3
Hvoraf: Kristiania—Ski	24.3	78	24	3.2	1.0	5.1	4.3
Ski—Sarpsborg	85.1	109	153	1.3	1.8	4.9	5.1
Sarpsborg—Fredrikshald	27.2	36	41	1.3	1.5	4.8	4.8
Fredrikshald—Grændsen	33.5	106	48	3.2	1.4	9.4	5.3
2. **Ski**—Sarpsborg (østre Linie)	79.0	141	180	1.8	2.3	5.9	5.6
Kongsvingerbanen	114.6	138	130	1.2	1.1	2.9	3.0
Kristiania—Drammen	52.9	112	108	2.1	2.0	5.9	6.7
Drammen—Skien (Hovedlinie)	148.6	300	294	2.0	2.0	8.0	5.8
Skopum—Horten (Sidelinie)	7.2	6	23	0.8	3.2	7.1	8.0
Drammen—Randsfj. (Hovedl.)	89.3	188	132	2.1	1.5	7.3	6.2
Hougsund—Kongsberg (Sidel.)	27.9	93	39	3.3	1.4	7.3	5.1
Vikersund—Krøderen (do.)	26.3	91	63	3.5	2.4	9.8	7.1
Eidsvold—Hamar	58.4	100	97	1.7	1.7	5.1	6.0
Rørosbanen	433.4	739	776	1.7	1.8	7.9	10.2
Hvoraf: Hamar—Grundset	38.1	84	52	2.2	1.4	5.2	6.4
Grundset—Aamot	26.4	43	28	1.6	1.1	4.0	4.1
Aamot—Tønset	156.8	300	182	1.9	1.2	5.1	5.0
Tønset—Støren	161.0	207	385	1.3	2.4	5.1	6.3
Trondhjem—Støren	51.1	105	129	2.1	2.5	7.9	10.1
Merakerbanen	102.3	331	107	3.2	1.0	8.3	4.1
Jæderbanen	76.3	128	129	1.7	1.7	5.7	5.7
Bergen—Vossbanen	106.7	204	228	1.9	2.1	9.2	9.0
Hovedbanen	67.8	153	101	2.3	1.5	9.9	7.2
Hvoraf: Kristiania—Lillestrøm	21.2	76	31	3.6	1.5	9.9	7.2
Lillestrøm—Eidsvold	46.6	77	70	1.7	1.5	5.2	5.1

*) En Jernbanes «virtuelle» Længde betegner Længden af en forøvrigt ensartet, men horizontal og retliniet Bane, der skulde give samme Arbeide for Trækkraften som den givne med sine Stigninger og Krumninger. Dette virtuelle Forholdstal angiver, hvormange Gange længere denne imaginære Bane vilde blive end den virkelige; medens største virtuelle Koefficient giver det Antal Gange, som Modstanden i Banens ugunstigste Partier er større, end den vilde være paa horizontal og retliniet Bane. Beregningerne er udført efter Lindner's Methode.

1) «Ned» betegner Retningen til Kristiania; for Jæderbanen og Bergen—Vossbanen, der ikke staar i direkte Forbindelse med Kristiania, følgelig Retningen henholdsvis Stavanger—Ekersund og Bergen—Voss.

Alle Baner er anlagte med enkelt Spor, hvoraf 592 km. med 1.435 m. Sporvidde og 970 km. med 1.067 m. Sporvidde. Foruden Længden af det gjennemgaaende Hovedspor, 1 562 km., forekommer paa og udenfor Stationerne Sidespor, hvis samlede Længde beløber sig til 216 km. for samtlige Baner, eller ca. 14 pCt. af Hovedsporets Længde.

Til Forbindelse mellem Hovedspor og Sidespor er 1 316 Sporvexlinger indlagte.

Et Sammendrag for hver Bane over samlet Sporlængde, med Opgave over Skinner af Jern og af Staal samt den anvendte Skinnevægt, indeholdes i følgende Tabel:

Baner.	Sporvidde.	Samlet Sporlængde.	Skinner				Sleepers.
			af Jern.		af Staal.		
				Skinnevægt pr. løb. m		Skinnevægt pr. løb. m.	
	Meter.	km.	km.	kg.	km.	kg.	Antal.
Smaalensbanen	1.435	281.5	329.1	24 80—29.76	233.9	27.28—29.79	335 980
Kongsvingerbanen	«	134 1	123.1	30 75	145.2	30.00	166 515
Kr.ania – Dr.menb.	1.067	65 0	10.1	19.84	119.9	19.84—22.32	95 614
Dr.men—Skienbanen	«	170.0	24.2	17.36—19.84	315.7	« —20.50	232 517
Dr.men—Randsfjb.[1])	«	173.4	125.5	« — «	221 3	« —22.32	254 086
Eidsv.—Hamarb.[2])	1.435	67 2	4 8	« —18.35	129.7	19.84—27 28	74 476
Rørosbanen	1.067	457.5	611.3	« —20.34	303.6	17.36—20.50	662 471
Merakerbanen[3])	1.435	123 3	31.4	« —29.76	221.2	19.84—27 28	144 353
Jæderdanen	1.067	81.6	147.0	17.36	16.1	17.36	128 561
Bergen—Vossbanen	«	114 5	25.0	«	204.0	«	158 750
Hovedbanen	1 435	110.4	39.1	29.76	181.7	29.76	140 133
Samtlige Baner	·	1 778.5	1 470.6	·	2 092.3	·	2 393 456

Ved samtlige Baner anvendes Vignolskinner med bred Basis, der ligger uden Undtagelse paa Tværsleepers af Træ; alle Skinner er lagte med svævende Skjøder.

Den samlede Sporlængde af Staalskinner var ved Udgangen af Terminen 1892—93 1 046.2 km. eller ca. 67 pCt. af Hovedsporets Længde, hvoraf 465.8 km. var indlagt ved Banens Anlæg, imedens Resten, 580.4 km., er tilkommet ved Ombytning under Driften fra Jern til Staal.

I Forbindelse med Jernbanerne staar endvidere private Sidespor til samlet Længde 41.8 km.

Oplysning om Udgifter til Banernes Vedligehold indeholdes i Tabel IV, Col. 69—74, hvortil slutter sig en nærmere Specifikation i Tab. VI. 5 tilligemed Opgave over Ombytning af Skinner og Sleepers i Tab. VI. 6.

[1]) Drammen Fællesstation indbefattet.

[2]) Hamar Fællesstation indbefattet.

[3]) Trondhjem Fællesstation heri indbefattet.

[4]) Kristiania og Lillestrøm Fællesstationer indbefattet.

Af Baneafdelingens Udgifter i Terminen, Kr. 2 436 524, kommer Kr. 2 228 662 paa Vedligehold af Linie med Bygninger og Telegraf samt Bevogtning. Den væsentlige Del heraf falder paa Vedligehold af Linie og Stationspladse med Kr. 1 771 494, nemlig Materialier Kr. 652 199, Lønninger Kr. 1 119 295, hvori dog er indbefattet Udgifter til den ordinære Bevogtning paa Linien. Til særligt Bevogtningspersonale (Bro-, Tunnel- og Grindvogtere) er medgaaet Kr. 52 367. Til Vedligehold af Bygninger og Vandstationer samt andre Indretninger paa Stationerne, Vedligehold af Værksteder og hvad dertil hører dog ikke medregnet, er medgaaet Kr. 146 695 samt til Telegrafens Vedligehold Kr. 28 101.

Udgifter til Sne- og Isrydning (jfr. Tab. VI. 5 Col. 132) varierer forholdsvis betydeligt fra Aar til andet, beroende paa Vinterens Beskaffenhed; i Terminen 1892—93 har denne Udgift udgjort Kr. 156 593 (pr. km. Kr. 100) mod Kr. 96 793 i den foregaaende Termin (pr. km. Kr. 61). (Jfr. Anm. til Tab. VI. 5, Col. 132, d).

Regnet pr. Kilometer var de samlede Udgifter til Baneafdelingen i Terminen 1892—93 Kr. 1 544 mod Kr. 1 517 i foregaaende Termin.

Den i Driftsaaret foretagne Ombytning af Skinner og Sleepers (Tab. VI. 6) fordeles paa de enkelte Linier saaledes:

Baner.	Ombytning af Skinner.				Ombytning af Sleepers.	
	Af nye Jernskinner er indlagt. km.	Af nye Staalskinner er indlagt. km.	Tilsammen.		Stkr.	[2]) pCt. af samlet Antal.
			Ombyttet. km.	pCt.[1])		
Smaalensbanen	-	10.387	10.387	1.8	46 264	13.8
Kongsvingerbanen	-	18.387	18.387	6.8	16 032	9.6
Kristiania—Drammenbanen	-	6.148	6.148	4.7	11 313	11.8
Drammen—Skienbanen	-	0.088	0.088	-	25 641	10.4
Drammen—Randsfjordbanen	-	13.326	13.326	3.8	39 760	15.7
Eidsvold—Hamarbanen	-	-	-	-	6 148	9.1
Rørosbanen	-	29 762	29.762	3.3	51 748	7.8
Merakerbanen	0.044	0.468	0.512	0.2	6 894	4.8
Jæderbanen	-	4.245	4 245	2.6	13 458	10.5
Bergen—Vossbanen	0.094	0.083	0.177	0.1	25 704	16.2
Hovedbanen	0.100	16.892	16.992	7.8	3 508	2.5
Samtlige Baner	0.238	99.786	100.024	2.8	246 470	10.2

De i Terminen nye indlagte Skinner med Sporskifter og Krydsninger har efter Fradrag af kasserede Skinner tilsammen kostet Kr. 210 286 og nye indlagte Sleepers Kr. 214 312.

[1]) 1 pCt. af Terminens midlere Skinnelængde

[2]) 1 pCt af Antal Sleepers ved Terminens Begyndelse.

Opgaver vedkommende Jernbanernes Telegraf indeholdes i Tab. XVI, hvoraf fremgaar, at den samlede Længde af Telegraflinier ved Terminens Udgang var 1 585 km. med 3 018 km. Traadlængde Paa Jernbanernes Linier var i Terminen befordret 113 354 private Telegrammer, hvoraf 75 704 alene befordrede paa Jernbanernes Linier, Resten 37 650 tillige befordrede paa Statstelegrafen. Endvidere befordredes 157 301 Tjenestetelegrammer. Banernes Indtægt af private Telegrammer opgik til Kr. 57 983 *).

Personale.

I Tab. XVII er meddelt Opgave over de ved Udgangen af Terminen ansatte Personer, der enten er aflønnede efter de af Statsmyndighederne (for Statsbanerne) bestemte Lønningsregler eller er Medlemmer af den for Statsbanerne fælles Pensionskasse og vedkommende Understøttelseskasse. Dette Personale udgjorde for Statsbanerne 2 529 og for Hovedbanen 523.

Pensions- og Understøttelseskasser.

Særskilte Pensionskasser, hvis Formaal er at sikre vedkommende Funktionær en i Forhold til hans Løn og Tjenestetid bestemt Pension, har bestaaet ved de forskjellige Statsbaner, indtil Storthinget i 1890 i det Væsentlige bifaldt den Kgl. Prp. af 1884 om Oprettelse af en fælles Kasse: «De norske Statsbaners Pensionskasse» (kfr. Driftsberetningen 1889—90, Pag. XXXVIII). Bestyrelsen er underlagt Styrelsen for Statsbanerne. Statuterne for Kassen findes indtagne i Driftsberetningen for 1889—90.

For Hovedbanens Pensionskasse gjælder fra 1ste Juli 1890 nye Statuter, der i alt Væsentligt er overensstemmende med Statuterne for førnævnte Statsbaners Pensionskasse. Bestyrelsen er underlagt Hovedbanens Direktion.

Særskilt for Statsbanernes 1ste, 2det, 5te og 6te Trafikdistrikt samt fælles for 3die og 4de er oprettet Understøttelseskasser, hvis Hensigt er at yde Enker samt undtagelsesvis ogsaa Pensionister Hjælp i særlige Tilfælde af Trang, men saaledes, at dette sker i Form af Gratiale uden nogen bindende Regel i Henseende til Vedkommendes Berettigelse eller Beløbets Størrelse.

Understøttelseskasserne har havt samme Bestyrelse som Pensionskasserne indtil 1ste Juli 1890, og bestaar for Understøttelseskassernes Vedkommende fremdeles de ved Kgl. Resol. af 7de Juni 1880 for Pensions- og Understøttelseskasserne etablerede Bestyrelser.

Ved Hovedbanen findes lignende Understøttelseskasse, hvis Bestyrelse er underlagt Hovedbanens Direktion.

---

*) Taxten for Telegrammer var indtil 31/12 87 1 Kr. for indtil 15 Ord med Tillæg af 10 Øre for hvert 3 Ord mere; den blev forandret fra 1ste Januar 1888 til 50 Øre for indtil 10 Ord med Tillæg af 5 Øre for hvert Ord mere.

I Tab. XV er meddelt Opgave over de bestaaende Kassers Status pr. 30te Juni 1893, hvoraf vil sees, at Pensionskassernes Beholdning udgjorde Kr. 3 161 368 (Statsbanernes Pensionskasse Kr. 2 396 569), Understøttelseskassernes Kr. 871 471 (Statsbanernes Kr. 730 450).

Ved Statsbanerne var der ved Udgangen af Terminen 57 Pensionister (mod 49 forrige Termin), ved Hovedbanen 28 (mod 31 forrige Aar). Pensionerne androge i Terminen til henholdsvis Kr. 21 194 og Kr. 12 611 (mod forrige Termin henholdsvis Kr. 13 262 og Kr. 12 478). Statsbanernes Kasse havde i Terminen et Overskud af Kr. 210 824 (mod Kr. 195 021 forrige Termin), Hovedbanens Kr. 45 040 (mod Kr. 40 434 forrige Termin).

Pr. 30te Juni 1893 var der ved Statsbanerne 2 496 Medlemmer af Kasserne og ved Hovedbanen 531.

Uheld.

I Tab. XVIII er meddelt Opgave over Uheld og Ulykkestilfælde.

Af denne fremgaar det, at der er tilstødt routegaaende Tog sex og tyve Uheld: 8 paa fri Linie og 18 indenfor Stationernes Omraade. Af disse var 15 Afsporinger (6 paa fri Bane og 9 paa Station), 4 Sammenstød mellem Trafiktog og Materiel paa Station; 7 Tilfælde, hvoraf 2 paa fri Bane og 5 paa Station, skyldtes andre Aarsager.

Ved disse Uheld er ingen Reisende omkommen eller skadet. Af Jernbanebetjente ved Tog- og Rangeringstjeneste er 2 omkommet (1 under Tilkobling og 1 under Afkobling af Vogne) og 8 skadede mer eller mindre, dels ved Rangering og dels paa anden Maade. Af andre Tjenestemænd i anden Tjeneste er 3 bleven skadede. Af andre Personer end ovennævnte samt af ikke tjenstgjørende Jernbanepersonale er under Driften af Trafiktog 4 Personer omkomne og 2 Personer mer eller mindre skadede. Af disse er der formedelst Sindssygdom, Drukkenskab eller anden Utilregnelighed omkommet 2 Personer og kommet tilskade 1.

Ialt er der altsaa under den egentlige Jernbanedrift omkommet 6 Personer og 13 Personer er bleven mer eller mindre skadede.

Ved ovennævnte Uheld er desuden 1 Vogn betydelig skadet under Rangering og 7 Lokomotiver samt 45 Vogne er af forskjellige Aarsager ubetydeligt skadede.

Ved forskjellige Gjøremaal for Jernbanedriften udenfor Driften af Trafiktog er 58 Personer komne mer eller mindre tilskade.

For paa bedste Maade at kunne yde hurtig Hjælp ved tilstødende Ulykker eller Uheld, hvor Mennesker er kommen tilskade, har der ved Jernbanens Foranstaltning siden 1886 efter Samraad med og velvillig Assistance af Bestyrelsen for den da oprettede norske Samaritforening været afholdt paa forskjellige

Steder i alle Trafikdistrikter Kurser for Jernbanebetjente til Meddelelse af Kjendskab til den første øieblikkelige Bistand, der kan ydes ved pludselige Ulykkestilfælde før Lægehjælp kan erholdes (Samaritkurser). Ialt har der deltaget i Kurserne 1 353 Betjente, hvoraf fra Trafikafdelingen 647, Maskinafdelingen 238 og fra Baneafdelingen 468. I Tiden fra Samaritkursernes Begyndelse indtil 30te Juni 1893 er der i 1ste—6te Distrikt af Statsbanerne uddelt 1 111 Stkr. Brochurer til Veiledning i den første Hjælp ved Ulykkestilfælde. Til Brug ved paakommende Tilfælde er der af Jernbanen anskaffet 102 Stkr. Samaritkasser (Samaritapothek), hvoraf 56 Stkr. medfølger Tog, medens de øvrige er fordelte paa Stationerne, samt 40 Stkr. Sygebaarer fordelte paa forskjellige Stationer.

Tabeller.

Tableaux.

Anmærkning til Tabellerne.

I. Hvor i Tabellerne tomme Rubrikker forekomme, betegner det enten, at vedkommende Opgaver savnes, hvilket betegnes ved en horizontal Streg i Rubrikken, eller at Colonnen er Banen uvedkommende, hvilket i Rubrikken er betegnet ved et Punkt.

II. Bemærkningen «(I Col. . .)» betyder, at den her manglende Opgave er indbefattet i den Colonne, hvortil Parenthesen henviser, og at en Deling paa de enkelte Colonner ikke har kunnet finde Sted.

III. Bogstaverne a, b, c . . ved Siden af Tallene i Tabellerne antyde, at nærmere Oplysninger til samme indeholdes i de Anmærkninger, der ledsage de enkelte Tabeller.

Tabel I.

Stationer og Stoppesteder ved Udgangen af Terminen.

Les stations et les haltes des lignes à la fin du terme.

Banernes Navn. Désignation des chemins de fer.	Stationer og Stoppesteder [1]). Stations et haltes.	Beliggenhed. Situation. Høide over Havet. Hauteur au dessus du niveau de la mer. m.	Afstand fra Kristiania. Distance de Kristiania. km.	Afstand fra foregaaende Station. Distance de la station précédente. km.	Herred. Commune rurale.	Amt. Préfecture.
Statsbanerne.						
1ste Trafikdistrikt.	Kristiania Ø.	3	0	-	-	Kristiania.
Smaalensbanen.	Bækkelaget	15	4	4	Aker	Akershus.
(Vestre Linie, Kr.ania-Rigsgrændsen).	Nordstrand HP [2])	—	6	-	do.	do.
	Lian	51	8	4	do.	do.
	Oppegaard	98	18	10	Næsodden	do.
	Ski	129	24	6	Kraakstad	do.
	Aas	94	32	8	Aas	do.
	Vestby	59	39	7	Vestby	do.
	Soner	25	48	9	do.	do.
	Kambo LP *	12	54	-	Moss Ls.	Smaalenene.
	Moss Værk LP *	—	59	-	do.	do.
	Moss	4	60	12	-	do.
	Dilling	27	65	5	Rygge	do.
	Rygge	26	69	4	do.	do.
	Raade	18	77	8	Raade	do.
	Onsø	4	87	10	Onsø	do.
	Fredrikstad	8	94	7	-	do.
	Lisleby HP	15	98	-	Glemminge	do.
	Greaker	8	103	9	Tune	do.
	Sannesund	25	107	4	do.	do.
	Sarpsborg	38	109	2	-	do.
	Skjeberg	3	119	10	Skjeberg	do.
	Døle HP	—	126	-	do.	do.
	Berg	11	131	12	Berg	do.
	Sagbrugsforeningens LP *	—	136	-	do.	do.
	Fredrikshald	3	137	6	-	do.
	Tistedalen	83	141	4	Id	do.
	Aspedammen	172	150	9	do.	do.
	Præstebakke	161	159	9	do.	do.
	Mosekasa LP	173	164	-	do.	do.
	Kornsø	145	169	10	do.	do.
(Østre Linie, Ski-Sarpsborg).	Ski	129	24	-	Kraakstad	Akershus.
	Kraakstad	93	30	6	do.	do.
	Skodbo LP	128	34	-	do.	do.
	Tomter	98	37	7	Haabøl	Smaalenene.
	Spydeberg	107	45	8	Spydeberg	do.
	Askim	130	53	8	Askim	do.
	Slitu	132	59	6	Eidsberg	do.
	Mysen	107	64	5	do.	do.
	Eidsberg	153	69	5	do.	do.
	Rakkestad	103	79	10	Rakkestad	do.
	Gautestad	124	85	6	do.	do.
	Ise	40	97	12	Skjeberg	do.
	Sarpsborg	38	105	8	-	do.

[1]) HP bet. Holdeplads alene for Reisende.
LP » Lasteplads alene for Vognladningsgods.
HLP » Holdeplads for Reisende og Vognladningsgods.

[2]) Fra 1ste Januar 1892 har Nordstrand egen Expedition, forhen underlagt Lian Station.

[3]) * angiver, at Stoppestedet (Sidesporet) med Hensyn til Regnskabsaflæggelse er underlagt den i Tabellen efterfølgende Station; hvor ingen * er anbragt, underligger Stoppestedet (Sidesporet) den nærmest foranstaaende Station.

Banernes Navn.	Stationer og Stoppe-steder.	Beliggenhed. Høide over Havet. m.	Afstand fra Kristiania. km.	Afstand fra foregaaende Station. km.	Herred.	Amt.
Kongsvingerbanen. (Lillestrøm-Kongsvinger-Rigsgrændsen).	Lillestrøm	108	21	3	Skedsmo	Akershus.
	Nerdrum LP	—	28	-	Fet	do.
	Lund LP *	—	28	-	do.	do.
	Fetsund	105	29	8	do.	do.
	Varaaen LP	—	30	-	do.	do.
	Sørum-sanden HLP °	118	37	-	Sørum	do.
	Blakjer	114	42	13	Urskoug	do.
	Haga	126	49	7	Næs	do
	Aarnæs	127	58	9	do.	do.
	Funnefos LP *	—	65	-	do.	do.
	Sæterstøen	135	67	9	do.	do.
	Disenaaen HLP	—	73	-	do.	do.
	Skarnæs	138	79	12	SøndreOdalen	Hedemarken.
	Sander	142	87	8	do.	do.
	Galterud HLP	—	92	-	do.	do.
	Kongsvinger	147	100	13	Vinger	do.
	Sjøli LP	—	107	-	do.	do.
	Aabogen	145	112	12	Eidskog	do.
	Eidskog	135	122	10	do.	do.
	Skotterud	129	127	5	do.	do.
	Magnor	131	133	6	do.	do.
	(Eda LP) [1] °	—	137	-	-	-
	(Charlottenberg) [2])	126	143	10	-	-
2det Trafikdistrikt.						
Kr.ania-Drammen.	Kristiania V.	2	0	-	-	Kristiania.
	Skarpsno HP	2	2	-	-	do.
	Bygdø	2	3	3	Aker	Akershus.
	Bestum HP	11	4	-	do.	do.
	Lysaker	12	6	3	Bærum	do.
	Stabæk HP °	20	8	-	do.	do.
	Høvik	23	10	4	do.	do.
	Sandviken	12	13	3	do.	do.
	Kampebraat. LP	16	14	-	do.	do.
	Slæbende HP *	33	15	-	do.	do.
	Hvalstad	67	20	7	Asker	do.
	Asker	104	23	3	do.	do.
	Sætre LP °	100	28	-	do.	do.
	Heggedal	99	29	6	do.	do.
	Kjækstad LP *	109	33	-	Røken	Buskerud.
	Røken	116	34	5	do.	do.
	Spikestad HLP	139	37	-	do.	do.
	Lier	23	46	12	Lier	do.
	Brageröen HP [3])	2	51	-	Drammen.	do.
	Holmen LP *	3	52	-	do.	do.
	Drammen	2	53	7	-	do.
Drammen-Skien. (Hovedlinie).	Drammen	2	53	-	-	Buskerud.
	Gundesø HP	80	62	-	Skouger	Jarlsberg & Laurv
	Skouger	76	63	10	do.	do.
	Galleberg	35	69	6	Sande	do.
	Sande	16	73	4	do.	do.
	Holm HP	24	77	-	do.	do.
	Holmestrand	5	86	13	-	do.
	Nykirke	79	96	10	Borre	do.
	Skopum	40	100	4	do.	do.
	Augedal	57	103	3	do.	do.

[1]) Lasteplads paa hin Side Rigsgrændsen; i Forbindelse med Kongsvingerb. drives den 7 k lange Strækning af de svenske Statsbaner fra Rigsgrændsen til Charlottenberg. [2]) Svensk T slutningsstation. [3]) Bragerøen har egen Expedition.

…d Udgangen af Terminen.

Banernes Navn.	Stationer og Stoppesteder.	Beliggenhed. Høide over Havet. m.	Afstand fra Kristiania. km.	Afstand fra foregaaende Station. km.	Herred.	Amt.
	Barkaker	47	109	6	Sæm	Jarlsberg & Laurv.
	Tønsberg	4	115	6	-	do.
	Sæm	14	[1]) 121	6	Sæm	do.
	Stokke	58	128	7	Stokke	do.
	Raastad	39	135	7	Sandeherred	do.
	Sandefjord	15	139	4	-	do.
	Joberg	24	144	5	Sandeherred	do.
	Tjødling	26	149	5	Tjødling	do.
	Grøtting HP *	7	155	-	do.	do.
	Laugen LP *	3	156	-	Hedrum	do.
	Laurvik	2	158	9	-	do.
	Tjose	32	169	11	Brunlanæs	do.
	Aaklungen	45	182	13	Eidanger	Bratsberg
	Nordal LP *	77	186	-	do.	do.
	Birkedalen	72	188	6	do.	do.
	Eidanger	40	192	4	do.	do.
	Porsgrund	6	195	3	-	do.
	Osebakke HP	11	197	-	Porsgrund	do.
	Borgestad HP *	8	198	-	Gjerpen	do.
	Bøhle HP *	13	200	-	do.	do.
	Skien	3	204	9	-	do.
(Sidelinie: **Skopum—** (Horten).	Skopum	40	100	-	Borre	Jarlsberg & Laurv.
	Borre	26	103	3	do.	do.
	Horten	3	107	4	-	do.
…rammen–Randsfj. (Hovedlinie).	Gulskogen	8	56	3	Skouger	Jarlsberg & Laurv.
	Pukerud LP	7	58	-	do.	do.
	Narverud LP	14	59	-	Eker	Buskerud.
	Mjøndalen	5	64	8	do.	do.
	Hougsund	8	70	6	do.	do.
	Burud	43	75	5	do.	do.
	Skotselven	17	80	5	do.	do.
	Aamot	23	86	6	Modum	do.
	Embretfos LP	33	87	-	do.	do.
	Gjethus	66	92	6	do.	do.
	Vikersund	67	96	4	do.	do.
	Nakkerud	74	105	9	Hole	do.
	Skjærdalen	79	111	6	do.	do.
	Veholdt LP *	73	115	-	Norderhov	do.
	Ask	69	118	7	do.	do.
	Hønefos	96	124	6	-	do.
	Hofsfos LP	112	126	-	Norderhov	do.
	Røsholm LP	120	127	-	do.	do.
	Bægna LP	136	128	-	do.	do.
	Aadalen LP *	143	129	-	Aadalen	do.
	Heen	157	131	7	do.	do.
	Marigaard LP [2])	199	137	-	Norderhov	do.
	Randsfjord	141	142	11	Jevnaker	Kristians.
(Sidelinie: **Hougsund—** **Kongsberg).**	Hougsund	8	70	-	Eker	Buskerud.
	Vestfossen	23	75	5	do.	do.
	Flesaker LP	26	78	-	do.	do.
	Darbo	60	81	6	do.	do.
	Krekling	126	85	4	do.	do.
	Teigen LP	161	88	-	do.	do.
	Skollenborg	163	92	7	Sandsvær	do.
	Laugerud LP	166	94	-	do.	do.
	Kongsberg	149	98	6	-	do.

[1]) Sidelinien til Tønsberg heri indbefattet. [2]) Underlagt Randsfjord for Transport i Retning …ndsfjord.

Tabel 1 (Forts.). Stationer og Stoppesteder

Banernes Navn.	Stationer og Stoppe-steder.	Beliggenhed. Høide over Havet. m.	Afstand fra Kristiania. km.	Afstand fra foregaaende Station. km.	Herred.	Amt.
(Sidelinie: Vikersund—Krøderen).	Vikersund	67	96	·	Modum	Buskerud.
	Hære HP *	165	101	·	do.	do.
	Hole HLP [1] *	146	104	·	do.	do.
	Snarum	176	108	12	do.	do.
	Grina LP	162	111	·	do.	do.
	Uhla HLP	186	113	·	do.	do.
	Lia LP	182	115	·	do.	do.
	Ramfos HLP	188	116	·	do.	do.
	Slettemoen LP	189	118	·	Sigdal	do.
	Krøderen	139	122	14	do.	do.
3die & 4de Trafikd. Eidsvold—Hamar.	Eidsvold	126	68	6	Eidsvold	Akershus.
	Baadshaug LP *	—	69	·	do.	do.
	Minne	142	75	7	do.	do.
	Dorr LP	—	76	·	do.	do.
	Ulvin	129	84	9	do.	do.
	Strandløkk. LP*	—	90	·	Stange	Hedemarken.
	Espen	130	97	13	do.	do.
	Tangen	164	102	5	do.	do
	Stensrud HLP	—	107	·	do.	do.
	Stange	222	114	12	do.	do.
	Ottestad	186	119	5	do.	do.
	Gubberud LP	—	122	·	do.	do.
Hamar-Grundset.	Hamar	127	126	7	-	Hedemarken.
	Aker HLP *	—	129	·	Vang	do.
	Hjellum	132	131	5	do.	do.
	Ilseng	149	135	4	do.	do.
	Hørsand	173	139	4	Løiten	do.
	Aadalsbrug	196	141	2	do.	do.
	Løiten	231	144	3	do.	do.
	Midtskog LP *	—	153	·	Elverum	do.
	Elverum	187	158	14	do.	do.
	Grundset	195	164	6	do.	do.
Grundset-Aamot.	Øksna	203	171	7	Elverum	Hedemarken.
	Torgerstuen LP	—	174	·	do.	do.
	Rustad LP	—	176	·	do.	do.
	Aasta	225	184	13	Aamot	do.
	Skjærodden LP*	—	188	·	do.	do.
	Rena	224	190	6	do.	do.
Støren-Aamot.	Sorknæs LP	—	195	·	Aamot	Hedemarken.
	Hovda LP *	—	200	·	Storelvedalen	do.
	Sætre LP *	—	201	·	do.	do.
	Stenviken	240	204	14	do.	do.
	Ophus	245	214	10	do.	do.
	Kroken LP	—	217	·	do.	do.
	Neta LP *	—	220	·	do.	do.
	Rasten	256	224	10	do.	do.
	Stai	263	237	13	do.	do.
	Koppang	353	247	10	do.	do.
	Rokka LP	—	249	·	do.	do.
	Tresa LP	—	251	·	do.	do.
	Bjøraanæs HLP	—	262	·	do.	do.
	Vieholmen LP	—	264	·	do.	do.
	Atna	357	272	25	do.	do.
	Tøraasbæk. LP*	—	279	·	Øvre Rendalen	do.
	Hanestad	382	285	13	do.	do.
	Barkald	453	304	19	Lilleelvedalen	do.
	Lilleelvedal	506	324	20	do.	do.
	Auma	487	337	13	Tønset	do.

[1]) Underlagt Vikersund for Transport af Gods i Retning Vikersund.

Udgangen af Terminen.

anernes Navn.	Stationer og Stoppesteder.	Beliggenhed. Høide over Havet. m.	Afstand fra Kristiania. km.	Afstand fra foregaaende Station. km.	Herred.	Amt.
	Tønset	494	347	10	Tønset	Hedemarken.
	Telneset	498	358	11	do.	do.
	Tolgen	543	368	10	Tolgen	do.
	Os	602	385	17	do.	do.
	Røros	628	399	14	Røros	Søndre Trondhj.
	Nypladsen	627	[1]) 406	7	do.	do.
	Jensvold	638	412	6	do.	do.
	Tyvold [2])	664	420	8	do.	do.
	Storvolden LP	548	431	-	Aalen.	do.
	Reitan	541	432	12	do.	do.
	Eidet	421	442	10	do.	do.
	Holtaalen	301	454	12	Holtaalen	do.
	Langletet	236	463	9	do.	do.
	Reitstøen	205	472	9	Singsaas	do.
	Singsaas	176	480	8	do.	do.
	Bjørgen	147	486	6	do.	do.
	Kotsøien HLP *	125	491	-	do.	do.
	Rognæs	96	499	13	Støren	do.
ondhjem–Støren.	Støren	64	510	11	Støren	Søndre Trondhj.
	Hovind	53	517	7	Horg	do.
	Lundemo	33	524	7	do.	do.
	Ler	24	530	6	Flaa	do.
	Kvaal	49	535	5	Melhus	do.
	Søberg	31	538	3	do.	do.
	Melhus	23	541	3	do.	do.
	Nypan	70	546	5	Leinstranden	do.
	Heimdal	141	551	5	Klæbu	do.
	Selsbak HP	52	556	-	Strinden	do.
	Skandsen HP*	4	561	-	Trondhjem	do.
	Trondhjem	3	562	11	-	do.
Merakerbanen.	Trondhjem	3	562	-	-	Søndre Trondhj.
	Leangen	34	565	3	Strinden	do.
	Ranheim	10	569	4	do.	do.
	Vikhammer HP*	5	575		Malvik.	do.
	Malvik	8	577	8	do.	do.
	Hommelvik	8	585	8	do.	do.
	Hell	3	594	9	Nedre Stjørdal	Nordre Trondhj.
	Reppe LP	6	596	-	do.	do.
	Hegre	18	604	10	Hegre	do.
	Floren	40	619	15	do.	do.
	Gudaa	85	634	15	Meraker	do.
	Meraker	220	643	9	do.	do.
	(Storlien) [3])	593	668	25	-	-
Trafikdistrikt.			Afst. fra Stavanger.			
æderbanen.	Stavanger	5	0	-	-	Stavanger.
	Hillevaag HLP	9	2	-	Hetland	do.
	Hinna	2	7	7	do.	do.
	Sandnæs	1	15	8	Høiland	do.
	Høiland	21	19	4	do.	do.
	Klep	26	25	6	Klep	do.

[1]) Sidelinien til Røros heri indbefattet. [2]) Herfra udgaar Kongens Grubes Bane (Arvedals-...s, 9,3 km.). [3]) Svensk Tilslutningsstation; i Forbindelse med Merakerbanen drives den 4 ...ge Strækning af de svenske Statsbaner fra Rigsgrændsen til Storlien.

Tabel 1 (Forts.). Stationer og Stoppesteder ved Udgangen af Terminen.

Banernes Navn.	Stationer og Stoppesteder.	Beliggenhed.				
		Høide over Havet. m.	Afstand fra Stavanger. km.	Afstand fra foregaaende Station. km.	Herred.	Amt.
	Time	29	30	5	Time	Stavanger.
	Hognestad HP [1])	26	34	-	do.	do.
	Nærbø	31	38	8	Haa	do.
	Varhoug	44	44	6	do.	do.
	Vigrestad	32	50	6	do.	do.
	Brubro HP [1])	2	55	-	do.	do.
	Ogne	4	59	9	Ogne	do.
	St. SirevaagHP [1])	15	61	-	do.	do.
	Vatnemo HP [1])	13	64	-	do.	do.
	Helvik	17	67	8	Ekersund Ls.	do.
	Lille Sirev. HP [1])	26	69	-	do.	do.
	Ekersund	1	76	9	-	do.
6te Trafikdistrikt.			Afst. fra Bergen.			
Bergen-Voss.	Bergen	2	0	-	-	Bergen.
	Solheimsvik. HP	10	2	-	Aarstad	Søndre Bergenhus
	Minde HP	17	4	-	do	do.
	Fjøsanger	8	5	5	Fane	do.
	Hop HP	17	8	-	do.	do.
	Næstun	31	9	4	do.	do.
	Heldal HP	69	15	-	do.	do.
	Haukeland	82	18	9	Haus	do.
	Arne	21	25	7	do.	do.
	Garnæs	21	29	4	do.	do.
	Trængereid	16	39	10	do.	do.
	Vaksdal	16	51	12	Brudvik	do.
	Stanghelle	3	59	8	do.	do.
	Dale	48	66	7	do.	do.
	Bolstad	8	78	12	Voss	do.
	Evanger	16	88	10	do.	do.
	Bulken	51	99	11	do.	do.
	Voss	55	108	9	do.	do.
Hovedbanen.			Afst. fra Kristiania.			
(Kristiania-Eidsvold).	Kristiania Ø	3	0	-	-	Kristiania.
	Bryn	79	4	4	Aker	Akershus.
	Alna LP	—	6	-	do.	do.
	Grorud	128	11	7	do.	do.
	Robsrud LP	—	14	-	do.	do.
	Laasby LP *	—	17	-	Skedsmo.	do.
	Fjeldham. LP *	—	17	-	do.	do.
	Strømmen	148	18	7	do.	do.
	do. Sideb. LP	—	18	-	do.	do.
	Lillestrøm	108	21	3	do.	do.
	Lersund	108	27	6	do.	do.
	Frogner	124	30	3	Sørum	do.
	Kløften	166	36	6	Ullensaker	do.
	Trøgstad	203	45	9	do.	do.
	Hauersæter LP	—	50	-	do.	do.
	Dahl	163	57	12	Eidsvold	do.
	Bøhn	133	62	5	do.	do.
	Baarliddalen LP	—	67	-	do.	do.
	Eidsvold	126	68	6	do.	do.

[1]) Med Hensyn til Regnskabsaflæggelse er Stoppestederne for Trafik, der gaar i Retn Ekersund, underlagt den derfra længst bortliggende Nabostation, og for Trafik i Retning St anger den derfra længst bortliggende Nabostation.

Tabel II.

Anvendt Kapital.

Capital total employé.

Tabel II. 1. Sammendrag af Banernes Akti
Actif et passif des chemins

1	2	3	4	5	6	7
	Activa. Actif.			**Passiva.** Passif.		
				Aktiekapital. Capital-actions.		
Banernes Navn. Désignation des chemins de fer.	Banen med Tilbehør og andre Eiendomme. a) La ligne, son attirail et bien-fonds.	Forøvrigt. b) Autre.	Sum Aktiva. Total de l'actif.	Staten tilhørende. c) De l'état.		Kommun Private hørende Des comm des pri
				Ialt. En tout.	pCt. p. %	Ialt. En tout.
	Kroner.			Kr.		Kr.
Smaalensbanen	28 554 035.21	781 410.29	29 335 445.50	23 660 900	84.7	4 270 00
Kongsvingerbanen.	9 330 733.87	582 329.33	9 913 063.20	6 558 400	88.4	857 60
Kr.ania-Drammenb.	6 532 198.47	302 195.22	6 834 393.69	1 115 200	51.7	1 042 40
Drammen-Skienb.	11 903 773.31	167 852.68	12 071 625.99	8 238 000	70.2	3 492 10
Drammen-Randsfj.b.	8 117 860.11	353 382.80	8 471 242.91	5 062 700	73.1	1 865 10
Eidsvold-Hamarb.	5 120 737.59	223 738.49	5 344 476.08	3 547 500	71.1	1 439 40
Hamar-Grundsetb.	1 784 301.70	158 275.96	1 942 577.66	960 700	61.3	606 500
Grundset-Aamotb.	661 963.30	50 301.14	712 264.44	519 700	80.5	125 600
Støren-Aamotb.	16 471 582.48	61 322.94	16 532 905.42	15 001 900	93.2	1 091 200
Trondhjem-Størenb.	4 191 705.12	141 508.73	4 333 213.85	3 274 300	84.0	623 100
Merakerbanen.	11 355 800.84	516 279.43	11 872 080.27	9 356 400	83.1	1 901 500
Jæderbanen	5 213 521.82	35 420.25	5 248 942.07	3 783 400	73.3	1 381 000
Bergen-Vossbanen.	10 089 115.08	224 384.80	10 313 499.88	7 224 100	72.1	2 799 900
Statsbanerne.	119 327 328.90	3 598 402.06	122 925 730.96	88 303 200	80.4	21 495 400
Hovedbanen.	11 627 279.19	1 177 894.43	12 805 173.62	e)4 877 280	60.2	e)3 222 720
Samtlige Baner.	130 954 608.09	4 776 296.49	135 730 904.58	93 180 480	79.0	24 718 120

…a ved Udgangen af Terminen 1892—93.
…n du terme 1892—93.

	10	11	12	13	14	15	16	17
	Passiva. Passif.			**Balance.** Bilan.				
				Oplagte Fonds. Fonds.				
…m. …al	Betalte Udvidelser. Agrandissements payés.	Anlægslaan og anden Gjæld samt udisponerede Bevilgninger. Emprunts pour le premierétablissement & créanciers divers.	Sum. Total.	Amortiseringsfonds. Fonds d'amortissement des capitaux.	Reservefonds. Fonds de réserve.	Dividendefonds. Fonds de dividende desactions.	Sum. Total.	Driftskonti. Solde passif du compte de l'exploitation.
	Kroner.			Kroner.				Kroner.
…0 900	623 135.21	582 358.56	29 136 393.77	3 000.00	195 197.43	854.30	199 051.73	-
…6 000	1 406 733.87	922 601.15	9 745 335.02	-	167 701.60	26.58	167 728.18	-
…7 600	919 998.47	3 609 001.95	6 686 600.42	-	134 730.70	13 062.57	147 793.27	-
…0 100	173 673.31	50 847.92	11 954 621.23	-	98 649.61	18 355.15	117 004.76	-
…7 800	928 160.11	520 277.61	8 376 237.72	-	93 555.45	1 449.74	95 005.19	-
…6 900	133 837.59	113 469.93	5 234 207.52	-	103 943.84	6 324.72	110 268.56	-
…7 200	217 101.70	99 902.81	1 884 204.51	-	48 324.51	10 048.64	58 373.15	-
…5 300	2 001.00	50 000.00	697 301.00	-	14 963.44	-	14 963.44	-
…3 100	-	1 130 000.00	17 223 100.00	-	-	-	-	690 194.58
…7 400	294 305.12	63 101.51	4 254 806.63	-	72 602.95	5 804.27	78 407.22	-
…7 900	97 900.84	185 004.21	11 540 805.05	-	330 188.86	1 086.36	331 275.22	-
…4 400	-	60 000.00	5 224 400.00	-	24 542.07	-	24 542.07	-
…4 000	65 115.08	38 981.78	10 128 096.86	-	185 403.02	-	185 403.02	-
…8600	4 861 962.30	7 425 547.43	122 086 109.73	3 000.00	1 469 803.48	57 012.33	1 529 815.81	690 194.58
…0000	f) 496 467.00 2 084 198.59	1 805 335.48	12 486 001.07	-	319 172.55	-	319 172.55	-
…600	7 442 627.89	9 230 882.91	134 572 110.80	3 000.00	1 788 976.03	57 012.33	1 848 988.36	690 194.58

Tabel II. 2. Opgave over den ved Udgangen af Terminen 1892-

Moyens financ

1	2a	2b	3	4	5	6	
			Anlægskapital. Capital de premier établissement.				
Banernes Navn. Designation des chemins de fer.	Længde ved Terminens Udgang. Longueur à la fin du terme.	Midlere Driftslængde. Longueur moyenne exploitée.	Aktier. Actions.	Laan. Emprunts.	Sum. g) Total.	Betalt ved Driftens Overskud. De l'excédant.	L E
	Kilometer. Kilomètre.		Kroner.				
Smaalensbanen.	249.1	250	27 930 900	-	27 930 900.00	623 135.21	
Kongsvingerbanen.	114.6	122	7 416 000	-	7 416 000.00	1 406 733.87	508
1ste Trafikdistrikt.	363.7	372	35 346 900	-	35 346 900.00	2029869.08	508 00
Kr.ania-Drammenb.	52.9	53	2 157 600	2 400 000.00	4 557 600.00	919 998.47	1 054 6
Drammen-Skienb.	155.9	158	11 730 100	-	11 730 100.00	173 673.31	
Drammen-Randsfjb.	143.5	143	6 772 900	-	6 772 900.00	925 850.11	248 9
2det Trafikdistrikt.	352.3	354	20 660 600	2400000.00	23 060 600.00	2019521.89	1 30350
Eidsvold-Hamarb.	58.4	58	4 986 900	-	4 986 900.00	133 837.59	
Hamar-Grundsetb.	38.1	38	1 567 200	-	1 567 200.00	217 101.70	
Grundset-Aamotb.	26.3	26	645 300	-	645 300.00	2 001.00	14 6
Støren-Aamotb.	317.8	321	16 093 100	-	16 093 100.00	-	378 4
Trondhjem-Størenb.	51.1	51	3 897 400	-	3 897 400.00	294 305.12	
Merakerbanen.	102.3	106	11 257 900	-	11 257 900.00	97 900.84	
3die & 4de Trafikd.	594.0	600	38 447 800	-	38 447 800.00	745 146.25	393 14
5te Trafikdistrikt.	76.3	76	5 164 400	-	5 164 400.00	-	33 12
6te Trafikdistrikt.	108.0	108	10 024 000	-	10 024 000.00	65 115.08	
Statsbanerne.	1 494.3	1 510	109 643 700	2400000.00	112043700.00	4859652.30	223770
Hovedbanen.	67.8	68	8 100 000	626 613.60	8 726 613.60	h) 496 467.00 2 084 198.59	320 0
Samtlige Baner.	1 562.1	1 578	117 743 700	3026613.60	120770313.60	7440317.89	255770

…me (andre Eiend. exclus.) anv. Kapital og sammes Tilvelebringelse.
…terme 1892—93.

	9	10	11	12	13	14	15
	…videlser og Forbedringer under Driften. …grandissements et améliorations pendant l'exploitation.				Hovedsum. Total.		
	Heraf anvendt til: De cela employé pour.						
	Linien med Telegraf, Grustag m. m. La voie.	Stationerne. med Bygninger samt Sidespor. Stations, bâtiments et voies de garage et de service.	Lokomotiver. Locomotives.	Vogne. Voitures et wagons.	Ialt. En tout.	Heraf anvendt til rullende Materiel. m) (Kfr. Tab. V. 1 & 2). m) De cela employé pour le matériel roulant. (Cfr. Tab. V. 1 & 2). m)	Pr. Kilometer. (Col. $\frac{13}{2a}$) Par km. de ligne.
	Kroner.						
…135.21	11 717.58	238 855.07	194 862.83	177 699.73	28 554 035.21	3 228 272	114 629
…733.87	735 418.57	i) 285 123.84	159 353.23	734 838.23	9 330 733.87	1 697 750	81 420
….08	**747 136.15**	i) **523 978.91**	**354 216.06**	**912 537.96**	**37 884 769.08**	**4 926 022**	**104 165**
…598.47	149 678.64	1 075 122.65	227 878.33	521 918.85	6 532 198.47	1 151 537	123 482
…673.31	14 455.94	40 485.97	-	118 731.40	11 903 773.31	1 191 037	76 355
…750.11	32 915.51	383 402.28	265 697.19	492 735.13	7 947 650.11	1 565 778	55 384
…21.89	**197 050.09**	k) **1 499 010.90**	**493 575.52**	**1 133 385.38**	**26 383 621.89**	**3 908 352**	**74 890**
…737.59	-	41 591.77	45 133.72	47 112.10	5 120 737.59	606 357	87 684
…101.70	17 705.11	117 461.58	66 277.10	15 657.91	1 784 301.70	251 502	46 832
…663.30	2 001.00	12 257.11	1 170.71	1 234.48	661 963.30	27 305	25 170
…482.48	12 324.38	35 271.76	102 320.84	228 565.50	16 471 582.48	1 447 131	51 830
…305.12	9 773.63	66 306.47	94 015.98	124 209.04	4 191 705.12	420 837	82 029
…900.84	8 188.49	64 568.22	-	25 144.13	11 355 800.84	1 046 912	111 005
…91.03	**49 992.61**	**337 456.91**	**308 918.35**	**441 923.16**	**39 586 091.03**	**3 800 044**	**66 643**
…21.82	**21 055.23**	**1 173.70**	**10 892.89**	-	**5 197 521.82**	**301 639**	**68 120**
…15.08	**11 661.22**	**14 611.98**	-	**38 841.88**	**10 089 115.08**	**481 782**	**93 418**
…3.90	**1 026895.30**	**2 376 232.40**	**1 167602.82**	**2 526 688.38**	**119 141118.90**	**13 417 839**	**79 730**
…65.59	*161 626.89*	l) 1 581 550.22	371 186.99	786 301.49	11 627 279.19	2 650 812	171 494
…49	***1188522.19***	**3 957 782.62**	**1 538789.81**	**3 312 989.87**	**130 768398.09**	**16 068 651**	**83 713**

Anmærkninger til Tabel II.

ad Tabel II. 1.

Col. 2 a) Andre Eiendomme udgjør ved:

Drammen—Randsfjordbanen:

Elveoprensning og Kanalværker .... Kr. 130 473.37
Dampskibet Bægna .... « 39 736.63
Kr. 170 210.00

hvoraf oprindelig Aktiekapital Kr. 154 900.00, Laan Kr. 13 000.00 og betalt af Driftens Overskud Kr. 2 310.00.

Jæderbanen:

Af Anlægget afkjøbte faste Eiendomme nemlig:

Tomt ved Bredevandet i Stav.ger	Kr. 4 500.00	Hus No. 151 c i Ekersund	Kr. 530.00
Do. « Kirkegaarden i do.	« 4 000.00	—«— 152 i do.	« 470.00
2 Søhuse i Sandnæs	« 1 500.00	5 Smaahuse	« 1 960.00
Hus No. 151 a i Ekersund...	« 2 120.00		
—«— 151 b i do. ...	« 920.00		Kr 16 000.00

Col. 3 b) Herunder er medtaget foruden Kasse- og Materialbeholdninger, Tilgodehavende og «Andre Aktiva», saasom uopgjorte Krav, Omkostninger ved udførte Arbeider, for hvis endelige Postering, der savnedes Bestemmelse ved Regnskabets Afslutning o. l. samt ved Hovedbanen den «særskilte Formues» Debet til Banen.

Col. 5 c) Desuden var indtil 30te Juni 1893 for Amortiseringsfondet for afdragsfrie Statsobligationer indkjøbt af de Kommuner og Private tilhørende Aktier.

Aktier i Smaalensb.	Kr. 1 600.00	Aktier i Grundset-Aamotb	Kr. 500.00
Do. i Kongsvingerb.....	« 142 400.00	Do. i Trondhjem-Størenb.	« 3 000.00
Do. i Kr.ania-Drammenb.	« 111 200.00	Do. i Merakerb.........	« 5 600.00
Do. i Drammen-Skienb..	« 3 200.00	Uprioriterede Aktier i Hovedbanen til Beløb...	« 90 500.00
Do. i Drammen-Randsfj.	« 218 600.00		
Do. i Eidsvold-Hamarb.	« 452 000.00		
Do. i Hamar-Grundsetb..	« 14 200.00		Kr. 1 042 800.00

Col. 7 d) Heri indbefattet Aktietegningsbeløb, som af vedk. Aktietegner endnu ikke er fuldt indbetalte, og hvoraf Statskassen derfor midlertidig hæver Udbyttet; endvidere indbefattet de under Anm. c) ovenfor omhandlede Beløb.

Col. 5 & 7 e) Staten tilhørende Aktier i Hovedbanen bestaar af:

Prioriterede Aktier £ 154 660 à Kr. 18.00....Kr. 2 783 880.00
Uprioriterede .... « 2 093 400.00
Kr. 4 877 280.00

Statskassen har endvidere hidtil hævet Udbytte af Aktietegningsbeløb, som af vedk. Aktietegnere endnu ikke er fuldt indbetalte (jfr. foreg. Anm. d) Kr. 41 300.00, hvilket Beløb i foregaaende Driftsberetninger indtil og med 1884—85 er opført sammen med de Staten tilhørende Aktier.

Col. 10 f) Se Anmærkning h) nedenfor.

ad Tabel II. 2.

Col. 5 g) Opgaverne refererer sig til foreløbigt Opgjør ved Smaalensbanen, Drammen—Skienbanen, Eidsvold—Hamarbanen, Støren—Aamotbanen, Merakerbanen og Jæderbanen; ved de øvrige Baner er Anlægsregnskabet afsluttet.

Col. 6 h) Det her opførte Beløb er Aktionærernes Tilkommende for den Anpart af Sørengen Eiendom, som i Henhold til Kgl. Res. af 14de Oktober 1882 (kfr. Sth. Prp. No. 16, 1881) er overført fra den særskilte Formue til Banen med .... Kr. 596 855.00
hvorfra imidlertid er fratrukket for den af Jernbanens oprindelige Grund i 1881 solgte Strækning.............................. « 100 388.00
Kr 496 467.00

Col. 10 i) Heri indbefattet Betjentboliger med Kr. 36 398.66.

—«— k) Heri indbefattet Værksteder med Kr. 129 895.85.

—«— l) Heri indbefattet Betjentboliger med Kr. 117 699.11 samt Værksteder Kr. 33 532.23 hvoraf Cokesovne Kr. 17 737.70.

Col. 14 m) Heri er indbefattet Udgifterne til Anskaffelse af Tendere til Rørosbanens Lokomotiver No. 5—9, Kr. 19 123, hvoraf der falder paa Hamar—Grundsetb. Kr. 1 689.00, paa Grundset—Aamotb. Kr. 1 171.00, paa Støren—Aamotb. Kr. 14 102.00 og paa Trondhjem—Størenb. Kr. 2 161.00; ligesaa er Udgifter til automatiske Bremser Kr. 90 639.00 heri indbefattet, hvilket fordeler sig paa Smaalensbanen med Kr. 19 026.00, paa Kristiania—Drammenb. Kr. 11 889.00, paa Drammen—Skienb. Kr. 17 075.00, paa Drammen—Randsfjordb. Kr. 5 032.00, paa Eidsv.—Hamarb. Kr. 4 635.00, paa Hamar—Grundsetb. Kr. 1 782.00, paa Grundset—Aamotb. Kr. 1 234.00, paa Støren—Aamotb. Kr. 14 878.00 og paa Trondhjem—Størenb. Kr. 2 386.00 samt paa Bergen—Vossb. med Kr. 12 696.00. Disse Udgifter er ikke medtagne i de i Tab. V 1 & 2 meddelte Priser paa Materiellet.

Tabel III.

Trafik.

Trafic.

Tat

1	3	4	5	6	7	8	9	
	Af egne og fremmede Lokomotiver er paa Banen gjennemløbet.[1]) Parcours kilométrique des locomotives propres et étrangères							
Banernes Navn. Désignation des chemins de fer.	I Tog. Remorquant des trains. Som Hovedmaskine (Trafiktogkilometer). Machines de tête. (Trains-kilomètres).	Som assisterende. Machines auxiliaires.	Lokomotiv alene. à vide.	Skiftning paa Stationerne. b) Manoeuvre de gare.	Sum Lokomotivkilometer. Total de locomotives-kilomètres.	Trafiktogkilometer pr. Kilometer Driftslængde. Trains-kilomètres par kilomètre exploité.	Lokomotivkilometer pr. Kilometer Driftslængde. Locomotives-kilomètres par kilomètre exploité.	P‹ v Vc à g
	Kilometer Kilomètres.							Ax km d
Smaalensbanen.	950 861	37 459	1 789	68 922	1 059 031	3 803	4 236	10 S
Heraf Kr.ania—Fr.hald.	855 373	35 922	604	64 006	955 905	3 942	4 406	ı
Kongsvingerbanen.	333 922	3 459	300	13 551	351 232	2 737	2 879	2 9
1ste Trafikdistrikt. a)	**1 284 783**	**40 918**	**2 089**	**82 473**	**1 410 263**	**3 454**	**3 791**	**13 8**
Kr.ania-Drammenb.	397 989	73 514	30 956	99 244	601 703	7 509	11 353	5 0
Drammen-Skienb.	558 176	40 148	3 052	36 557	637 933	3 533	4 038	4 6
Drammen-Randsfj.b.	394 188	42 026	7 555	102 388	546 157	2 757	3 819	2 4
2det Trafikdistrikt. a)	**1 350 353**	**155 688**	**41 563**	**238 189**	**1 785 793**	**3 815**	**5 045**	**12 1**
Eidsvold-Hamarb.	149 237	4 101	2 310	13 643	169 291	2 573	2 919	1 2
Rørosbanen.	794 776	80 355	25 923	63 037	964 091	1 823	2 211	5 6
Merakerbanen.	238 533	17 778	13 550	47 018	316 879	2 250	2 989	1 5
3die & 4de Trafikd. a)	**1 182 546**	**102 234**	**41 783**	**123 698**	**1 450 261**	**1 971**	**2 417**	**8 5**
5te Trafikdistrikt.	**147 487**	**334**	**248**	**4 225**	**152 294**	**1 941**	**2 004**	**7**
6te Trafikdistrikt.	**245 819**	**7 501**	**511**	**7 600**	**261 431**	**2 276**	**2 421**	**1 8**
Statsbanerne. a)	**4 210 988**	**306 675**	**86 194**	**456 185**	**5 060 042**	**2 789**	**3 351**	**370**
Hovedbanen.	306 293	94 702	48 173	21 757	470 925	4 504	6 925	3 4
Samtlige Baner. a)	**4 517 281**	**401 377**	**134 367**	**477 942**	**5 530 967**	**2 863**	**3 505**	**40 5**

[1]) Exklusive Tog for Banens Vedligehold.
(Non compris trains pour l'entretien de la voie).

11	12	13	14	15	16	17	18
Af egne og fremmede Vogne er paa Banen gjennemløbet [1]). Kilomètres parcourus par le matériel propre et étranger.							
Befordringsevne i Pladskilometer. Parcours kilométrique des places offertes				Post- & Stoppe-vogne. Wagons -poste et -freins.	Gods-vogne. Wagons à marchandises	Sum. (Col. 10 + 15 + 16). Total.	Pr. Kilometer Driftslængde. Par kilomètre exploité
I.	II.	III.	Sum. Total.	Axelkilometer. Kilomètres d'essieux.			
Klasse. Classe							
3 184	38 971 520	137 206 839	183 311 543	4 444 588	7 866 132	23 180 200	92 721
[illegible]	36 277 218	129 394 807	171 438 315	3 953 516	6 357 386	20 383 198	93 [illegible]32
5 036	12 287 058	37 390 384	53 753 478	1 520 330	9 107 470	13 572 848	111 253
[illegible] 220	**51 258 578**	**174 597 223**	**237 065 021**	**5 964 918**	**16 973 602**	**36 753 048**	**98 799**
	17 408 537	57 105 008	74 513 545	1 773 226	3 087 532	9 902 076	186 831
-	17 852 135	50 677 692	68 529 827	2 627 808	3 124 446	10 440 956	66 082
-	9 046 239	31 289 522	40 335 761	1 692 420	7 169 158	11 265 260	78 778
-	**44 306 911**	**139 072 222**	**183 379 133**	**6 093 454**	**13 381 136**	**31 608 292**	**89 289**
33 448	4 254 128	16 106 648	21 794 224	760 626	2 319 532	4 371 794	75 376
3 714	16 384 636	51 647 810	75 476 160	3 215 208	10 825 758	19 698 334	45 180
-	3 772 656	19 472 674	23 245 330	939 008	3 973 886	6 473 588	61 072
7 162	**24 411 420**	**87 227 132**	**120 515 714**	**4 914 842**	**17 119 176**	**30 543 716**	**50 906**
-	**2 497 640**	**9 288 992**	**11 786 632**	**348 430**	**593 582**	**1 683 914**	**22 157**
-	**6 218 870**	**20 703 284**	**26 922 154**	**833 851**	**1 065 034**	**3 773 362**	**34 939**
382	***24 411 420***	**430 888 853**	**579 668 654**	**18 155 495**	**49 132 530**	**104 362 332**	**69 114**
228	*11 137 960*	47 061 545	61 108 733	1 464 064	8 730 070	13 667 182	200 988
610	***139 831 379***	**477 950 398**	**640 777 387**	**19 619 559**	**57 862 600**	**118 029 514**	**74 797**

1	19	20	21	22	23		24
	Trafiktogenes gjennemsnitlige Sammensætning. Composition moyenne des trains.				Personbefordring. Transport des voyageurs. Fordelir Répartic		
Banernes Navn. Désignation des chemins de fer.	Personvogne. Voitures à voyageurs.	Post- & Stoppevogne. Wagons-poste et -freins.	Godsvogne. Wagons à marchandises.	Sum. Total.	I. Klasse. Classe.		II.
	Antal Axler. Nombre d'essieux.				Antal. Nombre.	%	Antal.
Smaalensbanen.	11.4	4.7	8.3	24.4	4 235	0.3	136 855
Heraf Kr.ania-Fr.hald.	11.8	4.6	7.4	23.8	3 483	0.2	134 990
Kongsvingerbanen.	8.8	4.6	27.3	40.7	2 717	1.5	14 072
1ste Trafikdistrikt a)	**10.8**	**4.6**	**13.2**	**28.6**	**6 952**	**0.4**	**150 867**
Kr.ania-Drammenb.	12.7	4.5	7.8	25.0	-	-	144 831
Drammen-Skienb.	8.4	4.7	5.6	18.7	-	-	52 394
Drammen-Randsfj.b.	6.1	4.3	18.2	28.6	-	-	24 028
2det Trafikdistrikt a)	**9.0**	**4.5**	**9.9**	**23.4**	-	-	**195 339**
Eidsv.—Hamarbanen.	8.7	5.1	15.5	29.3	1 295	0.9	12 005
Rørosbanen.	7.1	4.0	13.6	24.7	1 397	0.4	12 912
Merakerbanen.	6.5	3.9	16.7	27.1	-	-	9 056
3die og 4de Trafikd. a)	**7.2**	**4.1**	**14.5**	**25.8**	**1 475**	**0.2**	**28 478**
5te Trafikdistrikt.	**5.0**	**2.4**	**4.0**	**11.4**	-	-	**5 109**
6te Trafikdistrikt.	**7.6**	**3.4**	**4.3**	**15.3**	-	-	**49 702**
Statsbanerne. a)	**8.8**	**4.3**	**11.7**	**24.8**	**8 415**	**0.2**	**427 729**
Hovedbanen.	11.3	4.8	28.5	44.6	4 795	0.9	51 999
Samtlige Baner. a)	9.0	**4.3**	**12.8**	**26.1**	**9 403**	**0.2**	**456 485**

Personbefordring.
Transport des voyageurs.

25		26	27	28	29	30	31	32	33
…de paa / …rs à			Heraf / Dont			Af det befordrede Antal Reisende*) kommer paa / Répartition des voyageurs au			
							Samtrafik. Trafic avec des lignes étrangères.		
III.		Sum alle Klasser. Total (Trains ordinaires, extra-ordinaires et militaires).	med Maanedsbilletter. c) De cela avec billets de saison. (Cfr. Tab. XII).	med Extratog og som militær Transport. De cela avec trains extra-ordinaires et militaires.	Reisende pr. km. Driftslængde. Voyageurs par km. exploité.	Lokaltrafik. (Mellem Banens egne Stationer). Trafic local. (Entre les stations propres).	Afgaaet til fremmede Baners Stationer. Expédiés aux stations de lignes étrangères.	Ankommet fra fremmede Baners Stationer. Arrivés des stations de lignes étrangères.	Gjennemgangstrafik. Trafic de transit.
Antal. Nombre.	%	Antal. Nombre.				Antal. Nombre.			
155 640	91.1	1 596 730	387 970	3 330	6 387	1 155 683	25 148	24 591	8
1 416 769	91.1	1 555 242	387 060	3 330	7 167	—	—	—	—
165 251	90.8	182 040	5 534	1 063	1 492	77 131	44 361	43 276	10 675
…19 673	**91.1**	**1 777 492**	**393 504**	**4 393**	**4 778**	**1 234 092**	**68 231**	**66 589**	**10 683**
164 067	88.9	1 308 898	287 540	2 595	24 696	908 176	52 788	55 564	2 235
…51 416	92.6	703 810	33 538	30	4 454	600 602	35 426	33 996	218
…0 244	93.0	344 272	2 780	2 668	2 407	280 037	30 033	28 754	.
…7 917	**91.3**	**2 243 256**	**323 858**	**4 671**	**6 337**	**1 899 464**	**7 599**	**7 664**	.
…5 727	90.9	147 027	9 740	1 420	2 535	66 238	21 194	20 750	27 685
…1 539	95.6	325 848	13 932	5 068	747	276 978	15 059	14 024	787
…068	95.6	206 124	20 614	1 323	1 945	176 132	2 663	4 776	616
…3 387	**95.4**	**648 340**	**44 286**	**7 811**	**1 081**	**521 533**	**36 731**	**37 363**	**616**
…7 111	**96.4**	**142 220**	**60**	**24**	**1 871**	**142 136**	.	.	.
…6 730	**91.1**	**556 432**	**158 584**	**5 058**	**5 152**	**392 790**	.	.	.
…5 154	**91.8**	**5 351 298**	**920 292**	**21 957**	**3 543**	**4 206 415**	**96 160**	**95 215**	**11 259**
…5 347	88.7	502 141	26 512	9 141	7 384	305 547	78 658	82 698	5 938
…22	**91.8**	**5 686 410**	**943 504**	**28 310**	**3 604**	**4 662 060**	**d) 24 720**	**d) 27 816**	.

*) Med ordinære Tog (Maanedsbilletter ikke iberegnet).

1	34		35		36		37
	Personbefordring. Transport des voyageurs.						
	Personkilometer. Parcours kilometrique des voyageurs.						
Banernes Navn. Désignation des chemins de fer.	I. Klasse. Classe.		II. Klasse. Classe.		III. Klasse. Classe.		Sum Klass… Tot…
	Antal. Nombre	%	Antal. Nombre.	%	Antal. Nombre.	%	Ant… Nomb…
Smaalensbanen	484 049	1.5	4 446 633	13.7	27 444 716	84.8	32 37
Heraf Kr.ania—Fr.hald.	355 965	1.2	4 169 059	13.6	26 087 772	85.2	30
Kongsvingerbanen.	238 885	3.4	979 132	14.0	5 758 051	82.6	6 97
1ste Trafikdistrikt. a)	**722 934**	**1.8**	**5 425 765**	**13.8**	**33 202 767**	**84.4**	**39 35**
Kr.ania-Drammenb.	-	-	3 208 833	15.6	17 349 227	84.4	20 55
Drammen-Sklenb.	-	-	2 709 045	16.6	13 643 231	83.4	16 35
Drammen-Randsfj.b.	-	-	1 074 956	12.4	7 615 566	87.6	8 69
2det Trafikdistrikt. a)	-	-	**6 992 834**	**15.3**	**38 608 024**	**84.7**	**45 60**
Eldsvold-Hamarb.	74 564	1.6	633 077	13.7	3 907 293	84.7	4 61
Rørosbanen.	510 446	3.3	2 188 519	13.9	13 019 887	82.8	15 71
Merakerbanen.	-	-	336 517	8,2	3 768 688	91 8	4 10
3die & 4de Trafikd. a)	**585 010**	**2.4**	**3 158 113**	**12.9**	**20 695 868**	**84.7**	**24 43**
5te Trafikdistrikt.	-	-	**260 366**	**7.4**	**3 272 804**	**92.6**	**3 53**
6te Trafikdistrikt.	-	-	**876 025**	**12.8**	**5 951 919**	**87.2**	**6 82**
Statsbanerne. a)	**1 307 944**	**1.1**	**16 713 103**	**14.0**	**101 731 382**	**84.9**	**119 75**
Hovedbanen.	198 818	1.4	1 844 389	12.9	12 280 420	85.7	14 32
Samtlige Baner. a)	**1 506 762**	**1.1**	**18 557 492**	**13.8**	**114 011 802**	**85.1**	**134 07**

Personbefordring.

Transport des voyageurs.

	39	40	41	42	43	44	45	46	47	48	49
				Hver Person har gjennemsnitlig reist. Parcours moyen d'un voyageur.				Af de bevægede Pladse er gjennemsnitlig bleven optaget. Rapport des places occupées aux places offertes.			
	Pr. km. Driftslængde. Par km exploité.	Pr. Trafiktogkm. Moyenne des voyageurs par train.	Pr. Axelkm. Moyenne des voyageurs par essieu.	I. Klasse. Classe.	II. Klasse. Classe.	III. Klasse. Classe.	Gjennemsnitlig for alle Klasser. Moyenne de toutes classes.	I. Klasse. Classe.	II. Klasse. Classe.	III. Klasse. Classe.	Gjennemsnitlig for alle Klasser. Moyenne de toutes classes.
	Antal. Nombre.			Kilometer. Kilomètres.				Procent. Pour cent.			
154	129 502	34.0	2.9	114.3	32.5	18.9	20.3	6.8	11.4	20.0	17.7
214	140 426	35.8	3.0	102.2	30.9	18.5	19.7	6.2	11.5	20.2	17.9
1012	57 181	20.9	2.4	87.9	69.6	34.8	38.3	5.9	8.0	15.4	13.0
166	105 784	30.6	2.9	104.0	36.0	20.5	22.1	6.4	10.5	20.7	16.6
414	387 888	51.6	4.1	-	22.2	14.9	15.7	-	18.4	30.4	27.6
454	103 495	29.3	3.5	-	51.7	20.9	23.2	-	15.2	26.9	23.9
[illegible]40	60 773	22.0	3.6	-	44.7	23.8	25.2	-	11.9	24.3	21.5
[illegible]	128 816	33.7	3.8	-	35.8	18.9	20.3	-	15.8	27.8	24.9
[illegible]40	79 568	30.9	3.6	57.6	52.7	29.2	31.4	5.2	14.9	24.3	21.2
482	36 052	19.8	2.8	365.4	169.5	41.8	48.2	6.7	13.4	25.2	20.8
626	38 728	17.2	2.6	-	37.2	19.1	19.9	-	8.9	19.4	17.7
[illegible]	40 732	20.7	-	396.6	110.9	33.5	37.7	6.6	12.9	23.7	20.3
[illegible]	46 489	24.0	4.8	-	51.0	23.9	24.8	-	10.4	35.2	30.0
[illegible]	63 222	27.8	3.6	-	17.6	11.7	12.3	-	14.1	28.7	25.4
[illegible]	79 306	28.4	-	155.4	39.1	20.7	22.4	6.5	13.0	23.6	20.7
[illegible]40	210 642	46.8	4.1	41.5	35.5	27.6	28.5	6.8	16.6	26.1	23.4
[illegible]	84 966	29.7	-	160.2	40.7	21.8	23.6	6.6	13.3	23.9	20.9

Tabe

1	50	51	52	53	54	5
	Godsbefordring. Transport de marchandises.					
	Gods. Marchandises.					
Banernes Navn. Désignation des chemins de fer.	Il- & Fragtgods. Grande & petite vitesse.		Fragtfrit Gods. Petite vitesse (Transport gratuit).	Sum. Total.	heraf Dont i Retning.	
	Ialt. En tout.	hvoraf Fragtgods. Petite vitesse.			Op. *). Aller.	Ne Ret
	Ton. Tonnes.					
Smaalensbanen.	230 156	228 139	12 444	242 600	72 578	17
Heraf Kr.ania-Fr.hald.	137 457	135 440	12 347	149 804	64 283	
Kongsvingerbanen.	213 191	212 418	6 983	220 174	55 122	16
1ste Trafikdistrikt. a)	**442 061**	**439 271**	**19 365**	**461 426**	-	
Kr.ania-Drammenb.	121 025	119 769	2 563	123 588	46 238	7
Drammen-Skienb.	56 970	55 867	7 112	64 082	34 657	2
Drammen-Randsfj.b.	258 338	257 628	8 733	267 071	71 976	19
2det Trafikdistrikt. a)	**367 016**	**364 806**	**18 027**	**385 043**	-	
Eidsvold-Hamarb.	70 864	68 985	1 173	72 037	52 923	1
Rørosbanen.	122 598	120 666	5 137	127 735	72 933	5
Merakerbanen.	127 320	126 988	3 943	131 263	52 801	7
3die & 4de Trafikd. a)	**292 404**	**289 744**	**10 134**	**302 538**	-	
5te Trafikdistrikt.	**13 111**	**13 063**	**1 028**	**14 139**	**5 756**	
6te Trafikdistrikt.	**12 958**	**12 512**	**2 534**	**15 492**	**7 258**	
Statsbanerne. a)	**1 122 532**	**1 114 489**	**51 036**	**1 173 568**	-	
Hovedbanen.	516 635	513 654	7 383	524 018	184 111	3
Samtlige Baner. a)	**1 389 435**	**1 380 871**	**56 732**	**1 446 167**	-	

*) «Op» betegner Retningen fra Kristiania.
«Aller» signifie la direction de Kristiania.

. Trafik.

	57	58	59	60	61	62	63	64
Godsbefordring. Transport de marchandises.								
...skaber og levende Dyr. Équipages et animaux.			Tilsammen. Transport total		Af det befordrede Il- & Fragtgods kommer paa Répartition des tonnes de marchandises au			
						Samtrafik. Trafic avec des lignes étrangères.		
...ed ...er. ...ges	Levende Dyr. Animaux.	Vægt. e) Poids.	Ialt. (Col. 53 + 58). En tout.	Pr. km. Driftslængde. Par km. exploité	Lokaltrafik (Mellem Banens egne Stationer). Trafic local (entre les stations propres).	Til fremmede Baners Stationer. Expédiées aux stations de lignes étrangères.	Fra fremmede Baners Stationer. Arrivees des stations de lignes étrangères.	I Gjennemgangstrafik. Trafic de transit.
Antal. Nombre.		Ton. Tonnes.			Ton. Tonnes.			
424	14 561	4 297	246 897	988	138 741	10 013	80 932	470
306	11 307	3 635	153 439	707	—	—	—	—
234	5 058	1 757	221 931	1 819	19 963	81 221	38 018	73 989
657	**19 522**	**6 022**	**467 448**	**1 257**	**159 820**	**90 118**	**117 834**	**74 289**
408	2 411	986	124 574	2 350	58 328	23 170	38 885	642
578	948	445	64 527	408	34 728	9 540	12 699	3
443	2 183	916	267 987	1 874	203 948	36 651	17 739	-
1 068	**4 873**	**2 064**	**387 107**	**1 094**	**365 676**	**689**	**651**	-
191	7 452	2 458	74 495	1 284	7 740	10 265	26 914	25 945
399	4 489	1 578	129 313	297	94 526	8 618	19 149	305
49	1 325	437	131 700	1 242	40 535	24 997	61 720	68
579	**10 635**	**3 629**	**306 167**	**510**	**144 906**	**41 775**	**105 678**	**45**
17	**4 246**	**607**	**14 746**	**194**	**13 111**	-	-	-
376	**1 845**	**790**	**16 282**	**151**	**12 958**	-	-	-
599	**40 971**	**14 083**	**1 187 651**	**787**	**699 360**	**129 695**	**221 275**	**72 202**
576	16 738	5 567	529 585	7 788	266 903	88 501	155 600	5 631
795	**45 011**	**14 574**	**1 460 741**	**926**	**1 138 163**	d) **46 296**	d) **204 976**	-

1	65	66	67	68	69	70	7
	Godsbefordring. Transport de marchandises.						
	Tonkilometer Netto. Parcours kilométrique des tonnes.						
Banernes Navn. Désignation des chemins de fer.	Il- & Fragtgods. Grande & petite vitesse.		Fragtfrit Gods.	Sum.	Heraf Dont i Retning.		Kjøre skabe leve Dyr
	Ialt. En tout.	heraf Fragtgods. Petite vitesse.	Petite vitesse. (Transport gratuit).	Total.	Op. Aller.	Ned. Retour.	Equip e anim
	Antal. Nombre.						
Smaalensbanen.	10 783 282	10 573 771	599 226	11 382 508	3 949 416	7 433 092	28
Heraf Kr.ania Fr.hald.	7 612 872	7 427 289	593 344	8 206 216	3 625 051	4 581 165	
Kongsvingerbanen.	17 579 869	17 520 304	319 025	17 898 894	4 007 050	13 891 844	15
1ste Trafikdistrikt a)	**28 363 151**	**28 094 075**	**918 251**	**29 281 402**	-	-	**43**
Kr.ania-Drammenb.	4 697 171	4 633 903	59 602	4 756 773	1 776 170	2 980 603	3
Drammen-Skienb	2 990 531	2 907 178	249 194	3 239 725	1 875 436	1 364 289	2
Drammen-Randsfj.b.	12 291 673	12 256 115	348 206	12 639 879	3 357 916	9 281 963	3
2det Trafikdistrikt a)	**19 979 375**	**19 797 196**	**657 002**	**20 636 377**	-	-	**10**
Eidsvold-Hamarb.	3 571 218	3 468 206	35 824	3 607 042	2 649 381	957 661	12
Rørosbanen.	14 426 113	13 840 834	271 862	14 697 975	8 414 612	6 283 363	31
Merakerbanen.	9 888 791	9 858 598	207 650	10 096 441	3 599 711	6 496 730	2
3die & 4de Trafikd. a)	**27 886 122**	**27 167 638**	**515 336**	**28 401 458**	-	-	**46**
5te Trafikdistrikt.	**451 786**	**449 943**	**37 171**	**488 957**	**193 400**	**295 557**	**2**
6te Trafikdistrikt.	**1 032 062**	**1 004 159**	**144 913**	**1 176 975**	**540 954**	**636 021**	**7**
Statsbanerne.	**77 712 496**	**76 513 011**	**2 272 673**	**79 985 169**	-	-	**1 10**
Hovedbanen.	16 519 532	16 361 191	176 961	16 696 493	7 241 954	9 454 539	26
Samtlige Baner.	**94 232 028**	**92 874 202**	**2 449 634**	**96 681 662**	-	-	**1 36**

72	73	74	75	76	77	78	79	80
	Godsbefordring. Transport de marchandises.							
			Gjennemsnitlig Transportlængde pr. Ton. Parcours moyen d'une tonne.					
...t. ... ...god-	Hovedsum. (Col. 68 + 71 + 72).	Pr. km. Drifts-længde.	Il- & Fragtgods.	Fragtfrit Gods.	Kjøreredskaber & levende Dyr.	Middeltal.	Gjennemsnitlig Belastning pr. Godsvognaxel.	Gjennemsnitlig Udnytning af Godsvognenes Lasteevne.
... ...ge-	Total	Par km. exploité.	grande et petite vitesse.	Petite vitesse. (Transport gratuit).	Equipages et animaux	Moyenne générale.	Charges moyenne par essieu.	Utilisation moyenne de la faculté de chargement
			Kilometer. Kilométres.				Ton. Tonnes.	%
...22 262	13 790 860	55 163	46 9	48.2	66.6	47.3	1.48	29.7
1 5.. 726	10 334 507	47 624	55.4	48.1	69.2	55.1	1 33	26.8
...07 504	18 658 567	152 939	82.5	45.7	86 6	81.3	1.98	40.7
...29 766	**32 449 427**	**87 230**	**64.2**	**47.4**	**72.8**	**63.6**	.	.
...99 205	5 194 198	98 004	38.8	23.3	38.8	38.5	1.55	49.0
...13 306	3 885 638	24 593	52.5	35.0	59.8	50.6	1.05	33.0
...28 420	13 005 931	90 951	47.6	39.9	41.1	47.3	1.77	55.8
...46 931	**22 085 767**	**62 389**	**54.4**	**36.4**	**49.6**	**53.6**	**1.55**	**48.9**
...218 929	3 954 015	68 173	50.4	30.5	52.1	50.1	1.61	33.1
...803 803	15 819 991	36 284	117.7	52.9	201.7	116.1	1.39	42.3
...969 504	10 589 092	99 897	77.7	52.7	53.0	76.8	2.55	49.8
...92 236	**30 363 098**	**50 605**	**95.4**	**50.9**	**129.3**	**94.3**	.	.
...87 108	**599 217**	**7 884**	**34.5**	**36.2**	**38.1**	**34.7**	**0.86**	**34.6**
...84 078	**1 462 061**	**13 538**	**79.7**	**57.2**	**89.9**	**76.6**	**1.17**	**35.9**
...0 119	**86 959 570**	**57 589**	**69.2**	**44.5**	**78.4**	**68.3**	.	.
...1 463	17 581 630	258 553	32.0	24.0	47.4	32.0	1.94	40.2
...1 582	***104 541 200***	**66 249**	**67.8**	**43.2**	**93.9**	**67.1**	.	.

1	81	82	83	84	85	86	87
	Samlet Trafik. Mouvement total.						
	Personbefordring. Voyageurs.			Godsbefordring. Marchandises.			
Banernes Navn. Désignation des chemins de fer.	Reisende*) & Personvogne. Voyageurs et voitures à voyageurs.	Befordret Vognvægt pr. Reisende. Poids moyen de voitures par voyageur.	Nettovægt i pCt. af Bruttovægt. Rapport du poids net au poids brut.	Gods & Godsvogne. Marchandises & wagons à marchandises.	Post, Reisegods, Post- & Stoppevogne. Poste, bagages, wagons-poste et freins.	Sum. Total.	Gjennemsnitlig Vognvægt pr. Ton Gods. Poids moyen de wagon par tonne de marchandises (Petite vitesse)
	Tonkilometer. Tonnes kilomètres.	Ton. Tonnes.	%	Tonkilometer. Tonnes-kilomètres.			Ton. Tonne.
Smaalensbanen.	50 596 985	1.49	4.8	32 984 244	17 250 303	50 234 547	1.83
Heraf Kr.ania—Fr.hald.	46 839 505	1.46	4.9	25 803 464	15 300 827	41 104 291	2.0
Kongsvingerbanen.	13 030 308	1.79	4.0	42 098 657	5 066 335	47 164 992	1.33
1ste Trafikdistrikt. a)	**63 627 293**	-	**4.6**	**75 082 901**	**22 316 638**	**97 399 539**	.
Kr.ania-Drammenb.	15 988 597	0.70	9.6	10 661 304	4 741 534	15 402 838	1.22
Drammen-Skienb.	14 722 059	0.83	8.3	9 202 779	7 462 361	16 665 140	1.82
Drammen-Randsfjb.	8 260 567	0.88	7.9	26 298 911	3 741 804	30 040 715	1.07
2det Trafikdistrikt. a)	**38 971 223**	**0.78**	**8.8**	**46 162 994**	**15 945 699**	**62 108 693**	**1.23**
Eidsvold-Hamarb.	5 430 562	1.10	6.4	10 071 111	2 752 431	12 823 542	1.70
Rørosbanen.	17 446 470	1.04	6.8	34 286 037	8 096 643	42 382 680	1.28
Merakerbanen.	6 444 476	1.49	4.7	20 619 416	3 873 817	24 493 233	1.04
3die & 4de Trafikd. a)	**29 321 508**	-	-	**64 976 564**	**14 722 891**	**79 699 455**	.
5te Trafikdistrikt.	**2 099 981**	**0.52**	**12.6**	**1 568 685**	**958 183**	**2 526 868**	**2.06**
6te Trafikdistrikt.	**6 377 133**	**0.86**	**8.0**	**3 175 695**	**2 615 830**	**5 791 525**	**1.54**
Statsbanerne. a)	**140 397 138**	-	-	**190 966 839**	**56 559 241**	**247 526 080**	.
Hovedbanen.	14 636 869	0.95	7.3	40 475 162	5 204 147	45 679 309	1.3
Samtlige Baner. a)	**155 034 007**	-	-	**231 442 001**	**61 763 388**	**293 205 389**	.

*) Gjennemsnitlig Vægt pr. Person ansat til 75 kg.
Poids moyen d'un voyageur calculé à 75 kg.

Samlet Trafik.
Mouvement total.

(89)	90	91	92	93	94	95	96	97	98	99
	Tilsammen. Ensemble.					Trafiktogenes gjennemsnitlige Vægt. Poids moyen des trains.				
	Vogne og Lokomotiver (Dødvægt). Poids mort.		Brutto. Brut.		Netto pCt. af Brutto. Rapport du poids net au poids brut.					
	Personvogne Gods-, Post- og Stoppevogne. Voitures à voyageurs, wagons à marchandises, wagons-poste et freins.	Lokomotiver og Tendere. Locomotives & Tenders.	Ialt. (Col. 89 + 90 + 91). Total.	Pr. km. Driftslængde. Par km. exploité		Reisende. Voyageurs.	Gods alle Slags. Marchandises de toute nature.	Vogne. Voitures et wagons.	Lokomotiver. Locomotives.	Hovedsum. Total.
	Tonkilometer. Tonnes-kilomètres.				%	Ton. Tonnes.				
…9 014	84 612 518	f) 46 065 682	146 897 214	587 589	11.0	2.6	14.5	89.0	45.3	151.4
…67	75 313 329	f) 42 777 446	130 741 242	602 494	9.7	2.7	12.1	88.0	46.8	149.6
…2 772	41 012 528	14 727 192	74 922 492	614 119	25.6	1.6	55.9	122.8	42.3	222.6
…1 786	**125 625 046**	**f) 60 792 874**	**221 819 706**	**596 290**	**16.0**	**2.3**	**25.2**	**97.8**	**44.6**	**169.9**
…6 053	24 655 382	11 122 867	42 514 302	802 157	15.8	3.9	13.1	61.9	23.7	102.6
…2 059	26 275 140	12 964 611	44 351 810	280 708	11.5	2.2	6.9	47.1	22.0	78.2
…7 720	24 643 562	9 963 497	48 264 779	337 516	28.3	1.6	33.0	62.5	20.9	118.0
…5 832	**75 574 084**	**34 050 975**	**135 130 891**	**381 726**	**18.9**	**2.5**	**16.3**	**56.0**	**22.2**	**97.0**
…0 135	13 953 969	7 269 233	25 523 337	440 058	16.8	2.3	26.5	93.5	44.8	167.1
…8 905	42 830 245	21 903 662	81 732 812	187 461	20.8	1.5	19.9	53.9	25.6	100.9
…6 982	20 040 727	12 961 760	43 899 469	414 146	24.8	1.3	44.4	84.0	47.8	177.5
…6 022	**76 824 941**	**42 134 655**	**151 155 618**	**251 926**	**21.3**	-	-	-	-	-
…[illegible]	**3 762 644**	**2 138 186**	**6 765 035**	**89 014**	**12.8**	**1.8**	**4.1**	**25.5**	**14.1**	**45.5**
…8 157	**10 194 501**	**4 235 182**	**16 403 840**	**151 887**	**12.0**	**2.1**	**5.9**	**41.5**	**16.7**	**66.2**
…[illegible]	**291 981 216**	**f) 143 351 872**	**531 275 090**	**351 838**	**18.0**	-	-	-	-	-
…5 002	41 660 276	20 952 761	81 268 939	1 195 131	23.0	3.5	57.4	136.0	65.2	262.1
…[illegible]	**333 641 492**	**f) 164 304 633**	**612 544 029**	**388 177**	**18.7**	-	-	-	-	-

Anmærkninger til Tabel III.

Col. 1 a) Med Hensyn til de for Trafikdistrikterne meddelte Opgaver bemærkes, at disse refererer sig til Distriktet som Driftsenhed. De for disse opførte Antal Reisende og Antal Ton er saaledes ikke Summen af det for de enkelte Baner opførte Antal; men i denne Sum er der gjort Fradrag for det Antal Reisende (Ton) som i samme Reise har passeret paa to eller flere Baner (fra den ene til den anden inden Distriktet), da dette Antal selvfølgelig indbefattes i Opgaven over Antal Reisende og Ton for hver af de enkelte Baner. I Overensstemmelse hermed er det for Statsbanerne og samtlige Baner anførte Antal Reisende og Ton lig Summen af Antallet for Distrikterne formindskes med det Antal Reisende (Ton), som i samme Reise har passeret mellem eller over to eller flere Distrikter.

Col. 6 b) Desuden Skiftning paa Kristiania Fællesstation 126 756 km., udført fælles for Smaalensbanen og Hovedbanen (jfr. Tabel V. 3, Col. 64) og nedenstaaende Anmærkning f).

Col. 27 c) Det anførte Antal Reiser med Maanedsbilletter er fremkommet ved, at det antages at der gjennemsnitlig foretages 2 Reiser pr. Dag paa en saadan Billet.

Col. 31, 32, 62 og 63 d) Samtrafik med svenske Baner.

Col. 58 & 71 e) For Bestemmelse af Vægt og Tonkilometer for Kjøreredskaber og levende Dyr er der antaget en gjennemsnitlig Vægt

for Kjøreredskaber af 400 kg.
« Heste « 400 «
« Hornkvæg etc. « 350 «
« Smaafæ « 40 «

Tilsvarende Opgave til Col. 58 og 71 har før Driftsaaret 1891—92 kun været udfyldt for 1ste Distrikt og Hovedbanen, og er Opgaverne deri fremkommet paa den Maade, at hver Vogn, hvori der blev fragtet Dyr og Kjøreredskaber, i Gjennemsnit var forudsat at føre en Nettolast af 1 Ton.

Col. 91 f) Tonkilometer af Lokomotiver paa Kristiania Fællesstation (2 760 112 Tonkm.), der skulde blive at fordele paa Smaalensbanen og Hovedbanen, heri ikke indbefattet.

Tabel IV.

Økonomiske Resultater.

Résultats financiers.

1	3		4		5		6	7	
	Indtægter af Persontrafik. Recettes du trafic des voyageurs.								
	Reisende. Voyageurs.								
	I.		II.		III.				
Banernes Navn. Désignation des chemins de fer.	Klasse. Classe.						Exess. Excès.	Tilsammen. (Col. 3, 4, 5, 6). Total.	Heraf med Extratog og …
	Kroner.	%	Kroner.	%	Kroner.	%	Kroner.		
Smaalensbanen.	36 753.92	4.5	165 745.93	20.0	623 854 83	75.5	12 564.45	838 919 13	3
Heraf Kr.ania—Fr.hald.	—	—	—	—	—	—	—	770 547.61	
Kongsvingerbanen.	13 414.48	6 5	41 051.16	20.1	150 778 86	73.4	1 237 34	206 481.84	3
1ste Trafikdistr.	**50 168.40**	-	**206 797.09**	-	**774 633.69**	-	**13 801.79**	**1045 400.97**	69
Kr.ania-Dr.menb.	-	-	111 127.03	21.3	411 745.62	78.7	8 287.77	531 160.42	2
Dr.men-Sklenb.	-	-	96 497.30	22.4	334 348.00	77.6	3 228.74	434 074.04	
Dr.men-Randsfj.	-	-	43 338.59	18.6	189 776.26	81.4	1 761.99	234 876.54	2
2det Trafikdistr.	-	-	**250 962.92**	-	**935 869.88**	-	**13 278.50**	**1200 111 80**	49
Eidsvold—Hamarb.	5 353.27	4.0	27 737.59	20.6	101 557.82	75 4	1 890.90	136 539.58	1
Hamar-Gr.setb.	—	—	—	—	—	—	—	77 477.16	
Gr.set-Aamotb.	—	—	—	—	—	—	—	34 652.06	
Støren-Aamotb.	—	—	—	—	—	—	—	312 410.08	
Tr.hjem-Størenb.	—	—	—	—	—	—	—	96 160.58	
Rørosbanen.	38 877.33	7.7	108 276.39	21.3	360 289.36	71.0	13 256.60	520 699.68	1
Merakerbanen.	-	-	13 821.37	12.7	95 125.53	87.3	368.90	109 315.80	1
3die & 4de Trafikd.	**44 230 60**	-	**149 835.35**	-	**556 972.71**	-	**15 516.40**	**766 555.06**	37
5te Trafikdistr.	-	-	**11 917.50**	**12.6**	**82 709.53**	**87.4**	**179.53**	**94 806.65**	2
6te Trafikdistr.	-	-	**40 762.04**	**19.8**	**164 806.73**	**80.2**	**973.55**	**206 542 32**	52
Statsbanerne.	**94 399.00**	-	**660 274.09**	-	**2514 992.54**	-	**43 749.77**	**3313 416 30**	21
Hovedbanen.	11 741.74	2.9	72 543.28	18.0	319 482.83	79.1	4 382.57	408 150.42	8
Samtlige Baner.	**106 140.74**	-	**732 818.27**	-	**2834 475.37**	-	**48 132.34**	**3721 566.72**	29

10	11	12	13	14	15	16	17	18	19	20
Indtægter af Persontrafik. Recettes du trafic des voyageurs.										
Reisende. Voyageurs.										
…gt pr. Vognaxelkilometer. …tte par kilomètre d'essieux.			Indtægt pr. Person. Recette par voyageur				Indtægt pr. Personkilometer. Recette par le parcours kilométrique des voyageurs.			
II.	III.	Middel alle Klasser. Moyenne de toutes classes.	I.	II.	III.	Middel alle Klasser. Moyenne de toutes classes.	I.	II.	III.	Middel alle Klasser. Moyenne de toutes classes.
Klasse. Classe.			Klasse. Classe.				Klasse. Classe.			
Øre.			Øre.				Øre.			
5.0	9.0	7.6	881	123	44	53	7.7	3.8	2.3	2.6
—	—	—	—	—	—	50	—	—	—	2.5
4.4	7.8	6.4	496	294	92	113	5.6	4.2	2.6	3.0
4.9	**8.8**	**7.3**	**731**	**139**	**49**	**59**	**7.0**	**3.9**	**2.4**	**2.7**
7.7	11.2	10.2	-	78	36	41	-	3.5	2.4	2.6
6.4	10.1	9.0	-	186	52	62	-	3.6	2.5	2.7
5.8	9.4	8.4	-	182	60	68	-	4.1	2.5	2.7
6.8	**10.4**	**9.3**	-	**130**	**46**	**53**	-	**3.6**	**2.5**	**2.6**
7.9	12.4	10.2	419	234	77	93	7.3	4.4	2.6	3.0
—	—	—	—	—	—	—	—	—	—	2.9
—	—	—	—	—	—	—	—	—	—	3.2
—	—	—	—	—	—	—	—	—	—	3.5
—	—	—	—	—	—	—	—	—	—	3.1
8.9	10.9	9.2	2 856	861	119	160	7.8	5.1	2.8	3.3
3.3	8.4	7.0	-	153	48	53	-	4.1	2.5	2.7
.	-	-	**3 073**	**538**	**92**	**118**	**7.7**	**4.8**	**2.7**	**3.1**
7.4	**14.3**	**12.8**	-	**234**	**60**	**67**	-	**4.6**	**2.5**	**2.7**
5.8	**14.2**	**11.0**	-	**82**	**33**	**37**	-	**4.7**	**2.8**	**3.0**
.	-	-	**1 142**	**156**	**52**	**62**	**7.3**	**4.0**	**2.5**	**2.8**
7.8	13.1	11.0	247	141	73	81	6.0	3.9	2.6	2.9
.	-	-	**1 147**	**163**	**55**	**65**	**7.2**	**4.0**	**2.5**	**2.8**

1	21	22	23	24	25	26	
	Indtægter af Persontrafik. Recettes du trafic des voyageurs.				**Indt** Recettes d		
			Tilsammen. Ensemble.				
Banernes Navn. Désignation des chemins de fer.	Reisegods. Bagages	Post. Poste.	Ialt. Total.	Pr. Kilometer Driftslængde. Par kilomètre exploité.	Kjøreredskaber. Equipages.	Levende Dyr. Animaux.	Ilg Gr vi
	Kroner.				Kroner.		
Smaalensbanen.	15 312.17	59 689.24	913 920.54	3 656	2 599.23	26 772.32	57
Heraf Kr.ania—Fr.hald.	13 646.28	51 839.17	836 033.06	3 853	2 482.36	23 399.10	
Kongsvingerbanen.	4 931.12	11 943.80	223 356.76	1 831	1 651.39	12 183.33	18
1ste Trafikdistr.	**20 243.29**	**71 633.04**	**1 137 277.80**	**3 057**	**4 250.62**	**38 955.65**	75
Kr.ania-Dr.menb.	5 209.30	20 720.04	557 089.76	10 511	1 626.88	4 803.45	40
Dr.men-Skienb.	7 142.07	37 543.36	478 759.47	3 030	2 004.15	2 987.31	28
Dr.men-Randsfj.b	2 672.64	13 530.94	251 080.42	1 756	1 739.15	4 242.61	20
2det Trafikdistr.	**15 024.01**	**71 794.84**	**1 286 929.65**	**3 636**	**5 370.18**	**12 033.87**	89
Eidsvold-Hamarb.	2 592.71	11 094.69	150 226.98	2 590	801.74	8 716.37	17
Hamar-Gr.setb.	1 281.40	5 887.44	84 646.00	2 228	725.31	2 554.06	
Gr.set-Aamotb.	671.66	3 987.36	39 311.08	1 512	269.30	1 546.73	
Støren-Aamotb.	6 940.08	56 204.82	375 554.98	1 170	2 181.10	12 540.47	
Tr.hjem-Størenb.	1 402.53	10 249.20	107 812.11	2 114	671.07	2 925.26	
Rørosbanen.	10 295.67	53 328.82	607 324.17	1 393	3 846.78	19 566.52	58
Merakerbanen.	2 710.69	6 964.20	118 990.69	1 123	315.83	3 662.74	6
3die&4de Trafikd.	**15 599.07**	**94 387.71**	**876 541.84**	**1 461**	**4 964.85**	**31 945.63**	82
5te Trafikdistr.	**598.58**	**6 999.04**	**102 404.27**	**1 348**	**118.21**	**3 068.53**	1
6te Trafikdistr.	**1 646.60**	**8 412.13**	**216 601.05**	**2 005**	**1 376.35**	**4 754.75**	1
Statsbanerne.	**53 111.55**	**253 226.26**	**3 619 754.11**	**2 397**	**16 079.71**	**90 757.98**	26
Hovedbanen.	6 637.51	14 458.28	429 246.21	6 313	2 367.23	21 959.84	[illegible]
Samtlige Baner.	**59 749.06**	**267 684.54**	**4 049 000.82**	**2 566**	**18 446.94**	**112 717.77**	31

*) Ilgods forsendt i Stoppevogne og Reisegods, der har været sendt med Godsvogne, e af Betragtning.

...miske Resultater.

	29	30	31	32	33	34	35	36	37	38
...trafik. ...andises.							**Andre Trafikindtægter **).** Produits divers.			
...ds. ... petite vitesse.				Tilsammen. Ensemble.						
...ods.	Sum. En tout.	Indtægt pr. Tonkilometer. Recettes par tonne kilométrique. Ialt. En tout.	Heraf Fragtgods.	Ialt. Total.	Pr. Kilometer Driftslængde. Par kilomètre exploité.	Pr. Godsvognaxelkilometer.*) Par kilomètre d'essieu de wagon à marchandises.	Telegrammer. Télégrammes.	Leie. a) Loyer.	Øvrige Indtægter. b) Autres recettes.	Sum Total.
		Øre.		Kr.	Kr.	Øre.	Kroner.			
...49.29	603 212.31	5.6	5.2	632 583.86	2 530	8.0	8 171.47	31 096.34	2 785.59	42 053.40
...61.90	456 866.31	6.0	5.4	482 747.77	2 225	7.6	7 739.88	21 380.50	2 785 59	31 905.57
...46.40	619 892.94	3.5	3.4	633 727.60	5 195	7.0	4 085.39	2 293.18	606.10	6 984.67
...5.69	**1 223 105.25**	**4.3**	**4.1**	**1 266 311.52**	**3 404**	**7.5**	**12 256.86**	**33 389.52**	**3 391.69**	**49 038.07**
...91.91	317 577.78	6.8	6.0	324 008.11	6 114	10.5	5 620.76	12 349.18	696.55	18 666.49
...2.21	181 102.05	6.1	5.2	186 093.51	1 178	6.0	4 402.54	8 672.28	701.88	13 776.70
...10.71	634 198.12	5.2	5.0	640 179.88	4 476	8.9	6 234.79	6 182.67	716.41	13 133.87
...4.83	**1 132 877.95**	**5.7**	**5.3**	**1 150 281.50**	**3 249**	**8.6**	**16 258.09**	**27 204.13**	**2 114.84**	**47 577.06**
...08.08	202 510.08	5.7	5.3	212 028.19	3 656	9.1	1 458.28	2 613.27	530.02	4 601.57
...36.15	93 668.48	6.6	6.0	96 947.85	2 551	7.9	2 187.99	2 271.34	529.00	4 988.33
...65.62	35 953.14	5.1	4.7	37 769.17	1 453	6.2	447.26	3.14	100.27	550.67
...734.20	338 077.23	3.7	3.6	352 798.80	1 099	5.1	4 505.10	308.95	890.18	5 704.23
...750.45	162 633.28	5.0	4.7	166 229.61	3 260	8.2	2 364.18	3 047.48	470.05	5 881.71
...46.92	630 332.13	4.4	4.1	653 745.43	1 500	6.0	9 504.53	5 630.91	1 989.50	17 124.94
...70.94	386 090.04	3.9	3.8	390 068.61	3 680	9.8	3 796.84	6 483.50	530.60	10 810.94
...25.99	**1 218 932.25**	**4.4**	**4.2**	**1 255 842.28**	**2 093**	**-**	**14 759.65**	**14 727.68**	**3 050.12**	**32 537.45**
...52	**39 166.68**	**8.7**	**8.3**	**42 353.42**	**557**	**7.1**	**2 211.04**	**2 930.81**	**111.78**	**5 253.13**
...96	**82 441.00**	**8.0**	**7.0**	**88 572.10**	**820**	**8.3**	**5 770.19**	**10 579.10**	**244.70**	**16 593.99**
...99	**3696 523.18**	**4.8**	**4.5**	**3803 360.77**	**2 519**	**7.7**	**51 255.83**	**88 830.74**	**8 913.18**	**148 999.70**
...51.16	1 088 317.01	6.6	6.3	1 112 644.08	16 362	12.8	6 727.17	67 134.54	788.44	74 650.15
...15	**4784 840.14**	**5.1**	**4 8**	**4916.004.85**	**3 115**	**8.5**	**57 983.00**	**155 965.28**	**9 701.57**	**223 649.85**

...nteindtægter og Indtægter ved Dampskibsfart (Jfr. Col. 88 og 89) heri ikke medregnet.

1	39	40	41	42	43	44	
	Samlede Indtægter. Recettes totales.						
					Af Indtægter kommer Décomposition des recett		
Banernes Navn. Désignation des chemins de fer.	* Ialt. Total.	Pr. Kilometer Driftslængde. Par kilomètre exploité.	Pr. Trafiktogkilometer. Par train-kilomètre.	I pCt. af den i Banen nedlagte Kapital. Proportion p. % du capital total d'établissement.	Persontrafik. Trafic des voyageurs.	Godstrafik. Trafic des marchandises.	A ta A re
	Kroner.						
Smaalensbanen.	1 588 557.80	6 354	1.67	5.60	57.5	39.8	
Heraf Kr.ania—Fr.hald.	1 350 686.80	6 224	1.58	—	61.9	35.7	
Kongsvingerbanen.	864 064.09	7 083	2.59	8.14	25.9	73.3	
1ste Trafikdistr.	**2 452 626.89**	**6 593**	**1.91**	**6.26**	**46.4**	**51.6**	
Kr.ania-Dr.menb.	899 764.36	16 977	2.26	13.23	61.9	36.0	
Dr.men-Skienb.	678 629.68	4 295	1.22	5.68	70.5	27.5	
Dr.men-Randsfj.b.	904 394.17	6 324	2.29	11.77	27.8	70.8	
2det Trafikdistr.	**2 482 788.21**	**7 014**	**1.84**	**9.41**	**51.8**	**46.2**	
Eidsvold-Hamarb.	366 856.74	6 325	2.46	6.78	40.9	57.8	
Hamar-Gr.setb.	186 582.18	4 910	1.97	10.71	45.4	51.9	
Gr.set-Aamotb.	77 630.92	2 986	1.83	9.75	50.6	48.7	
Støren-Aamotb.	734 058.01	2 287	1.42	4.48	51.2	48.0	
Tr.hjem-Størenb.	279 923.43	5 489	1.88	6.66	38.5	59.4	
Rørosbanen.	1 278 194.54	2 932	1.61	5.52	47.5	51.2	
Merakerbanen.	519 870.24	4 905	2.18	4.43	22.9	75.0	
3die &4deTrafikd.	**2 164 921.52**	**3 608**	**1.83**	**5.87**	**40.5**	**58.0**	
5te Trafikdistr.	**150 010.82**	**1 974**	**1.02**	**2.89**	**68.3**	**28.2**	
6te Trafikdistr.	**321 767.14**	**2 979**	**1.32**	**3.19**	**67.3**	**27.5**	
Statsbanerne.	**7 572 114.58**	**5 015**	**1.80**	**6.25**	**47.8**	**50.2**	
Hovedbanen.	1 616 540.44	23 773	5.28	14.27	26.6	68.8	
Samtlige Baner.	**9 188 655.02**	**5 823**	**2.08**	**6.93**	**44.1**	**53.5**	

*) Jfr. Anmærkning Pag. 42.

Udgifter (Drift og Vedligehold).

Dépenses (exploitation et entretien).

[illegible]	47	48	49	50	51	52	53	54
Bureauafdelingen. Administration générale.				Trafikafdelingen. Service commercial et des trains.				
...e! i ...sens ...ter.*) / ...part ... a ... rale	Andel i Distrikts-kontorets Udgifter.*) / Quote-part des dépenses de la direction locale.	Sum. / Total.	Pr. Kilometer Drifts-længde. / Par kilomètre exploité.	Andel i Styrelsens Udgifter.*) / Quote-part des dépenses de la direction générale.	Andel i Distrikts-kontorets Udgifter.*) / Quote-part des dépenses de la direction locale.	Station- og Telegraf-tjenesten.**) / Service des stations et du télégraphe.	Togtjene-sten. / Service des trains.	Vognenes Renhold, Opvarm-ning og Belys-ning. / Nettoyage, chauffage & éclairage des wagons.
Kroner.								
...424.32	1 432.16	17 856.48	71	18 643.83	18 643.19	317 819.58	62 006.54	25 134.49
—	—	—	—	—	—	—	—	—
...156.50	867.84	9 024.34	74	9 258.72	9 479.16	87 226.79	27 756.45	12 967.66
...580.82	**2 300.00**	**26 880.82**	**72**	**27 902.55**	**28 122.85**	**405 046.87**	**89 762.99**	**38 102.15**
...001.06	1 094.36	8 095.42	153	7 947.15	6 938.15	177 304.50	26 857.48	10 691.70
...510.68	1 265.44	10 776.12	68	10 795.91	8 022.81	137 492.55	37 667.39	11 479.25
...787.79	1 320.20	11 107.99	77	11 110.46	8 369.97	135 222.17	26 648.22	6 426.59
...99.52	**3 680.00**	**29 979.58**	**85**	**29 853.52**	**23 330.98**	**450 019.22**	**91 173.09**	**28 597.54**
...594.96	1 195.04	4 790.00	82	4 080.76	4 309.16	51 342.42	10 525.80	3 132.08
...547.56	972.88	3 520.44	93	2 891.83	3 508.09	44 855.10	6 340.75	1 503.74
...165.33	668.00	1 833.33	71	1 322.81	2 408.73	7 650.64	2 830.74	698.44
...563.42	2 500.56	14 063.98	44	13 126.05	9 016.71	76 485.81	34 034.90	8 488.27
...531.46	1 173.20	4 704.66	92	4 008.68	4 230.42	43 221.11	10 008.16	2 369.41
...807.77	5 314.64	24 122.41	55	21 349.37	19 163.95	172 212.66	53 214.55	13 059.86
...279.87	1 490.32	6 770.19	64	5 993.37	5 373.91	58 070.12	19 429.69	4 322.64
...82.60	**8 000.00**	**35 682.60**	**60**	**31 423.50**	**28 847.02**	**281 625.20**	**83 170.04**	**20 514.58**
...36.46	**2 700.00**	**4 236.46**	**56**	**1 744.08**	**10 036.64**	**25 694.57**	**6 466.77**	**807.70**
...72.72	**2 200.00**	**4 572.72**	**42**	**2 693.86**	**11 061.51**	**48 818.45**	**10 401.65**	**2 411.84**
...72.13	**18 880.00**	**101 352.18**	**67**	**93 617.01**	**101 398.45**	**1 211 203.81**	**280 974.54**	**90 433.81**
...48)	(I Col. 48).	36 079.30	531	(I Col. 51).	14 244.12	272 319.66	40 251.00	11 716.58
...72.13	***18 880.00***	**137 431.48**	**87**	**93 617.01**	**115 642.57**	**1 483 523.47**	**321 225.54**	**102 150.89**

...Specifikation er meddelt Tabel VII, Col. 29—32 med tilhørende Anmærkning.

Tabel IV. (For

1	55	56	57	58	59	60
	Udgifter (D Dépenses (e					
	Trafikafdelingen. Service commercial et des trains.			Ma Exploitatic		
Banernes Navn. Désignation des chemins de fer.	Tilskud til Pensions- og Understøttelses-kasserne. Dépenses aux caisses de pensions & de secours.	Sum. Total.	Pr. Kilometer Driftslængde. Par kilomètre exploité.	Andel i Styrelsens Udgifter.**) Quote-part des dépenses de la direction générale.	Fællesudgifter ved Distrikts-kontorerne og Værk-stederne. Quote-part des dépenses de la direction locale.	Vedlig hold Entretie
	Kroner.					
Smaalensbanen.	7 897.01	450 144.64	1 801	3 995.10	-	49 60
Heraf Kr.ania—Fr.hald.	—	—	—	—	—	
Kongsvingerbanen.	3 339.40	150 028.18	1 230	1 984.01	-	27 81
1ste Trafikdistr.	**11 236.41**	**600 172.82**	**1 633**	**5 979.11**	-	**77 42**
Kr.ania-Dr.menb.	6 356.61	236 095.59	4 455	1 702.96	754.89	27 89
Dr.men-Sklenb.	5 710.60	211 168.51	1 336	2 313.41	1 840.50	34 64
Dr.men-Randsfj.b.	5 689.89	193 467.30	1 353	2 380.81	1 646.03	26 01
2det Trafikdistr.	**17 757.10**	**640 731.40**	**1 810**	**6 397.18**	**4 241.42**	**88 54**
Eidsvold-Hamarb.	1 870.64	75 260.86	1 298	874.45	469.60	9 74
Hamar-Gr.setb.	1 662.66	60 762.17	1 599	619.68	458.28	2
Gr.set-Aamotb.	414.11	15 325.47	589	283.46	215.68	1 1
Støren-Aamotb.	3 629.91	144 781.65	451	2 812.72	2 615.42	14 3
Tr.hjem-Størenb.	1 646.83	65 484.61	1 284	859.00	613.93	5
Rørosbanen.	7 353.51	286 353.90	657	4 574.86	3 903.31	23 74
Merakerbanen.	2 223.16	95 412.89	900	1 284.29	1 059.22	20 93
3die&4deTrafikd.	**11 447.81**	**457 027.65**	**762**	**6 733.60**	**5 432.18**	**54 [illegible]**
5te Trafikdistr.	**1 516.08**	**46 265.84**	**609**	**373.78**	-	**3 [illegible]**
6te Trafikdistr.	**2 182.22**	**77 569.03**	**718**	**577.15**	-	**10 5[illegible]**
Statsbanerne.	**44 139.12**	**1 821 766.74**	**1 207**	**20 060.77**	**9 673.55**	**234 83**
Hovedbanen.	(I Col. 75)	338 531.36	4 979	-	-	68 2
Samtlige Baner.	**44 139.12**	**2 160 298.10**	1 369	**20 060.77**	**9 673.55**	**303 11**

*) Efter Fradrag eller Tillæg for Leie af rullende Materiel (Godtgjørelse for Vedligehold).

[illegible]omiske Resultater.

[illegible]dligehold).
[illegible] entretien).

[illegible]gen. *)
[illegible] du matériel roulant.

[illegible]	62	63	64	65	66	67	68
[illegible]motiver. [illegible]tives.		Vogne. Wagons.			Tilskud til Pensions- og Under-støttelses-kasserne. Dépenses aux caisses de pensions & de secours.	Totalsum. Maskin-afdelingen. (Col. 58 + 59 + 62 + 65 + 66). Total.	Pr. Kilometer Drifts-længde. Par kilomètre exploité.
[illegible]rift. [illegible]	Sum. En tout.	Vedlige-hold. Entretien.	Drift. Traction.	Sum. En tout.			
Kroner.							
[illegible] 065.57	326 674.17	55 002.56	15 208.73	70 211.29	5 350.37	406 230.93	1 625
—	—	—	•	—	—	—	—
[illegible] 441.17	141 259.85	61 451.81	7 668.37	69 120.18	2 793.57	215 157.61	1 764
[illegible].74	**467 934.02**	**116 454.37**	**22 877.10**	**139 331.47**	**8 143.94**	**621 388.54**	**1 671**
[illegible]5 979.40	173 870.65	29 670.41	6 978.01	36 648.42	3 110.35	216 087.27	4 077
[illegible] 099.52	194 741.16	31 513.29	7 423.07	38 936.36	3 446.59	241 278.02	1 527
[illegible] 382.64	158 399.52	36 747.03	7 999.69	44 746.72	3 192.38	210 365.46	1 471
[illegible]461.56	**527 011.83**	**97 930.73**	**22 400.77**	**120 331.50**	**9 749.82**	**667 730.75**	**1 886**
[illegible] 905.25	68 654.21	18 595.52	3 381.06	21 976.58	1 220.44	93 195.28	1 607
[illegible] 119.69	28 102.39	5 324.82	993.53	6 318.35	528.60	36 027.30	948
[illegible] 327.53	11 050.80	2 552.51	478.56	3 031.07	217.62	14 798.63	569
[illegible] 723.66	141 073.68	30 129.90	5 623.76	35 753.66	2 588.34	184 843.82	576
[illegible] 061.59	51 353.59	8 566.62	1 603.50	10 170.12	840.76	63 837.40	1 252
[illegible] 832.57	231 580.46	46 573.85	8 699.35	55 273.20	4 175.32	299 507.15	687
[illegible] 802.53	113 725.95	19 214.92	4 835.05	24 049.97	1 839.38	141 958.81	1 339
[illegible].25	**413 960.62**	**84 384.29**	**16 915.46**	**101 299.75**	**7 235.14**	**534 661.24**	**891**
[illegible].75	**28 739.88**	**2 851.03**	**1 870.25**	**4 721.28**	**617.21**	**34 452.10**	**453**
[illegible].04	**64 257.97**	**11 125.23**	**3 278.37**	**14 403.60**	**1 005.00**	**80 243.72**	**743**
[illegible].74	**1 501 903.82**	**312 745.65**	**67 341.95**	**380 087.60**	**26 750.61**	**1 938 476.85**	**1 284**
[illegible]321.56	269 496.56	59 208.47	7 494.53	66 703.00	(I Col. 75)	336 199.56	4 944
[illegible].20	**1 771 400.38**	**371 954.12**	**74 836.48**	**446 790.60**	**26 750.61**	**2 274 675.91**	1 442

[illegible]r. Anmærkning Pag. 42.

1	69	70	71	72	73	74	75
	Udgifter (D Dépenses (e:						
	Baneafdelingen. Entretien et surveillance de la voie.						
Banernes Navn. Désignation des chemins de fer.	Andel i Styrelsens Udgifter.*) Quote-part des dépenses de la direction générale.	Andel i Fælles-Lønninger og Distrikts-kontorets Udgifter. Quote-part des dépenses communes et de la direction locale.	Vedligehold af Linie med Bygninger og Telegraf samt Bevogtning.**) Entretien de la voie, des bâtiments et du télégraphe.	Tilskud til Pensions- & Understøttelseskasserne. Dépenses aux caisses de pensions & de secours.	Sum. Total.	Pr. Km. Driftslængde. Par kilomètre exploité.	For skjell Udgift Autr dépen
	Kroner.						
Smaalensbanen.	5 326.81	28 440.45	420 256.26	6 365.61	460 389.13	1 842	5 0
Heraf Kr.ania—Fr.hald.	—	—	—	—	—	—	
Kongsvingerbanen.	2 645.35	13 135.14	178 401.58	3 106.24	197 288.31	1 617	1 1
1ste Trafikdistr.	**7 972.16**	**41 575.59**	**598 657.84**	**9 471.85**	**657 677.44**	**1 768**	**6 18**
Kr.ania—Dr.menb.	2 270.61	5 504.03	153 714.66	1 603.83	163 093.13	3 077	3 1
Dr.men—Skienb.	3 084.55	16 200.54	194 468.37	3 618.57	217 372.03	1 376	4 8
Dr.men—Randsfj.b.	3 174.42	14 850.50	249 855.20	2 931.63	270 811.75	1 894	4 1
2det Trafikdistr.	**8 529.58**	**36 555.07**	**598 038.28**	**8 154.08**	**651 276.91**	**1 840**	**12 11**
Eidsvold—Hamarb.	1 165.93	4 464.20	73 416.81	1 336.72	80 383.66	1 386	5
Hamar—Gr.setb.	826.24	2 912.43	30 593.77	750.80	35 083.24	993	[illegible]
Gr.set—Aamotb.	377.94	2 018.06	19 045.09	479.67	21 920.76	843	[illegible]
Støren—Aamotb.	3 750.30	27 707.17	310 674.66	6 631.17	348 763.30	1 086	2 1
Tr.hjem—Størenb.	1 145.34	4 975.13	88 582.75	1 166.33	95 869.55	1 880	1
Rørosbanen.	6 099.82	37 612.79	448 896.27	9 027.97	501 636.85	1 151	4 1
Merakerbanen.	1 712.39	9 950.26	103 735.39	2 366.04	117 764.08	1 111	1
3die & 4de Trafikd.	**8 978.14**	**52 027.25**	**626 048.47**	**12 730.78**	**699 784.59**	**1 166**	**6 7**
5te Trafikdistr.	**498.81**	**1 800.00**	**52 220.84**	**1 095.80**	**55 614.95**	**732**	[illegible]
6te Trafikdistr.	**769.53**	**3 000.00**	**140 890.72**	**1 802.88**	**146 463.08**	**1 356**	[illegible]
Statsbanerne.	**26 747.72**	**134 957.91**	**2 015 856.10**	**33 255.24**	**2 210 816.97**	**1 464**	**25**
Hovedbanen.	-	12 461.99	213 245.13	(I Col. 75)	225 707.12	3 319	c) 19
Samtlige Baner.	**26 747.72**	**147 419.90**	**2 229 101.28**	**33 255.24**	**2 436 524.09**	**1 544**	**44**

*) Jfr. Anmærkning Pag. 42. **) Specifikation heraf er meddelt i Tabel VI. 5.

...omiske Resultater.

76	77	78	79	80	81	82	83	84
...Vedligehold). ...et entretien).								Udgift i pCt. af Indtægt. Rapport % de la dépense totale à la recette brute.
Samlede Udgifter. Dépenses totales.			Af Udgifter kommer paa: Décomposition des dépenses en:					
Sum. Total	Pr. Trafiktog-kilometer. (Tab. III Col. 3). Par train-kilomètre.	Pr. Kilometer Driftslængde. Par kilomètre. exploité.	Bureau-afdeling. (Col. 48). Administration générale.	Trafik-afdeling. (Col. 56). Service commercial et des trains.	Maskin-afdeling. (Col. 67). Exploitation et entretien du matériel roulant.	Bane-afdeling. (Col. 73). Entretien et surveillance de la voie.	Forskjellige Udgifter (Col. 75). Autres dépenses.	
Kroner.			Procent. Pour cent.					
1 339 664.11	1.41	5 359	1.3	33.6	30.3	34.4	0.4	84.3
—	—	—	—	—	—	—	—	—
572 644.68	1.71	4 694	1.6	26.2	37.6	34.4	0.2	66.3
...2 308.79	1.49	5 141	1.4	31.4	32.5	34.4	0.3	78.0
...26 507.03	1.57	11 821	1.1	37 7	34.7	26.0	0.5	69.6
...5 419.39	1.23	4 338	1.6	30.8	35.2	31.7	0.7	101.0
...9 902.32	1.75	4 824	1.6	28.0	30.5	39.3	0.6	76.3
...828.74	1.48	5 655	1.5	32.0	33.4	32.5	0.6	80.6
...54 207.88	1.70	4 383	1.9	29.6	36.7	31.6	0.2	69.3
135 732.43	1.43	3 572	2.6	44.8	26.5	25.8	0.3	72.7
54 149.84	1.28	2 083	3.4	28.3	27.3	40.5	0.5	69.8
64 598.08	1.37	2 164	2.0	20.8	26.7	50.2	0.3	94.6
131 294.22	1.55	4 535	2.0	28.3	27.6	41.5	0.6	82.6
...5 774.57	1.40	2 559	2.2	25.7	26.8	44.9	0.4	87.3
...3 888.39	1.53	3 433	1.9	26.2	39.0	32.4	0.5	70.0
...870.84	-	2 890	2.1	26.4	30.8	40.3	0.4	80.1
...845.12	0.95	1 853	3.0	32.8	24.5	39.5	0.2	93.9
...350.40	1.26	2 864	1.5	25.1	25.9	47.3	0.2	96.1
...203.99	-	4 039	1.7	29.9	31.8	36.2	0.4	80.5
...643.59	3.12	14 054	3.8	35.4	35.2	23.6	2.0	59.1
...847.48	-	4 470	1.9	30.6	32.3	34.5	0.7	76.8

1	85	86	87	88	89	90	91
	Driftsoverskud. Produit net de l'exploitation.			**Til Driftsoverskudet kommer endvidere:** A ajouter au produit net de l'exploitation:		**Af Driftsoversk er udredet:** Du produit net de l'e tation est employé	
Banernes Navn. Désignation des chemins de fer.	Total.	Pr. Kilometer Driftslængde. Par kilomètre exploité.	Forrenter den i Banen nedlagte Kapital. d) Intérêts du capital total d'établissement.	Renteindtægter. Intérêts.	Indtægter ved udenfor Jernbanens Drift trufne Forføininger. Recettes par des dispositions hors de l'exploitation.	Bidrag til Kommunikationsmidler, der staar i Forbindelse med Banen. Aux communications appartenantes au chemin de fer (Bateaux à vapeur etc.)	Forrening fremm Kapita Aux intérê
	Kroner.		%	Kroner.			
Smaalensbanen.	248 893.69	995	0.88	21 255.70	-	-	137
Heraf Kr.ania—Fr.hald.	—	—	—	—	—	—	
Kongsvingerbanen.	291 424.41	2 389	2.75	14 198.61	-	-	60 8
1ste Trafikdistr.	**540 318.10**	**1 452**	**1.38**	**35 454.81**	-	-	**71 6**
Kr.ania—Dr.menb.	273 257.33	5 156	4.05	563.65	-	-	147 4
Dr.men—Skienb.	÷ 6 789.71	÷ 43	÷ 0.06	2 004.35	-	-	6 4
Dr.men—Randsfj.b.	214 491.85	1 500	2.79	13 673.10	3 094.02	-	10 5
2det Trafikdistr.	**480 959.47**	**1 359**	**1.82**	**16 241.10**	**3 094.02**	-	**164 5**
Eidsvold—Hamarb.	112 648.86	1 942	2.08	6 151.43	-	-	14 4
Hamar—Gr.setb.	50 849.75	1 338	2.92	8 252.28	-	-	2
Gr.set—Aamotb.	23 481.08	903	2.95	1 254.41		-	3
Støren—Aamotb.	39 459.93	123	0.24	7 765.12	-	-	57
Tr.hjem—Størenb.	48 629.21	954	1.16	5 532.42	-	-	4
Rørosbanen.	162 419.97	373	0.70	22 804.23	-	-	72
Merakerbanen.	155 981.85	1 472	1.33	18 633.87	-	-	3
3die & 4de Trafikd.	**431 050.68**	**718**	**1.07**	**47 589.58**	-	-	**91 2**
5te Trafikdistr.	**9 165.70**	**121**	**0.18**	-	-	-	**3 3**
6te Trafikdistr.	**12 416.74**	**115**	**0.12**	**7 231.61**	-	-	
Statsbanerne.	**1 473 910.69**	**976**	**1.22**	**106 516.55**	**3 094.02**	-	**333 6**
Hovedbanen.	660 896.85	9 719	5.84	37 557.87	43 497.37	-	60
Samtlige Baner.	**2 134 807.54**	**1 353**	**1.61**	**144 074.42**	**46 591.89**	-	**394 0**

*) Specifikation i Anmærkning Pag. 42.

[illegible]omiske Resultater.

92	93	94	95	96	97	98	99	
Rest Nettooverskud. Reste du produit net.								
	Anvendelse : Emploi :							
		Afsætning til Fond. Fonds.				Aktieudbytte. Dividende des actions.		
			Heraf til. De cela employé pour:					
Ialt Total.	Afdrag paa Kapitalkonto Amortissement.	Sum. Total.	Amortiseringsfonds. Fonds d'amortissement des capitaux.	Reservefonds. Fonds de réserve.	Dividendefonds. Fonds de dividende des actions.	Ialt. Total.	%	
Kroner.								
256 378.73	-	60 862.43	3 000.00	75 000.00	÷ 17 137.57	195 516.30	0.7	
—	—	—	—	—	—	—		
244 777.04	30 395.38	28 981.66	-	36 600.00	÷ 7 618.34	185 400.00	2.5	
[illegible] 155.77	**30 395.38**	**89 844.09**	**3 000.00**	**111 600.00**	**÷ 24 755.91**	**380 916.30**	-	
126 399.29	59 185.63	24 061.66	-	24 000.00	61.66	43 152.00	2.0	
11 284.79	-	÷ 11 284.79	-	-	÷ 11 284.79	-	-	
220 678.97	15 600.00	38 811.77	-	42 900.00	÷ 4 088.23	166 267.20	2.4	
[illegible] 793.47	**74 785.63**	**51 588.64**	-	**66 900.00**	**÷ 15 311.36**	**209 419.20**	-	
104 384.29	-	4 646.29	-	-	4 646.29	99 738.00	2.0	
56 961.76	-	13 080.16	-	11 400.00	1 680.16	43 881.60	2.8	
15 785.13	-	e) 15 785.13	-	e) 15 785.13	-	-	-	
÷ 9 906.72	-	÷ 9 908.72	-	÷ 9 908.72	-	-	-	
49 568.87	-	18 389.67	-	17 100.00	1 289.67	31 179.20	0.8	
112 407.04	-	37 346.24	-	34 376.41	2 969.83	75 060.80	-	
170 643.87	-	÷ 9 482.53	-	-	÷ 9 482.53	180 126.40	1.6	
[illegible] 435.20	-	**32 510.00**	-	**34 376.41**	**÷ 1 866.41**	**354 925.20**	-	
5 810.66	-	**5 810.66**	-	**5 810.66**	-	-	-	
[illegible] 648.85	-	**19 648.85**	-	**19 648.85**	-	-	-	
[illegible] 843.45	**105 181.01**	**199 401.74**	**3 000.00**	**238 335.42**	**÷ 41 933.68**	**945 260.70**	-	
[illegible] 577.88	20 563.40	90 976.98	-	90 976.98	-	570 037.50	f) 7.5	6.5
[illegible] 421.38	**125 744.41**	**290 378.72**	**3 000.00**	**329 312.40**	**÷ 41 933.68**	**1 515 298.20**	-	

Anmærkninger til Tabel IV.

Styrelsens Udgifter samt Udgifterne ved Trafikafdelingens Distriktskontor fordeler sig paa hver enkelt Bane saaledes, som nedenstaaende Oversigt viser, der tillige meddeler hver Banes Tilskud til Pensions- og Understøttelseskasserne samt Opgjør over Rente-Indtægter.

		Andel i Styrelsens Udgifter. (Col. 46 + 50 + 58 + 69).	Heraf Andel i Tilskud til Pensions- og Understøttelseskasserne.	Andel i Trafikafdelingens Distriktskontor. (Col. 47 + 51).	Tilskud til Pensions- og Understøttelseskasserne.	Renter. Indtægt + Udgift ÷. Af Kapital i Banerne m. m. For Leie af Lokomotiver.	For Leie af Vogne.	Af fælles Stationer.	Af fælles Værksteder.	Af Tilgodehavende eller Gjæld.	Sum. Indtægt.	Sum. Udgift.	
		Kroner.				Kroner							
1	Smaalensbanen	44 390.06	855.08	20 075.35	20 468.07	÷ 243.48	+ 17 430.68	+ 2 707.21	÷ 9 793.85	+ 1 117.81 ÷ 3 733.33	21 255.70	13 770.66	1
2	Kongsvingerbanen	22 044.58	424 64	10 347.00	9 663.85	+ 56.15	÷ 27 738.46	-	÷ 4 462.24	+ 14 142.46 ÷ 28 645.28	14 198.61	60 845.98	2
3	Kristiania—Drammenbanen	18 921.78	364.49	8 032.51	11 435.28	÷ 5 888.42	÷ 2 211.54	÷ 2 335.10	÷ 466.18	÷ 136 520.45 + 563.65	563.65	147 421.69	3
4	Drammen—Skienbanen	25 704.55	495.14	9 288.25	13 270.90	÷ 2 677.14	÷ 226.32	+ 2 004.33	÷ 1 281.67	÷ 2 314.30	2 004.35	6 499.43	4
5	Drammen—Randsfjordbanen	26 453.48	509.57	9 690.17	12 323.47	+ 8 565.56	+ 2 437.86	+ 330.75	+ 1 747.85	÷ 10 580.00 + 591.08	13 673.10	10 580.00	5
6	Eidsvold—Hamarbanen	9 716.10	187.16	5 504.20	4 614.96	÷ 41.26	÷ 13 063.19	+ 4.39	÷ 1 311.55	+ 6 147 04	6 151.43	14 416.00	6
7	Hamar—Grundsetbanen	6 885.31	132.63	4 480.97	3 074.69	+ 3 424.76	÷ 2 140.27	+ 30 17	+ 803 92	+ 3 993.43	8 252.28	2 140.27	7
8	Grundset—Aamotbanen	3 149.54	60.67	3 076.73	1 172.07	÷ 672.88	÷ 6 040.62	+ 697.60	÷ 697.08	+ 556.81 ÷ 1 539.78	1 254.41	8 950.36	8
9	Støren—Aamotbanen	31 252.49	602.01	11 517.27	13 451.43	÷ 2 811.88	+ 4 859.57	÷ 1 312 96	+ 2 905.55	÷ 53 008.93	7 765.12	57 133.77	9
10	Trondhjem—Størenbanen	9 544.48	183.85	5 403.62	3 837.77	+ 60.00	+ 3 321.32	÷ 4 592.76	+ 688.43	+ 1 462.67	5 532.42	4 592.76	10
11	Merakerbanen	14 269.92	274.88	6 864.23	6 703 46	-	÷ 1 582.58	+ 5 173.56	÷ 2 389.27	+ 13 460.31	18 633.87	3 971.85	11
12	Jæderbanen	4 152.58	79.99	12 736.64	3 309.08	-	-	-	-	÷ 3 355.04	-	3 355.04	12
13	Bergen—Vossbanen	6 412.76	123.53	13 261.51	5 113.58	-	-	-	-	+ 7 231.61	7 231.61	-	13
-	Tilsammen	222 897.63	4 293.64	120 278.45	108 438.61	÷ 228.59	÷ 24 953.55	+ 2 707.21	÷ 14 256.09	÷ 190 430.24	106 516.55	333 677.81	

Col. 36 a) Leie indbefatter: Leie af overliggende Gods, Husleie, Pakhusleie, Tomteleie og Bryggeleie, samt ved Smaalensbanen Godtgjørelse for Nattog til Postens Befordring, hvilken Godtgjørelse udgjør Kr. 9 705.84, og for Bergen—Vossbanen Godtgjørelse Kr. 10 000 for særlige Posttog.

Col. 37 b) Øvrige Indtægter indbefatter foruden tilfældige Indtægter tillige Indtægter ved Afgift for Benyttelse af Kran samt Hovedbanens og Jernbaneundersøgelsernes Bidrag til Styrelsens Udgifter.

Col. 75 c) Heraf Kr. 16 063.55 Tilskud til Pensions- og Understøttelseskasserne.

Col. 87 d) Ved Beregning af denne Procent er Kapitalen forøget i det Forhold, hvori vedkommende Bane paa Grund af Benyttelse af anden Banes Eiendom har bidraget til Forrentning af dennes Kapital, medens paa den anden Side tilsvarende Formindskelse har fundet Sted, naar vedkommende Bane som Eier har havt Indtægt af saadant Fællesskab og saaledes faaet sin Kapital, delvis forrentet af den anden Banes Afkastning. Col. 94 & 96 e) Heraf Afdrag paa Driftskontoen Kr. 821.69 Col. 99 f) Prioriterede Aktier.

Tabel V.

Rullende Materiel og sammes Anvendelse.

Etat et mouvement du matériel roulant.

Tabel V. I. Beskri[illegible]

Spécifi[illegible]

3	4	5	6	7	8	9	10	11	12	13	14	15	16
Lokomotivernes		Cylinder. Cylindre.			Kjedel. Chaudière.				Varmeflade. Surface de chauffe.				
No. No.	Antal pr. 30te Juni 1893. Nombre au 30 juin 1893.	Diameter. Diamètre.	Kolbeslag. Coup de piston.	Beliggenhed. Position.	Diameter. Diamètre.	Længde. Longueur.	Antal Varmerør. Nombre des tubes.	Varmerørenes Diameter. Diamètre des tubes.	I Fyrkassen. Du foyer.	I Rørene. Des tubes.	Sum. Total.	Risteflade. Surface de la grille.	Dampens Overtryk i Kjedelen. Surcharge de la vapeur dans la chaudière.
des locomotives.		m.			m.			cm.	m.²				kg pr. cm²
1ste Trafikdistrikt. Smaalensbanen.													
13	1	0.305	0.508	udv	0.990	3.045	110	4.8	4.31	54.90	59.21	0.75	8.4
40	1	0.254	0.406	»	0.807	2.794	68	5.4	2.73	33.70	36.43	0.50	»
41—48 & 53—61	[1]17	0.381	0.508	»	1.167	2.756	179	4.8	6.94	73.70	80.64	1.30	9.8
49—52	4	0.406	0.559	indv.	1.159	3.048	150	5.1	6.85	73.50	80.35	»	»
66	1	»	0.610	udv.	1.219	3.078	185	4.8	7.15	85.20	92.35	»	10.0
67	[2]1	»	»	»	»	»	»	»	»	»	»	»	»
68—71	[2][3]4	0.400 / 0.585	»	»	»	»	»	»	»	»	»	»	12.0
Kongsvingerbanen.													
14 & 18	2	0.305	0.508	udv.	0.990	3.045	110	4.8	4.31	54.90	59.21	0.75	8.4
15—17	3	»	»	»	»	»	»	»	»	»	»	»	»
19	1	0.381	0.559	»	1.118	3.962	123	5.1	5.95	85.00	90.95	1.00	»
20	1	0.406	»	indv.	1.159	3.048	150	»	6.85	73.50	80.35	1.30	»
21	1	0.305	0.508	udv.	0.990	3.085	110	4.8	4.40	56.80	61.20	0.75	»
26—28	3	0.406	0.559	»	1.118	3.962	125	5.4	5.95	86.00	91.95	1.00	9.8
65	1	»	0.610	»	1.219	3.078	185	4.8	7.15	85.20	92.35	1.30	10.0
72	[2][3]1	0.400 / 0.585	»	»	»	»	»	»	»	»	»	»	12.0
2det Trafikdistrikt. Kristiania—Drammenbanen.													
10, 11, 14, 15, 19, 20, 24	7	0.279	0.457	udv.	0.889	2.438	107	4.1	3.72	34.93	38.65	0.67	9.1
12	1	0.240	0.381	»	0.686	2.089	80	»	2.69	22.30	24.99	0.45	»
22	1	0.356	0.457	»	0.965	2.430	134	»	4.09	44.03	48.12	0.82	»
25	1	0.254	»	»	0.846	2×2.514	2×100	»	6.50	65.22	71.72	1.04	»
30, 31 [3]	[3] 2	0.320 / 0.480	0458	»	0.939	2.440	132	»	5.00	43.25	48.25	0.77	12.0
Drammen—Skienbanen.													
51—54	[2] 4	0.305	0.458	udv.	0.939	2.440	132	4.1	5.00	43.25	48.25	0.77	9.1
55—62	[4] 8	0.277	»	»	0.890	»	109	»	3.80	35.60	39.40	0.66	9.8
49 & 50	2	0.279	0.457	»	0.883	2.489	105	»	3.67	35.02	38.69	0.63	9.1
Drammen—Randsfjordbanen.													
1	1	0.254	0.457	udv.	0.864	2.679	88	4.1	4.18	30.75	34.93	0.72	8.4
2—4, 7 & 8, 16—18, 23	9	0.279	»	»	0.889	2.438	107	»	3.72	34.93	38.65	0.67	9.1
13	1	0.240	0.381	»	0.686	2.089	80	»	2.69	22.30	24.99	0.45	»
21	1	0.356	0.457	»	0.965	2.438	134	»	4.09	44.03	48.12	0.82	»
26	1	0.350	0.460	»	1.070	2.570	141	4.4	5.00	51.50	56.50	0.93	10.0
27—29	3	»	»	»	»	»	»	»	»	»	»	»	»

[1]) Heraf 5 Stk. forsynede med automatiske Bremser. [2]) Forsynede med automatiske Br[illegible]
[3]) Compound Lokomotiver. [4]) Heraf 2 Stk. forsynet med automatisk Bremse.

…okomotiver.
…comotives.

19	20	21	22	23	24	25	26	27	28	29	30	31	32	33	34
Hjul. Roues.				**Hjulstand.** Écartement des essieux.		**Vægt.** Poids.			**Tender.** Tenders.				**Vægt af Beholdning i Tender eller Tank** Poids de la contenance dans le tank ou le tender		
…hjul. … i Bogie. avec bogie.	Tilsammen. Total.	Diameter. Diamètre. af Drivhjulene. des roues motrices.	Diameter. Diamètre. af Løbehjulene. des roues courantes.	Fast Hjulstand. Écartement des essieux fixes d'avant et d'arrière.	Total Hjulst. af Lokomotiv med Tender. Base totale des roues de la locomotive et du tender.	Største Vægt paa Drivhjulene. Poids sur les roues motrices.	Lokomotivets Vægt i Arbeidsstand.*) de la locomotive en service.*)	Lokomotivets Vægt uden Vand og Kul. de la locomotive vide.	Hjul. Roues. Antal. Nombre.	Hjul. Roues. Diameter. Diamètre.	Afstand mellem For- og Baghjul. Écartement des essieux d'avant et d'arrière.	Vægt uden Vand og Kul. Poids à vide.	af Vand. de l'eau.	af Kul. du houille.	Længde over Bufferne af Lokomotiv med Tender. Longueur de dehors en dehors des tampons de la locomotive et du tender.
Antal.		m.		m.		t.				m		t.	t.		m.
-	6	1.448	0.965	3.734	3.734	17.8	21.9	19.8	Tanklokomotiv				2.2	0.7	7.560
-	4	0.965	»	1.830	1.830	15.0	12.8	12.0	—»—				2.0	0.2	6.030
4	8	1.448	0.711	2.134	10.440	18.1	29.7	27.0	4	0.965	2.743	8.2	5.3	2.5	12.650
2	8	»	0.965	4.419	11.285	27.5	32.7	30.1	4	1.095	2.642	10.9	7.4	3.0	13.770
2	8	»	»	3.810	11.340	27.4	34.0	31.0	4	0.965	2.515	10.5	7.0	2.5	14.430
4	10	»	»	»	8.356	30.8	40.5	37.5	Tanklokomotiv				3.4	1.25	11.170
4	8	1.730	»	2.159	11.304	20.6	35.0	32.0	4	0.965	2.515	10.8	7.0	2.5	14.370
-	6	1.448	0.965	3.734	3.734	17.8	21.9	19.8	Tanklokomotiver				2.2	0.7	7.560
-	6	»	»	»	7.735	14.0	21.2	19.1	4	0.965	1.829	5.9	3.3	2.0	11.010
-	6	»	»	3.340	9.303	21.0	28.0	25.3	4	1.095	2.591	8.4	4.6	3.0	12.900
2	8	»	»	4.419	11.670	27.5	32.7	30.1	6	0.965	3.353	10.1	6.9	»	14.040
-	6	»	»	3.734	8.547	14.0	21.0	19.0	4	»	2.743	8.0	4.5	2.0	11.630
2	8	»	»	3.505	10.974	30.1	37.8	35.0	4	»	2.591	»	6.9	3.0	13.410
2	8	»	»	3.810	11.340	27.4	34.0	31.0	4	»	2.515	10.5	7.0	2.5	14.430
4	8	1.730	»	2.159	11.304	20.6	35.0	32.0	4	»	»	10.8	7.0	2.5	14.370
2	6	1.143	0.610	1.905	4.345	13.6	15.8	15.0	Tanklokomotiver				1.4	0.5	7.088
2	6	»	»	1.524	3.506	8.7	10.4	9.9	—»—				0.9	0.4	6.186
a) 2	8	0.914	»	3.429	5.105	19.0	19.9	18.9	—»—				2.5	0.6	7.730
-	8	0.990	»	1.448	5.844	27.4	22.5	21.1	—»—				3.0	1.9	9.451
4	8	1.422	0.610	1.905	{ 8.886 { 9.038	14.2 13.75	22.0 21.6	20.8 20.45 }	4	0.76	1.83	5.5	3.1	1.0	{ 11.036 { 11.188
4	8	1.422	0.610	1.905	8.886	13.6	20.8	19.6	4	0.76	1.83	5.5	3.1	1.0	11.036
2	6	1.150	»	»	4.345	14.0	16.8	15.7	Tanklokomotiver				1.4	0.5	7.070
4	8	1.143	»	1.524	4.573	11.5	16.9	16.1	—»—				1.8	0.8	7.189
-	b) 6	0.990	0.685	1.854	4.216	12.4	15.6	14.8	—»—				1.4	1.0	7.355
2	6	1.143	0.610	1.905	4.345	13.6	15.8	15.0	—»—				»	0.5	7.088
2	6	»	»	1.524	3.506	8.7	10.4	9.9	—»—				0.9	0.4	6.186
2	8	0.914	»	3.429	5.105	19.0	19.9	18.9	—»—				2.5	0.6	7.730
1	8	1.050	0.800	3.400	10.200	18.2	22.0	20.4	c) 6	0.800	2.60	6.5	4.0	2.7	12.200
1	8	»	0.700	»	10.290	»	»	»	»	»	»	»	4.0	2.7	12.290

…sive Vægt af Kul- og Vandbeholdning i Tank eller Tender. Non compris poids de l'eau …le dans le tank ou le tender.

3	4	5	6	7	8	9	10	11	12	13	14	15	16
Lokomotivernes		Cylinder.			Kjedel.				Varmeflade.				
No.	Antal pr 30te Juni 1893.	Diameter.	Kolbeslag.	Beliggenhed	Diameter.	Længde.	Antal Varmerør.	Varmerørenes Diameter.	I Fyrkassen.	I Rørene.	Sum.	Risteflade.	Dampens Overtryk i Kjedelen.
		m.			m.			cm	m².				kg. pr. cm.²
3die & 4de Trafikdistrikt. Eidsvold-Hamarbanen.													
29—31 [1])	3	0.381	0.508	udv.	1.156	2.768	175	4.8	6.41	74.78	81.19	1.30	9.49
60	1	»	»	»	1.219	2.755	179	»	6.94	»	81.72	1.24	»
64	1	0.406	0.610	»	»	3.078	185	»	7.15	85.20	92.35	1.30	10.00
Hamar-Grundsetbanen.													
18—20	3	0.254	0.457	udv.	0.794	2.997	84	4.5	3.62	34.93	38.55	0.64	8.44
24	1	0.330	»	»	1.143	2.488	156	3.8	5.07	45.87	50.94	0.96	9.84
25 [2])	1	0.350	0.460	»	1.130	2.628	163	4.4	5.30	59.00	64.30	0.89	10.00
Grundset-Aamotbanen.													
21	1	0.240	0.381	udv.	0.686	2.089	80	4.1	2.69	22.30	24.99	0.37	9.14
Støren-Aamotbanen.													
5—9 [2])	5	0.279	0.457	udv.	0.889	2.438	107	4.1	3.72	34.93	38.65	0.66	9.14
10—17 [2])	8	»	»	»	0.883	2.489	105	»	3.67	35.02	38.69	0.67	»
23	1	0.330	»	»	1.143	2.488	156	3.8	5.07	45.87	50.94	0.96	9.84
27 & 28 [2])	2	»	»	»	»	»	»	»	»	»	»	»	10.60
Trondhjem-Størenbanen.													
1	1	0.254	0.457	udv.	0.794	2.997	84	4.5	3.62	34.93	38.55	0.64	8.44
2	1	»	0.381	»	0.762	2.743	82	3.8	3.16	26.94	30.10	—	»
3 & 4	2	»	0.457	»	0.864	2.692	88	4.1	4.18	30.75	34.93	0.63	»
22	1	0.330	»	»	1.143	2.488	156	3.8	5.07	45.87	50.94	0.96	9.84
26 [2])	1	0.350	0.460	»	1.130	2.628	163	4.4	5.30	59.00	64.30	0.89	10.00
29 [2])	1	0.330	0.457	»	1.143	2.488	156	3.8	5.07	45.87	50.94	0.96	10.60
Merakerbanen.													
51—54	4	0.406	0.610	udv.	1.150	3.720	142	5.1	7.94	74.40	82.34	1.42	9.49
55—57 [3])	3	0.380	0.510	»	1.219	2.755	179	4.8	6.94	74.78	81.72	1.24	»
58 & 59	2	0.260	0.500	»	0.950	2.800	96	4.0	2.68	37.10	39.78	0.63	10.00
5te Trafikdistrikt. (Jæderbanen).													
1 & 2	2	0.279	0.457	udv.	0.883	2.489	105	4.1	3.67	35.02	38.69	0.62	8.44
5 & 6	2	»	0.381	»	0.686	2.089	75	»	2.69	20.91	23.60	0.41	»
9	1	0.240	»	»	»	»	80	»	»	22.30	24.99	0.45	9.14
6te Trafikdistrikt. (Bergen—Voss).													
1 & 2	2	0.277	0.458	udv.	0.890	2.440	109	4.1	3.80	35.60	39.40	0.66	9.80
3—6 [4])	4	0.279	0.457	»	0.889	2.438	107	»	3.72	34.93	38.65	0.67	9.14
Hovedbanen.													
1—5 & 12	5	0.381	0.559	udv.	1.118	3.962	123	5.6	5.95	85.00	90.95	1.00	8.44
8—10 [5])	2	»	»	»	»	3.658	127	5.2	6.50	75.20	81.70	1.12	9.84
22 & 23	2	»	»	»	»	»	»	5.1	»	»	»	»	»
11, 24, 25, 34 & 62	4	0.254	0.406	»	0.807	2.794	68	5.4	2.73	32.98	35.71	0.50	»
32 & 33	2	0.406	0.559	»	1.118	3.962	125	»	6.50	85.65	92.15	1.00	9.84
35—39	5	»	»	»	»	»	»	»	»	»	»	»	»

[1]) Lokomotiv No. 30 er forsynet med automatisk Bremse. [2]) Lokomotiverne No. 5—9, 11, 1[illegible] automatiske Bremser. [4]) Lokomotiverne No. 3—6 er forsynede med automatiske Bremser. [5]) [illegible] med Tendere, der kommunicerer med Lokomotivernes Vandtanke.

19	20	21	22	23	24	25	26	27	28	29	30	31	32	33	34
Hjul.				Hjulstand.		Vægt.			Tender.				Vægt af Beholdning i Tender eller Tank		
Antal		Diameter							Hjul.						
I Bogie.	Tilsammen.	af Drivhjulene.	af Løbehjulene.	Fast Hjulstand.	Total Hjulstand af Lokomotiv med Tender.	Største Vægt paa Drivhjulene.	Lokomotivets Vægt i Arbeidsstand.[5])	Lokomotivets Vægt uden Vand og Kul.	Antal.	Diameter.	Afstand mellem For- og Baghjul.	Vægt uden Vand og Kul.	af Vand	af Kul.	Længde over Bufferne af Lokomotiv med Tender.
Antal		m.		m.		t.				m.		t.	t.		m.
4	8	1.448	0.711	2.130	10.443	18.8	29.5	26.3	4	0.965	2.740	8.8	5.5	2.6	12.69
4	8	»	0.720	»	»	16.7	27.5	25.0	4	»	2.733	»	»	»	»
2	8	»	0.965	3.810	11.340	27.4	34.0	31.0	4	»	2.515	10.5	7.0	2.5	14.430
-	6	0.914	0.610	3.886	3.886	12.7	15.2	14.0	Tanklokomotiver				0.9	0.5	7.080
2	8	0.991	0.647	3.657	10.903	17.9	21.8	19.5	8	0.667	3.615	7.6	3.7	2.4	12.721
2	8	1.170	0.700	3.400	10.255	17.3	21.5	19.3	6	0.800	2.705	6.9	4.0	2.2	12.300
2	6	1.143	0.610	1.524	3.512	8.1	10.2	9.0	Tanklokomotiv				0.7	0.4	6.300
2	6	1.143	0.610	1.905	8.627	14.1	16.6	15.3	4	0.761	1.980	4.7	[6]) 3.4	1.3	10.810
4	8	»	»	1.524	4 576	12.2	17.6	16.3	Tanklokomotiver				1.9	0.8	7.510
2	8	0.991	0.647	3.657	10.903	17.9	21.8	19.5	8	0.667	3.615	7.6	3.7	2.6	12.721
2	8	1.143	»	»	»	»	21.9	19.6	8	»	»	»	»	»	»
-	6	0.914	0.610	3.886	3.886	12.7	15.2	14.0	Tanklokomotiv				1.3	0.5	7.080
-	6	0.838	0.660	2.753	3.480	-			— » —				»	»	6.325
2	6	0.914	0.610	1.857	3.385	12.2	15.3	14.0	— » —				1.7	0.6	6.840
2	8	0.991	0.647	3.657	10.903	17.9	21.8	19.5	8	0.667	3.615	7.6	3.7	2.4	12.721
2	8	1.170	0.700	3.400	10.255	17.3	21.5	19.3	6	0.800	2.705	6.9	4.0	2.2	12.300
2	8	1.143	0.647	3.657	10.903	17.9	21.9	19.6	8	0.667	3.615	7.6	3.7	2.6	12.721
4	10	1.448	0.756	3.830	11.862	23.4	33.9	30.5	6	0.945	2.630	10.6	6.9	3.2	14.35
4	8	»	0.720	2.130	10.443	16.7	27.5	25.0	4	0.965	2.740	7.3	5.4	1.7	12.69
-	4	1.090	»	2.000	2.000	18.1	14.5	13.0	Tanklokomotiver				2.4	1.3	6.46
4	8	1.143	0.610	1.524	4.573	11.5	16.9	16.1	— » —				1.8	0.8	7.189
2	6	»	»	»	3.506	8.1	9.3	8.8	— » —				1.0	0.5	6.186
2	6	»	»	»	»	»	»	»	— » —				»	»	»
2	6	1.150	0.610	1.905	4.345	13.1	15.2	14.4	— » —				1.4	0.6	7.070
2	6	1.143	»	»	»	»	»	»	— » —				»	»	7.088
-	6	1.448	0.965	3.340	9.792	21.0	28.0	25.3	6	0.965	3.048	9.2	4.7	3.0	13.060
2	6	»	»	2.591	10.800	22.9	32.1	29.6	4	»	2.591	7.4	6.3	»	13.400
-	6	»	»	»	9.754	»	»	»	6	»	»	10.3	5.2	»	13.180
-	4	0.965	»	1.830	1.830	15.4	13.2	12.4	Tanklokomotiver				2.0	0.2	6.030
2	8	1.448	0.965	3.506	10.974	28.5	36.8	33.9	4	0.965	2.591	8.0	6.7	3.0	13.580
2	8	»	»	»	»	»	»	»	4	»	»	»	7.3	»	»

…er forsynede med automatiske Bremser. [5]) Lokomotiverne No. 56 og 57 er forsynede med
…ne No. 8—10 er forsynede med automatiske Bremser. [6]) Disse Lokomotiver er forsynede
…xclusive Vægt af Kul- og Vandbeholdning i Tender eller Tank.

Tabel V. 2. Beskriv
Spécification des vo

35	36	37	38	39	40	41	42	43	44	45	46
Litra.	**Vognsort.** Espèce de voiture ou de wagon.	Antal Vogne pr. 30te Juni 1893. Nombre de wagons au 30. juin 1893.	**Hjul.** Roues. Antal under hver Vogn. Nombre par voiture.	**Hjul.** Roues. Diameter. Diamètre. m.	**Hjulstand.** Ecartement des essieux. Fast Hjulstand. Ecartement des essieux fixes. m.	**Hjulstand.** Ecartement des essieux. Total Hjulstand. Ecartement total des essieux. m.	**Antal Pladse.** Nombre de places. I hver Vogn. Par voiture. I. Klasse. Classe.	I hver Vogn. II.	I hver Vogn. III.	Tilsamm[en] Ensembl[e] I. Klasse. Classe.	Tilsamm[en] II.
	1ste Trafikdistrikt.										
	Smaalensbanen										
	Personvogne:										
A.	1ste Klasse Bogievogne¹)	1	8	0.925	1.980	13.760	36	-	-	36	-
AB.	1ste og 2den Klasse Bogievogne¹)	2	»	»	»	13.260	18	24	-	36	48
B.	2den Klasse Bogievogne²)	2	»	»	»	»	-	48	-	-	96
»	2den do.	⁴) 29	4	»	3.500	3.500	-	24	-	-	696
BC.	2den og 3die Klasse Bogievogne	3	8	»	1.980	10.520	-	24	40	-	72
C.	3die Klasse Bogievogne	3	»	»	»	»	-	-	80	-	-
»	3die do. do.¹)	1	»	»	»	»	-	-	68	-	-
»	3die do. do.¹)	2	»	»	»	13.260	-	-	88	-	-
»	3die do. do.¹)	8	»	»	»	»	-	-	88	-	-
»	3die do.	41	4	»	3.650	3.650	-	-	40	-	-
»	3die do.	14	»	»	»	»	-	-	40	-	-
	Sum	106	-	-	-	-	-	-	-	72	912
BCDF.	Person-, Post-, & Stoppe-Bogievogne¹)	1	8	0.925	1.980	13.260	-	16	29	-	16
CD.	Person- & Post-Bogievogne	3	»	»	1.980	11.020	-	-	16	-	-
»	Person- & Postvogne	1	4	»	3.660	3.660	-	-	20	-	-
CF.	Personstoppevogne	2	»	»	3.360	3.360	-	-	10	-	-
D.	Postvogne	5	»	»	3.500	3.500	-	-	-	-	-
F.	Godsstoppevogne	20	»	»	3.360	3.360	-	-	-	-	-
»	do.¹) (med Dampkjedel)	2	»	»	4.200	4.200	-	-	-	-	-
»	do.¹)	4	»	»	»	»	-	-	-	-	-
	Godsvogne:										
G.	Lukkede Godsvogne³)	148	4	0.925	3.050	3.050	-	-	-	-	-
Gk.	Varme- og Kjølevogne	2	»	»	»	»	-	-	-	-	-
K.	Trælastvogne med Svingbolster	32	»	»	2.890	2.890	-	-	-	-	-
L.	Høikassede Godsvogne	72	»	»	3.650	3.650	-	-	-	-	-
M.	Grusvogne	20	»	»	3.750	3.750	-	-	-	-	-
N.	Stakevogne	259	»	»	»	»	-	-	-	-	-
S.	Melkevogne	8	»	»	3.050	3.050	-	-	-	-	-
	Sum Godsvogne	541	-	-	-	-	-	-	-	-	-
	Hovedsum	685	-	-	-	-	-	-	-	72	928
	Kongsvingerbanen.										
	Personvogne:										
A.	Kongelig Vogn	⁵) 1	4	0.950	3.350	3.350	-	-	-	-	-
AB.	1ste og 2den Klasse	8	»	»	»	»	8	20	-	64	160
»	1ste og 2den do. Bogievogne	2	8	»	1.980	13.260	12	50	-	24	100
»	1ste og 2den do. do.²)	2	»	0.925	»	»	18	24	-	36	48
»	1ste og 2den do. do.²)	1	»	»	»	»	18	24	-	18	24
BC.	2den og 3die do. do.¹)	2	»	»	»	»	-	24	45	-	48
C.	3die Klasse	12	4	0.950	3.210	3.210	-	-	36	-	-
»	3die do. Bogievogne¹)	2	8	0.925	1.980	13.260	-	-	87	-	-
	Sum	30	-	-	-	-	-	-	-	142	380

¹) Indgang fra Enderne og Gjennemgang. ²) Sovevogne, Indgang fra Enderne og Gjenne[…]
med alle Kupeer i indbyrdes Kommunikation. ⁵) Indgang fra Siderne og alle Kupeer i indb[…]

…gne.
… wagons.

… Moyenne par …	49	50	51	52	53	54	55	56	57	58
	…evne. …t de chargement.	Egenvægt. Poids à vide.				Maal (indvendig). Mesures (intérieures)				
	Sum. Total.	I Gjennemsnit pr. Axel. Moyenne par essieu.	Sum. Total.	For hver Personplads. Par place.	Heraf forsynede med Bremse. Pourvus de freins.	Rammens Længde. Longueur de la caisse.	Rammens Bredde. Largeur de la caisse.	Rammens Høide. Hauteur de la caisse.	Længde over Bufferne. Longueur de dehors en dehors des tampons.	Kostende i Gjennemsnit pr. Vogn ved Anskaffelsen (afr.) a) Prix moyen par wagon.
	t.		t.		Antal. Nombre	m.			m.	Kroner.
-	-	6.18	24.7	0.69	6) 1	15.21	2.70	2.21	17.90	• • •
-	-	5.95	47.6	0.57	6) 2	14.71	»	»	17.40	• • •
-	-	5.58	44.6	0.46	6) 2	14.48	»	»	»	18 230
-	-	3.95	229.1	0.33	6) 2	6.10	2.45	2.07	7.37	7 170
-	-	4.22	50.6	0.26	-	12.50	2.44	2.06	13.80	13 850
-	-	3.95	47.4	0.20	-	»	»	»	»	11 040
-	-	4.78	19.1	0.28	6) 1	12.40	2.70	2.21	15.19	13 040
-	-	5.22	41.8	0.24	6) 2	14.70	»	»	17.40	12 852
-	-	5.18	165.9	»	6) 8	»	2.70	2.07	17.09	• • •
-	-	3.95	323.9	0.20	6) 2	6.43	2.44	2.08	7.67	4 680
-	-	4.05	113.4	»	14	»	»	»	»	»
-	-	4 33	1 108.1	0.25	34	-	-	-	-	-
-	-	5.73	22.9	-	1	14.89	2.72	2.23	17.02	13 799
-	-	4.60	55.2	-	6) 3	12.50	2.44	1.93	13.80	12 740
-	-	3.95	7.9	-	6) 1	6.43	2.43	1.98	7.67	5 140
…30	13 2	3.40	13.6	-	2	6.42	2.25	2.17	7.60	3 880
-	-	3.60	36.0	-	-	6.08	2.43	2.01	7.37	6 130
…30	132.0	3.40	136.0	-	7)20	5.28	2.25	2.22	7.54	3 730
…50	14.0	4.60	18 4	-	6) 2	6.60	2.70	2.21	8.92	8 036
»	28.0	»	36.8	-	4	»	»	»	»	5 429
…00	1 480.0	3.30	976.8	-	148	5.44	2.23	2.23	6.79	3 330
…50	18.0	4.03	16.1	-	2	5.40	2.41	2.10	6.81	3 271
…5 50	352.0	2.40	153.6	-	32	4 60	2.36	0.15	5.88	2 265
-	792.0	2.80	403.2	-	72	5.33	2.35	1.25	6.80	2 170
»	220.0	2.70	108.0	-	20	6.88	2.31	0.31	8.07	2 365
»	2 849.0	»	1 398.6	-	259	»	»	»	»	• • •
…40	54.4	3.30	52.8	-	8	5.46	2.25	2.12	6.83	3 330
…33	5 765.4	2.87	3 109.1	-	541	-	-	-	-	-
-	5 952.6	-	4 544.0	-	608	-	-	-	-	-
-	-	3.05	6.1	-	-	5.94	2.28	1 98	7.21	11 340
-	-	3.35	53.6	0.24	-	5.77	2.30	1.90	7.18	5 430
-	-	4.70	37.6	0.30	-	14.90	»	»	15.78	15 000
-	-	5.95	47.6	0.57	6) 2	14.71	2.70	2.21	17.40	21 149
-	-	»	23.8	»	6) 1	»	2.70	»	»	• • •
-	-	5.58	44.6	0.32	6) 2	»	2.70	»	»	• • •
-	-	2.75	66.0	0.15	-	5.68	2.29	1.88	6.89	4 200
-	-	4.91	39.3	0.23	-	14.70	2.70	2.21	17.40	11 309
-	-	4.08	318.6	0.26	5	-	-	-	-	-

…ettede for Heste- og Troppetransport (32 Mand eller 6 Heste pr. Vogn). 4) Heraf 1 Vogn …unikation. 6) Automatiske Bremser. 7) Heraf 3 Stkr. forsynede med automatiske Bremser.

35	36	37	38	39	40	41	42	43	44	45	46
Litra.	Vognsort.	Antal Vogne pr. 30te Juni 1893.	Hjul. Antal under hver Vogn.	Hjul. Diameter. m.	Hjulstand. Fast Hjulstand. m.	Hjulstand. Total Hjulstand. m.	Antal Pladse. I hver Vogn. I. Klasse.	II.	III.	Tilsamm... I. Klasse	II.
BF.	Personstoppevogne........	8	4	0.950	3.210	3.210	-	10	-	-	80
CF.	do. ¹)	2	»	0.925	4.200	4.200	-	-	5	-	-
»	do. ¹)	4	»	»	3.760	3.760	-	-	5	-	-
D.	Postvogne	3	»	0.950	3.210	3.210	-	-	-	-	-
F.	Godsstoppevogne..........	1	»	»	2.590	2.590	-	-	-	-	-
	Godsvogne:										
G.	Lukkede Godsvogne ²)..........	5	4	0.950	3.050	3.050	-	-	-	-	-
»	do. do. ²)..........	25	»	»	3.660	3.660	-	-	-	-	-
»	do. do. ²)..........	10	»	0.925	»	»	-	-	-	-	-
»	do. do. ³)..........	40	»	0.950	»	»		-	-	-	-
Gk.	Varme- Kjølevogne............	1	»	0.925	3.050	3.050	-	-	-	-	-
K.	Trælastvogne med Svingbolster..	25	»	0.950	3.210	3.210	-	-	-	-	-
»	do. » do. ..	42	»	»	3.050	3.050	-	-	-	-	-
»	do. » do. ..	11	»	0.925	2.900	2.900	-	-	-	-	-
»	do. » do. ..	18	»	0.950	2.740	2.740	-	-	-	-	-
«	do. » do. ..	19	»	»	2.590	2.590	-	-	-	-	-
L.	Høikassede Godsvogne	12	»	0.925	3.660	3.660	-	-	-	-	-
»	do. do.	38	»	0.950	2.590	2.590	-	-	-	-	-
M.	Grusvogne	40	»	»	3.120	3.120	-	-	-	-	-
N.	Stakevogne...................	50	»	»	3.760	3.760	-	-	-	-	-
»	do.	54	»	»	»	»	-	-	-	-	-
»	do.	24	»	»	»	»	-	-	-	-	-
»	do.	12	»	»	»	»	-	-	-	-	-
»	do.	28	»	0.925	»	»	-	-	-	-	-
S.	Melkevogne	5	»	0.950	3.320	3.320	-	-	-	-	-
T.	Stakevogne uden Sidevægge.....	6	»	»	3.960	3.960	-	-	-	-	-
»	do. » do.	8	»	0.925	4.000	4.000	-	-	-	-	-
	Sum Godsvogne	473	-	-	-	-	-	-	-	-	-
	Hovedsum	521	-	-	-	-	-	-	-	142	460
	2det Trafikdistrikt										
	Kristiania Drammen.										
	Personvogne:										
B.	2den Klasse	2	4	0.761	3.048	3.048	-	24	-	-	48
»	do. Bogie Sommervogne⁴)	3	8	»	1.601	12.042	-	35	-	-	105
»	do. Bogievogne¹)........	2	»	»	1.650	12.350	-	42	-	-	84
BC.	2den og 3die Klasse. Salon-Bogiev.	2	»	»	1.601	11.418	-	28	32	-	56
»	do. Bogievogne..	{1 2}	»	»	»	11.488	-	32	{24 32}	-	96
»	do. do. ..	2	»	»	»	10.874	-	16	36	-	32
»	do. do.¹) ..	2	»	»	1.650	12.350	-	18	33	-	36
C.	3die Klasse, Sommervogne	5	4	»	3.048	3.048	-	-	28	-	-
»	do. almindelige⁵).......	25	»	»	{3.048 3.353}	{3.048 3.353}	-	-	28	-	-
»	do. Bogievogne¹).......	4	8	»	1.650	13.350	-	-	66	-	-
	Sum	50	-	-	-	-	-	-	-	-	457
CF.	Person- & Stoppe-Bogiev.¹).	1	8	0.761	1.650	13.350	-	-	51	-	-
CDF.	do., Post- & Stop.-Bogiev.¹)	1	»	»	»	»	-	-	43	-	-
CF 1	Personstoppevogne⁶).....	13	4	0.761	{3.048 3.353}	{3.048 3.353}	-	-	20	-	-
CF.	do. ⁶)......	7	»	»	3.048	3.048	-	-	4	-	-
F.	Godsstoppevogne..........	1	»	»	»	»	-	-	-	-	-

¹) Indgang fra Enderne og Gjennemgang. ²) Indrettede til Heste- og Troppetransport (32 ... pr. Vogn). ⁴) 2 Stk. med Indgang fra Enderne og Gjennemgang og 1 Stk. med Indgang fra S... gang. ⁶) Heraf 2 Stk. med Indgang fra Enderne og Gjennemgang. ⁷) Automatiske Br...

...rivelse af Vogne.

49	50	51	52	53	54	55	56	57	58
...evne.	Egenvægt.			Heraf forsynede med Bremse.	Maal (indvendig).			Længde over Bufferne.	Kostende i Gjennemsnit pr. Vogn ved Anskaffelsen. (afr.) a)
Sum.	I Gjennemsnit pr. Axel.	Sum.	For hver Personplads.		Rammens Længde.	Rammens Bredde.	Rammens Høide.		
t.	t.			Antal.	m.			m.	Kroner.
-	3.30	52.8	-	8	5.62	2.27	1.90	6.88	4 340
-	4.60	18.4	-	2	6.60	2.70	2.21	8.92	5 300
-	4.00	32.0	-	4	5.84	2.46	2.24	7.80	3 080
-	3.65	21.9	-	-	5.68	2.47	2.00	7.22	6 240
6.0	2.90	5.8	-	1	4.47	2.13	1.83	5.26	3 080
50.0	3.30	33.0	-	5	5.44	2.23	2.23	6.51	2 320
250.0	3.00	150.0	-	25	5.42	2.21	»	6.42	3 850
100.0	»	60.0	-	10	»	»	»	»	2 553
400.0	3.10	248.0	-	40	5.45	2.45	2.30	6.81	2 605
9.0	4.05	8.1	-	1	5.40	2.41	2.10	»	3 119
175.0	2.50	125.0	-	25	6.00	2.32	0.12	7.00	3 140
294.0	2.25	189.0	-	42	3.45	2.05	0.07	6.88	1 615
121.0	2.50	55.0	-	11	4.60	2.30	0.12	5.50	1 576
126.0	2.15	77.4	-	18	3.97	2.12	0.09	6.00	1 544
133.0	2.10	79.8	-	19	3.46	2.03	0.14	5.04	1 580
132.0	2.80	67.2	-	12	5.53	2.34	1.25	6.51	1 733
266.0	2.25	171.0	-	38	4.19	2.08	1.20	5.01	1 680
280.0	2.10	168.0	-	40	5.09	2.34	0.36	6.00	1 500
550.0	2.55	255.0	-	50	6.86	2.30	0.31	7.80	2 880
594.0	2.80	302.4	-	54	»	»	»	7.87	1 722
264.0	2.70	129.6	-	24	»	»	»	»	1 637
132.0	2.80	67.2	-	12	»	»	»	»	1 947
308.0	»	156.8	-	28	»	»	»	»	»
30.0	3.50	35.0	-	5	5.60	2.10	1.95	6.90	2 944
42.0	2.00	24.0	-	6	6.96	2.08	»	7.71	1 552
88.0	2.80	44.8	-	8	7.75	2.44	»	8.55	»
4 344.0	2.59	2 446.3	-	473	-	-	-	-	-
4 350.0	-	2 895.8	-	493	-	-	-	-	-
-	2.42	9.68	0.20	-	5.94	1.93	1.70	7.01	5 560
-	2.86	34.26	0.33	7) 3	13.63	»	1.90	14.70	11 500
-	4.08	32.60	0.39	-	13.66	2.26	»	16.14	15 599
-	3.11	24.88	0.21	-	12.86	1.93	1.70	13.93	11 500
-	3.05	36.60	0.20	1	13.10	1.93	»	14.17	»
-	3.01	24.10	0.23	2	12.50	»	»	13.57	10 000
-	4.00	32.00	0.31	-	13.66	2.26	1.90	16.14	13 882
-	1.98	19.80	0.14	-	5.94	1.93	1.70	7.01	2 480
-	2.16	108.00	0.15	-	5.79	»	»	6.86	3 080
-	4.03	64.40	0.24	-	14.66	2.26	1.90	17.14	11 651
-	2.84	386.32	0.21	6	-	-	-	-	-
-	4.08	16.3	-	1	14.66	2.26	1.90	17.14	11 780
-	»	16.3	-	1	»	»	»	»	11 909
-	2.16	56.16	0.22	13	5.79-5.94	1.93	1.70	6.86-7.01	3 495
-	2.49	34.86	-	8) 7	5.94	1.98-1.93	1.78-1.70	7.01	3 680
5.0	2.37	4.73	-	1	5.33	1.93	1.70	6.40	2 320

...Heste pr. Vogn). 3) Indrettede for Syge- Heste- & Troppetransport (32 Mand eller 8 Heste ... Kupeer i indbyrdes Kommunikation. 5) Heraf 1 Stk. med Indgang fra Enderne og Gjennem- ...af 2 Stk. tillige forsynede med automatiske Bremser.

Tabel V. 2 (Fo

35	36	37	38	39	40	41	42	43	44	45	46
Litra.	Vognsort.	Antal Vogne pr. 30te Juni 1893.	Hjul. Antal under hver Vogn.	Hjul. Diameter. m.	Hjulstand. Fast Hjulstand. m.	Hjulstand. Total Hjulstand. m.	Antal Pladse. I hver Vogn. I. Klasse.	I hver Vogn. II. Klasse.	I hver Vogn. III. Klasse.	Tilsamm. I. Klasse.	Tilsamm. II. Klasse.
	Godsvogne:										
G.	Lukkede Godsvogne	38	4	0.761	3.048	3.048	-	-	-	-	-
»	do. do.[1])	15	»	»	»	»	-	-	-	-	-
Gk.	Varme- og Kjølevogne	1	»	»	3.200	3.200	-	-	-	-	-
K.	Trælastvogne med Svingbolster	34	»	»	3.048	3.048	-	-	-	-	-
L.	Høikassede Godsvogne	48	»	»	»	»	-	-	-	-	-
»	do. do.	4	»	»	»	»	-	-	-	-	-
»	Lavkassede do.[2])	10	»	»	»	»	-	-	-	-	-
N.	Trælastvogne uden Svingbolster	30	»	»	3.962	3.962	-	-	-	-	-
»	Stakevogne	36	»	»	»	»	-	-	-	-	-
S.	Melkevogne	1	»	»	3.048	3.048	-	-	-	-	-
	Sum Godsvogne	217	-	-	-	-	-	-	-	-	-
	Hovedsum	290	-	-	-	-	-	-	-	-	457
	Drammen-Skien. Personvogne:										
A.	1ste Klasse, Salon-Bogievogne[3])	1	8	0.761	1.371	»	15	-	-	15	-
B.	2den do. do. do.	1	»	»	1.524	10.366	-	44	-	-	44
»	do. Bogievogne, almindelige	6	»	»	» / 1.371	» / 10.213	-	48	-	-	288
BC.	2den og 3die Klasse Bogievogne	2	»	»	1.601 / 1.371	10.726 / 10.670	-	24	32	-	48
»	do. do. Cleminson	1	6	»	-	8.530	-	24	32	-	24
C.	3die Klasse, Bogievogne[4])	1 / 15	8	»	1.524 / 1.371	10.823 / 10.670	-	-	56 / 64	-	-
»	do. almindelige	13	4	»	3.353	3.353		-	32	-	-
	Sum	40	-	-	-	-	-	-	-	15	404
CDF.	Person-, Post- & Stoppe-Bogievogne	2	8	0.761	1.524	10.823	-	-	24	-	-
DF.	Post & Stoppe-Bogievogne	3	»	»	1.371	10.518	-	-	-	-	-
F.	Godsstoppevogne	11	4	»	3.353	3.353	-	-	-	-	-
	Godsvogne:										
G.	Lukkede Godsvogne[5])	70	4	0.761	3.048	3.048	-	-	-	-	-
»	do. do.[6])	50	»	»	3.200	3.200	-	-	-	-	-
Gk.	Varme- og Kjølevogne	1	»	»	»	»	-	-	-	-	-
K.	Trælastvogne med Svingbolster	20	»	»	3.048	3.048	-	-	-	-	-
L.	Høikassede Godsvogne	36	»	»	»	»	-	-	-	-	-
»	Grindvogne	30	»	»	»	»	-	-	-	-	-
»	Grusvogne	20	»	»	»	»	-	-	-	-	-
N.	Stakevogne	30	»	»	3.962	3.962	-	-	-	-	-
S.	Melkevogne	2	»	»	3.048	3.048	-	-	-	-	-
	Sum Godsvogne	259	-	-	-	-	-	-	-	-	-
	Hovedsum	315	-	-	-	-	-	-	-	15	404
	Drammen-Randsfjord. Personvogne:										
BC.	2den og 3die Klasse, Salonvogne	2	4	0.761	3.048	3.048	-	14	16	-	28
»	do. do. Langvogne	1	6	»	»	6.400	-	16	24	-	16
»	do. do. almindelige	5	4	»	»	3.048	-	16	16	-	80
»	do. do. Bogievogne	4	8	»	1.524 / 1.601	11.471 / 11.488	-	32	32	-	128

[1]) Indrettede for Hestetransport og 10 Stk. tillige for Troppetransport (24 Mand eller 6 Hest
Stk. med Indgang fra Enderne og Gjennemgang. [5]) Heraf 30 Stk. indrettede for Hestetran
Vogn). [7]) Forsynede med Rørledning for automatiske Bremser. [8]) Automatiske Bremser. [9])
med automatiske Bremser. [12]) Heraf 5 Stk. forsynede med Rørledning for automatiske Bremser

...else af Vogne.

49	50	51	52	53	54	55	56	57	58
...ne.	Egenvægt.			Heraf forsynede med Bremse.	Maal (indvendig).			Længde over Bufferne.	Kostende i Gjennemsnit pr. Vogn ved Anskaffelsen. (afr.) a)
Sum.	I Gjennemsnit pr. Axel.	Sum.	For hver Personplads.		Rammens Længde.	Rammens Bredde.	Rammens Høide.		
t.		t		Antal.	m.			m.	Kroner.
197.6	1.87	142.12	-	38	5.33	1.93	1.63-1.70	6.40	1 600
97.5	1.95-2.25	65.10	-	15	5.33-5.30	1.93-1.95	1.86-1.96	6.37	2 240
5.0	3.00	6.00	-	1	5.35	1.89	1.88	6.60	2 896
238.0	1.75	119.00	-	34	5.38	2.03	0.29	6.40	1 892
272.0	1.91	183.75	-	48	5.33	1.93	1.14	»	1 600
26.0	1.95	15.60	-	4	»	1.98	1.07	»	2 132
60.25	1.62	32.50	-	10	5.38	1.97	0.14	»	1 400
198.5	1.75	105.00	-	30	7.06	1.93	»	8.08	1 880
252.00	2.00	144.00	-	36	7.00	1.95	0.30	8.07	1 610
3.75	2.75	5.50	-	1	5.94	1.98	1.75	7.01	2 800
1 350 60	1.89	818.57	-	217	-	-	-	-	-
1 355.60	-	-	-	246	-	-	-	-	-
-	-	-	-	[7]) 1	10.70	2.21	1.98	18.13	13 630
-	3.00	12.00	0.27	[8]) 1	11.70	2.06	1.83	12.80	12 340
-	»	72.00	0.25	[8]) 6	»	»	»	»	11 845
-	2.73	21.80	0.19	-	12.05	»	»	13.12	11 070
-	3.67	11.00	0.20	-	»	»	»	»	11 250
-	2.93	187.52	0.18	[9]) 8	12.20	»	»	13.27	8 060
-	»	76.05	»	[10]) 10	6.00	»	»	7.07	3 640
-	-	380.37	0.20	26	-	-	-	-	-
-	2.93	23.44	-	2	12.20	2.06	1.83	13.27	7 970
-	2.78	33.30	-	[8]) 3	12.05	»	»	13.12	7 955
60.50	2.75	60.50	-	[11]) 11	6.00	»	»	7.07	3 230
455.00	2.25	315.00	-	70	5.30	1.95	1.96	6.37	1 920
325.00	»	225.00	-	[12]) 50	5.43	1.97	2.03	6.50	2 000
5.00	3.00	6.00	-	1	5.35	1.89	1.88	6.60	2 896
140.00	1.80	72.00	-	20	5.30	1.95	0.23	6.37	1 550
252.00	2.00	144.00	-	36	»	»	1.12	»	1 610
210.00	1.75	105.00	-	30	5.42	2.06	0.45	6.49	1 710
140.00	1.63	65.00	-	20	»	»	0.30	»	1 490
210.00	2.00	120.00	-	30	7.00	1.95	»	8.07	1 500
11.00	2.60	10.40	-	2	5.30	»	1.87	6.37	2 360
1 748.00	2.05	1 062.40	-	259	-	-	-	-	-
1 808.50	-	-	-	301	-	-	-	-	-
-	2.37	9.46	0.16	-	5.94	1.93	1.70	7.01	4 260
-	»	7.12	0.18	-	9.30	»	»	10.36	6 000
-	2.38	23.80	0.15	-	5.94	»	»	7.16	4 165
-	3.05	48.80	0.19	-	13.10	1.98	»	14.17	11 500

...) [2]) Benyttes ogsaa som Grusvogne. [3]) Indgang fra Enderne og Gjennemgang. [4]) Heraf 1 ...ste pr. Vogn). [6]) Indrettede for Heste-, Troppe- og Sygetransport (24 Mand eller 6 Heste pr. ... med automatiske Bremser. [10]) Heraf 10 Stk. med automatiske Bremser. [11]) Heraf 3 Stk.

Tabel V. 2 (For

35	36	37	38	39	40	41	42	43	44	45	46
Litra.	Vognsort.	Antal Vogne pr. 30te Juni 1893.	Hjul. Antal under hver Vogn.	Hjul. Diameterr. m.	Hjulstand. Fast Hjulstand. m.	Hjulstand. Total Hjulstand. m.	Antal Pladse. I hver Vogn. I. Klasse.	Antal Pladse. I hver Vogn. II. Klasse.	Antal Pladse. I hver Vogn. III. Klasse.	Antal Pladse. Tilsamm. I. Klasse.	Antal Pladse. Tilsamm. II. Klasse.
BC.	2den og 3die Klasse, Bogievogne	2	8	0.761	1.601	10.430	-	16	28	-	32
C.	3die Klasse, almindelige[1])	13 5	4	»	3.048	3.048	-	-	24 28	-	-
»	do. Sommervogne	6	»	»	»	»	-	-	28	-	-
	Sum	38	-	-	-	-	-	-	-	-	284
DF.	Post- & Stoppe-Bogievogne	2	8	0.761	1.601	11.455	-	-	-	-	-
CF 1.	Personstoppevogne........	2	4	»	3.048	3.048	-	-	24	-	-
CF.	do.	3	»	»	»	»	-	-	8	-	-
F.	Godsstoppevogne..........	2	»	»	»	»	-	-	-	-	-
»	do	4	»	»	»	»	-	-	-	-	-
	Godsvogne:										
G.	Lukkede Godsvogne[2])	31	4	0.761	3.048	3.048	-	-	-	-	-
»	do. do.	9	»	»	»	»	-	-	-	-	-
Gk.	Varme- og Kjølevogne..........	1	»	»	3.200	3.200	-	-	-	-	-
K.	Trælastvogne med Svingbolster ..	65	»	»	2.134	2.134	-	-	-	-	-
»	do. » do. ..	5	»	»	»	»	-	-	-	-	-
»	do. » do. ..	48	»	»	3.048	3.048	-	-	-	-	-
»	do. » do. ..	3	»	»	»	»	-	-	-	-	-
L.	Høikassede Godsvogne	39	»	»	»	»	-	-	-	-	-
»	do. do.	20	»	»	3.200	3.200	-	-	-	-	-
»	Lavkassede do.	5	»	»	3.048	3.048	-	-	-	-	-
N.	Trælastvogne uden Svingbolster..	160	»	»	3.962	3.962	-	-	-	-	-
»	Stakevogne....................	121	»	»	»	»	-	-	-	-	-
S.	Melkevogne	1	»	»	3.048	3.048	-	-	-	-	-
	Sum Godsvogne	508	-	-	-	-	-	-	-	-	-
	Hovedsum	559	-	-	-	-	-	-	-	-	284
	3die & 4de Trafikdistrikt.										
	Eidsvold-Hamar.										
	Personvogne:										
AB.	1ste og 2den Klasse, Bogievogne[5])	1	8	0.925	1.980	13.260	18	24	-	18	24
»	do. do. do.	1	»	»	»	10.514	20	24	-	20	24
B.	2den Klasse	4	4	»	3.500	3.500	-	24	-	-	96
C.	3die Klasse	6	»	»	3.810	3.810	-	-	40	-	-
»	do. Bogievogne	2	8	»	1.980	10.514	-	-	80	-	-
	Sum	14	-	-	-	-	-	-	-	38	144
F.	Godsstoppevogne	6	4	0.925	3.350	3.350	-	-	-	-	-
	Godsvogne:										
G.	Lukkede Godsvogne[3])	23	4	0.925	3.050	3.050	-	-	-	-	-
Gk.	Varme- og Kjølevogne..........	5	»	»	»	»	-	-	-	-	-
L.	Høikassede Godsvogne	10	»	»	3.650	3.650	-	-	-	-	-
N.	Stakevogne....................	64	»	»	3.760	3.760	-	-	-	-	-
S.	Melkevogne	2	»	»	3.050	3.050	-	-	-	-	-
	Sum Godsvogne	104	-	-	-	-	-	-	-	-	-
	Hovedsum	124	-	-	-	-	-	-	-	38	144
	Hamar-Grundset.										
	Personvogne:										
B.	2den Klasse...................	1	4	0.761	3.048	3.048	-	24	-	-	24
BC.	2den og 3die Klasse	2	»	»	»	»	-	16	16	-	32
C.	3die Klasse	2	»	»	»	»	-	-	30	-	-
	Sum	5	-	-	-	-	-	-	-	-	56

[1]) Heraf 3 Stk. med Indgang fra Enderne og Gjennemgang. [2]) Indrettede for Hestetransport Troppetransport (32 Mand eller 6 Heste pr. Vogn). [4]) Automatiske Bremser. [5]) Sovevogn, Indg [7]) Heraf 2 Stk. forsynede med Rørledning for automatiske Bremser. [8]) Forsynede baade

...else af Vogne.

49	50	51	52	53	54	55	56	57	58
...evne.	Egenvægt.				Maal (indvendig).				
Sum.	I Gjennemsnit pr. Axel.	Sum.	For hver Personplads.	Heraf forsynede med Bremse.	Rammens Længde.	Rammens Bredde.	Rammens Høide.	Længde over Bufferne.	Kostende i Gjennemsnit pr. Vogn ved Anskaffelsen. (afr.) a)
t.	t.			Antal.	m.			m.	Kroner.
-	2.86	22.90	0.26	2	12.04	1.93	1.70	13.11	10 000
-	2.06	74.16	0.16	-	5.94	»	»	7.01	2 800
-	1.98	23.76	0.14	-	»	»	»	»	2 440
-	2.36	210.00	0.172	2	-	-	-	-	-
-	3.05	24.40	-	[4]) 2	13.07	1.93	1.70	14.19	11 500
-	2.16	8.64	0.18	2	5.94	»	»	7.01	3 200
-	2.49	14.94	-	3	»	»	»	»	3 072
6.50	2.37	9.46	-	2	5.33	»	»	6.40	2 000
18.00	»	18.92	-	4	»	»	»	»	1 800
201.50	2.25	139.50	-	31	5.30	1.95	1.96	6.35	2 240
50.00	1.90	34.25	-	9	5.33	1.93	1.70	6.40	1 600
5.00	3.00	6.00	-	1	5.35	1.89	1.88	6.60	2 614
377.00	1.50	195.00	-	65	4.17	1.94	0.11	5.18	1 920
31.25	1.63	16.25	-	5	4.17	1.95	»	»	1 550
284.00	1.60	153.60	-	48	5.38	1.93 à 2.03	»	6.40	1 260
19.40	1.80	10.80	-	3	5.30	1.95	0.23	6.37	1 550
214.50	1.88	146.25	-	39	5.33	1.93	1.07	6.40	1 390
132.00	2.20	88.00	-	20	5.49	2.02	0.70	6.60	1 755
27.50	1.63	16.25	-	5	5.38	1.94	0.51	6.40	1 160
937.60	1.75	560.00	-	160	6.83	1.93 à 2.03	0.11	8.08	1 880
847.00	2.00	484.00	-	121	7.00	1.95	0.30	8.07	1 831
3.75	2.75	5.50	-	1	5.94	1.93	0.75	7.01	2 800
3 130.50	1.83	1 855.40	-	508	-	-	-	-	-
3 155.00	-	-	-	523	-	-	-	-	-
-	5.95	23.8	0.57	[4]) 1	14.71	2.70	2.21	17.40	21 638
-	4.25	17.0	0.39	[4]) 1	12.12	2.44	2.08	13.40	15 620
-	3.95	31.6	0.33	[4]) 2	6.10	-	»	7.40	7 360
-	»	47.4	0.20	[4]) 2	6.40	-	»	7.70	4 800
-	4.25	34.0	0.21	[4]) 2	12.12	-	»	13.40	11 340
-	4.06	153.8	0.26	8	-	-	-	-	-
39.6	3.40	40.8	-	[6]) 6	5.28	2.23	2.22	7.57	3 900
161.0	3.20	147.2	-	[7]) 23	5.44	2.23	2.23	6.80	2 830
39.0	4.20	42.0	-	[8]) 5	5.39	2.40	2.10	6.74	4 168
110.0	2.95	59.0	-	10	5.53	2.35	1.25	6.80	1 930
704.0	2.70	345.6	-	64	6.88	2.31	0.31	8.07	2 300
13.0	3.30	13.2	-	2	5.44	2.23	2.12	6.80	3 500
1 027.0	2.92	607.0	-	104	-	-	-	-	-
1 066.6	-	801.6	-	118	-	-	-	-	-
-	2.15	4.3	0.18	-	5.94	1.93	1.75	7.01	4 570
-	»	8.6	0.13	-	-	»	»	-	»
-	2.40	9.6	0.16	-	-	»	1.78	-	4 100
-	2.25	22.5	0.15	-	-	-	-	-	-

...tillige for Troppetransport (24 Mand eller 6 Heste pr. Vogn). [5]) Indrettede for Heste- og ...
...me og Gjennemgang (Dampopvarmning). [6]) Heraf 2 Stk. med automatiske Bremser.
...ke Bremser og med Haandbremser.

35	36	37	38	39	40	41	42	43	44	45	46
Litra.	Vognsort.	Antal Vogne pr. 30te Juni 1863.	Hjul.		Hjulstand.		Antal Pladse.				
			Antal under hver Vogn.	Diameter.	Fast Hjulstand.	Total Hjulstand.	I hver Vogn.			Tilsamm	
							I.	II.	III.	I.	II.
				m.	m.		Klasse.			Klasse	
CF.	Personstoppevogne	3	4	0.761	3.048	3.048	-	-	8	-	-
D.	Postvogne	1	»	»	»	»	-	-	-	-	-
	Godsvogne:										
G.	Lukkede Godsvogne[1])	9	4	0.761	3.048	3.048	-	-	-	-	-
Gk.	Varme- og Kjølevogne	3	»	»	3.200	3.200	-	-	-	-	-
L.	Høikassede Godsvogne	1	»	»	3.048	3.048	-	-	-	-	-
»	Lavkassede do.	10	»	»	»	»	-	-	-	-	-
N.	Stakevogne	20	»	»	»	»	-	-	-	-	-
P.	Trælast- og Malmvogne	10	»	»	2.134	2.134	-	-	-	-	-
	Sum Godsvogne	53	-	-	-	-	-	-	-	-	-
	Grundset-Aamot.										
	Personvogne:										
C.	3die Klasse, Bogievogne[2])	1	8	0.761	1.600	11.350	-	-	44	-	-
	Støren-Aamot.										
	Personvogne:										
A.	1ste Klasse, Salon-Bogievogne[2])	1	8	0.609	1.219	9.144	15	-	-	15	-
»	1ste Klasse, Bogievogne[2])	3	»	0.761	1.600	11.050	34	-	-	102	-
B.	2den Klasse	2	4	»	3.200	3.200	-	24	-	-	48
»	do.	1	»	»	3.505	3.505	-	32	-	-	32
»	do.	1	»	»	3.810	3.810	-	22	-	-	22
BC.	2den og 3die Klasse	2	»	»	3.048	3.048	-	10	16	-	20
»	do. do. Bogievogne	5	8	»	1.372	10.210	-	24	32	-	120
C.	3die Klasse, Bogievogne	2	»	»	»	»	-	-	64	-	-
»	3die Klasse	16	4	»	3.353	3.353	-	-	32	-	-
»	do.	2	»	»	3.048	3.048	-	-	24	-	-
»	do.	7	»	»	3.353	3.353	-	-	28	-	-
	Sum	42	-	-	-	-	-	-	-	117	242
DF.	Post- & Stoppe-Bogievogne	4	8	0.761	1.829	11.582	-	-	-	-	-
F.	Stoppevogne	4	4	»	3.353	3.353	-	-	-	-	-
FG.	Godsstoppevogne	12	»	»	3.048	3.048	-	-	-	-	-
	Godsvogne:										
G.	Dækkede Godsvogne[3])	5	4	0.761	3.048	3.048	-	-	-	-	-
»	Lukkede do.[4])	42	»	»	»	»	-	-	-	-	-
»	do. do.[5])	18	»	»	»	»	-	-	-	-	-
Gk.	Varme- og Kjølevogne	10	»	»	3.200	3.200	-	-	-	-	-
K.	Trælastvogne med Svingbolster	5	»	»	3.962	3.962	-	-	-	-	-
»	do. do. do.	5	»	»	3.048	3.048	-	-	-	-	-
L.	Høikassede Godsvogne	25	»	»	»	»	-	-	-	-	-
»	Lavkassede do.	20	»	»	»	»	-	-	-	-	-
N.	Stakevogne	10	»	»	3.657	3.657	-	-	-	-	-
»	do.	49	»	»	3.048	3.048	-	-	-	-	-
»	do.	40	»	»	3.962	3.962	-	-	-	-	-
P.	Trælast- og Malmvogne[6])	52	»	»	2.286	2.286	-	-	-	-	-
»	Malmvogne	45	»	»	2.800	2.800	-	-	-	-	-
	Sum Godsvogne	326	-	-	-	-	-	-	-	-	-

[1]) Indrettede for Hestetransport og 1 Vogn tillige for Troppetransport (24 Mand eller 6 Hes Vogn). [4]) Heraf 35 Stk. indrettede for Troppetransport (24 Mand pr. Vogn). [5]) Indrette ogsaa for Ballastering. [7]) Heraf 5 Stk. forsynede med Rørledning for automatiske B [10]) Heraf 4 Stk. forsynede med automatiske Bremser og 2 Stk. med kun Rørledning for med Rørledning for automatiske Bremser (3 Vogne, Litra P, er blot midlertidig forsyned

...else af Vogne.

	49	50	51	52	53	54	55	56	57	58
	...rne.	Egenvægt.				Maal (indvendig).				
	Sum.	I Gjennemsnit pr. Axel.	Sum.	For hver Personplads.	Heraf forsynede med Bremse.	Rammens Længde.	Rammens Bredde.	Rammens Høide.	Længde over Bufferne.	Kostende i Gjennemsnit pr. Vogn ved Anskaffelsen. (afr.) a)
			t.		Antal.		m.		m.	Kroner.
	-	2.05	12.3	-	3	5.94	1.93	1.78	7.01	4 100
	-	2.00	4.0	-	-	-	1.98	1.88	»	3 740
130	59.4	2.20	39.6	-	7) 9	5.33	1.89	1.85	6.40	2 230
230	13.8	3.20	19.2	-	8) 3	5.39	»	1.88	6.44	3 467
250	5.0	1.75	3.5	-	1	5.64	»	1.07	6.71	1 480
»	50.0	1.70	34.0	-	10	5.33	»	0.51	6.40	1 300
»	100.0	1.60	64.0	-	20	5.64	1.98	0.31	6.71	1 320
225	45.0	1.50	30.0	-	10	3.51	1.89	»	4.57	1 270
158	273.2	1.80	190.3	-	53	-	-	-	-	-
-	-	3.30	13.2	0.30	8) 1	13.34	2.21	1.91	15.30	6 000
-	-	1.75	7.0	0.47	8) 1	10.52	2.06	2.21	12.80	16 000
-	-	3.25	39.0	0.38	8) 3	12.92	2.14	1.91	15.62	14 000
-	-	2.55	10.2	0.21	9) -	5.64	1.98	1.85	6.71	5 700
-	-	2.60	5.2	0.16	-	7.01	»	1.78	8.08	6 510
-	-	2.50	5.0	0.23	-	6.78	»	1.85	7.85	6 050
-	-	2.55	10.2	0.20	-	5.94	»	»	7.01	5 380
-	-	3.00	60.0	0.21	8) 5	11.73	»	»	12.80	8 930
-	-	»	24.0	0.19	8) 2	12.03	»	»	13.10	»
-	-	2.40	76.8	0.15	-	5.94	»	»	7.01	3 230
-	-	»	9.6	0.20	-	»	»	»	»	3 080
-	-	2.55	35.7	0.18	10) 7	»	»	»	»	3 750
-	-	2.67	282.7	0.20	18	-	-	-	-	-
»	-	2.50	40.0	-	8) 4	12.03	1.98	1.88	13.10	6 740
»	-	2.00	16.0	-	4	5.94	»	1.85	7.01	1 600
130	79.2	1.80	43.2	-	12	5.33	»	1.78	6.40	2 260
	33.0	1.80	18.0	-	5	5.33	1.98	1.80	6.40	2 090
	277.2	1.85	155.4	-	42	»	»	1.83	»	2 230
	118.8	2.20	79.2	-	11) 18	»	»	1.96	6.40	»
	46.0	3.20	64.0	-	8) 10	5.39	1.89	1.88	6.44	3 232
	35.0	1.75	17.5	-	5	7.01	1.87	0.10	8.68	1 900
	35.0	1.60	16.0	-	5	5.33	1.98	0.23	6.40	1 890
	175.0	1.75	87.5	-	25	»	»	1.07	»	1 860
	140.0	1.70	68.0	-	20	»	»	0.51	»	2 140
	70.0	1.80	36.0	-	10	6.25	»	0.24	7.32	2 055
	343.0	1.60	156.8	-	12) 49	5.33	»	0.15	6.40	2 536
-	280.0	2.00	160.0	-	40	7.05	2.01	0.35	8.08	1 405
	364.0	1.50	156.0	-	12) 52	4.11	1.98	»	5.18	2 115
	342.0	1.70	153.0	-	10	4.50	2.10	0.25	5.70	1 430
	2 259.0	1.78	1 167.4	-	291	-	-	-	-	-

...) Indgang fra Enderne og Gjennemgang. 8) Indrettede for Troppetransport (24 Mand pr. ...sport og 12 Stk. tillige for Troppetransport (24 Mand eller 6 Heste pr. Vogn). 9) Anvendes ...ke Bremser. 9) Disse Vogne er forsynede med Rørledning for automatiske Bremser. ... 16 Stk. forsynede med Rørledning for automatiske Bremser. 12) Heraf 3 Stk. forsynede ...).

Tabel V. 2 (Fo

35	36	37	38	39	40	41	42	43	44	45	46
			Hjul.		Hjulstand.		Antal Pladse.				
							I hver Vogn.			Tilsamm	
Litra.	Vognsort.	Antal Vogne pr. 30te Juni 1893.	Antal under hver Vogn.	Diameter. m.	Fast Hjulstand. m.	Total Hjulstand. m.	I. Klasse.	II. Klasse.	III. Klasse.	I. Klasse	II. Klasse
	Trondhjem-Støren.										
	Personvogne:										
A	1ste Klasse, Bogievogne[1])	1	8	0.761	1.600	13.340	30	-	-	30	-
AC.	1ste og 3die Klasse, Bogievogne[1])	3	»	»	»	12.730	15	-	28	45	-
BC.	2den og 3die Klasse	4	4	»	3.048	3.048	-	16	16	-	64
C.	3die Klasse	4	»	»	»	»	-	-	30	-	-
»	do.	2	»	»	»	»	-	-	32	-	-
	Sum	14	-	-	-	-	-	-	-	75	64
DF.	Post- & Stoppe-Bogievogne	2	8	0.761	1.829	10.560	-	-	-	-	-
D.	Postvogne	1	4	»	3.048	3.048	-	-	-	-	-
F.	Stoppevogne	2	»	»	»	»	-	-	-	-	-
FG.	Godsstoppevogne	2	»	»	»	»	-	-	-	-	-
	Godsvogne:										
G.	Dækkede Godsvogne	6	4	0.761	3.048	3.048	-	-	-	-	-
»	Lukkede do.	4	»	»	»	»	-	-	-	-	-
»	do. do. [2])	6	»	»	»	»	-	-	-	-	-
Gk.	Varme- og Kjølevogne	3	»	»	3.200	3.200	-	-	-	-	-
K.	Trælastvogne med Svingbolster	10	»	»	3.048	3.048	-	-	-	-	-
»	do. » do.	4	»	»	2.286	2.286	-	-	-	-	-
L.	Høikassede Godsvogne	6	»	»	3.048	3.048	-	-	-	-	-
»	Lavkassede do.	10	»	»	»	»	-	-	-	-	-
N.	Stakevogne	10	»	»	»	»	-	-	-	-	-
P.	Malmvogne	30	»	»	2.800	2.800	-	-	-	-	-
	Sum Godsvogne	89	-	-	-	-	-	-	-	-	-
	Merakerbanen.										
	Personvogne:										
B.	2den Klasse	6	4	0.950	3.500	3.500	-	24	-	-	144
BC.	2den og 3die Klasse, Bogievogne[1])	2	8	»	1.980	8.570	-	24	36	-	48
C.	3die Klasse	11	4	»	3.650	3.650	-	-	40	-	-
»	do. Bogievogne[1])	2	8	»	1.980	8.570	-	-	70	-	-
	Sum	21	-	-	-	-	-	-	-	-	192
CDF.	Person-, Post- & Stoppe-Bogievogne	2	8	0.950	1.980	11.200	-	-	20	-	-
CD.	Person- og Postvogne	1	4	»	3.650	3.650	-	-	20	-	-
F.	Godsstoppevogne	7	»	»	3.360	3.360	-	-	-	-	-
»	do.	2	»	»	»	»	-	-	-	-	-
	Godsvogne:										
G.	Lukkede Godsvogne[3])	20	4	0.950	3.040	3.040	-	-	-	-	-
»	do. do. [5])	17	»	»	»	»	-	-	-	-	-
K.	Trælastvogne med Svingbolster[4]).	21	»	»	2.890	2.890	-	-	-	-	-
L.	Lavkassede Godsvogne	19	»	»	»	»	-	-	-	-	-
»	Høikassede do.	20	»	»	3.650	3.650	-	-	-	-	-
N.	Stakevogne	100	»	»	3.750	3.750	-	-	-	-	-
S.	Melkevogne	3	»	»	3.040	3.040	-	-	-	-	-
	Sum Godsvogne	200	-	-	-	-	-	-	-	-	-
	Hovedsum	233	-	-	-	-	-	-	-	-	192

[1]) Indgang fra Enderne og Gjennemgang. [2]) Indrettede for Hestetransport og 4 Stk. tillig (32 Mand eller 6 Heste pr. Vogn). [4]) 15 Stk. er forsynede med Sidelemmer for Brug ved Ballast [7]) Kostende for med Bremse udstyret Vogn; uden Bremse (4 Stk.) Kr. 4 370 pr. Vogn. [8]) H [10]) Heraf 4 Stk. forsynede med Rørledning for automatiske Bremser. [11]) Heraf 1 Stk. fors

…else af Vogne.

	49	50	51	52	53	54	55	56	57	58
	…evne.	Egenvægt.				Maal (indvendig).				
	Sum.	I Gjennemsnit pr. Axel.	Sum.	For hver Personplads.	Heraf forsynede med Bremse.	Rammens Længde.	Rammens Bredde.	Rammens Høide.	Længde over Bufferne.	Kostende i Gjennemsnit pr. Vogn ved Anskaffelsen. (afr.) a)
	t.		t.		Antal.	m.			m.	Kroner.
-	-	4.51	18.0	0.60	5) 1	14.85	2.40	2.04	17.20	14 360
-	-	4.23	50.7	0.39	5) 3	14.19	2.25	»	16.59	13 388
-	-	2.30	18.4	0.14	-	5.94	1.93	1.75	7.01	4 320
-	-	2.05	16.0	0.13	1	»	»	1.78	»	2 820
-	-	1.95	7.8	0.12	-	5.33	»	»	6.40	2 700
-	-	3.08	110.9	0.24	5	-	-	-	-	-
-	-	3.53	28.2	-	5) 2	13.33	2.09	1.98	15.86	6 300
-	-	2.00	4.0	-	-	5.94	1.98	1.88	7.01	3 740
-	-	2.05	8.2	-	2	»	1.93	1.78	»	3 280
-30	13.2	1.83	7.3	-	2	5.33	1.89	»	6.40	»
50	30.0	1.80	21.6	-	6	5.33	1.89	1.80	6.40	1 260
30	26.4	1.85	14.8	-	4	»	1.98	1.83	»	2 230
30	39.6	2.20	26.4	-	6) 6	»	»	1.96	»	»
30	13.8	3.20	19.2	-	5) 3	5.39	1.89	1.88	6.44	3 812
50	50.0	1.60	32.0	-	10	5.33	1.87	0.10	6.40	1 110
»	20.0	1.50	12.0	-	4	4.11	»	»	5.18	»
»	30.0	1.75	21.0	-	6	5.33	1.89	1.07	6.40	1 070
»	50.0	1.70	34.0	-	10	»	»	0.51	»	1 040
»	50.0	1.60	32.0	-	10	5.64	1.98	0.35	6.71	1 110
[illegible]	228.0	1.70	102.0	-	-	4.50	2.10	0.25	5.70	1 433
[illegible]	537.8	1.77	315.0	-	59	-	-	-	-	-
»	-	3.95	47.4	0.33	5) 2	6.10	2.45	2.07	7.37	7 130
»	-	3.88	31.0	0.26	8) 2	12.10	2.67	2.06	15.22	13 380
»	-	3.95	86.9	0.20	9) 11	6.43	2.44	2.08	7.67	7) 5 210
»	-	3.88	31.0	0.22	8) 2	12.10	2.67	2.66	15.22	10 850
-	-	3.93	196.3	0.23	17	-	-	-	-	-
-	-	4.05	32.4	-	8) 2	12.75	2.42	1.86	14.88	12 688
-	-	3.95	7.9	-	-	6.40	2.42	1.86	7.70	5 290
30	46.2	3.40	47.6	-	7	6.22	2.25	2.22	7.54	4 010
20	12.8	3.80	15.2	-	5) 2	6.24	2.47	2.17	8.25	4 953
	200.0	3.30	132.0	-	10) 20	5.44	2.23	2.23	6.79	4 000
	119.0	»	112.2	-	17	»	»	»	»	4 000
	231.0	2.40	100.8	-	21	4.60	2.36	0.15	5.88	2 140
	209.0	2.75	104.5	-	19	4.62	2.36	0.90	»	2 585
	220.0	2.95	118.0	-	20	5.53	2.35	1.25	6.80	2 200
	1 100.0	2.70	540.0	-	11) 100	6.88	2.31	0.31	8.07	2 355
	20.4	3.30	19.8	-	3	5.45	2.26	2.12	6.83	3 140
	2 099.4	2.81	1 127.3	-	200	-	-	-	-	-
-	2 158.4	-	-	-	228	-	-	-	-	-

…transport (24 Mand eller 6 Heste pr. Vogn). 8) Indrettede for Heste- og Troppetransport.
…omatiske Bremser. 6) Heraf 2 Stk. forsynede med Rørledning for automatiske Bremser
…rsynet med automatisk Bremse. 9) Heraf 4 Stk. forsynede med automatiske Bremser
…rledning for automatiske Bremser.

35	36	37	38	39	40	41	42	43	44	45	46
			Hjul.		Hjulstand.		Antal Pladse.				
							I hver Vogn.			Tilsamm	
Litra.	Vognsort.	Antal Vogne pr. 30te Juni 1893.	Antal under hver Vogn.	Diameterr. m.	Fast Hjulstand. m.	Total Hjulstand. m.	I. Klasse.	II. Klasse.	III. Klasse.	I. Klasse	II. Klasse
	5te Trafikdistrikt.										
	Jæderbanen.										
	Personvogne:										
B.	Salonvogne	1	4	0.761	3.353	3.353	-	22	-	-	22
»	2den Klasse	2	»	»	3.048	3.048	-	24	-	-	48
BC.	2den og 3die Klasse	4	»	»	3.657	3.657	-	16	16	-	64
»	do. do.	1	»	»	3.353	3.353	-	16	16	-	16
C.	3die Klasse	15	»	»	»	»	-	-	32	-	-
»	do.	3	»	»	»	»	-	-	32	-	-
	Sum	26	-	-	-	-	-	-	-	-	150
DF.	Post- & Stoppevogne	3	4	0.761	3.353	3.353	-	-	-	-	-
F.	Godsstoppevogne	2	»	»	3.048	3.048	-	-	-	-	-
	Godsvogne:										
G.	Lukkede Godsvogne²)	8	4	0.761	3.048	3.048	-	-	-	-	-
K.	Trælastvogne	4	»	»	»	»	-	-	-	-	-
L.	Høikassede Godsvogne	⁵) 10	»	»	»	»	-	-	-	-	-
»	Lavkassede do.	10	»	»	»	»	-	-	-	-	-
M.	Grusvogne	8	»	»	»	»	-	-	-	-	-
	Sum Godsvogne	40	-	-	-	-	-	-	-	-	-
	Hovedsum	71	-	-	-	-	-	-	-	-	150
	6te Trafikdistrikt.										
	Bergen–Voss.										
	Personvogne:										
B.	2den Klasse, Bogievogne³)	2	8	0.761	1.676	10.210	-	34	-	-	68
BC.	2den og 3die Klasse, Bogievogne³)	6	»	»	»	»	-	16	28	-	96
»	do. do. do.⁴)	1	»	»	1.650	10.700	-	18	33	-	18
C.	3die Klasse, Bogievogne³)	5	»	»	1.676	10.210	-	-	60	-	-
»	do. do.⁴)	1	»	»	1.650	11.700	-	-	66	-	-
»	3die Klasse, 2-axlede Bogievogne³)	2	4	»	3.962	3.962	-	-	32	-	-
		2	»	»	»	»	-	-	32	-	-
C¹).	3die do.	4	»	»	3.048	3.048	-	-	24	-	-
	Sum	23	-	-	-	-	-	-	-	-	182
CD.	Person- & Post-Bogiev. 2-axl.³)	2	4	0.761	3.962	3.962	-	-	13	-	-
BCF.	Person- & Stoppe-Bogiev.³)	2	8	»	2.676	10.210	-	4	29	-	8
F.	Godsstoppevogne	3	4	»	3.353	3.353	-	-	-	-	-
	Godsvogne:										
G.	Lukkede Godsvogne⁶)	10	4	0.761	3.048	3.048	-	-	-	-	-
»	Dækkede do. ⁷)	11	»	»	»	»	-	-	-	-	-
K.	Trælastvogne	3	»	»	»	»	-	-	-	-	-
L.	Høikassede Godsvogne	2	»	»	»	»	-	-	-	-	-
M.	Grusvogne	8	»	»	»	»	-	-	-	-	-
N.	Stakevogne	10	»	»	»	»	-	-	-	-	-
	Sum Godsvogne	44	-	-	-	-	-	-	-	-	-
	Hovedsum	74	-	-	-	-	-	-	-	-	190

¹) Forandret fra dækkede Godsvogne til Personvogne for Sommertrafiken. ³) Anvendelig
samt Gjennemgang. ⁵) Heraf 6 Stk. forandrede til dækkede Godsvogne. ⁶) Heraf 9 Stk. indré
Vogn indredet for Sygetransport (4 Senge); 5 Stk. forsynede med Rørledning for autom
transport à 6 Heste; 3 Stk. forsynede med automatiske Bremser, 5 Stk. (hvoraf 2 Stk. anvendte
automatisk Bremse. ⁹) Heraf 5 Stk. forsynede med automatiske Bremser. ¹⁰) Automatiske Bre
Bremser. ¹³) Heraf 1 Stk. forsynet med Rørledning for automatisk Bremse. ¹⁴) Heraf 3 Stk

…else af Vogne.

49	50	51	52	53	54	55	56	57	58
…vne.	Egenvægt.				Maal (indvendig).				
Sum.	I Gjennemsnit pr. Axel.	Sum.	For hver Personplads.	Heraf forsynede med Bremse.	Rammens Længde.	Rammens Bredde.	Rammens Høide.	Længde over Bufferne.	Kostende i Gjennemsnit pr. Vogn ved Anskaffelsen. (afr.) a)
t.	t.			Antal.	m.			m.	Kroner.
-	2.60	5.20	0.24	-	5.943	1.981	1.778	6.857	6 450
-	»	10.40	0.22	-	5.791	»	»	6.705	5 350
-	»	20.80	0.16	-	6.401	»	»	7.315	5 790
-	2.35	4.70	0.15	-	5.943	»	»	9.857	»
-	»	70.50	»	-	»	»	»	»	3 470
-	»	14.10	»	-	»	»	»	»	3 410
-	2.42	125.70	0.16	-	-	-	-	-	-
-	2.50	15.00	-	3	5.943	1.981	1.651	6.857	3 923
8.00	2.49	9.96	-	2	5.308	1.956	»	6.222	2 660
39.85	1.90	30.40	-	8	5.308	1.956	1.651	6.222	2 160
19.92	1.70	13.60	-	4	5.384	2.032	0.305	6.298	1 850
49.81	1.85	37.00	-	10	5.308	1.956	1.130	6.222	1 940
49.81	1.70	34.00	-	10	5.384	2.032	0.508	6.298	1 820
39.85	»	27.20	-	8	»	»	0.205	»	1 750
199.24	1.78	142.20	-	40	-	-	-	-	-
207.24	-	-	-	45	-	-	-	-	-
-	3.25	26.00	0.38	8) 2	12.090	2.210	1.870	14.850	13 150
-	3.175	76.20	0.29	9) 6	»	»	»	»	10 950
-	3.75	15.00	»	10) 1	13.650	»	»	16.140	14 264
-	3.125	62.50	0.21	11) 5	12.090	»	»	14.850	8 700
-	3.800	15.20	0.23	10) 1	14.650	»	»	17.140	11 881
-	3.35	13.40	0.21	-	5.994	»	»	8.756	4 310
-	3.10	12.40	0.19	-	»	»	»	»	»
-	1.95	15.60	0.16	4	5.300	1.950	2.160	6.220	2 450
-	3.11	236.30	0.24	19	-	-	-	-	-
-	3.10	12.40	0.48	13) -	5.994	2.210	1.870	8.756	4 610
-	»	24.80	0.38	10) 2	12.090	»	»	14.850	9 320
16.20	2.25	13.50	-	3	4.980	2.260	1.960	7.320	3 760
60.00	2.10	42.00	-	6) 10	5.30	1.95	2.16	6.220	2 580
66.00	1.85	40.70	-	7) 11	»	»	»	»	2 310
21.00	1.70	10.20	-	3	»	2.02	0.23	»	»
14.00	1.85	7.40	-	12) 2	»	1.95	1.13	»	1 880
56.00	1.65	26.40	-	8	»	2.02	0.31	»	»
70.00	»	33.00	-	14) 10	»	»	»	»	2 030
287.00	1.81	159.70	-	44	-	-	-	-	-
303.20	-	-	-	68	-	-	-	-	-

…rt af Smaaheste. [3]) Indgang fra Enderne og Gjennemgang. [4]) Indgang fra Siderne og Enderne …transport og 5 Stk. tillige for Troppetransport (32 Mand eller 6 Heste pr. Vogn) samt 1 …r. samt 3 Stk. forsynede med automatiske Bremser. [7]) Heraf 9 Stk. indrettede for Heste… …gne) forsynede med Rørledning for automatiske Bremser. [8]) Heraf 1 Stk. forsynet med …raf 3 Stk. forsynede med automatiske Bremser. [12]) Forsynede med Rørledning for automatiske … med Rørledning for automatiske Bremser.

35	36	37	38	39	40	41	42	43	44	45	46
			Hjul.		Hjulstand.		Antal Pladse				
							I hver Vogn.			Tilsamm	
Litra.	Vognsort.	Antal Vogne pr. 30te Juni 1893.	Antal under hver Vogn.	Diameter.	Fast Hjulstand.	Total Hjulstand.	I.	II.	III.	I.	II.
							Klasse.			Klasse	
				m.	m.						
	Hovedbanen.										
	Personvogne:										
A.	1ste Klasse	4	4	0.950	3.350	3.350	18	-	-	72	-
AB.	1ste og 2den Klasse	6	»	»	3.210	3.210	8	20	-	48	120
B.	2den Klasse¹)	4	»	»	»	»	-	14	-	-	56
»	do.	4					-	24	-	-	96
C.	3die do.¹)	8	»	»	3.350	3.350	-	-	30	-	-
»	3die do.	11	»	»	»	»	-	-	40	-	-
»	3die do.	4	»	»	3.520	3.520	-	-	40	-	-
»	3die do. Bogievogne²)	3	8	»	1.900	11.310	-	-	82	-	-
	Sum	44	-	-	-	-	-	-	-	120	272
BF.	Personstoppevogne	6	4	0.950	3.350	3.350	-	10	-	-	60
CF.	do.	2	»	»	3.500	3.500	-	-	4	-	-
»	do.	10	»	»	3.510	3.510	-	-	10	-	-
CD.	Person- og Postvogne	1	»	»	3.560	3.560	-	-	14	-	-
F.	Godsstoppevogne	2	»	»	2.590	2.590	-	-	-	-	-
»	do.	2	»	»	3.510	3.510	-	-	-	-	-
	Godsvogne:										
G.	Lukkede Godsvogne³)	20	4	0.950	3.350	3.350	-	-	-	-	-
»	do. do. ³)	50	»	»	3.050	3.050	-	-	-	-	-
»	do. do. ³)	50	»	»	3.660	3.660	-	-	-	-	-
»	do. do. ⁴)	2		»	4.120	4.120	-	-	-	-	-
K.	Trælastvogne med Svingbolster	89	»	»	2.440	2.440	-	-	-	-	-
»	do. » do.	48	»	»	»	»	-	-	-	-	-
»	do. » do.	5	»	»	2.740	2.740	-	-	-	-	-
LL.	Høikassede Godsvogne	47	»	»	3.050	3.050	-	-	-	-	-
L.	do. do.	37	»	»	2.360	2.360	-	-	-	-	-
»	do. do.	10	»	»	2.440	2.440	-	-	-	-	-
»	do. do.	17	»	»	2.590	2.590	-	-	-	-	-
»	do. do.	12	»	»	3.660	3.660	-	-	-	-	-
»	do. do.	3	»	»	2.850	2.850	-	-	-	-	-
»	do. do.	10	»	»	2.800	2.800	-	-	-	-	-
»	do. do.	31	»	»	3.030	3.030	-	-	-	-	-
M.	Grusvogne	15	»	»	3.370	3.370	-	-	-	-	-
N.	Stakevogne	121	»	»	3.760	3.760	-	-	-	-	-
»	do.	110	»	»	»	»	-	-	-	-	-
S.	Melkevogne	4	»	»	3.210	3.210	-	-	-	-	-
»	do.	1	»	»	3.350	3.350	-	-	-	-	-
	Sum Godsvogne	682	-	-	-	-	-	-	-	-	-
	Hovedsum	749	-	-	-	-	-	-	-	120	33[illegible]

¹) Indrettede med Gjennemgang; Indgang fra Siderne. ²) Indgang fra Enderne og Gjennem
rummer 32 Mand eller 8 Heste. ⁵) Automatiske Bremser. ⁶) Heraf 2 Stk. forsyned

…kivelse af Vogne.

	49	50	51	52	53	54	55	56	57	58
	…evne.	Egenvægt.				Maal (indvendig).				
	Sum.	I Gjennemsnit pr. Axel.	Sum.	For hver Personplads.	Heraf forsynede med Bremse.	Rammens Længde.	Rammens Bredde.	Rammens Høide.	Længde over Bufferne.	Kostende i Gjennemsnit pr. Vogn ved Anskaffelsen. (afr.) a)
	t.	t			Antal.	m.			m.	Kroner.
	-	3.68	29.4	0.41	5) 4	5.83	2.45	2.01	7.00	7 714
	-	3.45	41.4	0.25	-	5.95	2.47	2.02	6.77	6 912
	-	3.43	54.8	0.36	5) 4	5.50	»	2.01	6.91	5 292
	-	3.10	49.6	0.21	6) 6	»	2.45	»	6.78	3 960
	-	2.80	61.6	0.14	1	5.74	2.11	1.87	6.93	»
	-	3.10	24.8	0.16	-	5.91	2.45	2.01	6.48	2 000
	-	4.91	58.9	0.24	3	14.71	2.66	2.12	17.01	12 890
	-	3.41	320.5	0.22	18	-	-	-	-	-
	-	3.30	39.6	-	6	5.70	2.47	2.00	6.91	5 046
50	14.0	4.50	18.0	-	2	6.86	2.58	2.28	7.80	4 784
»	70.0	4.00	80.0	-	10	6.83	2.26	2.23	8.08	4 200
»	7.0	4.31	8.6	-	-	6.60	2.72	1.82	7.87	* * *
00	12.0	2.98	11.9	-	2	4.48	2.13	1.83	5.26	3 357
50	14.0	3.85	15.4	-	2	6.81	2.23	2.23	6.08	3 900
00	200.0	3.30	132.0	-	20	5.77	2.26	2.23	6.68	3 600
»	500.0	»	330.0	-	50	5.65	2.23	»	6.58	2 944
»	500.0	3.00	300.0	-	50	5.45	2.45	2.24	6.81	2 782
50	18.0	3.45	13.8	-	2	7.67	2.44	1.80	8.57	3 600
50	623.0	2.28	405.8	-	89	3.72 à 3.48	2.04	0.15	5.96 à 5.50	1 618
»	336.0	2.03	194.9	-	48	3.53 à 3.52	»	»	5.13	»
»	35.0	2.55	25.5	-	5	5.13	»	0.10	5.87	»
50	517.0	2.25	211.5	-	47	»	2.36	1.89	5.90	1 686
50	259.0	2.10	155.4	-	37	4.60	2.10	1.05	5.20	1 846
»	70.0	2.03	40.6	-	10	4.37	2.35	0.73	5.11	»
»	119.0	2.18	74.1	-	17	4.18	2.10	1.12	4.94	»
50	132.0	2.80	67.2	-	12	5.53	2.34	1.25	6.51	2 000
50	21.0	2.47	14.8	-	3	5.70	2.15	1.12	6.53	1 846
»	70.0	2.57	51.4	-	10	5.80 à 5.68	2.20	1.51 à 1.48	6.55 à 6.54	»
»	217.0	2.40	148.8	-	31	5.15	2.40	1.25	5.60	1 370
50	165.0	2.50	75.0	-	15	6.00	2.34	0.36	6.60	1 750
»	1 331.0	2.80	677.6	-	121	6.86	2.30	0.31	7.87	2 280
»	1 210.0	»	616.0	-	110	»	»	»	»	1 993
40	27.2	3.80	30.4	-	4	5.61	2.25	0.83	6.90	2 640
»	6.8	»	7.6	-	1	»	»	»	6.93	»
66	6 357.0	2.62	3 572.4	-	682	-	-	-	-	-
-	6 474.0	-	4 066.4	-	722	-	-	-	-	-

…ettede for Heste- og Troppetransport (32 Mand eller 6 Heste pr. Vogn). 4) Hver Vogn
…tiske Bremser.

Tabel V 3. Lokomotivernes gjennemlø
Parcours et dépens

1	59	60	61	62	63	64	65
Banernes Navn. Désignation des chemins de fer.	**Lokomotivernes** No. No. des locomotives.	Antal. Nombre. des locomotives.	**Af egne Lokomot** Parcours des locom — For Trafikens Bestridelse. Pour soutenir le trafic. — I Tog. Remorquant des trains. — Som Hoved-maskine. (Trafiktog-kilom.). Machines de tête. Kilometer.	Som assisterende. Machines auxiliaires.	Lokomotiv alene. à vide.	Skiftning paa Stationerne. Manoeuvre de gare.	For Ban Vedligeh og Ryddi — Pour entre et déblaye voie. — Med Sneploug. Avec des chasse-neige.
Smaalensbanen.	a) 13	1	-	79	21	2	-
	40	1	8	-	8	13 370	-
	41—48 & 53—61	17	547 553	34 842	2 353	52 413	1 739
	49—52	4	95 972	2 288	141	5 051	716
	66	1	35 586	132	14	1 787	4
	67	1	71 712	-	-	3 585	-
	68—71	4	192 937	2 564	141	5 881	-
	Sum	29	943 768	39 905	2 678	82 089	2 459
Kongsvingerbanen.	14 & 18	2	24 716	297	3	779	253
	15—17	3	65 841	595	-	2 351	253
	19	1	34 780	6	6	1 138	-
	20	1	42 948	-	4	2 150	90
	21	1	18 152	1 666	3	705	253
	26—28	3	108 304	665	235	4 833	288
	65	1	30 994	148	34	1 342	15
	72	1	8 292	183	63	263	-
	Sum	13	334 027	3 560	348	13 561	1 152
1ste Trafikdistr.	Tilsammen	42	1 277 795	43 465	3 026	95 650	3 611
2det Trafikdistr.	1	1	-	-	-	12 725	-
	2—4, 7, 8, 10, 11, 14—20 23 & 24	16	484 414	93 204	30 202	142 159	1 028
	a) 12 & 13	2	57 153	2 419	80	2 134	-
	21 & 22	2	49 172	303	10	4 558	-
	25	1	8 882	178	110	356	-
	26—29	4	109 855	1 568	343	4 820	-
	30 & 31	2	105 742	3 600	528	4 292	244
	49 & 50	2	18 267	18 318	3 865	15 678	636
	51—54	4	144 954	1 627	436	6 660	346
	55—62	8	371 914	34 471	5 989	44 807	215
	Tilsammen	42	1 350 353	155 688	41 563	238 189	2 469

…er og Vedligeholdelsesudgifter.
…a des locomotives.

67	68	69	70	71	72	73	74	75	76
…nløbne Distancer. …rcourus.				Lokomotivernes Vedligehold. Entretien des locomotives.					
	Heraf gjennemløbet. Parcours.			Udgifter i Terminen. Dépenses pendant le terme.			Lokomotiverne har til og med 30te Juni 1893. Les locomotives ont jusqu'au 30 juin 1893 incl.		
								kostet i Vedligehold. coûté à entretenir.	
	Paa egen Bane. Sur son propre réseau.	Paa fremmede Baner. Sur les lignes étrangères.	Gjennemsnitlig pr. Lokomotiv. Moyenne par locomotive.	Ialt. Total.	Heraf Andel i Maskinafdelingens Fællesudgifter. Dont quote-part des dépenses communes de la traction et du matériel.	Samlede Udgifter pr. Lokomotivkilometer. Dépenses totales par locomotive-kilometre.	gjennemløbet. parcouru.	Ialt. Total.	Pr. Lokomotivkilometer. Par locomotive-kilomètre.
	Kilometer.			Kroner.		Øre.	km.	Kr.	Øre.
…777	5 675	102	5 777				229 686		
…58	13 458	-	13 458				251 586		
…098	591 863	68 235	38 829				8 167 240		
…221	104 098	123	26 055	e) 49 439.22	9 012.77	4.56	1 708 023	k) 490 913.09	4.61
…523	37 523	-	37 523				60 776		
…77	75 297	-	75 297				122 220		
…533	201 451	82	50 383				287 166		
…907	1 029 365	d) 68 542	37 859	e) 49 439.22	9 012.77	4.56	10 826 697	k) 490 913.09	4.61
…1 727	26 048	5 679	15 864				g) 2 197 165		
…2 075	69 040	13 035	27 358				2 632 918		
…6 602	36 590	12	36 602				1 080 784		
…5 192	45 192	-	45 192	27 857.74	1 835.17	7.40	829 572	853 340.85	9.19
…0 779	20 773	6	20 779				914 835		
…8 839	114 129	4 710	39 613				1 562 504		
…2 539	32 485	54	32 539				57 666		
…8 801	8 730	71	8 801				8 801		
…6 554	352 987	23 567	28 966	27 857.74	1 835.17	7.40	g) 9 284 245	853 340.85	9.19
…4 461	1 382 483	d) 91 978	35 106	e) 77 296.96	10 847.94	5 29	20 110 942	k) 1 344 253.94	6.74
…2 725	12 725	-	12 725	2 309.44		18 15	531 058	42 153.65	7.94
…4 859	764 859	-	47 804	24 313.49		3.18	12 396 471	692 994.15	5.59
…2 079	62 079	-	31 040	4 279.59		6.89	h) 1 188 633	50 356.20	4.24
…5 901	55 901	-	27 851	3 059.05	23602.41	5.47	868 090	95 301.24	10.98
…9 575	9 575	-	9 575	462.28		4.83	133 695	36 222.36	27.09
…6 586	116 586	-	29 147	13 715.93		11.76	694 900	34 953.52	5.03
…4 466	114 466	-	57 233	710.61		0.62	229 673	1 191.15	0.52
…7 139	57 139	-	28 570	5 465.86		9.57	646 081	32 871.25	5.09
…4 956	154 956	-	38 739	17 949.50		11.58	2 486 814	98 265.55	3.95
…8 079	458 079	-	57 260	16 283.72		3.55	4 757 585	120 943.02	2.54
…6 365	1 806 365	-	43 009	88 549.47	23 602.41	4.90	23 933 000	1 205 252.09	5.04

…Heri indbefattet 23 222 km., som i Terminen er løbet paa Kongsvinger—Flisenbanen.

Tabel V. 3 (Forts.). Lokomotivernes gjennem[l…]

Banernes Navn.	Lokomotivernes No.	Lokomotivernes Antal.	Af egne Lokom[…] For Trafikens Bestridelse. I Tog. Som Hovedmaskine. (Trafiktog-kilometer).	Som assisterende.	Lokomotiv alene.	Skiftning paa Stationerne.	For Banen[s Vedl]ligehold [og] Ryddiggj[…] Med Sneploug.	
1	59	60	61	62	63	64	65	
			Kilometer.					
Eldsvold-Hamarb.	29—31	3	80 543	2 656	1 517	7 836	-	
	60	1	38 898	1 195	769	2 816	-	
	64	1	29 574	250	24	2 985	-	
	Tilsammen	5	149 015	4 101	2 310	13 637	-	
Rørosbanen.	1 & 18—20	b) 4	13 568	439	211	4 261	180	1
	2—4	b) 3	22 231	1 050	176	6 100	26	
	5—9	5	162 531	11 680	1 880	7 293	28	
	10—17	8	352 136	37 875	21 637	17 772	442	
	21	1	1 448	1 539	187	181	-	
	22—24	3	128 838	8 173	158	11 603	347	
	25 & 26	2	38 522	7 180	954	5 108	259	
	27—29	3	75 502	12 419	720	10 719	17	
	Tilsammen	b) 29	794 776	80 355	25 923	63 037	1 299	1
Merakerbanen.	51—54	4	106 387	16 680	13 044	9 634	2 048	
	55—57	3	111 828	453	233	21 216	415	
	58 & 59	2	20 318	645	273	16 168	1 044	
	Tilsammen	9	238 533	17 778	13 550	47 018	3 507	
3die & 4de Trafikd.	Tilsammen	b) 43	1 182 324	102 234	41 783	123 692	4 806	2
5te Trafikdistr.	1 & 2	2	72 125	136	131	2 164	-	
	5 & 6	2	38 189	91	91	946	-	
	a) 9	1	37 173	107	26	1 115	-	
	Tilsammen	5	147 487	334	248	4 225	-	
6te Trafikdistr.	1 & 2	2	59 534	2 592	289	1 864	-	
	3—6	4	186 285	4 909	222	5 736	-	
	Tilsammen	6	245 819	7 501	511	7 600	-	
Statsbanerne.	Tilsammen	b) 138	4 203 778	309 222	87 131	469 356	10 886	**)
Hovedbanen.	1—5 & 12	6	127 745	32 438	17 299	6 702	-	
	6 & 7	c) 2	-	-	-	-	-	
	8—10	3	65 973	1 754	1 655	14 249	-	
	22 & 23	2	19 160	19 507	3 699	2 689	-	
	11, 24, 25, 34 & 62	5	-	-	-	83 000	-	
	32—33	2	39 404	2 992	1 944	2 302	700	
	35—39	5	54 128	37 879	23 507	26 197	140	
	Tilsammen	*) 23	306 410	94 570	48 104	135 139	840	
Samtlige Baner.	Hovedsum	*) 161	4 510 188	403 792	135 235	604 495	11 726	**)

*) Antal Lokomotiver ved Terminens Udgang.
**) Se Anmærkning paa foregaaende Side ang. Kongsvinger—Flisenbanen.

68	69	70	71	72	73	74	75	76
...emløbne Distancer.			Lokomotivernes Vedligehold.					
Heraf gjennemløbet.			Udgifter i Terminen.			Lokomotiverne har til og med 30te Juni 1893		
							kostet i Vedligehold.	
Paa egen Bane.	Paa fremmede Baner.	Gjennemsnitlig pr. Lokomotiv.	Ialt.	Heraf Andel i Maskinafdelingens Fællesudgifter.	Samlede Udgifter pr. Lokomotivkilometer.	gjennemløbet.	Ialt.	pr. Lokomotivkilometer.
Kilometer.			Kroner.		Øre.	km.	Kroner.	Øre.
94 788	-	31 596	6 249 87		6.59	1 250 174	61 794.95	4.94
43 678	-	43 678	2 112.60	3 293.08	4.84	410 040	22 686.97	5.53
32 833	-	32 833	1 357.78		4.14	49 693	1 558.71	3.14
171 299	-	34 260	9 720.25	3 293.08	5.67	1 709 907	86 040.63	5.03
33 721	-	11 240	856.05		2.54	2 159 157	159 246 14	7.38
29 694	-	14 847	191.91		0 65	1 438 857	92 716.26	6.44
183 544	-	36 709	4 063.89		2.21	3 429 856	157 652.00	4.60
430 096	-	53 762	10 607.88		2.47	5 603 442		
3 729	-	3 729	110.68	8 146.12	2.97	172 058	222 146.78	3.85
149 176	-	49 725	3 907.50		2.62	1 316 032	30 338.76	2.31
52 077	-	26 039	1 943.22		3.73	346 139	16 863.21	4.87
99 617	-	33 206	2 066.76		2.07	324 750	5 678.61	1.75
981 654	-	36 358	23 747.89	8 146.12	2.42	14 790 291	684 641.76	4.63
148 144	-	37 036	15 692.64		10.59	1 423 334	80 313.62	5.64
138 495	-	46 165	5 001.72	6 901.94	3.61	974 034	36 285.64	3.73
38 658	-	19 329	229.06		0.59	295 717	9 421.08	3.19
325 297	-	36 144	20 923.42	6 901.94	6.43	2 693.085	126 020.34	4.68
1 478 250	-	36 055	54 391.56	18 341.14	-	19 193 283	896 702.73	-
75 348	-	37 674				1 032 200		
39 317	-	19 659	3 935.13	1 152.86	2.57	924 203	61 114.65	2.99
38 421	-	38 421				85 972		
153 086	-	30 617	3 935.13	1 152.86	2.57	i) 2 042 375	61 114.65	2.99
64 739	-	32 370				563 825		
202 023	-	50 506	10 502.93	2 252.13	3.94	1 653 638	74 924.52	3.38
266 762	-	44 460	10 502.93	2 252 13	3.94	2 217 463	74 924.52	3.38
5 119 168	d) 68 756	38 080	e) 234 676.05	56 196.48	4.54	67 497 063	k) 3 582 247.93	5.32
193 941	-	32 324				7 580 759		
-	-	.				650 943		
84 897	-	28 299				1 662 206		
44 846	228	22 537	f) 67 912.74	13 153.28	13.69	1 331 158	l) 1 704 789.09	13.65
83 585	-	16 717				777 714		
50 198	-	25 099				623 846		
141 851	-	28 370				847 325		
599 318	228	26 067	67 912.74	13 153.28	13.69	13 473 951	l) 1 704 789.09	13.65
5 710 030	d) 68 440	36 343	302 588.79	69 349.76	-	80 971 014	m) 5 287 037.02	-

Tabel V. 4. Lo[...]
Tra[...]

1	77	78	79	80	81	82
		Kul. Charbon.				Smørelse. Talg m. [...] Graissage.
		Forbrug. Consommation.		Kostende. Coût.		Forbrug. Consommati[on]
Banernes Navn. Désignation des chemins de fer.	Brænde til Opfyring. Bois pour l'allumage des locomotives.	Ialt. Total.	Pr. Lokomotivkilometer (Col. 67) *). Par locomotive-kilomètre.	Ialt. Total.	Pr. Lokomotivkilometer. (Col. 67) *). Par locomotive-kilomètre.	Ialt. Total.
	Kr.	t	kg.	Kr.	Øre.	kg.
Smaalensbanen.	3 477.98	10 357	9.48	145 788.70	13.34	34 072
Heraf Kr.ania-Fr.hald.	3 374.55	9 289	9.39	129 982.35	13.14	30 758
Kongsvingerbanen.	620.60	3 981	11.27	64 050.15	18.13	16 173
1ste Trafikdistr.	4 098.58	14 338	9.92	209 838.85	14.51	50 245
2det Trafikdistr.	5 0[illegible].17	14 766	8.17	210 499.50	11.65	68 594
Eidsv.—Hamarb.	1 251.41	1 878	10.96	33 173.46	19.37	5 375
Rørosbanen.	3 391.40	6 574	6.70	108 373.40	11.04	13 309
Merakerbanen.	1 568.10	3 461	10.64	50 049.20	15.39	8 143
3die&4deTrafikd.	6 210.91	11 913	-	191 596.06	-	26 827
5te Trafikdistr.	126.96	830	5.42	11 854.76	7.74	2 078
6te Trafikdistr.	79.40	1 650	6.19	24 070.72	9.02	14 149
Statsbanerne.	15 615.02	43 497	-	647 859.89	-	161 893
Hovedbanen.	2 409.95	7 264	14.96	91 137.37	18.77	27 325
Samtlige Baner.	18 024.97	50 761	-	738 997.26	-	189 218

*) For 1ste Trafikd., Eidsv.—Hamarb. og Hovedb. omfatter de her opførte Forbrugssager, Lokomotiver, dog saaledes, at Rangértjenesten paa Kristiania Station ikke er medregnet Fredrikshald 989 527 km.), Kongsvingerbanen 353 332, 1ste Trafikdistrikt 1 446 081, Eids[...]

Drift.

85	86	87	88	89	90	91	92	93
(Olie, m. m.).	Puds- og Pakningssager. Nettoyage et étoupage.						Samlede Udgifter. Dépenses totales.	
	Forbrug. Consommation.		Kostende. Dépenses.					
Pr. Lokomotivkilometer. (Col. 67)*). Par locomotive-kilomètre.	Ialt. Total.	Pr. Lokomotivkilometer. (Col. 67)*). Par locomotive-kilomètre.	Ialt. Total.	Pr. Lokomotivkilometer. (Col. 67)*). Par locomotive-kilomètre.	Belysning. Éclairage.	Diverse. Dépenses diverses.	Ialt. (Col. 77 + 80 + 84 + 88 + 90 + 91).	Pr. Lokomotivkilometer. (Col. 67)*). Par locomotive-kilomètre.
Øre.	kg.	kg	Kr.	Øre.	Kroner.			Øre.
0.76	7 558	0.007	5 750.68	0.53	4 951.08	1 233.52	169 482.02	15.51
0.76	6 801	0.007	5 213.13	0.53	4 821.49	967.23	151 872.65	15.35
1.23	1 713	0.005	1 330.23	0.38	667.71	270.10	71 288.39	20.18
0.87	9 271	0.006	7 080.91	0.49	5 618.79	1 503.62	240 770.41	16.65
1.14	15 588	0.009	9 204.19	0.51	1 726.15	5 797.05	252 854.57	14.00
1.44	1 648	0.010	966.54	0.56	186.05	69.03	38 109.40	22.25
0.65	5 593	0.006	3 270.23	0.33	1 697.18	365.77	123 448.41	12.58
1.27	2 444	0.008	1 423.86	0.44	750.39	157.51	58 087.77	17.86
-	9 685	-	5 660.63	-	2 633.62	592.31	219 645.58	-
0.59	490	0.003	274.29	0.18	110.46	65.64	13 340.23	8.71
1.77	2 083	0.008	1 373.98	0.52	106.03	138.11	30 487.13	11.43
-	37 117	-	23 594.00	-	10 195.05	8 096.73	757 097.92	-
1.89	4 699	0.010	3 618.57	0.75	5 981.13	525.18	112 838.98	23.24
-	41 816	-	27 212.57	-	16 176.18	8 621.91	869 936.90	-

orbrugt paa vedkommende Bane til egne og til uden Forbrugssager leiede fremmede
et svarende gjennemløbne km. bliver da for Smaalensbanen 1 092 749 (heraf Kristiania—
n 171 299 og Hovedbanen 485 575.

Tabel V. 4 (Forts.). Lokomotivernes Drift.

1	94	95	96	97	98
Banernes Navn. Désignation des chemins de fer.	**Udgifter til Kul- og Vand-forsyning.** Dépenses pour le chargement de l'eau et du houille.	**Udgifter til Lokomotiv-personale.** Dépenses du personnel des locomotives. Ialt. En tout.	Pr. Lokomotivkilometer. (Col. 67) *). Par locomotive-kilomètre.	**Andel i Maskin-afdelingens Fælles-udgifter.** Quotepart des dépenses communes de la traction et du matériel.	**Hovedsu[m] Udgifter.** Dépenses totale[s]. Ialt. (Col. 92 + 94 + 95 + 97). En tout.
	Kroner.	Kroner.	Øre.	Kroner.	Kroner.
Smaalensbanen.	16 156.43	83 080.97	7.60	7 700.38	276 419.80
Heraf Kr.ania-Fr.hald.	14 987.83	75 739.12	7.65	7 700.38	250 299.98
Kongsvingerbanen.	6 247.28	31 283.66	8.85	4 770.74	113 590.07
1ste Trafikdistrikt.	22 403.71	114 364.63	7.91	12 471.12	390 009.87
2det Trafikdistrikt.	13 657.94	167 363.49	9.27	4 585.86	438 461.86
Eidsv.—Hamarbanen.	2 873.05	16 228.10	9.47	1 585.26	58 795.81
Rørosbanen.	5 539.30	77 166.61	7.86	1 678.25	207 832 57
Merakerbanen.	2 447.51	30 711.28	9.44	1 555.97	92 802.53
3die og 4de Trafikd.	10 859.86	124 105.99	-	4 819.48	359 430.91
5te Trafikdistrikt.	130.63	10 469.24	6.84	864.65	24 804.75
6te Trafikdistrikt.	847.76	20 731.05	7.77	1 689.10	53 755.04
Statsbanerne.	47 899.90	437 034.40	-	24 430.21	1 266 462.43
Hovedbanen.	10 163.92	71 283.91	14.68	5 553.61	199 840.42
Samtlige Baner.	58 063.82	508 318.31	-	29 983.82	1 466 302.85

*) Kfr. omstaaende Anmærkning Pag. 68.

Tabel V. 5. **Vognenes gjenneml. Distancer og Vedligeholdelsesudgifter.**
Parcours et frais de l'entretien des voitures et des wagons.

1	100	101	102	103	104	105	106	107
		Af egne Vogne gjennemløbne Distancer. Parcours des voitures et des wagons de la Compagnie.				**Udgifter til Vognenes Vedligehold.** Dépenses totales de l'entretien des voitures et des wagons.		
				Tilsammen. Total.				
…rnernes Navn. …ation des chemins de fer.	**Vognsort.** Espèce de voiture ou de wagon.	Paa egen Bane. Sur son propre réseau.	Paa fremmede Baner. Sur les lignes étrangères.	Ialt. En tout.	Gjennemsnitlig pr. Axel. Moyenne par essieu.	Ialt En tout.	Pr. Vognaxelkilometer (Col. 103). Par kilomètre d'essieu.	Heraf Andel i Maskinafdelingens Fællesudgifter. Dont quote-part des dépenses communes de la traction et du matériel.
		Axelkilometer. Kilomètres d'essieu.				Kr.	Øre.	Kr.
…aalensbanen. (…Grændsen) n)	Personvogne	8 665 074	2 346 590	11 011 664	42 190	42 243.14	0.26	9 322.85
	Postvogne	495 256	1 385 742	1 880 998	81 783			
	Stoppevogne	2 734 272	345 006	3 079 278	54 987			
	Godsvogne	3 375 728	5 429 272	8 805 000	8 138	24 379.87	0.28	
	i Trafiktog	2 981 796	4 935 274	7 917 070				
	i Arbeidstog	393 932	493 998	887 930				
	Tils.	15 270 330	9 506 610	24 776 940		66 623.01	0.27	9 322.85
…gsvingerbanen.	Personvogne	1 853 896	964 586	2 818 482	37 085	8 455.60	0.21	3 937.43
	Postvogne	18 300	32 738	51 038	8 506			
	Stoppevogne	966 658	180 070	1 146 728	38 224			
	Godsvogne	2 166 662	4 449 214	6 615 876	6 993	34 503.91	0.52	
	i Trafiktog	2 140 434	4 249 122	6 389 556				
	i Arbeidstog	26 228	200 092	226 320				
	Tils.	5 005 516	5 626 608	10 632 124		42 959.51	0.40	3 937.43
…te Trafikdistr.	Personvogne	11 361 760	2 468 386	13 830 146	41 039	50 698.74	0.30	13 260.28
	Postvogne	711 704	1 220 332	1 932 036	66 622			
	Stoppevogne	3 869 638	356 368	4 226 006	49 023			
	Godsvogne	8 196 632	7 224 244	15 420 876	7 604	58 883.78	0.38	
	i Trafiktog	7 776 472	6 530 154	14 306 026				
	i Arbeidstog	420 160	694 090	1 114 250				
	Tils.	24 139 734	11 269 330	35 409.064		109 582.52	0.31	13 260.28
…e Trafikdistr.	Personvogne	12 133 702	-	12 133 702	33 061	50 298.97	0.28	13 305.91
	Postvogne	972 910	-	972 910	74 839			
	Stoppevogne	5 120 544	-	5 120 544	51 205			
	Godsvogne	13 629 118	-	13 629 118	6 925	47 631.76	0.35	10 890.40
	i Trafiktog	13 381 136	-	13 381 136				
	i Arbeidstog	247 982	-	247 982				
	Tils.	31 856 274	-	31 856 274		97 930.73	0.31	24 196.31

Tabel V. 5 (Forts.). Vognenes gjenneml

Banernes Navn.	Vognsort.	Af egne Vogne gjennemløbne Distancer. Paa egen Bane.	Paa fremmede Baner.	Tilsammen. Ialt.	Gjennemsnitlig pr. Axel.	Udgifter til Vogn Vedligehold Ialt.	Pr. Vognaxelkilometer. (Col. 103).	Heraf Andel i Maskin-
1	100	101	102	103	104	105	106	
		Axelkilometer.				Kr.	Øre.	
Eidsvold—Hamarb.	Personvogne	666 648	620 660	1 287 308	35 758			
	Postvogne	-	-	-	-	4 047.78	0.21	
	Stoppevogne	395 044	231 880	626 924	52 244			
	Godsvogne	370 566	1 349 720	1 720 286	8 271	5 838.95	0.34	
	i Trafiktog	330 850	1 349 720	1 680 570				
	i Arbeidstog	39 716	-	39 716				
	Tils.	1 432 258	2 202 260	3 634 518		9 886.73	0.27	2
Rørosbanen.	Personvogne	5 657 368	-	5 657 368	36 265			
	Postvogne	1 061 214	-	1 061 214	66 326	24 412.04	0.28	
	Stoppevogne	2 153 994	-	2 153 994	37 138			15
	Godsvogne	11 067 340	-	11 067 340	11 824	22 161.81	0.20	
	i Trafiktog	10 825 758	-	10 825 758				
	i Arbeidstog	241 582	-	241 582				
	Tils.	19 939 916	-	19 939 916		46 573.85	0.23	15
Merakerbanen.	Personvogne	1 558 606	1 296	1 559 902	26 895			
	Postvogne	77 380	-	77 380	38 690	7 774.62	0.31	
	Stoppevogne	861 628	-	861 628	47 868			5
	Godsvogne	1 940 190	1 940 722	3 880 912	9 702	10 385.25	0.27	
	i Trafiktog	1 822 944	1 940 722	3 763 666				
	i Arbeidstog	117 246	-	117 246				
	Tils.	4 437 804	1 942 018	6 379 822		18 159.87	0.28	5
3die & 4de Trafikd.	Personvogne	7 882 622	621 956	8 504 578	34 018			
	Postvogne	1 138 594	-	1 138 594	63 255	36 234.44	0.36	
	Stoppevogne	3 410 666	231 880	3 642 546	41 393			24
	Godsvogne	13 378 096	3 290 442	16 668 538	10 795	38 386.01	0.23	
	i Trafiktog	12 979 552	3 290 442	16 269 994				
	i Arbeidstog	398 544	-	398 544				
	Tils.	25 809 978	4 144 278	29 954 256		74 620.45	0.25	24
5te Trafikdistrikt.	Personvogne	741 902	-	741 902	14 267			
	Postvogne	55 480	-	55 480	18 493	2 851.03	0.17	
	Stoppevogne	292 950	-	292 950	41 850			
	Godsvogne	602 622	-	602 622	7 533			
	i Trafiktog	593 582	-	593 582				
	i Arbeidstog	9 040	-	9 040				
	Tils.	1 692 954	-	1 692 954		2 851.03	0.17	[illegible]

…er og Vedligeholdelsesudgifter.

1	100	101	102	103	104	105	106	107
		Af egne Vogne gjennemløbne Distancer.				Udgifter til Vognenes Vedligehold.		
		Paa egen Bane.	Paa fremmede Baner.	Tilsammen. Ialt.	Tilsammen. Gjennemsnitlig pr. Axel.	Ialt.	Pr. Vognaxelkilometer. (Col. 103).	Heraf Andel i Maskinafdelingens Fællesudgifter.
…ernes Navn.	Vognsort.	Axelkilometer.				Kr.	Øre.	Kr.
…rafikdistrikt.	Personvogne	1 874 477	-	1 874 477	22 859			
	Postvogne	74 997	-	74 997	37 498	11 125.23	0.29	1 126.07
	Stoppevogne	758 854	-	758 854	75 885			
	Godsvogne	1 105 912	-	1 105 912	12 567			
	i Trafiktog	1 065 034	-	1 065 034				
	i Arbeidstog	40 878	-	40 878				
	Tils.	3 814 240	-	3 814 240		11 125.23	0.29	1 126.07
…sbanerne.	Personvogne	34 001 691	3 083 114	37 084 805	34 085			
	Postvogne	3 111 677	1 062 340	4 174 017	64 216	296 109.96	0.29	63 632.36
	Stoppevogne	13 461 680	579 220	14 040 900	47 758			
	Godsvogne	39 297 404	8 129 662	47 427 066	10 073			
	i Trafiktog	37 486 710	8 129 662	45 616 372				
	i Arbeidstog	1 810 694	-	1 810 694				
	Tils.	89 872 452	12 854 336	102726788		296 109.96	0.29	63 632.36
…dbanen.	Personvogne	2 126 434	1 019 924	3 146 358	33 472			
	Postvogne	1 892	1 856	3 748	1 874	29 460.55	0.67	
	Stoppevogne	822 684	425 336	1 248 020	28 364			9 132.51
	Godsvogne	3 618 812	5 207 512	8 826 324	6 471	27 095.09	0.31	
	i Trafiktog	3 437 208	5 207 512	8 644 720				
	i Arbeidstog	181 604	-	181 604				
	Tils.	6 569 822	6 654 628	13 224 450		56 555.64	0.43	9 132.51
…lige Baner.	Personvogne	38 472 635	1 758 528	40 231 163	34 077			
	Postvogne	3 333 881	843 884	4 177 765	62 355	352 665.60	0.30	72 764.87
	Stoppevogne	15 130 732	158 188	15 288 920	45 233			
	Godsvogne	51 934 138	4 319 252	56 253 390	9 264			
	i Trafiktog	49 941 840	4 319 252	54 261 092				
	i Arbeidstog	1 992 298	-	1 992 298				
	Tils.	108871386	7 079 852	115951238		352 665.60	0.30	72 764.87

**Tabel **

Renseignement sur la tr

1	108	109	110	111
	Vognvisit Vis			
			Tilsammen. Total.	
Banernes Navn. Désignation des chemins de fer.	Forbrugssager. Matières de consommation.	Lønninger. Dépenses du personnel.	Ialt. Total.	Pr. Axelkilom (Col. 1 Tabel III. Par kilomètre d'e
	Kroner.			Øre.
Smaalensbanen.	4 244.83	10 155.39	14 400.22	0
Heraf Kr.ania—Fr.hald.	3 785.70	7 121.48	10 907.18	0
Kongsvingerbanen.	2 477.89	4 661.28	7 139.17	0
1ste Trafikdistrikt.	6 722.72	14 816.67	21 539.39	0
2det Trafikdistrikt.	4 842.69	12 972.22	17 814.91	0
Eidsvold-Hamarbanen.	908.86	951.20	1 860.06	0
Rørosbanen.	3 006.29	4 172.06	7 178.35	0.
Merakerbanen.	913.77	2 400.28	3 314.05	0.
3die & 4de Trafikdistr.	4 828.92	7 523.54	12 352.46	
5te Trafikdistrikt.	255.63	1 326.40	1 582.03	0.
6te Trafikdistrikt.	1 512.94	1 202.40	2 715.34	0.
Statsbanerne.	18 162.90	37 841.23	56 004.13	
Hovedbanen.	2 523.07	4 926.87	7 449.94	0
Samtlige Baner.	20 685.97	42 768.10	63 454.07	

*) Udgifterne til Vognenes Puds & Renhold, Opvarmning og Belysning findes anført under gifterne ved Trafikafdelingen (Tabel IV, Col. 54).

**) Vognaxelkilometer i Trafiktog med Tillæg af Vognaxelkilometer i Arbeidstog (Tabel Col. 101).

…nenes Drift.*)
…itures et des wagons.

112	113	114	115	116	117
…møreIse. …e & graissage.			Andel i Maskin-afdelingens Fælles-udgifter. Quote-parts des dépenses communes de la traction et du matériel.	Samlet Udgift. Dépenses totales.	
Af Udgifterne falder paa Smørelse. Dépense de la graissage.					
…orbrug. …sommation.	Kostende. Coût.	Kostende pr. Axelkm. (Col. 17 Tabel III.**). Coût par kilomètre d'essieu.		Ialt. (Col. 110 + 115). Total.	Pr. Axelkm. (Col. 17 Tab. III.**) Par kilomètre d'essieu.
kg.	Kr.	Øre.	Kroner.		Øre.
22 821	3 030.72	0.013	808.51	15 208.73	0.06
20 220	2 571.59	0.012	808.51	11 715.69	0.06
13 239	1 683.20	0.012	529.20	7 668.37	0.06
36 060	4 713.92	0.013	1 337.71	22 877.10	0.06
19 815	3 936.20	0.012	4 585.86	22 400.77	0.07
2 327	870.64	0.020	1 521.00	3 381.06	0.08
6 854	2 860.29	0.014	1 521.00	8 699.35	0 04
1 809	844.16	0.013	1 521.00	4 835.05	0.07
10 990	4 575.09	-	4 563.00	16 915.46	-
613	222.16	0.013	288.22	1 870.25	0.11
4 188	1 226.88	0 032	563.03	3 278.37	0.09
71 666	14 674.25	-	11 337.82	67 341.95	-
13 479	1 713.90	0.012	358.27	o) 7 808.21	0.06
85 145	16 388.15	-	11 696.09	75 150.16	-

Tabel V. 7. Samlede Udgifter ved Vedlig[...]
Dépenses totales de l'entret[...]

1	118	119	120	121	122	123	124
Banernes Navn. Désignation des chemins de fer.	Lokomotiver. Locomotives. Vedligehold og Drift. Entretien et traction. I Terminen 1892—93. Pendant le terme 1892—93. Ialt. (Col. 71 + 98). Total.	Pr. Lokomotivkilometer. Par locomotive-kilomètre.	Aarlige Middeltal 1887—92. Moyennes annuelles 1887—92. Ialt. Total.	Pr. Lokomotivkilometer. Par locomotive-kilomètre.	Leie af fremmede Lokomotiver.*) Loyer des locomotives étrangères.	Tilsammen Ud[...] Dépenses t[...] Ialt. (Col. 118 + 122). En tout.	Her[...] D[...] Maskinafdelingen. (Tabel IV, Col. 62).
	Kr.	Øre.	Kr.	Øre.	Kroner.		
Smaalensbanen.	325 859.02	29.86	257 552	27.74	815.15	326 674.17	326
Kongsvingerbanen.	141 447.81	39.55	117 059	34.93	÷ 187.96	141 259.85	141
1ste Trafikdistr.	467 306.83	32.26	374 611	-	627.19	467 934.02	467
2det Trafikdistr.	527 011.33	29.17	428 295	27.19	-	527 011.33	527
Eidsv.-Hamarb.	68 516.06	39.99	55 676	38.01	138.15	68 654.21	68
Rørosbanen.	231 580.46	23.59	213 729	23.39	-	231 580.46	231
Merakerbanen.	113 725.95	34.96	87 933	34.72	-	113 725.95	113
3die&4de Trafikd.	413 822.47	-	357 338	-	138.15	413 960.62	413
5te Trafikdistr.	28 739.88	18.77	26 106	18.52	-	28 739.88	28
6te Trafikdistr.	64 257.97	24.09	52 616	21.71	-	64 257.97	64
Statsbanerne.	1 501 138.48	-	1 238 966	-	765.34	1 501 903.82	1 501
Hovedbanen.	267 753.16	54.85	215 635	50.54	3 951.90	271 705.06	269
Samtlige Baner.	1 768 891.64	-	1 454 601	-	4 717.24	1 773 608.88	1 771

*) Godtgjørelse for Vedligehold (og for Lokomotivernes Vedkommende ved 1ste Distrikt t[...] for Drift), idet den Del af Leien, der bestaar i Rente- og Amortisationsafgift, ikke er[...] regnet til Driftsudgifter.

**) Konti for Arbeider, udførte for Private eller for Regning af Reservefond eller Kapitalkon[...]

…rift af rullende Materiel.
…traction du matériel roulant.

…5	126	127	128	129	130	131	132	133
	Vogne. Voitures et wagons.							
	Vedligehold og Drift. Entretien et traction.				Leie af fremmede Vogne.*) Loyer des wagons étrangers.	Tilsammen Udgifter. Dépenses totales.		
	I Terminen 1892—93. Pendant le terme 1892—93.		Aarlige Middeltal 1887—92. Moyennes annuelles 1887—92.				Heraf falder paa … De cela fait.	
Autres dépenses.	Ialt. (Col. 105 + 116). Total.	Pr. Axelkilometer. Par kilomètre d'essieu.	Ialt. Total.	Pr. Axelkilometer. Par kilomètre d'essieu.		Ialt. (Col. 126 + 130). En tout.	Maskinafdelingen. (Tabel IV, Col. 65). Traction et entretien du matériel roulant.	Andre Konti.**) Autres dépenses.
…r.	Kr.	Øre.	Kr.	Øre	Kroner.			
-	81 831.74	0.33	63 506	0.28	÷ 11 620.45	70 211.29	70 211.29	-
-	50 627.88	0.46	45 613	0.47	18 492.30	69 120.18	69 120.18	-
-	132 459.62	0.37	109 119	-	6 871.85	139 331.47	139 331.47	-
-	120 331.50	0.38	105 950	0.36	-	120 331.50	120 331.50	-
-	13 267.79	0.35	11 982	0.34	8 708.79	21 976.58	21 976.58	-
-	55 273.20	0.27	56 367	0.30	-	55 273.20	55 273.20	-
-	22 994.92	0.35	14 130	0.24	1 055.05	24 049.97	24 049.97	-
-	91 535.91	-	82 479	-	9 763.84	101 299.75	101 299.75	-
-	4 721.28	0.28	4 120	0.27	-	4 721.28	4 721.28	-
-	14 403.60	0.38	10 747	0.34	-	14 403.60	14 403.60	-
-	363 451.91	-	312 415	-	16 635.69	380 087.60	380 087.60	-
…208.9[illegible]	64 363.85	0.49	59 871	0.52	3 280.20	67 644.05	66 703.00	941.05
…208.9[illegible]	427 815.76	-	372 286	-	19 915.89	447 731.65	446 790.60	941.05

Anmærkning til Tabel V.

ad Tabel V. 1. Beskrivelse af Lokomotiver.

Banernes Navn. Désignation des chemins de fer.	Lokomotivets No.	Lokomotivets Navn.	Værkstedets eller eller Fabrikantens Navn.	Aar, da Lokomotivet traadte i Driftens Tjeneste.	Kostende pr. Lokomotiv & Tender [1]). (Afrundet). Kr.	Gjennemløbne Lokomotivkilometer. I Terminen. km.	Gjennemløbne Lokomotivkilometer. Ialt. (Age kilométrique). km.
Statsbanerne.							
1ste Trafikdistrikt.							
Smaalensbanen.	13	-	Rob. Stephenson & Co.	1862	[2]) 14 000	5 777	[3]) 229 686
	40	-	Manning Wardle, Leeds	1879	20 200	13 458	251 586
	41	-	Beyer, Peacock & Co. Manchester.	»	40 000	6 759	477 469
	42	-		»	»	23 155	642 349
	43	-		»	»	14 121	510 842
	44	-		»	»	37 183	416 541
	45	-		»	»	59 720	524 673
	46	-		»	»	41 683	837 857
	47	-		»	»	36 861	1 049 208
	48	-		»	»	37 532	517 302
	49	Loke	Nydquist & Holm, Trollhättan.	»	49 700	36 227	454 135
	50	Njørd		»	»	31 767	374 560
	51	Ymer		»	»	16 008	542 708
	52	Forsete		»	»	20 219	336 620
	53	-		1881	37 300	29 789	370 243
	54	-		1882	»	56 923	330 362
	55	-		»	»	7 237	269 641
	56	-		»	»	45 963	341 050
	57	-		»	»	16 519	243 527
	58	-		»	»	61 520	347 606
	59	-		»	»	46 183	346 149
	60	-		»	»	89 931	586 631
	61	-		»	»	49 019	355 790
	66	-	Dubs & Co. Glasgow.	1891	44 287	37 523	60 776
	67	-		»	44 429	75 297	122 220
	68	-		»	46 073	85 790	131 901
	69	-		»	»	91 798	131 320
	70	-	Sächsische Maschinenfabrik, Chemnitz.	1893	* * *	11 861	11 861
	71	-		-	* * *	12 084	12 084
Kongsvingerb.	14	-	Rob. Stephenson & Co.	1862	28 000	6 435	827 583
	15	-		»	32 400	21 264	958 298
	16	-		»	»	29 098	874 244
	17	-		»	»	31 713	800 376
	18	-		1865	28 000	25 292	773 117
	19	-		»	41 200	36 602	1 080 784
	20	-	Beyer, Peacock & Co.	1867	43 200	45 192	829 572
	21	-		1868	32 400	20 779	914 835
	26	-	Rob. Stephenson & Co.	1879	35 500	36 900	510 936
	27	-		»	»	47 536	539 632
	28	-		»	»	34 403	511 936
	65	-	Dubs & Co. Glasgow.	1891	44 288	32 539	57 666
	72	-	Sächsische Maschinenfabrik, Chemnitz.	1893	* * *	8 801	8 801

* * * betegner, at Regnskabet over Kostende ikke er afsluttet.

[1]) Kostende ved Anskaffelsen (automatiske Bremser ikke indbefattet).

[2]) Kostende ved Afgivelse fra Kongsvingerbanen til Smaalensbanen (Kontraktpris Kr. 28 000).

[3]) Desuden løbet 596 465 km. som Kongsvingerbanens Lokomotiv.

Banernes Navn.	Lokomotivets No.	Lokomotivets Navn.	Værkstedets eller Fabrikantens Navn.	Aar, da Lokomotivet traadte i Driftens Tjeneste.	Kostende pr. Lokomotiv & Tender[1]) (Afrundet). Kr.	Gjennemløbne Lokomotiv-kilometer. I Terminen. km.	Gjennemløbne Lokomotiv-kilometer. Ialt. km.
2det Trafikdistrikt.							
Kr.ania–Dr.menb.	10	Odin		1872	23 500	58 556	675 905
	11	Thor		»	»	41 143	821 056
	12	Mode		»	18 900	34 003	328 343
	14	Hermod		»	23 500	63 862	865 326
	15	Vale	Beyer, Peacock & Co.	»	»	57 941	864 131
	19	Starkad		1873	28 200	52 228	878 478
	20	Mjølner		»	»	63 658	893 963
	22	Høgne		1874	31 050	40 064	431 462
	24	Frode		1875	28 200	37 580	707 414
	25	Rob. Fairley	R. & W. Hawthon.	1877	51 730	9 575	133 695
	30	Jupiter	Nydquist & Holm,	1891	31 717	60 748	175 955
	31	Saturn.	Trollhättan.	1892	34 250	53 718	53 718
Dr.men–Skienb.	49	Metis	Beyer, Peacoch & Co.	1883	28 500	34 354	[2]) 312 795
	50	Hygeia		»	»	22 785	[2]) 333 286
	51	Merkur		1881	25 560	25 324	553 758
	52	Venus	Dubs & Co.	1882	»	68 280	724 847
	53	Mars		1881	»	40 002	554 641
	54	Tellus		»	»	21 350	653 568
	55	Rimfaxe		1882	21 500	57 012	608 749
	56	Skinfaxe		1881	»	65 547	572 885
	57	Sleipner		»	»	80 661	690 422
	58	Od	Motala mek. Værkst.	1882	»	65 733	628 598
	59	Embla		»	»	62 083	522 248
	60	Ask		»	»	27 332	591 315
	61	Urd		»	23 300	43 852	573 193
	62	Skuld		»	»	55 859	570 175
Dr.men–Randsfj.b.	1	Halfdan	Slaughter Grun. & Co.	1866	21 800	12 725	531 058
	2	Trygve		»	25 000	41 637	734 137
	3	Sigurd		»	»	36 430	732 841
	4	Harald		1867	»	32 098	741 990
	7	Skrim		1871	23 400	68 273	776 067
	8	Uller		»	»	46 698	777 586
	13	Magne	Beyer, Peacock & Co.	1872	18 900	28 076	510 461
	16	Heimdal		1873	28 200	40 984	737 216
	17	Vegtam		»	»	41 271	819 255
	18	Balder		»	»	52 236	638 847
	21	Hedin		1874	31 050	15 837	436 628
	23	Frig		1875	28 200	30 264	732 259
	26	Mogul		1885	33 000	7 128	187 076
	27	Bjørn	Nydquist & Holm.	1886	34 000	18 632	199 658
	28	Elg		1890	33 400	46 654	165 311
	29	Ulv		»	»	44 172	142 855
3die & 4de Trafikd.							
Eldsv.–Hamarb.	29	-		1880	38 520	40 041	425 469
	30	-	Nydquist & Holm.	»	»	23 579	406 777
	31	-		»	»	31 168	417 928
	60	Nidaros	Beyer, Peacock & Co.	1881	40 020	43 678	410 040
	64	-	Dubs & Go. Glasgow.	1891	45 134	32 833	49 693

[1]) Kostende ved Anskaffelsen (automatiske Bremser ikke indbefattet).
[2]) Lokomotiv No. 49 og 50 har desuden løbet 88 214 km. paa Jæderbanen, respektive 48 924 km. og 39 290 km. som Jæderbanens No. 3 og 4.

Banernes Navn.	Lokomotivets No.	Lokomotivets Navn.	Værkstedets eller Fabrikantens Navn.	Aar, da Lokomotivet traadte i Driftens Tjeneste.	Kostende pr. Lokomotiv & Tender [1]). (Afrundet). Kr.	Gjennemløbne Lokomotiv-kilometer. I Terminen. km.	Gjennemløbne Lokomotiv-kilometer. Ialt. km.
Hamar-Grundsetb.	18	-	Rob.Stephenson&Co.	1861	21 830	-	490 431
	19	-	»	»	»	15 467	502 740
	20	-	»	»	»	9 055	512 006
	24	-	Baldwin Locomotive Works, Philadelphia	1884	27 860	50 535	441 581
	25	-	Nydquist & Holm.	1886	32 680	2 097	159 704
Grundset-Aamotb.	21	Alf	Beyer, Peacock & Co.	1871	18 900	3 729	172 058
Støren-Aamotb.	5	Einar	Beyer, Peacock & Co.	1873	[2]) 27 900	54 113	857 460
	6	Olaf	»	1874	[2]) »	13 818	634 841
	7	Thora	»	1877	[2]) »	53 755	638 103
	8	Gudrun	»	»	[2]) »	22 039	540 033
	9	Erling	»	1874	[2]) »	39 819	759 419
	10	Ceres	»	1877	28 800	53 115	797 449
	11	Pallas	»	»	»	69 137	771 709
	12	Juno	»	»	»	50 306	582 353
	13	Vesta	»	»	»	49 609	650 464
	14	Astræa	»	1875	»	70 861	832 098
	15	Hebe	»	1877	»	40 572	726 102
	16	Iris	Nydquist & Holm.	»	»	46 165	622 359
	17	Flora	»	»	»	50 331	620 908
	23	-	Baldwin Locomotive Works, Philadelphia	1884	27 860	46 177	430 955
	27	-	»	1889	27 340	22 035	127 239
	28	-	»	1890	29 070	39 382	112 056
Tr.hjem-Størenb.	1	Robert	Rob.Stephenson&Co.	1865	21 830	9 199	653 980
	2	Trønderen	Nidelvens mek. Værksted.	»	20 000	-	122 941
	3	Hakon	Slaughter Grunning & Co. Bristol.	»	20 480	4 831	700 513
	4	Sverre	»	»	»	24 863	615 403
	22	-	Baldwin Locomotive Works, Philadelphia.	1884	27 860	52 464	443 491
	26	-	Nydquist & Holm	1886	32 680	49 980	186 435
	29	-	Baldwin Locomotive Works, Philadelphia.	1891	27 270	38 200	85 455
Merakerbanen.	51	Amerika	Baldwin Locomotive Works, Philadelphia.	1881	37 000	40 361	393 092
	52	Leiv	»	»	»	42 644	423 834
	53	Washington	»	»	[3]) 32 790	33 295	312 469
	54	Baldwin	»	»	»	31 844	293 939
	55	Eystein	Beyer, Peacock & Co.	»	40 020	56 731	283 683
	56	Magnus	»	»	42 870	43 682	325 638
	57	Inge	»	»	»	38 082	364 713
	58	-	Krauss&Co. München.	1884	16 700	18 213	152 664
	59	-	»	»	»	20 445	143 053

[1]) Kostende ved Anskaffelsen (automatiske Bremser ikke indbefattet).

[2]) Lokomotiverne No. 5—9 er ifl. Storthingsbeslutning af 1888 forsynede med Tendere. Kostendet Kr. 19 123 er fordelt paa Rørosbanens Banedele efter Længden og ikke medtaget i disse Tal.

[3]) Kostende ved Afgivelse fra Smaalensbanen til Merakerbanen (Kontraktpris Kr. 37 000).

Banernes Navn.	Lokomotivets No.	Lokomotivets Navn.	Værkstedets eller Fabrikantens Navn.	Aar, da Lokomotivet traadte i Driftens Tjeneste.	Kostende pr. Lokomotiv & Tender[1]). (Afrundet). Kr.	Gjennemløbne Lokomotivkilometer. I Terminen. km	Gjennemløbne Lokomotivkilometer. Ialt. km.
5te Trafikdistrikt.							
Jæderbanen.	1	Victoria	Beyer, Peacock & Co.	1878	28 500	56 902	557 123
	2	Parthenope.		»	»	18 446	475 077
	5	Tjalve		»	[2])16 000	19 777	442 192
	6	Røskva		»	»	19 540	393 796
	9	Eivind		1872	[3])10 890	38 421	[4]) 85 976
6te Trafikdistrikt.							
Bergen-Voss.	1	Hugin	Motala Værksted.	1883	24 060	41 286	293 306
	2	Munin		»	»	23 453	270 519
	3	Gere	Beyer, Peacock & Co.	»	23 960	41 183	425 543
	4	Freke		»	»	27 301	219 199
	5	Brage		»	23 990	69 034	484 381
	6	Idun		»	»	64 505	524 515
Hovedbanen.	1	-	Rob.Stephenson&Co. Newcastle.	1854	48 000	33 497	1 173 892
	2	-		»	»	16 956	1 157 019
	3	-		»	»	47 339	1 208 313
	4	-		»	»	31 415	1 108 655
	5	-		»	»	47 506	1 199 468
	8	-		1857	40 000	46 392	647 807
	9	-		»	»	19 801	485 652
	10	-		»	»	18 704	528 747
	11	-	Manning Wardle.	1892	18 556	21 666	[5]) 28 246
	12	-	Rob.Stephenson&Co. Newcastle.	1861	37 000	17 228	945 045
	22	-		1870	43 200	27 309	574 601
	23	-		»	»	17 765	756 557
	24	-	Manning Wardle.	1875	20 200	16 870	257 340
	25	-		»	»	9 070	239 211
	32	-	Sharp, Stewart & Co. Manchester.	1881	44 800	21 940	259 549
	33	-		»	»	28 258	364 297
	34	-	Manning Wardle.	»	18 400	18 059	188 062
	35	-	Sharp, Stewart & Co. Manchester.	1885	44 750	26 703	154 253
	36	-		»	»	19 620	234 341
	37	-		»	»	35 004	244 061
	38	-		1889	46 500	28 025	90 093
	39	-		»	»	32 499	124 577
	62	-	Manning Wardle.	»	17 500	17 920	64 855

[1]) Kostende ved Anskaffelsen (automatiske Bremser ikke indbefattet).
[2]) Kostende ved Afgivelse fra Vestbanerne til Jæderbanen (Kontraktpris Kr. 22 500).
[3]) Do. » —»— » do. (— » 18 900).
[4]) Desuden løbet paa Drammen—Randsfjordbanen 349 829 km.
[5]) Et i December 1888 udrangeret Lokomotiv No. 11 havde ialt løbet 788 367 km., der ikke er medtaget her.

Col. 19 a) En Adamsens Bogie tilbygget i 1887.
Col. 20 b) Bag Drivhjulene en 2-hjulet Bogie med radierende Axelboxe.
Col. 28 c) Bagerste Hjulpar en Adamsens Bogie af samme Konstruktion som Lokomotivets.

ad Tabel V. 2.

I Tabellens Col. 35 er vedføiet hver Vognsorts Litra, idet Litra A, B og C angiver Personvogne, henholdsvis 1ste, 2den og 3die Vognklasse. D angiver Postvogne, F Stoppevogne; Kombination af to eller flere Sorter Vogne angives ved Sammensætning af de respektive Litra. De efter F følgende Litra angiver de forskjellige Slags Godsvogne.

Col. 58 a) Udgifterne til automatiske Bremser er ikke indbefattet i Prisen pr. Vogn.
* * * betegner, at Regnskabet for vedkommende Vogne ikke er afsluttet.

ad Tabel V. 3.

Col. 59 a) Lokomotiv No. 13 er ifølge Storthingsbeslutning af 17de Juni 1885 overført fra Kongsvingerbanen pr. 1ste Juli 1885. Lokomotivet har pr. 30te Juni 1885 løbet 596 465 km (som Kongsvingerbanens Lokomotiv).

—»— Lokomotiv No. 9 er ifølge Storthingsbeslutning af 19de Juni 1890 overført fra Drammen—Randsfjordbanen til Jæderbanen. Lokomotivet har løbet 349 829 km. som Drammen—Randsfjordbanens Lokomotiv.

Col. 60 b) Rørosbanens Lokomotiver No. 2 og 18 har staaet i Reserve i de sidtse Driftsaar.

—»— c) Hovedbanens Lokomotiver No. 6, No. 7 og No. 11 er udrangerede. Et nyt Lokomotiv No. 11 er tilkommet i 1892 (se under No. 24 m. fl.).

Col. 69 d) Heraf 68 440 km. løbet paa Dalslandsbanen.

Col. 71 e) Lokomotiv No. 40 vedligeholdes for Kristiania Fællesstations Regning, og er saaledes den tilsvarende Udgift ikke indbefattet i de her opførte Vedligeholdelsesudgifter.

—»— f) Vedligeholdelsesudgifter vedkommende Rangérlokomotiverne No. 9, 11, 24, 25. 34 & 62 med gjennemløbne Distancer 103 386 km. heri ikke medregnede (vedligeholdes for Kristiania Fællesstations Regning).

Col. 74 g) Heraf har Lokomotiv No. 13, der fra 1ste Juli 1885 er overført til Smaalensbanen, løbet 596 465 km. i Tidsrummet 1862—85.

—»— h) Heraf har Lokomotiv No. 9 (jfr. Anm. Col. 59 a) løbet 349 829 km.

—»— i) Heri indbefattet 88 215 km., løbet af Lokomotiverne No. 3 og 4, der under 4de Juli 1880 blev overførte til Drammen—Skienbanen som Lokomotiverne No. 49 og 50.

Col. 75 k) Til den her opførte Vedligeholdelsesudgift Kr. 490 913.09, Kr. 1 344 253.94 og Kr. 3 582 247.93, henholdsvis for Smaalensbanen, 1ste Trafikdistrikt og Statsbanerne, svarer gjennemløbne km. henholdsvis 10 649 834, 19 934 079 og 67 320 200, da Rangérlokomotiv No. 40 pr. 30te Juni 1882 havde løbet 63 174 km. samt fra 1ste Juli 1884 til 30te Juni 1892 113 689 km., i hvilke Tidsrum Maskinen har været vedligeholdt for Kristiania Fællesstations Regning.

—»— l) Rangérlokomotivernes Vedligeholdelsesudgifter til Udgangen af Juni 1879 heri medregnede; de tilsvarende Lokomotivkilometer bliver 12 487 364.

—»— m) Tilsvarende Lokomotivkm. 49 807 564 (jfr. Anm. under k) & l) ovenfor).

ad Tabel V. 5.

I Driftsaaret har foruden de i Tabellen nævnte Baners Vogne paa Driftsbanerne ogsaa løbet Godsvogne tilhørende de under Bygning værende Jernbaner, nemlig af Kongsvinger—Flisenbanens Vogne 739 318 Axelkm. og af Hamar—Sellbanens Vogne 673 324 Axelkm.

Col. 1 n) Paa Strækningen Kristiania—Fredrikshald er gjennemløbet af Personvogne 8 431 670 Axelkm., Postvogne 445 558 Axelkm., Stoppevogne 2 652 040 Axelkm. og Godsvogne 2 873 318 Axelkm.

ad Tabel V. 6.

Col. 116 o) Udgifterne til Puds & Renhold, Opvarmning og Belysning Kr. 11 716.58 heri ikke medtaget, men tillagt Udgifterne ved Trafikafdelingen i Lighed med, hvad der er angivet for Statsbanerne. (Jfr. Tabel IV, Col. 54).

Tabel VI.

Opgaver

vedkommende

Beskrivelse af Banerne samt Banernes Vedligehold.

Renseignement

sur

La description des chemins de fer et l'entretien et la surveillance de la voie.

Tabel VI. I. Stign
Détail des conditions de niveau

1	2	3	4	5	6	7	8	9	10
					Horizontal. Horizontal.				
Banernes Navn. Désignation des chemins de fer.	Længde. Longueur des lignes.	Sporvidde. Largeur de la voie.	Største Høide over Havet. Hauteur maximum au dessus du niveau de la mer.	Høideforskjel mellem Banens Endepunkter. Différence de hauteur entre les extremités de la ligne.	Samlet Længde. Longueur totale.	I pCt. af Banens Længde. Rapport % à la longueur de la ligne.	Indtil 5‰ ($\frac{1}{200}$). Cinq et au dessous par mille.	Over 5‰ ($\frac{1}{200}$) til 10‰ ($\frac{1}{100}$). Au delà de 5‰ jusqu'à 10‰.	Over 10‰ ($\frac{1}{100}$) til 15‰ ($\frac{1}{67}$). Au delà de 10‰ jusqu'à 15‰.
	km.	m.	m.	m.	km.	%	km.		
1ste Trafikdistrikt.									
Smaalensbanen.									
Kr.ania-Rigsgr. (v. L.)	170.1	1.435	189	142	44.9	26	12.5	46.5	-
Ski-Sarpsborg (ø. L.)	79.0	»	155	89	14.2	18	3.5	13.6	9.6
Kongsvingerbanen.	114.6	»	154	24	29.8	26	41.6	-	-
2det Trafikdistrikt.									
Kr.ania-Dr.menb.	52.9	1.067	138	1	12.0	23	5.4	8.2	9.2
Dr.men-Skienb.	148.6	»	84	1	33.3	22	13.4	35.2	10.5
Skopum-Horten.	7.3	-	40	37	1.5	20	-	-	-
Dr.men-Randsfj.b.	89.3	»	201	139	17.2	19	17.2	19.9	6.3
Hougs.-Kongsberg.	27.9	»	172	141	4.3	15	0.4	4.1	4.4
Vikers.-Krøderen.	26.3	»	189	71	4.8	18	1.9	3.4	0.8
3die Trafikdistrikt.									
Eidsvold-Hamarb.	a) 58.6	1.435	230	-	29.9	51	4.0	12.2	-
Hamar-Grundset.	b) 37.9	1.067	270	69	8.2	22	5.7	7.1	7.1
Grundset-Aamot.	26.3	»	225	28	9.3	35	7.9	3.7	-
Aamot-Tønset.	156.8	»	506	268	56.3	30	30.0	39.5	-
4de Trafikdistrikt.									
Tønset-Støren.	161.0	1.067	670	429	45.4	28	13.1	24.0	-
Tr.hjem-Støren.	51.1	»	141	61	9.6	19	3.3	5.7	1.1
Merakerbanen.	102.3	1.435	557	554	29.9	29	14.0	14.3	6.2
5te Trafikdistrikt.	76.3	1.067	48	-	23.5	31	6.9	19.0	-
6te Trafikdistrikt.	c) 106.7	-	94	53	32.8	31	17.2	8.2	5.8
Hovedbanen.	67.8	1.435	218	124	8.0	12	14.4	10.6	6.8

[1]) I Retning fra Kristiania.

[Kr]umningsforhold.

[...] des lignes de chemin de fer.

12	13	14	15	16	17	18	19	20	21
	Stigninger.[1]) Rampes.					**Fald.**[1]) Pentes.			
	Maximum Stigning. Rampe maximum.								
Maximumstigning. Rampe maximum	Antal. Nombre.	Samlet Længde. Longueur totale.	I pCt. af Banens Længde. Rapport % à la longueur de la ligne.	Samlet Længde i Stigning. Longueur totale des rampes.	I pCt. af Banens Længde. Rapport % à la longueur de la ligne.	Indtil 5 ‰ ($\frac{1}{200}$). Cinq et au dessous par mille.	Over 5 ‰ ($\frac{1}{200}$) til 10 ‰ ($\frac{1}{100}$). Au delà de 5 ‰ jusqu' à 10 ‰.	Over 10 ‰ ($\frac{1}{100}$) til 15 ‰ ($\frac{1}{67}$). Au delà de 10 ‰ jusqu' à 15 ‰.	Steilere end 15 ‰ ($\frac{1}{67}$). Au delà de 15 ‰.
‰ mille.		m.	%	km.	%	km.			
[illegible]	1	3 654	2	62.6	37	21.0	41.6	-	-
[illegible]	13	5 172	7	26.7	34	7.8	15.8	14.5	-
[illegible]	16	12 515	11	41.6	36	43.2	-	-	-
[illegible]	1	1 707	3	22.8	43	2.5	5.5	10.1	-
[illegible]	1	810	1	60.5	41	7.8	28.3	18.7	-
[illegible]	1	586	8	0.6	8	0.4	4.1	-	0.7
[illegible]	1	1 951	2	45.4	51	13.0	10.1	3.6	-
[illegible]	2	6 245	22	15.1	54	0.6	7.9	-	-
[illegible]	3	3 847	15	12.3	47	0.9	2.5	5.8	-
[illegible]	8	10 467	18	16.2	28	0.5	8.4	3.6	-
[illegible]	2	4 829	13	19.9	52	2.8	1.9	5.1	-
[illegible]	3	1 950	7	11.6	44	3.9	1.5	-	-
[illegible]	6	18 167	12	69.5	44	16.3	14.7	-	-
[illegible]	4	3 055	2	37.1	23	20.8	30.5	27.2	-
[illegible]	1	2 420	5	16.8	33	8.1	9.5	0.8	6.3
[illegible]	11	17 429	17	56.5	55	4.9	11.0	-	-
[illegible]	10	7 972	10	25.9	34	9.0	17.9	-	d) 0.2
[illegible]	1	2 367	2	34.1	32	17.3	13.1	4.8	4.6
[illegible]	1	2 839	4	34.7	51	11.3	5.4	6.1	2.3

Tabel VI. (Forts.). Stign
Détail des conditions de niveau

1	22	23	24	25	26	27	28	29
	Fald[1]). Pentes.						**Sum.** Stigninger&Fald. Total des rampes et des pentes.	
	Maximum Fald. Pente maximum.							
Banernes Navn. Désignation des chemins de fer.	Maximumfald. Pente maximum.	Antal. Nombre.	Samlet Længde. Longueur totale.	I pCt. af Banens Længde. Rapport % à la longueur de la ligne.	Samlet Længde i Fald. Longueur totale des pentes.	I pCt. af Banens Længde. Rapport % à la longueur de la ligne.	Samlet Længde. Longueur totale.	I pCt. af Banens Længde. Rapport % à la longueur de la ligne.
	Pro mille.		m.		km.	%	km.	%
1ste Trafikdistrikt.								
Smaalensbanen.								
Kr.ania-Rigsgr. (v. L.)	10($\frac{1}{100}$)	18	19 426	11	62.6	37	125.2	74
Ski-Sarpsborg (ø. L.)	13($\frac{1}{80}$)	6	1 945	3	38.1	48	64.8	82
Kongsvingerbanen.	4($\frac{1}{250}$)	14	8 838	8	43.2	38	84.8	74
2det Trafikdistrikt.								
Kr.ania-Dr.men.b.	14($\frac{1}{70}$)	3	7 429	14	18.1	34	40.9	77
Dr.men-Skienb.	14($\frac{1}{70}$)	1	413	-	54.8	37	115.3	78
Skopum-Horten.	18($\frac{1}{55}$)	1	681	9	5.2	72	5.8	80
Dr.men-Randsfj.b.	13($\frac{1}{75}$)	2	3 580	4	26.7	30	72.1	81
Hougs.-Kongsberg.	10($\frac{1}{100}$)	1	767	3	8.5	31	23.6	85
Vikers.-Krøderen.	14($\frac{1}{70}$)	3	4 832	18	9.2	35	21.5	82
3die Trafikdistrikt.								
Eidsvold-Hamarb.	14($\frac{1}{70}$)	1	1 558	-	12.5	21	28.7	49
Hamar-Grundset.	14($\frac{1}{70}$)	1	681	2	9.8	26	29.7	78
Grundset-Aamot.	8($\frac{1}{180}$)	1	862	3	5.4	21	17.0	65
Aamot-Tønset.	9($\frac{1}{111}$)	1	705	-	31.0	20	100.5	64
4de Trafikdistrikt.								
Tønset-Støren.	13($\frac{1}{75}$)	9	3 400	2	78.5	49	115.6	72
Tr.hjem-Støren.	23($\frac{1}{43}$)	2	3 780	7	24.7	48	41.5	81
Merakerbanen.	7($\frac{1}{143}$)	15	10 880	11	15.9	16	72.4	71
5te Trafikdistrikt.	10($\frac{1}{100}$)	10	6 275	8	27.1	35	52.8	69
6te Trafikdistrikt.	20($\frac{1}{50}$)	4	3 664	3	39.7	37	73.8	69
Hovedbanen.	17($\frac{1}{60}$)	1	2 337	4	25.1	37	59.8	88

[1]) I Retning fra Kristiania.

…mningsforhold.
… des lignes de chemin de fer.

	32	33	34	35	36	37	38	39	40	41
… Linie. … droites.		Strækninger i Kurve. Lignes courbes.								
					Minimal-Radius. Rayon des courbes minimum.					
	I pCt. af Banens Længde. Rapport % à la longueur de la ligne.	Radius over 1000 m. Rayon au delà de 1000 m.	Radius fra 1000 m. til 500 m. Rayon de 1000 m. jusqu'à 500 m.	Radius mindre end 500 m. Rayon au dessous de 500 m.	Minimal-Radius. Royon minimum.	Antal. Nombre.	Samlet Længde. Longueur totale.	I pCt. af Banens Længde. Rapport % à la longueur de la ligne.	Samlet Længde. Longueur totale des courbes.	I pCt. af Banens Længde. Rapport % à la longueur de la ligne.
	%	km.			m.		m.	%	km.	%
.8	53	21.3	23.2	35.8	240	1	90	-	80.3	47
.2	47	11.8	13.7	16.2	314	30	9 228	12	41.7	53
.7	55	20.4	27.1	4.4	372	1	273	-	51.9	45
3	44	6.4	7.0	16.2	196	1	157	-	29.6	56
.6	41	28.8	23.0	35.2	188	3	662	-	87.0	59
.5	35	2.9	0.6	1.3	314	1	72	1	4.8	65
.1	42	11.3	19.4	21.5	282	3	1 335	-	52.2	58
.9	46	3.7	1.9	9.4	314	20	3 581	12	15.0	54
7	37	0.7	2.3	13.6	188	17	2 880	11	16.6	63
8	46	9.7	11.2	10.9	314	12	3 911	7	31.8	54
1	69	4.8	4.7	2.3	235	1	215	1	11.8	31
8	60	3.0	3.0	4.5	314	2	610	2	10.5	40
2	49	24.4	23.4	32.8	204	1	275	-	80.6	51
2	42	25.3	22.9	45.6	188	3	840	1	93.8	58
6	54	5.4	7.1	11.0	235	1	100	-	23.5	46
0	40	17.2	14.6	29.5	282	15	4 020	4	61.3	60
8	51	13.2	8.3	16.1	188	23	4 756	6	37.6	49
2	41	6.3	11.5	45.7	173	6	914	1	63.5	59
.7	36	23.7	14.9	4.5	293	2	706	1	43.1	64

Tabel VI. 2. U[illegible]
Infrastr[illegible]

1	42	43	44	45	46	47	48	49	50	51
		Planeringens Kronbredde Largeur de la plateforme			Planerings-arbeider. g) Terrassements			Tunneler. Tunnels.		Veio[illegible] gan[illegible] Pas[illegible]
Banernes Navn. Désignation des chemins de fer.	Samlet Grundareal. Surface totale des terrains.	paa Banker. des remblais.	i Jordskjæringer (Grøfter uberegnet). des déblais (non compris des fossés).	i Fjeldskjæringer (Grøfter medregnet). des tranchées au rocher (y compris des fossés).	Gravning. Fouille.	Sprængning. Travaux de mine.	Mur samt Stenbeklædning. Murs et perrés.	Antal. Nombre.	Samlet Længde. Longueur totale.	I Planum med Grinder. Au niveau des barrières.
	ha	m.			I 1000 Kubikmeter.				m.	Ant[illegible]
1ste Trafikdistrikt.										
Smaalensbanen.										
Kr-ania-Rigsgr. (v. L.)	401.6	5.647	6.274	4.705	1 987.0	406.8	29.7	9	949	417
Ski-Sarpsborg (ø. L.)	165.9	5.019	5.647	-	976.2	117.7	12.7	2	259	186
Kongsvingerbanen.	288.4	5.647	5.020	5.647	2 030.4	99.5	66.6	-	-	240
2det Trafikdistrikt.										
Kr.ania-Dr.menb.	134	3.921	3.921	3.765	922.2	153.1	25.3	3	301	121
Dr.men-Sklenb.	350	»	»	»	1 211.4	319.3	43.9	16	1 381	398
Skopum-Horten.	13	»	»	»	23.6	3.3	»	-	-	30
Dr.men-Randsfj.b.	247.34	»	»	»	1 499.6	88.3	61.3	-	-	257
Hougs.-Kongsberg.	56.98	»	»	»	250.6	35.4	4.1	-	-	71
Vikers.-Krøderen.	54.28	»	»	»	246.9	22.2	7.8	-	-	87
3die Trafikdistrikt.										
Eidsvold-Hamarb.	169	5.019	5.647	4.705	909.4	127.6	204.3	1	122	108
Hamar-Grundset.	—	3.921	3.921	3.765	340.0	5.0	—	-	-	76
Grundset-Aamot.	—	»	»	»	181.0	10.0	14.0	-	-	8[illegible]
Aamot-Tønset.	—	»	»	»	} 2 227.5	283.6	122.2 {	1	50	33[illegible]
4de Trafikdistrikt.										
Tønset-Støren.	662	3.921	3.921	3.765				10	623	28[illegible]
Tr.hjem-Støren.	e)102.3	»	-	»	955.6	79.0	31.8	2	203	8[illegible]
Merakerbanen.	566	5.020	5.647	4.706	1 215.6	405.8	95.0	2	169	128
Tr.hjem-Fællesst.	f) 13	»	-	-	—	—	—	-	-	3[illegible]
5te Trafikdistrikt.	201	3.921	3.921	3.765	563.0	193.0	18.0	3	177	17[illegible]
6te Trafikdistrikt.	163	»	-	»	550.2	531.4	104.9	51	9 527	279
Hovedbanen.	225	5.647	5.020	4.500	612.4	91.1	23.0	2	371	133

1) Private Veiovergange. 2) Heri indbefattet Veiundergange. 3) 1 Kulvert.

54	55	56	57	58	59	60	61	62	63	64	65	66	67	68
...render ...til 2 m. ...ning. ...rdures ...sur 2 m. ...verture.		Broer og Viadukter.[2]) Ponts & viaducs.												
		Stenbroer. Ponts en pierre.			Jernbroer paa Sten- eller Jernunderbygning. Ponts en fer sur fondement en pierre ou en fer.			Træbroer Ponts en bois						
								paa Stenunderbygning. sur fondement en pierre.			paa Pæle. sur pilots.			
Antal løbende Meter. Nombre de mètres courants.	Lukkede Render (Antal løbende Meter). Rigoles fermées (nombre de mètres courants).	Antal. Nombre.	Største Spand. Portée maximum.	Samlet Længde. Longueur totale.	Antal. Nombre.	Største Spand. Portée maximum.	Samlet Længde. Longueur totale.	Antal. Nombre.	Største Spand. Portée maximum.	Samlet Længde. Longueur totale.	Antal. Nombre.	Største Spand. Portée maximum.	Samlet Længde. Longueur totale.	Sum Længde. Longueur totale.
m.	m.		m.	m.		m.	m.		m.	m.		m.	m.	m.
9 036	12 924	-	-	-	108	53.34	1 596	-	-	-	-	-	-	1 596
6 394	17 601	1	3.14	12	42	63.00	731	-	-	-	-	-	-	743
8 500	21 550	-	-	-	54	37.65	1 380	-	-	-	-	-	-	1 380
3 360	12 978	1	4.00	4	43	32.00	392	3	11.80	24	8	17.30	1 518	1 938
8 921	26889	1	8.98	18	92	40.92	893	-	-		-	-	-	917
213		-	-	-	5	6.58	24	-	-	-	-	-	-	24
7 758	23 661	1	6.30	28	22	37.60	458	3	12.50	141	13	12.50	927	1 554
1 935	3 441	-	-	-	13	13.00	61	18	9.20	139	1	4.10	8	208
1 617	1 446	-	-	-	-	-	-	10	7.00	54	-	-	-	54
3 971	3 537	-	-	-	36	63.00	530	-	-	-	-	-	-	530
759	2 649	[3]) 1	4.50	4.5	5	43.92	k) 313	7	10.00	29	2	13.00	66	412.5
1 009	63	-	-	-	11	31.40	127	3	5.40	11	2	6.00	57	195
8 382	5 000	-	-	-	65	15.95	248	50	47.00	360	6	15.60	273	881
6 266	16 449	-	-	-	-	-	-	150	31.37	775	4	31.40	425	1 200
—	—	-	-	-	2	7.80	11	9	31.37	154	13	9.40	900	1 065
6 267	7 952	-	-	-	87	31.37	778	-	-	-	-	-	-	768
-	-	-	-	-	2	29.50	158	-	-	-	-	-	-	120
3 184	1 239	1	2	10	h) 27	28.24	327	-	-	-	1	5.20	30	367
4 818	—	-	-	-	i) 87	47.52	873	-	-	-	-	-	-	873
3 719	3 000	15	9.40	188	12	25.12	688	-	-	-	8	3.10	509	1 385

1	69	70	71	72	73	74	75	76	77	78	79	80	81
Banernes Navn. Désignation des chemins de fer.	Stationer, Holdepladse og Lastepladse. Stations et haltes.				Bygni… Bâtim…								
					Stations-bygninger. Bâtiments des voyageurs.			Godshuse. Halles aux marchandises.		Vogn-remiser. Remises à voitures.		Lokom… stald… Remis… locomot…	
	Antal Stationer. Nombre de stations.	Antal Holdepladse & Lastepladse. Nombre de haltes.	Sum. Total.	Gjennemsn. Afst. mell. Stationerne. Distance moyenne des stations.	Antal. Nombre.	Bebygget Grundflade. Base des bâtiments.	Platformlængde. Longueur des trottoirs.	Antal. Nombre.	Bebygget Grundflade. Base des bâtiments.	Antal. Nombre.	Bebygget Grundflade. Base des bâtiments.	Antal. Nombre.	Bebygget Grundflade. Base des bâtiments.
	Antal.			km		m.²	m.		m.²		m.²		m.²
1ste Trafikdistrikt.													
Smaalensbanen.													
Kr.ania-Rigsgr. (v. L.)	23	6	29	6.5	23	4 522	4 101	24	4 134	1	205	6	2 186
Ski-Sarpsborg (ø. L.)	10	1	11	7.3	10	1 200	1 134	11	964	-	-	1	339
Kongsvingerbanen.	12	9	21	9.6	12	1 838	1 931	13	1 667	1	112	2	719
2det Trafikdistrikt.													
Kr.ania-Dr.menb.	10	11	21	4.8	12	1 782	1 375	10	1 186	-	-	2	830
Dr.men Fællesst.	1	-	1	-	1	467	591	1	1 199	1	354	1	1 084
Drammen-Skienb.	22	8	30	6.8	22	3 511	.	22	3 539	3	1 494	4	803
Skopum-Horten.	2	-	2	3.5	2	348	157	2	220	1	290	1	118
Dr.men-Randsfj.b.	14	8	22	6.0	14	1 671	1 018	13	1 726	3	618	2	391
Hougs.-Kongsberg.	5	2	7	5.6	5	453	179	7	725	1	127	2	340
Vikers.-Krøderen.	2	7	9	13.2	2	206	123	2	265	1	144	1	70
3die Trafikdistrikt.													
Eidsvold-Hamarb.	6	5	11	8.3	6	765	660	6	662	-	-	1	60
Hamar-Fællesst.	1	-	1	-	1	475	228	2	1 187	2	904	2	843
Hamar-Grundset.	7	2	9	5.4	7	540	462	7	721	-	-	1	91
Grundset-Aamot.	3	1	4	8.7	3	428	164	4	621	-	-	1	104
Aamot-Tønset.	11	7	18	14.3	11	1 414	692	11	1 596	-	-	2	536
4de Trafikdistrikt.													
Tønset-Støren.	15	2	17	10.7	15	2 143	679	13	944	m) 1	1 108	4	505
Tr.hjem-Støren.	9	2	11	5.7	9	656	492	8	527	m) 1	164	2	146
Merakerbanen.	9	2	11	10.6	9	1 231	593	8	713	-	-	4	1 118
Tr.hjem Fællesst.	1	-	1	-	1	644	212	2	2 345	m) 1 1	1 874 1 154	2	1 833
5te Trafikdistrikt.	12	6	18	6.9	8	1 345	497	11	1 121	5	1 845	2	480
6te Trafikdistrikt.	14	4	18	8.3	l) 18	1 763	1 350	7	580	3	1 022	4	547
Hovedbanen.	10	6	16	6.2	10	1 447	2 563	8	2 633	-	-	1	379
Kristiania Fællesst.	1	-	1	-	1	3 324	389	2	9 200	3	4 664	5	2 122
Lillestrøm do.	1	-	1	-	1	180	178	2	131	1	315	1	315

…dre Anlæg.
…ments.

84	85	86	87	88	89	90	91	92	93	94	95	96	97	98	99
…stationer. …aux d'eau.		Øvrige mindre Bygn. ved Station. Autres bâtiments inférieurs aux stations.		Vogterboliger. Maisons de garde.		Dreieskiver. Plaques tournantes.		Sporvexlinger. Aiguillages de voie.		Andre Anlæg. Autres bâtiments. Værksteder. Ateliers.		Materialboder. Magazins.		Øvrige mindre Bygn. udenfor Stat. Autres bâtiments inférieurs au dehors de la gare.	
Bebygget Grundflade. Base des bâtiments.	Gjennemsnitlig Afstand. Distance moyenne.	Antal. Nombre.	Bebygget Grundflade. Base des bâtiments.	Antal. Nombre.	Bebygget Grundflade. Base des bâtiments.	Antal. Nombre.	Diameter. Diamètre.	Antal. Nombre.	Mindste Radius. Rayon minimum.	Antal. Nombre.	Bebygget Grundflade. Base des bâtiments.	Antal. Nombre.	Bebygget Grundflade. Base des bâtiments.	Antal. Nombre.	Bebygget Grundflade. Base des bâtiments.
m.²	km.		m.²		m.²		m.		m.		m.²		m.²		m.²
108	24.3	60	1 570	17	1 047	4 3 1	4.71 12.55 13.70	148	188	-	-	5	577	30	102
94	26.8	16	320	1	54	3	13.70	49	190	-	-	2	37	2	91
143	20.1	67	4 588	8	431	2	12.55	71	130 q)	-	-	4	432	16	291
70	8.8	29	1 014	-	-	2	1=10.70 1= 5.02	80	126	1	545	-	-	5	50
33	-	10	1 930	-	-	1	10.70	48	126	1	1 140	4	794	-	-
109	10.1	34	1 393	18	1 106	6	3=10.80 1= 5.80 2= 4.40	111	40	-	-	22	1 654	24	414
10	-	3	128	-	-	1	10.80	7	126	-	-	1	48	-	-
108	11.2	42	1 825	-	-	3	1=10.70 1=12.20 1= 5.02	109	126	-	-	-	-	-	-
21	7.0	9	208	-	-	1	11.18	29	126	-	-	-	-	-	-
24	13.2	8	415	2	81	1	5.02	16	126	-	-	-	-	2	68
16	29.0	4	67	11	1 051	-	-	24	188	-	-	-	-	-	-
-	-	7	524	-	-	1	12.05	45	150	2	669	1	236	-	-
14	12.7	11	693	2	301	1	4.82	25	150	-	-	-	-	4	365
15	13.0	5	126	3	583	1	4.87	13	150	-	-	-	-	-	-
110	14.3	31	1 822	30	4 088	2	1= 6.50 1=12.40	45	150	-	-	1	150	5	291
107	13.5	25	693	7	683	3	5.00 4.70	58	125	-	-	2	41	7	203
41	10.4	16	747	1	39	1	12.20	30	125	-	-	1	27	1	22
77	21.2	22	914	16	1 084	3	13.70	46	188	-	-	-	-	28	707
-	-	8	348	-	-	1	13.70	62	188	3	2 793	3	411	-	-
68	9.5	o) 23	1 461	o) 8	642	3	6.59	44	100	1	155	2	464	6	79
16	13.3	28	618	3	208	3	6.50	54	157 r)	1	713	2	552	-	-
60	-	48	2 135	7	880	1	12.55	72	188	1	2 510	2	226	9	1 640
22	16.9	16	1 187	-	-	p) 2	12.55	96	188	-	-	2	984	-	-
28		20	1 225	-	-	1	14.12	24	188	-	-	-	-	-	-

1	100	101	102	103	104	105	106	107	108
Banernes Navn. Désignation des chemins de fer.	Sporlængde. Longueur des voies.				Skinner Rails				
	Hovedspor (Gjennemgaaende). Voie principale.	Sidespor u) Voies de garage et de service		Sum Længde. Longueur totale.	af Jern. en fer.			af Staal. en acier.	
		paa Station. dans les gares.	udenfor Station. v) au dehors des gares.		Samlet Længde. Longueur totale.	Skinnev. pr. løb. Meter. Poids par mètre courant.	System. Système.	Samlet Længde. Longueur totale.	Skinnevægt. Poids par mètre courant.
	Kilometer.				km.	kg.		km.	kg.
1ste Trafikdistrikt.									
Smaalensbanen.	249.063	29.508	2.931	281.502	201.718 127.416	29.76 24.80	Vignol »	40.414 102.187 91.269	28.77 29.76 27.28
Kongsvingerbanen,	114.577	18.484	1.083	134.144	123.098	30.75	»	145.190	30.00
2det Trafikdistrikt.									
Kr.ania-Dr.menb.	52.900	11.045	1.035	64.980	10.128	19.84	»	0.408 100.756 18.668	31.75 22.32 19.84
Dr.men Fællesst.	-	5.628	-	5.628	5.052	»	»	2.075 4.129	22.32 19.84
Drammen-Skienb.	148.600	12.002	1.445	162.047	22.978	17.36 19.84	»	298.472 2.574 0.070	» 20.50 31.75
Skopum-Horten.	7.300	0.630	-	7.930	1.260	17.36 19.84	»	14.600	19.84
Dr.men-Randsfj.b.	89.306	19.405	0.603	109.314	33.394	»	»	5.540 81.713 97.981	22.32 20.50 19.84
Hougs.-Kongsberg	27.900	2.967	0.080	30.947	87.006	17.36 19.84	»	29.742 0.011 0.115	» 20.50 22.32
Vikers.-Krøderen.	26.300	1.100	0.090	27.490					
3die Trafikdistrikt.									
Eidsvold-Hamarb.	s)58.572	3.359	0.568	62.499	0.230	17.36	»	124.573 0.195	27.28 19.84
Hamar Fællesst.	-	4.750	-	4.750	2.628 1.965	18.35 17.36	»	0.066 0.383 4.458	» 20.50 27.28
Hamar-Grundset.	t)37.900	2.620	0.783	41.303	24.720	18.35	»	27.827 30.059	19.84 20.50
Grundset-Aamot.	26.358	1.163	0.305	27.826	33.015	17.36	»	2.000 20.637	17.36 20.50
Aamot-Tønset.	156.756	5.377	2.057	164.190	248.352	»	»	14.673 65.355	19.84 20.50
4de Trafikdistrikt.									
Tønset-Støren.	160.987	6.422	1.251	168.660	187.766 94.868	19.84 17.36	»	11.503 1.214 41.969	17.36 19.84 20.50
Tr.hjem-Støren.	51.093	3.670	0.715	55.478	12.518 3.817 6.274	17.86 19.84 20.34	»	43.259 44.354 0.734	19.84 20.50 27.28
Merakerbanen.	102.259	7.768	0.223	110.250	0.058 10.882	19.84 29.76	»	208.848 0.712	» 28.77
Tr.hjem Fællesst.	-	9.598	x)3.451	y)13049	3.534 0.096 4.856 11.942	17.36 17.86 19.84 29.76	»	0.015 0.598 0.320 10.002 0.654	17.36 19.84 20.50 27.28 28.77
5te Trafikdistrikt.	76.290	4.925	0.380	81.595	147.046	17.36	»	16.144	17.36
6te Trafikdistrikt.	106.840	5.358	2.277	114.475	24.950	»	»	204.000	»
Hovedbanen.	67.770	19.328	3.170	90.268	20.419	29.76	Vignol	160.117	29.76
Kristiania Fællesst.	-	14.023	-	14.023	14.312	»	og	13.734	»
Lillestrøm do.	-	6.088	-	6.088	4.346	»	Broskn.	7.830	»

	111	112	113	114	115	116	117	118	119	120	121
	Sleepers. Traverses.					**Ballast.** Ballast.		**Gjærder** z) Clôtures			
	Material. Matériaux.		Dimensioner for Træ. Dimensions des traverses en bois.			Tykkelse. Hauteur.					
	Træ. Bois.	Heraf preserverede. Dont préservés. Furu. Pin.	Længde. Longueur.	Firkant. Equarries.	Halvkløvninger. Demi-rondes.	I Midten. Au milieu.	Kronbredde. Largeur en couronne.	af Staaltraad. en fil de fer.	af Bord, Rajer eller Lægter. en planches.	af Sten. en pierre.	Sum. Longueur totale.
	Antal. (Nombre.)		Centimeter.			m.		Kilometer.			
1.00	335 980	-	250	25×12	-	0.540 0.484	3.454 3.295	356.36	110.13	22.08	488.57
—	166 515	-	»	—»—	-	0.466	3.765	109.98	75.64	22.24	207.86
0.86	95 614	—	200	22×11	—	0.418	2.510	12.51	99.69	0.80	113.00
—	7 960	—	»	—»—	—	»	»	—	—	—	—
0.78	222 517	—	»	—»—	—	0.470 0.366	2.660	97.08	199.68	1.14	297.90
0.78	10 000	—	»	—»—	—	0.470 0.366	-	1.80	12.80	-	14.60
0.86	160 223	—	»	—»—	—	0.418	2.510	6.44	183.66	-	190.10
—	45 493	—	»	—»—	—	»	»	3.32	56.28	-	59.60
—	40 410	—	»	—»—	—	»	»	6.00	49.70	-	55.70
1.01	67 886	131	250 265	23.5×13.1	26—29	0.540	3.138	0.03	103.15	1.12	104.30
— 0.70	6 590	-	» 200	—»— 22×11	—»— 22—23	»	»	-	1.44	-	1.44
—	57 965	60	»	—»—	—»—	0.400	2.510	3.57	70.33	2.40	76.30
—	43 126	80	»	—»—	—»—	»	»	-	51.89	0.27	52.16
—	237 394	-	»	—»—	—»—	» 0.470	»	-	317.84	-	317.84
0.87	246 597	—	200 204	23×11.7	23×11.7	0.400	»	100.47	208.13	-	308.60
—	77 389	—	»	—»—	—»—	»	»	27.68	75.62	-	103.30
1.01	127 919	—	250 267	23.5×13	23.5×13	0.513	3.294	18.83	138.67	-	157.50
1.01	16 434	—	200 204 250 267	23×11.7 23.5—13	23×11.7 23.5×13	»	»	-	5.21	-	5.21
0.86	128 561	-	204	22×10	23×12	0.392 0.472	2.510	89.01	0.80	46.59	136.40
0.86	158 750	-	»	—»—	—»—	0.439	2.667	200.00	3.00	-	ca. 203
0.84	116 099	78 532	267	25×11	—»—	0.471	3.454	26.24	103.66	0.10	130.00
—	17 880	7 445	»	—»—	—»—	»	»	-	2.60	0.10	2.70
—	6 154	4 046	»	—»—	—»—	»	»	1.07	0.42	-	1.49

Tabel VI. 5. Specifikation af Udgifterne til Vedligehold af
Spécification des dépenses pour l'entretien de la

1	122	123	124	125	126
	Vedligehold af Linie og Stationspladse. Entretien de la voie et dépenses de gares.				
		Materialier. Matières.			
			Heraf Dont		
Banernes Navn. Désignation des chemins de fer.	Lønninger. Dépenses du personnel.	Ialt. Total.	Skinner med Tilbehør. Rails.	Sporskifter og Krydsninger. Aiguillages de voie et croisements.	Sleepe Traver
	Kroner.				
Smaalensbanen.	204 021.31	138 105.38	33 054.54	3 962.01	50
Kongsvingerbanen.	91 866.80	50 888.15	22 749.07	1 184.67	17
1ste Trafikdistrikt.	**295 888.11**	**188 993.58**	**55 803.61**	**5 146.68**	**67 0**
Kr.ania-Drammenbanen.	79 557.32	42 232.43	8 679.35	2 150.09	8
Drammen-Skienbanen.	96 235.56	49 051.03	3 002.17	1 293.93	16
Dr.men-Randsfj.b.	127 735.10	83 678.06	18 932.23	2 762.66	24
2det Trafikdistrikt.	**303 527.98**	**174 961.52**	**30 613.75**	**6 206.68**	**48 5**
Eidsvold-Hamarbanen.	52 264.31	13 469.05	58.46	297.78	7
Hamar-Grundset.	20 148.99	5 406.09	782.63	551.29	4
Grundset-Aamot.	10 535.20	4 140.53	1 252.47	267.65	2
Aamot-Tønset.	80 657.15	56 140.94	29 094.74	53.45	20
3die Trafikdistrikt.	**163 605.65**	**79 156.61**	**31 188.80**	**1 170.17**	**34 5**
Tønset-Støren.	84 641.72	21 474.82	11 189.31	116.24	3
Trondhjem-Støren.	41 782.88	31 697.16	16 468.19	390.45	2
Merakerbanen.	52 426.19	17 151.87	2 497.05	417.97	7
4de Trafikdistrikt.	**178 850.79**	**70 323.85**	**30 154.55**	**924.66**	**14 2**
5te Trafikdistrikt.	**27 450.84**	**20 415.26**	**6 436.25**	**212.19**	**9 5**
6te Trafikdistrikt.	**76 106.68**	**50 025.46**	**800.00**	**90.00**	**25 7**
Statsbanerne.	**1 045 430.05**	**583 876.23**	**154 996.46**	**13 750.88**	**199 5**
Hovedbanen.	**73 865.24**	**68 322.18**	**34 723.94**	**6 815.21**	**14 7**
Samtlige Baner.	**1 119 295.29**	**652 198.41**	**189 720.40**	**20 565.59**	**214 3**

Bygninger og Telegraf samt Bevogtning (Tabel IV, Col. 71).
…timents & du télégraphe (Tableau IV, col. 71).

127	128	129	130	131	132	133	134	135
Tilsammen, Total.		Vedligehold af Bygninger. a) Entretien des bâtiments.	Vedligehold af Telegraf. Entretien du télégraphe.	Særligt Bevogtningspersonale. Personnel spécial de la surveillance.	Sne- og Isrydning. b) Enlèvement de neige.	Inventars Anskaffelse og Vedligehold. Acquisition et entretien de l'inventaire.	Andre Udgifter. Autres dépenses.	Tilsammen. Total.
Ialt. Total.	Pr. km. Bane. (Tab. II 2, Col. 2 a). Par kilomètre de ligne.							
Kroner.								
342 126.69	1 373	28 161.55	4 292.02	16 153.06	21 578.35	6 254.30	1 690.29	420 256.26
42 754.95	1 246	8 883.96	1 172.12	3 958.90	8 370.69	5 850.54	1 410.42	c) 178 401.58
84 881.64	**1 333**	**37 045.51**	**5 464.14**	**20 111.96**	**29 949.04**	**12 104.84**	**3 100.71**	c) **598 657.84**
121 789.75	2 302	9 531.61	933.79	6 628.88	11 439.20	1 451.28	1 940.15	153 714.66
145 286.59	932	10 814.60	1 349.09	7 814.14	25 390.06	3 690.47	123.42	194 468.37
211 413.26	1 473	8 813.19	4 040.86	4 220.84	13 597.77	3 109.85	4 659.53	249 855.20
78 489.50	**1 358**	**29 159.40**	**6 323.74**	**18 663.86**	**50 427.03**	**8 251.60**	**6 723.10**	**598 038.23**
65 733.36	1 126	2 452.19	363.76	438.63	2 671.06	1 648.66	109.15	73 416.81
25 555.08	671	1 195.10	616.30	283.34	1 555.57	797.44	590.94	30 593.77
14 675.73	558	1 595.38	239.68	106.02	1 059.75	433.74	934.79	19 045.09
136 798.09	872	10 927.65	1 787.70	368.21	7 615.81	4 273.95	1 521.05	163 292.46
2 762.26	**868**	**16 170.32**	**3 007.44**	**1 196.20**	**12 902.19**	**7 153.79**	**3 155.93**	**286 348.13**
106 116.54	659	3 867.48	2 429.76	1 340.08	28 530.41	3 673.06	1 424.87	147 382.20
73 480.04	1 438	2 626.23	810.48	2 344.63	7 330.49	1 249.41	741.47	88 582.75
69 578.06	680	4 721.90	734.30	3 149.14	17 436.65	2 095.39	19.95	d) 103 735.33
9 174.64	**793**	**11 215.61**	**3 974.54**	**6 833.85**	**53 297.55**	**7 017.86**	**2 186.29**	d) **339 700.34**
7 866.10	**627**	**1 974.93**	**764.97**	**440.00**	**188.22**	**298.84**	**248.24**	**51 781.30**
5 132.14	**1 168**	**6 636.96**	**1 729.68**	-	**2 945.51**	**3 291.86**	**154.57**	**140 890.72**
9 306.28	**1 090**	**102 202.73**	**21 264.51**	**47 245.87**	**149 709.54**	**38 118.79**	**15 568.84**	e) **2 015 416.56**
187.42	**2 097**	**44 492.11**	**6 836.53**	**5 121.32**	**6 883.50**	**3 779.87**	**3 944.38**	**213 245.13**
93.70	**1 134**	**146 694.84**	**28 101.04**	**52 367.19**	**156 593.04**	**41 898.66**	**19 513.22**	e) **2 228 661.69**

Tabel VI. 6. Opgave over Ombytning af Skinner og Sleepers.

Renseignement sur le renouvellement des rails et des traverses.

1	136	137	138	139	140	141	142	143	144	145
	Ombytning i Terminen. Renouvellement pendant le terme.									
	Jernskinner ombyttet med. Rails en fer remplacés de					Staalskin. ombyttet medStaal. (Vignol). Rails en acier remplacés de rails en acier.			Sleepers. Traverses.	
	Jernskinner. (Vignol). Rails en fer.		Staalskinner. (Vignol). Rails en acier.							
Banernes Navn. Désignation des chemins de fer.	Samlet Længde. Longueur totale.	Skinnevægt pr. løbende Meter. Poids par mètre courant.	Samlet Længde. Longueur totale.	Skinnevægt pr. løbende Meter. Poids par mètre courant.	Omb. i pCt. af Jernsk. lgd. ved Terminens Beg. Rapport du renouv. à la long. des rails en fer au com. du terme.	Samlet Længde. Longueur totale.	Skinnevægt pr. løbende Meter. Poids par mètre courant.	Omb. i pCt. af Staalsk. lgd. ved Terminens Beg. Rapport du renouv. à la long. des rails en acier au com. du terme.	Ialt. Antal. Total. Nombre.	pCt. Ombytning i Terminen. *) Renouvellement pendant le terme.
	km	kg.	km.	kg.	%	km.	kg.	%		%
1ste Trafikdistrikt.										
Smaalensbanen.	-	-	0.043 5.857 4.487	27.28 28.77 29.76	3.08	-	-	-	46 264	13.84
Kongsvingerbanen.	-	-	8.470	30.00	6.44	9.917	30.00	-	16 032	9.63
2det Trafikdistrikt.										
Kr.ania-Dr.menb.	-	-	-	-	-	6.148	22.32	5.13	11 313	11.83
DrammenFællesst.	-	-	0.663	»	11.60	1.244 0.007	» 19.84	22.58	1 274	16.01
Dr.men-Skienb.	-	-	0.008 0.072	20.50 19.84	0.36	0.008	19.84	0.003	25 641	10.38
Skopum-Horten.	-	-	-	-	-	-	-	-	-	-
Dr.men-Randsfj.b.	-	-	0.160 0.530 2.730	22.32 19.84 20.50	9.32	0.613 2.245	22.32 20.50	1.58	38 486	15.65
Hougs.-Kongsberg. Vikers.-Krøderen.	-	-	5.126	19.84	5.57	0.008	19.84	-		
3die Trafikdistrikt.										
Eidsvold-Hamarb.	-	-	-	-	-	-	-	-	6 148	9.06
Hamar-Grundset.	-	-	-	-	-	-	-	-	5 704	9.84
Grundset-Aamot.	-	-	0.844	-	2.49	-	-	-	4 182	9.70
Aamot-Tønset.	-	-	13.380	-	5.11	0.023	20.50	0.03	31 738	13.37
4de Trafikdistrikt.										
Tønset-Støren.	-	-	6.314	-	2.19	0.008	17.36	0.02	6 749	2.74
Støren-Tr.hjem.	-	-	9.069 0.073	- 19.84	28.79	0.051	20.50	0.06	3 375	4.36
Merakerbanen.	-	-	-	-	-	0.111	27.28	0.05	5 949	4.65
Tr.hjem Fællesst.	0.044	19.84	0.015 0.007 0.050 0.065 0.078	17.36 19.84 20.50 27.28 28.77	1.27	0.142	20.50	1.22	945	5.78
5te Trafikdistrikt.	-	-	4 245	17.36	2.81	-	-	-	13 458	10.48
6te Trafikdistrikt.	0.094	17.36	-	-	0.38	0.083	17.36	0.04	25 704	16.21
Hovedbanen.	0.084 0.016	29.76 36.00	5.692	29.76	12.94	11.200	29.76	7.23	3 508	2.54
Heraf: Kristiania—Lillestrøm	0.009 0.016	29.76 36.00	56.36	»	—	11.196	»	—	2 878	—
Lillestrøm—Eidsvold	0.075	29.76	0.056	»	—	0.004	»	—	630	—

*) I pCt. af Antal Sleepers ved Terminens Begyndelse.

Anmærkninger til Tabel VI.

ad Tabel VI. 1. Stignings- og Krumningsforhold

Col. 2 a) Længden (58 572 m.) maalt til 238 m. ovenfor nordre Hjørne af Hamar Stationsbygning.
—·— b) Fra Udgangspunkt beliggende 238 m. ovenfor nordre Hjørne af Hamar Stationsbygning.
—·— c) Sporet til Vaagen i Bergen (1.3 km.) heri ikke indbefattet.
Col. 21 d) Mellem Stavanger Station og Godshus ved Søen.

ad Tabel VI. 2. Underbygning og Broer.

Col. 42 e) Trondhjem—Støren. Arealet for den nedlagte Jernbanelinie Trondhjem—Selsbak samt af Ustmyren (15 ha.) ved Heimdal ikke indbefattet.
—·— f) Sidelinie til Ihlen ikke indbefattet.
Col. 46—48 g) Opgaver over Masser vedrørende Planeringsarbeider refererer sig til Banens første Anlæg.
Col. 59 h) Heraf 1 Svingbro 18.8 m. lang. Desuden 19 Veiundergange.
—·— i) Heraf 37 Veiundergange.
Col. 61 k) Heri er iberegnet Veibroen over Glommen ved Elverum.

ad Tabel VI. 3. Stationer og andre Anlæg.

Col. 73 l) Heraf 4 Expeditionslokaler med Venterum paa Stoppestederne Solheimsviken, Minde, Hop og Heldal.
Col. 78 m) Platform og Toghal.
Col. 83 n) Vandstationerne ere Stændere uden Indbygning med Undtagelse af Vandstationen paa Garnæs.
Col. 86—89 o) Under Vogterboliger er medtaget Banens 4 Stoppestedsbygninger (Høiland, Varhoug, Vigrestad og Helvik) og tilhørende Udhuse medtaget under Øvrige Bygninger.
Col. 90 p) Desuden 9 Vogndreieskiver med 4.90 m. Diameter.
Col. 94 q) Kongsvingerbanen har et mindre Reparationsværksted paa Kongsvinger (medtaget i Col. 86).
—·— r) Reparationsværksted (i 2 Bygninger).

ad Tabel VI. 4. Overbygning.

Col. 100 s) *Jfr.* Anm. a) ovenfor.
—·— t) *Jfr.* Anm. b) ovenfor.

Col. 101 & 102 u) Desuden private Spor, der staar i Forbindelse med Jernbanerne, nemlig i:

1ste Distrikt:

Smaalensbanen	1.350 km.
Kongsvingerbanen	1.941 —

2det Distrikt:

Kristiania—Drammenbanen	1.662 —
Drammen—Skienbanen	1.306 —
Drammen—Randsfjordbanen	3.256 —
Hougsund—Kongsberg	0.576 —
Vikersund—Krøderen	0.200 —
3die Distrikt	0.579 —
4de Distrikt bredt Spor	0.637 —
smalt Spor	10.214 —
Heraf Sidelinien Tyvold—Arvedals Stoll (Kongens Grubes Bane) 9.3 km. (aabnet 16de Oktbr. 1886).	
Hovedbanen	20.100 —
Sum	41.821 km.

Col. 102 v) Ballastbaner iberegnede.

—»— x) Sidelinie til Ihlen med tilhørende Sidespor.

Col. 103 y) Heraf 0.075 km. kombineret Spor med 4 Skinnestrenge.

5.225 — — » « 3 —

3.642 — bredt.

4.107 — smalt.

Sidelinien til Ihlen udgjør heraf 2.703 km. med tilhørende Sidespor 0.748 km. tilsammen 3.451 km. hvoraf 2.703 km. kombineret Spor, 0.532 km. bredt Spor og 0.216 km. smalt Spor. Desuden tilkommer en Skinnestreng i Kombination med Trondhjem—Størenbanens Hovedspor 0.462 km. og med Merakerbanens Hovedspor 0.082 km.

Col. 118—121 z) Kongsvingerbanen. I Col. 119 indbefattet 2.89 km. Torvgjærde. Drammen—Skienbanen. I Col. 118 indbefattet 6.30 km. levende Hegn (Haktorn).

ad Tabel VI. 5. Udgifter til Banernes Vedligehold.

Col. 129 a) Heri medregnet Udgifter til Vedligeholdelse af Bygninger udenfor den egentlige Drift.

Col. 132 b) Heri er indbefattet Udgifter til Extrapersonale for Sne- og Isrydning samt Lønninger til det faste Liniepersonale, forsaavidt dette har været anvendt til Bortskaffelse af Sne og Is paa Linien. Før Aaret 1891—92 har det faste Liniepersonales hele Lønning været anført under Vedligehold af Linie og Stationspladse (Col. 122) undtagen for Hovedbanen, hvor Fordeling har fundet Sted.

Col. 135 c) Heri indbefattet Kr. 6 000.00 som Afgift for Benyttelse af Strækningen Rigsgrændsen—Charlottenberg.

—»— d) Heri indbefattet Kr. 6 000.00 som Afgift for Benyttelse af Strækningen Rigsgrændsen—Storlien.

—»— e) Jfr. ovenfor under Anmærkning c) og d).

Tabel VII.

Stationernes Trafik med Fordeling paa Lokal- og Samtrafik, Personale ved Stationerne samt Udgifter ved Stations- og Telegraftjenesten.

Renseignement

sur

Le trafic, les dépenses et le personnel des stations.

Tabel VII. Stationernes T

Renseignement sur le tra

Løbenummer.	1	2	3	4	5	6	7	8	9
	Stationernes Navne. Désignation des stations.	**Trafik.** Trafic.							
		Reisende med ordinære Tog. Voyageurs avec trains ordinaires.							
		Afgaaede, fordelt paa hver Klasse. Partis (Répartition par classe de voitures).							
		Tur. Simple course.			Tur & Retur. Aller et retour.			Tilsammen. Ensemble.	
		I.	II.	III.	I.	II.	III.	I.	II.
		Antal. Nombre.							
	1ste Trafikdistrikt.								
	Smaalensbanen.								
	Gj.nemgangstrafik.	-	-	2	-	-	6	-	-
	Lokal- og Samtrafik:								
1	Kristiania *Fællesst.*	*1 804*	*10 937*	*72 752*	*1 193*	*30 481*	*460 693*	*2 997*	*41 418*
	Heraf denne Bane	931	5 165	33 759	413	16 565	321 422	1 344	21 730
2	Bækkelaget	-	382	9 703	-	1 072	60 582	-	1 454
3	Nordstrand Stoppest.	-	395	10 238	-	1 839	89 351	-	2 234
4	Lian a)	-	203	6 505	-	2 204	85 229	-	2 407
5	Oppegaard	-	14	1 042	-	274	6 598	-	288
6	Ski	2	89	2 830	-	498	15 026	2	587
7	Aas	3	256	2 817	2	882	12 466	5	1 138
8	Vestby	-	70	1 075	-	212	5 541	-	282
9	Soner	-	95	2 047	-	297	8 485	-	392
10	Moss a)	63	1 428	9 924	16	4 361	37 239	79	5 789
11	Dilling	2	116	2 113	-	331	4 981	2	447
12	Rygge	-	54	1 803	-	103	10 361	-	157
13	Raade	-	35	1 628	2	277	11 449	2	312
14	Onsø	-	53	1 648	-	177	6 338	-	230
15	Fredriksstad a)	20	1 476	14 899	18	6 046	56 950	38	7 522
16	Lisleby Stoppested	-	6	1 650	-	8	2 122	-	14
17	Greaker	-	59	3 007	4	191	9 242	4	250
18	Sannesund	-	52	1 918	-	292	5 080	-	344
19	Sarpsborg	2	623	8 068	11	2 395	36 027	13	3 018
20	Skjeberg a)	-	33	1 621	-	263	12 114	-	296
21	Døle Stoppested	-	-	314	-	-	1 147	-	-
22	Berg	-	41	3 544	-	160	12 521	-	201
23	Fredrikshald	482	1 518	20 935	326	3 645	49 211	808	5 163
24	Kraakstad a)	-	19	1 124	-	184	6 544	-	203
25	Tomter	-	118	1 731	-	332	8 124	-	450
26	Spydeberg	-	65	1 848	-	230	9 889	-	295
27	Askim	-	88	1 629	-	246	7 556	-	334
28	Slitu	-	63	1 661	-	198	4 441	-	261
29	Mysen	-	180	3 305	-	325	10 220	-	505
30	Eidsberg	-	26	1 053	-	97	4 797	-	123
31	Rakkestad	-	85	1 623	-	226	9 148	-	311
32	Gautestad	-	4	714	-	25	4 786	-	29
33	Ise	-	14	1 178	-	46	7 070	-	60
34	Tistedalen	-	109	4 557	-	114	7 252	-	223

¹) Afg.: Trafik i Retning fra Kristiania. ²) Ank.: Trafik i Retning til Kristiania.

…dgifter samt Personale.
…ses et le personnel des stations.

11	12	13	14	15	16	17	18	19	20	
		Trafik. Trafic.								
		Levende Dyr. Animaux.								
…m …e …ser.	Ankomne. Arrivés. Ialt.	Heste. Chevaux.		Hornkvæg, større Svin etc. Bétail.		Smaafæ. Petit bétail.		Tilsammen. Total.		Løbenummer.
…al	Total.	Afg. Partis.	Ank. Arrivés.	Afg. Partis.	Ank. Arrivés.	Afg. Partis.	Ank. Arrivés.	Afg. Partis.	Ank. Arrivés.	
		Antal. Nombre.								
8	-	¹) 10	²) -	¹) -	²) 94	-	-	¹) 10	²) 94	
560	*586 009*	*922*	*693*	*649*	*15 335*	*78*	*1 954*	*1 649*	*17 982*	1
255	388 389	154	131	374	4 686	14	415	542	5 232	
739	67 491	-	-	-	377	2	114	2	491	2
823	94 544	-	-	-	-	-	-	-	-	3
141	96 261	-	-	-	19	-	237	-	256	4
928	7 922	-	-	21	4	1	-	22	4	5
445	18 303	28	52	186	53	5	5	219	110	6
426	16 172	23	19	139	97	21	13	183	129	7
898	6 902	-	-	63	23	6	-	69	23	8
924	10 863	-	1	84	15	6	2	90	18	9
031	51 698	11	76	115	683	19	619	145	1 378	10
543	7 574	1	11	21	73	-	69	22	153	11
321	12 458	-	2	37	22	4	1	41	25	12
391	13 368	15	24	193	119	31	-	239	143	13
216	8 318	-	4	15	122	7	7	22	133	14
409	79 938	236	237	87	1 229	2	75	325	1 541	15
786	2 980	-	-	-	-	-	-	-	-	16
503	13 102	-	1	11	23	-	9	11	33	17
342	7 304	-	-	3	2	-	-	3	2	18
126	46 474	-	4	56	266	4	56	60	326	19
031	14 435	-	9	71	41	16	2	87	52	20
461	1 309	-	-	-	-	-	-	-	-	21
266	16 831	-	-	3	18	4	5	7	23	22
117	71 148	146	80	2 812	1 617	985	1 590	3 943	3 287	23
871	7 878	-	-	97	29	5	2	102	31	24
305	9 958	92	102	120	25	7	2	219	129	25
032	12 128	-	-	213	40	6	1	219	41	26
519	9 524	-	-	995	27	5	-	1 000	27	27
363	6 324	151	162	215	11	23	1	389	174	28
030	13 768	10	3	723	29	47	3	780	35	29
973	6 347	-	-	184	13	37	2	221	15	30
082	10 958	2	-	383	49	35	1	420	50	31
529	5 748	-	-	54	12	9	2	63	14	32
308	8 712	-	-	26	206	1	50	27	256	33
032	15 967	-	-	1	1	-	-	1	1	34

Tabel VII. Stationernes T[rafik]
Renseignement sur le tra[fic]

Løbenummer.	Stationernes Navne. Désignation des station.	21	22	23	24	25	26
		Trafik. Trafic.					
		Gods. Marchandises.					
		Ilgods. Grande vitesse.		Trælast og Brænde. Bois de construction et bois à brûler.		Andet Fragtgo[ds] Petite vitesse.	
		Afg. Parties.	Ank. Arrivées.	Afg. Parties.	Ank. Arrivées.	Afg. Parties.	An[k.] Arri[vées.]
		Antal Ton. (2 Decimaler). Tonnes.					
	1ste Trafikdistrikt.						
	Smaalensbanen.						
	Gjennemgangstrafik.	[1]) 28.55	[1]) 32.65	-	-	[1]) 84.38	[2]) [illegible]
	Lokal- og Samtrafik:						
1	Kristiania *Fællesst.*	*1 621.01*	*2 487.07*	*4 777.95*	*219 746.77*	*193 831.01*	*129 2*[illegible]
	Heraf denne Bane	483.09	936.36	519.75	12 627.23	37 789.62	[illegible]
2	Bækkelaget	1.75	2.55	0.57	335.60	37.11	[illegible]
3	Nordstrand Stoppested	-	0.01	-	-	-	
4	Lian a)	1.13	4.29	5.00	455.90	50.23	[illegible]
5	Oppegaard	0.83	5.88	1 978.40	-	150.21	[illegible]
6	Ski	3.17	14.65	680.50	98.34	765.89	[illegible]
7	Aas	7.17	20.15	2 235.10	75.90	1 250.51	[illegible]
8	Vestby	2.76	7.10	1 013.30	8.00	580.34	[illegible]
9	Soner	17.22	8.31	165.10	1.20	371.44	[illegible]
10	Moss a)	210.00	123.41	1 113.35	1 624.70	11 509.86	[illegible]
11	Dilling	5.31	4.82	161.70	-	478.45	[illegible]
12	Rygge	3.97	7.62	33.00	4.30	875.37	[illegible]
13	Raade	8.11	10.73	194.20	25.00	1 700.80	[illegible]
14	Onsø	2.63	2.56	487.20	-	436.11	[illegible]
15	Fredriksstad a)	136.36	220.79	194.10	20 608.37	3 085.12	[illegible]
16	Lisleby Stoppested	-	-	-	-	-	[illegible]
17	Greaker	2.92	7.35	8.52	10.00	286.65	[illegible]
18	Sannesund	3.46	7.87	10.80	338.80	199.09	[illegible]
19	Sarpsborg	41.58	73.35	319.70	409.62	1 633.02	[illegible]
20	Skjeberg a)	3.82	7.26	104.50	64.38	1 178.56	[illegible]
21	Døle Stoppested	-	-	-	-	370.70	
22	Berg	2.08	3.62	133.30	6.50	1 218.49	[illegible]
23	Fredrikshald	259.34	146.14	417.66	69 162.09	11 020.68	[illegible]
24	Kraakstad a)	0.75	5.63	2 175.89	14.35	661.55	[illegible]
25	Tomter	6.29	18.47	1 700.33	63.70	2 248.03	[illegible]
26	Spydeberg	13.48	19.57	2 757.47	26.55	1 732.52	[illegible]
27	Askim	13.99	18.00	626.50	27.42	8 357.21	[illegible]
28	Slitu	15.12	8.46	360.74	14.20	1 395.08	[illegible]
29	Mysen	26.43	28.33	1 535.00	139.70	3 058.43	[illegible]
30	Eidsberg	3.13	13.17	352.80	11.37	793.10	[illegible]
31	Rakkestad	10.10	33.24	2 955.98	14.15	2 108.39	[illegible]
32	Gautestad	1.57	4.34	1 179.92	1.00	466.17	[illegible]
33	Ise	2.31	4.81	903.57	74.55	863.06	[illegible]
34	Tistedalen	3.27	7.38	10 400.30	214.73	8 759.43	[illegible]

[1]) Afgaaet: Trafik i Retning fra Kristiania. [2]) Ankommet: Trafik i Retning til Kristiania.

..dgifter samt Personale.
...es et le personnel des stations.

27	28	29	30	31	32	33	
		Udgifter. Dépenses.				**Fast Personale.** Employés.	Løbenummer.
Tilsammen. Total.		Lønninger og Beklædning. Dépenses du personnel.	Husleie, Opvarmning, Belysning, Renhold og Inventar. Loyer, chauffage, éclairage, nettoyage et inventaire.	Kontorudgifter. Nécessaire des comptoir.	Sum. b) Total.		
..fg. ..ties.	Ank. Arrivées.						
		Kroner.				Antal. Nombre.	
112.92	²) 356.74	-	-	-	-		
229 97	*351 481.92*	*184 285.48*	*51 708.17*	*10 335.11*	*246 328.76*	³) 140	1
792.46	48 852.89	*Andel med Hovedbanen*			100 069.27	—	
		Eg. Udg. 500.36		2 381.62	2 881.98		
39.43	1 294.35	4 005.02	1 050.98	233.75	5 289.75	4	2
-	0.04	1 545.99	343.49	226.41	2 115.89	2	3
56.36	2 813.68	3 922.15	1 285.03	198.59	5 405.77	4	4
129.44	589.08	2 860.14	447.78	68.80	3 376.72	3	5
449.56	4 832.52	8 709.68	1 636.89	178.56	10 525.13	10	6
492.78	4 139.15	2 702.88	548.23	168.73	3 419.84	2	7
596.40	1 528.19	2 563.83	640.28	99.64	3 303.75	2	8
553 76	1 206.88	2 754.11	554.28	88.75	3 397.14	3	9
833.21	6 192.96	11 955.79	3 691.30	746.41	16 393.50	12	10
645.46	360.77	2 421.38	532.31	89.09	3 042.78	2	11
912.34	1 584.62	3 058.54	584.61	79.03	3 722.18	3	12
903.11	1 201.44	2 935 38	529.12	133.37	3 597.87	3	13
925.94	392.28	1 741.95	562.40	93.07	2 397.42	2	14
415.58	27 987.01	12 339.74	3 939.89	674.37	16 954.00	15	15
-	217.55	354.00	17.00	68.21	439.21	-	16
298 09	533.84	2 093.18	521.32	95.07	2 709.57	2	17
213.35	3 075.49	2 991.17	558.49	99.50	3 649.16	3	18
994.30	3 297.60	13 674.37	2 886.51	361.54	16 922 42	15	19
286.88	889 51	3 000.09	566.97	97.21	3 664 27	2	20
370.70	0.34	354.00	386.25	28.86	769.11	-	21
353.87	557.64	1 762.06	575.31	115.03	2 452.40	2	22
697.68	85 266.64	18 990.98	6 484.76	873 24	26 348.98	20	23
838.19	1 999.33	2 268.05	570.15	99.02	2 937.22	2	24
954.65	2 483.63	2 637.34	469.06	120.63	3 227.03	3	25
503.47	2 552.59	3 316.46	646.56	127.90	4 090.92	3	26
997.70	1 429.49	2 803.74	526.84	149.04	3 479.62	3	27
770.94	871.53	2 814.83	623.30	128.59	3 566.72	3	28
619 86	2 663.68	6 268.98	1 886.71	254.79	8 410.48	7	29
149.03	540.17	2 108.56	482.42	100.37	2 691.35	2	30
074.47	1 755.28	3 728.21	701.82	152.44	4 582.47	5	31
647 66	222.10	2 125.74	533 48	95.04	2 754.26	2	32
768.94	726.05	2 384 41	507.31	96.58	2 988.30	2	33
163.00	4 874.38	3 859.75	626.43	229.68	4 715.86	2	34

...let Personale ved **Stationen** (Fælles for Hoved- og Smaalensbanen).

Løbenummer.	Stationernes Navne	Trafik.							
		Reisende med ordinære Tog.							
		Afgaaede, fordelt paa hver Klasse.							
		Tur.			Tur & Retur.			Tilsammen.	
		I.	II.	III.	I.	II.	III.	I.	II.
		Antal.							
1	1	2	3	4	5	6	7	8	9
35	Aspedammen	-	9	1 167	-	26	3 289	-	35
36	Præstebakke	-	52	2 003	-	160	6 444	-	212
37	Kornsø	-	20	1 598	-	56	3 841	-	76
	Tilsammen	**1 505**	**13 015**	**169 179**	**792**	**44 357**	**951 983**	**2 297**	**57 372**
	Hvoraf Lokaltrafik	92	9 973	159 715	113	42 650	943 140	205	52 623
	« Samtrafik	1 413	3 042	9 464	679	1 707	8 843	2 092	4 749
	nemlig Trafik over:								
	Kristiania	-	58	767	-	217	2 311	-	275
	Moss & Horten	-	136	1 536	-	295	2 814	-	431
	Kornsø	1 413	2 848	7 161	679	1 195	3 718	2 092	4 043
	Kongsvingerbanen.								
	Gj.nemgangstrafik.	**742**	**2 944**	**5 211**	**260**	**868**	**650**	**1 002**	**3 812**
	Lokal- og Samtrafik:								
1	Lillestrøm *Fællesst.*	*16*	*567*	*7 088*	*168*	*2 155*	*35 011*	*184*	*2 722*
	Heraf denne Bane	6	115	1 812	72	238	5 786	78	353
2	Nerdrum Sidespor	-	-	-	-	-	-	-	-
3	Fetsund a)	20	138	2 480	28	829	11 602	48	967
4	Varaaen Sidespor	-	-	-	-	-	-	-	-
5	Sørumsanden Stop.st	-	-	195	-	-	858	-	-
6	Blakjer a)	6	159	1 847	28	509	8 520	34	668
7	Haga	4	35	880	24	92	4 367	28	127
8	Aarnæs	-	120	1 235	-	374	5 819	-	494
9	Funnefos Sidespor	-	-	-	-	-	-	-	-
10	Sæterstøen a)	-	33	946	4	101	3 217	4	134
11	Disenaaen Stoppested	-	4	423	-	-	856	-	4
12	Skarnæs	-	99	2 098	1	415	7 130	1	514
13	Sander a)	-	47	1 185	1	154	4 940	1	201
14	Galterud Stoppested	-	2	615	-	-	1 467	-	2
15	Kongsvinger a)	25	325	4 598	50	1 213	15 746	75	1 538
16	Sjøli Sidespor	-	-	-	-	-	-	-	-
17	Aabogen	-	13	779	-	60	4 563	-	73
18	Eidsskog	-	26	1 245	2	149	3 154	2	175
19	Skotterud	-	40	1 049	-	42	4 059	-	82
20	Magnor	3	45	1 071	4	140	4 413	7	185
21	Eda Sidespor	-	-	-	-	-	-	-	-
22	Charlottenberg a)	22	210	2 123	37	514	3 836	59	724
	Tilsammen	**86**	**1 411**	**24 581**	**251**	**4 830**	**90 333**	**337**	**6 241**
	Hvoraf Lokaltrafik	16	760	15 746	26	1 863	58 720	42	2 623
	« Samtrafik	70	651	8 835	225	2 967	31 613	295	3 618
	nemlig Trafik over:								
	Lillestrøm	53	615	8 560	153	2 945	31 507	206	3 560
	Charlottenberg	17	36	275	72	22	106	89	58

[1]) Afgaaet: Trafik fra Hovedbanen over denne Bane til svenske Baner.
[2]) Ankommet: do. til do. « « do. fra do. do.

igifter samt Personale.

	12	13	14	15	16	17	18	19	20	
		Trafik.								
		Levende Dyr.								
	Ankomne.	Heste.		Hornkvæg, større Svin etc.		Smaafæ.		Tilsammen.		Løbenummer.
er.	Ialt.	Afg.	Ank.	Afg.	Ank.	Afg.	Ank.	Afg.	Ank.	
		Antal.								
401	5 023	-	-	-	-	1	1	1	1	35
659	8 588	1	-	74	5	182	-	257	5	36
515	5 567	-	-	332	10	436	1	768	11	37
831	**1 180 274**	**870**	**918**	**7 708**	**9 946**	**1 921**	**3 285**	**10 499**	**14 149**	
683	1 155 683	657	657	7 638	7 638	1 896	1 896	10 191	10 191	
148	24 591	213	261	70	2 308	25	1 389	308	3 958	
353	3 332	154	157	67	249	21	17	242	423	
781	4 627	-	-	1	-	4	2	5	2	
014	16 632	59	104	2	2 059	-	1 370	61	3 533	
675	-	**1) 130**	**2) 63**	**1) 4**	**2) 1 755**	**1) -**	**2) 120**	**1) 134**	**2) 1 938**	
005	*44 929*	*2*	*9*	*68*	*76*	*6*	*3*	*76*	*88*	1
029	7 929	-	3	13	50	2	1	15	54	
-	-	-	-	-	-	-	-	-	-	2
097	15 200	90	74	82	84	2	47	174	205	3
-	-	-	-	-	-	-	-	-	-	4
053	1 064	-	-	-	-	-	-	-	-	5
069	11 115	-	1	268	28	18	7	286	36	6
402	5 457	2	2	162	16	56	3	220	21	7
548	7 623	-	1	118	9	36	-	154	10	8
-	-	-	-	-	-	-	-	-	-	9
301	4 308	-	-	99	17	4	-	103	17	10
283	1 031	-	-	-	-	-	-	-	-	11
743	9 720	1	-	273	7	10	3	284	10	12
327	6 386	-	-	154	2	14	-	168	2	13
084	1 835	-	-	-	-	-	-	-	-	14
057	21 191	28	31	524	34	78	6	630	71	15
-	-	-	-	-	-	-	-	-	-	16
415	5 816	-	-	52	3	1	5	53	8	17
576	3 922	2	-	9	-	5	-	16	-	18
190	5 631	-	2	171	-	9	-	180	2	19
676	5 883	1	-	86	-	5	3	92	3	20
-	-	-	-	-	-	-	-	-	-	21
742	6 296	30	64	214	4	61	-	305	68	22
492	**120 407**	**154**	**178**	**2 225**	**254**	**301**	**75**	**2 680**	**507**	
131	77 131	9	9	125	125	67	67	201	201	
361	43 276	145	169	2 100	129	234	8	2 479	306	
833	42 766	139	154	2 100	88	234	8	2 473	250	
528	510	6	15	-	41	-	-	6	56	

Løbenummer.	Stationernes Navne.	Trafik. Gods. Ilgods. Afg.	Ilgods. Ank.	Trælast og Brænde. Afg.	Trælast og Brænde. Ank.	Andet Fragtgods. Afg.
	1	21	22	23	24	25
		Antal Ton. (2 Decimaler).				
35	Aspedammen	0.15	1 04	46.80	96.97	265.97
36	Præstebakke	31.18	5.78	2 160.80	66.06	671.06
37	Kornsø	33.55	7.20	3 762.71	19.71	333.29
	Tilsammen	**1 358.02**	**1 790.24**	**40 694.56**	**106 640.39**	**106 701.54**
	Hvoraf Lokaltrafik	1 192.66	1 192.66	39 597.79	39 597.79	97 950.12
	« Samtrafik	165.36	597.58	1 096.77	67 042.60	8 751.42
	nemlig Trafik over:					
	Kristiania	59.86	49.52	884.90	1 004.50	1 200.73
	Moss & Horten	15.08	11.35	-	-	91.16
	Kornsø	90.42	536.71	211.87	66 038.10	7 459.53
	Kongsvingerbanen.					
	Gjennemgangstrafik.	[2]) **140.62**	[3]) **89.02**	**13.50**	**30 033.20**	**13 227.78**
	Lokal- og Samtrafik:					
1	Lillestrøm *Fællesst.*	*22.12*	*83.25*	*95 795.63*	*21 282.54*	*2 255.85*
	Heraf denne Bane	5.62	7.95	955.21	15 475 94	242.15
2	Nerdrum Sidespor	-	-	8 732.40	-	46.30
3	Fetsund a)	15.38	25.58	786.30	178.83	3 176.26
4	Varaaen Sidespor	-	-	476.60	40.50	293 00
5	Sørumsanden Stoppested	-	-	345.20	54.80	62 34
6	Blakjer	53.55	24.06	4 415.40	53.45	1 557.81
7	Haga	15.65	13.01	3 989.33	23.80	1 832.76
8	Aarnæs	18.55	25.76	3 796.10	63.76	1 672.39
9	Funnefos Sidespor	-	-	-	-	6 004 60
10	Sæterstøen a)	9.34	11.48	5 720.20	14.92	330 93
11	Disenaaen Stoppested	-	-	2 881.60	20.80	222.50
12	Skarnæs	42.43	29.09	4 614.42	406.15	515.54
13	Sander a)	8.48	11.95	4 824.00	20.23	1 949.72
14	Galterud Stoppested	-	-	1 782.00	10.50	75.74
15	Kongsvinger a)	98.19	72.94	4 409.70	3 555.98	1 964.79
16	Sjøli Sidespor	-	-	650.60	25.00	141.00
17	Aabogen	11.72	6.34	4 925.20	0.12	516.34
18	Eidsskog	8.29	6.71	4 552.60	34.68	170.22
19	Skotterud	20.87	11.11	5 370.30	0.56	327.19
20	Magnor	18.15	11.43	4 532.70	1.00	278.59
21	Eda Sidespor	-	-	570.00	20.10	469.10
22	Charlottenberg a)	5.85	7.14	7 490.10	93.35	3 183.00
	Tilsammen	**332.07**	**264.55**	**75 819.96**	**20 094 47**	**25 032.27**
	Hvoraf Lokaltrafik	54.42	54.42	15 013.37	15 013.37	4 895.77
	« Samtrafik	277.65	210.13	60 806.59	5 081.10	20 136.50
	nemlig Trafik over:					
	Lillestrøm	277.16	208.70	60 707.09	1 263.00	19 652.06
	Charlottenberg	0.49	1.43	99.50	3 818.10	484 44

[1]) Samlet Personale ved Stationen (Fælles for Hoved- og Kongsvingerbanen). [2]) Afg
stiania over Kongsvingerbanen.

	28	29	30	31	32	33	
		Udgifter.					
Tilsammen.		Lønninger og Beklædning.	Husleie, Opvarmning, Belysning, Renhold og Inventar.	Kontor-udgifter.	Sum. b)	Fast Personale.	Løbenummer.
….	Ank.						
		Kroner.				Antal	
…2.92	361.80	1 299.00	456.66	206.51	1 962.17	2	35
…3.04	1 499.04	3 166.96	478.16	210.46	3 855.58	3	36
…9.55	879.15	3 127.54	652.39	216.59	3 996.52	3	37
…1.12	**219 672.69**	**149 146 86**	**37 504.49**	**9 386 49**	**196 037.34**	—	
…740.57	138 740.57						
…013.55	80 932.12						
…145.49	2 408.20						
…106.24	178.48						
…761.82	78 345.44						
…1.85	**60 606.97**	-	-	-	-	-	
…673.60	*29 041.10*	*22 682.42*	*4 049.81*	*394.88*	*27 127.11*	[1]) 20	1
1 202.98	15 857.03	*Andel med Hovedbanen*			3 710.00	—	
3 778 70	227.63	Egne Udgifter...	7.20	-	7.20	-	2
5 977.94	3 407.79	3 936.98	1 008.22	181.71	5 126.91	4	3
769.60	45.50					-	4
407.54	506.60	191.00	81.30	13.03	285.33	-	5
16 026.76	2 887.20	3 782.55	774.80	184.88	4 742.23	4	6
5 537.74	1 643.72	2 670.59	765.82	112.37	3 548.78	3	7
5 487.04	2 020.32	4 543 84	1 018.66	159.38	5 721.88	5	8
6 004.60	-	3 614.30	805.42	108.07	4 527.79	-	9
6 060.47	959.04					4	10
3 104.10	432.60	1 001.10	500.05	38.64	2 539.79	1	11
5 172.39	3 109.68	4 240.99	715.87	203.11	5 159.97	4	12
6 782.20	1 951.61	3 579.95	887.22	131.52	4 598.69	4	13
1 857.74	277.90	1 092.40	479.61	38.99	1 611.00	1	14
6 472.68	18 120.58	14 706.99	2 810.23	454.08	17 971.30	16	15
791 60	79.00	942.50	6.93	-	949.43	-	16
5 453 26	646.00	3 191.37	581.65	111.53	3 884.55	3	17
4 731.11	776.50	2 481.81	588.00	81.17	3 150 98	3	18
5 718 36	1 188.72	2 942.26	280.62	100.67	3 323.55	3	19
4 829.44	953.97	3 134.61	760.70	170.07	4 065.38	3	20
1 039.10	541.80	*Andel med svenske Statsbaner*			11 277.34	-	21
…0 678 95	2 348.23	Egne Udgifter...	227.24	129.26	356.50	-	22
…1 184.80	**57 981.42**	**56 053.24**	**12 299.54**	**2 218.48**	**70 571.26**	—	
19 963.56	19 963.56						
…1 220.74	38 017.86						
…0 636.31	*33 804.47*						
584 43	*4 213.39*						

… *i Retning fra Kristiania* over Kongsvingerbanen. [8]) Ankommet: Trafik i Retning til Kri-

1	2	3	4	5	6	7	8	9
Løbenummer. Stationernes Navne.	Trafik. Reisende med ordinære Tog. Afgaaede, fordelt paa hver Klasse. Tur.			Tur & Retur.			Tilsammen.	
	I.	II.	III.	I.	II.	III.	I.	II.
	Antal.							
2det Trafikdistrikt								
Kr.ania-Dr.menb.								
Gj.nemgangstrafik.	-	**60**	**697**	-	**170**	**1 308**	-	**230**
Lokal- og Samtrafik:								
1 Kristiania a)	-	6 907	44 083	-	27 192	371 399	-	34 099
2 Skarpsno Stoppested	-	222	2 879	-	259	8 000	-	481
3 Bygdø a)	-	521	9 070	-	679	45 320	-	1 200
4 Bestum Stoppested	-	280	3 326	-	1 139	44 105	-	1 419
5 Lysaker	-	428	6 005	-	1 784	72 046	-	2 212
6 Stabæk Stoppested	-	109	2 444	-	385	24 767	-	494
7 Høvik a)	-	405	3 523	-	2 608	38 046	-	3 013
8 Sandviken a)	-	806	8 936	-	3 928	60 275	-	4 734
9 Slæbende Stoppested	-	77	912	-	301	5 634	-	378
10 Hvalstad a)	-	337	2 821	-	1 348	14 655	-	1 685
11 Asker	-	267	3 596	-	752	18 846	-	1 019
12 Heggedal a)	-	47	1 977	-	221	10 053	-	268
13 Røken a)	-	65	1 917	-	340	9 964	-	405
14 Spikestad Stoppested	-	-	585	-	-	1 290	-	-
15 Lier	-	80	3 841	-	413	19 706	-	493
16 Bragerøen Stoppested	-	32	1 261	-	219	2 561	-	251
17 Drammen a) *Fællesst*	-	*2 197*	*20 538*	-	*11 138*	*111 475*	-	*13 335*
Heraf denne Bane	-	1 076	9 119	-	7 007	47 768	-	8 083
Tilsammen	-	**11 659**	**106 295**	-	**48 575**	**794 435**	-	**60 234**
Heraf Lokaltrafik	-	7 709	94 851	-	40 302	765 314	-	48 011
« Samtrafik	-	3 950	11 444	-	8 273	29 121	-	12 223
nemlig Trafik over:								
Kristiania	-	22	281	-	90	1 462	-	112
Drammen	-	3 928	11 163	-	8 183	27 659	-	12 111
Drammen-Skienb.								
Gjnemgangstrafik.	-	**3**	**91**	-	**10**	**114**	-	**13**
Lokal- og Samtrafik:								
1 Drammen a) denne Bane	-	688	5 364	-	1 779	23 083	-	2 467
2 Gundesø Stoppested	-	-	169	-	-	418	-	-
3 Skouger	-	10	1 442	-	61	6 477	-	71
4 Galleberg	-	18	1 552	-	91	6 093	-	109
5 Sande a)	-	105	2 672	-	362	12 675	-	467
6 Holm Stoppested	-	6	574	-	21	795	-	27
7 Holmestrand	-	659	4 654	-	1 467	16 994	-	2 126
8 Nykirke	-	24	1 676	-	66	6 639	-	90
9 Skopum	-	182	2 689	-	741	13 354	-	923
10 Augedal	-	53	1 399	-	88	5 065	-	141
11 Barkaker	-	24	1 458	-	54	6 144	-	78
12 Tønsberg	-	1 539	13 969	-	4 572	60 153	-	6 111
13 Sæm	-	65	3 543	-	226	18 025	-	291
14 Stokke	-	71	2 262	-	215	15 525	-	286
15 Raastad	-	7	956	-	39	2 229	-	46
16 Sandefjord	-	1 057	8 757	-	3 025	37 657	-	4 082
17 Joberg	-	7	801	-	5	1 742	-	12
18 Tjødling	-	19	2 071	-	122	8 266	-	141

[1]) Afgaaet: Trafik i Retning fra Kristiania over Kristiania—Drammenbanen. [2]) Ankom

…dgifter samt Personale.

11	12	13	14	15	16	17	18	19	20	
Trafik.										
		Levende Dyr.								
…um alle …lasser.	Ankomne. Ialt.	Heste.		Hornkvæg, større Svin etc.		Smaafæ.		Tilsammen.		Løbenummer.
		Afg.	Ank.	Afg.	Ank.	Afg.	Ank.	Afg.	Ank.	
Antal.										
2 235	-	[1]) 1	[2]) -	-	-	2	-	3	-	
440 581	456 818	46	62	747	1 265	-	73	793	1 400	1
11 360	9 982	-	-	-	-	-	-	-	-	2
55 590	54 565	-	-	-	3	-	-	-	3	3
45 850	47 981	-	-	-	-	-	-	-	-	4
80 263	82 158	-	-	1	-	-	-	1	-	5
27 705	27 662	-	-	-	-	-	-	-	-	6
44 582	44 480	-	-	-	-	-	-	-	-	7
7. 945	72 563	1	-	310	18	2	-	313	18	8
6 924	6 736	-	-	-	-	-	-	-	-	9
19 161	18 637	-	-	63	31	2	-	65	31	10
23 461	23 370	-	-	291	85	4	-	295	85	11
12 208	11 847	-	-	42	26	2	4	44	30	12
12 286	12 918	-	-	211	87	9	3	220	90	13
1 875	1 669	-	-	-	-	-	-	-	-	14
24 040	24 390	45	12	82	237	3	-	130	249	15
4 073	3 185	-	-	-	-	-	-	-	-	16
.45 348	*144 011*	*32*	*22*	*95*	*1 578*	*35*	*265*	*162*	*1 865*	17
64 970	64 779	2	20	56	361	1	4	59	385	
…964	**963 740**	**94**	**94**	**1 803**	**2 113**	**23**	**84**	**1 920**	**2 291**	
…08 176	908 176	68	68	1 712	1 712	23	23	1 803	1 803	
52 788	55 564	26	26	91	401	-	61	117	488	
1 855	1 755	-	12	-	-	-	-	-	12	
50 933	53 809	26	14	91	401	-	61	117	476	
218	-	-	-	-	-	-	-	-	-	
30 914	30 419	29	2	22	135	27	20	78	157	1
587	530	-	-	-	-	-	-	-	-	2
7 090	8 869	1	-	5	5	2	2	8	7	3
7 754	7 538	1	-	24	-	3	-	28	-	4
15 814	15 760	1	1	119	25	7	1	127	27	5
1 396	1 523	-	-	-	-	-	-	-	-	6
23 774	23 030	1	1	43	42	-	-	44	43	7
5 405	8 331	-	-	-	34	-	-	-	34	8
16 966	17 005	-	-	-	4	-	-	-	4	9
6 605	6 880	-	3	-	2	-	-	-	5	10
7 680	8 088	-	1	5	12	2	2	7	15	11
80 233	79 708	1	9	50	97	6	6	57	112	12
21 859	*22 165*	-	-	105	-	-	-	105	-	13
18 073	*18 565*	-	-	23	-	12	3	35	3	14
3 231	*3 434*	-	-	2	1	-	1	2	2	15
50 496	*49 097*	5	6	13	20	-	3	18	29	16
2 555	*2 731*	4	-	5	-	-	3	9	3	17
10 478	*10 860*	-	-	4	1	-	-	4	1	18

…) *Retning til Kristiania* over Kristiania—Drammenbanen.

Løbenummer.	Stationernes Navne.	Trafik. Gods. Ilgods. Afg.	Ilgods. Ank.	Trælast og Brænde. Afg.	Trælast og Brænde. Ank.	Andet Fragtgo[illegible] Afg.
1	1	21	22	23	24	25
		Antal Ton. (2 Decimaler).				
	2det Trafikdistrikt.					
	Kr.ania-Dr.menb.					
	Gjennemgangstrafik.	[1]) 17.36	[2]) 16.37	-	10 00	333.06
	Lokal- og Samtrafik:					
1	Kristiania a)	808.52	346.27	910.44	13 974.26	38 902.91
2	Skarpsno Stoppested	-	-	-	-	-
3	Bygdø a)	3.16	2.25	-	671.20	78.95
4	Bestum Stoppested	-	-	-	-	-
5	Lysaker	3.43	4.32	384.00	1 137.00	2 287.06
6	Stabæk Stoppested	-	-	-	-	-
7	Høvik a)	2.28	4.24	85.95	600.04	1 549.52
8	Sandviken a)	2.88	9.85	2 690.50	301.54	9 279.51
9	Slæbende Stoppested	-	-	-	-	-
10	Hvalstad a)	3.89	6.93	243.92	111.30	365.25
11	Asker	6.00	8.60	823.24	150.02	1 266.41
12	Heggedal a)	3.15	21.17	302.80	3 335.04	2 664.67
13	Røken a)	6.89	19.20	762.70	133.00	1 229.94
14	Spikestad Stoppested	0.18	-	43.00	43.00	385.31
15	Lier	9.69	13.64	1 341.60	143.60	4 238.95
16	Bragerøen	-	-	-	-	-
17	Drammen a) *Fællesst.*	*353.52*	*423.95*	*7 013.50*	*15 181.54*	*52 173.72*
	Heraf denne Bane	123.97	221.72	4 012.90	122.36	6 674.54
	Tilsammen	**974.04**	**658.19**	**11 601.05**	**20 722.86**	**68 923.09**
	Heraf Lokaltrafik	409 72	409.72	11 394.20	11 394.20	46 524.42
	» Samtrafik	564.32	248.47	206.85	9 328.16	22 398.60
	nemlig Trafik over:					
	Kristiania	13 40	13.65	-	5.46	204.87
	Drammen	550.92	234.82	206.85	9 322.70	22 193.73
	Drammen-Skienb.					
	Gjennemgangstrafik.	[3]) 0.07	[4]) 0.25	-	-	0.48
	Lokal- og Samtrafik:					
1	Drammen a) denne Bane	68.32	156.74	1 059.50	1 611.20	4 134.60
2	Gundesø Stoppested	-	-	-	-	-
3	Skouger	0 80	2.95	1 108.60	52.20	418.42
4	Galleberg	1.83	4.96	1 164.50	60.40	574.81
5	Sande a)	11.47	20.93	1 333.50	91.70	900.49
6	Holm Stoppested	-	-	-	-	-
7	Holmestrand	35.22	47.17	1 521.30	591.10	973.8[illegible]
8	Nykirke	1.10	2.89	31.62	14.95	62.3[illegible]
9	Skopum	0 80	3.36	6.30	62.15	114.[illegible]
10	Augedal	0 74	1.32	34.02	57.32	90.[illegible]
11	Barkaker	0.63	1.26	16.20	46.80	99.[illegible]
12	Tønsberg	107.04	140.34	39.49	2 196.64	2 49[illegible]
13	Sæm	1.63	5.17	1 413.86	156.90	1 07[illegible]
14	Stokke	3.49	7.15	123.80	141.84	34[illegible]
15	Raastad	2.01	0.51	77.20	54.12	[illegible]
16	Sandefjord	65.56	109.79	490.79	2 178.92	[illegible]
17	Joberg	0.09	0.48	146.10	50.70	[illegible]
18	Tjødling	1.22	1.64	665.30	35.00	[illegible]

[1]) [2]) Se Anm. paa foregaaende Side. [3]) [4]) Afgaaet: Trafik i **Retning** fra Kristiania over

...fter samt Personale.

28		29	30	31	32	33	
		Udgifter.				Fast Personale.	Løbenummer.
Tilsammen.		Lønninger og Beklædning.	Husleie, Opvarmning, Belysning, Renhold og Inventar.	Kontorudgifter.	Sum. b)		
...g.	Ank.	Kroner.				Antal.	
...350.42	291.45						
...621.87	61 962.92	71 682.87	17 406.02	2 924.76	92 013.65	68	1
-	-					1	2
82.11	896.85	5 112.51	1 412.67	399.71	6 924.92	4	3
-	-					1	4
...674.49	8 895.32	3 723.06	765.33	292.89	4 781.28	4	5
-	-					1	6
...637.75	1 880.55	4 591.61	1 002.33	358.39	5 952.33	4	7
...972.89	3 448.00	6 048.63	1 166.02	288.44	7 503.09	6	8
-	-					1	9
613.06	1 100.08	3 634.82	428.70	193.31	4 256.83	3	10
...095.65	2 342.03	4 869.85	653.12	141.22	5 664.19	5	11
...970.62	5 150.94	2 938.09	335.71	172.56	3 446.36	3	12
...999.53	1 924.13	4 517.09	660.59	153.38	5 331.06	3	13
428.49	410.55	-	-	-	-	1	14
...5 590.24	2 374.23	4 073.49	545.74	253.33	4 872.56	4	15
-	-	1 127.37	267.64	46.38	1 441.39	1	16
...9 540.74	*123 433.19*	*81 235.98*	*9 517.76*	*2 304.15*	*93 057.89*	86	17
...10 811.41	6 827.62	30 236.03	3 542.51	857.60	34 636.14	—	
...498.11	**97 213.22**	**142 555.45**	**28 186.38**	**6 081.07**	**176 823.80**	—	
...328.34	58 328.34						
...23 169.77	38 884.88						
218.27	193.98						
22 951.50	38 690.90						
0.50	**2.17**						
5 262.42	3 978.58	20 680.24	2 422.94	586.57	23 689.75	—	1
-	-					-	2
1 527.82	958.26	1 903.51	580.53	70.73	2 554.77	2	3
1 741.14	587.06	2 218.48	610.76	99.56	2 928.80	2	4
2 245.46	1 708.62	2 719.28	539.84	129.19	3 388.31	2	5
-	-					-	6
2 530.33	2 289.51	6 148.67	992.99	284.22	7 425.88	6	7
95.09	471.25	1 075.85	446.82	88.95	1 611.62	1	8
121.35	350.55	3 989.47	1 338.92	163.66	5 492.05	4	9
125.34	510.41	1 366.28	613.40	73.31	2 052.99	1	10
116.43	256.13	1 053.72	295.30	74.99	1 424.01	1	11
...636.79	*6 623.17*	7 917.62	1 600.36	486.70	10 004.68	7	12
...9.89	*1 089.43*	3 091.05	513.73	149.13	3 753.91	3	13
...476.08	*1 290.80*	2 581.85	556.27	154.21	3 292.33	3	14
...132.49	*121.15*	1 155.16	443.08	47.20	1 645.44	1	15
...89	*5 822.70*	6 031.64	955.82	368.30	7 355.76	6	16
...50	*160.68*	1 099.09	347.62	59.88	1 506.59	1	17
...29	*237.52*	1 217.64	481.81	92.63	1 792.08	1	18

...en via *Moss—Horten.* Ankommet: Trafik i den modsatte Retning.

Løbenummer.	Stationernes Navne	Trafik. Reisende med ordinære Tog. Afgaaede, fordelt paa hver Klasse. Tur. I.	Tur. II.	Tur. III.	Tur & Retur. I.	Tur & Retur. II.	Tur & Retur. III.	Tilsammen. I.	Tilsammen. II.
	1	2	3	4	5	6	7	8	9
		Antal.							
19	Grøtting Stoppested.	-	10	457	-	27	817	-	37
20	Laurvik a)	-	2 359	10 981	-	4 310	37 706	-	6 669
21	Tjose	-	-	458	-	23	2 723	-	23
22	Aaklungen	-	10	639	-	17	3 879	-	27
23	Birkedalen a)	-	8	656	-	9	1 894	-	17
24	Eidanger	-	278	4 130	-	450	14 995	-	728
25	Porsgrund a)	-	1 289	14 126	-	2 588	43 184	-	3 877
26	Osebakke	-	30	2 073	-	94	10 351	-	124
27	Borgestad	-	84	5 766	-	28	4 494	-	112
28	Bøhle	-	24	5 572	-	10	3 340	-	34
29	Skien a)	-	1 878	23 112	-	3 952	61 589	-	5 830
30	Borre	-	129	2 406	-	217	5 926	-	346
31	Horten	-	1 119	8 140	-	2 018	30 843	-	3 137
	Tilsammen	-	**11 752**	**134 524**	-	**26 677**	**463 075**	-	**38 429**
	Heraf Lokaltrafik	-	8 811	125 328	-	21 276	445 187	-	30 087
	« Samtrafik	-	2 941	9 196	-	5 401	17 888	-	8 342
	nemlig Trafik over:								
	Drammen	-	2 806	7 852	-	5 111	15 127	-	7 917
	Moss—Horten	-	135	1 344	-	290	2 761	-	425
	Dr.men–Randsfj.								
	Lokal- og Samtrafik:								
1	Drammen, denne Bane	-	433	6 055	-	2 352	40 624	-	2 785
2	Gulskogen a)	-	41	1 293	-	183	3 663	-	224
3	Mjøndalen	-	22	2 970	-	154	16 624	-	176
4	Hougsund	-	190	4 512	-	998	20 260	-	1 188
5	Burud	-	-	447	-	8	2 294	-	8
6	Skotselven	-	39	1 443	-	255	9 071	-	294
7	Aamot a)	-	91	2 154	-	496	11 348	-	587
8	Gjethus	-	51	2 237	-	308	5 846	-	359
9	Vikersund *)	-	605	3 567	-	1 047	15 312	-	1 652
10	Nakkerud	-	10	699	-	49	3 393	-	59
11	Skjærdalen	-	52	1 330	-	194	5 725	-	246
12	Ask a)	-	55	2 028	-	180	5 475	-	235
13	Hønefos a)	-	923	7 394	-	1 669	24 303	-	2 592
14	Heen a)	-	400	2 655	-	541	7 833	-	941
15	Randsfjord a)	-	1 073	3 408	-	1 216	11 827	-	2 289
16	Vestfossen	-	55	2 286	-	245	10 000	-	300
17	Darbo	-	12	866	-	56	3 751	-	68
18	Krekling a)	-	7	479	-	6	1 434	-	13
19	Skollenborg a)	-	32	2 353	-	88	4 759	-	120
20	Kongsberg	-	640	3 875	-	1 600	12 763	-	2 240
21	Snarum a) *)	-	8	563	-	20	3 799	-	28
22	Krøderen a) *)	-	200	2 014	-	432	4 340	-	632
	Tilsammen	-	**4 939**	**54 628**	-	**12 097**	**224 444**	-	**17 036**
	Heraf Lokaltrafik	-	2 706	47 205	-	8 581	207 583	-	11 287
	« Samtrafik: nemlig over Drammen	-	2 233	7 423	-	3 516	16 861	-	5 749

*) Desuden 13 962 Reisende paa Lokalbilletter mellem Stationer og Stoppesteder paa

12	13	14	15	16	17	18	19	20	
	Trafik.								
	Levende Dyr.								
Ankomne. Ialt.	Heste.		Hornkvæg, større Svin etc.		Smaafæ.		Tilsammen.		Løbenummer.
	Afg.	Ank.	Afg.	Ank.	Afg.	Ank.	Afg.	Ank.	
	Antal.								
1 339	-	-	-	-	-	-	-	-	19
55 620	3	29	52	13	4	24	59	66	20
3 227	-	-	9	3	14	-	23	3	21
4 612	-	-	23	8	17	1	40	9	22
2 411	-	-	1	1	-	-	1	1	23
20 061	-	2	4	3	-	-	4	5	24
59 905	-	2	11	138	1	32	12	172	25
12 599	-	-	-	-	-	-		-	26
10 597	-	-	-	-	-	-		-	27
9 052	-	-	-	-	-	-		-	28
90 805	7	13	59	113	-	-	60	126	29
8 213	1	1	-	5	-	3	1	9	30
41 624	10	6	42	40	38	24	90	70	31
634 598	**64**	**76**	**621**	**702**	**133**	**125**	**818**	**903**	
600 602	48	48	604	604	121	121	773	773	
33 996	16	28	17	98	12	4	45	130	
29 327	16	28	17	97	10	-	43	125	
4 669	-	-	-	1	2	4	2	5	
48 813	1	-	17	1 082	7	241	25	1 323	1
5 095	-	-	-	64	-	29	-	93	2
19 754	-	-	11	-	3	3	14	3	3
25 561	1	-	159	3	2	5	162	8	4
2 933	-	-	36	-	3	-	39	-	5
10 821	-	-	91	8	6	2	97	10	6
14 263	-	-	355	21	12	4	367	25	7
7 822	-	-	-	2	-	-	-	2	8
20 880	4	3	230	78	7	54	241	135	9
4 315	-	-	25	1	-	-	25	1	10
7 147	-	-	13	1	-	-	13	1	11
8 017	-	-	19	4	3	-	22	4	12
32 386	-	-	183	11	38	3	221	14	13
12 575	-	-	12	1	-	-	12	1	14
17 653	3	1	180	4	309	-	492	5	15
12 573	-	-	71	2	4	3	75	5	16
4 637	-	-	9	-	1	1	10	1	17
1 949	-	-	13	-	-		13	-	18
6 669	-	-	57	-	-	5	57	5	19
19 474	2	7	162	43	1	-	165	50	20
4 507	-	-	33	-	-	-	33	-	21
6 985	-	1	43	4	3	-	46	5	22
294 829	**11**	**12**	**1 719**	**1 329**	**399**	**350**	**2 129**	**1 691**	
266 075	5	5	1 289	1 289	343	343	1 637	1 637	
28 754	6	7	430	40	56	7	492	54	

…Krøderen.

Tabel VII (Forts.). Stationernes T

Løbenummer.	Stationernes Navne.	Trafik. Gods. Ilgods. Afg.	Ilgods. Ank.	Trælast og Brænde. Afg.	Trælast og Brænde. Ank.	Andet Fragtgods. Afg.
	1	21	22	23	24	25
		Antal Ton. (2 Decimaler).				
19	Grøtting Stoppested	-	-	-	-	-
20	Laurvik a)	238.95	131.59	1 635.50	3 569.90	8 507.11
21	Tjose	0.27	0.45	272.80	6.60	49.00
22	Aaklungen	0.66	0.79	2 461.90	27.30	131.26
23	Birkedalen a)	0.03	0.45	823.10	20.00	101.15
24	Eidanger	4.84	8.96	226.40	65.70	717.19
25	Porsgrund	47.80	55.35	82.80	952.50	1 742.80
26	Skien a)	69.93	136.39	46.32	2 894.66	1 823.12
27	Borre	1.65	2.54	2.50	21.16	79.33
28	Horten	61.85	74.48	41.00	1 206.56	1 776.77
	Tilsammen	**727.93**	**917.66**	**14 824.40**	**16 166.32**	**28 716.01**
	Heraf Lokaltrafik	543.18	543.18	12 248.56	12 248.56	21 936.93
	« Samtrafik	184.75	374.48	2 575.84	3 917.76	6 779.08
	nemlig Trafik over:					
	Drammen	173.47	359.66	2 575.84	3 917.76	6 612.37
	Moss—Horten	11.28	14.82	-	-	166.71
	Drammen-Randsfj.					
	Lokal- og Samtrafik:					
1	Drammen, denne Bane	161.23	45.49	1 941.10	13 447.98	41 364.58
2	Gulskogen	2.15	4.18	558.80	1 199.08	1 624.99
3	Mjøndalen	4.90	11.89	1 581.80	333.57	9 353.96
4	Hougsund	13.25	27.56	43.40	197.30	1 593.66
5	Burud	0.71	1.29	200.12	68.37	48.09
6	Skotselven	7.13	17.60	522.50	2 624.40	4 839.49
7	Aamot a)	13.85	32.83	677.10	1 088.30	11 482.69
8	Gjethus	6.93	16.19	134.34	2 956.80	5 933.87
9	Vikersund	29.26	53.67	861.46	380.25	757.24
10	Nakkerud	4.22	6.86	76.76	81.58	244.37
11	Skjærdalen	6.51	13.11	708.80	448.92	3 701.22
12	Ask a)	1.89	4.26	51.00	183.60	289.29
13	Hønefos a)	73.20	81.50	1 472.50	25 556.05	36 658.91
14	Heen a)	6.40	26.30	8 952.83	768.00	11 718.72
15	Randsfjord a)	45.74	82.47	30 517.20	267.80	13 849.54
16	Vestfossen	13.47	19.72	1 356.77	6 609.40	10 262.90
17	Darbo	1.91	5.05	1 967.10	24.10	171.18
18	Krekling a)	0.16	0.23	873.90	33.20	129.37
19	Skollenborg a)	2.52	6.74	1 471.80	88.10	7 128.06
20	Kongsberg	56.41	97.59	10 040.40	408.02	3 540.96
21	Snarum a)	2.22	9.10	1 464.30	610.89	6 962.79
22	Krøderen a)	7.13	28.66	2 493.00	123.50	514.40
	Tilsammen	**461.19**	**592.29**	**67 966.98**	**57 499.21**	**172 170.28**
	Heraf Lokaltrafik	343.26	343.26	56 659.45	56 659.45	146 944.71
	« Samtrafik:					
	nemlig over Drammen	117.93	249.03	11 307.53	839.76	25 225.57

…ifter samt Personale.

27	28	29	30	31	32	33	
Tilsammen.		Udgifter.				Fast Personale.	Løbenummer.
…fg.	Ank.	Lønninger og Beklædning.	Husleie, Opvarmning, Belysning, Renhold og Inventar.	Kontorudgifter.	Sum. b)		
		Kroner.				Antal.	
-	-	-	-	-	-	1	19
…0 381.56	8 144.09	11 530.50	1 661.19	611.48	13 803.17	12	20
322.07	122.43	967.89	392.54	31.91	1 392.34	1	21
…2 593.82	164.76	1 928.87	554.23	85.30	2 568.40	2	22
924.28	69.19	1 401.15	350.11	35.86	1 787.12	1	23
…048.43	350.62	2 675.19	395.45	98.98	3 169.62	3	24
1 873.40	2 754.58	7 257.71	1 199.27	424.88	8 881.86	7	25
1 939.37	6 171.12	11 795.83	2 775.32	659.73	15 230.88	12	26
83.48	155.93	1 097.72	492.16	88.28	1 678.16	1	27
…1 879.62	3 038.91	6 508.39	1 328.35	487.89	8 324.63	7	28
…268.34	**47 427.45**	**109 412.80**	**21 888.81**	**5 453.54**	**136 755.15**		
…34 728.67	34 728.67						
…9 539.67	12 698.78						
…9 361.68	12 594.71						
177.99	104.07						
…43 466.91	112 626.99	30 319.71	3 552.31	859.98	34 732.00	—	1
…2 185.94	1 463.11	1 275.20	171.59	115.50	1 562.29	1	2
…10 940.66	2 578.37	2 146.70	431.84	171.22	2 749.76	2	3
1 650.31	1 436.95	7 154.46	1 694.19	206.03	9 054.68	7	4
248.92	220.15	971.71	190.40	46.12	1 208.23	1	5
…5 369.12	9 779.37	2 039.30	409.27	94.92	2 543.49	2	6
…12 173.64	3 442.71	4 032.93	511.21	126.85	4 670.99	4	7
…6 075.14	8 384.56	2 155.38	406.19	113.91	2 675.48	2	8
…1 647.96	2 302.43	5 886.85	1 518.87	267.17	7 672.89	6	9
325.35	561.07	1 041.32	250.55	90.49	1 382.36	1	10
…4 416.53	2 081.99	2 052.68	524.64	94.10	2 671.42	2	11
342.18	437.63	3 200.47	506.71	58.25	3 765.43	3	12
…8 204.61	32 546.63	9 076.85	873.96	457.84	10 408.65	9	13
…20 677.95	3 201.17	5 196.30	648.28	189.24	6 033.82	5	14
…44 412.48	12 695.89	9 988.45	2 746.76	447.16	13 182.37	11	15
…21 633.14	13 003.57	4 274.27	503.91	166.25	4 944.43	5	16
…2 140.19	383.42	881.55	303.02	101.21	1 285.78	1	17
…1 003.43	85.72	1 339.07	343.44	35.04	1 717.55	1	18
…8 602.38	1 608.14	2 506.96	485.25	89.13	3 081.34	2	19
…3 637.77	8 387.13	8 450.11	1 412.91	269.30	10 132.32	8	20
…429.31	1 054.86	2 240.66	1 296.44	199.45	3 736.55	2	21
…3 014.53	3 404.69	3 920.75	1 202.13	303.04	5 425.92	4	22
…598.45	**221 686.55**	**110 151.68**	**19 983.87**	**4 502.20**	**134 637.75**		
…947.42	203 947.42						
…6 651.03	17 739.13						

Løbenummer.	1	2	3	4	5	6	7	8	9
		Trafik.							
		Reisende med ordinære Tog.							
		Afgaaede, fordelt paa hver Klasse.							
	Stationernes Navne.	Tur.			Tur & Retur.			Tilsammen	
		I.	II.	III.	I.	II.	III.	I.	II.
		Antal.							
	3die & 4de Trafikd.								
	Eidsvold—Hamarb.								
	Gj.nemgangstrafik.	**646**	**2 571**	**10 472**	**448**	**2 484**	**11 064**	**1094**	**5 055**
	Lokal-og Samtrafik:								
1	Eidsvold *Fællesstation*	*197*	*1 54*[illegible]	*6 826*	*158*	*1 720*	*15 619*	*355*	*3 265*
	Heraf denne Bane.	7	131	1 717	28	176	5 544	35	307
2	Minne a)	2	69	1 657	2	205	7 693	4	274
3	Ulvin a)	-	10	498	-	32	2 557	-	42
4	Espen a)	-	12	804	1	19	2 740	1	31
5	Tangen a)	-	33	1 235	-	90	6 447	-	123
6	Stensrud	-	-	272	-	-	592	-	-
7	Stange	1	83	2 971	3	189	12 630	4	272
8	Ottestad a)	-	49	2 157	1	172	5 528	1	221
9	Hamar *Fællesstation*	*85*	*1 201*	*14 005*	*68*	*2 644*	*44 032*	*153*	*3 845*
	Heraf denne Bane.	46	808	7 639	50	1 974	20 558	96	2 782
	Tilsammen	**56**	**1 195**	**18 950**	**85**	**2 857**	**64 289**	**141**	**4 052**
	Heraf Lokaltrafik	20	469	12 967	54	800	51 928	74	1 269
	« Samtrafik	36	726	5 983	31	2 057	12 361	67	2 783
	nemlig Trafik over:								
	Eidsvold	34	705	5 770	29	2 046	11 906	63	2 751
	Hamar	2	21	213	2	11	455	4	32
	Rørosbanen.								
	Gj.nemgangstrafik.	**104**	**314**	**287**	**4**	**26**	**52**	**108**	**340**
	Lokal-og Samtrafik:								
	Hamar—Grundsetb.								
1	Hamar, denne Bane	39	393	6 366	18	670	23 474	57	1 063
2	Aker Stoppested	-	-	275	-	-	107	-	-
3	Hjellum a)	-	37	1 452	-	34	3 055	-	71
4	Ilseng	-	21	1 618	-	90	6 510	-	111
5	Hørsand	-	33	942	-	66	3 724	-	99
6	Aadalsbrug	-	14	1 158	-	79	5 728	-	93
7	Løiten	-	44	1 978	-	53	8 180	-	97
8	Elverum a)	6	301	5 276	11	707	14 714	17	1 008
9	Grundset *Fællesstation*	-	*1*	*512*	-	*27*	*885*	-	*28*
	Heraf Hamar-Gr.setb.	-	1	317	-	16	620	-	17
	Sum	45	844	19 382	29	1 715	66 112	74	2 559
	Grundset—Aamotb.								
	Grundset, denne Bane	-	-	195	-	11	265	-	11
10	Øxna a)	-	3	560	-	4	1 774	-	7
11	Aasta	-	22	1 100	-	37	2 017	-	59
12	Rena *Fællesstation*	*4*	*91*	*2 183*	*3*	*196*	*5 324*	*7*	*287*
	Heraf Gr.set-Aamotb.	4	70	1 459	1	152	3 715	5	222
	Sum	4	95	3 314	1	204	7 771	5	299
	Støren—Aamotb.								
	Rena, denne Bane	-	21	724	2	44	1 609	2	65
13	Sætre Sidespor	-	-	-	-	-	-	-	-

[1]) Afgaaet: Trafik i Retning fra Hovedbanen. [2]) Ankommet: Trafik i Retning til Hovedb

Udgifter samt Personale.

11	12	13	14	15	16	17	18	19	20	
Trafik.										
		Levende Dyr.								
				Andre levende Dyr.						
[illegible]	Ankomne. Ialt.	Heste.		Hornkvæg, større Svin etc.		Smaafæ.		Tilsammen.		Løbenummer.
		Afg.	Ank.	Afg.	Ank.	Afg.	Ank.	Afg.	Ank.	
Antal.										
685	-	**¹) 21**	**²) 22**	**15**	**2 267**	**5**	**195**	**¹) 41**	**²) 2 484**	
005	*25 341*	*99*	*15*	*1 473*	*44*	*729*	*5*	*2 301*	*64*	1
7 603	7 282	2	4	2	42	-	1	4	47	
9 628	9 927	105	66	269	-	25	-	399	66	2
3 097	3 019	-	-	21	-	7	5	28	5	3
3 576	3 447	-	-	15	1	3	2	18	3	4
7 805	7 863	-	-	-	-	-	-	-	-	5
864	760	1	-	63	-	38	1	102	1	6
15 877	16 057	164	136	725	25	370	22	1 259	183	7
7 907	8 016	-	-	77	25	26	4	103	29	8
62 035	*60 840*	*352*	*238*	*1 938*	*443*	*199*	*20*	*2 489*	*701*	9
31 075	30 617	305	213	1 925	67	194	14	2 424	294	
432	**86 988**	**577**	**419**	**3 097**	**160**	**663**	**49**	**4 337**	**628**	
66 238	66 238	4	4	18	18	16	16	38	38	
21 194	20 750	573	415	3 079	142	647	33	4 299	590	
490	19 976	573	413	3 074	105	643	32	4 290	550	
704	774	-	2	5	37	4	1	9	40	
787	-	**¹) 4**	**²) 5**	**3**	**40**	**1**	-	**¹) 8**	**³) 45**	
960	30 223	47	25	13	376	5	6	65	407	1
382	107	-	-	-	-	-	-	-	-	2
4 578	5 616	-	2	1	116	-	1	1	119	3
8 239	8 390	-	6	14	52	19	1	33	59	4
4 765	4 818	-	-	3	3	-	-	3	3	5
6 979	7 268	-	-	20	-	1	-	21	-	6
0 255	10 346	-	-	48	21	28	6	76	27	7
1 015	20 170	14	89	125	33	26	7	165	129	8
1 425	*1 492*	-	-	*1*	*1*	-	*1*	*1*	*2*	9
954	1 069	-	-	1	-	-	1	1	1	
8 127	88 007	61	122	225	601	79	22	365	745	
471	423	-	-	-	1	-	-	-	1	
2 341	2 427	-	-	3	2	-	-	3	2	10
3 176	2 873	-	-	3	1	2	2	5	3	11
7 501	*7 798*	-	-	*78*	*11*	*12*	*34*	*90*	*45*	12
5 401	5 588	-	-	78	3	12	32	90	35	
389	11 311	-	-	84	7	41	34	98	41	
400	2 210	-	-	-	8	-	2	-	10	
-	-	-	-	-	-	-	-	-	-	13

Løbenummer.	Stationernes Navne. (1)	Trafik. Gods. Ilgods. Afg. (21)	Ilgods. Ank. (22)	Trælast og Brænde. Afg. (23)	Trælast og Brænde. Ank. (24)	Andet Fragtg[ods]. Afg. (25)
		Antal Ton. (2 Decimaler).				
	3die & 4de Trafikd.					
	Eidsvold—Hamarb.					
	Gj.nemgangstrafik....	[1]) **395.79**	[2]) **1 062.44**	**173.42**	**283.40**	**17 124.90**
	Lokal- og Samtrafik:					
1	Eidsvold *Fællesstation*...	*82.66*	*121.12*	*20 481.25*	*955.60*	*12 113.83*
	Heraf denne Bane....	5.07	5.83	267.70	232.80	577.96
2	Minne a).............	15.02	20.44	173.20	310.60	1 953.13
3	Ulvin a).............	4.12	5.47	425.50	29.60	86.27
4	Espen a).............	2.05	6.71	2 311.30	6.20	109.15
5	Tangen a)............	11.27	14.47	1 254.20	37.40	874.48
6	Stange...............	31.05	47.87	409.92	1 322.00	2 360.94
7	Ottestad a)..........	9.91	11.65	27.50	1 502.57	651.16
8	Hamar *Fællesstation*.....	*300.03*	*219.14*	*240.44*	*4 767.68*	*13 067.54*
	Heraf denne Bane....	148.36	172.57	153.30	1 862.60	6 142.81
	Tilsammen	**226.85**	**285.01**	**5 022.62**	**5 303.77**	**12 755.96**
	Heraf Lokaltrafik,......	91.09	91.09	4 599.82	4 599.82	3 049.42
	« Samtrafik........	135.76	193.92	422.80	703.95	9 706.48
	nemlig Trafik over:					
	Eidsvold	127.53	189.53	379.40	625.60	8 608.32
	Hamar...............	8.23	4.39	43.40	78.35	1 098.16
	Rørosbanen.					
	Gj.nemgangstrafik....	[1]) **6.19**	[2]) **2.14**	-	-	**140.95**
	Lokal- og Samtrafik:					
	Hamar—Grundsetb.					
1	Hamar, denne Bane	151.67	46.57	87.14	2 905.08	6 924.73
2	Aker Stoppested	-	-	-	39.00	312.07
3	Hjellum a)	3.92	8.03	19.40	849.35	1 245.81
4	Ilseng	8.16	12.50	100.60	148.40	1 582.98
5	Hørsand	5.17	5.94	292.10	35.00	765.51
6	Aadalsbrug	7.23	16.64	45.28	3 152.12	2 092.36
7	Løiten	19.89	24.36	254.40	493.00	1 358.64
8	Elverum a)...........	39.31	111.38	2 003.40	410.65	823.54
9	Grundset *Fællesstation* ..	*0.35*	*1.25*	*963.30*	*25.32*	*21.76*
	Heraf Hamar-Gr.setb. .	0.27	1.18	963.30	0.32	18.84
	Sum	235.62	226.60	3 765.62	8 032.92	15 124.48
	Grundset—Aamotb.					
	Grundset, denne Bane ..	0.08	0.07	-	25.00	2.92
10	Øxna a)........	1.05	2.95	1 288.40	46.13	2 418.62
11	Aasta................	2.16	5.98	245.15	56.64	145.71
12	Rena *Fællesstation*	*22.14*	*36.38*	*174.80*	*408.25*	*444.93*
	Heraf Gr.set-Aamotb. .	11.59	30.68	151.80	1.05	315.50
	Sum	14.88	39.68	1 685.35	128.82	2 882.75
	Støren—Aamotb........					
	Rena, denne Bane......	10.55	5.70	23.00	407.20	129.43
13	Sætre Sidespor	-	-	-	-	-

[1]) Afgaaet: Trafik i Retning fra Hovedbanen. [2]) Ankommet Trafik i Retning til Hovedb

	28	29	30	31	32	33	
		Udgifter.				Fast Personale.	Løbenummer.
Tilsammen.		Lønninger og Beklædning.	Husleie, Opvarmning, Belysning, Renhold og Inventar.	Kontor-udgifter.	Sum. b)		
….	Ank.						
		Kroner.				Antal.	
…694.11	**8 250.35**	-	-	-	-		
…677.74	*29 407.58*	*24 265.77*	*3 816.39*	*495.89*	*28 578.05*		1
850.73	391.57	*Andel med Hovedbanen* ……………			*4 620.00*	—	
		Egne Udgifter ………		40.41	40.41		
…141.35	2 222.90	2 898.82	898.46	105.19	3 902.47	3	2
…515.89	313.56	2 645.63	443.62	56.10	3 145.35	2	3
…422.50	225.31	2 262.03	529.55	62.79	2 854.37	2	4
…39.95	888.68	2 375.64	887.94	99.00	3 362.58	2	5
…01.91	3 609.23	3 492.20	1 009.75	133.13	4 635.08	3	6
…688.57	2 264.48	2 231.64	502.39	86.68	2 820.71	2	7
…608.01	*31 509.10*	*40 080.14*	*4 980.58*	*1 185.14*	*46 245.86*	36	8
…44.47	24 688.95	21 032.05	2 613.56	621.90	24 267.51		
…5.27	**34 604.68**	**36 938.01**	**6 885.27**	**1 205.20**	**45 028.48**	—	
…740.33	7 740.33						
…265.04	26 864.35						
…114.88	26 525.96						
…150.16	338.39						
…147.14	**157.79**						
…163.54	6 820.15	19 048.[illegible]	2 367.02	563.24	21 978.35	—	1
312.07	1 083.60	-	-	-	-	—	2
1 269.13	2 552.21	2 186.96	608.33	81.06	2 876.35	2	3
…601.74	1 167.72	1 835.18	374.50	79.00	2 288.68	1	4
…062.78	319.98	1 528.42	448.40	49.00	2 025.82	1	5
…144.87	7 606.90	2 380.74	439.84	123.91	2 944.49	2	6
…632.93	2 130.87	2 131.06	394.17	98.58	2 623.81	2	7
…866.25	7 477.79	7 482.43	1 227.28	411.13	9 120.84	7	8
…985.41	*117.47*	*927.29*	*87.35*	*23.18*	*1 037.82*	1	9
982.41	75.55	676.92	63.77	16.92	757.61		
…9 125.72	29 234.77	37 269.80	5 923.31	1 422.84	44 615.95	—	
3.00	41.92	250.37	23.58	6.26	280.21	—	
3 708.07	260.26	1 561.26	391.37	49.67	2 002.30	1	10
…593.02	425.12	1 390.83	457.20	64.14	1 912.17	1	11
…41.87	*2 689.05*	*3 099.72*	*1 712.67*	*176.09*	*4 988.48*	3	12
478.89	2 037.05	2 138.81	1 181.74	121.50	3 442.05		
4 582.98	2 764.35	5 341.27	2 053.89	241.57	7 636.73	—	
162.98	652.00	960.91	530.93	54.59	1 546.43	—	
-	-	-	-	-	-	—	13

Løbenummer.	Stationernes Navne.	Trafik. Reisende med ordinære Tog. Afgaaede, fordelt paa hver Klasse. Tur. I.	Tur. II.	Tur. III.	Tur & Retur. I.	Tur & Retur. II.	Tur & Retur. III.	Tilsammen. I.	Tilsammen. II.
1		2	3	4	5	6	7	8	9
		Antal.							
14	Stenviken a)........	-	8	751	-	31	1 918	-	39
15	Ophus a)	-	10	656	-	25	1 197	-	35
16	Rasten a)	-	36	663	-	52	1 600	-	88
17	Stai	1	74	1 063	-	66	1 662	1	140
18	Koppang a)	7	105	1 450	8	183	3 091	15	288
19	Bjøraanæsset Stoppest.	-	-	42	-	-	224	-	-
20	Atna a)............	6	31	441	-	17	1 080	6	48
21	Hanestad a)	1	15	368	4	56	698	5	71
22	Barkald	-	5	207	-	-	362	-	5
23	Lilleelvedal.........	17	117	873	1	99	1 480	18	216
24	Auma..............	-	3	325	-	-	397	-	3
25	Tønset.............	8	246	1 468	9	298	2 518	17	544
26	Telneset	-	1	184	-	1	321	-	2
27	Tolgen	-	44	485	-	34	1 382	-	78
28	Os	-	14	706	-	26	1 811	-	40
29	Røros..............	17	367	4 255	19	410	7 919	36	777
30	Nypladsen.........	-	46	2 189	-	34	2 251	-	80
31	Jensvold	-	30	1 185	-	14	1 569	-	44
32	Tyvold a).	-	20	899	-	59	4 342	-	79
33	Reitan.............	-	9	1 390	-	10	2 520	-	19
34	Eidet	3	5	1 125	2	15	2 669	5	20
35	Holtaalen	-	26	461	-	9	1 079	-	35
36	Langletet...........	-	17	255	-	6	351	-	23
37	Reitstøen...........	-	9	248	-	6	371	-	15
38	Singsaas	15	7	548	-	28	822	15	35
39	Bjørgen............	-	11	601	-	14	724	-	25
40	Kotsøien Stoppested	-	14	394	-	13	612	-	27
41	Rognæs a)	-	9	458	-	11	897	-	20
42	Støren *Fællesstation* .	*23*	*174*	*1 802*	*35*	*310*	*4 469*	*58*	*484*
	Heraf Støren-Aamotb.	15	40	499	-	54	472	15	94
	Sum	90	1 340	24 913	45	1 615	47 948	135	2 955
	Tr.hjem—Størenb.								
	Støren, denne Bane .	8	134	1 303	35	256	3 997	43	390
43	Hovind	-	22	898	-	33	2 657	-	55
44	Lundemo...........	-	7	768	-	27	2 681	-	34
45	Leer...............	-	6	1 020	-	28	3 699	-	34
46	Kvaal, ...	-	9	784	-	29	2 145	-	38
47	Søberg	-	5	520	-	31	1 565	-	36
48	Melhus.............	-	39	1 972	-	114	6 553	-	153
49	Nypan	-	8	566	-	30	1 673	-	38
50	Heimdal a)	-	70	2 915	-	168	10 001	-	238
51	Selsbak Stoppested.	-	87	3 120	-	146	10 937	-	233
52	Trondhjem *Fællesst.* .	*296*	*2 224*	*23 574*	*269*	*3 366*	*101 092*	*565*	*5 590*
	HerafTr.hjem-Størenb.	296	1 416	14 261	269	1 663	37 779	565	3 079
	Sum	304	1 803	27 947	304	2 525	83 687	608	4 328
	Tils. Rørosbanen	**443**	**4 082**	**75 556**	**379**	**6 059**	**205 518**	**822**	**10 141**

…dgifter samt Personale.

…	12	13	14	15	16	17	18	19	20	
		Trafik.								
		Levende Dyr.								
…m …lk …sser.	Ankomne. Ialt.	Heste.		Hornkvæg, større Svin etc.		Smaafæ.		Tilsammen.		Løbenummer.
		Afg.	Ank.	Afg.	Ank.	Afg.	Ank.	Afg.	Ank.	
		Antal.								
1 708	2 871	-	-	5	-	2	1	7	1	14
1 888	1 790	-	-	10	10	1	-	11	10	15
2 351	2 429	-	-	11	12	-	-	11	12	16
2 866	2 679	-	5	32	5	-	6	32	16	17
4 844	4 862	1	1	38	10	-	9	39	20	18
266	352	-	-	-	-	-	-	-	-	19
1 575	1 632	-	1	13	2	4	-	17	3	20
1 142	1 233	2	-	69	2	1	-	72	2	21
574	552	4	-	38	1	-	-	42	1	22
2 587	2 643	20	1	994	2	115	3	1 129	6	23
725	712	-	-	-	-	1	-	1	-	24
4 547	4 628	8	4	272	19	3	9	283	32	25
507	494	-	-	-	-	-	-	-	-	26
1 945	1 947	-	-	119	6	4	-	123	6	27
2 557	2 471	6	-	184	1	1	-	191	1	28
12 987	12 360	4	20	22	17	-	5	26	42	29
4 520	4 463	-	-	-	-	1	-	1	-	30
2 798	2 389	-	5	67	14	-	3	67	22	31
5 320	7 702	-	2	1	-	1	4	2	6	32
3 929	3 167	-	-	8	1	3	-	11	1	33
3 819	3 393	-	6	17	2	1	6	18	14	34
1 575	1 575	-	-	87	2	10	1	97	3	35
629	591	-	-	3	1	-	-	3	1	36
634	681	-	-	18	1	-	1	18	2	37
1 420	1 491	-	-	36	3	1	1	37	4	38
1 350	1 216	-	-	2	3	5	3	7	6	39
1 033	1 034	-	-	-	-	-	-	-	-	40
1 375	1 421	-	-	12	2	-	-	12	2	41
6 313	*7 109*	*1*	*1*	*260*	*23*	*16*	*1*	*277*	*25*	42
1 080	973	1	-	94	1	-	-	95	1	
75 951	75 961	46	45	2 152	125	154	54	2 352	224	
5 733	6 136	-	1	166	22	16	1	182	24	
3 610	3 677	-	-	31	4	118	12	149	16	43
3 483	3 461	-	-	76	11	60	10	136	21	44
4 753	4 707	-	-	41	8	26	5	67	13	45
2 967	2 876	-	-	18	9	5	3	23	12	46
2 121	2 153	-	-	10	8	2	2	12	10	47
8 498	8 474	75	95	122	44	8	12	205	151	48
2 277	2 349	-	-	2	8	2	-	4	8	49
13 154	13 801	-	3	9	18	1	3	10	24	50
14 290	14 685	-	-	-	-	-	-	-	-	51
…30 321	*132 841*	*434*	*171*	*587*	*893*	*91*	*281*	*1 112*	*1 345*	52
55 684	53 404	218	131	497	327	67	207	782	665	
…6 570	115 723	293	230	972	459	305	255	1 570	944	
…037	**291 002**	**400**	**397**	**3 433**	**1 192**	**552**	**365**	**4 385**	**1 954**	

Tabel VII (Forts.). Stationernes T

Løbenummer.	Stationernes Navne.	Trafik. Gods. Ilgods. Afg.	Ilgods. Ank.	Trælast og Brænde. Afg.	Trælast og Brænde. Ank.	Andet Fragtgods. Afg.
	1	21	22	23	24	25
		Antal Ton. (2 Decimaler).				
14	Stenviken a)	2.69	12.83	722.16	15.20	349.53
15	Ophus a)	1.12	6.08	94.74	20.15	60.25
16	Rasten a)	5.13	14.52	1 765.97	0.44	291.44
17	Stai	11.00	16.66	-	135.13	307.37
18	Koppang a)	12.08	33.61	408.10	79.77	181.29
19	Bjøraanæsset Stoppested	-	-	37.00	-	-
20	Atna a)	1.08	6.02	160.70	44.70	60.67
21	Hanestad a)	5.04	7.21	365.00	12.07	67.33
22	Barkald	0.37	1.40	30.00	5.36	24.86
23	Lilleelvedal	18.65	22.24	211.66	54.48	477.10
24	Auma	1.58	2.69	258.85	-	23.26
25	Tønset	52.13	33.06	157.40	128.11	443.23
26	Telneset	0.07	0.47	556.90	81.50	34.49
27	Tolgen	8.09	6.01	429.06	34.25	162.10
28	Os	10.30	3.77	444.98	17.05	254.49
29	Røros	218.75	36.32	539.30	1 418.18	1 273.74
30	Nypladsen	0.10	0.52	8.05	34.88	9.18
31	Jensvold	6.34	2.79	199.70	83.31	344.89
32	Tyvold a)	0.68	3.85	8.00	1 326.03	23 324.46
33	Reitan	1.77	3.24	-	120.99	3 670.13
34	Eidet	4.75	4.34	27.98	27.56	85.99
35	Holtaalen	2.03	3.32	497.04	-	103.62
36	Langletet	0.30	0.98	306.83	-	44.10
37	Reitstøen	0.69	1.78	475.30	-	278.98
38	Singsaas	1.51	2.07	435.50	-	54.84
39	Bjørgen	0.68	2.02	719.90	-	85.14
40	Kotsøien Stoppested	-	0.06	552.40	8.00	55.00
41	Rognæs a)	0.42	2.02	797.70	-	478.87
42	Støren *Fællesstation*	*21.60*	*13.76*	*595.65*	*108.86*	*1 031.62*
	Heraf Støren-Aamotb.	12.53	3.11	-	95.06	281.49
	Sum	390.43	238.69	10 233.22	4 149.42	32 957.27
	Trondhjem—Størenb.					
	Støren, denne Bane	9.07	10.65	595.65	13.80	750.13
43	Hovind	2.52	5.02	1 379.95	19.40	1 285.39
44	Lundemo	5.57	2.25	262.00	42.25	1 816.16
45	Leer	7.44	3.57	856.57	21.10	660.27
46	Kvaal	8.98	1.98	114.60	15.05	181.15
47	Søberg	2.28	0.73	6.26	131.10	44.70
48	Melhus	21.11	4.64	25.00	193.60	776.40
49	Nypan	0.26	0.38	-	-	71.23
50	Heimdal a)	1.21	3.54	276.00	111.42	564.90
51	Selsbak Stoppested	-	-	-	-	-
52	Trondhjem *Fællesstation*	*1 112.91*	*338.44*	*455.82*	*32 642.24*	*63 867.77*
	Heraf Tr.hjem-Størenb.	824.00	320.90	121.42	6 227.08	25 183.89
	Sum	882.44	353.66	3 637.45	6 774.80	31 334.22
	Tils. Rørosbanen	1 523.87	858.68	19 321.64	19 085.96	82 298.72

...ifter samt Personale.

28		29	30	31	32	33	
		Udgifter,					
Tilsammen.		Lønninger og Beklædning.	Husleie, Opvarmning, Belysning, Renhold og Inventar.	Kontor-udgifter.	Sum. b)	Fast Personale.	Løbenummer.
...g.	Ank.						
		Kroner.				Antal.	
74.38	1 737.51	2 141.34	386.00	78.29	2 605.63	2	14
56.11	232.25	1 173.45	451.28	46.36	1 671.09	1	15
62.54	441.10	1 416.56	332.82	53.96	1 803.34	1	16
318.37	767.58	2 086.25	609.44	122.69	2 818.38	2	17
601.47	1 255.97	5 173.65	1 045.99	192.77	6 412.41	6	18
37.00	8.19	-	-	-	-	-	19
222.45	350.18	1 374.27	509.88	47.85	1 932.00	1	20
437.37	428.87	2 205.35	416.72	59.83	2 681.90	2	21
55.23	124.94	711.58	379.31	38.76	1 129.65	1	22
707.41	1 125.94	3 056.37	1 103.59	143.14	4 303.10	3	23
283.69	86.40	1 412.38	363.23	35.19	1 810.80	1	24
652.76	1 673.45	5 684.02	2 466.67	188.25	8 338.94	4	25
591.46	109.46	400.50	96.73	31.52	528.75	1	26
509.25	671.87	1 605.24	368.38	62.05	2 035.67	1	27
709.77	526.73	1 965.38	506.34	37.96	2 509.68	1	28
031.79	13 500.10	7 206.80	2 588.99	315.62	10 111.41	6	29
17.33	114.80	392.30	161.63	27.72	581.65	1	30
550.93	569.73	1 615.02	341.43	47.32	2 003.77	1	31
333.14	2 212.78	2 012.36	556.23	78.23	2 646.82	2	32
671.90	488.93	1 462.68	332.20	46.15	1 841.03	1	33
118.72	773.14	2 262.81	368.42	52.15	2 683.38	1	34
602.69	311.41	1 557.18	305.66	41.79	1 904.63	1	35
351.23	446.62	1 329.03	427.66	36.65	1 793.34	1	36
754.97	153.79	1 337.23	327.48	28.43	1 693.14	1	37
491.85	931.84	2 080.38	813.72	48.62	2 942.72	2	38
805.72	243.58	1 512.49	387.87	65.83	1 966.19	1	39
607.40	71.16	313.46	50.24	33.56	397.26	-	40
276.99	629.49	1 575.03	324.62	36.67	1 936.52	1	41
48.87	*2 752.13*	*4 991.47*	*1 749.31*	*192.84*	*6 933.62*	4	42
294.02	234.85	1 098.13	384.85	42.42	1 525.40	-	
580.92	30 874.66	57 122.15	16 938.31	2 094.37	76 154.83		
354.85	2 517.28	3 893.34	1 364.46	150.42	5 408.22		
667.86	776.30	1 796.76	295.34	47.87	2 139.97	1	43
3.73	534.24	1 817.28	336.17	37.83	2 191.28	1	44
524.28	663.50	1 766.90	283.35	52.63	2 102.88	1	45
304.73	249.38	423.00	98.25	26.40	547.65	1	46
53.24	525.73	1 000.79	84.90	20.20	1 105.89	1	47
822.51	1 146.86	1 738.25	334.81	76.95	2 150.01	2	48
71.49	29.37	259.83	85.21	25.93	370.97	-	49
842.11	3 730.72	2 163.84	449.44	60.87	2 674.15	2	50
-	-	268.10	69.02	52.55	389.67	-	51
6.50	*80 504.80*	*38 617.51*	*7 980.97*	*1 881.79*	*48 480.27*	36	52
9.31	40 637.14	19 067.01	3 940.52	929.11	23 936.64		
54.11	50 800.82	34 195.10	7 341.47	1 480.76	43 017.33		
43.78	***113 674.60***	**133 928.32**	**32 256.98**	**5 239.54**	**171 424.84**		

Løbenummer.	Stationernes Navne.	Trafik. Reisende med ordinære Tog. Afgaaede, fordelt paa hver Klasse. Tur. I.	Tur. II.	Tur. III.	Tur & Retur. I.	Tur & Retur. II.	Tur & Retur. III.	Tilsammen. I.	Tilsammen. II.
1		2	3	4	5	6	7	8	9
		Antal.							
	Hvoraf Lokaltrafik	137	2 941	69 629	158	4 803	199 310	295	7 744
	« Samtrafik	306	1 141	5 927	221	1 256	6 208	527	2 397
	nemlig Trafik over:								
	Hamar	306	1 139	5 862	221	1 243	5 961	527	2 382
	Trondhjem	-	2	65	-	13	247	-	15
	Merakerbanen.								
	Gj.nemgangstrafik	-	**404**	**212**	-	-	-	-	**404**
	Lokal- og Samtrafik:								
1	Tr.hjem, denne Bane	-	808	9 313	-	1 703	63 313	-	2 511
2	Leangen	-	67	2 216	-	157	9 396	-	224
3	Ranheim	-	54	4 818	-	311	28 539	-	365
4	Vikhammer Stoppest.	-	-	11	-	4	129	-	4
5	Malvik	-	6	991	-	77	7 650	-	83
6	Hommelvik	-	58	2 295	-	549	12 672	-	607
7	Hell a)	-	108	3 010	-	434	15 953	-	542
8	Hegre	-	11	838	-	69	4 400	-	80
9	Floren	-	-	282	-	7	1 469	-	7
10	Gudaa	-	8	498	-	18	1 176	-	26
11	Meraker	-	7	573	-	164	1 790	-	171
12	Storlien	-	78	1 514	-	198	1 053	-	276
	Tilsammen	-	**1 205**	**26 359**	-	**3 691**	**147 540**	-	**4 896**
	Hvoraf Lokaltrafik	-	754	25 192	-	3 486	146 700	-	4 240
	« Samtrafik	-	451	1 167	-	205	840	-	656
	nemlig Trafik over:								
	Trondhjem	-	11	155	-	28	272	-	39
	Storlien	-	440	1 012	-	177	568	-	617
	5te Trafikdistrikt.								
	Jæderbanen. a)								
1	Stavanger	-	1 227	1 475	-	8 572	38 102	-	9 799
2	Hinna	-	46	60	-	2 564	5 806	-	2 610
3	Sandnæs	-	118	442	-	4 991	23 107	-	5 109
4	Høiland	-	13	26	-	547	1 830	-	560
5	Klep	-	9	49	-	799	3 183	-	808
6	Time	-	62	158	-	1 543	9 154	-	1 605
7	Nærbø	-	43	117	-	1 261	6 982	-	1 304
8	Varhoug	-	6	9	-	562	2 969	-	568
9	Vigrestad	-	7	20	-	696	3 778	-	703
10	Ogne	-	19	55	-	531	3 009	-	550
11	Helvik	-	-	-	-	372	2 590	-	372
12	Ekersund	-	965	761	-	4 039	10 062	-	5 004
	Tilsammen	-	**2 515**	**3 172**	-	**26 477**	**110 572**	-	**28 992**

	12	13	14	15	16	17	18	19	20	
	Trafik.									Løbenummer.
		Levende Dyr.								
	Ankomne. Ialt.	Heste.		Hornkvæg, større Svin etc.		Smaafæ.		Tilsammen.		
		Afg.	Ank.	Afg.	Ank.	Afg	Ank.	Afg.	Ank.	
	Antal.									
978	276 978	380	380	1 169	1 169	354	354	1 903	1 903	
059	14 024	20	17	2 264	23	198	11	2 482	51	
4 732	13 644	19	17	2 264	17	196	8	2 479	42	
327	380	1	-	-	6	2	3	3	9	
616	-	-	-	-	-	-	-	-	-	
5 137	79 437	216	40	90	566	24	74	330	680	1
11 836	12 445	-	-	1	3	9	5	10	8	2
3 722	32 535	-	-	7	11	5	10	12	21	3
144	147	-	-	-	-	-	-	-	-	4
724	8 753	-	-	51	46	1	2	52	48	5
574	15 251	-	-	44	23	18	16	62	39	6
505	19 338	68	10	383	55	128	7	579	72	7
318	5 376	6	-	100	19	10	6	116	25	8
758	1 793	-	-	13	2	2	1	15	3	9
700	1 581	-	-	35	-	-	1	35	1	10
534	2 631	9	1	48	3	4	14	61	18	11
543	1 621	2	1	13	1	-	2	15	4	12
[illegible]	**180 908**	**301**	**52**	**785**	**729**	**201**	**138**	**1 287**	**919**	
132	176 132	20	20	726	726	135	135	881	881	
663	4 776	281	32	59	3	66	3	406	38	
466	412	5	5	46	3	3	3	54	11	
197	4 364	276	27	13	-	63	-	352	27	
376	50 320	20	26	94	1 104	392	1 318	506	2 448	1
476	8 347		-	1	12	-	-	1	12	2
658	28 423	1	3	93	36	166	134	260	173	3
2 416	2 388	-	-	39	3	13	2	52	5	4
4 040	3 912	-	2	66	27	143	59	209	88	5
917	10 978	10	6	472	69	226	866	708	941	6
403	8 528	2	3	201	24	459	89	662	116	7
3 546	3 608	-	1	56	5	141	26	197	32	8
4 501	4 536	5	2	108	6	129	46	242	54	9
614	3 560	1	-	49	9	280	73	330	82	10
962	3 071	2	1	9	1	10	11	21	13	11
827	15 065	19	16	132	24	907	242	1 058	282	12
736	**142 736**	**60**	**60**	**1 320**	**1 320**	**2 866**	**2 866**	**4 246**	**4 246**	

Tabel VII (Forts.). Stationernes T

Løbenummer.	Stationernes Navne.	Trafik. Gods. Ilgods. Afg.	Ank.	Trælast og Brænde. Afg.	Ank.	Andet Fragtgod Afg.	
	0	21	22	23	24	25	
		Antal Ton. (2 Decimaler).					
	Hvoraf Lokaltrafik	458.00	458.00	18 842.14	18 842.14	75 225.48	75
	« Samtrafik	1 065.37	400.63	479.50	243.82	7 073.24	18 5
	nemlig Trafik over:						
	Hamar	1 064.68	397.84	461.75	216.82	6 904.51	18 0
	Trondhjem	0.69	2.79	117.75	27.00	68.73	4
	Merakerbanen.						
	Gjennemgangstrafik	*) 0.51	*) 0.82	-	-	48.97	1
	Lokal- og Samtrafik:						
1	Trondhjem, denne Bane	288.91	17.54	334.40	26 415.16	38 683.88	1 34
2	Leangen	0.69	0.88	-	43.00	9.80	2
3	Ranheim	3.34	8.30	414.20	9 195.20	3 737.26	1 30
4	Vikhammer Stoppested	-	-	-	-	-	
5	Malvik	0.43	2.15	22.34	8.93	216.98	2
6	Hommelvik	4.79	11.74	2 576.20	23 298.29	9 809.69	4 2
7	Hell a)	12.14	13.44	278.70	281.79	2 436.46	2 5
8	Hegre	2.60	3.40	794.00	5.65	540.81	6
9	Floren	1.69	0.90	861.50	-	38.42	
10	Gudaa	1.06	3.59	10.00	60.64	24.75	
11	Meraker	1.27	4.93	40.00	27.75	4 343.40	
12	Storlien	0.12	3.19	7.10	-	35.55	6
	Tilsammen	**317.04**	**70.06**	**5 338.44**	**59 336.41**	**59 877.00**	
	Hvoraf Lokaltrafik	56.13	56.13	5 018.46	5 018.46	35 460.74	35
	« Samtrafik	260.91	13.93	319.98	54 317.95	24 416.26	
	nemlig Trafik over:						
	Trondhjem	4.62	6.36	27.00	117.75	559.68	
	Storlien	256.29	7.57	292.98	54 200.20	23 856.58	7
	5te Trafikdistrikt.						
	Jæderbanen a)						
1	Stavanger	33.88	6.85	-	99.80	3 360.90	3
2	Hinna	0.05	0.38	-	100.00	25.14	1
3	Sandnæs	3.83	21.05	1 000.70	10.00	3 087.07	1 06
4	Høiland	0.15	0.59	-	-	185.61	30
5	Klep	0.09	0.80	-	51.00	451.49	1 03
6	Time	0.68	3.00	-	477.00	1 376.38	1 66
7	Nærbø	0.58	2.74	-	239.95	1 027.01	1 19
8	Varhoug	0.09	0.63	0.30	69.15	184.70	27
9	Vigrestad	0.08	0.90	-	95.92	351.46	43
10	Ogne	0.26	0.84	-	51.25	990.04	27
11	Helvik	0.09	0.34	-	5.50	122.26	12
12	Ekersund	8.09	9.75	201.77	3.20	698.68	2 05
	Tilsammen	**47.87**	**47.87**	**1 202.77**	**1 202.77**	**11 860.74**	**11 86**

*) Afgaaaet: Trafik i Retning fra Trondhjem. *) Ankommet Trafik i Retning til Trondhjem
[1]) Bestyres af en Baneformand. [2]) Bestyres af en Banevogter.

	28	29	30	31	32	33	
		Udgifter.					
Tilsammen.		Lønninger og Beklædning.	Husleie, Opvarmning, Belysning, Renhold og Inventar.	Kontor-udgifter.	Sum. b)	Fast Personale.	Løbenummer.
	A'g.						
		Kroner.				Antal.	
…525.62	94 525.62						
…618.11	19 148.98						
…430.94	18 697.15						
…87.17	451.83						
49.48	18.32						
…307.19	39 867.36	19 550.50	4 040.45	952.68	24 543.63	—	1
10.49	311.99	909.14	245.18	61.98	1 216.30	1	2
…154.80	22 211.52	3 257.23	163.08	135.18	3 555.49	3	3
-	-	-	251.06	6.20	257.26	-	4
259.75	269.39	1 684.15	265.97	68.27	2 018.39	1	5
…390.68	27 521.07	4 411.44	633.21	155.49	5 200.14	4	6
…27.30	2 882.31	4 076.39	863.89	233.87	5 174.15	3	7
…37.41	695.97	1 994.78	454.73	86.93	2 536.44	2	8
901.61	209.90	841.40	350.50	60.98	1 252.88	1	9
35.81	241.82	1 505.95	775.06	43.01	2 324.02	1	10
384.67	1 069.24	1 766.95	431.40	77.88	2 276.23	1	11
42.77	6 974.53	*Andel med svenske Statsbaner*			*7 394.66*	—	12
		Egne Udgifter	53.37	59.75	113.12		
…32.48	**102 255.10**	**39 997.93**	**8 527.90**	**1 942.22**	**50 468.05**		
…35.33	40 535.33						
…997.15	61 719.77						
591.30	284.82						
…405.85	61 434.95						
…394.78	3 405.24	6 396.47	1 796.10	191.74	8 384.31	6	1
25.19	224.66	217.79	135.44	29.05	382.28	[1]) -	2
…091.60	1 091.59	3 134.91	469.99	163.02	3 767.92	3	3
…85.76	309.07	277.61	183.36	15.84	476.81	[2]) -	4
…1.58	1 087.41	701.62	95.97	24.80	822.39	1	5
…7.06	2 143.61	1 862.94	269.63	62.36	2 194.03	2	6
…37.59	1 438.33	1 556.64	112.43	41.49	1 710.56	1	7
…5.09	347.17	524.61	232.27	19.06	775.94	1	8
…351.54	535.73	693.61	378.46	18.12	1 090.19	1	9
…90.30	322.36	1 200.59	231.54	24.14	1 456.27	1	10
…22.35	135.76	277.61	104.34	13.21	1 395.16	[1]) -	11
…54	2 070.45	3 319.72	594.49	98.05	4 012.26	4	12
…28	**13 111.38**	**20 164.12**	**4 604.02**	**700.88**	**25 469.02**		

Løbenummer.	1	2	3	4	5	6	7	8	9
	Stationernes Navne.	Trafik.							
		Reisende med ordinære Tog.							
		Afgaaede, fordelt paa hver Klasse.							
		Tur.			Tur & Retur.			Tilsammen.	
		I.	II.	III.	I.	II.	III.	I.	II.
		Antal.							
	6te Trafikdistrikt.								
	Bergen-Vossbanen.								
1	Bergen	-	1 785	2 515	-	27 300	138 480	-	29 085
2	Solheimsviken Stoppest.	-	27	25	-	2 930	13 182	-	2 957
3	Minde Stoppested	-	6	7	-	1 854	8 703	-	1 860
4	Fjøsanger	-	249	755	-	10 471	48 309	-	10 720
5	Hop Stoppested	-	23	142	-	1 864	10 347	-	1 887
6	Næstun	-	122	512	-	9 121	56 262	-	9 243
7	Heldal Stoppested	-	-	2	-	324	736	-	324
8	Haukeland	-	2	5	-	1 276	3 968	-	1 278
9	Arne	-	2	6	-	1 012	2 817	-	1 014
10	Garnæs	-	19	34	-	1 900	3 533	-	1 919
11	Trængereid	-	15	52	-	902	1 806	-	917
12	Vaksdal	-	9	49	-	982	2 582	-	991
13	Stanghelle	-	-	-	-	556	595	-	556
14	Dale		25	61	-	2 569	5 020	-	2 594
15	Bolstad	-	2	11	-	1 721	1 670	-	1 723
16	Evanger	-	29	37	-	900	3 035	-	929
17	Bulken	-	23	25	-	1 873	2 967	-	1 896
18	Voss	-	1 287	1 109	-	3 964	8 287	-	5 251
	Tilsammen	-	**3 625**	**5 347**	-	**71 519**	**312 299**	-	**75 144**
	Hovedbanen.								
	Gjnemgangstrafik.	**12**	**148**	**1 940**	-	**282**	**3 556**	**12**	**430**
	Lokal- og Samtrafik:								
1	Kristiania, denne Bane	873	5 772	38 993	780	13 916	139 271	1 653	19 688
2	Bryn	-	250	4 779	4	785	17 654	4	1 035
3	Grorud a)	-	334	5 261	11	832	22 525	11	1 166
4	Strømmen a)	-	158	2 721	9	1 499	13 673	9	1 657
5	Lillestr., denne Bane.	10	452	5 276	96	1 917	29 225	106	2 369
6	Lersund	-	96	1 087	2	154	5 119	2	250
7	Frogner	-	40	817	-	202	5 293	-	242
8	Kløften	-	151	1 804	-	478	9 553	-	629
9	Trøgstad a)	8	297	3 092	6	1 099	11 898	14	1 396
10	Dahl	6	124	1 929	5	311	6 744	11	435
11	Bøhn	-	106	1 989	11	392	5 854	11	498
12	Eidsvold, denne Bane	190	1 414	5 109	130	1 544	10 075	320	2 958
	Tilsammen	**1 087**	**9 194**	**72 857**	**1 054**	**23 129**	**276 884**	**2 141**	**32 323**
	Heraf Lokaltrafik	365	5 209	54 523	518	16 562	228 370	883	21 771
	« Samtrafik	722	3 985	18 334	536	6 567	48 514	1 258	10 552
	nemlig Trafik over:								
	Kristiania	-	7	224	-	67	1 306	-	74
	Lillestrøm	421	2 046	8 936	283	3 298	30 845	704	5 344
	Eidsvold	301	1 932	9 174	253	3 202	16 363	554	5 134

[1]) Afgaaet: Trafik i Retning fra Kristiania over Hovedbanen.
[2]) Ankommet: Trafik i Retning til do. « do.

…fter samt Personale.

	12	13	14	15	16	17	18	19	20	
		Trafik.								
		Levende Dyr.								
	Ankomne. Ialt.	Heste.		Hornkvæg, større Svin etc.		Smaafæ.		Tilsammen.		Løbenummer.
		Afg.	Ank.	Afg.	Ank.	Afg.	Ank.	Afg.	Ank.	
		Antal.								
…080	170 427	338	105	142	791	26	22	506	918	1
…164	14 516	-	-	-	-	-	-	-	-	2
…570	9 816	-	-	-	-	-	-	-	-	3
…784	62 299	-	1	1	13	6	3	7	17	4
…376	11 614	-	1	-	2	-	-	-	3	5
…017	66 367	5	9	50	39	4	14	59	62	6
…062	1 029	-	-	-	13	-	-	-	13	7
…5 251	5 426	7	3	29	49	7	14	43	66	8
…3 837	3 805	22	11	13	2	8	8	43	21	9
…5 486	5 221	14	11	6	2	9	-	29	13	10
…2 775	2 898	1	1	10	8	6	10	17	19	11
…3 622	4 011	19	17	17	45	1	2	37	64	12
…1 151	1 148	3	-	2	-		-	5	-	13
…675	6 531	11	11	15	44	3	11	29	66	14
…404	2 192	19	14	46	6	3	1	68	21	15
…001	5 612	1	8	103	91	13	8	117	107	16
4 888	4 488	6	6	88	2	7	7	101	15	17
14 647	15 390	156	404	604	19	24	17	784	440	18
…790	**392 790**	**602**	**602**	**1 126**	**1 126**	**117**	**117**	**1 845**	**1 845**	
5 938	-	**[1]) 72**	**[2]) 26**	**[1]) 5**	**[2]) 98**	**[1]) 14**	**[2]) 17**	**[1]) 91**	**[2]) 141**	
…99 605	197 620	768	562	275	10 649	64	1 539	1 107	12 750	1
23 472	27 839	-	1	-	921	-	461	-	1 383	2
28 963	30 436	-	-	6	18	-	3	6	21	3
18 060	18 013	-	-	13	48	-	-	13	48	4
36 976	37 000	2	6	55	26	4	2	61	34	5
6 458	6 612	-	-	181	47	5	-	186	47	6
6 352	6 441	1	-	69	1	3	-	73	1	7
11 986	12 144	1	-	314	23	28	-	343	23	8
16 400	16 421	628	969	188	2	6	1	822	972	9
9 119	9 046	2	3	213	12	24	3	239	18	10
8 352	8 614	-	-	69	1	1	-	70	1	11
38 462	18 059	97	11	1 471	2	729	4	2 297	17	12
…84 205	**388 245**	**1 499**	**1 552**	**2 854**	**11 750**	**864**	**2 013**	**5 217**	**15 315**	
…05 547	305 547	711	711	2 496	2 496	833	833	4 040	4 040	
78 658	82 698	788	841	358	9 254	31	1 180	1 177	11 275	
1 604	1 669	142	139	151	157	-	12	293	308	
45 829	48 015	217	200	89	3 780	1	334	307	4 314	
31 225	33 014	429	502	118	5 317	30	834	577	6 653	

Tabel VII. (Forts.). Stationernes T

Løbenummer.	Stationernes Navne.	Trafik. Gods. Ilgods. Afg.	Ilgods. Ank.	Trælast og Brænde. Afg.	Trælast og Brænde. Ank.	Andet Fragtgods. Afg.
	1	21	22	23	24	25
		Antal Ton. (2 Decimaler).				
	6te Trafikdistrikt.					
	Bergen-Vossbanen.					
1	Bergen	330.11	81.85	385.74	389.60	5 800.53
2	Solheimsviken Stoppested	0.80	0.82	-	-	0.48
3	Minde	0.09	3.12	-	0.05	6.56
4	Fjøsanger	4.71	26.61	-	6.27	0.25
5	Hop Stoppested	1.74	41.88	-	12.38	75.21
6	Næstun	6.70	21.67	0.05	169.94	296.43
7	Heldal	1.19	0.43	-	0.60	28.85
8	Haukeland	8 75	4.69	-	54.31	310.95
9	Arne	4.83	7.14	-	8.69	80.55
10	Garnæs	1.46	6.56	5.04	1.40	25.50
11	Trængereid	0.89	2.85	-	-	1.67
12	Vaksdal	3.18	11.47	-	10.95	15.79
13	Stanghelle	2.31	0.64	-	0.10	35.59
14	Dale	13.06	73.87	0.05	71.40	1 828.71
15	Bolstad	4.78	6.54	120.00	2.86	15.46
16	Evanger	7.88	18.81	135.00	11.66	139.24
17	Bulken	10.43	13.43	25.00	13.00	260.42
18	Voss	43.32	123.85	151.73	69.40	2 767.39
	Tilsammen	**446.23**	**446.23**	**822.61**	**822.61**	**11 689.58**
	Hovedbanen.					
	Gjennemgangstrafik.	[1]) **100.38**	[2]) **120.13**	**284.60**	**710.06**	**2 243.13**
	Lokal- og Samtrafik:					
1	Kristiania, denne Bane	1 137.92	1 550.71	4 258.20	207 119.54	156 041.39
2	Bryn	4.00	4.87	125.90	6 973.00	1 275.26
3	Grorud a)	0.98	10.14	804.50	2 562.46	4 093.32
4	Robsrud Sidespor	-	0.75	53.00	52.10	117 65
5	Laasby Sidespor	-	-	5 656.30	38.00	108.80
6	Fjeldhammer Sidespor	-	-	74.70	124.90	41.40
7	Strømmen a)	4.48	26.90	3 383.42	3 133.80	665.90
8	Lillestrøm, denne Bane	16.50	75.30	94 840.42	5 806.60	2 013.70
9	Lersund	2.61	7.10	4 414.30	348.82	1 991.49
10	Frogner	2.62	5.85	331.00	91.23	902.95
11	Kløften	21.36	18.77	1 012.20	106.10	1 677.44
12	Trøgstad a)	24.40	77.94	3 024.50	52.65	3 765.59
13	Hauersæter Sidespor	-	-	766.40	15.00	12.00
14	Dahl	18.81	31.76	15 610.40	7.00	1 037.19
15	Bøhn	11.76	33.26	-	16 627.30	14 232.71
16	Eidsvold, denne Bane	77.59	115.29	20 213.55	722.80	11 535.87
	Tilsammen	**1 323.03**	**1 958.64**	**154 568.79**	**243 781.30**	**199 512.66**
	Heraf Lokaltrafik	521.06	521.06	152 482.97	152 482.97	113 899.26
	« Samtrafik	801.97	1 437.58	2 085.82	91 298.33	85 613.40
	nemlig Trafik over:					
	Kristiania	7.64	6.05	294.90	889 90	992.71
	Lillestrøm	282.22	352.46	1 276.50	89 751.33	43 499.30
	Eidsvold	512.11	1 079.07	514.42	657.10	41 121.39

[1]) Afgaaet: Trafik i Retning fra Kristiania over Hovedbanen.
[2]) Ankommet: Trafik i Retning til do. - do.

Udgifter samt Personale.

27	28	29	30	31	32	33	
Tilsammen.		Udgifter.				Fast Personale.	Løbenummer.
Afg.	Ank.	Lønninger og Beklædning.	Husleie, Opvarmning, Belysning, Renhold og Inventar.	Kontorudgifter.	Sum. b).		
		Kroner.				Antal.	
6 516.38	5 782.49	14 403.82	5 598.94	858.27	20 861.03	13	1
1.28	9.03	1 042.04	126.19	52.51	1 220.74	1	2
6.65	13.82	935.44	116.20	45.36	1 097.00	1	3
4.96	51.81	1 442.35	400.56	92.26	1 935.17	1	4
76.95	375.45	1 010 45	238 01	63.36	1 311.82	1	5
303.18	586.99	2 642.69	520.55	181.22	3 344.46	2	6
30.04	89.48	100.00	58.13	20.79	178.92	3) -	7
319.70	385.35	81.89	196.94	75 52	354.35	3) -	8
85.38	150.87	839.99	193.79	90.79	1 124.57	1	9
32.00	164.59	2 115.05	393.15	102.12	2 610.32	2	10
2.56	33.28	74.99	269.08	35.27	379.34	3) -	11
18 97	146.49	86.70	344.72	93 72	525.14	3) -	12
37.90	44.59	71.69	226.36	35 18	333.23	3) -	13
1 841 82	1 472.66	1 780.70	387 79	172.75	2 341.24	1	14
140.24	86.40	981.10	244.80	71.98	1 297.88	1	15
282.12	381.64	976.35	231 48	80.55	1 288.38	1	16
205.85	289.69	1 038.55	218.68	79.48	1 336.71	1	17
2 [illegible]62.44	2 893.79	5 638.57	947 07	262 68	6 848.32	4) 5	18
12 958 42	**12 958.42**	**35 262.37**	**10 712 44**	**2 413.81**	**48 388.62**		
2 628.11	**3 002.28**	-	-	-	-		
01 437.51	302 629.03	112 997.43	25 977.34	4 402.74	143 377.51	4) 140	1
1 405.16	9 887.55	5 971.33	893.84	110 88	6 976.05	5	2
4 898.80	16 074.40	3 824.54	933 15	203.72	4 961.41	4	3
170.65	1 549.44	1 256.12	111.80	-	1 367.92	1	4
5 765.10	1 740.55	-	-	-	-	-	5
116.10	2 118.24	-	-	-	-	-	6
4 053.80	6 849.66	6 613.59	813.63	189.39	7 616.61	7	7
16 870 62	13 184.07	19 682.42	3 395.79	331.70	23 409.91	5) 21	8
6 408.40	1 246.82	2 665.18	742 14	88.06	3 495 38	2	9
1 236.57	1 514.25	2 292.08	453.75	82.32	2 828.15	2	10
2 711.00	3 517.47	3 477.41	950.25	215.02	4 642.68	4	11
6 814.49	4 648.61	5 909.19	1 048 96	196 65	7 154.80	5	12
778.40	746.60	873.91	103 57	-	977 48	1	13
16 066.40	2 626.45	4 062.27	640.43	145.99	4 848.69	5	14
14 244 47	25 153.85	3 339.59	1 086.87	126.12	4 552.58	3	15
31 827.01	29 016.01	8 074 44	2 610.33	311.54	10 996.31	22	16
5 404.48	**422 503.00**	**181 039.50**	**39 761.85**	**6 404.13**	**227 205.48**		
66 903.29	266 903.29						
88 501.19	155 599.71						
1 295.25	1 150.62						
45 058.02	139 210.29						
42 147.92	15 238.80						

Bestyres af en Baneformand. 4) Samlede Personale ved Stationen (Fælles for Sml.b. og Hovedb.)
Samlede Personale ved Stationen (Fælles for Hovedbanen og Kongsvingerbanen).

Anmærkninger til Tabel VII.

Det ved hver Station opførte Antal afgaaede og ankomne Reisende, levende Dyr og Ton Gods refererer sig til den hele ved Stationen existerende Trafik, hvad enten denne gaar udenfor egen Bane eller ikke. Tabellen indeholder Antal af samtlige Reisende med ordinære Tog, altsaa indbefattet Reisende med Rundreise-, Turist- og Familiebilletter (jfr. Tab XIII) samt andre Reisende med Fragtmoderationer, undtagen Reisende paa Maanedsbilletter (jfr Tab. XII). Hunde er ikke medtaget i Antallet af levende Dyr.

Col. 1 a) Opgaverne omfatter de Stationerne underlagte Stoppesteder og Sidespor, hvor Opgaver for disse ikke er særskilt anførte (jfr. Tab. I).

Smaalensbanen. Ved Nordstrand Stoppested foregaar der blot Billetsalg for Reiser til Kristiania, Bækkelaget og Lian. Antallet af Reisende er delvis indbefattet under disse Stationer, da der for Reiser til Stoppestedet ikke haves egne Billetter fra Bækkelaget og Lian, men er Billetter til Nabostationerne benyttede.

Ved Lisleby Stoppested foregik Billetsalg til Kristiania indtil 1ste Januar 1893, men blev da ophævet. Salget er begrændset til Stationerne paa Strækningen Fredrikstad—Sarpsborg samt Fredrikshald.

Ved Døle Stoppested sker Billetsalg blot til Stationer paa Strækningen Sarpsborg—Fredrikshald.

Trafik mellem Moss via Horten paa den ene Side og 2det Trafikdistrikt paa den anden Side er betragtet som Trafik fra eller til Drammen—Skienbanen (Horten); ligeledes er Trafik mellem 1ste, 3die og 4de Trafikdistrikt via Moss paa den ene Side til Horten paa den anden Side betragtet som Trafik til eller fra Smaalensbanen (Moss).

Kongsvingerbanen. Ved Sørumssanden Stoppested sælges Billetter til Kristiania, Lillestrøm, Fetsund og Blakjer; ved Disenaaen og Galterud Stoppesteder foregaar Billetsalg til Kristiania og forresten (fra 1ste Januar 1893) til Stationerne paa Strækningen Lillestrøm—Kongsvinger.

Kristiania—Drammenbanen. Ved Skarpsno, Bestum, Stabæk og Slæbende Stoppesteder foregaar Billetsalg kun til Stationerne paa Strækningen Kristiania—Asker og ved Spikestad Stoppested til Stationerne Kristiania, Røken, Lier og Drammen.

Drammen—Skienbanen. Ved Gundesø Stoppested foregaar Trafik kun til og fra Drammen og Skouger. Ved Holm Stoppested foregaar kun Billetsalg til Stationerne paa Strækningen Drammen—Holmestrand og ved Grøtting Stoppested kun til Stationerne paa Strækningen Sandefjord—Laurvik. Ved Borgestad og Bøhle Stoppesteder foregaar kun Salg for Strækningen Porsgrund—Skien og ved Osebakken tillige til Eidanger Station.

Trafik paa Horten, jfr. ovenstaaende Anmærkninger under Smaalensbanen.

Drammen—Randsfjordbanen. Trafik paa Stoppestederne Hole, Hære, Uhla og Ramfos foregaar kun paa Strækningen, Vikersund—Krøderen for Reisende.

Eidsvold—Hamarbanen. Ved Stensrud Stoppested foregaar Billetsalg til Stationerne paa Strækningen Tangen—Hamar.

Rørosbanen. Ved Aker og Bjøraanæsset Stoppesteder foregaar der Billetsalg kun til Nabostationerne, ved Kotsøien Stoppested til Stationerne paa Strækningen Singsaas—Trondhjem, ved Selsbak Stoppested til Stationerne paa Strækningen Støren—Trondhjem, og ved Skandsen Stoppested til Stationerne paa Strækningen Tønset—Storlien.

Merakerbanen. Ved Vikhammer Stoppested foregaar Billetsalg til Stationerne paa Strækningen Skandsen—Hegre.

Jæderbanen. Trafik til og fra Stoppestederne indbefattet i Opgaverne for de nærmeste Stationer, mellem hvilke Stoppestedet er beliggende.

Col. 32 b) Til de i denne Colonne opførte Udgifter kommer følgende Tillæg ved hver Bane.

	Sum. (Col. 32).	Assurance og Afgifter.	Erstatninger for tabt eller beskadiget Gods.	Andre Udgifter.	Tilsammen (jfr. Tabel IV, Col. 52).
	Kroner.				
Smaalensbanen	196 037.34	95.13	475.36	-	196 607.83
Kongsvingerbanen	70 571.26	103.29	274.90	-	70 949.45
Sum	266 608.60	198.42	750.26	-	267 557.28
Andel i Fællesstationen:					
Kristiania	100 069.27	1 745.38	68.67	*) 19 328.43	121 211.75
Lillestrøm	3 710.00	-	-	1 290.00	5 000.00
Charlottenberg	11 277.34	-	-	-	11 277.34
1ste Trafikdistrikt	381 665.21	1 943.80	818.93	20 618.43	405 046.37
Kristiania—Drammenbanen	176 823.80	119.50	361.20	-	177 304.50
Drammen—Skienbanen	136 755.15	97.80	639.60	-	137 492.55
Drammen—Randsfjordbanen	134 637.75	223.71	360.71	-	135 222.17
2det Trafikdistrikt	448 216.70	441.01	1 361.51	-	450 019.22
Eidsvold—Hamarbanen	45 028.48	94.45	219.49	-	45 342.42
Hamar—Grundsetbanen	44 615.95	85.55	153.60	-	44 855.10
Grundset—Aamotbanen	7 636.73	-	13.91	-	7 650.64
Støren—Aamotbanen	76 154.83	63.16	267.82	-	76 485.81
Trondhjem—Støren	43 017.33	164.24	39.54	-	43 221.11
Merakerbanen	50 468.05	190.80	16.61	-	50 675.46
Sum	266 921.37	598.20	710.97	-	268 230.54
Andel i Fællesstationen:					
Eidsvold	4 620.00	-	-	1 380.00	6 000.00
Storlien	7 394.66	-	-	-	7 394.66
3die & 4de Trafikdistrikt	278 936.03	598.20	710.97	1 380.00	281 625.20
5te Trafikdistrikt	25 469.02	166.55	59.00	-	25 694.57
6te Trafikdistrikt	48 388.62	230.72	199.11	-	48 818.45
Statsbanerne	1 182 675.58	3 380.28	3 149.52	21 998.43	1 211 203.81
Hovedbanen	227 205.48	5 160.11	216.67	39 737.40	272 319.66
Samtlige Baner	1 409 881.06	8 540.39	3 366.19	61 735.83	1 483 523.47

*) Administration, Kontorhold og Regnskabsførsel Kr. 1 216.88, Vognskiftning Kr. 13 120.33. Hestehold og Kjøreredskaber Kr. 2 637.85 Tilskud til Pensions- og Understøttelseskasserne Kr. 2 256.13 samt tilfældige Udgifter Kr. 97.24.

Tabel VIII. S…
Les re…

1	2	3	4	5	6	7
Løbenummer. **Stationernes Navne.** Désignation des stations.	**Indtægter** Recettes — for afgaaen Trafik. du trafic de départ.					
	Total. Total.	Heraf for Dont				F… de f…
		Reisende. Voyageurs.	Reise-gods. Bagages.	Levende Dyr. Animaux.	Ilgods. Grande vitesse.	Ialt. Total.
	Kroner.					
1ste Trafikdistrikt.						
Smaalensbanen.						
Gjnemgangstrafik.	[1]) 1 293.23	3.50	-	57.94	315.28	916.51
Lokal- og Samtrafik:						
1 Kristiania *Fællesst.*	*1 137 819.92*	*481 727.94*	*11 038.82*	*6 145.19*	*58 395.96*	*571 146.40*
Heraf denne Bane	474 130.07	297 247.56	7 727.66	2 591.96	29 267.31	133 952.78
2 Bækkelaget	11 625.89	11 213.76	0.82	2.08	54.98	74.82
3 Nordstrand Stoppest.	15 946.20	15 946.20	-	-	-	-
4 Lian a)	29 646.07	29 100.47	10.36	6.02	159.95	101.50
5 Oppegaard	6 455.61	3 315.64	28.61	46 15	25.18	2 988.28
6 Ski	14 022.78	10 329.24	41.94	449.45	156.10	2 855.79
7 Aas	20 572.23	12 279.75	59.03	318.75	231.66	7 471.79
8 Vestby	8 995.75	4 870.61	20 34	159.29	79.31	3 744.88
9 Soner	9 445.67	7 623.44	28 38	205.10	229.53	1 231.07
10 Moss a)	92 632.61	52 465.93	655.13	331.91	2 693.80	35 930 33
11 Dilling	5 698.50	3 686.82	22.67	52.27	159.69	1 680.72
12 Rygge	8 281.34	5 001.33	35.92	89.40	119.97	2 972.83
13 Raade	12 459.33	7 535.96	39.15	518.40	232.19	4 042.70
14 Onsø	5 569.79	3 299.16	15.30	22.10	59.37	2 117.85
15 Fredrikstad a)	93 867.33	78 345.02	1 349.71	1 097 73	2 007.95	10 089.60
16 Lisleby Stoppested	1 413.12	1 413.12	-	-	-	-
17 Greaker	6 465.19	5 444.83	52 98	49.62	126.44	690.27
18 Sannesund	6 178.98	4 922.45	59.84	9.85	164 20	645.85
19 Sarpsborg	37 252.56	28 755.02	267.28	137.61	717.22	6 888.90
20 Skjeberg a)	10 265.10	6 225.93	30.16	177.70	124.86	3 631.85
21 Døle Stoppested	1 082.33	452.54	0.90	-	-	628.89
22 Berg	10 840.00	5 462.44	53.65	33.90	79.64	4 954.58
23 Fredrikshald a)	111 341.46	70 635.04	1 016.29	5 665.92	4 574.22	28 353.69
24 Kraakstad	10 043.38	4 440.73	26 42	164.61	43.69	5 314.51
25 Tomter	18 524.53	7 577.73	66.16	585.44	160.35	10 027.68
26 Spydeberg	22 541.42	9 696.71	107.04	526.50	292.25	11 814.46
27 Askim	35 239.73	8 378.99	122.80	1 352.82	273.91	25 018.22
28 Slitu	14 705.98	6 101.88	68.57	992.44	225.46	7 249.07
29 Mysen	33 152.53	14 234.68	87.87	1 062.99	502.55	16 341.71
30 Eidsberg	10 343.49	4 692 50	20.80	520.35	136.68	4 899.15
31 Rakkestad	23 923.33	8 314.56	34.71	1 326.43	267.61	13 794.22
32 Gautestad	6 803.84	2 820.23	9.18	227.10	57.79	3 642.31
33 Ise	5 800.10	2 601.31	4.50	82.75	77.29	2 998.00
34 Tistedalen	25 337.35	4 529.21	45.01	20.04	134.66	20 489.44
35 Aspedammen	2 104 55	1 688.39	0.15	8.57	20.73	385.91

[1]) Afgaaet: Indtægt af Trafik i Retning fra Kristiania.
[2]) Ankommet: — « — - — til —

…es Indtægter.
…ations.

	10	11	12	13	14	15	16	17	
	Indtægter Recettes								
	for ankommen Trafik. du trafic d'arrivée.								
		Heraf for Dont							
						Fragtgods. de petite vitesse.			
							Deraf de cela.		
	Total. Total.	Reisende. Voyageurs.	Reisegods. Bagages.	Levende Dyr. Animaux.	Ilgods. Grande vitesse.	Ialt. Total.	Trælast og Brænde. Bois de construction et bois à brûler.	Melk. Lait.	Løbenummer.
	Kroner.								
-	¹) **2 082.08**	**4.42**	-	**25.87**	**362 18**	**1 690.06**	-	-	
83 75	*1 287 368.02*	*484 173.04*	*10 287 59*	*30 328.05*	*46 978 40*	*709 279.40*	*297 321 59*	*79 963 52*	1
56.26	524 430.38	298 255.72	7 293.02	14 228.11	25 617.89	175 338.86	20 325.13	29 963.55	
-	12 481.08	10 375.18	16.50	716.52	103.29	1 192.72	249.41	71.73	2
-	14 448.55	14 448.55	-	-	-	-	-	-	3
0.48	33 104.45	29 517.35	11.84	154.14	304.14	3 012.99	523.80	154.94	4
316.20	4 403.76	3 297.13	20 96	15.37	178.79	871.42	-	0.63	5
127 09	17 657.86	10 275.01	58.00	283.87	418.98	6 502.84	184.51	5.87	6
256.78	19 867.30	11 973.19	117.91	197.48	758 21	6 660.14	106.00	2.76	7
444 94	7 975.56	4 825.75	29.29	57.35	301.16	2 618.34	21.20	1.58	8
59.30	10 737.57	7 449.23	63.40	69.50	319.66	2 695.52	6.96	-	9
105.20	74 175.40	49 950.79	560.75	1 724.43	3 581.72	17 894.86	2 968.19	334.10	10
645.77	5 154.85	3 690.03	38.83	205.38	236.01	880.15	-	3.32	11
988.37	8 187.54	4 987 56	35.22	57.00	258.81	2 770.62	14.60	3.11	12
430.69	11 539.63	7 508.20	33.43	330.78	448.88	3 119.54	41.83	0.30	13
211.48	5 082.62	3 325.44	16.93	171.94	81.82	1 441.70	-	4.82	14
11.20	165 816.03	79 405.12	1 143.23	2 492.79	6 515.13	75 168.80	44 864.04	4 714.83	15
-	1 923.80	1 070 67	-	-	-	853.13	-	853 13	16
282.64	8 195.94	5 540.26	21.90	60.80	276.66	2 144.45	10.33	46.64	17
9.16	14 971.94	4 872.74	53.20	6.65	244.17	9 656.56	384.34	5 076.56	18
3.40	45 055.42	28 972.64	330.20	366.03	2 069 77	12 878.31	604.95	168.13	19
745.57	9 940.93	6 363.31	29.38	88.05	282.49	3 107.30	72.81	4.62	20
628.89	390.54	389.76	-	-	-	0.78	-	0.78	21
647.36	7 226.01	5 634 15	44.50	14.60	118 67	1 179.05	11.05	1.29	22
277.12	193 098.31	70 652.94	1 062.21	2 427.83	5 200.61	112 855.71	82 724.11	395.14	23
363.70	7 893.35	4 432.88	15.80	58.58	235 85	3 113.25	25.81	1.44	24
49.54	15 225.96	7 504.94	60 31	391.65	613.99	6 560.88	130.64	4.67	25
653.29	17 427.44	9 640.15	99.83	122.83	593.66	6 653.11	58.11	8.33	26
390.47	14 097.47	8 406.44	77 54	59.90	624.00	4 805.52	104.04	5.32	27
338.03	10 498.66	6 096.36	80.94	397.24	372.71	3 467.78	56.03	6.93	28
38.27	26 874.19	14 129.27	197.74	35.85	837.98	11 404.25	230.65	14.06	29
93.90	8 007.51	4 913.61	39.36	36.60	560.14	2 369.60	38.68	5.79	30
596.56	16 813 56	8 429.27	45.19	21.96	739.97	7 395.37	49.85	5.53	31
262.05	4 107.03	2 907.72	5.26	25.71	138.73	980.64	2.20	7.49	32
669.67	5 573.15	2 678.30	12.18	269.60	144 63	2 415.44	160.91	4.00	33
.	13 658.70	5 151.68	35.23	14.69	428.06	8 004.81	203 70	-	34
.	2 821.16	1 868.79	11.56	11.15	47.40	880.06	66.58	-	35

Løbenummer.	Stationernes Navne.	Indtægter for afgaaen Trafik. Total.	Heraf for Reisende.	Reisegods.	Levende Dyr.	Ilgods.	Ialt.	Træ og Bræ…
1		2	3	4	5	6	7	
		Kroner.						
36	Præstebakke	11 597.36	5 486.53	36.18	253.32	391.59	5 350.97	2 6
37	Kornsø	14 605.74	5 145.25	31.24	588.22	599.96	8 192.83	6 5
	Tilsammen	**1228 911.24**	**751 280.96**	**12 176.70**	**20 276.79**	**44 448.09**	**390 567.45**	**59 7**
	Hvoraf Lokaltrafik	1 092.977.48	660 851.83	8 595.79	18 742.56	40 681.13	355 006.43	58 1
	« Samtrafik	135 933.76	90 429.13	3 580.91	1 534.23	3 766.96	35 561.02	1 5
	nemlig Trafik over:							
	Kristiania	14 061.24	6 086.44	120.00	563.31	943.74	5 323.73	1 2
	Moss—Horten	8 925.23	7 267.71	143.40	10.70	341.40	1 156.09	
	Kornsø	112 947.29	77 074.98	3 317.51	960.22	2 481.82	29 081.20	2
	Kongsvingerbanen.							
	Gj.nemgangstrafik.	**[1])104558.45**	**22 620.78**	**1 619.44**	**966.40**	**2 829.15**	**76 477.09**	7
	Lokal- og Samtrafik:							
1	Lillestrøm *Fællesst.*	*180 070.93*	*25 968.14*	*168.97*	*208.88*	*1 001.17*	*152 113.59*	*143 2*
	Heraf denne Bane	13 773.61	5 681.15	37.32	37.65	372.02	7 568.95	6 5
2	Nerdrum Sidespor							
3	Fetsund a)	8 325.86	4 227.62	34.09	155.01	171.44	3 575.11	7
4	Varaaen Sidespor							
5	Blakjer a)	15 701.18	6 745.33	62.99	350.06	463.52	7 815.13	4 4
6	Haga	11 282.69	3 008.36	5.96	192.69	179.17	7 846.84	4 3
7	Aarnæs	16 465.43	5 977.70	31.69	194.65	358.48	9 724.98	4 8
8	Funnefos Sidespor	30 534.44	3 378.25	12.73	203.47	175.71	25 958.69	12 4
9	Sæterstøen a)		747.84					
10	Disenaaen Sidespor							
11	Skarnæs	20 776.29	9 104.02	62.59	554.06	767.89	10 019.58	7 9
12	Sander a)	22 782.06	3 876.82	19.21	326.72	247.40	17 184.53	12 1
13	Galterud Sidespor		982.55					
14	Kongsvinger a)	50 100.82	24 868.24	376.19	1 381.10	1 568.09	20 223.96	12 0
15	Sjøli Sidespor							
16	Aabogen	17 831.82	3 515.62	24.58	171.85	251.74	13 812.62	12 3
17	Eidskog	15 277.99	2 504.60	11.80	39.12	203.38	12 410.93	11 9
18	Skotterud	21 485.62	3 954.63	17.37	502.99	462.33	16 449.47	15 1
19	Magnor	19 235.55	3 487.73	20.60	214.81	518.80	14 721.18	13 0
20	Eda Sidespor	3 507.06	-	-	-	-	3 507.06	2 0
21	Charlottenberg a)	53 852.88	15 332.09	233.82	761.99	289.82	36 435.21	24 4
	Tilsammen	**320 933.80**	**97 392.55**	**950.94**	**5 086.17**	**6 029.79**	**207 254.30**	**144 5**
	Hvoraf Lokaltrafik	85 945.20	37 236.43	172.47	392.60	1 313.45	46 346.77	35 7
	« Samtrafik	234 988.10	60 156.12	778.47	4 693.57	4 716.34	160 907.53	108 7
	nemlig Trafik over:							
	Lillestrøm	231 868.81	58 755.20	720.77	4 643.06	4 694.89	159 318.82	108 6
	Charlottenberg	3 119.29	1 400.92	57.70	50.51	21.45	1 588.71	17

[1]) Afgaaet: Indtægt af Trafik fra Hovedbanen over denne Bane til Svenske Baner.
Ankommet: do. « do. til do. « « do. fra do. do.

…ionernes Indtægter.

	10	11	12	13	14	15	16	17	
	Indtægter for ankommen Trafik.								Løbenummer.
	Total.	Heraf for							
		Reisende.	Reise-gods.	Levende Dyr.	Ilgods.	Fragtgods.			
						Ialt.	Deraf		
…k.							Trælast og Brænde.	Melk.	
	Kroner.								
-	9 444.00	5 212.35	34.63	13.55	181.62	3 959.54	152.88	-	36
-	7 369.96	4 329.60	34.99	26.85	83.00	2 827.66	43.75	-	37
…3.88	**1355 677.61**	**748 482.08**	**11 731.26**	**25 154.78**	**52 918.60**	**507 681.70**	**154 437.09**	**41 871.89**	
871.39	1 092 977.48	660 851.83	8 595.79	18 742.56	40 681.13	355 006.43	58 196.61	41 871.39	
32.49	262 700.13	87 630.25	3 135.47	6 412.22	12 237.47	152 675.27	96 240.48	-	
21.31	13 235.44	6 152.93	131.33	314.51	1 193.63	5 212.97	1 500.53	-	
11.18	8 552.74	6 830.85	143.00	1.07	572.30	1 002.72	-	-	
-	240 911.95	74 646.48	2 861.14	6 096.64	10 471.54	146 459.58	94 739.95	-	
-	**246 010.07**	**27 456.01**	**1 749.26**	**5 212.96**	**2 616.48**	**208 758.54**	**82 003.66**	-	
…63.03	*95 472.00*	*26 248.02*	*226.28*	*257.19*	*1 830.95*	*66 691.32*	*50 487.63*	*195.48*	1
-	50 760.58	5 627.74	24.35	158.14	175.47	44 708.63	44 114.86	165.29	2
…366.45	8 652.15	4 339.62	37.00	253.70	490.84	3 474.53	206.38	0.13	3 4
…285.27	12 281.07	6 654.99	65.86	71.24	572.44	4 844.92	134.47	0.87	5
…102.37	5 824.48	3 112.88	14.35	59.09	308.74	2 304.75	88.57	1.38	6
…334.17	11 310.26	5 990.62	31.37	30.06	698.70	4 506.35	103.41	1.27	7
192.50	8 121.63	3 563.04 575.84	16.81	29.10	344.32	3 556.40	47.54	0.15	8 9
115.96	20 005.02	9 030.01	64.95	36.66	992.35	9 782.31	543.63	52.65	10 11
448.17	10 945.29	3 910.07 706.12	15.35	11.18	405.59	5 845.35	33.77	0.15	12 13
8.28	78 877.09	23 318.36	250.98	181.65	2 522.51	52 136.20	5 938.17	164.65	14 15
-	6 914.18	3 636.15	25.46	17.54	241.13	2 940.34	0.44	0.30	16
4.20	5 210.99	2 307.42	19.17	5.87	275.21	2 574.22	66.53	-	17
-	10 134.92	4 123.22	16.01	24.05	476.76	5 450.87	2.19	-	18
13.20	8 669.32	3 536.13	27.24	5.35	548.32	4 516.12	4.30	-	19
-	331.08	-	-	-	-	331.08	17.06	-	20
-	25 631.33	15 816.77	175.05	426.77	232.24	8 331.17	80.77	6.50	21
…370.60	**263 669.89**	**96 248.98**	**783.95**	**1 310.40**	**8 284.62**	**155 303.24**	**51 382.09**	**393.84**	
359.22	85 945.20	37 236.43	172.47	392.60	1 313.45	46 346.77	35 766.54	359.22	
…011.38	177 724.19	59 012.55	611.48	917.80	6 971.17	108 956.47	15 615.55	34.12	
…011.18	162 935.64	57 686.02	558.08	741.91	6 923.78	95 778.91	2 888.90	34.12	
-	14 788.55	1 326.53	53.40	175.89	47.39	13 177.56	12 726.65	-	

Løbenummer.	Stationernes Navne.	Indtægter for afgaaen Trafik. Total.	Heraf for Reisende.	Reise-gods.	Levende Dyr.	Ilgods.	Ialt.
1		2	3	4	5	6	7
		Kroner.					
	2det Trafikdistrikt						
	Kr.ania-Dr.menb.						
	Gj.nemgangstrafik.[1])	2 981.57	1 540.84	6.00	6.41	278.34	1 122.66
	Lokal- og Samtrafik:						
1	Kristiania a)	402 263.21	255 447.22	2 337.71	2 024.91	25 034.07	113 990.44
2	Skarpsno Stoppested	1 628.25	1 628.25	-	-	-	-
3	Bygdø a)	9 639.34	8 746.30	7.47	3.75	265.98	354.47
4	Bestum Stoppested	7 114.84	7 114.84	-	-	-	-
5	Lysaker	18 124.70	13 222.09	9.77	9.69	236.80	4 307.47
6	Stabæk Stoppested	5 072.49	5 072.49	-	-	-	-
7	Høvik a)	14 563.84	10 763.43	18.10	4.03	414.60	2 971.42
8	Sandviken a)	36 670.55	23 079.89	28.35	381.64	646.25	12 206.75
9	Slæbende Stoppested	2 425.84	2 425.84	-	-	-	-
10	Hvalstad a)	10 544.49	8 557.91	68.65	102.37	286.47	1 299.20
11	Asker	16 418.31	11 581.13	55.82	417.92	362.11	3 840.96
12	Heggedal a)	11 941.84	6 277.29	26.04	91.05	163.74	5 280.75
13	Røken a)	15 199.18 (Røken and Spikestad together)	6 596.29	38.92	359.65	231.14	6 908.88 (Røken and Spikestad together)
14	Spikestad Stoppested		917.40	-	-	-	
15	Lier	23 552.17	9 365.79	86.00	254.32	343.91	13 370.47
16	Brageröen Stoppested	3 029.64	2 979.62	40.25	0.77	-	-
17	Drammen a) *Fællesst*	*323 840.41*	*138 083.34*	*2 235.60*	*654.52*	*12 081.78*	*166 347.21*
	Heraf denne Bane	100 604.48	68 713.19	1 062.00	202.90	3 995.29	25 321.35
	Tilsammen	**678 793.17**	**442 488.97**	**3 779.08**	**3 853.00**	**31 980.86**	**189 852.16**
	Heraf Lokaltrafik	509 243.19	360 855.76	2 454.96	3 336.34	20 605.92	117 499.28
	» Samtrafik	169 549.98	81 633.21	1 324.12	516.66	11 374.44	72 352.88
	nemlig Trafik over:						
	Kristiania	3 667.02	1 517.03	100.54	25.86	459.23	1 095.46
	Drammen	165 882.96	80 116.18	1 223.58	490.80	10 915.21	71 257.42
	Drammen-Sklenb.						
	Gj.nemgangstrafik.[2])	149.28	144.48	1.80	-	1.39	1.58
	Lokal- og Samtrafik:						
1	Drammen a) denne Bane	51 195.76	30 131.75	692.00	303.42	2 286.01	16 449.29
2	Gundesø Stoppested	134.35	134.35	-	-	-	-
3	Skouger	4 002.64	2 394.57	6.27	22.25	28.77	1 511.92
4	Galleberg	5 044.70	2 763.19	5.86	60.52	49.54	2 085.59
5	Sande a)	10 949.76	6 961.94	46.15	249.29	402.39	3 104.11
6	Holm Stoppested	521.46	521.46	-	-	-	-
7	Holmestrand	24 220.66	17 881.80	160.53	118.20	473.72	5 294.27
8	Nykirke	3 082.81	2 742.36	8.54	4.55	37.13	272.37
9	Skopum	5 250.87	4 762.34	5.40	0.80	30.99	299.15
10	Augedal	2 832.91	2 554.56	9.42	1.95	21.73	225.92
11	Barkaker	2 664.57	2 160.87	12.11	44.95	28.96	361.79
12	Tønsberg	60 304.64	47 935.48	1 097.51	152.96	1 929.14	8 607.93
13	Sæm	10 462.35	5 215.71	19.27	284.31	59.02	4 808.80
14	Stokke	9 279.49	7 322.53	34.20	69.88	114.20	1 532.38
15	Raastad	1 362.53	1 057.92	2.25	6.80	37.11	240.70
16	Sandefjord	42 048.87	33 313.47	557.28	100.11	1 131.83	6 464.83
17	Joberg	1 371.32	885.95	3.79	37.86	7.00	423.63
18	Tjødling	4 667.13	3 442.40	6.86	11.60	44.05	1 108.49

[1]) Afgaaet: Indtægt af Trafik i Retning fra Kristiania.
Ankommet: Indtægt af Trafik i den modsatte Retning.

10	11	12	13	14	15	16	17	
Indtægter for ankommen Trafik.								
Total.	Heraf for							Løbenummer.
	Reisende.	Reisegods.	Levende Dyr.	Ilgods.	Fragtgods.			
					Ialt.	Deraf Trælast og Brænde.	Deraf Melk.	
Kroner.								
[1]) 2 792.54	1 506.86	12.30	12.14	261.88	965.61	17.00	-	
396 184.09	239 054.48	2 449.83	2 377.86	16 779.46	132 836.25	20 130.74	24 483.27	1
1 292.45	1 292.45	-	-	-	-	-	-	2
10 278.65	8 492.03	4.34	10.71	247.95	1 430.59	1 027.79	38.36	3
6 927.66	6 927.66	-	-	-	-	-	-	4
26 494.36	13 600.15	25.54	10.76	314.66	12 352.27	1 227.32	1 266.40	5
5 028.21	5 028.21	-	-	-	-	-	-	6
28 927.12	25 307.32	20.89	3.74	461.93	2 849.70	692.42	1.08	7
32 328.07	26 243.02	44.76	42.89	845.08	4 973.65	311.12	37.53	8
3 540.38	3 540.38	-	-	-	-	-	-	9
12 455.31	9 981.51	63.47	67.33	402.18	1 737.60	126.10	1.69	10
17 265.35	12 549.46	95.71	156.94	426.23	3 937.06	165.67	3.15	11
14 385.93	6 229.20	40.18	41.02	658.57	7 382.36	3 457.74	11.43	12
12 652.68 (rows 13–14 together)	6 872.02	70.41	190.24	618.20	3 901.95 (rows 13–14 together)	188.47 (rows 13–14 together)	5.98	13
	825.95	-	-	-			3.77	14
14 643.18	9 324.56	77.53	541.53	483.05	4 044.51	113.64	20.40	15
2 324.06	2 300.81	18.93	0.20	-	-	-	-	16
496 004.34	*137 905.99*	*1 666.65*	*3 629.40*	*11 755.48*	*337 819.32*	*28 230.46*	*3 020.99*	17
105 947.00	68 910.80	955.29	825.04	7 533.95	27 004.82	598.09	16.15	
690 674.50	**446 480.01**	**3 866.88**	**4 268.26**	**28 771.26**	**202 450.76**	**28 039.10**	**25 889.21**	
509 243.19	360 855.76	2 454.96	3 336.34	20 605.92	117 499.28	14 980.55	16 030.20	
181 431.31	85 624.25	1 411.92	931.92	8 165.34	84 951.48	13 058.65	9 859.01	
2 867.14	1 368.75	66.97	46.65	498.12	840.02	15.44	0.15	
178 564.17	84 255.50	1 344.95	885.27	7 667.22	84 111.46	13 043.21	9 858.86	
[2]) 184.58	161.57	5.18	-	10.20	8.68	-	-	
45 446.29	30 257.59	508.43	345.10	2 532.45	11 224.27	1 595.21	13.72	1
118.05	118.05	-	-	-	-	-	-	2
3 961.13	2 665.69	11.45	12.30	80.70	1 170.11	48.05	3.57	3
3 692.25	2 686.80	13.60	4.78	150.42	793.90	35.49	5.67	4
10 774.47	6 967.62	71.33	36.90	781.35	2 802.83	75.68	0.42	5
703.30	703.30	-	-	-	-	-	-	6
25 364.95	17 307.91	232.54	104.35	1 187.97	6 270.54	638.23	0.96	7
3 681.16	2 719.87	12.40	46.54	71.35	788.90	21.16	5.22	8
5 621.80	4 650.61	11.28	8.67	86.82	820.33	87.40	11.90	9
3 985.43	2 663.28	21.20	39.91	48.96	1 179.17	63.16	-	10
3 041.70	2 252.37	14.50	45.02	46.90	638.63	80.24	0.30	11
71 227.46	47 552.69	730.93	308.50	3 527.69	18 485.56	2 784.88	313.81	12
8 187.28	5 319.27	21.77	5.73	168.42	2 622.68	185.34	0.60	13
11 270.29	7 404.21	48.83	6.38	283.55	3 327.57	250.52	94.21	14
1 465.98	1 125.00	5.00	3.45	24.68	293.27	76.64	0.40	15
50 972.32	33 062.21	622.68	133.03	2 498.96	14 327.17	2 615.64	29.68	16
1 286.90	853.20	7.14	2.40	19.40	391.19	45.31	0.15	17
3 989.75	3 371.44	13.63	5.35	63.40	503.81	59.97	4.05	18

[1]) Afgaaet: Indtægt af Trafik i Retning fra Kristiania via Moss—Horten til Smaalensbanen.
[2]) Ankommet: Indtægt af Trafik i modsatte Retning.

Tabel VIII (F

Løbenummer.	Stationernes Navne	Indtægter for afgaaen Trafik. Total.	Heraf for Reisende.	Reise-gods.	Levende Dyr.	Ilgods.	Ialt.
	1	2	3	4	5	6	7
		Kroner					
19	Grøtting Stoppested.	279.21	279.21	-	-	-	-
20	Laurvik a)	93 129.91	54 045.99	1 355.46	183.44	3 481.53	32 924.87
21	Tjose	1 594.08	1 198.84	2.41	22.55	8.76	342.07
22	Aaklungen	4 983.03	1 959.80	9.28	56.10	24.20	2 898.50
23	Birkedalen a)	1 634.30	617.82	0.60	3.40	6.02	984.69
24	Eidanger	9 203.03	7 567.28	59.48	18.52	94.63	1 323.72
25	Porsgrund a)	44 467.64	35 192.26	418.98	59.74	1 797.69	6 754.06
26	Skien a)	69 972.69	58 268.42	924.29	308.45	2 343.10	7 694.41
27	Borre	2 933.76	2 552.49	12.55	13.05	56.00	200.14
28	Horten	30 675.91	24 279.72	321.07	205.16	856.37	4 692.46
	Tilsammen	**498 270.28**	**358 144.48**	**5 771.56**	**2 339.85**	**15 349.91**	**110 606.08**
	Heraf Lokaltrafik	383 677.61	276 945.99	4 079.59	2 022.23	11 512.83	85 060.40
	« Samtrafik	114 592.77	81 198.49	1 691.97	317.62	3 837.08	25 545.59
	nemlig Trafik over:						
	Drammen	107 404.98	76 017.73	1 403.97	314.52	3 472.36	24 476.91
	Moss—Horten	7 187.79	5 180.76	288.00	3.10	364.72	1 068.68
	Dr.men–Randsfj.						
	Lokal- og Samtrafik:						
1	Drammen, denne Bane	172 040.17	39 238.40	481.60	148.21	5 800.48	124 576.57
2	Gulskogen a)	4 515.42	1 868.96	2.52	8.74	90.08	2 535.04
3	Mjøndalen	16 601.24	6 166.90	7.62	29.66	124.24	10 148.93
4	Hougsund	14 302.16	10 554.87	34.50	307.93	283.32	2 767.31
5	Burud	1 603.73	1 128.62	4.30	62.68	21.97	383.06
6	Skotselven	15 090.10	5 041.53	15.41	192.37	192.37	9 498.58
7	Aamot a)	31 535.60	7 330.12	38.89	695.21	398.00	22 828.66
8	Gjethus	16 881.85	3 625.55	7.86	5.78	258.55	12 849.54
9	Vikersund a)	19 076.86	12 418.98	161.31	533.09	1 179.77	4 142.57
10	Nakkerud	3 229.15	1 962.90	5.01	64.50	140.90	1 011.62
11	Skjærdalen	14 775.50	3 558.94	26.19	44.48	210.49	10 816.57
12	Ask a)	6 000.92	4 779.11	38.66	48.55	108.50	969.50
13	Hønefos a)	143 937.50	22 011.06	265.10	444.89	1 338.43	119 025.99
14	Heen a)	60 572.08	7 168.75	62.26	46.02	207.50	52 836.41
15	Randsfjord a)	109 062.61	20 688.36	335.90	473.89	1 452.18	85 345.43
16	Vestfossen	22 574.62	4 866.49	25.90	140.06	204.12	17 192.00
17	Darbo	4 473.65	1 887.08	4.57	23.44	53.24	2 440.01
18	Krekling a)	2 107.29	709.53	1.82	25.00	7.54	1 363.40
19	Skollenborg a)	20 364.71	2 767.51	29.01	104.49	79.86	17 319.43
20	Kongsberg	44 853.31	16 756.68	209.31	227.06	567.84	25 767.32
21	Snarum a)	25 865.40	2 532.40	5.71	91.97	111.94	23 051.93
22	Krøderen a)	20 397.44	12 950.32	153.86	254.72	259.11	6 434.78
	Tilsammen	**769 861.31**	**190 013.06**	**1 917.31**	**3 972.74**	**13 090.43**	**553 304.64**
	Heraf Lokaltrafik	648 072.80	142 980.19	1 103.69	3 101.12	11 005.17	485 510.85
	« Samtrafik:						
	nemlig over Drammen	121 788.51	47 032.87	813.62	871.62	2 085.26	67 793.79

	10	11	12	13	14	15	16	17	
	Indtægter								
	for ankommen Trafik.								
		Heraf for							
						Fragtgods.			
							Deraf		
…lk.	Total.	Reisende.	Reisegods.	Levende Dyr.	Ilgods.	Ialt.	Trælast og Brænde.	Melk.	Løbenummer.
	Kroner.								
-	270.74	270.74	-	-	-	-	-	-	19
…195.[illegible]	83 435.91	53 513.09	1 519.75	300.51	3 640.75	23 969.65	8 748.52	249.12	20
0.[illegible]	1 547.00	1 258.72	1.70	8.40	21.78	243.60	11.41	-	21
4.80	2 509.31	1 956.65	13.91	22.16	37.86	459.13	35.49	-	22
78.70	796.91	582.11	2.30	3.70	19.38	181.53	7.50	-	23
-	8 960.03	7 306.02	68.35	52.07	173.97	1 195.28	116.88	-	24
0.54	41 442.94	30 682.59	341.98	376.12	1 983.23	7 858.77	817.77	239.89	25
17.[illegible]	85 458.61	59 084.11	748.79	628.37	5 249.91	18 986.45	3 485.72	15.65	26
3.51	3 058.05	2 451.15	20.52	25.47	106.46	393.77	34.51	1.50	27
0.60	34 515.52	23 783.21	379.61	144.48	2 084.81	7 879.30	2 003.13	210.31	28
…[illegible].82	**516 785.58**	**352 569.50**	**5 443.62**	**2 669.69**	**24 891.17**	**126 807.41**	**23 923.85**	**1 201.13**	
…375.52	383 677.61	276 945.99	4 079.59	2 022.23	11 512.83	85 060.49	14 332.37	1 175.52	
…722.37	133 107.92	75 623.51	1 364.03	647.46	13 378.34	41 746.92	9 591.48	25.61	
…722.3[illegible]	126 562.77	70 533.91	1 210.88	642.06	12 749.72	41 112.44	9 591.48	25.61	
-	6 545.15	5 089.60	153.15	5.40	628.62	634.48	-	-	
0.15	344 611.05	38 737.60	202.93	2 459.26	1 689.08	299 590.23	26 037.19	2 990.12	1
0.[illegible]	3 728.75	1 832.08	4.05	139.92	78.23	1 664.71	1 008.00	104.01	2
…482.89	10 185.12	6 170.51	20.04	10.54	350.12	3 578.77	542.19	0.77	3
…590.72	13 710.56	10 224.78	47.99	14.25	648.09	2 625.17	242.10	0.47	4
…58.24	1 608.63	1 171.90	4.37	1.12	54.60	374.34	75.24	-	5
…548.44	20 472.97	5 064.07	37.45	25.93	578.45	14 656.07	3 537.52	3.31	6
…505.99	16 794.52	7 427.95	77.11	58.19	954.03	8 154.59	1 317.67	-	7
0.[illegible]	18 921.51	3 476.41	15.50	8.38	594.29	14 726.83	3 976.60	78.85	8
…689.[illegible]	21 490.12	12 482.83	164.67	92.85	1 704.28	6 831.50	500.30	300.90	9
…467.[illegible]8	4 246.39	2 007.44	18.86	5.08	255.97	1 915.13	101.14	0.30	10
…194.84	9 291.78	3 442.20	19.53	8.49	439.03	5 319.82	491.70	0.15	11
…558.22	6 794.55	5 381.61	40.45	22.25	167.75	1 139.76	171.52	33.20	12
…404.94	71 133.74	20 463.20	204.19	58.26	2 594.32	47 432.23	20 566.77	148.09	13
0.15	19 425.31	7 104.77	84.71	30.98	786.11	11 280.01	642.20	112.16	14
-	78 584.30	20 445.79	353.94	94.63	2 367.19	54 845.28	575.72	10.24	15
…741.23	27 266.81	4 947.33	55.68	15.72	625.35	21 551.40	11 930.42	0.15	16
3.15	2 966.82	1 822.49	10.88	4.81	173.10	923.96	25.69	-	17
19.66	874.75	690.32	-	-	11.48	169.09	63.79	-	18
1.83	7 476.81	2 645.95	17.08	7.05	215.16	4 558.01	522.99	-	19
0.15	45 017.13	16 859.75	204.48	157.19	2 697.92	24 657.83	714.58	225.18	20
36.22	5 808.77	2 582.54	24.74	6.78	363.42	2 789.90	701.68	0.46	21
-	31 765.25	12 862.45	250.37	149.31	954.27	17 232.29	130.10	5.96	22
…[illegible].16	**762 175.64**	**187 843.97**	**1 859.02**	**3 370.99**	**18 302.15**	**546 016.92**	**73 875.11**	**4 014.32**	
…008.48	648 072.80	142 980.19	1 103.69	3 101.12	11 005.17	485 510.85	73 274.26	4 008.48	
…296.68	114 102.84	44 863.78	755.33	269.87	7 296.98	60 506.07	600.85	5.84	

Løbenummer.	Stationernes Navne.	Indtægter for afgaaen Trafik.					
		Total.	Heraf for				
			Reisende.	Reisegods.	Levende Dyr.	Ilgods.	Ialt.
		Kroner.					
1		2	3	4	5	6	7
	3die & 4de Trafikd.						
	Eidsvold—Hamarb.						
	Gj.nemgangstrafik.	[1]) **77 303.72**	**25 467.82**	**680.97**	**216.87**	**3 220.48**	**47 511.51**
	Lokal- og Samtrafik:						
1	Eidsvold *Fællesstation*	*121 236.85*	*33 262.27*	*696.29*	*3 642.03*	*2 985.59*	*79 705.87*
	Heraf denne Bane.	6 561.45	4 170.39	35.60	38.26	253.87	1 829.68
2	Minne a)	6 244.56	2 368.45	11.01	187.44	176.48	3 342.51
3	Ulvin a)	2 284.14	1 385.56	2.92	30.91	74.16	731.39
4	Espen a)	4 516.99	1 651.56	7.67	25.88	45.83	2 751.56
5	Tangen a)	8 331.90	4 146.06	17.47	72.77	262.69	3 756.94
6	Stange	15 427.33	6 990.42	43.36	1 235.93	537.65	6 355.27
7	Ottestad a)	4 439.70	2 574.82	23.99	37.20	154.94	1 517.21
8	Hamar *Fællesstation*	*155 772.57*	*70 637.56*	*1 383.11*	*4 793.82*	*9 725.86*	*66 769.53*
	Heraf denne Bane.	67 251.62	32 475.60	650.48	3 604.81	3 902.86	25 854.18
	Tilsammen	**115 057.69**	**55 762.86**	**791.80**	**5 233.20**	**5 408.48**	**46 138.84**
	Heraf Lokaltrafik	43 071.99	26 943.76	162.68	87.29	2 936.44	12 480.49
	« Samtrafik	71 985.70	28 819.10	629.12	5 145.91	2 472.04	33 658.35
	nemlig Trafik over:						
	Eidsvold	69 228.82	27 991.95	619.39	5 131.01	2 295.85	32 100.98
	Hamar	2 756.88	827.15	9.73	14.90	176.19	1 557.37
	Rørosbanen.						
	Gj.nemgangstrafik.	[1]) **9 284.09**	**6 803.56**	**15.40**	**200.71**	**265.17**	**1 995.74**
	Lokal- og Samtrafik:						
	Hamar—Grundsetb.	—	—	—	—	—	—
1	Hamar, denne Bane	88 520.95	38 161.96	732.63	1 189.01	5 823.00	40 915.25
2	Hjellum a)	6 651.60	1 487.11	6.02	16.55	136.47	4 916.53
3	Ilseng	11 047.16	2 875.83	21.36	53.67	189.31	7 897.99
4	Hørsand	5 152.80	1 953.74	6.32	7.90	215.09	2 840.37
5	Aadalsbrug	11 074.93	3 166.28	23.25	27.02	156.28	7 495.59
6	Løiten	9 742.77	4 839.06	25.10	80.76	358.79	4 310.57
7	Elverum a)	30 510.73	20 467.13	118.27	353.13	2 187.76	5 963.59
8	Grundset *Fællesstation*	1 912.63	651.22	3.70	3.50	18.25	1 232.26
	Heraf Hamar-Gr.setb.	—	—	—	—	—	—
	Grundset—Aamotb.						
	Grundset, denne Bane	—	—	—	—	—	—
9	Øxna a)	5 903.12	1 042.64	6.47	8.35	46.71	4 765.39
10	Aasta	2 933.22	1 740.41	15.19	17.61	92.36	977.18
11	Rena *Fællesstation*	11 675.09	7 941.93	70.86	183.94	620.69	2 383.15
	Heraf Gr.set-Aamotb.	—	—	—	—	—	—
	Støren—Aamotb.						
	Rena, denne Bane	—	—	—	—	—	—
12	Stenviken a)	4 821.60	2 361.84	12.03	23.82	118.24	2 252.67

[1]) **Afgaaet: Indtægt af Trafik i Retning fra Hovedbanen.**

…onernes Indtægter.

…	10	11	12	13	14	15	16	17	
	Indtægter for ankommen Trafik.								Løbenummer.
	Total.	Heraf for							
		Reisende.	Reisegods.	Levende Dyr.	Ilgods.	Fragtgods.			
…fk.						Ialt.	Deraf Trælast og Brænde.	Deraf Melk.	
	Kroner.								
5‹7	[1]) **53 571.39**	**27 322.85**	**587.88**	**2 004.18**	**4 024.59**	**19 531.53**	**346.96**	**1 997.10**	
348 73	*169 229.72*	*32 915.19*	*684.18*	*284.35*	*4 715.28*	*130 011.52*	*1 311.72*	*5.20*	1
.	5 508.10	4 063.08	25.21	104.42	422 80	786.14	375.24	5.20	
185 69	5 221.30	2 464.72	16.69	79.76	350.17	2 266.12	282.52	0.17	2
76 2…	2 186.28	1 378.14	5.84	8 42	201.96	566 42	38.67	13.30	3
85.4…	2 347 82	1 597.31	8.99	6.15	136 86	588.07	3.00	9.70	4
074.1…	7 124.57	4 095 07	25.42	12.43	533.42	2 424.17	50.32	349.20	5
261.6…	15 046.82	7 049.97	60.13	304.85	958.64	6 635.17	1 251.27	8.42	6
223 9…	6 387.28	2 533.44	22.41	41.51	311.26	3 457.97	1 628.13	20 42	7
…99.74	*183 964.96*	*71 545.41*	*1 127.74*	*2 313.26*	*6 065.22*	*101 339.47*	*7 254.38*	*2 976.19*	8
…594 5…	105 935.75	31 748.58	530.10	791 87	4 469 83	67 982.60	2 516 28	606.23	
…1.66	**149 757.92**	**54 930.81**	**694.79**	**1 349.41**	**7 384.94**	**84 706.66**	**6 145.48**	**1 012.64**	
005.74	43 071.99	26 943.76	162.68	87.29	2 936.44	12 480.49	4 928.28	1 005.74	
495.9…	106 685.93	27 986.55	532.11	1 262.12	4 448.50	72 226.17	1 217.15	6.90	
495.1…	105 063.33	27 115.68	524.23	1 166.30	4 387.70	71 643.74	1 144.66	6.90	
0.76	1 622.60	870.87	7.88	95.82	60.80	582.43	72.49	.	
.	[1]) **9 807.19**	**7 162.29**	**2.87**	**449.68**	**78.78**	**2 114.07**	.	.	
—	—	—	—	—	—	—	—	—	
5.1…	78 029.21	39 796.83	597.64	1 521.39	1 595.39	33 356.87	4 738.10	2 369.96	1
309.41	6 728.30	1 943 58	12.86	519.12	233.31	3 992.42	1 177.63	1.21	2
760.4…	5 887.33	3 258.27	38 90	243.87	376.82	1 958.99	293.11	3.30	3
748.35	3 204.04	2 067.07	4.42	9.25	242.64	849.93	42.50	1.12	4
239.1…	14 280 65	3 066.30	21.07	2.79	500.57	10 624.69	4 298.47	3.06	5
806.60	9 756 46	5 006.67	39.20	65.11	727.97	3 858.68	623.20	49.37	6
1.2…	48 049.47	19 220.14	231.52	1 863 55	2 238.47	24 075.70	582.41	109.84	7
49 7…	942.68	587.42	1.18	3.60	60.45	290.03	48.55	0.91	8
—	—	—	—	—	—	—	—	—	
—	—	—	—	—	—	—	—	—	
48.1…	2 100.24	1 076.99	7.51	4.00	146.25	844.35	108.45	0.45	9
213.50	3 549.66	1 614.17	15.08	14.67	403.69	1 469.55	92.88	47.65	10
280 95	18 651.09	7 731.53	94.61	77.37	1 458.29	9 194.06	380.73	155.98	11
—	—	—	—	—	—	—	—	—	
—	—	—	—	—	—	—	—	—	
.	7 121.94	2 428.64	13.83	11.27	616.78	4 031.46	325.29	4.81	12

[1]) Ankommet: Indtægt af Trafik i Retning til Hovedbanen.

Løbenummer.	Stationernes Navne.	Indtægter for afgaaen Trafik. Total.	Heraf for Reisende.	Reisegods.	Levende Dyr.	Ilgods.	Ialt.
1		2	3	4	5	6	7
		Kroner.					
13	Ophus a)	2 194.34	1 580.12	4.08	24.29	79.42	447.10
14	Rasten a)	8 017.96	2 426.15	7.27	51.38	165.88	5 232.70
15	Stai	5 111.22	3 285.74	28.97	124.19	297.93	1 200.39
16	Koppang a)	11 420.78	8 199.44	68.66	152.50	507.31	1 926.50
17	Bjøraanæsset Stoppest.	126.50	126.50	-	-	-	-
18	Atna	3 222.24	2 218.34	8.47	94.90	70.32	738.01
19	Hanestad a)	4 840.27	2 867.44	16.48	226.68	206.42	1 411.93
20	Barkald	1 130.89	708.56	8.51	133.52	19.77	227.08
21	Lilleelvedal	14 888.71	6 595.90	144.13	3 218.33	532.66	3 999.87
22	Auma	1 630.92	693.89	16.39	3.66	66.69	818.84
23	Tønset	23 576.22	15 598.39	255.18	1 095.40	1 493.33	4 415.73
24	Telneset	1 392.69	350.10	-	-	6.68	1 035.91
25	Tolgen	5 778.00	2 160.57	27.92	420.21	211.99	2 834.57
26	Os	5 437.53	2 222.10	12.38	740.59	254.17	2 091.62
27	Røros	38 680.80	18 551.02	176.92	268.09	5 167.29	13 238.47
28	Nypladsen	1 223.65	1 111.10	1.30	14.40	13.09	79.16
29	Jensvold	4 362.95	1 751.06	49.25	270.74	149.13	2 069.94
30	Tyvold a)	93 089.48	2 896.99	1.40	12.20	40.21	89 949.63
31	Reitan	17 489.62	2 146.62	6.15	50.62	46.74	15 151.50
32	Eidet	4 844.26	3 787.62	3.91	82.27	135.44	781.22
33	Holtaalen	3 965.78	1 673.05	24.84	392.37	93.59	1 709.61
34	Langletet	1 968.35	619.96	14.60	12.50	20.81	1 269.97
35	Reitstøen	2 698.82	519.47	2.30	45.05	25.89	2 082.79
36	Singsaas	3 654.03	2 070.46	17.82	209.27	72.86	1 215.36
37	Bjørgen	3 048.37	916.90	23.10	17.40	43.02	1 995.21
38	Kotsøien Stoppested }	7 265.75	657.68	26.00	52.97	68.15	5 067.86
39	Rognæs a) }		1 358.77				
40	Støren *Fællesstation*	21 925.77	11 124.89	108.04	1 046.26	555.79	8 692.02
	Heraf Støren-Aamotb.	—	—	—	—	—	—
	Tr.hjem—Størenb.						
	Støren, denne Bane	—	—	—	—	—	—
41	Hovind	8 784.30	2 733.64	5.40	230.14	104.06	5 638.41
42	Lundemo	7 427.06	1 938.22	13.10	299.79	105.70	5 022.05
43	Leer	6 470.56	2 762.75	20.90	149.91	155.29	3 301.26
44	Kvaal	2 848.30	1 572.59	15.56	47.50	159.95	1 050.70
45	Søberg	1 266.93	1 014.24	2.30	23.00	33.84	190.61
46	Melhus	8 774.15	4 623.01	25.29	868.23	481.34	2 525.54
47	Nypan	1 143.30	959.40	2.40	5.60	12.00	161.90
48	Heimdal a)	6 785.77	4 436.32	53.93	102.48	43.99	2 083.46
49	Selsbak Stoppested	2 528.60	2 528.60	-	-	-	-
50	Trondhjem *Fællesst.*	*585 715.01*	*214 544.37*	*4 877.03*	*6 893.16*	*25 938.82*	*329 589.54*
	Heraf:						
	Rørosbanen	387 143.08	173 558.93	3 999.79	5 442.56	20 667.72	180 976.50
	Tils. Rørosbanen	**916 104.55**	**381 035.68**	**6 233.94**	**17 894.26**	**42 071.42**	**456 583.26**

...onernes Indtægter.

9	10	11	12	13	14	15	16	17	
	Indtægter for ankommen Trafik.								
		Heraf for							
						Fragtgods.			
							Deraf		
...elk.	Total.	Reisende.	Reisegods	Levende Dyr.	Ilgods.	Ialt.	Trælast og Brænde.	Melk.	Løbenummer.
	Kroner.								
35.31	3 162.37	1 466.59	8.56	34.70	338.33	1 267.66	23.54	4.46	13
133.97	5 975.71	2 476.57	17.18	31.72	673.90	2 693.84	3.12	10.04	14
21.44	8 973.66	3 193.19	43.94	83.56	887.97	4 682.93	157.57	27.05	15
4.95	19 627.61	8 036.46	85.91	91.70	1 389.93	9 817.04	98.90	20.27	16
-	167.80	167.80	-	-	-	-	-	-	17
-	5 587.85	2 226.64	20.12	53.86	377.43	2 876.50	125.41	23.89	18
-	7 887.82	3 161.24	22.87	12.43	432.19	4 174.48	39.99	-	19
2.00	1 732.85	683.62	2.21	3.00	95.55	931.32	23.56	-	20
-	20 566.22	7 077.62	107.50	76.86	1 096.87	12 021.12	219.66	-	21
1.[illegible]	1 418.17	575.87	2.23	1.86	143.67	682.08	-	-	22
0.15	33 425.46	15 767.33	279.09	190.44	1 401.86	15 342.49	240.51	0.15	23
3.[illegible]	642.79	318.28	0.50	-	37.68	286.33	71.20	-	24
1.40	8 964.05	2 172.38	19.65	18.21	353.31	6 300.42	52.32	0.15	25
1.75	6 589.74	2 246.64	13.55	13.81	286.17	3 988.84	73.51	0.15	26
55.73	85 054.87	17 833.98	233.07	328.95	1 948.40	63 915.25	2 773.20	36.76	27
8.70	1 735.17	1 075.95	1.70	14.20	28.24	615.08	61.10	0.75	28
94.33	5 817.05	1 632.59	42.85	87.81	154.75	3 845.31	167.85	0.30	29
16.[illegible]	12 532.47	4 119.96	7.00	51.13	209.82	8 070.91	1 891.31	159.64	30
27.06	5 471.72	1 931.34	10.69	14.96	224.67	3 248.65	375.44	0.15	31
4.80	8 745.38	3 562.87	9.02	75.31	369.68	4 692.95	40.75	-	32
1.20	4 337.70	1 665.21	8.90	6.75	230.67	2 401.32	-	-	33
	2 150.45	608.96	19.50	8.75	55.83	1 444.90	-	10.80	34
-	1 552.25	525.23	1.80	4.30	68.14	933.81	-	19.29	35
-	4 748.11	2 076.82	19.03	25.05	113.73	2 467.35	-	12.90	36
0.64	2 642.85	900.70	35.50	16.75	140.07	1 527.32	-	-	37
-	5 251.93	573.93	19.20	14.65	116.84	3 191.50	11.40	0.21	38
		1 314.31							39
-	27 044.79	11 343.34	173.07	53.57	573.64	14 443.66	118.24	4.20	40
—	—	—	—	—	—	—	—	—	
—	—	—	—	—	—	—	—	—	
-	6 261.04	2 872.67	13.31	14.70	193.84	3 113.94	32.82	-	41
33.75	3 840.57	1 915.13	16.20	23.95	131.68	1 702.31	85.68	-	42
75.22	5 018.05	2 706.84	17.11	27.78	171.19	2 018.48	38.51	1.10	43
1[illegible]	2 499.33	1 514.65	9.61	28.65	96.99	844.53	17.61	-	44
0.15	1 840.10	1 072.55	5.10	15.19	39.49	695.07	150.09	-	45
12.67	8 114.00	4 735.85	32.37	302.37	196.41	2 705.11	263.75	0.23	46
-	1 128.92	993.38	4.36	20.50	21.15	86.33	-	-	47
0.60	10 175.35	4 787.20	55.93	109.36	134.25	5 004.69	174.79	-	48
-	2 679.43	2 679.43	-	-	-	-	-	-	49
[illegible].46	*577 862.24*	*212 057.29*	*6 078.24*	*4 637.40*	*15 188.87*	*334 156.21*	*83 285.51*	*1 100.94*	50
-	404 858.41	159 930.74	4 334.80	3 054.36	14 196.00	219 646.60	11 612.44	613.48	
[illegible].65	**936 523.11**	**369 741.47**	**6 771.25**	**9 247.18**	**35 530.97**	**506 226.85**	**31 655.59**	**3 693.68**	

Løbenummer.	Stationernes Navne.	Total.	Reisende.	Reise-gods.	Levende Dyr.	Ilgods.	Ialt.
	1	2	3	4	5	6	7
		Indtægter for afgaaen Trafik.					
			Heraf for				
		Kroner.					
	Hvoraf Lokaltrafik	677 473.63	244 043.32	2 727.29	8 225.31	18 961.13	395 573.00
	« Samtrafik	238 630.92	136 992.36	3 506.65	9 668.95	23 110.29	61 010.26
	nemlig Trafik over:						
	Hamar	236 492.93	136 035.07	3 489.94	9 586.81	23 066.13	60 006.24
	Trondhjem	2 137.99	957.29	16.71	82.14	44.11	1 004.22
	Merakerbanen.						
	Gjnemgangstrafik	[1]) **1 592.76**	**1 298.90**	-	**1.27**	**11.54**	**281.05**
	Lokal- og Samtrafik:						
1	Tr.hjem, denne Bane	198 571.93	40 985.44	877.24	1 450.60	5 271.10	148 613.04
2	Leangen	2 295.20	2 198.59	3.40	28.15	19.41	36.73
3	Ranheim	11 932.11	6 742.82	13.45	14.57	85.38	4 824.93
4	Vikhammer Stoppest.	48.07	48.07	-	-	-	-
5	Malvik	3 879.12	3 141.65	1.60	84.83	18.31	575.00
6	Hommelvik	36 577.18	8 184.27	78.76	122.45	251.12	27 176.00
7	Hell a)	22 715.39	13 581.40	68.29	1 039.66	426.67	7 076.84
8	Hegre	7 522.43	3 857.77	22.70	269.28	101.15	3 203.70
9	Floren	3 028.20	1 158.20	4.60	52.53	33.22	1 756.30
10	Gudaa	1 940.64	1 403.93	7.60	117.70	62.62	196.93
11	Meraker	16 347.05	2 989.67	32.81	209.23	83.30	12 648.96
12	Storlien	8 689.51	7 472.85	411.70	24.08	14.89	278.44
	Tilsammen	**313 546.83**	**91 764.66**	**1 521.55**	**3 413.08**	**6 367.17**	**206 386.59**
	Hvoraf Lokaltrafik	175 843.50	83 913.14	1 019.96	1 846.07	2 932.89	82 516.58
	« Samtrafik	137 703.33	7 851.52	501.59	1 567.01	3 434.28	123 870.01
	nemlig Trafik over:						
	Trondhjem	1 615.90	399.73	5.45	48.72	50.53	703.00
	Storlien	136 087.49	7 451.79	496.14	1 518.29	3 383.75	123 167.01
	5te Trafikdistrikt.						
	Jæderbanen. a)						
1	Stavanger	51 936.23	37 485.88	276.90	264.25	1 090.35	12 183.09
2	Hinna	2 024.05	1 896.57	1.90	0.91	2.43	60.50
3	Sandnæs	20 345.36	11 627.90	59.70	140.51	274.99	7 315.76
4	Høiland	1 374.81	892.05	0.90	48.79	8.84	420.03
5	Klep	3 264.64	2 017.51	-	117.53	8.35	1 067.20
6	Time	11 516.66	6 126.27	14.00	699.02	24.28	4 233.43
7	Nærbø	8 822.48	4 619.16	10.80	451.13	29.98	3 490.12
8	Varhoug	2 428.62	1 605.16	1.40	130.75	5.05	686.26
9	Vigrestad	4 093.77	2 446.68	1.20	243.01	6.45	1 385.13
10	Ogne	4 093.67	1 737.91	5.80	175.81	13.22	2 059.47
11	Helvik	1 684.90	987.08	-	16.11	4.53	670.00
12	Ekersund	28 504.70	23 364.48	225.98	498.81	348.39	3 807.03
	Tilsammen	**140 089.89**	**94 806.65**	**598.58**	**2 786.68**	**1 816.86**	**37 378.02**

[1]) Afgaaet: Indtægt af Trafik i Retning fra Trondhjem.

…onernes Indtægter.

	10	11	12	13	14	15	16	17	
	Indtægter for ankommen Trafik.								Løbenummer.
	Total.	Heraf for. Reisende.	Reisegods.	Levende Dyr.	Ilgods.	Fragtgods. Ialt.	Deraf Trælast og Brænde.	Melk.	
…r.	Kroner.								
687.68	677 473.63	244 043 32	2 727.29	8 225.31	18 961.13	395 573.00	31 152.04	3 687.68	
839.97	259 049.48	125 698.15	4 043.96	1 021.87	16 569.84	110 653.85	503.55	5.95	
839.97	256 159.93	124 582.26	4 013.41	1 006.88	16 432.50	109 069.55	462.83	5.95	
-	2 889.55	1 115 89	30.55	14.99	137.34	1 584.30	40.72	-	
·	[1]) **1 414.22**	**1 298.90**	-	-	**8.15**	**107.17**	..	-	
3.46	173 003.83	52 126 55	1 743.44	1 583.04	992.87	114 509.61	71 573.07	487.46	1
·	2 787.41	2 364.40	3.80	24.35	51.49	335.97	33.60	108.83	2
13.20	42 970.67	6 515.16	35.83	35 08	220.62	36 075.44	21 672.26	0.30	3
·	48.87	48 87		-	-	-	-	-	4
184.63	3 990.74	3 136.53	18.70	83.90	98.15	631.31	31 15	70.43	5
46.63	74 575.65	7 985.04	71.03	78.05	474.34	65 527.20	55 408.87	15.08	6
329 75	23 925.27	13 994 90	131.76	165.47	615.78	8 737.65	571.41	18.95	7
212.14	6 950.62	3 877.07	56 30	49.80	172.96	2 718.08	11.48	44.61	8
46.30	1 981.27	1 178.52	7.60	14.27	46.22	721.21	-	-	9
0.30	2 798.56	1 380.20	28 20	6.15	157.00	1 124.51	42.40	2.61	10
36.60	8 580 80	2 996.89	24.06	27.41	310.57	4 991.06	126.67	27.39	11
	23 567.94	3 262.35	88.38	26.94	125.08	19 740.52	-	97.35	12
…3.01	**365 181.63**	**98 866.48**	**2 209.10**	**2 094.46**	**3 265 08**	**255 112.56**	**149 570.91**	**873.01**	
873 01	175 843.50	83 913.14	1 019.96	1 846.07	2 932.89	82 516.68	6 465.38	873.01	
-	189 338.13	14 953.34	1 189.14	248.39	332.19	172 595.88	143 105.53	-	
-	820.53	364.43	1.56	24.92	64.48	353.56	71.67	-	
-	188 517.60	14 588.91	1 187.58	223 47	267.71	172 242.32	143 033.86	-	
·	55 334 52	38 951.14	207.30	2 075.82	319.37	12 076.36	—	—	1
·	2 194.10	1 852.80	2.80	26.05	11.46	273.23	—	—	2
427.21	15 008.59	11 534.14	84.70	75.86	483.90	2 575 89	—	—	3
0.20	1 296.27	890.27	4.50	4.51	19.35	372.46	—	—	4
·	3 845.47	2 001.82	4.70	58.73	40.44	1 666.45	—	—	5
39 61	11 440.37	6 142 52	25.70	286.25	192.27	4 640.15	—	—	6
60.65	8 679.48	4 615.38	18.68	65.62	154.54	3 702.26	—	--	7
17.21	2 747.91	1 608 79	5.00	17.34	42.12	1 071.73	—	—	8
43 96	4 377.74	2 495.91	6.50	18.74	50.06	1 784.21	—	—	9
21.40	3 052.80	1 739.63	8.50	43.28	34.27	1 153.12	--	—	10
·	1 543.44	1 040.36	0.80	5.78	10.08	483.03	—	—	11
·	30 569.20	21 933.79	229.40	108.65	459.00	7 579.13	--	—	12
16.94	**140 089.89**	**94 806.55**	**598.58**	**2 786.63**	**1 816.86**	**37 378.02**	**1 500.54**	**1 916.94**	

, Ankommet: Indtægt af Trafik i Retning til Trondhjem.

Løbenummer.	Stationernes Navne.	Indtægter for afgaaen Trafik. Total.	Heraf for Reisende.	Reise-gods.	Levende Dyr.	Ilgods.	Ialt.
	1	2	3	4	5	6	7
		Kroner.					
	6te Trafikdistrikt.						
	Bergen-Vossb. b)						
1	Bergen	142 387.68	91 352.23	1 069.60	261.75	6 872.20	40 335.10
2	Solheimsviken Stoppest.	—	3 086.25	—	—	—	—
3	Minde Stoppested	—	1 566.41	—	—	—	—
4	Fjøsanger	10 540.73	10 291.08	43.70	6.40	142.15	7.40
5	Hop Stoppested	—	3 487.85	—	—	—	—
6	Næstun	26 109.70	24 441.50	39.35	114.90	1 216.00	208.60
7	Heldal Stoppested	—	392.85	—	—	—	—
8	Haukeland	—	2 353.30	—	—	—	—
9	Arne	—	2 694.30	—	—	—	—
10	Garnæs	4 910.95	4 602.85	11.45	16.70	115.80	101.65
11	Trængereid	—	2 617.20	—	—	—	—
12	Vaksdal	—	3 124.40	—	—	—	—
13	Stanghelle	—	561.85	—	—	—	—
14	Dale	12 438.05	7 405.55	41.40	25.00	304.20	4 619.85
15	Bolstad	—	1 873.65	—	—	—	—
16	Evanger	—	3 008.80	—	—	—	—
17	Bulken	—	3 182.85	—	—	—	—
18	Voss	57 182.39	40 499.40	439.70	2 019.70	3 318.29	9 953.80
	Tilsammen	—	**206 542.32**	—	—	—	—
	Hovedbanen.						
	Gjnemgangstrafik.	**12 441.49**	**3 834.92**	**67.82**	**77.78**	**1 151.00**	**7 262.35**
	Lokal- og Samtrafik:						
1	Kristiania, denne Bane	663 689.85	184 480.38	3 311.16	3 553.23	29 128.65	437 193.61
2	Bryn	7 542.46	5 471.14	24.47	16.06	109.52	1 849.64
3	Grorud a)	13 767.46	9 261.21	39.36	22.24	98.31	4 287.27
4	Robsrud Sidespor	330.48	-	-	-	-	330.48
5	Strømmen a)	17 719.54	7 849.03	38.34	42.82	225.63	9 372.85
6	Strømmen Sidespor	2 043.93	-	-	-	-	2 043.93
7	Lillestrøm *Fællesst.*	*180 070.93*	*25 968.14*	*168.97*	*208.88*	*1 001.17*	*152 113.59*
	Lillestr., denne Bane.	166 297.32	20 286.99	131.65	171.23	629.15	144 544.64
8	Lersund	14 348.17	3 239.11	20.20	178.21	71.64	10 782.02
9	Frogner	9 460.11	3 862.09	26.28	175.24	75.64	5 301.66
10	Kløften	22 248.89	8 868.61	49.33	604.15	447.41	12 152.29
11	Trøgstad a)	44 693.96	18 844.52	142.87	868.44	858.09	23 668.04
12	Hauersæter Sidespor.	-	-	-	-	-	-
13	Dahl	55 577.46	8 986.86	65.75	513.97	531.13	45 393.66
14	Bøhn	46 428.59	4 999.00	21.56	146.28	426.87	40 653.89
15	Eidsvold, denne Bane	114 675.40	29 091.88	660.69	3 603.77	2 731.72	77 876.19
	Tilsammen	**1178 823.62**	**305 240.82**	**4 531.06**	**9 895.64**	**35 333.76**	**815 450.18**
	Heraf Lokaltrafik	848 608.37	215 134.04	2 584.02	7 616.96	17 617.65	602 212.48
	» Samtrafik	330 215.25	90 106.78	1 947.64	2 278.68	17 716.11	213 237.70
	nemlig Trafik over:						
	Kristiania	4 255.54	1 558.64	26.90	345.98	186.51	1 786.97
	Lillestrøm	101 122.69	27 561.67	519.92	518.06	4 811.16	65 240.18
	Eidsvold	224 837.02	60 986.47	1 400.82	1 414.44	12 718.44	146 210.55

10	11	12	13	14	15	16	17	
Indtægter for ankommen Trafik.								Løbenummer.
	Heraf for							
					Fragtgods.			
						Deraf		
Total.	Reisende.	Reisegods.	Levende Dyr.	Ilgods.	Ialt.	Trælast og Brænde.	Melk.	
Kroner.								
115 554.89	86 661.64	615.60	2 613.75	8 842.05	15 955 35	—	—	1
—	2 605.45	—	—	—	—	—	—	2
—	1 404.89	—	—	—	—	—	—	3
11 658.82	10 846.67	63.00	30.70	469.80	187.20	—	—	4
—	3 282.60	—	—	—	—	—	—	5
27 590.97	24 869.50	90.57	60.60	618.50	1 829.30	—	—	6
—	384.05	—	—	—	—	—	—	7
—	2 497.40	—	—	—	—	—	—	8
—	2 588.10	—	—	—	—	—	--	9
5 133.75	4 419.45	24.65	·	166.25	477.15	—	—	10
—	2 772.00	—	—	—	—	—	—	11
—	3 302.55	—	—	—	—	—	—	12
—	600.25	—	—	---	—	—	—	13
18 120.09	6 237.00	59.70	75.90	2 076.84	9 640.80	—	—	14
—	1 371.75	—	—	—	—	—	—	15
—	3 677.85	—	—	—	—	—	—	16
—	3 195.95	—	—	—	—	—	—	17
76 809.67	45 825.22	471.65	46.20	3 013.50	24 962.20	—	—	18
—	**206 542.82**	—	—	—	—	**4 282.80**	**8 898.88**	
12 159.18	**3 424.77**	**50.40**	**324.08**	**1 135.70**	**7 166.06**	**442.12**	·	
762 937.64	185 917.32	2 994.57	16 099.94	21 360.51	533 940.54	276 996.46	49 999.97	1
17 673 20	6 852.66	37.49	863.39	126.81	9 769.19	6 606.70	116.54	2
24 105.87	10 729.79	76.61	35.85	209.28	13 006.72	2 833.93	77.20	3
1 682.16	-	-	-	-	1 682.16	51.54	-	4
22 198.04	8 443 96	103.06	63.26	708.56	12 778.25	1 469.01	5.05	5
665.31	-	-	-	-	665.31	1 307.86	-	6
95 472.00	*26 248.02*	*226 28*	*257.19*	*1 830.95*	*66 691 32*	*50 487.63*	*195.48*	7
44 711.42	20 620.28	201.93	99.05	1 655 48	21 982.69	6 372.77	30.19	
5 262.55	3 312.42	36.93	6.18	228.14	1 624.22	3.76	-	8
7 190 07	3 934.25	33.90	8.80	286.70	2 922.02	119.20	-	9
17 972.73	9 052.37	83.00	52.85	678.69	7 982.37	155.27	0.30	10
41 220.71	18 741.77	203.43	1 791.13	2 372.38	17 863.57	74.69	0.44	11
-	-	-	-	-	-	1 246.59	-	12
21 392.23	9 169.21	106.88	70.62	1 222.63	10 741.27	12 69	0.48	13
48 609.76	5 157.81	34.88	8.30	1 421.38	41 901.36	12 146.94	40.66	14
163 721.62	28 852.11	658.97	179.93	4 292.48	129 225.38	936.48	-	15
1179 343.81	**310 783.95**	**4 571.65**	**19 279.80**	**34 563.04**	**806 085.05**	**310 333.89**	**50 270.88**	
848 608.37	215 134.04	2 584.02	7 616.96	17 617.65	602 212.48	228 060.54	32 228.92	
330 734.94	95 649.91	1 987.63	11 662.34	16 945 39	203 872.57	82 273.35	18 041.91	
4 281.78	1 637.33	21.91	145.52	494.64	1 818.84	452.06	5.52	
175 914.40	29 053.70	542 09	3 164.57	4 123.26	138 820.46	80 631.55	5 366.01	
150 538.76	64 958.88	1 423.63	8 352.25	12 327.49	63 233 27	1 189.74	12 670.38	

Anmærkninger til Tabel VIII.

Den ved hver Station opførte Indtægt ved Baner, der staar i Samtrafik med andre, er ikke den hele Indtægt, men den Andel af samme, som tilfalder den Bane, hvortil Stationen hører (ved Fællesstationer den Bane, hvorunder Stationen er opført).

Col. 1 a) Opgaverne omfatter de Stationerne underlagte Stoppesteder og Sidespor, hvor Opgaver for disse ikke er særskilt anførte (jfr. Tab. I). Indtægten ved Nordstrands Stoppested af Reisende er delvis indbefattet i Kristiania, Bækkelaget og Lian (jfr. Anm. Tab. VII)

Jæderbanen. Indtægter til og fra Stoppestederne indbefattes i Opgaverne for de nærmeste Stationer, mellem hvilke Stoppestedet er beliggende.

Col. 1 b) Bergen—Vossbanen. De opførte Indtægter (Col. 4—7 & Col. 12—15) refererer sig alene til den Trafik, som paa almindelig Maade er bleven expederet ved Stationerne.

Tabel IX.

...e over Fordelingen af de Reisende paa de forskjellige Afstande særskilt for hver Klasse og for Tur & Retur for Terminen 1892—93.

...tion des voyageurs par classe des voitures sur les distances différentes pendant le terme 1892—93.

...de. ...ces	Tur. Aller. I.	II.	III.	Ialt. Total.	Tur & Retur. Aller Retour. I.	II.	III.	Ialt. Total.	Tilsammen. Ensemble. I.	II.	III.	Ialt. Total.
	Antal Reisende. (Nombre de voyageurs).											
5	6	5 706	194 531	200 243	6	9 510	552 392	561 908	12	15 216	746 923	762 151
10	33	9 353	341 097	350 483	6	24 327	1 077 001	1 101 334	39	33 680	1 418 098	1 451 817
15	14	4 612	115 551	120 177	38	12 020	415 952	428 010	52	16 632	531 503	548 187
20	-	2 997	51 222	54 219	16	9 714	199 326	209 056	16	12 711	250 548	263 275
- 25	29	2 999	42 816	45 844	52	12 320	398 870	411 242	81	15 319	441 686	457 086
30	21	1 412	20 789	22 222	46	5 984	107 000	113 030	67	7 396	127 78[illegible]	135 252
- 35	721	1 948	26 017	28 686	394	7 296	118 482	126 172	1115	9 244	144 499	154 858
40	1	896	11 020	11 917	2	2 962	53 270	56 234	3	3 858	64 290	68 151
- 45	48	1 851	16 782	18 681	70	7 720	86 632	94 422	118	9 571	103 414	113 103
- 50	8	1 638	9 733	11 379	52	3 536	40 610	44 198	60	5 174	50 343	55 577
- 55	13	2 651	17 448	20 112	80	15 694	84 832	100 606	93	18 345	102 280	120 718
- 60	21	1 969	12 221	14 211	80	8 064	52 196	60 340	101	10 033	64 417	74 551
- 65	4	1 179	9 317	10 500	30	2 588	30 918	33 536	34	3 767	40 235	44 036
- 70	136	2 276	11 034	13 446	114	4 318	30 272	34 704	250	6 594	41 306	48 150
- 75	6	371	3 786	4 163	6	1 766	16 332	18 104	12	2 137	20 118	22 267
- 80	18	2 473	11 021	13 512	14	2 924	23 916	26 854	32	5 397	34 937	40 366
- 85	-	225	1 856	2 081	-	472	4 970	5 442	-	697	6 826	7 523
- 90	2	834	4 672	5 508	-	2 234	12 944	15 178	2	3 068	17 616	20 686
- 95	4	965	5 616	6 585	16	5 682	18 476	24 174	20	6 647	24 092	30 759
-100	21	1 708	7 574	9 303	42	3 758	17 946	21 746	63	5 466	25 520	31 049
-105	-	488	2 592	3 080	18	.812	5 088	5 918	18	1 300	7 680	8 998
-110	57	4 283	13 071	17 411	10	4 618	15 512	20 140	67	8 901	28 583	37 551
-115	-	1 022	4 313	5 335	8	2 728	9 158	11 894	8	3 750	13 471	17 229
-120	3	157	1 482	1 642	6	452	2 930	3 388	9	609	4 412	5 030
-125	5	732	3 510	4 247	8	1 304	6 708	8 020	13	2 036	10 218	12 267
-130	40	1 130	7 763	8 933	48	3 622	21 782	25 452	88	4 752	29 545	34 385
-135	3	461	1 476	1 940	8	662	2 784	3 454	11	1 123	4 260	5 394
-140	30	1 130	4 497	5 657	38	3 940	21 696	25 674	68	5 070	26 193	31 331
-145	508	3 671	9 979	14 158	142	2 590	8 210	10 942	650	6 261	18 189	25 100
-150	-	64	494	558	-	256	916	1 172	-	320	1 410	1 730
-155	-	159	513	672	-	246	836	1 082	-	405	1 349	1 754
-160	4	1 484	3 875	5 363	6	2 264	6 330	8 600	10	3 748	10 205	13 963
-165	9	145	837	991	26	306	1 332	1 664	35	451	2 169	2 655
-170	1013	3 597	4 201	8 811	353	2 205	1 610	4 168	1366	5 802	5 811	12 979
-175	-	23	172	195	-	24	286	310	-	47	458	505
-180	-	24	258	282	-	28	396	424	-	52	654	706
-185	-	41	294	335	-	22	488	510	-	63	782	845
-190	4	67	614	685	2	136	1 060	1 198	6	203	1 674	1 883
-195	-	562	1 211	1 773	-	1 040	1 764	2 804	-	1 602	2 975	4 577
-200	-	34	272	306	-	60	276	336	-	94	548	642

**Tabel IX (Forts.). Opgave over Fordelingen af de Reisende paa de forskj
Afstande særskilt for hver Klasse og for Tur & Retur for Terminen 1892–9**

Afstande.	Tur.				Tur & Retur.				Tilsammen.			
	I.	II.	III.	Ialt.	I.	II.	III.	Ialt.	I.	II.	III.	I
	Antal Reisende.											
201—210	1	988	2 332	3 321	2	1 724	3 152	4 878	3	2 712	5 484	
211—220	6	71	575	652	-	148	602	750	6	219	1 177	
221—230	2	51	585	638	-	116	448	564	2	167	1 033	
231—240	9	39	241	289	2	60	420	482	11	99	661	
241—250	4	73	315	392	6	96	498	600	10	169	813	
251—260	6	19	162	187	-	38	188	226	6	57	350	
261—270	3	8	86	97	-	16	148	164	3	24	234	
271—280	7	55	255	317	-	36	238	274	7	91	493	
281—290	-	18	138	156	-	26	238	264	-	44	376	
291—300	-	-	51	51	-	4	52	56	-	4	103	
301—315	5	18	70	93	4	20	96	120	9	38	166	
316—330	12	94	367	473	-	70	322	392	12	164	689	
331—345	-	5	46	51	-	2	32	34	-	7	78	
346—360	20	92	410	522	18	90	356	464	38	182	766	
361—375	-	10	118	128	-	2	54	56	-	12	172	
376—390	1	17	119	137	-	4	56	60	1	21	175	
391—410	18	103	343	464	8	54	318	380	26	157	661	
411—430	4	8	57	69	-	14	88	102	4	22	145	
431—450	71	289	885	1 245	14	118	558	690	85	407	1 443	
451—470	1	-	33	34	-	2	36	38	1	2	69	
471—490	16	8	31	55	-	8	36	44	16	16	67	
491—515	31	41	205	277	4	16	102	122	35	57	307	
516—540	-	3	45	48	-	-	44	44	-	3	89	
541—565	420	1 509	5 604	7 533	158	1 138	3 248	4 544	578	2 647	8 852	1:
566—590	3	7	42	52	-	10	14	24	3	17	56	
591—640	-	11	113	124	8	12	140	160	8	23	253	
641—690	2	8	102	112	2	4	92	98	4	12	194	
691—740	-	5	38	43	-	4	94	98	-	9	132	
741—770	-	3	12	15	-	2	34	36	-	5	46	
	3424	70 890	988907	1063221	1963	174 038	3 463 203	3 639 204	5387	244 928	4 452 110	4 70
Hertil kommer:												
Rundreisebilletter									657	3 505	1 745	5
Turistbilletter									1054	2 078	3 132	6
									7098	250 511	4 456 987	4 714

Tabel X.

Opgave

over

Transportmængde af de væsentligste Varesorter.

Renseignement

sur

Le mouvement des articles principaux de marchandises.

Tabel X. Opgave over Tran…

Løbenummer.	Varesorter.	Transportens Retning.	Gjennemgangstrafik.	Smaalensb… Afse… Ankom… Hovedbanen.	Kongsvingerbanen.	Sv. Baner over Charlottenb.	Eidsvold—Hamarbanen.	Rørosbanen.	Merakerbanen.
				Antal Ton. (2 Decimaler).					
1	Brændevin paa Træer	Afs.	3.60	-	-	-	-	-	
		Ank.		-	-	-	-	0.40	
2	Gjødning, alle Slags	Afs.	0.70	-	-	-	-	-	
		Ank.		619.70	-	-	-	-	
3	Hø og Halm	Afs.	-	0.20	-	-	-	-	
		Ank.		-	-	-	-	-	
4	Jern og Staal og Arbeide deraf, undtagen Spiger	Afs.	31.75	11.58	54 78	-	17.45	11.74	
		Ank.		15 47	13.36	8.82	5.76	3.09	
5	Kjød og Flesk, alle Slags	Afs.	1.92	0.42	0.31	-	-	0.04	
		Ank.		0.08	0.36	0.12	0.29	0.53	
6	Kornvarer og Mel, alle Slags	Afs.	3.58	26.85	181.73	110.80	67.63	144.99	
		Ank.		2.79	10.26	-	3.77	0.11	
7	Kul (Sten-, Træ-), Cokes og Cinders	Afs.	-	6.00	-	-	-	-	
		Ank.		-	-	-	-	-	
8	Malme, Erts og Kis a)	Afs.	8.73	10.80	-	-	-	0.12	
		Ank.		-	-	-	21.60	35 09	
9	Melk	Afs.	-	6.16	-	-	-	-	
		Ank.		-	0.05	-	-	-	
10	Murstên, Tagsten og Drainsrør	Afs.	9.80	-	-	-	-	-	
		Ank		89.00	-	-	-	-	
11	Poteter	Afs.	-	4.93	0.87	-	0.26	2.22	
		Ank		20.01	6.06	-	12.29	2.04	
12	Salt	Afs.	-	-	-	-	-	-	
		Ank.		-	0.56	-	-	-	
13	Sild og Fisk	Afs.	15.76	0.28	1.50	16.10	0.02	0.33	
		Ank		0.25	0.32	-	0.08	31.27	0.0[illegible]
14	Smør og Ost	Afs.	100.40	0.24	-	0.08	-	0.05	
		Ank.		6.86	0.54	0.68	0.86	7.90	0.5[illegible]
15	Spiger	Afs.	-	-	0.17	-	-	-	
		Ank.		0.16	-	-	-	0.55	
16	Trælast & Brænde. Planker, Bord, Lægter og Stav	Afs.	-	96.20	-	-	-	-	
		Ank.		129.80	400.80	-	-	2.50	
17	Trælast & Brænde. Tømmer, alle Slags, ○ og □	Afs.	-	783.70	-	-	-	-	
		Ank.		107.10	264.50	-	-	3.20	
18	Trælast & Brænde. Brænde og Baghun	Afs.	-	-	-	-	-	-	
		Ank.		58.00	38.60	-	-	-	
19	Træmasse	Afs.	-	10.00	-	-	-	-	
		Ank.		-	-	-	-	-	
20	Øl, alle Slags	Afs.	-	-	0.80	-	-	-	
		Ank		-	1.06	-	-	-	
21	Øvrige Varer (Ilgods indbef.)	Afs.	293.43	102.25	71.23	23.03	55.86	107.14	1.5[illegible]
		Ank.		120.67	68.13	10.14	42.38	62.22	1.3[illegible]
	Tilsammen	Afs.	469.67	1 059.61	311 39	150.01	141.22	266.63	1.5[illegible]
		Ank.		1 169.89	804.60	19.76	87.03	148.90	2.1[illegible]

…gde af de væsentligste Varesorter.

…tiania—Grændsen).

…Drammen —Skien-banen.	Drammen -Randsfj.-banen.	overMoss—Horten. Kristiania —Drammenbanen.	Drammen —Skien-banen. b)	Drammen -Randsfj.-banen.	Over Kornsø, Svenske Baner.	Tilsammen.	Lokaltrafik. Afs. til Kr.ania fra Stationerne: Ank. fra do. til do. Bækkelaget.	Lian.	Oppegaard.	Ski.	Løbenummer.
Antal Ton. (2 Decimaler).											
- -	- -	- -	- -	- -	- 0.24	- 3.12	- -	- 0.05	- 0.02	- 0.15	1
- -	- -	- -	- -	- -	96.62 15.32	96.62 635.02	- 0.30	- 78.03	- 275.33	0.45 3 471.20	2
- -	- -	- -	- -	- -	0.03 9.94	0.23 9.94	- 0.76	- -	13.82 -	124.52 0.36	3
0.33 8.59	0.59 16.77	- -	5.27 19.66	0.12 -	578.47 3 072.33	681.10 3 167.80	- 10.23	0.12 5.87	1.15 5.87	0.08 16.65	4
- -	0.15 -	- -	0.76 0.24	- -	47.10 605 08	48.87 606.70	- 0.02	- -	0 12 1.66	0.29 9.46	5
70.34 -	1.28 1.14	- -	1.10 -	- -	457.58 357.60	1 065.17 375.69	- 2.41	- 78.41	11.54 87.84	85.61 337.64	6
- -	0.06 -	- -	0.21 -	- -	2 829.53 214.00	2 835.80 214 00	- 4.10	- 6.04	0.60 65.15	- 147.99	7
- 0.17	- -	- -	0.16 0.48	- -	112.48 360.94	123.56 418.28	- 863.25	- 1 617 55	- 0.95	- 100.01	8
- -	- -	- -	3.44 -	- -	- -	9.60 0.05	- -	- -	70.03 -	360.21 -	9
- -	- -	- -	- -	- -	81.40 111.70	81.40 200 70	- -	- 26.30	- 5.60	- 24.08	10
0.07 0.19	0.03 0.23	- -	0.89 1.05	- -	0.47 44.40	11.16 86.49	- 0.78	0.05 3.92	2.88 1.50	79.01 7.37	11
- -	- -	- -	- -	- -	193.03 0.20	193.10 0.76	- 0.08	- 1.66	- 2.81	- 23.60	12
- -	- -	- -	0.02 0.79	- -	957.42 7.90	975.85 40.70	- 0.43	- 1.51	0.07 2.35	0.17 25.49	13
0.85 7.88	- 1.39	- -	4.14 10.88	0.35 -	193.47 209.12	199.32 246.72	- 0.22	- 0.15	- 1.01	- 3.83	14
0.07 -	- -	- -	- -	- -	401.96 2.60	402.20 3.31	- 0.24	0.34 0.75	- 0.49	- 1.83	15
- -	- -	- -	- -	- -	201.87 32 366.32	303 07 32 899.42	0.57 52.70	- 49.35	1 180.40 -	164.60 13.00	16
- -	- -	- -	- -	- -	10.00 31 392.38	793.70 31 767.18	- 37.20	- 88.50	420 40 -	172.50 -	17
- -	- -	- -	- -	- -	- 2 279.40	- 2 376.00	- -	- 6.00	146 70 -	308.40 -	18
- -	- -	- -	- -	- -	- 3 752.56	10.00 3 752.56	- -	- -	- -	- -	19
- 0.16	- -	- -	- 0.10	- -	0.22 0.28	1.02 1.63	- 0.19	- 1.57	- 2.84	0.10 16.30	20
61.34 46.63	18.11 26.70	0.08 0.17	88.08 144.79	1.62 0.32	1 600.17 3 543.14	2 181.78 4 126.05	1.92 14.44	16.49 152.72	22.10 83.57	70.07 307 45	21
133.00 63.62	20.22 46.23	0.08 0.17	104.07 177.99	2.09 0.32	7 761.82 78 345.45	10 013.55 80 932.12	2.49 987.35	17.00 2 118.38	1 869.81 536.99	1 366.01 4 506.41	

Løbenummer.	Varesorter.	Transportens Retning.	Dramm Afsendt fra Dran Ankommet til d over Drammen: Kristiania—Dr.menbanen.	Drammen—Skienbanen.	Smaalensbanen.	Hovedbanen.	Kongsvingerbanen.	Eidsvold
			Antal Ton. (2 Decimaler).					
1	Brændevin paa Træer	Afs. Ank.	71.47 101.97	0.05 0.34	- -	- 0.16	- -	
2	Gjødning, alle Slags	Afs. Ank.	0.55 907.37	1 10 186.40	- -	- 0.05	- -	
3	Hø og Halm	Afs. Ank.	114.20 5.10	21.00 51.14	- -	- -	- -	
4	Jern og Staal og Arbeide deraf, undtagen Spiger	Afs. Ank.	607.52 1 134.04	36.95 60.32	16.77 0.71	3.38 1.97	3.02 16.62	
5	Kjød og Flesk, alle Slags	Afs. Ank.	34.66 176.29	0.57 3.60	- 0.15	0.12 -	- 0 06	
6	Kornvarer og Mel, alle Slags	Afs. Ank.	27.99 2 888.94	2.48 393.68	1.14 1.28	0.28 2.25	- 0.76	
7	Kul (Sten-, Træ-), Cokes og Cinders	Afs. Ank.	18.60 370.37	1.20 790.48	- 0.06	- -	- -	
8	Malme, Erts og Kis	Afs. Ank.	11.96 6.00	- -	- -	- -	- -	
9	Melk	Afs. Ank.	1 270.36 2.09	3.07 -	- -	- -	- -	
10	Mursten, Tagsten og Drainsrør	Afs. Ank.	733.10 64.14	54.40 1.63	- -	- -	- -	
11	Poteter	Afs. Ank.	131.83 17.26	4.88 1.63	0.23 0.03	0.20 0.11	0.30 0.17	
12	Salt	Afs. Ank.	0.08 191.29	- -	- -	- -	- -	
13	Sild og Fisk	Afs. Ank.	30.07 358.98	1.19 22.75	- -	0.09 0.88	- 0 08	
14	Smør og Ost	Afs. Ank.	203.70 174.94	7.96 13.48	1.39 0.35	0.14 0.41	0 20 0.02	
15	Spiger	Afs. Ank.	176.60 67.88	24.67 85.80	- -	- 0.18	- -	
16	Trælast & Brænde. Planker, Bord, Lægter og Stav	Afs. Ank.	2 412.02 51.15	3 157.10 718.52	- -	- -	- -	
17	Trælast & Brænde. Tømmer, alle Slags, O og [	Afs. Ank.	2 464.63 53.10	389.90 11.99	- -	- -	- -	
18	Trælast & Brænde. Brænde og Baghun	Afs. Ank.	2 615.72 -	268.16 5.00	- -	- -	- -	
19	Træmasse	Afs. Ank.	9 020.54 32.80	2.64 20.00	- -	- -	- -	
20	Øl, alle Slags	Afs. Ank.	3.92 307 23	0.02 0.26	- -	- -	- 0.05	
21	Øvrige Varer (Ilgods indbef.)	Afs. Ank.	12 216.61 8 061.88	404.78 280.86	27.02 19.73	15.82 26.46	10.73 [illegible]	
	Tilsammen	Afs Ank.	32 166.13 14 972.82	4 382.12 2 647.88	46.55 22.31	20.03 32.47	[illegible] [illegible]	

…ngde af de væsentligste Varesorter.

…tiania—Grændsen) (Forts.).

…tiania fra Stationerne:
do. til do.

[illegible]	Fredriksstad.	Greaker.	Sannesund.	Sarpsborg.	Skjeberg.	Berg.	Fredrikshald.	Tistedalen	Aspedammen.	Præstebakke.	Kornsø.	Løbenummer.
Antal Ton. (2 Decimaler).												
-	-	-	-	-	-	-	-	-	-	-	-	1
-	14.27	0.15	-	39.15	0 09	0.35	8.34	0.32	0.08	0.24	-	
-	-	-	-	0.02	-	-	11.30	-	-	-	-	2
10 00	0.07	24.17	12.50	12.44	50.72	8.40	0.88	-	1.60	0.60	-	
0.68	0 08	-	-	-	-	-	0.09	-	-	-	-	3
-	-	-	-	-	-	-	-	-	-	-	-	
0.02	15.20	5.11	-	52.79	0.30	0.08	300.46	2.02	-	0.02	-	4
0.40	135.27	7.36	10.10	249.89	17.96	0.45	84.39	70.95	0.75	1.57	0.58	
-	2 48	0.33	0.15	0 61	0.29	-	14.36	2.56	0.61	42.10	64.80	5
2.66	29.04	8.88	2.16	9.06	8.37	0.88	16.38	4.83	2.27	5.45	2.64	
19 30	8 16	0.10	5.95	0.21	2.52	0.13	1.26	0.35	-	0.73	0.24	6
33.36	210 09	45.38	23.62	66.93	169 31	24.20	313.39	12.56	14.20	12.23	4.66	
-	-	-	-	-	-	-	21.70	0.05	0.37	-	-	7
-	70.86	-	56.60	52.14	5.25	-	15 50	0.20	-	-	-	
-	-	0.21	-	0 68	-	19.82	19.26	3.80	-	0.23	-	8
-	39.24	0.40	3.78	11.58	0.55	-	9.10	26.01	-	0.18	-	
-	-	-	-	-	6.85	-	3.92	-	-	-	-	9
-	-	-	-	-	-	-	-	-	-	-	-	
-	-	0.12	-	-	-	-	-	-	-	-	-	10
-	36.00	-	-	16 78	-	-	-	-	-	-	-	
0 04	0.73	0.89	-	1.10	1.26	0.75	0.44	1.13	-	0.76	0.65	11
-	0.62	0.80	0.18	-	-	-	0.59	0.03	-	0.05	-	
-	-	-	-	-	-	-	8.00	-	-	-	-	12
0 51	1.11	0.60	0.20	1.24	1.13	0.14	4.86	0.10	-	-	-	
17.99	167.03	-	-	-	-	734.12	25.23	0.75	-	-	-	13
[illegible]0.30	46.99	2.12	0.94	6.85	1.46	0.03	10.73	0.93	0.02	0.50	-	
3.09	5.22	0.03	0.11	0.93	1.89	-	23.65	0.16	-	-	0.11	14
1 74	121.03	10.10	9.00	40.74	4 21	0.06	87.61	4.76	0.57	0.78	-	
-	-	-	-	-	-	-	0.03	-	-	-	-	15
0.12	7.74	3.13	2.14	31.73	2.19	-	2.22	0.78	-	0.55	1.48	
5.20	22 30	-	5 00	-	-	-	-	-	-	-	-	16
-	38.40	-	-	-	-	-	-	-	-	-	-	
7.20	-	-	-	-	-	-	-	-	-	-	-	17
-	136.70	-	-	-	-	-	-	-	-	-	-	
-	16.40	0.12	-	-	45.60	-	10.80	-	-	-	-	18
-	-	-	-	-	-	-	-	-	-	-	-	
-	-	-	-	783.38	-	-	326.10	762.97	-	-	-	19
-	-	-	-	-	-	-	-	-	-	-	-	
-	-	-	-	-	-	-	0.19	-	-	-	-	20
0 35	80.54	0.43	2.07	33.83	0.21	0.05	18.49	0.10	-	-	-	
6 90	335.87	19.54	31.42	141.60	14.97	3.94	1 564.67	13 32	1.38	188.94	28.38	21
14.41	1 183.94	89 63	504.64	805.24	90.97	14.70	1 024.53	143.15	12.41	86.25	38.64	
12.22	573.47	26 45	42.63	981.32	73.68	758.84	2 331.46	787.11	2.36	232.78	94.18	
13.85	2 151.91	193 15	627.93	1 377.60	352.42	49.26	1 597.01	264.72	31.90	108.40	48.00	

Tabel X (Forts.). Opgave over Trans

Dramme

Hvoraf: Afsend
Ankomme

Løbenummer.	Varesorter.	Transportens Retning.	Skjærdalen.	Ask.	Hønefos.	Heen.	Randsfjord.	Vest-
			Antal Ton. (2 Decimaler).					
1	Brændevin paa Træer	Afs.	-	-	-	-	71 47	
		Ank.	0.02	0.05	44.05	4.59	20.90	
2	Gjødning, alle Slags	Afs.	-	-	-	-	-	
		Ank.	2.50	1.20	93.29	8.51	98.55	6
3	Hø og Halm	Afs.	9.30	-	5.00	-	5.00	2
		Ank.	-	-	-	-	-	
4	Jern og Staal og Arbeide deraf, undtagen Spiger	Afs.	6.94	0.59	15.69	13.44	49.93	37
		Ank.	2.32	0.86	129.26	40.64	143.62	8
5	Kjød og Flesk, alle Slags	Afs.	0.38	0.02	-	-	2.00	
		Ank.	1.10	1.85	18.87	13.59	41.06	1
6	Kornvarer og Mel, alle Slags	Afs.	0.26	0.65	4 [illegible]	-	4.81	
		Ank.	10 82	16.24	519.70	201.59	783.00	8
7	Kul (Sten-, Træ-), Cokes og Cinders	Afs.	-	-	-	-	-	
		Ank.	95.40	-	27.35	0.67	52 10	
8	Malme, Erts og Kis	Afs.	-	-	-	1.47	-	
		Ank.	-	-	-	-	-	
9	Melk	Afs.	26.48	87.02	55.84	-	-	27
		Ank.	-	0.21	0.06	-	-	
10	Mursten, Tagsten og Drainsrør	Afs.	-	-	-	-	-	
		Ank.	-	-	8.84	-	20 57	
11	Poteter	Afs.	1.02	1.31	11.02	-	77.43	
		Ank.	-	-	8.78	0.04	0.32	
12	Salt	Afs.	-	-	-	-	0.08	
		Ank.	2.82	0.25	5.88	0.97	94.59	
13	Sild og Fisk	Afs.	-	0.63	-	-	0.70	
		Ank.	1.48	0.33	88.91	9 61	124.22	
14	Smør og Ost	Afs.	0.14	5.14	18.55	-	62.24	10
		Ank.	2.23	1.96	36.77	7.01	18.45	9
15	Spiger	Afs.	-	-	-	-	-	
		Ank.	2.90	0.03	6.14	3.26	25.22	0
16	Trælast & Brænde. Planker, Bord, Lægter og Stav	Afs.	-	-	-	379.90	-	17
		Ank.	-	-	3.00	-	-	
17	Trælast & Brænde. Tømmer, alle Slags, ○ og □	Afs.	-	-	-	154.10	58.00	112
		Ank.	-	-	-	-	-	
18	Trælast & Brænde. Brænde og Baghun	Afs.	12.50	-	-	257.80	468.30	208
		Ank.	-	-	-	-	-	
19	Træmasse	Afs.	10.00		2 896.10	25.40	79 00	390
		Ank.	-	-	-	-	-	
20	Øl, alle Slags	Afs.	-	-	-	-	0.15	0
		Ank.	0.09	0.59	18.39	1.70	94 09	0
21	Øvrige Varer (Ilgods indbef.)	Afs.	302.09	7.56	546.25	33.64	2 503.17	32
		Ank.	40.86	24.81	1 061.90	283.33	1 778 72	333
	Tilsammen	Afs.	369.11	102.92	3 553.10	865 75	3 382.28	1 460
		Ank.	162.54	48.38	2 071.19	575.51	3 295 41	606

...gde af de væsentligste Varesorter.

...dsfjordbanen (Forts.).

...tiania fra Stationerne: do. til do.							Lokaltrafik. Afsendt til Drammen fra Stationerne: Ank. fra do. til do.					
	Krekling.	Skollenborg.	Kongsberg.	Snarum.	Krøderen.	Sum.	Gulskogen.	Mjøndalen.	Hougsund.	Burud.	Skotselven.	Løbenummer.
Antal Ton. (2 Decimaler).												
-	-	-	-	-	-	71.47	-	-	-	-	-	1
-	-	0.53	23.04	0.07	6.83	101.97	-	-	0.08	-	0.28	
-	-	-	-	-	-	0.10	-	-	-	-	0.10	2
0.80	3.90	6.70	9.70	5.00	13 03	555.92	-	12.05	5.02	16 87	11.67	
-	-	-	-	-	-	111.49	-	-	-	-	-	3
-	-	-	-	-	-	-	-	-	-	-	-	
0.14	-	44.20	17.00	1.00	0.75	575.75	-	0.33	0.38	0 15	0.24	4
1.18	0 29	16.86	164.04	10.51	14.46	988 46	-	6.30	13.10	2.45	13.87	
0.11	-	-	0.88	-	29.01	34 35	-	0.16	0 72	0.20	0.08	5
-	-	3.77	40.85	0 46	11.70	176 25	-	2.11	3.79	0.23	0 88	
0.50	-	-	1.17	0.06	-	17.14	-	2.10	8 68	0.63	3 94	6
0.18	5 23	92.52	568.99	2.52	143.23	2 851.14	0 18	351 51	333.67	23.63	216.77	
-	-	-	18.30	0.04	-	18.60	-	-	-	-	-	7
0 61	-	0.20	72.82	-	0.52	368.85	-	1 089.11	106.67	7.86	3 864.65	
-	-	-	2.50	-	-	10 60	-	-	-	-	-	8
-	-	-	-	-	-	6 00	-	-	-	-	-	
-	3.67	0.35	-	6 85	-	1 255.39	-	7.14	0.24	2 98	5 54	9
-	-	-	-	0.10	-	2.09	-	-	-	-	-	
-	-	-	-	-	-	680 00	5.80	40.30	-	-	-	10
-	-	3.56	0.75	-	0.70	64.14	-	1.60	40.41	10.00	549 43	
0 20	0 10	0.59	2.09	0.21	1.42	128.16	-	5 42	25.80	1.60	0.96	11
-	-	-	0.62	-	0.35	13 96	0.08	-	-	0.04	0.33	
-	-	-	-	-	-	0.08	-	0.54	-	-	-	12
0 86	-	0.95	57.14	-	13.60	191.29	-	38.00	51.08	2.20	37.37	
-	-	-	1.60	-	3.82	29.80	-	7.57	0.77	-	-	13
1.09	-	1.09	33.83	0.32	58.18	358.95	-	12.17	22.78	2.89	17.22	
1.72	-	38.54	1.79	-	18.13	198 68	0.59	1.86	3.24	0.02	1.50	14
0.77	-	2.97	29.55	0.90	2.56	165 27	0.04	4.77	1.58	0 02	0.70	
-	-	-	0.14	-	-	176.60	-	-	-	-	-	15
1.20	-	1.19	5.77	-	3.77	61.45	-	0 84	1.69	0.20	2.02	
	-	6.30	994.90	-	-	1 526.82	17.70	-	-	-	20.10	16
-	-	-	-	-	-	31.30	12.70	77.10	84.00	18.90	103.30	
0.80	31.70	13.60	929.40	56.70	2.50	1 434.10	-	24.40	-	157 30	153.70	17
-	-	-	-	-	-	-	13.40	-	-	-	1 025.50	
4.50	15.00	6.30	15.50	131.30	461.10	2 293.00	-	15 00	10.20	0.12	117.00	18
-	-	-	-	-	-	-	7.00	-	29.00	6.00	11.40	
-	-	430.00	74.50	29.00	-	6 967.10	-	-	934.80	-	1 748.40	19
-	-	-	-	-	-	1.00	-	-	-	-	-	
-	-	-	3.45	-	0.08	3.90	-	-	0.09	-	-	20
-	0.07	0 77	152.43	0.35	23.33	307 23	-	2.50	5.51	0.59	4.13	
5.11	89.76	18.93	420.08	6.12	73.31	11 938.44	0 28	1 475.29	50.31	3.42	18.35	21
9.43	1.30	135.69	1 077.12	67.09	329.28	6 309.00	1 97	144.84	164.20	18.31	741.37	
.08	140.23	558.81	2 483.30	231.28	590.12	27 471.57	24.37	1 580.11	1 035.23	166.42	2 069.91	
.12	10.79	266.80	2 236.65	87.32	621.54	12 554 27	35.37	1 742.90	862.58	110.19	6 600.89	

Tabel X (Forts.). Opgave over Tran

Dramm

L

Afsen
Ankomme

Løbenummer.	Varesorter.	Transportens Retning.	Aamot.	Gjethus.	Vikersund.	Nakkerud.	Skjærdalen.
			Antal Ton. (2 Decimaler).				
1	Brændevin paa Træer	Afs.	-	-	-	-	-
		Ank.	9.38	0.27	0.66	0.33	0.19
2	Gjødning, alle Slags	Afs.	-	-	-	-	-
		Ank.	102.33	-	1 38	-	0.40
3	Hø og Halm	Afs.	0.09	-	-	-	-
		Ank.	5 00	-	-	-	-
4	Jern og Staal og Arbeide deraf, undtagen Spiger	Afs.	3.22	30.00	0.44	7.63	0.67
		Ank.	27.38	15.89	6.44	6.56	9.90
5	Kjød og Flesk, alle Slags	Afs.	0.88	-	0.37	0.29	0 52
		Ank.	5.03	2.41	1.09	0.66	1.84
6	Kornvarer og Mel, alle Slags	Afs.	8.48	-	1 65	0.45	0.04
		Ank.	621.38	122.98	317 31	114 29	106.59
7	Kul (Sten-, Træ-), Cokes og Cinders	Afs.	0.70	-	-	-	-
		Ank.	110.02	3 756.36	376.09	76 50	951.44
8	Malme, Erts og Kis	Afs.	122.86	-	0 02	0.70	-
		Ank.	57.90	-	-	-	-
9	Melk	Afs.	426.53	-	293.65	-	-
		Ank.	-	-	-	-	-
10	Mursten, Tagsten og Drainsrør	Afs.	-	-	-	-	-
		Ank.	37.98	25.02	57.67	14 90	2.50
11	Poteter	Afs.	2.54	0.13	2.40	0 17	17.04
		Ank.	1.69	-	1.01	-	0.05
12	Salt	Afs.	-	-	-	-	-
		Ank.	138.60	10.85	64.35	24.69	17.42
13	Sild og Fisk	Afs.	0.30	-	-	0.15	-
		Ank.	55.54	8.92	27.19	11.61	17.35
14	Smør og Ost	Afs.	3.30	0.27	8 14	2.18	-
		Ank.	2.56	1.80	1.65	0.23	0.02
15	Spiger	Afs.	-	-	0 01	-	-
		Ank.	5.72	1.64	2.17	0.65	1.07
16	Trælast & Brænde. Planker, Bord, Lægter og Stav	Afs.	49.10	-	6 85	-	521.40
		Ank.	21.30	5.00	5 10	5.10	10 10
17	Trælast & Brænde. Tømmer, alle Slags, ○ og □	Afs.	95.00	7.70	66.20	-	2.50
		Ank.	-	-	-	-	-
18	Trælast & Brænde. Brænde og Baghun	Afs.	42.10	21.16	-	-	-
		Ank.	-	-	-	-	-
19	Træmasse	Afs.	8 338.40	2 986.85	-	-	3 100.08
		Ank.	-	-	-	-	-
20	Øl, alle Slags	Afs.	-	-	0.44	-	-
		Ank.	43.99	22.53	61.37	0.61	8.16
21	Øvrige Varer (Ilgods indbef.)	Afs.	85.25	1 678.70	88.67	6.19	11.77
		Ank.	336.63	369 67	167.67	48.71	62.74
	Tilsammen	Afs.	9 178.75	4 724.81	468.84	17.76	3 654.02
		Ank.	1 582.43	4 343.34	1 091.15	304.84	1 189.77

gde af de væsentligste Varesorter.

dsfjordbanen (Forts.).

k.

nmen fra Stationerne:
do. til do.

	Heen.	Randsfjord.	Vestfossen.	Darbo.	Krekling.	Skollenborg.	Kongsberg.	Snarum.	Krøderen.	Sum.	Løbenummer.
Antal Ton. (2 Decimaler).											
-	-	193.28	-	-	-	-	-	·	0.04	193.32	1
0.40	13.06	16.83	0.23	0.20	-	1.32	58.51	0 89	30.45	143.25	
-	-	-	-	-	-	-	-	-	-	0.10	2
1 40	4.80	13.40	29.30	1.91	-	5.45	0.55	0.50	38.42	245.98	
9 40	6.40	-	11.44	-	-	-	-	38 00	-	115.33	3
-	8.80	-	-	-	-	-	-	3.94	15.90	33.64	
0.67	-	30.77	57.32	0.03	-	0.45	3.48	0.02	0.15	136.02	4
71 65	29.61	97.46	281.01	0 81	0.83	4.72	61.77	3 40	43.66	699.67	
-	-	0.21	0.13	0.32	-	-	4 96	·	6.14	15.01	5
9.17	3.38	12.53	1.01	1.03	0.02	6.82	6.73	2.01	12.40	73.31	
9 61	0.30	9.46	2.13	0.06	-	-	1.53	0.30	0.32	50.26	6
78 23	411.29	1 084.10	575.60	110 43	4.79	390.25	1 794.40	93 45	660.15	8 048.28	
-	6 00	-	48.70	-	-	-	0 69	·	-	56.09	7
11.83	235.86	4 082 10	2 900.97	20.06	0 07	253.77	1 379.26	16 88	417.63	21 869 95	
·	-	-	4.25	-	-	-	-	·	-	127.83	8
·	-	-	-	·	-	·	-	-	-	57.90	
2.06	-	-	0 02	0.04	-	·	-	0.92	-	739.13	9
·	-	-	0.02	-	-	·	·	-	-	0.02	
-	-	21.00	-	·	·	-	-	·	-	67.10	10
.40	22.50	8 22	231.00	30.10	8.10	159.70	490.89	36 28	107.44	1 882.14	
.25	-	7.14	13.30	0.76	0.25	1.02	0.70	0.17	2.17	98.82	11
31	-	0 24	0.05	-	-	0.10	0 08	-	0 48	4.46	
-	-	-	-	·	-	-	-	·	-	0.54	12
.39	100.67	464.89	57.58	19.67	0.51	75.72	224.27	10.37	281.94	1 815.88	
-	-	0.50	-	0.34	-	-	1 02	-	1.42	12.37	13
.81	76.48	274.55	19.12	4.76	0.19	18.35	47.56	10.64	137.69	857.66	
.36	-	28.41	-	1.99	-	8.21	11.04	0.16	60.36	134.11	14
.55	1.75	1.53	1.48	0.28	-	0 97	0.77	1.60	1.07	24 42	
·	·	·	·	-	-	-	·	-	-	0.01	15
20	2.83	11.45	3.69	-	-	2.41	8.83	1.00	9.31	58.37	
20	826.25	274 60	290.60	259.50	-	-	5 581.30	-	-	8 952.60	16
-	-	73.30	50.40	-	17.70	40.50	245.00	40.90	21.40	836.80	
.50	80.50	272.10	208.90	413.60	561.70	763.30	711.40	63 20	-	3 584.00	17
-	-	·	12.00	·	-	-	·	-	-	1 050.90	
·	18.50	31.50	201 70	85.30	13.00	5.00	18.50	61.30	232.50	911.38	18
·	-	-	-	·	·	-	·	-	·	53.40	
.42	11 409.39	8 454.20	8 458.54	-	-	6 507.00	2 307.40	6 716.40	-	91 375.88	19
-	0.20	-	-	-	-	-	-	0.40	-	0 60	
·	-	0.20	0.34	-	-	-	1.49	-	-	2.56	20
8 28	32.60	39.42	3.30	0.31	0.21	0.50	5.61	8.45	115.79	373.91	
15.04	52.25	1 500.63	55.02	6 53	0.36	24.81	100.52	12.30	156.50	6 054.53	21
6.84	163 38	986.77	609 45	42.88	1.96	138.25	473.65	61.53	434.64	5 336.37	
.51	12 399.59	10 824.00	9 352.39	768.47	575 31	7 309.79	8 744.03	6 892.77	459 60	112 626.99	
.46	1 107.21	7 166.79	4 776.21	232.44	34.38	1 098 83	4 797.88	292.24	2 328 37	43 466.91	

Tabel X (Forts.). Opgave over Tra[n…]

Løbenummer.	Varesorter.	Transportens Retning.	Drammen—Randsfjordbanen (Fort[…] Lokaltrafik. Øvrige Lokaltrafik, afsendt eller ankommet.	Lokaltrafik. Tilsammen, afsendt eller ankommet.	Samlet Trafik. Op.	Samlet Trafik. Ned.	Ho[…] su[…] afs[…] ell[…] ankom[…]
			Antal Ton. (2 Decimaler).				
1	Brændevin paa Træer	Afs. Ank.	0.60	337.17	246 49	264.94	5[…]
2	Gjødning, alle Slags	Afs. Ank.	146.91	392.99	1 400.23	88 23	1 […]
3	Hø og Halm	Afs. Ank.	318.84	467.81	319.24	340.01	6[…]
4	Jern og Staal og Arbeide deraf undtagen Spiger	Afs. Ank.	129.91	965.60	1 996 82	852 71	2 8[…]
5	Kjød og Flesk, alle Slags	Afs. Ank.	16.46	104.78	266.33	54 02	3[…]
6	Kornvarer og Mel, alle Slags	Afs. Ank.	760.97	8 859.51	11 818.78	362.17	12 1[…]
7	Kul (Sten-, Træ-), Cokes og Cinders	Afs. Ank.	94.32	22 020.36	23 124.31	76.76	23 2[…]
8	Malme, Erts og Kis	Afs. Ank.	0.06	185.79	63 96	139.79	2[…]
9	Melk	Afs. Ank.	284.70	1 023.85	208.74	2 090 63	2 2[…]
10	Mursten, Tagsten og Drainsrør	Afs. Ank.	953.35	2 902.59	2 507.96	1 247.90	3 7[…]
11	Poteter	Afs. Ank.	76.50	179 78	58.36	278 25	3[…]
12	Salt	Afs. Ank.	13.83	1 830 25	2 019.77	1.85	2 0[…]
13	Sild og Fisk	Afs. Ank.	76.44	946.47	1 320.58	53.48	1 3[…]
14	Smør og Ost	Afs. Ank.	64.42	222.95	229.49	396 73	6[…]
15	Spiger	Afs. Ank.	8 43	66 81	220.52	201.42	4[…]
16	Trælast & Brænde. Planker, Bord, Lægter og Stav	Afs. Ank.	2 067.79	11 857 19	2 172.21	16 023.77	18 1[…]
17	Trælast & Brænde. Tømmer, alle Slags, ○ og □	Afs. Ank.	37 202.38	41 837.28	3 022 09	41 734.81	44 7[…]
18	Trælast & Brænde. Brænde og Baghun	Afs. Ank.	2 000.20	2 964.98	161.50	5 692.36	5 8[…]
19	Træmasse	Afs. Ank.	1 204.46	92 580.94	1 212.02	100 444.95	101 6[…]
20	Øl, alle Slags	Afs. Ank.	277.97	654.44	901.76	64 34	[…]
21	Øvrige Varer (Ilgods indbef.)	Afs. Ank.	2 154.97	13 545.87	15 140.38	19 516.92	34 6[…]
	Tilsammen	Afs. Ank.	47 853 51	203 947.41	68 411.54	189 926.04	258 3[…]

…de af de væsentligste Varesorter.

Eidsvold—Hamarbanen.

Samtrafik.

Afsendt fra **Eidsvold—Hamarbanen.** Ankommet til do. do.

	over Eidsvold.								o. Hamar.	
	Smaalensbanen.	Sv. Baner over Kornsø.	Hovedbanen.	Kongsvingerbanen.	Sv. Baner over Charlottenberg.	Kristiania—Drammenbanen.	Drammen—Skienbanen.	Drammen—Randsfjordbanen.	Rørosbanen.	Løbenummer.
	Antal Ton. (2 Decimaler).									
.57	-	-	445.66	0.08	-	18.19	-	-	2.18	1
	-	-	71.90	-	-	0.12	-	-	1.65	
.43	-	-	18.62	17.20	-	-	-	-	0.40	2
	-	-	1 007.06	-	-	-	-	-	-	
.61	-	-	220.81	0.47	-		-	-	406.22	3
	-	-	5.00	-	-	-	-	-	0.05	
.64	5.76	10.14	400.54	1.87	0.33	1.39	5.28	1.48	23.85	4
	17.45	6.14	963.65	20.50	15.42	1.43	3.26	0.44	24.72	
.54	0.29	-	187.84	0.07	-	0.26	0.53	-	0.43	5
	-	-	72.40	0.02	0.14	-	-	-	0.61	
83	3.77	1.04	58.91	4.84	-	1.31	1.92	1.52	180.00	6
	67.63	2.50	3 900.09	3.26	9.74	0.30	-	-	7.65	
53	-	-	0.09	-	-	-	-	-	-	7
	-	-	9 764.64	-	-	-	-	-	-	
52	21.60	-	-	0.10	-	-	-	-	2.63	8
	-	-	289.79	-	5.00	-	-	-	20.15	
.10	-	-	1 808.11	-	-	0.02	-	-	0.61	9
	-	-	-	-	-	-	-	-	-	
11	-	-	-	-	-	-	-	-	132.60	10
	-	9.80	3 085.96	-	-	-	-	-	-	
31	12.29	-	892.80	0.30	5.00	0.62	7.54	-	255.70	11
	0.26	-	2.98	0.07	-	-	-	-	0.49	
32	-	-	-	-	-	-	-	-	0.11	12
	-	-	432.42	-	-	0.46	-	-	-	
22	0.08	-	5.22	2.22	5.16	0.03	-	0.06	1.05	13
	0.02	-	101.68	0.02	-	-	0.94	-	143.51	
50	0.86	-	545.26	0.35	0.08	1.57	0.93	0.06	0.63	14
	-	-	97.14	0.07	-	-	0.36	0.03	4.67	
60	-	-	1.40	-	-	-	-	-	-	15
	-	-	77.93	8.91	-	-	-	-	0.91	
.52	-	-	79.20	-	-	-	-	-	35.00	16
	-	-	384.30	234.90	-	-	-	-	18.35	
30	-	-	280.40	-	-	-	-	-	-	17
	-	-	-	-	-	-	-	-	45.70	
	-	-	19.80	-	-	-	-	-	8.40	18
	-	-	6.40	-	-	-	-	-	14.30	
.15	-	-	478.50	-	-	-	-	-	-	19
	-	-	-	-	-	-	-	-	-	
.38	-	-	177.29	-	-	-	-	-	0.05	20
	-	-	129.68	0.05	1.44	-	-	0.18	0.24	
69	42.38	2.78	3 255.86	17.19	5.62	14.26	7.96	11.76	98.37	21
	55.86	16.75	5 472.19	13.83	149.16	34.01	24.45	5.84	48.91	
46	87.03	13.96	8 876.31	44.69	16.19	37.65	24.16	14.88	1 148.23	
	141.22	35.19	25 865.21	281.63	180.90	36.32	29.01	6.49	331.91	

Tabel X (Forts.). Opgave over Trar

Løbenummer.	Varesorter.	Transportens Retning.	Eidsv — Afs. fra Eldsv.-Hamarb. Ank. til do. do. — over Hamar. — Merakerbanen.	Sv. Baner over Storlien	Tilsammen.	Heraf: A Ank — Minne.	Ulvin.	Espen.
			Antal Ton (2 Decimaler).					
1	Brændevin paa Træer	Afs.	-	-	466.11	34.60	-	-
		Ank.	-	-	73.67	3.14	0.16	0.15
2	Gjødning, alle Slags	Afs.	-	-	36.22	-	-	-
		Ank.	-	-	1 007.06	202.97	37.35	1.00
3	Hø og Halm	Afs.	-	-	627 50	-	-	-
		Ank.	-	-	5.05	-	-	-
4	Jern og Staal og Arbeide deraf, undtagen Spiger	Afs.	-	-	450.64	5.07	-	-
		Ank.	0.52	-	1 053.53	52 16	2.17	1 53
5	Kjød og Flesk, alle Slags	Afs.	-	-	189.42	32.59	0.93	1.02
		Ank.	-	-	73.17	3.99	0.69	0 45
6	Kornvarer og Mel, alle Slags	Afs.	0 07	0.04	253.42	12.13	0.02	0.28
		Ank	-	-	3 991.17	463.85	64.20	45.06
7	Kul (Sten-, Træ-), Cokes og Cinders	Afs	-	-	0.09	-	-	-
		Ank.	-	-	9 764.64	255.42	1.19	-
8	Malme, Erts og Kis a)	Afs.	-	-	24.33	-	-	-
		Ank.	-	-	314.94	26.70	-	-
9	Melk	Afs.	-	-	1 808.74	167.15	33.29	-
		Ank.	-	-	-	-	-	-
10	Mursten, Tagsten og Drainsrør	Afs.	-	-	132.60	-	-	-
		Ank.	-	-	3 095.76	-	0.60	-
11	Poteter	Afs.	1.50	-	1 175.75	125.27	9.60	24.21
		Ank.	-	-	3.80	-	-	-
12	Salt	Afs.	-	-	0.11	-	-	-
		Ank.	-	-	432.88	71.29	5.38	7.13
13	Sild og Fisk	Afs.	-	-	13.82	0.30	-	-
		Ank.	5.70	-	251.87	33 41	4.19	0.84
14	Smør og Ost	Afs.	-	-	549.74	98.52	0 41	0 27
		Ank.	-	-	102.27	4.85	1.23	0.47
15	Spiger	Afs.	-	-	1 40	-	-	-
		Ank.	-	-	87.75	5.25	0.38	0.19
16	Trælast & Brænde. Planker, Bord, Lægter og Stav	Afs.	-	-	114.20	5.00	-	-
		Ank.	-	-	637.55	-	-	-
17	Trælast & Brænde. Tømmer, alle Slags, O og □	Afs.	-	-	280.40	99.00	42.30	-
		Ank.	-	-	45 70	-	-	-
18	Trælast & Brænde. Brænde og Baghun	Afs.	-	-	28.20	-	19 80	-
		Ank.	-	-	20.70	-	-	-
19	Træmasse	Afs.	-	-	478.50	54.40	-	-
		Ank.	-	-	-	-	-	-
20	Øl, alle Slags	Afs.	-	-	177.34	-	-	-
		Ank.	-	-	131.59	5.55	0.93	9.03
21	Øvrige Varer (Ilgods indbef.)	Afs.	0.32	-	3 456.50	259 92	12.87	12.41
		Ank.	0.26	-	5 821.26	425.47	30.46	18.60
	Tilsammen	Afs.	1.89	0.04	10 265.03	893.95	119.22	38.19
		Ank.	6.48	-	26 914.36	1 554.05	148 93	84.45

gde af de væsentligste Varesorter.

arbanen.

	stiania fra Stationerne: do. til do			Lokaltrafik. Afsendt til Hamar fra Stationerne: Ankommet fra do. til do.								
	Ottestad.	Hamar.	Sum.	Eidsvold.	Minne.	Ulvin.	Espen.	Tangen.	Stange.	Ottestad.	Sum.	Løbenummer.
Antal Ton. (2 Decimaler).												
-	92.96	317.93	445 49	-	-	-	-	-	-	-	-	
77	1.67	65.97	71.90	0.04	0.12	0.09	0 04	0.31	0.52	0.09	1.21	1
-	-	18.62	18.62	5.00	-	-	-	0.18	-	-	5.18	
00	41 35	582.99	969.26	-	-	-	0.55	12.64	22.88	13.44	49.51	2
65	40.66	47.50	220.81	-	0.40	-	-	-	53.40	7.46	61.26	
-	-	-	-	-	-	-	-	-	-	-	-	3
.05	-	381 73	389.85	109 40	2.76	-	0.60	-	-	-	112.76	
37	11.96	836.78	957.02	1.08	0.46	0.83	1.80	8.79	9.34	1.67	23.97	4
.90	1.45	133.75	185.99	0.34	-	0.10	0.55	0.93	0.58	0.04	2.54	
90	1.68	54.47	72.34	0.18	-	0.11	0.22	0.29	0.53	0.75	2 08	5
07	5.77	31.28	54.78	50.16	10.42	0.50	0 60	11.91	15.81	18.30	107.70	
.15	150 40	2 579.32	3 896.34	0 20	1.00	0 70	1.09	6.03	12.36	28.68	50.06	6
-	-	0.09	0 09	64.50	16.40	-	-	-	5.80	-	86.70	
.68	97.10	8 999.05	9 764.64	-	0.05	-	0.85	0.78	1.58	0.20	3.46	7
-	-	-	-	5.86	215.10	0.22	-	-	-	-	221.18	
.38	-	65.70	96.22	5.70	0.38	-	3.35	9.05	22.56	2.88	43.92	8
.51	-	530.50	1 808.11	-	-	-	5.41	37.61	117.48	29.67	190.17	
-	-	-	-	-	-	-	0.11	0.16	0.30	5.15	5.72	9
-	-	-	-	34.65	315.00	-	-	-	-	-	349.65	
95	-	16.90	18.45	-	-	-	-	4.55	12.32	-	16.87	10
.28	89.74	306.62	885.86	0.61	0.65	-	0.60	5.15	10.50	1.06	18.57	
.10	-	1.16	1 26	0.28	-	-	-	0 10	-	0.50	0.88	11
-	-	-	-	0.75	0.75	-	-	-	-	-	1.50	
.80	15.05	198.66	432.42	-	-	-	-	0.10	0.90	-	1.00	12
.04	-	1.64	1.98	1.20	0.03	-	-	1.32	3.82	-	6.37	
.96	0.08	47.22	101.63	1.75	1.90	0.25	0.81	13 69	19.74	2.68	40.82	13
.26	5.28	326 67	543.60	0.43	0.36	0.09	0.11	0 16	0.18	-	1.33	
.50	1.60	79.09	97.06	0.77	0.02	0.11	-	1.22	3.11	2.61	7.84	14
	-	0.08	0.08	0.39	-	-	-	-	-	-	0.39	
.71	2.69	59 74	77.78	-	-	-	-	0.27	0.90	0.11	1.28	15
-	-	36.60	57.60	-	-	-	0.60	161.00	146.30	1.50	309.40	
-	-	5 50	5.50	-	-	-	-	-	13.70	-	13.70	16
-	-	21.70	163.00	-	-	0.60	-	1.70	-	-	2.30	
-	-	-	-	-	-	-	-	-	26.10	-	26.10	17
-	-	-	19.80	13.00	38.80	274.20	123.10	422.00	130.30	16.00	1 017.40	
-	-	-	-	-	-	-	-	-	-	-	-	18
-	-	424.10	478.50	-	-	-	-	-	-	-	-	
-	-	-	-	-	-	-	-	-	-	-	-	19
-	-	99.21	99.21	-	-	-	-	-	-	-	-	
.92	0.55	112.28	129.68	4.92	18.49	2.53	2.26	6.99	21.86	1.65	58.70	20
.90	21 94	2 826 41	3 215.50	36.73	70.65	4.36	9.99	75.79	66.32	4.54	268.38	
.82	109.19	4 358.35	5 351.96	11.95	8.45	8.44	10.93	36.58	123.32	28.95	228.62	21
.75	257.80	5 504.43	8 588.87	323.02	671.32	280 07	141.56	717.75	550.49	78.57	2 762.78	
.10	433 32	18 063.18	22 043.46	26.87	30.87	13.06	22.01	101.55	292.02	89.36	575.74	

Tabel X (Forts.). Opgave over Trans

Løbenummer.	Varesorter.	Transportens Retning.	Eidsvold—Hamarbanen (Forts.). Lokaltrafik. Øvrige Lokaltrafik. afsendt eller ankommet	Tilsammen, afsendt eller ankommet.	Samlet Trafik. Op.	Ned.	Hoved afsen elle ankom
			Antal Ton. (2 Decimaler).				
1	Brændevin paa Træer	Afs. Ank.	3.45	4.66	136.48	1 285 53	1 42
2	Gjødning, alle Slags	Afs. Ank.	14.09	68.78	1 381.95	85 54	1 46
3	Hø og Halm	Afs. Ank.	137.22	198.48	511.39	374.25	88
4	Jern og Staal og Arbeide deraf, undtagen Spiger	Afs. Ank.	18.64	155.37	2 563.86	851.32	3 41
5	Kjød og Flesk, alle Slags	Afs. Ank.	1.09	5.71	269.24	315.60	58
6	Kornvarer og Mel, alle Slags	Afs. Ank.	181.43	339.19	8 504.51	223.10	8 72
7	Kul (Sten-, Træ-), Cokes og Cinders	Afs. Ank.	41.58	131.74	11 901.54	9.46	11 91
8	Malme, Erts og Kis a)	Afs. Ank.	160.25	425.35	1 872.74	152 40	2 02
9	Melk	Afs. Ank.	117.12	313.01	221.99	2 379.86	2 60
10	Mursten, Tagsten og Drainsrør	Afs. Ank.	127.40	493.92	4 394.47	60.92	4 45
11	Poteter	Afs. Ank.	13.39	32.84	366.67	1 020.03	1 386
12	Salt	Afs. Ank.	2.64	5.14	943.79	3.16	946
13	Sild og Fisk	Afs. Ank.	17.28	64 47	140.19	2 272.19	2 412
14	Smør og Ost	Afs. Ank.	1.97	11.14	519.51	1 496.14	2 015
15	Spiger	Afs. Ank.	0.65	2.32	201 96	61.20	263
16	Trælast & Brænde. Planker, Bord, Lægter og Stav	Afs. Ank.	721.72	1 044.82	1 577.04	420.05	1 997
17	Trælast & Brænde. Tømmer, alle Slags, ○ og □	Afs. Ank.	621.00	649.40	649.70	582.10	1 231
18	Trælast & Brænde. Brænde og Baghun	Afs. Ank.	1 888.20	2 905.60	2 899.40	55.10	2 954
19	Træmasse	Afs. Ank.	-	-	20.15	496.50	516
20	Øl, alle Slags	Afs. Ank.	1.08	59.78	215.43	236.66	452
21	Øvrige Varer (Ilgods indbef.)	Afs. Ank.	331.61	828.61	12 575.10	6 615.96	19 191
	Tilsammen	Afs. Ank.	4 401.81	7 740.33	51 867.11	18 997.07	70 86

...de af de væsentlige Varesorter.

Rørosbanen.

Samtrafik.

Afsendt fra **Rørosbanen.**
Ankommet til do.

over **Hamar.**

	Eidsvold —Hamarbanen.	Smaalensbanen.	Sv. Baner over Kornsø.	Hovedbanen.	Kongsvingerbanen.	Sv. Baner over Charlottenberg.	Kristiania —Drammenbanen.	Drammen —Skienbanen.	Drammen —Randsfjordbanen.	Løbenummer.
	Antal Ton. (2 Decimaler).									
05	1.65	0.40	3.60	809.93	1.22	0.42	-	-	0.27	1
	2.18	-	-	56.02	0.23	4.44	0.99	-	-	
00	-	-	-	-	-	-	-	-	-	2
	0.40	-	0.70	344.73	-	-	-	-	-	
-	0.05	-	-	28.50	-	-	-	-	-	3
	406.22	-	-	26.11	-	-	-	-	-	
7.10	24.72	3.09	0.31	327.48	30.26	0.28	2.92	2.05	0.69	4
	23.85	11.74	14.08	1 154 18	18.36	153.19	0.25	10.16	0.02	
3.30	0.61	0.53	-	118.28	0.55	0.65	2.62	0.56	0.02	5
	0.43	0.04	-	189.28	0.07	0.44	0.10	-	0.10	
24.01	7.65	0.11	-	11.99	0.12	-	-	0.18	0.37	6
	180.00	144.99	0.04	3 937.10	5.98	17.56	0.42	0.32	0.75	
-	-	-	-	-	-	-	-	-	-	7
	-	-	-	2 014.53	-	-	-	-	-	
0.24	-	0.21	8.64	0.44	-	0.04	-	-	-	8
	2.63	-	-	1 011.87	30.70	-	-	-	-	
-	-	-	-	480.10	-	-	-	-	-	9
	0.61	-	-	-	-	-	-	-	-	
-	-	-	-	0.25	-	-	-	-	-	10
	132.60	-	-	632.86	95.00	5.00	-	-	-	
1.50	0.49	2.04	-	86.98	-	-	0.29	0.21	-	11
	255.70	2.22	-	80.79	1.35	-	0.24	-	0.19	
-	-	-	-	0.23	-	-	-	-	-	12
	0.11	-	-	508.59	-	-	-	-	-	
6.78	143.51	31.27	15.72	523.30	442.96	1 001.70	17.00	10.96	13.32	13
	1.05	0.33	0.04	23.46	0.12	0.22	0.09	0.48	0.17	
40.99	4.67	7.90	0.12	881.54	2.44	1.06	2.83	1.96	0.55	14
	0.63	0.05	100.28	312.18	0.04	0.26	-	0.30	-	
0.56	0.91	0.55	-	54.15	2.37	-	-	0.12	-	15
	-	-	-	63.72	3.64	46.58	-	-	-	
-	18.35	2.50	-	56.00	-	-	-	-	-	16
	35.00	-	-	92.32	49.70	-	-	-	-	
-	45.70	3.20	-	221.70	-	-	-	-	-	17
	-	-	-	31.40	-	-	-	-	-	
-	14.30	-	-	-	-	-	-	-	-	18
	8.40	-	-	-	-	-	-	-	-	
18.00	-	-	-	-	-	-	-	-	-	19
	-	-	-	20.10	-	-	-	-	0.05	
0.37	0.24	-	-	0.43	-	-	-	-	-	20
	0.05	-	-	80.61	1.97	-	-	-	-	
7203	69 06	97.10	36.54	2 614.14	18.26	58.61	17.72	25.45	8.73	21
	98.37	107.26	196.06	5 560.46	41 42	218.30	68.71	38 73	14.14	
93	331.91	148.90	64.93	6 215.44	498.18	1 062.76	43.38	41.49	23.95	
	1 148.23	266.63	311.20	16 140.31	248.58	445.99	70.80	49.99	15.42	

Tabel X (Forts.). Opgave over Trans[illegible]

Løbenummer.	Varesorter	Transportens Retning.	Afsendt fra Rørosbanen. Ankommet til do. over Trondhjem. Meraker-banen.	Sv. Baner over Storlien.	Til-sammen.	Hvoraf [illegible] Aker.	Hjellum.
			Antal Ton. (2 Decimaler).				
1	Brændevin paa Træer	Afs.	-	-	817.49	312.07	185.30
		Ank.	-	0 58	64.44	-	2.16
2	Gjødning, alle Slags	Afs.	1.15	-	1.15	-	-
		Ank.	-	-	345.83	-	16.65
3	Hø og Halm	Afs.	11.84	-	40.39	-	28.50
		Ank.	61.00	-	493.33	-	-
4	Jern og Staal og Arbeide deraf, undtagen Spiger	Afs.	1.45	0.04	393.29	-	0.13
		Ank.	0 10	3.10	1 389.03	-	23.83
5	Kjød og Flesk, alle Slags	Afs.	0.11	0.98	124.91	-	0.32
		Ank.	-	-	190.46	-	2.84
6	Kornvarer og Mel, alle Slags	Afs.	8.32	-	28.74	-	0.32
		Ank.	0.65	1.32	4 289.13	-	371.26
7	Kul (Sten-, Træ-), Cokes og Cinders	Afs.	-	-	-	-	-
		Ank.	-	-	2 014.53	-	550.10
8	Malme, Erts og Kis	Afs.	-	-	9.33	-	-
		Ank.	-	-	1 045.20	-	-
9	Melk	Afs.	-	-	480.10	-	210.28
		Ank.	-	-	0.61	-	-
10	Mursten, Tagsten og Drainsrør	Afs.	-	-	0.25	-	-
		Ank.	192.60	-	1 058.06	-	7.80
11	Poteter	Afs.	10.93	-	100.94	-	20.75
		Ank.	0.53	0.54	341.56	-	-
12	Salt	Afs.	-	-	0.23	-	-
		Ank.	-	-	508.70	-	14.[illegible]
13	Sild og Fisk	Afs.	0.04	0.04	2 199.82	-	[illegible]
		Ank.	51.56	-	77.52	-	0.0[illegible]
14	Smør og Ost	Afs.	0.75	3.94	907.76	-	0.[illegible]
		Ank.	0.21	-	413.95	-	1.7[illegible]
15	Spiger	Afs.	-	-	58.10	-	0.[illegible]
		Ank.	0.63	0.04	114.61	-	3.1[illegible]
16	Trælast & Brænde. Planker, Bord, Lægter og Stav	Afs.	2.75	-	79.60	-	[illegible]
		Ank.	6.00	-	183.02	-	-
17	Tømmer, alle Slags, ○ og □	Afs.	105.00	-	375.60	-	-
		Ank.	21.00	-	52.40	-	[illegible]
18	Brænde og Baghun	Afs.	10.00	-	24.30	-	[illegible]
		Ank.	-	-	8.40	-	[illegible]
19	Træmasse	Afs.	-	-	-	-	[illegible]
		Ank.	-	-	20.15	-	[illegible]
20	Øl, alle Slags	Afs.	-	0.37	1.04	[illegible]	[illegible]
		Ank.	-	1.12	83.75	[illegible]	[illegible]
21	Øvrige Varer (Ilgods indbef.)	Afs.	24.63	4.83	2 975.07	[illegible]	[illegible]
		Ank.	105.01	5.84	6 454.30	[illegible]	[illegible]
	Tilsammen	Afs.	176.97	10.20	8 618.[illegible]	[illegible]	[illegible]
		Ank.	439.29	12.54	19 148.[illegible]	[illegible]	[illegible]

...gde af de væsentligste Varesorter.

...n (Forts.).

...stiania fra Stationerne:
do. til do.

...	Aadals-brug.	Løiten.	Elverum.	Grundset.	Øxna.	Aasta.	Rena.	Stenviken.	Ophus.	Løbenummer.
Antal Ton (2 Decimaler).										
-	-	291.40	-	-	-	-	-	-	-	1
0.07	0.15	2.60	11.15	0.11	0.03	0.44	1.87	0.89	0.15	
-	-	-	-	-	-	-	-	-	-	2
5.00	-	112.33	73.92	15.00	-	-	5.40	-	1.80	
-	-	-	-	-	-	-	-	-	-	3
-	-	-	-	-	-	-	-	-	-	
-	306.63	-	-	-	-	-	1.32	-	-	4
1.98	443.33	16.36	120.68	0.11	0.09	1.39	15.10	6.66	0.87	
-	0.45	-	2.42	-	-	0.24	0.10	0.83	-	5
0 68	4 21	5.55	90.99	-	0.93	2.27	13.87	5.19	1.59	
-	3.00	0.20	5.20	-	0.03	-	-	-	-	6
28.70	204.54	508.05	1 567.78	2.45	18.82	19.35	257.82	23.87	9.73	
-	-	-	-	-	-	-	-	-	-	7
5.30	1 194.90	55.07	132.14	-	-	1.13	13.78	15.20	-	
-	-	-	-	-	-	-	-	-	-	8
-	994.60	-	3.00	-	-	-	-	-	-	
-	20.32	101.60	-	10.26	-	23.34	53.85	-	-	9
-	-	-	-	-	-	-	-	-	-	
-	-	-	-	-	-	-	-	-	-	10
-	0.10	-	-	-	-	-	-	-	-	
10.00	0.74	20.69	16.93	-	0.10	0.16	0.48	0.12	0.16	11
-	-	-	0.10	-	-	-	-	-	-	
-	-	-	-	-	-	-	-	-	-	12
14.60	1.60	69.28	294.08	-	5.40	0.63	49.55	1.44	-	
-	-	-	-	-	-	-	0.07	-	-	13
1.13	0.15	0.87	6.32	-	-	-	0.94	-	-	
-	1.97	68.67	22.54	-	0.94	8.61	28.47	0.89	0.14	14
0.81	5.88	4.91	13.01	-	0.22	0.14	2.80	0.24	0.23	
-	51.90	-	0.64	-	-	-	-	-	-	15
0 78	3.62	4.22	15.54	-	-	-	2.08	-	0.24	
-	-	-	-	-	-	-	-	-	-	16
-	-	-	-	-	-	-	-	-	-	
-	-	-	-	-	-	-	-	13.50	-	17
-	31.40	-	-	-	-	-	-	-	-	
-	-	-	-	-	-	-	-	-	-	18
-	-	-	-	-	-	-	-	-	-	
-	-	-	-	-	-	-	-	-	-	19
-	5.00	-	-	-	-	-	-	-	-	
-	-	-	0.08	-	-	-	-	-	-	20
0.78	0.30	9.70	1.26	-	0.05	-	0.33	2.33	0 38	
9.92	579.95	38.55	160.55	0.69	3.01	4.40	30.97	8.68	2.37	21
40 19	425.52	265.26	970.02	1.77	9.12	21.03	163 32	93 41	7.95	
19.92	964.96	521.11	208.36	10.95	4 08	36.75	115 26	24.02	2.67	
...00 02	3 315.30	1 054.20	3 299.99	19.44	34.66	46.38	526.86	149.23	22.94	

Tabel X (Forts.). Opgave over Tran

Løbenummer.	Varesorter.	Transportens Retning.	Hvoraf: A Ank Rasten.	Stai.	Koppang.	Atna.	Hanestad.
			Antal Ton. (2 Decimaler).				
1	Brændevin paa Træer	Afs.	-	-	-	-	-
		Ank.	0.52	1.52	2.08	0.53	0.62
2	Gjødning, alle Slags...........	Afs.	-	-	-	-	-
		Ank.	-	12.22	1.70	0.40	6 20
3	Hø og Halm................	Afs.	-	-	-	-	-
		Ank.	-	-	-	-	-
4	Jern og Staal og Arbeide deraf, undtagen Spiger............	Afs.	-	0.15	0.11	-	-
		Ank.	7.22	6.95	22.30	0.59	5.09
5	Kjød og Flesk, alle Slags......	Afs.	0.23	-	0.89	-	0.18
		Ank.	7.14	4.78	13.20	0.09	3.16
6	Kornvarer og Mel, alle Slags ..	Afs.	-	-	0.30	-	0.08
		Ank.	60.95	122.11	126.71	14.77	17.10
7	Kul (Sten-, Træ-), Cokes og Cinders....................	Afs.	-	-	-	-	-
		Ank.	-	10.01	13.80	7.00	0.40
8	Malme, Erts og Kis...........	Afs.	-	-	-	-	-
		Ank.	-	-	-	-	-
9	Melk	Afs.	-	-	-	-	-
		Ank.	-	-	-	-	-
10	Mursten, Tagsten og Drainsrør .	Afs.	-	-	-	-	-
		Ank.	-	-	-	-	-
11	Poteter	Afs.	-	0.18	0.15	0.20	-
		Ank.	-	-	0.10	-	-
12	Salt	Afs.	-	-	-	-	-
		Ank.	-	4.34	18.00	8.31	12.97
13	Sild og Fisk	Afs.	-	-	-	0.06	0.89
		Ank.	0.02	0.80	0.82	0.02	5.12
14	Smør og Ost................	Afs.	0.07	8.41	2.45	1.27	2 69
		Ank.	0.52	1.27	1.37	-	0.15
15	Spiger.....................	Afs.	-	-	-	-	-
		Ank.	0.17	0.59	3.42	-	0.24
16	Trælast & Brænde. Planker, Bord, Lægter og Stav	Afs.	-	-	-	-	-
		Ank.	-	-	-	-	-
17	Trælast & Brænde. Tømmer, alle Slags, ○ og □	Afs.	-	-	-	-	-
		Ank.	-	-	-	-	-
18	Trælast & Brænde. Brænde og Baghun.......	Afs.	-	-	-	-	-
		Ank.	-	-	-	-	-
19	Træmasse	Afs.	-	-	-	-	-
		Ank.	-	-	-	-	0.10
20	Øl, alle Slags	Afs.	-	-	-	-	-
		Ank.	0.64	1.93	4.47	0.31	0.05
21	Øvrige Varer (Ilgods indbef.)...	Afs.	5.84	183.18	13.86	3.10	6.59
		Ank.	40.10	75.46	125.22	18.71	47.21
	Tilsammen	Afs.	6.14	191.92	17.76	4.63	10.43
		Ank.	117.28	241.98	333.19	50.73	98 41

...le af de væsentligste Varesorter.

(Forts.).

...tiania fra Stationerne:
...o. til do.

	Auma.	Tønset.	Telneset.	Tolgen.	Os.	Røros.	Stat. mell. Røros og Tr.hjem.	Trondhjem.	Sum.	Løbenummer.
Antal Ton. (2 Decimaler).										
-	-	-	-	.	-	.	-	20 26	809.03	1
.22	0.28	1.00	-	0.16	0.08	2.35	0.54	22.89	56.02	
-	-	-	-	-	-	-	-	.	.	2
.20	0.50	21.55	-	5.00	10.50	0.10	5.80	0.06	329.33	
.	-	-	-	-	-	-	-	-	28.50	3
-	-	-	-	-	-	-	-	16.00	16.00	
51	0.10	-	0.02	0.19	-	0.25	-	10.10	319.65	4
.03	1.62	20.97	0.40	4.14	2.82	28.96	38.54	358.81	1 150.66	
.7?	-	4.01	-	0.83	3.07	13.82	13.66	75.30	117.87	5
.41	0.04	1.96	-	-	0.04	10.50	1.22	13.38	189.10	
-	-	-	-	-	-	-	-	0.10	11.94	6
.73	0.50	69.16	-	28.26	32.08	208.21	22.89	21.78	3 921.37	
-	-	-	-	-	-	-	-	-	-	7
-	-	5.00	-	-	-	10.50	-	0.20	2 014.53	
.24	-	-	-	-	-	-	-	0.10	0.44	8
-	-	-	-	-	-	-	-	-	997.60	
02	-	-	-	0.02	-	-	0.12	-	480.10	9
-	-	-	-	-	-	-	-	-	-	
.	-	-	-	-	-	-	-	0.25	0.25	10
.	-	-	-	-	-	-	-	-	7.90	
.	-	-	-	-	-	-	0.07	0.39	83.85	11
05	-	0.19	-	0.02	-	0.87	-	78 03	79.36	
23	-	-	-	-	-	-	-	-	0.23	12
37	-	-	-	0.02	0.55	0.33	0.07	0.24	508.59	
.	-	-	-	0.02	-	3.11	0.16	488.97	493.31	13
36	-	0.15	-	-	-	5 57	-	1.11	23.46	
57	4 61	117.23	0.63	64.24	50.51	24 37	334.69	68.75	880.57	14
14	-	0.34	-	0.16	0.05	1.90	1.23	274.31	312.18	
.	-	-	-	-	-	-	-	-	52 64	15
19	-	1.47	-	0.20	0.48	4.15	4.25	15.70	62.98	
.	-	-	-	-	-	-	-	56.00	56.00	16
.	-	-	-	-	-	-	-	-	-	
.	-	-	-	-	-	-	-	-	13.50	17
.	-	-	-	-	-	-	-	-	31.40	
.	-	-	-	-	-	-	-	-	-	18
.	-	-	-	-	-	-	-	-	-	
.	-	-	-	-	-	-	-	-	-	19
.	-	-	-	-	-	-	-	10.00	15.10	
.	-	-	-	-	-	-	-	0.35	0.43	20
.27	0.39	0.93	-	0.17	-	0.26	0.12	51.18	80.53	
.87	2.62	37.32	0.03	8.87	9.87	203.79	101.97	1 115.19	2 594 24	21
.77	4 10	93.67	0.22	17.03	17.19	197.22	239.44	2 250.74	5 528.15	
.22	7.33	158.56	0.68	74.17	63.45	245.34	450.67	1 835.76	5 942.55	
.74	7.43	216.39	0.62	55.16	63.79	470.92	314.10	3 114.43	15 324.26	

Tabel X (Forts.). Opgave over Tran[...]

Løbenummer.	Varesorter.	Transportens Retning.	Afsendt til / Ankommet fra H[...]					
			Aker.	Hjellum.	Ilseng.	Hørsand.	Aadalsbrug.	Løiten.
			Antal Ton. (2 Decimaler).					
1	Brændevin paa Træer	Afs.	-	0.37	-	-	-	0.23
		Ank.	70.70	39.91	0.12	-	0.66	13.8[illegible]
2	Gjødning, alle Slags	Afs.	-	-	-	-	-	0.90
		Ank.	-	14.38	37.51	8.32	1.85	5.70
3	Hø og Halm	Afs.	-	-	5.99	-	-	4.20
		Ank.	-	-	-	0.30	-	-
4	Jern og Staal og Arbeide deraf, undtagen Spiger	Afs.	-	-	-	-	222.89	-
		Ank.	-	7.05	3.83	3.32	75.34	5.2[illegible]
5	Kjød og Flesk, alle Slags	Afs.	-	-	0.57	-	0.24	0.15
		Ank.	-	0.17	0.87	0.02	0.50	0.49
6	Kornvarer og Mel, alle Slags	Afs.	-	31.30	30.32	4 20	1.52	0.54
		Ank.	-	63.48	39.46	11.57	12.54	7.27
7	Kul (Sten-, Træ-), Cokes og Cinders	Afs.	-	-	-	-	-	-
		Ank.	-	1.26	2.64	2 51	3.81	3 72
8	Malme, Erts og Kis	Afs.	-	-	-	-	-	0.12
		Ank.	-	-	-	-	5.72	-
9	Melk	Afs.	-	50.30	307.50	305.65	59.41	193.66
		Ank.	-	0.06	0.57	0.32	0.18	0.35
10	Mursten, Tagsten og Drainsrør	Afs.	-	-	-	-	-	-
		Ank.	-	11.70	5.58	3.95	14.63	17.67
11	Poteter	Afs.	-	5.06	3 69	-	0.40	0.20
		Ank.	973.90	0.43	0.50	0.05	0.38	-
12	Salt	Afs.	-	-	-	-	-	-
		Ank.	-	25.28	1.58	0.07	4 64	3.56
13	Sild og Fisk	Afs.	-	0.03	0.10	-	0.35	0.16
		Ank.	-	16.03	8.99	1.02	8.01	17.95
14	Smør og Ost	Afs.	-	0.38	0.53	3.30	0.53	4.38
		Ank.	-	0.16	0.36	0.08	1.17	0.19
15	Spiger	Afs.	-	-	-	-	16.92	-
		Ank.	-	1.65	0.46	-	-	1.3[illegible]
16	Trælast & Brænde. Planker, Bord, Lægter og Stav	Afs.	-	5.80	1.00	-	10.00	5.3[illegible]
		Ank.	-	2.00	-	-	45.22	4.6[illegible]
17	Trælast & Brænde. Tømmer, alle Slags, ○ og □	Afs.	-	-	-	-	-	15.7[illegible]
		Ank.	-	-	-	-	-	-
18	Trælast & Brænde. Brænde og Baghun	Afs.	-	5.00	91.60	250.90	-	76.90
		Ank.	-	-	-	-		-
19	Træmasse	Afs.	-	-	-	-	-	-
		Ank.	-	-	-	-	-	-
20	Øl, alle Slags	Afs.	-	-	0.16	-	-	-
		Ank	-	1.07	7.17	3.58	10.20	9.63
21	Øvrige Varer (Ilgods indbef.)	Afs.	-	23.44	13.89	24.82	95.28	34.19
		Ank.	-	46.49	66.91	27.96	490.57	77.60
	Tilsammen	Afs.	-	121.68	455.35	588.87	407.54	336.63
		Ank.	1 044.60	231.12	176.55	63.07	675.42	169.21

…gde af de væsentligste Varesorter.

…n (Forts.).

…k.

…tionerne :
do.

…	Øxna.	Aasta.	Rena.	Stenviken.	Ophus.	Rasten.	Stai.	Koppang.	Atna.	Hanestad.	Barkald.	Løbenummer.
	Antal Ton. (2 Decimaler).											
-	-	-	-	-	-	-	-	-	-	-	-	
-	0.09	0.50	1.53	0.33	0.27	0.99	0.59	0.92	0.08	0.96	0.08	1
-	-	-	-	-	-	-	-	-	-	-	-	
2	3.26	3.40	6.21	0.80	1.35	11.93	3.38	5.28	0.40	3.32	1.80	2
-	-	-	-	-	-	-	-	-	-	-	-	
	-	1.20	11.99	6.80	5.00	-	14.10	7.20	1.60	7.00	5.60	3
-	5.00	18.80	16.89	9.00	0.02	-	0.02	10.62	0.02	8.00	7.50	
2	0.44	83.17	17.87	4.73	1.37	2.12	2.14	49.13	2.45	5.36	1.16	4
-	-	0.26	0.27	0.16	0.36	-	0.85	-	0.04	-	-	
5	0.05	0.19	2.14	0.26	0.36	0.23	2.61	1.74	0.09	1.11	0.05	5
-	-	-	-	-	-	-	-	0.10	-	-	-	
2	8.21	31.74	164.30	38.03	14.76	32.49	40.73	85.20	10.70	51.83	12.61	6
-	-	-	-	-	-	-	-	-	-	-	-	
-	0.45	2.34	579.51	1.25	0.98	3.95	3.80	6.41	40.59	4.77	-	7
-	-	-	-	-	-	-	-	-	-	-	-	
-	-	-	-	-	-	-	-	-	-	-	-	8
02	-	16.02	-	-	-	-	0.02	-	-	-	-	
-	-	0.06	-	-	-	-	-	-	0.10	-	-	9
-	-	-	-	-	-	-	-	-	-	-	-	
-	-	6.03	14.90	5.80	2.50	-	6.40	6.20	0.60	1.75	-	10
-	-	-	0.47	0.42	0.10	-	-	-	-	-	-	
-	-	-	1.25	-	1.95	13.44	-	2.09	1.75	0.97	0.50	11
-	-	-	-	-	-	-	-	-	-	-	-	
-	0.23	3.08	3.20	2.56	4.55	4.22	0.80	5.18	1.62	5.66	-	12
-	-	-	0.14	-	-	-	-	-	2.06	1.74	-	
24	0.72	2.10	9.15	0.58	0.40	0.21	0.63	1.20	0.05	0.84	0.18	13
-	0.16	0.76	3.10	0.28	0.02	0.11	0.29	0.11	2.18	0.36	-	
-	0.02	0.02	0.07	0.11	0.09	0.30	0.18	0.04	-	0.04	-	14
-	-	-	-	-	-	-	-	-	-	-	-	
12	0.04	0.25	0.42	0.68	0.04	1.30	0.55	1.77	0.60	0.84	0.17	15
50	-	-	-	127.40	-	55.62	-	-	-	5.00	-	
32	5.00	-	-	-	-	-	-	-	-	-	-	16
80	15.00	-	-	35.40	-	28.30	-	46.00	10.00	31.00	-	
-	-	-	-	-	-	-	-	-	-	-	-	17
20	317.80	33.00	98.00	40.20	-	429.70	-	128.10	55.60	70.00	-	18
-	-	-	-	-	-	-	-	-	-	-	-	
-	-	-	-	-	-	-	-	-	-	-	-	
-	-	-	-	-	-	-	-	-	-	-	-	19
-	-	-	-	-	-	-	-	-	-	-	-	
32	1.24	3.58	83.64	5.36	4.03	5.06	8.45	48.34	18.37	14.06	0.39	20
87	493.90	6.75	72.67	30.13	10.71	76.27	15.14	44.67	19.23	13.77	1.20	
35	17.00	19.01	120.55	26.93	23.18	21.70	46.17	76.00	16.25	37.57	3.01	21
39	831.86	75.59	191.54	242.99	11.21	590.00	16.32	229.60	89.13	129.87	8.70	
36	36 75	156.67	1 016.73	94.22	60.83	97.94	130.53	296.70	95.25	136.08	25.55	

Tabel X (Forts.). Opgave over Tran

Løbenummer.	Varesorter.	Transportens Retning.	Afsendt til H / Ankommet fra: Lilleelvedal.	Auma.	Tønset.	Telneset.	Tolgen.	Os.
			Antal Ton. (2 Decimaler).					
1	Brændevin paa Træer	Afs.	-	-	-	-	-	-
		Ank.	1.30	0.19	0.37	0.20	0.72	0.30
2	Gjødning, alle Slags	Afs.	-	-	-	-	-	-
		Ank.	1.77	0.60	1.00	-	0.20	1.20
3	Hø og Halm	Afs.	-	-	-	-	-	-
		Ank.	2.80	-	-	-	-	-
4	Jern og Staal og Arbeide deraf, undtagen Spiger	Afs.	23.80	6.00	-	-	-	0.76
		Ank.	1.95	0.24	4.96	0.09	0.74	0.46
5	Kjød og Flesk, alle Slags	Afs.	-	-	0.36	-	1.75	0.15
		Ank.	0.04	-	0.22	0.11	0.03	-
6	Kornvarer og Mel, alle Slags	Afs.	-	-	-	-	-	-
		Ank.	8.77	0.65	12.65	-	2.40	1.3[illegible]
7	Kul (Sten-, Træ-), Cokes og Cinders	Afs.	-	-	-	-	-	-
		Ank.	0.10	20.00	-	-	-	-
8	Malme, Erts og Kis	Afs.	0.36	-	-	-	1.10	-
		Ank.	-	-	-	-	-	-
9	Melk	Afs.	-	-	-	-	-	-
		Ank.	-	-	-	-	-	-
10	Mursten, Tagsten og Drainsrør	Afs.	-	-	-	-	-	-
		Ank.	0.21	-	0.70	-	-	-
11	Poteter	Afs.	-	-	-	-	-	-
		Ank.	22.11	2.40	50.39	5.80	11.60	27.16
12	Salt	Afs.	-	-	-	-	-	-
		Ank.	-	-	0.75	-	-	-
13	Sild og Fisk	Afs.	-	-	1.10	-	0.91	0.14
		Ank.	0.03	-	0.20	-	0.02	-
14	Smør og Ost	Afs.	2.00	-	0.20	-	0.29	0.21
		Ank.	-	-	0.08	-	-	-
15	Spiger	Afs.	-	-	-	-	-	-
		Ank.	0.87	-	1.47	-	0.73	0.54
16	Trælast & Brænde. Planker, Bord, Lægter og Stav	Afs.	-	-	-	-	-	-
		Ank.	-	-	-	-	-	-
17	Trælast & Brænde. Tømmer, alle Slags, ○ og □	Afs.	169.16	-	-	-	-	-
		Ank.	-	-	-	-	-	-
18	Trælast & Brænde. Brænde og Baghun	Afs.	35.00	-	-	-	-	-
		Ank.	-	-	-	-	-	-
19	Træmasse	Afs.	-	-	-	-	-	-
		Ank.	-	-	-	-	-	-
20	Øl, alle Slags	Afs.	-	-	-	-	-	-
		Ank.	16.81	0.12	19.98	-	0.40	-
21	Øvrige Varer (Ilgods indbef.)	Afs.	21.74	0.61	24.69	0.33	1.43	1.90
		Ank.	19.38	2.29	25.84	0.31	1.86	1.49
	Tilsammen	Afs.	252.06	6.61	26.35	0.33	5.48	3.16
		Ank.	76.14	26.49	118.61	6.51	18.70	32.5[illegible]

…n (Forts.).

…ionerne: …do.			Afsendt til **Trondhjem** fra Stationerne: Ankommet fra do. til do.										
	Trondhjem.	Sum.	Hjellum.	Ilseng.	Hørsand.	Aadalsbrug.	Løiten.	Elverum.	Grundset.	Øxna.	Aasta.	Rena.	Løbenummer.
	Antal Ton. (2 Decimaler).												
	2 04	2.64	12.30	-	-	163.97	-	-	-	-	-	-	1
	148.27	286.68	-	-	-	-	-	0.12	-	-	-	0.14	
	-	0.90	-	-	-	-	-	-	-	-	-	-	2
	-	158.63	-	-	-	-	-	-	-	-	-	-	
	-	10.19	-	18.08	-	-	-	-	-	-	-	-	3
)	-	103.06	-	-	-	-	-	-	-	-	-	-	
	11.43	347.69	-	-	-	-	-	0.16	-	-	-	1.50	4
3	49.20	371.88	1.32	0.20	-	71.23	-	0.43	-	-	-	0.02	
5	0.13	12.08	-	0.14	-	-	0.06	-	-	-	-	-	5
-	0.38	17.60	-	-	-	-	-	0.07	-	-	-	-	
5	10.54	79.08	22.44	52.87	0.20	0.45	0.81	-	-	-	-	-	6
7	90.08	1 230.33	-	-	-	-	-	0.45	-	-	-	-	
-		-	-	-	-	-	-	-	-	-	-	-	7
-	-	681.27	-	-	-	-	-	-	-	-	-	-	
-	-	2.66	-	-	-	-	-	-	-	-	-	-	8
-	-	5.72	-	-	-	56.40	-	-	-	-	-	-	
-	-	932.58	-	-	-	-	-	-	-	-	-	-	9
-	-	1.66	-	-	-	-	-	-	-	-	-	-	
-	-	-	-	-	-	-	-	-	-	-	-	-	10
-	-	106.19	-	-	-	-	-	-	-	-	-	-	
-	-	11.83	47.14	119.10	20.20	7.70	38.60	6.00	-	-	0.32	1.00	11
9	716.27	1 927.26	-	-	-	-	-	-	-	-	-	-	
-	0.90	0.90	-	-	-	-	-	-	-	-	-	-	12
-	-	68.40	-	-	-	-	-	0.34	-	-	-	0.15	
0	1 107.57	1 128.63	-	-	-	-	-	0.04	-	-	-	-	13
-	0.21	118.02	23.78	7.10	22.18	8.53	39.12	497.28	0.32	0.60	2.55	26.76	
6	0.02	23.67	0.02	0.02	-	0.06	0.44	0.02	-	-	-	0.05	14
-	0.94	5.56	-	-	-	0.29	-	-	-	-	-	-	
-	0.86	17.78	-	-	-	5.24	-	-	-	-	-	-	15
-	-	18.13	-	-	-	-	-	-	-	-	-	-	
-	-	219.72	-	-	-	-	-	-	-	-	-	-	16
-	5.00	82.14	-	-	-	-	-	-	-	-	-	-	
-	-	436.36	-	-	-	-	-	-	-	-	-	-	17
-	-	5.00	-	-	-	-	-	-	-	-	-	-	
-	-	2 249.00	-	-	-	-	-	-	-	-	-	-	18
-	-	-	-	-	-	-	-	-	-	-	-	-	
-	-	-	-	-	-	-	-	-	-	-	-	-	19
-	-	-	-	-	-	-	-	-	-	-	-	-	
-	-	0.24	-	-	-	-	-	-	-	-	-	-	20
05	-	297.11	-	-	-	-	-	-	-	-	-	-	
74	136.75	1 320.07	0.46	0.33	1.34	42.66	2.84	9.71	0.06	0.01	0.25	0.63	21
42	174.29	1 673.97	8.37	0.61	0.43	2.30	3.29	7.08	0.10	0 07	0.39	2.51	
01	1 270.24	6 796 02	82.36	190.54	21.74	220.08	42.75	15.93	0.06	0.01	0.57	3.18	
73	1 184.64	7 158.61	33.47	7.91	22.61	138 75	42.41	505.77	0.42	0.67	2.94	29.58	

Tabel X (Forts.). Opgave over Trans

Løbenummer.	Varesorter.	Transportens Retning.	Stenviken.	Ophus.	Rasten.	Stai.	Koppang.	Atna.
			R					
			L					
			Afsendt til Trondl / Ankommet fra do.					
			Antal Ton. (2 Decimaler).					
1	Brændevin paa Træer	Afs.	-	-	-	-	-	-
		Ank.	0.04	0.04	0.02	0.10	0.76	0.24
2	Gjødning, alle Slags	Afs.	-	-	-	-	-	-
		Ank.	-	-	-	-	-	-
3	Hø og Halm	Afs.	-	-	-	-	-	-
		Ank.	-	-	-	-	-	-
4	Jern og Staal og Arbeide deraf, undtagen Spiger	Afs.	-	-	-	-	-	-
		Ank.	-	-	-	0.17	1.02	0.56
5	Kjød og Flesk, alle Slags	Afs.	-	-	-	-	-	-
		Ank.	-	-	-	0.16	0.27	0.05
6	Kornvarer og Mel, alle Slags	Afs.	-	-	-	-	-	-
		Ank.	-	-	1.00	0.50	73.22	38.80
7	Kul (Sten-, Træ-), Cokes og Cinders	Afs.	-	-	-	-	-	-
		Ank.	-	-	-	-	-	-
8	Malme, Erts og Kis	Afs.	-	-	-	-	-	-
		Ank.	-	-	-	-	-	-
9	Melk	Afs.	-	-	-	-	-	-
		Ank.	-	-	-	-	-	-
10	Mursten, Tagsten og Drainsrør	Afs.	-	-	-	-	-	-
		Ank.	-	-	-	-	-	-
11	Poteter	Afs.	-	-	-	0.06	-	-
		Ank.	-	-	-	-	-	-
12	Salt	Afs.	-	-	-	-	-	-
		Ank.	-	-	-	-	4.35	0.16
13	Sild og Fisk	Afs.	-	0.02	-	-	-	-
		Ank.	7.09	3.08	5.25	13.35	35.57	4.94
14	Smør og Ost	Afs.	-	-	-	0.12	-	0.02
		Ank.	-	-	-	0.02	-	-
15	Spiger	Afs.	-	-	-	-	-	-
		Ank.	-	-	-	-	-	-
16	Trælast & Brænde. Planker, Bord, Lægter og Stav	Afs.	-	-	-	-	-	-
		Ank.	-	-	-	-	-	-
17	Trælast & Brænde. Tømmer, alle Slags, ○ og □	Afs.	-	-	-	-	-	-
		Ank.	-	-	-	-	-	-
18	Trælast & Brænde. Brænde og Baghun	Afs.	-	-	-	-	-	-
		Ank.	-	-	-	-	-	-
19	Træmasse	Afs.	-	-	-	-	-	-
		Ank.	-	-	-	-	-	-
20	Øl, alle Slags	Afs.	-	-	-	-	-	-
		Ank.	-	-	-	-	-	-
21	Øvrige Varer (Ilgods indbef.)	Afs.	0.24	0.18	0.22	0.67	2.20	1.43
		Ank.	0.45	0.31	0.31	4.34	10.94	4.68
	Tilsammen	Afs.	0.24	0.20	0.22	0.85	2.20	1.45
		Ank.	7.58	3.43	6.58	18.64	126.13	49.43

…e af de væsentligste Varesorter.

(Forts.).

…ionerne :
do.

Lilleelvedal.	Auma.	Tønset.	Telneset.	Tolgen.	Os.	Røros.	Nypladsen	Jensvold.	Tyvold.	Reitan.	Løbenummer.
Antal Ton. (2 Decimaler)											
- 1.15	- 0.31	- 2.19	- 0.19	- 1.32	- 0.43	- 1.78	- 0.24	- 0.87	- 0.06	- 0.38	1
- -	- -	- -	- -	- -	- -	0.58 12.96	- -	- 5.00	- 20 00	- -	2
- -	- -	- 2.06	- -	- 12.22	- 0.45	0.28 38.55	- -	- 8.59	- 21.30	- 7.40	3
- 3.94	0.05 0.13	- 4.39	6.00 0.54	6.50 9.04	0.05 1.84	13.71 70.84	0.32 0.48	0.39 59.32	- 65.15	15.20 18 50	4
0.03 2.98	- -	1.22 6.49	- -	0.15 1.89	- 0.81	7.53 20.21	- 1.04	4.11 2.72	- 1.17	0.79 2.47	5
- 333.12	- 1.20	- 432.14	- 0.60	- 240.46	- 127.98	74.56 1 869.67	- 17 55	- 186.69	- 22 87	- 102.36	6
- 5.50	- -	- 241.83	- -	- 1.60	- 0.27	6.00 2 938.78	- 1.60	- 3.63	- 355.11	0.70 22 34	7
- -	- -	- 0.03	- -	- -	- 0.17	30.00 1.02	- 0.02	174.30 -	18 964.40 0.28	3 559.54 0.09	8
- -	- -	- -	- -	- -	- -	- -	- -	- -	- -	- -	9
- -	- -	- 10.00	- -	- 0.40	- -	- 8.47	- -	- -	- -	- -	10
- -	- -	- 1.69	- -	- -	0.20 0.12	5.10 2.64	- 0.10	- 0.48	- 1.00	- 0.48	11
- 42.24	- 0.67	- 50.09	- -	- 51.39	- 27.51	0.06 118.14	- 1.87	- 16.39	- 2.71	- 5.64	12
- 73.24	- 3.16	- 104.00	- 0.37	0.15 19.10	- 20.61	0.07 225 45	- 2.00	- 16.18	- 4 63	- 10.09	13
4.27 -	0.32 -	1.76 0.07	- -	2.72 0.02	1.46 -	3.19 0.85	0.04 -	1.31 -	- 0.98	0.19 0.08	14
- 0.21	- -	- -	- -	- -	- 0.06	- 1.31	- 0.09	- 0.07	- 0.24	- 0.14	15
- -	- -	- -	- -	- 9.00	- -	- -	- -	- -	- -	- 2.00	16
- -	- -	- -	- -	- -	- -	- -	- -	- -	- 3.00	- -	17
- -	50.00 -	- -	10.00 -	37.20 -	5.00 -	- -	- -	20.40 -	- -	- -	18
- -	- -	- -	- -	- -	- -	- -	- -	- -	- -	- -	19
- 0.23	- -	- 7.38	- 0.38	- 1.59	- 2.18	- 18.19	- -	- 1.23	- 8.68	- 1.57	20
[illegible]8.85 [illegible].67	1.62 3.16	38.72 104.23	0.43 1.58	18.49 56.81	14.64 26.32	572.80 348.81	1.76 6.53	57.31 39.80	13 57 65 35	7.94 36.92	21
23.15 [illegible]1.28	51.99 8.63	41.70 966.59	16.43 3.66	65.21 404.84	21.35 208.75	713 88 5 677.67	2.12 31.52	257.82 340.97	18 977.97 572 53	3 584.36 210.46	

Tabel X (Forts.). Opgave over Tran

Løbenummer.	Varesorter.	Transportens Retning.	Afsendt til Trond / Ankommet fra do. — Eidet.	Holtaalen.	Langletet.	Reitstøen.	Singsaas.	Bjørgen.
			Antal Ton. (2 Decimaler).					
1	Brændevin paa Træer	Afs.	-	-	-	-	-	-
		Ank.	2.07	1.12	0.12	0.27	0.81	0.52
2	Gjødning, alle Slags	Afs.	-	-	-	-	-	-
		Ank.	-	2.10	0.20	-	-	0.50
3	Hø og Halm	Afs.	-	0.06	-	-	-	-
		Ank.	2.06	10.50	-	0.50	0.23	0.75
4	Jern og Staal og Arbeide deraf, undtagen Spiger	Afs.	5.22	11.93	0.02	-	16.00	2.32
		Ank.	3.65	4.40	1.63	0.59	3.05	6.35
5	Kjød og Flesk, alle Slags	Afs.	2.39	0.50	0.20	0.31	0.22	0.36
		Ank.	1.83	1.09	0.02	0.69	0.49	0.76
6	Kornvarer og Mel, alle Slags	Afs.	0.14	0.10	0.10	-	-	0.20
		Ank.	230.69	114.55	39.83	86.15	33.42	117.38
7	Kul (Sten-, Træ-), Cokes og Cinders	Afs.	-	-	-	-	-	-
		Ank.	283.74	4.04	327.75	0.90	799.00	1.90
8	Malme, Erts og Kis	Afs.	-	-	-	-	-	-
		Ank.	-	0.06	-	-	-	-
9	Melk	Afs.	-	-	-	-	-	0.02
		Ank.	-	-	-	-	-	-
10	Mursten, Tagsten og Drainsrør	Afs.	-	-	-	-	-	-
		Ank.	-	-	-	-	-	-
11	Poteter	Afs.	0.15	-	-	-	-	0.06
		Ank.	-	0.19	0.10	0.20	1.02	0.27
12	Salt	Afs.	-	-	-	-	-	-
		Ank.	13.22	5.24	5.30	2.80	3.17	9.13
13	Sild og Fisk	Afs.	0.04	0.42	-	-	-	-
		Ank.	16.26	17.28	5.08	6.95	7.60	16.54
14	Smør og Ost	Afs.	7.38	3.43	0.25	1.29	0.18	4.74
		Ank.	0.04	0.19	-	0.17	0.08	0.43
15	Spiger	Afs.	-	-	-	-	-	-
		Ank.	0.26	-	0.13	0.12	-	0.02
16	Trælast & Brænde: Planker, Bord, Lægter og Stav	Afs.	-	27.80	5.00	-	-	-
		Ank.	-	-	-	-	-	-
17	Trælast & Brænde: Tømmer, alle Slags, O og □	Afs.	-	-	40.00	8.00	-	-
		Ank.	-	-	-	-	-	-
18	Trælast & Brænde: Brænde og Baghun	Afs.	-	196.00	245.00	405.00	335.00	628.20
		Ank.	-	-	-	-	-	-
19	Træmasse	Afs.	-	-	-	-	-	-
		Ank.	-	-	-	-	-	-
20	Øl, alle Slags	Afs.	-	-	-	-	-	0.09
		Ank.	11.16	1.98	0.56	0.99	16.11	1.78
21	Øvrige Varer (Ilgods indbef.)	Afs.	19.84	20.25	3.43	11.65	18.06	21.76
		Ank.	51.90	49.88	18.41	12.36	20.02	36.30
	Tilsammen	Afs.	35.16	260.49	294.00	426.25	369.46	657.75
		Ank.	616.88	212.62	399.13	112.69	885.00	192.63

…gde af de væsentligste Varesorter.

…en (Forts.).

…k.

…tionerne:
… do.

	Støren.	Hovind.	Lundemo.	Ler.	Kvaal.	Søberg.	Melhus.	Nypan.	Heimdal.	Sum.	Løbenummer.
	Antal Ton. (2 Decimaler).										
- 37	0.05 18.91	- 1.76	- 0.55	- 0.20	- 2.74	- 0.02	- 0.32	- -	- 0.62	176.32 43.56	1
- -	- 43.68	- 35.84	- 105.16	210.95 152.79	- 11.71	- 3.50	- 305.00	1.45 5.92	- 2 492.43	212.98 3 196.79	2
- 46	0.34 1.45	0.23 2.17	116.00 0.20	42.39 0.20	38.96 0.02	8.13 -	302.36 -	52.44 -	53.07 1.63	632.34 116.74	3
20 51	0.06 68.31	- 14.60	- 12.60	- 10.16	0.22 4.12	- 5.11	- 13.80	- 1.40	6.73 20.26	92.58 550.88	4
12 60	10.98 5.20	3.40 3.72	9.43 2.27	4.00 1.37	1.61 1.38	1.22 -	2.39 1.59	0.14 -	- 9.23	54.30 70.72	5
08 63	0.83 1 197.46	0.15 319.97	0.10 123.25	3.21 96.57	0.49 68.18	0.82 24.57	2.09 178.27	0.20 3.57	0.50 328.67	160.34 6 751.22	6
- 70	- 33.95	- 8.17	- 43.44	- 51.52	- 27.22	- 0.62	- 40.63	- 0.29	- 42.89	6.70 5 302.42	7
- -	- 1.29	- 0.03	- 0.05	- 0.08	- -	- -	- 0.15	- -	- 0.02	22 728.24 59.69	8
- -	- -	- -	51.37 -	88.88 -	1.77 -	0.02 -	8.38 -	- -	0.32 -	150.76 -	9
- -	- 21.60	- -	627.70 -	- -	- -	- -	5.00 -	- -	- 14.54	632.70 55.01	10
40 10	7.72 0.35	7.05 0.20	12.47 -	6.89 0.27	6.17 0.09	1.75 0.04	4.02 3.64	0.25 -	5.33 5.62	316.88 18.60	11
- 00	- 146.78	- 37.95	- 14.01	- 20.43	- 14.92	- 0.26	- 26.52	- 0.80	- 16.54	0.06 665.87	12
- 23	0.04 216.15	0.07 44.10	- 27.64	- 25.20	- 15.81	0.14 2.47	1.16 24.28	- 0.58	6.32 49.87	8.47 1 724.52	13
39 16	57.48 1.44	6.29 0.57	3.48 -	4.90 0.07	0.51 0.06	1.25 0.05	0.75 0.21	- -	0.28 1.70	112.61 7.55	14
- 42	- 2.21	- 1.35	- 0.83	- 0.68	0.03 0.43	- 0.60	- 0.77	- -	- 0.43	5.27 10.37	15
50 -	84.95 1.80	576.80 -	121.00 22.00	103.20 5.00	6.50 -	- 11.00	5.00 -	- -	21.00 11.62	1 093.75 62.42	16
00 -	184.30 -	50.10 -	65.00 -	510.37 -	23.50 -	- -	10.00 -	- -	77.50 -	1 042.77 3.00	17
00 -	229.00 -	412.50 -	68.00 -	230.00 -	77.60 -	6.26 -	10.00 -	- -	20.00 -	4 085.56 -	18
- -	- -	- -	- -	- -	- -	- -	- -	- -	- -	- -	19
- 92	- 48.33	- 2.45	- 0.65	- 0.22	- 1.01	0.04 0.22	- 7.59	- 0.73	- 23.24	0.13 159.47	20
77 62	578.00 500.59	1 013.76 119.58	187.61 84.05	51.38 128.88	34.03 62.60	7.23 37.29	226.05 176.00	3.20 10.67	356.37 182.64	3 723.89 2 363.05	21
46 72	1 153.75 2 309.50	2 070.35 592.46	1 262.16 436.70	1 256.17 493.64	191.39 210.29	26.86 85.75	577.20 778.77	57.68 23.96	547.42 3 201.95	35 236.65 21 161.88	

Tabel X (Forts.). Opgave over Tran[...]

Løbenummer.	Varesorter.	Transportens Retning.	Rørosbanen (Forts.). Lokaltrafik. Øvrige Lokaltrafik, afsendt eller ankommet.	Lokaltrafik. Tilsammen, afsendt eller ankommet.	Samlet Trafik. Op.	Samlet Trafik. Ned.	Ho[...] af[...] el[...] ankom[...]
			Antal Ton. (2 Decimaler).				
1	Brændevin paa Træer	Afs. Ank	63.80	573.00	588.75	866.23	14[...]
2	Gjødning, alle Slags	Afs. Ank.	103.78	3 673.08	784.81	3 245.25	40[...]
3	Hø og Halm	Afs. Ank.	1 751.34	2 613.67	2 381.29	766.10	31[...]
4	Jern og Staal og Arbeide deraf undtagen Spiger	Afs. Ank.	223.44	1 586.47	2 045.08	1 350.81	33[...]
5	Kjød og Flesk, alle Slags	Afs. Ank.	51.82	206.52	288.49	236.70	[illegible]
6	Kornvarer og Mel, alle Slags	Afs. Ank.	1 692.48	9 913.45	7 117.35	7 137.98	142[...]
7	Kul (Sten-, Træ-), Cokes og Cinders	Afs. Ank.	237.32	6 227.71	2 709.33	5 532.91	82[...]
8	Malme, Erts og Kis	Afs. Ank.	4 605.38	27 401.69	24 065.79	4 390.67	284[...]
9	Melk	Afs. Ank.	181.69	1 266.69	260.99	1 486.41	17[...]
10	Mursten, Tagsten og Drainsrør	Afs. Ank.	668.52	1 462.42	1 860.49	660.24	25[...]
11	Poteter	Afs. Ank.	159.74	2 434.31	2 724.43	153.88	28[...]
12	Salt	Afs. Ank.	20.01	755.24	585.94	678.23	12[...]
13	Sild og Fisk	Afs. Ank.	123.29	3 102.93	176.42	5 210.63	53[...]
14	Smør og Ost	Afs. Ank.	51.54	200.93	551.80	1 011.83	15[...]
15	Spiger	Afs. Ank.	19.25	70.80	155.13	88.94	2[...]
16	Trælast & Brænde. Planker, Bord, Lægter og Stav	Afs. Ank.	1 433.87	2 891.90	2 128.55	1 025.97	31[...]
17	Trælast & Brænde. Tømmer, alle Slags, ○ og □	Afs. Ank.	1 838.65	3 325 78	2 340.62	1 413.16	[illegible]
18	Trælast & Brænde. Brænde og Baghun	Afs. Ank.	6 289.90	12 624.46	5 416.41	7 240.75	126[...]
19	Træmasse	Afs. Ank.	-	-	20.15	18.00	[illegible]
20	Øl, alle Slags	Afs. Ank.	148.05	605.00	484.81	205.35	[illegible]
21	Øvrige Varer (Ilgods indbef.)	Afs. Ank.	4 508.59	13 589.57	14 304.46	8 886.50	[illegible]
	Tilsammen	Afs. Ank.	24 172.46	94 525.62	70 991.09	51 606.54	[illegible]

Merakerbanen.

Samtrafik.

Afsendt fra Merakerbanen. Ankommet til do.

over Trondhjem.								over Storlien			
Røros-banen.	Eidsvold—Hamar-banen.	Hoved-banen.	Kongsvinger-banen.	Smaalens-banen.	Kristiania—Dr.men-banen.	Drammen—Skien-banen.	Drammen—Randsfj.-banen.	Ialt. (Svenske Baner).	hvoraf Trondhjem.	Tilsammen.	Løbenummer.
Antal Ton. (2 Decimaler).											
-	-	0.05	-	-	-	-	-	11.63	11.63	11.68	1
-	-	-	-	-	-	-	-	0.03	0.03	0.03	
-	-	-	-	-	-	-	-	57.30	57.30	57.30	2
1.15	-	10.00	-	-	-	-	-	0.06	-	11.21	
61.00	-	-	-	-	-	-	-	1.22	-	62.22	3
11.84	-	-	-	-	-	-	-	221.80	221.80	233.64	
0.10	0.52	0.25	-	-	-	-	-	129.54	112.79	130.41	4
1.45	-	12.75	-	-	-	-	-	648.08	635.38	662.28	
-	-	-	-	-	-	-	-	971.54	971.06	971.54	5
0.11	-	0.02	-	-	-	-	-	4.62	4.62	4.75	
0.65	-	-	-	-	-	-	-	5 552.09	5 459.25	5 552.74	6
8.32	0.07	23.80	-	-	-	-	-	78.28	78.28	110.47	
-	-	-	-	-	-	-	-	182.91	182.91	182.91	7
-	-	-	-	-	-	-	-	113.80	-	113.80	
-	-	0.02	-	-	-	-	-	44.96	9.76	44.98	8
-	-	-	-	-	-	-	-	-	-	-	
-	-	-	-	-	-	-	-	154.66	122.33	154.66	9
-	-	-	-	-	-	-	-	-	-	-	
192.60	-	-	-	-	-	-	-	152.56	72.86	345.16	10
-	-	-	-	-	-	-	-	-	-	-	
0.53	-	-	-	-	-	-	-	56.61	45.65	57.14	11
10.93	1.50	-	-	-	-	-	-	0.15	0.10	12.58	
-	-	-	-	-	-	-	-	226.20	226.20	226.20	12
-	-	-	-	-	-	-	-	-	-	-	
51.56	5.70	0.88	0.10	0.06	-	-	-	12 908.27	12 757.55	12 966.57	13
0.04	-	-	-	-	-	-	-	3.14	3.14	3.18	
0 21	-	34.85	0.19	0.54	0.03	0.10	0.04	39.14	22.27	75.10	14
0.75	-	1.84	-	-	-	-	-	465.12	465.12	467.71	
0.63	-	-	-	-	-	-	-	4.62	4.62	5.25	15
-	-	0.56	-	-	-	-	-	-	-	0.56	
6.00	-	-	-	-	-	-	-	20.98	20.98	26.98	16
2.75	-	-	-	-	-	-	-	47 408.30	24 298.50	47 411.05	
21.00	-	-	-	-	-	-	-	272.00	-	293.00	17
105.00	-	-	-	-	-	-	-	6 078.80	-	6 183.80	
-	-	-	-	-	-	-	-	-	-	-	18
10.00	-	-	-	-	-	-	-	713.10	623.60	723.10	
-	-	18.00	-	-	-	-	-	0.36	-	18.36	19
-	-	-	-	-	-	-	-	4 988.00	4 968.00	4 988.00	
-	-	-	-	-	-	-	-	1.71	1.71	1.71	20
-	-	0.05	-	-	-	-	-	-	-	0.05	
105.00	0.26	87.23	0.23	1.54	0.07	0.77	0.59	3 617.55	2 239.11	3 813.24	21
24.63	0.32	54.67	0.08	1.57	0.22	0.35	0.05	711.67	673.90	793.56	
439.28	6.48	141.28	0.52	2.14	0.10	0.87	0.63	24 405.85	22 317.98	24 997.15	
176.97	1.89	103.69	0.08	1.57	0.22	0.35	0.05	61 434.95	31 972.47	61 719.77	

Tabel X (Forts.). Opgave over Tran

Løbenummer.	Varesorter.	Transportens Retning.	Leangen.	Ranheim.	Malvik.	Hommel-vik.	Hell.
			Antal Ton. (2 Decimaler).				
1	Brændevin paa Træer	Afs.	-	-	-	0.04	195.88
		Ank.	-	0.39	0.23	1.98	6.62
2	Gjødning, alle Slags	Afs.	-	-	-	-	6.00
		Ank.	187.00	219.85	47.78	41.88	39.82
3	Hø og Halm	Afs.	0.05	65.02	17.54	0.07	89.39
		Ank.	-	-	-	1.54	2.39
4	Jern og Staal og Arbeide deraf, undtagen Spiger	Afs.	-	47.36	1.03	20.38	2.14
		Ank.	0.18	96.37	7.62	11.78	84.94
5	Kjød og Flesk, alle Slags	Afs.	-	-	0.47	2.34	37.25
		Ank.	-	1.25	0.82	2.32	23.31
6	Kornvarer og Mel, alle Slags	Afs.	0.10	6.88	13.82	0.15	26.95
		Ank.	0.17	118.92	36.05	441.49	1 089.52
7	Kul (Sten-, Træ-), Cokes og Cinders	Afs.	-	-	-	8.00	5.20
		Ank.	0.38	7 590.28	8.29	67.67	143.86
8	Malme, Erts og Kis	Afs.	-	-	-	94.03	-
		Ank.	-	-	-	-	-
9	Melk	Afs.	-	3.18	76.21	0.85	57.97
		Ank.	-	0.02	-	-	0.58
10	Mursten, Tagsten og Drainsrør	Afs.	-	-	-	10.00	413.60
		Ank.	-	111.10	0.53	0.24	7.33
11	Poteter	Afs.	-	12.24	8.34	19.52	137.45
		Ank.	0.05	2.81	2.78	1.46	2.63
12	Salt	Afs.	-	-	-	-	-
		Ank.	0.10	4.23	7.35	60.82	86.41
13	Sild og Fisk	Afs.	0.72	9.54	27.10	91.50	13.89
		Ank.	-	5.37	9.76	40.32	103.78
14	Smør og Ost	Afs.	-	-	-	9.78	38.82
		Ank.	-	1.40	0.19	5.14	7.32
15	Spiger	Afs.	-	-	-	-	-
		Ank.	-	6.60	0.24	2.62	7.98
16	Trælast & Brænde. Planker, Bord, Lægter og Stav	Afs.	-	36.10	0.16	489.90	-
		Ank.	6.00	118.03	8.59	14.16	91.04
17	Trælast & Brænde. Tømmer, alle Slags, ○ og □	Afs.	-	74.60	-	52.00	-
		Ank.	-	1.20	-	-	0.85
18	Trælast & Brænde. Brænde og Baghun	Afs.	-	-	-	696.50	84.70
		Ank.	17.00	18.87	0.34	0.05	2.75
19	Træmasse	Afs.	-	2 112.03	-	-	-
		Ank.	-	-	-	-	-
20	Øl, alle Slags	Afs.	-	-	-	-	-
		Ank.	0.07	7.22	5.95	12.53	85.69
21	Øvrige Varer (Ilgods indbef.)	Afs.	0.34	1 102.16	34.33	183.75	652.48
		Ank.	1.30	3 634.71	71.59	198.07	462.22
	Tilsammen	Afs.	1.21	3 469.11	179.00	1 678.81	1 761.72
		Ank.	212.25	11 938.62	208.11	904.07	2 249.04

…de af de væsentligste Varesorter.

… (Forts.).

…hjem fra Stationerne: / til do.					Øvrige Lokaltrafik, afsendt eller ankommet.	Tilsammen, afsendt eller ankommet.	Samlet Trafik.			Løbenummer.
…	Gudaa.	Meraker.	Storlien.	Sum.			Op.	Ned.	Hovedsum, afsendt eller ankommet.	
Antal Ton. (2 Decimaler).										
- …8	- 0.70	- 2.42	- 0.04	195.92 14.68	0.57	211.17	26.88	196.58	223.46	1
- …20	- 0.70	0.72 0.20	- -	6.75 647.61	127.37	781.73	814.60	35.64	850.24	2
- ….20	- 0 57	0.40 0.55	- 0.67	172.61 5.92	66.24	244.77	83.24	457.39	540.63	3
- ….03	- 2.11	0.33 6.28	- 5.09	73.00 230.29	295.00	598.29	675.61	732.09	1 407.70	4
….40 ….20	1.11 0.44	1.35 3.89	0.61 0.16	75.44 33.93	3.07	112.44	1 011.88	81.11	1 092.99	5
- …5	- 66.83	0.33 221.09	- 21.19	50.71 2 227.17	48.06	2 325.94	7 851.29	139.32	7 990.61	6
- …3	- 0.76	- 131.40	- -	13.20 8 014.84	7 059.24	15 087.28	15 255.79	128.20	15 383.99	7
- -	- -	187.62 -	- -	281.65 -	0.40	282.05	45.58	281.67	327.25	8
- -	- -	- -	- -	160.81 0.64	113.40	274.85	178.10	251.41	429.51	9
- -	- -	- 0.03	- -	423.60 119.31	249.55	792.46	318.62	819.00	1 137.62	10
…8 …0	- 0.39	- 4.14	- 7.55	187.66 22.50	47.16	257.32	132.53	195.05	327.58	11
- …97	- 4.43	- 10.79	- 1.36	- 213.07	1.32	214.39	440.41	0.18	440.59	12
- …3	- 8.99	0.14 26.11	- 76.67	143.37 339.81	38.12	521.30	13 281.96	209.17	13 491.13	13
…9 -	1.03 0.08	1.42 0.29	- 0.17	91.22 14.86	30.49	136.57	89.81	596.91	686.72	14
- …7	- 0.04	- 0.95	- -	- 20.52	-	20.52	25.70	0.67	26.37	15
- -	- 2.14	- 26.75	- -	561.16 272.36	74.48	908.00	321.57	48 024.46	48 346.03	16
- -	- -	- -	- -	126.60 2.05	3 053.00	3 181.65	430.55	9 227.90	9 658.45	17
- -	- -	- -	7.10 -	805.30 39.01	84.50	928.81	49.01	1 602.90	1 651.91	18
- -	- -	81.00 -	- -	2 193.03 -	3 916.60	6 109.63	0.43	11 115.56	11 115.99	19
- …38	- 8.69	- 16.72	- 0.54	0.17 146.60	0.40	147.17	149.15	1.59	150.74	20
[illegible]	16.35 32.77	117.35 104.59	27.32 16.15	2 332.69 4 624.04	442.26	7 398.99	8 530.49	3 510.05	12 040.54	21
[illegible]	18.49 129.64	390.66 556.20	35.03 129.59	7 894.89 16 989.21	15 651.23	40 535.33	49 713.20	77 606.85	127 320.05	

Tabel X (Forts.). Opgave over Tran

Løbenummer.	Varesorter.	Transportens Retning.	Ja Afsendt til Stava Ankommet fra do. Hinna.	Sandnæs.	Høiland.	Klep.	Time.	
			Antal Ton. (2 Decimaler.					
1	Brændevin paa Træer	Afs.	-	-	-	-	-	
		Ank.	-	0.42	0.32	0.31	2.67	
2	Gjødning, alle Slags	Afs.	-	-	-	-	-	
		Ank.	25.95	20.25	54.80	156.02	132.05	
3	Hø og Halm	Afs.	-	18.60	0.53	1.35	9.62	
		Ank.	-	-	-	-	-	
4	Jern og Staal og Arbeide deraf, undtagen Spiger	Afs.	-	7.80	0.77	0.21	1.48	
		Ank.	0.35	42.13	1.51	6.37	19.47	
5	Kjød og Flesk, alle Slags	Afs.	-	26.30	0.40	0.73	36.83	
		Ank.	-	1.90	0.40	3.21	10.09	
6	Kornvarer og Mel, alle Slags	Afs.	-	35.50	2.12	5.21	52.35	
		Ank.	2.16	7.59	14.15	72.88	421.46	
7	Kul (Sten-, Træ-), Cokes og Cinders	Afs.	-	-	-	-	-	
		Ank.	12.41	10.03	0.05	17.28	34.26	
8	Malme, Erts og Kis	Afs.	-	-	-	-	-	
		Ank.	-	-	-	-	-	
9	Melk	Afs.	-	138.00	0.10	-	73.00	
		Ank.	-	-	-	-	-	
10	Mursten, Tagsten og Drainsrør	Afs.	-	218.50	-	-	-	
		Ank.	-	-	-	-	-	
11	Poteter	Afs.	-	12.60	3.69	83.07	178.76	
		Ank.	-	0.65	0.27	0.20	0.66	
12	Salt	Afs.	-	-	-	-	-	
		Ank.	0.06	0.69	0.05	7.26	69.41	
13	Sild og Fisk	Afs.	-	1.20	0.21	-	4.24	
		Ank.	0.10	17.01	2.01	10.18	29.44	
14	Smør og Ost	Afs.	-	27.90	1.54	6.14	37.74	
		Ank.	0.02	1.28	0.08	0.54	0.74	
15	Spiger	Afs.	-	0.30	-	-	-	
		Ank.	0.30	0.12	0.04	0.59	2.31	
16	Trælast & Brænde. Planker, Bord, Lægter og Stav	Afs.	-	99.50	-	-	-	
		Ank.	-	-	-	-	-	
17	Trælast & Brænde. Tømmer, alle Slags, ○ og □	Afs.	-	-	-	-	-	
		Ank.	-	-	-	-	-	
18	Trælast & Brænde. Brænde og Baghun	Afs.	-	-	-	-	-	
		Ank.	-	-	-	-	-	
19	Træmasse	Afs.	-	-	-	-	-	
		Ank.	-	-	-	-	-	
20	Øl, alle Slags	Afs.	-	-	-	-	-	
		Ank.	2.37	15.21	1.21	1.56	8.19	
21	Øvrige Varer (Ilgods indbef.)	Afs.	2.87	158.85	22.22	275.68	346.63	19
		Ank.	4.64	200.85	14.79	107.29	213.70	16
	Tilsammen	Afs.	2.87	745.05	31.58	372.39	740.65	45
		Ank.	48.36	318.13	89.68	383.69	944.45	67

…gde af de væsentligste Varesorter.

…en.

…tationerne: do.						Øvrige Trafik paa Banen, afsendt eller ankommet.	Samlet Trafik.			Løbenummer.
…	Vigrestad.	Ogne.	Helvik.	Ekersund.	Sum.		Op.	Ned.	Hoved-sum.	
Antal Ton. (2 Decimaler).										
-	-	-	-	-	-	82.15	0.15	90.04	90.19	1
-55	0.57	0.10	-	-	8.04					
-	-	-	-	-	1.26	550.94	4.14	1 230 90	1 235.04	2
00	16.40	30.60	5.50	30.95	682.84					
0 51	25.00	0.96	0.05	-	124.14	147.26	137.94	133.46	271.40	3
-	-	-	-	-	-					
-	-	-	10.00	-	25.56	28.17	29.70	130.50	160.20	4
1 07	2.44	0.39	0.08	20.19	106.47					
18.63	11.40	3.08	0.04	12.54	133.51	114.17	146.13	141.36	287.49	5
1.60	3.74	4.96	1.51	2.74	39.81					
5.69	8.06	0.88	-	5.05	147.98	487.52	231.25	1 332.19	1 563.44	6
4.45	118.39	18.40	3.26	14.23	927.94					
-	-	-	-	-	-	12.40	5.37	150.10	155.47	7
0.25	20.00	1.40	0.24	10.85	143.07					
-	-	-	0.10	-	0.10	0.21	0.26	0.05	0.31	8
-	-	-	-	-	-					
0 45	-	-	-	-	281.39	106.63	282.79	105.23	388.02	9
-	-	-	-	-	-					
-	-	-	-	-	218.50	952.00	272.50	898.00	1 170.50	10
-	-	-	-	-	-					
3 81	1.96	3.16	0.43	5.06	338.96	324 51	618.92	49.40	668.32	11
-	-	-	-	2.83	4.85					
-	-	-	-	-	-	57.88	2.50	245.27	247.77	12
10	23.05	6.28	0.31	22.03	189.89					
75	4.04	57.83	59.47	84.98	213.72	72.62	245.79	183 95	429.74	13
951	20.61	13 57	6.84	14.28	143.40					
97	11.55	1.77	-	6.17	124.22	15.73	125.78	26.18	151.96	14
08	0.04	0.08	-	8.58	12.01					
-	-	-	-	0.12	0.42	1.45	0.62	7.37	7.99	15
46	0.54	0.32	0.08	0.08	6.12					
-	-	-	-	-	99.50	1 038.13	383.63	754.00	1 137.63	16
-	-	-	-	-	-					
.30	-	-	-	-	0.30	47.20	0.30	47.20	47.50	17
-	-	-	-	-	-					
-	-	-	-	-	-	17.64	17.64	-	17.64	18
-	-	-	-	-	-					
-	-	-	-	-	-	-	-	-	-	19
-	-	-	-	-	-					
0.06	-	-	-	-	0.06	1.06	0.91	39.63	40.54	20
0.42	0.32	0.77	-	3.46	39.42					
.98	109.45	347.21	6.05	211.66	1 695.63	2 253.68	2 861.25	2 178.98	5 040.23	21
.41	68.47	52.83	38.07	188.02	1 090.92					
.15	171.46	414.89	76.14	325.58	3 405.25	6 311.35	5 367.57	7 743.81	13 111.38	
.90	274 57	129.70	55.89	318.24	3 394.78					

Tabel X (Forts.). Opgave over Trans

Løbenummer.	Varesorter.	Transportens Retning.	Berge							
			Afsendt til Be / Ankommet fra d							
			Solheimsviken.	Minde.	Fjøsanger.	Hop.	Næstun.	Heldal.	Haukeland.	Arne.
			Antal Ton. (2 Decimaler).							
1	Brændevin paa Træer	Afs.	-	-	-	-	-	-	-	-
		Ank.	-	-	-	-	-	0.14	0.07	0.04
2	Gjødning, alle Slags	Afs.	-	-	-	-	-	-	-	-
		Ank.	-	10.05	5.05	40.00	135.00	65.00	185.00	70.00
3	Hø og Halm	Afs.	-	-	-	-	-	-	-	7.88
		Ank.	-	-	-	-	3.50	-	1.30	2.07
4	Jern og Staal og Arbeide deraf, undtagen Spiger	Afs.	-	-	-	0.14	0.62	0.18	-	0.05
		Ank.	-	0.09	0.11	4.74	29.03	0.54	1.76	1.04
5	Kjød og Flesk, alle Slags	Afs.	-	-	-	0.02	-	-	0.38	0.07
		Ank.	-	-	-	0.58	0.26	0.13	0.06	0.04
6	Kornvarer og Mel, alle Slags	Afs.	-	-	-	-	-	-	-	-
		Ank.	-	0.02	0.13	1.88	72.85	20.98	71.40	23.25
7	Kul (Sten-, Træ-) Cokes og Cinders	Afs.	-	-	-	-	-	-	-	-
		Ank.	-	-	0.11	125.18	68.04	0.11	6.47	0.56
8	Malme, Erts og Kis	Afs.	-	-	-	-	-	-	-	-
		Ank.	-	-	-	-	-	-	-	-
9	Melk	Afs.	-	-	-	1.66	273.22	28.37	302.16	52.52
		Ank.	-	-	-	-	-	-	-	-
10	Mursten, Tagsten og Drainsrør	Afs.	-	-	-	-	-	-	-	-
		Ank.	-	-	-	15.00	38.00	-	24.87	0.82
11	Poteter	Afs.	-	-	-	-	-	-	0.13	0.19
		Ank.	-	-	0.18	1.76	1.63	-	0.62	0.52
12	Salt	Afs.	-	-	-	-	-	-	-	-
		Ank.	-	-	-	0.35	-	-	3.53	0.89
13	Sild og Fisk	Afs.	-	-	-	-	-	-	-	-
		Ank.	-	0.08	0.33	1.85	0.63	-	4.22	1.97
14	Smør og Ost	Afs.	-	-	-	-	0.04	-	0.11	-
		Ank.	-	-	-	0.18	0.53	-	0.28	0.33
15	Spiger	Afs.	-	-	-	-	-	-	-	-
		Ank.	-	-	-	0.50	0.06	-	0.40	0.12
16	Trælast & Brænde. Planker, Bord, Lægter og Stav	Afs.	-	-	-	-	-	-	-	-
		Ank.	-	-	1.05	7.38	104.57	0.60	53.66	6.69
17	Trælast & Brænde. Tømmer, alle Slags, ○ og □	Afs.	-	-	-	-	0.05	-	-	-
		Ank.	-	-	-	-	45.00	-	0.40	-
18	Trælast & Brænde. Brænde og Baghun	Afs.	-	-	-	-	-	-	-	-
		Ank.	-	0.05	5.22	-	-	-	0.25	2.00
19	Træmasse	Afs.	-	-	-	-	-	-	-	-
		Ank.	-	-	-	-	-	-	-	-
20	Øl, alle Slags	Afs.	-	-	-	-	-	-	-	0.33
		Ank.	-	-	0.16	0.08	0.49	0.56	1.70	0.57
21	Øvrige Varer (Ilgods indbef.)	Afs.	0.08	6.65	3.88	74.24	4.53	1.36	16.82	24.15
		Ank.	0.58	3.51	30.30	144.22	38.04	1.28	27.15	25.82
	Tilsammen	Afs.	0.08	6.65	3.88	76.06	278.46	29.91	319.60	85.19
		Ank.	0.58	13.80	42.64	343.70	537.63	89.34	383.14	136.73

…e af de væsentligste Varesorter.

…anen.

…nerne:
…do.

Vaksdal.	Stanghelle.	Dale.	Bolstad.	Evanger.	Bulken.	Voss.	Sum.	Øvrige Trafik paa Banen, afs. eller ank.	Samlet Trafik. Op.	Samlet Trafik. Ned.	Samlet Trafik. Hovedsum.	Løbenummer.
Antal Ton. (2 Decimaler).												
- 0.04	- -	- 0.82	- 0.36	- 0.66	- 1.65	0.05 7.28	0.05 11.11	-	0.05	11.11	11.16	1
- -	- -	- -	- -	- -	- -	- 0.75	- 560.85	-	-	560.85	560.85	2
- 0.15	- -	6.43 0.21	- 0.45	- 1.02	- -	- 195.23	14.31 207.07	22.70	16.88	227.20	244.08	3
0.04 12.24	- 0.07	2.61 15.45	0.04 2.27	0.46 7.61	1.09 5.60	2.29 108.30	7.57 189.50	0.61	7.90	189.78	197.68	4
0.09 0.41	- -	0.05 1.66	1.26 0.07	46.47 2.89	0.15 0.55	4.07 57.46	52.56 64.34	1.87	53.15	65.62	118.77	5
0.22 0.38	- 0.36	0.77 184.49	0.08 23.83	0.08 158.67	- 116.51	1.18 1 057.45	2.33 1 733.56	10.69	7.19	1 739.39	1 746.58	6
- 1.08	- -	- 321.13	- -	- 7.54	- 3.85	- 193.20	- 727.42	1.36	1.29	727.49	728.78	7
- -	- -	0.11 -	- -	- -	- -	1.24 -	1.35 -	0.18	1.37	0.16	1.53	8
0.73 -	- -	- -	- -	- -	212.84 -	219.29 -	1 096.58 -	20.44	1 115.85	1.17	1 117.02	9
- 1.55	- -	- 28.86	- 0.76	- 0.40	- 6.28	- 150.36	- 266.90	35.57	0.57	301.90	302.47	10
- 0.03	- -	0.30 29.10	- 0.04	- 0.45	0.70 -	2.30 6.34	3.70 40.70	4.51	5.65	43.26	48.91	11
- -	- -	- 6.53	- 0.41	- 19.34	- 17.56	- 60.51	- 109.12	0.43	-	109.55	109.55	12
- 0.22	- 0.15	0.09 22.20	- 1.66	- 37.30	- 23.72	- 121.88	0.20 216.29	8.88	0.94	224.43	225.37	13
- 0.24	- -	0.17 8.48	1.76 0.18	12.00 0.90	0.49 0.68	12.57 7.99	27.14 19.84	1.02	27.81	20.19	48.00	14
- -	- 0.02	- 1.19	- 0.28	- 1.21	- 1.29	0.05 11.61	0.05 16.73	0.10	0.15	16.73	16.88	15
- 10.90	- -	- 64.09	- 1.99	- -	5.00 11.50	43.55 69.40	48.55 331.83	16.10	64.65	331.83	396.48	16
- -	- -	- -	- -	5.00 -	- -	40.00 -	50.05 45.40	11.07	61.09	45.43	106.52	17
- -	- -	- -	120.00 -	130.00 -	20.00 -	21.00 -	291.00 8.52	20.09	311.09	8.52	319.61	18
- -	- -	- -	- -	- -	- -	- -	- -	-	-	-	-	19
- 11.59	- 0.05	- 57.86	- 1.24	0.02 9.33	0.71 17.03	0.04 201.44	1.10 315.19	1.64	1.19	316.74	317.93	20
14.96 36.69	2.40 1.73	1 707.79 662.66	11.67 11.26	67.69 59.06	40.63 55.31	2 195.79 542.01	4 185.96 1 652.03	502.26	4 582.01	1 758.24	6 340.25	21
[illegible]6.04 [illegible]5.52	2.40 2.38	1 718.32 1 404.73	134.81 44.80	261.72 306.38	281.61 261.53	2 543.42 2 791.21	5 782.50 6 516.40	659.52	6 258.83	6 699.59	12 958.42	

Tabel X (Forts.). Opgave over Tran[...]

Løbenummer.	Varesorter.	Transportens Retning.	Gjennemgangstrafik.	over Kristiania: Smaalensbanen.	over Kristiania: Sv. B. over Kornsø.	over Kristiania: Kr.—Dr.-banen.	over Kristiania: Dr.-Skienbanen.	over Kristiania: Dr.—Rfj.-banen.	over Lill[...]: Kongsvingerbanen.
			Antal Ton. (2 Decimaler).						
1	Brændevin paa Træer	Afs.	30.97	-	-	-	-	0.16	119.57
		Ank.		-	-	0.03	-	-	0.03
2	Gjødning, alle Slags	Afs.	17.90	619.70	-	-	-	0.05	8 685.43
		Ank.		-	-	-	-	-	2.78
3	Hø og Halm	Afs.	0.47	-	-	3.20	-	-	1.75
		Ank.		0.20	-	-	-	-	1 514.60
4	Jern og Staal og Arbeide deraf, undtagen Spiger	Afs.	439.84	15.47	0.04	0.54	0.25	1.97	4 341.28
		Ank.		11.58	1.04	0.04	2.50	3.38	2 962.38
5	Kjød og Flesk, alle Slags	Afs.	7.95	0.08	-	1.05	0.33	-	147.07
		Ank.		0.42	1.92	-	-	0.12	148.44
6	Kornvarer og Mel, alle Slags	Afs.	573.41	2.79	-	0.26	0.04	2.25	6 351.93
		Ank.		26.85	-	-	-	0.28	942.10
7	Kul (Sten-, Træ-), Cokes og Cinders	Afs.	-	-	-	-	-	-	5 316.14
		Ank.		6.00	-	-	-	-	53.73
8	Malme, Erts og Kis a)	Afs.	102.61	-	-	1.09	-	-	819.57
		Ank.		10.80	-	-	0.04	-	2 023.09
9	Melk	Afs.	0.07	-	-	-	-	-	-
		Ank.		6.16	-	-	-	-	2 441.49
10	Mursten, Tagsten og Drainsrør	Afs.	109.80	89.00	-	-	-	-	150.64
		Ank.		-	-	-	-	-	379.30
11	Poteter	Afs.	43.05	20.01	-	0.97	0.42	0.11	11.20
		Ank.		4.93	-	0.26	-	0.20	368.55
12	Salt	Afs.	1.02	-	-	-	-	-	795.74
		Ank.		-	-	-	-	-	0.08
13	Sild og Fisk	Afs.	1 555.71	0.25	-	0.72	0.13	0.88	618.21
		Ank.		0.28	-	0.02	0.43	0.09	2.13
14	Smør og Ost	Afs.	125.24	6.86	-	3.44	6.26	0.41	49.56
		Ank.		0.24	-	0.26	0.06	0.14	175.26
15	Spiger	Afs.	62.34	0.16	-	-	-	0.18	87.72
		Ank.		-	-	-	-	-	47.53
16	Trælast & Brænde. Planker, Bord, Lægter og Stav	Afs.	687.90	129.80	-	-	-	-	569.50
		Ank.		96.20	-	-	-	-	18 757.55
17	Trælast & Brænde. Tømmer, alle Slags, O og □	Afs.	268.16	107.10	-	-	-	-	693.50
		Ank.		783.70	-	-	10.00	-	30 606.40
18	Trælast & Brænde. Brænde og Baghun	Afs.	38.60	58.00	-	-	-	-	-
		Ank.		-	-	-	-	-	10 354.[illegible]
19	Træmasse	Afs.	0.05	-	-	-	-	-	-
		Ank.		10.00	-	-	-	-	6 319.[illegible]
20	Øl, alle Slags	Afs.	5.81	-	-	-	-	-	[illegible]
		Ank.		-	-	-	-	-	[illegible]
21	Øvrige Varer (Ilgods indbef.)	Afs.	1 559.44	120.67	33.73	22.91	17.51	26.46	[illegible]
		Ank.		102.25	7.19	26.98	20.20	15.88	[illegible]
	Tilsammen	Afs.	5 630.34	1 169.89	33.77	34.18	24.94	[illegible]	[illegible]
		Ank.		1 059.61	10.15	27.59	33.23	[illegible]	[illegible]

…gde af de væsentligste Varesorter.

…n (Forts.).

…banens Stationer: …do. do. over Eidsvold.					Lokaltrafik. Afsendt til Kristiania fra Stationerne: Ankommet fra do. til do.				Løbenummer.
…banen	Røros-banen.	Meraker-banen.	Svenske Baner over Storlien.	Tilsammen.	Bryn.	Grorud.	Robsrud Sidespor.	Laasby Sidespor.	
Antal Ton. (2 Decimaler).									
71.90	56.02	-	-	247.65	-	-	-	-	1
45 66	809.93	0.05	-	1 255.70	-	0.03	-	-	
07.06	344.73	10.00	-	10 984.23	-	40.80	-	-	2
18.62	-	-	-	21.40	95.85	11 242.10	425.40	1 477.20	
5.00	26.11	-	-	36.06	4.20	-	-	13.20	3
20.81	28.50	-	-	1 785.31	8.40	0.97	-	-	
63.65	1 154.18	12.75	8.58	7 416.14	-	-	-	-	4
00.54	327.48	0.25	5.00	15 891.43	20.45	2.05	-	-	
72 40	189.28	0.02	3.28	1 186.82	-	0.06	-	-	5
87.84	118.28	-	-	1 691.67	2.05	0.22	-	-	
00.09	3 937.10	23.80	0.10	15 512.58	-	0.38	-	40.60	6
58 91	11 99	-	-	1 275.37	1.11	59.39	-	7.85	
64.64	2 014 53	-	-	17 761.79	-	-	-	-	7
0.09	-	-	-	59.82	1 997.17	1 099.33	550.77	8.30	
89 79	1 170.51	0.05	1.62	2 452.65	-	8.50	-	-	8
-	12.41	0.02	-	2 076.36	208.10	44.20	30.00	17.50	
-	-	-	-	-	-	0.11	-	-	9
08 11	480.10	-	-	4 735.86	-	-	-	-	
85 96	632.86	-	-	3 958.46	-	-	-	-	10
-	0.25	-	-	382.15	-	-	9.25	-	
2.98	80 79	-	-	116.48	-	0.28	-	-	11
92.80	86 98	-	-	1 359.04	5.02	5.31	-	-	
32.42	508.59	-	-	1 742.03	-	-	-	-	12
-	0.23	-	-	0.31	6.00	0.12	-	-	
01.68	23 46	-	0.04	3 418.32	-	-	-	-	13
5.22	171.90	0.88	-	200.65	1.22	1.64	-	-	
97.14	312.18	1.84	3.40	661.67	-	-	-	-	14
45.26	881.54	34.85	-	1 842.87	0.17	0.28	-	-	
77 93	63.72	0.56	-	380.68	-	-	-	-	15
1.40	54.15	-	-	144.22	0.14	0.51	-	-	
84.30	92.32	-	-	1 189.42	123.40	383.60	-	1 067.00	16
79.20	56.00	-	-	47 264.93	18.50	11.10	1.50	-	
-	31.40	-	-	832.00	-	420.90	-	-	17
80.40	221.70	-	-	33 650.60	3 037.00	808.10	-	-	
6.40	-	-	-	64.40	-	-	53.00	173.20	18
19.80	-	-	-	10 382.80	-	-	-	-	
-	20.10	-	-	45.40	-	502.50	-	-	19
78.50	351.40	18.00	-	18 758.04	-	-	-	-	
29.68	80.61	0.05	0.32	309.76	-	-	-	-	20
77.29	0.43	-	-	179.37	0.07	2.09	-	-	
72.19	5 401.82	54.62	21.36	20 184.64	65.97	31.84	80.78	-	21
55.86	2 602.17	87.23	0.78	12 641.82	134.99	427.04	352.17	7.40	
65.21	16 140.31	103.69	38.70	88 501.18	193.57	1 388.97	133.78	1 294.00	
76.31	6 215.44	141.28	5.78	155 599.72	5 536.24	13 704.48	1 369.09	1 518.25	

Tabel X (Forts.). Opgave over Tran

Løbenummer.	Varesorter.	Transportens Retning.	H Afse Ankomm Fjeld-hammer Sidespor.	Strømmen.	Lille-strøm.	Lersund.	
			Antal Ton. (2 Decimaler).				
1	Brændevin paa Træer	Afs.	-	-	-	-	
		Ank.	-	0.04	0 66	-	
2	Gjødning, alle Slags	Afs.	-	-	-	-	
		Ank.	5.50	970.80	443.09	553.35	8
3	Hø og Halm	Afs.	-	-	66.38	41.96	
		Ank.	-	-	-	-	
4	Jern og Staal og Arbeide deraf, undtagen Spiger	Afs.	-	55.54	16.70	0.65	
		Ank.	210.76	707.35	216.52	5 44	
5	Kjød og Flesk, alle Slags	Afs.	-	0.15	5.27	0.16	
		Ank.	-	8.39	31.34	3.32	
6	Kornvarer og Mel, alle Slags	Afs.	-	9.41	64.30	5.40	
		Ank.	-	196.74	985.10	88.51	1
7	Kul (Sten-, Træ-), Cokes og Cinders	Afs.	-	-	5.58	-	
		Ank.	241.78	633.75	3 328.44	26.40	1
8	Malme, Erts og Kis a)	Afs.	-	-	-	1 506.52	
		Ank.	282.00	100.18	316.87	0.46	
9	Melk	Afs.	-	40.77	19.07	217.34	6
		Ank.	-	-	-	-	
10	Mursten, Tagsten og Drainsrør	Afs.	-	-	-	-	
		Ank.	618.65	50.59	22.39	16.95	
11	Poteter	Afs.	-	1.09	15.73	7.68	
		Ank.	-	4.04	4.89	0.85	
12	Salt	Afs.	-	-	-	-	
		Ank.	-	8.55	65.23	9.06	1
13	Sild og Fisk	Afs.	-	0.07	2.85	-	
		Ank.	-	10.42	71.23	5.28	
14	Smør og Ost	Afs.	-	0.08	2 26	-	2
		Ank.	-	15.36	44 44	1.18	
15	Spiger	Afs.	-	-	0.04	-	
		Ank.	-	10.08	12.89	0.99	
16	Trælast & Brænde. Planker, Bord, Lægter og Stav	Afs.	43.20	1 419.66	57 328.60	22.20	
		Ank.	-	17.90	55.80	-	1
17	Trælast & Brænde. Tømmer, alle Slags, ○ og □	Afs.	-	536.80	17 630.50	2 689.20	27
		Ank.	-	27.80	37.60	-	
18	Trælast & Brænde. Brænde og Baghun	Afs.	11.00	1 205.50	15 985.90	1 448.60	5
		Ank.	-	-	-	-	
19	Træmasse	Afs.	-	-	157.10	-	
		Ank.	-	-	-	-	
20	Øl, alle Slags	Afs.	-	-	-	-	
		Ank.	-	64.27	153.56	2.84	4
21	Øvrige Varer (Ilgods indbef.)	Afs.	27.40	375.23	1 273.13	13.26	31
		Ank.	363.85	301.78	1 017.47	46.21	101
	Tilsammen	Afs	81.60	3 644 30	92 573.41	5 952.97	1 201
		Ank	1 722.54	3 128.04	6 807.52	760.84	1 299

de af de væsentligste Varesorter.

(Forts.).

nia fra Stationerne :
til do.

	Trøgstad.	Hauersæter Sidespor.	Dahl.	Bøhn.	Eidsvold.	Mjøsstationerne.	Sum.	Løbenummer.
	Antal Ton. (2 Decimaler).							
-	-	-	-	-	994.95	382.18	1 377.13	1
0.28	1.25	-	2.55	1.01	35.26	56.88	98.13	
-	-	-	-	0.10	0.30	-	41.20	2
0.95	1 280.53	717.60	874.54	59.60	604.73	75.49	21 502.11	
3.81	116.72	5.00	33.60	-	56.87	0.05	510.49	3
-	-	-	-	-	-	-	9.37	
-	-	-	0.77	156.59	53.03	188.87	472.28	4
2.66	46.75	-	45.46	147 95	2 138.14	1 640.48	5 222.03	
1.49	4.45	-	21.22	2.68	49.56	38.08	123.34	5
9.17	43.33	-	11.44	5.57	73.26	81.45	272.29	
9.48	104.23	-	38.24	0.88	78 08	54.46	564.14	6
1.98	799.03	-	650.97	218.94	3 878.40	1 931.52	9 389.98	
-	-	-	-	-	-	-	5.58	7
58.64	712.07	-	299.36	4 603.95	5 564.33	1 916.90	21 381.02	
1.42	8.41	7.00	1.69	-	0.19	39.56	1 573.29	8
9.83	27.40	-	8.78	848.88	509.19	137.85	2 544.65	
62.58	1 210.55	-	521.80	109.85	500.90	-	4 569.15	9
-	-	-	-	-	-	-	-	
-	-	-	-	36.00	-	-	36.00	10
6.41	3.96	-	-	-	9.90	19.12	757.22	
21.35	260.98	-	200 36	15.25	401.93	165.87	1 099.42	11
1.69	1.74	-	3.62	0.05	0.79	0.23	28.43	
-	-	-	0.18	-	-	-	0.18	12
61.94	85.36	-	100.13	18.04	646.13	1 062.70	2 073.88	
1.72	-	-	-	-	4.64	4.64	14.02	13
53.15	46.68	-	46.91	12.02	170.55	61.66	489.07	
14.31	31.85	-	37.51	1.88	694.66	334.53	1 142.68	14
6.10	24.67	-	13.86	11.94	24.52	38.01	181.69	
-	-	-	-	269.58	0.03	-	269.65	15
5.89	13.05	-	5.94	4.46	53.03	93.94	202.92	
27.20	277.10	-	6 235.20	-	758.20	87.50	68 172.86	16
-	-	-	2.00	-	-	-	118.80	
68.40	1 949.10	647.90	2 851.30	-	824.20	33.75	28 329.65	17
-	-	-	-	-	-	-	3 910.50	
16.90	109.80	-	4 601.30	-	302.80	-	23 961.40	18
-	-	-	-	-	-	-	-	
-	-	-	-	8 977.60	4 913.33	-	14 550.53	19
-	-	-	-	-	-	-	-	
-	-	-	-	-	0.22	1.07	1.29	20
29.59	198.84	-	59.24	32.33	143.72	139.51	830.19	
79.72	354.71	-	134.26	1 772.85	709.51	1 709.21	6 659.57	21
56.89	862.47	-	363.96	1 965.49	3 718.76	2 615.20	12 635.05	
518.38	4 427.90	659.90	14 677.43	11 343.26	10 343 40	3 039.77	153 473.85	
075 17	4 147.13	717.60	2 488.76	7 930.23	17 570.71	9 870.94	81 647.33	

Tabel X (Forts.). Opgave over Tran

Løbenummer.	Varesorter.	Transportens Retning.	Hovedbanen (Forts.). Lokaltrafik. Øvrige Lokal-trafik, afsendt eller an-kommet.	Til-sammen, afsendt eller an-kommet.	Samlet Trafik. Op.	Ned.	Ho su ats el ko
			Antal Ton. (2 Decimaler).				
1	Brændevin paa Træer	Afs. Ank.	0.18	1 475.44	352.42	2 657.34	3
2	Gjødning, alle Slags	Afs. Ank.	1 208.24	22 751.55	33 054.09	720.99	33 7
3	Hø og Halm	Afs. Ank.	22.93	542.79	69.64	2 294.99	2 3
4	Jern og Staal og Arbeide deraf, undtagen Spiger	Afs. Ank.	81.25	5 775.56	13 734.59	15 788.38	29 5
5	Kjød og Flesk, alle Slags	Afs. Ank.	1.19	396.82	1 461.68	1 821.58	3 2
6	Kornvarer og Mel, alle Slags	Afs. Ank.	43.39	9 997.51	25 489.80	1 869.07	27 3
7	Kul (Sten-, Træ-), Cokes og Cinders	Afs. Ank.	3.40	21 390.00	39 151.62	59 99	39 2
8	Malme, Erts og Kis a)	Afs. Ank.	219.46	4 337.40	5 077 28	3 891.74	8 9
9	Melk	Afs. Ank.	35.22	4 604.37	6.16	9 334.14	9 3
10	Mursten, Tagsten og Drainsrør	Afs. Ank.	1 423.27	2 216.49	5 470.11	1 196.79	6
11	Poteter	Afs. Ank.	41.19	1 169.04	150.82	2 536.79	2 6
12	Salt	Afs. Ank.	1.63	2 075.69	3 818.00	1.05	3 8
13	Sild og Fisk	Afs. Ank.	12.69	515.78	3 934.30	1 756.16	5
14	Smør og Ost	Afs. Ank.	4.34	1 328.71	926.35	3 032.14	3 95
15	Spiger	Afs. Ank.	31.42	503.99	707.81	383.42	1 09
16	Trælast & Brænde. Planker, Bord, Lægter og Stav	Afs. Ank.	4 974.71	73 266.37	2 244.97	120 163.65	122 40
17	Trælast & Brænde. Tømmer, alle Slags, ○ og □	Afs. Ank.	21 909.25	54 149.40	9 046.35	79 853.81	88 90
18	Trælast & Brænde. Brænde og Baghun	Afs. Ank.	1 105.80	25 067.20	44 40	35 508.60	35 55
19	Træmasse	Afs. Ank.	-	14 550.53	55.45	33 298.57	33 35
20	Øl, alle Slags	Afs. Ank.	46.54	878.02	1 191.78	181.18	1 37
21	Øvrige Varer (Ilgods indbef.)	Afs. Ank.	616.01	19 910.63	34 115.24	20 181.29	54
	Tilsammen	Afs. Ank.	31 782.11	266 903.29	180 102 86	336 531.67	516

ngde af de væsentligste Varesorter.

Sammendrag for samtlige Baner. d)

Afsendt til Svenske Baner. Ankommet fra do. do. … Kornsø.	over Charlottenberg.	over Storlien.	Tilsammen.	Lokaltrafik, afsendt eller ankommet.	Samlet Trafik.	Løbenummer.
		Antal Ton.	(2 Decimaler).			
3.60 0.24	0.42 4.64	11.63 0.61	15.65 5.49	5 083.16	5 104.30	1
96.62 16.02	332.26 15.10	57.30 0.06	486.18 31.18	61 142.43	61 659.79	2
0.03 9.94	- 21.20	1.22 221.80	1.25 252.94	10 474.70	10 728.89	3
588.96 3 093.59	919.58 12 411.69	138.16 656.18	1 646.70 16 161.46	27 443.81	45 251.97	4
47.10 607.00	773.96 1 235.35	975.80 4.62	1 796 86 1 846.97	3 913.03	7 556.86	5
458.62 360.14	1 405 02 322.12	5 552.19 79.60	7 415.83 761.86	78 573.73	86 751.42	6
2 829 53 214.00	964.48 -	182 91 113.80	3 976.92 327.80	94 653.13	98 957.85	7
121.12 360.94	170.06 107.54	46.58 -	337.76 468.48	42 760.60	43 566.84	8
- -	- -	154.66 -	154.66 -	31 404.22	31 558.88	9
81.40 121.50	94.10 7.60	152.56 -	328.06 129.10	21 424.22	21 881.38	10
0 47 44.40	5.12 5.44	56.61 0.69	62.20 50.53	8 130.62	8 243.35	11
193.03 0.20	5.28 6.46	226.20 -	424.51 6.66	8 436.50	8 867.67	12
973.14 7.94	3 708.43 24.61	12 908.35 3.14	17 589.92 35.69	11 436.32	29 061.93	13
193.59 309.40	181.80 206.80	46.48 465 12	421.87 981.32	7 092.54	8 495.73	14
401.96 2.60	150.41 87.78	4.62 0.04	556.99 90.42	1 768.89	2 416 30	15
201.87 32 366.32	113.00 32 046.50	20.98 47 408.30	335.85 111 821.12	158 392.91	270 549.88	16
10.00 31 392.38	- 1 796.00	272.00 6 078.80	282.00 39 267.18	169 819.49	209 368.67	17
- 2 279 40	- 8.80	- 713.10	- 3 001.30	68 353.57	71 354.87	18
- 3 752.56	25.30 11 581.04	0.36 4 988.00	25.66 20 321.60	151 089.02	171 436.28	19
0.22 0.28	0.98 1.44	2.40 1.12	3.60 2.84	5 899.72	5 906.16	20
1 673.49 3 763.22	5 116.08 4 930 26	3 644.32 718.28	10 433.89 9 411 76	170 870.19	190 715.84	21
7 874.75 78 702.07	13 966.28 64 820.37	24 455.33 61 453.26	46 296.36 204 975.70	1 138 162.80	1 389 434.86	

Anmærkninger til Tabel X.

Med «Op» betegnes overalt Retningen fra Kristiania; ved Jæderbanen og **Bergen—Vossbanen**, der ikke staa i direkte Forbindelse med Kristiania, betegner følgelig **«Op»** Retningen henholdsvis fra Ekersund til Stavanger og fra Voss til Bergen.

a) Heri for 1ste Distrikt, Eidsvold—Hamarbanen og Hovedbanen indbefattet **Kalk**, **Kalksten**, Jord, Ler, Sand og Sten.

Smaalensbanen:

b) Trafik mellem 1ste, 3die & 4de Trafikdistrikt samt Hovedbanen paa den ene Side og Horten pr. Dampskibet «Bastø» paa den anden Side er behandlet som Trafik vedkommende Smaalensbanen, hvilken Trafik har udgjort:
Afsendt fra Horten 20.05 Ton, hvoraf til Smaalensbanen 18.49 Ton.
Ankommet til —«— 11.63 « —«— fra —«— 11.36 «
ligeledes er Trafik mellem 2det Trafikdistrikt paa den ene Side og Moss pr. Dampskibet «Bastø» paa den anden Side behandlet som Trafik vedkommende Drammen—Skienbanen, hvilken Trafik har udgjort:
Afsendt fra Moss 134.59 Ton, hvoraf til Drammen—Skienbanen 116.75 Ton.
Ankommet til —«— 83.62 « —«— fra —«— 78.11 «

Drammen—Skienbanen:

c) Se Anmærkning b) ovenfor.

Samtlige Baner:.

d) Det bemærkes, at Opgaverne, over hvad der er transporteret paa samtlige Baner, refererer sig til den virkelige Transportmængde, idet hvad der er ført over to eller flere Baner kun er medregnet én Gang.

Tabel XI.

Opgave over hvorledes Togene har været besatte med Reisende[1]) og belastede med Gods mellem Stationerne.

Renseignement sur l'occupation des trains par des voyageurs[1]) et des marchandises entre les stations.

Mellem Stationerne. Entre les stations.			Antal Reisende. (Ordinære Tog). Nombre des voyageurs. (Trains ordinaires).			Antal Ton Il- & Fragtgods. Tonnes de marchandises.		
			Op.[2]) Aller.[2])	Ned. Retour.	Tilsammen Total.	Op.[2]) Aller.[2])	Ned. Retour.	Tilsammen. Total.
1ste Trafikdistrikt.								
Smaalensbanen. (Kristiania—Rigsgrændsen).								
Vestre Linie:								
Kristiania	og	Bækkelaget	381 590	391 747	773 337	41 314	51 355	92 669
Bækkelaget	-	Nordstrand	317 589	323 498	641 087	} 40 089	} 51 385	} 91 474
Nordstrand	-	Lian	223 463	222 093	445 556			
Lian	-	Oppegaard	130 836	131 586	262 422	37 745	51 799	89 544
Oppegaard	-	Ski	124 784	125 528	250 312	37 333	49 847	87 180
Ski	-	Aas	76 482	77 121	153 603	20 995	23 989	64 984
Aas	-	Vestby	67 606	67 991	135 597	17 887	21 527	39 414
Vestby	-	Soner	64 677	65 066	129 743	16 607	20 179	36 786
Soner	-	Moss	64 197	64 525	128 722	16 094	20 319	36 413
Moss	-	Dilling	73 605	72 752	146 357	17 691	15 204	32 895
Dilling	-	Rygge	69 892	69 070	138 962	17 526	14 754	32 280
Rygge	-	Raade	63 690	63 005	126 695	16 560	14 460	31 020
Raade	-	Onsø	63 856	63 148	127 004	16 711	13 909	30 620
Onsø	-	Fredrikstad	68 488	67 882	136 370	16 876	13 540	30 416
Fredrikstad	-	Lisleby	66 997	66 920	133 917	12 189	33 425	45 614
Lisleby	-	Greaker	68 615	67 732	136 347	12 106	33 560	45 666
Greaker	-	Sannesund	64 539	64 255	128 794	11 714	33 403	45 117
Sannesund	-	Sarpsborg	61 522	61 200	122 722	10 885	35 436	46 321
Sarpsborg	-	Skjeberg	53 755	53 078	106 833	8 718	26 388	35 106
Skjeberg	-	Døle	48 541	48 267	96 808	8 336	25 615	33 951
Døle	-	Berg	49 372	48 946	98 318	8 335	25 244	33 579
Berg	-	Fredrikskald	58 336	58 475	116 811	8 057	24 169	32 226
Fredrikshald	-	Tistedalen	40 992	36 162	77 154	11 595	101 276	112 871
Tistedalen	-	Aspedammen	29 204	28 309	57 513	10 190	85 583	95 773
Aspedammen	-	Præstebakke	26 690	26 327	53 017	9 939	85 381	95 320
Præstebakke	-	Kornsø	20 907	20 473	41 380	8 587	82 664	91 251
Kornsø	-	Rigsgrændsen	17 014	16 632	33 646	7 875	78 702	86 577
Østre Linie:								
Ski	og	Kraakstad	41 882	41 845	83 727	13 216	26 119	39 335
Kraakstad	-	Tomter	37 073	37 043	74 116	11 321	23 385	34 706
Tomter	-	Spydeberg	30 765	30 388	61 153	9 017	19 610	28 627
Spydeberg	-	Askim	23 546	23 265	46 811	6 943	15 584	22 527
Askim	-	Slitu	19 301	19 025	38 326	6 377	7 451	13 828
Slitu	-	Mysen	17 166	16 851	34 017	5 834	6 008	11 842
Mysen	-	Eidsberg	10 911	10 334	21 245	4 406	2 624	7 030
Eidsberg	-	Rakkestad	9 044	8 841	17 885	4 284	1 893	6 177
Rakkestad	-	Gautestad	11 452	11 125	22 577	6 881	1 171	8 052
Gautestad	-	Ise	11 037	10 929	21 966	8 094	958	9 052
Ise	-	Sarpsborg	17 118	17 415	34 533	9 349	1 170	10 519
Konsvingerbanen.								
Lillestrøm	og	Nerdrum[3])	} 55 468	} 57 764	} 113 232	48 389	157 100	205 489
Nerdrum[3])	-	Fetsund				48 166	148 326	196 492
Fetsund	-	Varaaen[3])	} 43 538	} 45 937	} 89 475	45 001	144 591	189 592
Varaaen[3])	-	Sørumssanden[3])				44 970	143 836	188 806
Sørumssanden[3])	-	Blakjer	42 682	45 092	87 774	44 469	143 434	187 903

[1]) **Antal Reiser paa Maanedsbilletter ikke medregnede.** (Nombre des voyages avec billets de saison non compris).
[2]) «Op» betegner Retningen fra Kristiania. («Aller» signifie la direction de Kristiania). [3]) Sidespor.

Tabel XI (Forts.). Opgave over hvorledes Togene har været

Mellem Stationerne.			Antal Reisende. (Ordinære Tog).			Antal Ton Il- & Fragtgods.		
			Op.	Ned.	Til-sammen.	Op.	Ned.	Til-sammen.
Blakjer	og	Haga	34 316	36 772	71 088	41 736	137 562	179 298
Haga	-	Aarnæs	32 129	34 640	66 769	40 301	131 932	172 233
Aarnæs	-	Funnefos*)	27 596	30 182	57 778	38 772	126 937	165 709
Funnefos*)	-	Sæterstøen				38 772	120 932	159 704
Sæterstøen	-	Disenaaen*)	25 598	28 191	53 789	38 018	115 077	153 095
Disenaaen*)	-	Skarnæs	25 710	28 051	53 761	37 619	112 006	149 625
Skarnæs	-	Sander	24 589	26 907	51 496	35 540	107 864	143 404
Sander	-	Galterud*)	24 317	26 694	51 011	34 902	102 396	137 298
Galterud*)	-	Kongsvinger	24 658	26 786	51 444	34 666	100 580	135 246
Kongsvinger	-	Sjøli*)	19 187	20 549	39 736	18 630	96 191	114 821
Sjøli*)	-	Aabogen				18 551	95 400	113 951
Aabogen	-	Eidskog	15 966	17 729	33 695	18 317	90 359	108 676
Eidskog	-	Skotterud	15 991	17 100	33 091	17 663	85 750	103 413
Skotterud	-	Magnor	13 672	15 222	28 894	16 764	80 321	97 085
Magnor	-	Eda*)	11 497	13 254	24 751	16 023	75 705	91 728
Eda*)	-	Charlottenberg				16 315	75 499	91 814
2det Trafikdistrikt.								
Kristiania-Drammenbanen.								
Kristiania	og	Skarpsno	452 460	459 784	912 244	41 166	62 473	103 639
Skarpsno	-	Bygdø	445 344	451 290	896 634			
Bygdø	-	Bestum	396 832	401 753	798 585	41 085	63 206	104 291
Bestum	-	Lysaker	350 049	354 101	704 150			
Lysaker	-	Stabæk	276 776	282 723	559 499	38 399	66 741	105 140
Stabæk	-	Høvik	251 307	257 211	508 518			
Høvik	-	Sandviken	214 085	219 887	433 972	37 289	65 874	103 163
Sandviken	-	Slæbende	149 734	154 154	303 888	34 698	54 757	89 455
Slæbende	-	Hvalstad	143 199	147 431	290 630			
Hvalstad	-	Asker	129 551	133 259	262 810	33 734	54 281	88 015
Asker	-	Heggedal	113 782	117 399	231 181	31 775	52 568	84 343
Heggedal	-	Røken	109 075	112 241	221 316	30 382	53 355	83 737
Røken	-	Spikestad	107 832	111 630	219 462	29 118	52 016	81 134
Spikestad	-	Lier	107 304	110 896	218 200	28 865	51 745	80 610
Lier	-	Brageröen	119 052	122 994	242 046	30 130	49 794	79 924
Brageröen	-	Drammen	116 836	119 890	236 726			
Drammen-Skienbanen.								
Drammen	og	Skouger	60 347	61 435	121 782	17 858	13 342	31 200
Skouger	-	Galleberg	54 370	56 280	110 650	17 269	12 184	29 453
Galleberg	-	Sande	51 908	53 602	105 510	17 149	10 910	28 059
Sande	-	Holmestrand	45 687	47 327	93 014	15 953	9 177	25 130
Holmestrand	-	Nykirke	46 519	47 542	94 061	15 825	8 808	24 633
Nykirke	-	Skopum	49 840	50 789	100 629	15 610	8 970	24 580
Skopum	-	Augedal	60 378	60 252	120 630	13 950	8 843	22 793
Augedal	-	Barkaker	60 043	60 192	120 235	13 664	8 942	22 606
Barkaker	-	Tønsberg	64 579	65 136	129 715	13 586	9 004	22 590
Tønsberg	-	Sæm	74 811	74 843	149 654	11 272	10 676	21 948
Sæm	-	Stokke	57 507	57 845	115 352	11 133	9 136	20 269
Stokke	-	Raastad	52 506	53 336	105 842	10 559	9 378	19 937
Raastad	-	Sandefjord	54 201	55 234	109 435	10 549	9 356	19 905
Sandefjord	-	Joberg	52 301	51 935	104 236	9 666	11 620	21 286
Joberg	-	Tjødling	51 807	51 617	103 424	9 639	11 507	21 146
Tjødling	-	Laurvik	55 075	55 295	110 370	9 691	10 897	20 588
Laurvik	-	Tjose	28 124	28 608	56 732	5 341	4 310	9 651
Tjose	-	Aaklungen	25 965	26 472	52 437	5 269	4 038	9 307
Aaklungen	-	Birkedalen	27 890	28 464	56 354	7 674	4 014	11 688

*) Sidespor.

besatte med Reisende og belastede med Gods mellem Stationerne.

Mellem Stationerne.			Antal Reisende. (Ordinære Tog).			Antal Ton Il- & Fragtgods.		
			Op.	Ned.	Tilsammen.	Op.	Ned.	Tilsammen.
Burkedalen	og	Eidanger	29 417	29 835	59 252	8 538	4 023	12 561
Eidanger	-	Porsgrund	44 749	45 375	90 124	8 628	3 515	12 143
Porsgrund	-	Skien	90 805	90 531	181 336	6 171	1 939	8 110
Skopum	-	Borre	44 509	45 623	90 132	2 558	2 061	4 619
Borre	-	Horten	46 252	46 901	93 153	2 438	1 986	4 424
Drammen-Randsfjordb.								
Drammen	og	Gulskogen	78 218	78 846	157 064	61 206	149 278	210 484
Gulskogen	-	Mjøndalen	80 020	80 563	160 583	61 207	148 556	209 763
Mjøndalen	-	Hougsund	69 838	70 365	140 203	61 005	139 992	200 997
Hougsund	-	Burud	45 870	45 993	91 863	43 893	109 117	153 010
Burud	-	Skotselven	44 473	44 780	89 253	43 735	108 931	152 666
Skotselven	-	Aamot	39 906	40 226	80 132	35 953	105 559	141 512
Aamot	-	Gjethus	37 423	37 917	75 340	33 626	94 502	128 128
Gjethus	-	Vikersund	38 785	38 659	77 444	27 815	91 000	118 815
Vikersund	-	Nakkerud	24 994	25 333	50 327	22 641	79 496	102 137
Nakkerud	-	Skjærdalen	25 067	25 570	50 637	22 276	79 366	101 642
Skjærdalen	-	Ask	26 010	26 359	52 369	21 087	75 843	96 930
Ask	-	Hønefos	27 068	27 696	54 764	20 897	75 748	96 645
Hønefos	-	Heen	28 028	26 753	54 781	15 019	64 212	79 231
Heen	-	Randsfjord	17 653	17 524	35 177	12 696	44 412	57 108
Hougsund	-	Vestfossen	26 759	26 764	53 523	20 800	34 349	55 149
Vestfossen	-	Darbo	19 369	19 361	38 730	10 248	25 167	35 415
Darbo	-	Krekling	17 631	17 575	35 206	10 035	23 197	33 232
Krekling	-	Skollenborg	17 142	17 109	34 252	9 977	22 222	32 199
Skollenborg	-	Kongsberg	19 474	18 878	38 352	8 387	13 638	22 025
Vikersund	-	Snarum	10 098	10 335	[1]) 20 433	3 842	10 827	14 669
Snarum	-	Krøderen	7 375	7 736	[1]) 15 111	3 605	3 015	6 620
3die & 4de Trafikdistrikt.								
Eidsvold-Hamarbanen.								
Eidsvold	og	Baadshaug *)	40 912	42 124	83 036	45 121	17 757	62 878
Baadshaug *)	-	Minne				45 019	17 757	62 776
Minne	-	Ulvin	33 973	35 484	69 457	44 043	16 811	60 854
Ulvin	-	Strandløkken *)	32 767	34 200	66 967	44 115	16 680	60 795
Strandløkken *)	-	Espen				44 639	16 680	61 319
Espen	-	Tangen	35 420	36 724	72 144	46 391	16 759	63 150
Tangen	-	Stensrud *)	37 630	38 992	76 622	46 636	16 485	63 121
Stensrud *)	-	Stange	38 332	39 590	77 922	47 215	16 332	63 547
Stange	-	Ottestad	43 200	44 638	87 838	45 339	15 263	60 602
Ottestad	-	Gubberud *)	44 654	46 201	90 855	43 826	15 018	58 844
Gubberud *)	-	Hamar				43 533	15 033	58 566
Rørosbanen.								
Hamar	og	Aker	44 997	45 349	90 346	26 008	15 409	41 417
Aker	-	Hjellum	44 920	44 997	89 917	24 963	15 136	40 099
Hjellum	-	Ilseng	42 065	43 180	85 245	23 981	15 437	39 419
Ilseng	-	Hørsand	38 207	39 473	67 680	24 712	15 644	40 356
Hørsand	-	Aadalsbrug	35 935	37 254	73 189	24 904	15 093	39 997
Aadalsbrug	-	Løiten	32 326	33 934	66 260	21 295	16 946	38 241
Løiten	-	Midtskog	29 004	30 703	59 707	20 347	16 496	36 843
Midtskog	-	Elverum				20 347	16 496	36 843
Elverum	-	Grundset	21 626	22 480	44 106	14 323	15 083	29 406
Grundset	-	Øxna	21 028	21 949	42 977	14 250	14 143	28 393
Øxna	-	Rustad *)	19 380	20 387	39 767	15 309	11 948	27 257
Rustad *)	-	Aasta				15 309	11 754	27 063

*) Sidespor. [1]) Desuden Reisende paa Lokalbilletter mellem Stationerne og Stoppesteder paa Sidelinien Vikersund—Krøderen.

Jernbaner
1892—93.

Tabel XI (Forts.). Opgave over hvorledes Togene har været

Mellem Stationerne.			Antal Reisende. (Ordinære Tog).			Antal Ton Il- & Fragtgods.		
			Op.	Ned.	Til-sammen.	Op.	Ned.	Til-sammen.
Aasta	og	Rena	20 331	21 035	41 366	15 048	11 525	26 573
Rena	-	Sætre*)	17 143	17 844	34 987	13 174	11 698	24 872
Sætre*)	-	Stenviken				13 174	11 698	24 872
Stenviken	-	Ophus	15 521	16 385	31 906	11 501	10 688	22 189
Ophus	-	Kroken*)				11 328	10 680	22 008
Kroken*)	-	Neta*)	15 394	16 160	31 554	11 328	10 591	21 919
Neta*)	-	Rasten				11 328	10 591	21 919
Rasten	-	Stai	14 712	15 556	30 268	11 117	8 759	19 876
Stai	-	Koppang	14 751	15 408	30 159	10 555	8 646	19 201
Koppang	-	Tresa*)	13 448	14 123	27 571	9 623	8 427	18 050
Tresa*)	-	Bjøraanæsset				9 623	8 368	17 991
Bjøraanæsset	-	Atna	13 184	13 945	27 129	9 615	8 331	17 946
Atna	-	Hanestad	12 084	12 902	24 986	9 399	8 243	17 642
Hanestad	-	Barkald	11 704	12 613	24 317	9 257	8 093	17 350
Barkald	-	Lilleelvedal	11 904	12 791	24 695	9 192	8 100	17 292
Lilleelvedal	-	Auma	11 780	12 723	24 503	8 907	8 231	17 138
Auma	-	Tønset	11 686	12 616	24 302	9 105	8 232	17 337
Tønset	-	Telneset	11 519	12 530	24 049	8 855	9 003	17 858
Telneset	-	Tolgen	11 515	12 513	24 028	9 269	8 935	18 204
Tolgen	-	Os	12 153	13 153	25 306	9 597	9 335	18 932
Os	-	Røros	12 783	13 697	26 480	10 072	9 627	19 699
Røros	-	Nypladsen	18 491	18 778	37 269	8 872	19 896	28 768
Nypladsen	-	Jensvold	15 375	15 605	30 980	8 810	19 931	28 741
Jensvold	-	Tyvold	14 777	14 598	29 375	9 174	20 314	29 488
Tyvold	-	Reitan	15 257	17 460	32 717	26 940	16 960	43 900
Reitan	-	Eidet	13 966	15 407	29 373	30 495	17 331	47 826
Eidet	-	Holtaalen	12 377	13 392	25 769	30 499	17 990	48 489
Holtaalen	-	Langletet	12 106	13 121	25 227	30 762	17 961	48 723
Langletet	-	Reitstøen	12 243	13 220	25 463	31 060	18 355	49 415
Reitstøen	-	Singsaas	12 380	13 404	25 784	31 479	18 172	49 651
Singsaas	-	Bjørgen	12 600	13 695	26 295	31 873	19 007	50 880
Bjørgen	-	Kotsøien	12 908	13 869	26 777	32 590	19 162	51 752
Kotsøien	-	Rognæs	12 736	13 698	26 434	33 193	19 228	52 421
Rognæs	-	Støren	13 404	14 412	27 816	34 362	19 750	54 112
Støren	-	Hovind	18 166	19 470	37 636	35 482	21 973	57 455
Hovind	-	Lundemo	19 813	21 184	40 997	37 972	22 572	60 544
Lundemo	-	Ler	21 049	22 398	43 447	39 408	22 458	61 866
Ler	-	Kvaal	22 865	24 168	47 033	40 549	22 739	63 288
Kvaal	-	Søberg	24 123	25 335	49 458	40 717	22 850	63 567
Søberg	-	Melhus	24 655	25 899	50 554	40 430	23 037	63 467
Melhus	-	Nypan	28 616	29 836	58 452	40 651	23 581	64 232
Nypan	-	Heimdal	29 623	30 915	60 538	40 704	23 592	64 296
Heimdal	-	Selsbak	40 916	42 855	83 771	40 972	26 739	67 711
Selsbak	-	Trondhjem	54 124	56 458	110 582			
Merakerbanen.								
Trondhjem	og	Leangen	75 857	80 211	156 068	39 641	40 477	80 118
Leangen	-	Ranheim	66 892	71 855	138 747	39 436	40 573	80 009
Ranheim	-	Vikhammer	39 548	43 324	82 872	27 899	47 093	74 992
Vikhammer	-	Malvik	39 414	43 193	82 607	-	-	-
Malvik	-	Hommelvik	33 392	37 200	70 592	27 710	46 933	74 643
Hommelvik	-	Hell	24 749	28 234	52 983	35 535	69 889	105 424
Hell	-	Hegre	9 531	12 849	22 380	33 314	67 823	101 137
Hegre	-	Floren	7 082	10 458	17 540	32 756	66 623	99 379

*) Sidespor.

...besatte med Reisende og belastede med Gods mellem Stationerne.

Mellem Stationerne.			Antal Reisende. (Ordinære Tog).			Antal Ton Il- & Fragtgods.		
			Op.	Ned.	Tilsammen.	Op	Ned.	Tilsammen.
Floren	og	Gudaa	5 809	9 220	15 029	32 557	65 732	98 289
Gudaa	-	Meraker	5 613	8 905	14 518	32 363	65 745	98 108
Meraker	-	Storlien	4 126	7 515	11 641	31 430	61 496	92 926
5te Trafikdistrikt.								
Jæderbanen.								
Stavanger	og	Hillevaag	50 020	49 076	99 096	3 405	4 196	7 601
Hillevaag	-	Hinna						
Hinna	-	Sandnæs	45 359	44 544	89 903	3 591	4 170	7 761
Sandnæs	-	Høiland	27 168	26 588	53 756	3 449	6 228	9 677
Høiland	-	Klep	26 016	25 464	51 480	3 544	6 200	9 744
Klep	-	Time	23 295	22 871	46 166	3 364	5 384	8 748
Time	-	Nærbø	18 529	18 044	36 573	2 397	3 651	6 048
Nærbø	-	Varhoug	15 721	15 111	30 832	2 050	2 893	4 943
Varhoug	-	Vigrestad	14 125	13 453	27 578	1 948	2 628	4 576
Vigrestad	-	Ogne	12 855	12 148	25 003	1 848	2 345	4 193
Ogne	-	Helvik	14 212	13 559	27 771	1 014	2 178	3 192
Helvik	-	Ekersund	15 527	14 765	30 292	909	2 070	2 979
6te Trafikdistrikt.								
Bergen-Vossbanen.								
Bergen	og	Solheimsviken	170 427	170 080	340 507	5 782	6 516	12 298
Solheimsviken	-	Minde	161 270	162 571	323 841	5 791	6 517	12 308
Minde	-	Fjøsanger	151 162	153 217	304 379	5 784	6 503	12 287
Fjøsanger	-	Hop	98 112	97 652	195 764	5 789	6 462	12 251
Hop	-	Nestun	86 619	86 921	173 540	5 745	6 119	11 864
Nestun	-	Heldal	25 061	25 013	50 074	5 514	5 603	11 117
Heldal	-	Haukeland	24 189	24 174	48 363	5 484	5 514	10 998
Haukeland	-	Arne	20 298	20 108	40 406	5 165	5 130	10 295
Arne	-	Garnæs	18 287	18 129	36 416	5 083	4 983	10 066
Garnæs	-	Trængereid	15 249	15 356	30 605	5 145	4 911	10 056
Trængereid	-	Vaksdal	14 636	14 620	29 256	5 171	4 907	10 078
Vaksdal	-	Stanghelle	15 569	15 164	30 733	5 226	4 835	10 061
Stanghelle	-	Dale	16 011	15 609	31 620	5 266	4 868	10 134
Dale	-	Bolstad	12 105	12 847	24 952	3 556	8 527	12 083
Bolstad	-	Evanger	12 664	14 618	27 282	3 443	3 468	6 911
Evanger	-	Bulken	12 991	13 334	26 325	3 228	3 153	6 381
Bulken	-	Voss	14 647	15 390	30 037	2 962	2 894	5 856
Hovedbanen.								
Kristiania	og	Bryn	203 565	201 468	405 033	164 059	305 304	469 363
Bryn	-	Grorud	187 021	189 291	376 312	158 818	308 545	467 363
Grorud	-	Robsrud*)	162 614	166 357	328 971	147 442	308 345	455 787
Robsrud*)	-	Laasby*)				146 036	308 318	454 354
Laasby*)	-	Fjeldhammer*)				148 729	306 986	455 715
Fjeldhammer*)	-	Strømmen				146 964	307 224	454 188
Strømmen	-	Lillestrøm	152 073	155 769	307 842	143 854	306 909	450 763
Lillestrøm	-	Lersund	83 369	84 694	168 063	90 603	75 915	166 518
Lersund	-	Frogner	78 011	79 490	157 501	89 791	69 941	159 732
Frogner	-	Kløften	73 435	75 003	148 438	88 394	68 822	157 216
Kløften	-	Trøgstad	66 221	67 947	134 168	85 022	66 256	151 278
Trøgstad	-	Hauersæter*)	54 484	56 231	110 715	81 772	60 841	142 613
Hauersæter*)	-	Dahl				81 034	60 070	141 104
Dahl	-	Bøhn	50 318	51 992	102 310	78 988	43 985	122 973
Bøhn	-	Eidsvold	51 368	53 304	104 672	73 286	49 192	122 478

*) Sidespor.

Tabel XII.

Opgave over Maanedsbilletter*) i Terminen 1892—93.

Billets de saison, terme 1892—93.

Mellem Stationerne.	Billetternes Varighed. Durée des billets de saison.			Antal. Nombre. II Kl.	III Kl.	Indtægt. Recettes. II Kl. Kr.	III Kl. Kr.	Tilsammen. Total. Kr.
Smaalensbanen.								
Kristiania—Lian.	Helbillet	12	Maaneder.	71	208	4 437.50	7 800.00	12 237.50
	Halvbillet	12	—	6	88	225.00	1 980.00	2 205.00
	Helbillet	11	—	-	1	-	36.00	36.00
	Halvbillet	11	—	-	-	-	-	-
	Helbillet	10	—	1	12	56.00	403.20	459.20
	Halvbillet	10	—	4	4	134.40	80.64	215.04
	Helbillet	9	—	1	1	52.00	31.20	83.20
	Halvbillet	9	—	2	8	62.40	149.76	212.16
	Helbillet	8	—	2	2	96.00	57.60	153.60
	Halvbillet	8	—	-	1	-	17.28	17.28
	Helbillet	7	—	3	9	132.00	237.60	369.60
	Halvbillet	7	—	-	-	-	-	-
	Helbillet	6	—	19	48	760.00	1 152.00	1 912.00
	Halvbillet	6	—	2	24	48.00	345.60	393.60
	Helbillet	5	—	2	12	70.00	252.00	322.00
	Halvbillet	5	—	-	3	-	37.80	37.80
	Helbillet	4	—	4	18	120.00	810.00	930.00
	Halvbillet	4	—	-	13	-	140.40	140.40
	Helbillet	3	—	-	105	-	1 575.00	1 575.00
	Halvbillet	3	—	-	23	-	207.00	207.00
	Helbillet	2	—	3	82	54.00	885.60	939.60
	Halvbillet	2	—	3	18	32.40	116.64	149.04
	Helbillet	1	—	27	444	270.00	2 664.00	2 934.00
	Halvbillet	1	—	-	154	-	554.40	554.40
			Sum	150	1 278	6 549.70	19 533.72	26 083.42

*) Fra og med 1ste Juni 1891 udstedes Maanedsbilletter (Saisonbilletter) for Voxne til alle 3 Vognklasser, forsaavidt de føres i Togene, efter følgende Taxter og Regler:

For 1 Maaned beregnes for Afstande indtil 15 km. for første, anden og tredie Vognklasse henholdsvis Kr. 1 50, 1.00 og 0.60 pr. km. For Afstande over 15 km. gjælder følgende Taxter for 1 Maaned (Mindste Pris pr. Billet, respekt. Kr. 15.00, 10 00 og 6.00):

Km.	16—20	21—25	26—30	31—35	36—40	41—45	46—50	51—55	56—60
I Kl. Kr.	25.20	27.90	30.40	32.70	34.90	37.00	38.80	40.60	42.40
II » »	16.80	18.60	20.30	21.80	23.30	24.70	25.90	27.10	28.30
III » »	10.10	11.20	12.20	13.10	14.00	14.80	15.50	16.30	17.00

Km.	61—65	66—70	71—75	76—80	81—85	86—90	91—95	96—100
I Kl. Kr.	44.20	46.00	47.80	49.50	50.80	52.20	53.50	54.90
II » »	29.50	30.70	31.90	33.00	33.90	34.80	35.70	36.60
III » »	17.70	18.40	19.10	19.80	20.30	20.90	21.40	22.00

o. s. v. saaledes, at der tillægges henholdsvis Kr. 1.30, 0.90 og 0.50 for hver overskydende 5 km. eller Dele deraf.

For 2 indtil 12 Maaneder beregnes:

for Maaneder:	2	3	4	5	6	7	8	9	10	11	12
til respektive	1.8	2.5	3.0	3.5	4.0	4.4	4.8	5.2	5.6	6.0	6.25

Gange Taxten for 1 Maaned.

For Skolebørn, dog ikke over 18 Aar, udstedes Maanedsbilletter til 0.6 Gange foranstaaende Taxter (Halvbilletter).

Maanedsbilletter udstedes kun for et helt Antal Maaneder, indtil et Aar ad Gangen og gjælder blot for navngiven Person.

Tabel XII (Forts.). Opgave over Maanedsbilletter i Terminen 1892—93.

Mellem Stationerne.	Billetternes Varighed.			Antal.		Indtægt.		
				II Kl.	III Kl.	II Kl.	III Kl.	Tilsammen.
						Kr.		
Kristiania-Oppegaard	Helbillet	12	Maaneder	3	1	315.00	63.13	378.13
	do.	4	—	-	1	-	30.30	30.30
	do.	3	—	-	1	-	25.25	25.25
	do.	2	—	-	1	-	18.18	18.18
	do.	1	—	-	1	-	10.10	10.10
			Sum	3	5	315.00	146.96	461.96
do. —Ski	Helbillet	4	Maaneder	-	1	-	33.60	33.60
	do.	3	—	-	1	-	28.00	28.00
	do.	1	—	-	28	-	313.60	313.60
			Sum	-	30	-	375.20	375.20
do. —Aas	Helbillet	1	Maaned	2	-	43.60	-	43.60
do. —Vestby	do.	1	—	-	3	-	42.00	42.00
do. —Moss	do.	6	Maaneder	-	2	-	136.00	136.00
do. —Raade	do.	12	—	1	-	206.25	-	206.25
do. —Sarpsborg	do.	12	—	1	-	240.00	-	240.00
	do.	6	—	1	-	153.60	-	153.60
	do.	4	—	1	-	115.20	-	115.20
			Sum	3	-	508.80	-	508.80
Ski—Aas	Helbillet	2	Maaneder	-	1	-	10.80	10.80
	Halvbillet		—	-	1	-	6.48	6.48
			Sum	-	2	-	17.28	17.28
do.—Sarpsborg	Helbillet	12	Maaneder	-	12	-	126.88	126.88
do.—Tomter	do.	3	—	-	2	-	39.00	39.00
	do.	2	—	-	1	-	14.04	14.04
			Sum	-	3	-	53.04	53.04
Kr.ania—Kraakstad	Helbillet	1	Maaned	-	1	-	12.20	12.20
Vestby—Moss	do.	1	—	-	1	-	11.20	11.20
	Halvbillet	1	—	-	1	-	6.72	6.72
			Sum	-	2	-	17.92	17.92
Soner—Moss	Helbillet	12	Maaneder	-	1	-	45.00	45.00
Moss—Fredrikstad	do.	4	—	1	-	65.40	-	65.40
	do.	1	—	-	1	-	13.10	13.10
			Sum	1	1	65.40	13.10	78.50
Greaker—do.	Helbillet	3	Maaneder	-	1	-	15.00	15.00
	do.	2	—	-	5	-	54.00	54.00
	Halvbillet	2	—	-	1	-	6.48	6.48
	Helbillet	1	—	-	1	-	6.00	6.00
			Sum	-	8	-	81.48	81.48
Saunesund—do.	Helbillet	2	Maaneder	-	1	-	14.04	14.04
	do.	1	—	-	2	-	15.60	15.60
			Sum	-	3	-	29.64	29.64
Sarpsborg—Skjeberg	Halvbillet	6	Maaneder	-	4	-	57.60	57.60
	do.	4	—	-	3	-	32.40	32.40
	do.	2	—	-	1	-	6.48	6.48
			Sum	-	8	-	96.48	96.48
Fredrikshald—do.	Helbillet	1	Maaned	-	1	-	10.10	10.10
do. —Tistedalen	do.	12	Maaneder	1	-	62.50	-	62.50
	do.	2	—	-	1	-	10.80	10.80
			Sum	1	1	62.50	10.80	73.30
Tistedalen-Aspedam.	Helbillet	1	Maaned	-	1	-	6.00	6.00
	Hovedsum		Smaalensb.	161	1 362	7 751.25	20 753.80	28 505.05

Tabel XII (Forts.). Opgave over Maanedsbilletter i Terminen 1892—93.

Mellem Stationerne.	Billetternes Varighed.			Antal. II Kl.	Antal. III Kl.	Indtægt. II Kl.	Indtægt. III Kl.	Indtægt. Tilsammen.
						Kr.		
Kongsvingerbanen.								
Kristiania—Fetsund	Helbillet	12	Maaneder	2	-	71.06	-	71.06
	Halvbillet	1	—	11	-	37.31	-	37.31
			Sum	13	-	108.37	-	108.37
do. —Blakjer	Helbillet	3	Maaneder	-	1	-	18.50	18.50
	do.	1	—	*) 1	-	18.50	-	18.50
			Sum	*) 1	1	18.50	18.50	37.00
do. —Haga	Helbillet	3	Maaneder	-	1	-	22.09	22.09
do. —Sæterstøen	—	12	—	*) 1	-	197.40	-	197.40
do. —Kongsvinger	—	6	—	1	-	115.66	-	115.66
Fetsund—Lillestrøm	Halvbillet	12	—	-	3	-	67.50	67.50
	do.	6	—	-	1	-	14.40	14.40
			Sum	-	4	-	81.90	81.90
Blakjer— do.	Halvbillet	3	Maaneder	-	4	-	67.20	67.20
Galterud—Skarnæs	Helbillet	1	—	-	2	-	15.60	15.6[illegible]
Eidskog—Magnor	Halvbillet	4	—	-	4	-	23.76	23.7[illegible]
	Hovedsum Konsvingerb.			16	16	439.93	229.05	668.9[illegible]
Kristiania—Drammenbanen.								
Kristiania—Høvik	Helbillet	12	Maaneder	52	63	3 250.00	2 362.50	5 612.5[illegible]
	Halvbillet	12	—	6	71	225.00	1 597.50	1 822.5[illegible]
	Helbillet	11	—	-	2	-	72.00	72.0[illegible]
	Halvbillet	11	—	-	3	-	64.80	64.8[illegible]
	Helbillet	10	—	-	2	-	67.20	67.2[illegible]
	do.	9	—	1	1	52.00	31.20	83.[illegible]
	Halvbillet	9	—	-	3	-	56.16	56.1[illegible]
	Helbillet	8	—	-	3	-	86.40	86.[illegible]
	do.	7	—	1	-	44.00	-	44.[illegible]
	do.	6	—	9	41	360.00	984.00	1 344.[illegible]
	Halvbillet	6	—	-	40	-	576.00	576.[illegible]
	Helbillet	5	—	3	11	105.00	231.00	336.[illegible]
	Halvbillet	5	—	-	5	-	63.00	63.[illegible]
	Helbillet	4	—	15	18	450.00	324.00	774.[illegible]
	Halvbillet	4	—	3	12	54.00	129.60	183.[illegible]
	Helbillet	3	—	9	51	225.00	765.00	990.[illegible]
	Halvbillet	3	—	-	19	-	171.00	171.[illegible]
	Helbillet	2	—	9	37	162.00	399.60	561.[illegible]
	Halvbillet	2	—	1	30	10.80	194.40	205.[illegible]
	Helbillet	1	—	34	149	340.00	906.00	1 246.[illegible]
	Halvbillet	1	—	12	58	72.00	216.00	288.[illegible]
			Sum	155	619	5 349.80	9 297.36	14 647.[illegible]
do. —Sandviken	Helbillet	12	Maaneder	7	5	568.75	243.75	812.[illegible]
	Halvbillet	12	—	-	6	-	175.50	175.[illegible]
	Helbillet	10	—	-	1	-	43.68	43.[illegible]
	do.	8	—	-	3	-	112.32	11[illegible]
	do.	6	—	3	5	156.00	156.00	3[illegible]
	Halvbillet	6	—	-	1	-	18.72	[illegible]
	Helbillet	5	—	2	3	91.00	81.90	[illegible]
	Halvbillet	5	—	-	1	-	16.38	[illegible]
	Helbillet	4	—	5	1	195.00	23.40	[illegible]
	do.	3	—	8	19	260.00	370.50	[illegible]
	Halvbillet	3	—	-	4	-	46.80	[illegible]
	Helbillet	2	—	4	9	93.60	126.36	[illegible]

*) I Klasse.

Tabel XII (Forts.). Opgave over Maanedsbilletter i Terminen 1892—93.

Mellem Stationerne.	Billetternes Varighed.			Antal. II Kl.	Antal. III Kl.	Indtægt. II Kl.	Indtægt. III Kl.	Indtægt. Tilsammen.
						Kr.		
	Halvbillet	2	—	1	6	14.04	50.58	64.62
	Helbillet	1	—	10	63	130.00	491.40	621.40
	Halvbillet	1	—	3	37	23.40	173.16	196.56
			Sum	43	164	1 531.79	2 130.45	3 662.24
Kr ania—Slæbende	Helbillet	12	Maaneder	-	1	-	56.25	56.25
	Halvbillet	12	—	-	1	-	22.50	22.50
	Helbillet	6	—	-	1	-	36.00	36.00
	do.	5	—	1	-	52.50	-	52.50
	do.	4	—	1	3	45.00	81.00	126.00
	Halvbillet	4	—	-	1	-	16.20	16.20
	Helbillet	3	—	2	12	75.00	270.00	345.00
	Halvbillet	3	—	-	1	-	13.50	13.50
	Helbillet	2	—	1	4	27.00	64.80	91.80
	Halvbillet	2	—	1	1	16.20	9.72	25.92
	Helbillet	1	—	3	23	45.00	207.00	252.00
	Halvbillet	1	—	3	16	27.00	86.40	113.40
			Sum	12	64	287.70	863.37	1 151.07
do. —Hvalstad	Helbillet	12	Maaneder	2	4	210.00	252.52	462.52
	Halvbillet	12	—	-	3	-	113.64	113.64
	do.	10	—	-	1	-	33.94	33.94
	Helbillet	9	—	-	1	-	52.52	52.52
	Halvbillet	8	—	-	1	-	29.09	29.09
	do.	7	—	-	1	-	23.76	23.76
	Helbillet	6	—	2	1	134.40	40.40	174.80
	do.	5	—	-	1	-	35.35	35.35
	do.	4	—	1	1	50.40	30.30	80.70
	Halvbillet	4	—	-	3	-	54.54	54.54
	Helbillet	3	—	2	5	84.00	126.25	210.25
	Halvbillet	3	—	-	1	-	15.15	15.15
	Helbillet	2	—	-	6	-	109.08	109.08
	Halvbillet	2	—	-	1	-	10.91	10.91
	Helbillet	1	—	2	17	33.60	171.70	205.30
	Halvbillet	1	—	-	20	-	121.20	121.20
			Sum	9	67	512.40	1 220.35	1 732.75
do. —Asker	Helbillet	12	Maaneder	1	1	116.25	70.00	186.25
	do.	6	—	-	3	-	134.40	134.40
	do.	5	—	-	1	-	39.20	39.20
	do.	3	—	-	5	-	140.00	140.00
	Halvbillet	3	—	-	1	-	16.80	16.80
	Helbillet	2	—	-	6	-	120.96	120.96
	do.	1	—	2	20	37.20	224.00	261.20
	Halvbillet	1	—	-	2	-	13.44	13.44
			Sum	3	39	153.45	758.80	912.25
Bygdø—Sandviken	Helbillet	12	Maaneder	-	1	-	37.50	37.50
Sandviken-Hvalstad	Halvbillet	1	—	-	4	-	14.40	14.40
do. —Asker	do.	12	—	-	5	-	112.50	112.50
	do.	11	—	-	2	-	43.20	43.20
	do.	10	—	-	1	-	20.16	20.16
	do.	1	—	-	3	-	10.80	10.80
			Sum	-	11	-	186.66	186.66

Tabel XII (Forts.). Opgave over Maanedsbilletter i Terminen 1892—93.

Mellem Stationerne.	Billetternes Varighed.	Antal. II Kl.	Antal. III Kl.	Indtægt. II Kl. Kr.	Indtægt. III Kl. Kr.	Indtægt. Tilsammen. Kr.
Kr.ania—Heggedal	Helbillet 12 Maaneder	1	-	126.88	-	126.88
do. —Lier	do. 6 —	-	1	-	62.00	62.00
do. —Drammen	do. 12 —	-	1	-	101.88	101.88
	do. 6 —	1	-	108.40	-	108.40
	do. 3 —	1	-	67.75	-	67.75
	Sum	2	1	176.15	101.88	278.03
Røken—Drammen	Helbillet 3 Maaneder	-	1	-	15.15	15.15
Lier— do.	Halvbillet 12 —	-	5	-	112.50	112.50
	do. 10 —	-	2	-	40.32	40.32
	Helbillet 8 —	-	1	-	28.80	28.80
	do. 3 —	-	4	-	60.00	60.00
	do. 2 —	-	2	-	21.60	21.60
	do. 1 —	-	2	-	12.00	12.00
	Halvbillet 1 —	-	2	-	7.20	7.20
	Sum	-	18	-	282.42	282.42
	Hoveds. Kr.ania-Dr.menb.	225	990	8 138.17	14 970.34	23 108.51
Drammen Skienbanen.						
Drammen—Holm	Helbillet 3 Maaneder	1	-	46.50	-	46.50
	do. 2 —	2	-	66.96	-	66.96
	do. 1 —	1	3	18.60	33.60	52.20
	Sum	4	3	132.06	33.60	165.66
do. —Skouger	Helbillet 1 Maaned	-	1	-	6.00	6.00
do. —Holmestrand	do. 1 —	1	-	21.80	-	21.80
do. —Barkaker	do. 1 do.	1	-	28.30	-	28.30
do. —Laurvik	do. 12 Maaneder	1	-	234.38	-	234.38
Holmestr.—Nykirke	do. 5 —	-	1	-	21.00	21.00
do. —Tønsberg	do. 1 —	1	-	20.30	-	20.30
Nykirke—Augedal	do. 12 —	-	1	-	37.50	37.50
Skopum—Horten	Halvbillet 10 —	-	1	-	20.16	20.16
	do. 9 —	-	1	-	18.72	18.72
	Helbillet 1 —	-	2	-	12.00	12.00
	Halvbillet 1 —	-	4	-	14.40	14.40
	Sum	-	8	-	65.28	65.28
Tønsberg—Barkaker	Helbillet 2 Maaneder	-	1	-	10.80	10.80
	do. 1 —	-	1	-	6.00	6.00
	Sum	-	2	-	16.80	16.80
do. —Stokke	Helbillet 1 Maaned	-	2	-	15.60	15.60
do. —Sandefjord	do. 12 Maaneder	1	-	116.25	-	116.25
	do. 6 —	-	1	-	74.40	74.40
	do. 3 —	-	1	-	28.00	28.00
	do. 1 —	1	2	18.60	22.40	41.00
	Sum	2	4	134.85	124.80	259.65
Stokke—Sandefjord	Helbillet 3 Maaneder	-	3	-	16.50	16.50
	do. 1 —	-	2	-	13.20	13.20
	Sum	-	5	-	29.70	29.70

Tabel XII (Forts.). Opgave over Maanedsbilletter i Terminen 1892—93.

Mellem Stationerne.	Billetternes Varighed.	Antal.		Indtægt.		
		II Kl.	III Kl.	II Kl.	III Kl.	Tilsammen.
				Kr.		
Joberg—Raastad	Helbillet 1 Maaned	-	1	-	36.00	36.00
Tjødling—Tønsberg	do. 1 do.	-	2	-	26.20	26.20
do. —Sandefjord	do. 6 Maaneder	-	1	-	24.00	24.00
	do. 3 —	-	2	-	30.00	30.00
	Halvbillet 3 —	-	2	-	18.00	18.00
	Helbillet 1 —	-	5	-	30.00	30.00
	Halvbillet 1 —	-	6	-	21.60	21.60
	Sum	-	16	-	123.60	123.60
do. —Laurvik	Helbillet 9 Maaneder	-	1	-	31.20	31.20
	Halvbillet 3 —	-	2	-	18.00	18.00
	Helbillet 1 —	1	2	10.00	12.00	22.00
	Sum	1	5	10.00	61.20	71.20
Laurvik—Tønsberg	Helbillet 6 Maaneder	1	-	98.80	-	98.80
do. —Sandefjord	do. 8 —	1	-	80.64	-	80.64
	do. 2 —	1	-	30.24	-	30.24
	do. 1 —	-	2	-	20.20	20.20
	Halvbillet 1 —	-	9	-	54.54	54.54
	Sum	2	11	110.88	74.74	185.62
do. —Tjose	Helbillet 2 Maaneder	1	1	19.80	11.88	31.68
	do. 1 —	-	3	-	19.80	19.80
	Halvbillet 1 —	-	2	-	7.92	7.92
	Sum	1	6	19.80	39.60	59.40
do. —Horten	Helbillet 3 Maaneder	-	1	-	44.25	44.25
Eidanger-Porsgrund	Halvbillet 11 —	-	1	-	21.60	21.60
	do. 10 —	-	3	-	60.48	60.48
	Sum	-	4	-	82.08	82.08
Skien—Eidanger	Helbillet 12 Maaneder	2	-	150.00	-	150.00
	do. 3 —	-	1	-	21.60	21.60
	do. 2 —	-	1	-	12.96	12.96
	do. 1 —	-	3	-	21.60	21.60
	Halvbillet 1 —	-	27	-	116.64	116.64
	Sum	2	32	150.00	172.80	322.80
Porsgrund—Skien	Helbillet 12 Maaneder	-	6	-	225.00	225.00
	Halvbillet 12 —	-	2	-	45.00	45.00
	do. 11 —	-	5	-	108.00	108.00
	do. 9 —	-	1	-	18.72	18.72
	Helbillet 6 —	-	5	-	120.00	120.00
	Halvbillet 6 —	-	2	-	28.80	28.80
	Helbillet 4 —	2	5	72.00	90.00	162.00
	Halvbillet 4 —	1	8	30.00	120.00	150.00
	Helbillet 3 —	-	1	-	10.80	10.80
	do. 2 —	-	12	-	129.60	129.60
	Halvbillet 2 —	-	1	-	6.00	6.00
	Helbillet 1 —	-	36	-	216.00	216.00
	Halvbillet 1 —	-	2	-	7.20	7.20
	Sum	3	86	102.00	1 125.12	1 227.12
Horten—Nykirke	Halvbillet 10 Maaneder	-	1	-	22.18	22.18
do. —Augedal	do. 9 —	-	1	-	18.72	18.72
	Helbillet 6 —	-	1	-	24.00	24.00
	do. 2 —	-	2	-	21.60	21.60
	Halvbillet 1 —	-	1	-	3.60	3.60
	Sum	-	5	-	67.92	67.92

Tabel XII (Forts.). Opgave over Maanedsbilletter i Terminen 1892—93.

Mellem Stationerne.	Billetternes Varighed.	Antal. II Kl.	Antal. III Kl.	Indtægt. II Kl.	Indtægt. III Kl.	Indtægt. Tilsammen.
				Kr.		
Horten—Tønsberg	Helbillet 7 Maaneder	1	-	81.84	-	81.84
	do. 4 —	1	-	55.80	-	55.80
	Sum	2	-	137.64	-	137.64
do. —Kongsberg	Helbillet 4 Maaneder	-	-	-	36.00	36.00
	Hoveds. Drammen-Skienb.	22	198	1 200.81	2 261.97	3 462.78
Drammen—Randsfjordbanen.						
Horten—Kongsberg	Helbillet 4 Maaneder	-	1	-	30.00	30.00
Hougsund-Drammen	do. 12 —	2	-	210.00	-	210.00
Darbo—Hougsund	Halvbillet 2 —	-	1	-	7.13	7.13
Hougsund—Darbo	Helbillet 1 —	-	1	-	6.60	6.60
do. —Vestfossen	Halvbillet 10 —	-	1	-	20.16	20.16
	Helbillet 2 —	-	1	-	10.80	10.80
	Halvbillet 2 —	-	4	-	25.92	25.92
	Sum	-	6	-	56.88	56.88
Heen—Hønefos	Halvbillet 10 Maaneder	-	1	-	20.16	20.16
	Hoveds. Dr.men-Randsfj.b.	2	10	210.00	120.77	330.77
Eidsvold—Hamarbanen.						
Tangen—Hamar	Helbillet 1 Maaned	-	1	-	10.10	10.10
Stange— do.	Halvbillet 12 Maaneder	-	5	-	135.00	135.00
	do. 11 —	-	8	-	207.36	207.36
	do. 8 —	-	2	-	41.48	41.48
	do. 6 —	-	1	-	17.28	17.28
	do. 5 —	-	1	-	15.12	15.12
	Helbillet 1 —	-	1	-	7.20	7.20
	Sum	-	18	-	423.44	423.44
Ottestad—Hamar	Halvbillet 11 Maaneder	-	3	-	64.80	64.80
	do. 10 —	-	4	-	80.64	80.64
	do. 9 —	-	6	-	112.32	112.32
	— 4 —	-	1	-	10.80	10.80
	— 3 —	-	2	-	18.00	18.00
	— 2 —	-	1	-	6.48	6.48
	Helbillet 1 —	-	1	-	6.00	6.00
	Halvbillet 1 —	-	3	-	10.80	10.80
	Sum	-	21	-	309.84	309.84
	Hoveds. Eidsv.—Hamarb.	-	40	-	743.38	743.38
Rørosbanen.						
Hamar—Hjellum	Helbillet 11 Maaneder	-	1	-	36.00	36.00
	Halvbillet 11 —	-	7	-	151.20	151.20
	do. 1 —	-	1	-	9.00	9.00
	Sum	-	9	-	196.20	196.20
do.— Ilseng	Helbillet 12 Maaneder	-	1	-	37.50	37.50
	Halvbillet 12 —	-	1	-	22.50	22.50
	Helbillet 11 —	-	1	-	36.00	36.00
	Halvbillet 11 —	-	8	-	172.80	172.80
	do. 4 —	-	3	-	32.40	32.40
	Sum	-	14	-	301.20	301.20

Tabel XII (Forts.). Opgave over Maanedsbilletter i Terminen 1892—93.

Mellem Stationerne.	Billetternes Varighed.	Antal. II Kl.	Antal. III Kl.	Indtægt. II Kl.	Indtægt. III Kl.	Indtægt. Tilsammen.
				Kr.	Kr.	Kr.
Hamar—Hørsand	Halvbillet 12 Maaneder	-	1	-	29.25	29.25
	do. 11 —	-	3	-	84.24	84.24
	do. 10 —	-	1	-	26.21	26.21
	Helbillet 1 —	-	1	-	7.80	7.80
	Sum	-	6	-	147.50	147.50
do. —Aadalsbrug	Halvbillet 2 Maaneder	-	2	-	19.44	19.44
do.— Løiten	do. 11 —	-	2	-	72.72	72.72
Hørsand—do.	do. 11 —	-	1	-	21.60	21.60
Trondhjem-Singsaas	Helbillet 12 —	-	1	-	126.88	126.88
do. —Melhus	Halvbillet 3 —	-	1	-	20.16	20.16
do. —Heimdal	Helbillet 4 —	-	1	-	19.80	19.80
	do. 3 —	-	5	-	82.50	82.50
	do. 2 —	-	3	-	35.64	35.64
	do. 1 —	-	4	-	26.40	26.40
	Halvbillet 1 —	-	1	-	3.96	3.96
	Sum	-	14	-	168.30	168.30
do. —Selsbak	Helbillet 2 Maaneder	-	3	-	32.40	32.40
	do. 1 —	-	5	-	30.00	30.00
	Sum	-	8	-	62.40	62.40
	Hovedsum Rørosbanen	-	58	-	1 136.40	1 136.40
Merakerbanen.						
Trondhjem-Ranheim	Helbillet 12 Maaneder	2	2	125.00	75.00	200.00
	Halvbillet 12 —	-	3	-	67.50	67.50
	Helbillet 10 —	-	1	-	33.60	33.60
	Halvbillet 10 —	-	2	-	40.32	40.32
	Helbillet 8 —	-	1	-	28.80	28.80
	do. 6 —	-	2	-	48.00	48.00
	Halvbillet 6 —	-	1	-	14.40	14.40
	Helbillet 5 —	2	-	70.00	-	70.00
	Halvbillet 5 —	-	2	-	25.20	25.20
	Helbillet 4 —	1	1	30.00	18.00	48.00
	Halvbillet 4 —	-	4	-	43.20	43.20
	Helbillet 3 —	1	3	25.00	45.00	70.00
	do. 2 —	-	4	-	43.20	43.20
	Halvbillet 2 —	-	6	-	38.88	38.88
	Helbillet 1 —	4	78	40.00	468.00	508.00
	Halvbillet 1 —	-	12	-	43.20	43.20
	Sum	10	122	290.00	1 032.30	1 322.30
do. —Vikhammer	Helbillet 2 Maaneder	-	1	-	14.04	14.04
do. —Malvik	do. 6 —	-	3	-	67.50	67.50
	Halvbillet 6 —	-	2	-	43.20	43.20
	Helbillet 4 —	-	3	-	81.00	81.00
	do. 2 —	-	3	-	48.60	48.60
	do. 1 —	-	5	-	45.00	45.00
	Halvbillet 1 —	-	2	-	10.80	10.80
	Sum	-	18	-	296.10	296.10
do. —Hommelvik	Helbillet 11 Maaneder	-	1	-	40.32	40.32
	do. 6 —	1	-	74.40	-	74.40
	Halvbillet 6 —	-	1	-	26.88	26.88
	do. 3 —	-	2	-	33.60	33.60

Tabel XII (Forts.). Opgave over Maanedsbilletter i Terminen 1892—93.

Mellem Stationerne.	Billetternes Varighed.	Antal.		Indtægt.		
		II Kl.	III Kl.	II Kl.	III Kl.	Tilsammen.
				Kr.		
	Helbillet 1 —	-	6	-	67.20	67.20
	Halvbillet 1 —	-	13	-	87.36	87.36
	Sum	1	23	74.40	255.36	329.76
Gudaa—Meraker	Halvbillet 1 Maaned	-	6	-	21.60	21.60
	Hovedsum Merakerb.	11	170	364.40	1 619.40	1 983.80
Jæderbanen.						
Stavanger—Sandnæs	Helbillet 1 Maaned	-	1	-	9.00	9.00
Bergen—Vossbanen.						
Bergen—Næstun	Helbillet 12 Maaneder	30	65	1 875.00	2 437.50	4 312.50
	Halvbillet 12 —	8	45	300.00	1 012.50	1 312.50
	Helbillet 11 —	-	1	-	36.00	36.00
	do. 10 —	-	2	-	67.20	67.20
	do. 9 —	4	1	208.00	31.20	239.20
	Halvbillet 9 —	3	-	93.60	-	93.60
	Helbillet 8 —	-	1	-	28.80	28.80
	do. 6 —	5	21	200.00	504.00	704.00
	Halvbillet 6 —	3	14	72.00	201.60	273.60
	Helbillet 5 —	6	17	210.00	357.00	567.00
	Halvbillet 5 —	1	11	21.00	138.60	159.60
	Helbillet 4 —	22	26	660.00	468.00	1 128.00
	do. 3 —	8	35	200.00	525.00	725.00
	Halvbillet 3 —	-	4	-	36.00	36.00
	Helbillet 2 —	5	74	90.00	799.20	889.20
	Halvbillet 2 —	1	19	10.80	123.50	134.30
	Helbillet 1 —	9	116	90.00	696.00	786.00
	Halvbillet 1 —	-	83	-	298.80	298.80
	Sum	105	535	4 030.40	7 760.90	11 791.30
do. —Haukeland	Helbillet 2 Maaneder	-	1	-	18.20	18.20
	do. 1 —	-	4	-	40.40	40.40
	Halvbillet 1 —	-	1	-	6.10	6.10
	Sum	-	6	-	64.70	64.70
do. —Arne	Helbillet 3 Maaneder	-	1	-	28.00	28.00
	do. 2 —	-	3	-	60.60	60.60
	do. 1 —	-	3	-	33.60	33.60
	Sum	-	7	-	122.20	122.20
do. Garnæs	Helbillet 4 —	-	1	-	36.60	36.60
	do. 2 —	-	1	-	22.00	22.00
	do. 1 —	-	1	-	12.20	12.20
	Sum	-	3	-	70.80	70.80
Dale—Bergen	Helbillet 12 Maaneder	1	-	191.90	-	191.90
Voss—Evanger	do. 6 —	-	1	-	40.40	40.40
	Hovedsum Bergen—Vossb.	106	552	4 222.30	8 059.00	12 281.30
Hovedbanen.						
Kristiania—Bryn	Helbillet 12 Maaneder	1	-	62.50	-	62.50
	Halvbillet 12 Maaneder	-	7	-	157.50	157.50
	do. 9 —	-	1	-	18.72	18.72
	Helbillet 7 —	1	-	44.00	-	44.00
	do. 6 —	-	1	-	24.00	24.00

Tabel XII (Forts.). Opgave over Maanedsbilletter i Terminen 1892—93.

Mellem Stationerne.	Billetternes Varighed.	Antal. II Kl.	Antal. III Kl.	Indtægt. II Kl. Kr.	Indtægt. III Kl. Kr.	Indtægt. Tilsammen. Kr.
Kristiania—Bryn	Helbillet 5 —	-	1	-	21.00	21.00
	do. 4 —	1	1	30.00	18.00	48.00
	Halvbillet 4 —	-	4	-	43.20	43.20
	Helbillet 3 —	-	1	-	15.00	15.00
	do. 2 —	1	-	18.00	-	18.00
	Helbillet 1 —	-	7	-	42.00	42.00
	Halvbillet 1 —	-	4	-	14.40	14.40
	Sum	4	27	154.50	353.82	508.32
do. —Grorud	Helbillet 12 Maaneder	2	2	137.50	82.50	220.00
	Halvbillet 12 —	-	3	-	74.25	74.25
	Helbillet 6 —	-	2	-	52.80	52.80
	do. 4 —	-	1	-	19.80	19.80
	do. 3 —	-	2	-	33.00	33.00
	do. 2 —	1	1	19.80	11.88	31.68
	Halvbillet 2 —	-	4	-	28.52	28.52
	Helbillet 1 —	6	50	66.00	330.00	396.00
	Halvbillet 1 —	-	2	-	7.92	7.92
	Sum	9	67	223.30	640.67	863.97
do. —Strømmen	Helbillet 12 Maaneder	1	-	105.00	-	105.00
	do. 3 —	-	3	-	75.75	75.75
	Halvbillet 2 —	1	-	18.14	-	18.14
	Helbillet 1 —	2	18	33.60	181.80	215.40
	Halvbillet 1 —	2	15	20.16	90.90	111.06
	Sum	6	36	176.90	348.45	525.35
do. —Lillestrøm	Helbillet 12 Maaneder	-	1	-	70.00	70.00
	Halvbillet 6 —	-	2	-	53.76	53.76
	Helbillet 4 —	1	-	55.80	-	55.80
	do. 3 —	-	2	-	56.00	56.00
	do. 1 —	1	1	18.60	11.20	29.80
	Halvbillet 1 —	-	3	-	20.16	20.16
	Sum	2	9	74.40	211.12	285.52
do. —Lersund	Helbillet 3 Maaneder	-	1	-	30.50	30.50
do. —Trøgstad	do. 1 —	-	1	-	14.80	14.80
do. —Dahl	do. 4 —	*) 1	-	127.20	-	127.20
do. —Eidsvold	do. 12 —	2	-	383.76	-	383.76
Bryn—Lillestrøm	do. 1 —	3	1	50.40	10.10	60.50
Lillestrøm—Frogner	Halvbillet 1 —	-	4	-	14.40	14.40
do. —Trøgstad	do. 6 —	-	1	-	26.88	26.88
	do. 4 —	-	1	-	20.16	20.16
	Sum	-	2	-	47.04	47.04
Kristiania—Fetsund	Helbillet 12 Maaneder	2	-	182.70	-	182.70
	Halvbillet 1 —	11	-	96.67	-	96.67
	Sum	13	-	279.37	-	279.37
do. —Blakjer	Helbillet 3 Maaneder	-	1	-	18.50	18.50
	do. 1 —	*) 1	-	18.50	-	18.50
	Sum	*) 1	1	18.50	18.50	37.00
do. —Haga	Helbillet 3 Maaneder	-	1	-	16.66	16.66
do. —Sæterstøen	do. 12 —	*) 1	-	90.10	-	90.10
do. —Kongsvinger	do. 6 —	1	-	30.74	-	30.74
	Hovedsum Hovedb.	43	150	1 609.17	1 706.06	3 315.23
	Sum samtlige Baner	586	3 647	23 936.03	51 609.17	75 545.20

*) I Klasse.

Tabel XIII.

Opgave over Befordring af Reisende med Familiebilletter*).

Billets des familles.

Mellem Stationerne. Entre les stations.	Antal Reisende. Nombre de voyageurs.	Indtægt. Recette. Kr.
Smaalensbanen.		
Kristiania—Bækkelaget . .	50 800	6 096.00
Do. —Nordstrand . .	44 025	6 163.50
Do. —Lian	17 100	2 565.00
Do. —Oppegaard . . .	75	27.00
Do. —Ski	150	72.00
Sum	112 150	14 923.50
Kr.ania-Drammenb.		
Kristiania—Skarpsno	7 700	770.00
Do. —Bygdø	40 700	4 477.00
Do. —Bestum	43 800	5 256.00
Do. —Lysaker	22 300	3 122.00
Do. —Stabæk	9 425	1 472.00
Do. —Høvik	12 500	2 500.00
Do. —Sandviken . . .	14 650	3 809.00
Do. —Slæbende	3 025	907.50
Do. —Hvalstad	3 625	1 450.00
Do. —Asker	2 675	1 230.50
Do. —Heggedal	375	217.50
Drammen—Røken	125	47.50
Do. —Lier	350	52.50
Sum	161 250	25 311.50
Drammen-Skienb.		
Drammen—Gundesø	125	22.50
Do. —Skouger	350	70.00
Do. —Galleberg	425	136.00
Do. —Sande	150	60.00
Do. —Holm	275	132.00
Do. —Holmestrand .	175	115.50
Tønsberg—Augedal	25	6.00
Do. —Barkaker	600	84.00
Do. —Sem	250	35.00
Do. —Stokke	200	52.00
Laurvik—Grøtting	700	77.00
Porsgrund—Eidanger	1 425	156.75
Do. —Osebakke . . .	25	2.50
Do. —Borgestad . . .	400	44.00
Do. —Skien	4 375	787.50
Osebakke—Skien	1 450	217.50
Skien—Eidanger	900	201.60
Do. —Porsgrund	2 275	409.50
Do. —Osebakke	1 350	202 50
Do. —Borgestad	1 625	227.50
Do. —Bøhle	925	111.00
Sum	18 025	3 150.35

Mellem Stationerne.	Antal Reisende.	Indtægt. Kr.
Drammen-Randsfj.b.		
Drammen—Gulskogen . . .	25	2.75
Do. —Mjøndalen . . .	2 750	605.00
Do. —Hougsund . . .	1 225	416.50
Sum	4 000	1 024.25
Rørosbanen.		
Trondhjem—Melhus	425	175.95
Do. —Nypan	400	123.20
Do. —Heimdal	4 275	855.00
Do. —Ler	300	192.00
Do. —Kvaal	100	54.00
Do. —Søberg	250	120.00
Do. —Selsbak	1 225	171.50
Sum	6 975	1 691.65
Merakerbanen.		
Trondhjem—Malvik	2 075	622.50
Do. —Hommelvik .	2 125	977.50
Do. —Hell	650	416.00
Do. —Leangen	10 100	1 111.00
Do. —Ranheim . . .	6 050	907.50
Do. Vikhammer . . .	100	26.00
Sum	21 100	4 060.50
Jæderbanen.		
Stavanger—Hinna	950	142.50
Do. —Sandnæs	202	1 515.00
Sum	1 152	1 657.50
Bergen-Vossbanen.		
Bergen—Solheimsviken .	16 375	1 637.50
Do. —Minde	9 925	1 191.00
Do. —Fjøsanger	28 175	3 944.50
Do. —Nestun	48 650	9 730.00
Sum	103 125	16 503.00
Hovedbanen.		
Kristiania—Bryn	5 325	745.50
Do. —Grorud	1 100	297.00
Do. —Strømmen . . .	850	340.00
Do. —Lillestrøm . . .	1 375	645.65
Sum	8 650	2 028.15
Hovedsum	436 427	70 350.40

*) Familiebilletter til III Klasse i Bøger à 25 Stk. sælges til et begrændset Antal Stationer og paa kortere Afstande (Reisende med Familiebilletter er indbefattet i Specifikationen under Tabel VII).

Tabel XIV.

Trafikindtægternes Fordeling paa hver Maaned.

La distribution des recettes à chaque mois.

Tabel XIV. Trafikindtægt
La distributic

Maaned.	Persontrafik. Trafik des voyageurs. Reisende. Voyageurs.	Reisegods. Bagages.	Postbefordring. Poste.	Sum. Total.
	Kroner.			
1ste Trafikdistrikt.				
Smaalensbanen.				
1892 Juli	90 670.60	1 170.48	4 418.18	96 259.26
— August	88 342.34	1 229.18	4 420.60	93 992.12
— September	70 430.86	1 087.15	4 890.62	76 408.63
— Oktober	70 056.01	1 136.44	4 418.18	75 610.63
— November	57 195.47	1 058.01	4 298.79	62 552.27
— December	67 962.28	840.50	4 418.22	73 221.00
1893 Januar	51 136.60	948.42	4 418.18	56 503.20
— Februar	49 573.16	843.57	5 288.17	55 704.90
— Marts	64 571.20	1 132.05	5 944.67	71 647.92
— April	72 306.51	1 135.81	5 768.71	79 211.03
— Mai	77 015.19	1 024.12	5 944.68	83 983.99
— Juni	79 658.91	3 706.44	5 460.24	88 825.59
Sum for Terminen	838 919.13	15 312.17	59 689.24	913 920.54
Kongsvingerbanen.				
1892 Juli	27 101.43	678.30	983.32	28 763.05
— August	25 086.29	589.31	983.32	26 658.92
— September	15 729.29	432.42	951.60	17 113.31
— Oktober	17 687.95	468.19	983.32	19 139.46
— November	12 563.23	394.80	951.60	13 909.63
— December	16 183.58	374.90	983.32	17 541.80
1893 Januar	9 592.69	244.45	983.32	10 820.46
— Februar	10 219.22	188.35	888.16	11 295.73
— Marts	14 527.22	300.92	983.32	15 811.46
— April	15 357.68	401.68	951.60	16 710.96
— Mai	18 759.46	423.45	983.32	20 166.23
— Juni	23 673.80	434.35	1 317.60	25 425.75
Sum for Terminen	206 481.84	4 931.12	11 943.80	223 356.76
2det Trafikdistrikt.				
Kristiania-Drammenbanen.				
1892 Juli	63 561.49	591.92	1 815.28	65 968.69
— August	59 907.17	673.83	1 775.83	62 356.83
— September	44 007.06	507.72	1 715.89	46 230.67
— Oktober	41 331.44	456.98	1 754.66	43 543.08
— November	31 990.72	235.12	1 715.29	33 941.13
— December	40 437.52	309.06	1 754.67	42 501.25
1893 Januar	32 999.16	378.36	1 754.66	35 132.18
— Februar	34 705.75	327.00	1 595.46	36 628.21
— Marts	41 284.13	522.53	1 734.13	43 540.79
— April	41 011.68	340.29	1 633.13	42 985.10
— Mai	48 452.16	460.36	1 755.14	50 667.66
— Juni	51 472.14	406.13	1 715.90	53 594.17
Sum for Terminen	531 160.42	5 209.30	20 720.04	557 089.76

[1]) Nemlig Indtægter af Telegrammer og Leie (Leie af overliggende Gods, Husleie, Pakhus

…ng paa hver Maaned.
… à chaque mois.

		Persontrafik. Trafik des marchandises.		Andre Trafik-Indtægter [1]). Revenus autre de l'exploitation.	Hovedsum Trafik-Indtægter. Recettes totales de l'exploitation.	Procent paa hver Maaned af den hele Trafik-Indtægt. Proportion p. % des recettes totales.
…de …r. …aux.	Ilgods. Grande vitesse.	Fragtgods. Petite vitesse.	Sum. Total.			
	Kroner.					
2 946.99	3 276.87	41 916.87	48 550.39	3 143.92	148 185.02	9.3
976.03	3 570.76	44 334.36	53 191.68	3 375.37	150 721.79	9.5
393.93	3 869.73	36 667.35	45 051.51	3 537.99	124 718.21	7.9
289.35	3 926.95	36 587.92	43 931.46	3 258.07	123 294.99	7.7
723.42	4 259.12	38 253.64	44 296.31	3 752.90	109 992.50	6.9
1 243.85	5 970.13	37 874.38	45 214.36	3 844.06	122 279.42	7.7
909.17	4 671.45	40 200.40	45 867.99	3 272.23	105 643.42	6.6
1 045.27	4 571.91	57 245.78	63 243.58	2 736.09	121 684.57	7.7
851.73	5 311.53	69 907.71	77 178.62	3 279.56	152 106.10	9.6
353.44	4 135.65	53 174.05	59 157.95	3 815.64	142 184.62	9.0
443.83	5 119.05	45 949.68	52 679.32	3 564.24	140 227.55	8.8
595.32	8 679.87	43 737.15	54 220.69	4 473.33	147 519.61	9.3
772.32	57 363.02	545 849.29	632 583.86	[2]) 42 053.40	1 588 557.80	100.0
1 926.78	1 334.13	46 511.64	50 133.15	79 412.41	516.21	9.2
1 559.97	1 484.90	56 370.67	59 467.28	86 609.97	483.77	10.0
1 380.40	1 769.15	57 763.18	60 961.67	78 961.34	886.36	9.1
2 549.93	1 573.77	54 941.67	59 107.14	78 790.41	543.81	9.1
901.29	1 701.76	50 323.36	52 946.81	67 237.56	381.12	7.8
289.45	2 331.79	45 525.41	48 198.88	66 322.47	581.79	7.7
347.44	1 234.09	43 387.40	45 046.92	56 625.39	758.01	6.6
567.98	1 338.03	55 915.01	57 950.75	69 631.44	384.96	8.1
735.50	1 544.38	62 976.41	65 371.88	81 854.10	670.76	9.5
700.97	1 246.55	47 159.35	49 343.13	66 475.96	421.87	7.7
789.39	1 429.88	39 694.22	42 284.88	62 865.91	414.80	7.3
434.23	1 458.11	40 878.08	42 915.17	68 676.03	335.11	7.9
12 183.33	18 446.54	601 446.40	633 727.66	863 462.99	6 378.57	100.0
493.55	2 972.70	17 045.48	20 678.59	1 677.96	88 325.24	9.8
467.83	2 761.32	20 233.23	23 613.34	2 219.13	88 189.30	9.8
632.79	3 374.68	21 062.62	25 182.87	1 418.31	72 831.85	8.1
373.45	2 847.00	22 011.45	25 279.07	1 731.71	70 553.86	7.8
257.37	3 439.48	23 397.03	27 154.75	1 329.06	62 424.94	6.9
296.58	4 137.70	20 321.80	24 867.11	1 581.41	68 949.77	7.8
252.95	3 375.00	22 981.85	26 685.21	1 230.21	63 047.60	7.0
246.67	2 913.37	30 672.03	34 176.52	1 333.10	72 137.83	8.0
343.67	3 964.65	32 569.75	36 965.03	1 382.68	81 888.50	9.1
366.92	2 939.60	21 439.69	24 847.26	1 567.08	69 399.44	7.7
626.41	3 607.89	23 568.16	27 975.73	1 523.30	80 166.69	8.9
445.27	4 352.48	21 588.82	26 582.63	1 672.54	81 849.34	9.1
4 803.45	40 685.87	276 891.91	324 008.11	18 666.49	899 764.36	100.0

…leie, og Bryggeleie). [2]) Heri ogsaa indbefattet Indtægten af Postens Befordring med Nattog.

Maaned.	Persontrafik.				Kjø
	Reisende.	Reisegods.	Post-befordring.	Sum.	
	Kroner.				
Drammen-Skienbanen.					
1892 Juli	48 533.11	718.10	3 186.20	52 437.41	1
— August	49 289.20	823.38	3 241.19	53 353.77	1
— September	36 199.16	666.84	3 129.54	39 995.54	1
— Oktober	33 158.62	622.43	3 186.20	36 967.25	
— November	28 593.07	420.50	3 130.98	32 144.55	
— December	35 151.34	443.83	3 194.84	38 790.01	2
1893 Januar	30 087.05	591.07	3 194.36	33 872.48	1
— Februar	30 095.32	579.48	2 913.92	33 588.72	1
— Marts	37 039.44	678.22	3 140.81	40 858.47	1
— April	32 700.93	469.00	2 908.62	36 078.55	
— Mai	34 920.13	551.29	3 187.16	38 658.58	2
— Juni	38 306.67	577.93	3 129.54	42 014.14	2
Sum for Terminen	434 074.04	7 142.07	37 543.36	478 759.47	20
Drammen-Randsfjordbanen.					
1892 Juli	37 299.21	384.87	1 140.95	38 825.03	2
— August	32 654.82	459.93	1 190.75	34 305.50	1
— September	17 943.74	352.61	1 104.15	19 400.50	1
— Oktober	17 651.52	220.14	1 148.62	19 020.28	1
— November	12 834.15	123.22	1 111.95	14 069.32	
— December	17 793.74	124.98	1 149.02	19 067.74	1
1893 Januar	10 070.81	98.58	1 149.01	11 318.40	
— Februar	13 548.56	104.34	1 037.82	14 690.72	2
— Marts	14 777.58	106.40	1 149.02	16 033.00	1
— April	15 586.82	146.91	1 111.95	16 845.68	1
— Mai	20 737.69	271.99	1 149.01	22 158.69	2
— Juni	23 978.20	278.67	1 088.69	25 345.56	2
Sum for Terminen	234 876.84	2 672.64	13 530.94	251 080.42	173
3die & 4de Trafikdistrikt.					
Eidsvold-Hamarbanen.					
1892 Juli	19 807.52	306.70	979.91	21 094.13	12
— August	18 653.80	317.70	979.91	19 951.41	4
— September	10 606.85	247.96	948.30	11 803.11	5
— Oktober	9 394.30	226.49	918.72	10 539.51	4
— November	7 828.40	144.69	897.84	8 870.93	3
— December	10 581.22	210.52	918.72	11 710.46	4
1893 Januar	6 641.53	187.40	918.72	7 747.65	2
— Februar	6 823.83	118.73	835.20	7 777.76	8
— Marts	9 577.77	172.53	908.28	10 658.58	4
— April	10 140.64	192.22	856.08	11 188.94	7
— Mai	12 188.24	246.40	918.72	13 353.36	11
— Juni	14 295.48	221.37	1 014.29	15 531.14	11
Sum for Terminen	136 539.58	2 592.71	11 094.69	150 226.98	801
Hamar—Grundset.					
1892 Juli	12 573.75	174.66	636.12	13 384.53	103
— August	11 319.39	176.67	636.12	12 132.18	67
— September	6 386.77	135.53	615.60	7 137.90	44
— Oktober	5 439.14	122.22	424.08	5 985.44	38
— November	4 095.38	76.36	410.40	4 582.14	22
— December	4 390.68	69.44	424.08	4 884.20	17

	Godstrafik.			Andre Trafik-Indtægter [1]).	Hovedsum Trafik-Indtægter.	Procent paa hver Maaned af den hele Trafik-Indtægt.
...de ...t.	Ilgods.	Fragtgods.	Sum.			
Kroner.						
245.30	2 166.66	10 644.56	13 343.06	1 406.85	67 187.32	9.9
208.60	1 859.20	12 011.04	14 268.36	1 276.23	68 898.36	10.2
445.86	2 098.97	9 752.24	12 465.13	993.21	53 453.88	7.9
157.11	2 299.57	12 511.18	15 050.82	1 467.42	53 485.49	7.9
203.29	2 502.18	11 074.76	13 855.86	1 081.76	47 082.17	6.9
165.50	3 270.99	10 829.17	14 551.29	912.34	54 253.64	8.0
113.60	2 085.29	10 013.31	12 333.05	1 173.18	47 378.71	7.0
264.87	2 228.01	18 709.81	21 364.86	1 156.49	56 110.07	8.3
191.81	2 857.93	23 374.91	26 529.16	825.15	68 212.78	10.0
293.48	2 110.81	12 125.35	14 614.72	1 373.00	52 066.27	7.7
420.29	2 253.71	11 078.24	13 977.67	1 271.99	53 908.24	7.9
277.60	3 006.52	10 237.64	13 739.53	830.08	56 592.75	8.3
2 987.31	28 739.84	152 362.21	186 093.51	13 776.70	678 629.68	100.0
314.70	1 918.30	53 597.43	56 055.89	1 441.99	96 322.91	10.7
453.57	2 172.44	52 737.11	55 501.42	1 449.77	91 256.69	10.1
575.90	1 593.96	59 769.69	62 118.13	1 152.01	82 670.64	9.2
338.80	1 545.92	60 200 69	62 193.80	1 018.03	82 232.11	9.1
467.45	1 510.93	61 066.39	63 119.95	1 015.95	78 205.22	8.6
307.64	2 096.13	50 083.87	52 587.71	958.37	72 613.82	8.0
144.33	1 150.27	26 911.24	28 235.49	1 026.24	40 580.13	4.5
168.96	1 378.55	29 932.75	31 686.13	860.51	47 237.36	5.2
331.33	1 612.37	48 880.98	50 930.93	1 102.28	68 066.21	7.5
245.33	1 473.91	53 013.62	54 835.25	979.46	72 660.39	8.0
591.40	1 915.79	61 510.78	64 222.21	1 037.45	87 418.35	9.7
303.60	2 018.84	56 106.16	58 692.97	1 091.81	85 130.34	9.4
4 242.61	20 387.41	613 810.71	640 179.88	13 133.87	904 394.17	100.0
522.05	1 370.21	15 882.86	17 897.52	455.87	39 447.52	10.8
669.70	939.60	12 767.86	14 421.89	413.24	34 786.54	9.5
760.91	919.79	12 684.05	14 420.74	401.54	26 625.39	7.2
1 106.23	1 216.09	14 004.48	16 372.50	383.43	27 295.44	7.4
872.17	1 438.12	14 037.41	16 380.11	366.30	25 617.34	7.0
596.22	2 345.71	13 625.20	16 612.95	362.67	28 686.08	7.8
354.28	1 287.25	14 234.37	15 903.25	410.88	24 061.78	6.6
542.57	1 220.99	17 491.23	19 337.40	324.60	27 439.76	7.4
898.27	1 378.01	23 022.56	25 343.62	351.37	36 353.57	9.9
908.28	1 071.42	18 512.92	20 567.76	396.76	32 153.46	8.8
983.18	1 382.62	15 361.25	17 838.03	372.38	31 563.77	8.6
502.51	2 532.19	13 783.89	16 932.42	362.53	32 826.09	9.0
8 716.37	17 102.00	185 408.08	212 028.19	4 601.57	366 856.74	100.0
116.45	1 222.44	5 924.83	7 366.74	461.87	21 213.14	11.4
178.45	886.53	5 536.08	6 669.03	445.53	19 246.74	10.3
486.88	834.18	6 575.35	7 940.53	377.89	15 456.32	8.3
453.35	896.49	7 787.34	9 176.13	430.43	15 592.00	8.4
380.99	898.50	7 716.65	9 018.98	404.67	14 005.79	7.5
219.59	1 300.47	6 867.92	8 405.40	392.31	13 681.91	7.3

[1]) Jfr. Anm. Pag. 232.

Tabel XIV (Forts.). Trafikindtægt

Maaned.	Persontrafik.				Kjør
	Reisende.	Reisegods.	Post-befordring.	Sum.	
	Kroner.				
1893 Januar	3 523.39	76.98	424.08	4 024.45	
— Februar	3 419.42	53.62	383.04	3 856.08	
— Marts	6 254.49	101.70	424.08	6 780.27	
— April	3 926.04	79.79	410.40	4 416.23	
— Mai	6 124.04	95.36	424.08	6 643.48	1
— Juni	10 024.67	119.07	675.36	10 819.10	1
Sum for Terminen	77 477.16	1 281.40	5 887.44	84 646.00	7
Grundset—Aamot.					
1892 Juli	6 486.34	100.98	435.24	7 022.56	
— August	5 755.86	111.44	435.24	6 302.54	
— September	3 294.64	76.33	421.20	3 792.17	
— Oktober	1 869.22	49.69	290.16	2 209.07	
— November	1 686.58	35.45	280.80	2 002.83	
— December	1 595.27	35.85	290.16	1 921.28	
1893 Januar	1 443.46	41.94	290.16	1 775.56	
— Februar	1 330.96	28.42	262.08	1 621.46	
— Marts	2 182.07	33.95	290.16	2 506.18	
— April	1 931.50	38.17	280.80	2 250.47	
— Mai	2 604.41	50.16	290.16	2 944.73	
— Juni	4 471.75	69.28	421.20	4 962.23	
Sum for Terminen	34 652.06	671.66	3 987.36	39 311.08	2(
Støren—Aamot.					
1892 Juli	62 250.31	1 066.09	5 356.80	68 673.20	47
— August	49 259.32	1 135.70	5 356.80	55 751.82	24
— September	28 459.67	812.70	5 184.00	34 456.37	13
— Oktober	14 721.28	494.20	4 480.74	19 696.22	8
— November	13 928.54	320.83	4 336.20	18 585.57	9
— December	13 330.01	387.94	4 480.74	18 198.69	3
1893 Januar	14 689.98	415.92	4 480.74	19 586.64	11
— Februar	14 799.99	306.97	4 047.12	19 154.08	11
— Marts	17 151.21	324.71	4 480.74	21 956.66	8
— April	15 948.28	356.69	4 336.20	20 641.17	5
— Mai	26 980.19	542.75	4 480.74	32 003.68	17
— Juni	40 891.30	775.58	5 184.00	46 850.88	57
Sum for Terminen	312 410.08	6 940.08	56 204.82	375 554.98	2 18
Trondhjem—Støren.					
1892 Juli	17 683.81	207.67	870.48	18 761.96	17
— August	13 432.56	245.58	870.48	14 548.62	8
— September	8 472.85	185.39	842.40	9 500.64	3
— Oktober	5 583.40	92.91	870.48	6 546.79	2
— November	4 970.88	59.58	842.40	5 872.86	5
— December	5 319.04	79.25	870.48	6 268.77	1
1893 Januar	4 131.84	78.33	870.48	5 080.65	1
— Februar	4 151.80	58.23	786.24	4 996.27	2
— Marts	5 345.06	55.78	870.48	6 271.32	16
— April	5 519.52	64.90	842.40	6 426.82	14
— Mai	8 359.49	122.16	870.48	9 352.13	46
— Juni	13 190.13	152.75	842.40	14 185.28	151
Sum for Terminen	96 160.38	1 402.53	10 249.20	107 812.11	671

…g paa hver Maaned.

…de …r.	Godstrafik. Ilgods.	Fragtgods.	Sum.	Andre Trafik-Indtægter [1]).	Hovedsum Trafik-Indtægter.	Procent paa hver Maaned af den hele Tafik-Indtægt.
	Kroner.					
66.66	827.07	5 758.37	6 672.06	394.58	11 091.09	6.0
66.23	859.67	7 959.79	8 907.88	380.87	13 144.83	7.0
121.82	933.80	9 462.94	10 597.00	448.12	17 825.39	9.5
157.23	718.99	6 618.36	7 556.93	391.40	12 364.56	6.6
145.47	993.11	5 868.96	7 114.11	435.12	14 192.71	7.6
160.94	2 061.08	5 159.56	7 523.06	425.54	18 767.70	10.1
554.06	12 432.33	81 236.15	96 947.85	4 988.33	186 582.18	100.0
51.85	489.22	2 369.17	2 961.57	49.60	10 033.73	12.9
112.73	298.46	2 053.62	2 494.23	47.65	8 844.42	11.4
309.28	291.63	2 943.33	3 560.62	32.75	7 385.54	9.5
294.70	324.57	3 349.04	3 979.63	39.95	6 228.65	8.0
248.92	312.27	2 891.66	3 463.96	30.03	5 496.82	7.1
137.45	494.91	2 235.72	2 873.83	53.85	4 848.96	6.3
35.13	342.64	1 969.91	2 360.19	31.20	4 166.95	5.4
41.62	356.51	2 786.22	3 196.44	22.00	4 839.90	6.2
81.53	330.50	3 709.84	4 137.64	25.20	6 669.02	8.6
63.24	223.83	2 718.60	3 024.84	33.33	5 308.64	6.8
64.60	348.51	2 374.17	2 814.34	54.58	5 813.65	7.5
105.68	534.47	2 204.34	2 901.88	130.53	7 994.64	10.3
546.73	4 347.52	31 605.62	37 769.17	550.67	77 630.92	100.0
605.04	3 565.14	18 570.74	23 212.84	576.09	92 462.13	12.6
677.21	1 901.96	20 101.20	22 920.83	617.32	79 289.97	10.8
1 957.12	1 979.47	29 584.15	33 657.59	497.16	68 611.12	9.4
1 877.14	2 055.61	31 547.28	35 565.17	480.78	55 742.17	7.6
2 253.00	2 128.86	26 383.40	30 856.07	405.77	49 847.41	6.8
1 503.99	3 406.26	24 989.95	29 933.38	402.76	48 534.83	6.6
348.53	2 486.11	21 563.30	24 508.71	488.40	44 583.75	6.1
346.50	2 654.06	26 348.06	29 465.79	453.84	49 073.71	6.7
915.67	2 349.21	32 561.91	35 913.92	451.22	58 321.80	7.9
470.72	1 472.77	26 463.02	28 460.15	419.88	49 521.20	6.7
561.79	2 269.09	27 726.74	30 733.85	456.10	63 193.63	8.6
1 023.76	4 054.49	21 914.45	27 570.50	454.91	74 876.29	10.2
12 540.47	30 323.03	307 754.20	352 798.80	5 704.23	734 058.01	100.0
237.63	1 504.41	10 638.60	12 554.88	603.35	31 920.19	11.4
220.00	826.61	9 293.04	10 425.97	541.81	25 516.40	9.1
275.35	782.66	13 249.06	14 345.85	519.87	24 366.36	8.7
229.96	786.51	13 798.03	14 842.46	512.85	21 902.10	7.8
571.24	803.70	11 983.17	13 417.87	455.61	19 746.34	7.0
339.48	1 382.44	13 036.28	14 774.98	440.80	21 484.55	7.7
87.71	813.11	10 191.59	11 109.48	441.39	16 631.52	5.9
96.53	780.80	12 662.09	13 559.85	456.86	19 012.98	6.8
206.09	799.10	14 010.75	15 031.97	447.57	21 750.86	7.8
157.27	585.09	13 246.93	14 004.11	474.11	20 905.04	7.5
227.73	907.54	15 298.46	16 480.29	488.92	26 321.34	9.4
276.67	1 910.36	13 342.95	15 681.90	498.57	30 365.75	10.9
2 925.26	11 882.33	150 750.95	166 229.61	5 881.71	279 923.43	100.0

[1]) Jfr. Anm. Pag. 232.

Maaned.	Persontrafik. Reisende.	Reisegods.	Post-befordring.	Sum.
	Kroner.			
Rørosbanen. (Hamar—Trondhjem).				
1892 Juli	98 994.21	1 549.40	7 298.64	107 842.25
— August	79 767.13	1 669.39	7 298.64	88 735.16
— September	46 613.93	1 209.95	7 063.20	54 887.08
— Oktober	27 613.04	759.02	6 065.46	34 437.52
— November	24 681.38	492.22	5 869.80	31 043.40
— December	24 635.00	572.48	6 065.46	31 272.94
1893 Januar	23 788.67	613.17	6 065.46	30 467.30
— Februar	23 702.17	447.24	5 478.48	29 627.89
— Marts	30 932.83	516.14	6 065.46	37 514.43
— April	27 325.34	539.55	5 869.80	33 734.69
— Mai	44 068.13	810.43	6 065.46	50 944.02
— Juni	68 577.85	1 116.68	7 122.96	76 817.49
Sum for Terminen	520 699.68	10 295.67	76 328.82	607 324.17
Merakerbanen.				
1892 Juli	16 827.54	347.87	591.48	17 766.89
— August	13 575.32	343.12	591.48	14 509.92
— September	8 874.75	180.28	572.40	9 627.43
— Oktober	6 769.97	113.30	591.48	7 474.75
— November	6 152.78	116.05	572.40	6 841.23
— December	5 607.38	115.09	591.48	6 313.95
1893 Januar	4 982.54	72.04	591.48	5 646.06
— Februar	5 448.13	154.73	534.24	6 137.10
— Marts	8 406.60	271.70	591.48	9 269.78
— April	8 418.76	331.02	572.40	9 322.18
— Mai	10 521.74	298.49	591.48	11 411.71
— Juni	13 730.29	367.00	572.40	14 669.69
Sum for Terminen	109 315.80	2 710.69	6 964.20	118 990.69
5te Trafikdistrikt.				
1892 Juli	14 106.79	93.40	518.72	14 718.91
— August	13 012.74	78.30	522.36	13 613.40
— September	8 472.10	71.00	505.04	9 048.14
— Oktober	8 525.55	35.90	534.32	9 095.77
— November	5 055.45	37.80	520.64	5 613.89
— December	5 566.55	28.40	534.32	6 129.27
1893 Januar	4 508.25	23.70	534.32	5 066.27
— Februar	4 505.49	27.20	484.80	5 017.49
— Marts	7 039.64	39.90	530.08	7 609.62
— April	6 397.82	42.30	503.68	6 943.80
— Mai	8 418.27	36.10	750.16	9 204.53
— Juni	9 198.00	84.58	1 060.60	10 343.18
Sum for Terminen	94 806.65	598.58	6 999.04	102 404.27
6te Trafikdistrikt.				
1892 Juli	34 037.38	218.65	525.96	34 781.99
— August	40 078.69	288.20	534.60	40 901.49
— September	15 576.50	179.85	516.24	16 272.59
— Oktober	13 066.27	114.50	883.44	14 064.21
— November	8 221.57	61.60	874.79	9 157.96
— December	8 496.85	87.80	903.96	9 488.61

…ling paa hver Maaned.

…rende Dyr.	Godstrafik. Ilgods.	Fragtgods.	Sum.	Andre Trafik-indtægter[1]).	Hovedsum Trafik-indtægter.	Procent paa hver Maaned af den hele Trafik-indtægt.
Kroner.						
1 010.97	6 781.21	37 503.34	46 096.03	1 690.91	155 629.19	12.2
1 188.39	3 913.56	36 983.94	42 510.06	1 652.31	132 897.53	10.4
3 028.63	3 887.94	52 351.89	59 504.59	1 427.67	115 819.34	9.0
2 854.75	4 063.18	56 481.69	63 563.39	1 464.01	99 464.92	7.8
3 454.15	4 143.33	48 974.88	56 756.88	1 296.08	89 096.36	7.0
2 200.51	6 584.08	47 129.87	55 987.59	1 289.72	88 550.25	6.9
538.03	4 468.93	39 483.17	44 650.44	1 355.57	76 473.31	6.0
550.88	4 651.04	49 756.16	55 129.96	1 313.57	86 071.42	6.7
1 325.11	4 412.61	59 745.44	65 680.53	1 372.11	104 567.07	8.2
848.46	3 000.68	49 046.91	53 046.03	1 318.72	88 099.44	6 9
999.59	4 518.25	51 268.33	57 142.59	1 434.72	109 521.33	8.6
1 567.05	8 560 40	42 621.30	53 677.34	1 509.55	132 004.38	10.3
19 566.52	58 985.21	571 346 92	653 745.43	17 124.94	1 278 194.54	100.0
370.55	512.62	29 103.83	30 041.26	2 023.09	49 831.24	9.6
161.72	460.28	29 808.30	30 469.60	715 47	45 694 99	8.8
417.27	423.69	40 902.02	41 761.29	693.74	52 082.46	10.0
231.69	569.86	45 973.41	46 777.60	649.83	54 902.18	10.6
187.77	499.71	43 646.32	44 336.20	622.24	51 799.67	10.0
253.12	649.88	30 911.06	31 817.64	632.42	38 764.01	7.4
173.87	420.05	23 842.77	24 454.99	1 911.98	32 013.03	6.2
169.40	786.19	26 184.07	27 140.66	556.39	33 834.15	6.5
519.82	1 078.49	33 662.36	35 269.29	808.79	45 347.86	8.7
245.34	352.31	26 313.92	26 930.47	743.47	36 996.12	7.1
407.24	336.42	28 092.85	28 911.77	630.78	40 954 26	7.9
524.95	629.55	20 930.08	22 157.84	822.74	37 650.27	7.2
3 662.74	6 719.05	379 370.99	390 068.61	10 810.94	519 870.24	100.0
185.22	159.23	3 029.05	3 391.74	440.27	18 550.92	12.4
198.22	157.24	3 264.10	3 634.13	376.23	17 623.76	11.7
410.66	146.30	2 863.81	3 426 49	439.71	12 914.34	8.6
438.72	128.49	3 141.93	3 715.75	424.98	13 236.50	8.8
227.89	168.24	2 979.89	3 379.52	389.71	9 383.12	6.3
246.42	175.25	2 423.63	2 846.71	395.78	9 371.76	6.3
205.16	141.49	2 439.78	2 786.43	362.43	8 215.13	5.5
187.68	134.29	2 227.00	2 548.97	532.72	8 099.18	5.4
206.00	146.64	2 944.54	3 311.28	415.47	11 336.37	7.5
243.19	145.46	4 255.94	4 664.24	452.96	12 061.00	8.1
297.45	160.86	3 653.93	4 129.80	420.21	13 754.54	9.2
221.92	162.67	4 116.92	4 518.36	490.88	15 352.42	10.2
3 068.53	1 826.16	37 340.52	42 353.42	5 141.35	149 899.04	100.0
166.80	1 267.10	4 624.55	6 156.75	1 176.14	42 114.88	13.1
207.20	1 435.40	7 408.85	9 383.45	2 042.49	52 327 43	16.3
1 158.40	970.70	6 523.75	9 301.55	493.18	26 067.32	8.1
553.00	893.30	6 163.65	7 624.75	2 070.04	23 759.00	7.4
419.90	830.86	6 203.70	7 490.26	1 996.55	18 644.77	5.8
179.10	1 026.50	5 322.45	6 546.95	2 072.00	18 107.56	5.6

[1]) Jfr. Anm. Pag. 232.

Maaned.	Persontrafik.				Kj tø
	Reisende.	Reisegods.	Post-befordring.	Sum.	
	Kroner.				
1893 Januar	7 201.85	102.35	903.96	8 208.16	
— Februar	6 393.95	88.95	816.48	7 299.38	
— Marts	8 724.55	67.00	933.13	9 724.68	
— April	14 209.90	117.30	411.68	14 738.88	
— Mai	21 881.84	150.90	517.32	22 550.06	
— Juni	28 652.97	169.50	590.57	29 413 04	
Sum for Terminen	206 542.32	1 646.60	8 412.13	216 601.05	
Statsbanerne.					
1892 Juli	450 939.28	6 059 69	21 458.64	478 457.61	2
— August	420 367 50	6 472.34	21 538 68	448 378.52	1
— September	274 454.24	4 935.78	21 396.98	300 787.00	1
— Oktober	245 254.67	4 153.39	20 484.40	269 892.46	
— November	195 116.22	3 084.01	19 944 08	218 144.31	
— December	232 415.46	3 107.56	20 514.01	256 037.03	
1893 Januar	181 009.15	3 259.54	20 513.47	204 782.16	6
— Februar	185 015.58	2 879.59	19 872.73	207 767.90	1 4
— Marts	236 880.96	3 807.39	21 980.38	262 668.73	7
— April	243 456 08	3 716.08	20 587.65	267 759.81	1 3
— Mai	296 962.85	4 273.53	21 862.45	323 098.83	1 7
— Juni	351 544.31	7 362.65	23 072 79	381 979.75	2 2
Sum for Terminen	3 313 416.30	53 111.55	253 226.26	3 619 754 11	16 0
Hovedbanen.					
1892 Juli	66 062.87	1 012.27	1 245.57	68 320.71	4
— August	55 219.53	1 036.80	1 245.57	57 501.90	2
— September	33 012.23	641.02	1 245.57	34 898.82	1
— Oktober	27 564.68	532.52	1 184.50	29 281.70	
— November	22 008.02	291.42	1 184.50	23 483.94	
— December	31 532.71	426.26	1 184.50	33 143.47	1
1893 Januar	17 424.73	298.51	1 184.50	18 907.74	
— Februar	19 257.72	209 31	1 184 50	20 651.53	1
— Marts	26 058.11	323.15	1 184.50	27 565.76	1
— April	25 921.07	395.69	1 184.50	27 501.26	2
— Mai	35 758.59	626.08	1 184.50	37 569.17	3
— Juni	48 330.16	844.48	1 245.57	50 420.21	2
Sum for Terminen	408 150.42	6 637.51	14 458.28	429 246.21	2 3
Samtlige Baner.					
1892 Juli	517 002.15	7 071.96	22 704.21	546 778.32	2 9
— August	475 587.03	7 509.14	22 784 25	505 880.42	1 9
— September	307 466.47	5 576.80	22 642.55	335 685 82	1 7
— Oktober	272 819.35	4 685.91	21 668.90	299 174.16	7
— November	217 124.24	3 375.43	21 128.58	241 628.25	6
— December	263 948.17	3 533.82	21 698.51	289 180.90	9
1893 Januar	198 433.88	3 558.05	21 697.97	223 689.90	6
— Februar	204 273.30	3 088.90	21 057.23	228 419 43	1 6
— Marts	262 939.07	4 130.54	23 164.88	290 234 49	9
— April	269 377.15	4 111.77	21 772.15	295 261.07	1 5
— Mai	332 721.44	4 899.61	23 046.95	360 668.00	2 1
— Juni	399 874.47	8 207.13	24 318.36	432 399.96	2 5
Sum for Terminen	3 721 566.72	59 749.06	267 684.54	4 049 000.32	18 4

…ing paa hver Maaned.

…ede …r.	Godstrafik. Ilgods.	Godstrafik. Fragtgods.	Godstrafik. Sum.	Andre Trafik-Indtægter[1]).	Hovedsum Trafik-Indtægter	Procent paa hver Maaned af den hele Trafik-Indtægt.
Kroner.						
301.95	896.88	4 056 15	5 275.28	1 857.79	15 341.23	4.8
181 45	650.49	5 004.50	5 841.19	1 824.47	14 965.04	4.7
320.65	808.69	6 035.40	7 173.34	1 846.97	18 744 99	5.8
309.60	840.52	5 858 60	7 035.47	373.91	22 148.26	6.9
394.40	1 246.10	6 476.50	8 182.60	302.87	31 035.53	9.6
562.30	1 127.50	6 768.86	8 560.51	292.88	38 266.43	11.9
4 754.75	11 994.04	70 446.96	88 572.10	[2]) 16 349.29	321 522.44	100.0
182 91	21 759 03	259 859.61	292 344.38	14 204.66	785 006.65	10 4
091.23	18 754.70	275 919.46	306 461.21	14 166.63	769 006.36	10 2
204.75	19 054.91	300 340.60	334 193.97	11 163 80	646 144.77	8.5
1 893 03	19 064.13	312 018.07	343 616.28	13 506.16	627 014 90	8 3
8 714.70	20 493 73	299 957.38	329 716.65	11 622.69	559 483 65	7.4
5 778.39	28 588.16	264 046.84	299 231.19	12 630.56	567 898.78	7.5
340.78	19 730 70	227 550.44	251 239.05	13 358.52	469 379 73	6.2
925.33	19 872.87	293 138 34	318 420.02	11 022.90	537 210.82	7.1
723.80	23 115.30	363 120.06	393 753.68	12 055.14	668 477.55	8.8
5 515.00	17 316.91	290 900.35	315 042.28	11 442.87	594 244.96	7.8
6 953 18	21 970.57	286 653.94	317 344.60	10 972.74	651 416.17	8.6
6 434 74	32 528.13	260 768.90	301 997.46	11 890.45	695 867.66	9.2
757.93	262 249.14	3 434 273.99	3 803 360.77	148 037.12	7 571 152.00	100.0
1 851.38	5 673.92	91 121.10	99 087.13	6 447.41	173 855.25	10.8
1 672 43	4 382.09	93 028.83	99 289.72	6 293.66	163 085.28	10.1
932.81	4 129.15	96 151.13	102 385.27	6 186.80	143 470.89	8.9
705.77	4 125 75	89 967 24	96 892.79	6 259.99	132 434.48	8.2
1 730.10	4 203.21	96 554 74	102 565.48	6 107.28	132 156.70	8.2
1 711.67	6 291.29	85 940 47	94 098.89	6 099 77	133 342 13	8.2
005 77	3 608.13	64 979.41	69 562.86	5 978.54	94 449.14	5 8
1 175.66	3 645.66	72 454 12	77 463.30	5 949.26	104 064.09	6.5
1 652 33	3 991.22	85 277.47	91 033 29	6 082.87	124 681.92	7.7
753.78	3 262.69	82 777.89	88 037.17	6 001.75	121 540.18	7.5
748 51	4 908 07	95 720.30	103 738.21	6 226.81	147 534.19	9.1
099.63	6 344.67	79 778 46	88 489 97	6 227.57	145 137.75	9.0
939.84	54 565.85	1 033 751.16	1 112 644 08	73 861.71	1 615 752.00	100.0
034.29	27 432.95	350 980.71	391 431 51	20 652 07	958 861.90	10.4
1 763.66	23 136 79	368 948.29	405 750.93	20 460.29	932 091 64	10.2
137.56	23 184.06	396 491.73	436 579.24	17 350.60	789 615.66	8.6
598.80	23 189.88	401 985.31	440 509.07	19 766.15	759 449.38	8.3
444 80	24 696.94	396 512.12	432 282.13	17 729.97	691 640.35	7.5
490.06	34 879.45	349 987.31	393 330.08	18 730.33	701 240 91	7.6
246.55	23 338.83	292 529.85	320 801.91	19 337.06	563 828.87	6.1
100.99	23 518 53	365 592.46	395 883 32	16 972.16	641 274.91	7.0
376.22	27 106 52	448 397.53	484 786.97	18 138.01	793 159.47	8 6
268.78	20 579.60	373 678.24	403 079.45	17 444 62	715 785 14	7 8
701.69	26 878.64	382 374.24	421 082.81	17 199.55	798 950.36	8.7
534.37	38 872.80	340 547.36	390 487.43	18 118.02	841 005.41	9.2
697.77	316 814.99	4 468 025.15	4 916 004.85	221 898.83	9 186 904.00	100.0

…r. Anm. Pag. 232. [2]) Heri ogsaa indbefattet Godtgjørelse for særlige Posttog.

Tabel XIV (Forts.). Fordeling af Indtægter ved Dampskibsfart[1]) paa hver Maaned.

Maaned.	Persontrafik. Ialt.	Persontrafik. Hvoraf Reisende.	Godstrafik. Ialt.	Godstrafik. Hvoraf Fragtgods.	Hovedsum Trafikindtægter.	Procent paa hver Maaned af den hele Trafikindtægt.
	Kroner.					
1892 Juli	2 989.61	2 980.31	693.14	657.65	3 682.75	21.4
— August	2 007.74	1 997.24	860.19	811.95	2 867.93	16.6
— September	792.61	786.50	1 013.07	976.72	1 805.68	10.5
— Oktober	594.64	593.20	2 003.61	1 969.54	2 598.25	15.1
— November	228.30	227.80	944.30	889.74	1 172.60	6.8
1893 Mai	845.81	843.55	1 197.47	1 171.75	2 043.28	11.9
— Juni	2 183.28	1 677.25	874.29	842.60	3 057.57	17.7
Sum for Terminen	9 641.99	9 105.85	7 586.07	7 319.95	17 228.06	100.0

Trafik af Reisende og Gods i Lokal- og Samtrafik har udgjort:

Reisende.		Op.	Ned.	Sum.
1ste Plads	Antal	1 043	998	2 041
2den do.	do.	2 660	2 420	5 080
	Tilsammen	3 703	3 418	7 121
Il- og Fragtgods.				
Lokaltrafik	kg.	201 861	18 380	220 241
Samtrafik med Kristiania—Drammenbanen, Drammen—Skienbanen og Drammen—Randsfjordbanen	kg.	701 535	48 983	750 518
	Tilsammen	903 396	67 363	970 759

Gjennemsnitsindtægten for hver Reisende har været Kr. 1.28 og pr. Ton Gods Kr. 7.74.

Udgifter til Drift og Vedligehold har udgjort Kr. 14 134.04, hvoraf til Lønninger Kr. 5 192.00, til Forbrugssager Kr. 3 655.43, til Vedligehold af Skibet Kr. 3 333.23 samt til Vedligehold af Brygger og Kanalværker Kr. 1 953.38. Dampskibet har havt Fyr oppe i 1 426 Timer og gjennemløbet 15 828 km. Det har forbrugt 160 800 kg. Kul, Kostende Kr. 2 836 66 foruden 44 m.³ Brænde, Kostende Kr. 35.20. Forbruget pr. km. har været 10.16 kg. Kul, 0.048 l. Olie, 0.012 kg. Talg og 0.006 kg. Pudsegarn.

---

[1]) Drammen—Randsfjordbanens Dampskib «Bægna» paa Indsøen Spirillen. Dampskibet var i Fart fra Terminens Begyndelse indtil 23de November, samt fra 10de Mai til Terminens Udgang. Fra 30te Juli til 5te September, fra 14de September til 3die Oktober og fra 26de Oktober til 23de November gik Skibet kun til Næs paa Grund af for lav Vandstand.

I Vinterens Løb er Dampskibet forsynet med ny Maskine, der bruger meget mindre Kul end den gamle.

Tabel XV.

Oversigt over Pensions- og Understøttelseskassernes Status pr. 30te Juni 1893.

Situation financière des caisses de pensions et de secours au 30 juin 1893.

Tabel XV. Oversigt over Pensions- og U

Situation financière des caiss

1	2	3	4	5	6	7	8
	Trafikdistrikter. Sections de ligne.	Beholdning pr. 30. Juni 1892. Situation au 30. Juin 1892.	Indtægter. Recettes.				
			Tilskud fra Banen. Allocations des compagnies.		Bidrag fra Personalet. Cotisations des membres de la caisse.	Renter & tilfældige Indtægter. Intérêts.	Sum Indtæ[gter]. To[tal]
			Direkte. Directement.	Indirekte. Indirectement.			
		Kroner.					
Pensionskasserne. Caisses de pension.	Statsbanerne.	2 185 744.42	105 414.35	-	35 546.27	93 392.81	234 3
	Hovedbanen.	719 759.08	[1]) 20 169.03	-	6 723.01	31 889.01	58 7
	Samtlige Baner.	2 905 503.50	125 583.38	-	42 269.28	125 281.82	293 1
Understøttelseskasserne. Caisses de secours.	1ste Trafikdistrikt.	208 591.17	3 193.59	5 713.57	5 393.47	9 880.39	24 1
	2det Trafikdistrikt.	278 301.74	4 208.44	5 801.44	7 245.65	12 411.42	29 6
	3die og 4de Trafikd.	163 956.01	3 481.87	5 905.78	5 396.40	7 329.67	22 1
	5te Trafikdistrikt.	22 006.60	322.90	297.98	413.02	991.92	2 0
	6te Trafikdistrikt.	24 350.33	520.35	853.41	845.35	1 223.92	3 4
	Statsbanerne.	697 205.85	11 727.15	18 572.18	19 293.89	31 836.90	81 4
	Hovedbanen.	135 725.69	2 241.00	5 323.30	4 237.09	6 988.48	18 5
	Samtlige Baner.	832 931.54	13 968.15	23 895.48	23 530.98	38 825.38	100 2

[1]) Heri Tilskud for Hovedbanens særskilte Formue og fra Statsbanerne for Værkstedet og stiania Fællesstation.

[2]) Tilbagebetalte Bidrag.

…kassernes Status pr. 30te Juni 1893.
…et de secours au 30. juin 1893.

	10	11	12	13	14	15	16	17
	Udgifter. Dépenses.				Af Fondet henstaar: Des fonds sont restants			
…er. …r.	Andre Udgifter. Dépenses diverses.	Sum. Udgifter. Total.	Overskud i Terminen. Excédant.	Beholdning pr. 30. Juni 1893. Solde au 30. juin 1893.	mod Pant i faste Eiendomme. avec nantissement de propriétés solides.	hos Banerne. chez les compagnies.	Antal Medlemmer pr. 30. Juni 1893. Nombre de membres au 30. juin 1893.	Antal Personer, der nød Pension eller Understøttelse pr. 30. Juni 1893. Nombre de personnes avec pension ou secours au 30. juin 1893.
			Kroner.					
4.43	²) 2 334.91	23 529.31	210 824.12	2 396 568.54	726 712.50	³) 1669856.04	2 496	⁴) 57
1.7	²) 1 130.07	13 741.14	45 039.91	764 798.99	722 800.00	41 998.99	531	⁵) 28
5.47	3 464.98	37 270.45	255 864.03	3 161 367.53	1 449 512.50	1 711 855.03	3 027	85
7.84	-	12 877.84	11 303.18	219 894.35	214 272.50	5 621.85	720	48
5.34	4.50	19 659.84	10 007.11	288 308.85	272 400.00	15 908.85	859	58
0.88	2.00	13 052.88	9 060.84	173 016.85	171 450.00	1 566.85	735	43
5.00	-	1 835.00	190.82	22 197.42	21 440.00	757.42	68	5
0.00	-	760.00	2 682.61	27 032.94	21 850.00	5 182.94	114	4
9.06	6.50	48 185.56	33 244.56	730 450.41	701 412.50	29 037.91	2 496	158
6.44	²) 278.70	13 495.14	5 294.73	141 020.42	117 500.00	23 520.42	531	65
5.90	285.20	61 680.70	38 539.29	871 470.83	818 912.50	52 558.33	3 027	223

Heraf i Henhold til Storthingets Beslutning af 1891 Laan til Kristiania—Drammenbanen og Støren—Aamotbanen mod Statens Garanti Kr. 1 240 000.00.
Heraf erholdt 22 tillige Bidrag af Understøttelseskassen.
Heraf erholdt 2 do. do. - do.

Tabel XVI. Opgaver ve
Renseignement

1	2	3	4	5	6	7	8	9	10	11	12
	Telegraf-linier. Réseau télégraphique.		**Linier for elektriske Signaler.** Réseau pour signaux électriques.		**Jernbanestationer eller Stoppesteder udstyrede med:** Stations pourvues de:					**Vogterbo eller Vag udstyrede** Maisons de pourvues	
Banernes Navn. Désignation des chemins de fer.	Liniernes Længde. Longueur des lignes du réseau.	Traadenes Længde. Développement des fils conducteurs.	Liniernes Længde. Longueur des lignes.	Traadenes Længde. Développement des fils conducteurs.	Telegraf- og Signalapparater. Appareils télégraphiques et signals.	Telegrafapparater. Appareils télégraphiques.	Telefon- og Signalapparater. Appareils téléphoniques et signals.	Telefoner. Téléphones.	Signalapparater. Appareils signals.	Telefon- og Signalapparater. Appareils téléphoniques et signals.	Telefoner. Téléphones.
	Kilometer. Kilomètres.				Antal. Nombre.						
Smaalensbanen.	249.1	412.0	249.1	249 1	33	-	-	-	-	-	-
Kongsvingerbanen.	135.6	271.2	135.6	114.6	12	-	-	2	-	-	-
1ste Trafikdistr.	384 7	683 2	384.7	363.7	45	-	-	2	-	-	-
Kr.ania-Dr.menb.	54.4	163 2	52.9	52.9	10	-	1	1	*) 2	2	1
Dr.men-Skienb.	156.0	316.0	156.0	158.0	20	-	4	-	-	2	4
Dr.men-Randsfj.	143.5	249.0	143.5	143.5	17	-	5	-	-	-	-
2det Trafikdistr.	353.9	728.2	352.4	354.4	47	-	10	1	2	4	5
Eidsvold—Hamarb.	58.4	116.8	58.4	58.4	6	-	-	-	-	-	-
Rørosbanen.	433.4	923.0	2.0	2.0	6	33	-	1	2	1	-
Merakerbanen.	102.3	102.3	102.3	102.3	9	-	1	-	-	-	1
3die & 4de Trafikd.	594.1	1 142.1	162.7	162.7	21	33	1	1	2	1	1
5te Trafikdistr.	76.2	92.0	-	-	-	9	-	-	-	-	-
6te Trafikdistr.	108.0	216.0	9.0	9.0	2	10	1	2	1	-	-
Statsbanerne.	1 516.9	2 861.5	908.8	889.8	115	52	12	6	5	5	6
Hovedbanen.	67.8	156.6	67.8	67.8	11	-	1	-	-	-	2
Samtlige Baner.	1 584.7	3 018.1	976.6	957.6	126	52	13	6	5	5	8

Af de samlede Indtægter af Telegrafen falder paa:

Porto af Telegrammer, der alene er befordrede paa Jernbanens Linier (heri indbefattet hele Bergen—Vossbanens Indtægt) . . . . Kr. 47 5

Jernbanernes Andel af Telegrammer, der tillige er befordrede paa Statstelegrafens Linier . . . . « 10 8

Øvrige Indtægter (Viderebefordringer med Fradrag af Udgifter til Ombringelse) . . . . . « 3

Kr. 57 9

Jernbanernes Telegraf.

he des chemins de fer.

15	16	17	18	19	20	21	22	23	24
parater.		Betjening.		Private Telegrammer.		Tjenestetelegrammer[2]).	Indtægter:	Udgifter.	
ils en service.		Personnel.		Télégrammes privés.		Télégrammes de service.	Recettes:	Dépenses.	
Telefonapparater. Appareils téléphoniques.	Signalapparater. Appareils signals.	Telegrafister. Hommes.	Telegrafistinder. Femmes.	Alene befordrede paa Jernbanernes Linier. Seulement expediés aux réseaux des chemins de fer.	Tillige befordrede paa Statstelegrafens Linier. Expediés aux réseaux de l'état.		Jernbanernes Andel. Quote-part des chemins de fer.	Nye Anlæg. Nouveau réseau.	Drift og Vedligehold samt Lønninger til Betjening. Entretien et exploitation y compris traitement du personnel.
Antal. Nombre.							Kroner.		
-	74	29	3	14 342	4 623	28 157	8 171.47	5 017.30	3) 36 052.27
4	28	15	2	5 767	502	5 723	4 085.39	1 796.73	11 600.60
4	102	44	5	20 109	5 125	33 880	12 256.86	6 814.03	47 652.87
2	29	14	7	9 087	4 884	27 817	5 620.76	7 021.64	22 802.16
10	54	17	8	6 709	2 123	21 871	4 402.54	-	27 218.47
9	42	13	9	7 480	7 153	21 946	6 234.79	-	26 615.17
21	125	44	24	23 276	14 160	71 634	16 258.09	7 021.64	76 635.80
-	14	6	-	2 291	578	5 470	1 458.28	-	5 341.40
-	-	17	-	13 337	5 948	33 085	9 504.53	5 541.93	19 554.29
4	25	5	-	3 344	4 036	6 664	3 796.84	-	4 853.51
4	39	28	-	18 972	10 562	45 219	14 759.65	5 541.93	29 749.20
-	-	3	2	1 466	4 505	1 636	2 211.04	-	4 384.97
4	5	1	-	—	—	—	5 770.19	10 752.47	1 729.68
33	271	120	31	63 823	34 352	152 369	51 255.83	30 130.07	160 152.52
6	28	42	6	11 881	3 298	4 932	6 727.17	-	3) 35 913.68
39	299	5) 162	37	75 704	37 650	157 301	57 983.00	30 130.07	196 066.20

Apparaterne tilhører følgende Systemer:
Morse, sluttet Linie 22 Stkr., Digneys Viserapparater 89 Stkr.
Morse, aaben Linie 133 Stkr., Siemens & Halskes Viserapparater 23 Stkr., Telefoner 39.
Kun de paa Jernbanens Linier befordrede.
Heri indbefattet Andel i Udgifter ved Kristiania Fællesstation.
Heraf en Varselsklokke for en Hovedvei.
Desuden fandtes, foruden Stationsmestere og Kontorister, 59 telegrafkyndige Stationsbetjente.

Tabel XVII.

Personale.

Personnel.

	Styrelsen. Direction générale.	1ste Trafikdistrikt.	2det Trafikdistrikt.	3die Trafikdistrikt.	4de Trafikdistrikt.	5te Trafikdistrikt.	6te Trafikdistrikt.	Tilsammen. Total.	Hovedbanen. Chemin de fer principal.	Tilsammen for samtlige Baner. Tous les chemins de fer.
		km. *) 364	km. 352	km. 280	km. 314	km. 76	km. 108	km. 1 494	km. 68	km. 1 562
	Antal. Nombre.									
Bureauafdelingen	20	.	1	1	1	1	1	25	20	45
Generaldirektør	1	-	-	-	-	-	-	1	-	1
Direktører	-	-	-	-	-	-	-	-	6	6
Overbestyrer	-	-	-	-	-	-	-	-	1	1
Bureauchef	1	-	-	-	-	-	-	1	-	1
Kontorchef	-	-	-	-	-	-	-	-	1	1
Hovedkasserer	1	-	-	-	-	-	-	1	1	2
Hovedbogholder	1	-	-	-	-	-	-	1	1	2
Forstander for det statistiske Kontor	1	-	-	-	-	-	-	1	-	1
Sekretær	1	-	-	-	-	-	-	1	-	1
Assistent hos Hovedbogholderen	1	-	-	-	-	-	-	1	-	1
Distriktskasserere	-	¹) -	1	1	1	1	1	5	-	5
Fuldmægtige	4	-	-	-	-	-	-	4	-	4
Kontorister	5	-	-	-	-	-	-	5	9	14
Kontoristlærlinge og Bud ..	4	-	-	-	-	-	-	4	1	5
Trafikafdelingen	41	²) 284	433	121	120	26	40	1065	255	1320
Direktør for Trafikafdelingen	1	-	-	-	-	-	-	1	-	1
Driftsbestyrere	-	1	1	³) 1	1	1	1	6	-	6
Overtrafikkontrollør	1	-	-	-	-	-	-	1	-	1
Assistent hos Direktøren ...	1	-	-	-	-	-	-	1	-	1
Driftsassistenter	-	2	2	1	1	-	-	6	-	6
Togkontrollør	1	-	-	-	-	-	-	1	-	1
Billetforvalter	1	-	-	-	-	-	-	1	-	1
Trafikkontrollører	4	-	-	-	-	⁴) -	⁴) -	4	-	4

*) For Maskinafdelingens Vedkommende refererer det opførte Personale sig til 331 km., idet Fredrikshald—Grændsen ikke er indbefattet.
¹) Som Distriktskasserer fungerer Hovedkassereren.
²) Heri Stationsbetjening for Strækningen Fredrikshald—Kornsø.
³) Tillige Distriktsingeniør.
⁴) Stillingen er forbunden med Bogholderens.

Tabel XVII (Forts.). Personale.

	Styrelsen.	Statsbanerne. 1ste Trafikdistrikt.	2det Trafikdistrikt.	3die Trafikdistrikt.	4de Trafikdistrikt.	5te Trafikdistrikt.	6te Trafikdistrikt.	Tilsammen.	Hovedbanen.	Tilsammen for samtlige Baner.
		km. *) 364	km. 352	km. 280	km. 314	km. 76	km. 108	km. 1 494	km. 68	km. 1 562
	Antal.									
Forstander for Rundreisekontoret	1	-	-	-	-	-	-	1	-	1
Fuldmægtige	6	1	1	1	-	-	-	9	-	9
Kontorister	22	3	2	-	2	1	1	31	-	31
Bud	3	1	1	1	1	-	-	7	-	7
Stationsmestere	-	44	50	24	27	6	6	157	12	169
Stations- og Stoppestedsexpeditører	-	4	9	4	3	1	7	[1]) 28	2	30
Understationsmestere	-	-	2	-	-	-	-	2	2	4
Fuldmægtige ved Stationerne	-	-	5	1	2	-	-	8	3	11
Kontorister » do.	-	10	36	10	13	1	4	74	31	105
Kontoristlærlinge	-	-	-	1	-	-	-	1	-	1
Telegrafister	-	44	44	17	11	3	1	120	42	162
Telegrafistinder	-	5	24	-	-	2	-	31	6	37
Formænd og Vognskrivere	-	7	16	5	2	-	2	32	38	70
Faste Sporskiftere	-	9	39	6	8	-	3	65	6	71
Pakkekjørere	-	-	4	1	-	-	-	5	3	8
Telegrafkyndige Stationsbetjente	-	25	19	11	3	-	1	59	-	59
Andre Stationsbetjente	-	56	71	13	10	4	6	160	60	220
Portner	-	-	-	-	-	-	-	-	1	1
Vagtmænd	-	-	7	-	-	-	-	7	-	7
Lampe- og Vognpudsere	-	-	1	-	2	-	-	3	-	3
Lærlinge og Bud	-	7	29	-	4	2	1	43	13	56
Overkonduktører	-	20	24	9	11	2	4	70	9	79
Underkonduktører	-	42	40	13	19	3	3	120	15	135
Skiftekonduktører	-	3	6	2	-	-	-	11	10	21
Billetkontrollører	-	-	-	-	-	-	-	-	2	2
Maskinafdelingen	3	105	223	63	103	14	21	532	193	725
Direktør for Maskinafdelingen	1	-	-	-	-	-	-	1	-	1
Maskiningeniører	-	-	1	-	[2]) 1	-	-	2	1	3
Værksmestere	-	-	1	-	-	-	-	1	1	2
Bogholdere	-	-	1	-	1	[3]) 1	[3]) 1	4	1	5
Materialforvaltere	-	-	1	1	1	-	-	3	1	4
Lokomotivmestere	-	-	1	-	1	1	1	4	-	4
Værkstedsformænd	-	-	2	1	3	-	-	6	3	9

*) For Maskinafdelingens Vedk. 331 km., (jfr. Anm. Pag. 248).

[1]) Expeditionen ved 2 Stoppesteder i 1ste Distrikt, 13 i 2det, 3 i 3die, 6 i 4de og 5 i 5te Distrikt besørges af Udenforstaaende; ved 3 Stoppesteder i 5te Distrikt og 5 i 6te besørges Expeditionen af Betjente ved Baneafdelingen og ved 1 Stoppested i 5te Distrikt af en Telegrafist.

[2]) Tillige for 3die Distrikt.

[3]) I 5te og 6te Distrikt tillige Materialforvaltere.

Tabel XVII (Forts.). Personale.

	Statsbanerne.								Hovedbanen.	Tilsammen for samtlige Baner.
	Styrelsen.	1ste Trafikdistrikt.	2det Trafikdistrikt.	3die Trafikdistrikt.	4de Trafikdistrikt.	5te Trafikdistrikt.	6te Trafikdistrikt.	Tilsammen.		
		km. *) 364	km. 352	km. 280	km. 314	km. 76	km. 108	km. 1 494	km. 68	km. 1 562
	Antal.									
Tegner	-	-	-	-	-	-	-	-	1	1
Kontorister	1	-	6	1	2	-	-	10	6	16
Lokomotivførerformænd	-	1	1	-	-	-	-	2	-	2
Lokomotivførere	-	40	45	13	25	4	6	133	23	156
Fyrbødere	-	33	40	13	20	2	6	114	19	133
Pudsere	-	12	30	5	2	-	-	49	27	76
Faste Værkstedsarbeidere	-	10	75	25	45	5	6	166	90	256
Kullempere	-	3	5	2	-	-	-	10	6	16
Vagtmænd	-	1	-		1	-	-	2	3	5
Vandpumpere	-	-	-	-	-	-	-	-	2	2
Vognvisitører	-	5	12	1	1	1	1	21	7	28
Maskinister	-	-	1	-	-	-	-	1	1	2
Materialbetjente	-	-	1	1	-	-	-	2	-	2
Bud	1	-	-	-	-	-	-	1	1	2
Baneafdelingen	5	253	220	158	189	31	51	907	55	962
Direktør for Baneafdelingen	1	-	-	-	-	-	-	[2]) 1	-	1
Distriktsingeniører	-	1	1	[1]) -	1	-	-	3	-	3
Sektionsingeniører	-	3	3	2	2	-	-	10	[2]) 1	11
Telegrafinspektør	1	-	-	-	-	-	-	1	1	2
Assistenter	-	-	-	-	1	-	-	1	1	2
Tegner	1	-	-	-	-	-	-	1	1	2
Fuldmægtige	-	1	1	-	-	-	-	2	-	2
Kontorister	1	2	2	2	2	-	-	9	1	10
Telegrafmestere	-	1	1	-	-	-	-	2	-	2
Telegraftilsynsmænd	-	1	1	-	-	-	-	2	-	2
Banemestere	-	9	7	5	6	1	2	30	-	30
Baneformænd	-	64	61	47	56	11	16	255	13	268
Banevogtere	-	132	117	95	109	18	33	504	25	529
Broformænd	-	5	-	1	2	-	-	8	1	9
Brotømmermænd	-	-	5	2	2	1	-	10	1	11
Snedkere og Smede	-	7	3	4	2	-	-	16	-	16
Brovogtere	-	3	5	-	4	-	-	12	-	12
Sporskiftere	-	-	1	-	-	-	-	1	-	1
Grind- og Tunnelvogtere	-	23	12	-	2	-	-	37	8	45
Maskinist	-	1	-	-	-	-	-	1	-	1
Bud	1	-	-	-	-	-	-	1	1	2
Gartner	-	-	-	-	-	-	-	-	1	1
Totalsum	69	642	877	343	413	72	113	2 529	523	3052

*) For Maskinafdelingens Vedk. 331 km., (jfr. Anm. Pag. 248).
[1]) Distriktsingeniørens Forretninger er tillagt Driftsbestyreren.
[2]) Benævnes Overbanemester.

Tabel XVIII.

Opgave

over

Uheld eller Ulykkestilfælde i Driftsaaret 1892—93.

Renseignement

sur

Les accidents pendant le terme 1892—93.

Tabel XVIII. Opgave over Uheld
Renseignement sur les acci[...]

Accidents des [...]

1	2	3	4	5	6	7	8	9	10	11
	Afsporinger. Déraillements.									
	Sted. Lieu.									
Baner. Désignation des chemins de fer.	Paa fri Bane. Sur la ligne.	Ved Station. Dans les stations	Synkninger etc. af Banelegemet. Enfoncements &c. du corps de la ligne	Mangler ved Overbygningen. Défectuosités de la superstructure.	Jord- og Stenras, Sneskred. Glissements de terre et de pierres, avalanches de neige.	Sne- og Ishindringer. Obstacles de neige et de glace.	Paakjøring af Traller, Kjøretøier & Kreaturer, Tømmer etc. Ecrasements de draisines, véhicules, bétail, bois &c.	Mangler ved rullende Materiel, Axelbrud etc. Avaries au matériel roulant, ruptures d'essieux &c.	Feilagtig Udøvelse af Stationstjenesten. Fautes commises dans le service des stations.	Feilagtig Udøvelse af Togtjenesten. Fautes commises dans le service des trains.
Smaalensbanen.	1	-	1	-	-	-	-	-	-	-
Kongsvingerbanen.	-	-	-	-	-	-	-	-	-	-
1ste Trafikdistrikt.	1	-	1	-	-	-	-	-	-	-
Kr.ania-Drammenb.	-	1	-	-	-	-	-	-	-	-
Drammen-Skienb.	2	2	1	-	-	-	-	-	1	-
Drammen-Randsfj.b.	-	4	-	2	-	-	-	-	1	-
2det Trafikdistrikt.	2	7	1	2	-	-	-	-	2	-
Eidsvold-Hamarb.	-	-	-	-	-	-	-	-	-	-
Rørosbanen.	1	2	-	-	-	-	-	2	1	-
Merakerbanen.	1	-	-	-	-	-	-	1	-	-
3die & 4de Trafikd.	2	2	-	-	-	-	-	3	1	-
5te Trafikdistrikt.	-	-	-	-	-	-	-	-	-	-
6te Trafikdistrikt.	-	-	-	-	-	-	-	-	-	-
Statsbanerne.	5	9	2	2	-	-	-	3	3	-
Hovedbanen.	1	-	-	-	-	-	1	-	-	-
Samtlige Baner.	6	9	2	2	-	-	1	3	3	-

stilfælde i Driftsaaret 1892—93.
le terme 1892—93.

14	15	16	17	18	19	20	21	22	23	24	25	26
a route.											Andre Uheld. Autres accidents.	
	Sammenstød. Collisions.						Andre Toguheld. Accidents divers.					
							Sted. Lieu.					
Dans les stations	Feilagtige Dispositioner af Stationsbefalet. Fautes commises dans la disposition des chefs des stations.	Feilagtig Pointsstilling eller Signalisering. Fautes commises dans la position de l'aiguille ou dans les signalements.	Feilagtigt Forhold af Togpersonalet. Fautes commises par le personnel des trains.	Uforsigtig Rangering eller feilagtig Opstilling af Materiel. Fautes commises dans la formation ou dans la disposition du matériel.	Deling af Tog. Séparation d'un train.	Andre Aarsager. Causes diverses.	Paa fri Bane. Sur la ligne.	Ved Station. Dans les stations.	Ild i Toget. Incendie dans le train.	Andre Aarsager. Causes diverses.	Uheld tilstødt Person under Togdrift. Accidents survenus à des personnes dans l'exploitation des trains.	Uheld tilstødt Person eller Materiel under Rangering. Accidents survenus à des personnes ou au matériel dans la formation des trains.
1	-	-	-	1	-	-	1	-	.	1	1	1
.	-	-	-	.	-	-	.	1	-	1	-	1
1	-	-	.	1	-	-	1	1	-	2	1	2
1	-	-	-	1	-	-	.	-	-	-	2	4
2	-	1	1	.	-	-	-	3	-	3	1	3
.	-	-	-	.	-	-	-	1	-	1	1	3
3	-	1	1	1	-	-	-	4	-	4	4	10
-	-	-	-	.	-	-	-	.	-	.	1	1
.	-	-	.	.	-	-	1	-	-	1	2	2
.	.	-	-	-	-	-	-	-	-	-	1	-
.	-	-	-	.	-	-	1	-	-	1	4	3
.	-	-	-	.	-	-	-	-	-	-	1	-
.	-	-	-	.	-	-	-	-	-	-	-	-
1	-	1	1	2	-	-	2	5	-	7	10	15
.	.	.	.	-	.	-	-	-	-	-	-	.
1	-	1	1	2	-	-	2	5	-	7	10	15

Tabel XVIII (Forts.). Opgave over Uheld

Renseignement sur les ac

1	27	28	29	30	31	32	33	34	35	36	37
	Døde og Kvæstede samt beskadiget Ma Personnes tués ou blessés, avaries au m										
	Reisende. Voyageurs.										
					Tilsammen. Ensemble						
Baner. Designation des chemins de fer.	Ved Toguheld. Accidents des trains pendant la route.		Ved Paa- og Afstigning eller paa Tog. En montant sur le train ou en descendant ou en passant.		Ialt. (Col. 27—30). En tout.		Pr. 1 000 000 Reisende. Par 1 000 000 de voyageurs.		Pr. 1 000 000 Personkilometer. Par 1 000 000 de kilomètres de voyageurs.		Ve Togu Accid des t pe.d la r.
	Døde. tués.	Kvæstede. blessés	Døde. tués.	Kvæstede. blessés.	Døde. tués.	Kvæstede. blessés	Døde. tués.	Kvæstede. blessés	Døde. tués.	Kvæstede. blessés.	Døde. tués.
Smaalensbanen.	-	-	-	-	-	-	-	-	-	-	
Kongsvingerbanen.	-	-	-	-	-	-	-	-	-	-	
1ste Trafikdistr.	-	-	-	-	-	-	-	-	-	-	
Kr.anla-Dr.menb.	-	-	-	-	-	-	-	-	-	-	
Dr.men-Skienb.	-	-	-	-	-	-	-	-	-	-	
Dr.men-Randsfj.b.	-	-	-	-	-	-	-	-	-	-	
2det Trafikdistr.	-	-	-	-	-	-	-	-	-	-	
Eidsvold-Hamarb.	-	-	-	-	-	-	-	-	-	-	
Rørosbanen.	-	-	-	-	-	-	-	-	-	-	
Merakerbanen.	-	-	-	-	-	-	-	-	-	-	
3die & 4de Trafikd.	-	-	-	-	-	-	-	-	-	-	
5te Trafikdistr.	-	-	-	-	-	-	-	-	-	-	
6te Trafikdistr.	-	-	-	-	-	-	-	-	-	-	
Statsbanerne.	-	-	-	-	-	-	-	-	-	-	
Hovedbanen.	-	-	-	-	-	-	-	-	-	-	
Samtlige Baner.	-	-	-	-	-	-	-	-	-	-	

stilfælde i Driftsaaret 1892—93.
le terme 1892—93.

40	41	42	43	44	45	46	47	48	49	50	51	52	53	54

den egentlige Jernbanedrift [1]).
ploitation.

Jernbanebetjente ved Tog- og Rangeringstjeneste.
Agents des chemins de fer dans le service des trains et de la formation.

..a- og ..ning ..a Tog. ..ontant train ou ..cendant ..passant	Ved Rangeringstjeneste. Dans le service de la formation. Ved Tilkobling. En accrochant des véhicules.		Ved Afkobling. En décrochant des véhicules.		Paa anden Maade. Autres causes.		Ved Ophold paa eller Gang over Spor. En s'arrêtant ou en passant sur la voie.		Ved andre Uheld. Accidents divers.		Tilsammen. Ensemble. Ialt. (Col. 37—50). En tout.		Pr. 1 000 000 Togkilometer. Par 1 000 000 de kilomètres de train.	
Kvæstede. blessés.	Døde. tués.	Kvæstede. blessés	Døde. tués.	Kvæstede. blessés	Døde. tués.	Kvæstede. blessés	Døde. tués.	Kvæstede. blessés	Døde. tués	Kvæstede. blessés	Døde. tués.	Kvæstede. blessés	Døde. tués.	Kvæstede. blessés
-	1	-	-	-	-	-	-	-	-	-	1	-	1 05	-
-	-	1	-	-	-	-	-	-	-	-	-	1	-	3 00
-	1	1	-	-	-	-	-	-	-	-	1	1	0.78	0.78
-	-	1	-	-	-	-	-	-	-	-	-	1	-	2.51
-	-	1	-	-	-	2	-	-	-	-	-	3	-	5.38
-	-	-	1	-	-	-	-	1	-	-	1	1	2 54	2 54
-	-	2	1	-	-	2	-	1	-	-	1	5	0.74	3.70
-	-	-	-	-	-	-	-	-	-	-	-	-	-	-
1	-	-	-	-	-	1	-	-	-	-	-	2	-	2.52
-	-	-	-	-	-	-	-	-	-	-	-	-	-	-
1	-	-	-	-	-	1	-	-	-	-	-	2	-	1.69
-	-	-	-	-	-	-	-	-	-	-	-	-	-	-
-	-	-	-	-	-	-	-	-	-	-	-	-	-	-
1	1	3	1	-	-	3	-	1	-	-	2	8	0.47	1.90
-	-	-	-	-	-	-	-	-	-	-	-	-	-	-
1	1	3	1	-	-	3	-	1	-	-	2	8	0.44	1.77

Følgerne af de under Col. 2—26 anførte Uheld.
Effets des accidents compris dans les colonnes 2—26.

Tabel XVIII (Forts.). Opgave over Uheld

Renseignement sur les ac

1	55	56	57	58	59	60	61	62	63
	Døde og Kvæstede samt beskadiget Ma Personnes tués ou blessés, avaries au r								
	Tjenestemænd i Tjeneste. Agents dans le service.				Andre Personer og Tjenestemæn udenfor Tjeneste. Autres personnes et agents en dehors de tout				
Baner. Désignation des chemins de fer.	Ved Toguheld. Accidents des trains pendant la route.		Ved andre Uheld. Accidents divers.		Ved Toguheld. Accidents des trains pendant la route.		Ved andre Uheld. Accidents divers.		Ve Sindssy Drukke Selvmor Folie, iv suicide
	Døde. tués.	Kvæstede. blessés.	Døde. tués.	Kvæstede. blessés.	Døde. tués.	Kvæstede. blessés.	Døde. tués.	Kvæstede. blessés.	Døde. tués.
Smaalensbanen.	-	-	-	-	-	-	-	-	1
Kongsvingerbanen.	-	-	-	-	-	-	-	-	-
1ste Trafikdistrikt.	-	-	-	-	-	-	-	-	1
Kr.ania-Drammenb.	-	-	-	1	-	-	-	-	-
Drammen-Skienb.	-	-	-	-	-	-	1	-	-
Drammen-Randsfj.b.	-	-	-	-	-	-	-	-	-
2det Trafikdistrikt.	-	-	-	1	-	-	1	-	-
Eidsvold-Hamarb.	-	-	-	-	-	-	1	-	-
Rørosbanen.	-	-	-	1	-	-	-	1	-
Merakerbanen.	-	-	-	1	-	-	-	-	-
3die & 4de Trafikd.	-	-	-	2	-	-	1	1	-
5te Trafikdistrikt.	-	-	-	-	-	-	-	-	1
6te Trafikdistrikt.	-	-	-	-	-	-	-	-	-
Statsbanerne.	-	-	-	3	-	-	2	1	2
Hovedbanen.	-	-	-	-	-	-	-	-	-
Samtlige Baner.	-	-	-	3	-	-	2	1	2

…tilfælde i Driftsaaret 1892—93.
…le terme 1892—93.

66		67	68	69	70	71	72	73	74	75	76
…den egentlige Jernbanedrift. …ploitation.								Omkomne og Kvæstede udenfor den egentlige Jernbanedrift[2]) Personnes tués ou blessés au dehors de l'exploitation.			
Døde og Kvæstede. Tués et blessés.				Beskadiget Materiel. Avaries au matériel.							
…alt.. …1 + 32 + 52 + …-64). …otal		Pr. 1 000 000 Togkilometer. Par 1 000 000 de kilomètres de train.		Betydeligt. Considérables.		Ubetydeligt. Inconsidérables.		Tjenestemænd og Arbeidere i Tjeneste. Agents et ouvriers dans le service.		Andre Personer og Tjenestemænd udenfor Tjeneste. Autres personnes et agents en dehors de tout service.	
…e …	Kvæstede. blessés.	Døde. tués.	Kvæstede. blessés.	Lokomotiver. locomotives.	Vogne. voitures et wagons.	Lokomotiver. locomotives.	Vogne. voitures et wagons.	Døde. tués.	Kvæstede. blessés.	Døde. tués.	Kvæstede. blessés.
2	-	2.10	-	-	-	-	5	-	-	-	-
-	1	-	3.00	-	-	-	4	-	-	-	-
2	1	1.56	0.78	-	-	-	9	-	12	-	-
-	3	-	7.54	-	-	1	13	-	-	-	-
1	3	1.79	5.38	-	-	2	6	-	-	-	-
1	1	2.54	2.54	-	-	3	6	-	-	-	-
[illegible]	7	1.48	5.15	-	-	6	25	-	46	-	-
	-	6.71	-	-	-	-	-	-	-	-	-
	4	-	5.03	-	1	-	7	-	-	-	-
	1	-	4.20	-	-	-	1	-	-	-	-
1	5	0.85	4.23	-	1	-	8	-	-	-	-
1	-	6.78	-	-	-	-	-	-	-	-	-
-	-	-	-	-	-	-	-	-	-	-	-
6	13	1.43	3.09	-	1	6	42	-	58	-	-
-	-	-	-		-	1	3	-	-	-	-
6	13	1.33	2.88	-	1	7	45	-	58	-	-

…Følgerne af de under Col. 2—26 anførte Uheld.
…Effets des accidents compris dans les colonnes 2—26.
…Heromhandlede Uheld staar ikke i nogen Forbindelse med de under Col. 2—26 anførte Uheld.
…Les accidents ne se rapportent pas à ceux des colonnes 2—26.

Anmærkning til Tabel XVIII.

Under Col. 2—26 opføres ethvert Uheld, der er indtruffet under den egentlige Jernbanedrift, altsaa ved Trafiktogenes eller dermed i Klasse staaende Extratogs Fremdrift (routegaaende Tog) og den til sammes Opstilling og Deling fornødne Rangering (Col. 26).

Følgerne heraf med Hensyn til Personer er angivne i Col. 27—68 og med Hensyn til Materiel i Col. 69—72. Under Rubriken 73—76 er opført Ulykkeshændelser, der er foranledigede ved Gjøremaal under Jernbanedriften, hvilke ikke staar i direkte Forbindelse med den egentlige Tog- og Rangeringstjeneste, f. Ex. Hændelser vedkommende Arbeidstog, Extratog for Grusning, Sneplougkjørsel etc., under Rangering i Grustag og paa Værkstedstomter etc., under Arbeide i Grustag, ved Liniens Vedligehold. Bygningers og Broers Opførelse og Vedligehold, Værkstedsarbeider, Renhold af Materiellet, Paa- og Aflæsning af Gods i Godshuse og paa Tomter m. m.

Som Toguheld (Col. 2—24) opføres alene de Slags Uheld, der har medført eller efter sin Art kunde medføre Fare for Personer og Materiel, saaledes enhver Afsporing i Tog, Axelbrud etc., men ikke Uheld, der alene medfører Togforsinkelser, saasom Sprængning af Kjedelrør eller mindre Brækager paa Lokomotivet, Snehindringer, Ophold paa Grund af Sten- og Jordras etc. Har en af de sidst nævnte eller lignende Aarsager foranlediget Skade paa Personer eller Materiel, bliver Tilfældet at opføre som Toguheld.

Col. 26 omfatter foruden Rangeringen paa Stationerne ogsaa Trafiken paa Sidelinier Uheld under denne Col. opføres kun, naar Personer eller Materiel er kommen til Skade.

Kollisioner mellem rangerende Materiel og Trafiktog opføres under Col. 13—20.

Under Col. 25 opføres alene Tilfælde, hvorved Personer forulykker eller kommer til Skade under den egentlige Jernbanedrift, uden at Tilfældet kan henføres under Col. 2—24 og 26

Under «Reisende», Col. 27—36, føres foruden samtlige betalende Reisende, der kommer tilskade ved Uheld under den egentlige Jernbanedrift, ogsaa saadanne Reisende, der er forsynede med Fribillet, naar Reisen foretages i eget Anliggende, altsaa ogsaa Tjenestemænd. Under «Jernbanebetjente ved Tog- og Rangeringstjeneste», Col. 37—54, føres alene de ved Tog eller ved Rangering tjenstgjørende Personer, ved Stationer eller paa Linie for Anledningen tjenstgjørende Betjente.

Under «Tjenestemænd i Tjeneste», Col. 55—58, føres Jernbanefunktionærer, der reiser eller forøvrigt befinder sig ved eller paa Jernbanens Omraade i Tjenesteanliggende, men ikke er tjenstgjørende ved Tog eller Rangering, men t. Ex. befinder sig paa Inspektion eller er beskjæftigede paa anden Maade med et eller andet Arbeide vedrørende Jernbanen og herunder omkommer eller bliver skadede ved eller i Trafiktog eller under Rangering.

Under «Andre Personer og Tjenestemænd udenfor Tjeneste», Col. 59—64, opføres saadanne Tjenestemænd, der ikke gjøre Tjeneste eller kan henregnes til Reisende efter foranstaaende Forklaring, altsaa saadanne, der tilfældig er tilstede. Videre henføres hid Post- og Toldfunktionærer etc. saavel tjenstgjørende som ikke tjenstgjørende, naar de reiser uden at erlægge særskilt Betaling. Endvidere enhver Person, som ikke kan opføres i nogen af de foran nævnte Rubriker, naar Vedkommende er kommen til Skade eller omkommen ved Trafiktog eller under Rangering for samme. Forsaavidt en Reisende under Ophold paa Station etc., men ikke paa Tog, omkommer eller kommer til Skade ved Driftsmateriellet. bliver han at henføre til denne Afdeling. I Col. 63 og 64 føres Personer, der ikke kan ansees tilregnelige herunder ogsaa Døve og Blinde samt mindre Børn.

Ulykker ved Jernbanens Dampskibe eller mulige andre i Forbindelse med den staaende Transportindretninger vedrører ikke denne Statistik.

Under Col. «Døde» henføres saadanne, der er døde strax eller inden 24 Timer. «Kvæstede» opføres alene, naar Skaden er saavidt stor, at Lægehjælp maa ansees fornøden.

Naar Skade paa Materiellet anslaaes til ca. $^1/_{10}$ af dets Kostende, anføres Tilfældet som «betydeligt»; er Skaden mindre, men større end 10 Kroner, som «ubetydeligt». Mindre Skade end 10 Kroner opføres ikke.

Tabel XIX.

Sammendrag for Aarene 1888—93.

Résumé 1888—93.

Tabel XIX. 1 (Forts.). Sammendrag for A…
Résumé 188…

1	2	3	4	5	6	7	…
				Anvendt Kapital. Capital total employé.			
				Hvoraf: Dont:			An… Kapi… km. Ca… em… p… kilom… …g
				Til Udvidelser og Forbedringer. Pour agrandissements et améliorations pendant l'exploitation			
Banernes Navn. Désignation des chemins de fer.	Driftsaar. Année d'exploitation.	Midlere Driftslængde. Longueur moyenne exploitée.	Ialt ved Driftsaarets Udgang. Total à la fin du terme (Tab. II. 2, Col. 13).	Betalte. Payés.	Kapital-konto. Amortissement.	Sum. Total	(Tab… Col…
		km.	Kroner.				
Smaalensbanen.	1888—89	250	28 030 279	242 779	-	242 779	11…
	1889—90	250	28 062 177	275 577	-	275 577	11…
	1890—91	250	28 089 350	302 550	-	302 550	11…
	1891—92	250	28 200 768	414 168	-	414 168	11…
	1892—93	250	28 554 035	623 135	-	623 135	11…
Kongsvingerbanen.	1888—89	122	8 896 799	830 799	650 000	1 480 799	7…
	1889—90	122	8 996 769	960 769	620 000	1 580 769	7…
	1890—91	122	9 025 544	1 019 544	590 000	1 609 544	7…
	1891—92	122	9 276 676	1 322 281	538 395	1 860 676	8…
	1892—93	122	9 330 734	1 406 734	508 000	1 914 734	8…
Kr.ania-Dr.menb.	1888—89	53	6 163 511	447 495	1 160 016	1 607 511	11…
	1889—90	53	6 274 636	529 852	1 188 784	1 718 636	11…
	1890—91	53	6 295 429	621 345	1 116 484	1 737 829	11…
	1891—92	53	6 345 934	724 050	1 064 284	1 788 334	11…
	1892—93	53	6 532 199	919 998	1 054 600	1 974 598	12…
Dr.men-Sklenb.	1888—89	158	11 685 043	17 743	-	17 743	7…
	1889—90	158	11 846 057	128 657	-	128 657	7…
	1890—91	158	11 865 009	136 109	-	136 109	7…
	1891—92	158	11 895 927	164 621	-	164 621	7…
	1892—93	158	11 903 773	173 673	-	173 673	7…
Dr.men-Randsfjb.	1888—89	143	7 731 593	523 693	435 000	958 693	5…
	1889—90	143	7 741 592	548 692	420 000	968 692	5…
	1890—91	143	7 852 705	679 805	400 000	1 079 805	5…
	1891—92	143	7 932 662	895 262	264 500	1 159 762	5…
	1892—93	143	7 947 650	925 850	248 900	1 174 750	5…
Eidsvold-Hamarb.	1888—89	58	4 997 925	13 725	-	13 725	8…
	1889—90	58	5 001 785	17 385	-	17 385	8…
	1890—91	58	5 029 116	43 216	-	43 216	8…
	1891—92	58	5 074 807	88 907	-	88 907	8…
	1892—93	58	5 120 738	133 838	-	133 838	8…
Hamar-Gr.setb.	1888—89	38	1 751 924	179 724	5 000	184 724	4…
	1889—90	38	1 757 700	190 500	-	190 500	4…
	1890—91	38	1 770 706	203 506	-	203 506	4…
	1891—92	38	1 770 706	203 506	-	203 506	4…
	1892—93	38	1 784 302	217 102	-	217 102	4…
Gr.set-Aamotb.	1888—89	26	649 081	2 001	1 780	3 781	2…
	1889—90	26	649 081	2 001	1 780	3 781	2…
	1890—91	26	650 252	2 001	2 951	4 952	2…
	1891—92	26	661 963	2 001	14 662	16 663	2…
	1892—93	26	661 963	2 001	14 662	16 663	2…

-93: Trafik, Indtægter og Udgifter.
recettes et dépenses.

9	10	11	12	13	14	15	16	17	18
	Befordring af Reisende. a) Transport de voyageurs.						Befordring af Gods. Transport des marchandises.		
Trains-kilomètres par km. exploité.	Antal Reisende. Nombre des voyageurs.	Personkilometer. Parcours kilométrique des voyageurs. Ialt. Total.	Personkilometer. Parcours kilométrique des voyageurs. Pr. km. Driftslængde. Par kilomètre exploité.	Midlere Reiselængde pr. Person. Parcours moyen d'un voyageur. km.	Procent af Vognenes Pladse benyttede. Rapport des places occupées aux places disponibles. pCt.	Nettov. i pCt. af Bruttovægt. Rapport o/o du poids net au poids brut.	Antal Ton Il- & Fragtgods. Tonnes de marchandises.	Tonkilom. Il- & Fragtgods. Tonnes kilométriques. Ialt. Total.	Tonkilom. Il- & Fragtgods. Tonnes kilométriques. Pr. km. Driftslængde. Par kilomètre exploité.
238	901 155	21 721 920	86 888	24.1	13.6	4.1	171 602	8 297 652	33 191
256	1 016 194	24 359 757	97 439	24.0	14.3	4.3	183 668	8 611 553	34 446
364	1 088 494	25 996 508	103 986	23.9	15.8	4.4	214 253	9 790 772	39 163
835	1 196 220	28 525 775	114 103	24.4	16.2	4.6	225 997	10 351 605	41 406
803	1 596 730	32 375 398	129 502	20.3	17.7	4.8	230 156	10 783 282	43 133
354	127 982	5 292 953	43 386	41.4	11.1	4.2	194 403	16 387 895	134 327
385	138 148	5 565 370	45 618	40.3	11.5	4.0	204 588	17 445 796	142 998
741	151 518	6 130 075	50 247	40.5	11.4	3.9	207 700	17 181 111	140 829
762	170 733	6 854 202	56 182	40.1	12.3	4.0	201 750	17 231 923	141 245
737	182 040	6 976 068	57 181	38.3	13.0	4.0	213 191	17 579 869	144 097
888	728 932	13 710 642	258 691	18.8	23.7	8.7	98 741	3 769 858	71 129
035	816 430	15 157 125	285 983	18.6	24.4	8.9	109 425	4 051 542	76 444
160	906 162	16 556 080	312 379	18.3	24.7	8.8	110 246	4 229 772	79 807
456	984 916	17 534 866	330 847	17.8	24.7	8.9	112 090	4 208 733	79 410
509	1 308 898	20 558 060	387 888	15.7	27.6	9.6	121 025	4 697 111	88 625
326	543 431	12 859 744	81 391	23.7	21.7	7.8	60 072	2 815 198	17 818
348	592 313	13 696 514	86 687	23.1	22.3	8.0	61 958	2 869 754	18 163
344	634 150	15 172 145	96 026	23.9	23.7	8.4	58 514	2 800 502	17 725
472	707 368	17 895 839	113 265	25.2	25.1	8.9	57 616	2 559 706	16 201
533	703 810	16 352 276	103 495	23.2	23.9	8.3	56 970	2 990 531	18 927
241	283 939	7 757 243	54 246	27.3	24.9	9.3	238 802	11 414 938	79 825
402	304 143	8 390 314	58 674	27.6	24.4	9.1	266 750	12 834 945	89 755
672	315 576	8 389 688	58 669	26.6	21.5	7.9	248 700	11 822 423	82 674
725	337 576	8 707 355	60 891	25.8	21.6	8.0	255 857	11 995 050	83 881
757	344 272	8 690 522	60 773	25.2	21.5	7.9	258 338	12 291 673	85 956
299	106 719	3 511 808	60 548	32.9	17.6	6.0	52 222	2 667 675	45 994
339	111 530	3 651 728	62 961	32.7	17.3	5.7	53 762	2 761 547	47 613
365	120 866	4 110 197	70 865	34.0	18.9	6.1	57 468	2 909 306	50 160
430	134 274	4 550 441	78 456	33.9	20.8	6.6	68 907	3 401 709	58 650
573	147 027	4 614 934	79 568	31.4	21.2	6.4	70 864	3 571 217	61 573
—	97 113	2 025 622	53 306	20.9	—	—	40 777	1 166 494	30 697
—	104 867	2 197 825	57 838	21.0	—	—	41 528	1 132 849	29 812
—	115 164	2 404 788	63 284	20.9	—	—	43 465	1 201 677	31 623
—	122 853	2 518 753	66 283	20.5	—	—	47 329	1 300 262	34 217
—	123 690	2 703 828	71 153	21.9	—	—	52 071	1 410 489	37 118
—	38 420	872 951	33 575	22.7	—	—	25 825	647 687	24 911
—	41 413	919 753	35 375	22.2	—	—	23 747	590 213	22 701
—	46 737	1 058 871	40 726	22.7	—	—	24 423	599 551	23 060
—	46 744	1 055 214	40 585	22.6	—	—	25 839	629 731	24 220
—	47 580	1 081 918	41 612	22.7	—	—	28 876	710 986	27 346

Tabel XIX. 1 (Forts.). Sammendrag for Aar

1	2	3	4	5	6	7	
			Anvendt Kapital.				
			Ialt ved Driftsaarets Udgang. (Tab. II. 2, Col. 13).	Hvoraf: Til Udvidelser og Forbedringer			A… Kap… km. (Ta… Col…
Banernes Navn.	Driftsaar.	Midlere Driftslængde.		Betalte.	Kapital-konto.	Sum.	
		km.	Kroner.				
Støren-Aamotb.	1888—89	321	16 298 279	-	179 379	179 379	51
	1889—90	321	16 280 123	-	186 723	186 723	51
	1890—91	321	16 456 689	-	363 489	363 489	51
	1891—92	321	16 466 721	-	373 521	373 521	51
	1892—93	321	16 471 582	-	378 482	378 482	51
Tr.hjem-Størenb.	1888—89	51	4 038 901	128 001	-	128 001	79
	1889—90	51	4 104 672	202 072	-	202 072	80
	1890—91	51	4 188 386	288 286	-	288 286	81
	1891—92	51	4 190 165	290 265	-	290 265	81
	1892—93	51	4 191 705	294 305	-	294 305	82
Rørosbanen.	1888—89	436	22 738 185	309 726	186 159	495 885	52
	1889—90	436	22 791 577	394 573	188 503	583 076	52
	1890—91	436	23 066 033	493 793	366 440	860 233	53
	1891—92	436	23 089 555	495 772	388 183	883 955	53
	1892—93	436	23 109 552	513 408	393 144	906 552	53
Merakerbanen.	1888—89	106	11 279 649	25 649	-	25 649	110
	1889—90	106	11 303 458	49 358	-	49 358	110
	1890—91	106	11 331 933	76 333	-	76 333	110
	1891—92	106	11 342 579	86 979	-	86 979	110
	1892—93	106	11 355 801	97 901	-	97 901	111
Jæderbanen.	1888—89	76	5 176 893	-	12 493	12 493	67
	1889—90	76	5 176 893	-	12 493	12 493	67
	1890—91	76	5 188 960	-	24 560	24 560	68
	1891—92	76	5 188 960	-	24 560	24 560	68
	1892—93	76	5 197 522	-	33 122	33 122	68
Bergen-Vossb.	1888—89	108	10 042 437	18 437	-	18 437	92
	1889—90	108	10 042 437	18 437	-	18 437	92
	1890—91	108	10 044 255	20 255	-	20 255	93
	1891—92	108	10 052 217	28 217	-	28 217	93
	1892—93	108	10 089 115	65 115	-	65 115	93
Statsbanerne.	1888—89	1 510	116 742 314	2 430 046	2 443 668	4 873 714	78
	1889—90	1 510	117 237 380	2 923 299	2 429 781	5 353 080	78
	1890—91	1 510	117 788 334	3 392 950	2 497 484	5 890 434	78
	1891—92	1 510	118 400 085	4 220 257	2 279 922	6 500 179	79
	1892—93	1 510	119 141 119	4 859 652	2 237 767	7 097 419	79
Hovedbanen.	1888—89	68	10 660 431	1 518 023	415 794	1 933 817	157
	1889—90	68	10 949 897	1 827 489	395 795	2 223 284	161
	1890—91	68	11 419 128	2 316 720	375 794	2 692 514	168
	1891—92	68	11 569 816	2 503 202	340 000	2 843 202	170
	1892—93	68	11 627 279	2 580 666	320 000	2 900 666	171
Samtlige Baner.	1888—89	1 578	127 402 745	3 948 069	2 859 462	6 807 531	81
	1889—90	1 578	128 187 278	4 750 789	2 825 575	7 576 364	82
	1890—91	1 578	129 207 462	5 709 670	2 873 278	8 582 948	82
	1891—92	1 578	129 969 901	6 723 459	2 619 922	9 343 381	83
	1892—93	1 578	130 768 398	7 440 318	2 557 767	9 998 085	83

	10	11	12	13	14	15	16	17	18
		Befordring af Reisende. a)					Befordring af Gods.		
	Antal Reisende.	Personkilometer. Ialt.	Personkilometer. Pr. km. Driftslængde.	Midlere Reiselængde pr. Person. km.	Procent af Vognenes Pladse benyttede. pCt.	Nettovægt i Procent af Bruttovægt. pCt.	Antal Tons Il- & Fragtgods.	Tonkilom. Il- & Fragtgods. Ialt.	Tonkilom. Il- & Fragtgods. Pr. km. Driftslængde.
--	74 859	6 804 470	21 198	90.9	—	—	78 045	8 691 555	27 076
-	86 170	7 201 527	22 435	83.6	—	—	75 840	8 364 169	26 057
	95 460	8 945 759	27 868	93.7	—	—	73 813	8 157 919	25 414
—	98 703	8 410 024	26 199	85.3	—	—	72 652	8 165 849	25 439
—	104 026	8 805 150	27 430	84.6	—	-	76 048	9 022 444	28 107
—	94 060	2 524 968	49 509	26.8	—	—	68 843	3 331 667	65 327
-	101 673	2 656 449	52 087	26.1	—	--	68 308	3 282 180	64 356
—	118 935	3 092 762	60 642	26.0	--	--	68 009	3 213 249	63 005
—	116 332	2 948 365	57 811	25.3	—	—	65 911	3 058 794	59 976
—	129 777	3 127 961	61 333	24.1	—	—	70 586	3 282 194	64 357
38	227 273	12 284 094	28 175	54.0	18.4	7.0	110 202	13 837 403	31 737
44	254 952	12 975 554	29 760	50.9	18.4	6.0	112 852	13 369 411	30 664
39	277 363	15 502 180	35 555	55.9	20.4	6.9	113 457	13 172 396	30 212
11	292 752	14 932 356	34 249	51.0	20.1	6.8	115 094	13 154 637	30 171
23	325 848	15 718 852	36 052	48.2	20.8	6.8	122 598	14 426 113	33 087
76	155 934	3 389 940	31 981	21.7	18.5	5.4	110 604	8 485 100	80 048
90	151 108	3 389 164	31 973	22.4	16.6	4.9	121 685	9 555 996	90 151
46	190 155	4 047 436	38 183	21.3	17.9	4.0	120 582	8 813 017	83 142
16	189 750	4 052 641	38 232	21.4	16.9	3.7	103 238	7 425 487	70 052
50	206 124	4 105 205	38 728	19.9	17.7	4.7	127 320	9 888 791	93 290
40	109 887	2 620 203	34 476	23.8	28.4	12.5	10 210	359 679	4 733
02	122 546	2 964 647	39 009	24.2	30.0	13.1	10 946	380 684	5 009
37	130 534	3 300 283	43 425	25.3	27.3	12.0	12 995	473 407	6 229
84	140 841	3 453 838	45 445	24.5	28.9	12.4	13 347	460 055	6 053
41	142 220	3 533 170	46 489	24.8	30.0	12.6	13 111	451 786	5 945
59	318 586	4 561 788	42 239	14.3	23.5	7.8	11 817	828 417	7 671
90	352 891	5 243 256	48 549	14.9	23.8	7.8	15 015	994 554	9 209
23	377 930	5 176 386	47 930	13.7	22.0	7.1	16 225	1 109 411	10 272
32	415 280	5 768 385	53 411	13.9	22.5	7.3	14 470	999 454	9 254
76	556 432	6 827 944	63 222	12.3	25.4	8.0	12 958	1 032 062	9 556
83	3 389 084	87 710 336	58 086	25.9	18.0	-	973 441	68 864 115	45 605
04	3 735 390	95 393 429	63 714	25.5	18.3	-	1 057 509	72 875 782	48 262
48	4 048 752	104 380 978	69 926	25.8	19.2	-	1 069 722	72 302 117	47 882
72	4 381 913	112 275 698	74 355	25.6	19.6	-	1 076 986	71 788 359	47 542
80	5 351 298	119 752 429	79 306	22.4	20.7	-	1 122 532	77 712 496	51 465
55	362 378	10 962 626	161 215	30.3	20.3	7.2	451 972	14 932 257	219 592
95	389 598	11 464 468	168 595	29.4	20.5	7.1	495 910	16 143 356	237 402
45	435 807	12 752 052	187 530	29.3	21.5	7.4	503 016	16 450 545	241 920
50	466 485	13 603 521	200 052	29.2	22.4	7.4	500 446	16 119 909	237 057
04	502 141	14 323 627	210 642	28.5	23.4	7.3	516 635	16 519 532	242 934
60	3 621 757	98 672 962	62 530	27.2	18.2	-	1 206 922	83 796 372	53 103
77	3 989 447	106 857 897	67 717	26.8	18.5	-	1 325 770	89 019 138	56 413
29	4 334 225	117 133 030	74 229	27.0	19.4	-	1 337 498	88 752 662	56 244
49	4 680 174	125 879 219	79 771	26.9	19.9	-	1 337 093	87 908 268	55 709
63	5 686 410	134 076 056	84 966	23.6	20.9	-	1 389 435	94 232 028	59 716

Tabel XIX. 1 (Forts.). Sammendrag for A

Résumé 188

1	2	19	20	21	22
		Befordring af Gods. Transport des marchandises.			**Samlet Trafik** Mouvement total
Banernes Navn. Désignation des chemins de fer.	**Driftsaar.** Annee d'exploitation.	Midlere Transportlængde pr. Ton Il- & Fragtgods. Parcours moyen d'une tonne.	Midlere Belastning pr. Godsvognaxel. Charge moyenne par essieu.	Nettovægt i pCt. af Bruttovægt. Rapport o/o du poids net au poids brut	Samlet Bruttovægt, Lokomotiver & Tendere incl., pr. km. Driftslængde. Poids brut total, locomotives et tenders incl, par km. exploité.
		km.	t.	pCt.	Tonkm.
Smaalensbanen.	1888—89	48.4	1.28	25.7	479 322
	1889—90	46.9	1.26	25.6	491 295
	1890—91	45.7	1.31	26.7	514 775
	1891—92	45.8	1.40	27.0	564 842
	1892—93	46.9	1.48	27.5	587 589
Kongsvingerbanen.	1888—89	84.3	1.90	39.4	542 621
	1889—90	85.4	1.92	40.2	565 154
	1890—91	82.7	1.89	39.5	589 470
	1891—92	85.4	1.93	39.9	603 720
	1892—93	82.5	1.98	39.6	614 119
Kr.ania-Dr.menb.	1888—89	38.2	1.55	33.7	624 951
	1889—90	37.0	1.57	33.6	670 476
	1890—91	38.4	1.52	33.3	716 756
	1891—92	37.5	1.52	32.9	748 517
	1892—93	38.8	1.55	33.7	802 157
Dr.men-Skienb.	1888—89	46.9	1.09	24.6	247 540
	1889—90	46.3	1.08	24.9	251 506
	1890—91	47.9	1.03	24.1	261 338
	1891—92	44.4	0.97	22.0	280 745
	1891—93	52.5	1.05	23.3	280 708
Dr.men-Randsfj.b.	1888—89	47.8	1.68	43.6	293 918
	1889—90	48.1	1.67	43.4	328 667
	1890—91	47.5	1.69	43.1	329 457
	1891—92	46.9	1.77	43.5	333 803
	1892—93	47.6	1.77	43.3	337 516
Eidsvold-Hamarb.	1888—89	51.1	1.47	28.2	351 779
	1889—90	51.4	1.53	29.2	358 710
	1890—91	50.6	1.52	25.5	372 806
	1891—92	49.4	1.68	31.6	403 211
	1892—93	50.4	1.61	30.8	440 057
Hamar-Grundsetb.	1888—89	28.6	—	—	—
	1889—90	27.3	—	—	—
	1890—91	27.7	—	—	—
	1891—92	27.5	—	—	.
	1892—93	27.1	—	—	—
Grundset-Aamotb.	1888—89	25.1	—	—	—
	1889—90	24.9	—	—	—
	1890—91	24.5	—	—	—
	1891—92	24.3	—	—	—
	1892—93	24.7	—	—	—

…93: Trafik, Indtægter og Udgifter.
…recettes et dépenses.

…24	25	26	27	28	29	30	31	32
Indtægter. Recettes.								
…sontrafik. b) …e des voyageurs.		Godstrafik. b) Trafic des marchandises.		Øvrige Indtægter. Autres recettes.	Sum. Total.	Pr. km. Driftslængde. Par kilomètre exploité.	Indtægt pr. Personkilometer. Recettes par le parcours kilométrique des voyageurs.	Indtægt pr Tonkilometer Fragtgods. Recettes par tonne kilométrique (petite vitesse).
…lt. …al.	Pr. km. Driftslængde. Par kilomètre exploité.	Ialt. Total.	Pr. km. Driftslængde. Par kilomètre exploité.					
Kroner.							Øre.	
…256	2 961	519 815	2 079	79 577	1 339 648	5 359	3.1	5.5
…509	3 330	574 908	2 300	79 667	1 487 084	5 948	3.1	5.7
…366	3 525	615 917	2 464	61 556	1 558 839	6 235	3.1	5.4
…345	3 558	611 192	2 445	46 035	1 546 572	6 186	2.8	5.1
…921	3 656	632 584	2 530	42 053	1 588 558	6 354	2.6	5.2
…609	1 612	604 598	4 956	6 064	807 271	6 617	3.5	3.5
…844	1 687	657 257	5 387	7 106	870 207	7 133	3.5	3.6
…830	1 802	658 442	5 397	7 757	886 029	7 263	3.4	3.6
…837	1 835	641 237	5 256	8 753	873 817	7 162	3.0	3.5
…357	1 831	633 727	5 195	6 985	864 069	7 083	3.0	3.4
…438	8 688	288 416	5 442	18 288	767 142	14 474	3.1	6.7
…693	9 560	307 048	5 793	19 626	833 367	15 724	3.1	6.6
…685	10 353	316 423	5 970	19 613	884 721	16 693	3.1	6.4
…268	10 118	310 006	5 849	21 195	867 469	16 367	2.7	6.2
…090	10 511	324 008	6 114	18 666	899 764	16 977	2.6	6.0
…190	2 729	172 043	1 089	13 556	616 789	3 904	3.1	5.2
…500	2 737	180 365	1 142	15 020	627 885	3 974	2.9	5.3
…667	3 004	182 194	1 153	14 938	671 799	4 252	2.9	5 4
…912	3 265	172 947	1 095	14 307	703 166	4 450	2.6	5.5
…759	3 030	186 094	1 178	13 777	678 630	4 295	2.7	5.2
…804	1 754	647 676	4 529	12 521	911 001	6 371	3 0	5.5
…653	1 914	730 464	5 108	14 884	1 019 001	7 126	3.1	5.5
…942	1 916	667 368	4 667	15 723	957 033	6 692	3.1	5.4
…761	1 768	652 858	4 565	14 588	920 207	6 435	2.7	5.2
…080	1 756	640 180	4 476	13 134	904 394	6 324	2.7	5.0
…026	2 294	180 166	3 106	10 437	323 629	5 580	3.4	5.9
…868	2 412	179 379	3 093	10 489	329 736	5 685	3.4	5 8
…596	2 596	190 478	3 284	11 012	352 086	6 070	3.3	5.8
…695	2 546	205 000	3 534	8 313	361 008	6 224	2.9	5.3
…227	2 590	212 028	3 656	4 602	366 857	6 325	3.0	5.3
…6 079	2 002	88 800	2 337	11 628	176 507	4 645	3.4	6.5
…570	2 120	87 195	2 295	11 520	179 285	4 718	3.4	6.7
…3 786	2 205	92 321	2 430	13 345	189 452	4 986	3.2	6.5
…3 [illegible]	2 202	94 992	2 500	8 357	187 033	4 922	3.0	6.2
…4 646	2 228	96 948	2 551	4 988	186 582	4 910	2.9	6.0
…080	1 422	36 965	1 422	760	74 705	2 873	3.7	4.3
…428	1 478	32 721	1 259	1 005	72 154	2 775	3.7	4.3
…748	1 529	35 097	1 350	1 821	76 666	2 949	3.3	4.3
…789	1 492	36 098	1 388	619	75 506	2 904	3.2	4.5
…311	1 512	37 769	1 453	551	77 631	2 986	3.2	4.7

Tabel XIX. 1. (Forts.). Sammendrag for Aa…

1	2	19	20	21	22
		Befordring af Gods.			Samlet Tra…
Banernes Navn.	Driftsaar.	Midlere Transportlængde pr Ton Il- & Fragtgods.	Midlere Belastning pr. Godsvognaxel.	Nettovægt i Procent af Bruttovægt.	Samlet Bruttovægt, Lokomotiver & Tendere incl., pr. km. Driftslængde.
		km.	t.	pCt.	Tonkm.
Støren-Aamotb.	1888—89	111.4	—	—	—
	1889—90	110.3	—	—	—
	1890—91	110.5	—	—	—
	1891—92	112.4	—	—	—
	1892—93	118.7	—	—	—
Tr.hjem-Størenb.	1888—89	48.4	—	—	—
	1889—90	48.0	—	—	—
	1890—91	47.2	—	—	—
	1891—92	46.5	—	—	—
	1892—93	46.6	—	—	—
Rørosbanen.	1888—89	125.6	1.29	36.2	168 378
	1889—90	118.5	1.41	38.5	167 159
	1890—91	116.1	1.31	36.5	175 518
	1891—92	114.3	1.36	36.5	176 477
	1892—93	117.7	1.39	37.3	187 461
Merakerbanen.	1888—89	76.7	2.45	43.4	330 380
	1889—90	78.5	2.46	43.9	361 650
	1890—91	73.1	2.49	42.7	388 040
	1891—92	71.9	2.49	41.1	373 692
	1892—93	77.7	2.55	43.2	414 146
Jæderbanen.	1888—89	35.2	0.76	22.8	72 393
	1889—90	34.8	0.78	23.4	75 685
	1890—91	36.4	0.86	23.9	87 156
	1891—92	34.5	0.81	22.9	88 821
	1892—93	34.5	0.86	23.7	89 014
Bergen-Vossb.	1888—89	70.1	1.14	24.9	117 021
	1889—90	66.2	1.20	25.0	129 235
	1890—91	68.4	1.29	27.3	134 702
	1891—92	69.1	1.17	28.0	136 583
	1892—93	79.7	1.17	25.2	151 887
Statsbanerne.	1888—89	70.7	-	34.9	296 206
	1889—90	68.9	-	35.5	308 461
	1890—91	67.6	-	34.9	322 817
	1891—92	66.7	-	34.7	336 470
	1892—93	69.2	-	35.1	351 838
Hovedbanen.	1888—89	33.0	1.92	38.4	1 037 227
	1889—90	32.6	1.91	38.9	1 098 311
	1890—91	32.7	1.93	38.9	1 146 863
	1891—92	32.2	1.92	38.4	1 163 866
	1892—93	32.0	1.94	38.5	1 195 131
Samtlige Baner.	1888—89	69.4	-	35.4	328 138
	1889—90	67.1	-	36.1	342 497
	1890—91	66.4	-	35.5	358 327
	1891—92	65.7	-	35.3	372 125
	1892—93	67.8	-	35.7	388 177

	25	26	27	28	29	30	31	32
Indtægter.								
…sontrafik. b)		Godstrafik. b)						
…lt.	Pr. km. Drifts-længde.	Ialt.	Pr. km. Drifts-længde.	Øvrige Indtægter.	Sum.	Pr. km. Drifts-længde.	Indtægt pr. Person-kilometer.	Indtægt pr. Ton-kilometer Fragtgods.
Kroner.							Øre.	
063	1 003	372 404	1 160	18 209	712 676	2 220	4.0	3.7
600	1 061	354 579	1 105	18 949	714 128	2 225	4.1	3.9
721	1 130	355 349	1 107	20 030	738 100	2 299	3.5	3.8
426	1 142	329 359	1 026	5 424	701 209	2 184	3.6	3.5
555	1 170	352 799	1 099	5 704	734 058	2 287	3.5	3.6
1 366	1 791	157 551	3 086	10 923	259 840	5 095	3.3	4.4
96 540	1 893	157 736	3 093	8 714	262 990	5 157	3.3	4.5
03 181	2 023	156 625	3 071	8 197	268 003	5 255	3.1	4.5
06 076	2 080	149 976	2 925	4 922	260 974	5 117	3.2	4.5
07 812	2 114	166 230	3 260	5 882	279 924	5 489	3.1	4.7
26 488	1 208	655 720	1 504	41 520	1 223 728	2 807	3.7	4 1
56 137	1 276	632 231	1 450	40 188	1 228 556	2 818	3.8	4.3
89 438	1 352	639 391	1 466	43 392	1 272 221	2 918	3.4	4.2
94 973	1 365	610 426	1 400	19 323	1 224 722	2 809	3.3	4.1
07 324	1 393	653 745	1 500	17 125	1 278 194	2 932	3.3	4.1
12 870	1 065	349 352	3 296	10 065	472 287	4 455	2.9	4.0
07 228	1 012	381 971	3 604	11 395	500 594	4 723	2.8	3.9
28 197	1 209	346 279	3 267	11 726	486 202	4 587	2.8	3.8
15 156	1 077	301 093	2 841	11 292	427 541	4 033	2.6	3.9
18 091	1 123	390 069	3 680	10 811	519 870	4 905	2.7	3.8
78 248	1 038	33 825	445	4 799	116 872	1 538	2.9	8.5
85 875	1 130	35 762	471	4 951	126 588	1 666	2.8	8.3
99 770	1 313	41 013	540	5 166	145 949	1 921	2.8	7.8
03 084	1 356	42 456	559	5 036	150 576	1 981	2.8	8.1
02 404	1 348	42 353	557	5 253	150 011	1 974	2.7	8.3
68 170	1 557	74 414	689	14 017	256 601	2 376	3.4	7.2
00 097	1 853	81 628	756	15 308	297 033	2 750	3.5	6.6
01 491	1 866	86 964	805	15 953	304 408	2 819	3.5	6.3
19 319	2 031	80 907	749	15 572	315 798	2 924	3.4	6.5
16 601	2 005	88 572	820	16 594	321 767	2 979	3.0	7.0
08 098	2 058	3 526 027	2 335	200 844	6 834 969	4 526	3.2	4.7
50 404	2 219	3 761 012	2 491	208 634	7 320 050	4 848	3.2	4.7
67 981	2 363	3 744 470	2 480	206 836	7 519 287	4 980	3.1	4.7
08 351	2 390	3 628 110	2 403	154 414	7 390 875	4 895	2.8	4.6
19 754	2 397	3 803 361	2 519	149 000	7 572 115	5 015	2.8	4.5
60 193	5 289	1 164 236	17 096	50 959	1 575 388	23 167	3.0	7.3
80 201	5 583	1 254 318	18 419	62 538	1 697 057	24 957	3.1	7.4
14 866	6 092	1 256 064	18 444	71 764	1 742 694	25 628	3.0	7.2
18 088	6 139	1 141 504	16 762	75 905	1 635 497	24 051	2.9	6.6
29 246	6 313	1 112 644	16 362	74 650	1 616 540	23 773	2.8	6.3
68 292	2 198	4 690 262	2 972	251 802	8 410 356	5 330	3.2	5.1
30 505	2 364	5 015 430	3 178	271 172	9 017 107	5 714	3.2	5.2
82 847	2 524	5 000 534	3 169	278 600	9 261 981	5 870	3.1	5 2
86 439	2 552	4 769 614	3 023	230 319	9 026 372	5 720	2.9	4.9
89 000	2 566	4 916 005	3 115	223 650	9 188 655	5 823	2.8	4.8

Tabel XIX. 1. (Forts.). Sammendrag for Aa
Résumé 1888

1	2	33	34	35	36	37	38	39
		Udgifter (Drift og Vedligehold). Dépenses (exploitation et entretien)						
		Bureauafdeling. Administration générale.		Trafikafdeling. Services commercial et des trains.		Maskinafdeling. Exploitation et entretien du matériel roulant.		Baneafde… Entretien et … veillance de l…
Banernes Navn. Désignation des chemins de fer.	**Driftsaar.** Année d'exploitation.	Ialt. Total.	Pr. km. Driftslængde. Par kilomètre exploité.	Ialt. Total	Pr. km. Driftslængde. Par kilomètre exploité.	Ialt. Total.	Pr. km. Driftslængde. Par kilomètre exploité.	Ialt. Total.
		Kroner.						
Smaalensbanen.	1888—89	12 850	51	332 886	1 332	258 614	1 034	381 499
	1889—90	14 479	58	351 598	1 406	297 176	1 189	394 781
	1890—91	15 416	62	397 562	1 590	348 835	1 395	460 591
	1891—92	16 340	65	416 804	1 667	425 696	1 703	494 931
	1892—93	17 857	71	450 145	1 801	406 231	1 625	460 389
Kongsvingerbanen.	1888—89	7 161	59	133 459	1 094	132 451	1 086	208 683
	1889—90	7 622	63	129 574	1 062	207 159	1 698	190 218
	1890—91	7 984	66	139 361	1 142	248 137	2 034	186 687
	1891—92	8 782	72	139 690	1 145	199 855	1 638	197 749
	1892—93	9 024	74	150 218	1 230	215 158	1 764	197 288
Kr.ania-Dr.menb.	1888—89	6 236	118	175 039	3 303	144 342	2 723	125 301
	1889—90	7 646	144	185 106	3 493	163 107	3 078	134 747
	1890—91	7 949	150	206 106	3 889	187 992	3 547	143 201
	1891—92	7 763	146	220 438	4 159	207 534	3 916	169 067
	1892—93	8 095	153	236 096	4 455	216 087	4 077	163 093
Dr.men-Skienb.	1888—89	8 482	54	164 989	1 044	191 124	1 210	185 462
	1889—90	8 942	57	168 331	1 065	197 718	1 251	203 554
	1890—91	9 835	62	185 297	1 173	216 578	1 371	209 927
	1891—92	10 460	66	198 287	1 255	239 845	1 518	224 830
	1892—93	10 776	68	211 168	1 336	241 278	1 527	217 392
Dr.men-Randsfj.b.	1888—89	9 043	63	147 830	1 034	155 894	1 090	234 711
	1889—90	10 782	76	159 769	1 117	177 138	1 239	219 404
	1890—91	10 635	74	175 948	1 230	200 838	1 405	263 867
	1891—92	10 717	75	183 937	1 286	207 615	1 452	272 556
	1892—93	11 108	77	193 467	1 353	210 365	1 471	270 812
Eidsvold-Hamarb.	1888—89	3 781	65	56 110	968	65 530	1 130	74 723
	1889—90	4 160	72	58 653	1 011	58 786	1 014	63 277
	1890—91	4 416	76	63 032	1 087	79 967	1 379	71 599
	1891—92	4 613	79	65 863	1 136	84 347	1 454	68 686
	1892—93	4 790	82	75 261	1 298	93 195	1 607	80 384
Hamar-Grundsetb.	1888—89	2 885	76	46 279	1 218	28 519	751	52 037
	1889—90	3 283	87	48 567	1 278	30 488	802	43 162
	1890—91	3 446	91	52 837	1 390	30 766	810	57 439
	1891—92	3 428	90	53 579	1 410	33 007	869	38 780
	1892—93	3 520	93	60 762	1 599	36 027	948	35 083
Grundset-Aamotb.	1888—89	1 570	60	12 134	467	13 304	512	27 749
	1889—90	1 636	63	12 199	469	14 157	545	23 301
	1890—91	1 707	66	12 859	494	15 058	579	28 467
	1891—92	1 777	68	14 044	540	14 735	567	30 040
	1892—93	1 833	71	15 325	589	14 799	569	21 92[illegible]

—93: Trafik, Indtægter og Udgifter.
recettes et dépenses.

	42	43	44	45	46	47	48	49	50	51	52
...lede Udgifter. / ...penses totales.			Udgift i pCt. af Indtægt. / Rapport % de la dépense totale à la recette brute.	Overskud. (Forskjel mellem Indtægt og Udgift). / Excédant. (Différence entre les recettes et les dépenses).							Oplagte Fonds. / Fonds.
	Pr. km. Driftslængde. / Par kilomètre exploité.	Pr. Trafiktogkm. / Par train-kilomètre.		Ialt. / Total.	Pr. km. Driftslængde / Par kilomètre exploité.	Forrenter den i Banen nedlagte Kapital. / Intérêts du capital total d'établissement.	Af Overskudet har været anvendt til / Emploi de l'excédant pour: Afsætning til Fonds. / Fonds.	Afdrag paa Kapitalkonto. / Amortissement.	Dividende. / Dividende. Ialt. / Total.	pCt / Pour cent.	
			pCt.	Kroner.		pCt.	Kroner.				Kr.
036	3 948	1.22	73.7	352 611	1 411	1.26	140 503	-	222 300	0.80	619 628
498	4 246	1.30	71.4	425 586	1 702	1.53	171 066	-	277 866	1.00	755 576
268	4 897	1.46	78.5	334 571	1 338	1.19	72 625	-	277 868	1.00	579 477
9 008	5 436	1.42	87.9	187 473	750	0.66	16 458	-	166 720	0.60	215 057
9 664	5 359	1.41	84.3	248 894	995	0.88	60 862	-	195 516	0.70	199 052
2 571	3 956	1.68	59.8	324 700	2 661	3.20	76 260	20 000	185 400	2.50	448 659
6 442	4 397	1.84	61.6	333 765	2 736	3.25	62 521	30 000	200 232	2.70	463 010
2 620	4 776	1.74	65.8	303 409	2 487	2.92	26 593	30 000	200 232	2.70	299 623
6 601	4 480	1.62	62.6	327 217	2 682	3.15	50 469	34 027	207 648	2.80	175 704
2 645	4 694	1.71	66.3	291 424	2 389	2.75	28 982	30 495	185 400	2.50	167 728
2 031	8 529	1.24	58.9	315 111	5 945	5.01	116 366	23 000	21 560	1.00	234 485
3 190	9 306	1.32	59.2	350 177	6 418	5.30	77 326	77 300	32 340	1.50	254 654
6 701	10 315	1.43	61.8	338 020	6 378	5.19	72 219	72 300	43 152	2.00	273 566
9 422	11 498	1.54	70.3	258 047	4 869	3.94	22 225	52 200	43 152	2.00	187 475
6 507	11 821	1.57	69.6	273 257	5 156	4.05	24 062	59 186	43 152	2.00	147 793
0 704	3 486	1.05	89.3	66 025	418	0.56	14 709	-	58 337	0.50	317 017
1 332	3 679	1.10	92.6	46 553	295	0.40	÷ 3 564	-	58 587	0.50	299 890
2 603	3 941	1.18	92.7	49 196	311	0.42	÷ 2 533	-	58 644	0.50	266 636
6 153	4 279	1.23	96.2	27 013	171	0.23	29 897	-	-	-	256 982
5 419	4 338	1.23	101.0	÷ 6 790	÷ 43	÷ 0.06	÷ 11 285	-	-	-	117 005
8 082	3 833	1.71	60.2	362 919	2 538	4.79	151 104	25 000	193 978	2.80	465 029
0 794	3 992	1.66	56.0	448 207	3 134	5.83	176 012	15 000	263 256	3.80	452 074
3 135	4 567	1.70	68.2	303 898	2 125	3.93	47 964	20 000	242 473	3.50	329 988
7 999	4 741	1.74	73.7	242 208	1 694	3.13	43 894	15 600	193 978	2.80	105 990
9 902	4 824	1.75	76.3	214 492	1 500	2.79	38 812	15 600	166 267	2.40	95 005
0 483	3 457	1.50	61.9	123 146	2 123	2.44	2 634	-	124 605	2.50	272 137
044	3 208	1.37	56.4	143 691	2 477	2.91	÷ 305	-	159 501	3.20	272 222
781	3 789	1.60	62.4	132 305	2 281	2.59	÷ 19 800	-	159 549	3.20	169 288
3 853	3 859	1.59	62.0	137 155	2 365	2.73	÷ 10 354	-	159 549	3.20	140 952
4 208	4 383	1.70	69.3	112 649	1 942	2.08	4 646	-	99 738	2.00	110 269
0 670	3 439	—	74.0	45 837	1 206	2.58	13 587	5 000	28 210	1.80	90 990
6 333	3 325	—	70.5	52 952	1 393	3.17	16 167	5 000	39 180	2.50	109 081
4 731	3 809	1.58	76.4	44 721	1 177	2.62	11 963	-	39 180	2.50	94 617
8 593	3 392	1.41	68.9	58 139	1 530	3.41	21 640	-	43 882	2.80	94 239
5 733	3 572	1.43	72.7	50 850	1 338	2.92	13 080	-	43 882	2.80	58 373
5 064	2 152	—	74.9	18 741	721	2.20	6 591	-	-	-	÷ 31 250
1 035	1 986	—	71.6	20 519	789	2.68	12 995	-	-	-	÷ 18 255
8 323	2 243	1.33	76.1	18 343	706	2.35	10 394	-	-	-	÷ 7 887
0 658	2 333	1.42	80.3	14 848	571	1.88	7 070	-	-	-	÷ 822
4 150	2 083	1.28	69.7	23 481	903	2.95	15 785	-	-	-	14 963

Tabel XIX. 1 (Forts.). Sammendrag for A[...]

1	2	33	34	35	36	37	38	39
		Udgifter (Drift og Vedligehold).						
		Bureauafdeling.		Trafikafdeling.		Maskinafdeling.		Baneafd[...]
Banernes Navn.	Driftsaar.	Ialt.	Pr. km. Drifts-længde.	Ialt.	Pr. km. Drifts-længde.	Ialt.	Pr. km. Drifts-længde.	Ialt.
		Kroner.						
Støren-Aamotb.	1888—89	10 626	33	114 618	357	176 902	551	323 900
	1889—90	10 240	32	118 223	368	176 622	550	317 956
	1890—91	10 742	33	127 851	398	189 000	589	335 374
	1891—92	12 323	38	134 985	421	188 894	588	330 406
	1892—93	14 064	44	144 782	451	184 844	576	348 763
Tr.hjem-Størenb.	1888—89	3 845	76	52 642	1 032	51 817	1 016	81 136
	1889—90	4 266	84	55 315	1 085	61 161	1 199	80 853
	1890—91	4 447	87	60 075	1 178	66 153	1 297	84 500
	1891—92	4 505	88	61 841	1 213	61 113	1 098	89 663
	1892—93	4 705	92	65 485	1 284	63 837	1 252	95 870
Rørosbanen.	1888—89	18 926	43	225 673	518	270 542	621	484 822
	1889—90	19 425	45	234 303	537	282 428	648	465 272
	1890—91	20 342	47	253 622	582	300 977	690	505 771
	1891—92	22 032	51	264 448	607	297 750	683	488 880
	1892—93	24 122	55	286 354	657	299 507	687	501 637
Merakerbanen.	1888—89	5 401	51	70 451	665	93 734	884	121 496
	1889 90	5 902	56	74 690	705	106 273	1 002	127 717
	1890—91	6 001	57	85 195	804	110 088	1 039	121 687
	1891—92	6 057	57	86 572	817	123 681	1 167	119 939
	1892—93	6 770	64	95 413	900	141 959	1 339	117 764
Jæderbanen.	1888—89	3 889	51	40 246	530	27 094	357	41 371
	1889—90	3 922	52	39 642	522	29 374	386	50 441
	1890—91	4 182	55	43 065	567	36 709	483	48 303
	1891—92	4 073	53	45 238	595	35 028	461	52 060
	1892—93	4 237	56	46 266	609	34 452	453	55 615
Bergen-Vossb.	1888—89	5 040	47	57 216	530	57 031	528	121 674
	1889—90	5 009	46	58 866	545	67 142	622	110 420
	1890—91	5 172	48	64 027	593	70 692	655	110 736
	1891—92	4 412	41	73 854	684	78 548	727	126 130
	1892—93	4 573	42	77 569	718	80 244	743	146 463
Statsbanerne.	1888—89	80 809	53	1 403 899	930	1 396 361	925	1 979 739
	1889—90	87 888	58	1 460 533	967	1 586 300	1 051	1 959 860
	1890—91	91 933	61	1 613 215	1 068	1 800 813	1 193	2 122 339
	1891—92	95 248	63	1 695 131	1 123	1 899 900	1 258	2 214 884
	1892—93	103 352	67	1 821 767	1 207	1 938 476	1 284	2 210 817
Hovedbanen.	1888—89	26 162	385	224 273	3 298	239 120	3 516	165 208
	1889—90	31 654	465	268 889	3 954	306 037	4 501	178 177
	1890—91	33 700	495	302 189	4 444	325 462	4 786	191 124
	1891—92	35 558	523	313 813	4 615	319 306	4 695	179 140
	1892—93	36 079	531	338 531	4 979	336 200	4 944	225 707
Samtlige Baner.	1888—89	106 971	68	1 628 172	1 032	1 635 481	1 036	2 144 946
	1889—90	117 541	76	1 729 421	1 096	1 892 337	1 199	2 138 037
	1890—91	125 633	80	1 915 404	1 214	2 126 275	1 347	2 313 463
	1891—92	130 806	83	2 008 944	1 273	2 219 206	1 407	2 394 024
	1892—93	137 431	87	2 160 298	1 369	2 274 676	1 442	2 436 524

	42	43	44	45	46	47	48	49	50	51	52
…de Udgifter.			Udgift i pCt. af Indtægt.	Overskud. (Forskjel mellem Indtægt og Udgift).							Oplagte Fonds.
						Forrenter den i Banen nedlagte Kapital.	Af Overskuddet har været anvendt til:				
									Dividende.		
	Pr. km. Driftslængde.	Pr. Trafiktogkm.		Ialt.	Pr. km. Driftslængde.		Afsætning til Fonds.	Afdrag paa Kapitalkonto.	Ialt.	pCt.	
			pCt.	Kroner.		pCt.	Kroner.				Kr.
…365	1 956	—	88.1	84 811	264	0.53	44 765	-	-	-	÷ 729 642
…102	1 951	—	87.7	87 926	274	0.54	41 615	-	-	-	÷ 688 017
…159	2 069	1.28	90.0	73 941	230	0.45	24 289	-	-	-	÷ 664 187
…080	2 081	1.32	95.3	33 130	103	0.20	÷ 16 010	-	-	-	÷ 680 286
…598	2 164	1.37	94.6	39 460	123	0.24	÷ 9 909	-	-	-	÷ 690 195
…847	3 723	—	73.1	69 993	1 372	1.50	13 351	-	31 287	0.80	139 397
…349	3 968	—	76.9	60 641	1 189	1.43	16 834	-	39 026	1.00	116 960
…317	4 222	1.47	80.3	52 686	1 033	1.24	12 586	-	39 001	1.00	90 152
…396	4 263	1.47	83.3	43 577	854	1.04	13 613	-	31 199	0.80	86 558
…394	4 535	1.55	82.6	48 629	954	1.16	18 390	-	31 179	0.80	78 407
…346	2 304	1.25	82.1	219 382	503	0.94	78 294	5 000	59 497	-	—
…519	2 309	1.29	81.9	222 037	509	0.97	87 611	5 000	78 206	-	—
…530	2 483	1.35	85.1	189 691	435	0.82	59 232	-	78 181	-	—
…027	2 466	1.36	87.8	149 694	343	0 65	26 314	-	75 081	-	—
…775	2 559	1.40	87.3	162 420	373	0.70	37 346	-	75 061	-	—
…956	2 755	1.75	61.8	180 231	1 700	1.66	22 211	-	225 080	2.00	470 839
…826	2 980	2.00	63.1	184 768	1 743	1.59	÷ 20 157	-	225 082	2.00	448 273
…545	3 051	1.49	66.5	162 857	1 536	1.40	÷ 38 639	-	225 112	2.00	380 750
…585	3 175	1.43	78.7	90 956	858	0.78	935	-	112 556	1.00	365 730
…888	3 433	1.53	70.0	155 982	1 472	1.33	÷ 9 483	-	180 126	1.60	331 275
…662	1 483	0.90	96.4	4 210	55	0.08	c) 2 693	-	-	-	÷ 5 137
…252	1 635	0.96	98.2	2 336	31	0.05	» 124	-	-	-	÷ 5 013
…816	1 748	0.90	91.0	13 133	173	0.25	10 909	-	-	-	5 762
…543	1 796	0.91	90.7	14 033	185	0.27	12 995	-	-	-	18 731
…845	1 853	0.95	93.9	9 166	121	0.18	5 811	-	-	-	24 542
…800	2 239	1.09	94.2	14 801	137	0.15	17 639	-	-	-	108 591
…028	2 241	1.07	81.5	55 005	509	0.55	57 374	-	-	-	165 965
…849	2 332	1.10	82.7	52 559	487	0.52	58 577	-	-	-	219 594
…264	2 623	1.18	89.7	32 534	301	0.32	41 847	-	-	-	215 953
…351	2 864	1.26	96.1	12 417	115	0.12	19 648		-	-	185 403
…831	3 226	-	71.3	1 963 138	1 390	1.66	622 413	73 000	1 090 757	-	2 400 742
…925	3 389	-	69.9	2 202 125	1 459	1.85	608 009	127 300	1 295 070	-	2 626 410
…648	3 735	-	75.0	1 879 639	1 245	1.57	287 147	122 300	1 285 211	-	2 037 379
…545	3 924	-	80.2	1 466 330	971	1.22	234 680	101 827	958 684	-	1 182 263
…204	4 039	-	80.5	1 473 911	976	1.15	199 402	105 181	945 261	-	1 839 621
…239	9 886	2.38	42.7	903 149	13 281	8.72	221 510	114 849	d) 570 375	e) 6.50	524 248
…773	11 864	2.83	47.5	890 284	13 093	8.25	293 049	23 055	» 569 869	» 6.50	312 790
…467	12 801	2.82	49.9	872 227	12 827	7.86	286 915	20 000	» 569 363	» 6.50	314 884
…279	12 724	2.80	53.0	770 218	11 327	6.77	160 087	38 045	» 569 025	» 6.50	318 821
…644	14 054	3.12	59.1	660 897	9 719	5.84	90 947	20 563	» 570 037	» 6.50	319 173
…870	3 513	-	65.6	2 866 286	1 817	2.23	843 923	187 849	d) 1 661 132	-	2 924 990
…698	3 755	-	65.7	3 092 409	1 959	2.38	901 059	150 355	» 1 864 939	-	2 939 200
…115	4 126	-	70.3	2 751 866	1 744	2.10	574 062	142 300	» 1 854 574	-	2 352 263
…824	4 303	-	75.2	2 236 548	1 417	1.70	394 767	139 872	» 1 527 709	-	1 501 084
…848	4 470	-	76.8	2 134 808	1 353	1.61	290 379	125 745	» 1 515 298	-	1 158 794

Tabel XIX. 2 (Forts.). Sammendrag for A
Résumé 188

Banernes Navn. Designation des chemins de fer.	Driftsaar. Année d'exploitation.	Brændevin paa Træer. Eau-de-vie.	Gjødning, alle Slags. Engrais de toute espèce.	Hø og Halm. Foin et paille.	Arbeider*) af Jern og Staal. Fer et ouvrage de fer.	Kjød og Flesk, alle Slags. Viande et lard.	Kornvarer og Mel. Céréales et farine.	Kul, Cokes og Cinders. Houille, coke	Malme, Erts og Kis**). Minerai.
		Ton	Tonnes.						
Statsbanerne.									
Smaalensbanen.	1888—89	128	8 221	1 291	2 574	1 153	12 430	5 753	6 959
	1889—90	151	9 885	1 004	4 090	1 598	13 249	6 357	5 244
	1890—91	136	9 333	426	4 150	1 737	12 915	5 389	12 995
	1891—92	133	12 018	1 435	3 381	1 546	10 201	5 956	10 382
	1892—93	121	13 694	1 852	6 129	1 738	15 100	8 064	6 022
Kongsvingerbanen.	1888—89	105	4 573	571	15 363	773	8 442	2 510	3 495
	1889—90	117	6 085	1 239	15 227	1 781	10 217	3 901	981
	1890—91	124	7 857	302	15 145	2 308	8 387	4 512	4 551
	1891—92	130	9 060	682	17 018	2 173	8 492	3 492	3 107
	1892—93	129	9 258	1 638	21 000	2 317	9 661	6 592	3 348
Kr.ania-Dr.menb.	1888—89	491	3 179	634	5 591	767	3 985	4 423	71
	1889—90	467	4 617	655	5 812	529	4 803	4 173	173
	1890—91	538	4 403	452	4 526	774	4 588	4 434	375
	1891—92	456	5 010	1 142	4 101	599	4 846	4 203	359
	1892—93	670	6 160	1 105	4 149	599	8 301	4 389	83
Dr.men-Skienb.	1888—89	191	809	717	1 492	230	5 991	870	8
	1889—90	153	1 486	907	1 645	233	6 959	780	10
	1890—91	224	1 637	413	1 668	255	7 623	789	2
	1891—92	190	1 501	1 187	1 674	175	6 110	784	8
	1892—93	132	2 487	930	1 705	340	6 946	2 262	23
Dr.men-Randsfj.b.	1888—89	411	745	722	4 833	714	11 528	10 814	2 808
	1889—90	459	1 134	1 087	5 139	533	13 210	12 501	1 40
	1890—91	511	1 200	484	3 877	664	10 974	17 801	55
	1891—92	494	1 184	911	3 002	543	10 213	20 444	42
	1892—93	511	1 489	659	2 850	320	12 181	23 201	20
Eidsvold-Hamarb.	1888—89	1 190	744	1 668	2 928	474	6 862	9 103	73
	1889—90	1 332	1 030	888	3 862	578	6 252	9 149	1 28
	1890—91	1 571	1 183	567	3 398	737	5 813	10 594	1 42
	1891—92	1 657	1 996	825	4 165	854	6 891	10 874	1 95
	1892—93	1 422	1 467	886	3 415	585	8 728	11 911	2 02

*) Undtagen Spiger.
**) For 1ste Trafikdistrikts samt Hovedbanens og Eidsvold—Hamarbanens Vedkommende omfattende Kalk, Ler, Sand, Sten.

-93: Specifikation af Varesorter.
tion des marchandises.

	Poteter. Pommes de terre.	Salt Sel.	Sild og Fisk. Hareng et poisson.	Smør og Ost. Beurre et fromages.	Spiger. Clous.	Trælast & Brænde. Bois de construction et bois à bruler. Planker, Bord, Lægter og Stav. Planches.	Tømmer, alle Slags, O og □. Bois de construction.	Brænde og Baghun. Bois à brûler.	Træmasse. Pulpe de bois.	Øl, alle Slags. Bière.	Øvrige Varer. Marchandises non dénommées.	Sum. Total.
	Ton. Tonnes.											
64	619	707	778	817	343	47 347	30 952	4 673	17 949	349	19 001	171 602
00	847	831	1 089	838	471	51 204	31 510	4 863	20 373	359	18 540	183 668
80	655	723	1 060	955	437	60 929	37 280	8 449	25 022	406	19 326	214 253
12	885	747	887	924	485	69 244	47 112	5 640	21 016	433	20 511	225 997
42	927	836	2 956	1 285	562	51 410	50 077	6 250	25 039	528	24 069	230 156
368	232	1 628	3 948	866	381	78 609	28 642	7 863	19 173	406	13 772	194 403
123	315	911	4 667	613	459	84 325	27 4'0	8 423	20 154	399	14 414	204 588
138	603	797	3 949	461	305	73 452	33 172	11 032	21 466	430	15 955	207 700
880	594	810	3 907	582	439	68 653	32 709	8 471	20 163	468	17 772	201 750
136	468	827	4 890	623	473	64 839	34 942	11 167	17 926	465	17 907	213 191
22	285	514	585	790	300	6 340	11 641	5 923	10 531	864	37 288	98 741
175	249	208	560	986	212	8 476	10 556	6 057	7 946	996	45 722	109 425
34	293	288	501	1 155	359	10 140	8 301	8 742	7 152	1 190	46 052	110 246
05	310	242	527	1 221	227	9 593	10 897	4 726	7 804	951	46 877	112 090
47	425	481	811	1 677	339	7 437	8 085	5 417	9 413	905	51 739	121 025
63	182	144	281	463	130	12 954	16 112	3 202	2 514	734	10 774	60 072
45	348	229	262	585	91	15 213	13.116	3 541	280	772	12 761	61 958
78	217	203	230	819	58	12 351	11 284	4 002	260	923	13 433	58 513
51	275	337	476	914	60	10 150	12 727	3 754	248	905	13 278	57 616
40	304	330	1 096	1 251	172	8 186	7 016	3 540	362	1 110	16 428	56 970
73	311	2 091	886	430	226	25 398	54 764	5 271	83 632	1 039	23 922	238 802
17	252	1 797	1 095	476	196	35 548	56 753	4 034	93 836	1 197	25 640	266 750
83	352	2 018	852	528	303	28 883	48 096	5 870	91 432	1 166	28 013	248 700
70	536	1 942	862	559	166	18 876	50 311	5 527	101 040	1 058	31 013	255 857
56	337	2 022	1 374	626	422	18 196	44 757	5 854	101 657	966	34 657	258 338
31	672	911	1 375	1 113	226	540	2 091	1 890	721	320	16 117	52 222
35	521	891	1 523	972	212	715	2 003	2 480	7	309	17 162	53 762
15	1 242	1 098	1 261	1 231	244	774	1 851	1 880	242	304	17 567	57 468
29	1 948	940	1 536	1 723	236	1 282	1 575	2 572	620	360	19 647	68 907
55	1 387	947	2 412	2 016	263	1 997	1 232	2 954	517	452	19 191	70 864

Desuden kondenseret Melk i 1888—89 2 746 t.. 1889—90 3 081 t., 1890—91 3 325 t., 1891—92 2 255 t., 1892—93 2 121 t. (Indbefattet i Øvrige Varer).

Tabel XIX. 2 (Forts.). Sammendrag for Aa

Banernes Navn.	Driftsaar.	Brændevin paa Træer.	Gjødning, alle Slags.	Hø og Halm.	Jern og Staal og Arbeide deraf, undtagen Spiger.	Kjød og Flesk, alle Slags.	Kornvarer og Mel, alle Slags.	Kul (Sten-, Træ-), Cokes og Cinders.	Malme, Erts og Kis*).
		Ton.							
Rørosbanen.	1888—89	975	876	3 904	3 940	484	12 278	8 182	31 969
	1889—90	1 208	1 625	1 053	4 817	675	11 173	5 547	34 916
	1890—91	1 440	1 800	2 004	3 911	822	11 151	8 803	31 191
	1891—92	1 244	2 724	3 420	4 303	809	11 344	7 579	29 181
	1892—93	1 455	4 030	3 147	3 396	525	14 255	8 242	28 457
Merakerbanen.	1888—89	131	338	376	1 281	1 129	3 201	10 480	1 954
	1889—90	126	462	117	1 059	2 206	3 285	9 174	2 849
	1890—91	94	305	223	1 415	1 297	2 734	13 966	6 689
	1891—92	45	726	269	1 256	1 626	2 617	11 730	4 429
	1892—93	223	850	541	1 408	1 093	7 991	15 384	327
Jæderbanen.	1888—89	11	552	354	115	184	1 698	121	-
	1889—90	12	789	287	120	191	1 757	138	-
	1890—91	8	1 267	603	123	220	1 744	151	-
	1891—92	10	1 537	387	262	193	1 459	158	-
	1892—93	90	1 235	271	160	287	1 563	155	-
Bergen-Vossb.	1888—89	18	603	70	216	62	1 338	382	3
	1889—90	16	915	72	404	76	1 196	420	-
	1890—91	14	731	54	306	52	1 446	540	11
	1891—92	13	723	89	448	56	1 357	597	1
	1892—93	11	561	244	198	119	1 747	729	2
Hovedbanen.	1888—89	2 421	23 660	1 771	20 320	1 611	23 733	26 237	6 333
	1889—90	3 013	27 505	2 206	22 020	2 783	27 833	30 134	4 059
	1890—91	3 362	30 917	466	21 411	3 847	23 320	32 889	10 190
	1891—92	2 865	34 091	1 240	23 076	3 489	21 974	32 742	8 993
	1892—93	3 010	33 775	2 365	29 523	3 283	27 359	39 212	8 969
Samtlige Banerf).	1888—89	3 767	37 411	8 411	34 662	5 442	71 017	65 865	49 576
	1889—90	4 284	46 183	6 667	39 641	8 046	77 631	68 798	45 649
	1890—91	4 910	49 290	4 951	36 896	8 676	71 164	84 598	57 371
	1891—92	4 256	57 318	9 744	37 223	8 212	65 672	83 587	52 084
	1892—93	5 104	61 660	10 729	45 252	7 557	86 751	98 958	43 567

*) For 1ste Trafikdistrikt samt Hovedbanens og Eidsvold—Hamarbanens Vedkommende
indbefattet Kalk, Ler, Sand, Sten.

…—93: Specifikation af Varesorter.

…[illegible]	Poteter.	Salt.	Sild og Fisk.	Smør og Ost.	Spiger.	Trælast og Brænde. Planker, Bord, Lægter og Stav.	Tømmer, alle Slags, ○ og □.	Brænde og Baghun.	Træmasse.	Øl, alle Slags.	Øvrige Varer.	Sum.
						Ton.						
…107	1 176	1 149	3 568	963	264	2 686	3 568	10 098	141	476	18 073	110 202
…215	2 505	1 150	4 053	985	255	3 260	5 057	9 141	12	510	20 226	112 852
…027	1 164	1 183	3 025	1 139	286	3 496	4 942	10 723	105	574	21 045	113 457
…566	1 758	1 194	3 785	1 270	231	2 823	3 720	12 111	18	630	21 970	115 094
…521	2 878	1 264	5 387	1 564	244	3 155	3 754	12 657	38	690	23 191	122 598
…731	467	824	12 719	209	33	51 819	5 273	2 913	7 147	112	8 124	110 604
…574	275	432	12 888	281	62	58 792	7 576	1 978	10 371	126	7 760	121 685
…206	318	1 265	8 477	171	33	46 338	12 118	2 809	9 595	210	10 071	120 582
…006	735	957	9 956	172	42	38 455	6 838	1 997	9 341	173	9 624	103 238
…138	328	441	13 491	687	26	48 346	9 658	1 652	11 116	151	12 040	127 320
…946	533	262	404	149	10	841	69	65	-	28	3 479	10 210
…104	382	277	501	133	10	1 015	49	20	-	31	3 775	10 946
…119	600	340	771	147	7	982	60	57	-	26	4 469	12 995
…188	571	235	421	148	9	995	98	38	-	39	5 286	13 347
…171	668	248	430	152	8	1 138	48	18	-	41	5 040	13 111
…377	38	92	219	61	24	941	581	438	-	121	4 845	11 817
…701	40	105	209	73	29	1 137	261	394	-	153	7 323	15 015
…785	48	89	181	65	19	987	397	367	-	233	8 541	16 225
…180	41	82	243	53	20	539	153	478	-	245	7 916	14 469
…302	49	109	225	48	17	396	106	320	-	318	6 340	12 958
…191	1 653	4 539	4 587	3 170	1 278	130 446	86 835	27 157	34 838	1 064	41 544	451 972
…998	2 120	3 721	5 413	3 019	1 251	135 455	102 560	31 367	34 651	1 029	45 652	495 918
…711	3 956	3 684	4 593	3 255	1 120	126 471	100 012	37 400	35 658	1 019	48 459	503 016
…015	3 819	3 736	4 657	3 444	1 318	124 730	92 893	33 995	35 400	1 247	51 612	500 445
…667	2 688	3 819	5 690	3 958	1 091	122 409	88 900	35 553	33 354	1 373	54 297	516 635
…209	5 088	9 598	22 676	5 881	2 366	283 413	204 315	59 993	144 586	4 645	145 271	1 206 922
…498	6 929	8 244	24 651	6 073	2 342	318 581	223 032	63 017	159 737	4 952	161 656	1 325 770
…586	7 365	9 218	18 464	6 581	2 215	296 424	217 557	77 576	162 254	5 530	169 997	1 337 498
…902	8 526	8 931	20 371	6 807	2 341	281 973	217 941	69 771	167 158	5 634	176 396	1 337 093
…881	8 243	8 868	29 062	8 496	2 416	270 550	209 369	71 355	171 436	5 906	190 716	1 389 435

[1]) Desuden kondenseret Melk i Driftsaaret 1888—89 2 746 t., 1889—90 3 081 t., 1890—91 3 325 t., 1891—92 2 255 t., 1892—93 2 121 t. (Indbefattet i Øvrige Varer).

Tabel XX. Driftsresultater ved nor

(Renseignement sur l'exploitation des chemins de fer (

1	2	3	4	5	6	7	
	Banernes Længde, Konstruktion og anvendt Kapital. Longueur, construction et capital employé.				**Rulle** Ma		
Banernes Navn. Désignation des chemins de fer.	Længde. Longueur totale.	Midlere Driftslængde. Longueur moyenne exploitée.	Sporvidde. Largeur de la voie.	Anvendt Kapital pr. Kilometer. Capital employé par kilomètre.	Lokomotiver. Locomotives.	Personvogne. Voitures à voyageurs.	Gods-, Kreatur-, Heste- og Bagagevogne.
	Kilomètres.		Mètres.	Francs.	Antal. Nombre.		
I. Norvége.							
Chemin de fer de Smaalenene.	249.1	250	1.435	159 334	29	108	
—„— « « « Kongsvinger.	114.6	[6]) 122	»	113 174	13	44	
—„— « « « Kristiania—Drammen.	52.9	53	1.067	171 640	12	71	
—„— « « « Drammen—Skien.	155.9	158	»	106 133	14	40	
—„— « « « Drammen—Randsfjord.	143.5	143	»	76 984	16	43	
—„— « « « Eidsvold—Hamar.	58.4	58	1.435	121 881	5	14	
—„— « « « Røros.	433.3	436	1.067	-	29	65	
—„— « « « Meraker.	102.3	[7]) 106	1.435	154 297	9	21	
—„— « « « Jæderen.	76.3	76	1.067	94 687	5	29	
—„— « « « Bergen—Voss.	108.0	108	»	129 851	6	25	
—„— « « « Principal (Kr.ania—Eidsv.)[2])	67.8	68	1.435	238 377	23	62	
Total	1 562.1	1 578	-	116 361	161	522	3
II. Suède.							
Chemins de fer de l'Etat.	2 819	2 753	1.435	133 358	392	851	9
Chemin « « « Bergslagerna[3]).	486	486	»	123 696	41	74	1
—„— « « « Dalsland[3]).	69	70	»	94 879	6	15	
III. Danemark.							
Chemins de fer de l'Etat[4]).	[5])1 622	1 579	1.435	—	284	804	4

[1]) Driftsterminen er: (Terme de exploitation).
ved norske Baner: fra 1/7 1892—30/6 93. (Chemins de fer norvégiens. 1/7 1892—30/6 93)
« svenske do. - 1/1—31/12 1892. (— « « suédois - 1/1—31/12 1892).
« danske do. - 1/4 1892—31/3 93. (— « « danois: 1/4 1892—31/3 93

[2]) Privatbane. (Chemin de fer privé).

[3]) Privatbaner, der forbinder Smaalensbanen med det svenske Jernbanenet: Privatbanernes Længde udgjorde pr. 31te Decbr. 1892 5 642 km. Chemins de fer prives, qui communiquent chemin de fer de Smaalenene: la longueur totale des chemins de fer privés au 31. décbr. 1892 etait kilomètres).

…e og danske Jernbaner 1892—93[1]).
…e, de la Suède et du Danemark 1892—93[1]).

10	11	12	13	14	15	16	17	18	19	20
…iel.						Trafik. Mouvement.				
Tilsammen Person-, Post- og Godsvogne. Total des voitures et des wagons.	Antal Pladse. Nombre de places.		Godsvognenes Lasteevne. Capacité de charge des wagons à marchandises.		Midlere Længde gjennemløbet pr. Lokomotiv. Parcours kilométrique moyen de chaque locomotive	Togkilometer pr. Kilometer Driftslængde. Rapport des kilomètres de parcours des trains à un kilomètre.	Befordring af Reisende. Transport de voyageurs			
							Antal Reisende. Nombre des voyageurs.	Personkilometer. Parcours kilométrique des voyageurs.		Midlere Reiselængde pr. Person. Parcours moyen d'un voyageur.
	Sum. Total.	Pr. Kilometer. Par kilomètre.	Sum. Total.	Pr. Kilometer. Par kilomètre.				Sum. Total.	Pr. Kilometer Driftslængde. Par kilomètre exploité.	
…ntal. …mbre.			Tons. Tonnes.		km.					km.
685	4 625	18.5	5 953	23.8	37 859	3 803	1 596 730	32 375 398	129 502	20.3
521	1 328	10.9	4 350	35.6	28 906	2 737	182 040	6 976 068	57 181	38
290	2 217	41 8	1 356	25.6	} 43 009	7 509	1 308 898	20 558 060	387 888	16
315	1 995	12.6	1 809	11.4		3 533	703 810	16 352 276	103 495	23
559	1 296	9.0	3 155	22.0		2 757	344 272	8 690 522	60 773	25
124	582	10.0	1 067	18.4	34 260	2 573	147 027	4 614 934	79 568	31
561	2 122	4.9	3 162	7.3	36 358	1 823	325 848	15 718 852	36 052	48
233	904	8.5	2 158	20.4	36 144	2 250	206 124	4 105 205	38 728	20
71	806	10.7	207	2.7	30 617	1 941	142 220	3 533 170	46 489	25
74	1 065	9.9	303	2.8	44 460	2 276	556 432	6 827 944	63 222	12
749	1 660	24.4	6 474	95.2	26 067	4 504	502 141	14 323 627	210 642	29
4 182	18 600	11.8	29 994	19.0	36 343	2 863	5 686 410	134 076 056	84 966	24
10 176	25 966	9.2	94 576	29.1	28 703	3 113	4 871 671	207 906 399	75 520	43
1 396	2 465	5.1	13 552	27.9	32 570	2 530	472 107	18 089 651	37 222	38
147	596	8.6	1 311	19.0	35 322	2 751	53 367	2 014 793	28 783	38
5 149	34 125	21.0	37 429	23.1	25 074	4 241	10 388 190	303 378 272	192 133	29

Fra 1ste Oktober 1885 er Driften af samtlige Statsbaner samlet under en Bestyrelse. (Les chemins de fer de l'État sont du 1. oct. 1885 administrés d'une direction générale de l'exploitation).
Ved Udgangen af 1892—93 desuden 459 Kilometer Privatbaner og 30 Kilometer Statsbaner under privat Drift. (Il y avait de plus 459 kilomètres chemins privés et 30 km. chemins de l'État exploités par des compagnies).
Heri medregnet 7 Kilometer mellem Rigsgrændsen og Charlottenberg. (Y compris 7 kilomètres entre la frontière et la station suédoise Charlottenberg).
Heri medregnet 4 Kilometer mellem Rigsgrændsen og Storlien (Y compris 4 kilomètres entre la frontière et la station suédoise Storlien).

Tabel XX. (Forts.). Driftsresultater ved no[r]
(Renseignement sur l'exploitation des chemins de fer

1	21	22	23
	Trafik. Mouvement		
	Befordring af Gods. Transport de marchandises.		
		Tonkilometer, Tonnes kilométriques.	
Banernes Navn. Désignation des chemins de fer.	Antal Tons. Nombre des tonnes.	Sum. Total.	Pr. Kilometer Driftslængde. Par kilomètre exploité.
I. Norvége.			
Chemin de fer de Smaalenene.	246 897	13 790 860	55 163
—»— « « « Kongsvinger.	221 931	18 658 567	152 939
—»— « « « Kristiania—Drammen.	124 574	5 194 198	98 004
—»— « « « Drammen—Skien.	64 527	3 885 638	24 593
—»— « « « Drammen—Randsfjord.	267 987	13 005 931	90 951
—»— « « « Eidsvold—Hamar.	74 495	3 954 015	68 173
—»— « « « Røros.	129 313	15 819 991	36 284
—»— « « « Meraker.	131 700	10 589 092	99 897
—»— « « « Jæderen.	14 746	599 217	7 884
—»— « « « Bergen—Voss	16 282	1 462 061	13 538
—»— « « « Principal (Kr.ania—Eidsv.).	529 585	17 581 630	258 553
Total	1 460 741	104 541 200	66 249
II. Suède.			
Chemins de fer de l'Etat.	3 326 963	331 910 936	120 563
Chemin « « « Bergslagerna.	653 498	75 056 172	154 437
—»— « « « Dalsland.	97 898	3 690 885	52 727
III. Danemark.			
Chemins de fer de l'Etat.	1 738 787	128 662 506	81 484

…ke og danske Jernbaner 1892—93.
…e, de la Suède et du Danemark 1892—93).

Økonomiske Resultater.

Résultats financiers de l'exploitation.

25	26	27	28	29	30	31	32	33	34
Indtægter. Recettes.				Udgifter. Dépenses.		Udgift i Procent af Indtægt. Rapport de la dépense totale à la recette brute.	Overskud. Produit net.		
…um …al	Pr. Kilometer Driftslængde. Par kilomètre exploité.	Indtægt pr. Personkilometer. Produit kilométrique d'un voyageur.	Indtægt pr. Tonkilometer Fragtgods. Produit kilométrique d'une tonne de marchandises.	Sum Total.	Pr. Kilometer Driftslængde. Par kilomètre exploité.		Sum. Total.	Pr. Kilometer Driftslængde. Par kilomètre exploité.	1 pCt. af den anvendte Kapital. Rapport du produit net au capital employé.
…ncs	Francs.	Cents.	Cents.	Francs.	Francs.	Pour cent.	Francs.	Francs.	Pour cent.
208 095	8 832	3.6	7.2	1 862 133	7 448	84.3	345 962	1 384	0.88
201 056	9 845	4.2	4.7	795 977	6 525	66.3	405 079	3 320	2.75
250 672	23 598	3.6	8.3	870 845	16 431	69.6	379 827	7 167	4.05
943 296	5 970	3.6	7.2	952 734	6 030	101.0	÷ 9 438	÷ 60	÷ 0.06
257 108	8 791	3.8	7.0	958 964	6 706	76.3	298 144	2 085	2.79
509 931	8 792	4.2	7 4	353 349	6 092	69.3	156 582	2 700	2.08
776 601	4 075	4.6	5.7	1 550 927	3 557	87.3	225 764	518	0.70
[illegible]	6 817	3.8	5.3	505 804	4 772	70 0	216 815	2 045	1.33
[illegible]	2 744	3.8	11.5	195 774	2 576	93.9	12 741	168	0.18
[illegible]	4 141	4.2	9.7	429 996	3 981	96.1	17 260	160	0.12
[illegible]	33 044	4.0	8.8	1 328 344	19 534	59.1	918 647	13 510	5.84
772 230	8 094	3.9	6.7	9 804 847	6 213	76.8	2 967 383	1 881	1.61
305 840	11 371	5.0	6.4	22 583 212	8 203	72.1	8 722 628	3 168	2.38
500 140	9 877	5.6	4.9	2 064 025	4 247	43.0	2 736 115	5 630	4.55
481 761	6 882	6.4	6.0	330 287	4 718	68.6	151 474	2 164	2.28
[illegible]60 253	14 604	3.9	7.8	19 598 606	12 412	85.0	3 461 647	2 192	—

Anmærkninger til Tabel XIX.

ad Tabel XIX. 1.

Col. 10—15 a) For tidligere Driftsaar end 1892—93 er der i Opgaverne ikke taget no Hensyn til Reisende med Maanedsbillet.
Col. 24—27 b) Fra Driftsaaret 1892—93 er Indtægter af Heste, Hunde og Lig samt af Kj tøier overført fra Indtægter af Persontrafik til Indtægter af Godstrafik, hv ogsaa er udført i Sammendraget for de sammenstillede Driftsaar.
Col. 48 c) Afdrag paa Driftskontoen.
Col. 50 d) Heri medregnet Hovedbanens særskilte Formues Driftsoverskud.
Col. 51 e) Uprioriterede Aktier, prioriterede 1 pCt. høiere.

ad Tabel XIX. 2.

f) Opgaverne over hvad der er transporteret paa de samlede Baner er den v lige Transportmængde, idet hvad der er ført over to eller flere Baner ku medregnet en Gang.

Observations:

1 Krone (100 Øre) = 1 Franc 39 Centimes.

Fortsættelse. (Suite.)

Det statistiske Centralbureau har derhos bl. a. udgivet følgende Værker:

Statistique *internationale: Navigation maritime. I, II, III, IV.* Christiania 1876, 1881, 1887, 1892.

International Skibsfartsstatistik: Tabeller vedkommende Handelsflaaderne i Aarene 1850—1886. Kristiania 1887.

Statistisk Aarbog for Kongeriget Norge. Senest udkommet: Trettende Aargang, 1893. Kristiania 1893. *(Annuaire statistique de la Norvége.)*

Meddelelser fra Det statistiske Centralbureau. Senest udkommet: Tiende Bind, 1892. Kristiania 1893. *(Journal du Bureau central de Statistique.)*

Oversigt over Kongeriget Norges civile, geistlige og judicielle Inddeling. Afsluttet 31 Januar 1893. Kristiania 1893.

Foreløbige Resultater af Folketællingen i Kongeriget Norge den 1ste Januar 1891. Kristiania 1891. *(Aperçu préliminaire des résultats du recensement du 1er janvier 1891.)*

Fortegnelse over Norges officielle Statistik m. v. 1828—30 Juni 1889. Kristiania 1889. Do. for Tidsrummet 1 Juli 1889—31 December 1891, trykt som Tillæg til Meddelelser fra Det statistiske Centralbureau, Niende Bind.

Angaaende andre statistiske Værker henvises til ovennævnte Fortegnelser.

Samtlige Værker ere at erholde tilkjøbs hos H. Aschehoug & Co., Kristiania.

30 Januar 1894.

1894.

NORGES OFFICIELLE STATISTIK.

Tredie Række No. 208.

DE OFFENTLIGE JERNBANER.

(LES CHEMINS DE FER PUBLICS DE LA NORVÈGE.)

BERETNING

OM

DE NORSKE JERNBANERS DRIFT

I

TERMINEN 1STE JULI 1893—30TE JUNI 1894.

AFGIVET TIL

DEN KGL. NORSKE REGJERINGS DEPARTEMENT FOR DE OFFENTLIGE ARBEIDER

FRA

STYRELSEN FOR STATSBANERNE.

KRISTIANIA.

I KOMMISSION HOS H. ASCHEHOUG & CO.

1895.

Pris: Kr. 1,00.

Norges officielle Statistik, Tredie Række.

(Statistique officielle de la Norvége, troisième série.)

Fortsættelse: se Omslagets 3die Side.

NORGES OFFICIELLE STATISTIK.
Tredie Række No. 208.

E OFFENTLIGE JERNBANER.

(LES CHEMINS DE FER PUBLICS DE LA NORVÈGE.)

BERETNING
OM
DE NORSKE JERNBANERS DRIFT
I
TERMINEN 1STE JULI 1893—30TE JUNI 1894.

AFGIVET TIL
DEN KGL. NORSKE REGJERINGS DEPARTEMENT FOR DE OFFENTLIGE ARBEIDER
FRA
STYRELSEN FOR STATSBANERNE.

KRISTIANIA.
I KOMMISSION HOS H. ASCHEHOUG & CO.
1895.

Beretninger for Terminerne 1884/85—1892/93 se Norges officielle Statistik, Tredie Række No. 14, 33, 55, 82, 101, 127, 147, 168, 187.

TRYKT I DET STEENSKE BOGTRYKKERI.

Indhold.

(Table des matières).

Text.

(Texte).

Tabeller.

(Tableaux).

*) Se Rettelse til Personale under Anm. til Tab. VIII.

Indledning.

Banernes Længde var ved Udgangen af foregaaende Termin 1562 km. Den 3die November 1893 blev aabnet for Drift Kongsvinger—Flisenbanen med Sporvidde 1.435 m. og Længde 49 km. Ved Udgangen af Terminen er saaledes Banernes Længde 1 611 km., hvoraf 641 km. med Sporvidde 1.435 m. og 970 km. Sporvidde 1.067 m.

Den senest aabnede Bane Kongsvinger—Flisen er udelukkende Statsbane, idet vedkommende Kommuner ikke har erholdt nogen Eiendomsandel i Banen for sit Tilskud til dens Anlæg i kontant Bidrag og Overtagelse af alle Udgifter ved Grunderhvervelse og Gjærdehold, deri indbefattet Erstatning for Grustag i Anledning Anlægget og for al anden Jordskade og Ulempe, som ved Anlægget og Banens Drift foranlediges.

Forøvrigt tilhører 1 494 km. 13 Statsbaneinteressentskaber eller Baner, der eies af Staten i Forening med endel Private og Kommuner, men som administreres af Staten alene, selvfølgelig som særlige økonomiske Enheder; disse Baner benævnes Statsbaner. De resterende 68 km. falder paa «Den norske Hovedjernbane», for hvilken de økonomiske og administrative Forhold er ordnede ved Kontrakt af 17de Decbr. 1850 mellem den norske Stat og engelske Bygningsentreprenører. I Henhold til denne Kontrakt blev Halvdelen af Anlægskapitalen tilveiebragt af de engelske Entreprenører, der som Vederlag erholdt prioriterede og af Staten efter 100 Aars Forløb fra Banens Aabning til Pari indløselige Aktier, medens den anden Halvdel blev tilveiebragt af Staten med Bidrag af Kommuner og Private, der fik Aktier for sine Tilskud. Efter samme Kontrakt er Banens Bestyrelse underlagt en Direktion paa 6 Medlemmer, hvoraf de 3 udnævnes af Kongen, medens det tilkommer Eierne af de prioriterede Aktier at vælge de øvrige.

I administrativ Henseende inddeles Statsbanerne, der er underlagt den ved Kgl. Res. af 25de November 1882 og 1ste Juli 1884 anordnede centraliserede Styrelse, i 6 Trafikdistrikter, nemlig:

1ste Trafikdistrikt (413 km.), der omfatter:

1. Kristiania—Fredrikshald—Rigsgrændsen, vestre og østre Linie, eller Smaalensbanen, 249 km., Sporvidde 1.435 m. (vestre Linie 170 km., aabnet: den første Strækning Kristiania—Fredrikshald 137 km. 2den

Januar 1879, i sin Helhed, indtil Rigsgrændsen 25de Juli 1879; østre Linie, Ski—Sarpsborg, 79 km., aabnet 24de November 1882), hvoraf imidlertid Strækningen Fredrikshald—Rigsgrændsen (33 km.) i Henhold til Kontrakt, approberet ved Kgl. Res. af 10de Juli 1879, drives i Forbindelse med den tilstødende Dalslandsbane af sidstnævnte Banes Styrelse. Den samlede Banestrækning benævnes Fredrikshald—Sunnanåbanen med Hovedkontor paa Fredrikshald.

2. Lillestrøm—Kongsvinger—Rigsgrændsen Jernbane eller Kongsvingerbanen (115 km., Sporvidde 1.435 m., aabnet: den første Strækning 79 km. 3die Oktober 1862, i sin Helhed 4de November 1865) I Forbindelse med Kongsvingerbanen drives en Strækning (7 km.) af de svenske Statsbaner, nemlig fra Rigsgrændsen til Charlottenberg, som er den første Station paa hin Side Grændsen.
3. Kongsvinger—Flisen Jernbane (49 km., Sporvidde 1.435 m., aabnet 3die November 1893).

2det Trafikdistrikt (352 km.), der omfatter:

4. Kristiania—Drammen Jernbane (53 km., Sporvidde 1.067 m., aabnet 7de Oktober 1872).
5. Drammen—Skien Jernbane (156 km., Sporvidde 1.067 m., aabnet: den første Strækning indtil Larvik med Sidelinier 110 km. 7de December 1881, i sin Helhed 24de November 1882).
6. Drammen—Randsfjord Jernbane (143 km., Sporvidde 1.067 m.), hvori foruden Hovedlinien (aabnet: første Strækning 43 km. 15de November 1866, i sin Helhed 13de Oktober 1868) indgaar: Sidelinierne Hougsund—Kongsberg (28 km., aabnet 9de November 1871) samt Vikesund—Krøderen (26 km. aabnet 28de November 1872).

3die Trafikdistrikt (280 km.), der omfatter:

7. Eidsvold—Hamar Jernbane (58.4 km., Sporvidde 1.435 m., aabnet 8de November 1880).
8. Hamar—Elverum (Grundset) Jernbane (38.1 km., Sporvidde 1.067 m., aabnet 6te Oktober 1862).
9. Grundset—Aamot Jernbane (26.3 km., Sporvidde 1.067 m., aabnet 23de Oktober 1871), samt af:
10. Støren—Aamot Jernbane (317.8 km., Sporvidde 1.067 m., aabnet første Strækning 56 km. 14de December 1875, i sin Helhed 17de Oktober 1877) Strækningen:
Aamot—Tønset (156.8 km.).

4de Trafikdistrikt (314 km.), der omfatter:

af Støren—Aamotbanen Strækningen:
Tønset—Støren (161 km., Sporvidde 1.067 m.) samt:

11. Trondhjem—Støren Jernbane (51 km., Sporvidde 1.067 m. Aabnet 5te August 1864 med Længde 49 km.; Strækningen Trondhjem—

Selsbak er senere omlagt og overgivet til Driften 24de Juni 1884, ved Omlægningen er Længden forøget til nævnte 51 km.). No. 8—11, Hamar—Trondhjem, benævnes Rørosbanen.

12. Trondhjem—Rigsgrændsen eller Merakerbanen (102 km., Sporvidde 1.435 m., aabnet 17de Oktober 1881). I Forbindelse med Merakerbanen drives en Strækning (4 km.) af de svenske Statsbaner, nemlig fra Rigsgrændsen til Storlien.

5te Trafikdistrikt (76 km.):

13. Stavanger—Egersund Jernbane eller Jæderbanen (Sporvidde 1.067 m., aabnet 1ste Marts 1878).

6te Trafikdistrikt (108 km.):

14. Bergen—Voss Jernbane (Sporvidde 1.067 m., aabnet 11te Juli 1883).

Idet der forøvrigt med Hensyn til Banernes Stilling i juridisk og økonomisk Henseende henvises til «Beretning om de norske Jernbaner og deres Drift», Sth. Prp. No. 52, 1881, bemærkes, at Eiendomsforholdene ved de 13 Statsbaneinteressentskaber er indbyrdes ensartede, idet Baneselskabet som nævnt for hver af dem bestaar af Staten som den principale Aktieeier i Forening med endel Private og Kommuner, der har modtaget Aktier for sine Bidrag. Alle Aktier er ligeberettigede til Udbytte. Indløsning af de private og kommunale Aktier er ikke forbeholdt Staten uden ved Jæderbanen, hvis Aktier kan indløses for deres paalydende Beløb. Ved Bergen—Vossbanen, Eidsvold—Hamarbanen og Drammen—Skienbanen er de kommunale og private Aktieeiere pligtige til uden Erstatning at finde sig i:

at Banen enten sættes under fælles Drift med en større eller en mindre Linie eller Gruppe af Linier paa Betingelse af saadant fælles Opgjør af de forskjellige Liniers Indtægter og Udgifter, som til Forenkling af Regnskabsforholdet maatte anordnes,

eller indordnes i fuldt økonomisk Fællesskab med en større eller mindre Linie eller Gruppe af Linier eller i et samlet norsk Statsjernbaneinteressentskab,

alt eftersom til enhver Tid af Statsmyndighederne maatte bestemmes.

Regler for Fragtberegningen ved Statsbanerne gives i Henhold til Storthingets Bemyndigelse af Kongen eller vedkommende Regjeringsdepartement.

Efterfølgende Tabel viser Fordelingen af Jernbaner paa de forskjellige Amter, samt hvormange Kilometer Jernbane der kommer paa hvert Titusinde af Amtets Befolkning og paa hvert Tusinde Kvadratkilometer m. m.:

Amt.	Folkemængde pr. 1ste Januar 1891.[1])	Fladeindhold[2]) km.²	Længde af Baner pr. 30te Juni 1894. km.	Gjennemsnitstal. Antal km. Bane. pr. 10 000 Indb.	pr. 1 000 km.²	Mellemproportionalleddet til Antal km. Bane pr. 10 000 Indb. og pr. km.²
Smaalenene	120 864	4 143	185	15.306	44.654	0.827
Akershus[3])	248 640	5 338	227	9.130	42.525	0.623
Hedemarken	120 386	27 508	423	35.137	15.377	0.735
Kristians	108 579	25 363	2	0.184	0.079	0.004
Buskerud	105 203	14 997	166	15.779	11.069	0.420
Jarlsberg og Larvik	97 745	2 321	132	13.505	56.872	0.877
Bratsberg	91 410	15 189	23	2.516	1.514	0.062
Stavanger	114 223	9 147	76	6.654	8.309	0.235
Søndre Bergenhus[4])	180 481	15 620	108	5.983	6.914	0.203
Søndre Trondhjem	123 750	18 606	196	15.832	10.534	0.409
Nordre do.	81 529	22 768	73	8.957	3.206	0.170

Udføres en tilsvarende Sammenstilling stiftsvis, faaes nedenstaaende Tabel:

Stift.	Folkemængde pr. 1ste Januar 1891.[1])	Fladeindhold.[2]) km.²	Længde af Baner pr. 30te Juni 1894. km.	Gjennemsnitstal. Antal km. Bane. pr. 10 000 Indb.	pr. 1 000 km.²	Mellemproportionalleddet til Antal km. Bane pr. 10 000 Indb. og pr. km.²
Kristiania	572 452	26 798	710	12.403	26.494	0.575
Hamar	228 685	52 870	425	18.562	8.039	0.429
Trondhjem	281 654	51 125	269	9.560	5.262	0.224
Kristianssand	359 198	40 949	99	2.756	2.418	0.082
Bergen	319 888	39 332	108	3.376	2.746	0.096

I Gjennemsnit for hele Riget bliver de tilsvarende Forholdstal[5]) for Aarene fra 1880 til 1894:

[1]) Tilstedeværende Folkemængde efter Folketællingen pr. 1ste Januar 1891.
[2]) Efter nye Beregninger (jfr. Oversigt over Norges civile, geistlige og judicielle Inddeling pr. 31te Januar 1893 og Folketællingen i Kongeriget Norge 1ste januar 1891, Tredie Række No. 202).
[3]) Kristiania By heri indbefattet.
[4]) Bergen By heri indbefattet.
[5]) Rigets hele tilstedeværende Folkemængde pr. 1ste Januar 1891 var 1 988 674 og Fladeindholdet 322 304 km.²

Pr. 30te Juni.	Antal km. Bane		Mellemproportionalleddet til Antal km. Bane pr. 10 000 Indb. og pr. km.[1]
	pr. 10 000 Indb.	pr. 1 000 km.[1]	
1880	5.850	3.322	0.139
1881	9.171	3.504	0.147
1882	7.344	4.170	0.175
1883	8.036	4.563	0.192
1884—1890	8.645	4.843	0.205
1891—1893	7.855	4.843	0.195
1894	8.101	4.999	0.201

I Tabel I er meddelt Fortegnelse over Stationer og Stoppesteder samt disses Afstande*) indbyrdes og henholdsvis fra Kristiania, Stavanger og Bergen. Ved Udgangen af Terminen haves der 209 Stationer**) mod 201 Stationer i foregaaende Termin, den nye Bane, Flisenbanen har nemlig 7 Stationer og er derhos Hole Stoppested i 2det Distrikt overgaaet til Station. For samtlige Baner er den gjennemsnitlige Afstand mellem Stationerne 7.8 km., hvilket Forhold for de forskjellige Trafikdistrikter m. v. stiller sig saaledes:

1ste Trafikdistrikt	52	Stationer,	gjennemsn. Afst.	7.8	km.
heraf Smaalensbanen	33	—»—	—»—	7.4	«
« Kongsvingerbanen	12	—»—	—»—	9.6	«
« Kongsvinger—Flisenbanen	7	—»—	—»—	7.1	«
2det Trafikdistrikt	57	—»—	—»—	6.3	«
heraf Kristiania—Drammenb.	10	—»—	—»—	5.3	«
« Drammen—Skienb.	24	—»—	—»—	6.6	«
« Drammen—Randsfjordb.	23	—»—	—»—	6.5	«
3die Trafikdistrikt	28	—»—	—»—	10.0	«
« Eidsvold—Hamarb.	6	—»—	—»—	8.3	«
« Hamar—Grundsetb.	8	—»—	—»—	5.4	«
« Grundset—Aamotb.	3	—»—	—»—	8.7	«
« Aamot—Tønset	11	—»—	—»—	14.3	«

*) Paa Grund af Afrunding, og fordi Afstandene delvis refererer sig til andet Udgangspunkt end vedkommende Banes Endestation, falder de i Tabel I angivne Afstande ikke overalt sammen med den i Tabel II 2, angivne Driftslængde for de forskjellige Baner.

**) ɔ: Hvor der expederes Reisende, Reisegods, levende Dyr og Kjøreredskaber samt Gods af alle Slags.

Foruden Stationerne findes der 38 (ved Udgangen af forrige Termin 39, idet som ovenfor nævnt Hole er overgaaet til Station) Stoppesteder, der ikke har Expedition af samtlige ovennævnte Transportgjenstande, og hvor Expeditionen er begrændset til Trafik med enkelte nærmest liggende Stationer. (Jfr. Tabel I, HP og HLP samt Tabel VIII, hvor Stoppestedernes Trafik findes anført).

4de Trafikdistrikt	34	—»—	—»—	9.2 km.
heraf Tønset—Støren	15	—»—	—»—	10.2 »
« Trondhjem—Støren	9	—»—	—»—	5.7 »
« Trondhjem—Rigsgrændsen	10	—»—	—»—	10.6 »
5te Trafikdistrikt	12	—»—	—»—	6.9 »
6te Trafikdistrikt	14	—»—	—»—	8.3 «
Samtlige Statsbaner	197	—»—	—»—	7.9 »
Hovedbanen	12	—»—	—»—	6.2 «

Anvendt Kapital.

Til Oversigt angaaende Størrelsen af den Kapital, der er anvendt til Banerne med Tilbehør fra vor Jernbanedrifts Begyndelse, hidsættes nedenstaaende Opgave, der tillige meddeler Banernes Længde:

Driftstermin.	Længde ved Terminens Udgang	Midlere Driftslængde.	Den ved Terminens Udgang anvendte Kapital.			Heraf Udvidelser og Forbedringer, foretagne under Banens Drift.	Anvendt Kapital pr. Kilometer Bane.
			Banen og andre Anlæg.	Rullende Materiel.	Sum.		
	Kilometer.		1 Tusinde Kroner.			1 Tusinde Kroner.	
1855	68	68	7 677	1 049	8 726	.	128
1856	68	68	7 677	1 049	8 726	.	128
1857	68	68	7 677	1 049	8 726	.	128
1858	68	68	7 907	1 049	8 956	230	132
1859	68	68	7 951	1 049	9 000	273	132
1860	68	68	8 019	1 049	9 068	341	133
1861	68	68	8 044	1 066	9 110	384	134
1862	106		9 313	1 251	10 564	350	100
1863	185		14 009	2 042	16 051	427	87
1864	185	246.4	16 756	2 258	19 014	449	103
1865	270		18 628	2 398	21 026	455	78
1866	270		18 689	2 398	21 087	516	78
1867	270	277	18 721	2 398	21 119	548	78
1868	359	277	22 913	2 838	25 751	554	72
1869	359	385.5	22 951	2 972	25 923	726	72
1870	359	366	23 038	2 981	26 019	822	72

Driftstermin.	Længde ved Terminens Udgang.	Midlere Driftslængde.	Den ved Terminens Udgang anvendte Kapital. Banen og andre Anlæg.	Rullende Materiel.	Sum	Heraf Udvidelser og Forbedringer, foretagne under Banens Drift.	Anvendt Kapital pr. Kilometer Bane.
	Kilometer.		I Tusinde Kroner.			I Tusinde Kroner.	
(Forts.).							
1871	413	375	24 640	3 233	27 873	825	67
1872	492	422.3	29 611	3 762	33 373	944	68
1873	492	511.3	30 015	3 998	34 013	1 585	69
1874	492	499	30 942	4 401	35 343	2 857	72
1875	549	501.8	—	—	38 663	3 469	70
1876	579	586	—	—	40 429	3 780	70
1877	811	693	45 660	6 254	51 914	4 155	64
1/1—30/6 1878	887	435.3	50 517	6 614	57 131	4 208	64
1878—79	1 023	964	67 062	8 490	75 552	5 028	74
1879—80	1 057	1 064	71 326	8 668	79 994	5 070	76
1880—81	1 115	1 103	75 982	9 046	85 028	5 149	76
1881—82	1 327	1 262	92 479	10 678	103 157	5 178	78
1882—83	1 452	1 418	102 030	12 129	114 159	5 842	78
1883—84	1 562	1 572	113 000	12 907	125 907	5 996	81
1884—85	1 562	1 578	113 368	12 989	126 357	6 090	81
1885—86	1 562	1 578	113 565	13 080	126 645	6 253	81
1886—87	1 562	1 578	113 836	13 253	127 089	6 481	81
1887—88	1 562	1 578	113 944	13 358	127 302	6 683	81
1888—89	1 562	1 578	114 011	13 392	127 403	6 808	82
1889—90	1 562	1 578	114 081	14 106	128 187	7 576	82
1890—91	1 562	1 578	114 237	14 970	129 207	8 583	83
1891—92	1 562	1 578	114 403	15 567	129 970	9 343	83
1892—93	1 562	1 578	114 699	16 069	130 768	9 998	84
1893—94	1 611	1 611	117 783	17 203	134 986	11 209	84

Tabel II. 1. indeholder et Sammendrag af Banernes Aktiva og Passiva pr. 30te Juni 1894.

Kapitalen i samtlige Statsbaner med tilhørende andre Eiendomme er i Terminen steget fra Kr. 119 327 328.90 til Kr. 123 473 050.39 eller med Kr. 4 145 721.49, idet nemlig de i Driftsaaret udførte Udvidelser og Forbedringer andrager til Kr. 1 138 321.49, medens Anlægskapitalen i Aarets Løb er forøget med Kr. 3 007 400.00, hvoraf for Kongsvinger—Flisenbanen der i Aarets Løb er aabnet for Trafik Kr. 2 702 800.00.

Til Oplysning om Fordelingen af Kapitalen paa de enkelte Baner ved Terminens Begyndelse og Slutning hidsættes nedenstaaende Oversigt:

Baner.	Driftstermin endende 30te Juni.	Anlægs-kapital.	Udvidelser og Forbedringer. Betalte.	Dækkede ved Laan.	Tilsammen.
			Kroner.		
Smaalensbanen	1893	27 930 900	623 135.21	-	623 135.21
	1894	28 099 300	924 072.09	136 300.00	1 060 372.09
Kongsvingerbanen ...	1893	7 416 000	1 406 733.87	508 000.00	1 914 733.87
	1894	7 416 000	1 513 998.53	469 900.00	1 983 898.53
Kongsvinger-Flisenb.	1894	2 702 800	-	-	-
Kristiania—Dr.menb..	1893	4 557 600	919 998.47	1 054 600.00	1 974 598.47
	1894	4 557 600	1 022 686.87	983 900.00	2 006 586.87
Drammen—Skienb. .	1893	11 730 100	173 673.31	-	173 673.31
	1894	11 741 100	272 206.34	27 302.83	299 509.17
Drammen—Randsfj.b.	1893	6 927 800	928 160.11	261 900.00	1 190 060.11
	1894	6 927 800	1 035 983.99	367 800.00	1 403 783.99
Eidsvold—Hamarb. ..	1893	4 986 900	133 837.59	-	133 837.59
	1894	5 005 400	135 469.43	-	135 469.43
Hamar—Grundsetb...	1893	1 567 200	217 101.70	.	217 101.70
	1894	1 567 200	288 002.45	-	288 002.45
Grundset—Aamotb. .	1893	645 300	2 001.00	14 662.30	16 663.30
	1894	645 300	2 001.00	60 222.71	62 223.71
Støren—Aamotbanen	1893	16 093 100	-	378 482.48	378 482.48
	1894	16 093 100	-	440 631.57	440 631.57
Trondhjem—Størenb.	1893	3 897 400	294 305.12	-	294 305.12
	1894	3 897 500	296 785.76	-	296 785.76
Merakerbanen	1893	11 257 900	97 900.84	-	97 900.84
	1894	11 260 900	125 543.54	-	125 543.54
Jæderbanen	1893	5 164 400	-	49 121.82	49 121.82
	1894	5 201 300	-	51 513.32	51 513.32
Bergen—Vossbanen..	1893	10 024 000	65 115.08	-	65 115.08
	1894	10 090 700	112 729.96	-	112 729.96
Tilsammen	1893	112 198 600	4 861 962.30	2 266 766.60	7 128 728.90
	1894	115 206 000	5 729 479.96	2 537 570.43	8 267 050.39

Forøgelsen i Terminen under Udvidelser og Forbedringer falder saaledes:

	Linien med Telegraf, Grustag m. m.	Stationerne med Bygninger samt Sidespor.	Lokomotiver.	Vogne.	Sum.	Heraf Betalte.	Heraf Dækkede ved Laan.
	Kroner.						
Smaalensbanen	-	48 534.85	38 993.41	349 708.62	437 236.88	300 936.88	136 300.00
Kongsvingerbanen	-	17 127.50	-	52 037.16	69 164.66	69 164.66	-
Kristiania—Drammenbanen	889.39	18 012.95	-	13 086.06	31 988.40	31 988.40	-
Drammen—Skienbanen	96 770.52	27 715.34	-	1 350.00	125 835.86	98 533.03	27 302.83
Drammen—Randsfjordbanen	1 635.65	125 134.25	32 178.17	54 775.81	213 723.88	88 213.33	125 510.55
Eidsvold—Hamarbanen	-	1 485.78	-	146.06	1 631.84	1 631.84	-
Hamar—Grundsetbanen	32 183.18	15 815.81	-	22 901.76	70 900.75	70 900.75	-
Grundset—Aamotbanen	-	-	32 742.07	12 818.34	45 560.41	-	45 560.41
Støren—Aamotbanen	-	692.65	32 738.15	28 718.29	62 149.09	-	62 149.09
Trondhjem—Størenbanen	-	2 487.94	100.00	÷ 107.30	2 480.64	2 480.64	-
Merakerbanen	10 759.32	2 365.97	-	14 517.41	27 642.70	27 642.70	-
Jæderbanen	7.14	2 384.36	-	-	2 391.50	-	2 391.50
Bergen—Vossbanen	-	23 096.16	-	24 518.72	47 614.88	47 614.88	-
Tilsammen	142 245.20	284 853.56	136 751.80	574 470.93	1 138 321.49	739 107.11	399 214.38

De oplagte Fonds (Tabel II., 1., Col. 12—16) er formindskede med Kr. 188 118.55, nemlig fra Kr. 1 529 815.81 til Kr. 1 341 697.26.

En Sammenstilling mellem Tilstanden ved hver Bane ved Terminens Begyndelse og Slutning hidsættes:

	Terminen endende 30te Juni.	Amortiserings-fonds. Kr.	Drifts- og Reservefonds. Kr.	Dividende-fonds. Kr.	Sum. Kr.
Smaalensbanen	1893	3 000.00	195 197.43	854.30	199 051.73
	1894	-	203 598.00	10 540.48	214 138.48
Kongsvingerbanen	1893	-	167 701.60	26.58	167 728.18
	1894	-	177 859.82	750.79	178 610.61
Kristiania—Drammenb.	1893	-	134 730.70	13 062.57	147 793.27
	1894	-	142 032.94	2 808.76	144 841.70
Drammen—Skienbanen	1893	-	98 649.61	18 355.15	117 004.76
	1894	-	89 836.64	-	89 836.64
Drammen—Randsfj.b.	1893	-	93 555.45	1 449.74	95 005.19
	1894	-	85 112.18	961.52	86 073.70
Eidsvold—Hamarbanen	1893	-	103 943.84	6 324.72	110 268.56
	1894	-	91 912.00	3 368.25	95 280.25
Hamar—Grundsetbanen	1893	-	48 324.51	10 048.64	58 373.15
	1894	-	55 023.76	1 043.78	56 067.54
Grundset—Aamotbanen	1893	-	14 963.44		14 963.44
	1894	-	31 539.07	-	31 539.07
Trondhjem—Størenb.	1893	-	72 602.95	5 804.27	78 407.22
	1894	-	59 782.58	3 024.76	62 807.34
Merakerbanen	1893	-	330 188.86	1 086.36	331 275.22
	1894	-	260 895.33	3 777.66	264 672.99
Jæderbanen	1893	-	24 542.07	-	24 542.07
	1894	-	18 778.39	-	18 778.39
Bergen—Vossbanen	1893	-	185 403.02	-	185 403.02
	1894	-	99 050.55	-	99 050.55
Tilsammen	1893	3 000.00	1 469 803.48	57 012.33	1 529 815.81
	1894	-	1 315 421.26	26 276.00	1 341 697.26

Disse Fonds var pr. 30te Juni 1894 disponeret saaledes:

Ved Udlaan til Banerne selv	Kr.	544 236.88
Til Indkjøb af Materialforraad	«	472 360.38
Anbragt i Værdipapirer	«	325 100.00
	Kr.	1 341 697.26

Pr. 30te Juni 1894 udgjør ovennævnte Reservefonds pr. km. Bane Kr. 852 og 1.07 pCt. af den i Banerne og andre Eiendomme nedlagte Kapital. For de enkelte Baner stiller Forholdet sig saaledes:

Smaalensbanen	Kr. pr. km.	818	pCt.	0.7
Kongsvingerbanen	« —	1 547	—	1.9
Kristiania - Drammenbanen	« —	2 680	—	2.2
Drammen—Skienbanen	« —	576	—	0.7
Drammen—Randsfjordbanen	« —	593	—	1.0
Eidsvold—Hamarbanen	« —	1 585	—	1.8
Hamar—Grundsetbanen	« —	1 448	—	3.0
Grundset—Aamotbanen	« —	1 213	—	4.5
Trondhjem—Størenbanen	« —	1 172	—	1 4
Merakerbanen	« —	2 558	—	2.3
Jæderbanen	« —	247	—	0.4
Bergen—Vossbanen	« —	917	—	1.0

Driftskonto (Tabel II., 1., Col. 16) har alene Støren—Aamotbanen, for hvilken denne i Terminen er blevet forøget med Kr. 37 098.56 nemlig fra Kr. 690 194.58 til Kr. 727 293.14.

En Sammenstilling af Aktiva og Passiva ved Terminens Begyndelse og Slutning viser for Hovedbanen saadant Resultat:

		1893.		1894.
Aktiva	Kr.	12 805 173.62	Kr.	13 194 353.28
nemlig: Anlægskapital	«	8 726 613.60	«	8 726 613.60
Betalte Udvidelser og Forbedringer	«	2 580 665.59	«	2 673 306.85
Udvidelser, belastet Kapitalkonto	«	320 000.00	«	300 000.00
Materialforraad	«	420 190.18	«	399 605.41
Øvrige Aktiva	«	757 704.25	«	1 094 827.42
Passiva	«	12 486 001.07	«	12 871 930.46
nemlig: Aktiekapital	«	8 100 000 00	«	8 100 000.00
Betalte Udvidelser og Forbedringer	«	2 580 665.59	«	2 673 306.85
Anlægsgjæld	«	626 613.60	«	626 613.60
Anden Gjæld	«	1 178 721.88	«	1 472 010.01
Balance. Oplagt Reservefond	«	319 172.55	«	322 422.82

Kapitalen i Banen med Tilbehør er i Terminen forøget med Kr. 72 641.26, der er betalt af Terminens Overskud og anvendt til Udvidelser og Forbedringer. Banens Reservefond er forøget med Kr. 3 250.27 og udgjør pr. km. Bane Kr. 4 742 og i Procent af den i Banen m. v. nedlagte Kapital 2.8.

I Tabel II. 2 indeholdes nærmere Oplysninger med Hensyn til den Kapital, der pr. 30te Juni 1894 er anvendt til den egentlige Bane med Tilbehør, andre Eiendomme altsaa ikke medtagne.

Paa de normalsporede Baner kommer af den anvendte Kapital Kr. 69 489 604.04 eller pr. km. Kr. 108 341 og paa de smalsporede Kr. 65 497 156.80 eller pr. km. Kr. 67 530.

Driftens økonomiske Resultater.

I Terminen 1893—94 har den midlere Driftslængde for samtlige Baner været 1 611 [1]) km. mod 1 578 [1]) km. i foregaaende Termin. I Terminen er nemlig tilkommet 33 km. som midlere Driftslængde for Kongsvinger—Flisenbanen.

En Oversigt over de økonomiske Resultater af Driften i Terminen 1893—94 og foregaaende Aar siden Jernbanedriftens Begyndelse hidsættes:

Driftstermin.	Indtægter. Ialt.	Indtægter. pr. Kilom. Driftslængde.	Udgifter til Drift og Vedligeholdelse. Ialt.	Udgifter til Drift og Vedligeholdelse. pr. Kilom. Driftslængde.	Udgift i pCt. af Indtægt.	Driftsoverskud. Ialt.	Driftsoverskud. pr. Kilom. Driftslængde.	Driftsoverskud. I pCt. af den i Banen nedlagte Kapital
	Tusinde Kroner.	Kroner.	Tusinde Kroner.	Kroner.		Tusinde Kroner.	Kroner.	
1855	480	7 056	321	4 718	66.9	159	2 338	1.82
1856	571	8 400	294	4 327	51.5	277	4 073	3.17
1857	703	10 332	333	4 888	47.3	370	5 444	4.24
1858	669	9 831	354	5 205	52.9	315	4 626	3.51
1859	714	10 504	341	5 010	47.7	373	5 494	4.15
1860	678	9 970	438	6 443	64.6	240	3 527	2.64
1861	848	12 471	545	8 022	64.3	303	4 449	3.32
1862	902	13 264	586	8 623	65.0	316	4 641	3.51
[2]) 1863-66	1 382	5 608	898	3 643	65.0	484	1 965	2.28
1867	1 540	5 559	985	3 557	64.0	555	2 002	2.56
1868	1 680	6 063	1 068	3 856	63.6	612	2 207	2.60
1869	2 051	5 322	1 288	3 341	62.8	763	1 981	2.83
1870	1 868	5 105	1 219	3 332	65.3	649	1 773	2.45

[1]) Banernes Længde ved Terminens Begyndelse var 1 562 km., hvortil bliver at lægge 1 km. for Smaalensbanens østre Linie, hvis Driftslængde er større end Anlægslængde (mellem Ise og Sarpsborg, idet ved Ind- og Udkjørsel til Sarpsborg 1 km. maa passeres to Gange), 7 km. for Strækningen fra Rigsgrændsen til Charlottenberg, der drives af Kongsvingerbanen, 2 km. for Sidelinien til Røros, hvilken befares frem og tilbage af alle Tog, 4 km. for Strækningen Rigsgrændsen—Storlien, der drives af Merakerbanen, samt 2 km. for Sidelinien til Tønsberg, der befares frem og tilbage af alle Tog.

[2]) Aarlige Middeltal.

Driftstermin.	Indtægter.		Udgifter til Drift og Vedligeholdelse		Udgift i pCt. af Indtægt.	Driftsoverskud.		
	Ialt.	pr. Kilom. Driftslængde.	Ialt.	pr. Kilom. Driftslængde.		Ialt	pr. Kilom. Driftslængde.	I pCt. af den i Banen nedlagte Kapital.
	Tusinde Kroner.	Kroner.	Tusinde Kroner.	Kroner.		Tusinde Kroner.	Kroner.	
(Forts.).								
1871	1 877	5 005	1 244	3 317	66.3	633	1 688	2.50
1872	2 279	5 397	1 453	3 441	63.8	826	1 956	3.22
1873	3 315	6 483	2 134	4 173	64.4	1 181	2 310	3.28
1874	3 560	7 134	2 526	5 062	71.0	1 034	2 072	2.88
1875	3 747	7 468	2 699	5 379	72.0	1 048	2 089	2.97
1876	4 147	7 077	2 926	4 994	70.6	1 221	2 083	2.98
1877	4 402	6 352	2 943	4 247	66.9	1 459	2 105	3.29
1/1-30/6 78	2 022	4 646	1 474	3 386	72.9	548	1 260	1.96
1878-79	3 919	4 066	2 997	3 109	76.5	922	957	1.30
1879-80	4 304	4 044	3 290	3 091	76.4	1 014	953	1.26
1880-81	4 768	4 323	3 510	3 182	73.6	1 258	1 141	1.50
1881-82	5 923	4 694	3 953	3 132	66.7	1 970	1 562	2.00
1882-83	6 693	4 720	4 740	3 343	70.8	1 953	1 377	1.74
1883-84	7 252	4 613	5 121	3 258	70.6	2 131	1 355	1.68
1884-85	7 024	4 451	5 356	3 394	76.3	1 668	1 057	1.30
1885-86	7 242	4 589	5 276	3 343	72.9	1 966	1 246	1.53
1886-87	7 285	4 617	5 324	3 374	73.1	1 961	1 243	1.52
1887-88	7 545	4 781	5 275	3 343	69.9	2 270	1 438	1.77
1888-89	8 410	5 330	5 544	3 513	65.9	2 866	1 817	2.23
1889-90	9 017	5 714	5 925	3 755	65.7	3 092	1 959	2.38
1890-91	9 262	5 870	6 510	4 126	70.3	2 752	1 744	2.10
1891-92	9 026	5 720	6 790	4 303	75.2	2 236	1 417	1.70
1892-93	9 189	5 823	7 054	4 470	76.8	2 135	1 353	1.61
1893-94	9 269	5 754	7 274	4 515	78.5	1 995	1 239	1.48

Bruttoindtægterne af Jernbanedriften var i 1893—94 Kr. 9 269 106 (pr. km. Driftslængde Kr. 5 754), hvoraf Kr. 7 607 755 falder paa Statsbanerne (pr. km. Kr. 4 930). I Sammenligning med foregaaende Driftsaar er Indtægterne forøgede med Kr. 80 451, hvoraf der paa Kongsvinger—Flisenbanen falder Kr. 40 932, idet Indtægterne paa Statsbanerne er steget med Kr. 35 640, naar Kongsvinger—Flisenbanen medregnes, og Indtægterne for Hovedbanen er steget med Kr. 44 811.

Til Indtægterne har Persontrafik bidraget med Kr. 4 202 331 eller ca. 45 pCt. (ved Statsbanerne 49 pCt.), Godstrafik med Kr. 4 857 899 eller ca. 53 pCt. (ved Statsbanerne 49 pCt.), medens Kr. 208 876 eller 2 pCt. falder paa andre Trafikindtægter, saasom: Telegrammer, Leieindtægt, Indtægter udenfor den egentlige Drift samt tilfældige Indtægter. I Terminen er Indtægterne af Persontrafik forøget med Kr. 153 331 (hvoraf Kr. 18 719 for Kongsvinger—Flisenbanen), derimod er Indtægterne af Godstrafik gaaet ned med Kr. 58 106 (Kongsvinger—Flisenbanen har indbragt Kr. 21 359), samt er andre Trafikindtægter gaaet ned med Kr. 14 774.

Indtægternes Fordeling paa hver Maaned i Driftsaaret meddeles i Tabel XV, hvoraf vil sees, at den største Indtægt er faldt i Juli med Kr. 952 632 (Statsbanerne Kr. 785 095) og den mindste i Januar med Kr. 616 687 (Statsbanerne Kr. 501 779).

Udgifter til Drift og Vedligehold beløb sig i Driftsaaret til Kr. 7 273 802 (pr. km. Kr. 4 515) mod Kr. 7 053 847 (pr. km. Kr. 4 470) i foregaaende Driftsaar; af Udgifterne kommer paa Statsbanerne Kr. 6 303 137 (pr. km. 4 085) mod Kr. 6 098 204 (pr. km. Kr. 4 039) i foregaaende Driftsaar.

Af Udgifterne, der har udgjort 79 pCt. af Indtægterne mod foregaaende Aar 77 pCt. (Statsb. 83 pCt. mod foregaaende Aar 81 pCt.), kommer paa Bureauafdelingen ca. 2 pCt. (Statsb. 1.4 pCt.), paa Trafikafdelingen ca. 32 pCt. (Statsb. ca. 31 pCt.), paa Maskinafdelingen ca. 32 pCt. (Statsb. ca. 31 pCt.) og paa Baneafdelingen ca. 34 pCt. (Statsb. ca. 37 pCt.) eller omtrent samme Procentforhold mellem de forskjellige Hovedposter som i foregaaende Driftsaar.

Driftsoverskudet eller Forskjellen mellem Bruttoindtægterne og Udgifterne til Drift og Vedligehold bliver saaledes for 1893—94 Kr. 1 995 304 (pr. km. Kr. 1 239), hvoraf Kr. 1 304 618 kommer paa Statsbanerne (pr. km Kr. 845) mod Kr. 2 134 808 i foregaaende Termin (Statsb. Kr. 1 473 911), og er saaledes gaaet ned med tilsammen Kr. 139 504, hvortil Kongsvinger—Flisenbanens Underskud bidrager med Kr. 35 893 (Hovedbanens Overskud er gaaet op med Kr. 29 789, medens Statsbanernes Overskud er gaaet ned med Kr. 169 293, incl. Kongsvinger—Flisenbanens Underskud). I pCt. af den pr. 30te Juni 1894 til Banerne anvendte Kapital udgjorde Driftsoverskudet i 1893—94 gjennemsnitlig for samtlige Baner 1.48 pCt. og gjennemsnitlig for Statsbanerne 1.06 pCt.

De økonomiske Resultater af Driften ved hver Bane angives nærmere i Tabel IV.

I følgende Sammendrag meddeles en Oversigt for hver Bane over Indtægter, Udgifter og Overskud pr. km. Driftslængde samt Overskud i pCt. af anvendt Kapital for 1892—93 og 1893—94 (jfr. Tab. IV); i Tabellen er Banerne ordnede efter Størrelsen af Indtægter pr. km. Driftslængde i 1893—94.

Baner.	Driftstermin endende 3ote Juni	Indtægter. Kr	Udgifter. Kr.	Udgift i pCt. af Indtægt.	Driftsoverskud.	
		Pr. km. Driftslængde.		pCt.	Pr. km. Driftslængde. Kr.	I pCt. af den i Banen nedlagte Kapital.
Hovedbanen	1893	23 773	14 054	59.1	9 719	5.84
	1894	24 432	14 275	58.4	10 157	5.91
Kristiania—Drammenbanen	1893	16 977	11 821	69.6	5 156	4.05
	1894	17 070	12 199	71.5	4 871	3.86
Kongsvingerbanen......	1893	7 083	4 694	66.3	2 389	2.75
	1894	7 058	4 456	63.1	2 602	2.96
Drammen-Randsfjordbanen	1893	6 324	4 824	76.3	1 500	2.79
	1894	6 493	5 099	78.5	1 394	2.48
Smaalensbanen........	1893	6 354	5 359	84.3	995	0.88
	1894	6 286	5 359	83.9	1 027	0.89
Eidsvold—Hamarbanen ...	1893	6 325	4 383	69.3	1 942	2.08
	1894	6 147	4 690	76.3	1 457	1.60
Trondhjem—Størenbanen .	1893	5 489	4 535	82.6	954	1.16
	1894	5 293	4 601	86.9	692	0.85
Hamar—Grundsetbanen ...	1893	4 910	3 572	72.7	1 338	2.92
	1894	5 106	4 351	85.2	755	1.53
Merakerbanen	1893	4 905	3 433	70.0	1 472	1.33
	1894	4 665	3 451	74.0	1 214	1.10
Drammen—Skienbanen ..	1893	4 295	4 338	101.0	÷ 43	÷ 0.06
	1894	4 193	4 314	102.9	÷ 121	÷ 0.16
Grundset—Aamotbanen ..	1893	2 986	2 083	69.7	903	2.95
	1894	3 266	2 318	71.0	948	2.91
Bergen—Vossbanen ..	1893	2 979	2 864	96.1	115	0.12
	1894	2 930	2 849	97.2	81	0.09
Støren—Aamotbanen	1893	2 287	2 164	94.6	123	0.24
	1894	2 300	2 240	97.4	60	0.12
Jæderbanen	1893	1 974	1 853	93.9	121	0.18
	1894	2 090	2 117	101.3	÷ 27	÷ 0.04
Kongsvinger—Flisenbanen.	1894	1 240	2 328	187.7	÷1 088	÷ 1.44
Samtlige Baner	1893	5 823	4 470	76.8	1 353	1.61
	1894	5 754	4 515	78 5	1 239	1.48

Til Banernes Driftsoverskud kommer endvidere Indtægter ved udenfor Jernbanernes Drift trufne Forføininger (Tabel IV, Col. 89), nemlig for Drammen—Randsfjordbanen Overskud af Dampskibsfart paa Spirillen Kr. 5 826 og for Hovedbanens Vedkommende den «særskilte Formues» Overskud med Kr. 49 498.

Med Hensyn til Anvendelsen af Overskudet (under dette medregnet Renteindtægter, forsaavidt de overskrider Renteudgifterne, jfr. Tabel IV, Col. 88) henvises til Tabel IV, Col. 90—99, idet det bemærkes, at der af Driftsoverskudet udredes Tilskud til Forrentning af Kapital i andre Baner (Forrentning af Fællesstationer og Værksteder m. v.) samt Renteudgifter forøvrigt (Col. 91). Fradrages disse Beløb faaes Nettooverskudet, Kr. 1 798 784 mod Kr. 1 931 421 i foregaaende Driftsaar (Statsb. henholdsvis Kr. 1 097 318 og Kr. 1 249 843), hvoraf for Driftsaaret er bleven anvendt til Afdrag paa Kapitalkonto Kr. 163 370 (Statsb. 143 370), Afsætning til Amortiserings-, Reserve- og Dividendefonds Kr. 263 557 (Statsb. Kr. 150 947), samt til Aktieudbytte Kr. 1 371 857 (Statsb. Kr. 803 001), nemlig ved Smaalensbanen (0.6 pCt.), Kongsvingerbanen (2.6 pCt.), Kristiania—Drammenbanen (2.0 pCt.), Drammen—Randsfjordbanen (2.0 pCt.), Eidsvold—Hamarbanen (1.7 pCt.), Hamar—Grundsetbanen (1.8 pCt.), Trondhjem —Størenbanen (0.7 pCt.), Merakerbanen (1.3 pCt.), samt ved Hovedbanen (7.5 og 6.5 pCt., henholdsvis for prioriterede og uprioriterede Aktier).

En Sammenstilling for de fem sidste Driftsaar over Banernes økonomiske Resultater meddeles i Tabel XIX.

Trafik.

I Terminen 1893—94 er paa samtlige Baner kjørt 4 750 359 Trafiktogkilometer (Tabel III, Col. 3) mod 4 517 281 i foregaaende Termin; sammenholdt med den midlere Driftslængde giver dette for 1883—94 2 949 Trafiktog (Col. 8), der er passeret over hver Kilometer Bane, hvilket modsvarer 8.08 Trafiktog om Dagen.

Disse Middeltal er for alle Baner undtagen for Smaalensbanen, Kongsvingerbanen, Drammen—Skienbanen og Bergen—Vossbanen noget høiere end i foregaaende Termin, da der kjørtes 2 863 Trafiktog eller 7.84 pr. Dag over hver Kilometer,

I hvert Trafiktog medførtes i 1893—94 som Middeltal 25.1 Vognaxler, mod 26.1 i foregaaende Termin; den gjennemsnitlige Indtægt pr. Trafiktogkilometer i Driftsaaret var Kr. 1.95 eller noget lavere end i foregaaende Driftsaar (Kr. 2.03).

I efterfølgende Tabel er disse Forhold tilligemed de tilsvarende Resultater fra foregaaende Termins Drift angivne for hver af Banerne, ordnede efter Antal Trafiktog (Trafiktogkm. pr. km. Driftslængde) for Terminen 1893—94:

Baner,	Driftstermin endende 30te Juni.	Antal Trafiktog.	Antal Axler i hvert Tog.	Indtægt pr. Trafiktogkm. Kr.
Kristiania—Drammenbanen	1893	7 509	25.0	2.26
	1894	7 616	24.8	2.24
Hovedbanen..	1893	4 504	44.6	5.28
	1894	5 069	41.7	4.82
Smaalensbanen (Kristiania—Grændsen).	1893	3 803	24.4	1.67
	1894	3 803	23.3	1.68
Drammen—Skienbanen	1893	3 533	18.7	1.22
	1894	3 474	18.6	1.21
Eidsvold—Hamarbanen	1893	2 573	29.3	2.46
	1894	3 109	25.8	1.98
Drammen—Randsfjordbanen...........	1893	2 757	28.6	2.29
	1894	2 823	28.1	2.30
Kongsvingerbanen.......	1893	2 737	40.7	2.59
	1894	2 736	40.8	2.58
Merakerbanen	1893	2 250	27.1	2.18
	1894	2 394	25.0	1.95
Jæderbanen	1893	1 941	11.4	1.02
	1894	2 294	10.7	0.91
Bergen—Vossbanen	1893	2 276	15.3	1.32
	1894	2 268	15.0	1.29
Rørosbanen	1893	1 823	24.7	1.61
	1894	1 975	23.5	1.49
Kongsvinger—Flisenbanen	1894	1 528	16.5	0.81
Samtlige Baner	1893	2 863	26.1	2.03
	1894	2 949	25.1	1.95

Nærmere Oplysninger angaaende Banernes Befaring af rullende Materiel for Trafikens Bestridelse indeholdes i Tabel III, Col. 3—22.

Følgende Sammenstilling indeholder en Oversigt over den samlede Trafik paa Banerne i de tvende sidste Terminer, angivet i Tonkilometer, Netto og Brutto, pr. Kilometers Driftslængde, tilligemed Opgave over de samlede Udgifter til Drift og Vedligehold beregnet pr. Netto- og Bruttotonkilometer.

De forskjellige Baner er i Tabellen ordnede efter Trafikens Størrelse (Tonkilometer Netto af Reisende og Gods pr. km. Driftslængde) i Terminen 1893—94.

Baner.	Driftstermin endende 30te Juni.	Samlede Trafik. Netto. Reisende*)	Gods.	Sum.	Brutto.	Netto i pCt. af Brutto.	Udgifter til Drift og Vedligehold. pr. Netto	pr. Brutto
		Tonkilometer pr. km. Driftslængde.				pCt.	Øre.	
Hovedbanen	1893	15 798	258 553	274 351	1 195 131	22.9	5.12	1.18
	1894	16 523	264 627	281 150	1 270 309	22.1	5.08	1.12
Kongsvingerbanen	1893	4 297	152 939	157 236	614 119	25.6	2.99	0.76
	1894	4 531	151 028	155 559	639 194	24.3	2.86	0.70
Kr.ania—Dr.menb.	1893	29 092	98 004	127 096	802 157	15.8	9.30	1.47
	1894	29 588	96 709	126 297	821 586	15.4	9.66	1.48
Merakerbanen	1893	2 905	99 897	102 802	414 146	24.8	3.34	0.83
	1894	2 545	98 011	100 556	406 710	24.7	3.43	0.85
Dr.men—Randsfjb.	1893	4 558	90 951	95 509	337 516	28.3	5.05	1.43
	1894	4 992	93 391	98 383	349 472	28.2	5.18	1.46
Eidsv.—Hamarb.	1893	5 968	68 173	74 141	440 057	16.8	5.91	1.00
	1894	6 334	65 855	72 189	482 673	15.0	6.50	0.97
Smaalensbanen	1893	9 713	55 163	64 876	587 589	11.0	8.26	0.91
	1894	9 916	53 012	62 928	567 777	11.1	8.52	0.94
Rørosbanen	1893	2 704	36 284	38 988	187 461	20.8	6.56	1.37
	1894	2 738	35 724	38 462	192 039	20.0	7.03	1.41
Dr.men—Skienb.	1893	7 762	24 595	32 357	280 708	11.5	13.41	1.55
	1894	7 784	21 301	29 085	272 123	10.7	14.83	1.59
Bergen—Vossb.	1893	4 742	13 537	18 279	151 887	12.0	15.67	1.89
	1894	4 704	13 973	18 677	149 421	12.6	15.25	1.91
Kongsv.—Flisenb.	1894	1 485	15 116	16 601	155 323	10.7	14.02	1.50
Jæderbanen	1893	3 487	7 884	11 371	89 014	12.8	16.30	2.08
	1894	3 610	8 285	11 895	100 150	11.9	17.80	2.11

Trafikens Størrelse, særskilt for Reisende og Gods m. m., i Terminen angives i Tabel III for Personbefordring i Col. 23—49 og for Godstransport i Col. 50—80.

Til Oversigt over Trafikens Udvikling fra vor Jernbanedrifts Begyndelse hidsættes følgende Sammendrag for samtlige Baner:

*) Den gjennemsnitlige Vægt pr. Reisende med Haandbagage ansat til 75 kg.

Driftstermin.	Befordring af Reisende.				Befordring af Il- og Fragtgods.				
	Antal Reisende.	Personkilometer.		Indtægt pr Personkilometer.	Antal Ton.	Tonkilometer.		Indtægt pr Tonkilometer.	Midl. Transportlængde pr. Tonkm.
		Ialt.	pr. km. Driftslængde.			Ialt.	pr. km. Driftslængde.		
	Tusinder.			Øre.	Tusinder.			Øre.	
1855	128	—	—	—	83	—	—	—	—
1856	161	5 160	76	3.1	117	3 858	57	9.7	33.1
1857	174	5 769	85	3.0	139	4 604	68	11.0	33.3
1858	168	5 463	80	3.0	142	4 662	69	9.5	32.9
1859	170	3 702	84	3.0	154	5 202	77	9.5	33.8
1860	152	4 782	70	3.3	144	5 027	74	9.4	35.0
1861	142	5 185	76	3.2	174	6 420	94	9.7	37.0
1862	160	5 675	83	3.1	196	7 308	107	9.1	37.4
[1]) 1863-66	319	10 792	44	3.0	254	12 002	49	8.0	47.2
1867	386	13 459	49	2.7	274	16 048	58	6.6	55.5
1868	388	13 829	50	2.8	302	18 058	65	6.5	59.8
1869	613	19 418	36	2.6	356	20 668	54	6.7	58.0
1870	551	17 294	36	2.6	350	19 953	54	6.3	57.1
1871	584	18 580	38	2.7	344	18 527	49	6.5	53.8
1872	771	23 463	56	2.8	434	24 069	57	6.0	55.5
1873	1 579	46 395	91	2.7	528	29 647	58	6.1	56.1
1874	1 653	45 520	91	2.9	587	31 111	62	6.2	53.0
1875	1 541	43 262	86	3.2	587	33 076	66	6.2	56.3
1876	1 458	41 320	71	3.3	681	41 588	71	6.0	61.0
1877	1 405	40 984	59	3.4	686	43 919	63	6.0	64.0
1/1-30/6 78	608	18 888	41	3.5	283	18 598	43	6.1	65.7
1878-79	1 373	43 715	45	3.5	514	33 398	35	6.0	65.0
1879-80	1 648	50 644	49	3.3	605	38 325	37	5.6	63.3
1880-81	1 800	55 865	52	3.2	642	43 138	40	5.5	67.2
1881-82	2 334	72 001	57	3.2	792	56 743	46	5.4	71.6
1882-83	2 709	83 720	60	3.2	851	63 793	46	5.2	74.9
1883-84	3 162	93 276	61	3.2	918	67 919	46	5.1	73.9
1884-85	3 129	88 921	56	3.2	943	68 383	43	5.1	72.4
1885-86	3 147	92 004	58	3.2	957	67 780	43	5.3	70.8
1886-87	3 216	92 649	59	3.2	970	66 974	42	5.2	69.1
1887-88	3 197	91 653	58	3.3	1 023	69 919	44	5.3	68.3
1888-89	3 622	98 673	63	3.2	1 207	83 796	53	5.1	69.4
1889-90	3 989	106 858	68	3.2	1 326	89 019	56	5.2	67.1
1890-91	4 334	117 133	74	3.1	1 337	88 753	56	5.2	66.4
1891-92	4 680	125 879	80	2.9	1 337	87 908	56	4.9	65.7
1892-93	5 686	134 076	85	2.8	1 389	94 232	60	4.8	67.8
1893-94	6 021	137 765	86	2.8	1 391	93 052	58	4.8	66.9

I Opgaverne for de to sidste Driftsaar er der medtaget Reisende med Maanedsbilletter efter en skjønsmæssig Beregning [2]), medens der tidligere

[1]) Aarlige Middeltal.

[2]) Paa hver Maanedsbillet antages 2 Reiser pr. Dag (kfr. Tabel III).

ikke har været taget Hensyn til disse. I Sammenligning med foregaaende Driftsaar er Antallet af Reisende steget med ca. 335 000 og Antallet af Personkilometer med 3 689 000. Regnet pr. km. Driftslængde er Personfærdselen i Terminen fra ca. 85 000 Reisende over hver Kilometer steget til ca. 85 500 eller med ca. 1 pCt.

For Godsbefordringens Vedkommende er Antal Ton Il- og Fragtgods steget med ca 2 000 Ton, medens Antal Tonkilometer er gaaet ned med 1 180 000. Gjennemsnitlig for alle Baner bliver der 57 800 Ton over hver Kilometer (Tonkm. pr. km. Driftslængde), medens tilsvarende Middeltal for alle Baner var 59 700 i 1892—93. Nedgangen i Tonkilometer bliver i Terminen saaledes ca. 3.3 pCt

Trafikens og Indtægternes Størrelse ved hver Bane angives for Personfærdselens Vedkommende i følgende Sammendrag for de tvende sidste Terminer. Banerne er ordnede efter Trafikens Størrelse i 1893—94 (Personkm. pr. km. Driftslængde):

Baner.	Driftstermin endende 30te Juni.	Personkilometer.		Indt. af Persontrafik.		Indtægt pr. Person-km.[1])	Midlere Reiselængde.
		pr. km. Driftslængde.	pCt.*)	pr. km. Driftslængde.	pCt.*)	Øre.	km.
Kristiania-Drammenb.	1893	387 900	+ 3.9	10 511	+ 3.9	2.6	15.7
	1894	394 500	+ 1.7	10 639	+ 1.2	2.6	15.4
Hovedbanen	1893	210 600	+ 2.4	6 313	+ 2.8	2.9	28.5
	1894	220 300	+ 4.6	6 659	+ 5.5	2.9	27.7
Smaalensbanen	1893	129 500	+ 4.9	3 656	+ 2.8	2.6	20.3
	1894	132 200	+ 2.1	3 826	+ 4.6	2.6	19.4
Drammen—Skienb. ..	1893	103 500	÷ 10.7	3 030	÷ 7.2	2.7	23.2
	1894	103 800	+ 0.3	3 045	+ 0.5	2.7	22.1
Eidsvold-Hamarbanen	1893	79 600	÷ 0.13	2 590	+ 1.7	3.0	31.4
	1894	84 500	+ 6.2	2 761	+ 10.4	3.0	30.4
Bergen—Vossbanen ..	1893	63 200	÷ 0.5	2 097	÷ 1.3	3.0	12.3
	1894	62 700	÷ 0.8	2 071	÷ 1.2	3.0	11.6
Drammen—Randsfj.b.	1893	60 800	÷ 0.8	1 756	÷ 0.7	2.7	25.2
	1894	66 600	+ 9.5	1 835	+ 4.5	2.6	24.9
Kongsvingerbanen ...	1893	57 200	+ 0.5	1 831	÷ 0.2	3.0	38.3
	1894	60 400	+ 5.6	1 935	+ 5.7	2.9	37.5
Jæderbanen	1893	46 500	+ 2.2	1 348	÷ 0.6	2.7	24.8
	1894	48 100	+ 3.4	1 422	+ 5.5	2.7	24.0
Merakerbanen	1893	38 700	÷ 2.0	1 123	+ 4.3	2.7	19.9
	1894	33 900	÷ 12.4	981	÷ 12.6	2.6	18.3
Rørosbanen	1893	36 100	+ 4.6	1 393	+ 2.1	3.3	48.2
	1894	36 600	+ 1.4	1 456	+ 4.5	3.4	48.3
Kongsv.—Flisenb.	1894	19 800	-	567	-	2.7	19.3
Samtlige Baner	1893	85 000	+ 0.8	2 566	+ 0.5	2.8	23.6
	1894	85 500	+ 0.6	2 608	+ 1.6	2.8	22.9

Personfærdselens Størrelse har ved de forskjellige Baner varieret fra 394 500 Reisende (Kristiania—Dr.b.) til 19 800 Reisende (Kongsvinger—Flisenb.)

---

*) Procent Forøgelse (+) eller Nedgang (÷) i Sammenligning med foregaaende Driftsaar.

[1]) Med Hensyn til Taxterne for Personbefordringen bemærkes, at fra 1ste Juni 1891 har de i Henhold til Kgl. Res. af 13de April 1891 fastsatte Taxter for Reisende været gjældende for Banerne i 1ste—4de Trafikdistrikt (samt Hovedbanen):

For blandede Tog beregnes:

6.0, 4.5 og 3.0 Øre pr. km. for respekt. I, II og III Klasse paa Smaalensbanen, Kristiania—Drammenbanen og Drammen—Skienbanen; paa de to sidste Baner anvendes ikke I Klasse.

6.5, 5.0 og 3.25 Øre pr. km. for respekt. I, II og III Klasse paa Kongsvingerbanen, Kongsvinger—Flisenbanen, Eidsvold—Hamarbanen, Rørosbanen og Merakerbanen; paa den sidste Bane og Kongsvinger—Flisenbanen anvendes ikke I Klasse. For Afstande over 50 km. indtil 150 km. beregnes dog for III Klasse blot 3.0 Øre pr. km. for den 50 km. overskydende Afstand, og for Afstande over 150 synker Satsen yderligere til 2.75 Øre pr. km. for den 150 km. overskydende Del.

For Drammen—Randsfjordbanen beregnes 5.0 og 3.0 Øre pr. km for respektive II og III Klasse.

gjennemsnitlig pr. km. Driftslængde, medens Indtægter af Persontrafik har varieret fra Kr. 10 639 til Kr. 567 pr. km. Under Persontrafik indgaar foruden Befordring af Reisende tillige Befordring af Reisegods*) og Post. Ved Drammen—Skienbanen, Bergen—Vossbanen, Jæderbanen, Kristiania—Drammenbanen, Smaalensbanen, Grundset—Aamotbanen og Støren—Aamotbanen er Persontrafiken overveiende og har ved disse Baner indbragt fra 73 til ca. 53 pCt. af Indtægterne (jfr. Tab. IV Col. 43).

Af Banernes samlede Indtægter af Persontrafik, Kr. 4 202 331, kommer paa Befordring af Reisende (Indtægter af Personbilletter, alle Slags) Kr. 3 831 679, hvoraf Kr. 79 797 falder paa Maanedsbilletter (jfr. Tab. XIII) Kr. 70 483 paa Familiebilletter**) med 444 775 Reisende og 2 901 030 Personkm., Kr. 49 933 paa Rundreisebilletter***) med 6 702 Reisende og 1 334 721 Personkm. samt Kr. 36 700 paa Turistbilletter†) med 4 678 Reisende og 622 430 Personkm.

For Godsfærdselens Vedkommende angives Trafikens og Indtægternes Størrelse ved hver Bane i følgende Sammendrag for Terminerne

For Hurtigtog beregnes:

8.5, 6.0 og 4.0 Øre pr. km. for respkt. I, II og III Klasse paa Smaalensbanen, Eidsvold—Hamarbanen og Rørosbanen. Paa Kristiania—Drammenbanen beregnes der 5.5 og 3.75 Øre pr. km. for respektive II og III Klasse. De øvrige Baner kjører for Tiden ikke Hurtigtog. Mindste Pris 60, 40 og 20 Øre for Enkeltbillet henholdsvis til I, II og III Klasse for saavel Hurtigtog som blandet Tog.

Tur- og Returbilletter, der koster 1½ Gang Enkeltbillet, udstedes i samme Udstrækning som Enkeltbilletter. Returbillettens Gyldighed udløber en Maaned regnet fra den Dato, Billetten er solgt.

For Hovedbanen gjælder samme Satser som for Eidsvold—Hamarbanen.

*) Angaaende Taxten for Reisegods bemærkes:

For Reisegods erlægges fra 1ste Juni 1891:

for Veilængde i km.		pr. kg.
Fra	1—100	3 Øre
«	101—200	4 «
«	201—300	5 «

og fremdeles med Tillæg af 1 Øre pr. kg. for hver begyndende 100 km. Frivægt 25 kg. Mindste Pris 20 Øre.

**) Familiebilletter til III Kl. i Bøger à 25 Stkr. sælges ved et begrændset Antal Stationer paa kortere Afstande.

***) ɔ: Billetter, der sammensættes af Kouponer til reduceret Pris til forskjellige Strækninger efter den Reisendes Valg.

Indtil 1ste Juni 1889 blev de kun udstedt til I og II Klasse til Norge, Sverige Danmark og Nordtyskland og kun i Maanederne Mai—September samt kun for Reiser af mindst 1 500 km. Længde (Norge og Sverige 1 000 km.).

Fra 1ste Juni 1889 udstedes de det hele Aar til alle tre Klasser og for Reiser af mindst 600 km. Længde i Norge, Sverige Danmark, Tyskland, Luxemburg, Østerrig, Ungarn, Rumænien, Belgien, Holland og Schweitz.

†) ɔ: Ligeledes Kouponbilletter, der sælges til I og II Klasse gjennem Turistbureauer til forskjellige Strækninger af norske Baner i Forbindelse med norske Dampskibs- og Diligencerouter uden Fordring paa, at Strækninger af nogen bestemt Længde skal befares. Prisen er den ordinære.

1892—93 og 1893—94. Banerne ordnede efter Trafikens Størrelse (Tonkm. pr. km. Driftslængde) i 1893—94:

Baner.	Driftstermin endende 30te Juni.	Tonkm. Il- og Fragtgods. pr. km. Drifts-længde.	Tonkm. Il- og Fragtgods. pCt.*)	Indtægt af Godstrafik. pr. km. Drifts-længde. Kr.	Indtægt af Godstrafik. pCt.*)	Indtægt pr. Tonkm.[1] Øre.	Midlere Transportlængde pr. TonFragtgods km.
Hovedbanen	1893	242 900	+ 2.4	16 362	÷ 2.4	6.3	32.0
	1894	246 200	+ 1.4	16 625	+ 1.6	6.3	32.7
Kongsvingerbanen	1893	144 100	+ 2.0	5 195	÷ 1.1	3.4	82.5
	1894	141 100	÷ 2.1	5 065	÷ 2.5	3.4	82.7
Merakerbanen	1893	93 000	+ 24.6	3 680	+ 22.8	3.8	77.7
	1894	92 800	÷ 0.2	3 585	÷ 2.6	3.8	77.7
Kristiania—Drammenb.	1893	89 000	+ 10.8	6 114	+ 4.3	6.0	38.8
	1894	86 500	÷ 2.8	6 053	÷ 1.0	5.9	38.2
Drammen—Randsfj.b..	1893	86 000	+ 2.4	4 476	÷ 1.9	5.0	47.6
	1894	87 700	+ 2.0	4 571	+ 2.1	5.0	47.7
Eidsvold—Hamarbanen	1893	62 000	+ 5.3	3 656	+ 3.3	5.3	50.4
	1894	54 800	÷ 11.6	3 303	÷ 9.7	5.3	49.5
Smaalensbanen	1893	43 100	+ 3.9	2 530	+ 3.4	5.2	46.9
	1894	41 900	÷ 2.8	2 427	÷ 4.1	5.1	46.0
Rørosbanen	1893	33 100	+ 8.8	1 500	+ 6.7	4.1	117.7
	1894	32 300	÷ 2.4	1 458	÷ 2.8	4.1	110.5
Drammen—Skienbanen	1893	19 000	+ 14.7	1 178	+ 7.0	5.2	52.5
	1894	15 600	÷ 17.9	1 060	÷ 10.0	5.6	45.3
Bergen—Vossbanen ..	1893	9 600	+ 3.1	820	+ 8.7	7.0	79.7
	1894	10 500	+ 9.4	806	÷ 1.7	6.6	71.9
Kongsvinger—Flisenb.	1894	10 400	-	647	-	5.7	28.4
Jæderbanen	1893	5 900	÷ 3.4	557	÷ 0.4	8.3	34.5
	1894	6 000	+ 1.7	595	+ 6.8	8.5	35.1
Samtlige Baner	1893	59 700	+ 6.7	3 115	+ 3.0	4.8	67.8
	1894	57 800	÷ 3.2	3 015	÷ 3.2	4.8	66.9

*) Procent Forøgelse (+) eller Nedgang (÷) i Sammenligning med foregaaende Driftsaar.

[1]) Med Hensyn til Taxterne for Godsbefordring bemærkes:

Fra 1ste Januar 1892 har de i Henhold til Kgl. Resol. af 13de April 1891 indførte nye Taxter og Regler for Befordring af Il- og Fragtgods for Banerne i 1ste—4de Trafikdistrikt (samt Hovedbanen) været gjældende.

Godsfærdselens Størrelse har i Terminen ved de forskjellige Baner varieret fra 246 200 Tonkm. (Hovedbanen) til 6 000 Tonkm. (Jæderbanen) pr. km. Driftslængde, medens Indtægter af Godstrafik har varieret fra Kr. 16 625 til Kr. 595 pr. km.

Taxterne for Befordring af Fragtgods beregnes efter disse, med Henhold til Varesortens Klassifikation, efter følgende Formler, der giver Fragtbeløbet i Øre pr. Ton (x betegner Distance):

Klasser.	Konstant.	Afgift pr. Tonkm. i Øre for den Del af Transportafstanden, der ligger mellem								
		0—50. km.	51—100. km.	101—150. km.	151—200. km.	201—300. km.	301—400. km.	401—500. km.	501—600. km.	over 600. km.
1ste Klasse........	100	15 x	13 x	11 x	11 x	9 x	4 x	3.5 x	2.5 x	2.5 x
2den —	100	11 x	9 x	8 x	8 x	6 x	2.5 x	2.5 x	2.5 x	2.5 x
3die —	100	8 x	7 x	6 x	6 x	5 x	2.5 x	2.5 x	2.5 x	2.5 x
4de —	100	6 x	5.5 x	4.5 x	4.5 x	4 x	2 x	2 x	2 x	2 x
5te —	50	5.5 x	4.5 x	4 x	3.5 x	3 x	2 x	2 x	2 x	2 x
6te —	50	4.3 x	3.5 x	3.5 x	3 x	2.5 x	2 x	2 x	2 x	2 x
7de —	50	3.6 x	3 x	2.7 x	2.5 x	2.2 x	2 x	2 x	2 y	2 x
8de —	50	3 x	2.5 x	2 x	2 x	2 x	1.7 x	1.7 x	1.7 x	1.7 x
9de —	50	2.6 x	2.2 x	1.9 x	1.8 x	1.8 x	1.7 x	1.6 x	1.6 x	1.6 x
A Undtagelsesklasse	50	2.2 x	2.0 x	1.8 x	1.7 x	1.6 x	1.6 x	1.6 x	1.5 x	1.5 x
B —	50	2.0 x	1.8 x	1.6 x	1.6 x	1.5 x	1.5 x	1.5 x	1.5 x	1.4 x
C —	50	1.7 x	1.6 x	1.5 x	1 5 x	1.4 x	1.4 x	1.4 x	1.4 x	1.4 x

I de Fragter, der fremkommer efter disse Formler, er der for enkelte Baner bestemt et Maximum i Satserne for 1ste—5te Klasses Gods, hovedsagelig begrundet i Konkurrance med Dampskibsfart. I Samtrafiken med Hovedbanen gjælder de samme Regler som for Statsbanerne med Hensyn til Fragtberegningen, dog er der for enkelte Varesorter noget høiere Taxter. I Lokaltrafiken paa Hovedbanen anvendes Fragtformler, der er noget afvigende fra Statsbanernes, og Godsklassifikationen er tildels en anden.

Taxterne for Ilgods slutter sig saavel ved Hovedbanen som ved Statsbanerne til Taxterne for Fragtgods paa følgende Maade for de respektive Klasser d, c, b og a·

Taxten i Klasse d (Sendinger i hele Vognladninger), beregnet pr. 100 kg. fremkommer ved at tillægge Kr. 0.40 til den tilsvarende Taxt for 1ste Fragtgodsklasse.

Taxten for Klasse c (Sendinger af 2 500—5 000 kg. Vægt), beregnet pr. 100 kg., fremkommer ved at tillægge 50 pCt. til den tilsvarende Taxt for Forsendelser i Klasse d.

I Klasse b (Sendinger over 20 kg. indtil 2 500 kg. Vægt), beregnet pr. 10 kg., er Taxten det dobbelte af den tilsvarende Taxt i Klasse d.

For Klasse a (Forsendelser af Vægt indtil 20 kg.; mindste Vægt, der beregnes, er 5 kg.), beregnet for hvert kg., er Taxten lig de efter Klasse b fremkomne Taxter pr. kg. afrundet opad til nærmeste hele Øre.

Taxterne er udregnede særskilt for Banerne i 2det Trafikdistrikt og for de øvrige Distrikter med Hovedbanen underét. Ved Transport til og fra 2det Trafikdistrikt anvendes Summen af disse Taxter, hvortil kommer Fragt paa Strækningen mellem Moss og Horten (med Dampskibet «Bastø», med hvilket er sluttet Overenskomst om Gjennemgangstrafik) eller Kristiania Ø. og Kristiania V. (med Vognmandskjørsel).

Jæderbanens og Bergen—Vossbanens Taxter har i Driftsaaret i det Væsentlige været uforandrede som i Aaret 1891—92 for saavel Fragtgods som Ilgods. (Jfr. Driftsberetningen for 1891—92).

Under Godstrafik indgaar foruden Befordring af Fragtgods tillige Befordring af Kjøreredskaber*), levende Dyr*) og Ilgods. Ved Merakerbanen, Kongsvingerbanen, Drammen—Randsfjordbanen, Hovedbanen, Trondhjem—Størenbanen, Eidsvold—Hamarbanen, Kongsvinger—Flisenbanen samt Hamar—Grundsetbanen er Godstrafiken den overveiende og har ved disse Baner indbragt fra 77 pCt. til ca. 49 pCt. af Indtægterne. (Jfr. Tab. IV, Col. 44).

I Tabel VIII er for Person- og Godsbefordringen meddelt Fordeling paa Lokaltrafik (ɔ: Færdsel mellem hver Banes egne Stationer) og Samtrafik (ɔ: Færdsel med tilstødende Baner ved direkte Indskrivning af Reisende og Gods). Til Oplysning om, i hvilken Udstrækning saadan direkte Indskrivning har fundet Sted i den sidst forløbne Termin, bemærkes følgende:

Direkte Indskrivning af Reisende, Reisegods, Kjøreredskaber, levende Dyr, Il- og Fragtgods har fundet Sted mellem alle Stationer i 1ste, 2det, 3die og 4de Trafikdistrikt samt de norske Stationer af Fredrikshald—Sunnanåbanen og Hovedbanen. Expeditionen mellem Stationerne i 1ste, 3die og 4de Distrikt paa den ene Side og 2det Distrikts Stationer paa den anden Side kan foregaa enten via Kristiania eller via Moss—Horten.

Med svenske Baner**) har direkte Indskrivning af Reisende, Reisegods, Kjøreredskaber, levende Dyr, Il- og Fragtgods foregaaet til og fra samtlige Stationer paa Hovedbanen, Kongsvingerbanen, Kongsvinger—Flisenbanen, Smaalensbanen og Merakerbanen samt for Kjøreredskaber, levende Dyr, Il- og Fragtgods til og fra Bystationerne og de større Landstationer paa Eidsvold—Trondhjembanerne.

Endvidere har til Udgangen af Februar 1893 direkte Indskrivning af Il- og Fragtgods fundet Sted via Kornsjø mellem Kristiania Station Ø. paa den ene Side og Fredrikshavn, Aalborg, Aarhus, Randers, Wamdrup, Altona (Ottensen), Berlin, Hamburg og Lübeck paa den anden Side. Efter Udgangen af Februar 1893 har direkte Indskrivning af Il- og Fragtgods foregaaet mellem Kristiania Ø., Moss, Fredrikstad, Drammen, Horten, Tønsberg, Larvik, Skien, Hamar og Trondhjem paa den ene Side og Stationer tilhørende de kgl. preussiske Jernbanedirektioner i Altona, Berlin, Elberfeld,

---

*) Angaaende Taxten for Kjøreredskaber og levende Dyr fra 1ste Juni 1891 bemærkes:

Kjøreredskaber inddeles i fire Klasser. For IV Klasse er Formelen 50 + 2 x, hvori x er Distancen, som giver Taxten i Øre; for III, II og I Klasse er Taxten henholdsvis 2, 4 og 7 Gange Taxten for IV Klasse. Mindste Pris Kr. 1.00, 2.00, 4.00 og 7.00.

Levende Dyr inddeles i tre Klasser, til hvis I Kl. Heste hører. For I Klasse er Formelen: 300 + 14 x. For II Klasse (Hornkvæg etc.):

For Distancer indtil 150 km.: 100 + 6 x.

« — over 150 km.: tillægges for hver km. over 150 km. 4 Øre.

For III Klasse (Smaafæ) er Formelen: 20 + 1.5 x.

Formlerne, hvori x er Distancen, giver Taxten i Øre for ét Dyr. For flere Dyr gives Moderation, hvorom henvises til de trykte Taxter. Mindste Pris er Kr. 5.00, 2.00 og 0.40.

**) Dog ikke for alle Stationers Vedkommende.

Erfurt, Hannover, Køln (venstrerhinsk), Køln (høirerhinsk) og Magdeburg samt Lübeck—Buchener Jernbane paa den anden Side.

Endelig har fra 1ste April 1893 direkte Indskrivning af Pakker, Il- og Fragtgods fundet Sted mellem Hovedbanens, Kongsvingerbanens og Kongsvinger—Flisenbanens (fra 1ste November 1893) samtlige Stationer, Smaalensbanens og Eidsvold—Trondhjembanernes By- og større Landstationer paa den ene Side og danske Baner*) paa den anden Side, samt af levende Dyr i hele Vognladninger mellem Stationerne Kristiania Ø., Moss, Fredrikstad, Sarpsborg og Hamar paa den ene Side og de danske Stationer Hillerød og Kjøbenhavn paa den anden Side.

For Reisende og Reisegods har direkte Indskrivning fundet Sted mellem Smaalensbanens Bystationer og Kjøbenhavn samt mellem Kristiania Ø. og følgende Steder: Altona, Berlin, Bremen, Charlottenburg, Dresden, Frankfurt a. M., Hamburg, Kiel, Køln, Leipzig, Lübeck, Magdeburg, London, Paris og Wien.

Sammenstilling af Indtægter i den saaledes bestaaende Lokal- og Samtrafik hidsættes for Terminerne 1892—93 og 1893—94.

---

*) For Il- og Fragtgods's Vedkommende dog kun for de paa Banestrækningen Helsingør—Fredriksberg liggende Stationer.

Baner.	Terminen endende 30te Juni.	Indtægt af Lokaltrafik.	Indtægt af Samtrafik*).	Tilsammen Trafikindtægter [1]).	Indtægt af Samtrafik, pCt.[2])
		Kroner.			
Smaalensbanen	1893	1 092 978	402 009	1 494 987	26.9
	1894	1 102 808	392 155	1 494 963	26.2
Kongsvingerbanen	1893	85 945	763 281	849 226	89.9
	1894	86 290	755 449	841 739	89.7
Kongsvinger—Flisenbanen	1894	12 515	27 011	39 526	68.3
Kristiania—Drammenbanen	1893	509 243	356 755	865 998	41.2
	1894	513 528	355 276	868 804	40.9
Drammen—Skienbanen	1893	383 678	248 034	631 712	39.3
	1894	394 740	220 281	615 021	35.8
Drammen—Randsfjordbanen	1893	648 073	235 891	883 964	26.7
	1894	671 078	236 888	907 966	26.1
Eidsvold—Hamarbanen	1893	43 072	309 547	352 619	87.8
	1894	44 525	297 301	341 826	87.0
Rørosbanen	1893	677 473	516 772	1 194 245	43.3
	1894	677 263	516 572	1 193 835	43.3
Merakerbanen	1893	175 844	330 048	505 892	65.2
	1894	163 911	316 110	480 021	65.9
Hovedbanen	1893	848 608	685 551	1 534 159	44.7
	1894	897 641	676 269	1 573 910	43.0
Samtlige Baner [3])	1893	7 548 923	1 206 380	8 755 303	13.8
	1894	7 621 526	1 179 126	8 800 652	13.4

En Opgave for de tvende sidste Terminer over de i omhandlede Samtrafik befordrede Antal Reisende og Ton Fragtgods samt tilsvarende Indtægter af Reisende og Gods meddeles i følgende Tabel tilligemed Fordeling af Trafik og Indtægter paa Samtrafik med tilstødende Jernbaner:

*) Gjennemgangstrafik iberegnet.

[1]) Indtægter af Postbefordring ikke indbefattet.

[2]) I Procent af Trafikindtægter paa Banen (Indtægter ved Postbefordring excl.).

[3] Jæderbanen og Bergen—Vossb. indbf. Indtægt af Samtrafik omfatter for samtlige Baner selvfølgelig alene Indtægt af Samtrafik med svenske og udenlandske Baner.

Baner.	Termin endende 30te Juni.	Indtægt af Samtrafik.	Hvoraf			
			Reisende.		Fragtgods.	
			Antal.	Indtægt.	Antal.	Indtægt.
		Kr.		Kr.	Ton.	Kr.
Smaalensbanen	1893	402 009	49 747	178 067	91 415	190 813
Nemlig Samtrafik over:	1894	392 155	51 078	178 182	83 664	169 181
Kristiania	-	24 415	6 724	11 232	4 649	9 936
Moss—Horten	-	17 729	10 698	12 584	340	2 649
Kornsjø	-	346 166	33 649	154 358	78 263	153 913
Gjennemgangstrafik	-	3 845	7	8	412	2 683
Kongsvingerbanen	1893	763 281	98 312	169 245	193 227	555 100
Nemlig Samtrafik over:	1894	755 449	107 204	176 676	190 123	544 654
Lillestrøm	-	349 636	88 474	110 879	101 597	217 795
Charlottenberg	-	8 844	671	1 582	2 338	7 062
Kongsvinger	-	6 072	1 814	1 726	2 004	4 190
Gjennemgangstrafik	-	390 897	16 245	62 489	84 184	315 607
Kongsvinger—Flisenbanen	1894	27 011	8 116	7 322	11 600	17 750
Nemlig Samtrafik over:						
Kongsvinger	-	27 011	8 116	7 322	11 600	17 750
Kristiania—Drammenbanen	1893	356 755	110 587	170 305	62 697	159 393
Nemlig Samtrafik over:	1894	355 276	109 420	167 808	62 808	159 621
Kristiania	-	6 632	3 902	2 888	369	1 721
Drammen	-	343 873	103 674	162 430	61 918	156 125
Gjennemgangstrafik	-	4 771	1 844	2 490	521	1 775
Drammen—Skienbanen	1893	248 034	69 640	157 128	22 241	67 302
Nemlig Samtrafik over:	1894	220 281	66 555	150 542	16 601	46 770
Drammen	-	204 661	55 851	138 318	16 254	44 691
Moss—Horten	-	15 221	10 432	11 844	345	2 075
Gjennemgangstrafik	-	399	272	380	2	4
Drammen—Randsfjordbanen	1893	235 891	58 787	91 897	54 390	128 300
Nemlig Samtrafik over:	1894	236 888	62 097	84 882	54 854	135 820
Drammen	-	236 888	62 097	84 882	54 854	135 820
Eidsvold—Hamarbanen	1893	309 547	69 629	109 596	63 073	172 927
Nemlig Samtrafik over:	1894	297 301	73 290	116 544	56 828	152 483
Eidsvold	-	163 982	43 902	60 392	31 586	87 850
Hamar	-	4 788	1 841	2 398	1 300	1 779
Gjennemgangstrafik	-	128 531	27 547	5 734	23 942	62 845
Rørosbanen	1893	516 772	29 870	276 656	28 072	175 774
Nemlig Samtrafik over:	1894	516 572	30 099	282 590	26 205	165 962
Hamar	-	494 504	28 601	267 899	24 986	160 036
Trondhjem	-	4 469	744	1 920	962	2 088
Gjennemgangstrafik	-	17 599	754	12 771	257	3 838
Merakerbanen	1893	330 048	8 055	25 403	86 785	296 854
Nemlig Samtrafik over:	1894	316 110	5 934	18 095	88 629	291 269
Trondhjem	-	2 341	905	784	1 121	1 002
Storlien	-	310 772	4 436	14 835	87 410	289 794
Gjennemgangstrafik	-	2 997	593	2 476	98	473
Hovedbanen	1893	685 551	167 294	193 015	249 731	431 539
Nemlig Samtrafik over:	1894	676 269	178 017	205 595	240 572	408 577
Kristiania	-	9 045	3 905	3 208	2 704	4 347
Lillestrøm	-	278 992	100 434	60 095	180 854	202 273
Eidsvold	-	362 430	67 233	134 261	50 844	187 600
Gjennemgangstrafik	-	25 802	6 445	8 031	6 170	14 357

Af heromhandlede Indtægter har Samtrafiken med svenske Baner via Charlottenberg over Hoved- og Kongsvingerbanerne indbragt Kr. 489 200, hvoraf Indtægt ved Transport af Trælast og Brænde Kr. 101 675, Samtrafiken via Storlien over Merakerbanen Kr. 330 033, hvoraf Trælast og Brænde Kr. 146 130, samt Trafik via Kornsjø over Smaalensbanen Kr. 359 893, hvoraf Trælast og Brænde Kr. 86 236. Paa Forbindelseslinierne med de svenske Baner kommer saaledes af norsk og svensk Samtrafik en Indtægt af Kr. 1 179 126, hvoraf ca. en Trediedel falder paa Indtægt af Trælast og Brænde.

Med Dampskibe haves nedenstaaende direkte Expeditionsforbindelser:

Reisende og Reisegods expederes direkte mellem 2det Trafikdistrikts Bystationer samt Vikesund paa den ene Side og Dampskibene paa Indsøerne Nordsjø og Hiterdalsvandet («Nordsjø», «Victoria», «Løveid» og «Inland»), Dampskibene paa Randsfjorden («Harald Haarfager» og «Oscar II.»), Dampskibet «Bægna» paa Aadalselven og Spirillen, Dampskibet «Krøderen» paa Krøderen og Dampskibet «Vøringen» i Ruten Skien—Kristianssand paa den anden Side. Ligeledes expederes efter 1ste Juni 1893 Reisende i Rundreise fra og til Kristiania Ø., Ski, Moss, Fredrikstad, Sarpsborg, Fredrikshald og Tistedalen i Forbindelse med Dampskibene «Strømmen» paa Øieren og «Turisten» paa Fredrikshaldskanalen, samt fra 23de Juni 1894 fra og til Kristiania V., Drammen, Hougsund, Kongsberg, Skoppum, Tønsberg, Sandefjord, Larvik og Skien, de forenede Dampskibe mellem Skien og Notodden samt Dampskibet «Gausta» paa Tinsjøen i Forbindelsen Kristiania V. — Drammen—Kongsberg—Tinoset—Vestfjorddalen—Notodden —Skien—Drammen—Kristiania V. eller omvendt.

Kjøreredskaber, levende Dyr, Il- og Fragtgods expederes direkte mellem Hoved- og Kongsvingerbanerne og Dampskibe paa Mjøsen samt mellem samtlige 2det Distrikts Stationer og ovennævnte Dampskibe paa Nordsjø og Hiterdalsvandet, Krøderen og Randsfjord, Kystdampskibet «Vøringen» (kun for Ilgods) og Dampskibet «Bægna» paa Aadalselven og Spirillen.

Endvidere finder direkte Indskrivning af Il- og Fragtgods samt Kjøreredskaber Sted via Trondhjem til og fra Bergenske og Nordenfjeldske Dampskibsselskabers Anløbssteder i Kyst- og Lokalruter samt til og fra Anløbssteder i andre Dampskibsselskabers Ruter, hvormed de Bergenske og Nordenfjeldske Dampskibsselskaber staar i Samtrafiksforbindelse.

Denne Samtrafik med Dampskibe er saavel med Hensyn til Mængde som Indtægter medtaget under den Jernbanestation, hvorfra Dampskibsforbindelsen udgaar.

Angaaende Trafik og Udgifter[1]) samt ordinært Personale er der i Tabel VIII og for Indtægternes Vedkommende i Tabel IX meddelt Oplysninger for hver Station. I Tabel X gives der Opgave over Fordelingen af Reisende med de ordinære Tog paa de forskjellige Afstande, og i Tabel XII gives Oplysning om, hvorledes de ordinære Tog har været besatte med Reisende og belastede med Gods mellem Stationerne.

[1]) Udgifter vedkommende Trafikafdelingen; Udgifter vedkommende Stationernes Vedligehold indgaar under Baneafdelingens Udgifter (Tabel IV, Col. 71).

Transportmængder af de væsentligste Varesorter er angivne i Tabel XI saavel for hver Bane som for Banerne samlet og særskilt for Transport i Lokal- og Samtrafik m. m. I Tilslutning til den i «Beretning om de norske Jernbaner og deres Drift 1854—1879» (Side 19 og 20) optagne Fordeling er i det Følgende Varerne grupperede i tre Hovedafdelinger*): «Skovprodukter», «Produkter vedkommende Landbrug» og «Andet Fragtgods».

I Terminen 1893—94 er af Skovprodukter paa samtlige Baner[1]) tilsammen befordret 727 344 t., der udgjør 52.3 pCt. af den hele Fragttransport, af Produkter vedkommende Landbrug 215 815 t. eller 15.5 pCt., og af Andet Fragtgods 448 424 t. eller 32.2 pCt. af den hele Fragtgodstransport

Transporten paa hver Bane fordelt paa ovennævnte 3 Varegrupper angives nærmere i følgende Specifikation for Terminerne 1892—93 og 1893—94:

Baner.	Terminen endende 30te Juni.	Skovprodukter.		Produkter vedkommende Landbrug.		Andet Fragtgods	
		t.	pCt.[2])	t.	pCt.[2])	t.	pCt.[2])
Smaalensbanen	1893	132 776	57.7	45 651	19.8	51 729	22.5
	1894	131 064	57.6	49 656	21.8	46 887	20.6
Kongsvingerbanen	1893	128 874	60.4	26 550	12.5	57 767	27.1
	1894	127 174	61.0	30 288	14.5	50 860	24.4
Kongsvinger-Flisenbanen	1894	7 251	60.0	2 585	21.4	2 240	18.5
Kristiania—Drammenb.	1893	30 352	25.1	24 360	20.1	66 313	54.8
	1894	31 639	26.3	22 571	18.8	65 875	54.0
Drammen—Skienbanen	1893	19 104	33.5	13 568	23.8	24 298	42.7
	1894	21 826	40.1	10 950	20.1	21 631	39.8
Drammen—Randsfjordb.	1893	170 464	66.0	17 911	6.9	69 963	27.1
	1894	166 805	63.5	17 715	6.7	78 331	29.8
Eidsvold—Hamarbanen	1893	6 700	9.5	17 671	24.9	46 493	65.6
	1894	6 903	10.8	15 976	24.9	41 296	64.3
Rørosbanen	1893	19 604	16.0	28 147	23.0	74 847	61.0
	1894	22 792	17.9	27 274	21.4	77 510	60.8
Merakerbanen	1893	70 772	55.6	11 919	9.4	44 629	35.0
	1894	75 666	59.8	8 637	6.8	42 250	33.4
Jæderbanen	1893	1 204	9.2	4 564	34.8	7 343	56.0
	1894	1 162	8.9	4 449	34.0	7 467	57.0
Bergen—Vossbanen	1893	822	6.3	3 885	30.0	8 251	63.7
	1894	1 019	6.5	3 346	21.2	11 418	72.3
Hovedbanen	1893	280 216	54.2	82 768	16.0	153 651	29.8
	1894	278 275	54.4	88 366	17.3	144 574	28.3
Samtlige Baner	1893	722 710	52.0	214 995	15.5	451 730	32.5
	1894	727 344	52.3	215 815	15.5	448 424	32.2

*) «Skovprodukter» indbefatter her Trælast og Brænde samt Træmasse, «Produkter vedkommende Landbrug» omfatter Gjødning, Hø & Halm, Kjød og Flesk, Korn og Mel Melk, Poteter samt Smør og Ost, «Andet Fragtgods» det øvrige Gods.

[1]) Det maa i denne Forbindelse erindres (jfr. Anmærkning til Tabel III, Pag. 28), at Opgaverne over, hvad der er transporteret paa de samlede Baner, er den virkelige Transportmængde, idet, hvad der er ført over to eller flere Baner, kun er medregnet én Gang.

[2]) 1 pCt. af den hele Fragtgodstransport paa vedkommende Bane.

Transport af Skovprodukter er i Terminen steget med ca. 4 600 t., Transport af Landbrugsprodukter er steget ca. 800 t., medens andet Fragtgods er gaaet ned med ca. 3 300 t.

Af Skovprodukter indtager Trælast og Brænde den væsentligste Del, og udgjør denne Varesort den største Transportgjenstand paa de fleste Baner.

Opgave over Størrelsen af denne Transport og de af samme flydende Fragtindtægter m. V. for 1892—93 og 1893—94 sammenstilles i følgende Tabel:

Baner.	Terminen endende 30te Juni.	Transport af Trælast og Brænde.			Indtægt.			Midl. Transportmængde.
		Ton.	Tonkm. Tusinder.	pCt.[1])	Ialt Kr.	pCt.[2])	pr. Tonkm. Øre.	km.
Smaalensbanen ...	1893	107 737	4 013	38.0	150 986	27.7	3.8	37.2
	1894	105 888	4 110	40.8	161 456	31.7	3.9	38.8
Kongsvingerbanen.	1893	110 948	9 047	51.6	242 268	40.3	2.7	81.5
	1894	101 554	8 229	48.0	217 777	36.9	2.6	81.0
Kongsv.—Flisenb..	1894	7 251	174	51.1	6 910	35.8	4.0	24.0
Kr.ania-Drammenb.	1893	20 939	758	16.4	28 427	10.3	3.8	36.2
	1894	22 052	781	17.3	29 677	11.0	3.8	35.4
Drammen—Skienb.	1893	18 742	764	26.3	26 819	17.6	3.5	40.8
	1894	21 594	804	33.8	29 683	22.3	3.7	37.2
Dr.men-Randsfjb. .	1893	68 807	2 441	19.9	92 173	15.0	3.8	35.5
	1894	63 081	2 038	16.3	81 138	13.0	4.0	32.3
Eidsvold—Hamarb.	1893	6 183	171	4.9	7 172	3.9	4.2	27.7
	1894	6 903	154	5.0	7 118	4.3	4.6	22.3
Rørosbanen	1893	19 565	1 064	7.7	33 064	5.8	3.1	54.4
	1894	22 792	1 393	10.3	41 227	7.5	3.0	61.1
Merakerbanen	1893	59 656	5 334	54.1	149 595	39.4	2.8	89.4
	1894	63 465	5 504	56.1	154 643	41.8	2.8	86.7
Jæderbanen	1893	1 204	39	8.7	1 501	4.0	3.8	32.4
	1894	1 162	26	5.7	1 279	3.3	4.9	22.4
Bergen—Vossb....	1893	823	55	5.5	4 282	6.1	7.8	66.8
	1894	1 019	63	5.7	4 697	6.5	7.5	61.8
Hovedbanen......	1893	246 862	5 498	33.6	314 094	30.4	5.7	22.3
	1894	237 340	5 439	32.8	306 397	29.3	5.6	22.9
Samtlige Baner	1893	551 274	29 184	31.4	1 050 381	23.5	3.6	52.9
	1894	544 965	28 541	31.2	1 042 002	23.7	3.6	52.4

[1]) 1 pCt. af Tonkm. Fragtgods paa vedk. Bane.
[2]) 1 pCt. af Banens hele Indtægt af Fragtgods.

Transporten af Trælast og Brænde er fremdeles aftagende ligesom i de to foregaaende Terminer (i 1891—92 569 685 Ton og i 1892—93 551 274 Ton mod i 1893 -94 544 965 Ton). Den samlede Nedgang i Terminen udgjør ca. 6 300 t. med ca. 643 000 Tonkilometer; den hertil svarende Nedgang i Indtægter udgjør ca. Kr. 8 400.

Transport af Træmasse er i Terminen gaaet op fra ca. 171 000 t. til ca. 182 000 t. eller med ca. 11 000 t. Næst Trælast og Brænde har denne Varesort været den største Fragtgjenstand, regnet efter Antallet af befordrede Ton. Stigning i Terminen er der paa Smaalensbanen, Kongsvingerbanen, Kristiania—Drammenbanen, Drammen—Randsfjordbanen og Merakerbanen samt Hovedbanen.

Af Produkter vedkommende Landbrug har Korn- og Melvarer udgjort den største Transportgjenstand med ca. 80 000 t. eller ca. 37 pCt. af den hele Transport inden Gruppen; dernæst kommer Transport af Gjødning med ca. 68 000 t.

Af levende Dyr har der i Terminen paa samtlige Baner ialt været transporteret 41 539 Stkr., hvoraf 4 090 Heste, 25 205 Hornkvæg, større Svin etc. samt 12 244 Smaafæ.

Transport af Melk og Indtægten af denne Fragtgjenstand angives i følgende Tabel for de tvende sidste Terminer:

Baner.	1892—93.		1893—94.	
	Antal Ton.	Indtægt Kr.	Antal. Ton.	Indtægt Kr.
Smaalensbanen	11 055	41 904	11 910	46 764
Kongsvingerbanen	2 585	6 405	2 416	6 175
Kongsvinger—Flisenbanen	-	-	8	29
Kristiania—Drammenbanen	6 093	25 900	5 743	24 572
Drammen—Skienbanen	1 311	2 923	977	2 232
Drammen—Randsfjordbanen	2 299	7 311	2 400	8 020
Eidsvold—Hamarbanen	2 602	9 512	*) 3 853	13 706
Rørosbanen	1 747	4 534	1 976	4 981
Merakerbanen	429	873	381	1 134
Jæderbanen	388	1 917	327	1 639
Bergen—Vossbanen	1 117	8 899	830	7 722
Hovedbanen	9 340	50 297	*) 11 360	58 425
Samtlige Baner	31 559	160 475	*) 33 891	175 399

*) Paa Eidsvold—Hamarb. og Hovedbanen (Hamar—Kristiania) har desuden været transporteret af kondenseret Melk (indbefattet i «Øvrige Varer»): 1889—90 3 081 t., 1890—91 3 325 t., 1891—92 2 255 t., 1892—93 2 121 t., 1893—94 1 547 t.

Nærmere Opgaver over, hvad der af Trælast- og Melketransport, Trafik og Indtægt kommer paa Samtrafik og Lokaltrafik, er angivet i Tab. VIII & IX.

Som betydeligere Massetransporter hørende under den 3die Varegruppe kan anføres Kul, Jern og Malme, tilsammen ca. 180 000 Ton, Sild og Fisk ca. 28 000 Ton samt Mursten, Tagsten og Drainsrør tilsammen ca. 23 000 Ton.

Størrelsen af Transporten m. m. paa hver Bane af de øvrige opførte Varesorter angives i Tab. XI.

De forskjellige Varesorters Betydning i Forhold til den hele Fragtgodstransport paa samtlige Baner, regnet efter Antal befordrede Ton, fremgaar af efterstaaende Oversigt[1]):

Varesorter.	1892—93.		1893—94.	
	Ton.	I pCt. af den samlede Transport af Fragtgods.	Ton.	I pCt. af den samlede Transport af Fragtgods.
Trælast og Brænde	551 274	39.68	544 965	39.16
Heraf: Planker, Bord, Lægter og Stav	270 550	19.47	274 928	19.75
Tømmer, alle Slags, O og	209 369	15.07	198 262	14.25
Brænde og Baghun	71 355	5.14	71 775	5.16
Træmasse	171 436	12.34	182 379	13.11
Kul (Sten-, Træ-), Cokes og Cinders	98 958	7.12	91 736	6.59
Kornvarer og Mel, alle Slags	86 751	6.24	80 079	5.75
Gjødning, alle Slags	61 660	4.44	67 592	4.86
Jern og Staal og Arbeide deraf[2])	45 252	3.26	45 271	3.25
Malme, Erts og Kis[3])	43 567	3.14	43 041	3.09
Melk	31 559	2.27	33 891	2.44
Sild og Fisk	29 062	2.09	28 214	2.03
Mursten, Tagsten og Drainsrør	21 881	1.57	23 498	1.69
Hø og Halm	10 729	0.77	10 941	0.79
Kjød og Flesk	7 557	0.54	8 634	0.62
Salt	8 868	0.64	8 541	0.61
Smør og Ost	8 496	0.61	7 663	0.55
Poteter	8 243	0.59	7 017	0.51
Øl, alle Slags	5 906	0.43	5 890	0.42
Brændevin paa Træer	5 104	0.37	5 046	0.36
Spiger	2 416	0.17	2 505	0.18
Ikke specificerede Varer	190 716	13.73	194 680	13.99
Tilsammen	1 389 435	100.00	1 391 583	100.00

En Sammenstilling for de fem sidste Driftsaar over Transport af de forskjellige Varesorter meddeles i Tab. XIX. 2 særskilt for hver Bane.

[1]) Det maa i denne Forbindelse erindres (jfr. Anmærkning til Tab. III, Pag. 28), at Opgaverne over, hvad der er transporteret paa de samlede Baner, er den virkelige Transportmængde, idet, hvad der er ført over to eller flere Baner, kun er medregnet én Gang.

[2]) Spiger undtagen.

[3]) For 1ste Trafikdistrikts og Eidsvold—Hamarbanens samt Hovedbanens Vedkommende tillige indbefattende Kalk, Ler, Sand, Sten.

Rullende Materiel.

I Tabel V er meddelt Opgave over Lokomotiver og Vogne ved Terminens Slutning med nærmere Beskrivelse af disse samt Oplysning om deres Anvendelse i Terminen m. V.

Til Oversigt angaaende Banernes Udstyr med Lokomotiver hidsættes nedenstaaende Sammendrag af Tab. V. 1, særlig for de sammenhængende Komplexer af samme Sporvidde:

Baner.	Antal Lokomotiver.			Heraf Tank-lokomotiver.	Paa hvert Lokomotiv kommer Kilometer Bane.
	4 kob-lede.	6 kob lede.	Sum.		
Normalsporede Baner.					
Smaalensbanen	23	7	30	3	8.3
Kongsvingerbanen	8	5	13	2	9.3
Kongsvinger—Flisenbanen	1	2	3	-	16.4
Eidsvold—Hamarbanen	4	1	5	-	11.7
Hovedbanen	18	7	25	5	2.7
Sum	54	22	76	10	7.2
Merakerbanen	5	4	9	2	11.8
Hovedsum	59	26	85	12	7.7
Smalsporede Baner.					
Kristiania—Drammenbanen	10	[1]) 2	12	10	4.4
Drammen—Skienbanen	14	-	14	10	11.1
Drammen—Randsfjordbanen	11	6	17	12	8.4
Sum for 2det Distrikt	35	[1]) 8	43	32	8.2
Hamar—Grundsetbanen	3	2	5	3	7.6
Grundset—Aamotbanen	2	-	2	1	13.1
Støren—Aamotbanen	14	3	17	8	19.3
Trondhjem—Størenbanen	4	3	7	4	7.3
Sum for Rørosbanen	23	8	31	16	14.1
Jæderbanen	5		5	5	15.3
Bergen—Vossbanen	6	-	6	6	18.0
Hovedsum	69	[1]) 16	85	59	11.4

Ved Terminens Begyndelse var Lokomotivernes Antal 161, af nye Lokomotiver er i Terminen tilkommet 9, hvoraf ved Smaalensbanen 1 sexkoblet Compoundtenderlokomotiv, ved Aabningen af Kongsvinger—Flisenbanen 3 Compoundlokomotiver, hvoraf 1 firkoblet og 2 sexkoblede, ved Drammen—Randsfjordbanen 1 sexkoblet Tenderlokomotiv, ved hver af Grundset—Aamotbanen og Støren—Aamotbanen 1 firkoblet Compoundtenderlokomotiv samt ved Hovedbanen 2 firkoblede Tenderlokomotiver Ialt fandtes saaledes ved Terminens Udgang 170 Lokomotiver, hvorefter der paa hvert Lokomotiv i Gjennemsnit kommer 9.6 km. Bane.

[1]) Heri medregnet 1 ottekoblet Maskine.

Til Oversigt over Banernes Udstyr med Vogne ved Terminens Slutning hidsættes efterstaaende Opgaver efter Tab. V. 2 i Sammendrag, særlig for de sammenhængende Komplexer af samme Sporvidde:

Baner.	Personvogne og Personstoppevogne.			Postvogne.			Godsvogne og Godsstoppevogne.	Tilsammen.	Antal Pladse.		Lasteevne. Ton.	
	Antal Vogne.		Antal Axler [2]).	Antal Vogne.		Antal Axler [3]).	Antal Axler [4])	Antal Axler.	Ialt.	Pr. km. Driftslængde.	Ialt.	Pr. km. Driftslængde.
	2-axlede.	4-axlede.		2-axlede.	4-axlede.							
Normalsporede Baner.												
Smaalensbanen........	86	25	280	6	5	24	1 208	1 512	4 911	19.6	6 360	25.4
Kongsvingerbanen.....	35	9	106	3	-	6	964	1 076	1 328	10.9	4 482	36.7
Kongsvinger—Flisenb..	-	4	20	-	2	4	138	162	376	7.5	727	14.5
Eidsvold—Hamarb.....	10	4	36	-	-	-	220	256	582	10.0	1 067	18.4
Hovedbanen	59	3	131	1	-	1	1 372	1 504	1 660	24,4	6 474	95.2
Sum	190	45	573	10	7	35	3 902	4 510	8 857	16.2	19110	34.8
Merakerbanen.........	17	4	55	1	2	5	418	478	904	8.5	2 158	20.4
Hovedsum	207	49	628	11	9	40	4 320	4 988	9 761	14.9	21268	32.5
Smalsporede Baner.												
Kristiania—Drammenb..	52	19	183	-	1	1	442	626	2 217	41.8	1 370	25.8
Drammen—Skienb.....	[1]) 14	26	137	-	5	10	546	693	1 947	12.3	1 809	11.4
Drammen—Randsfj.b...	[1]) 37	6	99	-	2	4	1 038	1 141	1 296	9.0	3 215	22.5
Sum for 2det Distrikt	103	51	419	-	8	15	2 026	2 460	5 460	15.5	6 394	18.2
Hamar—Grundsetb.....	8	2	24	1	-	2	106	132	234	6.2	273	7.2
Grundset—Aamotb.....	-	1	4	-	-	-	20	24	44	1.7	70	2.7
Støren—Aamotb.......	31	13	114	-	4	8	692	814	1 521	4.7	2 338	7.3
Trondhjem—Størenb...	10	4	36	1	2	6	190	232	471	9.2	551	10.8
Sum for Rørosbanen	49	20	178	2	6	16	1 008	1 202	2 270	5.2	3 232	7.4
Jæderbanen...........	29	-	58	-	-	-	84	142	806	10.6	207	2.7
Bergen—Vossbanen....	4	19	86	2	-	2	102	190	1 086	10.1	327	3.0
Hovedsum	185	90	741	4	14	33	3 220	3 994	9 622	9.9	10160	10.4

Godsvognene er toaxlede undtagen 4 Vogne ved Smaalensbanen og 4 ved Kongsvingerbanen, der er fireaxlede Bogievogne; de øvrige Vogne er dels to-, dels tre- eller fireaxlede, undtagen ved Jæderbanen, hvor der kun haves toaxlede Vogne.

---

[1]) Heri 1 treaxlet Vogn.

[2]) Foruden Antal Axler af de opførte Person- og Personstoppevogne er heri tillige indbefattet Antal Personvognaxler i kombinerede Person- & Postvogne, nemlig ved Smaalensbanen 8 Axler, ved Kongsvinger—Flisenbanen 4, ved Merakerbanen 5, ved Kristiania—Drammenbanen 3, ved Drammen—Skienbanen 4, ved Bergen—Vossbanen 2 Axler samt ved Hovedbanen 1 Axel.

[3]) Personvognaxler i kombinerede Person- & Postvogne heri ikke indbefattet, jfr. foreg. Anmærkning; det samme er Tilfældet med Godsstoppevognaxler i kombinerede Post- & Stoppevogne, jfr. følgende Anmærkning.

[4]) Heri medregnet Stoppevognaxler i kombinerede Post- & Stoppevogne, nemlig ved Drammen—Skienbanen 6 Axler, ved Drammen—Randsfjordbanen 4, ved Støren—Aamotbanen 8 Axler samt ved Trondhjem—Størenbanen 4 Axler.

I Terminen er Antallet af Personvogne og Pladse undergaaet saadan Forandring:

Ved Smaalensbanen er tilkommet 4 Bogievogne (2 Litr. C, 1 Litr. CF og 1 Litr. CDF), hvorved Pladsenes Antal er forøget fra 4 625 til 4 911. Ved Drammen—Skienbanen er 2 Stk. Person-, Post- & Stoppebogievogne, Litr. CDF, ombyggede til 2 Stk. Post- & Stoppebogievogne, Litr DF, hvorved Pladsenes Antal er gaaet ned fra 1 995 til 1 947. Ved Hamar—Grundsetbanen er tilkommet 2 Bogievogne, Litr. CF, hvorved Pladsenes Antal er forøget fra 172 til 234. Ved Støren—Aamotbanen er tilkommet 2 Bogievogne, Litr. BC, hvorved Pladsenes Antal er steget fra 1 435 til 1 521. Ved Bergen—Vossbanen er tilkommet 2 Bogievogne (1 Litr. BC og 1 Litr. C), medens 4 Vogne, der fra Godsvogne Litr. G har været omdannede til Personvogne Litr. C og hidtil benyttede i Sommertrafiken, er overgaaet til Godsvogne, Litr. G. Pladsenes Antal er steget fra 1 065 til 1 086. Naar Materiellet for den i Terminen tilkomne Kongsvinger—Flisenbane med 376 Personpladse medtages, havdes der for samtlige Baner ved Terminens Udgang 19 383 Pladse eller gjennemsnitlig 11,9 Pladse pr. Kilometer Driftslængde.

Stoppevogne Litr F er ved hver af Banerne Kristiania—Drammen og ved Drammen—Randsfjord forøget med 3 toaxlede.

Antal Godsvogne har i Terminen undergaaet saadan Forandring:

Ved Smaalensbanen er tilkommet 20 Grus- & Trælastvogne, Litr. Mk, 9 Stakevogne, Litr. N, og 4 Stk. Bogie-Godsvogne, Litr. Qk. Ved Kongsvingerbanen er tilkommet 4 Stk. Bogie-Godsvogne, Litr. Qk, og er en Del Godsvognes Lasteevne under Reparation bleven forøget. Ved Grundset—Aamotbanen er tilkommet 10 Stakevogne, Litr. N. Ved Bergen—Vossbanen er ovennævnte 4 Godsvogne, Litr. G, tilkomne. Indbefattet Kongsvinger—Flisenbanen, hvis Materiel har en Lasteevne af 727 t., var Lasteevnen for samtlige Baner ved Terminens Udgang 31 428 t. eller gjennemsnitlig 19,3 t. pr. km. Driftslængde.

Til rullende Materiel var ved Terminens Udgang anvendt Kr. 17 203 399 (jfr. Tabel II.2, Col. 14).

Lokomotiverne har i Terminen (jfr. Tabel V.3, Col. 62—71) ialt kjørt 5 923 004 km., hvoraf paa fremmede Baner (svenske Baner) 56 002 km. Af de kjørte Distancer er 88 871 km. til Banernes Vedligehold og Ryddiggjørelse, 58 370 km. for Baneanlæggene Kongsvinger—Flisen og Hamar—Sel samt 5 775 763 km. til Trafikens Bestridelse, hvoraf 5 020 970 km. er kjørt i Tog, medens 127 901 km. er kjørt uden Tog, og 626 892 km. er Skitftning paa Stationerne.

Der er medgaaet 49 724 Ton Kul med et Kostende af Kr. 677 811 (Statsbanerne 42 523 Ton og Kr. 585 133). (Jfr. Tab. V.4 Col. 79 og Col. 81).

Samtlige Vogne har i Terminen (jfr. Tab. V.5 Col. 102—105) tilsammen løbet 119 765 654 Axelkilometer, nemlig: Personvogne 41 434 837, Godsvogne 58 362 810, Stoppevogne (Person- og Gods-) 15 652 940 og Postvogne 4 315 067 Axelkm.

Til nærmere Oversigt angaaende det rullende Materiels Anvendelse i Terminen meddeles følgende Sammenstilling efter Tab. V.3 & V.5, over hvad hvert Lokomotiv i Gjennemsnit har løbet, samt gjennemløbne Distancer pr. Vognaxel af de forskjellige Slags Vogne, særskilt for de sammenhængende Komplexer af samme Sporvidde:

Materiel tilhørende.	Gjennemløbne Distancer i Kilometer.				
	Gjennemsnitlig pr. Lokomotiv.	Personvogne.	Postvogne.	Stoppevogne.	Godsvogne.
		Gjennemsnitlig pr. Vognaxel.			
Normalsporede Baner.					
Smaalensbanen	33 804	41 444	61 385	54 600	8 788
Kongsvingerbanen og Kongsv.—Flisenbanen	27 956	27 691	25 172	30 237	6 957
Eidsvold—Hamarbanen	33 232	39 723	-	58 429	8 866
Hovedbanen	25 811	33 619	45 665	33 520	6 274
I Gjennemsnit	29 949	37 183	50 748	42 864	7 371
Merakerbanen	36 306	27 885	38 690	49 375	9 728
Smalsporede Baner.					
Banerne i 2det Trafikdistrikt	41 735	33 752	67 180	48 697	6 846
Rørosbanen	36 150	37 231	79 963	32 247	11 583
Jæderbanen	36 192	15 852	9 221	49 809	8 309
Bergen—Vossbanen	44 382	22 823	21 622	75 072	11 079

Banerne og deres Vedligehold.

I Tab. VI er givet en Oversigt over de vigtigste tekniske Forhold ved samtlige Baner, hvad angaar Stignings- og Krumningsforhold (Tab. VI. 1). Planeringsarbeider med Tunneler, Broer etc. (Tab. VI. 2), Stationsanlæg (Tab. VI. 3) samt Overbygningen (Tab. VI. 4), — alt i Tilslutning til de tilsvarende Opgaver i Storthingsprp. No. 52, 1881, Tab. II, hvor Opgaverne refererer sig til Udgangen af Terminen 1878—79 samt omfatter alene de ved nævnte Tidspunkt i Drift værende Baner, imedens foreliggende Opgaver refererer sig til Udgangen af Terminen 1893—94 og omfatter saaledes de senere tilkommende Baner samt Udvidelser og Forbedringer vedkommende Stationsarrangements, Ombygning af Træbroer til Jernbroer, Udvidelse af Sidespor, Omlægninger m. V.

Som Supplement til Opgaverne over Stignings- og Krumningsforhold meddeles i efterstaaende Tabel en Beregning over Banernes **virtuelle Længder**, virtuelle Forholdstal og største virtuelle Koefficient*):

Baner.	Banelængde.	Virtuelle Længde.		Virtuelle Forholdstal.		Største virtuelle Koefficient.	
		Op.	Ned [1].	Op.	Ned [1].	Op.	Ned [1].
	km.	km.	km.				
Smaalensbanen:							
1. Kristiania—Rigsgr. (v. Linie)	170.1	329	266	1.9	1.6	9.4	5.3
Hvoraf: Kristinnia—Ski	24.3	78	24	3.2	1.0	5.1	4.3
Ski—Sarpsborg	85.1	109	153	1.3	1.8	4.9	5.1
Sarpsborg—Fredrikshald	27.2	36	41	1.3	1.5	4.8	4.8
Fredrikshald—Grændsen	33 5	106	48	3.2	1.4	9.4	5.3
2. Ski—Sarpsborg (østre Linie)	79.0	141	180	1.8	2.3	5.9	5.6
Kongsvingerbanen	114.6	138	130	1.2	1.1	2.9	3.0
Kongsvinger—Flisenbanen	50.2	61	56	1.2	1.1	3.2	3.2
Kristiania—Drammenbanen	52.9	112	108	2.1	2.0	5.9	6.7
Drammen—Skien (Hovedlinie)	148.6	300	294	2.0	2.0	8.0	5.8
Skoppum—Horten (Sidelinie)	7.2	6	23	0.8	3.2	7.1	8.0
Drammen—Randsfj. (Hovedl.)	89.3	188	132	2.1	1.5	7.3	6.2
Hougsund—Kongsberg (Sidel.)	27.9	93	39	3.3	1.4	7.3	5.1
Vikesund—Krøderen (do.)	26.3	91	63	3.5	2.3	9.8	7.1
Eidsvold—Hamar	58.4	100	97	1.7	1.7	5.1	6.0
Rørosbanen	433.4	739	776	1.7	1.8	7.9	10.2
Hvoraf: Hamar—Grundset	38.1	84	52	2.2	1.4	5.2	6.4
Grundset—Aamot	26.4	43	28	1.6	1.1	4.0	4.1
Aamot—Tønset	156.8	300	182	1.9	1.2	5.1	5.0
Tønset—Støren	161.0	207	385	1.3	2.4	5.1	6.3
Trondhjem—Støren	51.1	105	129	2.1	2.5	7.9	10.1
Merakerbanen	102.3	331	107	3.2	1.0	8.3	4.1
Jæderbanen	76.3	128	129	1.7	1.7	5 7	5.7
Bergen—Vossbanen	106.7	204	228	1.9	2.1	9.2	9.0
Hovedbanen	67.8	153	101	2.3	1.5	9.9	7.2
Hvoraf: Kristiania—Lillestrøm	21.2	76	31	3.6	1.5	9.9	7.2
Lillestrøm—Eidsvold	46.6	77	70	1.7	1.5	5.2	5.1

*) En Jernbanes «virtuelle» Længde betegner Længden af en forøvrigt ensartet, men horizontal og retliniet Bane, der skulde give samme Arbeide for Trækkraften som den givne med sine Stigninger og Krumninger. Dette virtuelle Forholdstal angiver, hvormange Gange længere denne imaginære Bane vilde blive end den virkelige; medens største virtuelle Koefficient giver det Antal Gange, som Modstanden i Banens ugunstigste Partier er større, end den vilde være paa horizontal og retliniet Bane. Beregningerne er udført efter Lindner's Methode.

[1]) «Ned» betegner Retningen til Kristiania; for Jæderbanen og Bergen—Vossbanen, der ikke staar i direkte Forbindelse med Kristiania, følgelig Retningen henholdsvis Stavanger—Egersund og Bergen—Voss.

Alle Baner er anlagte med enkelt Spor, hvoraf 641 km. med 1.435 m. Sporvidde og 970 km. med 1.067 m. Sporvidde. Foruden Længden af det gjennemgaaende Hovedspor, 1 611 km., forekommer paa og udenfor Stationerne Sidespor, hvis samlede Længde beløber sig til 223 km. for samtlige Baner, eller ca. 14 pCt. af Hovedsporets Længde.

Til Forbindelse mellem Hovedspor og Sidespor er 1 345 Sporvexlinger indlagte.

Et Sammendrag for hver Bane over samlet Sporlængde, med Opgave over Skinner af Jern og af Staal samt den anvendte Skinnevægt, indeholdes i følgende Tabel:

Baner.	Sporvidde.	Samlet Sporlængde.	Skinner				Sleepers.
			af Jern.		af Staal.		
				Skinnevægt pr. løb. m.		Skinnevægt pr. løb. m.	
	Meter.	km.	km.	kg.	km.	kg.	Antal.
Smaalensbanen	1.435	281.8	303.1	24.80—29.76	260.5	27.28—29.79	336 274
Kongsvingerbanen ...	»	138.0	122.9	30.75	153.1	30.00	166 515
Kongsv.—Flisenbanen	1.435	52.9	-	-	105.8	25.00	57 680
Kr.ania—Dr.menb. ...	1.067	65.0	9.4	19.84	120.6	19.84—25.00	95 614
Dr.men—Skienbanen .	»	170.4	24.2	17.36—19.84	316.4	» —20.50	233 015
Dr.men—Randsfjb. [1]) .	»	173.8	110.5	» — »	237.1	» —25.00	254 709
Eidsvold—Hamarb. [2]).	1.435	67.2	4.8	» —18.35	129.6	19.84—27.28	74 476
Rørosbanen	1.067	458.1	571.4	» —20.34	344.8	17.36—25.00	659 192
Merakerbanen [3])	1.435	123.3	30.9	» —29.76	221.7	19.84—27.28	144 225
Jæderbanen	1.067	81.6	142.9	17.36	20.3	17.36	128 580
Bergen—Vossbanen ..	»	114.5	13.4	»	215.6	»	158 750
Hovedbanen [4]).......	1.435	110.6	35.6	29.76	185.6	29.76	140 448
Samtlige Baner......	-	1 837.2	1 365.2	-	2 311.2	-	2 449 478

Ved samtlige Baner anvendes Vignolskinner med bred Basis, der ligger uden Undtagelse paa Tversleepers af Træ; alle Skinner er lagte med svævende Skjøder.

Den samlede Sporlængde af Staalskinner var ved Udgangen af Terminen 1893—94 1 155.6 km. eller ca. 72 pCt. af Hovedsporets Længde, hvoraf 518.7 km. var indlagt ved Banens Anlæg, imedens Resten, 636.9 km., er tilkommet ved Ombytning under Driften fra Jern til Staal.

I Forbindelse med Jernbanerne staar endvidere private Sidespor til samlet Længde 42.0 km.

Oplysning om Udgifter til Banernes Vedligehold indeholdes i Tab. IV, Col. 69—74, hvortil slutter sig en nærmere Specifikation i Tab. VI. 5 tilligemed Opgave over Ombytning af Skinner og Sleepers i Tab. VI. 6.

[1]) Drammen Fællesstation indbefattet.

[2]) Hamar Fællesstation indbefattet.

[3]) Trondhjem Fællesstation heri indbefattet.

[4]) Kristiania og Lillestrøm Fællesstationer indbefattet.

Af Baneafdelingens Udgifter i Terminen, Kr. 2 478 357, kommer Kr. 2 259 998 paa Vedligehold af Linie med Bygninger og Telegraf samt Bevogtning. Den væsentlige Del heraf falder paa Vedligehold af Linie og Stationspladse med Kr. 1 889 227, nemlig Materialier Kr. 668 051. Lønninger Kr. 1 221 175, hvori dog er indbefattet Udgifter til den ordinære Bevogtning paa Linien. Til særligt Bevogtningspersonale (Bro-, Tunnel- og Grindvogtere) er medgaaet Kr. 51 405. Til Vedligehold af Bygninger og Vandstationer samt andre Indretninger paa Stationerne, Vedligehold af Værksteder og hvad dertil hører dog ikke medregnet, er medgaaet Kr. 155 868 samt til Telegrafens Vedligehold Kr. 22 317.

Udgifter til Sne- og Isrydning (jfr. Tab. VI. 5 Col. 132) varierer forholdsvis betydeligt fra Aar til andet, beroende paa Vinterens Beskaffenhed; i Terminen 1893—94 har denne Udgift udgjort Kr. 66 476 (pr. km. Kr. 42) mod Kr. 156 593 i den foregaaende Termin (pr. km. Kr. 100). (Jfr. Anm. til Tab. VI. 5, Col. 132, b).

Regnet pr. Kilometer var de samlede Udgifter til Baneafdelingen i Terminen 1893—94 Kr. 1 538 mod Kr. 1 544 i foregaaende Termin.

Den i Driftsaaret foretagne Ombytning af Skinner og Sleepers (Tab. VI. 6) fordeles paa de enkelte Linier saaledes:

Baner.	Ombytning af Skinner.				Ombytning af Sleepers.	
	Af nye Jernskinner er indlagt. km.	Af nye Staalskinner er indlagt. km.	Tilsammen. Ombyttet. km.	Tilsammen. pCt.[1])	Stkr.	[2]) pCt. af samlet Antal.
Smaalensbanen	-	26.443	26.443	4.7	50 969	15.2
Kongsvingerbanen	-	7.910	7.910	2.9	17 879	10.7
Kongsvinger—Flisenbanen	-	-	-	-	8	-
Kristiania—Drammenbanen	-	14.768	14.768	11.4	19 067	19.9
Drammen—Skienbanen	-	0.090	0.090	-	31 435	13.5
Drammen—Randsfjordbanen	-	31.830	31.830	9.2	40 163	15.8
Eidsvold—Hamarbanen	-	-	-	-	4 849	6.5
Rørosbanen	-	56.261	56.261	6.1	33 002	5.0
Merakerbanen	0.006	0.365	0.371	0.2	7 005	4.8
Jæderbanen	-	4.186	4.186	2.6	20 328	15.8
Bergen—Vossbanen	0.418	11.704	12.122	5.3	19 418	12.2
Hovedbanen	0.193	3.462	3.655	1.7	3 452	2.5
Samtlige Baner	0.617	157.019	157.636	4.4	247 575	10.3

De i Terminen nye indlagte Skinner med Sporskifter og Krydsninger har efter Fradrag af kasserede Skinner tilsammen kostet Kr. 267 010 og nye indlagte Sleepers Kr. 218 828.

[1]) 1 pCt. af Terminens midlere Skinnelængde.

[2]) 1 pCt. af Antal Sleepers ved Terminens Begyndelse.

Opgaver vedkommende Jernbanernes Telegraf indeholdes i Tab. VII, hvoraf fremgaar, at den samlede Længde af Telegraflinier ved Terminens Udgang var 1 635 km. med 3 068 km. Traadlængde. Paa Jernbanernes Linier var i Terminen befordret 111 610 private Telegrammer, hvoraf 72 112 alene befordrede paa Jernbanernes Linier, Resten 39 498 tillige befordrede paa Statstelegrafen. Endvidere befordredes 151 276 Tjenestetelegrammer. Banernes Indtægt af private Telegrammer opgik til Kr. 54 561 *).

Personale.

I Tab. XVII er meddelt Opgave over de ved Udgangen af Terminen ansatte Personer, der enten er aflønnede efter de af Statsmyndighederne (for Statsbanerne) bestemte Lønningsregler eller er Medlemmer af den for Statsbanerne fælles Pensionskasse og vedkommende Understøttelseskasse. Dette Personale udgjorde for Statsbanerne 2 793 og for Hovedbanen 514.

Pensions- og Understøttelseskasser.

Særskilte Pensionskasser, hvis Formaal er at sikre vedkommende Funktionær en i Forhold til hans Løn og Tjenestetid bestemt Pension, har bestaaet ved de forskjellige Statsbaner, indtil Storthinget i 1890 i det Væsentlige bifaldt den Kgl. Prp. af 1884 om Oprettelse af en fælles Kasse: «De norske Statsbaners Pensionskasse» (kfr. Driftsberetningen 1889—90, Pag. XXXVIII). Bestyrelsen er underlagt Styrelsen for Statsbanerne. Statuterne for Kassen findes indtagne i Driftsberetningen for 1889—90.

For Hovedbanens Pensionskasse gjælder fra 1ste Juli 1890 nye Statuter, der i alt Væsentligt er overensstemmende med Statuterne for førnævnte Statsbaners Pensionskasse. Bestyrelsen er underlagt Hovedbanens Direktion.

Særskilt for Statsbanernes 1ste, 2det, 5te og 6te Trafikdistrikt samt fælles for 3die og 4de er oprettet Understøttelseskasser, hvis Hensigt er at yde Enker samt undtagelsesvis ogsaa Pensionister Hjælp i særlige Tilfælde af Trang, men saaledes, at dette sker i Form af Gratiale uden nogen bindende Regel i Henseende til Vedkommendes Berettigelse eller Beløbets Størrelse.

Understøttelseskasserne har havt samme Bestyrelse som Pensionskasserne indtil 1ste Juli 1890, og bestaar for Understøttelseskassernes Vedkommende fremdeles de ved Kgl. Resol. af 7de Juni 1880 for Pensions- og Understøttelseskasserne etablerede Bestyrelser.

Ved Hovedbanen findes lignende Understøttelseskasse, hvis Bestyrelse er underlagt Hovedbanens Direktion.

---

*) Taxten for Telegrammer var indtil 31/12 87 1 Kr. for indtil 15 Ord med Tillæg af 10 Øre for hvert 3 Ord mere; den blev forandret fra 1ste Januar 1888 til 50 Øre for indtil 10 Ord med Tillæg af 5 Øre for hvert Ord mere.

I Tab. XVI er meddelt Opgave over de bestaaende Kassers Status pr. 30te Juni 1894, hvoraf vil sees, at Pensionskassernes Beholdning udgjorde Kr. 3 427 181 (Statsbanernes Pensionskasse Kr. 2 629 733), Understøttelseskassernes Kr. 908 379 (Statsbanernes Kr. 769 511).

Ved Statsbanerne var der ved Udgangen af Terminen 70 Pensionister (mod 57 forrige Termin), ved Hovedbanen 29 (mod 28 forrige Aar). Pensionerne androge i Terminen til henholdsvis Kr. 25 265 og Kr. 13 433 (mod forrige Termin henholdsvis Kr. 21 194 og Kr. 12 611). Statsbanernes Kasse havde i Terminen et Overskud af Kr. 216 128 (mod Kr. 210 824 forrige Termin), Hovedbanens Kr. 49 685 (mod Kr. 45 040 forrige Termin).

Pr. 30te Juni 1894 var der ved Statsbanerne 2 650 Medlemmer af Kasserne og ved Hovedbanen 507.

Uheld.

I Tab. XVIII er meddelt Opgave over Uheld og Ulykkestilfælde.

Af denne Tabel fremgaar det, at der er indtruffet sexten Toguheld: 6 paa fri Linie og 10 indenfor Stationernes Omraade. Af disse var 8 Afsporinger (5 paa fri Bane og 3 paa Station), 6 Sammenstød, hvoraf 1 paa fri Linie paa Grund af et Togs Deling og 4 paa Station; 2 Tilfælde paa Station skyldtes andre Aarsager. Under Rangering paa Station er der desuden indtruffet 17 Uheld vedkommende Person eller Materiel.

Ved disse Uheld er ingen Reisende omkommet eller skadet. Af Jernbanebetjente ved Tog- eller Rangeringstjeneste er 1 omkommet (en Konduktør faldt af Toget i Nærheden af Bryn) og 4 er skadede mer eller mindre under Rangering. Af Tjenestemænd i anden Tjeneste omkom 1 Vognvisitør under Rangering. Af Materiel er 7 Vogne bleven skadede betydeligt og 7 Lokomotiver samt 27 Vogne ubetydeligt.

Under den regelmæssige Drift af Trafiktog er der desuden indtruffet 15 andre Uheld for Personer: 1 Reisende omkom paa Bergen—Vossbanen, idet han faldt af Toget under Ophold paa Vognenes Endeplatform. Under Togenes Gang paa Linien er 8 Personer paakjørte med Døden til Følge og 4 er mer eller mindre kvæstede. 2 Personer forsøgte at hoppe af Toget, hvorved den ene omkom og den anden blev kvæstet (en Konduktør).

Ialt er der saaledes under den egentlige Jernbanedrift omkommet 12 Personer og 9 Personer er bleven mer eller mindre skadede. Af disse er der formedelst Sindssygdom, Drukkenskab eller anden Utilregnelighed omkommet 3 Personer og 4 kommet til Skade.

Ved forskjellige andre Gjøremaal for Jernbanedriften udenfor Driften af Trafiktog er 94 Personer komne mer eller mindre til Skade.

For paa bedste Maade at kunne yde hurtig Hjælp ved tilstødende Ulykker eller Uheld, hvor Mennesker er kommen tilskade, har der ved Jernbanens Foranstaltning siden 1886 efter Samraad med og vevillig Assistance af Bestyrelsen for den da oprettede norske Samaritforening været afholdt paa forskjellige Steder i alle Trafikdistrikter Kurser for Jernbanebetjente til Meddelelse af Kjendskab til den første øieblikkelige Bistand, der kan ydes ved pludselige Ulykkestilfælde før Lægehjælp kan erholdes (Samaritkurser). Ialt har der deltaget i Kurserne 1 832 Betjente (i Driftsaaret 1893—94 har der deltaget 479), hvoraf fra Trafikafdelingen 831, Maskinafdelingen 307 og fra Baneafdelingen 694. I Tiden fra Samaritkursernes Begyndelse indtil 30te Juni 1894 er der i 1ste—6te Distrikt af Statsbanerne uddelt 1 611 Stkr. Brochurer til Veiledning i den første Hjælp ved Ulykkestilfælde. Til Brug ved paakommende Tilfælde er der af Jernbanen anskaffet 102 Stkr. Samaritkasser (Samaritapothek), hvoraf 56 Stkr. medfølger Tog, medens de øvrige er fordelte paa Stationerne, samt 40 Stkr. Sygebaarer fordelte paa forskjellige Stationer.

Tabeller.

Tableaux.

Anmærkning til Tabellerne.

I. Hvor i Tabellerne tomme Rubrikker forekomme, betegner det enten, at vedkommende Opgaver savnes, hvilket betegnes ved en horizontal Streg i Rubrikken, eller at Colonnen er Banen uvedkommende, hvilket i Rubrikken er betegnet ved et Punkt.

II. Bemærkningen «(I Col. .)» betyder, at den her manglende Opgave er indbefattet i den Colonne, hvortil Parenthesen henviser, og at en Deling paa de enkelte Colonner ikke har kunnet finde Sted.

III. Bogstaverne a, b, c . . ved Siden af Tallene i Tabellerne antyde, at nærmere Oplysninger til samme indeholdes i de Anmærkninger, der ledsage de enkelte Tabeller.

Tabel I.

Stationer og Stoppesteder[1]) ved Udgangen af Terminen.

Les stations et les haltes des lignes à la fin du terme.

Banernes Navn. Désignation des chemins de fer.	Stationer og Stoppesteder[2]). Stations et haltes.	Beliggenhed. Situation. Høide over Havet. Hauteur au dessus du niveau de la mer. m.	Afstand fra Kristiania. Distance de Kristiania. km.	Afstand fra foregaaende Station. Distance de la station précédente. km.	Herred. Commune rurale.	Amt. Préfecture.
tatsbanerne. ste Trafikdistrikt.	Kristiania Ø.	3	0	-	-	Kristiania.
	Bækkelaget	15	4	4	Aker	Akershus.
maalensbanen. (Vestre Linie, Kr.ania-Rigsgrændsen).	NordstrandHP[3])	—	6	-	do.	do.
	Ljan	51	8	4	do.	do.
	Oppegaard	98	18	10	Nesodden	do.
	Ski	129	24	6	Kraakstad	do.
	Aas	94	32	8	Aas	do.
	Vestby	59	39	7	Vestby	do.
	Saaner	25	48	9	do.	do.
	Kambo LP*	12	54	-	Moss Ls.	Smaalenene.
	Moss Værk LP*	—	59	-	do.	do.
	Moss	4	60	12	-	do.
	Dilling	27	65	5	Rygge	do.
	Rygge	26	69	4	do.	do.
	Raade	18	77	8	Raade	do.
	Onsø	4	87	10	Onsø	do.
	Fredrikstad	8	94	7	-	do.
	Lisleby HP	15	98	-	Glemminge	do.
	Greaaker	8	103	9	Tune	do.
	Sandesund	25	107	4	do.	do.
	Sarpsborg	38	109	2	-	do.
	Skjeberg	3	119	10	Skjeberg	do.
	Døle HP	—	126	-	do.	do.
	Berg	11	131	12	Berg	do.
	Sagbrugsforeningens LP *	—	136	-	do.	do.
	Fredrikshald	3	137	6	-	do.
	Tistedalen	83	141	4	Id	do.
	Aspedammen	172	150	9	do.	do.
	Præstebakke	161	159	9	do.	do.
	Mosekasa LP	173	164	-	do.	do.
	Kornsjø	145	169	10	do.	do.
(Østre Linie, Ski-Sarpsborg).	Ski	129	24	-	Kraakstad	Akershus.
	Kraakstad	93	30	6	do.	do.
	Skodbo LP	128	34	-	do.	do.
	Tomter	98	37	7	Haabøl	Smaalenene.
	Spydeberg	107	45	8	Spydeberg	do.
	Askim	130	53	8	Askim	do.
	Slitu	132	59	6	Eidsberg	do.
	Mysen	107	64	5	do.	do.
	Eidsberg	153	69	5	do.	do.
	Rakkestad	103	79	10	Rakkestad	do.
	Gautestad	124	85	6	do.	do.
	Ise	40	97	12	Skjeberg	do.
	Sarpsborg	38	105	8	-	do.

[1]) **Med Hensyn** til **Skrivemaaden** af Stationernes og Herredernes Navne bemærkes, at disse tildels er **forskjellige** fra tidligere, som Følge af at den ny Matrikul i saa Henseende er befulgt.

[2]) **HP** bet. Holdeplads alene for Reisende.
LP « Lasteplads alene for Vognladningsgods.
HLP « Holdeplads for Reisende og Vognladningsgods.

[3] Nordstrand aflægger direkte Regnskab (indtil 1ste Januar 1892 underlagt Ljan Station).

[4] * **angiver**, at Stoppestedet (Sidesporet) med Hensyn til Regnskabsaflæggelse er underlagt en i **Tabellen** efterfølgende Station; hvor ingen * er anbragt, underligger Stoppestedet (Sidesporet; **den nærmest** foranstaaende Station.

Tabel I (Forts.). Stationer og Stoppesteder

Banernes Navn.	Stationer og Stoppesteder.	Beliggenhed. Høide over Havet. m.	Afstand fra Kristiania. km.	Afstand fra foregaaende Station. km.	Herred.	Amt.
Kongsvingerbanen. (Lillestrøm-Kongsvinger-Rigsgrændsen.)	Lillestrøm	108	21	3	Skedsmo	Akershus.
	Nerdrum LP	—	28	·	Fet	do.
	Lund LP *	—	28	·	do.	do.
	Fetsund	105	29	8	do.	do.
	Varaaen LP *	—	30	·	do.	do.
	Sørumsanden HLP*	118	37	·	Sørum	do.
	Blaker	114	42	13	Urskog	do.
	Haga	126	49	7	Nes	do.
	Aarnes	127	58	9	do.	do.
	Funnefoss LP*	—	65	·	do.	do.
	Sæterstøen	135	67	9	do.	do.
	Disenaaen HLP	—	73	·	do.	do.
	Skarnes	138	79	12	SøndreOdalen	Hedemarken.
	Sander	142	87	8	do.	do.
	Galterud HLP	—	92	·	do.	do.
	Kongsvinger	147	100	13	Vinger	do.
	Sjøli LP	—	107	·	do.	do.
	Aabogen	145	112	12	Eidskogen	do.
	Eidskogen	135	122	10	do.	do.
	Skotterud	129	127	5	do.	do.
	Magnor	131	133	6	do.	do.
	(Eda LP) [1] *	—	137	·	·	·
	(Carlottenberg) [2])	126	143	10	-	·
Kongsvinger–Flisenbanen.	Kongsvinger	147	100	-	Vinger	Hedemarken.
	Roverud	149	109	9	Brandval	do.
	Nor	155	120	11	do.	do.
	Grinder	159	127	7	Grue	do.
	Kirkenær	153	133	6	do.	do.
	Naavnaaen	160	137	4	do.	do.
	Arneberg	166	144	7	Hof	do.
	Flisen	155	150	6	Aasnes	do.
2det Trafikdistrikt.						
Kr.ania–Drammen.	Kristiania V.	2	0	-	-	Kristiania.
	Skarpsno HP	2	2	·	·	do.
	Bygdø	2	3	3	Aker	Akershus.
	Bestum HP	11	4	·	do.	do.
	Lysaker	12	6	3	Bærum	do.
	Stabæk HP *	20	8	·	do.	do.
	Høvik	23	10	4	do.	do.
	Sandviken	12	13	3	do.	do.
	Kampebraat. LP	16	14	·	do.	do.
	Slæpenden HP*	33	15	·	do.	do.
	Hvalstad	67	20	7	Asker	do.
	Asker	104	23	3	do.	do.
	Sætre LP *	100	28	·	do.	do.
	Heggedal	99	29	6	do.	do.
	Kjækstad LP *	109	33		Røken	Buskerud.
	Røken	116	34	5	do.	do.
	Spikkestad HLP	139	37	·	do.	do.
	Lier	23	46	12	Lier	do.
	Bragerøen HP [3])	2	51	·	Drammen	do.
	Holmen LP *	3	52	·	do.	do.
	Drammen	2	53	7	-	do.

[1]) Lasteplads paa hin Side Rigsgrændsen; i Forbindelse med Kongsvingerb. drives den 7 km. lange Strækning af de svenske Statsbaner fra Rigsgrændsen til Charlottenberg. [2]) Svensk Tilslutningsstation. [3]) Bragerøen aflægger direkte Regnskab.

Udgangen af Terminen.

Banernes Navn.	Stationer og Stoppesteder.	Beliggenhed. Høide over Havet. m.	Afstand fra Kristiania. km.	Afstand fra foregaaende Station. km.	Herred.	Amt.
rammen–Skien. (Hovedlinie).	Drammen	2	53	-	Drammen	Buskerud.
	Gundesø HP	80	62	-	Skoger	Jarlsberg & Larvik.
	Skoger	76	63	10	do.	do.
	Galleberg	35	69	6	Sande	do.
	Sande	16	73	4	do.	do.
	Holm HP	24	77	-	do.	do.
	Holmestrand	5	86	13	-	do.
	Nykirke	79	96	10	Borre	do.
	Skoppum	40	100	4	do.	do.
	Adal	57	103	3	do.	do.
	Barkaaker	47	109	6	Sem	do.
	Tønsberg	4	115	6	-	do.
	Sem	14	[1]) 121	6	Sem	do.
	Stokke	58	128	7	Stokke	do.
	Raastad	39	135	7	Sandeherred	do.
	Sandefjord	15	139	4	-	do.
	Jaaberg	24	144	5	Sandeherred	do.
	Tjølling	26	149	5	Tjølling	do.
	Grøtting HP *	7	155	-	do.	do.
	Laugen LP *	3	156	-	Hedrum	do.
	Larvik	2	158	9	-	do.
	Kjose	32	169	11	Brunlanes	do.
	Aaklungen	45	182	13	Eidanger	Bratsberg.
	Nordal LP *	77	186	-	do.	do.
	Bjørkedalen	72	188	6	do.	do.
	Eidanger	40	192	4	do	do.
	Porsgrund	6	195	3	-	do.
	Osebakke HP	11	197	-	Porsgrund	do.
	Borgestad HP *	8	198	-	Gjerpen	do.
	Bøle HP *	13	200	-	do.	do.
	Skien	3	204	9	-	do.
Sidelinie: Skoppum — Horten).	Skoppum	40	100	-	Borre	Jarlsberg & Larv.
	Borre	26	103	3	do.	do.
	Horten	3	107	4	-	do.
rammen–Randsfj. Hovedlinie).	Gulskogen	8	56	3	Skoger	Jarlsberg & Larv.
	Pukerud LP	7	58	-	do	do.
	Narverud LP	14	59	-	Eker	Buskerud.
	Mjøndalen	5	64	8	do.	do.
	Hougsund	8	70	6	do.	do.
	Burud	43	75	5	do.	do.
	Skotselven	17	80	5	do.	do.
	Aamot	23	86	6	Modum	do.
	Embretfoss LP	33	87	-	do.	do.
	Gjeithus	66	92	6	do.	do.
	Vikesund	67	96	4	do.	do.
	Nakkerud	74	105	9	Hole	do.
	Skjerdalen	79	111	6	do.	do.
	Veholdt LP *	73	115	-	Norderhov	do.
	Ask	69	118	7	do.	do.
	Hønefoss	96	124	6	-	do.
	Hofsfoss LP	112	126	-	Norderhov	do.
	Røsholm LP	120	127	-	do.	do.
	Bægna LP	136	128	-	do.	do.
	Aadalen LP *	143	129	-	Aadalen	do.
	Hen	157	131	7	do.	do.
	Marigaard LP [2])	199	137	-	Norderhov	do.
	Viul LP	134	138	-	do	do
	Randsfjord	141	142	11	Jevnaker	Kristians.

[1] Sidelinien til Tønsberg heri indbefattet. [2]) Underlagt Randsfjord for Transport i Retning andsfjord.

Banernes Navn.	Stationer og Stoppesteder.	Beliggenhed. Høide over Havet m.	Afstand fra Kristiania. km.	Afstand fra foregaaende Station. km.	Herred.	Amt.
(Sidelinie: Hougsund—Kongsberg).	Hougsund	8	70	-	Eker	Buskerud.
	Vestfossen	23	75	5	do.	do.
	Flesager LP	26	78	-	do	do.
	Darbu	60	81	6	do.	do.
	Krekling	126	85	4	do.	do.
	Teigen LP	161	88	-	do.	do.
	Skollenborg	163	92	7	Sandsvær	do.
	Laugerud LP	166	94	-	do.	do.
	Kongsberg	149	98	6	-	do.
(Sidelinie: Vikesund—Krøderen).	Vikesund	67	96	-	Modum	Buskerud.
	Hære HP°	165	101	-	do.	do.
	Hole[1])	146	104	-	do.	do.
	Snarum	176	108	12	do.	do.
	Grina LP	162	111	-	do.	do.
	Ula HLP	186	113	-	do.	do.
	Lia LP	182	115	-	do.	do.
	Ramfoss HLP	188	116	-	do.	do.
	Slettemoen LP	189	118	-	Sigdal	do.
	Krøderen	139	122	14	do.	do.
3die & 4de Trafikd. Eidsvold—Hamar.	Eidsvold	126	68	6	Eidsvold	Akershus.
	Baadshoug LP*	—	69	-	do.	do.
	Minne	142	75	7	do.	do.
	Dorr LP	—	76	-	do.	do.
	Ulven	129	84	9	do.	do.
	Strandlokk. LP*	—	90	-	Stange	Hedemarken.
	Espen	130	97	13	do.	do.
	Tangen	164	102	5	do.	do.
	Stensrud HLP	—	107	-	do.	do.
	Stange	222	114	12	do.	do.
	Ottestad	186	119	5	do.	do.
	Gubberud LP	—	122	-	do.	do.
Hamar-Grundset.	Hamar	127	126	7	-	Hedemarken.
	Aaker HLP°	—	129	-	Vang	do.
	Hjellum	132	131	5	do.	do.
	Ilseng	149	135	4	do.	do.
	Hørsand	173	139	4	Løiten	do.
	Aadalsbrug	196	141	2	do.	do.
	Løiten	231	144	3	do.	do.
	Midtskog LP°	—	153	-	Elverum	do.
	Elverum	187	158	14	do.	do.
	Grundset	195	164	6	do.	do.
Grundset-Aamot.	Øksna	203	171	7	Elverum	Hedemarken.
	Torgerstuen LP	—	174	-	do.	do.
	Rustad LP	—	176	-	do.	do.
	Aasta	225	184	13	Aamot	do.
	Skjærodden LP*	—	188	-	do.	do.
	Rena	224	190	6	do.	do.

[1]) Overgaaet til Station fra 1ste Juni 1894.

Udgangen af Terminen.

Banernes Navn.	Stationer og Stoppe-steder.	Høide over Havet. m.	Afstand fra Kristiania. km.	Afstand fra foregaaende Station. km.	Herred.	Amt.
Støren-Aamot.	Sorknes LP	—	195	·	Aamot	Hedemarken.
	Hovda LP *	—	200	·	Storelvedalen	do.
	Sætre LP *	—	201	·	do	do.
	Stenviken	240	204	14	do.	do.
	Ophus	245	214	10	do.	do.
	Kroken LP	—	217	·	do.	do.
	Neta LP *	—	220	·	do.	do.
	Rasten	256	224	10	do.	do.
	Stai	263	237	13	do.	do.
	Koppang	353	247	10	do.	do.
	Rokka LP	—	249	·	do	do.
	Tresa LP	—	251	·	do.	do.
	Bjøraanes HLP	—	262	·	do.	do.
	Vieholmen LP	—	264		do.	do.
	Atna	357	272	25	do	do.
	Tøraasbæk. LP*	—	279		Øvre Rendalen	do.
	Hanestad	382	285	13	do	do.
	Barkald	453	304	19	Lilleelvedalen	do.
	Lilleelvedal	506	324	20	do	do.
	Auma	487	337	13	Tønset	do
	Tønset	494	347	10	do.	do.
	Teleneset	498	358	11	do.	do.
	Tolgen	543	368	10	Tolgen	do.
	Os	602	385	17	do.	do.
	Røros	628	399	14	Røros	Søndre Trondhj.
	Nypladsen	627	[1]) 406	7	do.	do.
	Jensvold	638	412	6	do.	do.
	Tyvold[2])	664	420	8	do.	do.
	Storvolden LP *	548	431	·	Aalen	do.
	Reitan	541	432	12	do.	do.
	Eidet	421	442	10	do.	do.
	Holtaalen	301	454	12	Holtaalen	do.
	Langletet	236	463	9	do.	do.
	Reitstøen	205	472	9	Singsaas	do.
	Singsaas	176	480	8	do.	do.
	Bjørgen	147	486	6	do.	do.
	Kotsøien HLP *	125	491	·	do.	do.
	Rognes	96	499	13	Støren	do.
Trondhjem-Støren.	Støren	64	510	11	Støren	Søndre Trondhj.
	Hovind	53	517	7	Horg	do.
	Lundemo	33	524	7	do.	do.
	Ler	24	530	6	Flaa	do.
	Kvaal	49	535	5	Melhus	do.
	Søberg	31	538	3	do.	do.
	Melhus	23	541	3	do.	do.
	Nypan	70	546	5	Leinstranden	do.
	Heimdal	141	551	5	Klæbu	do.
	Selsbak HP	52	556	·	Strinden	do.
	Skandsen HP *	4	561	·	Trondhjem	do.
	Trondhjem	3	562	11	·	do.

[1]) Sidelinien til Røros heri indbefattet. [2]) Herfra udgaar Kongens Grubes Bane (Arvedalsbanen, 9,3 km.)

Banernes Navn.	Stationer og Stoppesteder.	Beliggenhed. Høide over Havet. m.	Afstand fra Kristiania. km.	Afstand fra foregaaende Station. km.	Herred.	Amt.
Merakerbanen. (Trondhjem--Meraker Rigsgrændsen).	Trondhjem	3	562	-	-	Søndre Tro[illegible]
	Leangen	34	565	3	Strinden	do.
	Ranheim	10	569	4	do.	do.
	Vikhammer HP*	5	575	-	Malvik	do.
	Malvik	8	577	8	do.	do.
	Hommelviken	8	585	8	do.	do.
	Hell	3	594	9	Nedre Stjørdal	Nordre Tron[illegible]
	Reppe LP	6	596	-	do.	do.
	Hegre	18	604	10	Hegre	do.
	Floren	40	619	15	do.	do.
	Gudaaen	85	634	15	Meraker	do.
	Meraker	220	643	9	do.	do.
	(Storlien) [1])	593	668	25	-	-
5te Trafikdistrikt.			Afst. fra Stavanger.			
Jæderbanen. (Stavanger -Egersund).	Stavanger	5	0	-	-	Stavanger
	Hillevaag HLP	9	2	-	Hetland	do
	Hinna	2	7	7	do.	do.
	Sandnes	1	15	8	Høiland	do.
	Høiland	21	19	4	do.	do.
	Klep	26	25	6	Klep	do.
	Time	29	30	5	Time	do.
	Hognestad HP [2])	26	34	-	do.	do.
	Nærbø	31	38	8	Haa	do.
	Varhoug	44	44	6	do.	do.
	Vigrestad	32	50	6	do.	do.
	Bru HP [2])	2	55	-	do.	do.
	Ogne	4	59	9	Ogne	do.
	St. Sirevaag HP [2])	15	61	-	do.	do.
	Vatnemo HP [2])	13	64	-	do.	do.
	Helvig	17	67	8	Egersund Ls.	do.
	Lille Sirev. HP [2])	26	69	-	do	do.
	Egersund	1	76	9	-	do.
6te Trafikdistrikt.			Afst. fra Bergen.			
Bergen-Voss.	Bergen	2	0	-	-	Bergen.
	Solheimsvik. HP	10	2	-	Aarstad	Søndre Bergenl.[illegible]
	Minde HP	17	4	-	do.	do.
	Fjøsanger	8	5	5	Fane	do.
	Hop HP	17	8	-	do.	do.
	Nesttun	31	9	4	do.	do.
	Heldal HP	69	15	-	do	do.
	Haukeland	82	18	9	Haus	do.
	Arne	21	25	7	do.	do.
	Garnes	21	29	4	do.	do.
	Trengereid	16	39	10	do.	do.
	Vaksdal	16	51	12	Bruvik	do.
	Stanghelle	3	59	8	do.	do.
	Dale	48	66	7	do.	do.
	Bolstad	8	78	12	Voss	do.
	Ævanger	16	88	10	do.	do.
	Bolken	51	99	11	do.	do.
	Voss	55	108	9	do.	do

[1]) Svensk Tilslutningsstation; i Forbindelse med Merakerbanen drives den 4 km. lan[illegible] Strækning af de svenske Statsbaner fra Rigsgrændsen til Storlien. [2]) Med Hensyn til Reg[illegible] skabsaflæggelse er Stoppestederne for Trafik, der gaar i Retning Egersund, underlagt den der[illegible] længst bortliggende Nabostation, og for Trafik i Retning Stavanger den derfra længst bortli[illegible] gende Nabostation.

...ed Udgangen af Terminen.

Banernes Navn.	Stationer og Stoppesteder.	Høide over Havet.	Afstand fra Kristiania.	Afstand fra foregaaende Station.	Herred.	Amt.
		Beliggenhed.				
		m.	km.	km.		
Hovedbanen.						
(Kristiania-Eidsvold).	Kristiania Ø.	3	0	-	-	Kristiania.
	Bryn	79	4	4	Aker	Akershus.
	Alna LP	—	6	-	do.	do.
	Grorud	128	11	7	do.	do.
	Robsrud LP	—	14	-	do.	do.
	Laasby LP *	—	17	-	Skedsmo	do.
	Fjeldham. LP. *	—	17	-	do.	do.
	Strømmen	148	18	7	do.	do.
	do. Sideb. LP	—	18	-	do.	do.
	Lillestrøm	108	21	3	do.	do.
	Lersund	108	27	6	do.	do.
	Frogner	124	30	3	Sørum	do.
	Kløften	166	36	6	Ullensaker	do.
	Trøgstad	203	45	9	do.	do.
	Hauersæter LP	—	50	-	do.	do.
	Dal	163	57	12	Eidsvold	do.
	Bøn	133	62	5	do.	do.
	Baarliddalen LP	—	67	-	do.	do.
	Eidsvold	126	68	6	do.	do.

Tabel II. 1. Sammendrag af Banernes Aktiva
Actif et passif des chemins de

1	2	3	4	5	6	7
	Activa. Actif.			**Passiva.** passif.		
Banernes Navn. Désignation des chemins de fer.	Banen med Tilbehør og andre Eiendomme. a) La ligne, son attirail et bien-fonds.	For-øvrigt. b) Autre.	Sum Aktiva. Total de l'actif.	Stats-kassen. c) Caisse d'état.	I pCt. af samtlige Aktier i Banerne eier Staten. Rapport p. % de toutes les actions à celles de l'état.	Komm og Pri tilhøre Aktier Actio apparten à comm et à pri
	Kroner.			Kr.	pCt. p. %.	Kr
Smaalensbanen.	29 159 672.09	639 059.51	29 798 731.60	23 829 300	84.8	4 270
Kongsvingerbanen.	9 399 898.53	607 221.34	10 007 119.87	6 558 400	88.4	857
Kongsvinger-Filsenb	2 702 800.00	-	2 702 800.00	2 702 800	-	
Kr.ania-Drammenb.	6 564 186.87	299 676.56	6 863 863.43	1 115 200	51.7	1 042
Drammen-Skienb.	12 040 609.17	148 445.99	12 189 055.16	8 249 000	70.3	3 492
Drammen-Randsfj.b.	8 331 583.99	277 423.92	8 609 007.91	5 062 700	73.1	1 865
Eidsvold-Hamarb.	5 140 869.43	188 412.57	5 329 282.00	3 566 000	71.2	1 439
Hamar-Grundsetb.	1 855 202.45	109 044.36	1 964 246.81	960 700	61.3	606
Grundset-Aamotb.	707 523.71	32 317.80	739 841.51	520 100	80.6	125
Støren-Aamotb.	16 533 731.57	204 227.03	16 737 958.60	15 001 900	93.2	1 091
Trondhjem-Størenb.	4 194 285.76	115 602.85	4 309 888.61	3 274 400	84.0	623
Merakerbanen.	11 386 443.54	449 868.12	11 836 311.66	9 359 400	83.1	1 901
Jæderbanen.	5 252 813.32	27 715.07	5 280 528.39	3 820 300	73.3	1 381
Bergen-Vossbanen.	10 203 429.96	124 797.48	10 328 227.44	7 290 800	72.1	2 799
Statsbanerne.	123 473 050.39	3 223 812.60	126 696 862.99	91 311 000	80.5	21 495
Hovedbanen.	11 699 920.45	1 494 432.83	13 194 353.28	e) 4 905 900	60.6	e) 3 104
Samtlige Baner.	135 172 970.84	4 718 245.43	139 891 216.27	96 216 900	79.1	24 689

siva ved Udgangen af Terminen 1893—94.
fin du terme 1893—94.

8	9	10	11	12	13	14	15	16
	Passiva. Passif.			Balance. Bilan.				
				Oplagte Fonds. Fonds.				
Rapport p. % de toutes les actions à celles des communes et des privés.	Betalte Udvidelser. Agrandissements payés.	Anlægslaan og anden Gjæld samt udisponerede Bevilgninger. Emprunts pour le premier établissement & créanciers divers.	Sum. Total.	Amortiseringsfonds. Fonds d'amortissement des capitaux.	Reservefonds. Fonds de réserve.	Dividendefonds. Fonds de dividende des actions.	Sum. Total.	Driftskonti. Solde passif du compte de l'exploitation.
Ct.	Kroner.			Kroner.				Kroner.
15.2	924 072.09	561 221.03	29 584 593.12	-	203 598.00	10 540.48	214 138.48	-
11.6	1 513 998.53	898 510.73	9 828 509.26	-	177 859.82	750.79	178 610.61	-
-	-	-	2 702 800.00	-	-	-	-	-
48.3	1 022 686.87	3 538 734.86	6 719 021.73	-	142 032.94	2 808.76	144 841.70	-
29.7	272 206.34	85 912.18	12 099 218.52	-	89 836.64	-	89 836.64	-
26.9	1 035 983.99	559 150.22	8 522 934.21	-	85 112.18	961.52	86 073.70	-
28.8	135 469.43	93 132.32	5 234 001.75	-	91 912.00	3 368.25	95 280.25	-
38.7	288 002.45	52 976.82	1 908 179.27	-	55 023.76	1 043.78	56 067.54	-
19.4	2 001.00	61 001.44	708 302.44	-	31 539.07	-	31 539.07	-
6.8	-	1 372 151.74	17 465 251.74	-	-	-	-	727 293.14
16.0	296 785.76	52 795.51	4 247 081.27	-	59 782.58	3 024.76	62 807.34	-
16.9	125 543.54	185 195.13	11 571 638.67	-	260 895.33	3 777.66	264 672.99	-
26.7	-	60 450.00	5 261 750.00	-	18 778.39	-	18 778.39	-
27.9	112 729.96	25 746.93	10 229 176.89	-	99 050.55	-	99 050.55	-
19.5	5 729 479.96	7 546 978.91	126 082 458.87	-	1 315 421.26	26 276.00	1 341 697.26	727 293.14
39.4	f) 496 467.00 2 176 839.85	2 098 623.61	12 871 930.46	-	322 422.82	-	322 422.82	-
20.9	8 402 786.81	9 645 602.52	138 954 389.33	-	1 637 844.08	26 276.00	1 664 120.08	727 293.14

Tabel II. 2. Opgave over den ved Udgangen af Terminen 1893–[illegible]

Moyens finan[illegible]

1	2a	2b	3	4	5	6	[illegible]
Banernes Navn. Désignation des chemins de fer.	**Længde ved Terminens Udgang.** Longueur à la fin du terme.	**Midlere Driftslængde.** Longueur moyenne exploitée.	**Anlægskapital.** Capital de premier établissement. Tilveiebragt ved Statskassen, Kommuner og Private. (Cfr. Tab. II. 1. Col. 5–8). Actions.	Laan. Emprunts.	Sum. Total.	Betalt ved Driftens Overskud. De l'excédant.	L[illegible] Empr[illegible]
	Kilometer. Kilomètres.		Kroner.				
Smaalensbanen.	249.1	250	28 099 300	-	28 099 300.00	924 072.09	136 [illegible]
Kongsvingerbanen.	114.6	122	7 416 000	-	7 416 000.00	1 513 998.53	469 9[illegible]
Kongsvinger-Flisenb.	49.2	33	g) 2 702 800	-	2 702 800.00	-	
1ste Trafikdistrikt.	**412.9**	**405**	**38 218 100**	-	**38 218 100.00**	**2438 070.62**	**606 2[illegible]**
Kr.ania-Drammenb.	52.9	53	2 157 600	2 400 000.00	4 557 600.00	1 022 686.87	983 9[illegible]
Drammen-Skienb.	155.9	158	11 741 100	-	11 741 100.00	272 206.34	27 3[illegible]
Drammen-Randsfj.b.	143.5	143	6 772 900	-	6 772 900.00	1 020 673.99	367 8[illegible]
2det Trafikdistrikt.	**352.3**	**354**	**20 671 600**	**2400 000.00**	**23 071 600.00**	**2315 567.26**	**1379 00[illegible]**
Eidsvold-Hamarb.	58.4	58	5 005 400	-	5 005 400.00	135 469.43	
Hamar-Grundsetb.	38.1	38	1 567 200	-	1 567 200.00	288 002.45	
Grundset-Aamotb.	26.3	26	645 300	-	645 300.00	2 001.00	60 22[illegible]
Støren-Aamotb.	317.8	321	16 093 100	-	16 093 100.00	-	440 63[illegible]
Trondhjem-Størenb.	51.1	51	3 897 500	-	3 897 500.00	296 785.76	
Merakerbanen.	102.3	106	11 260 900	-	11 260 900.00	125 543.54	
3die & 4de Trafikd.	**594.0**	**600**	**38 469 400**	-	**38 469 400.00**	**847 802.18**	**500 [illegible]**
5te Trafikdistrikt.	**76.3**	**76**	**5 201 300**	-	**5 201 300.00**	-	**35 [illegible]**
6te Trafikdistrikt.	**108.0**	**108**	**10 090 700**	-	**10 090 700.00**	**112 729.96**	
Statsbanerne.	**1 543.5**	**1 543**	**112 651 100**	**2400 000.00**	**115051 100.00**	**5714 169.96**	**2521[illegible]**
Hovedbanen.	67.8	68	8 100 000	626 613.60	8 726 613.60	b) 496 467.00 2 176 839.85	300[illegible]
Samtlige Baner.	**1 611.3**	**1 611**	**120 751 100**	**3026613.60**	**123777713.60**	**8387 476.81**	**2821[illegible]**

…erne (andre Elend. exclus.) anv. Kapital og sammes Tilvelebringelse.
…du terme 1893—94.

8	9	10	11	12	13	14	15
Udvidelser og Forbedringer under Driften. / …agrandissements et améliorations pendant l'exploitation.					Hovedsum. / Total.		
	Heraf anvendt til: / De cela employé pour.						
…Sam / …otal	Linien med Telegraf, Grustag m. m. / La voie.	Stationerne, med Bygninger samt Sidespor. / Stations, bâtiments et voies de garage et de service.	Lokomotiver. / Locomotives.	Vogne / Voitures et wagons.	Ialt. / En tout.	Heraf anvendt til rullende Materiel. m) (Kfr. Tab. V. 1 & 2). m) / De cela employé pour le matériel roulant. (Cfr. Tab. V. 1 & 2). m)	Pr. Kilometer. (Col. $\frac{13}{2a}$) / Par km. de ligne.
Kroner.							
…0 372.09	11 717.58	287 389.92	233 856.24	527 408.35	29 159 672.09	3 616 974	117 060
…3 898.53	735 418.57	i) 302 251.34	159 353.23	786 875.39	9 399 898.53	1 749 787	82 024
-	-	-	-	-	2 702 800.00	347 733	54 935
…4270.62	**747 136.15**	**i) 589 641.26**	**393 209.47**	**1314 283.74**	**41 262 370.62**	**5 714 494**	**99 933**
…6 586.87	150 568.03	1 093 135.60	227 878.33	535 004.91	6 564 186.87	1 164 623	124 087
…9 509.17	111 226.46	68 201.31	-	120 081.40	12 040 609.17	1 192 386	77 233
…8 473.99	34 551.16	508 536.53	297 875.36	547 510.94	8 161 373.99	1 652 732	56 874
…4570.03	**296 345.65**	**k) 1 669 873.44**	**525 753.69**	**1202 597.25**	**26 766 170.03**	**4 009 741**	**75 976**
…5 469.43	-	43 077.55	45 133.72	47 258.16	5 140 869.43	606 503	88 029
…8 002.45	49 888.29	133 277.39	66 277.10	38 559.67	1 855 202.45	274 404	48 693
…2 223.71	2 001.00	12 257.11	33 912.78	14 052.82	707 523.71	72 866	26 902
…0 631.57	12 324.38	35 964.41	135 058.99	257 283.79	16 533 731.57	1 508 587	52 026
…6 785.76	9 773.63	68 794.41	94 115.98	124 101.74	4 194 285.76	420 830	82 080
…5 543.54	18 947.81	66 934.19	-	39 661.54	11 386 443.54	1 061 429	111 304
…656.46	**92 935.11**	**360 305.06**	**374 498.57**	**520 917.72**	**39 818 056.46**	**3 944 619**	**67 034**
…513.32	**21 062.87**	**3 558.06**	**10 892.89**	**-**	**5 236 813.32**	**301 639**	**68 635**
…729.96	**11 661.22**	**37 708.14**	**-**	**63 360.60**	**10 203 429.96**	**506 301**	**94 469**
…740.89	**1169 140.50**	**2 661 085.96**	**1304 354.62**	**3101 159.81**	**123286840.89**	**14 476 794**	**79 875**
…1 306.85	162 434.17	l) 1 581 550.22	446 120.44	783 202.02	11 699 920.45	2 726 605	172 565
…047.24	**1331 574.67**	**4 242 636.18**	**1750 475.06**	**3884 361.88**	**134986760.84**	**17 203 399**	**83 775**

Anmærkninger til Tabel II.

ad Tabel I. 1

Col. 2 a) Andre Eiendomme udgjør ved:
D r a m m e n—R a n d s f j o r d b a n e n:
Elveoprensning og Kanalværker .... Kr. 130 473.37
Dampskibet «Bægna» .... « 39 736.63
Kr. 170 210.00
hvoraf oprindelig Aktiekapital Kr. 154 900.00 og betalt af Driftens Overskud Kr. 15 310.00.
J æ d e r b a n e n:
Af Anlægget afkjøbte faste Eiendomme til Beløb Kr. 16 000.00.

Col. 3 b) Herunder er medtaget foruden Kasse- og Materialbeholdninger, Tilgodehavende og «Andre Aktiva», saasom uopgjorte Krav, Omkostninger ved udførte Arbeider, for hvis endelige Postering der savnedes Bestemmelse ved Regnskabets Afslutning o. l., samt ved Hovedbanen den «særskilte Formues» Debet til Banen.

Col. 5 c) Desuden var indtil 30te Juni 1894 for Amortiseringsfondet for afdragsfrie Statsobligationer indkjøbt af de Kommuner og Private tilhørende Aktier.

Aktier i Smaalensb. .... Kr.	13 500.00	Aktier i Grundset-Aamotb. Kr.	500.00
Do. i Kongsvingerb. ... »	142 400.00	Do. i Trondhjem-Størenb. »	3 400.00
Do. i Kr.ania-Drammenb. »	111 200.00	Do. i Merakerb. .... »	5 600.00
Do. i Drammen-Skienb. . »	3 200.00	Uprioriterede Aktier i Hovedbanen til Beløb ... »	105 200.00
Do. i Drammen-Randsfj.b. »	220 900.00		
Do. i Eidsvold-Hamarb. . »	454 000 00		
Do. i Hamar-Grundsetb. . »	14 400.00	Kr.	1 074 300 00

Col. 7 d) Heri indbefattet Aktietegningsbeløb, som af vedk. Aktietegner endnu ikke er fuldt indbetalte, og hvoraf Statskassen derfor midlertidig hæver Udbyttet; endvidere indbefattet de under Anm. c) ovenfor omhandlede Beløb.

Col. 5 & 7 e) Staten tilhørende Aktier i Hovedbanen bestaar af:
Prioriterede Aktier £ 156 250 à Kr. 18.00 .... Kr. 2 812 500.00
Uprioriterede .... » 2 093 400.00
Kr. 4 905 900.00
Statskassen har endvidere hidtil hævet Udbytte af Aktietegningsbeløb, som af vedk Aktietegnere endnu ikke ikke er fuldt indbetalte (jfr. foreg. Anm. d) Kr. 41 300.00. hvilket Beløb i foregaaende Driftsberetninger indtil og med 1884—85 er opført sammen med de Staten tilhørende Aktier.

Col. 11 f) Se Anmærkning g) nedenfor.

ad Tabel II. 2.

Col. 3 g) Til Kongsvinger—Flisenbanen, der er bygget for Statens Regning, er af Kommuner og Private bidraget Kr. 603 600 uden Vederlag i Aktier.

Col. 6 h) Det her opførte Beløb er Aktionærernes Tilkommende for den Anpart af Sørengen Eiendom, som i Henhold til Kgl. Res. af 14de Oktbr. 1882 (kfr. Sth. Prp. No. 16 1881) er overført fra den særskilte Formue til Banen med .... Kr. 596 855.00
hvorfra imidlertid er fratrukket for den af Jernbanens oprindelige Grund i 1881 solgte Strækning .... » 100 388.00
Kr. 496 467.00

Col. 10 i) Heri indbefattet Betjentboliger med Kr. 36 398.66.
—»— k) Heri indbefattet Værksteder med Kr. 129 895.85.
—»— l) Heri indbefattet Betjentboliger med Kr. 117 699.11 samt Værksteder Kr. 33 532.23 hvoraf Cokesovne Kr. 17 737.70.

Col. 14 m) Heri er indbefattet Udgifterne til Anskaffelse af Tendere til Rørosbanens Lokomotiver No. 5—9 Kr. 19 223.00, hvoraf der falder paa Hamar—Grundsetb. Kr. 1 689 00, paa Grundset—Aamotb. Kr. 1 171.00, paa Støren—Aamotb. Kr. 14 102.00 og paa Trondhjem—Størenb. Kr. 2 261.00; ligesaa er Udgifter til automatiske Bremser Kr 105 150.00 heri indbefattet, hvilket fordeler sig paa Smaalensbanen med Kr. 19 026.00. paa Kristiania—Drammenb. Kr. 11 889.00, paa Drammen—Skienb. Kr. 17 075.00, paa Drammen—Randsfjordb. Kr. 5 032.00, paa Eidsv.—Hamarb. Kr. 4 635.00, paa Hamar—Grundsetb. Kr. 1 782.00, paa Grundset—Aamotb. Kr. 1 234.00, paa Støren—Aamotb Kr. 14 878.00, paa Trondhjem—Størenb. Kr. 2 386.00, paa Merakerbanen Kr. 14 517.00 og paa Bergen—Vossb. med Kr. 12 696.00. Disse Udgifter er ikke medtagne i de i Tab. V 1 & 2 meddelte Priser paa Materiellet.

Tabel III.

Trafik.

Trafic.

1	3	4	5	6	7	8	9	10
	Af egne og fremmede Lokomotiver er paa Banen gjennemløbet.[1] Parcours kilométrique des locomotives propres et étrangères.							
Banernes Navn. Désignation des chemins de fer.	I Tog. Remorquant des trains. Som Hovedmaskine (Trafiktogkilometer). Machines de tête. (Trains-kilomètres).	Som assisterende. Machines auxiliaires.	Lokomotiv alene. à vide.	Skiftning paa Stationerne. b) Manoeuvre de gare.	Sum Lokomotivkilometer. Total de locomotives-kilomètres.	Trafiktogkilometer pr. Kilometer Driftslængde. Trains-kilomètres par kilomètre exploité.	Lokomotivkilometer pr. Kilometer Driftslængde. Locomotives-kilomètres par kilomètre exploité.	Pers… vog… Voit… à vo… geu…
	Kilometer Kilomètres.							Axel… km.d'e…
Smaalensbanen.	950 681	19 143	3 516	68 501	1 041 841	3 803	4 167	9 79…
Heraf Kr.ania—Fr.hald.	854 960	15 529	598	60 464	931 551	3 940	4 393	[illegible]
Kongsvingerbanen.	333 839	2 722	292	13 396	350 249	2 736	2 871	2 839
Kongsvinger-Flisenb.	50 420	153	19	5 365	55 957	1 528	1 696	324
1ste Trafikdistrikt. a)	**1 334 940**	**22 018**	**3 827**	**87 262**	**1 448 047**	**3 296**	**3 575**	**12 96…**
Kr.ania-Drammenb.	403 655	73 945	33 660	109 515	620 775	7 616	11 713	5 04…
Drammen-Skienb.	548 864	24 918	2 221	33 179	609 182	3 474	3 855	4 810
Drammen-Randsfjb.	403 706	36 605	4 800	99 374	544 485	2 823	3 808	2 534
2det Trafikdistrikt. a)	**1 356 225**	**135 468**	**40 681**	**242 068**	**1 774 442**	**3 831**	**5 013**	**12 38…**
Eidsvold-Hamarb.	180 313	1 578	1 036	16 981	199 908	3 109	3 447	1 519
Rørosbanen.	861 248	74 247	23 149	69 133	1 027 777	1 975	2 357	6 254
Merakerbanen.	253 718	11 092	10 531	46 452	321 793	2 394	3 036	1 617
3die & 4de Trafikd. a)	**1 295 279**	**86 917**	**34 716**	**132 566**	**1 549 478**	**2 159**	**2 583**	**9 3…**
5te Trafikdistrikt.	**174 328**	**75**	**209**	**5 230**	**179 842**	**2 294**	**2 366**	**8…**
6te Trafikdistrikt.	**244 918**	**4 587**	**592**	**6 067**	**256 164**	**2 268**	**2 372**	**1 871…**
Statsbanerne. a)	**4 405 690**	**249 065**	**80 025**	**473 193**	**5 207 973**	**2 855**	**3 375**	**37 4…**
Hovedbanen.	344 669	97 207	49 280	21 944	513 100	5 069	7 546	[illegible]
Samtlige Baner. a)	**4 750 359**	**346 272**	**129 305**	**495 137**	**5 721 073**	**2 949**	**3 551**	[illegible]

[1]) Exklusive Tog for Banens Vedligehold.
(Non compris trains pour l'entretien de la voie).

1	12	13	14	15	16	17	18
Af egne og fremmede Vogne er paa Banen gjennemløbet [1]). Kilomètres parcourus par le matériel propre et étranger.							
Befordringsevne i Pladskilometer. Parcours kilométrique des places offertes.				Post- & Stoppe-vogne.	Gods-vogne.	Sum. (Col. 10 + 15 + 16).	Pr. Kilometer Drifts-længde.
I.	II.	III.	Sum. Total.	Wagons poste et freins.	Wagons à marchandises.	Total.	Par kilomètre. exploité.
Klasse. Classe.				Axelkilometer. Kilomètres d'essieux..			
05 776	35 963 450	124 956 276	166 325 502	4 545 834	7 770 014	22 115 670	88 461
4 345 526	33 386 596	117 655 374	155 387 498	4 048 998	6 338 066	19 444 984	89 608
54 344	11 182 769	39 515 163	53 352 276	1 568 674	9 201 610	13 609 792	111 556
.	1 268 352	4 439 892	5 708 244	191 396	318 210	834 302	25 282
60 120	**48 414 571**	**168 911 331**	**225 386 022**	**6 305 904**	**17 289 834**	**36 559 764**	**90 271**
.	17 825 771	56 097 910	73 923 681	1 825 316	3 161 804	10 029 096	189 228
.	17 543 644	52 275 556	69 819 200	2 507 838	2 865 308	10 183 678	64 454
.	9 247 010	33 044 092	42 291 102	1 739 032	7 083 976	11 357 522	79 423
.	**44 616 425**	**141 417 558**	**186 033 983**	**6 072 186**	**13 111 088**	**31 570 296**	**89 182**
81 596	5 284 838	18 711 710	25 178 144	895 726	2 231 824	4 647 534	80 130
21 411	26 188 232	58 018 882	87 828 525	3 278 690	10 672 722	20 206 230	46 345
.	5 293 608	20 157 566	25 451 174	966 126	3 752 700	6 336 770	59 781
03 007	**36 766 678**	**96 888 158**	**138 457 843**	**5 140 542**	**16 657 246**	**31 190 534**	**52 318**
.	**2 779 312**	**10 380 080**	**13 159 392**	**376 330**	**655 178**	**1 855 788**	**24 418**
.	**6 224 900**	**20 577 779**	**26 802 679**	**795 967**	**1 002 796**	**3 670 286**	**33 984**
63 127	**138 801 886**	**438 174 906**	**589 839 919**	**18 690 929**	**48 716 142**	**104 846 668**	**67 950**
06 156	12 410 514	51 691 432	66 508 102	1 621 874	8 975 382	14 379 032	211 456
69 283	**151 212 400**	**489 866 338**	**656 348 021**	**20 312 803**	**57 691 524**	**119 225 700**	74 007

1	19	20	21	22	23		24
	Trafiktogenes gjennemsnitlige Sammensætning. Composition moyenne des trains.				Personbefordring. Transport des voyageurs.		
							Fordeli… Répartio…
					I.		II.
Banernes Navn. Désignation des chemins de fer.	Person-vogne. Voitures à voyageurs.	Post- &· Stoppe-vogne. Wagons poste et freins.	Gods-vogne. Wagons à marchandises.	Sum. Total.	Klasse. Classe.		
	Antal Axler. Nombre d'essieux.				Antal. Nombre.	°/o	Antal.
Smaalensbanen.	10.3	4.8	8.2	23.3	4 645	0.3	122 257
Heraf Kr.ania-Fr.hald.	10.6	4.7	7.4	22.7	2 851	0.2	120 982
Kongsvingerbanen	8.5	4.7	27.6	40.8	2 041	1 1	15 939
Kongsv.-Flisenb.	6.4	3.8	6.3	16.5	-	-	2 200
1ste Trafikdistrikt a)	**9.7**	**4.7**	**12.9**	**27.3**	**6 684**	**0.3**	**139 249**
Kr.ania-Drammenb.	12.5	4.5	7.8	24.8	-	-	168 257
Drammen-Skienb.	8.8	4.6	5.2	18.6	-	-	49 362
Drammen-Randsfj.b.	6.3	4.3	17.5	28.1	-	-	26 310
2det Trafikdistrikt a)	**9.1**	**4.5**	**9.7**	**23.3**	-	-	**217 908**
Eidsv.-Hamarbanen.	8.4	5.0	12.4	25.8	877	0.5	12 226
Rørosbanen.	7.3	3.8	12.4	23.5	967	0.3	12 593
Merakerbanen.	6.4	3.8	14.8	25.0	-	-	8 794
3die & 4de Trafikd. a)	**7.2**	**4.0**	**12.9**	**24.1**	**1 023**	**0.2**	**28 236**
5te Trafikdistrikt.	**4.7**	**2.2**	**3.8**	**10.7**	-	-	**5 404**
6te Trafikdistrikt.	**7.7**	**3.2**	**4.1**	**15.0**	-	-	**48 046**
Statsbanerne. a)	**8.5**	**4.2**	**11.1**	**23.8**	**7 793**	**0.1**	**437 242**
Hovedbanen.	11.0	4.7	26.0	41.7	3 760	0.7	52 535
Samtlige Baner. a)	**8.7**	**4.3**	**12.1**	**25.1**	**8 702**	**0.1**	**465 633**

25		26	27	28	29	30	31	32	33
				Personbefordring. Transport des voyageurs.					
nde paa eurs à			Heraf Dont			Af det befordrede Antal Reisende*) kommer paa Répartition des voyageurs au			
III.		Sum alle Klasser. Total (Trains ordinaires, extra-ordinaires et militaires).	med Maaneds-billetter. c) De cela avec billets de saison. (Cfr. Tab.XII).	med Extra-tog og som militær Transport. De cela avec trains extra-ordinaires et militaires.	Reisende pr. km. Driftslængde. Voyageurs par km. exploité.	Lokaltrafik. (Mellem Banens egne Stationer). Trafic local. (Entre les stations propres).	Samtrafik. Trafic avec des lignes étrangères. Afgaaet til fremmede Baners Stationer. Expédiés aux stations de lignes étrangères.	Samtrafik. Trafic avec des lignes étrangères. Ankommet fra fremmede Baners Stationer. Arrivés des stations de lignes étrangères.	Gjennemgangstrafik. Trafic de transit.
tal. ibre.	°/o	Antal. Nombre.				Antal. Nombre.			
3 355	92.6	1 700 257	409 562	2 317	6 801	1 237 300	25 887	25 184	27 547
508 485	92.4	1 632 318	407 742	1 775	7 522	-	-	-	-
8 746	90.8	196 726	4 786	540	1 613	84 196	45 386	45 573	16 245
1 676	93.5	33 876	840	-	1 027	24 920	4 195	3 921	-
5 134	**92.4**	**1 921 067**	**414 828**	**2 857**	**4 743**	**1 349 546**	**72 338**	**71 548**	**9 950**
7 897	87.6	1 356 154	310 822	1 241	25 588	934 671	53 261	54 315	1 844
2 576	93.3	741 938	35 636	188	4 696	639 559	33 527	32 756	272
6 300	93.1	382 610	4 690	1 851	2 676	313 972	31 259	30 838	-
9 778	**90.8**	**2 367 686**	**350 548**	**2 733**	**6 688**	**1 997 962**	**8 290**	**8 153**	-
7 975	91.9	161 078	7 936	846	2 777	79 006	22 790	22 953	27 547
6 513	95.9	330 073	18 866	.3 211	757	277 897	14 858	14 487	754
7 726	95.5	196 520	15 472	993	1 854	174 121	2 458	2 883	593
7 462	**95.5**	**656 721**	**42 274**	**4 953**	**1 095**	**533 409**	**37 754**	**37 738**	**593**
6 781	**96.4**	**152 185**	**120**	**49**	**2 002**	**152 016**	-	-	-
4 557	**91.8**	**582 603**	**170 302**	**2 725**	**5 394**	**409 576**	-	-	-
7 604	**92.2**	**5 662 539**	**978 072**	**13 317**	**3 670**	**4 460 446**	**100 576**	**99 499**	**10 629**
4 258	89.6	540 553	25 720	4 581	7 949	332 235	85 333	86 239	6 445
6 289	**92.1**	**6 020 624**	**1 000 462**	**16 777**	**3 737**	**4 953 822**	d) **24 883**	d) **24 680**	-

Med ordinære Tog (Maanedsbilletter ikke iberegnet).

1	34		35		36		37
	Personbefordring. Transport des voyageurs.						
	Personkilometer. Parcours kilométrique des voyageurs.						
Banernes Navn. Désignation des chemins de fer.	Klasse. Classe. I.		II.		III.		Sum af Klasse[r] Total
	Antal. Nombre.	%	Antal. Nombre.	%	Antal. Nombre.	%	Antal Nombre
Smaalensbanen..	516 091	1.6	4 473 402	13.5	28 064 109	84.9	33 05[illegible]
Heraf Kr.ania—Fr.hald.	368 581	1.2	4 289 910	13.4	26 683 563	85.4	31 [illegible]
Kongsvingerbanen.	167 648	2.3	1 037 986	14.0	6 164 362	83.7	7 36[illegible]
Kongsv.-Flisenbanen.	-	-	55 196	8.4	598 003	91.6	65[illegible]
1ste Trafikdistrikt.	**683 739**	**1.7**	**5 566 584**	**13.5**	**34 826 474**	**84.8**	**41 07[illegible]**
Kr.ania-Drammenb.	-	-	3 436 203	16.4	17 472 776	83.6	20 90[illegible]
Drammen-Skienb.	-	-	2 569 760	15.7	13 828 835	84 3	16 39[illegible]
Drammen-Randsfj.b.	-	-	1 176 643	12.4	8 342 041	87.6	9 51[illegible]
2det Trafikdistrikt.	-	-	**7 182 606**	**15.3**	**39 643 652**	**84.7**	**46 82[illegible]**
Eidsvold-Hamarb.	50 442	1.0	649 117	13.2	4 200 218	85.8	4 89[illegible]
Rørosbanen.	372 723	2.4	2 207 205	13.8	13 373 737	83.8	15 95[illegible]
Merakerbanen.	-	-	306 624	8.5	3 290 179	91.5	3 59[illegible]
3die & 4de Trafikd.	**423 165**	**1.7**	**3 162 946**	**13.0**	**20 864 134**	**85.3**	**24 45[illegible]**
5te Trafikdistrikt.	-	-	**272 983**	**7.5**	**3 385 367**	**92.5**	**3 65[illegible]**
6te Trafikdistrikt.	-	-	**874 023**	**12.9**	**5 899 129**	**87.1**	**6 77[illegible]**
Statsbanerne.	**1 106 904**	**0.9**	**17 059 142**	**13.9**	**104 618 756**	**85.2**	**122 78[illegible]**
Hovedbanen.	152 071	1.0	1 877 621	12.5	12 951 033	86.5	14 98[illegible]
Samtlige Baner.	**1 258 975**	**0.9**	**18 936 763**	**13.8**	**117 569 789**	**85.3**	**137 76[illegible]**

Trafik.

Personbefordring.
Transport des voyageurs.

[illegible]	Pr. km. Driftslængde. Par km. exploité.	Pr. Trafiktogkm. Moyenne des voyageurs par train.	Pr. Axelkm. Moyenne des voyageurs par essieu.	Hver Person har gjennemsnitlig reist. Parcours moyen d'un voyageur. Klasse. Classe. I.	II.	III.	Gjennemsnitlig for alle Klasser. Moyenne de toutes classes.	Af de bevægede Pladse er gjennemsnitlig bleven optaget. Rapport des places occupées aux places offertes. Klasse. Classe. I.	II.	III.	Gjennemsnitlig for alle Klasser. Moyenne de toutes classes.
	39	40	41	42	43	44	45	46	47	48	49
	Antal. Nombre.			Kilometer. Kilomètres.				Procent. Pour cent.			
[illegible]	132 214	34.8	3.4	111.1	36.6	17.8	19.4	9.5	12.4	22.5	19.9
[illegible]	143 973	36.5	3.4	129.3	34.6	17.7	19.1	8.5	12.5	22.7	20.1
[illegible]	60 410	22.1	2.6	82.1	65.1	34.5	37.5	6.3	9.3	15.6	13.8
[illegible]	19 794	13.0	2.0	-	25.1	18.9	19.3	-	4.4	13.5	11.4
[illegible]	**101 424**	**30.8**	**3.2**	**102.3**	**40.0**	**19.6**	**21.4**	**8.5**	**11.5**	**20.6**	**18.2**
1 438	394 509	51.8	4.1	-	20.4	14.7	15.4	-	19.3	31.1	28.3
1 002	103 789	29.9	3.4	-	52.1	20.0	22.1	-	14.6	26.5	23.5
0 310	66 564	23.6	3.8	-	44.7	23.4	24.9	-	12.7	25.2	22.5
2 750	**132 278**	**34.5**	**3.8**	-	**33.0**	**18.4**	**19.8**	-	**16.1**	**28.0**	**25.2**
0 232	84 479	27.2	3.2	57.5	53.1	28.4	30.4	4.3	12.3	22.4	19.5
3 304	36 591	18.5	2.6	385.4	175.3	42.1	48.3	10.3	8.4	23.1	18.2
0 220	33 932	14.2	2.2	-	34.9	17.5	18.3	-	5.8	16.3	14.1
3 756	**40 750**	**18.9**	-	**413.7**	**112.0**	**33.3**	**37.2**	**8.8**	**8.6**	**21.5**	**17.7**
840	**48 136**	**21.0**	**4.4**	-	**50.5**	**23.1**	**24.0**	-	**9.8**	**32.6**	**27.8**
6 734	**62 714**	**27.7**	**3.6**	-	**18.2**	**11.0**	**11.6**	-	**14.0**	**28.7**	**25.3**
7 758	**79 575**	**27.9**	-	**142.0**	**39.0**	**20.1**	**21.7**	**8.6**	**12.3**	**23.9**	**20.8**
1 200	220 305	43.5	4.0	40.4	35.7	26.7	27.7	6.3	15.1	25.1	22.5
8 958	**85 516**	**29.0**	-	**144.6**	**40.7**	**21.2**	**22.9**	**8.2**	**12.5**	**24.0**	**21.0**

1	50	51	52	53	54	55
	Godsbefordring. Transport de marchandises.					
	Gods. Marchandises.					
	Il- & Fragtgods Grande & petite vitesse				heraf Dont	
					i Retning.	
Banernes Navn. Désignation des chemins de fer.	Ialt. En tout.	hvoraf Fragtgods. Dont petite vitesse	Fragtfrit Gods. Petite vitesse (Transport gratuit).	Sum. Total.	Op. *) Aller.	Ned Reto
	Ton. Tonnes.					
Smaalensbanen.	227 607	224 087	12 461	240 068	69 978	170
Heraf Kr.ania-Fr.hald.	145 791	142 294	12 016	157 807	60 371	
Kongsvingerbanen.	208 322	207 471	9 011	217 333	51 713	165
Kongsv.-Flisenb.	12 076	11 990	1 679	13 755	5 461	8
1ste Trafikdistrikt. a)	**435 034**	**430 700**	**21 993**	**457 027**	-	
Kr.ania-Drammenb.	120 085	118 735	2 969	123 054	45 413	77
Drammen-Skienb.	54 407	53 255	6 969	61 376	33 856	27
Drammen-Randsfj.b.	262 851	261 985	10 410	273 261	79 260	194
2det Trafikdistrikt. a)	**370 568**	**368 074**	**19 930**	**390 498**	-	
Eidsvold-Hamarb.	64 175	62 296	2 197	66 372	46 269	20
Rørosbanen.	127 576	126 655	5 653	133 229	70 443	62
Merakerbanen.	126 553	126 234	1 270	127 823	47 573	80
3die & 4de Trafikd. a)	**291 843**	**289 305**	**9 030**	**300 873**	-	
5te Trafikdistrikt.	**13 078**	**12 983**	**1 230**	**14 308**	**4 644**	9
6te Trafikdistrikt.	**15 783**	**15 152**	**2 199**	**17 982**	**9 839**	8
Statsbanerne. a)	**1 120 941**	**1 111 142**	**54 348**	**1 175 289**	-	
Hovedbanen.	511 215	508 106	10 613	521 828	185 828	3360
Samtlige Baner. a)	**1 391 583**	**1 381 192**	**62 902**	**1 454 485**	-	

*) «Op» betegner Retningen fra Kristiania.
«Aller» signifie la direction de Kristiania.

56	57	58	59	60	61	62	63	64
Godsbefordring. Transport de marchandises.								
…redskaber og levende Dyr. Equipages et animaux.			Tilsammen. Transport total.		Af det befordrede Il- & Fragtgods kommer paa Répartition des tonnes de marchandises au			
						Samtrafik. Trafic avec des lignes étrangères.		
…ered-…ber. …ages.	Levende Dyr. Animaux.	Vægt. e) Poids.	Ialt. (Col. 53 + 58). En tout.	Pr. km. Driftslængde. Par km. exploité.	Lokaltrafik (Mellem Banens egne Stationer). Trafic local (entre les stations propres).	Til fremmede Baners Stationer. Expédiées aux stations de lignes étrangères.	Fra fremmede Baners Stationer. Arrivées des stations de lignes étrangères.	I Gjennemgangstrafik. Trafic de transit.
Antal. Nombre.		Ton. Tonnes.			Ton. Tonnes.			
340	6 833	2 406	242 474	970	143 943	11 948	71 304	412
320	6 234	2 189	159 996	737	-	-	-	
308	3 737	1 220	218 553	1 791	18 201	76 122	29 815	84 184
36	482	172	13 927	422	476	7 614	3 986	.
661	**11 030**	**3 780**	**460 807**	**1 138**	**165 186**	**93 119**	**102 539**	**74 190**
409	3 726	998	124 052	2 341	57 277	24 188	38 099	521
298	1 282	347	61 723	391	37 806	7 579	9 020	2
469	2 630	824	274 085	1 917	207 997	35 176	19 678	-
1 051	**6 329**	**1 956**	**392 454**	**1 109**	**369 332**	**691**	**545**	.
295	8 603	2 640	69 012	1 190	7 346	10 201	22 686	23 942
413	4 800	1 639	134 868	309	101 372	9 252	16 695	257
33	1 137	384	128 207	1 210	37 924	23 864	64 667	98
635	**11 275**	**4 566**	**305 439**	**509**	**148 867**	**41 093**	**101 823**	**60**
29	**6 295**	**780**	**15 088**	**199**	**13 078**	-	-	.
72	**1 487**	**522**	**18 504**	**171**	**15 783**	-	-	-
2 403	**35 794**	**11 545**	**1 186 834**	**769**	**715 058**	**101 398**	**232 777**	**71 708**
777	17 906	5 994	527 822	7 762	270 642	78 255	156 148	6 170
2 661	41 539	**13 193**	**1 467 678**	**911**	**1 148 395**	d) **47 651**	d) **195 537**	-

1	65	66	67	68	69	70	7
	Godsbefordring. Transport de marchandises.						
	Tonkilometer Netto. Parcours kilométrique des tonnes.						
	Il- & Fragtgods. Grande & petite vitesse.				Heraf Dont		
					i Retning.		
Banernes Navn. Désignation des chemins de fer.	Ialt. En tout.	hvoraf Fragtgods. Dont petite vitesse.	Fragtfrit Gods. Petite vitesse. (Transport gratuit).	Sum. Total.	Op.*) Aller.	Ned. Retour	Kj… skabe leve Dyr Equi… anim…
	Antal. Nombre.						
Smaalensbanen.	10 469 917	10 062 917	579 593	11 049 510	3 604 115	7 445 395	131
Heraf Kr.ania—Fr.hald.	7 566 210	7 224 930	558 966	8 125 176	3 233 218	4 891 958	1
Kongsvingerbanen	17 209 082	17 133 731	477 123	17 686 205	3 733 476	13 952 729	7
Kongsv.-Flisenbanen.	343 058	340 198	55 037	398 095	188 944	209 151	5
1ste Trafikdistrikt.	**28 022 057**	**27 536 846**	**1 111 753**	**29 133 810**	-	-	**207**
Kr.ania-Drammenb.	4 583 097	4 515 524	88 555	4 671 652	1 727 933	2 943 719	39
Drammen-Skienb.	2 462 096	2 378 029	280 167	2 742 263	1 530 524	1 211 739	25
Drammen-Randsfj.b.	12 539 420	12 495 972	431 049	12 970 469	3 905 266	9 065 203	39
2det Trafikdistrikt.	**19 584 613**	**19 389 525**	**799 771**	**20 384 384**	-	.	**104**
Eidsvold-Hamarbanen.	3 178 963	3 076 126	56 945	3 235 908	2 293 482	942 426	135
Rørosbanen.	14 095 824	13 509 821	304 547	14 400 371	6 625 395	6 774 976	355
Merakerbanen.	9 836 466	9 807 346	49 053	9 885 519	3 299 351	6 586 168	20
3die & 4de Trafikd.	**27 111 253**	**26 393 293**	**410 545**	**27 521 798**	-	-	**511**
5te Trafikdistrikt.	**458 760**	**455 302**	**46 353**	**505 113**	**162 477**	**342 636**	**30**
6te Trafikdistrikt.	**1 135 428**	**1 100 910**	**126 754**	**1 262 182**	**730 282**	**531 900**	**41**
Statsbanerne.	**76 312 111**	**74 875 876**	**2 495 176**	**78 807 287**	-	-	**865**
Hovedbanen.	16 739 752	16 577 118	242 606	16 982 358	7 465 181	9 517 177	285
Samtlige Baner.	**93 051 863**	**91 452 994**	**2 737 782**	**95 789 645**	-	-	**1 181**

*) Se Anmærkning paa foregaaende Side.

72	73	74	75	76	77	78	79	80
			Godsbefordring. Transport de marchandises.					
			Gjennemsnitlig Transportlængde pr. Ton. Parcours moyen d'une tonne.				Gjennemsnitlig Belastning pr. Godsvognaxel.	Gjennemsnitlig Udnytning af Godsvognenes Lasteevne.
…ost, & …gods.	Hovedsum. (Col. 68 + 71 + 72).	Pr. km. Driftslængde.	Il- & Fragtgods.	Fragtfrit Gods.	Kjøreredskaber & levende Dyr.	Middeltal. (Post- & Reisegods excl.)		
Poste …bagage.	Total.	Par km. exploité.	Grande et petite vitesse.	Petite vitesse. (Transport gratuit).	Equipages et animaux.	Moyenne générale. (Poste et bagage excl.)	Charge moyenne par essieu.	Utilisation moyenne de la faculté de chargement.
			Kilometer. Kilomètres.				Ton. Tonnes.	%
072 092	13 253 052	53 012	46.0	46.5	54.6	46.1	1.44	28.3
1 364 212	10 119 776	46 635	51.9	46.5	59.6	51.6	1.30	25.8
668 247	18 425 360	151 028	82.7	52.9	58.1	81.2	1.93	39.2
95 698	498 815	15 116	28.4	32.8	29.2	28.9	1.27	25.8
836 037	**32 177 227**	**79 317**	**64.4**	**50.6**	**54.9**	**63.7**	.	.
414 043	5 125 594	96 709	38.2	29.8	40 0	38.0	1.49	47.0
598 078	3 365 547	21 301	45.3	40.2	72.6	44.8	0.97	30.5
344 906	13 354 894	93 391	48.7	41.4	48.0	47 5	1.84	57.9
357 027	**21 846 035**	**61 712**	**52.9**	**40.1**	**53.5**	**52.2**	**1.56**	**49.3**
447 863	3 819 582	65 855	49.5	25.9	51.4	48.9	1.51	30.7
819 673	15 575 526	35 724	110.5	53.9	216.9	109.4	1.38	42.2
483 063	10 389 133	98 011	77.7	38.6	53.5	77.3	2.64	51.6
750 599	**29 784 241**	**49 640**	**92.9**	**45.5**	**112.1**	**91.8**	-	.
94 083	**629 690**	**8 285**	**35.1**	**37.7**	**39.1**	**35.5**	**0.82**	**32.8**
205 516	**1 509 064**	**13 973**	**71.9**	**57.6**	**79.2**	**70.4**	**1.30**	**40.0**
243 262	**85 946 257**	**55 701**	**68.1**	**45.9**	**77.6**	**67.2**	-	.
726 343	17 994 663	264 627	32.7	22.9	47.7	32.7	1.92	39.3
969 605	***103 940 920***	**64 520**	**66.9**	**43.5**	**89.6**	**66.1**	-	.

1	81	82	83	84	85	86	87
	Samlet Trafik. Mouvement total.						
	Personbefordring. Voyageurs.			Godsbefordring. Marchandises.			
Banernes Navn Désignation des chemins de fer.	Reisende*) & Personvogne. Voyageurs et voitures à voyageurs. Tonkilometer. Tonnes kilomètres.	Befordret Vognvægt pr. Reisende. Poids moyen de voitures par voyageur. Ton. Tonnes.	Nettovægt i pCt. af Bruttovægt. Rapport du poids net au poids brut. %	Gods & Godsvogne. Marchandises & wagons à marchandises. Tonkilometer. Tonnes-kilomètres.	Post, Reisegods, Post- & Stoppevogne. Poste, bagage, wagons-poste et-freins.	Sum. Total.	Gjennemsnitlig Vognvægt pr. Ton Gods. Poids moyen de wagon par tonne de marchandises (petite vitesse). Ton. Tonnes.
Smaalensbanen.	46 220 323	1.32	5.4	32 200 670	18 487 485	50 688 155	1.88
Heraf Kr.ania—Fr.hald.	42 747 136	1.29	5.5	25 525 934	16 524 819	42 050 753	2.0
Kongsvingerbanen.	13 908 500	1 81	4.0	42 171 064	5 553 634	47 724 698	1.37
Kongsv.-Flisenb.	1 496 568	2.22	3.3	1 264 734	695 876	1 960 610	2 14
1ste Trafikdistrikt.	**61 625 391**	-	5.0	**75 636 468**	**24 736 995**	**100 373 463**	-
Kr.ania-Drammenb.	16 015 437	0.69	9.8	10 718 979	4 882 609	15 601 588	1.28
Drammen-Sklenb.	14 943 013	0.84	8.2	8 211 554	7 163 979	15 375 533	1.97
Drammen-Randsfj.b.	8 635 176	0.83	8.3	26 469 542	3 922 610	30 392 152	1.03
2det Trafikdistrikt.	**39 593 626**	**0.77**	**8.9**	**45 400 075**	**15 969 198**	**61 369 273**	**1.22**
Eidsvold-Hamarb.	6 371 562	1.18	5.8	9 492 330	3 549 497	13 041 827	1 82
Rørosbanen.	17 824 760	1.04	6.7	33 860 025	8 363 015	42 223 040	1 29
Merakerbanen.	6 645 240	1.77	4.1	19 815 611	3 984 729	23 800 340	1 00
3die & 4de Trafikd.	**30 841 562**	-	-	**63 167 966**	**15 897 241**	**79 065 207**	-
5te Trafikdistrikt.	**2 282 387**	**0.55**	**12.0**	**1 701 824**	**1 034 908**	**2 736 732**	**2 18**
6te Trafikdistrikt.	**6 364 535**	**0.86**	**8.0**	**3 128 637**	**2 484 460**	**5 613 097**	**1 40**
Statsbanerne.	**140 707 501**	-	-	**189 034 970**	**60 122 802**	**249 157 772**	-
Hovedbanen.	15 918 435	0.99	7.1	41 520 007	5 994 280	47 514 287	1.40
Samtlige Baner.	**156 625 936**	-	-	**230 554 977**	**66 117 082**	**296 672 059**	-

*) Gjennemsnitlig Vægt pr. Person ansat til 75 kg.
Poids moyen d'un voyageur calculé à 75 kg.

Samlet Trafik.
Mouvement total.

	90	91	92	93	94	95	96	97	98	99
	Tilsammen. Ensemble.					Trafiktogenes gjennemsnitlige Vægt. Poids moyen des trains.				
	Vogne og Lokomotiver (Dødvægt). Poids mort.		Brutto. Brut.		Netto i pCt af Brutto. Rapport du poids net au poids brut.	Reisende. Voyageurs.	Gods alle Slags. Marchandises de toute nature.	Vogne. Voitures et wagons.	Lokomotiver. Locomotives.	Hovedsum. Total.
	Personvogne Gods-, Post- og Stoppevogne. Voitures à voyageurs, wagons à marchandises, wagons-poste et-freins.	Lokomotiver og Tendere. Locomotives & Tenders.	Ialt. (Col. 89 + 90 + 91). Total.	Pr. km. Driftslængde. Par km. exploité.						
	Tonkilometer. Tonnes-kilomètres.				%	Ton. Tonnes.				
32 072	81 176 406	f) 45 035 737	141 944 215	567 777	11.1	2.6	14.0	85.4	44.3	146.3
930	72 334 959	f) 41 509 416	126 307 305	582 061	9.9	2.8	11.8	84.6	45.5	144.7
78 110	42 655 088	16 348 422	77 981 620	639 194	24.3	1.6	55.2	127.8	47.1	231 7
7 805	2 909 373	1 668 482	5 125 660	155 323	10.7	1.0	9.9	57.7	29.9	98.5
57 987	**126 740 867**	**f) 63 052 641**	**225 051 495**	**555 683**	**15.7**	**2.3**	**24.1**	**94.9**	**44.5**	**165.8**
93 767	24 923 258	11 927 019	43 544 044	821 586	15.4	3.9	12.7	61.8	24.9	103.3
595 442	25 723 104	12 676 966	42 995 512	272 123	10.7	2.3	6.1	46.9	21.8	77.1
068 795	24 958 533	10 947 150	49 974 478	349 472	28.2	1.8	33.1	61.8	22.9	119.6
58 004	**75 604 895**	**35 551 135**	**136 514 034**	**385 633**	**18.6**	**2.6**	**16.1**	**55.7**	**23.1**	**97.5**
187 065	15 026 324	8 781 659	27 995 048	482 673	15.0	2.0	21.2	83.3	44.6	151.1
769 373	43 178 427	23 781 204	83 729 004	192 039	20.0	1.4	18.1	50.1	25.7	95.3
558 893	19 786 687	12 665 708	43 111 288	406 710	24.7	1.1	40.9	78.0	44.7	164.7
15 331	**77 991 438**	**45 228 571**	**154 835 340**	**258 059**	**20.4**	-	-	-	-	-
04 066	**4 115 153**	**2 592 151**	**7 611 370**	**100 150**	**11.9**	**1.6**	**3.6**	**23.6**	**14.4**	**43.2**
27 050	**9 960 582**	**4 149 857**	**16 137 489**	**149 421**	**12.6**	**2.1**	**6.1**	**40.7**	**16.5**	**65.4**
62 438	**294 412 935**	**f) 150 574 355**	**540 149 728**	**350 065**	**17.6**	-	-	-	-	-
118 217	44 314 505	22 948 272	86 380 994	1 270 309	22.1	3.2	52.2	128.6	63.7	247.7
80 655	**338 727 440**	**f) 173 522 627**	**626 530 722**	**388 908**	**18.2**	-	-	-	-	-

Anmærkninger til Tabel III.

Col. 1 a) Med Hensyn til de for Trafikdistrikterne meddelte Opgaver bemærkes, at disse refererer sig til Distriktet som Driftsenhed. De for disse opførte Antal Reisende og Antal Ton er saaledes ikke Summen af det for de enkelte Baner opførte Antal; men i denne Sum er der gjort Fradrag for det Antal Reisende (Ton), som i samme Reise har passeret paa to eller flere Baner (fra den ene til den anden inden Distriktet), da dette Antal selvfølgelig indbefattes i Opgaven over Antal Reisende og Ton for hver af de enkelte Baner. I Overensstemmelse hermed er det for Statsbanerne og samtlige Baner anførte Antal Reisende og Ton lig Summen af Antallet for Distrikterne formindsket med det Antal Reisende (Ton), som i samme Reise har passeret mellem eller over to eller flere Distrikter.

Col. 6 b) Desuden Skiftning paa Kristiania Fællesstation 135 500 km., udført fælles for Smaalensbanen og Hovedbanen (jfr. Tabel V. 3, Col. 65 og nedenstaaende Anmærkning f).

Col. 27 c) Det anførte Antal Reiser med Maanedsbilletter er fremkommet ved, at det antages at der gjennemsnitlig foretages 2 Reiser pr. Dag paa en saadan Billet.

Col. 31, 32, 62 og 63 d) Samtrafik med svenske Baner.

Col. 58 & 71 e) For Bestemmelse af Vægt og Tonkilometer for Kjøreredskaber og levende Dyr er der antaget en gjennemsnitlig Vægt

for Kjøreredskaber af 400 kg.
« Heste « 400 «
« Hornkvæg etc. « 350 «
« Smaafæ « 40 «

Tilsvarende Opgaver til Col. 58 og 71 har før Driftsaaret 1891—92 kun været udfyldt for 1ste Distrikt og Hovedbanen, og er Opgaverne deri fremkommet paa den Maade, at hver Vogn, hvori der blev fragtet Dyr og Kjøreredskaber, i Gjennemsnit var forudsat at føre en Nettolast af 1 Ton.

Col. 91 f) Tonkilometer af Lokomotiver paa Kristiania Fællesstation (2 912 506 Tonkm.), der skulde blive at fordele paa Smaalensbanen og Hovedbanen, heri ikke indbefattet.

Tabel IV.

Økonomiske Resultater.

Résultats financiers.

1	3		4		5		6	7	
Banernes Navn. Désignation des chemins de fer.	Indtægter af Persontrafik. Recettes du trafic des voyageurs. Reisende. Voyageurs								
	I. Klasse. Classe.		II.		III.		Exess. Excès.	Tilsammen. (Col. 3, 4, 5, 6). Total.	Herat med Extratog og som militær Transport
	Kroner.	%	Kroner.	%	Kroner.	%	Kroner.		
Smaalensbanen.	36 875.74	4.3	168 551.74	19.8	648 333.46	75.9	12 931.31	866 692.25	2 0
Kongsvingerbanen.	10 055.06	4.7	44 160.41	20.6	159 720.29	74.7	1 272.99	215 208.75	2 19
Kongsv.-Flisenb.	-	-	2 030.93	11.7	15 366.26	88.3	116.64	17 513.83	-
1ste Trafikdistr.	46 930.80	-	214 743.08	-	823 420.01	-	14 320.94	1 099 414.82	4 210
Kr.ania-Dr.menb.	-	-	117 078.26	22.1	412 071.28	77.9	8 722.67	537 872.21	1 32
Dr.men-Skienb.	-	-	96 946.34	22.4	336 162.03	77.6	3 546.70	436 655.07	1 13
Dr.men-Randsfj.b.	-	-	44 822.26	18.4	199 189.19	81.6	2 321.58	246 333.03	1 209
2det Trafikdistr.	-	-	258 846.86	-	947 422.50	-	14 590.95	1 220 860.81	3 73
Eidsv.-Hamarb.	3 444.00	2.4	29 463.72	20.6	110 394.18	77.0	2 568.00	145 869.90	59
Hamar-Gr.setb.	—	—	—	—	—	—	—	84 985 11	—
Gr.set-Aamotb.	—	—	—	—	—	—	—	39 530.24	—
Støren-Aamotb.	—	—	—	—	—	—	—	320 492 55	—
Tr.hjem-Størenb.	—	—	—	—	—	—	—	93 173.31	—
Rørosbanen.	26 769.14	5.1	112 411.56	21.3	387 858.38	73.6	11 142.13	538 181.21	2 9
Merakerbanen.	-	-	12 417.74	13.1	82 242.04	86.9	416.75	95 076.53	5
3die & 4de Trafikd.	30 213.14	-	154 293.02	-	580 494.60	-	14 126.88	779 127.64	4 1
5te Trafikdistr.	-	-	12 638.18	12.9	85 701.59	87.1	187.90	98 527.62	2
6te Trafikdistr.	-	-	39 486.78	19.5	163 192.66	80.5	1 070.60	203 749.99	48
Statsbanerne.	77 143.94	-	680 007.82	-	2 600 231.86	-	44 297.27	3 401 680.39	171
Hovedbanen.	8 503.97	2.0	75 104.88	17.7	340 938.59	80.3	5 450.71	429 998.15	3 5
Samtlige Baner.	85 647.91	-	755 112.70	-	2 941 169.95	-	49 747.98	3 831 678.54	207

ltater.
ers.

Indtægter af Persontrafik.
Recettes du trafic des voyageurs.

Reisende.
Voyageurs.

9	10	11	12	13	14	15	16	17	18	19	20
tægt pr. Vognaxelkilometer. Recette par kilomètre d'essieux.				Indtægt pr. Person. Recette par voyageur.				Indtægt pr. Personkilometer. Recette par le parcours kilométrique des voyageurs.			
.	II.	III.	Middel alle Klasser. Moyenne de toutes classes.	I.	II.	III.	Middel alle Klasser. Moyenne de toutes classes.	I.	II.	III.	Middel alle Klasser. Moyenne de toutes classes.
Klasse. Classe.				Klasse. Classe.				Klasse. Classe.			
Øre.				Øre.				Øre.			
6.2	5.6	10.3	8.8	794	138	41	51	7.1	3.8	2.3	2.6
4.4	5.1	8.1	7.0	493	277	89	109	6.0	4.3	2.6	2.9
.	1.9	7.0	5.4	.	92	49	52	.	3.7	2.6	2.7
[illegible].7	5.4	9.7	8.3	702	154	46	57	6.9	3.9	2.4	2.7
.	7.7	11.2	10.3	.	70	35	40	.	3.4	2.4	2.6
.	6.5	9.8	8.9	.	196	49	59	.	3.8	2.4	2.7
.	5.9	9.3	8.5	.	170	56	64	.	3.8	2.4	2.6
.	6.9	10.2	9.4	.	119	44	52	.	3.6	2.4	2.6
3.0	6.6	11.5	9.6	393	241	75	91	6.8	4.5	2.6	3.0
—	—	—	—	—	—	—	—	—	—	—	3.1
—	—	—	—	—	—	—	—	—	—	—	3.4
—	—	—	—	—	—	—	—	—	—	—	3.6
—	—	—	—	—	—	—	—	—	—	—	3.1
5.4	5.6	10.3	8.6	2 768	893	123	163	7.2	5.1	2.9	3.4
.	2.5	7.3	5.9	.	141	44	48	.	4.0	2.5	2.6
.	.	.	.	2 953	546	93	119	7.1	4.9	2.8	3.2
.	7.2	13.2	12.0	.	234	58	65	.	4.6	2.5	2.7
.	5.6	14.0	10.9	.	82	31	35	.	4.5	2.8	3.0
.	.	.	.	990	156	50	60	7.0	4.0	2.5	2.8
3.7	7.2	12.7	10.9	226	143	70	80	5.6	4.0	2.6	2.9
.	.	.	.	984	162	53	64	6.8	4.0	2.5	2.8

1	21	22	23	24	25	26	27
	Indtægter af Persontrafik. Recettes du trafic des voyageurs.				**Indtægt** Recettes du tr		
			Tilsammen. Ensemble.				Il- Gra
Banernes Navn. Désignation des chemins de fer.	Reisegods. Bagage.	Post. Poste	Ialt Total.	Pr. Kilometer Driftslængde. Par kilomètre exploité.	Kjøretøiredskaber. Equipages.	Levende Dyr. Animaux	Ilgods Grande vitesse
	Kroner.				Kroner.		
Smaalensbanen.	12 876.88	76 945.20	956 514.33	3 826	2 811.98	16 848.58	77 72
Kongsvingerb.	4 836.78	16 030.80	236 076.33	1 935	1 978.51	7 294.75	18 90
Kongsv.-Flisenb.	113.22	1 091.75	18 718.80	567	71.37	416.98	1 57
1ste Trafikdistr.	**17 826.88**	**94 067.75**	**1 211 309.46**	**2 991**	**4 861.86**	**24 560.21**	**98 204**
Kr.ania-Dr.menb.	4 730.04	21 294.01	563 896.26	10 639	1 880.70	5 238.22	44 91
Dr.men-Skienb.	6 946.55	37 446.76	481 048.38	3 045	1 805.00	2 905.23	29 77
Dr.men-Randsfj.b.	2 582.61	13 500.82	262 416.46	1 835	1 886.50	4 689.63	22 71
2det Trafikdistr.	**14 259.20**	**72 241.59**	**1 307 361.10**	**3 693**	**5 572.20**	**12 833.08**	**97 409**
Eidsv.-Hamarb.	2 672.25	11 577.38	160 119.53	2 761	1 159.41	8 951.43	17 57
Hamar-Gr.setb.	1 390.59	7 489.80	93 865.50	2 470	881.11	2 773.35	12 [illegible]
Gr.set-Aamotb.	720.05	5 124.60	45 374.89	1 745	352.63	1 693.18	4 [illegible]
Støren-Aamotb.	7 322.63	63 072.00	390 887.18	1 218	2 859.92	12 843.38	30 [illegible]
Tr.hjem-Størenb.	1 455.49	10 249.20	104 878.00	2 057	767.16	2 499.23	11 53
Rørosbanen.	10 888.76	85 935.60	635 005.57	1 456	4 860.82	19 809.14	58 23
Merakerbanen.	1 932.73	7 002.60	104 011.86	981	365.40	3 346.29	6 57
3die&4deTrafikd.	**15 493.74**	**104 515.58**	**899 136.96**	**1 498**	**6 385.68**	**32 106.86**	**82 386**
5te Trafikdistr.	**559.70**	**8 981.00**	**108 068.32**	**1 422**	**175.17**	**3 889.28**	**2 35**
6te Trafikdistr.	**1 434.20**	**18 431.56**	**223 615.75**	**2 071**	**539.80**	**3 234.70**	**10 55**
Statsbanerne.	**49 573.72**	**298 237.48**	**3 749 491.59**	**2 430**	**17 534.66**	**76 624.18**	**290 910**
Hovedbanen.	6 939.45	15 901.96	452 839.56	6 659	2 963.63	24 101.35	57 23
Samtlige Baner.	**56 513.17**	**314 139.44**	**4 202 331.15**	**2 608**	**20 498.29**	**100 725.53**	**348 14**

*) Ilgods forsendt i Stoppevogne og Reisegods, der har været sendt med Godsvogne, er sat af Betragtning.

…nomiske Resultater.

28	29	30	31	32	33	34	35	36	37	38
…odstrafik. …rchandises.							Andre Trafikindtægter **). Produits divers.			
…gods. …et petite vitesse.				Tilsammen. Ensemble.						
…gods. …tite …esse.	Sum. En tout.	Indtægt pr. Tonkilometer. Recettes par tonne kilométrique. Ialt. En tout.	Heraf Fragtgods.	Ialt. Total.	Pr. Kilometer Driftslængde. Par kilomètre exploité.	Pr. Godsvognaxelkilometer.*) Par kilomètre d'essieu de wagon à marchandises.	Telegrammer. Télégrammes.	Leie. a) Loyer.	Øvrige Indtægter. b) Autres recettes.	Sum. Total.
		Øre.		Kr.	Kr.	Øre.	Kroner.			
…9 408.80	587 135.26	5.6	5.1	606 795.82	2 427	7.9	8 597.91	23 395.14	1 199.75	33 192.80
…9 710.31	608 616.77	3.5	3.4	617 890.03	5 065	6.7	3 803.54	2 693.48	582.00	7 079.02
…9 299.19	20 870.66	6.1	5.7	21 359.01	647	6.7	539.90	211.87	102.51	854.28
…8 418.20	**1 216 622.69**	**4.3**	**4.1**	**1 246 044.86**	**3 077**	**7.2**	**12 941.35**	**26 300.49**	**1 884.26**	**41 126.10**
…8 775.86	313 693.30	6.8	5.9	320 812.22	6 053	10.1	5 389.89	13 934.90	698.23	20 023.02
…3 060.41	162 836.20	6.6	5.6	167 546.43	1 060	5.8	3 873.12	9 315.68	689.66	13 878.46
…4 385.76	647 101.65	5.2	5.0	653 677.78	4 571	9.2	5 372.47	6 374.26	734.50	12 481.23
…6 222.02	**1 123 631.15**	**5.7**	**5.3**	**1 142 036.43**	**3 226**	**8.7**	**14 635.48**	**29 624.84**	**2 122.39**	**46 382.71**
…3 879.55	181 459.12	5.7	5.3	191 569.96	3 303	8.6	1 713.85	1 440.99	1 663.51	4 818.35
…79 147.98	91 345.13	6.5	5.8	94 999.59	2 500	7.6	2 318.10	1 274.80	1 566.24	5 159.14
…32 416.14	36 779.68	4.8	4.4	38 825.49	1 493	5.9	475.63	3.21	236.88	715.72
…306 045.77	326 135.32	3.8	3.6	341 838.62	1 065	5.0	4 332.57	281.57	923.54	5 537.68
…144 956.28	156 537.26	4.8	4.6	159 803.65	3 133	8.0	2 171.47	2 807.32	279.10	5 257.89
…52 566.17	610 797.39	4.3	4.1	635 467.35	1 458	6.0	9 297.77	4 366.90	3 005.76	16 670.43
…69 718.51	376 294.67	3.8	3.8	380 006.36	3 585	10.1	3 005.69	7 027.36	468.61	10 501.66
…6 164.22	**1 168 551.18**	**4.3**	**4.1**	**1 207 043.67**	**2 012**	**7.2**	**14 017.31**	**12 835.25**	**5 137.88**	**31 990.44**
…789.26	**41 144.02**	**9.0**	**8.5**	**45 209.03**	**595**	**6.9**	**2 207.67**	**3 293.75**	**85.97**	**5 587.39**
…766.02	**83 321.17**	**7.3**	**6.6**	**87 095.67**	**806**	**8.7**	**4 256.26**	**1 244.90**	**246.20**	**5 747.36**
…359.95	**3 633 270.82**	**4.8**	**4.5**	**3 727 429.66**	**2 416**	**7.7**	**48 058.07**	**73 299.23**	**9 476.70**	**130 834.00**
…6 171.47	1 103 404.15	6.6	6.3	1 130 469.13	16 625	12.6	6 503.15	70 772.55	766.71	78 042.41
…531.42	**4 736 674.97**	**5.1**	**4.8**	**4 857 898.79**	**3 015**	**8.4**	**54 561.22**	**144 071.78**	**10 243.41**	**208 876.41**

**) *Renteindtægter* og Indtægter ved Dampskibsfart (jfr. Col. 88 og 89) heri ikke medregnet.

1	39	40	41	42	43	44	4
	Samlede Indtægter. Recettes totales.						
					Af Indtægter kommer p[…] Décomposition des recettes		
Banernes Navn. Désignation des chemins de fer.	Ialt. Total.	Pr. Kilometer Driftslængde. Par kilomètre exploité.	Pr. Trafiktogkilometer. Par train-kilomètre.	I pCt. af den i Banen nedlagte Kapital. Proportion p. % du capital total d'etablissement.	Persontrafik. Trafic des voyageurs.	Godstrafik. Trafic des marchandises.	An[…] In[…] tæg[…] Au[…] recet[…]
	Kroner.			Procent. Pour cent.			
Smaalensbanen.	1 596 502.95	6 386	1.68	5.56	59.9	38.0	
Kongsvingerbanen.	861 045.38	7 058	2.58	8.02	27.4	71.8	
Kongsv.-Flisenb.	40 932.09	1 240	0.81	1.64	45.7	52 2	
1ste Trafikdistr.	**2 498 480.42**	**6 169**	**1.87**	**6.17**	**48.5**	**49.9**	
Kr.ania-Dr.menb.	904 731.50	17 070	2.24	13.52	62.3	35 5	
Dr.men-Sklenb.	662 473.27	4 193	1.21	5.50	72.6	25.3	
Dr.men-Randsfj.b.	928 575.47	6 493	2.30	11.56	28.3	70.4	
2det Trafikdistr.	**2 495 780.24**	**7 050**	**1.84**	**9.32**	**52.4**	**45.8**	
Eidsv.-Hamarb.	356 507.84	6 147	1.98	6.77	44.9	53.7	
Hamar-Gr.setb.	194 024.23	5 106	1.70	10.36	48.4	49.0	
Gr.set-Aamotb.	84 916.10	3 266	1.56	10.02	53.5	45.7	
Støren-Aamotb.	738 263.48	2 300	1.35	4.47	52.9	46.3	
Tr.hjem-Størenb.	269 939.54	5 293	1.83	6.51	38.9	59.2	
Rørosbanen.	1 287 143.35	2 952	1.49	5.50	49.3	49.4	
Merakerbanen.	494 519.88	4 665	1.95	4.23	21.0	76.9	
3die&4deTrafikd.	**2 138 171.07**	**3 563**	**1.65**	**5.30**	**42.0**	**56.5**	
5te Trafikdistr.	**158 864.74**	**2 090**	**0.91**	**3.03**	**68.1**	**28.4**	
6te Trafikdistr.	**316 458.78**	**2 930**	**1.29**	**3.10**	**70.7**	**27.5**	
Statsbanerne.	**7 607 755.25**	**4 930**	**1.78**	**6.16**	**49.3**	**49.0**	
Hovedbanen.	1 661 351.10	24 432	4.82	14.71	27.3	68.0	
Samtlige Baner.	**9 269 106.35**	**5 754**	**1.95**	**6.86**	**45.3**	**52.4**	

*) Jfr. Anmærkning Pag. 42.

Udgifter (Drift og Vedligehold).

Dépenses (exploitation et entretien).

46	47	48	49	50	51	52	53	54
Bureauafdelingen. Administration générale.				Trafikafdelingen. Service commercial et des trains.				
...del i ...elsens ...gifter.*)	Andel i Distrikts-kontorets Udgifter.*)	Sum.	Pr. Kilometer Drifts-længde.	Andel i Styrelsens Udgifter.*)	Andel i Distrikts-kontorets Udgifter.*)	Stations- og Telegraf-tjenesten.**)	Togtjene-sten	Vognenes Renhold, Opvarm-ning og Belys-ning.
...e-part des ...penses ...le la ...ection ...érale.	Quote-part des dépenses de la direction locale.	Total.	Par kilomètre exploité.	Quote-part des dépenses de la direction générale.	Quote-part des dépenses de la direction locale.	Service des stations et du télégraphe.	Service des trains.	Nettoyage, chauffage & éclairage des wagons.
Kroner.								
...4 370.27	*969.57	15 339.84	62	24 552.42	18 204.95	326 972.89	66 227.58	23 878.41
...7 307.36	586.41	7 893.79	65	11 831.93	9 196.08	89 414.90	28 454.59	9 859.80
...1 292.02	219.02	1 511.04	46	2 086.76	3 434.77	21 249.04	4 238.04	1 427.23
...969.67	**1 775.00**	**24 744.67**	**61**	**38 471.11**	**30 835.80**	**437 636.88**	**98 920.21**	**35 165.44**
...5 849.09	660.18	6 509.27	123	10 633.53	7 390.40	186 675.70	27 969.80	10 798.32
...8 423.02	757.54	9 180.56	58	14 037.93	8 480.14	138 760.87	38 416.01	11 507.61
...8 725.40	802.28	9 527.68	67	15 046.68	8 981.17	142 336.34	27 949.08	6 719.85
...997.51	**2 220.00**	**25 217.51**	**71**	**39 718.14**	**24 851.71**	**467 772.91**	**94 334.89**	**29 025.78**
...3 204.04	964.54	4 168.58	72	5 374.13	4 274.73	51 729.04	10 038.44	3 935.95
...2 [illegible]5.56	799.76	3 105.32	82	3 966.92	3 544.47	47 644.78	7 612.34	1 764.51
...1 103.21	551.20	1 654.41	64	1 784.38	2 442.88	7 610.35	3 628.64	858.71
...1 [illegible]45.13	2 045.68	12 990.81	41	16 570.18	9 066.29	74 359.17	36 339.73	8 944.53
...[illegible]63.43	946.79	4 010.22	79	5 273.63	4 196.09	46 752.37	9 833.30	2 300.18
...7 417.33	4 343.43	21 760.76	50	27 595.11	19 249.73	176 366.67	57 414.01	13 867.93
...1 667.85	1 192.03	5 859.88	55	7 664.99	5 283.02	64 280.44	20 816.60	4 819.51
...289.22	**6 500.00**	**31 789.22**	**53**	**40 634.23**	**28 807.48**	**292 376.15**	**88 269.05**	**22 623.89**
...881.84	**2 800.00**	**4 681.84**	**62**	**1 197.53**	**10 213.10**	**29 998.82**	**6 863.16**	**917.78**
...807.51	**2 200.00**	**5 007.51**	**46**	**1 786.59**	**11 871.48**	**48 413.95**	**10 705.51**	**2 110.21**
...945.75	**15 495.00**	**91 440.75**	**59**	**121 807.60**	**106 579.57**	**1 276 198.66**	**299 092.82**	**89 842.60**
...ol. 48)	(I Col. 48)	36 742.59	540	(I Col. 51)	14 940.89	289 198.20	45 475.24	12 137.84
...945.75	**15 495.00**	**128 183.84**	**80**	**121 807.60**	**121 520.46**	**1 565 396.86**	**344 568.06**	**101 980.44**

*) Specifikation er meddelt Tabel VIII, Col. 29—32 med tilhørende Anmærkning.

1	55	56	57	58	59	60
	Udgifter (D					
	Dépenses (ex					
	Trafikafdelingen. Service commercial et des trains.			Mas Exploitatio		
Banernes Navn. Désignation des chemins de fer.	Tilskud til Pensions- og Understøttelseskasserne. Dépenses aux caisses de pensions & de secours.	Sum. Total.	Pr. Kilometer Driftslængde. Par kilomètre exploité.	Andel i Styrelsens Udgifter.**) Quote-part des dépenses de la direction générale.	Fællesudgifter ved Distriktskontorerne og Værkstederne. Quote-part des dépenses de la direction locale.	Vedlig-hold. Entreti
	Kroner.					
Smaalensbanen.	8 842.15	468 678.40	1 875	3 265.97	909.17	52 9
Kongsvingerbanen.	3 464.08	152 221.38	1 248	1 660.77	398.05	20 8
Kongsv.-Filsenb.	798.14	33 233.98	1 007	293.64	146.91	9 61
1ste Trafikdistr.	**13 104.87**	**654 133.76**	**1 615**	**5 220.88**	**1 454.13**	**83 4**
Kr.ania-Dr.menb.	6 822.41	250 290.16	4 722	1 329.34	618.23	33 3
Dr.men-Sklenb.	5 872.44	217 075.00	1 374	1 914.32	1 454.52	34 0
Dr.men-Randsfj.b.	5 959.95	206 993.07	1 447	1 983.05	1 293.97	34 0
2det Trafikdistr.	**18 654.80**	**674 358.28**	**1 905**	**5 226.71**	**3 366.72**	**102 0**
Eidsvold-Hamarb.	1 836.07	77 188.36	1 331	728.19	451.84	5 1
Hamar-Gr.setb.	1 799.58	66 332.60	1 745	523.99	425.75	[illegible]
Gr.set-Aamotb.	456.52	16 781.48	646	250.73	207.19	[illegible]
Støren-Aamotb.	3 716.34	148 996.24	464	2 487.53	2 796.18	[illegible]
Tr.hjem-Størenb.	1 669.37	70 024.94	1 373	696.24	697.88	[illegible]
Rørosbanen.	7 641.81	302 135.26	693	3 958.40	4 127.00	28 2
Merakerbanen.	2 391.26	105 255.82	993	1 060.87	1 173.19	16 8
3die&4deTrafikd.	**11 869.14**	**484 579.44**	**808**	**5 747.55**	**5 752.08**	**50 2**
5te Trafikdistr.	**1 526.08**	**50 716.47**	**667**	**427.69**	-	**4 3**
6te Trafikdistr.	**2 331.82**	**77 219.06**	**715**	**638.07**	-	**15 3**
Statsbanerne.	**47 485.71**	**1 941 006.96**	**1 258**	**17 260.40**	**10 572.88**	**255 4**
Hovedbanen.	(I Col. 75)	361 752.17	5 320	-	-	43
Samtlige Baner.	**47 485.71**	**2 302 759.13**	**1 430**	**17 260.40**	**10 572.88**	**299 1**

*) Efter Fradrag eller Tillæg for Leie af rullende Materiel (Godtgjørelse for Vedligehold).

61	62	63	64	65	66	67	68
Vedligehold).							
n et entretien).							
lingen. *)							
etien du matériel roulant.							
komotiver.		Vogne.			Tilskud til Pensions- og Understøttelses-kasserne.	Totalsum.	Pr. Kilometer Driftslængde.
motives.		Wagons.				Maskin-afdelingen. (Col. 58 + 59 + 62 + 65 + 66).	
Drift.	Sum.	Vedligehold.	Drift.	Sum.			
action	En tout.	Entretien.	Traction.	En tout.	Dépenses aux caisses de pensions & de secours.	Total.	Par kilomètre exploité.
			Kroner.				
56 833.32	319 762.20	43 266.39	16 563.78	59 830.17	5 216.17	388 983.68	1 556
17 005.27	138 802.34	49 832.39	9 607.25	59 439.64	2 537.94	202 838.74	1 663
8 758.09	18 371.10	÷ 169.34	508.22	338.88	250.76	19 401.29	588
1 497.58	**476 935.64**	**92 929.44**	**26 679.25**	**119 608.69**	**8 004.87**	**611 223.71**	**1 509**
36 300.85	169 732.85	29 617.28	7 830.59	37 447.87	3 517.78	212 646.07	4 012
6 758.90	181 388.64	30 244.16	7 976.70	38 220.86	3 520.84	226 499.18	1 434
1 683.56	175 741.26	33 587.26	9 105.95	42 693.21	3 590.25	225 301.74	1 575
1 833.31	**526 862.75**	**93 448.70**	**24 913.24**	**118 361.94**	**10 628.87**	**664 446.99**	**1 877**
0 163.49	75 292.49	14 546.98	3 599.46	18 146.44	1 141.86	95 760.82	1 651
27 768.38	31 518.14	8 683.45	1 235.40	9 918.85	624.62	43 011.35	1 132
1 516.22	11 833.73	4 141.37	584.57	4 725.94	280.76	17 298.35	665
124 574.92	141 289.31	43 560.77	6 172.42	49 733.19	2 997.58	199 303.79	620
41 651.30	48 268.11	11 668.68	1 679.26	13 347.94	865.09	63 875.26	1 252
1 630.92	232 909.29	68 054.27	9 671.65	77 725.92	4 768.05	323 488.75	742
5 843.30	105 646.51	15 022.91	4 885.28	19 908.19	1 865.54	129 654.30	1 223
637.61	**413 848.29**	**97 624.16**	**18 156.39**	**115 780.55**	**7 775.45**	**548 903.87**	**915**
445.58	**30 845.89**	**4 819.96**	**1 805.42**	**6 625.38**	**646.78**	**38 545.24**	**507**
917.87	**66 305.18**	**11 220.66**	**3 101.43**	**14 322.09**	**1 012.23**	**82 277.57**	**762**
331.40	**1 514 797.25**	**300 042.92**	**74 655.73**	**374 698.65**	**28 068.20**	**1 945 397.88**	**1 261**
978.63	257 686.12	105 375.60	8 734.61	114 110.21	(I Col. 75)	371 796.33	5 468
810.03	**1 772 483.87**	**405 418.52**	**83 390.34**	**488 808.86**	**28 068.20**	**2 317 193.71**	**1 438**

*) Jfr. Anmærkning Pag. 42.

1	69	70	71	72	73	74	75
	Udgifter (D… Dépenses (e…						
	Baneafdelingen. Entretien et surveillance de la voie.						
Banernes Navn. Désignation des chemins de fer.	Andel i Styrelsens Udgifter.*) Quote-part des dépenses de la direction générale.	Andel i Fælles-Lønninger og Distrikts-kontorets Udgifter. Quote-part des dépenses communes et de la direction locale.	Vedligehold af Linie med Bygninger og Telegraf samt Bevogtning.**) Entretien de la voie, des bâtiments et du télégraphe.	Tilskud til Pensions- & Understøttelseskasserne. Dépenses aux caisses de pensions & de secours.	Sum. Total.	Pr. Km. Driftslængde. Par kilomètre exploité.	For-skjelli… Udgif… Autr… dépens…
	Kroner.						
Smaalensbanen.	5 878.74	28 232.70	420 537.76	6 346.07	460 995.27	1 844	[illegible]
Kongsvingerbanen.	2 989.38	12 115.72	160 470.13	3 121.08	178 696.31	1 465	[illegible]
Kongsv.-Flisenb.	528.55	3 745.16	17 683.71	667.46	22 624.88	686	[illegible]
1ste Trafikdistr.	**9 396.67**	**44 093.58**	**598 691.60**	**10 134.61**	**662 316.46**	**1 635**	[illegible]
Kr.ania-Dr.menb.	2 392.81	7 358.32	162 129.44	1 658.18	173 538.75	3 274	[illegible]
Dr.men-Skienb.	3 445.78	13 237.53	205 924.79	3 730.25	226 338.35	1 432	[illegible]
Dr.men-Randsfj.b.	3 569.48	14 746.61	263 589.92	2 961.26	284 [illegible]67.27	1 992	[illegible]
2det Trafikdistr.	**9 408.07**	**35 342.46**	**631 644.15**	**8 349.69**	**684 744.87**	**1 934**	[illegible]
Eidsvold-Hamarb.	1 310.75	4 563.30	86 912.80	1 413.15	94 200.00	1 624	[illegible]
Hamar-Gr.setb.	943.19	3 306.09	47 370.86	813.87	52 434.01	1 380	[illegible]
Gr.set-Aamotb.	451.31	2 274.59	21 106.49	504.26	24 336.65	936	[illegible]
Støren-Aamotb.	4 477.56	29 889.04	314 099.71	6 934.94	355 401.25	1 107	[illegible]
Tr.hjem-Størenb.	1 253.22	4 483.00	88 671.94	1 194.56	95 602.72	1 875	[illegible]
Rørosbanen.	7 125.28	39 952.72	471 249.00	9 447.63	527 774.63	1 211	[illegible]
Merakerbanen.	1 909.57	10 465.99	108 626.69	2 501.63	123 503.88	1 165	[illegible]
3die & 4de Trafikd.	**10 345.60**	**54 982.01**	**666 788.49**	**13 362.41**	**745 478.51**	**1 242**	[illegible]
5te Trafikdistr.	**769.84**	**1 950.00**	**62 320.99**	**1 105.51**	**66 146.34**	**870**	[illegible]
6te Trafikdistr.	**1 148.58**	**3 225.00**	**135 985.37**	**2 035.76**	**142 394.66**	**1 319**	[illegible]
Statsbanerne.	**31 068.71**	**139 593.05**	**2 095 430.60**	**34 987.98**	**2 301 080.34**	**1 491**	[illegible]
Hovedbanen.	-	12 709.40	164 567.20	(I Col. 75)	177 276.60	2 607	c)23[illegible]
Samtlige Baner.	**31 068.71**	**152 302.45**	**2 259 997.80**	**34 987.98**	**2 478 356.94**	**1 538**	[illegible]

*) Jfr. Anmærkning Pag. 42. **) Specifikation heraf er meddelt i Tabel VI. 5.

76	77	78	79	80	81	82	83	84
…Vedligehold). (…s et entretien).								
Samlede Udgifter. Dépenses totales.			Af Udgifter kommer paa: Décomposition des dépenses en:					Udgift i pCt. af Indtægt.
…Sum	Pr. Trafiktog-kilometer. (Tab. III Col 3).	Pr. Kilometer Drifts-længde.	Bureau-afdeling. (Col. 48).	Trafik-afdeling. (Col. 56).	Maskin-afdeling. (Col. 67).	Bane-afdeling. (Col. 73).	Forskjellige Udgifter (Col. 75).	Rapport % de la dépense totale à la recette brute.
T…al	Par train-kilomètre.	Par kilomètre exploité.	Administration générale.	Service commercial et des trains.	Exploitation et entretien du matériel roulant.	Entretien et surveillance de la voie.	Autres dépenses.	
Kroner.			Procent. Pour cent.					
…339 679.97	1.41	5 359	1.2	35.0	29.0	34.4	0.4	83.9
…543 570.24	1.63	4 456	1.5	28.0	37.3	32.9	0.3	63.1
…76 825.22	1.52	2 328	2.0	43.3	25.2	29.4	0.1	187.7
…960 075.48	**1.47**	**4 840**	**1.2**	**33.4**	**31.2**	**33.8**	**0.4**	**78.5**
…646 554.11	1.60	12 199	1.0	38.7	32.9	26.8	0.6	71.5
…681 681.15	1.24	4 314	1.3	31.9	33.2	33.2	0.4	102.9
…729 212.71	1.81	5 099	1.3	28.4	30.9	39.1	0.3	78.5
…057 447.97	**1.52**	**5 812**	**1.2**	**32.8**	**32.3**	**33.3**	**0.4**	**82.4**
…272 002.13	1.51	4 690	1.5	28.4	35.2	34.6	0.3	76.3
…165 349.21	1.45	4 351	1.9	40.1	26.0	31.7	0.3	85.2
…60 263.37	1.11	2 318	2.7	27.9	28.7	40.4	0.3	71.0
…728 943.83	1.33	2 240	1.8	20.7	27.7	49.5	0.3	97.4
…234 639.58	1.59	4 601	1.7	29.8	27.2	40.8	0.5	86.9
…179 195.99	1.37	2 705	1.9	25.6	27.4	44.8	0.3	91.6
…365 844.90	1.44	3 451	1.6	28.8	35.4	33.8	0.4	74.0
…317 043.02	**1.40**	**3 028**	**1.8**	**26.7**	**30.2**	**41.0**	**0.3**	**85.0**
…160 877.96	**0.92**	**2 117**	**2.9**	**31.5**	**24.0**	**41.1**	**0.5**	**101.3**
…807 692.84	**1.26**	**2 849**	**1.6**	**25.1**	**26.7**	**46.3**	**0.3**	**97.2**
…803 137.22	**1.43**	**4 085**	**1.4**	**30.8**	**30.8**	**36.6**	**0.4**	**82.9**
…970 665.32	2.82	14 275	3.8	37.3	38.3	18.3	2.3	58.4
…273 802.54	**1.53**	**4 515**	**1.8**	**31.6**	**31.9**	**34.1**	**0.6**	**78.5**

1	85	86	87	88	89	90	91
	Driftsoverskud. Produit net de l'exploitation.			**Til Driftsoverskudet kommer endvidere:** A ajouter au produit net de l'exploitation:		**Af Driftsoversku[illegible] er udredet:** Du produit net de l'exp[illegible] tation est employé:	
Banernes Navn. Désignation des chemins de fer.	Total.	Pr. Kilometer Driftslængde. Par kilomètre exploité.	Forrenter den i Banen nedlagte Kapital. d) Intérêts du capital total d'établissement.	Renteindtægter. Intérêts.	Indtægter ved udenfor Jernbanens Drift trufne Forføininger. Recettes par des dispositions hors de l'exploïtation.	Bidrag til Kommunikationsmidler, der staar i Forbindelse med Banen. Aux communications appartenantes au chemin de fer (Bateaux à vapeur etc.)	Forren[illegible] ning a[illegible] fremm[illegible] Kapital[illegible] Aux intérêts[illegible]
	Kroner.		%	Kroner.			
Smaalensbanen.	256 822.98	1 027	0.89	31 171.44	-	-	19 7
Kongsvingerbanen.	317 475.14	2 602	2.96	11 118.89	-	-	60 2
Kongsv.-Flisenb.	÷ 35 893.13	÷ 1 088	÷ 1.44	11 588.27	-	-	2 7
1ste Trafikdistr.	**538 404.99**	**1 329**	**1.33**	**53 878.60**	-	-	**82 79**
Kr.ania-Dr.menb.	258 177.39	4 871	3.86	6 478.46	-	-	145 1
Dr.men-Skienb.	÷ 19 207.88	÷ 121	÷ 0.16	2 555.14	-	-	5 5
Dr.men-Randsfj.b.	199 362.76	1 394	2.48	11 306.43	5 826.38	-	15 9
2det Trafikdistr.	**438 332.27**	**1 238**	**1.64**	**20 340.08**	**5 826.88**	-	**166 60**
Eidsvold-Hamar.	84 505.71	1 457	1.60	4 468.73	-	-	6 8
Hamar-Gr.setb.	28 675.02	755	1.53	5 629.73	-	-	3
Gr.set-Aamotb.	24 652.73	948	2.91	2 078.17	-	-	9
Støren-Aamotb.	19 319.65	60	0.12	5 262.54	-	-	62
Tr.hjem-Størenb.	35 299.96	692	0.85	7 890.87	-	-	3
Rørosbanen.	107 947.36	247	0.46	20 861.31	-	-	78 3
Merakerbanen.	128 674.98	1 214	1.10	20 408.02	-	-	
3die &4deTrafikd.	**321 128.05**	**535**	**0.80**	**45 738.06**	-	-	**85 1**
5te Trafikdistr.	**÷ 2 013.22**	**÷ 27**	**÷ 0.04**	-	-	-	**2 9**
6te Trafikdistr.	**8 765.94**	**81**	**0.09**	**4 396.47**	-	-	
Statsbanerne.	**1 304 618.08**	**845**	**1.06**	**124 353.16**	**5 826.88**	-	**337 4**
Hovedbanen.	690 685.78	10 157	5.91	27 459.86	49 497.77	-	66 17
Samtlige Baner.	**1 995 303.81**	**1 239**	**1.48**	**151 813.02**	**55 324.15**	-	**403 6**

*) Specifikation i Anmærkning Pag. 42.

nomiske Resultater.

92	93	94	95	96	97	98	99
	Rest Nettooverskud. Reste du produit net.						
	Anvendelse: Emploi :						
		Afsætning til Fond. Fonds:				Aktieudbytte. Dividende des actions.	
			Heraf til. De cela employé pour.				
Ialt. Total.	Afdrag paa Kapitalkonto. Amortissement.	Sum. Total.	Amortiseringsfonds. Fondsd'amortissement des capitaux.	Reservefonds. Fonds de réserve.	Dividendefonds. Fonds de dividende des actions	Ialt. Total.	%
			Kroner.				
168 241.19	14 959.21	84 686.18	-	75 000.00	9 686.18	168 595.80	0.6
268 340.21	38 100.00	37 424.21	-	36 700.00	724.21	192 816.00	2.6
27 094.17	-	-	-	-	-	e) ÷ 27 094.17	-
99 487.23	**53 059.21**	**122 110.89**	-	**111 700.00**	**10 410.89**	**334 317.68**	-
119 498.19	70 700.00	5 646.19	-	15 900.00	÷ 10 253.81	43 152.00	2.0
22 185.01	-	÷ 22 185.01	-	÷ 3 829.86	÷ 18 355.15	-	-
200 578.33	19 610.55	42 411.78	-	42 900.00	÷ 488.22	138 556.00	2.0
97 891.51	**90 310.55**	**25 872.96**	-	**54 970.14**	**÷ 29 097.18**	**181 708.00**	-
82 135.33	-	÷ 2 956.47	-	-	÷ 2 956.47	85 091.80	1.7
30 604.74	-	2 395.14	-	11 400.00	÷ 9 004.86	28 209.60	1.8
16 904.83	-	16 904.83	-	16 904.83	-	-	-
÷ 36 835.20	-	÷ 36 835.20	-	÷ 36 835.20	-	-	-
39 802.99	-	12 520.49	-	15 300.00	÷ 2 779.51	27 282.50	0.7
50 477.36	-	÷ 5 014.74	-	6 769.63	÷ 11 784.37	55 492.10	-
149 083.00	-	2 691.30	-	-	2 691.30	146 391.70	1.3
31 695.69	-	**÷ 5 279.91**	-	**6 769.63**	**÷ 12 049.54**	**286 975.60**	-
4 918.64	-	**÷ 4 918.64**	-	**÷ 4 918.64**	-	-	-
3 162.41	-	**13 162.41**	-	**13 162.41**	-	-	-
97 318.20	**143 369.76**	**150 947.21**	-	**181 683.54**	**÷ 30 736.88**	**803 001.28**	-
01 466.10	20 000.00	112 609.85	-	112 609.85	-	568 856.25	f) 7.5 | 6.5
85 784.30	**163 369.76**	**263 557.06**	-	**294 293.89**	**÷ 30 736.88**	**1 371 857.48**	-

Anmærkninger til Tabel IV.

Styrelsens Udgifter samt Udgifterne ved Trafikafdelingens Distriktskontor fordeler sig paa hver enkelt Bane saaledes, som nedenstaaende Oversigt viser, der tillige meddeler hver Banes Tilskud til Pensions- og Understøttelseskasserne samt Opgjør over Rente-Indtægter.

		Andel i Styrelsens Udgifter. (Col. 46 + 50 + 58 + 69).	Heraf Andel i Tilskud til Pensions- og Understøttelseskasserne.	Andel i Trafikafdelingens Distriktskontor. (Col. 47 + 51).	Tilskud til Pensions- og Understøttelseskasserne.	Renter. Indtægt + Udgift ÷. Af Kapital i Banerne m. m. For Leie af Lokomotiver.	For Leie af Vogne.	Af fælles Stationer.	Af fælles Værksteder.	Af Tilgodehavende eller Gjæld.	Sum. Indtægt.	Sum. Udgift.	
		Kroner.				Kroner.							
1	Smaalensbanen	48 067.40	935.73	19 174.52	21 340.12	÷ 4 572 13	+ 24 898.97	+ 6 272.47	÷ 5 448.02	÷ 9 733.08	31 171.44	19 753.23	1
2	Kongsvingerbanen	23 789.46	463.11	9 782.49	9 586.21	÷ 3 971.03	÷ 29 199.38	.	÷ 1 243.41	+ 11 118.89 ÷ 25 840.00	11 118.89	60 253.82	2
3	Kongsvinger—Flisenbanen	4 200.97	81.78	3 653.79	1 798.14	+ 3 176.52	+ 8 411.75	.	÷ 882 17	÷ 1 907.14	11 588.27	2 789.31	3
4	Kristiania—Drammenbanen	20 204.77	393 33	8 050.58	12 391.70	÷ 6 659.10	+ 3 523.09	÷ 2 730.52	÷ 608.04	+ 2 965.37 ÷ 135 160.00	6 478.46	145 157.66	4
5	Drammen—Skienbanen	27 821.05	541.59	9 237.68	13 665.12	÷ 1 695.43	+ 702.98	+ 1 852.16	÷ 753.20	÷ 3 083.64	2 555.14	5 532.27	5
6	Drammen—Randsfjordbanen	29 324.61	570.86	9 783.45	13 082.32	+ 8 354.53	÷ 4 216 07	+ 878.36	+ 1 361.24	+ 712 30 ÷ 11 701.17	11 306.43	15 917.24	6
7	Eidsvold—Hamarbanen	10 617.11	206.69	5 239.27	4 597.77	÷ 1 871.26	÷ 4 954 01	+ 418.36	÷ 13.84	+ 4 050.37	4 468.73	6 839.11	7
8	Hamar—Grundsetbanen	7 739.66	150.68	4 344.23	3 388 75	+ 2 493.47	÷ 3 316.21	÷ 383.80	+ 378.53	+ 2 757.73	5 629 73	3 700.01	8
9	Grundset—Aamotbanen	3 589.63	69.88	2 994.08	1 311.42	÷ 365.64	÷ 6 293.64	+ 842.83	÷ 1 166.79	+ 1 235.34 ÷ 2 000 00	2 078.17	9 826.07	9
10	Støren—Aamotbanen	34 480.40	671.23	11 111.97	14 320.09	÷ 2 945.40	+ 5 262.54	÷ 1 506.56	÷ 688.80	÷ 56 276.63	5 262.54	61 417.39	10
11	Trondhjem—Størenbanen	10 286.52	200.28	5 142.88	3 929.30	+ 817.57	+ 4 347 31	÷ 3 387.84	+ 582.95	+ 2 143.04	7 890.87	3 387.84	11
12	Merakerbanen	15 303.28	297.91	6 475 05	7 056.34	.	+ 945.11	+ 4 017.01	+ 907.95	+ 14 [illegible]37.95	20 408.02	-	12
13	Jæderbanen	4 276.90	83.26	13 013.10	3 361.63	.	.	.	.	÷ 2 905.42	-	2 905.42	13
14	Bergen—Vossbanen	6 380.70	124.21	14 071.48	5 503.52	.	.	.	.	+ 4 396.47	4 396.47	-	14
	Tilsammen	246 082.46	4 790.54	122 074.57	115 332.43	÷ 7 237.90	+ 102.44	+ 6 272.47	÷ 7 573.60	÷ 204 689.62	124 353.16	337 479.37	

Col. 36 a) Leie indbefatter: Leie af overliggende Gods, Husleie, Pakhusleie, Tomteleie og Bryggeleie.
Col. 37 b) Øvrige Indtægter indbefatter foruden tilfældige Indtægter tillige Indtægter ved Afgift for Benyttelse af Kran samt Hovedbanens og Jernbaneundersøgelsernes Bidrag til Styrelsens Udgifter.
Col. 75 c) Heraf Kr. 18 593.25 Tilskud til Pensions- og Understøttelseskasserne.
Col. 87 d) Ved Beregning af denne Procent er Kapitalen forøget i det Forhold, hvori vedkommende Bane paa Grund af Benyttelse af anden Banes Eiendom har bidraget til Forrentning af dennes Kapital, medens paa den anden Side tilsvarende Formindskelse har fundet Sted, naar vedkommende Bane som Eier har havt Indtægt af saadant Fællesskab og saaledes faaet sin Kapital delvis forrentet af den anden Banes Afkastning.
Col. 98 e) Indbetalt af Statskassen.
Col. 99 f) Prioriterede Aktier.

Tabel V.

Rullende Materiel og sammes Anvendelse.

Etat et mouvement du matériel roulant

Tabel V. I. Beskrive

Spécifica

3	4	5	6	7	8	9	10	11	12	13	14	15	16
Lokomotivernes		**Cylinder.** Cylindre.			**Kjedel.** Chaudière.				**Varmeflade.** Surface de chauffe.				
No. No.	Antal pr. 30te Juni 1894. Nombre au 30 juin 1894.	Diameter. Diamètre.	Kolbeslag. Coup de piston.	Beliggenhed. Position.	Diameter. Diamètre.	Længde. Longueur.	Antal Varmerør. Nombre des tubes.	Varmerørenes Diameter. Diamètre des tubes.	I Fyrkassen. Du foyer.	I Rørene. Des tubes.	Sum. Total.	Risteflade. Surface de la grille.	Dampens Overtryk i Kjedelen. Surcharge de la vapeur dans la chaudière.
des locomotives.		m.			m.			cm.	m.²				kg. pr. cm²
Smaalensbanen.													
13	1	0.305	0.508	udv.	0.990	3.045	110	4.8	4.31	54.90	59.21	0.75	8.44
40	1	0.254	0.406	»	0.807	2.794	68	5.4	2.73	33.70	36.43	0.50	»
41—48 & 53—61	[1]) 17	0.381	0.508	»	0.167	2.756	179	4.8	6.94	73.70	80.64	1.30	9.84
49—52	4	0.406	0.559	indv.	1.159	3.048	150	5.1	6.85	73.50	80.35	»	»
66	1	»	0.610	udv.	1.219	3.078	185	4.8	7.15	85.20	92.35	»	10.00
67	[2]) 1	»	»	»	»	»	»	»	»	»	»	»	»
68—71	[2])[3]) 4	0.400 / 0.585	»	»	»	»	»	»	»	»	»	»	12.00
79	[2])[3]) 1	0.425 / 0.635	»	»	»	»	»	»	»	»	»	»	»
Kongsvingerbanen.													
14 & 18	2	0.305	0.508	udv.	0.990	3.045	110	4.8	4.31	54.90	59.21	0.75	8.44
15—17	3	»	»	»	»	»	»	»	»	»	»	»	»
19	1	0.381	0.559	»	1.118	3.962	123	5.1	5.95	85.00	90.95	1.00	»
20	1	0.406	»	indv.	1.159	3.048	150	»	6.85	73.50	80.35	1.30	»
21	1	0.305	0.508	udv.	0.990	3.085	110	4.8	4.40	56.80	61.20	0.75	»
26—28	3	0.406	0.559	»	1.118	3.962	125	5.4	5.95	86.00	91.95	1.00	9.84
65	1	»	0.610	»	1.219	3.078	185	4.8	7.15	85.20	92.35	1.30	10.00
72	[2])[3]) 1	0.400 / 0.585	»	»	»	»	»	»	»	»	»	»	12.00
Kongsvinger—Flisenbanen.													
74	[2])[3]) 1	0.400 / 0.585	0.610	udv.	1.219	3.087	185	4.8	7.15	85.20	92.35	1.30	12.00
75	[2])[3]) 1	0.425 / 0.635	»	»	»	»	171	»	6.89	78.70	85.59	»	»
81	[2])[3]) 1	0.425 / 0.635	»	»	»	»	185	»	7.15	85.20	92.35	»	»
Kristiania—Drammenbanen.													
10, 11, 14, 15, 19, 20, 24	7	0.279	0.457	udv.	0.889	2.438	107	4.1	3.72	34.93	38.65	0.67	9.14
12	1	0.240	0.381	»	0.686	2.089	80	»	2.69	22.30	24.99	0.45	»
22	1	0.356	0.457	»	0.965	2.430	134	»	4.09	44.03	48.12	0.82	»
25	1	0.254	»	»	0.846	2× 2.514	2× 100	»	6.50	65.22	71.72	1.04	»
30 [2]) 31 [2])	[3]) 2	0.320 / 0.480	0.458	»	0.939	2.440	132	»	5.00	43.25	48.25	0.77	12.00
Drammen—Skienbanen.													
51—54	[2]) 4	0.305	0.458	udv.	0.939	2.440	132	4.1	5.00	43.25	48.25	0.77	9.14
55—62	[4]) 8	0.277	»	»	0.890	»	109	»	3.80	35.60	39.40	0.66	9.84
49 & 50	2	0.279	0.457	»	0.883	2.489	105	»	3.67	35.02	38.69	0.63	9.14

[1]) Heraf 5 Stk. forsynede med automatiske Bremser. [2]) Forsynede med automatiske Bremser.
[3]) Compound Lokomotiver. [4]) Heraf 2 Stk. forsynede med automatiske Bremser.

…okomotiver.
…ocomotives.

19	20	21	22	23	24	25	26	27	28	29	30	31	32	33	34
Hjul. Roues.				Hjulstand. Écartement des essieux.		Vægt. Poids.			Tender. Tenders.				Vægt af Beholdning i Tender eller Tank. Poids de la contenance dans le tank ou le tender		
…hjul, …bre …roues …tes. 1 Bogie. avec bogie.	Tilsammen. Total.	Diameter. Diamètre. af Drivhjulene. des roues motrices.	af Løbehjulene. des roues courantes.	Fast Hjulstand. Écartement des essieux fixes d'avant et d'arrière.	Total Hjulst. af Lokomotiv med Tender. Base totale des roues de la locomotive et du tender.	Største Vægt paa Drivhjulene. Poids sur les roues motrices.	Lokomotivets Vægt i Arbeidsstand. *) de la locomotive en service. *)	Lokomotivets Vægt uden Vand og Kul. de la locomotive vide.	Hjul. Roues. Antal. Nombre.	Diameter. Diamètre.	Afstand mellem For- og Baghjul. Écartement des essieux d'avant et d'arrière.	Vægt uden Vand og Kul. Poids à vide.	af Vand. de l'eau.	af Kul. du houille.	Længde over Bufferne af Lokomotiv med Tender. Longueur de dehors en dehors des tampons de la locomotive et du tender.
Antal.		m.		m.		t.				m.		t.	t.		m.
-	6	1.448	0.965	3.734	3.734	17.8	21.9	19.8	Tanklokomotiv				2.2	0.7	7.560
-	4	0.965	»	1.830	1.830	15.0	12.8	12.0	—»—				2.0	0.2	6.030
4	8	1.448	0.711	2.134	10.440	18.1	29.7	27.0	4	0.965	2.743	8.2	5.3	2.5	12.650
2	8	»	0.965	4.419	11.285	27.5	32.7	30.1	4	1.095	2.642	10.9	7.4	3.0	13.770
2	8	»	»	3.810	11.340	27.4	34.0	31.0	4	0.965	2.515	10.5	7.0	2.5	14.430
4	10	»	»	»	8.356	30.8	40.5	37.5	Tanklokomotiv				3.4	1.25	11.170
4	8	1.730	»	2.159	11.304	20.6	35.0	32.0	4	0.965	2.515	10.8	7.0	2.5	14.370
2	8	1.448	»	3.810	11.340	28.9	36.2	33.2	4	»	»	»	»	»	14.430
-	6	1.448	0.965	3.734	3.734	17.8	21.9	19.8	Tanklokomotiver				2.2	0.7	7.560
-	6	»	»	»	7.735	14.0	21.2	19.1	4	0.965	1.829	5.9	3.3	2.0	11.010
-	6	»	»	3.340	9.303	21.0	28.0	25.3	4	1.095	2.591	8.4	4.6	3.0	12.900
2	8	»	»	4.419	11.670	27.5	32.7	30.1	6	0.965	3.353	10.1	6.9	»	14.040
-	6	»	»	3.734	8.547	14.0	21.0	19.0	4	»	2.743	8.0	4.5	2.0	11.630
2	8	»	»	3.505	10.974	30.1	37.8	35.0	4	»	2.591	»	6.9	3.0	13.410
2	8	»	»	3.810	11.340	27.4	34.0	31.0	4	«	2.515	10.5	7.0	2.5	14.430
4	8	1.730	»	2.159	11.304	20.6	35.0	32.0	4	»	»	10.8	7.0	2.5	14.370
4	8	1.730	0.965	2.159	11.304	20.6	35.0	32.0	4	0.965	2.515	10.7	7.0	2.5	14.370
2	8	1.448	»	3.810	11.340	27.7	»	32.3	4	»	»	9.9	5.4	»	14.430
2	8	»	»	»	»	28.9	36.2	33.2	4	»	»	10.6	7.0	»	»
2	6	1.143	0.610	1.905	4.345	13.6	15.8	15.0	Tanklokomotiver				1.4	0.5	7.088
2	6	»	»	1.524	3.506	8.7	10.4	9.9	—»—				0.9	0.4	6.186
a) 2	8	0.914	»	3.429	5.105	19.0	19.9	18.9	—»—				2.5	0.6	7.730
-	8	0.990	»	1.448	5.844	27.4	22.5	21.1	—»—				3.0	1.9	9.451
4	8	1.422	»	1.905	8.886 / 9.038	14.2 / 13.75	22.0 / 21.6	20.8 / 20.45	4	0.76	1.83	5.5	3.1	1.0	11.036 / 11.188
4	8	1.422	0.610	1.905	8.886	13.6	20.8	19.6	4	0.76	1.83	5.5	3.1	1.0	11.036
2	6	1.150	»	»	4.345	14.0	16.8	15.7	Tanklokomotiver				1.4	0.5	7.070
4	8	1.143	»	1.524	4.573	11.5	16.9	16.1	—»—				1.8	0.8	7.189

*) Exclusive Vægt af Kul- og Vandbeholdning i Tank eller Tender. Non compris poids de l'eau [et de la] houille dans le tank ou le tender.

Tabel V. 1. (Forts.). Beskrive

3	4	5	6	7	8	9	10	11	12	13	14	15	16
Lokomotivernes		Cylinder.			Kjedel.				Varmeflade.				
No.	Antal pr. 30te Juni 1894.	Diameter.	Kolbeslag.	Beliggenhed.	Diameter.	Længde.	Antal Varmerør.	Varmerørenes Diameter.	I Fyrkassen.	I Rørene.	Sum.	Risteflade.	Dampens Overtryk i Kjedelen.
		m.	m.		m.	m.		cm.	m².	m².	m².	m².	kg. pr. cm².
Drammen—Randsfjordbanen													
1	1	0.254	0.457	udv.	0.864	2.679	88	4.1	4.18	30.75	34.93	0.72	8.44
2—4, 7 & 8, 16—18, 23	9	0.279	»	»	0.889	2.438	107	»	3.72	34.93	38.65	0.67	9.14
13	1	0.240	0.381	»	0.686	2.089	80	»	2.69	22.30	24.99	0.45	»
21	1	0.356	0.457	»	0.965	2.438	134	»	4.09	44.03	48.12	0.82	»
26	1	0.350	0.460	»	1.070	2.570	141	4.4	5.00	51.50	56.50	0.93	10.00
27—29	3	»	»	»	»	»	»	»	»	»	»	»	»
32	1	»	»	»	»	»	»	»	»	»	»	»	»
Eidsvold—Hamarbanen.													
29—31 [1])	3	0.381	0.508	udv.	1.156	2.768	175	4.8	6.41	74.78	81.19	1.30	9.49
63	1	»	»	»	1.219	2.755	179	»	6.94	»	81.72	1.24	»
64	1	0.406	0.610	»	»	3.078	185	»	7.15	85.20	92.35	1.30	10.00
Hamar—Grundsetbanen.													
18—20	3	0.254	0.457	udv.	0.794	2.997	84	4.5	3.62	34.93	38.55	0.64	8.44
24	1	0.330	»	»	1.143	2.488	156	3.8	5.07	45.87	50.94	0.96	9.84
25 [2])	1	0.350	0.460	»	1.130	2.628	163	4.4	5.30	59.00	64.30	0.89	10.00
Grundset—Aamotbanen.													
21	1	0.240	0.381	udv.	0.686	2.089	80	4.1	2.69	22.30	24.99	0.37	9.14
30	1	{ 0.320 / 0.479	0.457	»	0.983	2.514	132	»	5.00	43.00	48.00	0.79	12.00
Støren—Aamotbanen.													
5—9 [2])	5	0.279	0.457	udv.	0.889	2.438	107	4.1	3.72	34.93	38.65	0.66	9.14
10—17 [2])	8	»	»	»	0.883	2.489	105	»	3.67	35.02	38.69	0.67	»
23	1	0.330	»	»	1.143	2.488	156	3.8	5.07	45.87	50.94	0.96	9.84
27 & 28 [2])	2	»	»	»	»	»	»	»	»	»	»	»	10.60
31	1	} 0.320 / 0.479	»	»	0.983	2.514	132	4.1	5.00	43.00	48.00	0.79	12.00
Trondhjem—Størenbanen.													
1	1	0.254	0.457	udv.	0.794	2.997	84	4.5	3.62	34.93	38.55	0.64	8.44
2	1	»	0.381	»	0.762	2.743	82	3.8	3.16	26.94	30.10	—	»
3 & 4	2	»	0.457	»	0.864	2.692	88	4.1	4.18	30.75	34.93	0.63	»
22	1	0.330	»	»	1.143	2.488	156	3.8	5.07	45.87	50.94	0.96	9.84
26 [2])	1	0.350	0.460	»	1.130	2.628	163	4.4	5.30	59.00	64.30	0.89	10.00
29 [2])	1	0.330	0.457	»	1.143	2.488	156	3.8	5.07	45.87	50.94	0.96	10.60
Merakerbanen.													
51—54	4	0.406	0.610	udv.	1.150	3.720	142	5.1	7.94	74.40	82.34	1.42	9.49
55—57 [3])	3	0.380	0.510	»	1.219	2.755	179	4.8	6.94	74.78	81.72	1.24	»
58 & 59	2	0.260	0.500	»	0.950	2.800	96	4.0	2.68	37.10	39.78	0.63	10.00
Jæderbanen.													
1 & 2	2	0.279	0.457	udv.	0.883	2.489	105	4.1	3.67	35.02	38.69	0.62	8.44
5 & 6	2	»	0.381	»	0.686	2.089	75	»	2.69	20.91	23.60	0.41	»
9	1	0.240	»	»	»	»	80	»	»	22.30	24.99	0.45	9.14
Bergen—Vossbanen.													
1 & 2	2	0.277	0.458	udv.	0.890	2.440	109	4.1	3.80	35.60	39.40	0.66	9.80
3—6 [4])	4	0.279	0.457	»	0.889	2.438	107	»	3.72	34.93	38.65	0.67	9.14
Hovedbanen.													
1—5 & 12	6	0.381	0.559	udv.	1.118	3.962	123	5.6	5.95	85.00	90.95	1.00	8.44
6 & 7	2	0.394	»	»	»	3.658	127	5.2	6.50	75.20	81.70	1.12	10.54
8—10 [5])	3	0.381	»	»	»	»	»	»	»	»	»	»	9.84
22 & 23	2	»	»	»	»	»	»	5.1	»	»	»	»	»
11, 24, 25, 34 & 62	5	0.254	0.406	»	0.807	2.794	68	5.4	2.73	32.98	35.71	0.50	»
32 & 33	2	0.406	0.559	»	1.118	3.962	125	»	6.50	85.65	92.15	1.00	9.84
35—39	5	»	»	»	»	»	»	»	»	»	»	»	»

[1]) Lok. No. 30 forsynet med autom. Bremse. [2]) Lok. No. 5—9, 11, 12, 15, 25—29 forsyne-
synede med autom. Bremser. [5]) Lok. No. 8—10 forsynede med autom. Bremser. [6]) Disse Lok

19	20	21	22	23	24	25	26	27	28	29	30	31	32	33	34
Hjul.				Hjulstand.		Vægt.			Tender.				Vægt af Beholdning i Tender eller Tank		
ehjul		Diameter							Hjul.						
i Bogie.	Tilsammen.	af Drivhjulene.	af Løbehjulene.	Fast Hjulstand.	Total Hjulst. af Lokomotiv med Tender.	Største Vægt paa Drivhjulene.	Lokomotivets Vægt i Arbeidsstand.*)	Lokomotivets Vægt uden Vand og Kul.	Antal.	Diameter.	Afstand mellem For- og Baghjul.	Vægt uden Vand og Kul.	af Vand.	af Kul.	Længde over Bufferne af Lokomotiv med Tender.
Antal.		m.		m.		t.				m.		t.	t.		m.
·	b) 6	0.990	0.685	1.854	4.216	12.4	15.6	14.8	Tanklokomotiver				1.4	1.0	7.355
2	6	1.143	0.610	1.905	4.345	13.6	15.8	15.0	— » —				»	0.5	7.088
2	6	»	»	1.524	3.506	8.7	10.4	.9.9	— » —				0.9	0.4	6.186
a) 2	8	0.914	»	3.429	5.105	19.0	19.9	18.9	— » —				2.5	0.6	7.730
2	8	1.050	0.800	3.400	10.200	18.2	22.0	20.4	c) 6	0.800	2.60	6.5	4.0	2.7	12.200
2	8	»	0.700	»	10.290	»	»	»	»	»	»	»	»	»	12.290
2	8	»	»	»	»	19.6	23.4	21.8	»	»	»	»	»	»	»
4	8	1.448	0.711	2.130	10.443	18.8	29.5	26.3	4	0.965	2.740	8.8	5.5	2.0	12.69
4	8	»	0.720	»	»	16.7	27.5	25.0	4	»	2.733	»	»	»	»
2	8	»	0.965	3.810	11.340	27.4	34.0	31.0	4	»	2.515	10.5	7.0	2.5	14.430
·	6	0.914	0.610	3.886	3.886	12.7	15.2	14.0	Tanklokomotiver				0.9	0.5	7.080
2	8	0.991	0.647	3.657	10.903	17.9	21.8	19.5	8	0.667	3.615	7.6	3.7	2.4	12.721
2	8	1.170	0.700	3.400	10.255	17.3	21.5	19.3	6	0.800	2.705	6.9	4.0	2.2	12.300
2	6	1.143	0.610	1.524	3.512	8.1	10.2	9.0	Tanklokomotiv				0.7	0.4	6.300
4	8	1.397	»	1.956	9.334	13.2	21.2	19.9	8	0.770	1.829	5.2	3.1	1.4	11.654
2	6	1.143	0.610	1.905	8.627	14.1	16.6	15.3	4	0.761	1.980	4.7	[6]) 3.4	1.3	10.810
4	8	»	»	1.524	4.576	12.2	17.6	16.3	Tanklokomotiver				1.9	0.8	7.510
2	8	0.991	0.647	3.657	10.903	17.9	21.8	19.5	8	0.667	3.615	7.6	3.7	2.6	12.721
2	8	1.143	»	»	»	»	21.9	19.6	8	»	»	»	»	»	»
4	8	1.397	0.610	1.956	9.334	13.2	21.2	19.9	8	0.770	1.829	5.2	3.1	1.4	11.654
·	6	0.914	0.610	3.886	3.886	12.7	15.2	14.0	Tanklokomotiv				1.3	0.5	7.080
·	6	0.838	0.660	2.753	3.480	-	-	-	— » —				»	»	6.325
2	6	0.914	0.610	1.857	3.385	12.2	15.3	14.0	— » —				1.7	0.6	6.840
2	8	0.991	0.647	3.657	10.903	17.9	21.8	19.5	8	0.667	3.615	7.6	3.7	2.4	12.721
2	8	1.170	0.700	3.400	10.255	17.3	21.5	19.3	6	0.800	2.705	6.9	4.0	2.2	12.300
2	8	1.143	0.647	3.657	10.903	17.9	21.9	19.6	8	0.667	3.615	7.6	3.7	2.6	12.721
4	10	1.448	0.756	3.830	11.862	23.4	33.9	30.5	6	0.945	2.630	10.6	6.9	3.2	14.35
4	8	»	0.720	2.130	10.443	16.7	27.5	25.0	4	0.965	2.740	7.3	5.4	1.7	12.69
·	4	1.090	»	2.000	2.000	18.1	14.5	13.0	Tanklokomotiver				2.4	1.3	6.46
4	8	1.143	0.610	1.524	4.573	11.5	16.9	16.1	— » —				1.8	0.8	7.189
2	6	»	»	»	3.506	8.1	9.3	8.8	— » —				1.0	0.5	6.186
2	6	»	»	»	»	»	»	»	— » —				»	»	»
2	6	1.150	0.610	1.905	4.345	13.1	15.2	14.4	— » —				1.4	0.6	7.070
2	6	1.143	»	»	»	»	»	»	— » —				»	»	7.088
·	6	1.448	0.965	3.340	9.792	21.0	28.0	25.3	6	0.965	3.048	9.2	4.7	3.0	13.060
2	6	»	»	2.591	10.800	22.9	32.1	29.6	6	»	2.591	9.5	8.2	»	13.400
2	6	»	»	»	»	»	»	»	4	»	»	7.4	6.3	»	»
·	6	»	»	»	9.754	»	»	»	6	»	»	10.3	5.2	»	13.180
·	4	0.965	»	1.830	1.830	15.4	13.2	12.4	Tanklokomotiver				2.0	0.2	6.030
2	8	1.448	0.965	3.506	10.974	28.5	36.8	33.9	4	0.965	2.591	8.0	6.7	3.0	13.580
2	8	»	»	»	»	»	»	»	4	»	»	»	7.3	»	»

utom. Bremser. [3]) Lok. No. 56 og 57 forsynede med autom. Bremser. [4]) Lok. No. 3—6 for-
ede med Tendere, der kommunicerer med Lok.'s Vandtanke. *) Se Anm. foreg. Side.

Tabel V. 2. Beskriv
Spécification des voit

35	36	37	38	39	40	41	42	43	44	45	46
Litra.	Vognsort. Espèce de voiture ou de wagon.	Antal Vogne pr. 30te Juni 1894. Nombre de wagons au 30. juin 1894.	Hjul. Roues. Antal under hver Vogn. Nombre par voiture.	Hjul. Roues. Diameter. Diamètre. m.	Hjulstand. Ecartement des essieux. Fast Hjulstand. Ecartement des essieux fixes. m.	Hjulstand. Ecartement des essieux. Total Hjulstand. Ecartement total des essieux. m.	Antal Pladse. Nombre de places. I hver Vogn. Par voiture. Klasse. Classe. I.	II.	III.	Tilsamm… Ensembl… Klass… Classe. I.	II.
	Smaalensbanen.										
	Personvogne:										
A.	1ste Klasse Bogievogne [1])	1	8	0.925	1.980	13.760	36	-	-	36	-
AB.	1ste og 2den Klasse Bogievogne [1])	2	»	»	»	13.260	18	24	-	36	48
B.	2den Klasse Bogievogne [2])	2	»	»	»	»	-	48	-	-	96
»	2den do.	[4]) 29	4	»	3.500	3.500	-	24	-	-	696
BC.	2den og 3die Klasse Bogievogne	3	8	»	1.980	10.520	-	24	40	-	72
C.	3die Klasse Bogievogne	3	»	»	»	»	-	-	80	-	-
»	3die do. do [1])	1	»	»	»	»	-	-	68	-	-
»	3die do. do. [1])	4	»	»	»	13.260	-	-	84	-	-
»	3die do. do. [1])	8	»	»	»	»	-	-	88	-	-
»	3die do.	41	4	»	3.650	3.650	-	-	40	-	-
»	3die do.	14	»	»	»	»	-	-	40	-	-
	Sum	108	-	-	-	-	-	-	-	72	912
BCDF.	Person-, Post- & Stoppe-Bogievogne [1])	1	8	0.925	1.980	13.260	-	16	29	-	16
CD.	Person- & Post-Bogievogne	3	»	»	1.980	11.020	-	-	16	-	-
»	Person- & Postvogne	1	4	»	3.660	3.660	-	-	20	-	-
CF.	do. & Stoppe-Bogievogne [1])	1	8	»	1.980	13.260	-	-	68	-	-
»	Personstoppevogne	2	4	»	3.360	3.360	-	-	10	-	-
CDF.	do. Post-&Stoppe-Bogiev. [1])	1	8	»	1.980	13.260	-	-	58	-	-
D.	Postvogne	5	4	»	3.500	3.500	-	-	-	-	-
F.	Godsstoppevogne	20	»	»	3.360	3.360	-	-	-	-	-
»	do. [1]) (med Dampkjedel)	2	»	»	4.200	4.200	-	-	-	-	-
»	do. [1])	4	»	»	»	»	-	-	-	-	-
	Godsvogne:										
G.	Lukkede Godsvogne [3])	148	4	0.925	3.050	3.050	-	-	-	-	-
Gk	Varme- og Kjølevogne	2	»	»	»	»	-	-	-	-	-
K.	Trælastvogne med Svingbolster	32	»	»	2.890	2.890	-	-	-	-	-
L.	Høikassede Godsvogne	72	»	»	3.650	3.650	-	-	-	-	-
M.	Grusvogne	20	»	»	3.750	3.750	-	-	-	-	-
Mk.	Grus- & Trælastvogne	20	»	»	2.900	2.900	-	-	-	-	-
N.	Stakevogne	268	»	»	3.750	3.750	-	-	-	-	-
Qk.	Bogie-Godsvogne	4	8	0.950	1.600	8.100	-	-	-	-	-
S.	Melkevogne	8	4	0.925	3.050	3.050	-	-	-	-	-
	Sum Godsvogne	574	-	-	-	-	-	-	-	-	-
	Hovedsum	722	-	-	-	-	-	-	-	72	928
	Kongsvingerbanen.										
	Personvogne:										
A.	Kongelig Vogn	[5]) 1	4	0.950	3.350	3.350	-	-	-	-	-
AB.	1ste og 2den Klasse	8	»	»	»	»	8	20	-	64	160
»	1ste og 2den do. Bogievogne	2	8	»	1.980	13.260	12	50	-	24	100
»	1ste og 2den do. do. [2])	2	»	0.925	»	»	18	24	-	36	48
»	1ste og 2den do. do. [2])	1	»	»	»	»	18	24	-	18	24
BC.	2den og 3die do. do. [1])	2	»	»	»	»	-	24	45	-	48
C.	3die Klasse	12	4	0.950	3.210	3.210	-	-	36	-	-
»	3die do. Bogievogne [1])	2	8	0.925	1.980	13.260	-	-	87	-	-
	Sum	30	-	-	-	-	-	-	-	142	380

[1]) Indgang fra Enderne og Gjennemgang. [2]) Sovevogne, Indgang fra Enderne og Gjennemg… med alle Kupeer i indbyrdes Kommunikation. [5]) Indgang fra Siderne og alle Kupeer i indb…

...ogne.
...s wagons.

…	49	50	51	52	53	54	55	56	57	58	59
...steevne. ...ité de chargement.		Egenvægt. Poids à vide.				Maal (indvendig). Mesures (intérieures).					
Moyenne par essieu	Sum. Total.	I Gjennemsnit pr. Axel. Moyenne par essieu.	Sum. Total.	For hver Personplads. Par place.	Heraf forsynede med Bremse. Pourvus de freins.	Rammens Længde. Longueur de la caisse.	Rammens Bredde. Largeur de la caisse.	Rammens Høide. Hauteur de la caisse.	Længde over Bufferne. Longueur de dehors en dehors des tampons.	Kostende i Gjennemsnit pr. Vogn ved Anskaffelsen. (afr.) a) Prix moyen par wagon.	Litra.
	t.	t.			Antal Nombre	m.			m.	Kroner.	
-	-	6.18	24.7	0.69	[6] 1	15.21	2.70	2.21	17.90	24 465	A.
-	-	5.95	47.6	0.57	[6] 2	14.71	»	»	17.40	21 740	AB.
-	-	5.58	44.6	0.46	[6] 2	14.48	»	»	»	18 230	B.
-	-	3.95	229.1	0.33	[6] 2	6.10	2.45	2.07	7.37	7 170	»
-	-	4.22	50.6	0.26	-	12.50	2.44	2.06	13.80	13 850	BC.
-	-	3.95	47.4	0.20	-	»	»	»	»	11 040	C.
-	-	4.78	19.1	0.28	[6] 1	12.40	2.70	2.21	15.19	13 040	»
-	-	5.22	83.5	0.25	[6] 4	14.70	»	»	17.40	13 334	»
-	-	5.18	165.9	0.24	[6] 8	»	2.70	2.07	17.09	13 885	»
-	-	3.95	323.9	0.20	[6] 2	6.43	2.44	2.08	7.67	4 680	»
-	-	4.05	113.4	»	14	»	»	»	»	»	»
-	-	4.36	1 149.8	0.27	36	-	-	-	-	-	
-	-	5.73	22.9	-	1	14.89	2.72	2.23	17.40	13 799	BCDF.
-	-	4.60	55.2	-	[6] 3	12.50	2.44	1.93	13.80	12 740	CD.
-	-	3.95	7.9	-	[6] 1	6.43	2.43	1.98	7.67	5 140	»
-	-	5.22	20.9	-	[6] 1	14.70	2.73	2.20	17.40	13 885	CF.
30	13.2	3.40	13.6	-	2	6.42	2.25	2.17	7.60	3 880	»
-	-	5.42	21.7	-	[6] 1	14.70	2.73	2.20	17.40	13 965	CDF.
-	-	3.60	36.0	-	-	6.08	2.43	2.01	7.37	6 130	D.
30	132.0	3.40	136.0	-	[7] 20	5.28	2.25	2.22	7.54	3 730	F.
50	14.0	4.60	18.4	-	[6] 2	6.60	2.70	2.21	8.92	8 036	»
»	28.0	»	36.8	-	4	»	»	»	»	5 429	»
00	1 480.0	3.30	976.8	-	148	5.44	2.23	2.23	6.79	3 330	G.
50	18.0	4.03	16.1	-	2	5.40	2.41	2.10	6.81	3 271	Gk.
50	352.0	2.40	153.6	-	32	4.60	2.36	0.15	5.88	2 265	K.
»	792.0	2.80	403.2	-	72	5.33	2.35	1.25	6.80	2 170	L.
»	220.0	2.70	108.0	-	20	6.88	2.31	0.31	8.07	2 365	M.
»	220.0	2.60	104.0	-	20	4.60	2.32	0.46	5.90	1 602	Mk.
»	2 948.0	2.70	1 447.2	-	268	6.88	2.31	0.31	8.07	2 230	N.
»	88.0	2.60	41.6	-	4	10.37	2.52	0.12	11.67	* * *	Qk.
40	54.4	3.30	52.8	-	8	5.46	2.25	2.12	6.83	3 330	S.
38	6 172.4	2.88	3 303.3	-	574	-	-	-	-	-	
-	6 359.6	-	4 822.5	-	645	-	-	-	-	-	
-	-	3.05	6.1	-	-	5.94	2.28	1.98	7.21	11 340	A.
-	-	3.35	53.6	0.24	-	5.77	2.30	1.90	7.18	5 430	AB.
-	-	4.70	37.6	0.30	-	14.90	»	»	15.78	15 000	»
-	-	5.95	47.6	0.57	[6] 2	14.71	2.70	2.21	17.40	21 149	»
-	-	»	23.8	»	[6] 1	»	2.70	»	»	21 740	»
-	-	5.58	44.6	0.32	[6] 2	»	2.70	»	»	15 149	BG.
-	-	2.75	66.0	0.15	-	5.68	2.29	1.88	6.89	4 200	C.
-	-	4.91	39.3	0.23	-	14.70	2.70	2.21	17.40	11 309	»
-	-	4.08	318.6	0.20	5	-	-	-	-	-	

...drettede for Heste- og Troppetransport (32 Mand eller 6 Heste pr. Vogn). [4]) Heraf 1 Vogn ...munikation. [6]) Automatiske Bremser. [7]) Heraf 3 Stkr. forsynede med automatiske Bremser.

35	36	37	38	39	40	41	42	43	44	45	46
			Hjul.		Hjulstand.		Antal Pladse.				
							I hver Vogn.			Tilsamm	
Litra.	Vognsort.	Antal Vogne pr. 30te Juni 1894.	Antal under hver Vogn.	Diameter.	Fast Hjulstand.	Total Hjulstand.	I.	II.	III.	I.	II.
							Klasse.			Klasse	
				m.	m.						
BF.	Personstoppevogne........	8	4	0.950	3.210	3.210	-	10	-	-	80
CF.	do.[1]	2	»	0.925	4.200	4.200	-	-	5	-	-
»	do.[1]	4	»	»	3.760	3.760	-	-	5	-	-
D.	Postvogne..................	3	»	0.950	3.210	3.210	-	-	-	-	-
F.	Godsstoppevogne..........	1	»	»	2.590	2.590	-	-	-	-	-
	Godsvogne:										
G.	Lukkede Godsvogne[2]..........	5	4	0.950	3.050	3.050	-	-	-	-	-
»	do. do. [2]..........	25	»	»	3.660	3.660	-	-	-	-	-
»	do. do. [2]..........	10	»	0.925	»	»	-	-	-	-	-
»	do. do. [3]..........	40	»	0.950	»	»	-	-	-	-	-
Gk.	Varme- & Kjølevogne	1	»	0.925	3.050	3.050	-	-	-	-	-
K.	Trælastvogne med Svingbolster..	25	»	0.950	3.210	3.210	-	-	-	-	-
»	do. » do. ..	41	»	»	3.050	3.050	-	-	-	-	-
»	do. » do. ..	13	»	0.925	2.900	2.900	-	-	-	-	-
»	do. » do. ..	18	»	0.950	2.740	2.740	-	-	-	-	-
»	do. » do. ..	18	»	»	2.590	2.590	-	-	-	-	-
L.	Høikassede Godsvogne	17	»	0.925	3.660	3.660	-	-	-	-	-
»	do. do.	33	»	0.950	2.590	2.590	-	-	-	-	-
M.	Grusvogne	40	»	»	3.120	3.120	-	-	-	-	-
N.	Stakevogne....................	50	»	»	3.760	3.760	-	-	-	-	-
»	do.	54	»	»	»	»	-	-	-	-	-
»	do.	24	»	»	»	»	-	-	-	-	-
»	do.	12	»	»	»	»	-	-	-	-	-
»	do.	28	»	0.925	»	»	-	-	-	-	-
Qk.	Bogie-Godsvogne	4	8	0.950	1.600	8.100	-	-	-	-	-
S.	Melkevogne	5	4	»	3.320	3.320	-	-	-	-	-
T.	Stakevogne med Sidevægge	2	»	»	3.960	3.960	-	-	-	-	-
»	do. » do.	12	»	0.925	4.000	4.000	-	-	-	-	-
	Sum Godsvogne	477	-	-	-	-	-	-	-	-	-
	Hovedsum	525	-	-	-	-	-	-	-	142	460
	Kongsvinger—Flisenbanen.										
	Personvogne:										
BC.	2den og 3die Klasse Bogievogne[1]	2	8	0.950	1.980	13.260	-	24	46	-	48
C.	3die Klasse Bogievogne[1].......	2	»	»	»	»	-	-	84	-	-
	Sum	4	-	-	-	-	-	-	-	-	48
CDF.	Person, Post- & Stoppebgv.[1]	2	8	0.950	1.980	13.260	-	-	34	-	-
F.	Stoppevogne[1] [4]...........	4	4	»	4.200	4.200	-	-	-	-	-
	Godsvogne:										
N.	Stakevogne....................	48	4	0.950	3.760	3.760	-	-	-	-	-
G.	Lukkede Godsvogne[2]..........	15	4	»	3.660	3.660	-	-	-	-	-
S.	Melkevogne	2	4	»	»	»	-	-	-	-	-
	Sum Godsvogne	65	-	-	-	-	-	-	-	-	-
	Hovedsum	75	-	-	-	-	-	-	-	-	48

[1]) Indgang fra Enderne og Gjennemgang. [2]) Indrettede til Heste- og Troppetransport (32 M pr. Vogn). [4]) Heraf 2 Stk. forsynede med Dampkjedel for Togopvarmning. [5]) Automatiske Bre

…krivelse af Vogne.

48	49	50	51	52	53	54	55	56	57	58	59
…steevne.		Egenvægt.			Heraf forsynede med Bremse.	Maal (indvendig).			Længde over Bufferne.	Kostende i Gjennemsnit pr. Vogn ved Anskaffelsen. (afr.) n)	Litra.
pr. Axel	Sum.	I Gjennemsnit pr. Axel.	Sum.	For hver Personplads.		Rammens Længde.	Rammens Bredde.	Rammens Høide.			
t.		m.			Antal.	m.			m.	Kroner.	
-	-	3.30	52.8	-	8	5.62	2.27	1.90	6.88	4 340	BF.
-	-	4.60	18.4	-	2	6.60	2.70	2.21	8.92	5 300	CF.
-	-	4.00	32.0	-	4	5.84	2.46	2.24	7.80	3 080	»
-	-	3.65	21.9	-	-	5.68	2.47	2.00	7.22	6 240	D.
.00	6.0	2.90	5.8	-	1	4.47	2.13	1.83	5.26	3 080	F.
.00	50.0	3.30	33.0	-	5	5.44	2.23	2.23	6.51	2 320	G.
»	250.0	3.00	150.0	-	25	5.42	2.21	»	6.42	3 850	»
»	100.0	»	60.0	-	10	»	»	»	»	2 553	»
»	400.0	3.10	248.0	-	40	5.45	2.45	2.30	6.81	2 605	»
.50	9.0	4.05	8.1	-	1	5.40	2.41	2.10	»	3 119	Gk.
.50	175.0	2.50	125.0	-	25	6.00	2.32	0.12	7.00	3 140	K.
»	287.0	2.25	184.5	-	41	3.45	2.05	0.07	6.88	1 615	»
.50	143.0	2.50	65.0	-	13	4.60	2.30	0.12	5.50	1 580	»
.50	126.0	2.15	77.4	-	18	3.97	2.12	0.09	6.00	1 544	»
»	126.0	2.10	75.6	-	18	3.46	2.03	0.14	5.04	1 580	»
.50	187.0	2.80	95.2	-	17	5.53	2.34	1.25	6.51	1 717	L.
.50	231.0	2.25	148.5	-	33	4.19	2.08	1.20	5.01	1 680	»
»	280.0	2.10	168.0	-	40	5.09	2.34	0.36	6.00	1 500	M.
.50	550.0	2.55	255.0	-	50	6.86	2.30	0.31	7.80	2 880	N.
»	594.0	2.80	302.4	-	54	»	»	»	7.87	1 722	»
»	264.0	2.70	129.6	-	24	»	»	»	»	1 637	»
»	132.0	2.80	67.2	-	12	»	»	»	»	1 947	»
»	308.0	»	156.8	-	28	»	»	»	»	»	»
»	88.0	2.60	41.6	-	4	10.37	2.52	0.12	11.67	* * *	Qk.
.00	30.0	3.50	35.0	-	5	5.60	2.10	1.95	6.90	2 944	S.
.50	14.0	2.00	8.0	-	2	6.96	2.08	»	7.71	1 552	T.
.50	132.0	2.80	67.2	-	12	7.75	2.44	»	8.55	»	»
.66	4 476.0	2.60	2 501.1	-	477	-	-	-	-	-	
-	4 482.0	-	2 950.6	-	497	-	-	-	-	-	
-	-	5.58	44.6	0.32	5) 2	14.70	2.70	2.21	17.40	16 217	BC.
-	-	5.22	41.8	0.25	5) 2	»	»	»	»	13 334	C.
-	-	5.40	86.4	0.28	4	-	-	-	-	-	
-	-	5.22	20.9	-	5) 2	14.70	2.70	2.21	17.40	15 795	CDF.
85	30.8	6) 4.40	35.2	-	5) 4	6.61	»	»	8.92	* * *	F.
50	528.0	2.70	259.2	-	48	6.88	2.31	0.31	8.18	2 004	N.
00	150.0	3.30	99.0	-	15	5.44	2.45	2.23	6.81	2 716	G.
63	18.5	3.62	14.5	-	5) 2	»	»	2.18	6.81	* * *	S.
36	696.5	2.87	372.7	-	65	»	»	-	-	-	
-	727.3	-	494.2	-	75	-	-	-	-	-	

…6 Heste pr. Vogn). 5) Indrettede for Syge-, Heste- & Troppetransport (32 Mand eller 8 Heste …
…ægt uden Dampkjedel.

35	36	37	38	39	40	41	42	43	44	45	36
			Hjul,		Hjulstand.		Antal Pladse.				
							I hver Vogn.			Tilsamme	
Litra.	Vognsort.	Antal Vogne pr. 30te Juni 1894.	Antal under hver Vogn.	Diameter. m.	Fast Hjulstand. m.	Total Hjulstand. m.	I. Klasse.	II. Klasse.	III. Klasse.	I. Klasse.	II. Klasse.
	Kristiania–Drammenbanen.										
	Personvogne:										
B.	2den Klasse	2	4	0.761	3.048	3.048	-	24	-	-	48
»	do. Bogie Sommervogne ²)	3	8	»	1.601	12.042	-	35	-	-	105
»	do. Bogievogne ¹)	2	»	»	1.650	12.350	-	42	-	-	84
BC.	2den og 3die Klasse, Salon-Bogiev.	2	»	»	1.601	11.418	-	28	32	-	56
»	do. Bogievogne	1 / 2	«	»	»	11.488	-	32	24 / 32	-	96
»	do. do.	2	»	»	»	10.874	-	16	36	-	32
»	do. do. ¹)	2	»	»	1.650	12.350	-	18	33	-	36
C.	3die Klasse, Sommervogne	5	4	»	3.048	3.048	-	-	28	-	-
»	do. almindelige ³)	25	»	»	3.048 / 3.353	3.048 / 3.353	-	-	28	-	-
»	do. Bogievogne ¹)	4	8	»	1.650	13.350	-	-	66	-	-
	Sum	50	-	-	-	-	-	-	-	-	457
CF.	Person- & Stoppe-Bogiev. ¹)	1	8	0.761	1.650	13.350	-	-	51	-	-
CDF.	do., Post- & Stop.-Bogiev. ¹)	1	»	»	»	»	-	-	43	-	-
CF 1	Personstoppevogne ⁴)	13	4	0.761	3.048 / 3.353	3.048 / 3.353	-	-	20	-	-
CF.	do. ⁴)	7	»	»	3.048	3.048	-	-	4	-	-
F.	Godsstoppevogne	1	»	»	»	»	-	-	-	-	-
»	Stoppevogne	3	»	»	3.800	3.800	-	-	-	-	-
	Godsvogne:										
G.	Lukkede Godsvogne	38	4	0.761	3.048	3.048	-	-	-	-	-
»	do. do. ⁶)	15	»	»	»	»	-	-	-	-	-
Gk.	Varme- og Kjølevogne	1	»	»	3.200	3.200	-	-	-	-	-
K.	Trælastvogne med Svingbolster	34	»	»	3.048	3.048	-	-	-	-	-
L.	Høikassede Godsvogne	48	»	»	»	»	-	-	-	-	-
»	do. do.	4	»	»	»	»	-	-	-	-	-
»	Lavkassede do. ⁶)	10	»	»	»	»	-	-	-	-	-
N.	Trælastvogne uden Svingbolster	30	»	»	3.962	3.962	-	-	-	-	-
»	Stakevogne	36	»	»	»	»	-	-	-	-	-
S.	Melkevogne	1	»	»	3.048	3.048	-	-	-	-	-
	Sum Godsvogne	217	-	-	-	-	-	-	-	-	-
	Hovedsum	293	-	-	-	-	-	-	-	-	457
	Drammen–Skienbanen.										
	Personvogne:										
A.	1ste Klasse, Salon-Bogievogne ¹)	1	8	0.761	1.371	»	15	-	-	15	-
B.	2den do. do. do.	1	»	»	1.524	10.366	-	44	-	-	44
»	do. Bogievogne, almindelige	6	»	»	» / 1.371	» / 10.213	-	48	-	-	288
BC.	2den og 3die Klasse Bogievogne	2	»	»	1.601 / 1.371	10.726 / 10.670	-	24	32	-	48
»	do. do. Cleminson	1	6	»	-	8.530	-	24	32	-	24
C.	3die Klasse, Bogievogne ⁷)	1 / 15	8	»	1.524 / 1.371	10.823 / 10.670	-	-	56 / 64	-	-
»	do. almindelige	13	4	»	3.353	3.353	-	-	32	-	-
	Sum	40	-	-	-	-	-	-	-	15	404

¹) Indgang fra Enderne og Gjennemgang. ²) 2 Stk. med Indgang fra Enderne og Gjennemg… med Indgang fra Enderne og Gjennemgang. ⁴) Heraf 2 Stk. med Indgang fra Enderne og Gjenn… Heste pr. Vogn). ⁶) Benyttes ogsaa som Grusvogne. ⁷) Heraf 1 Stk. med Indgang fra Ender… Bremser. ¹⁰) Heraf 2 Stk. tillige forsynede med automatiske Bremser. ¹¹) Forsynede med Ka… automatiske Bremser.

…rivelse af Vogne.

	49	50	51	52	53	54	55	56	57	58	59
	…eevne.	Egenvægt.				Maal (indvendig).					
	Sum.	I Gjennemsnit pr. Axel.	Sum.	For hver Personplads.	Heraf forsynede med Bremse.	Rammens Længde.	Rammens Bredde.	Rammens Høide.	Længde over Bufferne.	Kostende i Gjennemsnit pr. Vogn ved Anskaffelsen. (afr.) a)	Litra.
	t.	t.			Antal.	m.			m.	Kroner.	
-	-	2.42	9.68	0.20	-	5.94	1.93	1.70	7.01	5 560	B.
-	-	2.86	34.26	0.33	8) 3	13.63	»	1.90	14.70	11 500	»
-	-	4.08	32.60	0.39	-	13.66	2.26	»	16.14	15 599	»
-	-	3.11	24.88	0.21	9) -	12.86	1.93	1.70	13.93	11 505	BC.
-	-	3.05	36.60	0.20	1	13.10	1.93	»	14.17	»	»
-	-	3.01	24.10	0.23	2	12.50	»	»	13.57	10 000	»
-	-	4.00	32.00	0.31	-	13.66	2.26	1.90	16.14	13 882	»
-	-	1.98	19.80	0.14	-	5.94	1.93	1.70	7.01	2 480	C.
-	-	2.16	108.00	0.15	-	5.79	»	»	6.86	3 080	»
-	-	4.03	64.40	0.24	-	14.66	2.26	1.90	17.14	11 651	»
-	-	2.84	386.32	0.21	6	-	-	-	-	-	
-	-	4.08	16.3	-	1	14.66	2.26	1.90	17.14	11 780	CF.
-	-	»	16.3	-	1	»	»	»	»	11 909	CDF.
-	-	2.16	56.16	0.22	13	5.79-5.94	1.93	1.70	6.86-7.01	3 495	CF 1
-	-	2.49	34.86	-	10) 7	5.94	1.98-1.93	1.78-1.70	7.01	3 680	CF.
50	5.0	2.37	4.73	-	1	5.33	1.93	1.70	6.40	2 320	F.
75	14.25	3.125	18.75	-	3	5.67	2.27	1.96	8.00	4 362	»
60	197.6	1.87	142.12	-	38	5.33	1.93	1.63-1.70	6.40	1 600	G.
25	97.5	1.95-2.25	65.10	-	15	5.33-5.30	1.93-1.95	1.86-1.96	6.37	2 240	»
50	5.0	3.00	6.00	-	11) 1	5.35	1.89	1.88	6.60	2 896	Gk.
50	238.0	1.75	119.00	-	34	5.38	2.03	0.29	6.40	1 892	K.
83	272.0	1.91	183.75	-	48	5.33	1.93	1.14	»	1 600	L.
25	26.0	1.95	15.60	-	4	»	1.98	1.07	»	2 132	»
01	60.25	1.62	32.50	-	10	5.38	1.97	0.14	»	1 400	»
31	198.5	1.75	105.00	-	30	7.06	1.93	»	8.08	1 880	N.
50	252.00	2.00	144.00	-	36	7.00	1.95	0.30	8.07	1 610	»
57	3.75	2.75	5.50		1	5.94	1.98	1.75	7.01	2 800	S.
11	1 350.60	1.89	818.57	-	217	-	-	-	-	-	
-	1 369.85	-	-	-	249	-	-	-	-	-	
-	-	-	-	-	11) 1	10.70	2.21	1.98	18.13	13 630	A.
-	-	3.00	12.00	0.27	8) 1	11.70	2.06	1.83	12.80	12 340	B.
-	-	»	72.00	0.25	8) 6	»	»	»	»	11 845	»
-	-	2.73	21.80	0.19		12.05	»	»	13.12	11 070	BC.
-	-	3.67	11.00	0.20	-	»	»	»	»	11 250	»
-	-	2.93	187.52	0.18	12) 8	12.20	»	»	13.27	8 060	C.
-	-	»	76.05	»	13) 10	6.00	»	»	7.07	3 640	»
-	-	-	380.37	0.20	26	-	-	-	-	-	

…Stk. med Indgang fra Siderne og alle Kupeer i indbyrdes Kommunikation. 3) Heraf 1 Stk.
…) Indrettede for Hestetransport og 10 Stk. tillige for Troppetransport (24 Mand eller 6
…jennemgang. 8) Automatiske Bremser. 9) Heraf 1 Vogn forsynet med Rørledning for automatiske
…for automatiske Bremser. 12) Heraf 7 Stk. med automatiske Bremser. 13) Heraf 10 Stk. med

35	36	37	38	39	40	41	42	43	44	45	46
			Hjul.		Hjulstand.		Antal Pladse.				
							I hver Vogn			Tilsamm	
Litra.	Vognsort.	Antal Vogne pr. 30te Juni 1894.	Antal under hver Vogn.	Diameter.	Fast Hjulstand.	Total Hjulstand.	I.	II.	III.	I.	II.
				m.	m.		Klasse.			Klasse.	
DF.	Post- & Stoppe-Bogievogne	2	8	0.761	1.524	10.823	-	-	-	-	-
		3	»	»	1.371	10.518	-	-	-	-	-
F.	Godsstoppevogne	11	4	»	3.353	3.353	-	-	-	-	-
	Godsvogne:										
G.	Lukkede Godsvogne[1])	70	4	0.761	3.048	3.048	-	-	-	-	-
»	do. do.[2])	50	»	»	3.200	3.200	-	-	-	-	-
Gk.	Varme- og Kjølevogne	1	»	»	»	»	-	-	-	-	-
K.	Trælastvogne med Svingbolster ..	20	»	»	3.048	3.048	-	-	-	-	-
L.	Høikassede Godsvogne	36	»	»	»	»	-	-	-	-	-
»	Grindvogne	30	»	»	»	»	-	-	-	-	-
»	Grusvogne	20	»	»	»	»	-	-	-	-	-
N.	Stakevogne	30	»	»	3.962	3.962	-	-	-	-	-
S.	Melkevogne	2	»	»	3.048	3.048	-	-	-	-	-
	Sum Godsvogne	259	-	-	-	-	-	-	-	-	-
	Hovedsum	315	-	-	-	-	-	-	-	15	404
	Drammen–Randsfjordbanen.										
	Personvogne:										
BC.	2den og 3die Klasse, Salonvogne	2	4	0.761	3.048	3.048	-	14	16	-	28
»	do. do. Langvogne	1	6	»	»	6.400	-	16	24	-	16
»	do. do. almindelige	5	4	»	»	3.048	-	16	16	-	80
»	do. do. Bogievogne	4	8	»	1.524 / 1.601	11.471 / 11.488	-	32	32	-	128
»	2den og 3die Klasse, Bogievogne	2	8	»	»	10.430	-	16	28	-	32
C.	3die Klasse, almindelige[3])	13 / 5	4	»	3.048	3.048	-	-	24 / 28	-	
»	do. Sommervogne	6	»	»	»	»	-	-	28	-	-
	Sum	38	-	-	-	-	-	-	-	-	284
DF.	Post- & Stoppe-Bogievogne	2	8	0.761	1.601	11.455	-	-	-	-	-
CF 1.	Personstoppevogne	2	4	»	3.048	3.048	-	-	24	-	-
CF.	do.	3	»	»	»	»	-	-	8	-	-
F.	Godsstoppevogne	2	»	»	»	»	-	-	-	-	-
»	do.	4	»	»	»	»	-	-	-	-	-
»	Stoppevogne[3])	3	»	»	3.800	3.800	-	-	-	-	-
	Godsvogne:										
G.	Lukkede Godsvogne[4])	31	4	0.761	3.048	3.048	-	-	-	-	-
»	do. do.	9	»	»	»	»	-	-	-	-	-
Gk.	Varme- og Kjølevogne	1	»	»	3.200	3.200	-	-	-	-	-
K.	Trælastvogne med Svingbolster ..	65	»	»	2.134	2.134	-	-	-	-	-
»	do. » do. ..	5	»	»	»	»	-	-	-	-	-
»	do. » do. ..	48	»	»	3.048	3.048	-	-	-	-	-
»	do. » do. ..	3	»	»	»	»	-	-	-	-	-
L.	Høikassede Godsvogne	39	»	»	»	»	-	-	-	-	-
»	do. do.	20	»	»	3.200	3.200	-	-	-	-	-
»	Lavkassede do.	5	»	»	3.048	3.048	-	-	-	-	-
N.	Trælastvogne uden Svingbolster ..	120	»	»	3.962	3.962	-	-	-	-	-
»	Stakevogne	161	»	»	»	»	-	-	-	-	-
S.	Melkevogne	1	»	»	3.048	3.048	-	-	-	-	-
	Sum Godsvogne	508	-	-	-	-	-	-	-	-	-
	Hovedsum	562	-	-	-	-	-	-	-	-	284

[1]) Heraf 30 Stk. indrettede for Hestetransport (6 Heste pr. Vogn). [2]) Indrettede for H
Enderne og Gjennemgang. [4]) Indrettede for Hestetransport og 10 Stk. tillige for Troppetra
Bremser. [7]) Heraf 7 Stk. forsynede med Rørledning for automatiske Bremser. [8]) Forsynede
Vogn med Rørledning for samme.

…krivelse af Vogne.

49	50	51	52	53	54	55	56	57	58	59
…teevne.	Egenvægt.			Heraf forsynede med Bremse.	Maal (indvendig).			Længde over Bufferne.	Kostende i Gjennemsnit pr. Vogn ved Anskaffelsen. (afr.) a)	Litra.
Sum.	I Gjennemsnit pr. Axel.	Sum.	For hver Personplads.		Rammens Længde.	Rammens Bredde.	Rammens Høide.			
t.	t.			Antal.	m.			m.	Kroner.	
-	2.93	23.44	-	2	12.20	2.06	1.83	13.27	8 645	DF.
-	2.78	33.30	-	5) 3	12.05	»	»	13.12	7 955	»
60.50	2.75	60.50	-	6) 11	6.00	»	»	7.07	3 230	F.
455.00	2.25	315.00	-	70	5.30	1.95	1.96	6.37	1 920	G.
325.00	»	225.00	-	7) 50	5.43	1.97	2.03	6.50	2 000	»
5.00	3.00	6.00	-	8) 1	5.35	1.89	1.88	6.60	2 896	Gk.
140.00	1.80	72.00	-	20	5.30	1.95	0.23	6.37	1 550	K.
252.00	2.00	144.00	-	36	»	»	1.12	»	1 610	L.
210.00	1.75	105.00	-	30	5.42	2.06	0.45	6.49	1 710	»
140.00	1.63	65.00	-	20	»	»	0.30	»	1 490	»
210.00	2.00	120.00	-	30	7.00	1.95	»	8.07	1 500	N.
11.00	2.60	10.40	-	2	5.30	»	1.87	6.37	2 360	S.
1 748.00	2.05	1 062.40	-	259	-	-	-	-	-	
1 808.50	-	-	-	301	-	-	-	-	-	
-	2.37	9.46	0.16	9) 1	5.94	1.93	1.70	7.01	4 260	BC.
-	»	7.12	0.18	-	9.30	»	»	10.36	6 000	»
-	2.38	23.80	0.15	-	5.94	»	»	7.16	4 165	»
-	3.05	48.80	0.19	-	13.10	1.98	»	14.17	11 500	»
-	2.86	22.90	0.26	2	12.04	1.93	1.70	13.11	10 000	»
-	2.06	74.16	0.16	-	5.94	»	»	7.01	2 800	C,
-	1.98	23.76	0.14	-	»	»	»	»	2 440	»
-	2.36	210.00	0.172	3	-	-	-	-	-	
-	3.05	24.40	-	5) 2	13.07	1.93	1.70	14.19	11 500	DF.
-	2.16	8.64	0.18	2	5.94	»	»	7.01	3 200	CF 1
-	2.49	14.94	-	3	»	»	»	»	3 072	CF.
6.50	2.37	9.46	-	2	5.33	»	»	6.40	2 000	F.
18.00	»	18.92	-	4	»	»	»	»	1 800	»
14.25	3.125	18.75	-	3	5.67	2.27	1.96	8.00	4 362	»
201.50	2.25	139.50	-	31	5.30	1.95	1.96	6.35	2 240	G.
50.00	1.90	34.25	-	9	5.33	1.93	1.70	6.40	1 600	»
5.00	3.00	6.00	-	8) 1	5.35	1.89	1.88	6.60	2 614	Gk.
377.00	1.50	195.00	-	65	4.17	1.94	0.11	5.18	1 920	K.
31.25	1.63	16.25	-	5	4.17	1.95	»	»	1 550	»
284.00	1.60	153.60	-	48	5.38	1.93à2.03	»	6.40	1 260	»
19.40	1.80	10.80	-	3	5.30	1.95	0.23	6.37	1 550	»
214.50	1.88	146.25	-	39	5.33	1.93	1.07	6.40	1 390	L.
132.00	2.20	88.00	-	20	5.49	2.02	0.70	6.60	1 755	»
27.50	1.63	16.25	-	5	5.38	1.94	0.51	6.40	1 160	»
703.20	1.75	420.00	-	160	6.83	1.93à2.03	0.11	8.08	1 880	N.
1 127.00	2.00	644.00	-	121	7.00	1.95	0.30	8.07	2 102	»
3.75	2.75	5.50	-	1	5.94	1.93	0.75	7.01	2 800	S.
3 176.10	1.84	1 875.40	-	508	-	-	-	-	-	
3 214.85	-	-	-	527	-	-	-	-	-	

…- og Sygetransport (24 Mand eller 6 Heste pr. Vogn). 3) Heraf 3 Stk. med Indgang fra …Mand eller 6 Heste pr. Vogn) 5) Automatiske Bremser. 6) Heraf 3 Stk. med automatiske …dning for automatiske Bremser. 9) Heraf 1 Vogn forsynet med automatiske Bremser og 1

35	36	37	38	39	40	41	42	43	44	45	46
Litra.	Vognsort.	Antal Vogne pr. 30te Juni 1894.	Hjul.		Hjulstand.		Antal Pladse.				
			Antal under hver Vogn.	Diameter.	Fast Hjulstand.	Total Hjulstand.	I hver Vogn.			Tilsammen	
							I.	II.	III.	I.	II.
				m.	m.		Klasse.			Klasse.	
	Eidsvold-Hamarbanen.										
	Personvogne:										
AB.	1ste og 2den Klasse, Bogievogne [1])	1	8	0.925	1.980	13.260	18	24	-	18	24
»	do. do. do.	1	»	»	»	10.514	20	24	-	20	24
B.	2den Klasse	4	4	»	3.500	3.500	-	24	-	-	96
C.	3die Klasse	6	»	»	3.810	3.810	-	-	40	-	-
»	do. Bogievogne	2	8	»	1.980	10.514	-	-	80	-	-
	Sum	14	-	-	-	-	-	-	-	38	144
F.	Godsstoppevogne	6	4	0.925	3.350	3.350	-	-	-	-	-
	Godsvogne:										
G.	Lukkede Godsvogne [2])	23	4	0.925	3.050	3.050	-	-	-	-	-
Gk.	Varme- og Kjølevogne	5	»	»	»	»	-	-	-	-	-
L.	Høikassede Godsvogne	10	»	»	3.650	3.650	-	-	-	-	-
N.	Stakevogne	64	»	»	3.760	3.760	-	-	-	-	-
S.	Melkevogne	2	»	»	3.050	3.050	-	-	-	-	-
	Sum Godsvogne	104	-	-	-	-	-	-	-	-	-
	Hovedsum	124	-	-	-	-	-	-	-	38	144
	Hamar-Grundsetbanen.										
	Personvogne:										
B.	2den Klasse	1	4	0.761	3.048	3.048	-	24	-	-	24
BC.	2den og 3die Klasse	2	»	»	»	»	-	16	16	-	32
C.	3die Klasse	2	»	»	»	»	-	-	30	-	-
	Sum	5	-	-	-	-	-	-	-	-	56
CF.	Personstoppevogne	3	4	0.761	3.048	3.048	-	-	8	-	-
»	Personstoppebogievogne [5])	2	8	»	1.650	12.350	-	-	31	-	-
D.	Postvogne	1	4	»	3.048	3.048	-	-	-	-	-
	Godsvogne:										
G.	Lukkede Godsvogne [4])	9	4	0.761	3.048	3.048	-	-	-	-	-
Gk.	Varme- og Kjølevogne	3	»	»	3.200	3.200	-	-	-	-	-
L.	Høikassede Godsvogne	1	»	»	3.048	3.048	-	-	-	-	-
»	Lavkassede do.	10	»	»	»	»	-	-	-	-	-
N.	Stakevogne	20	»	»	»	»	-	-	-	-	-
P.	Trælast- og Malmvogne	10	»	»	2.134	2.134	-	-	-	-	-
	Sum Godsvogne	53	-	-	-	-	-	-	-	-	-
	Grundset-Aamotbanen.										
	Personvogne:										
C.	3die Klasse, Bogievogne [5])	1	8	0.761	1.600	11.350	-	-	44	-	-
	Godsvogne:										
N.	Stakevogne	10	4	»	3.962	3.962	-	-	-	-	-

[1]) Sovevogn, Indgang fra Enderne og Gjennemgang (Dampopvarmning). [2]) Indrettede for Heste
[4]) Indrettede for Hestetransport og 1 Vogn tillige for Troppetransport (24 Mand eller 6 Heste pr
synede med Rørledning for automatiske Bremser. [5]) Forsynede baade med automatiske Bremser

…	49	50	51	52	53	54	55	56	57	58	59
…steevne.		Egenvægt.			Heraf forsynede med Bremse.	Maal (indvendig).			Længde over Bufferne.	Kostende i Gjennemsnit pr. Vogn ved Anskaffelsen. (afr.) a)	Litra.
pr. Axel.	Sum.	I Gjennemsnit pr. Axel.	Sum.	For hver Personplads.		Rammens Længde.	Rammens Bredde.	Rammens Høide.			
t.		t.			Antal.	m.			m.	Kroner.	
-	-	5.95	23.8	0.57	[5]) 1	14.71	2.70	2.21	17.40	21 784	AB.
-	-	4.25	17.0	0.39	[5]) 1	12.12	2.44	2.08	13.40	15 620	»
-	-	3.95	31.6	0.33	[5]) 2	6.10	»	»	7.40	7 360	B.
-	-	»	47.4	0.20	[5]) 2	6.40	»	»	7.70	4 800	C.
-	-	4.25	34.0	0.21	[5]) 2	12.12	»	»	13.40	11 340	»
-	-	4.06	153.8	0.26	8	-	-	-	-	-	
…30	39.6	3.40	40.8	-	[6]) 6	5.28	2.23	2.22	7.57	3 900	F.
…50	161.0	3.20	147.2	-	[7]) 23	5.44	2.23	2.23	6.80	2 830	G.
…90	39.0	4.20	42.0	-	[8]) 5	5.39	2.40	2.10	6.74	4 168	Gk.
…50	110.0	2.95	59.0	-	10	5.53	2.35	1.25	6.80	1 930	L.
»	704.0	2.70	345.6	-	64	6.88	2.31	0.31	8.07	2 300	N.
…25	13.0	3.30	13.2	-	2	5.44	2.23	2.12	6.80	3 500	S.
…94	1 027.0	2.92	607.0	-	104	-	-	-	-	-	
-	1 066.6	-	801.6	-	118	-	-	-	-	-	
-	-	2.15	4.3	0.18	-	5.94	1.93	1.75	7.01	4 570	B.
-	-	»	8.6	0.13	-	»	»	»	»	»	BC.
-	-	2.40	9.6	0.16	-	»	»	1.78	»	4 100	C.
-	-	2.25	22.5	0.15	-	-	-	-	-	-	
-	-	2.05	12.3	-	3	5.94	1.93	1.78	7.01	4 100	CF.
-	-	3.70	29.6	-	2	13.67	2.26	2.04	16.14	11 612	»
-	-	2.00	4.0	-	-	»	1.98	1.88	7.01	3 740	D.
…30	59.4	2.20	39.6	-	[9]) 9	5.33	1.89	1.85	6.40	2 230	G.
…30	13.8	3.20	19.2	-	[5]) 3	5.39	»	1.88	6.44	3 467	Gk.
…50	5.0	1.75	3.5	-	1	5.64	»	1.07	6.71	1 480	L.
»	50.0	1.70	34.0	-	10	5.33	»	0.51	6.40	1 300	»
»	100.0	1.60	64.0	-	20	5.64	1.98	0.31	6.71	1 320	N.
…25	45.0	1.50	30.0	-	10	3.51	1.89	»	4.57	1 270	P.
…58	273.2	1.80	190.3	-	53	-	-	-	-	-	
-	-	3.30	13.2	0.30	[5]) 1	13.34	2.21	1.91	15.30	6 000	C.
…50	70.0	2.00	40.0	-	10	7.05	2.01	0.35	8.08	1 282	N.

…roppetransport (32 Mand eller 6 Heste pr. Vogn). [3]) Indgang fra Enderne og Gjennemgang. …n). [5]) Automatiske Bremser. [6]) Heraf 2 Stk. med automatiske Bremser. [7]) Heraf 2 Stk. for-
…Haandbremser. [9]) Heraf 5 Stk. forsynede med automatisk Rørledning for Bremser.

35	36	37	38	39	40	41	42	43	44	45	46	4
Litra.	Vognsort.	Antal Vogne pr. 30te Juni 1894.	Hjul.		Hjulstand.		Antal Pladse.					
			Antal under hver Vogn.	Diameter.	Fast Hjulstand.	Total Hjulstand.	I hver Vogn.			Tilsammen		
							I.	II.	III.	I.	II.	I
							Klasse.			Klasse.		
				m.	m.							
	Støren–Aamotbanen.											
	Personvogne:											
A.	1ste Klasse, Salon-Bogievogne [1]) .	1	8	0.609	1.219	9.144	15	-	-	15	-	
»	1ste Klasse, Bogievogne [1])	3	»	0.761	1.600	11,050	34	-	-	102	-	
B.	2den Klasse	2	4	-	3.200	3.200	-	24	-	-	48	
»	do.	1	»	»	3.505	3.505	-	32	-	-	32	
»	do.	1	»	»	3.810	3.810	-	22	-	-	22	
BC.	2den og 3die Klasse	2	»	»	3.048	3.048	-	10	16	-	20	
»	do. do. Bogievogne.	5	8	»	1.372	10.210	-	24	32	-	120	
»	do. do. do. [1]).	2	»	»	1.650	12.350	-	18	25	-	36	
C.	3die Klasse, Bogievogne	2	»	»	1.372	10.210	-	-	64	-	-	
»	3die Klasse	16	4	»	3.353	3.353	-	-	32	-	-	
»	do.	2	»	»	3.048	3.048	-	-	24	-	-	
»	do.	7	»	»	3.353	3.353	-	-	28	-	-	
	Sum	44	-	-	-	-	-	-	-	117	278	1
DF.	Post- & Stoppe-Bogievogne	4	8	0.761	1.829	11.582	-	-	-	-	-	
F.	Stoppevogne.............	4	4	»	3.353	3.353	-	-	-	-	-	
FG.	Godsstoppevogne..........	12	»	»	3.048	3.048	-	-	-	-	-	
	Godsvogne:											
G.	Dækkede Godsvogne [2])	5	4	0.761	3.048	3.048	-	-	-	-	-	
»	Lukkede do. [3])	42	»	»	»	»	-	-	-	-	-	
»	do. do. [4])	18	»	»	»	»	-	-	-	-	-	
Gk.	Varme- og Kjølevogne	10	»	»	3.200	3.200	-	-	-	-	-	
K.	Trælastvogne med Svingbolster ..	5	»	»	3.962	3.962	-	-	-	-	-	
»	do. do. do. ..	5	»	»	3.048	3.048	-	-	-	-	-	
L.	Høikassede Godsvogne	25	»	»	»	»	-	-	-	-	-	
»	Lavkassede do.	20	»	»	»	»	-	-	-	-	-	
N.	Stakevogne..................	10	»	»	3.657	3.657	-	-	-	-	-	
»	do.	49	»	»	3.048	3.048	-	-	-	-	-	
»	do.	40	»	»	3.962	3.962	-	-	-	-	-	
P.	Trælast- og Malmvogne [5])	52	»	»	2.286	2.286	-	-	-	-	-	
»	Malmvogne	45	»	»	2.800	2.800	-	-	-	-	-	
	Sum Godsvogne	326	-	-	-	-	-	-	-	-	-	
	Trondhjem Størenbanen.											
	Personvogne:											
A.	1ste Klasse, Bogievogne [1])	1	8	0.761	1.600	13.340	30	-	-	30	-	
AC.	1ste og 3die Klasse, Bogievogne [1])	3	»	»	»	12.730	15	-	28	45	-	
BC.	2den og 3die Klasse	4	4	»	3.048	3.048	-	16	16	-	64	
C.	3die Klasse..................	4	»	»	»	»	-	-	30	-	-	
»	do.	2	»	»	»	»	-	-	32	-	-	
	Sum	14	-	-	-	-	-	-	-	75	64	
DF.	Post- & Stoppe-Bogievogne	2	8	0.761	1.829	10.560	-	-	-	-	-	
D.	Postvogne..................	1	4	»	3.048	3.048	-	-	-	-	-	
F.	Stoppevogne.............	2	»	»	»	»	-	-	-	-	-	
FG.	Godsstoppevogne..........	2	»	»	»	»	-	-	-	-	-	

[1]) Indgang fra Enderne og Gjennemgang. [2]) Indrettede for Troppetransport (24 Mand
Hestetransport og 12 Stk. tillige for Troppetransport (24 Mand eller 6 Heste pr. Vogn). [5]) Anve
automatiske Bremser. [3]) Heraf 4 Stk. forsynede med automatiske Bremser og 2 Stk. med kun R
3 Stk. forsynede med Rørledning for automatiske Bremser (3 Vogne, Litra P, er blot midler

…krivelse af Vogne.

48	49	50	51	52	53	54	55	56	57	58	59
…steevne.		Egenvægt.				Maal (indvendig).					
…pr. Axel.	Sum.	I Gjennemsnit pr. Axel.	Sum.	For hver Personplads.	Heraf forsynede med Bremse.	Rammens Længde.	Rammens Bredde.	Rammens Høide.	Længde over Bufferne.	Kostende i Gjennemsnit pr. Vogn ved Anskaffelsen. (afr.) a)	Litra.
t.		m.			Antal.	m.			m.	Kroner.	
-	-	1.75	7.0	0.47	6) 1	10.52	2.06	2.21	12.80	16 000	A.
-	-	3.25	39.0	0.38	6) 3	12.92	2.14	1.91	15.62	14 000	»
-	-	2.55	10.2	0.21	7) -	5.64	1.98	1.85	6.71	5 700	B.
-	-	2.60	5.2	0.16	-	7.01	»	1.78	8.08	6 510	»
-	-	2.50	5.0	0.23	-	6.78	»	1.85	7.85	6 050	»
-	-	2.55	10.2	0.20	-	5.94	»	»	7.01	5 380	BC.
-	-	3.00	60.0	0.21	8) 5	11.73	»	»	12.80	8 930	»
-	-	4.04	32.3	0.38	6) 2	13.67	2.26	2.04	16.14	14 520	»
-	-	3.00	24.0	0.19	8) 2	12.03	1.98	1.85	13.10	8 930	C.
-	-	2.40	76.8	0.15	-	5.94	»	»	7.01	3 230	»
-	-	»	9.6	0.20	-	»	»	»	»	3 080	»
-	-	2.55	35.7	0.18	8) 7	»	»	»	»	3 750	»
-	-	2.76	315.0	0.20	20	-	-	-	-	-	
-	-	2.50	40.0	-	8) 4	12.03	1.98	1.88	13.10	6 740	DF.
-	-	2.00	16.0	-	4	5.94	»	1.85	7.01	2 600	F.
…30	79.2	1.80	43.2	-	12	5.33	»	1.78	6.40	2 260	FG.
…30	33.0	1.80	18.0	-	5	5.33	1.98	1.80	6.40	2 090	G.
»	277.2	1.85	155.4	-	42	»	»	1.83	»	2 230	»
…30	118.8	2.20	79.2	-	9) 18	»	»	1.96	6.40	»	»
…30	46.0	3.20	64.0	-	6) 10	5.39	1.89	1.88	6.44	3 201	Gk.
…50	35.0	1.75	17.5	-	5	7.01	1.87	0.10	8.68	1 900	K.
»	35.0	1.60	16.0	-	5	5.33	1.98	0.23	6.40	1 890	»
»	175.0	1.75	87.5	-	25	»	»	1.07	»	1 860	L.
»	140.0	1.70	68.0	-	20	»	»	0.51	»	2 140	»
»	70.0	1.80	36.0	-	10	6.25	»	0.24	7.32	2 055	N.
»	343.0	1.60	156.8	-	10) 49	5.33	»	0.15	6.40	2 536	»
»	280.0	2.00	160.0	-	40	7.05	2.01	0.35	8.08	1 405	»
»	364.0	1.50	156.0	-	10) 52	4.11	1.98	»	5.18	2 115	P.
…80	342.0	1.70	153.0	-	10	4.50	2.10	0.25	5.70	1 430	»
…46	2 259.0	1.78	1 167.4	-	291	-	-	-	-	-	
-	-	4.51	18.0	0.60	6) 1	14.85	2.40	2.04	17.20	14 360	A.
-	-	4.23	50.7	0.39	6) 3	14.19	2.25	»	16.59	13 388	AC.
-	-	2.30	18.4	0.14	-	5.94	1.93	1.75	7.01	4 320	BC.
-	-	2.05	16.0	0.13	1	»	»	1.78	»	2 820	C.
-	-	1.95	7.8	0.12	-	5.33	»	»	6.40	2 700	»
-	-	3.08	110.9	0.24	5	-	-	-	-	-	
-	-	3.53	28.2	-	6) 2	13.33	2.09	1.98	15.86	6 300	DF.
-	-	2.00	4.0	-	-	5.94	1.98	1.88	7.01	3 740	D.
-	-	2.05	8.2	-	2	»	1.93	1.78	»	3 280	F.
…30	13.2	1.83	7.3	-	2	5.33	1.89	»	6.40	»	FG.

…n). 3) Heraf 35 Stk. indrettede for Troppetransport (24 Mand pr. Vogn). 4) Indrettede for …a for Ballastering. 6) Automatiske Bremser. 7) Disse Vogne er forsynede med Rørledning for …ing for samme. 9) Heraf 16 Stk. forsynede med Rørledning for automatiske Bremser. 10) Heraf …ynede med Rørledning).

35	36	37	38	39	40	41	42	43	44	45	46
Litra.	Vognsort.	Antal Vogne pr. 30te Juni 1894.	Hjul. Antal under hver Vogn.	Hjul. Diameter. m.	Hjulstand. Fast Hjulstand. m.	Hjulstand. Total Hjulstand. m.	Antal Pladse. I hver Vogn. I. Klasse.	II.	III.	Tilsammen. I. Klasse.	II.
	Godsvogne:										
G.	Dækkede Godsvogne	6	4	0.761	3.048	3.048	-	-	-	-	-
»	Lukkede do.	4	»	»	»	»	-	-	-	-	-
»	do. do.[1])	6	»	»	»	»	-	-	-	-	-
Gk.	Varme- og Kjølevogne	3	»	»	3.200	3.200	-	-	-	-	-
K.	Trælastvogne med Svingbolster	10	»	»	3.048	3.048	-	-	-	-	-
»	do. » do.	4	»	»	2.286	2.286	-	-	-	-	-
L.	Høikassede Godsvogne	6	»	»	3.048	3.048	-	-	-	-	-
»	Lavkassede do.	10	»	»	»	»	-	-	-	-	-
N.	Stakevogne	10	»	»	»	»	-	-	-	-	-
P.	Malmvogne	30	»	»	2.800	2.800	-	-	-	-	-
	Sum Godsvogne	89	-	-	-	-	-	-	-	-	-
	Merakerbanen. Personvogne:										
B.	2den Klasse	6	4	0.950	3.500	3.500	-	24	-	-	144
BC.	2den og 3die Klasse, Bogievogne[2])	2	8	»	1.980	8.570	-	24	36	-	48
C.	3die Klasse	11	4	»	3.650	3.650	-	-	40	-	-
»	do. Bogievogne[2])	2	8	»	1.980	8.570	-	-	70	-	-
	Sum	21	-	-	-	-	-	-	-	-	192
CDF.	Person-, Post- & Stoppe-Bogievogne	2	8	0.950	1.980	11.200	-	-	20	-	-
CD.	Person- og Postvogne	1	4	»	3.650	3.650	-	-	20	-	-
F.	Godsstoppevogne	7	»	»	3.360	3.360	-	-	-	-	-
»	do.	2	»	»	»	»	-	-	-	-	-
	Godsvogne:										
G.	Lukkede Godsvogne[3])	20	4	0.950	3.040	3.040	-	-	-	-	-
»	do. do.[3])	17	»	»	»	»	-	-	-	-	-
K.	Trælastvogne med Svingbolster[4]).	21	»	»	2.890	2.890	-	-	-	-	-
L.	Lavkassede Godsvogne	19	»	»	»	»	-	-	-	-	-
»	Høikassede do.	20	»	»	3.650	3.650	-	-	-	-	-
N.	Stakevogne	100	»	»	3.750	3.750	-	-	-	-	-
S.	Melkevogne	3	»	»	3.040	3.040	-	-	-	-	-
	Sum Godsvogne	200	-	-	-	-	-	-	-	-	-
	Hovedsum	233	-	-	-	-	-	-	-	-	192
	Jæderbanen. Personvogne:										
B.	Salonvogne	1	4	0.761	3.353	3.353	-	22	-	-	22
»	2den Klasse	2	»	»	3.048	3.048	-	24	-	-	48
BC.	2den og 3die Klasse	4	»	»	3.657	3.657	-	16	16	-	64
»	do. do.	1	»	»	3.353	3.353	-	16	16	-	16
C.	3die Klasse	15	»	»	»	»	-	-	32	-	-
»	do.	3	»	»	»	»	-	-	32	-	-
	Sum	26	-	-	-	-	-	-	-	-	150

[1]) Indrettede for Hestetransport og 4 Stk. tillige for Troppetransport (24 Mand eller 6 Heste
(32 Mand eller 6 Heste pr. Vogn). [4]) 15 Stk. er forsynede med Sidelemmer for Brug ved Ballast
[2]) Heraf 1 Stk. forsynet med automatisk Bremse. [3]) Heraf 4 Stk. forsynede med automatiske Brem
med Rørledning for automatiske Bremser.

...rivelse af Vogne.

	49	50	51	52	53	54	55	56	57	58	59
	...teevne.	Egenvægt.				Maal (indvendig).					
	Sum.	I Gjennemsnit pr. Axel.	Sum.	For hver Personplads.	Heraf forsynede med Bremse.	Rammens Længde.	Rammens Bredde.	Rammens Høide.	Længde over Bufferne.	Kostende i Gjennemsnit pr. Vogn ved Anskaffelsen. (afr.) a)	Litra.
	t.	t.			Antal.	m.			m.	Kroner.	
.50	30.0	1.80	21.6	-	6	5.33	1.89	1.80	6.40	1 260	G.
.30	26.4	1.85	14.8	-	4	»	1.98	1.83	»	2 230	»
.30	39.6	2.20	26.4	-	5) 6	»	»	1.96	»	»	»
.30	13.8	3.20	19.2	-	6) 3	5.39	1.89	1.88	6.44	3 812	Gk.
.50	50.0	1.60	32.0	-	10	5.33	1.87	0.10	6.40	1 110	K.
»	20.0	1.50	12.0	-	4	4.11	»	»	5.18	»	»
»	30.0	1.75	21.0	-	6	5.33	1.89	1.07	6.40	1 070	L.
»	50.0	1.70	34.0	-	10	»	»	0.51	»	1 040	»
»	50.0	1.60	32.0	-	10	5.64	1.98	0.35	6.71	1 110	N.
.80	228.0	1.70	102.0	-	-	4.50	2.10	0.25	5.70	1 433	P.
.02	537.8	1.77	315.0	-	59	-	-	-	-	-	
»	-	3.95	47.4	0.33	6) 2	6.10	2.45	2.07	7.37	7 130	B.
»	-	3.88	31.0	0.26	7) 2	12.10	2.67	2.06	15.22	13 380	BC.
»	-	3.95	86.9	0.20	8) 11	6.43	2.44	2.08	7.67	5 210	C.
»	-	3.88	31.0	0.22	7) 2	12.10	2.67	2.66	15.22	10 850	»
-	-	3.93	196.3	0.23	17	-	-	-	-	-	
-	-	4.05	32.4	-	7) 2	12.75	2.42	1.86	14.88	12 688	CDF.
-	-	3.95	7.9	-	-	6.40	2.42	1.86	7.70	5 290	CD.
.30	46.2	3.40	47.6	-	7	6.22	2.25	2.22	7.54	4 010	F.
.20	12.8	3.80	15.2	-	6) 2	6.24	2.47	2.17	8.25	4 953	»
.00	200.0	3.30	132.0	-	9) 20	5.44	2.23	2.23	6.79	4 000	G.
.50	119.0	»	112.2	-	17	»	»	»	»	4 000	»
.50	231.0	2.40	100.8	-	21	4.60	2.36	0.15	5.88	2 140	K.
»	209.0	2.75	104.5	-	19	4.62	2.36	0.90	»	2 585	L.
»	220.0	2.95	118.0	-	20	5.53	2.35	1.25	6.80	2 200	»
»	1 100.0	2.70	540.0	-	10) 100	6.88	2.31	0.31	8.07	2 355	N.
.40	20.4	3.30	19.8	-	3	5.45	2.26	2.12	6.83	3 140	S.
.25	2 099.4	2.81	1 127.3	-	200	-	-	-	-	-	
-	2 158.4	-	1 426.7	-	228	-	-	-	-	-	
-	-	2.60	5.20	0.24	-	5.943	1.981	1.778	6.857	6 450	B.
-	-	»	10.40	0.22	-	5.791	»	»	6.705	5 350	»
-	-	»	20.80	0.16	-	6.401	»	»	7.315	5 790	BC.
-	-	2.35	4.70	0.15	-	5.943	»	»	9.857	»	»
-	-	»	70.50	»	-	»	»	»	»	3 470	C.
-	-	»	14.10	»	-	»	»	»	»	3 410	»
-	-	2.42	125.70	0.16	-	-	-	-	-	-	

...). *) Indgang fra Enderne og Gjennemgang. 5) Indrettede for Heste- og Troppetransport.
...raf 2 Stk. forsynede med Rørledning for automatiske Bremser. 6) Automatiske Bremser.
...raf 4 Stk. forsynede med Rørledning for automatiske Bremser. 10) Heraf 1 Stk. forsynet

35	36	37	38	39	40	41	42	43	44	45	46
Litra.	Vognsort.	Antal Vogne pr. 30te Juni 1894.	Hjul. Antal under hver Vogn.	Hjul. Diameter. m.	Hjulstand. Fast Hjulstand. m.	Hjulstand. Total Hjulstand. m.	Antal Pladse. I hver Vogn. I. Klasse.	I hver Vogn. II. Klasse.	I hver Vogn. III. Klasse.	Tilsamm[en] I. Klasse.	Tilsamm[en] II. Klasse.
DF.	Post & Stoppevogne.......	3	4	0.761	3.353	3.353	-	-	-	-	-
F.	Godsstoppevogne..........	2	»	»	3.048	3.048	-	-	-	-	-
	Godsvogne:										
G.	Lukkede Godsvogne[1]..........	8	4	0.761	3.048	3.048	-	-	-	-	-
K.	Trælastvogne..................	4	»	»	»	»	-	-	-	-	-
L.	Høikassede Godsvogne.........	[4]) 10	»	»	»	»	-	-	-	-	-
»	Lavkassede do.	10	»	»	»	»	-	-	-	-	-
M.	Grusvogne....................	8	»	»	»	»	-	-	-	-	-
	Sum Godsvogne	40	-	-	-	-	-	-	-	-	-
	Hovedsum	71	-	-	-	-	-	-	-	-	150
	Bergen-Vossbanen.										
	Personvogne:										
B.	2den Klasse, Bogievogne[2]......	2	8	0.761	1.676	10.210	-	34	-	-	68
BC.	2den og 3die Klasse, Bogievogne[2])	6	»	»	»	»	-	16	28	-	96
»	do. do. do.[3])	2	»	»	1.650	10.700	-	18	33	-	36
C.	3die Klasse, Bogievogne[2].......	5	»	»	1.676	10.210	-	-	60	-	-
»	do. do.[3])	2	»	»	1.650	11.700	-	-	66	-	-
»	3die Klasse, 2-axlede Bogievogne[2]) {	2	4	»	3.962	3.962	-	-	32	-	-
		2	»	»	»	»	-	-	32	-	-
	Sum	21	-	-	-	-	-	-	-	-	200
CD.	Person- & Post-Bogiev. 2-axl.[2])	2	4	0.761	3.962	3.962	-	-	13	-	-
BCF.	Person & Stoppe-Bogiev.[2])	2	8	»	1.600	10.210	-	4	29	-	8
F.	Godsstoppevogne..........	3	4	»	3.353	3.353	-	-	-	-	-
	Godsvogne:										
G.	Lukkede Godsvogne[5])..........	10	4	0.761	3.048	3.048	-	-	-	-	-
»	Dækkede do. [6])..........	15	»	»	»	»	-	-	-	-	-
K.	Trælastvogne..................	3	»	»	»	»	-	-	-	-	-
L.	Høikassede Godsvogne..........	2	»	»	»	»	-	-	-	-	-
M.	Grusvogne.....................	8	»	»	»	»	-	-	-	-	-
N.	Stakevogne....................	10	»	»	»	»	-	-	-	-	-
	Sum Godsvogne	48	-	-	-	-	-	-	-	-	-
	Hovedsum	76	-	-	-	-	-	-	-	-	208

[1]) Anvendelige for Transport af Smaaheste. [2]) Indgang fra Enderne og Gjennemgang. [3]) I
vogne. [4]) Heraf 9 Stk. indrettede for Hestetransport og 5 Stk. tillige for Troppetransport (32 M
Rørledning for automatiske Bremser, samt 5 Stk. forsynede med automatiske Bremser. [8]) Her
(hvoraf 2 Stk. anvendte som Melkevogne) forsynede med Rørledning for automatiske Brem
[9]) Automatiske Bremser. [10]) Heraf 3 Stk. forsynede med automatiske Bremser. [11]) Heraf 1 S
Bremser. [13]) Heraf 3 Stk. forsynede med Rørledning for automatiske Bremser.

48	49	50	51	52	53	54	55	56	57	58	59
	steevne.	Egenvægt.				Maal (indvendig).					
	Sum.	I Gjennemsnit pr. Axel.	Sum.	For hver Personplads.	Heraf forsynede med Bremse.	Rammens Længde.	Rammens Bredde.	Rammens Høide.	Længde over Bufferne.	Kostende i Gjennemsnit pr. Vogn ved Anskaffelsen. (afr.) a)	Litra.
	t.	t.			Antal.	m.			m.	Kroner.	
-	-	2.50	15.00	-	3	5.943	1.981	1.651	6.857	3 923	DF.
.00	8.00	2.49	9.96	-	2	5.308	1.956	»	6.222	2 660	F.
49	39.85	1.90	30.40	-	8	5.308	1.956	1.651	6.222	2 160	G.
»	19.92	1.70	13.60	-	4	5.384	2.032	0.305	6.298	1 850	K.
»	49.81	1.85	37.00	-	10	5.308	1.956	1.130	6.222	1 940	L.
»	49.81	1.70	34.00	-	10	5.384	2.032	0.508	6.298	1 820	»
»	39.85	»	27.20	-	8	»	»	0.205	»	1 750	M.
49	199.24	1.78	142.20	-	40	-	-	-	-	-	
-	207.24	-	292.86	-	45	-	-	-	-	-	
-	-	3.25	26.00	0.38	7) 2	12.090	2.210	1.870	14.850	13 150	B.
-	-	3.175	76.20	0.29	8) 6	»	»	»	»	10 950	BC.
-	-	3.75	30.00	»	9) 2	13.650	»	»	16.140	12 737	»
-	-	3.125	62.50	0.21	10) 5	12.090	»	»	14.850	8 700	C.
-	-	3.800	30.40	0.23	9) 2	14.650	»	»	17.140	12 595	»
-	-	3.35	13.40	0.21	-	5.994	»	»	8.756	4 310	
-	-	3.10	12.40	0.19	-	»	»	»	»	»	»
-	-	3.36	250.90	0.31	17	-	-	-	-	-	
-	-	3.10	12.40	0.48	11) -	5.994	2.210	1.870	8.756	4 610	CD.
-	-	»	24.80	0.38	9) 2	12.090	»	»	14.850	9 320	BCF.
.70	16.20	2.25	13.50	-	3	4.980	2.260	1.960	7.320	3 760	F.
.00	60.00	2.10	42.00	-	6) 10	5.30	1.95	2.16	6.220	2 580	G.
»	90.00	1.85	55.50	-	6) 15	»	»	»	»	2 347	»
.50	21.00	1.70	10.20	-	3	»	2.02	0.23	»	2 310	K.
»	14.00	1.85	7.40	-	12) 2	»	1.95	1.13	»	1 880	L.
»	56.00	1.65	26.40	-	8	»	2.02	0.31	»	»	M.
»	70.00	»	33.00	-	13) 10	»	»	»	»	2 030	N.
24	311.00	1.82	174.50	-	48	-	-	-	-	-	
-	327.20	-	476.10	-	70	-	»	-	-	-	

; fra Siderne og Enderne samt Gjennemgang. [4]) Heraf 7 Stk. forandrede til dækkede Gods-
6 Heste pr. Vogn) samt 1 Vogn indredet for Sygetransport (4 Senge); 5 Stk. forsynede med
indrettede for Hestetransport à 6 Heste; 3 Stk. forsynede med automatiske Bremser, 5 Stk.
eraf 1 Stk. forsynet med automatisk Bremse. [8]) Heraf 5 Stk. forsynede med automatiske Bremser.
net med Rørledning for automatisk Bremse. [12]) Forsynede med Rørledning for automatiske

35	36	37	38	39	40	41	42	43	44	45	46
Litra.	Vognsort.	Antal Vogne pr. 30te Juni 1894.	Hjul.		Hjulstand.		Antal Pladse.				
			Antal under hver Vogn.	Diameter. m.	Fast Hjulstand. m.	Total Hjulstand. m.	I hver Vogn. I. Klasse.	II.	III.	Tilsamm… I. Klasse.	II.
	Hovedbanen.										
	Personvogne:										
A.	1ste Klasse	4	4	0.950	3.350	3.350	18	-	-	72	-
AB.	1ste og 2den Klasse	6	»	»	3.210	3.210	8	20	-	48	120
B.	2den Klasse [1])	4	»	»	»	»	-	14	-	-	56
»	do.	4					-	24	-	-	96
C.	3die do. [1])	8	»	»	3.350	3.350	-	-	30	-	-
»	3die do.	11	»	»	»	»	-	-	40	-	-
»	3die do.	4	»	»	3.520	3.520	-	-	40	-	-
»	3die do. Bogievogne [2])	3	8	»	1.900	11.310	-	-	82	-	-
	Sum	44	»	-	-	-	-	-	-	120	272
BF.	Personstoppevogne	6	4	0.950	3.350	3.350	-	10	-	-	60
CF.	do.	2	»	»	3.500	3.500	-	-	4	-	-
»	do.	10	»	»	3.510	3.510	-	-	10	-	-
CD.	Person- og Postvogne	1	»	»	3.560	3.560	-	-	14	-	-
F.	Godsstoppevogne	2	»	»	2.590	2.590	-	-	-	-	-
»	do.	2	»	»	3.510	3.510	-	-	-	-	-
	Godsvogne:										
G.	Lukkede Godsvogne [3])	20	4	0.950	3.350	3.350	-	-	-	-	-
»	do. do. [3])	50	»	»	3.050	3.050	-	-	-	-	-
»	do. do. [3])	50	»	»	3.660	3.660	-	-	-	-	-
»	do. do. [4])	2	»	»	4.120	4.120	-	-	-	-	-
K.	Trælastvogne med Svingbolster	89	»	»	2.440	2.440	-	-	-	-	-
»	do. » do.	48	»	»	»	»	-	-	-	-	-
»	do. » do.	5	»	»	2.740	2.740	-	-	-	-	-
LL.	Høikassede Godsvogne	47	»	»	3.050	3.050	-	-	-	-	-
L.	do. do.	37	»	»	2.360	2.360	-	-	-	-	-
»	do. do.	10	»	»	2.440	2.440	-	-	-	-	-
»	do. do.	17	»	»	2.590	2.590	-	-	-	-	-
»	do. do.	12	»	»	3.660	3.660	-	-	-	-	-
»	do. do.	3	»	»	2.850	2.850	-	-	-	-	-
»	do. do.	10	»	»	2.800	2.800	-	-	-	-	-
»	do. do.	31	»	»	3.030	3.030	-	-	-	-	-
M.	Grusvogne	15	»	»	3.370	3.370	-	-	-	-	-
N.	Stakevogne	121	»	»	3.760	3.760	-	-	-	-	-
»	do.	110	»	»	»	»	-	-	-	-	-
S.	Melkevogne	4	»	»	3.210	3.210	-	-	-	-	-
»	do.	1	»	»	3.350	3.350	-	-	-	-	-
	Sum Godsvogne	682	-	-	-	-	-	-	-	-	-
	Hovedsum	749	-	-	-	-	-	-	-	120	332

[1]) Indrettede med Gjennemgang; Indgang fra Siderne. [2]) Indgang fra Enderne og Gjennemg…
rummer 32 Mand eller 8 Heste. [5]) Automatiske Bremser. [6]) Heraf 2 Stk. forsynede …

[Beskr]ivelse af Vogne.

49	50	51	52	53	54	55	56	57	58	59
[Bæ]reevne.	Egenvægt.				Maal (indvendig)					
Sum.	I Gjennemsnit pr. Axel.	Sum.	For hver Personplads.	Heraf forsynede med Bremse.	Rammens Længde.	Rammens Bredde.	Rammens Høide.	Længde over Bufferne.	Kostende i Gjennemsnit pr. Vogn ved Anskaffelsen. (afr.) a)	Litra.
t.	t.			Antal.	m.			m.	Kroner.	
-	3.68	29.4	0.41	5) 4	5.83	2.45	2.01	7.00	7 714	A.
-	3.45	41.4	0.25	-	5.95	2.47	2.02	6.77	6 912	AB.
-	3.43	54.8	0.36	5) 6	5.50	»	2.01	6.91	5 292	B.
										»
-	3.10	49.6	0.21	6) 6	»	2.45	»	6.78	3 960	C.
-	2.80	61.6	0.14	1	5.74	2.11	1.87	6.93	»	»
-	3.10	24.8	0.16	-	5.91	2.45	2.01	6.48	2 000	»
-	4.91	58.9	0.24	5) 3	14.71	2.66	2.12	17.01	12 890	»
-	3.41	320.5	0.22	20	-	-	-	-	-	
-	3.30	39.6	-	6	5.70	2.47	2.00	6.91	5 046	BF.
14.0	4.50	18.0	-	2	6.86	2.58	2.28	7.80	4 784	CF.
70.0	4.00	80.0	-	10	6.83	2.26	2.23	8.08	4 200	»
7.0	4.31	8.6	-	-	6.60	2.72	1.82	7.87	5 963	CD.
12.0	2.98	11 9	-	2	4.48	2.13	1.83	5.26	3 357	F.
14.0	3.85	15.4	-	2	6.81	2.23	2.23	6.08	3 900	»
200.0	3.30	132.0	-	20	5.77	2.26	2.23	6.68	3 600	G.
500.0	»	330.0	-	50	5.65	2.23	»	6.58	2 944	»
500.0	3.00	300.0	-	50	5.45	2.45	2.24	6.81	2 782	»
18.0	3.45	13.8	-	2	7.67	2.44	1.80	8.57	3 600	»
623.0	2.28	405.8	-	89	3.72à3.48	2.04	0.15	5.96à5.50	1 618	K.
336.0	2.03	194.9	-	48	3.53à3.52	»	«	5.13	»	»
35.0	2.55	25.5	-	5	5.13	»	0.10	5.87	»	»
517.0	2.25	211.5	-	47	»	2.36	1.89	5.00	1 686	LL.
259.0	2.10	155.4	-	37	4.60	2.10	1.05	5.20	1 846	L.
70.0	2.03	40.6	-	10	4.37	2.35	0.73	5.11	»	»
119.0	2.18	74.1	-	17	4.18	2.10	1.12	4.94	»	»
132.0	2.80	67.2	-	12	5.53	2.34	1.25	6.51	2 000	»
21.0	2.47	14.8	-	3	5.70	2.15	1.12	6.53	1 846	»
70.0	2.57	51.4	-	10	5.80à5.68	2.20	1.51à1.48	6.55à6.54	»	»
217.0	2.40	148.8	-	31	5.15	2.40	1.25	5.60	1 370	»
165.0	2.50	75.0	-	15	6.00	2.34	0.36	6.60	1 750	M.
1 331.0	2.80	677.6	-	121	6.86	2.30	0.31	7.87	2 280	N.
1 210.0	»	616.0	-	110	»	»	»	»	1 993	»
27.2	3.80	30.4	-	4	5.61	2.25	0.83	6.90	2 640	S.
6.8	»	7.6	-	1	»	»	»	6.93	»	»
6.357.0	2.62	3 572.4	-	682	-	-	-	-	-	
6.474.0	-	4 066.4	-	724	-	-	-	-	-	

[ind]rettede for Heste- og Troppetransport (32 Mand eller 6 Heste pr. Vogn). [4]) Hver Vogn
[autom]atiske Bremser.

Tabel V. 3. Lokomotivernes gjennemløl
Parcours et dépense

I	60	61	62	63	64	65	66
	Lokomotivernes		**Af egne Lokomot** Parcours des locomo				
			For Trafikens Bestridelse. Pour soutenir le trafic.				For Ban Vedligeh og Ryddi Pour entre et déblaye voie.
			I Tog. Remorquant des trains.				
Banernes Navn. Désignation des chemins de fer.	No. No.	Antal. Nombre.	Som Hoved-maskine. (Trafiktog-kilom.). Machines de tête.	Som assiste-rende. Machines auxiliaires.	Lokomo-tiv alene. à vide.	Skiftning paa Statio-nerne. Manoeuvre de gare.	Med Sne-ploug. Avec des chasse-neige.
	des locomotives.		Kilometer.				
Smaalensbanen.	a) 13	1	-	-	-	-	-
	40	1	-	-	-	11 900	-
	41—48 & 53—61	17	498 300	13 024	1 953	49 958	-
	49—52	4	77 075	947	327	3 996	-
	66	1	11 368	626	-	599	-
	67	1	69 364	-	-	3 468	
	68—71	4	207 273	2 707	8	6 310	-
	79	1	31 120	144	-	1 563	
	Sum	30	894 500	17 448	2 288	77 794	
Kongsvingerbanen og Kongsvinger-Flisenbanen.	14 & 18	2	9 569	366	21	334	-
	15—17	3	50 793	483	62	5 338	-
	19	1	45 385	201	42	1 471	-
	20	1	22 251	43	46	1 112	-
	21	1	20 558	216	21	791	-
	26—28	3	77 974	508	47	3 061	-
	65	1	17 510	514	37	897	-
	72	1	57 152	592	77	1 775	-
	74	1	19 317	48	-	581	-
	75	1	47 538	233	28	2 356	-
	81	1	208	192	-	20	
	Sum	16	368 255	3 396	381	17 736	-
1ste Trafikdistr.	Tilsammen	46	1 262 755	20 844	2 6[illegible]	95 530	-
2det Trafikdistr.	1	1	2 753	151	-	19 202	-
	2—4. 7, 8, 10, 11, 14—20 23 & 24	16	437 507	63 676	24 038	134 142	585
	12 & 13	2	72 401	1 365	54	2 219	
	21 & 22	2	47 941	83	50	2 052	-
	25	1	2 438	-	-	73	-
	26—29	4	158 396	1 904	460	6 148	120
	30—32	3	166 081	452	282	5 940	-
	49 & 50	2	18 466	21 053	4 369	11 482	-
	51—54	4	153 449	1 782	641	12 550	-
	55—62	8	296 793	45 002	10 787	48 260	-
	Tilsammen	43	1 356 225	135 468	40 681	242 068	70[illegible]

[1]) Heri 10 620 km., løbet i Terminen for Grusningen paa Hamar—Selbanen.

…ancer og Vedligeholdelsesudgifter.
…tien des locomotives.

…8	69	70	71	72	73	74	75	76	77
…nemløbne Distancer. …compagnie.				Lokomotivernes Vedligehold. Entretien des locomotives.					
	Heraf gjennemløbet. Parcours.			Udgifter i Terminen. Dépenses pendant le terme.			Lokomotiverne har til og med 30te Juni 1894. Les locomotives ont jusqu'au 30 juin 1894 incl.		
								kostet i Vedligehold. coûté à entretenir.	
Til-…men. Col. …–67). …emble.	Paa egen Bane. Sur son propre réseau.	Paa fremmede Baner. Sur les lignes étrangères.	Gjennemsnitlig pr. Lokomotiv. Moyenne par locomotive.	Ialt. Total.	Heraf Andel i Maskinafdelingens Fællesudgifter. Dont quote-part des dépenses communes de la traction et du matériel.	Samlede Udgifter pr. Lokomotivkilometer. Dépenses totales par locomotive-kilomètre.	gjennemløbet. parcouru.	Ialt. Total.	Pr. Lokomotivkilometer. Par locomotive-kilomètre.
	Kilometer.			Kroner.		Øre.	km.	Kr.	Øre.
8 963	265	8 698	8 963				238 649		
11 900	11 900	-	11 900				263 486		
74 518	514 377	60 141	33 795				8 741 758		
84 177	84 075	102	21 044	d) 49 748.27	15 144.56	4.96	1 792 200	k) 540 661.36	4.64
12 593	12 593	-	12 593				73 369		
72 832	72 832	-	72 832				195 052		
216 298	216 298	-	54 075				503 464		
32 827	32 827	-	32 827				32 827		
014 108	945 167	c) 68 941	33 804	d) 49 748.27	15 144.56	4.96	11 840 805	k) 540 661.36	4.64
20 709	11 228	9 481	10 355				f) 2 217 874		
86 592	59 443	27 149	28 864				2 719 510		
47 125	47 125	-	47 125				1 127 909		
24 414	24 414	-	24 414				853 986		
26 996	21 495	5 501	26 996				941 831		
87 575	81 800	5 775	29 191	29 956.46	5 345.77	6.70	1 650 079	883 297.31	9.08
23 731	10 685	13 046	23 731				81 397		
59 615	59 339	276	59 615				68 416		
19 946	-	19 946	19 946				19 946		
50 170	50 149	21	50 170				50 170		
420	-	420	420				420		
47 293	365 678	81 615	27 956	29 956.46	5 345.77	6.70	f) 9 731 538	883 297.31	9.08
61 401	1 388 153	c) 73 248	31 770	d) 79 704.73	20 490.33	5.50	21 572 343	k) 1 423 958.67	6.66
22 106	22 106	-	22 106	188.31		0.85	553 164	42 341.96	7.65
70 042	670 042	-	41 878	50 495.76		7.54	13 066 513	743 489.91	5.69
76 147	76 147	-	38 074	242.76		0.32	g) 1 264 780	50 598.96	4.00
50 126	50 126	-	25 063	3 845.38		7.67	918 216	99 146.62	10.80
2 511	2 511	-	2 511	285.99	25332.27	11.39	136 206	36 508.35	26.80
67 028	167 028	-	41 757	9 105.47		5.45	861 928	44 058.99	5.11
72 805	172 805	-	57 602	5 350.40		3.10	402 478	6 541.55	1.63
60 393	60 393	-	30 197	4 424.21		7.33	706 474	37 295.46	5.28
68 729	168 729	-	42 182	12 634.12		7.49	2 655 543	110 899.67	4.18
04 698	404 698	-	50 587	15 457.04		3.82	5 162 283	136 400.06	2.64
94 585	1 794 585	-	41 735	102 029.44	25 332.27	5.69	25 727 585	1 307 281.53	5.08

…) Heri 47 750 km., løbet i Terminen for Grusningen paa Kongsv.-Flisenb. & Hamar-Selbanen.

Tabel V. 3 (Forts.). Lokomotivernes gjennem[...]

1	60	61	62	63	64	65	66
	Lokomotivernes		Af egne Lok[...]				
			For Trafikens Bestridelse.				For Banens V[...]ligehold o[...] Ryddiggjørel[...]
			I Tog.				
Banernes Navn.	No.	Antal.	Som Hovedmaskine. (Trafiktogkilometer).	Som assisterende.	Lokomotiv alene.	Skiftning paa Stationerne.	Med Sneploug.
			Kilometer.				
Eidsvold-Hamarb.	29—31	3	75 588	987	720	10 892	-
	63	1	43 388	341	55	1 941	-
	64	1	31 716	66	66	1 780	-
	[1]) 76	[1]) 1	27 457	150	195	2 255	-
	Sum	6	178 149	1 544	1 036	16 868	-
Rørosbanen.	1 & 18—20	b) 4	6 097	5 565	168	7 232	-
	2—4	b) 3	9 388	9 749	197	6 431	73
	5—9	5	168 772	15 859	4 096	7 771	175
	10—17	8	345 399	32 248	16 599	20 253	-
	21	1	348	3 976	212	166	-
	22—24	3	128 095	1 592	343	7 071	-
	25 & 26	2	57 039	2 359	1 072	10 023	457
	27—29	3	95 086	2 113	373	8 484	-
	30 & 31	2	51 024	786	89	1 702	19
	Sum	b) 31	861 248	74 247	23 149	69 133	724
Merakerbanen.	51—54	4	95 917	10 295	10 293	7 664	1 482
	55—57	3	134 372	274	115	14 420	84
	58 & 59	2	23 429	523	123	24 368	405
	Sum	9	253 718	11 092	10 531	46 452	1 971
3die & 4de Trafikd.	Tilsammen	b) 46	1 293 115	86 883	34 716	132 453	2 695
5te Trafikdistr.	1 & 2	2	93 245	15	130	2 797	-
	5 & 6	2	51 752	15	15	1 553	-
	a) 9	1	29 331	45	64	880	-
	Tilsammen	5	174 328	75	209	5 230	-
6te Trafikdistr.	1 & 2	2	51 668	2 514	452	1 639	-
	3—6	4	193 250	2 073	140	4 428	-
	Tilsammen	6	244 918	4 587	592	6 067	-
Statsbanerne.	Tilsammen	b) 146	4 331 341	247 857	78 867	481 348	3 403
Hovedbanen.	1—5 & 12	6	80 406	33 017	18 718	7 181	-
	6 & 7	2	50 263	2 128	957	2 101	-
	8—10	3	88 619	824	487	4 092	-
	22 & 23	2	28 324	8 580	3 580	1 645	143
	11, 24, 25, 34 & 62	5	-	-	-	93 300	-
	32—33	2	46 245	652	565	2 527	-
	35—39	5	50 915	51 799	24 727	34 698	143
	Tilsammen	[2]) 25	344 772	97 000	49 034	143 544	286
Samtlige Baner.	Hovedsum	[2]) 171	4 676 113	344 857	127 901	626 892	3 689

[1]) Lok. No. 76 er anskaffet for Hamar—Selbanen. [2]) Antal Lokomotiver ved Terminens Ud[...]

…ancer og Vedligeholdelsesudgifter.

68	69	70	71	72	73	74	75	76	77
…emløbne Distancer.				Lokomotivernes Vedligehold.					
	Heraf gjennemløbet.			Udgifter i Terminen.			Lokomotiverne har til og med 30te Juni 1894		
								kostet i Vedligehold.	
…l. …nen. …ol. …6 7).	Paa egen Bane.	Paa fremmede Baner.	Gjennemsnitlig pr. Lokomotiv.	Ialt.	Heraf Andel i Maskin-afdelingens Fællesudgifter.	Samlede Udgifter pr. Lokomotivkilometer.	gjennemløbet.	Ialt.	pr. Lokomotivkilometer.
	Kilometer.			Kroner.		Øre.	km.	Kroner.	Øre.
…907	89 907	-	29 969	2 503.52	975.43	2.78	1 340 081	64 298.47	4.80
…801	45 801	-	45 801	355.72		0.78	455 841	23 042.69	5.05
…628	33 628	-	33 628	615.75		1.83	83 321	2 174.46	2.61
…057	30 009	48	30 057	352.26		1.17	30 057	352.26	1.17
…393	199 345	48	33 232	3 827.25	975.43	1.92	1 909 300	89 867.88	4.71
…897	37 897	-	12 632	680.71	7 997.50	1.80	2 197 054	159 926.85	7.28
…008	26 008	-	13 004	1 429.75		5.50	1 464 865	94 146.01	6.43
…673	196 673	-	39 335	2 892.21		1.47	3 626 529	160 544.21	4.43
…165	415 165	-	51 896	9 727.07		2.34	6 018 607	231 987.44	3.74
…702	4 702	-	4 702	113.59		2.42	176 760		
…116	137 116	-	45 705	5 394.46		3.93	1 453 148	35 733.22	2.46
…072	71 072	-	35 536	4 155.19		5.85	417 211	21 018.40	5.04
…088	106 088	-	35 363	3 580.91		3.38	430 838	9 259.52	2.15
…620	53 620	-	26 810	304.58		0.57	53 620	304.58	0.57
…341	1 048 341	-	36 150	28 278.47	7 997.50	2.70	15 838 632	712 920.23	4.50
…241	128 241	-	32 060	11 977.43	4 530.31	9.34	1 551 575	92 291.05	5.95
…631	149 631	-	49 877	3 424.90		2.29	1 123 665	39 710.54	3.53
…878	48 878	-	24 439	1 400.88		2.87	344 595	10 821.96	3.14
…750	326 750	-	36 306	16 803.21	4 530.31	5.14	3 019 835	142 823.55	4.73
…484	1 574 436	48	35 784	48 908.93	13 503.24	-	20 767 767	945 611.66	-
…037	97 037	-	48 519	4 399.86	1 057.57	2.43	1 129 237	65 514.51	2.95
…571	53 571	-	26 786				h) 977 774		
…350	* 30 350	-	30 350				116 322		
…958	180 958	-	36 192	4 399.86	1 057.57	2.43	h) 2 223 333	65 514.51	2.95
…999	56 999	-	28 500	15 387.81	2 610.54	5.78	620 824	90 312.33	3.64
…293	209 293	-	52 323				1 862 931		
…292	266 292	-	44 382	15 387.81	2 610.54	5.78	2 483 755	90 312.33	3.64
…720	5 221 143	c) 56 577	36 650	d) 250 430.77	62 993.95	4.76	72 774 783	k) 3 832 678.70	5.28
…970	147 970	-	24 662	e) 43 037.66	12 731.94	8.55	6 940 362	l) 1 747 826.75	13.46
…449	55 449	-	27 725				55 449		
…022	94 022	-	31 341				1 756 228		
…272	42 257	15	21 136				1 373 430		
…300	93 300	-	18 660				871 014		
…989	49 716	273	24 995				673 835		
…282	162 282	-	32 456				1 009 607		
…254	644 996	288	25 811	43 037.66	12 731.94	8.55	i) 14 119 235	l) 1 747 826.75	13.46
…004	5 867 002	c) 56 002	35 047	293 468.43	75 725.89	-	86 894 018	m) 5 580 505.45	-

Anmærkning paa foregaaende Side ang. Kongsvinger—Flisenbanen & Hamar—Selbanen.

Tabel V. 4. Loko…

Traction …

1	78	79	80	81	82	83	84
		Forbru… Matières…					
		Kul. Charbon.				Smørelse (Olie, Talg m. m.). Graissage.	
		Forbrug. Consommation.		Kostende. Coût.		Forbrug. Consommation.	
Banernes Navn. Désignation des chemins de fer.	Brænde til Opfyring. Bois pour l'allumage des locomotives.	Ialt. Total.	Pr. Lokomotivkilometer (Col. 68) *). Par locomotive-kilomètre.	Ialt. Total	Pr. Lokomotivkilometer. (Col. 68) *). Par locomotive-kilomètre.	Ialt. Total.	Pr. Lokomotivkilometer. (Col. 68) *).
	Kr.	t.	kg.	Kr.	Øre.	kg.	kg.
Smaalensbanen.	2 921.29	9 669	9.14	125 617.40	11.88	35 243	0.
Heraf Kr.ania-Fr.hald.	2 818.29	8 685	9.09	111 261.70	11.64	31 817	
Kongsvingerbanen Kongsv.-Flisenb.	1 600.20	4 209	10.23	63 917.33	15.53	23 449	0.
1ste Trafikdistr.	4 521.49	13 878	9.45	189 534.73	12.90	58 692	0.
2det Trafikdistr.	5 880.29	14 667	8.17	189 766.20	10.57	70 142	0.
Eidsv.-Hamarb.	1 438.58	2 141	10.63	34 922.56	17.33	6 795	0.
Rørosbanen.	4 238.32	6 341	6.05	98 279.49	9.37	14 924	0.
Merakerbanen.	2 817.74	2 921	8.94	39 082.71	11.96	8 880	0.
3die & 4de Trafikd.	8 494.64	11 403	-	172 284.76	-	30 649	
5te Trafikdistr.	122.00	904	5.00	11 392.81	6.30	2 390	0.
6te Trafikdistr.	77.47	1 671	6.28	22 154.19	8.32	12 610	0.
Statsbanerne.	19 095.89	42 523	-	585 132.69	-	174 483	
Hovedbanen.	2 812.50	7 201	13.80	92 677.85	17.76	29 986	0.
Samtlige Baner.	21 908.39	49 724	-	677 810.54	-	204 469	

*) For 1ste Trafikd., Eidsv.—Hamarb. og Hovedb. omfatter de her opførte Forbrugssager. Lokomotiver, dog saaledes, at Rangértjenesten paa Kristiania Station ikke er medregnet. Fredrikshald 955 625 km.), Kongsvingerbanen & Kongsvinger—Flisenbanen 411 583, 1ste Tr…

rnes Drift.
otives.

[5]	86	87	88	89	90	91	92	93	94
nørelse. (Olie, Talg m. m.). Graissage.		Puds- og Pakningssager. Nettoyage et étoupage.						Samlede Udgifter. Dépenses totales.	
Kostende. Coût.		Forbrug. Consommation.		Kostende. Dépenses.					
alt. otal.	Pr. Lokomotivkilometer. (Col. 68)*). Par locomotive-kilomètre.	Ialt. Total.	Pr. Lokomotivkilometer. (Col. 68)*). Par locomotive-kilomètre.	Ialt. Total.	Pr. Lokomotivkilometer. (Col. 68)*). Par locomotive-kilomètre.	Belysning. Eclairage.	Diverse. Dépenses diverses.	Ialt. (Col. 78 + 81 + 85 + 89 + 91 + 92).	Pr. Lokomotivkilometer. (Col. 68)*). Par locomotive-kilomètre.
Kr.	Øre.	kg.	kg.	Kr.	Øre.	Kroner.			Øre.
147.76	0.77	7 980	0.008	5 214.91	0.49	2 775.39	2 366.36	147 043.11	13.90
7 398.84	0.77	7 219	0.008	4 736.89	0.50	2 662.45	2 030.00	130 908.17	13.70
5 485.58	1.33	2 515	0.006	1 682.34	0.41	535.67	618.83	73 839.95	17.94
3 633.34	0.93	10 495	0.007	6 897.25	0.47	3 311.06	2 985.19	220 883.06	15.03
1 426.60	1.19	16 003	0.009	10 487.50	0.58	1 743.41	4 940.96	234 244.96	13.05
3 196.96	1.59	2 223	0.011	1 378.45	0.68	272.46	169.88	41 378.89	20.54
7 459.37	0.71	6 378	0.006	3 982.13	0.38	1 564.30	382.35	115 905.96	11.06
4 720.07	1.44	2 493	0.008	1 556.17	0.48	731.07	235.50	49 143.26	15.04
5 376.40	-	11 094	-	6 916.75	-	2 567.83	787.73	206 428.11	-
1 030.64	0.57	610	0.003	330.28	0.18	140.22	12.09	13 028.04	7.20
4 038.04	1.52	1 692	0.006	940.20	0.35	135.52	185.02	27 530.44	10.34
5 505.02	-	39 894	-	25 571.98	-	7 898.04	8 910.99	702 114.61	-
798.26	1.88	5 106	0.010	3 377.85	0.65	5 948.44	1 708.75	116 323.65	22.29
303.28	-	45 000	-	28 949.83	-	13 846.48	10 619.74	818 438.-	-

er forbrugt paa vedkommende Bane til egne og til uden Forbrugssager leiede fremmede
orbruget svarende gjennemløbne km. bliver da for Smaalensbanen 1 057 650 (heraf Kristiania—
ikt 1 469 233, Eidsvold—Hamarbanen 201 464 og Hovedbanen 521 914.

Tabel V. 4 (Forts.). Lokomotivernes Drift.

1	95	96	97	98	99	100
Banernes Navn. Désignation des chemins de fer.	Udgifter til Kul- og Vand-forsyning. Dépenses pour le chargement de l'eau et du houille.	Udgifter til Lokomotiv-personale. Dépenses du personnel des locomotives. Ialt. En tout.	Pr. Lokomotivkilometer. (Col. 68) *). Par locomotive-kilomètre.	Andel i Maskin-afdelingens Fælles-udgifter. Quotepart des dépenses communes de la traction et du matériel.	Hovedsum Udgifter. Dépenses totales. Ialt. (Col. 93 + 95 + 96 + 98). En tout.	Pr. Lokomotivkilometer. (Col. 68) *).
	Kroner.	Kroner.	Øre.	Kroner.	Kroner.	Øre.
Smaalensbanen.	9 192.09	93 514.50	8.84	4 957.54	254 707.24	24[illegible]
Heraf Kr.ania-Fr.hald.	8 117.75	86 274.35	9.03	4 957.54	230 257.81	[illegible]
Kongsvingerbanen Kongsv.-Flisenb.	4 884.91	42 968.11	10.44	2 864.12	124 557.09	30[illegible]
1ste Trafikdistrikt.	14 077.00	136 482.61	9.29	7 821.66	379 264.33	25[illegible]
2det Trafikdistrikt.	13 133.11	172 548.63	9.61	4 906.61	424 833.31	23[illegible]
Eidsv.-Hamarbanen.	2 524.54	19 794.98	9.83	1 502.16	65 200.57	32[illegible]
Rørosbanen.	5 589.62	81 633.08	7.79	1 502.16	204 630.80	10[illegible]
Merakerbanen.	2 547.59	35 650.29	10.91	1 502.16	88 843.30	27[illegible]
3die & 4de Trafikd.	10 661.75	137 078.35	-	4 506.48	358 674.69	
5te Trafikdistrikt.	174.45	12 419.86	6.86	823.18	26 445.53	14[illegible]
6te Trafikdistrikt.	696.83	20 732.20	7.79	1 957.90	50 917.37	19[illegible]
Statsbanerne.	38 743.14	479 261.65	-	20 015.83	1 240 135.23	
Hovedbanen.	8 969.92	78 214.99	14.99	7 916.31	211 424.87	40[illegible]
Samtlige Baner.	47 713.06	557 476.64	-	27 932.14	1 451 560.10	

*) Kfr. omstaaende Anmærkning Pag. 70.

Tabel V. 5. Vognenes gjennemløbne Distancer og Vedligeholdelsesudgifter.
Parcours et frais de l'entretien des voitures et des wagons.

1	101	102	103	104	105	106	107	108
		Af egne Vogne gjennemløbne Distancer. Parcours des voitures et des wagons de la Compagnie.				**Udgifter til Vognenes Vedligehold.** Dépenses totales de l'entretien des voitures et des wagons.		
				Tilsammen. Total.				
Banernes Navn. Désignation des chemins de fer.	**Vognsort.** Espèce de voiture ou de wagon.	Paa egen Bane. Sur son propre réseau.	Paa fremmede Baner. Sur les lignes étrangères.	Ialt. En tout.	Gjennemsnitlig pr. Axel. Moyenne par essieu.	Ialt En tout	Pr. Vognaxelkilometer (Col. 104). Par kilomètre d'essieu.	Heraf Andel i Maskinafdelingens Fællesudgifter. Dont quote-part des dépenses communes de la traction et du matériel.
		Axelkilometer. Kilomètres d'essieu.				Kr.	Øré.	Kr.
..aalensbanen.	Personvogne	7 934 556	3 296 652	11 231 208	41 444			
(..ania Grændsen) n)	Postvogne	443 236	1 091 396	1 534 632	61 385	37 260.77	0.23	
	Stoppevogne	2 673 212	602 786	3 275 998	54 600			15 921.32
	Godsvogne	3 222 854	6 935 820	10 158 674	8 788	22 611.60	0.22	
	i Trafiktog	2 901 194	5 349 088	8 250 282				
	i Arbeidstog	321 660	1 586 732	1 908 392				
	Tils.	14 273 858	11 926 654	26 200 512		59 872.37	0.23	15 921.32
..ngsvingerbanen ..g Kongsvinger-..ilsenbanen.	Personvogne	1 643 644	1 014 800	2 658 444	27 691			
	Postvogne	124 326	127 392	251 718	25 172	9 555.87	0.24	
	Stoppevogne	930 802	218 210	1 149 012	30 237			7 548.15
	Godsvogne	2 426 094	5 170 596	7 596 690	6 957	26 248.76	0.35	
	i Trafiktog	2 323 624	4 751 380	7 075 004				
	i Arbeidstog	102 470	419 216	521 686				
	Tils.	5 124 866	6 530 998	11 655 864		35 804.63	0.31	7 548.15
..e Trafikdistr.	Personvogne	11 096 218	2 793 434	13 889 652	37 846			
	Postvogne	759 398	1 026 952	1 786 350	51 039	46 816.64	0.24	
	Stoppevogne	4 024 214	400 796	4 425 010	45 153			23 469.47
	Godsvogne	8 735 380	9 019 984	17 755 364	7 898	48 860.36	0.28	
	i Trafiktog	8 311 250	7 014 036	15 325 286				
	i Arbeidstog	424 130	2 005 948	2 430 078				
	Tils.	24 615 210	13 241 166	37 856 376		95 677.00	0.25	23 469.47
..t Trafikdistr.	Personvogne	12 387 022	-	12 387 022	33 752			
	Postvogne	1 007 694	-	1 007 694	67 180	55 747.05	0.30	
	Stoppevogne	5 064 492	-	5 064 492	48 697			21 958.90
	Godsvogne	13 513 066	-	13 513 066	6 846	37 701.65	0.28	
	i Arbeidstog	13 111 088	-	13 111 088				
	i Trafiktog	401 978	-	401 978				
	Tils.	31 972 274	-	31 972 274		93 448.70	0.29	21 958.90

Tabel V. 5. Vognenes gjennem…

1	101	102	103	104	105	106	107
		Af egne Vogne gjennemløbne Distancer.				Udgifter til V… Vegligeh…	
				Tilsammen.			
Banernes Navn.	Vognsort.	Paa egen Bane.	Paa fremmede Baner.	Ialt.	Gjennemsnitlig pr. Axel.	Ialt.	Pr. Vognaxelkilometer. (Col. 104).
		Axelkilometer.				Kr.	Øre.
Eidsvold-Hamarb.	Personvogne	737 572	692 456	1 430 028	39 723		
	Postvogne	-	-	-	-	4 583.95	0.22
	Stoppevogne	417 242	283 908	701 150	58 429		
	Godsvogne	411 350	1 432 744	1 844 094	8 866	6 660.35	0.36
	i Trafiktog	389 186	1 432 326	1 821 512			
	i Arbeidstog	22 164	418	22 582			
	Tils.	1 566 164	2 409 108	3 975 272		11 244.30	0.28
Rørosbanen.	Personvogne	6 254 818	-	6 254 818	37 231		
	Postvogne	1 279 406	-	1 279 406	79 963	41 670.31	0.44
	Stoppevogne	1 999 284	-	1 999 284	32 247		
	Godsvogne	11 073 702	-	11 073 702	11 583	26 383.96	0.24
	i Trafiktog	10 672 722	-	10 672 722			
	i Arbeidstog	400 980	-	400 980			
	Tils.	20 607 210	-	20 607 210		68 054.27	0.33
Merakerbanen.	Personvogne	1 617 308	-	1 617 308	27 885		
	Postvogne	77 380	-	77 380	38 690	7 137.74	0.44
	Stoppevogne	888 746	-	888 746	49 375		
	Godsvogne	1 764 684	2 126 394	3 891 078	9 728	7 885.17	0.20
	i Trafiktog	1 702 552	2 126 394	3 828 946			
	i Arbeidstog	62 132	-	62 132			
	Tils.	4 348 118	2 126 394	6 474 512		15 022.91	0.23
3die & 4de Trafikd.	Personvogne	8 609 698	692 456	9 302 154	35 504		
	Postvogne	1 356 786	-	1 356 786	75 377	53 392.00	0.37
	Stoppevogne	3 305 272	283 908	3 589 180	39 013		
	Godsvogne	13 249 736	3 559 138	16 808 874	10 747	40 929.48	0.24
	i Trafiktog	12 764 460	3 558 720	16 323 180			
	i Arbeidstog	485 276	418	485 694			
	Tils.	26 521 492	4 535 502	31 056 994		94 321.48	0.30
5te Trafikdistrikt.	Personvogne	824 280	-	824 280	15 852		
	Postvogne	27 664	-	27 664	9 221	4 819.[illegible]	0.26
	Stoppevogne	348 666	-	348 666	49 809		
	Godsvogne	664 742	-	664 742	8 309		
	i Trafiktog	655 178	-	655 178			
	i Arbeidstog	9 564	-	9 564			
	Tils.	1 865 352	-	1 865 352		4 819.96	0.26

...ancer og Vedligeholdelsesudgifter.

1	101	102	103	104	105	106	107	108
		Af egne Vogne gjennemløbne Distancer.				Udgifter til Vognenes Vedligehold.		
				Tilsammen.				
...anernes Navn.	Vognsort.	Paa egen Bane.	Paa fremmede Baner.	Ialt.	Gjennemsnitlig pr. Axel.	Ialt.	Pr. Vognaxelkilometer. (Col. 104).	Heraf Andel i Maskinafdelingens Fællesudgifter.
		Axelkilometer.				Kr.	Øre.	Kr.
... Trafikdistrikt.	Personvogne	1 871 523	-	1 871 523	22 823			
	Postvogne	45 243	-	45 243	21 622			
	Stoppevogne	750 724	-	750 724	75 072	11 220.66	0.30	1 305.27
	Godsvogne	1 063 630	-	1 063 630	11 079			
	i Trafiktog	1 002 796	-	1 002 796				
	i Arbeidstog	60 834	-	60 834				
	Tils.	3 731 120	-	2 731 120		11 220.66	0.30	1 305.27
...atsbanerne.	Personvogne	34 824 561	3 450 070	38 274 631	33 871			
	Postvogne	3 311 161	912 576	4 223 737	57 859			
	Stoppevogne	13 550 808	627 264	14 178 072	45 589	299 487.80	0.28	72 120.98
	Godsvogne	40 912 150	8 893 526	49 805 676	8 354			
	i Trafiktog	39 530 368	6 887 160	46 417 528				
	i Arbeidstog	1 381 782	2 006 366	3 388 148				
	Tils.	92 598 680	13 883 436	106482116		299 487.80	0.28	72 120.98
...vedbanen.	Personvogne	2 210 552	949 654	3 160 206	33 619			
	Postvogne	64 360	26 970	91 330	45 665	66 180.13	1.40	
	Stoppevogne	931 318	543 550	1 474 868	33 520			18 570.42
	Godsvogne	3 548 172	5 008 962	8 557 134	6 274	33 743.46	0.39	
	i Trafiktog	3 402 894	5 005 838	8 408 732				
	i Arbeidstog	145 278	3 124	148 402				
	Tils.	6 754 402	6 529 136	13 283 538		99 923.59	0.75	18 570.42
...mtlige Baner.	Personvogne	39 527 293	1 907 544	41 434 837	33 852			
	Postvogne	3 578 963	736 104	4 315 067	57 534			
	Stoppevogne	15 471 316	181 624	15 652 940	44 093	399 411.39	0.67	90 691.40
	Godsvogne	53 723 220	4 639 590	58 362 810	7 967			
	i Trafiktog	52 296 160	2 630 100	54 826 260				
	i Arbeidstog	1 257 060	[1]) 2 009 490	3 336 550				
	Tils.	112300792	7 464 862	119765654		339 411.39	0.67	90 691.40

: Løbet for Jernbaneanlæggene: Kongsvinger—Flisenbanen og Hamar—Selbanen.

Tabel V.

Renseignement sur la trac

1	109	110	111	112
	Vognvisitat Visit			
			Tilsammen. Total.	
Banernes Navn. Désignation des chemins de fer.	Forbrugssager. Matières de consommation.	Lønninger. Dépenses du personnel.	Ialt. Total.	Pr. Axelkilome (Col. 17 Tabel III.) Par kilomètre d'es
	Kroner.			Øre.
Smaalensbanen.	3 753.74	10 655.92	14 409.66	0.0
Heraf Kr.ania—Fr.hald.	3 284.49	7 302.05	10 586.54	0.0
Kongsvingerbanen **Kongsv.-Flisenbanen.** }	2 456.41	5 716.83	8 173.24	0.0
1ste Trafikdistrikt.	6 210.15	16 372.75	22 582.90	0.0
2det Trafikdistrikt.	5 510.12	14 496.51	20 006.63	0.0
Eidsvold-Hamarbanen.	1 116.32	980.98	2 097.30	0.0
Rørosbanen.	3 645.99	4 523.50	8 169.49	0.0
Merakerbanen.	893.02	2 490.10	3 383.12	0.0
3die & 4de Trafikdistr.	5 655.33	7 994.58	13 649.91	
5te Trafikdistrikt.	201.00	1 330.03	1 531.03	0.0
6te Trafikdistrikt.	1 211.63	1 237.17	2 448.80	0.0
Statsbanerne.	18 788.23	41 431.04	60 219.27	
Hovedbanen.	2 492.98	5 893.66	8 386.64	0 06
Samtlige Baner.	21 281.21	47 324.70	68 605.91	

*) Udgifterne til Vognenes Puds & Renhold, Opvarmning og Belysning findes anført under gifterne ved Trafikafdelingen (Tabel IV, Col. 54).

**) Vognaxelkilometer i Trafiktog med Tillæg af Vognaxelkilometer i Arbeidstog (Tabel V Col. 102).

...genes Drift*).
...voitures et des wagons.

113	114	115	116	117	118
Smørelse. ...res & graissage.			Andel i Maskin-afdelingens Fælles-udgifter. Quote parts des dépenses communes de la traction et du matériel.	Samlet Udgift. Dépenses totales.	
Af Udgifterne falder Smørelse. Dépense de la graissage.					
Forbrug. ...onsommation.	Kostende. Coût.	Kostende pr. Axelkm. (Col. 17 Tabel III.**). Coût par kilomètre d'essieu.		Ialt. (Col. 111 + 116). Total.	Pr. Axelkm. (Col. 17 Tab. III.**) Par kilomètre d'essieu.
kg.	Kr.	Øre.	Kroner.		Øre.
20 291	2 792.64	0.013	2 154.12	16 563.78	0.07
17 690	2 323.39	0.012	2 154.12	12 740.66	0.07
10 069	1 354.22	0.009	1 942.23	10 115.47	0.07
30 360	4 146.86	0.011	4 096.35	26 679.25	0.07
22 415	4 697.10	0.015	4 906.61	24 913.24	0.08
3 204	1 066.67	0.023	1 502.16	3 599.46	0.08
9 011	3 453.18	0.017	1 502.16	9 671.65	0.05
1 759	793.59	0.012	1 502.16	4 885.28	0.08
13 974	5 313.44	-	4 506.48	18 156.39	-
673	190.96	0.010	274.39	1 805.42	0.10
2 995	1 155.84	0.031	652.63	3 101.43	0.08
70 417	15 504.20	-	14 436.46	74 655.73	-
11 014	1 451.45	0.010	600.05	o) 8 986.69	0.06
81 431	16 955.65	-	15 036.51	83 642.42	-

Tabel V. 7. Samlede Udgifter ved Vedligel[...]

Dépenses totales de l'entretie[...]

1	119	120	121	122	123	124	12[...]
	Lokomotiver. Locomotives.						
	Vedligehold og Drift. Entretien et traction.					Tilsammen Udg[...] Dépenses t[...]	
	I Terminen 1893—94. Pendant le terme 1893—94.		Aarlige Middeltal 1888—93. Moyennes annuelles 1888—93.				Hera[...] D[...]
Banernes Navn. Désignation des chemins de fer.	Ialt. (Col. 72 + 99). Total.	Pr. Lokomotivkilometer. Par locomotive-kilomètre.	Ialt. Total.	Pr. Lokomotivkilometer. Par locomotive-kilomètre.	Leie af fremmede Lokomotiver.*) Loyer des locomotives étrangères.	Ialt. (Col. 119 + 123). En tout.	Maskinafdelingen (Tabel IV, Col 62). Traction et entretien du[...]
	Kr.	Øre.	Kr.	Øre.	Kroner.		
Smaalensbanen.	304 455.51	29.04	280 413	28.80	+ 15 306.69	319 762.20	3197[...]
Kongsvingerb. **Kongsv.-Flisenb.**	154 513.55	36.96	128 692	37.65	+ 2 659.89	157 173.44	1571[...]
1ste Trafikdistr.	458 969.06	31.31	409 105	-	+ 17 966.58	476 935.64	4769[...]
2det Trafikdistr.	526 862.75	29.36	464 481	28.25	-	526 862.75	5268[...]
Eidsv.-Hamarb.	69 027.82	34.28	60 662	39.78	+ 6 264.67	75 292.49	752[...]
Rørosbanen.	232 909.29	22.22	223 903	23.99	-	232 909.29	2329[...]
Merakerbanen.	105 646.51	32.33	95 784	34.94	-	105 646.51	1056[...]
3die&4deTrafikd.	407 583.62	-	380 349	-	+ 6 264.67	413 848.29	4138[...]
5te Trafikdistr.	30 845.39	17.04	27 255	18.68	-	30 845.39	308[...]
6te Trafikdistr.	66 305.18	24.90	57 713	23.11	-	66 305.18	663[...]
Statsbanerne.	1 490 566.00	-	1 338 903	-	+ 24 231.25	1 514 797.25	1 514[...]
Hovedbanen.	254 462.53	49.06	238 017	52.96	+ 4 844.89	259 307.42	257[...]
Samtlige Baner.	1 745 028.53	-	1 576 920	-	+ 29 076.14	1 774 104.67	1 772[...]

*) Godtgjørelse for Vedligehold (og for Lokomotivernes Vedkommende ved 1ste Distrikt [...] for Drift), idet den Del af Leien, der bestaar i Rente- og Amortisationsafgift, ikke er [...] regnet til Driftsudgifter.

**) Konti for Arbeider, udførte for Private eller for Regning af Reservefond eller Kapitalko[...]

...rift af rullende Materiel.
...traction du matériel roulant.

	127	128	129	130	131	132	133	134
	Vogne. Voitures et wagons.							
	Vedligehold og Drift. Entretion et traction.					Tilsammen Udgifter. Dépenses totales.		
	I Terminen 1893—94. Pendant le terme 1893—94.		Aarlige Middeltal 1888—93. Moyennes annuelles 1888—93.		Leie af fremmede Vogne.*) Loyer des wagons étrangers.	Ialt. (Col. 127 + 131). En tout.	Heraf falder paa De cela fait.	
	Ialt. (Col. 106 + 117). Total.	Pr. Axelkilometer. Par kilomètre d'essieu.	Ialt. Total.	Pr. Axelkilometer. Par kilomètre d'essieu.			Maskinafdelingen. (Tabel IV, Col. 65). Traction et entretien du matériel roulant.	Andre Konti.**) Autres depenses.
	Kr.	Øre.	Kr.	Øre.	Kroner.			
-	76 436.15	0.30	68 497	0.29	÷ 16 605.98	59 830.17	59 830.17	-
-	45 920.10	0.38	49 889	0.49	+ 13 858.42	59 778.52	59 778.52	-
-	122 356.25	0.32	118 386	-	÷ 2 747.56	119 608.69	119 608.69	-
-	118 361.94	0.37	111 033	0.37	-	118 361.94	118 361.94	-
-	14 843.76	0.36	12 776	0.35	+ 3 302.68	18 146.44	18 146.44	-
-	77 725.92	0.38	57 020	0.29	-	77 725.92	77 725.92	-
-	19 908.19	0.31	16 061	0.27	-	19 908.19	19 908.19	-
-	112 477.87	-	85 857	-	+ 3 302.68	115 780.55	115 780.55	-
-	6 625.38	0.36	4 388	0.28	-	6 625.38	6 625.38	-
-	14 322.09	0.38	11 577	0.35	-	14 322.09	14 322.09	-
-	374 143.53	-	331 241	-	+ 555.12	374 698.65	374 698.65	-
621.30	108 910.28	0.81	63 154	0.52	+ 5 956.18	114 866.46	114 110.21	756.25
621.30	483 053.81	-	394 395	-	+ 6 511.30	489 565.11	488 808.86	756.25

Anmærkning til Tabel V.

ad Tabel V. I. Beskrivelse af Lokomotiver.

Banernes Navn. Désignation des chemins de fer.	Lokomotivets No.	Lokomotivets Navn.	Værkstedets eller Fabrikantens Navn.	Aar, da Lokomotivet traadte i Driftens Tjeneste.	Kostende pr. Lokomotiv & Tender [1]). (Afrundet). Kr.	Gjennemløbne Lokomotiv-kilometer. I Terminen. km.	Gjennemløbne Lokomotiv-kilometer. Ialt. (Âge kilométrique) km.
Statsbanerne.							
Smaalensbanen.	13	-	Rob. Stephenson & Co.	1862	[2]) 14 000	8 963	[3]) 238 649
	40	-	Manning Wardle, Leeds	1879	20 200	11 900	263 480
	41	-		»	40 000	40 020	517 489
	42	-		»	»	37 453	679 802
	43	-		»	»	42 388	553 230
	44	-	Beyer, Peacock & Co.	»	»	5 521	422 062
	45	-	Manchester.	»	»	10 556	535 229
	46	-		»	»	4 754	842 611
	47	-		»	»	27 010	1 076 218
	48	-		»	»	42 057	559 359
	49	Loke		»	49 700	30 870	485 005
	50	Njørd		»	»	24 792	399 352
	51	Ymer		»	»	22 573	565 281
	52	Forsete		»	»	5 942	342 562
	53	-		1881	37 300	37 860	408 103
	54	-	Nydquist & Holm	1882	»	42 843	373 205
	55	-	Trollhättan.	»	»	59 688	329 329
	56	-		»	»	36 369	377 419
	57	-		»	»	25 893	269 420
	58	-		»	»	42 468	390 074
	59	-		»	»	28 238	374 387
	60	-		»	»	47 436	634 067
	61	-		»	»	43 964	399 754
	66	-		1891	44 287	12 593	73 369
	67	-	Dubs & Co. Glasgow.	»	44 429	72 832	195 052
	68	-		»	46 073	17 688	149 589
	69	-		»	»	34 992	166 312
	70	-	Sächsische Maschi-	1893	* * *	100189	112 050
	71	-	nenfabrik, Chemnitz	»	* * *	63 429	75 513
	79	-	Dubs & Co. Glasgow	»	38 993	32 827	32 287
Kongsvingerbanen.	14	-		1862	28 000	8 678	836 261
	15	-		»	32 400	28 050	986 348
	16	-	Rob.Stephenson&Co.	»	»	38 387	912 631
	17	-		»	»	20 155	820 531
	18	-		1865	28 000	12 031	785 148
	19	-		»	41 200	47 125	1 127 909
	20	-	Beyer, Peacock & Co.	1867	43 200	24 414	853 086
	21	-		1868	32 400	26 996	941 831
	26	-		1879	35 500	31 098	542 034
	27	-	Rob.Stepenson & Co.	»	»	37 790	577 422
	28	-		»	»	18 687	530 623
	65	-	Dubs & Co. Glasgow.	1891	44 288	23 731	81 397
	72	-	Sächsische Maschinenfabrik, Chemnitz	1893	* * *	59 615	68 416

* * * betegner, at Regnskabet over Kostende ikke er afsluttet.

[1]) Kostende ved Anskaffelsen (automatiske Bremser ikke indbefattet).

[2]) Kostende ved Afgivelse fra Kongsvingerbanen til Smaalensbanen (Kontraktpris Kr. 28 000).

[3]) Desuden løbet 596 465 km. som Kongsvingerbanens Lokomotiv.

Banernes Navn.	Lokomotivets No.	Lokomotivets Navn.	Værkstedets eller Fabrikantens Navn.	Aar, da Lokomotivet traadte i Driftens Tjeneste.	Kostende pr. Lokomotiv & Tender [1]. (Afrundet). km	Gjennemløbne Lokomotiv-kilometer. I Terminen km.	Gjennemløbne Lokomotiv-kilometer. Ialt. km.
Kongsv.-Flisenb.	74	-	Nylands mek. Værksted, Kristiania.	1894	40 322	19 946	19 946
	75	-	Dubs & Co. Glasgow.	1893	38 371	50 170	50 170
	81	-	Nylands mek Værksted, Kristiania.	1894	41 416	420	420
Kr.ania-Dr.menb.	10	Odin		1872	23 500	38 348	714 253
	11	Thor		»	»	52 023	873 079
	12	Mode		»	18 900	36 290	364 633
	14	Hermod		»	23 500	48 324	913 650
	15	Vale	Beyer, Peacock & Co.	»	»	48 814	912 945
	19	Starkad		1873	28 200	38 767	917 245
	20	Mjølner		»	»	13 981	907 944
	22	Høgne		1874	31 050	25 116	456 578
	24	Frode		1875	28 200	21 142	728 556
	25	Rob. Fairley	R. & W. Hawthron.	1877	51 730	2 511	136 206
	30	Jupiter	Nydquist & Holm, Trollhättan.	1891	31 717	62 692	238 647
	31	Saturn		1892	34 250	86 320	140 038
Dr.men-Skienb.	49	Metis	Beyer, Peacock & Co	1883	28 500	25 396	[2]) 338 191
	50	Hygeia		»	»	34 997	[2]) 368 283
	51	Merkur		1881	25 560	44 764	598 522
	52	Venus	Dubs & Co., Glasgow.	1882	»	23 969	748 816
	53	Mars		1881	»	46 235	600 876
	54	Tellus		»	»	53 761	707 329
	55	Rimfaxe		1882	21 500	39 875	648 624
	56	Skinfaxe		1881	»	34 379	607 264
	57	Sleipner		»	»	68 367	758 789
	58	Od	Motala mek. Værkst	1882	»	45 187	673 785
	59	Embla		»	»	48 661	570 909
	60	Ask		»	»	79 826	671 141
	61	Urd		»	23 300	43 911	617 104
	62	Skuld		»	»	44 492	614 667
Dr.men-Randsfj.b.	1	Halfdan	Slaugther Grun.& Co.	1866	21 800	22 106	553 164
	2	Trygve		»	25 000	57 933	792 070
	3	Sigurd		»	»	35 946	768 787
	4	Harald		1867	»	55 688	797 678
	7	Skrim		1871	23 400	38 595	814 662
	8	Uller		»	»	24 536	802 122
	13	Magne	Beyer, Peacock & Co.	1872	18 900	39 857	550 318
	16	Heimdal		1873	28 200	59 029	796 245
	17	Vegtam		»	»	33 749	853 004
	18	Balder		»	»	45 044	683 891
	21	Hedin		1874	31 050	25 010	461 638
	23	Frig		1875	28 200	58 123	790 382
	26	Mogul		1885	33 000	49 705	236 781
	27	Bjørn		1886	34 000	33 533	233 191
	28	Elg	Nydquist & Holm.	1890	33 400	41 251	206 562
	29	Ulv		»	»	42 539	185 394
	32	Jerv	Dubs & Co , Glasgow.	1893	32 178	23 793	23 793

[1]) Kostende ved Anskaffelsen (automatiske Bremser ikke indbefattet).

[2]) Lokomotiv No. 49 og 50 har desuden løbet 88 214 km. paa Jæderbanen, respektive 48 924 km. og 39 290 km. som Jæderbanens No. 3 og 4.

Banernes Navn.	Lokomotivets No.	Lokomotivets Navn.	Værkstedets eller Fabrikantens Navn.	Aar, da Lokomotivet traadte i Driftens Tjeneste.	Kostende pr. Lokomotiv & Tender[1]). (Afrundet). Kr.	Gjennemløbne Lokomotiv-kilometer. I Terminen. km.	Gjennemløbne Lokomotiv-kilometer. Ialt. km.
Eldsv.-Hamarb.	29	-	Nydquist & Holm.	1880	38 520	30 256	455 725
	30	-		»	»	38 777	445 554
	31	-		»	»	20 874	438 802
	63	Nidaros	Beyer, Peacock & Co.	1881	40 020	45 801	455 841
	64	-	Dubs & Co, Glasgow.	1891	45 134	33 628	83 321
Hamar-Grundsetb.	18	-	Rob. Stephenson & Co.	1861	21 830	-	490 431
	19	-		»	»	15 841	518 581
	20	-		»	»	6 498	518 504
	24	-	Baldwin Locomotive Works, Philadelphia	1884	27 860	44 218	485 799
	25	-	Nydquist & Holm.	1886	32 680	30 552	190 256
Grundset-Aamotb.	21	Alf	Beyer, Peacock & Co.	1871	18 900	4 702	176 760
	30	-	Dubs & Co., Glasgow.	1893	32 742	26 055	26 055
Støren-Aamotb	5	Einar	Beyer, Peacock & Co.	1873	[2]) 27 900	34 165	891 625
	6	Olaf		1874	[2]) »	18 052	652 893
	7	Thora		1877	[2]) »	56 074	694 177
	8	Gudrun		»	[2]) »	34 220	574 253
	9	Erling		1874	[2]) »	54 162	813 581
	10	Ceres		1877	28 800	66 043	863 492
	11	Pallas		»	»	64 119	835 828
	12	Juno		»	»	48 674	631 027
	13	Vesta		»	»	58 103	708 567
	14	Astræa		1875	»	48 072	880 170
	15	Hebe		1877	»	39 127	765 229
	16	Iris	Nydquist & Holm.	»	»	42 850	665 209
	17	Flora		»	»	48 177	669 085
	23	-	Baldwin Locomotive Works, Philadelphia.	1884	27 860	40 178	471 133
	27	-		1889	27 340	43 238	170 477
	28	-		1890	29 070	37 498	149 554
	31	-	Dubs & Co., Glasgow,	1893	32 738	27 565	27 565
Tr.hjem-Størenb.	1	Robert	Rob. Stephenson & Co.	1865	21 830	15 558	669 538
	2	Trønderen	Nidelvens mek. Værksted.	»	20 000	-	122 941
	3	Hakon	Slaughter Grunning & Co., Bristol.	»	20 480	13 829	714 342
	4	Sverre		»	»	12 179	627 582
	22	-	Baldwin Locomotive Works, Philadelphia	1884	27 860	52 720	496 216
	26	-	Nydquist & Holm	1886	32 680	40 520	226 955
	29	-	Baldwin Locomotive Works, Philadelphia.	1891	27 270	25 352	110 807
Merakerbanen.	51	Amerika	Baldwin Locomotive Works, Philadelphia.	1881	37 000	25 803	418 805
	52	Leiv		»	»	45 561	469 395
	53	Washington		»	[3]) 32 790	29 100	341 569
	54	Baldwin		»	»	27 777	321 716

1) Kostende ved Anskaffelsen (automatiske Bremser ikke indbefattet).

2) Lokomotiverne No. 5—9 er ifl. Storthingsbeslutning af 1888 forsynede med Tendere. Kostendet Kr. 19 223 er fordelt paa Rørosbanens Banedele efter Længden og ikke medtaget i disse Tal.

3) Kostende ved Afgivelse fra Smaalensbanen til Merakerbanen (Kontraktpris Kr. 37 000).

Banernes Navn.	Lokomotivets No.	Lokomotivets Navn.	Værkstedets eller Fabrikantens Navn.	Aar, da Lokomotivet traadte i Driftens Tjeneste.	Kostende pr. Lokomotiv & Tender [1]). (Afrundet). Kr.	Gjennemløbne Lokomotivkilometer. I Terminen. km.	Gjennemløbne Lokomotivkilometer. Ialt. km.
	55	Eystein	Beyer, Peacock & Co.	1881	40 020	45 667	329 350
	56	Magnus		»	42 870	44 292	369 930
	57	Inge		»	»	59 672	424 385
	58	-	Krauss&Co.München.	1884	16 700	24 222	176 886
	59	-		«	»	24 656	167 709
Jæderbanen.	1	Victoria	Beyer, Peacock & Co.	1878	28 500	37 569	594 692
	2	Parthenope		»	»	59 468	534 545
	5	Tjalve		»	[2])16 000	46 722	488 914
	6	Røskva		»	»	6 849	400 645
	9	Eivind		1872	[3])10 890	30 350	[4])116 322
Bergen—Voss.	1	Hugin	Motala Værksted.	1883	24 060	25 916	319 222
	2	Munin		»	»	31 083	301 602
	3	Gere	Beyer, Peacock & Co.	»	23 960	43 343	468 886
	4	Freke		»	»	75 148	294 347
	5	Brage		»	23 990	52 662	537 043
	6	Idun		»	»	38 140	562 655
Hovedbanen.	1	-	Rob.Stephenson&Co. Newcastle.	1854	48 000	24 683	1 198 575
	2	-		»	»	16 755	1 173 774
	3	-		»	»	27 176	1 235 489
	4	-		»	»	20 459	1 129 114
	5	-		»	»	35 779	1 235 247
	6	-		1893	37 467	25 128	25 128
	7	-		»	37 467	30 321	30 321
	8	-		1857	40 000	22 241	670 048
	9	-		»	»	48 464	534 116
	10	-		»	»	23 317	552 064
	11	-	Manning Wardle.	1892	18 556	21 340	[5]) 49 586
	12	-	Rob.Stephenson&Co. Newcastle.	1861	37 000	23 118	968 163
	22	-		1870	43 200	28 077	602 678
	23	-		»	»	14 195	770 752
	24	-	Manning Wardle.	1875	20 200	21 280	278 620
	25	-		»	»	21 210	260 421
	32	-	Sharp, Stewart & Co. Manchester.	1881	44 800	15 676	275 225
	33	-		»	»	34 313	398 610
	34	-	Manning Wardle.	»	18 400	9 310	197 372
	35	-	Sharp, Stewart & Co Manchester.	1885	44 750	23 759	178 012
	36	-		»	»	32 416	266 757
	37	-		»	»	33 857	277 918
	38	-		1889	46 500	36 236	126 329
	39	-		»	»	36 014	160 591
	62	-	Manning Wardle.	»	17 500	20 160	85 015

[1]) Kostende ved Anskaffelsen (automatiske Bremser ikke indbefattet).
[2]) Kostende ved Afgivelse fra Vestbanerne til Jæderbanen (Kontraktpris Kr. 22 500).
[3]) Do. » —»— » do. (— » 18 900).
[4]) Desuden løbet paa Drammen—Randsfjordbanen 349 829 km.

Col. 19 a) En Adamsens Bogie tilbygget i 1887.
Col. 20 b) Bag Drivhjulene en 2-hjulet Bogie med radierende Axelboxe.
Col. 28 c) Bagerste Hjulpar en Adamsens Bogie af samme Konstruktion som Lokomotivets

ad Tabel V. 2.

I Tabellens Col. 35 er vedføiet hver Vognsorts Litra, idet Litra A, B og C angiver Personvogne, henholdsvis 1ste, 2den og 3die Vognklasse. D angiver Postvogne, F Stoppevogne; Kombination af to eller flere Sorter Vogne angives ved Sammensætning af de respektive Litra. De efter F følgende Litra angiver de forskjellige Slags Godsvogne.
Col. 58 a) Udgifterne til automatiske Bremser er ikke indbefattet i Prisen pr. Vogn.
* * * betegner, at Regnskabet for vedkommende Vogne ikke er afsluttet.

ad Tabel V. 3.

Col. 60 a) Lokomotiv No. 13 & 59 er ifølge Storthingsbeslutningaf 17de Juni 1885 overført fra Kongsvingerbanen pr. 1ste Juli 1885. Lokomotivet har pr. 30te Juni 1885 løbet 596 465 km. (som Kongsvingerbanens Lokomotiv).
—,— Lokomotiv No. 9 er ifølge Storthingsbeslutning af 19de Juni 1890 overført fra Drammen—Randsfjordbanen til Jæderbanen. Lokomotivet har løbet 349 829 km. som Drammen—Randsfjordbanens Lokomotiv.
Col. 61 b) Rørosbanens Lokomotiver No. 2 og 18 har staaet i Reserve i de sidste Driftsaar.
Col. 70 c) Heraf 56 002 km. løbet paa Dalslandsbanen.
Col. 72 d) Lokomotiv No. 40 vedligeholdes for Kristiania Fællesstations Regning, og er saaledes den tilsvarende Udgift ikke indbefattet i de her opførte Vedligeholdelsesudgifter.
—,— e) Vedligeholdelsesudgifter vedkommende Rangérlokomotiverne No. 9, 11, 24, 25, 34 & 62 med gjennemløbne Distancer 141 764 km. heri ikke medregnede (vedligeholdes for Kristiania Fællesstations Regning).
Col. 75 f) Heraf har Lokomotiv No. 13, der fra 1ste Juli 1885 er overført til Smaalensbanen, løbet 596 465 km. i Tidsrummet 1862—85.
—,— g) Heraf har Lokomotiv No. 9 (jfr. Anm. Col. 60 a) løbet 349 829 km.
—,— h) Heri indbefattet 88 215 km. løbet af Lokomotiverne No. 3 og 4, der under 4de Juli 1880 blev overførte til Drammen—Skienbanen som Lokomotiverne No. 49 og 50.
—,— i) Heri indbefattet 650 943 km. løbet af de udrangerede Lokomotiver No. 6 & 7 samt 788 367 km. løbet af ligeledes udrangeret Lokomotiv No. 11, tilsammen 1 439 310 km. Tre nye Lokomotiver er anskaffede og har faaet de udrangeredes Nummere.
Col. 76 k) Til den her opførte Vedligeholdelsesudgift Kr. 540 661.36, Kr. 1 423 958.67 og Kr. 3 832 678.70, henholdsvis for Smaalensbanen, 1ste Trafikdistrikt og Statsbanerne, svarer gjennemløbne km. henholdsvis 11 652 042, 21 383 580 og 72 586 020, da Rangérlokomotiv No. 40 pr. 30te Juni 1882 havde løbet 63 174 km. samt fra 1ste Juli 1884 til 30te Juni 1894 125 589 km., i hvilke Tidsrum Maskinen har været vedligeholdt for Kristiania Fællesstations Regning.
—,— l) Rangérlokomotivernes Vedligeholdelsesudgifter til Udgangen af Juni 1879 heri medregnede; de tilsvarende Lokomotivkilometer bliver 12 990 884.
—,— m) Tilsvarende Lokomotivkm 55 576 904 (jfr. Anm. under k) & l) ovenfor).

ad Tabel V. 5.

I Driftsaaret har foruden de i Tabellen nævnte Baners Vogne paa Driftsbanerne ogsaa løbet Vogne tilhørende den under Bygning værende Hamar—Sellbane, nemlig af Personvogne 57 558, Stoppevogne 24 586 og Godsvogne 1 091 686 Axelkm.
Col. 1 n) Paa Strækningen Kristiania—Fredrikshald er gjennemløbet af Personvogne 7 702 156 Axelkm., Postvogne 402 884 Axelkm., Stoppevogne 2 583 058 Axelkm. og Godsvogne 2 766 848 Axelkm.

ad Tabel V. 6.

Col. 116 o) Udgifterne til Puds & Renhold, Opvarmning og Belysning Kr. 12 137.84 heri ikke medtaget, men tillagt Udgifterne ved Trafikafdelingen i Lighed med, hvad der er angivet for Statsbanerne. (Jfr. Tabel IV, Col. 54).

Tabel VI.

Opgaver

vedkommende

Beskrivelse af Banerne samt Banernes Vedligehold.

Renseignement

sur

La description des chemins de fer et l'entretien et la surveillance de la voie.

1	2	3	4	5	6	7	8	9	10	11
Banernes Navn. Désignation des chemins de fer.	Længde. Longueur des lignes.	Sporvidde. Largeur de la voie.	Største Høide over Havet. Hauteur maximum au dessus du niveau de la mer.	Høideforskjel mellem Banens Endepunkter. Différence de hauteur entre les extrémités de la ligne.	Horizontal. Horizontal. Samlet Længde. Longueur totale.	Horizontal. Horizontal. I pCt. af Banens Længde. Rapport % à la longueur de la ligne.	Indtil 5°/oo (1/200). Cinq et au dessous par mille.	Over 5°/oo (1/200) til 10°/oo (1/100). Au delà de 5°/m jusqu'à 10°/m.	Over 10°/oo (1/100) til 15°/oo (1/67). Au delà de 10°/m jusqu'à 15°/m.	Steilere end 15°/oo (1/67).
	km.	m.	m.	m.	km.	%	km.	km.	km.	km.
Kristiania-Moss-Rigsgrændsen.	170.1	1.435	189	142	44.9	26	12.5	46 5	.	
Ski-Mysen-Sarpsb.	79.0	»	155	89	14.2	18	3.5	13.6	9.6	
Lillestrøm-Kongsv.-Rigsgrændsen.	114.6	»	154	24	29.8	26	41.6	-	.	
Kongsv.-Flisen.	50.2	»	166	8	26.4	53	7.5	6.5	-	
Kr.ania-Dr.men.	52.9	1.067	138	1	12.0	23	5.4	8.2	9.2	
Dr.men-Skien.	148.6	»	84	1	33.3	22	13.4	35.2	10.5	
Skoppum-Horten.	7.3	»	40	37	1.5	20	-	-	.	
Dr.men-Randsfj.	89.3	»	201	139	17.2	19	17.2	19.9	6.3	
Hougs.-Kongsberg	27.9	»	172	141	4.3	15	0.4	4.1	4.4	
Vikes.-Krøderen.	26.3	»	189	71	4.8	18	1.9	3.4	0.8	
Eidsvold-Hamar.	a) 58.6	1.435	230	-	29.9	51	4.0	12.2		
Hamar-Grundset.	b) 37.9	1.067	270	69	8.2	22	5.7	7.1	7.1	
Grundset-Aamot.	26.3	»	225	28	9.3	35	7.9	3.7	-	
Aamot-Tønset.	156.8	»	506	268	56.3	36	30.0	39.5	-	
Tønset-Støren.	161.0	1.067	670	429	45.4	28	13.1	24.0	-	
Tr.hjem-Støren.	51.1	»	141	61	9.6	19	3.3	5.7	1.1	
Tr.hjem-Meraker-Rigsgrændsen.	102.3	1.435	557	554	29.9	29	14.0	14.3	6.2	
Stav.ger-Egersund.	76.3	1.067	48	-	23.5	31	6.9	19.0	-	
Bergen-Voss.	c) 106.7	»	94	53	32.8	31	17.2	8.2	5.8	
Hovedbanen.	67.8	1.435	218	124	8.0	12	14.4	10.6	6.8	

[1]) I Retning fra Kristiania.

Krumningsforhold.

…tion des lignes de chemin de fer.

12	13	14	15	16	17	18	19	20	21
Stigninger.[1]) Rampes.						**Fald.**[1]) Pentes.			
Maximum Stigning. Rampe maximum.				Samlet Længde i Stigning. Longueur totale des rampes.	I pCt. af Banens Længde. Rapport % à la longueur de la ligne.	Indtil 5‰ ($\frac{1}{200}$). Cinq et au dessous par mille.	Over 5‰ ($\frac{1}{200}$) til 10‰ ($\frac{1}{100}$). Au delà de 5‰ jusqu' à 10‰.	Over 10‰ ($\frac{1}{100}$) til 15‰ ($\frac{1}{67}$). Au delà de 10‰ jusqu' à 15‰.	Steilere end 15‰ ($\frac{1}{67}$). Au delà de 15‰.
…Rampe maximum.	Antal. Nombre.	Samlet Længde. Longueur totale.	I pCt. af Banens Længde. Rapport % à la longueur de la ligne.						
…mille.		m.	%	km.	%	km.			
[illegible]	1	3 654	2	62.6	37	21.0	41.6	-	-
[illegible]	13	5 172	7	26.7	34	7.8	15.8	14.5	-
[illegible]	16	12 515	11	41.6	36	43.2	-	-	-
[illegible]	1	870	2	14.0	28	2.1	7.7	-	-
[illegible]	1	1 707	3	22.8	43	2.5	5.5	10.1	-
[illegible]	1	810	1	60.5	41	7.8	28.3	18.7	-
[illegible]	1	586	8	0.6	8	0.4	4.1	-	0.7
[illegible]	1	1 951	2	45.4	51	13.0	10.1	3.6	-
[illegible]	2	6 245	22	15.1	54	0.6	7.9	-	-
[illegible]	3	3 847	15	12.3	47	0.9	2.5	5.8	-
[illegible]	8	10 467	18	16.2	28	0.5	8.4	3.6	-
[illegible]	2	4 829	13	19.9	52	2.8	1.9	5.1	-
[illegible]	3	1 950	7	11.6	44	3.9	1.5	-	-
[illegible]	6	18 167	12	69.5	44	16.3	14.7	-	-
[illegible]	4	3 055	2	37.1	23	20.8	30.5	27.2	-
[illegible]	1	2 420	5	16.8	33	8.1	9.5	0.8	6.3
[illegible]	11	17 429	17	56.5	55	4.9	11.0	-	-
[illegible]	10	7 972	10	25.9	34	9.0	17.9	-	d) 0.2
[illegible]	1	2 367	2	34.1	32	17.3	13.1	4.8	4.6
[illegible]	1	2 839	4	34.7	51	11.3	5.4	6.1	2.3

Tabel VI. 1 (Forts.). Stignin

Détail des conditions de niveau et

1	22	23	24	25	26	27	28	29	
	Fald[1]). Pentes.						Sum. Stigninger&Fald. Total des rampes et des pentes		
	Maximum Fald. Pente maximum.								
Banernes Navn. Désignation des chemins de fer.	Maximumfald. Pente maximum.	Antal. Nombre.	Samlet Længde. Longueur totale.	I pCt. af Banens Længde. Rapport % à la longueur de la ligne.	Samlet Længde i Fald. Longueur totale des pentes.	I pCt. af Banens Længde. Rapport % à la longueur de la ligne.	Samlet Længde. Longueur totale.	I pCt. af Banens Længde. Rapport % à la longueur de la ligne.	Antal Stigningsvexel pr. Kilometer.
	Pro mille.		m.		km.	%	km.	%	
Kristiania-Moss-Rigsgrændsen.	10(1/100)	18	19 426	11	62.6	37	125.2	74	
Ski-Mysen-Sarpsb.	13(1/80)	6	1 945	3	38.1	48	64.8	82	
Lillestrøm-Kongsv.-Rigsgrændsen.	4(1/250)	14	8 838	8	43.2	38	84.8	74	
Kongsv.-Flisen.	7(1/150)	1	255	1	9.8	19	23.8	47	
Kr.ania-Dr.men.	14(1/70)	3	7 429	14	18.1	34	40.9	77	
Dr.men-Skien.	14(1/70)	1	413	-	54.8	37	115.3	78	
Skoppum-Horten.	18(1/55)	1	681	9	5.2	72	5.8	80	
Dr.men-Randsfj.	13(1/75)	2	3 580	4	26.7	30	72.1	81	
Hougs-Kongsberg.	10(1/100)	1	767	3	8.5	31	23.6	85	
Vikes.-Krøderen.	14(1/70)	3	4 832	18	9.2	35	21.5	82	
Eidsvold-Hamar.	14(1/70)	1	1 558	-	12.5	21	28.7	49	
Hamar-Grundset.	14(1/70)	1	681	2	9.8	26	29.7	78	
Grundset-Aamot.	8(1/120)	1	862	3	5.4	21	17.0	65	
Aamot-Tønset.	9(1/111)	1	705	-	31.0	20	100.5	64	
Tønset-Støren.	13(1/75)	9	3 400	2	78.5	49	115.6	72	
Tr.hjem-Støren.	23(1/43)	2	3 780	7	24.7	48	41.5	81	
Tr.hjem-Meraker-Rigsgrændsen.	7(1/143)	15	10 880	11	15.9	16	72.4	71	
Stav.ger-Egersund.	10(1/100)	10	6 275	8	27.1	35	52.8	69	
Bergen-Voss.	20(1/50)	4	3 664	3	39.8	37	73.9	69	
Hovedbanen.	17(1/60)	1	2 337	4	25.1	37	59.8	88	

[1]) I Retning fra Kristiania.

…umningsforhold.
…on des lignes de chemins de fer.

(31)	32	33	34	35	36	37	38	39	40	41
…Ret Linie. …gnes droites.		**Strækninger i Kurve.** Lignes courbes.								
					Minimal-Radius. Rayon des courbes minimum.					
…Longueur totale.	I pCt. af Banens Længde. Rapport % à la longueur de la ligne.	Radius over 1000 m. Rayon au delà de 1000 m.	Radius fra 1000 m. til 500 m. Rayon de 1000 m. jusqu'à 500 m.	Radius mindre end 500 m. Rayon au dessous de 500 m.	Minimal-Radius. Royon minimum.	Antal. Nombre.	Samlet Længde. Longueur totale.	I pCt. af Banens Længde. Rapport % à la longueur de la ligne.	Samlet Længde. Longueur totale des courbes.	I pCt. af Banens Længde. Rapport % à la longueur de la ligne.
	%	km.			m.		m.	%	km.	%
89.8	53	21.3	23.2	35.8	240	1	90	-	80.3	47
37.2	47	11.8	13.7	16.2	314	30	9 228	12	41.7	53
62.7	55	20.4	27.1	4.4	372	1	273	-	51.9	45
39.7	79	5.5	4.9	0.4	400	1	399	1	10.5	21
23.3	44	6.4	7.0	16.2	196	1	157	-	29.6	56
61.6	41	28.8	23.0	35.2	188	3	662	-	87.0	59
2.5	35	2.9	0.6	1.3	314	1	72	1	4.8	65
37.1	42	11.3	19.4	21.5	282	3	1 335	-	52.2	58
12.4	46	3.7	1.9	9.4	314	20	3 581	12	15.0	54
9.7	37	0.7	2.3	13.6	188	17	2 880	11	16.6	63
26.8	46	9.7	11.2	10.9	314	12	3 911	7	31.8	54
26.1	69	4.8	4.7	2.3	235	1	215	1	11.8	31
15.8	60	3.0	3.0	4.5	314	2	610	2	10.5	40
76.2	49	24.4	23.4	32.8	204	1	275	-	80.6	51
67.2	42	25.3	22.9	45.6	188	3	840	1	93.8	58
27.6	54	5.4	7.1	11.0	235	1	100	-	23.5	46
41.0	40	17.2	14.6	29.5	282	15	4 020	4	61.3	60
38.8	51	13.2	8.3	16.1	188	23	4 756	6	37.6	49
43.2	41	6.3	11.5	45.7	173	6	914	1	63.5	59
24.7	36	23.7	14.9	4.5	293	2	706	1	43.1	64

Tabel VI. 2. U…
Infrastru…

1	42	43	44	45	46	47	48	49	50	51
		Planeringens Kronbredde. Largeur de la plateforme			Planeringsarbeider. g) Terrassements.			Tunneler. Tunnels.		Veiov… gange… Passag…
Banernes Navn. Désignation des chemins de fer.	Samlet Grundareal. Surface totale des terrains.	paa Banker. des remblais.	i Jordskjæringer (Grøfter uberegnet). des déblais (non compris des fossés).	i Fjeldskjæringer (Grøfter medregnet). des tranchées au rocher (y compris des fossés).	Gravning. Fouille.	Sprængning. Travaux de mine.	Mur samt Stenbeklædning. Murs et perrés.	Antal. Nombre.	Samlet Længde. Longueur totale.	I Planum med Grinder. Au niveau des barrières.
	ha.	m.			I 1000 Kubikmeter.				m.	Anta…
Kristiania-Moss-Rigsgrændsen.	401.6	5.647	6.274	4.705	1 987.0	406.8	29.7	9	949	417
Ski-Mysen-Sarpsb.	165.9	5.019	5.647	-	976.2	117.7	12.7	2	259	186
Lillestrøm-Kongsv.-Rigsgrændsen.	288.4	5.647	5.020	5.647	2 030.4	99.5	66.6	-	-	240
Kongsv.-Flisen.	141.9	4.400	4.400	4.500	439.0	6.0	2.0	-	-	132
Kr.ania-Dr.men.	134	3.921	3.921	3.765	922.2	153.1	25.3	3	301	121
Dr.men-Skien.	350	»	»	»	1 211.4	319.3	43.9	16	1 381	398
Skoppum-Horten.	13	»	»	»	23.6	3.3	»	-	-	30
Dr.men-Randsfj.	247.34	»	»	»	1 499.6	88.3	61.3	-	-	257
Hougs.-Kongsberg.	56.98	»	»	»	250,6	35.4	4.1	-	-	71
Vikes.-Krøderen.	54.28	»	»	»	246.9	22.2	7.8	-	-	87
Eidsvold-Hamar.	169	5.019	5.647	4.705	909.4	127.6	204.3	1	122	108
Hamar-Grundset.	—	3.921	3.921	3.765	340.0	5.0	—	-	-	76
Grundset-Aamot.	—	»	»	»	181.0	10.0	14.0	-	-	87
Aamot-Tønset.	—	»	»	»	} 2 227.5	} 283.6	} 122.2	1	50	336
Tønset-Støren.	662	3.921	3.921	3.765				10	623	284
Tr.hjem-Støren.	e) 102.3	»	»	»	955.6	79.0	31.8	2	203	85
Tr.hjem-Meraker-Rigsgrændsen.	566	5.020	5.647	4.706	1 215.6	405.8	95.0	2	169	128
Tr.hjem Fællesst.	f) 13	»	-	-	—	—	—	-	-	3
Stav.ger-Egersund.	201	3.921	3.921	3.765	563.0	193.0	18.0	3	177	177
Bergen-Voss.	163	»	»	»	550.2	531.4	104.9	51	9 527	279
Hovedbanen.	225	5.647	5.020	4.500	612.4	91.1	23.0	2	371	133

[1]) Private Veiovergange medregnede. [2]) Heri indbefattet Veiundergange. [3]) 1 Kulvert.

…ing og Broer.

…nts.

54	55	56	57	58	59	60	61	62	63	64	65	66	67	68
…render …til 2 m. …ning. …reduce aux 2 m. portée.		Broer og Viadukter.[2]) Ponts & viaducs.												
		Stenbroer. Ponts en pierre.			Jernbroer paa Sten- eller Jernunderbygning. Ponts en fer sur fondement en pierre ou en fer.			Træbroer Ponts en bois: paa Stenunderbygning. sur fondement en pierre.			paa Pæle. sur pilots.			
Antal løbende Meter. Nombre de mètres courants.	Lukkede Render (Antal løbende Meter). Rigoles fermées (nombre de mètres courants).	Antal. Nombre.	Største Spand. Portée maximum.	Samlet Længde. Longueur totale.	Antal. Nombre.	Største Spand. Portée maximum.	Samlet Længde. Longueur totale.	Antal. Nombre.	Største Spand. Portée maximum.	Samlet Længde. Longueur totale.	Antal. Nombre.	Største Spand. Portée maximum.	Samlet Længde. Longueur totale.	Sum Længde. Longueur totale.
m.	m.		m.			m.			m.			m.		m.
9 036	12 924	-	-	-	108	53.34	1 596	-	-	-	-	-	-	1 596
6 394	17 601	1	3.14	12	42	63.00	731	-	-	-	-	-	-	743
8 500	21 550	-	-	-	54	37.65	1 380	-	-	-	-	-	-	1 380
1 257		-	-	-	19	65.00	206	-	-	-	-	-	-	206
3 360	13 098	1	4.00	4	43	32.00	392	3	7.30	20	8	17.30	1 518	1 938
8 921	}26889	1	8.98	18	92	40.92	893	-	-	-	-	-	-	917
213		-	-	-	5	6.58	24	-	-	-	-	-	-	24
7 758	23 861	1	6.30	28	23	37.60	462	3	12.50	141	13	12.50	927	1 559
1 935	3 441	-	-	-	19	13.00	83	12	9.20	117	1	4.10	8	208
1 617	1 446	-	-	-	-	-	-	10	7.00	54	-	-	-	54
3 971	3 537	-	-	-	36	63.00	530	-	-	-	-	-	-	530
759	2 649	[8]) 1	4.50	4.5	8	43.92	k) 376	6	10.00	45	-	-	-	4 255
1 009	63	-	-	-	12	31.40	132	2	3.00	6	2	6.00	57	195
8 382	5 000	-	-	-	73	15.95	282	42	47.00	326	6	15.60	273	881
6 266	16 449	-	-	-	-	-	-	150	31.37	775	4	31.40	425	1 200
—	—	-	-	-	2	7.80	11	9	31.37	154	13	9.40	900	1 065
6 267	7 952	-	-	-	87	31.37	778	-	-	-	-	-	-	768
-	-	-	-	-	2	29.50	158	-	-	-	-	-	-	120
3 184	1 239	1	2	10	h) 28	28.24	357	-	-	-	-	-	-	367
4 828	—	-	-	-	i) 87	47.52	873	-	-	-	-	-	-	873
3 719	3 000	15	9.40	188	13	28.00	744	-	-	-	8	3.10	509	1 441

I	69	70	71	72	73	74	75	76	77	78	79	80	81
	Stationer, Holdepladse og Lastepladse. Stations et haltes.				Bygning[...] Bâtimen[...]								
					Stations-bygninger. Bâtiments des voyageurs.			Godshuse. Halles aux marchandises.		Vognremiser. Remises à voitures.		Lokomot[...] stalde. Remises [...] locomotiv[...]	
Banernes Navn. Désignation des chemins de fer.	Antal Stationer. Nombre de stations.	Antal Holdepladse & Lastepladse. Nombre de haltes.	Sum. Total.	Gjennemsn. Afst. mell. Stationerne. Distance moyenne des stations.	Antal. Nombre.	Bebygget Grundflade. Base des bâtiments.	Platformlængde. Longueur des trottoirs.	Antal. Nombre.	Bebygget Grundflade. Base des bâtiments.	Antal. Nombre.	Bebygget Grundflade. Base des bâtiments.	Antal. Nombre.	Bebygget Grundflade. Base des bâtiments.
	Antal.			km		m.²	m.		m.²		m.²		m.²
Kristiania-Moss-Rigsgrændsen.	23	6	29	6.5	24	4 661	4 101	24	4 134	1	205	6	2 186
Ski-Mysen-Sarpsb.	10	1	11	7.3	10	1 200	1 134	11	964	-	-	1	330
Lillestrøm-Kongsv.-Rigsgrændsen.	12	9	21	9.6	12	1 838	1 931	13	1 595	1	322	2	1 349
Kongsv.-Flisen.	7	-	7	7.2	7	1 090	642	4	984	1	380	1	402
Kr.ania-Dr.men.	10	11	21	4.8	12	1 836	1 402	10	1 186	-	-	2	830
Dr.men Fællesst.	1	-	1	-	1	761	591	1	1 199	1	354	1	1 084
Drammen-Skien.	22	8	30	6.8	22	2 511	2 350	22	3 539	3	1 494	4	803
Skoppum-Horten.	2	-	2	3.5	2	348	197	2	220	1	290	1	118
Dr.men-Randsfj.	14	9	23	6.0	14	1 671	1 018	13	1 726	3	618	2	391
Hougs.-Kongsberg.	5	2	7	5.6	5	453	179	7	725	1	127	2	340
Vikes.-Krøderen.	3	6	9	8.4	3	285	123	3	324	1	144	1	70
Eidsvold-Hamar.	6	5	11	8.3	6	765	660	6	662	-		1	60
Hamar Fællesst.	1	-	1	-	1	475	228	2	1 187	2	904	2	843
Hamar-Grundset.	7	2	9	5.4	7	600	489	7	819	-	-	1	91
Grundset-Aamot.	3	1	4	8.7	3	428	164	4	621	-	-	1	104
Aamot-Tønset.	11	7	18	14.3	11	1 414	692	11	1 596	-	-	2	536
Tønset-Støren.	16	1	17	9.5	16	2 183	679	13	944	m) 1	1 108	4	505
Tr.hjem-Støren.	9	2	11	5.7	9	639	532	8	527	m) 1	164	3	348
Tr.hjem-Meraker-Rigsgrændsen.	9	2	11	10.6	9	1 231	593	8	713	-	-	4	1 118
Tr.hjem Fællesst.	1	-	1	-	1	644	212	2	2 345	m) 1 1	1 874 1 154	2	1 833
Stav.ger-Egersund.	12	6	18	6.9	8	1 345	497	11	1 121	5	1 845	2	480
Bergen-Voss.	14	4	18	8.3	l) 18	1 856	1 350	7	580	3	1 022	4	547
Hovedbanen.	10	6	16	6.2	10	1 312	2 563	8	2 633	-	-	1	379
Kristiania Fællesst.	1	-	1	-	1	3 324	389	2	9 200	3	4 664	5	2 122
Lillestrøm do.	1	-	1	-	1	180	178	2	131	1	315	1	315

…andre Anlæg.
…âtiments.

	84	85	86	87	88	89	90	91	92	93	94	95	96	97	98	99
							Dreie-skiver. Plaques tournantes.		**Sporvexlinger.** Aiguillages de voie.		**Andre Anlæg.** Autres bâtiments.					
…dstationer. …eaux d'eau.			Øvrige mindre Bygn. ved Station. Autres bâtiments inférieurs aux stations.		Vogterboliger. Maisons de garde.						Værksteder. Ateliers.		Materialboder. Magazins.		Øvrige mindre Bygn. udenfor Stat. Autres bâtiments inférieurs au dehors de la gare.	
…	Bebygget Grundflade. Base des bâtiments.	Gjennemsnitlig Afstand. Distance moyenne.	Antal. Nombre.	Bebygget Grundflade. Base des bâtiments.	Antal. Nombre.	Bebygget Grundflade. Base des bâtiments.	Antal. Nombre.	Diameter. Diamètre.	Antal. Nombre.	Mindste Radius. Rayon minimum.	Antal. Nombre.	Bebygget Grundflade. Base des bâtiments.	Antal. Nombre.	Bebygget Grundflade. Base des bâtiments.	Antal. Nombre.	Bebygget Grundflade. Base des bâtiments.
	m.²	km.		m.²		m.²		m.		m.		m.²		m.²		m.²
9	108	24.3	64	1 733	17	1 047	4 3 1	4.71 12.55 13.70	149	188	-	-	5	577	30	102
3	94	26.8	16	320	1	54	3	13.70	51	190	-	-	2	37	2	91
5	143	20.1	67	5 218	8	431	2	12.55	91	130	q) -	-	4	432	16	291
2	37	16.6	14	770	-	-	1	14.00	31	250	-	-	8	108	-	
7	80	8.8	30	1 045	-	-	2	1=10.70 1=12.20	80	126	1	545	-	-	16	175
2	33	-	10	1 930	-	-	1	10.70	48	126	1	1 140	4	794	-	-
15	109	10.1	34	1 393	18	1 106	6	3=10.80 1= 5.80 2= 4.40	113	40	-	-	28	3 526	28	460
1	10	-	3	128	-	-	1	12.20	8	126	-	-	1	48	-	-
8	108	11.2	47	2 009	-	-	3	1=10.70 1=12.20 1= 5.02	110	126	-	-	-	-	-	-
3	41	7.0	11	245	-	-	1	11.18	29	126	-	-	-	-	-	-
2	24	13.2	11	690	2	81	1	5.02	16	126	-	-	-	-	2	68
1	16	29.0	4	67	11	1 051	-	-	24	188	-	-	-	-	-	-
1	-	-	7	524	-	-	1	12.05	45	150	2	669	1	236	-	-
2	14	12.7	11	693	2	301	1	4.82	26	150	-	-	-	-	4	365
2	15	13.0	5	126	3	583	1	4.87	13	150	-	-	-	-	-	-
11	110	14.3	31	1 822	30	4 088	2	1= 6.50 1=12.40	45	150	-	-	1	150	5	291
14	107	13.5	24	653	7	683	3	5.00 4.70	58	125	-	-	2	41	7	203
7	41	10.4	17	762	1	39	1	12.20	33	125	-	-	1	27	1	22
4	77	21.2	23	1 030	16	1 084	3	13.70	46	188	-	-	-	-	28	707
2	-	-	8	348	-	-	1	13.70	62	188	3	2 793	3	411	-	-
8	68	9.5	o) 23	1 461	o) 8	642	3	6.59	44	100	1	155	2	464	6	79
11	16	13.3	30	644	3	208	3	6.50	54	157	r) 1	713	2	552	-	-
3	60	16.9	48	2 135	7	880	1	12.55	72	188	1	2 510	2	226	9	1 640
1	22	-	16	1 187	-	-	p) 2	12.55	96	188	-	-	2	984	-	-
1	28	-	20	1 841	-	-	1	14.12	24	188	-	-	-	-	-	-

Tabel VI. 4. O
S

1	100	101	102	103	104	105	106	107	108	1(
	Sporlængde. Longueur des voies.				**Skinner** Rails					
		Sidespor v) Voies de garage et de service			af Jern. en fer.			af Staal. en acier		
Banernes Navn. Désignation des chemins de fer.	Hovedspor (Gjennemgaaende). Voie principale.	paa Station. dans les gares.	udenfor Station. x) au dehors des gares.	Sum Længde. Longueur totale.	Samlet Længde. Longueur totale.	Skinnev. pr. løb. Meter. Poids par mètre courant.	System. Système.	Samlet Længde. Longueur totale.	Skinnevægt. Poids par mètre courant.	System
	Kilometer.				km.	kg.		km.	kg.	
Kristiania-Moss-Rigsgrændsen. **Ski-Mysen-Sarpsb.**	249.063	29.841	2.931	281.835	175.586 127.590	29.76 24.80	Vignol »	42.309 126.902 91.283	28.77 29.76 27.28	 Vi
Lillestrøm-Kongsv.-Rigsgrændsen.	114.577	22.312	1.083	137.972	122.844	30.75	»	153.100	30.00	
Kongsv.-Flisen.	s)49.198	3.693	-	52.891	-	-	-	105.782	25.00	
Kr.ania-Dr.men.	52.900	11.045	1.035	64.980	9.410	19.84	Vignol	0.408 11.067 99.507 9.568	31.75 25.00 22.32 19.84	H Vi
Dr.men Fællesst.	-	5.628	-	5.628	4.992	»	»	0.540 2.075 3.649	25.00 22.32 19.84	
Drammen-Skien.	148.600	12.337	1.445	162.382	22.971	17.36 19.84	»	299.104 2.619 0.070	» 20.50 31.75	 H
Skoppum-Horten.	7.300	6.669	-	7.969	1.260	17.36 19.84	»	14.678	19.84	Vi
Dr.men-Randsfj..	89.306	19 872	0.603	109.781	25.972	19.84	»	16.320 5.623 76.521 95.126	25 00 22.32 20 50 19.84	
Hougs.-Kongsberg	27.900	2.967	0.080	30.947	79.619	17.36 19.84	»	31.967 5.173 0.115	» 20.50 22.32	
Vikes.-Krøderen.	26.300	1.100	0.090	27.490						
Eidsvold-Hamar.	t)58.572	3.359	0.568	62.499	0.230	17.36	»	124.573 0.195	27.28 19.84	
Hamar Fællesst.	-	4.750	-	4.750	2.628 1.965	18.35 17.36	»	0.066 0.383 4.458	» 20.50 27.28	
Hamar-Grundset.	u)37.900	2.795	0.783	41.478	19.000	18.35	»	27.827 36.129	19.84 20.50	

ing.
re.

[110]	111	112	113	114	115	116	117	118	119	120	121
	Sleepers. Traverses.					**Ballast.** Ballast.		**Gjærder** æ) Clôtures			
	Material. Matériaux.		Dimensioner for Træ. Dimensions des traverses en bois.			Tykkelse. Hauteur.					
…pacement.	Træ. Bois.	Heraf preserverede Dont préservés. Furu. Pin.	Længde. Longueur.	Firkant. Equarries.	Halvkløvninger. Démi-rondes.	I Midten. Au milieu.	Kronbredde. Largeur en couronne.	af Staaltraad. en fil de fer.	af Bord, Rajer eller Lægter. en planches.	af Sten. en pierre.	Sum. Longueur totale.
m.	Antal.	(Nombre.)	Centimeter.			m.		Kilometer.			
—1.00	336 274	·	250	25×12	·	{ 0.540 0.484	3.454 3.295	369.66	96.52	22.39	488.57
—»—	166 515	·	»	—»—	·	0.466	3.765	115.73	69.87	22.57	208.17
—0 89	57 680	·	240	23×11	·	0.330	2.900	97.28	-	·	97.28
—0 86	95 614	—	200	22×11	—	0.418	2.510	19.56	92.64	0.80	113.00
—»—	7 960	—	»	—»—	—	»	»	—	—	—	—
—0.78	222 963	—	»	—»—	—	{ 0.470 0.366	2.660	109.96	185.97	1.97	297.90
—0 78	10 052	—	»	—»—	—	{ 0.470 0.366	»	3.70	10.90	-	14.60
—0 86	160 846	—	»	—»—	—	0.418	2.510	16.64	173.46	-	190.10
»—	45 493	—	»	—»—	—	»	»	3.32	56.28	-	59.60
»—	40 410	—	»	—»—	—	»	»	6.00	49.70	-	55.70
—1.01	67 886	131	{ 250 265	23.5×13.1	26—29	0.540	3.138	0.03	103.15	1.12	104.30
»— —0.70 }	6 590	·	{ 265 200	—»— 22×11	—»— 22—23 }	»	»	-	1.44	-	1.44
»—	58 227	60	200	—»—	—»—	0.400	2.510	3.57	70.33	2.40	76.30

Tabel VI. 4. (Forts.).

1	100	101	102	103	104	105	106	107	108
	Sporlængde.				Skinner				
		Sidespor v)			af Jern.			af Staal.	
Banernes Navn.	Hovedspor (Gjennemgaaende).	paa Station.	udenfor Station x)	Samlet Længde.	Samlet Længde.	Skinnev. pr. løb. Meter.	System.	Samlet Længde.	Skinnevægt.
	Kilometer.				km.	kg.		km.	kg.
Grundset-Aamot.	26.358	1.163	0.305	27.826	31.051	17.36	Vignol	2.000 22.601	17.36 20.50
Aamot-Tønset.	156.756	5.377	2.057	164.190	239.594	»	»	14.673 74.113	19.84 20.50
Tønset-Støren.	160.987	6.457	1.251	168.695	175.536 94.868	19.84 17.36	»	7.903 1.214 33.924 23.945	17.36 19.84 20.50 25.00
Tr.hjem-Støren.	51.093	4.125	0.715	55.933	2.100 4.318 4.907	17.86 19.84 20.34	»	43.367 41.706 14.734 0.734	19.84 20.50 25.00 27.28
Tr.hjem-Meraker-Rigsgrændsen.	102.259	7.772	0.223	110.254	0.058 10.882	19.84 29.76	»	206.940 2.628	» 28.77
Tr.hjem Fællesst.	-	9.598	y) 3.451	z) 13.049	3.447 0.096 4.696 11.831	17.36 17.86 19.84 29.76	»	0.023 0.598 0.393 10.306 0.779	17.36 19.84 20.50 27.28 28.77
Stav.ger-Egersund.	76.290	4.925	0.409	81.624	142.918	17.36	»	20.330	17.36
Bergen-Voss.	106.840	5.358	2.277	114.475	13.387	»	»	215.563	»
Hovedbanen.	67.770	19.593	3.170	90.533	17.895	29.76	»	163.171	29.76
Kristiania Fællest.	-	14.023	-	14.023	13.628	»	Vignol og Broskn.	14.418	»
Lillestrøm do.	-	6.088	-	6.088	4.092	»		8.084	»

…ing.

… (110)	111	112	113	114	115	116	117	118	119	120	121
	Sleepers.					Ballast.		Gjærder æ)			
…Afstand fra Midte til Midte.	Material.		Dimensioner for Træ.			Tykkelse.					
		Heraf preserverede.									
	Træ.	Furu.	Længde.	Firkant.	Halvkløvninger.	I Midten.	Kronbredde.	af Staaltraad.	af Bord, Rajer eller Lægter.	af Sten.	Sum.
	Antal.		Centimeter.			m.		Kilometer.			
-0.70	43 136	80	200	22×11	22—23	0.400	2.510	-	51.89	0.27	52.16
—	237 394	-	»	—»—	—»—	0.400 0.470	»	-	317.84	-	317.84
-0.87	243 997	—	200 204	23×11.7	23×11.7	0.400	»	109.98	206.62	-	308.60
—	76 448	—	»	—»—	—»—	»	»	28.26	75.04	-	103.30
-1.01	128 105	—	250 267	23.5×13	23.5×13	0.513	3.294	22.08	135.42	-	157.50
-1.01	16 120	—	200 204 250 267	23×11.7 23.5×13	23×11.7 23.5×13	»	»	-	5.21	-	5.21
-0.86	128 580	-	204	22×10	23×12	0.392 0.472	2.510	88.86	0.80	46.74	136.40
0.86	159 750	-	200	22×11	—»—	0.439	2.667	200.00	3.00	-	ca. 203
-0.94	116 414	79 548	267	25×11	—»—	0.471	3.454	26.24	103.66	0.10	130.00
—	17 880	8.197	»	—»—	—»—	»	»	-	2.60	0.10	2.70
—	6 154	4.046	»	—»—	—»—	»	»	1.07	0.42	-	1.49

Tabel VI. 5. Specifikation af Udgifterne til Vedligehold af L
Spécification des dépenses pour l'entretien de la

1	122	123	124	125	126
	Vedligehold af Linie og Stationspladse. Entretien de la voie et dépenses de gares.				
		Materialier. Matières.			
			Heraf Dont		
Banernes Navn. Désignation des chemins de fer.	Lønninger. Dépenses du personnel.	Ialt. Total.	Skinner med Tilbehør. Rails.	Sporskiftere og Krydsninger. Aiguillages de voie et croisements.	Sleep Travers
	Kroner.				
Smaalensbanen.	217 384.98	141 664.38	47 149.62	4 847.97	52
Kongsvingerbanen.	91 348.31	38 494.28	13 304.50	1 574.25	18
Kongsvinger-Flisenb.	16 608.75	298.45	238.26	-	
1ste Trafikdistrikt.	**325 342.04**	**180 457.11**	**60 692.38**	**6 422.22**	**70 3**
Kr.ania-Drammenbanen.	70 600.48	59 584.98	20 316.38	1 965.93	14
Drammen-Skienbanen.	121 199.07	50 278.75	4 009.78	628.72	22
Dr.men-Randsfj.b.	138 093.06	91 475.26	28 666.23	1 418.30	29
2det Trafikdistrikt	**329 892.61**	**201 338.99**	**52 992.39**	**4 012.95**	**66 4**
Eidsvold-Hamarbanen.	65 055.99	14 030.14	169.23	767.44	5
Hamar-Grundset.	23 653.73	16 834.17	9 658.31	410.92	4
Grundset-Aamot.	10 958.87	6 719.67	3 060.90	167.15	2
Aamot-Tønset.	85 280.88	30 340.07	13 787.08	847.79	9
3die Trafikdistrikt.	**184 949.47**	**67 924.05**	**26 675.52**	**2 193.30**	**22 2**
Tønset-Støren.	96 169.24	51 884.36	34 172.17	18.84	5
Trondhjem-Støren.	44 559.62	32 421.91	22 399.28	1 814.47	2
Merakerbanen.	64 700.84	19 407.07	6 723.26	÷ 94.89	6
4de Trafikdistrikt.	**205 429.70**	**103 713.34**	**63 294.71**	**1 738.42**	**15 1**
5te Trafikdistrikt.	**29 475.79**	**27 056.50**	**9 931.10**	-	**14**
6te Trafikdistrikt.	**80 111.69**	**42 596.79**	**22 287.25**	-	**19**
Statsbanerne.	**1 155 201.30**	**623 086.78**	**235 873.85**	**14 366.89**	**207**
Hovedbanen.	65 973.79	44 964.70	10 870.87	5 898.86	10
Samtlige Baner.	**1 221 175.09**	**668 051.48**	**246 744.22**	**20 265.75**	**218**

Bygninger og Telegraf samt Bevogtning (Tabel IV, Col. 71).
âtiments & du télégraphe (Tableau IV, col. 71).

127	128	129	130	131	132	133	134	135
Tilsammen. Total.								
Ialt. Total.	Pr. km. Bane. (Tab. II 2, Col. 2 a). Par kilomètre de ligne.	Vedligehold af Bygninger. a) Entretien des bâtiments.	Vedligehold af Telegraf. Entretien du télégraphe.	Særligt Bevogtningspersonale. Personnel spécial de la surveillance.	Sne- og Isrydning. b) Enlèvement de neige.	Inventars Anskaffelse og Vedligehold. Acquisition et entretien de l'inventaire.	Andre Udgifter. Autres dépenses.	Tilsammen. Total.
Kroner.								
59 049.36	1 441	28 359.54	3 040.35	16 631.16	2 403.67	7 116.55	3 937.13	420 537.76
129 842.59	1 133	8 623.92	1 050.01	2 992.48	4 070.73	4 952.76	2 937.64	c) 160 470.13
16 907.20	344	187.97	98.28	33.00	374.62	82.64	-	17 683.71
5 799.15	**1 225**	**37 171.48**	**4 188.64**	**19 656.64**	**6 849.02**	**12 151.95**	**6 874.77**	c)**598 691.60**
130 185.46	2 461	16 642.27	2 116.68	6 873.53	3 106.81	1 420.14	1 784.55	162 129.44
171 477.82	1 100	15 789.13	1 154.29	7 459.37	7 135.85	2 744.90	163.43	205 924.79
129 568.32	1 600	15 975.88	2 130.83	2 897.88	7 754.41	3 108.23	2 154.37	263 589.92
1 231.60	**1 508**	**48 407.28**	**5 401.80**	**17 230.78**	**17 997.07**	**7 273.27**	**4 102.85**	**631 644.15**
79 086.13	1 354	2 307.29	416.28	412.25	2 205.83	2 363.03	121.99	86 912.80
40 487.90	1 063	3 269.38	383.42	246.78	1 373.45	859.12	750.81	47 370.86
17 678.54	672	215.46	123.00	165.75	1 583.24	434.44	906.06	21 106.49
115 620.95	737	11 274.50	490.78	380.78	5 967.97	2 883.27	5 091.42	141 709.67
2 873.52	**904**	**17 066.68**	**1 413.48**	**1 205.56**	**11 130.49**	**6 539.86**	**6 870.28**	**297 099.82**
48 053.60	9 196	3 144.76	520.93	1 204.94	15 035.30	3 096.07	1 334.44	172 390.04
76 981.53	1 506	2 505.39	1 635.35	2 266.17	3 169.94	1 085.01	1 028.55	88 671.94
84 107.91	822	4 392.45	1 636.67	3 148.61	7 494.97	1 830.58	15.50	d) 108 626.69
9 143.04	**983**	**10 042.60**	**3 792.95**	**6 619.72**	**25 700.21**	**6 011.66**	**2 378.49**	d) **369 688.67**
6 532.29	**741**	**3 681.76**	**770.48**	**608.61**	-	**341.40**	**386.50**	**62 320.99**
2 708.48	**1 136**	**8 560.85**	**1 172.19**	-	**1 286.35**	**1 959.97**	**298.08**	**135 985.37**
8 288.08	**1 152**	**124 930.05**	**16 739.49**	**45 321.31**	**62 963.14**	**34 278.11**	**20 910.42**	e)**2 095 430.60**
10 938.49	1 636	30 937.86	5 577.43	6 084.12	3 512.95	2 719.52	4 796.83	164 567.20
9 226.57	**1 172**	**155 867.91**	**22 316.92**	**51 405.48**	**66 476.09**	**36 997.63**	**25 707.25**	e)**2 259 997.80**

Tabel VI. 6. Opgave over Ombytning af Skinner og Sleepers.
Renseignement sur le renouvellement des rails et des traverses.

1	136	137	138	139	140	141	142	143	144	145
	Ombytning i Terminen. Renouvellement pendant le terme.									
	Jernskinner ombyttet med. Rails en fer remplacés de					Staalskin. ombyttet med Staal. (Vignol). Rails en acier remplacés de rails en acier.			Sleepers. Traverses.	
	Jernskinner. (Vignol). Rails en fer.		Staalskinner. (Vignol). Rails en acier.							
Banernes Navn. Désignation des chemins de fer.	Samlet Længde. Longueur totale.	Skinnevægt pr. løbende Meter. Poids par mètre courant.	Samlet Længde. Longueur totale.	Skinnevægt pr. løbende Meter. Poids par mètre courant.	Omb. i pCt. af Jernsk. lgd. ved Terminens Beg. Rapport du renouv. à la long. des rails en fer au com. du terme.	Samlet Længde. Longueur totale.	Skinnevægt pr. løbende Meter. Poids par mètre courant.	Omb. i pCt. af Staalsk. lgd. ved Terminens Beg. Rapport du renouv. à la long. des rails en acier au com. du terme.	Ialt. Antal. Total. Nombre.	pCt. Ombytning i Terminen. *) Renouvellement pendant le terme.
	km	kg.	km.	kg.	%	km.	kg.	%		%
Smaalensbanen.	-	-	1.808 24.635	28.77 29.76	8.03	-	-	-	50 969	15.2
Kongsvingerbanen.	-	-	7.910	30.00	6.43	-	-	-	17 879	10.7
Kongsv.-Flisenb.	-	-	-	-	-	-	-	-	8	-
Kr.ania-Dr.men.	-	-	0.718	22.32	7.09	11.067 2.983	25.00 22.32	11.72	19 067	19.94
Drammen Fællesst.	-	-	0.060	19.84	1.19	0.540	25.00	8.70	988	12.41
Dr.men-Skien.	-	-	0.008	19.84	0.003	0.037 0.045	19.84 20.50	0.003	31 435	13.52
Skoppum-Horten.	-	-	-	-	-	-	-	-	-	-
Dr.men-Randsfj.	-	-	4.238 3.184	19.84 20.50	22.22	0.050 0.037 16.320	22.32 20.50 25.00	8.86	39 175	15.92
Hougs.-Kongsberg. Vikes.-Krøderen.	-	-	2.225 5.162	19.84 20.50	8.49	0.014	19.84			
Eidsvold-Hamar.	-	-	-	-	-	-	-	-	4 849	7.14
Hamar-Grundset.	-	-	6.036	20.50	24.01	0.525	20.50	0.91	5 423	9.36
Grundset-Aamot.	-	-	1.964	»	5.95	-	-	-	3 396	7.87
Aamot-Tønset.	-	-	8.758	»	3.53	0.095	20.50	0.12	13 357	5.63
Tønset-Støren.	-	-	12.300	25.00	4.35	11.645	25.00	21.29	7 856	3.10
Støren-Trondhjem.	-	-	0.144 11.954	19.84 25.00	53.51	0.060 2.780	20.50 25.00	3.21	2 970	3.84
Merakerbanen.	-	-	-	-	-	0.247 0.066	27.28 28.77	1.49	5 934	4.64
Tr.hjem Fællesst.	0.006	19.84	0.008 0.073 0.284	17.36 20.50 27.28	1.79	-	-	-	1 071	6.52
Jæderbanen.	-	-	4.186	17.36	2.85	-	-	-	20 328	15.81
Bergen-Vossbanen.	0.418	17.36	11.563	»	46.34	0.141	17.36	0.07	19 418	12.23
Hovedbanen.	0.193	29.76	2.237 1.225	29.76 36.00	9.35	0.218	29.76	0.12	3 452	2.46
Heraf:										
Kristiania—Lillestrøm	0.085	29.76	0.429	»	—	0.060	»	—	2 456	—
Lillestrøm—Eidsvold	0.108	29.76	1.808 1.225	29.76 36.00	—	0.158	»	—	996	—

*) I pCt. af Antal Sleepers ved Terminens Begyndelse.

Anmærkninger til Tabel VI.

ad Tabel VI. 1. Stignings- og Krumningsforhold.

Col. 2 a) Længden (58 572 m.) maalt til 238 m. ovenfor nordre Hjørne af Hamar Stationsbygning.
—»— b) Fra Udgangspunkt beliggende 238 m. ovenfor nordre Hjørne af Hamar Stationsbygning.
—»— c) Sporet til Vaagen i Bergen (1.3 km.) heri ikke indbefattet.
Col. 21 d) Mellem Stavanger Station og Godshus ved Søen.

ad Tabel VI. 2. Underbygning og Broer.

Col. 42 e) Trondhjem—Støren. Arealet for den nedlagte Jernbanelinie Trondhjem—Selsbak samt af Ustmyren (15 ha.) ved Heimdal ikke indbefattet.
Col 46—48 g) Opgaver over Masser vedrørende Planeringsarbeider refererer sig til Banens første Anlæg.
Col 59 h) Heraf 1 Svingbro 18.8 m. lang. Desuden 19 Veiundergange.
—»— i) Heraf 37 Veiundergange.
Col. 61 k) Heri iberegnet Veibroen over Glommen ved Elverum.

ad Tabel VI. 3. Stationer og andre Anlæg.

Col. 73 l) Heraf 1 Expeditionslokale med Venterum paa Stoppestedet Heldal.
Col. 78 m) Platform og Toghal.
Col. 83 n) Vandstationerne er Stændere uden Indbygning.
Col. 86—89 o) Under Vogterboliger er medtaget Banens 4 Stoppestedsbygninger (Høiland, Varhoug, Vigrestad, og Helvig) og tilhørende Udhuse medtaget under Øvrige Bygninger.
Col. 90 p) Desuden 9 Vogndreieskiver med 4.90 m. Diameter.
Col. 94 q) Kongsvingerbanen har et mindre Reparationsværksted paa Kongsvinger (medtaget i Col. 86).
—»— r) Reparationsværksted (i 2 Bygninger).

ad Tabel VI. 4. Overbygning.

Col. 100 s) Heri ikke indbefattet 0.982 km., der udgjør Afstanden fra Midte af Kongsvinger Stationsbygning til Pointsen, hvor Kongsvinger—Flisenbanen bøier af fra Kongsvingerbanens Hovedlinie. (Kongsvinger Station føres her helt under Kongsvingerbanen).
—»— t) Jfr. Anm. a) ovenfor.
—»— u) Jfr. Anm. b) ovenfor.

Col. 101 & 102 v) Desuden private Spor, der staar i Forbindelse med Jernbanerne, nemlig i:

1ste Distrikt:

Smaalensbanen	1.350 km.
Kongsvingerbanen	1.941 —

2det Distrikt:

Kristiania—Drammenbanen	1.662 —
Drammen—Skienbanen	1.306 —
Drammen—Randsfjordbanen	3.456 —
Hougsund—Kongsberg	0.576 —
Vikesund—Krøderen	0.200 —
3die Distrikt	0.579 —
4de Distrikt, bredt Spor	0.637 —
smalt Spor	10.214 —
Heraf Sidelinien Tyvold—Arvedals Stoll (Kongens Grubes Bane) 9.3 km. (aabnet 16de Oktbr. 1886).	
Hovedbanen	20.100 —
Sum	42.021 km.

Col. 102 x) Ballastbaner iberegnede.

—·— y) Sidelinie til Ihlen med tilhørende Sidespor.

Col. 103 z) Heraf 0.075 km. kombineret Spor med 4 Skinnestrenge.
5.225 — — » » 3 —
3.642 — bredt.
4.107 — smalt.
Sidelinien til Ihlen udgjør heraf 2.703 km. med tilhørende Sidespor 0.748 km tilsammen 3451 km., hvoraf 2.703 km. kombineret Spor 0.532 km. bredt Spor og 0.216 km. smalt Spor. Desuden tilkommer en Skinnestreng i Kombination med Trondhjem—Størenbanens Hovedspor 0.462 km. og med Merakerbanens Hovedspor 0.234 km.

Col. 118–121 æ) Kongsvingerbanen. I Col. 119 indbefattet 2.89 km. Torvgjærde.
Drammen—Skienbanen. I Col. 118 indbefattet 6.30 km. levende Hegn (Haktorn).

ad Tabel VI. 5. Udgifter til Banernes Vedligehold.

Col. 129 a) Heri medregnet Udgifter til Vedligeholdelse af Bygninger udenfor den egentlige Drift.

Col. 132 b) Heri er indbefattet Udgifter til Extrapersonale for Sne- og Isrydning samt Lønninger til det faste Liniepersonale, forsaavidt dette har været anvendt til Bortskaffelse af Sne og Is paa Linien. Før Aaret 1891—92 har det faste Liniepersonales hele Lønning været anført under Vedligehold af Linie og Stationspladse (Col. 122) undtagen for Hovedbanen, hvor Fordeling har fundet Sted.

Col. 135 c) Heri indbefattet Kr. 6 000.00 som Afgift for Benyttelse af Strækningen Riksgrændsen—Charlottenberg.

—·— d) Heri indbefattet Kr. 6 000.00 som Afgift for Benyttelse af Strækningen Riksgrændsen—Storlien.

—·— e) Jfr. ovenfor under Anmærkning c) og d).

Tabel VII.

Opgaver

vedkommende

Jernbanernes Telegraf.

Renseignement sur le télégraphe des chemins de fer.

Tabel VII. Opgaver vedk
Renseignement s

1	2	3	4	5	6	7	8	9	10	11	12
Banernes Navn. Désignation des chemins de fer.	Telegraflinier. Réseau télégraphique.		Linier for elektriske Signaler. Réseau pour signaux électriques.		Jernbanestationer eller Stoppesteder udstyrede med: Stations pourvues de:					Vogterboli eller Vagth udstyrede m Maisons de g pourvues de	
	Liniernes Længde. Longueur des lignes du réseau.	Traadenes Længde. Développement des fils conducteurs.	Liniernes Længde. Longueur des lignes.	Traadenes Længde. Développement des fils conducteurs.	Telegraf- og Signalapparater. Appareils télégraphiques et signals.	Telegrafapparater. Appareils télégraphiques.	Telefon- og Signalapparater. Appareils téléphoniques et signals.	Telefoner. Téléphones.	Signalapparater. Appareils signals.	Telefon- og Signalapparater. Appareils téléphoniques et signals.	Telefoner. Téléphones.
	Kilometer. Kilomètres.				Antal. Nombre.						
Smaalensbanen.	249.1	412.0	249.1	249.1	33	-	-	-	-	-	-
Kongsvingerbanen.	135.6	271.2	135.6	114.6	12	-	-	2	-	-	-
Kongsv.-Flisenb.	50.2	50.2	50.2	50.2	7	-	-	-	-	-	-
1ste Trafikdistr.	434.9	733.4	434.9	413.9	52	-	-	2	-	-	-
Kr.ania-Dr.menb.	54.4	163.2	52.9	52.9	11	-	1	1	*) 2	2	1
Dr.men-Sklenb.	156.0	316.0	156.0	158.0	21	-	4	-	-	2	4
Dr.men-Randsfj.	143.5	249.0	143.5	143.5	17	-	5	-	-	-	-
2det Trafikdistr.	353.9	728.2	352.4	354.4	49	-	10	1	2	4	5
Eidsvold-Hamarb.	58.4	116.8	58.4	58.4	6	-	-	-	-	-	-
Rørosbanen.	433.4	923.0	32.0	32.0	6	33	-	1	2	1	-
Merakerbanen.	102.3	102.3	102.3	102.3	9	-	1	-	-	-	1
3die & 4de Trafikd.	594.1	1 142.1	192.7	192.7	21	33	1	1	2	1	1
5te Trafikdistr.	76.2	92.0	-	-	-	9	-	-	-	-	-
6te Trafikdistr.	108.0	216.0	9.0	9.0	2	10	1	2	1	-	-
Statsbanerne.	1 567.1	2 911.7	989.0	970.0	124	52	12	6	5	5	6
Hovedbanen.	67.8	156.6	67.8	67.8	11	-	1	-	-	-	2
Samtlige Baner.	1 634.9	3 068.3	1 056.8	1 037.8	135	52	13	6	5	5	8

Af de samlede Indtægter af Telegrafen falder paa:

Porto af Telegrammer, der alene er befordrede paa Jernbanens Linier (heri indbefattet hele Bergen—Vossbanens Indtægt) . . . . Kr. 45 09

Jernbanernes Andel af Telegrammer, der tillige er befordrede paa Statstelegrafens Linier . . . . » 9 25

Øvrige Indtægter (Viderebefordringer med Fradrag af Udgifter til Ombringelse) . . . . . » 21

Kr. 54 56

…e Jernbanernes Telegraf.
…aphe des chemins de fer.

14	15	16	17	18	19	20	21	22	23	24
…pparater. …reils en service.			Betjening. Personnel.		Private Telegrammer. Télégrammes privés.		Tjenestetelegrammer[2]). Télégrammes de service.	Indtægter: Recettes:	Udgifter. Dépenses.	
…	Telefonapparater. Appareils téléphoniques.	Signalapparater. Appareils signals.	Telegrafister. Hommes.	Telegrafistinder. Femmes.	Alene befordrede paa Jernbanernes Linier. Seulement expédiés aux réseaux des chemins de fer.	Tillige befordrede paa Statstelegrafens Linier. Expédiés aux réseaux de l'état.		Jernbanernes Andel. Quote-part des chemins de fer.	Nye Anlæg. Nouveau réseau.	Drift og Vedligehold samt Lønninger til Betjening. Entretien et exploitation, y compris traitement du personnel.
	Antal. Nombre.							Kroner.		
19	-	74	31	3	14 208	5 198	23 478	8 597.91	-	32 279.49
21	4	28	15	2	5 412	509	5 966	3 803.54	-	11 551.63
8	-	14	2	-	771	51	1 624	539.90	-	1 248.28
78	**4**	**116**	**48**	**5**	**20 391**	**5 758**	**31 068**	**12 941.35**	-	**51 079.40**
20	7	29	14	7	8 309	5 497	23 106	5 389.89	-	23 713.77
33	15	54	17	7	5 721	2 321	16 741	3 873.12	-	26 381.53
24	9	42	13	8	6 481	6 708	19 102	5 372.47	-	24 448.68
77	**31**	**125**	**44**	**22**	**20 511**	**20 511**	**58 949**	**14 635.48**	-	**74 543.98**
9	-	14	6	-	2 540	652	4 855	1 713.85	-	7 209.68
5	-	14	18	-	13 313	6 254	28 530	9 297.77	-	18 079.52
2	4	20	5	-	3 102	3 199	7 213	3 005.69	-	5 429.03
6	**4**	**48**	**29**	-	**18 955**	**10 105**	**40 598**	**14 017.31**	-	**30 718.23**
9	-	-	**2**	**1**	**1 390**	**5 477**	**1 498**	**2 207.67**	-	**3 866.27**
6	**6**	**5**	**1**	-	—	—	—	**4 256.26**	-	**1 902.19**
6	**45**	**294**	**125**	**28**	**61 247**	**35 866**	**132 113**	**48 058.07**	-	**162 110.07**
0	6	28	40	8	10 865	3 632	19 163	6 503.15	-	[3]) 32 806.25
6	**51**	**322**	[5]) **165**	**36**	**72 112**	**39 498**	**151 276**	**54 561.22**	-	**194 916.32**

Apparaterne tilhører følgende Systemer:
Morse, sluttet Linie 22 Stkr., Digneys Viserapparater 83 Stkr.
Morse, aaben Linie 148 Stkr., Siemens & Halskes Viserapparater 23 Stkr., Telefoner 51.
Kun de paa Jernbanens Linier befordrede.
Heri indbefattet Andel i Udgifter ved Kristiania Fællesstation.
Heraf en Varselsklokke for en Hovedvei.
Desuden fandtes, foruden Stationsmestere og Kontorister, 73 telegrafkyndige Stationsbetjente.

Tabel VIII. Stationernes T[illegible]
Renseignement sur le trafi[illegible]

Løbenummer.	Stationernes Navne. Désignation des stations.	Trafik. Trafic. Reisende med ordinære Tog. Voyageurs avec trains ordinaires. Afgaaede, fordelt paa hver Klasse. Partis (Répartition par classe de voitures). Tur. Simple course.			Tur & Retur. Aller et retour.			Tilsammen. Ensemble.	
	1	2	3	4	5	6	7	8	9
		I.	II.	III.	I.	II.	III.	I.	II.
		Antal. Nombre.							
	Smaalensbanen.								
	Gj.nemgangstrafik:	-	-	-	-	-	7	-	-
	Lokal- og Samtrafik:								
1	Kristiania *Fællesst.*	*1 576*	*10 209*	*74 249*	*939*	*31 550*	*506 738*	*2 515*	*41 759*
	Heraf denne Bane.	961	5 059	33 352	430	16 733	353 783	1 391	21 792
2	Bækkelaget	1	303	9 989		912	66 466	1	1 215
3	Nordstrand Stoppest.	-	439	11 222	-	1 749	96 166	-	2 188
4	Ljan a)	3	183	6 646	-	2 025	99 078	3	2 208
5	Oppegaard	-	22	1 085	-	354	7 382	-	376
6	Ski	-	86	2 999	2	511	17 220	2	597
7	Aas	2	390	2 480	4	1 221	12 076	6	1 611
8	Vestby	-	33	1 071	-	161	5 586	-	194
9	Saaner	-	83	1 787	2	195	7 542	2	278
10	Moss a)	56	1 445	10 232	17	4 266	39 425	73	5 711
11	Dilling	1	121	2 125	2	297	5 475	3	418
12	Rygge	-	32	1 974	-	205	10 745	-	237
13	Raade	-	30	1 549	-	268	12 328	-	298
14	Onsø	-	46	1 582	1	228	6 631	1	274
15	Fredriksstad a)	38	1 358	13 893	25	6 154	57 041	63	7 512
16	Lisleby Stoppested	-	-	1 882	-	-	2 150	-	-
17	Greaaker	-	48	3 373	-	116	9 012	-	164
18	Sandesund	-	74	1 719	-	192	4 145	-	266
19	Sarpsborg	-	565	8 362	12	2 101	38 390	12	2 666
20	Skjeberg a)	-	39	1 498	-	299	12 705	-	338
21	Døle Stoppested	-	-	541	-	-	2 551	-	-
22	Berg	-	54	3 755	-	180	13 880	-	234
23	Fredrikshald	540	1 180	20 069	322	3 759	51 654	862	4 939
24	Kraakstad a)	-	17	1 290	-	212	7 770	-	229
25	Tomter	-	109	1 756	-	276	9 041	-	385
26	Spydeberg	-	40	1 934	-	177	10 735	-	217
27	Askim	-	61	1 559	-	283	8 149	-	344
28	Slitu	-	57	1 785	-	194	5 344	-	251
29	Mysen	-	157	3 343	-	304	11 820	-	461
30	Eidsberg	-	25	1 082	-	101	5 134	-	126
31	Rakkestad	-	59	1 716	-	217	10 008	-	276
32	Gautestad	-	5	794	-	26	5 452	-	31
33	Ise	-	11	1 306	-	27	8 012	-	38
34	Tistedalen	-	98	5 151	-	139	7 249	-	237
35	Aspedammen	-	11	1 252	-	22	3 710	-	33
36	Præstebakke	-	47	1 801	-	212	7 067	-	259
37	Kornsjø	-	17	1 443	-	61	3 968	-	78
	Tilsammen	1 602	12 304	169 397	817	44 177	1 034 890	2 419	56 48[illegible]

[1]) Afg.: Trafik i Retning fra Kristiania. [2]) Ank.: Trafik i Retning til Kristiania.

...dgifter samt Personale.
...ses et le personnel des stations.

11	12	13	14	15	16	17	18	19	20	
	Trafic. Trafic.									
		Levende Dyr. Animaux.								
...m ...le ...ser. ...al	Ankomne. Arrivés. Ialt. Total.	Heste. Chevaux.		Hornkvæg, større Svin etc. Bétail.		Smaafæ. Petit bétail.		Tilsammen. Total.		Løbenummer.
		Afg. Partis.	Ank. Arrivés.	Afg. Partis.	Ank. Arrivés.	Afg. Partis.	Ank. Arrivés.	Afg. Partis.	Ank. Arrivés.	
		Antal. Nombre.								
7	-	1) 1	2) -	-	-	-	-	1	-	
261	*630 990*	*841*	*788*	*538*	*13 879*	*32*	*3 296*	*1 411*	*17 963*	1
318	421 724	70	93	341	2 957	32	209	443	3 259	
671	73 004	-	2	1	101	-	2	1	105	2
576	102 833	-	-	-	-	-	-	-	-	3
935	108 230	-	-	3	3	1	-	4	3	4
843	8 704	-	-	21	3	-	-	21	3	5
818	20 862	78	91	206	51	11	1	295	143	6
173	15 900	-	-	213	64	28	-	241	64	7
851	6 890	1	1	84	18	10	1	95	20	8
609	9 751	-	-	68	6	16	1	84	7	9
441	53 619	27	97	102	388	13	43	142	528	10
021	8 224	1	1	20	9	1	-	22	10	11
956	13 103	-	-	34	7	8	3	42	10	12
175	14 203	8	30	186	42	52	4	246	76	13
488	8 697	-	4	20	15	-	2	20	21	14
509	79 414	178	179	159	638	23	96	360	913	15
032	3 518	-	-	-	-	-	-	-	-	16
549	12 667	1	-	-	16	-	-	1	16	17
130	6 175	-	-	5	1	-	-	5	1	18
430	48 502	1	1	80	239	2	19	83	259	19
541	15 036	1	1	56	14	7	-	64	15	20
092	2 871	-	-	-	-	-	-	-	-	21
869	18 413	1	1	21	25	-	2	22	28	22
524	74 121	74	105	813	451	64	27	951	583	23
289	9 195	1	-	86	12	2	1	89	13	24
282	11 073	65	60	176	20	14	1	255	81	25
886	12 850	1	-	275	33	9	2	285	35	26
052	10 184	2	2	427	24	9	3	438	29	27
380	7 124	75	72	281	21	24	5	380	98	28
624	15 261	6	2	443	13	35	1	484	16	29
342	6 832	5	4	209	17	67	-	281	21	30
000	11 867	-	1	425	24	71	11	496	36	31
277	6 518	-	-	51	6	3	1	54	7	32
356	9 714	1	-	16	130	4	58	21	188	33
637	15 308	-	28	-	2	1	1	1	31	34
995	5 420	-	-	-	18	1	-	1	18	35
127	9 057	-	-	93	1	7	2	100	3	36
489	5 620	-	-	49	-	-	1	49	1	37
187	**1 262 484**	**597**	**775**	**4 964**	**5 369**	**515**	**497**	**6 076**	**6 641**	

Tabel VIII. Stationernes Tr...
Renseignement sur le trafic...

Løbenummer.	Stationernes Navne. Désignation des station.	Trafik. Trafic. Gods. Marchandises. Ilgods. Grande vitesse. Afg. Parties.	Ilgods. Ank. Arrivées.	Trælast og Brænde. Bois de construction et bois à brûler. Afg. Parties.	Trælast og Brænde. Ank. Arrivées.	Andet Fragtgods. Petite vitesse. Afg. Parties.
	1	21	22	23	24	25
		Antal Ton. (2 Decimaler). Tonnes.				
	Smaalensbanen.					
	Gjennemgangstrafik:	[1]) **62.50**	[2]) **5.72**	[1]) -	[2]) -	**115.92**
	Lokal- og Samtrafik:					
1	Kristiania *Fællesst.*	*1 781.56*	*3 401.87*	*8 196.44*	*220 075.23*	*185 583.16*
	Heraf denne Bane	532.28	1 924.74	594.80	21 551.14	34 061.11
2	Bækkelaget	1.64	6.29	-	195.50	42.71
3	Nordstrand Stoppested	-	0.01	-	-	-
4	Ljan a)	1.82	4.39	342.80	491.90	31.93
5	Oppegaard	0.77	5.29	1 986.58	15.94	154.78
6	Ski	4.72	19.46	1 362.70	44.65	985.44
7	Aas	6.05	28.97	4 412.20	83.60	1 194.15
8	Vestby	1.86	6.76	1 543.55	5.53	732.61
9	Saaner	1.95	8.49	235.20	6.22	297.32
10	Moss a)	294.66	107.71	717.50	3 135.80	9 633.60
11	Dilling	3.50	5.33	10.90	57.50	358.99
12	Rygge	3.51	6.93	392.00	75.60	1 079.23
13	Raade	12.03	11.08	171.60	30.30	1 878.15
14	Onsø	3.25	3.09	225.90	-	483.04
15	Fredriksstad a)	147.47	526.03	235.80	21 184.71	3 546.66
16	Lisleby Stoppested	-	0.13	-	-	-
17	Greaaker	3.06	8.77	-	48.50	187.30
18	Sandesund	4.68	8.30	14.70	677.60	541.53
19	Sarpsborg	47.92	93.82	227.24	456.78	1 344.27
20	Skjeberg a)	3.65	10.28	578.60	159.94	1 483.88
21	Døle Stoppested	-	-	-	-	379.09
22	Berg	5.21	4.36	194.90	21.40	292.29
23	Fredrikshald	340.10	234.60	462.41	54 758.98	10 867.17
24	Kraakstad a)	2.21	9.45	3 862.55	10.44	1 128.45
25	Tomter	6.90	26.77	4 618.85	13.15	1 983.37
26	Spydeberg	16.83	24.23	2 871.39	39.17	2 162.34
27	Askim	17.44	25.57	573.80	63.27	8 756.74
28	Slitu	16.21	12.17	719.44	10.70	1 653.83
29	Mysen	33.70	38.42	2 653.06	160.39	3 313.74
30	Eidsberg	4.47	18.83	602.73	4.62	877.44
31	Rakkestad	13.29	32.44	3 293.63	9.87	2 392.33
32	Gautestad	1.01	4.97	1 646.41	10.73	618.16
33	Ise	4.18	5.10	404.30	446.30	831.72
34	Tistedalen	3.82	7.51	8 598.95	467.81	9 777.71
35	Aspedammen	-	1.02	187.50	71.10	341.01
36	Præstebakke a)	64.12	2.60	2 681.60	88.39	807.70
37	Kornsjø	209.92	2.52	3 093.68	173.10	339.99
	Tilsammen	**1 814.23**	**3 236.43**	**49 517.27**	**104 570.63**	**104 559.77**

[1]) Afgaaet: Trafik i Retning fra Kristiania. [2]) Ankommet: Trafik i Retning til Kristiania.

dgifter samt Personale.
es et le personnel des stations.

27	28	29	30	31	32	33	
Tilsammen. Total.		**Udgifter.** Dépenses.				**Fast Personale.** Employés.	Løbenummer.
		Lønninger og Beklædning. Dépenses du personnel.	Husleie, Opvarmning, Belysning, Renhold og Inventar. Loyer, chauffage, éclairage, nettoyage et inventaire.	Kontorudgifter. Nécessaire des comptois.	Sum. b) Total.		
Afg. Parties.	Ank. Arrivées.						
		Kroner.				Antal. Nombre	
[1]) 178.42	[2]) 233.90	-	-	-	-	-	
195 561.16	*361 165.29*	*199 956.65*	*47 918.56*	*9 230.87*	*257 106.08*	[3]) 148	1
35 188.19	57 198.73	*Andel med Hovedbanen*			100 615.49	—	
		Egne Udg. 499.92		1 518.84	2 018.76		
44.35	310.16	3 870.82	1 089.26	255.04	5 215.12	4	2
-	0.01	1 896.99	1 557.88	175.06	3 629.93	2	3
376.55	1 202.16	4 221.45	1 647.89	197.98	6 067.32	4	4
2 142.13	839.91	3 383.14	373.61	58.44	3 815.19	3	5
2 352.86	4 702.41	9 569.47	1 558.27	174.93	11 302.67	10	6
5 612.40	4 816.84	2 791.29	588.89	75.50	3 455.68	2	7
2 278.02	1 883.20	2 658.53	597.76	59.85	3 316.14	2	8
534.47	1 011.31	2 563.81	633.91	81.63	3 279.35	3	9
0 645.76	7 263.41	12 799.56	3 729.44	636.82	17 165.82	12	10
373.39	610.71	2 687.38	465.32	69.93	3 222.63	2	11
1 474.74	1 779.34	3 789.15	585.57	73.76	4 448.48	3	12
2 061.78	1 307.29	3 166.29	517.88	90.53	3 774.70	3	13
712.19	246.16	1 903.59	407.24	69.66	2 380.49	2	14
3 929.93	27 401.98	14 143.20	3 647.45	621.26	18 411.91	15	15
-	149.44	365.00	8.40	26.30	399.70	-	16
190.36	915.93	2 318.23	479.62	71.57	2 869.42	2	17
560.91	2 624.90	3 378.25	452.30	98.92	3 929.47	3	18
1 619.43	3 789.65	15 308.07	1 798.41	355.34	17 461.82	15	19
2 066.12	1 105.90	3 213.65	632.79	85.70	3 932.14	2	20
379.09	1.80	472.87	-	25.20	498.07	-	21
492.40	433.20	2 110.68	396.65	97.88	2 605.21	2	22
11 669.68	72 133.13	19 960.25	5 116.05	693.65	25 769.95	20	23
4 993.21	2 758.87	2 977.73	570.41	92.38	3 640.52	2	24
6 609.12	2 257.43	2 856.41	657.93	98.70	3 613.04	3	25
5 050.56	3 116.45	3 452.31	572.72	119.65	4 144.68	3	26
9 347.98	1 684.35	2 978.32	573.18	102.76	3 654.26	3	27
2 389.48	1 034.52	2 790.77	557.27	116.52	3 464.56	3	28
6 000.50	2 978.76	7 416.03	1 327.72	180.33	8 924.08	7	29
1 484.64	600.55	2 383.53	822.24	69.08	3 274.85	2	30
5 699.25	1 733.30	3 919.85	522.40	133.92	4 576.17	5	31
2 265.58	297.88	2 332.46	445.67	52.06	2 830.19	2	32
1 240.20	1 052.63	2 297.38	487.62	109.34	2 894.34	2	33
18 380.48	3 655.32	3 387.44	678.50	251.35	4 317.29	2	34
528.51	238.21	1 199.85	554.65	224.28	1 978.78	2	35
3 553.42	1 057.63	2 904.46	422.89	236.03	3 563.38	3	36
3 643.59	1 053.58	2 743.43	713.37	242.50	3 699.30	3	37
55 891.27	**215 247.05**	**160 711.56**	**35 191.16**	**7 642.69**	**203 545.41**	—	

mlet Personale ved Stationen (Fælles for Hoved- og Smaalensbanen).

Løbenummer.	Stationernes Navne.	Trafik. Reisende med ordinære Tog. Afgaaede, fordelt paa hver Klasse. Tur. I.	Tur. II.	Tur. III.	Tur & Retur. I.	Tur & Retur. II.	Tur & Retur. III.	Tilsammen. I.	Tilsammen. II.	Tilsammen. III.
1		2	3	4	5	6	7	8	9	10
		Antal.								
	Hvoraf Lokaltrafik ..	65	9 137	160 037	106	42 464	1 025 487	171	51 601	1 185
	« Samtrafik....	1 537	3 167	9 360	711	1 713	9 403	2 248	4 880	18
	nemlig Trafik over:									
	Kristiania	4	64	704	-	161	2 424	4	225	3
	Moss & Horten	-	148	1 548	-	334	3 274		482	4
	Kornsjø	1 533	2 955	7 108	711	1 218	3 705	2 244	4 173	10
	Kongsvingerbanen.									
	Gjennemgangstrafik.	**546**	**3 122**	**5 985**	**161**	**1 529**	**4 902**	**707**	**4 651**	**10**
	Lokal- og Samtrafik:									
1	Lillestrøm *Fællesst.* ..	*12*	*500*	*8 065*	*102*	*2 014*	*38 951*	*114*	*[illegible]*	*47*
	Heraf denne Bane	2	82	1 965	35	223	6 503	37	305	8
2	Nerdrum Sidespor...	-	-	-	-	-	-	-	-	
3	Fetsund a)	1	117	2 627	21	935	12 598	22	1 052	15
4	Varaaen Sidespor ...		-	-	-	-	-	-	-	
5	Sørumsanden Stop.st.	-	-	470	-	1	1 922	-	1	2
6	Blaker a)	6	145	1 737	15	597	8 977	21	742	10
7	Haga	1	33	884	12	67	4 440	13	100	5
8	Aarnes	3	71	1 330	3	259	6 593	6	330	7
9	Funnefoss Sidespor..	-	-	-	-	-	-	-	-	
10	Sæterstøen a).	-	22	1 026	3	97	3 470	3	119	4
11	Disenaaen Stoppested	-	-	541	-	-	1 568	-	-	2
12	Skarnes	-	74	2 033	1	375	8 188	1	449	10
13	Sander a).........	-	50	1 304	-	151	5 472	-	201	[illegible]
14	Galterud Stoppested.	-	-	586	-	-	2 270	-	-	2
15	Kongsvinger *Fællesst.*	*9*	*310*	*4 342*	*39*	*1 122*	*19 001*	*48*	*1 432*	*23*
16	Heraf denne Bane.	9	252	3 420	39	959	15 302	48	1 211	15
17	Sjøli Sidespor	-	-	-	-	-	-	-	-	
18	Aabogen	-	5	802	-	51	4 692	-	56	5
19	Eidsskogen........	-	24	1 484	-	69	3 433	-	93	4
20	Skotterud	-	21	1 145	-	25	4 774	-	46	5
21	Magnor	-	25	1 173	1	100	5 141	1	125	5
22	Eda Sidespor	-	-	-	-	-	-	-	-	
23	Charlottenberg a) . .	8	161	1 672	60	484	4 222	68	645	5
	Tilsammen	**40**	**1 082**	**24 199**	**190**	**4 506**	**99 565**	**230**	**5 588**	**[illegible]**
	Hvoraf Lokaltrafik ..	1	539	16 680	85	1 491	65 400	86	2 030	[illegible]
	« Samtrafik ...	39	543	7 519	105	3 015	34 165	144	3 558	[illegible]
	nemlig Trafik over:									
	Lillestrøm	33	492	7 164	104	2 983	33 400	137	3 475	[illegible]
	Charlottenberg	6	45	185	1	6	87	7	51	
	Kongsvinger	-	6	170	-	26	678	-	32	
	Kongsv.—Flisenb.									
	Lokal- og Samtrafik:									
1	Kongsv. denne Bane.	-	58	922	-	163	3 699	-	221	4
2	Roverud	-	40	706	-	107	2 779		147	3
3	Nor	-	12	517	-	75	2 310	-	87	2
4	Grinder	-	24	619	-	96	1 889		120	2

[1]) Afgaaet: Trafik fra Hovedbanen over denne Bane til svenske Baner og Kongsvinger—Flis[illegible]
[2]) Ankommet: do. til do. « « do. fra do. do. « do. do

11	12	13	14	15	16	17	18	19	20	
		Trafik.								
		Levende Dyr.								
Sum alle Klasser.	Ankomne. Ialt.	Heste.		Hornkvæg, større Svin etc.		Smaafæ.		Tilsammen.		Løbenummer.
		Afg.	Ank.	Afg.	Ank.	Afg.	Ank.	Afg.	Ank.	
		Antal.								
37 300	1 237 300	486	486	4 921	4 921	478	478	5 885	5 885	
25 887	25 184	111	289	43	448	37	19	191	756	
3 353	3 371	69	100	28	156	22	3	119	259	
5 304	5 394	-	-	-	-	6	-	6	-	
17 230	16 419	42	189	15	292	9	16	66	497	
16 245	-	1) 32	2) 191	1) -	2) 414	1) -	2) 564	1) 32	2) 1 169	
49 614	*49 158*	-	-	*69*	*54*	*2*	*75*	*71*	*129*	1
8 810	8 565	-	-	-	36	-	4	-	40	
-	-	-	-	-	-	-	-	-	-	2
16 299	16 431	62	49	138	26	2	-	202	75	3
-	-	-	-	-	-	-	-	-	-	4
2 393	2 555	-	-	-	-	-	-	-	-	5
11 477	11 583	-	1	296	18	2	-	298	19	6
5 437	5 461	-	-	207	7	102	-	309	7	7
8 259	8 292	-	-	247	4	24	1	271	5	8
-	-	-	-	-	-	-	-	-	-	9
4 618	4 600	-	-	110	1	5	-	115	1	10
2 109	2 016	-	-	-	11	-	2	-	13	11
10 671	10 869	-	-	284	-	15	-	299	-	12
6 977	6 825	-	-	147	7	6	12	153	19	13
2 856	2 908	-	-	-	-	-	-	-	-	14
24 823	*24 199*	*34*	*15*	*268*	*11*	*7*	*15*	*309*	*41*	15
19 981	19 647	34	15	268	11	7	15	309	41	16
-	-	-	-	-	-	-	-	-	-	17
5 550	5 920	-	-	21	-	6	1	27	1	18
5 010	4 246	1	-	4	-	4	-	9	-	19
5 965	6 570		-	118	3	3	-	121	3	20
6 440	6 558	-	6	154	-	6	-	160	6	21
-	-	-	-	-	-	-	-	-	-	22
6 607	6 600	59	50	37	-	-	-	96	50	23
29 582	**129 769**	**156**	**121**	**2 031**	**124**	**182**	**35**	**2 369**	**280**	
84 196	84 196	19	19	74	74	20	20	113	113	
45 386	45 573	137	102	1 957	50	162	15	2 256	167	
44 176	44 208	122	102	1 957	36	161	-	2 240	138	
330	341	15	-	-	-	-	-	15	-	
880	934	-	-	-	14	1	15	1	29	
4 842	4 552	-	-	-	-	-	-	-	-	1
3 632	3 860	1	-	167	2	2	1	170	3	2
2 914	2 830	-	-	6	-	7	-	13	-	3
2 628	2 604	-	-	13	-	3	-	16	-	4

Løbenummer.	Stationernes Navne.	Trafik. Gods. Ilgods. Afg.	Ank.	Trælast og Brænde. Afg.	Ank.	Andet Fragtgods Afg.	Ank
	1	21	22	23	24	25	26
		Antal Ton. (2 Decimaler).					
	Hvoraf Lokaltrafik	1 598.55	1 598.55	48 199.73	48 199.73	94 144.99	94 14
	« Samtrafik.......	215.68	1 637.88	1 317.54	56 370.90	10 414.78	13 29
	nemlig Trafik over:						
	Kristiania	91.37	54.91	1 178.30	855.94	1 384.85	1 08
	Moss & Horten	16.66	17.66	-	-	106.89	19
	Kornsjø............ ..	107.65	1 565.31	139.24	55 514.96	8 923.04	12 01
	Kongsvingerbanen.						
	Gjennemgangstrafik.	[1]) **179.19**	[2]) **122.73**	[1]) -	[2]) **31 592.80**	[1]) **17 636.29**	[2] **34 6**
	Lokal- og Samtrafik:						
1	Lillestrøm *Fællesst.*	*21.01*	*86.42*	*95 417.92*	*15 122.40*	*2 815.23*	*63 78.*
	Heraf denne Bane....	5.46	6.19	1 285.09	12 739.10	170.89	38
2	Nerdrum Sidespor......	-	-	7 773.20	- -	29.60	75
3	Fetsund a)	25.24	26.45	239.40	244.75	2 095.61	3 50
4	Varaaen Sidespor	-	-	15.20	1 068.00	1 624.80	5
5	Sørumsanden Stoppested	-	-	1 023.40	71.90	171.41	40
6	Blaker a).............	68.54	28.35	5 726.50	72.70	1 776.66	2 73
7	Haga	14.25	13.64	3 123.32	29.36	1 783.82	1 79
8	Aarnes	20.34	28.53	2 371.40	103.18	1 759.86	1 83
9	Funnefoss Sidespor.....	-	-	-	-	7 092.70	
10	Sæterstøen a)	11.05	12.59	5 514.00	10.23	364.23	1 42
11	Disenaaen Stoppested...	-	-	1 842.70	10.00	72.70	20
12	Skarnes	43.30	33.85	2 871.90	275.73	577.85	2 60
13	Sander a)	16.93	11.82	2 102.60	41.11	2 051.75	1 05
14	Galterud Stoppested....	-	-	1 466.10	14.50	446.70	25
15	Kongsvinger *Fællesst.*...	*68.34*	*69.78*	*1 702.00*	*1 546.87*	*1 331.21*	*6 35*
	Heraf denne Bane....	59.50	67.56	1 699.00	1 487.54	1 035.16	6 32
16	Sjøli Sidespor	-	0.07	396.10	17.00	72.20	3
17	Aabogen...	12.84	7.70	5 473.60	8.80	281.58	57
18	Eidsskogen...	6.52	6.41	3 463.60	6.43	273.02	45
19	Skotterud	21.50	12.95	9 173.20	6.20	456.29	1 32
20	Magnor	20.16	13.19	4 499.68	2.44	315.40	1 10
21	Eda Sidespor	-	-	937.10	22.10	575.16	74
22	Charlottenberg a)	2.29	6.91	5 666.90	85.78	4 306.99	2 81
	Tilsammen	**327.92**	**276.21**	**66 663.99**	**16 316.85**	**27 334.38**	**31 42**
	Hvoraf Lokaltrafik	55.27	55.27	13 019.22	13 019.22	5 126.94	5 12
	« Samtrafik.......	272.65	220.94	53 644.77	3 297.63	22 207.44	26 20
	nemlig Trafik over:						
	Lillestrøm	270.77	219.11	53 605.12	3.63	21 529.30	25 00
	Charlottenberg.........	0.47	1.20	-	1 807.10	351.34	17
	Kongsvinger...........	1.41	0.63	39.65	1 486.90	326.80	14
	Kongsv.-Flisenbanen.						
	Lokal- og Samtrafik:						
1	Kongsvinger denne Bane	8.84	2.22	3.00	59.33	296.05	2
2	Roverud	6.32	5.66	2 319.50	23.50	105.58	56
3	Nor	1.49	2.98	1 290.90	9.80	36.47	22
4	Grinder	11.01	2.67	1 264.60	1.07	29.67	24

[1]) Afgaaet: Trafik i Retning fra Kristiania over Kongsvingerbanen. [2]) Ankommet: Tr
og Kongsvingerbanen). [4]) Samlet Personale ved Stationen.

...dgifter samt Personale.

27	28	29	30	31	32	33	
Tilsammen.		Udgifter.				Fast Personale.	Løbenummer.
...fg.	Ank.	Lønninger og Beklædning.	Husleie, Opvarmning, Belysning, Renhold og Inventar.	Kontor-udgifter.	Sum. b)		
		Kroner.				Antal.	
...3 943.27	143 943.27						
...11 948.00	71 303.78						
2 654.52	1 994.33						
123.55	216.61						
9 169.93	69 092.84						
...17 815.48	[2]) 66 368.08	-	-	-	-	-	
...8 254.16	78 993.66	24 139.34	3 875.39	739.11	28 753.84	[3]) 20	1
1 461.44	13 133.93	Andel med Hovedbanen			3 710.00	—	
...7 802.80	751.89	Egne Udgifter ...	105.39	94.95	200.34	-	2
...2 360.25	3 775.45	4 324.04	962.12	153.79	5 439.95	4	3
...1 640.00	1 126.50					-	4
...1 194.81	541.30	387.00	65.40	4.70	457.10	-	5
...7 571.70	2 837.36	4 095.94	894.13	119.25	5 109.32	4	6
...4 921.39	1 840.46	3 014.65	678.84	77.97	3 771.46	3	7
4 151.60	1 966.69	4 598.19	1 690.94	119.94	6 409.07	5	8
7 092.70	-	3 900.05	793.59	82.15	4 775.79	-	9
...5 889.28	1 446.86					4	10
...1 915.40	303.42	1 056.40	145.74	21.64	1 223.78	1	11
...3 493.05	2 913.98	4 735.22	970.61	132.33	5 838.16	4	12
4 171.28	2 003.99	3 696.36	828.12	133.62	4 658.10	4	13
1 912 80	273.90	1 215.75	46.20	31.72	1 293.67	1	14
...3 101.55	7 969.33	16 201.94	3 158.29	271.70	19 631.93	[4]) 16	15
...2 793.66	7 879.00	13 855.51	2 736.91	235.56	16 827.98	-	
468.30	56.39	1 113.66	15.94	-	1 129.60	-	16
5 768.02	589.20	3 076.16	598.68	78.18	3 753.02	3	17
...3 743.14	443.34	2 559.14	668.68	83.30	3 311.12	3	18
9 650 99	1 339.25	3 310.93	484.29	84.21	3 879.43	3	19
4 835.24	1 116.41	3 345.38	557.44	118.05	4 020.87	3	20
1 512.26	769.10	Andel med svenske Statsbaner			11 406.22	-	21
...9 976.18	2 908.08	Egne Udgifter ...	502.45	186.34	688.79	-	22
...4 326.29	48 016.50	58 284.38	12 745.47	1 757.70	72 787.55	—	
...8 201.43	18 201.43						
...6 124.86	29 815.07						
...5 405.19	26 192.06						
351.81	1 986.46						
367.86	1 636.55						
307.87	90.33	2 346.43	421.38	36.14	2 803.95	16	1
2 431.40	889.86	1 860.03	631.62	497.61	2 989.26	2	2
1 328.86	237.81	1 527.09	333.69	106.57	1 967.35	3	3
1 305.28	228.20	1 281.70	357.69	306.80	1 946.19	2	4

...ng til Kristiania over Kongsvingerbanen. [3]) Samlet Personale ved Stationen (Fælles for Hoved-

Løbenummer.	Stationernes Navne.	2	3	4	5	6	7	8	9
		Trafik.							
		Reisende med ordinære Tog.							
		Afgaaede, fordelt paa hver Klasse.							
		Tur.			Tur & Retur.			Tilsammen.	
		I.	II.	III.	I.	II.	III.	I.	II.
		Antal.							
5	Kirkenær	-	88	1 600	-	284	3 557	-	372
6	Navnaaen	-	11	697	-	28	1 298	-	39
7	Arneberg	-	26	941	-	87	2 315	-	113
8	Flisen	-	70	832	1	302	2 962	1	372
	Tilsammen	-	**329**	**6 834**	**1**	**1 142**	**20 809**	**1**	**1 471**
	Heraf Lokaltrafik	-	282	5 820	-	824	17 994	-	1 106
	« Samtrafik: nemlig over:								
	Kongsvinger	-	47	1 014	1	318	2 815	1	365
	Kr.ania-Dr.menb.								
	Gjennemgangstrafik.	-	**48**	**516**	-	**98**	**1 182**	-	**146**
	Lokal- og Samtrafik:								
1	Kristiania a)	-	7 025	41 538	-	28 406	381 095	-	35 431
2	Skarpsno Stoppested	-	145	2 034	-	410	6 406	-	555
3	Bygdø a)	-	497	7 962	-	909	47 902	-	1 406
4	Bestum Stoppested	-	187	2 617	-	1 136	43 340	-	1 323
5	Lysaker	-	382	5 965	-	1 747	66 735	-	2 129
6	Stabæk Stoppested	-	91	2 415	-	588	35 736	-	679
7	Høvik a)	-	332	3 396	-	2 524	42 205	-	2 856
8	Sandviken a)	-	791	8 332	-	4 188	62 756	-	4 979
9	Slæpenden Stoppested	-	128	992	-	607	7 871	-	735
10	Hvalstad a)	-	396	3 120	-	1 465	14 602	-	1 861
11	Asker	-	245	3 810	-	809	19 330	-	1 054
12	Heggedal a)	-	50	2 111	-	178	11 058	-	228
13	Røken a)	-	82	1 977	-	464	10 217	-	546
14	Spikkestad Stoppested	-	-	689	-	2	1 773	-	2
15	Lier	-	97	3 690	-	522	20 919	-	619
16	Bragerøen Stoppested	-	40	1 303	-	216	3 022	-	256
17	Drammen a) *Fællesst.*	-	*2 446*	*20 530*	-	*11 841*	*117 447*	-	*14 287*
	Heraf denne Bane	-	1 224	9 037	-	7 516	48 578	-	8 740
	Tilsammen	-	**11 712**	**100 988**	-	**51 687**	**823 545**	-	**63 399**
	Heraf Lokaltrafik	-	7 675	89 851	-	43 264	793 881	-	50 939
	« Samtrafik	-	4 037	11 137	-	8 423	29 664	-	12 460
	nemlig Trafik over:								
	Kristiania	-	23	289	-	99	1 573	-	122
	Drammen	-	4 014	10 848	-	8 324	28 091	-	12 338
	Drammen-Skienb.								
	Gjennemgangstrafik.	-	**11**	**83**	-	**14**	**164**	-	**25**
	Lokal- og Samtrafik:								
1	Drammen a) denne Bane	-	749	5 177	-	1 713	24 722	-	2 462
2	Gundesø Stoppested	-	-	122	-	-	435	-	-
3	Skoger	-	9	1 561	-	38	7 117	-	47
4	Galleberg	-	19	1 727	-	68	6 247	-	87
5	Sande a)	-	84	2 718	-	367	13 100	-	451
6	Holm Stoppested	-	7	518	-	12	915	-	19
7	Holmestrand	-	709	5 003	-	1 697	20 069	-	2 406
8	Nykirke	-	6	1 705	-	95	7 670	-	101
9	Skoppum	-	216	2 813	-	567	16 149	-	783

[1]) Afgaaet: Trafik i Retning fra Kristiania over Kristiania—Drammenbanen. [2]) Ank

ifter samt Personale.

	12	13	14	15	16	17	18	19	20	
	Trafik.									
		Levende Dyr.								
	Ankomne. Ialt.	Heste.		Hornkvæg, større Svin etc.		Smaafæ.		Tilsammen.		Løbenummer.
er.		Afg.	Ank.	Afg.	Ank.	Afg.	Ank.	Afg.	Ank.	
	Antal.									
5529	4 976	-	-	93	1	1	5	94	6	5
2034	2 242	-	-	3	1	-	2	3	3	6
3369	3 162	-	-	51	2	8	2	59	4	7
4167	4 615	10	2	98	-	12	-	120	2	8
9115	**28 841**	**11**	**2**	**431**	**6**	**33**	**10**	**475**	**18**	
4920	24 920	-	-	3	3	8	8	11	11	
4195	3 921	11	2	428	3	25	2	464	7	
1844	-	1) -	2) -	6	-	1	-	7	-	
3064	464 184	175	158	555	1 035	1 392	109	2 122	1 302	1
5995	7 520	-	-	-	-	-	-	-	-	2
7270	56 846	-	-	-	1	-	-	-	1	3
7280	47 204	-	-	-	-	-	-	-	-	4
1829	75 881	-	-	-	10	-	-	-	10	5
5830	39 196	-	-	-	-	-	-	-	-	6
1457	48 311	-	-	1	-	-	-	1	-	7
1067	74 492	-	-	266	23	40	2	306	25	8
1598	9 229	-	-	-	-	-	-	-	-	9
1583	18 776	-	-	25	14	1	-	26	14	10
1194	24 133	-	-	284	57	3	4	287	61	11
397	12 853	-	-	55	21	9	-	64	21	12
740	13 171	-	-	205	46	19	-	224	46	13
464	2 276	-	-	-	-	-	-	-	-	14
228	25 502	72	82	61	182	-	-	133	264	15
581	3 862	-	-	-	-	-	-	-	-	16
264	*150 796*	*34*	*42*	*110*	*1 489*	*13*	*1 125*	*157*	*2 656*	17
355	65 550	30	36	72	291	8	868	110	1 195	
932	**988 986**	**277**	**276**	**1 524**	**1 680**	**1 472**	**983**	**3 273**	**2 939**	
671	934 671	220	220	1 381	1 381	892	892	2 493	2 493	
261	54 315	57	56	143	299	580	91	780	446	
984	1 918	-	-	3	2	-	-	3	2	
277	52 397	57	56	140	297	580	91	777	444	
272	-	-	-	-	-	-	-	-	-	
361	32 134	2	5	11	148	-	27	13	180	1
557	535	-	-	-	-	-	-	-	-	2
725	9 484	1	-	8	7	-	-	9	7	3
061	7 686	-	-	5	-	-	-	5	-	4
269	16 566	-	2	141	3	27	-	168	5	5
452	1 591	-	-	-	-	-	-	-	-	6
478	26 500	1	1	64	57	1	209	66	267	7
476	9 665	-	-	-	50	1	13	1	63	8
745	20 148	-	1	-	2	-	-	-	3	9

1 Retning til Kristiania over Kristiania—Drammenbanen.

Løbenummer.	Stationernes Navne.	Trafik. Gods. Ilgods. Afg.	Ilgods. Ank.	Trælast og Brænde. Afg.	Trælast og Brænde. Ank.	Andet Fragtgod Afg.	An
	1	21	22	23	24	25	
		Antal Ton. (2 Decimaler).					
5	Kirkenær	10.92	6.87	554.78	23.21	73.91	[illegible]
6	Navnaaen	1.90	1.52	1 238.20	-	22.78	[illegible]
7	Arneberg	12.83	5.23	2.77	0.09	124.13	[illegible]
8	Flisen	6.49	18.22	537.60	-	130.85	[illegible]
	Tilsammen	**59.80**	**45.37**	**7 211.35**	**117.00**	**819.44**	[illegible]
	Heraf Lokaltrafik	18.76	18.76	77.35	77.35	379.87	[illegible]
	« Samtrafik:						
	nemlig over:						
	Kongsvinger	41.04	26.61	7 134.00	39.65	439.57	[illegible]
	Kr.ania-Dr.menb.						
	Gjennemgangstrafik.	1) **12.94**	2) **15.75**	·	**36.70**	**243.76**	[illegible]
	Lokal- og Samtrafik:						
1	Kristiania a)	923.85	320.12	653.26	14 088.78	37 878.16	[illegible]
2	Skarpsno Stoppested	-	-	-	-	-	
3	Bygdø a)	2.85	2.85	0.43	126.80	128.31	[illegible]
4	Bestum Stoppested	-	-	-	-	-	
5	Lysaker	4.57	4.72	472.50	2 857.91	2 581.77	[illegible]
6	Stabæk Stoppested	-	-	-	-	-	
7	Høvik a)	4.19	4.69	25.10	523.45	1 724.15	[illegible]
8	Sandviken a)	4.10	12.21	3 352.80	274.35	10 375.07	[illegible]
9	Slæpenden Stoppested	-	-	-	-	-	
10	Hvalstad a)	2.54	7.17	188.50	110.20	354.88	[illegible]
11	Asker	7.44	10.77	754.80	241.18	1 061.75	[illegible]
12	Heggedal a)	3.84	27.37	997.48	2 262.20	1 248.64	[illegible]
13	Røken a)	6.93	25.09	1 111.90	139.20	1 162.27	[illegible]
14	Spikkestad Stoppested	-	·	151.20	33.10	403.99	[illegible]
15	Lier	11.31	16.95	1 659.27	274.30	4 017.07	[illegible]
16	Bragerøen Stoppested	-	-	-	-	-	
17	Drammen a) *Fællesst.*	*423.70*	*524.13*	*7 054.50*	*14 508.53*	*55 008.19*	[illegible]
	Heraf denne Bane	120.02	307.56	4 050.10	863.80	6 019.52	[illegible]
	Tilsammen	**1 091.64**	**739.50**	**13 417.34**	**21 795.27**	**66 955.58**	[illegible]
	Heraf Lokaltrafik	510.25	510.25	13 197.16	13 197.16	43 569.21	[illegible]
	« Samtrafik	581.39	229.25	220.18	8 598.11	23 386.37	[illegible]
	nemlig Trafik over:						
	Kristiania	12.69	13.49	-	-	198.13	[illegible]
	Drammen	568.70	215.76	220.18	8 598.11	23 188.24	[illegible]
	Drammen-Skienb.						
	Gjennemgangstrafik.	3) **0.46**	4) -	·	·	**1.27**	[illegible]
	Lokal- og Samtrafik:						
1	Drammen a) denne Bane	94.19	170.85	1 255.60	2 330.11	3 687.33	[illegible]
2	Gundesø Stoppested	-	-	-	-	-	
3	Skoger	1.01	4.45	1 052.20	36.10	296.04	[illegible]
4	Galleberg	2.20	8.35	855.20	7.70	484.14	[illegible]
5	Sande a)	9.66	34.73	1 770.39	30.70	815.28	[illegible]
6	Holm Stoppested	-	-	-	-	-	
7	Holmestrand	44.90	54.50	1 531.01	631.00	980.78	[illegible]
8	Nykirke	0.92	4.13	60.74	109.70	64.67	[illegible]
9	Skoppum	1.31	7.23	67.87	127.14	84.74	[illegible]

1) 2) Se Anm. paa foregaaende Side. 3) 4) Afgaaet: Trafik i Retning fra Kristiania over Dr[illegible]

27	28	29	30	31	32	33	
Tilsammen.		Udgifter.				Fast Personale.	Løbenummer.
Afg.	Ank.	Lønninger og Beklædning.	Husleie, Opvarmning, Belysning, Renhold og Inventar.	Kontor-udgifter.	Sum. b)		
		Kroner.				Antal.	
639.61	611.16	1 983.43	805.02	323.52	3 113.97	2	5
1 262.88	169.86	1 399.08	326.02	290.81	2 015.91	2	6
139.73	507.19	1 283.51	405.77	308.24	1 997.52	2	7
674.94	1 727.09	3 164.99	863.44	388.46	4 416.89	5	8
8 090.59	**4 461.59**	**14 846.26**	**4 144.68**	**2 258.15**	**21 249.04**		
475.98	475.98						
7 614.61	3 985.61						
256.70	**263.92**						
39 455.27	61 748.77	77 930.94	16 048.01	3 413.39	97 392.34	74	1
-	-					1	2
131.59	530.55	5 409.29	1 570.00	266.77	7 246.06	4	3
-	-					1	4
3 058.84	10 088.63	3 810.90	814.76	215.18	4 840.84	4	5
-	-					1	6
1 753.44	1 793.60	4 767.84	547.19	189.48	5 504.51	4	7
13 731.97	3 371.29	6 139.01	878.13	270.70	7 287.84	6	8
-	-					1	9
545.92	709.30	3 608.35	897.43	162.58	4 668.36	3	10
1 823.99	2 039.20	5 049.65	1 032.76	142.47	6 224.88	5	11
2 249.96	3 752.63	3 051.67	729.78	95.49	3 876.94	3	12
2 281.10	2 249.79	4 460.50	868.04	128.46	5 457.00	3	13
555.19	640.41	-	-	-	-	1	14
5 687.65	2 633.00	4 091.57	823.35	203.23	5 118.15	4	15
-	-	1 158.79	312.14	26.56	1 497.49	1	16
62 486.39	*120 101.32*	*84 988.23*	*12 485.33*	*1 940.29*	*99 413.85*	87	17
10 189.64	5 818.78	31 585.44	4 644.17	721.73	36 951.34	—	
81 464.56	**95 375.95**	**151 063.95**	**29 165.76**	**5 836.04**	**186 065.75**	—	
57 276.62	57 276.62						
24 187.94	38 099.33						
210.82	158.56						
23 977.12	37 940.77						
1.73	**0.06**						
5 037.12	4 313.61	21 209.60	3 114.21	483.97	24 807.78	—	1
-	-					-	2
1 349.25	1 094.21	1 865.66	373.24	71.85	2 310.75	2	3
1 341.54	473.90	2 127.19	422.51	72.17	2 621.87	2	4
2 595.33	1 667.59	2 780.74	559.65	127.03	3 467.42	2	5
-	-					-	6
2 556.69	2 486.81	6 436.67	1 153.99	269.38	7 860.04	6	7
126.33	637.70	1 136.37	520.81	67.32	1 724.50	1	8
153.92	420.21	3 891.05	930.02	88.31	4 909.38	4	9

ιιenbanen via Moss—Horten. Ankommet: Trafik i den modsatte Retning.

Tabel VIII (Forts.). Stationernes Tra[illegible]

Løbenummer.	Stationernes Navne.	Trafik. Reisende med ordinære Tog. Afgaaede, fordelt paa hver Klasse. Tur. I.	Tur. II.	Tur. III.	Tur & Retur. I.	Tur & Retur. II.	Tur & Retur. III.	Tilsammen. I.	Tilsammen. II.	Tilsammen. III.
1		2	3	4	5	6	7	8	9	[illegible]
		Antal.								
10	Adal	-	74	1 664	-	95	5 498	-	169	7 1[illegible]
11	Barkaaker	-	30	1 665	-	51	6 654	-	81	8 [illegible]
12	Tønsberg	-	1 617	13 086	-	4 303	61 620	-	5 920	74 [illegible]
13	Sem	-	52	3 565	-	208	18 898	-	260	22 [illegible]
14	Stokke	-	78	2 228	-	265	16 319	-	343	18 [illegible]
15	Raastad	-	20	954	-	33	2 218	-	53	3 [illegible]
16	Sandefjord	-	1 132	8 328	-	2 931	36 481	-	4 063	44 [illegible]
17	Jaaberg	-	4	787	-	1	1 733	-	5	2 [illegible]
18	Tjølling	-	23	2 229	-	153	8 471	-	176	10 [illegible]
19	Grøtting Stoppested	-	-	538	-	2	1 150	-	2	1 [illegible]
20	Larvik a)	-	2 374	10 339	-	3 902	36 254	-	6 276	46 [illegible]
21	Kjose	-	1	381	-	29	2 746	-	30	3 [illegible]
22	Aaklungen	-	8	724	-	15	4 062	-	23	4 [illegible]
23	Bjørkedalen a)	-	4	622	-	4	2 078	-	8	2 [illegible]
24	Eidanger	-	242	3 860	-	674	20 814	-	916	24 [illegible]
25	Porsgrund a)	-	1 203	12 834	-	2 859	44 702	-	4 062	57 [illegible]
26	Osebakke Stoppested	-	40	2 720	-	99	15 721	-	139	18 [illegible]
27	Borgestad Stoppested	-	18	2 463	-	88	9 028	-	106	11 [illegible]
28	Bøle Stoppested	-	16	2 116	-	32	7 230	-	48	9 [illegible]
29	Skien a)	-	1 993	16 837	-	4 624	76 200	-	6 617	93 [illegible]
30	Borre	-	134	2 376	-	256	6 361	-	390	8 [illegible]
31	Horten	-	1 020	8 423	-	1 636	33 642	-	2 656	42 [illegible]
	Tilsammen	-	**11 882**	**120 083**	-	**26 817**	**514 304**	-	**38 699**	**634 [illegible]**
	Heraf Lokaltrafik	-	8 982	112 197	-	21 557	496 822	-	30 539	609 [illegible]
	« Samtrafik	-	2 900	7 886	-	5 260	17 482	-	8 160	25 [illegible]
	nemlig Trafik over:									
	Drammen	-	2 744	6 310	-	4 933	14 287	-	7 677	20 [illegible]
	Moss—Horten	-	156	1 576	-	327	3 195	-	483	4 [illegible]
	Dr.men—Randsfj.									
	Lokal- og Samtrafik:									
1	Drammen, denne Bane	-	473	6 316	-	2 612	44 147	-	3 085	50 [illegible]
2	Gulskogen a)	-	84	1 625	-	262	4 591	-	346	6 [illegible]
3	Mjøndalen	-	48	3 509	-	229	19 062	-	277	22 [illegible]
4	Hougsund	-	171	4 950	-	1 226	23 584	-	1 397	28 [illegible]
5	Burud	-	4	481	-	11	2 238	-	15	2 [illegible]
6	Skotselven	-	42	1 647	-	243	10 663	-	285	12 [illegible]
7	Aamot a)	-	125	2 390	-	569	12 719	-	694	15 [illegible]
8	Gjeithus	-	37	2 084	-	300	6 269	-	337	8 [illegible]
9	Vikesund	-	558	5 050	-	1 158	20 844	-	1 716	25 [illegible]
10	Nákkerud	-	16	849	-	69	4 285	-	85	5 [illegible]
11	Skjærdalen	-	64	1 343	-	170	6 192	-	234	7 [illegible]
12	Ask a)	-	54	1 825	-	167	5 274	-	221	7 [illegible]
13	Hønefoss a)	-	839	8 580	-	1 973	28 225	-	2 812	36 [illegible]
14	Hen a)	-	527	3 167	-	626	10 257	-	1 153	13 [illegible]
15	Randsfjord a)	-	904	3 341	-	1 252	12 925	-	2 156	16 [illegible]
16	Vestfossen	-	57	2 547	-	259	11 334	-	316	13 [illegible]
17	Darbu	-	17	903	-	39	4 137	-	56	5 [illegible]
18	Krekling	-	-	534	-	8	1 504	-	8	[illegible]

Udgifter samt Personale.

11	12	13	14	15	16	17	18	19	20	
		Trafik.								
		Levende Dyr.								
	Ankomne.	Heste.		Hornkvæg, større Svin etc.		Smaafæ.		Tilsammen.		Løbenummer.
Sum alle Klasser.	Ialt.	Afg.	Ank.	Afg.	Ank.	Afg.	Ank.	Afg.	Ank.	
Antal.										
7 331	7 331	-	-	-	7	2	4	2	11	10
8 400	8 715	-	-	2	5	-	50	2	55	11
80 626	80 447	12	6	74	72	1	109	87	187	12
22 723	22 946	-	-	73	16	1	-	74	16	13
18 890	19 187	-	-	21	2	4	-	25	2	14
3 225	3 592	-	-	9	6	-	-	9	6	15
48 872	47 423	1	5	31	11	5	2	37	18	16
2 525	2 798	-	-	1	-	-	-	1	-	17
10 876	11 826	-	-	-	-	-	-	-	-	18
1 690	1 600	-	-	-	-	-	-	-	-	19
52 869	52 804	2	9	64	65	-	3	66	77	20
3 157	3 190	-	-	7	-	3	-	10	-	21
4 809	4 807	1	-	41	2	13	-	55	2	22
2 708	3 053	-	-	-	2	-	2	-	4	23
25 590	25 923	-	-	-	1	-	-	-	1	24
61 598	60 976	-	4	1	144	-	14	1	162	25
18 580	18 251	-	-	-	-	-	-	-	-	26
11 597	11 886	-	-	-	-	-	-	-	-	27
9 394	9 519	-	-	-	-	-	-	-	-	28
99 654	99 210	5	4	58	135	3	2	66	141	29
9 127	8 643	-	-	-	-	-	-	-	-	30
44 721	43 789	2	-	4	14	-	-	6	14	31
73 086	672 315	27	37	615	749	61	435	703	1 221	
39 559	639 559	18	18	564	564	60	60	642	642	
33 527	32 756	9	19	51	185	1	375	61	579	
28 274	27 577	9	19	51	185	1	369	61	573	
5 253	5 179	-	-	-	-	-	6	-	6	
53 548	53 112	2	1	27	1 050	5	230	34	1 281	1
6 562	6 278	-	-	-	59	-	66	-	125	2
12 848	22 780	-	-	7	1	1	2	8	3	3
29 931	29 672	1	-	135	12	5	34	141	46	4
2 734	2 765	-	-	19	1	-	-	19	1	5
12 595	12 625	-	1	80	3	5	1	85	5	6
5 803	15 871	-	-	366	5	7	80	373	85	7
8 690	8 318	-	-	3	-	-	-	3	-	8
27 610	27 061	2	1	173	26	8	275	183	302	9
5 219	5 242	-	-	49	2	1	-	50	2	10
7 769	7 612	-	-	7	6	-	-	7	6	11
7 320	7 154	-	-	10	-	13	60	23	60	12
9 617	37 996	-	-	130	47	96	3	226	50	13
4 577	16 116	1	-	11	1	1	1	13	2	14
8 422	18 883	57	34	98	23	535	7	690	64	15
4 197	14 197	-	-	30	3	-	-	30	3	16
5 096	5 146	-	-	5	8	-	22	5	30	17
2 046	1 985	1	-	2	-	1	-	4	-	18

Løbenummer.	Stationernes Navne.	Trafik.					
		Gods.					
		Ilgods.		Trælast og Brænde.		Andet Fragtgods.	
		Afg.	Ank.	Afg.	Ank.	Afg.	Ank.
		Antal Ton. (2 Decimaler).					
	1	21	22	23	24	25	26
10	Adal	0.31	1.93	47.00	89.37	113.98	[illegible]
11	Barkaaker	1.10	2.62	8.80	65.80	138.06	[illegible]
12	Tønsberg	121.60	143.85	69.21	2 363.79	2 330.11	[illegible]
13	Sem	1.68	5.75	1 856.14	46.70	1 170.04	[illegible]
14	Stokke	3.98	8.94	404.70	176.23	580.96	[illegible]
15	Raastad	0.40	1.28	456.63	27.53	90.68	[illegible]
16	Sandefjord	61.85	95.63	1 077.10	2 482.40	1 911.24	[illegible]
17	Jaaberg	0.14	0.27	167.12	41.50	73.88	[illegible]
18	Tjølling	1.02	1.63	59.55	92.90	644.16	[illegible]
19	Grøtting Stoppested	-	-	-	-	-	
20	Larvik a)	256.39	134.62	2 511.90	3 376.90	6 070.70	[illegible]
21	Kjose	0.16	0.53	436.00	22.90	89.98	[illegible]
22	Aaklungen	0.40	1.35	3 499.40	11.80	139.75	[illegible]
23	Bjørkedalen a)	0.08	0.29	1 253.40	5.00	144.62	[illegible]
24	Eidanger	0.87	4.61	197.00	13.00	898.33	[illegible]
25	Porsgrund	74.83	61.40	232.50	893.30	1 293.62	[illegible]
26	Skien a)	72.19	143.16	72.60	4 140.85	1 922.47	[illegible]
27	Borre	0.95	2.94	13.80	63.40	65.24	[illegible]
28	Horten	76.58	70.31	38.75	1 281.67	1 471.23	[illegible]
	Tilsammen	**828.72**	**965.35**	**18 994.61**	**18 467.49**	**25 562.03**	[illegible]
	Heraf Lokaltrafik	642.93	642.93	15 868.06	15 868.06	21 295.33	[illegible]
	« Samtrafik	185.79	322.42	3 126.55	2 599.43	4 266.70	[illegible]
	nemlig Trafik over:						
	Drammen	168.04	305.38	3 126.55	2 599.43	4 067.74	[illegible]
	Moss—Horten	17.75	17.04	-	-	198.96	[illegible]
	Drammen-Randsfj.						
	Lokal- og Samtrafik:						
1	Drammen, denne Bane	209.49	45.72	1 748.80	11 314.62	45 301.34	[illegible]
2	Gulskogen	3.12	4.61	549.90	232.10	1 830.05	[illegible]
3	Mjøndalen	5.82	19.50	1 391.00	574.46	9 258.41	[illegible]
4	Hougsund	11.41	36.78	78.80	458.60	1 370.54	[illegible]
5	Burud	0.67	2.45	50.00	93.40	65.39	[illegible]
6	Skotselven	7.35	25.40	675.60	783.90	4 647.41	[illegible]
7	Aamot a)	20.05	46.29	223.30	1 925.40	13 244.86	[illegible]
8	Gjeithus	7.04	18.74	520.40	1 800.90	5 736.12	[illegible]
9	Vikesund	29.26	68.00	1 354.50	462.95	789.23	[illegible]
10	Nakkerud	4.73	7.69	252.36	22.92	244.40	[illegible]
11	Skjærdalen	7.57	12.25	648.67	500.60	2 716.21	[illegible]
12	Ask a)	3.89	6.78	145.80	122.90	305.41	[illegible]
13	Hønefoss a)	63.31	94.62	515.80	26 327.94	36 007.51	[illegible]
14	Hen a)	9.27	29.88	8 250.39	1 608.80	13 676.61	[illegible]
15	Randsfjord a)	60.55	115.77	28 031.80	713.90	16 336.34	[illegible]
16	Vestfossen	16.37	30.95	1 760.86	5 975.00	9 866.26	[illegible]
17	Darbu	2.06	4.65	1 632.80	20.80	98.72	[illegible]
18	Krekling a)	0.28	0.29	1 861.38	3.40	101.69	[illegible]

27	28	29	30	31	32	33	
		Udgifter.					
Tilsammen.		Lønninger og Beklædning.	Husleie, Opvarmning, Belysning, Renhold og Inventar.	Kontor-udgifter.	Sum. b)	Fast Personale.	Løbenummer.
Afg.	Ank.						
		Kroner.				Antal.	
161.29	608.79	1 530.97	616.97	59.89	2 207.83	1	10
147.96	309.89	1 249.83	535.50	50.94	1 836.27	1	11
2 520 92	5 727.60	7 350.26	1 383.16	423.30	9 156.72	2	12
3 027 86	1 078.82	3 010.13	554.65	150.65	3 715.43	3	13
989 64	1 221 35	2 523.13	510.49	127.87	3 161.49	3	14
547.71	107.74	1 210.67	476.79	35.42	1 722.88	1	15
3 050.19	5 897.66	6 157.49	1 292.65	288.33	7 738.47	6	16
241.14	157.67	993 32	524.10	56.58	1 574.00	1	17
704.73	280 46	1 236.31	443.21	56.84	1 736.36	1	18
-	-	-	-	-	-	1	19
8 838.99	7 995.31	11 358.84	2 062.02	512.40	13 933.26	12	20
526.14	164.26	1 107.58	256.42	39.02	1 403.02	1	21
3 639.55	158.87	2 014.54	447.66	50.40	2 512.60	2	22
1 398.10	69.60	985.83	395.14	58.10	1 439.07	1	23
1 096.20	254.31	2 844.08	498.61	116.09	3 458.78	3	24
1 600.95	2 284.22	7 497.46	1 125.67	368.11	8 991 24	7	25
2 067.26	6 391.57	12 100.99	2 506.77	846.12	15 453.88	12	26
79.99	274.79	1 227.33	577.58	69.81	1 874.72	1	27
1 586.56	2 749.31	7 284.36	1 214.49	449.06	8 947.91	7	28
5 385.36	**46 826.25**	**111 130.40**	**22 496.81**	**4 938.96**	**138 565.67**		
7 806.32	37 806.32						
7 579.04	9 019.93						
7 362.33	8 891.74						
216.71	128.19						
7 259.63	109 968.93	32 193.19	4 726.95	734.59	37 654.73	—	1
2 383.07	537.06	1 288.78	231.38	75.84	1 596.00	1	2
0 655.23	2 712.57	1 869.45	615.99	176.80	2 662.24	2	3
1 460.75	1 905.10	7 665.14	1 182.50	236.29	9 083.93	7	4
116.06	321.58	1 140.39	227.35	26.29	1 394.03	1	5
5 330.36	8 900.50	2 109.81	387.44	87.67	2 584.92	2	6
3 488.21	5 218.64	4 364.76	612.74	162.22	5 139.72	4	7
5 263.56	6 845.99	2 292.74	574.64	130 70	2 998.08	2	8
2 172.99	2 276.17	6 283.75	1 193.34	250.29	7 727.38	6	9
501.49	466.03	1 432.24	421.29	54.59	1 908.12	1	10
3 372.45	2 080.10	2 153.70	617.59	69.72	2 841.01	2	11
455.10	477.99	3 327.46	650.26	70.20	4 047.92	3	12
5 586.62	34 936.20	9 763.59	1 054.67	443.53	11 261.79	9	13
1 936.27	6 391.69	5 661.96	608.83	199.33	6 470.12	5	14
1 428.69	15 343.92	11 032.82	2 229.19	308.52	13 570.53	11	15
1 643.49	13 515.53	4 687.36	580.50	204.94	5 472.80	5	16
1 733.58	352.81	1 104.49	474.63	45.46	1 624.58	1	17
1 963.35	62.41	1 520.28	239.70	30.87	1 790.85	1	18

Løbenummer.	Stationernes Navne.	Trafik. Reisende med ordinære Tog. Afgaaede, fordelt paa hver Klasse. Tur. I.	Tur. II.	Tur. III.	Tur & Retur. I.	Tur & Retur. II.	Tur & Retur. III.	Tilsammen. I.	Tilsammen. II.
	1	2	3	4	5	6	7	8	9
		Antal.							
19	Skollenborg a)	-	44	2 585	-	136	5 723	-	180
20	Kongsberg	-	648	3 690	-	1 587	14 079	-	2 235
21	Hole	-	-	442	-	-	2 124	-	-
22	Snarum a)	-	4	2 170	-	11	9 535	-	15
23	Krøderen a)	-	206	2 213	-	376	5 074	-	582
	Tilsammen	-	**4 922**	**62 241**	-	**13 283**	**264 785**	-	**18 205**
	Heraf Lokaltrafik	-	2 839	55 148	-	9 509	246 476	-	12 348
	» Samtrafik: nemlig over Drammen	-	2 083	7 093	-	3 774	18 309	-	5 857
	Eidsvold-Hamarb.								
	Gjennemgangstrafik.	**465**	**2 419**	**10 779**	**182**	**2 570**	**11 132**	**647**	**4 989**
	Lokal- og Samtrafik:								
1	Eidsvold *Fællesstation*	*120*	*1 497*	*7 569*	*142*	*2 024*	*20 145*	*262*	*3 521*
	Heraf denne Bane	4	219	2 134	2	214	8 079	6	433
2	Minne a)	1	66	1 791	1	186	8 277	2	252
3	Ulven a)	-	6	496	-	28	4 370	-	34
4	Espen a)	-	2	894	-	19	3 226	-	21
5	Tangen a)	-	29	1 250	-	93	7 181	-	122
6	Stensrud	-	-	411	-	-	968	-	-
7	Stange	-	77	3 226	-	194	14 057	-	271
8	Ottestad a)	3	34	2 253	-	149	6 834	3	183
9	Hamar *Fællesstation*	*65*	*1 213*	*14 222*	*78*	*2 886*	*46 044*	*143*	*4 099*
	Heraf denne Bane	46	799	7 774	21	2 158	24 224	67	2 957
	Tilsammen	**54**	**1 232**	**20 229**	**24**	**3 041**	**77 216**	**78**	**4 273**
	Heraf Lokaltrafik	17	532	14 603	2	860	62 992	19	1 392
	» Samtrafik	37	700	5 626	22	2 181	14 224	59	2 881
	nemlig Trafik over:								
	Eidsvold	37	679	5 323	21	2 171	13 654	58	2 850
	Hamar	-	21	303	1	10	570	1	31
	Rørosbanen.								
	Gjennemgangstrafik.	**79**	**291**	**306**	-	**12**	**66**	**79**	**303**
	Lokal- og Samtrafik: Hamar—Grundsetb.								
1	Hamar, denne Bane	19	414	6 448	57	728	21 820	76	1 142
2	Aaker Stoppested	-	1	354	-	-	224	-	1
3	Hjellum a)	-	23	1 475	-	23	3 432	-	46
4	Ilseng	-	17	1 661	-	40	7 101	-	57
5	Hørsand	-	19	856	-	21	4 092	-	40
6	Aadalsbrug	-	10	1 061	-	51	3 473	-	61
7	Løiten	-	72	1 962	-	83	7 466	-	155
8	Elverum a)	1	259	5 311	3	845	15 657	4	1 104
9	Grundset *Fællesstation*	-	*3*	*525*	-	*14*	*988*	-	*17*
	Heraf Hamar-Gr.setb.	-	3	255	-	6	602	-	9
	Sum	20	818	19 383	60	1 797	63 867	80	2 615

[1]) Afgaaet: Trafik i Retning fra Hovedbanen. [2]) Ankommet: Trafik i Retning til Hov

...dgifter samt Personale.

11	12	13	14	15	16	17	18	19	20	
	Trafik.									
		Levende Dyr.								
...er.	Ankomne. Ialt.	Heste.		Hornkvæg, større Svin etc.		Smaafæ.		Tilsammen.		Løbenummer.
		Afg.	Ank.	Afg.	Ank.	Afg.	Ank.	Afg.	Ank.	
	Antal.									
488	7 794	-	1	51	2	-	-	51	3	19
004	20 955	-	16	243	11	29	-	272	27	20
566	3 033	-	-	-	-	-	-	-	-	21
720	12 183	-	1	34	14	2	43	36	58	22
869	8 032	-	-	84	5	1	8	85	13	23
231	**344 810**	**64**	**55**	**1 564**	**1 279**	**710**	**832**	**2 338**	**2 166**	
972	313 972	15	15	1 251	1 251	608	608	1 874	1 874	
31 259	30 838	49	40	313	28	102	224	464	292	
547	-	**¹) 16**	**²) 28**	**2**	**2 867**	-	**155**	**¹) 18**	**²) 3 050**	
7 497	*30 987*	*32*	*5*	*2 304*	*140*	*1 489*	*17*	*3 825*	*162*	1
10 652	10 194	-	-	1	132	-	10	1	142	
10 322	10 820	94	96	375	2	27	-	496	98	2
4 900	4 901	-	-	36	10	7	1	43	11	3
4 141	3 935	-	-	22	3	9	1	31	4	4
8 553	8 882	-	-	116	10	77	-	193	10	5
1 379	1 237	-	-	-	-	-	-	-	-	6
17 554	17 618	123	65	609	50	321	7	1 053	122	7
9 273	9 579	-	-	42	10	35	-	77	10	8
4 508	*63 449*	*344*	*205*	*1 693*	*312*	*1 085*	*16*	*3 122*	*533*	9
35 022	34 793	324	164	1 679	62	1 084	5	3 087	231	
1 796	**101 959**	**541**	**325**	**2 880**	**279**	**1 560**	**24**	**4 981**	**628**	
79 006	79 006	-	-	57	57	17	17	74	74	
12 790	22 953	541	325	2 823	222	1 543	7	4 907	554	
11 885	22 017	541	321	2 823	105	1 533	5	4 897	431	
905	936	-	4	-	117	10	2	10	123	
754	-	**¹) 4**	**²) 3**	**1**	**41**	**2**	-	**¹) 7**	**²) 44**	
9 486	28 656	20	41	14	250	1	11	35	302	1
579	224	-	-	-	-	-	-	-	-	2
4 953	6 094	1	1	1	47	2	2	4	50	3
8 819	8 979	-	6	8	32	29	-	37	38	4
4 988	5 074	4	-	4	3	6	-	14	3	5
4 595	4 859	-	-	11	-	2	-	13	-	6
9 583	9 538	-	-	39	41	15	5	54	46	7
2 076	21 483	40	102	77	14	13	9	130	125	8
1 530	*1 617*	-	-	-	*1*	-	*1*	-	*2*	9
866	1 058	-	-	-	-	-	1	-	1	
5 945	85 965	65	150	154	387	68	28	287	565	

Tabel VIII (Forts.). Stationernes Tr

Løbenummer.	Stationernes Navne.	Trafik. Gods. Ilgods. Afg.	Ank.	Trælast og Brænde. Afg.	Ank.	Andet Fragtgod Afg.
	1	21	22	23	24	25
		Antal Ton. (2 Decimaler).				
19	Skollenborg a)	2.25	9.45	1 234.34	308.00	7 228.72
20	Kongsberg	57.51	123.61	7 204.30	136.00	2 982.66
21	Hole	0.02	0.28	317.80	41.40	15.60
22	Snarum a)	2.70	10.05	1 384.00	1 303.80	7 524.09
23	Krøderen a)	10.02	34.24	2 959.70	173.00	498.77
	Tilsammen	**534.74**	**748.00**	**62 792.30**	**54 904.79**	**179 846.34**
	Heraf Lokaltrafik	416.26	416.26	54 615.84	54 615.84	152 964.85
	« Samtrafik: nemlig over Drammen	118.48	331.74	8 176.46	288.95	26 881.49
	Eidsvold-Hamarb.					
	Gjnemgangstrafik	[1]) **411.22**	[2]) **1 038.82**	**139.30**	**122.38**	**15 063.39**
	Lokal- og Samtrafik:					
1	Eidsvold *Fællesstation*	*86.54*	*154.61*	*13 571.60*	*1 601.70*	*13 966.92*
	Heraf denne Bane	4.05	5.91	188.90	393.00	174.48
2	Minne a)	12.92	20.61	1 006.40	178.42	2 078.10
3	Ulven a)	3.24	6.08	751.20	5.00	106.94
4	Espen a)	1.21	8.03	2 546.50	23.00	90.91
5	Tangen a)	9.64	15.46	1 370.40	14.50	644.99
6	Stange	39.34	43.90	418.70	1 445.00	1 904.94
7	Ottestad a)	9.70	14.34	12.00	1 404.10	529.78
8	Hamar *Fællesstation*	*275.79*	*238.22*	*137.40*	*5 423.84*	*11 873.87*
	Heraf denne Bane	133.53	186.72	21.60	1 641.44	5 487.11
	Tilsammen	**213.63**	**301.05**	**6 315.70**	**5 104.46**	**11 017.25**
	Heraf Lokaltrafik	86.11	86.11	4 779.00	4 779.00	2 481.08
	« Samtrafik	127.52	214.94	1 536.70	325.46	8 536.17
	nemlig Trafik over:					
	Eidsvold	117.45	212.39	1 471.00	293.26	7 566.45
	Hamar	10.07	2.55	65.70	32.20	969.72
	Rørosbanen.					
	Gjnemgangstrafik	[1]) **3.20**	[2]) **6.89**	-	**0.48**	**144.95**
	Lokal- og Samtrafik:					
	Hamar—Grundsetb.					
1	Hamar, denne Bane	142.26	51.50	115.80	3 782.40	6 386.76
2	Aaker Stoppested	-	-	-	519.50	373.15
3	Hjellum a)	3.34	6.97	24.50	1 239.00	970.76
4	Ilseng	6.40	10.97	11.50	200.30	1 610.13
5	Hørsand	3.34	4.91	99.20	39.00	661.05
6	Aadalsbrug	8.04	17.06	48.27	3 563.70	2 130.27
7	Løiten	20.04	25.78	80.70	1 158.97	1 470.12
8	Elverum a)	62.58	105.27	2 265.00	426.75	901.65
9	Grundset *Fællesstation*	*0.64*	*1.35*	*604.90*	*15.00*	*32.27*
	Heraf Hamar-Gr.setb.	0.52	1.25	604.90	-	21.59
	Sum	246.52	223.71	3 249.87	10 929.62	14 525.48

[1]) Afgaaet: Trafik i Retning fra Hovedbanen. [2]) Ankommet Trafik i Retning til Hoved

27	28	29	30	31	32	33	
Tilsammen.		Udgifter.				Fast Personale.	Løbenummer.
Afg.	Ank.	Lønninger og Beklædning.	Husleie, Opvarmning, Belysning, Renhold og Inventar.	Kontor-udgifter.	Sum. b)		
		Kroner.				Antal.	
8 465.31	1 926.44	2 366.93	514.65	73.05	2 954.63	2	19
10 244 47	8 439.37	8 671.24	1 245.40	365.12	10 281.76	8	20
333.42	159.50	86.10	16.89	0.93	103.92	1	21
8 910.79	1 697.67	2 701.94	729.75	69.86	3 501.55	2	22
3 468.49	3 138.59	4 179.81	913.92	191.71	5 285.44	4	23
243 173.38	**227 674.79**	**117 897.93**	**20 049.60**	**4 008.52**	**141 956.05**		
207 996.95	207 996.95						
35 176.43	19 677.84						
15 613.91	**8 328.38**	-	-	-	-		
27 625.06	*34 408.53*	*26 355.40*	*4 495.30*	*603.37*	*) *31 454.13*	20	1
367.43	580.95	*Andel med Hovedbanen*			*4 620.00*	—	
		Egne Udgifter...	22.00	33.77	55.77		
3 097.42	2 021.06	2 780.58	355.50	131.62	3 267.70	3	2
861.38	205.26	2 097.84	332.41	58.32	2 488.57	2	3
2 638.62	252.09	2 455.64	401.72	62.36	2 919.72	2	4
2 025.03	793.12	2 625.51	399.27	86.11	3 110.89	2	5
2 362.98	3 487.93	3 716.29	555.35	138.85	4 410.49	3	6
551.48	1 912.73	2 433.87	373.45	72.91	2 880.23	2	7
12 287.06	*28 645.75*	*43 859.83*	*5 067.74*	*1 313.74*	*50 241.31*	37	8
5 642.24	20 779.06	22 977.29	2 654.89	688.24	26 320.42	...	
17 546.58	**30 032.20**	**39 087.02**	**5 094.59**	**1 272.18**	**45 453.79**	—	
7 346.19	7 346.19						
10 200.39	22 686.01						
9 154.90	22 431.20						
1 045.49	254.81						
148.15	**108.76**						
6 644.82	7 866.69	20 882.54	2 412.85	625.50	23 920.89	—	1
373.15	2 427.10	-	-	-	-	-	2
998.60	2 888.66	2 315.80	431.32	71.62	2 818.74	2	3
1 628.03	1 368.55	1 934.17	694.46	76.26	2 704.89	2	4
763.59	672.57	1 713.66	219.27	49.65	1 982.58	1	5
2 186.58	6 240.57	2 240.86	413.58	90.73	2 745.17	2	6
1 570.86	2 687.70	2 383.68	293.68	95.58	2 772.94	2	7
3 229.23	6 706.37	8 573.17	893.80	346.25	9 813.22	7	8
637.81	*78.04*	*923.55*	*33.92*	*23.51*	*980.98*	1	9
627.01	35.62	674.19	24.76	17.16	716.11	—	
18 021.87	30 893.83	40 718.07	5 383.72	1 372.75	47 474.54	—	

*) Heri Mjøsdampskibenes Andel Kr 15 575.90.

Tabel VIII (Forts.). Stationernes Tra

Løbenummer.	Stationernes Navne.	Trafik. Reisende med ordinære Tog. Afgaaede, fordelt paa hver Klasse. Tur. I.	Tur. II.	Tur. III.	Tur & Retur. I.	Tur & Retur. II.	Tur & Retur. III.	Tilsammen. I.	Tilsammen. II.	Tilsammen. III.
	1	2	3	4	5	6	7	8	9	10
		Antal.								
	Grundset—Aamotb.									
	Grundset, denne Bane	-	-	270	-	8	386	-	8	
10	Øksna a)	-	2	593	-	9	1 862	-	11	[illegible]
11	Aasta	-	13	1 238	-	13	2 207	-	26	[illegible]
12	Rena *Fællesstation*	-	*100*	*2 658*	1	*199*	*6 139*	1	*299*	[illegible]
	Heraf Gr.set-Aamotb.	-	64	1 722	1	144	4 276	1	208	[illegible]
	Sum	-	79	3 823	1	174	8 731	1	253	[illegible]
	Støren—Aamotb.									
	Rena, denne Bane	-	36	936	-	55	1 863	-	91	[illegible]
13	Sætre Sidespor	-	-	-	-	-	-	-	-	
14	Stenviken a)	-	5	1 019	-	17	2 386	-	22	[illegible]
15	Ophus a)	-	2	812	-	3	1 258	-	5	[illegible]
16	Rasten a)	-	21	839	-	49	1 451	-	70	[illegible]
17	Stai	-	73	1 012	-	77	1 663	-	150	[illegible]
18	Koppang a)	6	116	1 785	7	234	4 004	13	350	[illegible]
19	Bjøraaneset Stoppest.	-	-	133	-	2	573	-	2	
20	Atna a)	1	10	682	-	31	1 651	1	41	[illegible]
21	Hanestad a)	1	11	415	3	39	1 022	4	50	[illegible]
22	Barkald	-	1	250	-	3	742	-	4	
23	Lilleelvedal	7	120	924	2	125	1 915	9	245	[illegible]
24	Auma	-	-	235	-	4	322	-	4	
25	Tønset	3	245	1 484	8	299	3 136	11	544	[illegible]
26	Telneset	-	2	196	-	-	308	-	2	
27	Tolgen	2	23	468	-	33	1 459	2	56	[illegible]
28	Os	-	20	604	-	26	1 673	-	46	[illegible]
29	Røros	17	268	3 251	11	373	7 460	28	641	[illegible]
30	Nypladsen	-	13	2 002	-	33	1 785	-	46	[illegible]
31	Jensvold	3	25	892	-	17	1 560	3	42	[illegible]
32	Tyvold a)	-	9	857	-	55	3 459	-	64	[illegible]
33	Reitan	-	7	906	-	6	1 912	-	13	[illegible]
34	Eidet	-	12	1 032	1	25	2 009	1	37	[illegible]
35	Holtaalen	8	23	432	-	9	795	8	32	[illegible]
36	Langletet	-	15	240	-	7	266	-	22	
37	Reitstøen	-	8	194	1	12	294	1	20	
38	Singsaas	7	24	507	-	29	692	7	53	[illegible]
39	Bjørgen	-	6	549	-	5	576	-	11	[illegible]
40	Kotsøien Stoppested	-	7	388	-	6	476	-	13	
41	Rognes a)	-	12	486	-	9	896	-	21	[illegible]
42	Støren *Fællesstation*	*18*	*177*	*1 750*	*31*	*245*	*4 272*	*49*	*422*	[illegible]
	Heraf Støren-Aamotb.	12	45	428	29	38	441	41	83	
	Sum	67	1 159	23 958	62	1 621	48 047	129	2 780	[illegible]
	Tr.hjem—Størenb.									
	Støren, denne Bane	6	132	1 322	2	207	3 831	8	339	[illegible]
43	Hovind	-	16	897	-	26	2 324	-	42	[illegible]
44	Lundemo	-	12	827	-	19	2 494	-	31	[illegible]
45	Leer	-	13	1 019	-	31	4 042	-	44	[illegible]
46	Kvaal	-	15	717	-	30	2 142	-	45	[illegible]
47	Søberg	-	2	471	-	16	1 366	-	18	[illegible]
48	Melhus	-	20	1 720	-	34	6 560	-	54	[illegible]

11	12	13	14	15	16	17	18	19	20	
	Trafik.									
		Levende Dyr.								Løbenummer.
Sum alle lasser.	Ankomne. Ialt.	Heste.		Hornkvæg, større Svin etc.		Smaafæ		Tilsammen.		
		Afg.	Ank.	Afg.	Ank.	Afg.	Ank.	Afg.	Ank.	
Antal.										
664	559	-	-	-	1	-	1	-	2	
2 466	2 647	-	-	5	2	-	7	5	9	10
3 471	3 180	-	-	10	1	3	2	13	3	11
9 097	*9 059*	-	*1*	*160*	*16*	*9*	*30*	*169*	*47*	12
6 207	6 477	-	-	153	10	7	27	160	37	
12 808	12 863	-	-	168	14	10	37	178	51	
2 890	2 582	-	1	7	6	2	3	9	10	
-	-	-	-	-	-	-	-	-	-	13
3 427	3 587	-	-	8	4	-	-	8	4	14
2 075	2 000	-	-	-	3	-	-	-	3	15
2 360	2 428	4	5	16	3	4	13	24	21	16
2 825	2 635	-	-	12	-	2	6	14	6	17
6 152	6 112	-	1	54	7	-	9	54	17	18
708	868	-	-	-	-	-	-	-	-	19
2 375	2 478	-	-	23	1	-	-	23	1	20
1 491	1 558	-	-	59	-	4	-	63	-	21
996	1 001	-	-	14	9	-	1	14	10	22
3 093	3 296	20	3	1 449	1	122	-	1 591	4	23
561	567	-	-	-	-	11	-	11	-	24
5 175	5 199	3	3	285	50	4	7	292	60	25
506	473	-	-	-	1	-	-	-	1	26
1 985	2 024	-	-	108	7	-	-	108	7	27
2 323	2 347	6	-	124	1	5	6	135	7	28
11 380	11 671	3	12	41	12	1	6	45	30	29
3 833	3 222	-	-	-	1	-	1	-	2	30
2 497	2 342	-	-	24	11	-	1	24	12	31
4 380	5 375	-	-	1	1	-	20	1	21	32
2 831	2 543	-	-	41	7	6	-	47	7	33
3 079	2 748	-	4	55	5	2	2	57	11	34
1 267	1 268	-	-	43	1	23	6	66	7	35
528	488	-	-	13	1	-	-	13	1	36
509	518	-	-	1	-	1	-	2	-	37
1 259	1 324	-	-	21	-	2	2	23	2	38
1 136	1 030	-	-	2	-	6	4	8	4	39
877	934	-	-	1	1	1	-	2	1	40
1 403	1 384	-	-	32	1	2	6	34	7	41
6 493	*6 764*	-	-	*209*	*6*	*13*	*1*	*222*	7	42
993	1 008	-	-	86	1	-	-	86	1	
74 914	75 010	36	29	2 520	135	198	93	2 754	257	
5 500	5 756	-	-	123	5	13	1	136	6	
3 263	3 311	-	-	19	5	123	2	142	7	43
3 352	3 194	-	-	82	11	49	16	131	27	44
5 105	5 146	-	-	41	3	65	21	106	24	45
2 904	2 874	-	-	31	7	7	-	38	7	46
1 855	1 879	-	-	10	1	13	8	23	9	47
8 334	8 271	-	-	162	39	6	7	168	46	48

	1	21	22	23	24	25	26
		Trafik.					
		Gods.					
Løbenummer.	Stationernes Navne.	Ilgods.		Trælast og Brænde.		Andet Fragtgods	
		Afg.	Ank.	Afg.	Ank.	Afg.	Ank.
		Antal Ton. (2 Decimaler).					
	Grundset—Aamotb.						
	Grundset, denne Bane	0.12	0.10	-	15.00	10.68	[illegible]
10	Øksna a)	0.99	3.74	1 327.00	79.02	3 381.27	[illegible]
11	Aasta	1.67	6.80	116.80	121.80	151.60	[illegible]
12	Rena *Fællesstation*	*22.00*	*42.03*	*868.58*	*237.13*	*439.40*	[illegible]
	Heraf Gr.set-Aamotb.	10.24	35.96	850.51	10.60	334.27	[illegible]
	Sum	**13.02**	**46.60**	**2 294.31**	**226.42**	**3 877.82**	[illegible]
	Støren—Aamotb.						
	Rena, denne Bane	11.76	6.07	18.07	226.53	105.13	[illegible]
13	Sætre Sidespor	-	-	554.24	-	100.00	
14	Stenviken a)	4.58	12.79	1 157.07	62.04	216.93	[illegible]
15	Ophus a)	2.09	9.13	744.10	79.32	53.08	[illegible]
16	Rasten a)	2.55	13.61	2 548.14	0.03	207.40	[illegible]
17	Stai	11.26	20.68	30.00	174.05	257.46	[illegible]
18	Koppang a)	18.13	37.61	479.20	141.86	207.40	[illegible]
19	Bjøraaneset Stoppested	-	0.04	-	5.00	-	[illegible]
20	Atna a)	1.85	8.77	158.10	18.62	77.61	[illegible]
21	Hanestad a)	3.90	8.66	414.00	11.20	59.31	[illegible]
22	Barkald	0.45	2.37	49.00	8 60	18 89	[illegible]
23	Lilleelvedal	18.04	23.53	533.00	36.50	321.96	[illegible]
24	Auma	1.26	3.38	268.30	0.60	34.62	[illegible]
25	Tønset	44.33	31.73	267.70	231.56	465.60	[illegible]
26	Telneset	0.04	0.62	590.30	166.13	31.48	[illegible]
27	Tolgen	16.80	6.21	175.03	11.60	140.97	[illegible]
28	Os	15.34	4.02	282.73	13.80	224.45	[illegible]
29	Røros	147.07	38.99	994.31	1 305.40	1 335.16	[illegible]
30	Nypladsen	0.32	0.71	2.57	57.70	22.73	[illegible]
31	Jensvold	4.18	2.34	43.30	188.35	354.56	[illegible]
32	Tyvold a)	0.24	2.78	25.70	1 440.28	23 263.29	[illegible]
33	Reitan	3.54	2.66	5.00	39.77	5 175.69	[illegible]
34	Eidet	1.79	4.53	43.20	108.70	74.00	[illegible]
35	Holtaalen	16.05	2.95	831.79	10.00	54.65	[illegible]
36	Langletet	1.01	0.91	257.90	0.40	37.35	[illegible]
37	Reitstøen	0.23	0.66	394.10	-	255.68	[illegible]
38	Singsaas	1.77	1.41	756.50	0.30	40.28	[illegible]
39	Bjørgen	1.26	1.46	880.80	15.00	82.74	[illegible]
40	Kotsøien Stoppested	0.60	1.09	463.23	0.40	65.63	[illegible]
41	Rognes a)	0.98	2.05	598.30	4.00	434.45	[illegible]
42	Støren *Fællesstation*	*19.52*	*11.54*	*360.10*	*78.15*	*1 071.01*	[illegible]
	Heraf Støren-Aamotb.	13.15	1.91	5.00	6.00	276.28	[illegible]
	Sum	**344.57**	**253.67**	**13 570.68**	**4 363.74**	**33 995.38**	[illegible]
	Trondhjem—Størenb.						
	Støren, denne Bane	6.37	9.63	355.10	72.15	794.73	[illegible]
43	Hovind	3.47	3.34	1 207.65	15.00	1 229.16	[illegible]
44	Lundemo	7.25	2.30	432.50	26.15	3 293.78	[illegible]
45	Leer	5.66	2.69	947.40	35.30	700.22	[illegible]
46	Kvaal	8.94	1.48	34.90	10.50	146.19	[illegible]
47	Søberg	1.82	0.60	7.10	15.50	61.76	[illegible]
48	Melhus	17.06	6.03	47.50	212.23	661.39	[illegible]

27	28	29	30	31	32	33	
		Udgifter.				Fast Personale.	Løbenummer.
Tilsammen.		Lønninger og Beklædning.	Husleie, Opvarmning, Belysning, Renhold og Inventar.	Kontor-udgifter.	Sum b)		
Afg.	Ank.						
		Kroner.				Antal.	
10.80	42.42	249.36	9.16	6.35	264.87	—	
4 709.26	290.70	1 492.95	444.37	30.66	1 967.98	1	10
270.07	438.62	1 569.22	203.86	60 27	1 833 35	1	11
1 329.98	*2 176.24*	*3 963.01*	*949.82*	*195.56*	*5 108 39*	3	12
1 195.02	1 814.16	2 734.48	655 38	134.94	3 524.80		
6 185.15	**2 585.90**	**6 046.01**	**1 312.77**	**232.22**	**7 591.00**	—	
134.96	362.08	1 228.53	294.44	60.62	1 583.59	—	
654.24	-	-	-	-	-	—	13
1 378.58	2 655.00	2 154.92	282.43	90.70	2 528.05	2	14
799 27	373.36	1 284.33	290.53	46.97	1 621.83	1	15
2 758.09	669.15	1 564.13	241.74	88.63	1 894.50	1	16
298.72	817.00	2 092.56	591.25	82.12	2 765.93	2	17
704.73	1 338.89	5 262.61	1 285.95	275.56	6 824.12	6	18
-	32.41	-	-	-	-	-	19
237.56	368.23	1 345 03	286.68	44.80	1 676.51	1	20
477.21	449.35	2 369.08	357.39	51.14	2 777.61	2	21
68.34	166.36	984.45	346.89	38.26	1 369.60	1	22
873.00	1 172.62	3 408.87	727.50	212.28	4 348.65	3	23
304.18	72.87	1 330.98	288.43	22.68	1 642.09	1	24
777.63	1 981.80	5 510.47	1 527.83	283.82	7 322.12	4	25
621.82	193.58	411.15	124.79	22.94	558.88	1	26
332.80	637.88	1 747.11	444.17	72.93	2 264.21	1	27
522.52	491.20	2 149.40	238.66	31.96	2 420 02	1	28
2 476.54	15 796.28	6 960.14	1 996.11	297.67	9 253.92	6	29
25 62	293.97	374.70	105.32	28.28	508 30	1	30
402 04	556.22	1 620.74	211.25	29.49	1 861.48	1	31
23 289.23	2 423.09	2 190.86	501.38	47.14	2 739.38	2	32
5 184.23	254.36	1 786.57	333.58	38.11	2 158.26	1	33
119.59	680.04	1 715.48	437.38	41.81	2 194.67	1	34
902.49	285.67	1 670.72	418.72	35.23	2 124.67	1	35
296.26	310.34	1 341.05	417.97	16.77	1 775.79	1	36
650.01	119.62	1 358.67	201.47	25.27	1 585.41	1	37
798.55	734.43	1 893.38	558.51	38.26	2 490.15	2	38
964.80	320.53	1 618.00	316.22	34.32	1 968.54	1	39
520 46	230.81	332.95	107.33	92.77	533.05	-	40
1 033.73	600.90	1 554.43	308.05	34.01	1 896 49	1	41
1 450.63	*2 724.57*	*5 412.46*	*1 274.33*	*161.81*	*6 848.60*	5	42
204.43	135.99	1 190.74	280.35	35.60	1 506 69	-	
17 910.63	**34 524 12**	**58 452.05**	**13 522.32**	**2 220.14**	**74 194.51**		
1 156.20	2 588.58	4 221.72	993.98	126.21	5 341.91		
2 440.28	574.02	1 663.43	314.53	38.05	2 016.01	1	43
3 733.53	407.42	1 856.52	235.50	31.12	2 123.14	1	44
1 653.28	623.18	1 688.67	406.39	46.34	2 141.40	1	45
190.03	270.25	479.74	122.15	34.17	636.06	1	46
70.68	159.34	975.80	100.89	13.57	1 090.26	1	47
725.95	1 006.17	1 852.29	390.20	54.02	2 296.51	2	48

Løbenummer.	Stationernes Navne.	Tur. I.	Tur. II.	Tur. III.	Tur & Retur. I.	Tur & Retur. II.	Tur & Retur. III.	Tilsammen. I.	Tilsammen. II.	Tilsammen. III
	1	2	3	4	5	6	7	8	9	
		Trafik. Reisende med ordinære Tog. Afgaaede, fordelt paa hver Klasse.								
		Antal.								
49	Nypan	-	3	549	-	31	1 743	-	34	[illegible]
50	Heimdal a)	-	89	2 758	-	208	11 445	-	297	[illegible]
51	Selsbak Stoppested	-	24	3 008	-	186	11 690	-	210	[illegible]
52	Skandsen Stoppested	-	34	2 824	-	105	6 393	-	139	[illegible]
53	Trondhjem *Fællesst.*	*232*	*2 106*	*20 288*	*115*	*3 156*	*95 942*	*347*	*5 262*	[illegible]
	HerafTr.hjem-Størenb.	232	1 343	11 376	115	1 579	33 040	347	2 922	[illegible]
	Sum	238	1 703	27 488	117	2 472	87 070	355	4 175	[illegible]
	Tils. Rørosbanen	**325**	**3 759**	**74 652**	**240**	**6 064**	**207 715**	**565**	**9 823**	[illegible]
	Hvoraf Lokaltrafik	77	2 686	68 883	148	4 761	201 342	225	7 447	[illegible]
	« Samtrafik	248	1 073	5 769	92	1 303	6 373	340	2 376	[illegible]
	nemlig Trafik over:									
	Hamar	248	1 072	5 693	92	1 289	6 103	340	2 361	[illegible]
	Trondhjem	-	1	76	-	14	270	-	15	
	Merakerbanen.									
	Gjnemgangstrafik.	-	**361**	**232**	-	-	-	-	**361**	
	Lokal- og Samtrafik:									
1	Tr hjem, denne Bane	-	763	8 912	-	1 577	62 902	-	2 340	[illegible]
2	Leangen	-	11	2 244	-	117	9 910	-	128	[illegible]
3	Ranheim	-	80	4 557	-	348	29 148	-	428	[illegible]
4	Vikhammer Stoppest.	-	3	158	-	20	1 054	-	23	[illegible]
5	Malvik	-	12	1 018	-	77	7 345	-	89	[illegible]
6	Hommelviken	-	56	2 110	-	415	11 919	-	471	[illegible]
7	Hell a)	-	119	2 775	-	374	15 427	-	493	[illegible]
8	Hegre	-	19	838	-	93	4 338	-	112	[illegible]
9	Floren	-	-	239	-	12	1 514	-	12	[illegible]
10	Gudaaen	-	12	535	-	22	1 093	-	34	[illegible]
11	Meraker	-	32	619	-	142	1 695	-	174	[illegible]
12	Storlien	-	81	620	-	232	992	-	313	[illegible]
	Tilsammen	-	**1 188**	**24 625**	-	**3 429**	**147 337**	-	**4 617**	[illegible]
	Hvoraf Lokaltrafik	-	796	23 505	-	3 275	146 545	-	4 071	[illegible]
	« Samtrafik	-	392	1 120	-	154	792	-	546	[illegible]
	nemlig Trafik over:									
	Trondhjem	-	7	124	-	20	303	-	27	[illegible]
	Storlien	-	385	996	-	134	489	-	519	[illegible]
	Jæderbanen. a)									
1	Stavanger	-	1 092	9 996	-	1 410	40 180	-	2 508	[illegible]
2	Hinna	-	22	2 621	-	30	5 814	-	52	[illegible]
3	Sandnes	-	122	4 881	-	497	25 414	-	619	[illegible]
4	Høiland	-	15	517	-	22	2 238	-	37	[illegible]
5	Klep	-	5	657	-	65	3 606	-	70	[illegible]
6	Time	-	60	1 510	-	215	[illegible] 894	-	275	[illegible]
7	Nærbø	-	40	1 347	-	114	7 756	-	154	[illegible]
8	Varhoug	-	3	599	-	9	3 073	-	12	[illegible]
9	Vigrestad	-	3	638	-	31	4 034	-	34	[illegible]
10	Ogne	-	11	485	-	55	3 276	-	[illegible]	[illegible]
11	Helvig	-	1	436	-	9	2 949	-	[illegible]	[illegible]
12	Egersund	-	956	4 214	-	611	10 477	-	[illegible]	[illegible]
	Tilsammen	-	**2 330**	**27 901**	-	**3 074**	**118 711**	-	[illegible]	[illegible]

11	12	13	14	15	16	17	18	19	20	
	Trafik.									
		Levende Dyr.								Løbenummer.
Sum alle Klasser.	Ankomne. Ialt.	Heste.		Hornkvæg, større Svin etc.		Smaafæ.		Tilsammen.		
		Afg.	Ank.	Afg.	Ank.	Afg.	Ank.	Afg.	Ank.	
	Antal.									
326	2 361	-	-	-	2	1	1	1	3	49
500	15 542	-	-	3	18	5	5	8	23	50
908	15 171	-	-	-	-	-	-	-	-	51
356	6 841	-	-	-	-	-	-	-	-	52
839	*123 977*	*293*	*62*	[illegible]	*198*	*72*	*331*	*997*	*1 291*	53
685	48 200	106	5	572	319	64	267	742	591	
088	118 546	106	5	1 043	410	346	328	1 495	743	
755	**292 384**	**207**	**184**	**3 885**	**946**	**622**	**486**	**4 714**	**1 616**	
7 807	277 897	172	172	942	942	467	467	1 581	1 581	
858	14 487	35	12	2 943	4	155	19	3 133	35	
14 497	14 104	29	12	2 943	1	155	10	3 127	23	
361	383	6	-	-	3	-	9	6	12	
593	-	-	-	-	-	-	-	-	-	
74 154	75 777	187	57	60	579	8	64	255	700	1
12 282	12 695	-	-	-	-	9	-	9	-	2
34 133	33 537	-	-	-	5	14	5	14	10	3
1 235	1 271	-	-	-	-	-	-	-	-	4
8 452	8 285	-	-	29	25	2	-	31	25	5
14 500	14 090	-	-	53	17	22	15	75	32	6
18 695	18 584	28	5	413	33	34	13	475	51	7
5 288	5 152	1	-	94	10	20	8	115	18	8
1 765	1 852	-	-	19	1	12	2	31	3	9
1 662	1 582	-	-	23	1	3	8	26	9	10
2 488	2 542	10	1	29	1	6	2	45	4	11
1 025	1 637	-	2	7	12	-	5	7	19	12
76 579	**177 004**	**226**	**65**	**727**	**684**	**130**	**122**	**1 083**	**871**	
74 121	174 121	14	14	683	683	120	120	817	817	
2 458	2 883	212	51	44	1	10	2	266	54	
454	451	3	4	44	1	10	2	57	7	
2 004	2 432	209	47	-	-	-	-	209	47	
52 684	51 746	32	61	128	1 222	139	2 983	299	4 266	1
8 487	8 992	-	-	1	8	2	2	3	10	2
30 014	31 530	[illegible]	6	87	49	211	42	304	97	3
2 792	2 897	[illegible]	1	57	22	4	5	61	28	4
4 333	4 379	[illegible]	1	73	34	240	117	314	152	5
11 679	11 725	[illegible]	10	448	95	575	1 060	1 037	1 165	6
9 257	9 227	[illegible]	8	251	36	990	206	1 252	250	7
3 684	3 869	[illegible]	1	49	15	297	20	358	36	8
4 706	4 795	6	7	132	6	323	35	461	48	9
3 827	4 078	5	1	69	4	459	61	533	66	10
3 395	3 652	1	-	6	4	97	11	104	15	11
[illegible]	[illegible]	45	37	212	18	1 312	107	1 569	162	12
[illegible]	**2 016**	**133**	**133**	**1 513**	**1 513**	**4 649**	**4 649**	**6 295**	**6 295**	

Løbenummer.	Stationernes Navne. (1)	Trafik. Gods. Ilgods. Afg. (21)	Ilgods. Ank. (22)	Trælast og Brænde. Afg. (23)	Trælast og Brænde. Ank. (24)	Andet Fragtgods. Afg. (25)	Andet Fragtgods. Ank. (26)
		Antal Ton. (2 Decimaler).					
49	Nypan	0.34	0.50	-	-	33.27	[illegible]
50	Heimdal a)	1.01	3.88	300.50	106.20	671.44	[illegible]
51	Selsbak Stoppested	-	-	-	-	-	[illegible]
52	Trondhjem *Fællesstation*	*1 112.83*	*338.32*	*407.77*	*28 521.70*	*62 375.71*	[illegible]
	Heraf Tr.hjem-Størenb.	834.19	321.26	63.50	5 918.20	26 632.65	[illegible]
	Sum	886.11	351.71	3 396.15	6 411.23	34 224.59	[illegible]
	Tils. Rørosbanen	**1 490.22**	**875.69**	**22 511.01**	**21 931.01**	**86 623.27**	[illegible]
	Hvoraf Lokaltrafik	455.14	455.14	21 650.51	21 650.51	79 266.34	[illegible]
	» Samtrafik	1 035.08	420.55	860.50	280.50	7 356.93	[illegible]
	nemlig Trafik over:						
	Hamar	1 034.48	418.08	154.10	205.00	7 285.86	[illegible]
	Trondhjem	0.60	2.47	706.40	75.50	71.07	[illegible]
	Merakerbanen.						
	Gjennemgangstrafik	[1]) **0.42**	[2]) **0.61**	-	-	**77.76**	[illegible]
	Lokal- og Samtrafik:						
1	Trondhjem, denne Bane	278.64	17.06	344.27	22 603.50	35 743.06	[illegible]
2	Leangen	0.57	0.54	-	30.03	5.00	[illegible]
3	Ranheim	2.84	5.29	208.98	11 889.22	3 694.79	[illegible]
4	Vikhammer Stoppested	-	-	-	-	-	[illegible]
5	Malvik	0.24	2.43	157.00	34.31	212.67	[illegible]
6	Hommelviken	4.66	11.02	1 998.70	27 439.80	8 586.82	[illegible]
7	Hell a)	13.64	13.38	907.00	101.65	2 705.55	[illegible]
8	Hegre	1.50	3.70	1 201.50	8.87	487.23	[illegible]
9	Floren	1.68	1.15	966.17	2.00	55.95	[illegible]
10	Gudaaen	0.46	2.70	50.00	29.96	24.25	[illegible]
11	Meraker	1.18	5.18	7.36	1 248.38	4 095.75	[illegible]
12	Storlien	0.26	2.15	21.20	0.36	9.45	[illegible]
	Tilsammen	**305.67**	**64.60**	**5 862.18**	**63 388.08**	**55 620.52**	[illegible]
	Hvoraf Lokaltrafik	52.24	52.24	5 785.08	5 785.08	32 086.59	[illegible]
	» Samtrafik	253.43	12.36	77.10	57 603.00	23 533.93	[illegible]
	nemlig Trafik over:						
	Trondhjem	8.74	3.39	75.98	706.40	188.22	[illegible]
	Storlien	244.69	8.97	1.12	56 896.60	23 345.71	[illegible]
	Jæderbanen. a)						
1	Stavanger	74.54	10.38	40.00	[illegible]	3 961.24	[illegible]
2	Hinna	0.01	0.34	10.00	[illegible]	18.71	[illegible]
3	Sandnes	4.78	47.79	979.89	[illegible]	3 066.14	[illegible]
4	Høiland	0.13	0.74	-	[illegible]	155.46	[illegible]
5	Klep	0.04	1.67	-	[illegible]	511.58	[illegible]
6	Time	3.25	5.07	0.93	[illegible]	1 138.18	[illegible]
7	Nærbø	0.54	4.06	-	[illegible]	820.76	[illegible]
8	Varhoug	0.14	1.37	0.10	[illegible]	166.81	[illegible]
9	Vigrestad	0.08	1.03	-	[illegible]	539.70	[illegible]
10	Ogne	0.34	1.96	10.00	[illegible]	610.98	[illegible]
11	Helvig	0.07	0.67	-	[illegible]	136.05	[illegible]
12	Egersund	11.17	20.01	120.81	22.75	696.02	[illegible]
	Tilsammen	**95.09**	**95.09**	**1 161.73**	**1 161.73**	**11 [illegible]21.63**	[illegible]

[1]) Afgaaet: Trafik i Retning fra Trondhjem. [2]) Ankommet Trafik i Retning til Trondh[illegible]

[3]) Bestyres af en Baneformand. [4]) Bestyres af en Banevogter.

27	28	29	30	31	32	33	
Tilsammen.		Udgifter.				Fast Personale.	Løbenummer.
Afg.	Ank.	Lønninger og Beklædning.	Husleie, Opvarmning, Belysning, Reuhold og Inventar.	Kontor-udgifter.	Sum. b)		
		Kroner.				Antal.	
33.61	57.55	277.45	153.12	14.84	445.41	-	49
972.95	4 986.80	2 455.96	392.30	62.07	2 910.33	2	50
-	-	298.06	34.81	31.75	364.62	-	51
[illegible]896.31	*75 110.91*	*44 868.41*	*9 270.02*	*1 958.76*	*56 097.19*	39	52
27 530.34	39 389.65	21 680.86	4 479.37	946.49	27 106.72		
[illegible]8 506.85	50 062.96	37 450.50	7 623.24	1 398.63	46 472.37		
110 624.50	**118 066.81**	**142 666.63**	**27 842.05**	**5 223.74**	**175 732.42**		
101 371.99	101 371.99						
9 252.51	16 694.82						
8 474.44	16 511.24						
778.07	183.58						
1) 78.18	**2) 19.39**						
36 365.97	35 721.29	23 187.55	4 790.65	1 012.27	28 990.47	—	1
5.57	232.50	1 037.30	315.36	27.97	1 380.63	1	2
3 906.61	23 179.20	3 254.45	424.41	133.71	3 812.57	3	3
-	-	175.95	100.36	33.70	310.01	-	4
360.91	232.83	1 930.75	433.16	44.48	2 408.39	1	5
10 590.18	31 738.85	4 629.72	717.17	141.52	5 488.41	4	6
3 026.19	2 319.97	4 418.57	815.95	201.77	5 436.29	3	7
1 690.23	641.73	2 167.16	397.91	73.47	2 638.54	2	8
1 023.80	135.27	1 009.11	422.79	43.03	1 474.93	1	9
74.71	189.14	1 569.86	614.21	28.05	2 212.12	1	10
4 104.20	1 919.50	1 842.52	677.23	58.91	2 578.66	1	11
30.91	6 280.36	*Indel med svenske Statsbaner*		....	*7 202.62*	—	12
		Egne Udgifter ..	41.87	44.57	86.44		
61 788.37	**102 590.64**	**45 222.94**	**9 751.07**	**1 843.45**	**56 817.46**		
37 923.91	37 923.91						
23 864.46	64 666.73						
272.94	848.05						
23 591.52	63 818.68						
4 075.78	3 284.38	7 215.44	1 637.31	208.72	9 061.47	6	1
28.72	63.31	214.01	145.23	14.46	373.70	3) -	2
4 050.81	703.14	3 339.89	360.57	157.00	3 857.46	3	3
155.59	274.53	325.61	168.46	19.28	513.35	4) -	4
511.62	955.17	709.98	148.10	26.15	884.23	1	5
1 142.36	2 039.28	2 235.54	270.09	73.13	2 578.76	2	6
821.30	1 702.12	1 606.39	250.91	64.92	1 922.22	1	7
167.05	435.60	606.61	173.54	18.30	798.45	1	8
539.78	632.98	942.61	257.85	19.30	1 219.76	1	9
621.32	342.10	1 300.21	264.11	25.67	1 589.99	1	10
136.12	153.95	325.61	69.32	15.80	410.73	3) -	11
828.00	2 491.89	4 230.46	519.82	110.22	4 860.50	4	12
13 078.45	**13 078.45**	**23 052.86**	**4 265.31**	**752.95**	**28 070.62**		

Tabel VIII (Forts.). Stationernes Tra[illegible]

Løbenummer.	Stationernes Navne.	Trafik. Reisende med ordinære Tog. Afgaaede, fordelt paa hver Klasse. Tur. I.	Tur. II.	Tur. III.	Tur & Retur. I.	Tur & Retur. II.	Tur & Retur. III.	Tilsammen. I.	Tilsammen. II.	Tilsammen. III.
1	2	3	4	5	6	7	8	9	10	
		Antal.								
	Bergen-Vossbanen.									
1	Bergen	-	1 303	27 877	-	2 931	144 492	-	4 234	[illegible]
2	Solheimsviken Stoppest.	-	20	3 024	-	22	12 815	-	42	[illegible]
3	Minde Stoppested	-	6	1 934	-	27	7 069	-	33	[illegible]
4	Fjøsanger	-	265	11 722	-	841	49 773	-	1 106	[illegible]
5	Hop Stoppested	-	70	1 999	-	222	12 381	-	292	[illegible]
6	Nesttun	-	167	9 548	-	588	61 619	-	755	[illegible]
7	Heldal Stoppested	-	-	437	-	-	872	-	-	[illegible]
8	Haukeland	-	4	1 316	-	14	3 963	-	18	[illegible]
9	Arne	-	4	1 118	-	14	3 134	-	18	[illegible]
10	Garnes	-	23	2 002	-	43	3 574	-	66	[illegible]
11	Trengereid	-	7	906	-	32	1 994	-	39	[illegible]
12	Vaksdal	-	6	966	-	42	2 972	-	48	[illegible]
13	Stanghelle	-	-	517	-	2	912	-	2	[illegible]
14	Dale	-	15	2 648	-	103	6 287	-	118	[illegible]
15	Bolstad	-	3	1 761	-	6	1 754	-	9	[illegible]
16	Ævanger	-	24	1 045	-	36	3 138	-	60	[illegible]
17	Bolken	-	9	1 799	-	12	2 585	-	21	[illegible]
18	Voss	-	1 029	3 137	-	1 192	7 404	-	2 221	[illegible]
	Tilsammen	-	**2 955**	**73 756**	-	**6 127**	**326 738**	-	**9 082**	[illegible]
	Hovedbanen.									
	Gjnemgangstrafik.	**14**	**228**	**2 095**	-	**252**	**3 856**	**14**	**480**	[illegible]
	Lokal- og Samtrafik:									
1	Kristiania, denne Bane	615	5 150	40 897	509	14 817	152 955	1 124	19 967	[illegible]
2	Bryn	-	142	5 089	3	624	18 072	3	766	[illegible]
3	Grorud a)	-	278	5 575	3	1 056	26 120	3	1 334	[illegible]
4	Strømmen a)	2	78	3 297	5	1 523	16 087	7	1 601	[illegible]
5	Lillestr., denne Bane	10	418	6 100	67	1 791	32 448	77	2 209	[illegible]
6	Lersund	-	61	1 213	-	155	6 002	-	216	[illegible]
7	Frogner	1	64	1 054	2	281	5 469	3	345	[illegible]
8	Kløften	-	138	1 772	-	455	10 594	-	593	[illegible]
9	Trøgstad a)	-	247	2 734	-	1 170	12 414	-	1 417	[illegible]
10	Dal	2	136	1 756	4	366	7 442	6	502	[illegible]
11	Bøn	2	119	2 321	-	444	6 574	2	563	[illegible]
12	Eidsvold, denne Bane	116	1 278	5 435	140	1 810	12 066	256	3 088	[illegible]
	Tilsammen	**748**	**8 109**	**77 243**	**733**	**24 492**	**306 243**	**1 481**	**32 601**	[illegible]
	Heraf Lokaltrafik	257	4 682	57 592	436	17 387	251 881	693	22 069	[illegible]
	« Samtrafik	491	3 427	19 651	297	7 105	54 362	788	10 532	[illegible]
	nemlig Trafik over:									
	Kristiania	-	13	295	-	45	1 602	-	58	[illegible]
	Lillestrøm	295	1 607	9 524	185	3 688	34 644	480	5 295	[illegible]
	Eidsvold	196	1 807	9 832	112	3 372	18 116	308	5 179	[illegible]

¹) Afgaaet: Trafik i Retning fra Kristiania over Hovedbanen.
²) Ankommet: Trafik i Retning til do. « do.

11	12	13	14	15	16	17	18	19	20	
Trafik.										
		Levende Dyr.								
	Ankomne.	Heste.		Hornkvæg, større Svin etc.		Smaafæ.		Tilsammen.		Løbenummer.
..um ..lle ..asser.	Ialt.	Afg.	Ank.	Afg.	Ank.	Afg.	Ank.	Afg.	Ank.	
Antal.										
76 603	177 611	52	51	177	782	13	16	242	849	1
15 881	15 819	-	-	-	-	-	-	-	-	2
9 036	8 663	-	-	-	-	-	-	-	-	3
62 601	62 099	1	-	-	17	3	4	4	21	4
14 672	13 914	-	-	-	-	1	-	1	-	5
71 922	72 457	3	2	21	51	6	4	30	57	6
1 309	1 210	-	-	-	13	-	-	-	13	7
5 297	5 306	-	-	20	54	5	1	25	55	8
4 270	4 180	28	13	4	4	6	3	38	20	9
5 642	5 358	3	1	5	3	22	3	30	7	10
2 939	3 222	-	1	21	32	-	20	21	53	11
3 986	4 409	14	19	1	40	1	5	16	64	12
1 431	1 393	-	-	-	-	-	-	-	-	13
9 053	7 893	17	12	14	48	8	16	39	76	14
3 524	2 400	20	13	58	7	10	9	88	29	15
4 243	6 106	6	11	91	46	14	21	111	78	16
4 405	3 839	5	2	122	9	2	-	129	11	17
12 762	13 697	92	116	586	14	35	24	713	154	18
09 576	409 576	241	241	1 120	1 120	126	126	1 487	1 487	
6 445	-	1) -	2) 76	1) 6	2) 49	1) 13	2) 3	1) 19	2) 128	
14 943	209 266	771	605	197	10 922	-	3 087	968	14 704	1
23 930	28 480	-	-	1	371	-	931	1	1 302	2
33 032	34 618	-	-	-	2	-	-	-	2	3
20 992	20 888	1	-	14	23	-	-	15	23	4
40 834	40 593	-	-	69	18	2	-	71	18	5
7 431	7 611	-	-	158	45	2	5	160	50	6
6 871	6 793	-	12	104	1	8	-	112	13	7
12 059	13 290	-	-	328	27	14	-	342	27	8
16 565	16 854	439	798	206	7	47	-	692	805	9
9 706	9 692	2	3	250	16	53	-	305	19	10
9 460	9 596	-	-	29	1	1	-	30	1	11
20 845	20 793	32	5	2 303	8	1 489	7	3 824	20	12
17 568	418 474	1 245	1 513	3 659	11 441	1 616	4 030	6 520	16 984	
32 235	332 235	698	698	3 431	3 431	1 616	1 616	5 745	5 745	
5 333	86 239	547	815	228	8 010	-	2 414	775	11 239	
1 955	1 950	68	69	89	15	-	9	157	93	
9 943	50 491	146	249	35	2 354	-	721	181	3 324	
3 435	33 798	333	497	104	5 641	-	1 684	437	7 822	

Tabel VIII (Forts.). Stationernes Tra[illegible]

Løbenummer.	1	21	22	23	24	25	26
		Trafik.					
		Gods.					
	Stationernes Navne.	Ilgods.		Trælast og Brænde.		Andet Fragtgo[illegible]	
		Afg.	Ank.	Afg.	Ank.	Afg.	Ank.
		Antal Ton. (2 Decimaler).					
	Bergen–Vossbanen.						
1	Bergen	316.19	279.07	446.56	446.94	5 965.80	7 60[illegible]
2	Solheimsviken Stoppested	1.05	1.84	-	-	0 89	[illegible]
3	Minde	0.42	3.75	-	-	8.86	[illegible]
4	Fjøsanger	4.21	27.32	-	15.10	0.40	3[illegible]
5	Hop Stoppested	3.86	45.14	-	126.07	84 88	38[illegible]
6	Næsttun	4.80	25.04	-	105.60	316.81	57[illegible]
7	Heldal	8.40	0.77	-	-	20.56	7[illegible]
8	Haukeland	108.33	4.63	-	68.39	236.41	32[illegible]
9	Arne	27.52	6 00	-	31.79	62.23	20[illegible]
10	Garnes	1.45	7.85	0.23	-	33.92	13[illegible]
11	Trengereid	1.28	3.71	-	20.70	2.45	2[illegible]
12	Vaksdal	2.73	20.53	-	17.73	1 211.89	7[illegible]
13	Stanghelle	0.87	0.51	-	10.29	0.49	5[illegible]
14	Dale	13.70	60.32	0.19	94.00	2 124.99	1 67[illegible]
15	Bolstad	4.23	6.03	80.00	1.30	243.68	8[illegible]
16	Ævanger	8.75	17.75	180.00	30.95	138.77	20[illegible]
17	Bolken	78.69	10.80	40.00	0.25	267.72	32[illegible]
18	Voss	44.49	109.91	271.53	49.40	3 412.43	2 22[illegible]
	Tilsammen	**630.97**	**630.97**	**1 018.51**	**1 018.51**	**14 133.18**	**14 13[illegible]**
	Hovedbanen.						
	Gjennemgangstrafik	[1]) **108.26**	[2]) **187.75**	**139.90**	**414.40**	**2 544.56**	**2 77[illegible]**
	Lokal- og Samtrafik:						
1	Kristiania, denne Bane	1 249.28	1 479.55	7 601.64	198 524.09	151 522.05	103 96[illegible]
2	Bryn	2.76	9.72	24.40	9 486.10	778.07	2 00[illegible]
3	Grorud a)	1.39	11.92	2 726.80	3 322.50	3 058.51	10 83[illegible]
4	Robsrud Sidespor	-	-	2 813.40	110.70	69.38	1 84[illegible]
5	Laasby Sidespor	-	-	4 180.00	12.50	39.90	2 15[illegible]
6	Fjeldhammer Sidespor	-	-	15.40	94.00	119.90	1 10[illegible]
7	Strømmen a)	5.59	37.68	2 985.88	2 685.26	1 472.90	4 20[illegible]
8	Lillestrøm, denne Bane	15.55	80.23	94 132.83	2 383.30	2 644.34	6 20[illegible]
9	Lersund	1.43	6.97	1 679 20	3.85	3 289.07	1 0[illegible]
10	Frogner	2.64	7.25	385 80	151 92	815.39	1 33[illegible]
11	Kløften	29.96	20.95	359.20	93.85	2 048.64	4 47[illegible]
12	Trøgstad a)	23.26	90.11	1 630.03	356.20	3 910.98	4 5[illegible]
13	Hauersæter Sidespor	-	-	1 545.50	-	20.80	67[illegible]
14	Dal	21.36	33.42	15 837.10	28.20	1 376 50	3 0[illegible]
15	Bøn	10.05	32.78	34.40	17 587.28	13 158.30	8 02[illegible]
16	Eidsvold, denne Bane	82.49	148.70	13 382.70	1 208.70	13 792.44	32 47[illegible]
	Tilsammen	**1 445.76**	**1 959.28**	**149 334 28**	**236 048.45**	**198 117.17**	**188 78[illegible]**
	Heraf Lokaltrafik	592.46	592.46	148 596.45	148 596.45	121 453.67	121 45[illegible]
	« Samtrafik	853.30	1 366.82	737.83	87 452.00	76 663.50	67 32[illegible]
	nemlig Trafik over:						
	Kristiania	7.52	12.35	441.54	1 215.00	719.92	307
	Lillestrøm	297.47	378.13	3.63	84 643.62	40 675.52	54 85[illegible]
	Eidsvold	548.31	976.34	292.66	1 593.38	35 268.06	12 10[illegible]

[1]) Afgaaet: Trafik i Retning fra Kristiania over Hovedbanen.
[2]) Ankommet: Trafik i Retning til do. do.

27	28	29	30	31	32	33	
		Udgifter.				Fast Personale.	Løbenummer.
Tilsammen.		Lønninger og Beklædning.	Husleie, Opvarmning, Belysning, Renhold og Inventar.	Kontor-udgifter.	Sum. b)		
Afg	Ank.						
		Kroner.				Antal.	
6 728.55	8 329.31	15 142.81	3 738.31	1 020.35	19 901.47	13	1
1.94	8.53	1 235.26	267.40	178.88	1 681.54	1	2
9.28	10.89	931.38	496.24	76.51	1 504.13	1	3
4.61	75.51	1 406.73	381.12	182.43	1 970.28	1	4
88 74	560.83	967.58	418.43	81.75	1 467.76	1	5
321.61	707.81	2 815 98	422.20	252.11	3 490.29	2	6
28.96	74.22	100 00	58.51	23.99	182.50	3) -	7
344.74	397.56	47.98	165.91	40.48	254.37	3) -	8
89.75	246.95	849.40	223.20	105.10	1 177.70	1	9
35.60	146.18	2 267.88	307.67	60.96	2 636.51	2	10
3.73	50.57	45.48	198.41	92.24	336.13	3) -	11
1 214.62	115.55	64.88	233.98	69.99	368.85	3) -	12
1.36	63.07	86.58	182.38	27.32	296.28	3) -	13
2 138.88	1 833.01	1 898.74	315.80	141.04	2 355.58	1	14
327.91	93 94	1 011.61	197.69	77.88	1 287.18	1	15
327.52	345.17	1 005.61	177.46	59.45	1 242.52	1	16
386.41	336.35	1 025.61	178.54	57.16	1 261.31	1	17
3 728.45	2 387.21	5 777.24	780.26	158.79	6 716.29	5	18
15 782.66	**15 782.66**	**36 680.75**	**8 743.51**	**2 706.43**	**48 130.69**		
) 2 792.72	2) 3 377.00	-	-	-	-	-	
60 372.97	303 966.55	124 284.92	25 549.62	4 637.29	154 471.83	4) 148	1
805.23	12 096.07	5 702.95	1 139.87	154.38	6 997.20	6	2
5 786.70	14 168.78	4 238.74	785.92	177.07	5 201.73	4	3
2 882.78	1 955.80	903.05	173.75	-	1 076.80	1	4
4 219 90	2 168.80	-	-	-	-	-	5
135.30	1 201.20	-	-	-	-	-	6
4 464 37	7 013.57	6 326.34	894.10	173.98	7 3[illegible]4.42	7	7
96 792.72	8 730.94	21 139.34	3 163.61	540.55	24 8[illegible]3.50	5) 20	8
4 969.70	1 098.32	2 991.74	541.30	67.40	3 600.44	3	9
1 203.83	1 489.85	2 312.05	510.80	65.71	2 888.56	2	10
2 437.80	4 592.85	3 672.55	851.47	113.85	4 637.81	3	11
5 564.27	5 036.63	5 726.72	811.26	217.05	6 755.03	5	12
1 566.30	676.20	892.47	182.62	-	1 075.09	1	13
17 234.96	3 123.64	4 489.30	639.03	131.95	5 260.28	6	14
13 202.75	25 643.83	3 480.99	762.58	142.85	4 386.42	4	15
27 257.63	33 827.58	7 509.56	3 275.78	417.12	11 202.46	20	16
18 897.21	**426 790.61**	**193 670.72**	**39 281.65**	**6 839.20**	**239 791.57**		
70 642.58	270 642.58						
78 254.63	156 148.03						
1 168.98	1 535.18						
10 976.62	139 877.57						
36 109.03	14 735.28						

Bestyres af en Baneformand. 4) Samlede Personale ved Stationen (Fælles for Sml.b. og Hovedb.).
Samlede Personale ved Stationen (Fælles for Hovedbanen og Kongsvingerbanen).

Rettelse til Col. 33, Antal fast Personale.

Der staar: For Kristiania 74, læs 75; for Drammen 87, læs 88; for Tønsberg 2, læs 7; for Hamar 37, læs 38; for Singsaas 2, læs 1; for Støren 5, læs 4 og for Trondhjem 39, læs 40.

Anmærkninger til Tabel VIII.

Det ved hver Station opførte Antal afgaaede og ankomne Reisende, levende Dyr og Ton Gods refererer sig til den hele ved Stationen existerende Trafik, hvad enten denne gaar udenfor egen Bane eller ikke Tabellen indeholder Antal af samtlige Reisende med ordinære Tog, altsaa indbefattet Reisende med Rundreise-, Turist- og Familiebilletter (jfr. Tabel XIV) samt andre Reisende med Fragtmoderationer, undtagen Reisende paa Maanedsbilletter (jfr. Tabel XIII). Hunde er ikke medtaget i Antallet af levende Dyr.

Col. 1 a) Opgaverne omfatter de Stationerne underlagte Stoppesteder og Sidespor, hvor Opgaver for disse ikke er særskilt anførte (jfr. Tabel I).

Smaalensbanen. Ved Nordstrand Stoppested foregaar der blot Billetsalg for Reiser til Kristiania, Bækkelaget og Lian. Antallet af Reisende er delvis indbefattet under disse Stationer. da der for Reiser til Stoppestedet ikke haves egne Billetter fra Bækkelaget og Lian, men er Billetter til Nabostationerne benyttede.

Ved Lisleby Stoppested foregik Billetsalg til Kristiania indtil 1ste Januar 1893, men blev da ophævet. Salget er begrændset til Stationerne paa Strækningen Fredrikstad—Sarpsborg samt Fredrikshald.

Ved Døle Stoppested sker Billetsalg blot til Stationer paa Strækningen Sarpsborg—Fredrikshald.

Trafik mellem Moss via Horten paa den ene Side og 2det Trafikdistrikt paa den anden Side er betragtet som Trafik fra eller til Drammen—Skienbanen (Horten); ligeledes er Trafik mellem 1ste, 3die og 4de Trafikdistrikt via Moss paa den ene Side til Horten paa den anden Side betragtet som Trafik til eller fra Smaalensbanen (Moss).

Kongsvingerbanen. Ved Sørumssanden Stoppested sælges Billetter til Kristiania, Lillestrøm, Fetsund og Blaker; ved Disenaaen og Galterud Stoppesteder foregaar Billetsalg til Kristiania og forresten (fra 1ste Januar 1893) til Stationerne paa Strækningen Lillestrøm—Kongsvinger.

Kristiania—Drammenbanen. Ved Skarpsno, Bestum, Stabæk og Slæpenden Stoppesteder foregaar Billetsalg kun til Stationerne paa Strækningen Kristiania—Asker og ved Spikkestad Stoppested til Stationerne Kristiania, Røken, Lier og Drammen.

Drammen—Skienbanen. Ved Gundesø Stoppested foregaar Trafik kun til og fra Drammen og Skoger. Ved Holm Stoppested foregaar kun Billetsalg til Stationerne paa Strækningen Drammen—Holmestrand og ved Grøtting Stoppested kun til Stationerne paa Strækningen Sandefjord—Larvik. Ved Borgestad og Bøle Stoppesteder foregaar kun Salg for Strækningen Porsgrund—Skien og ved Osebakken tillige til Eidanger Station.

Trafik paa Horten, jfr. ovenstaaende Anmærkninger under Smaalensbanen.

Drammen—Randsfjordbanen. Trafik paa Stoppestederne Hære, Ula og Ramfoss foregaar kun paa Strækningen, Vikesund—Krøderen for Reisende.

Eidsvold—Hamarbanen. Ved Stensrud Stoppested foregaar Billetsalg til Stationerne paa Strækningen Tangen—Hamar.

Rørosbanen. Ved Aaker og Bjøraaneset Stoppesteder foregaar der Billetsalg kun til Nabostationerne, ved Kotsøien Stoppested til Stationerne paa Strækningen Tønset—Storlien, ved Selsbak Stoppested til Stationerne paa Strækningen Støren—Trondhjem, og ved Skandsen Stoppested til Stationerne paa Strækningen Tønset—Storlien

Merakerbanen. Ved Vikhammer Stoppested foregaar Billetsalg til Stationerne paa Strækningen Skandsen—Hegre.

Jæderbanen. Trafik til og fra Stoppestederne indbefattet i Opgaverne for de nærmeste Stationer, mellem hvilke Stoppestedet er beliggende.

Col. 32 b) Til de i denne Colonne opførte Udgifter kommer følgende Tillæg ved hver Bane.

	Sum. (Col. 32).	Assurance og Afgifter.	Erstatninger for tabt eller beskadiget Gods.	Andre Udgifter.	Tilsammen (jfr. Tabel IV, Col. 52).
	Kroner.				
Smaalensbanen	203 545.41	101.94	441.08	-	204 088.43
Kongsvingerbanen	72 787.55	107.07	114.06	-	73 008.68
Kongsvinger–Flisenbanen	21 249.04	-	-	-	21 249.04
Sum	297 582.00	209.01	555.14	-	298 346.15
Andel i Fællesstationen:					
Kristiania	100 615.49	1 559.38	-	*) 20 709.59	122 884.46
Lillestrøm	3 710.00	-	-	1 290.00	5 000.00
Charlottenberg	11 406.22	-	-	-	11 406.22
1ste Trafikdistrikt	413 313.71	1 768.39	555.14	21 999.59	437 636.83
Kristiania—Drammenbanen	186 065.75	152.70	457.25	-	186 675.70
Drammen—Skienbanen	138 565.67	88.00	107.20	-	138 760.87
Drammen—Randsfjordbanen	141 956.05	225.81	154.48	-	142 336.34
2det Trafikdistrikt	466 587.47	466.51	718.93	-	467 772.91
Eidsvold—Hamarbanen	45 453.79	62.87	212.38	-	45 729.04
Hamar—Grundsetbanen	47 474.54	57.13	113.11	-	47 644.78
Grundset—Aamotbanen	7 591.00	-	19.35	-	7 610.35
Støren—Aamotbanen	74 194.51	63.06	101.60	-	74 359.17
Trondhjem—Støren	46 472.37	154.41	125.59	-	46 752.37
Merakerbanen	56 817.46	186.84	73.52	-	57 077.82
Sum	278 003.67	524.31	645.55	-	279 173.53
Andel i Fællesstationen:					
Eidsvold	4 620.00	-	-	1 380.00	6 000.00
Storlien	7 202.62	-	-	-	7 202.62
3die & 4de Trafikdistrikt	289 826.29	524.31	645.55	1 380.00	292 376.15
5te Trafikdistrikt	28 070.62	1 905.70	22.50	-	29 998.82
6te Trafikdisrikt	48 130.69	269.72	13.54	-	48 413.95
Statsbanerne	1 245 928.78	4 934.63	1 955.66	23 379.59	1 276 198.66
Hovedbanen	239 791.57	5 774.69	343.94	43 288.00	289 198.20
Samtlige Baner	1 485 720.35	10 709.32	2 299.60	66 667.59	1 565 396.86

*) Administration, Kontorhold og Regnskabsførsel Kr. 1 168.07, Vognskiftning Kr. 14 417.23, Hestehold og Kjøreredskaber Kr. 2 702.98, Tilskud til Pensions- og Understøttelseskasserne Kr. 2 363.49, samt tilfældige Udgifter Kr. 57.82.

Løbenummer.	1	2	3	3	5	6	7
	Stationernes Navn. Désignation des stations.	Indtægter Recettes					
		for afgaaen Trafik. du trafic de départ.					
		Total. Total.	Heraf for Dont.				
			Reisende. Voyageurs.	Reisegods. Bagage.	Levende Dyr. Animaux.	Ilgods. Grande vitesse.	Ialt. Total.
		Kroner.					
	Smaalensbanen.						
	Gjennemgangstrafik	[1]) **1 809.47**	**2.96**	-	**22.58**	**896.87**	**887.06**
	Lokal- og Samtrafik:						
1	Kristiania *Fællesst.*	*1 138 776.68*	*506 450.44*	*9 421.89*	*5 224.07*	*61 264.80*	*546 347.25*
	Heraf denne Bane.	465 659.50	311 696.05	5 675.86	2 210.26	29 755.41	112 461.28
2	Bækkelaget	12 466.55	11 917.49	3.30	7.97	65.67	101.25
3	Nordstrand Stoppest.	17 171.17	17 171.17	-	-	-	-
4	Ljan a)	32 569.63	31 546.97	13.24	17.88	279.92	395.12
5	Oppegaard	6 543.04	3 670.14	20.27	37.31	20.83	2 739.82
6	Ski	16 638.25	11 414.76	40.25	584.06	178.23	4 243.71
7	Aas	23 170.28	12 106.21	58.90	334.59	230.57	10 235.03
8	Vestby	10 050.34	4 824.88	10.42	232.70	61.46	4 772.20
9	Saaner	8 127.20	6 526.21	33.10	182.89	68.51	1 178.61
10	Moss a)	86 232.83	55 292.30	695.24	491.99	3 590.83	25 608.15
11	Dilling	5 142.74	3 683.55	22.27	47.70	120.92	1 178.15
12	Rygge	8 757.72	5 099.78	30.34	90.75	112.07	3 362.52
13	Raade	13 957.73	7 485.91	27.94	479.29	270.08	5 591.64
14	Onsø	5 798.64	3 355.03	15.31	87.59	68.16	2 213.94
15	Fredrikstad a)	93 899.09	78 675.42	1 185.43	817.21	2 256.19	9 963.88
16	Lisleby Stoppested	1 359.17	1 359.17	-	-	-	-
17	Greaaker	6 338.45	5 455.22	43.68	18.80	117.66	544.13
18	Sandesund	7 917.95	4 801.24	66.88	16.66	179.68	2 368.03
19	Sarpsborg	35 756.51	29 239.22	218.64	226.90	664.59	4 883.41
20	Skjeberg a)	12 443.41	6 348.68	16.43	141.35	137.69	5 694.80
21	Døle Stoppested	764.30	764.30	-	-	-	-
22	Berg	7 603.68	6 034.61	23.10	85.00	120.95	1 054.07
23	Fredrikshald a)	104 790.76	71 884.02	1 021.77	2 296.32	4 772.38	23 983.97
24	Kraakstad a)	13 431.70	5 196.86	24.54	187.55	53.44	7 931.43
25	Tomter	23 345.46	8 109.78	57.61	594.09	173.01	14 329.29
26	Spydeberg	25 129.98	10 422.82	109.53	660.96	296.90	13 543.00
27	Askim	35 616.88	8 519.95	107.81	804.38	365.87	25 693.34
28	Slitu	16 787.99	6 760.70	77.45	843.50	235.90	8 795.47
29	Mysen	37 516.62	15 536.74	74.86	1 173.04	590.72	19 946.08
30	Eidsberg	11 699.11	4 872.89	8.30	575.42	143.99	6 006.59
31	Rakkestad	25 484.20	8 886.67	59.82	1 260.59	294.01	14 816.51
32	Gautestad	8 298.79	3 270.69	9.80	171.80	47.29	4 756.12
33	Ise	5 787.22	2 900.89	4.38	53.85	98.41	2 674.43
34	Tistedalen	21 603.95	4 643.38	34.47	11.39	142.94	16 632.43
35	Aspedammen	2 371.74	1 753.11	1.43	7.66	18.19	590.06
36	Præstebakke a)	14 148.11	5 583.90	31.99	132.49	940.60	7 370.51
37	Kornsjø	14 009.80	4 406.58	22.69	81.14	2 386.91	7 070.44
	Tilsammen	**1238 390.42**	**781 217.29**	**9 847.05**	**14 964.68**	**48 859.98**	**372 730.32**

[1]) Afgaaet: Indtægt af Trafik i Retning fra Kristiania.
[2]) Ankommet: — » — . — til —

...nes Indtægter.

10	11	12	13	14	15	16	17	
Indtægter Recettes								
for ankommen Trafik. du trafic d'arrivée.								
	Heraf for Dont							
					Fragtgods. de petite vitesse.			
						Deraf de cela		
Total. Total.	Reisende. Voyageurs.	Reisegods. Bagage.	Levende Dyr. Animaux.	Ilgods. Grande vitesse.	Ialt. Total.	Trælast og Brænde. Bois de construction et bois à brûler.	Melk. Lait.	Løbenummer.
Kroner.								
[2]) 2 036.01	4.81	*	76.75	158.87	1 795.58	-	-	
1 323 931.51	*499 582.80*	*7 098.70*	*27 746.72*	*61 716.92*	*721 523.15*	*297 602.07*	*92 679.22*	1
538 555.01	306 760.84	4 261.78	8 782.01	40 958.67	174 252.91	34 528.44	34 853.80	
11 825.54	10 990.22	5.22	163.96	96.33	407.06	108.48	113.93	2
15 793.96	15 768.48	-	-	-	25.48	-	25.48	3
33 835.58	31 626.52	28.71	19.04	357.20	1 698.19	530.86	158.22	4
4 963.91	3 628.18	32.54	12.46	165.69	1 093.57	16.80	1.37	5
18 820.87	11 471.82	66.87	366.96	477.53	6 323.08	73.54	13.23	6
20 441.67	11 774.16	110.00	118.26	920.56	7 322.21	106.83	4.21	7
8 303.58	4 869.09	36.98	67.63	284.11	2 883.26	11.68	2.97	8
9 128.28	6 434.79	47.57	28.09	280.74	2 216.98	24.24	3.97	9
73 518.78	52 936.66	519.84	1 165.98	3 183.05	15 290.46	4 417.31	476.56	10
5 541.00	3 880.92	39.84	22.55	243.44	1 295.65	114.25	264.38	11
8 504.45	5 110.57	20.98	16.95	269.71	3 006.03	88.55	0.74	12
11 832.85	7 562.45	40.30	205.85	448.82	3 474.95	49.40	0.20	13
4 516.58	3 353.28	21.80	47.90	105.37	934.58	-	27.53	14
160 772.12	80 411.89	1 149.85	1 895.06	9 294.23	66 583.39	48 692.00	4 570.59	15
1 649.53	1 169.03	-	-	-	480.50	-	480.50	16
7 826.72	5 379.68	44.97	19.75	309.91	1 927.51	77.45	10.20	17
14 268.96	4 731.80	30.03	14.27	266.89	9 017.70	1 018.43	4 800.78	18
44 540.91	29 104.56	228.15	387.98	2 084.52	12 252.79	649.13	343.99	19
10 302.59	6 501.78	29.19	40.55	374.69	3 261.66	66.44	12.21	20
709.56	707.70	-	-	-	1.86	-	1.86	21
7 406.57	6 128.92	33.30	60.65	115.32	770.77	36.88	3.63	22
174 870.89	72 569.27	1 037.26	1 097.56	5 901.77	93 205.51	66 999.74	414.08	23
9 793.41	5 183.69	38.48	28.20	307.71	4 180.56	27.24	1.59	24
15 150.97	7 986.58	106.26	282.19	721.17	5 963.28	45.00	8.18	25
19 488.19	10 416.34	127.28	74.22	713.93	8 029.05	81.49	27.76	26
15 192.33	8 637.82	110.44	71.60	769.25	5 480.51	262.87	5.82	27
11 382.16	6 539.76	106.95	214.26	434.64	3 950.58	29.68	8.20	28
29 294.74	15 219.05	256.03	55.95	995.96	12 468.99	296.98	39.80	29
8 453.78	5 107.50	46.39	12.25	674.20	2 526.42	29.09	1.95	30
17 059.57	9 032.34	58.56	64.65	824.58	6 907.29	26.33	12.01	31
4 734.01	3 322.42	9.27	4.85	140.60	1 205.59	19.89	1.95	32
5 899.57	2 874.43	17.00	224.25	166.27	2 580.91	425.77	6.04	33
12 714.64	5 137.88	56.05	21.74	485.64	6 951.58	456.94	65.89	34
2 522.20	1 901.11	6.36	16.54	47.41	545.48	50.48	-	35
8 554.99	5 454.51	43.68	20.85	182.24	2 806.76	192.37	-	36
7 364.21	4 291.64	45.28	12.25	97.12	2 901.07	72.70	-	37
1 355 534.58	**773 977.68**	**8 813.21**	**15 637.26**	**72 699.27**	**474 224.17**	**159 627.28**	**46 763.62**	

Løbenummer.	Stationernes Navne.	Indtægter for afgaaen Trafik.						
			Heraf for					
							Fra	
		Total.	Reisende.	Reise-gods.	Levende Dyr.	Ilgods.	Ialt.	Trælast og Brænd…
	1	2	3	4	5	6	7	8
		Kroner.						
	Hvoraf Lokaltrafik	1 102 807.62	688 510.49	5 783.38	13 852.69	44 888.53	340 228.33	72 05…
	« Samtrafik	135 582.80	92 706.80	4 063.67	1 111.99	3 971.45	32 501.99	1 82…
	nemlig Trafik over:							
	Kristiania	13 053.68	5 526.77	64.43	220.43	893.22	5 734.55	1 65…
	Moss & Horten	8 344.10	6 075.90	203.55	19.35	545.72	1 030.84	·
	Kornsjø	114 185.02	81 104.13	3 795.69	872.21	2 532.51	25 736.60	17…
	Kongsvingerbanen.							
	Gj.nemgangstrafik.	[1])**127102.18**	**31 470.09**	**1 852.10**	**712.61**	**3 292.98**	**89 610.44**	·
	Lokal- og Samtrafik:							
1	Lillestrøm *Fællesst.*	*184 389.54*	*27 896.10*	*187.83*	*199.53*	*1 000.86*	*154 521.19*	*144 420.*
	Heraf denne Bane }	13 169.56	5 986.30	34.98	17.98	400.01	6 642.57	5 55…
2	Nerdrum Sidespor }							
3	Fetsund a) }	8 391.18	4 532.51	27.52	196.58	220.74	3 203.58	15…
4	Varaaen Sidespor }							
5	Sørumsanden Stop.st.	783.24	783.24	-	-	-	-	·
6	Blaker a)	17 531.58	6 309.06	56.05	366.92	544.94	9 993.57	6 08…
7	Haga	10 308.57	3 123.27	11.69	239.61	171.80	6 696.94	3 24…
8	Aarnes	15 817.42	6 607.71	42.34	382.44	401.11	8 215.82	3 26…
9	Funnefoss Sidespor }	30 115.76	3 500.77 }	23.93	238.51	191.88	26 108.83	10 917
10	Sæterstøen a) }							
11	Disenaaen Stoppested }	1 127.31	1 127.31 }					
12	Skarnes	18 123.76	9 244.85	45.12	549.07	803.48	7 227.34	4 95…
13	Sander a)	17 398.29	4 206.06 }	21.19	291.91	299.89	12 440.38	6 83…
14	Galterud Stoppested	1 214.15	1 214.15 }					
15	Kongsvinger *Fællesst.*	*36 959.41*	*23 005.99*	*216.68*	*668.40*	*1 586.38*	*9 855.99*	*4 11…*
16	Heraf denne Bane a) }	32 778.18	20 392.82	193.48	668.40	1 185.02	8 733.15	4 10…
17	Sjøli Sidespor }							
18	Aabogen	18 713.08	3 694.33	28.67	100.61	278.12	14 525.08	13 30…
19	Eidskogen	11 555.41	2 629.16	18.07	35.04	164.03	8 619.42	7 950
20	Skotterud	33 051.80	4 290.29	16.82	371.66	475.26	27 788.93	26 120
21	Magnor	20 497.88	3 924.30	16.20	356.08	514.32	15 360.80	13 60…
22	Eda Sidespor	4 790.07	-	-	-	-	4 790.07	2 08…
23	Charlottenberg a)	49 443.01	14 232.67	163.05	439.93	108.72	33 732.72	18 41…
	Tilsammen	**304 810.25**	**95 798.80**	**699.11**	**4 254.74**	**5 759.32**	**194 079.20**	**127 71…**
	Hvoraf Lokaltrafik	86 290.07	38 532.70	149.27	276.79	1 590.79	45 055.84	31 61…
	« Samtrafik	218 520.18	57 266.10	549.84	3 977.95	4 168.53	149 023.36	96 101…
	nemlig Trafik over:							
	Lillestrøm	214 770.12	55 364.07	517.93	3 910.68	4 118.93	147 385.32	96 0…
	Kongsvinger	1 488.59	844.05	3.51	0.58	29.56	569.42	31…
	Charlottenberg	2 261.47	1 057.98	28.40	66.69	20.04	1 068.62	
	Kongsv.—Flisenb.							
	Lokal- og Samtrafik:							
	Kongsv. denne Bane	4 181.23	2 613.17	23.20	-	401.36	1 122.84	4…
1	Roverud	2 850.16	1 135.37	4.77	59.89	55.53	1 540.23	1 41…
2	Nor	2 300.56	1 070.79	0.93	8.97	26.07	1 157.90	1 02…
3	Grinder	2 490.02	942.85	2.71	15.44	91.84	1 378.91	1 27…

[1]) Afgaaet: Indtægt af Trafik fra Hovedbanen over denne Bane til Svenske Baner.
[2]) Ankommet: do. » do. til do. » » do. fra do. do.

10	11	12	13	14	15	16	17	
Indtægter for ankommen Trafik.								Løbenummer.
Total.	Heraf for							
	Reisende.	Reisegods.	Levende Dyr.	Ilgods.	Fragtgods.			
					Ialt.	Deraf		
						Trælast og Brænde.	Melk.	
Kroner.								
1 102 807.62	688 510.49	5 783.38	13 852.69	44 888.53	340 228.33	72 055.71	46 712.62	
252 726.96	85 467.19	3 029.83	1 784.57	27 810.74	133 995.84	87 571.57	51.00	
11 361.62	5 705.43	64.63	347.13	938.84	4 200.81	1 510.96	-	
9 384.87	6 507.55	207.82	13.00	985.71	1 618.49	-	-	
231 980.47	73 254.21	2 757.38	1 424.44	25 886.19	128 176.54	86 060.61	51.00	
***) 263794.46**	**31 019.19**	**1 472.73**	**1 814.11**	**3 114.77**	**225 996.05**	**81 009.93**	**45.19**	
85 372.77	*27 114.12*	*231.27*	*179.89*	*1 970.61*	*55 650.58*	*39 960.35*	*362.69*	1
43 900.38	5 385.90	27.54	97.33	152.84	38 164.03	36 875.94	250.04	2
9 990.19	4 612.16	42.56	84.68	536.92	4 655.00	1 288.82	0.80	3
								4
830.56	830.56	-	-	-	-	-	-	5
12 645.68	6 538.37	84.62	41.39	668.05	5 230.60	188.74	2.20	6
6 030.75	3 131.24	20.02	15.89	325.41	2 510.80	50.50	3.96	7
11 829.50	6 545.81	42.99	20.73	733.26	4 451.29	137.55	2.51	8
7 902.22	3 523.11	23.36	5.82	352.27	3 940.79	41.03	0.30	9
1 089.83	1 089.83							10
								11
19 899.49	9 415.06	75.80	33.09	1 067.03	9 208.08	309.85	47.85	12
10 445.77	4 112.05	23.08	21.06	412.48	5 807.63	51.83	-	13
1 199.03	1 199.03							14
50 339.65	*22 612.99*	*215.35*	*123.92*	*2 263.96*	*24 700.60*	*1 636.26*	*109.84*	15
47 359.89	20 059.51	205.85	106.92	2 181.07	24 412.76	1 592.11	109.24	16
								17
6 974.00	3 721.58	27.61	5.37	288.58	2 898.78	12.99	-	18
4 516.52	2 466.74	30.05	3.82	264.88	1 709.52	12.84	-	19
11 005.48	4 366.21	24.81	11.40	541.82	6 004.12	12.78	-	20
10 063.45	3 943.16	42.88	37.91	639.03	5 344.22	8.94	-	21
468.06	-	-	-	-	468.06	13.26	-	22
26 171.48	14 513.05	290.94	304.67	166.54	10 274.78	68.58	7.10	23
232 322.28	**95 453.37**	**962.11**	**790.08**	**8 330.18**	**125 080.46**	**40 665.76**	**424.00**	
86 290.07	38 532.70	149.27	276.79	1 590.79	45 055.84	31 613.75	414.23	
146 032.21	56 920.67	812.84	513.29	6 739.39	80 024.62	9 052.01	9.77	
134 866.10	55 514.66	785.44	484.14	6 674.97	70 410.14	4.30	9.77	
4 583.38	881.78	11.20	27.21	27.51	3 620.81	3 386.25	-	
6 582.73	524.23	16.20	1.94	36.91	5 993.67	5 661.46	-	
2 979.76	2 553.48	9.50	17.00	82.89	287.84	44.15	0.60	
2 160.07	1 195.70	7.25	2.66	102.64	837.93	20.26	-	1
1 540.84	1 063.07	3.04	1.05	70.59	395.34	11.09	-	2
1 462.22	896.45	2.80	0.50	75.17	474.69	2.26	-	3

Løbenummer.	Stationernes Navne.	Indtægter for afgaaen Trafik. Total.	Heraf for: Reisende.	Reise-gods.	Levende Dyr.	Ilgods.	Fr[agtgods] Ialt.
1		2	3	4	5	6	7
		Kroner.					
5	Kirkenær	3 760.99	2 496.66	13.42	86.79	177.10	915.28
6	Navnaaen	2 462.08	731.54	2.21	7.46	34.97	1 663.32
7	Arneberg	2 317.20	1 571.12	9.36	62.61	147.43	461.08
8	Flisen	5 334.51	3 420.51	23.32	159.49	119.03	1 423.69
	Tilsammen	**25 696.75**	**13 982.01**	**79.92**	**400.65**	**1 053.83**	**9 663.25**
	Heraf Lokaltrafik	12 515.02	10 191.94	44.40	31.45	656.03	1 550.64
	« Samtrafik: nemlig over:						
	Kongsvinger	13 181.73	3 790.07	35.52	369.20	397.30	8 112.61
	Kr.ania-Dr.menb. Gj.nemgangstrafik.	[1]) **2 453.07**	**1 269.97**	**15.11**	**13.51**	**216.26**	**925.11**
	Lokal- og Samtrafik:						
1	Kristiania a)	392 936.94	247 527.27	2 340.40	2 429.00	29 118.80	108 065.14
2	Skarpsno Stoppested	1 444.54	1 444.54	-	-	-	-
3	Bygdø a)	9 807.52	8 707.44	7.94	2.45	357.86	461.13
4	Bestum Stoppested	6 851.08	6 851.08	-	-	-	-
5	Lysaker	17 525.08	12 402.02	7.04	7.28	342.52	4 539.16
6	Stabæk Stoppested	6 093.49	6 093.49	-	-	-	-
7	Høvik a)	24 451.29	20 273.75	6.27	3.60	483.28	3 319.36
8	Sandviken a)	41 042.83	25 724.46	31.44	363.05	670.68	13 930.28
9	Slæpenden Stoppested	3 588.58	3 588.58	-	-	-	-
10	Hvalstad a)	11 641.44	9 816.86	50.22	59.70	326.12	1 206.39
11	Asker	16 890.02	12 204.25	51.82	424.43	350.63	3 704.94
12	Heggedal a)	11 360.42	6 677.28	27.16	120.65	166.99	4 258.38
13	Røken a)	15 906.23 (13–14)	6 717.32	36.46	346.20	212.74	7 353.99 (13–14)
14	Spikkestad Stoppested		1 092.85	-	-	-	
15	Lier	23 223.49	9 327.00	52.67	234.11	390.89	13 067.02
16	Bragerøen Stoppested	3 457.06	3 411.97	36.43	2.10	-	-
17	Drammen a) *Fællesst.*	*333 113.76*	*143 314.29*	*2 226.60*	*642.30*	*13 298.15*	*169 333.51*
	Heraf denne Bane.	99 977.42	70 465.84	997.20	366.05	3 829.24	22 790.23
	Tilsammen	**686 197.48**	**452 326.00**	**3 645.05**	**4 358.62**	**36 249.75**	**182 696.02**
	Heraf Lokaltrafik	513 528.51	370 064.34	2 439.10	3 543.28	23 621.03	109 155.46
	« Samtrafik	172 668.92	82 261.66	1 205.95	815.34	12 628.72	73 540.56
	nemlig Trafik over:						
	Kristiania	3 903.94	1 484.98	64.79	3.26	956.29	929.59
	Drammen	168 764.98	80 776.68	1 141.16	812.08	11 672.43	72 610.97
	Drammen-Skienb. Gj.nemgangstrafik.	[2]) **208.52**	**207.06**	-	-	**0.31**	**0.40**
	Lokal- og Samtrafik:						
1	Drammen a) denne Bane	51 341.74	30 338.08	703.00	108.90	2 704.26	16 362.37
2	Gundesø Stoppested	128.89	128.89	-	-	-	-
3	Skoger	4 077.43	2 500.23	9.58	23.43	33.14	1 443.53
4	Galleberg	4 554.75	2 777.30	3.70	12.76	55.64	1 627.02
5	Sande a)	11 285.53	6 883.97	32.60	266.81	341.14	3 562.23
6	Holm Stoppested	620.66	620.66	-	-	-	-
7	Holmestrand	25 477.97	18 855.46	228.64	184.31	666.56	5 252.48
8	Nykirke	3 459.00	3 060.47	7.25	3.81	36.93	314.77
9	Skoppum	5 688.91	5 219.50	12.48	2.45	38.06	305.64

[1]) Afgaaet: Indtægt af Trafik i Retning fra Kristiania.
Ankommet: Indtægt af Trafik i den modsatte Retning.

9	10	11	12	13	14	15	16	17	
	Indtægter for ankommen Trafik.								
		Heraf for							
						Fragtgods.			
							Deraf		
…elk.	Total.	Reisende.	Reise-gods.	Levende Dyr.	Ilgods.	Ialt.	Trælast og Brænde.	Melk.	Løbenummer.
	Kroner.								
-	3 833.68	2 256.84	14.55	4.45	183.22	1 351.99	38.97	0.30	5
-	1 291.64	738.46	4.10	3.30	44.09	495.18	-	-	6
26.38	3 200.09	1 511.36	6.65	4.38	179.78	1 484.44	0.16	-	7
0.17	9 876.03	3 508.40	29.81	14.44	435.79	5 859.17	-	-	8
29.28	**26 344.28**	**13 723.76**	**77.70**	**47.78**	**1 174.17**	**11 186.58**	**116.89**	**0.90**	
0.90	12 515.02	10 191.94	44.40	31.45	656.03	1 550 64	80.13	0.90	
28.38	13 829.21	3 531.82	33.30	16.33	518.14	9 635.94	36.76	-	
-	**[1]) 2 317.89**	**1 219.65**	**15.12**	**3.61**	**217.92**	**849.87**	**62.89**	-	
75.27	409 120.62	252 159.47	2 063.97	2 343.61	18 606.10	131 245.75	20 799.97	22 835.97	1
-	1 136.97	1 136.97	-	-	-	-	-	-	2
-	9 791.22	8 592.76	12.67	5.54	351.01	720.10	135.47	43.17	3
-	6 833.21	6 833.21	-	-	-	-	-	-	4
73.20	26 522.78	12 604.81	22.99	28.75	403.97	13 347.49	3 115.84	1 476.83	5
-	6 153.67	6 153.67	-	-	-	-	-	-	6
11.55	23 694.65	20 187.52	23.49	2.62	503.28	2 726.56	701.02	0.27	7
598.78	31 526.27	25 348.72	61.54	58.61	899.92	4 967.63	269.45	36.77	8
-	3 423.95	3 423.95	-	-	-	-	-	-	9
662.12	11 450.72	9 385.59	82.05	49.56	460.58	1 268.32	133.19	2.18	10
585.96	16 527.92	12 084.35	76.35	116.91	449.17	3 680.44	262.31	1.50	11
622 44	12 812.48	6 401.15	47.52	53.54	741 39	5 509.39	2 103.41	41.24	12
491.20	13 646.05	6 864.41	55.06	123.50	689.23	4 526.04	149.22	15.05	13
802 39		1 038.25	-	-	-			10.58	14
073.65	14 641.06	9 184.34	65.40	562.95	527.79	4 127.55	225.59	20.45	15
-	2 887.70	2 854.76	28 83	0.27	-	-	-	-	16
29 60	*492 133.77*	*141 905.78*	*1 637.84*	*3 863.97*	*12 351.07*	*329 372 34*	*25 113 56*	*3 504.90*	17
024.43	101 195.71	68 867.00	953.97	1 059.90	8 222.10	21 341 05	1 393 94	62.64	
24.19	**691 364.98**	**453 120.98**	**3 493.86**	**4 405.76**	**31 854.54**	**193 460.32**	**29 289.41**	**24 546.65**	
899.11	513 528.51	370 064.34	2 439.10	3 543.28	23 621.03	109 155.46	17 282.90	15 899.11	
25 08	177 836.47	83 056.59	1 054.76	862.48	8 233.51	84 304.86	12 006.51	8 647.54	
-	2 728.26	1 403.36	39.99	12.20	441.27	791.06	-	-	
25.08	175 108.21	81 653.23	1 014.77	850.28	7 792.24	83 513.80	12 006.51	8 647.54	
-	**[1]) 189.96**	**172.80**	-	-	**13.22**	**3.40**	-	-	
-	46 440.63	31 082.65	483.30	356.57	2 567.02	11 467.37	2 386.46	179.10	1
-	124.31	124.31	-	-	-	-	-	-	2
248 58	3 977.86	2 747.28	11.16	17.08	106.10	1 065.25	23.80	-	3
399 21	3 589.94	2 687.75	15.52	1.43	216.06	630.89	7.70	0.56	4
152.34	10 587.81	7 002.37	52.29	16.61	915.10	2 454.19	35.98	0.90	5
-	633.38	633.38	-	-	-	-	-	-	6
82.07	25 988.58	18 217.77	252.97	118.97	1 378.36	5 820.35	654.84	1.80	7
6.30	4 333.93	3 108.63	5.60	79.39	101.11	1 020.26	150.92	8.52	8
15.05	6 371.45	5 314.33	17.06	15 50	136.54	850.29	510.58	19.71	9

[1]) Afgaaet: Indtægt af Trafik i Retning fra Kristiania via Moss—Horten til Smaalensbanen.
Ankommet: Indtægt af Trafik i modsatte Retning.

Tabel IX (For…

Løbenummer.	Stationernes Navne.	Indtægter for afgaaen Trafik. Total.	Heraf for Reisende.	Reisegods.	Levende Dyr.	Ilgods.	Ialt.
	1	2	3	4	5	6	7
		Kroner.					
10	Adal	3 259.75	2 901.94	6.73	7.34	18.40	294.61
11	Barkaaker	2 853.16	2 343.63	6.60	10.92	40.91	402.22
12	Tønsberg	57 977.62	45 987.38	985.15	305.85	2 229.94	7 925.34
13	Sem	11 408.60	5 342.50	8.59	231.57	55.27	5 659.92
14	Stokke	9 710.79	7 516.08	16.06	66.77	140.48	1 790.26
15	Raastad	1 937.45	1 124.43	5.25	18.69	13.57	753.96
16	Sandefjord	42 962.00	32 997.27	661.76	126.71	1 076.86	7 647.40
17	Jaaberg	1 259.75	836.08	2.08	6.73	5.77	402.42
18	Tjølling	4 382.78	3 448.30	8.25	1.80	38.16	820.63
19	Grøtting Stoppested	316.07	316.07	-	-	-	-
20	Larvik a)	83 478.79	51 629.85	1 292.16	214.12	3 812.36	25 866.96
21	Kjose	1 756.14	1 206.40	0.91	18.95	8.18	500.55
22	Aaklungen	6 183.55	1 932.68	4.60	77.95	14.84	4 108.88
23	Bjørkedalen a)	2 173.66	683.99	0.30	2.78	4.08	1 463.81
24	Eidanger	10 073.50	8 243.36	25.86	5.10	91.34	1 543.00
25	Porsgrund a)	40 420.92	31 982.03	432.52	33.32	1 827.23	5 880.52
26	Osebakke Stoppested	2 944.44	2 944.44	-	-	-	-
27	Borgestad Stoppested	1 861.76	1 861.76	-	-	-	-
28	Bøle Stoppested	1 496.35	1 496.35	-	-	-	-
29	Skien a)	70 543.11	57 763.74	711.66	317.18	2 475.47	8 929.82
30	Borre	3 077.43	2 701.21	5.40	10.90	43.55	195.67
31	Horten	32 872.94	27 134.53	517.57	60.71	892.86	4 038.88
	Tilsammen	**499 585.46**	**362 778.58**	**5 688.72**	**2 119.86**	**16 665.20**	**107092.79**
	Heraf Lokaltrafik	394 740.38	286 113.67	4 286.57	1 759.05	12 728.06	86 291.07
	« Samtrafik	104 845.08	76 664.91	1 402.15	360.81	3 937.14	20 801.72
	nemlig Trafik over:						
	Drammen	96 859.78	70 483.12	1 289.14	360.81	3 537.14	19 519.98
	Moss—Horten	7 985.30	6 181.79	113.01	-	400.00	1 281.74
	Dr.men-Randsfj.						
	Lokal- og Samtrafik:						
1	Drammen, denne Bane	181 794.60	42 510.37	526.40	167.35	6 764.65	130 180.91
2	Gulskogen a)	5 539.96	2 253.66	1.24	8.81	100.30	3 150.45
3	Mjøndalen	17 470.59	7 248.72	10.45	23.78	137.92	9 903.58
4	Hougsund	15 227.69	11 798.96	29.56	248.72	274.55	2 562.72
5	Burud	1 464.87	1 091.48	3.92	40.67	16.03	310.61
6	Skotselven	16 195.31	5 734.47	26.01	172.57	192.54	9 946.88
7	Aamot a)	35 187.34	8 321.92	40.29	689.70	482.85	25 453.84
8	Gjeithus	17 076.65	3 763.49	7.81	20.32	238.36	12 954.00
9	Vikesund a)	22 960.86	14 957.99	154.84	400.30	1 176.33	5 641.07
10	Nakkerud	3 713.13	2 243.45	6.89	122.09	108.69	1 185.83
11	Skjærdalen	11 826.09	3 540.83	15.15	22.69	216.78	7 943.56
12	Ask a)	4 817.96	3 426.00	16.33	46.29	110.58	1 144.02
13	Hønefoss a)	142 267.61	25 698.08	285.83	475.00	1 608.87	113 348.13
14	Hen a)	66 118.12	8 628.64	58.05	55.38	269.28	56 873.94
15	Randsfjord a)	108 014.22	20 228.74	299.91	711.07	1 806.82	84 402.40
16	Vestfossen	22 706.66	5 317.16	15.65	65.32	174.50	16 985.46
17	Darbu	4 318.77	1 986.94	12.34	15.40	65.42	2 174.13
18	Krekling a)	3 103.17	730.22	1.50	12.60	8.97	2 347.60

...tionernes Indtægter.

9	10	11	12	13	14	15	16	17	
	Indtægter								
	for ankommen Trafik.								
		Heraf for							
...h.						Fragtgods.			
							Deraf		
...elk.	Total.	Reisende	Reisegods.	Levende Dyr.	Ilgods.	Ialt.	Trælast og Brænde.	Melk.	Løbenummer.
	Kroner								
3.60	4 153.48	2 848.21	18.84	35.80	60.44	1 171.59	117.44	0.15	10
-	3 265.28	2 361.43	13.69	44.15	60.87	701.88	104.63	0.30	11
18.46	66 434.30	45 671.15	873.87	294.88	3 638.73	15 414.37	2 898.23	390.50	12
307.14	8 589.25	5 460.48	27.91	49.20	169.53	2 794.51	68.18	0.30	13
126.07	11 104.81	7 694.64	53.89	8.24	336.64	2 861.40	293.04	0.21	14
42.15	1 474.52	1 140.13	5.99	16.73	35.69	260.27	39.45	0.45	15
235.97	49 938.46	32 155.98	675.33	89.28	2 776.39	13 977.90	2 841.48	19.00	16
13.95	1 280.11	868.30	6.18	0.25	12.34	377.60	58.98	-	17
4.41	4 434.81	3 732.46	13.96	2.05	60.54	578.21	108.08	-	18
-	291.98	291.98	-	-	-	-	-	-	19
146.04	77 787.55	51 639.86	1 502.95	280.08	3 689.99	20 199.14	6 321.76	242.42	20
1.65	1 525.64	1 195.01	3.46	4.80	18.29	296.79	20.88	-	21
0.15	2 469.29	1 935.73	10.10	12.90	43.42	452.04	9.74	0.15	22
82.72	952.24	747.94	3.50	8.53	13.61	162.81	10.00	-	23
-	9 403.10	8 211.77	40.75	7.03	171.58	872.75	21.38	-	24
4.58	38 468.23	29 102.86	316.51	445.63	2 099.85	6 351.31	1 152.57	177.58	25
-	2 873.73	2 873.73	-	-	-	-	-	-	26
-	1 923.43	1 923.43	-	-	-	-	-	-	27
-	1 519.58	1 519.58	-	-	-	-	-	-	28
8.10	80 517.54	57 919.83	772.01	561.15	5 185.17	15 258.75	4 662.10	42.45	29
1.71	3 276.53	2 573.05	9.58	7.38	111.48	514.08	91.02	-	30
0.96	36 045.96	26 824.28	357.98	70.79	1 920.27	6 700.89	2 049.98	216.75	31
...201.19	**509 777.61**	**359 610.80**	**5 544.40**	**2 544.42**	**25 825.12**	**112 254.89**	**24 639.22**	**1 300.85**	
269.77	394 740.38	286 113.67	4 286.57	1 759.05	12 728.06	86 291.07	18 685.45	1 269.77	
931.42	115 037.23	73 496.63	1 257.83	785.37	13 097.06	25 963.82	5 953.77	31.08	
931.42	107 801.57	67 834.44	1 159.96	779.37	12 427.00	25 170.72	5 953.77	31.08	
-	7 235.66	5 662.19	97.87	6.00	670.06	793.10	-	-	
5.17	344 497.43	41 956.13	200.55	2 447.50	1 561.95	296 563.92	21 333.16	3 263.16	1
0.15	3 257.83	2 141.33	4.84	143.94	92.38	866.53	285.25	116.72	2
497.78	11 713.97	7 285.85	27.81	13.69	475.03	3 847.91	1 057.70	-	3
601.36	15 790.58	11 598.15	73.89	48.09	783.76	3 158.46	497.66	21.40	4
62.70	1 592.10	1 085.33	3.60	2.67	45.63	451.07	105.55	-	5
583.46	20 521.28	5 783.93	25.18	39.10	714.86	13 869.29	1 075.02	12.21	6
584.54	21 175.98	8 513.68	82.72	54.83	1 191.68	11 158.05	2 366.85	0.30	7
0.34	17 427.20	3 671.31	24.90	9.01	681.61	12 959.34	2 952.35	97.89	8
855.45	23 604.33	14 793.50	173.04	153.83	1 505.51	6 721.55	634.83	1.03	9
527.68	4 250.29	2 244.93	13.55	8.48	268.25	1 692.91	34.35	1.40	10
162.64	9 494.41	3 473.04	24.50	17.17	426.80	5 505.15	773.17	2.10	11
505.78	5 530.03	3 901.15	31.14	16.11	200.08	1 359.31	121.89	93.82	12
549.94	82 493.85	25 076.29	232.91	167.10	2 831.32	53 812.35	22 848.85	297.22	13
0.15	30 201.45	8 429.98	114.63	27.04	974.25	20 499.89	1 510.38	53.97	14
0.68	80 711.04	20 787.73	351.92	243.95	2 837.87	56 116.77	1 940.40	14.39	15
752.47	26 004.47	5 379.80	35.82	17.09	798.78	19 706.92	9 021.37	0.57	16
0.75	3 074.96	1 960.67	10.60	33.50	161.08	882.03	21.84	-	17
31.70	836.85	680.98	0.95	0.20	14.15	140.07	3.74	0.18	18

Løbenummer.	Stationernes Navne.	Indtægter for afgaaen Trafik. Total.	Heraf for Reisende.	Reisegods.	Levende Dyr.	Ilgods.	Ialt.	Tr… Br…
	1	2	3	4	5	6	7	
		Kroner.						
19	Skollenborg a)	20 636.03	3 260.46	46.84	102.41	80.23	17 090.75	1
20	Kongsberg	39 313.36	17 124.47	147.09	372.63	578.11	19 945.53	11
21	Hole	711 23	665.40	-	0.40	1.65	43.58	
22	Snarum a)........	28 977.06	3 706.01	5.20	114.09	124.75	24 958.70	2
23	Krøderen a).......	18 101.57	9 810.60	90.51	325.72	316.58	7 225.98	4
	Tilsammen	**787 542.85**	**204 048.06**	**1 801.80**	**4 213.33**	**14 854.76**	**555 773.46**	**80 7**
	Heraf Lokaltrafik...	671 077.84	161 451.24	1 144.32	3 334.10	12 616.89	488 565.31	68 3
	» Samtrafik: nemlig over Drammen	116 465.01	42 596.82	657.48	879.23	2 237.87	67 208.15	12 4
	Eidsvold-Hamarb.							
	Gjnemgangstrafik.	[1]) **74 553.28**	**26 384 75**	**799.05**	**171.24**	**3 471.87**	**43 343.60**	**17**
	Lokal- og Samtrafik:							
1	Eidsvold *Fællesstation*	*131 898 33*	*36 331.27*	*795.09*	*5 374.60*	*3 497.77*	*84 791.69*	*16 04*
	Heraf denne Bane.	6 302 37	4 840.03	25.56	12.79	508.26	620.74	
2	Minne a)..........	7 076.88	2 535.36	11.08	215.76	156.86	4 004.46	5
3	Ulven a)	2 367.06	1 244.09	2.81	56.62	52.86	950.55	7
4	Espen a)..........	4 875.99	1 777.74	6.95	37.81	30.27	2 982.60	2 7
5	Tangen a)	8 114.26	4 227.58	24.75	127.31	180.26	3 434.84	1 6
6	Stensrud	389.28	389.28	-	-	-	-	
7	Stange............	15 218.62	7 443.83	41.22	1 068.45	650.39	5 791.97	4
8	Ottestad a)........	4 715.86	2 664.76	16.85	44.88	164.49	1 639.75	
9	Hamar *Fællesstation*..	*153 925.01*	*79 118.05*	*1 378.06*	*3 897.23*	*10 184.81*	*56 864.70*	*22*
	Heraf denne Bane.	66 918.20	35 583.16	573.64	3 622.44	3 696.07	22 633.11	
	Tilsammen	**115 978.52**	**60 705.88**	**702.86**	**5 186.06**	**5 439.46**	**42 058.02**	**6 29**
	Heraf Lokaltrafik ...	44 524.47	29 325.93	104.42	140.19	3 010.93	11 397.28	5 2
	» Samtrafik . ..	71 454.05	31 379.90	598.44	5 045.87	2 428.53	30 660.74	1 0
	nemlig Trafik over:							
	Eidsvold	68 521.22	30 176.02	586.90	4 924.48	2 424.35	29 238.00	[illegible]
	Hamar	2 932.83	1 203.88	11.54	121.39	4.18	1 422.74	[illegible]
	Rørosbanen.							
	Gjnemgangstrafik.	[1]) **9 106.01**	**6 515.27**	**31.58**	**149.15**	**180.95**	**2 180.39**	
	Lokal- og Samtrafik:							
	Hamar—Grundsetb.							
1	Hamar, denne Bane .	87 006.81	43 534.89	804.42	274.79	6 488.74	34 231.59	19
2	Aaker Stoppested ...	104.60	104.60	-	-	-	-	
3	Hjellum a)	5 345.16	1 540.00	1.43	17.01	131.75	3 571.22	1
4	Ilseng	9 343.50	3 155.43	44.08	67.87	169.59	5 882.76	
5	Hørsand	4 496.49	1 902.35	6.10	22.75	140.78	2 346.43	20
6	Aadalsbrug	10 452.33	2 889.06	13.83	30.35	186.31	7 107.81	3
7	Løiten........ .	10 146.37	5 255.89	41.28	72.94	389.65	4 242.41	8
8	Elverum a)..	33 679.82	22 956.20	110.82	376.92	2 306.46	6 382.03	2 27
9	Grundset *Fællesstation*	1 394.61	602.69	0.89	0.40	21.09	767.02	67
	Heraf Hamar-Grundsetb.	—	—	—	—	—	—	—

[1]) Afgaaet: Indtægt af Trafik i Retning fra Hovedbanen.

[Sta]tionernes Indtægter.

9	10	11	12	13	14	15	16	17	
	Indtægter for ankommen Trafik.								
		Heraf for							
						Fragtgods			
							Deraf		
[M]elk	Total.	Reisende.	Reisegods.	Levende Dyr.	Ilgods.	Ialt.	Trælast og Brænde.	Melk.	Løbenummer.
	Kroner.								
9.08	7 895.61	3 053.00	34.78	22.94	288.67	4 466.45	72.66	-	19
0.15	45 388.20	17 183.72	195.11	162.49	2 818.85	24 620.47	224.76	332.90	20
20.47	954.96	799.68	-	-	10.63	139.37	-	-	21
53.33	7 978.09	3 829.03	12.94	59.59	399.96	3 640.24	1 526.00	0.19	22
-	27 105.97	10 107.00	249.75	122.08	1 394.02	14 999.56	240.52	1.82	23
05.77	**791 500.88**	**203 736.21**	**1 925.13**	**3 810.40**	**20 478.02**	**557 177.61**	**68 648.80**	**4 311.27**	
296.97	671 077.84	161 451.24	1 144.32	3 334.10	12 616.89	488 565.31	68 303.57	4 296.97	
708.80	120 432.04	42 284.97	780.81	476.30	7 861.13	68 612.30	344.73	14.30	
-	**²) 53 977.46**	**27 369.47**	**488.84**	**2 597.45**	**3 908.75**	**19 501.17**	**153.99**	**2 103.25**	
48 81	*192 153.58*	*36 660.56*	*738.81*	*324.73*	*6 905.40*	*146 914.60*	*3 196.42*	*37.65*	1
-	7 299.19	4 767.43	26.94	163.03	1 174.38	1 052.42	587.79	37.65	
123.71	5 102.76	2 631.61	11.94	112.10	343.43	1 927.14	61.78	-	2
74.32	1 921.02	1 239.00	6.89	27.68	184.62	418.90	5.00	3.31	3
53.10	2 511.41	1 713.46	9.83	7.62	149.80	620.21	22.36	17.72	4
997.14	7 198.29	4 409.59	24.11	25.54	471.35	2 208.33	17.50	287.73	5
-	353.27	353.27	-	-	-	-	-	-	6
441.89	15 148.15	7 519.09	82.93	198.91	878.57	6 387.54	1 388.63	38.40	7
440.84	6 091.48	2 694.69	13.28	14.40	321.88	3 022.96	1 600.48	9.25	8
23.54	*180 428.62*	*80 771.13*	*1 204.16*	*2 099.40*	*6 620.09*	*87 974.46*	*10 066.42*	*3 154.77*	9
440.31	96 215.60	35 407.64	610.00	587.59	4 246.39	54 736.54	2 067.26	356.42	
71.31	**141 841.17**	**60 735.78**	**785.92**	**1 136.87**	**7 770.42**	**70 374.04**	**5 750.80**	**750.48**	
719.53	44 524.47	29 325.93	104.42	140.19	3 010.93	11 397.28	5 263.75	719.53	
551.78	97 316.70	31 409.85	681.50	996.68	4 759.49	58 976.76	487.05	30.95	
347.22	95 461.58	30 216.17	612.16	846.53	4 693.00	58 620.93	464.32	26.06	
4.56	1 855.12	1 193.68	69.34	150.15	66.49	355.83	22.73	4.89	
-	**¹) 8 492.28**	**6 255.24**	**45.79**	**345.72**	**184.58**	**1 657.49**	**7.40**	-	
63.23	84 213.02	45 363.49	594.16	1 511.81	2 373.70	33 237.92	7 999.16	2 798.35	1
-	33.60	33.60	-	-	-	-	-	-	2
284.81	8 616.28	1 737.26	7.10	173.11	203.58	6 447.87	2 977.22	17.61	3
080.98	6 328.95	3 237.68	36.39	173.20	335.37	2 516.68	315.54	6.33	4
578.84	3 369.04	1 914.61	9.00	13.10	168.04	1 241.79	56.91	3.60	5
253.99	12 826.32	2 993.87	22.19	2.49	450.29	9 318.75	5 295.63	11.41	6
004.38	11 107.76	5 123.89	55.40	109.29	651.37	5 077.74	1 968.27	3.78	7
0.86	47 258.65	22 429.43	298.01	1 494.57	2 129.76	20 415.20	686.00	132.44	8
22.23	872.36	612.97	0.70	3.84	54.87	194.46	46.50	0.60	9
—	—	—	—	—	—	—	—	—	

Ankommet: Indtægt af Trafik i Retning til Hovedbanen.

Løbenummer.	Stationernes Navne.	Indtægter for afgaaen Trafik. Total.	Heraf for Reisende.	Reise-gods.	Levende Dyr.	Ilgods.	F[...] Ialt.	Træ og Bræn[...]
1		2	3	4	5	6	7	
		Kroner.						
	Grundset—Aamotb.							
	Grundset, denne Bane	—	—	—	—	—	—	
10	Øksna a)	7 271.04	1 124.48	2.56	14.62	42.62	6 061.64	1 8
11	Aasta	2 714.53	1 803.55	10.90	29.50	79.87	688.60	1
12	Rena *Fællesstation*	14 203.55	9 256.05	59.06	280.75	656.82	3 460.71	1 4
	Heraf Gr.set-Aamotb	—	—	—	—	—	—	
	Støren—Aamotb.							
	Rena, denne Bane	—	—	—	—	—	—	
13	Stenviken a)	7 424.62	3 008.67	12.22	40.92	138.38	4 148.87	3 2
14	Ophus a)	3 935.53	1 766.52	2.75	5.96	83.68	2 013.96	1 7
15	Rasten a)	9 412.90	2 714.14	10.49	92.11	121.18	6 321.66	5 6
16	Stai	4 852.58	3 216.56	30.00	46.23	303.00	1 120.94	
17	Koppang a)	13 725.02	9 913.96	76.73	169.99	525.75	2 474.74	1 0
18	Bjøraaneset Stoppest.	274.50	274.50	-	-	-	-	
19	Atna	4 497.08	3 215.94	31.74	101.56	87.50	966.23	3
20	Hanestad a)	5 254.95	3 017.96	24.44	163.35	151.40	1 792.89	1 2
21	Barkald	1 465.86	1 095.96	5.98	52.65	26.03	247.45	1
22	Lilleelvedal	17 840.21	7 346.21	142.42	4 484.04	516.22	4 958.91	1 8
23	Auma	1 444.49	502.70	12.28	6.40	60.24	835.22	5
24	Tønset	23 914.17	15 687.27	229.30	1 113.36	1 327.18	4 896.81	4
25	Telneset	1 477.02	301.23	-	0.65	6.58	1 168.56	1 0
26	Tolgen	5 252.32	2 285.90	13.40	329.31	386.95	2 125.48	3
27	Os	5 297.63	2 217.43	15.26	528.82	347.14	2 089.16	3
28	Røros	39 631.75	18 670.65	220.84	480.72	3 875.11	15 064.79	1 5
29	Nypladsen	1 081.16	953.24	0.40	3.60	12.64	108.13	
30	Jensvold	3 841.08	1 941.00	51.95	103.61	111.60	1 580.57	1
31	Tyvold a)	83 868.76	2 328.99	3.12	11.70	19.87	81 376.40	3
32	Reitan	22 303.44	1 769.32	9.11	147.63	76.60	20 247.45	1
33	Eidet	4 427.62	3 312.85	1.60	259.64	75.29	702.66	8
34	Holtaalen	4 489.28	1 759.22	27.22	204.71	349.56	2 098.57	1 67
35	Langletet	1 459.80	519.16	1.20	62.85	31.57	832.38	60
36	Reitstøen	2 217.92	404.28	0.80	7.75	12.42	1 784.57	8
37	Singsaas	4 402.98	2 086.57	40.23	144.23	68.00	1 946.60	1 64
38	Bjørgen	3 081.57	629.33	2.80	28.05	48.28	2 326.87	1 7
39	Kotsøien Stoppested	6 664.20	637.01	13.00	168.35	63.94	4 475.64	2 02
40	Rognes a)		1 258.77					
41	Støren *Fællesstation*	20 929.33	10 852.51	126.16	800.95	513.97	8 276.87	5
	Heraf Støren-Aamotb.	—	—	—	—	—	—	—
	Tr.hjem—Størenb.							
	Støren, denne Bane	—	—	—	—	—	—	—
42	Hovind	7 912.76	2 459.03	4.09	159.76	108.87	5 097.39	1 91
43	Lundemo	8 937.99	1 816.77	0.95	266.42	133.00	6 684.56	63
44	Leer	6 696.26	3 076.30	22.21	171.69	129.15	3 216.86	1 29
45	Kvaal	2 500.14	1 535.32	12.10	72.05	161.64	714.33	4
46	Søberg	1 167.59	870.23	4.86	33.64	23.98	225.68	7
47	Melhus	8 071.16	4 453.96	46.40	779.79	391.06	2 203.48	5

[9]	10	11	12	13	14	15	16	17	
	Indtægter								
	for ankommen Trafik.								
		Heraf for							
						Fragtgods.			
							Deraf		
[...]lk.	Total.	Reisende.	Reisegods.	Levende Dyr.	Ilgods.	Ialt.	Trælast og Brænde.	Melk.	Løbenummer.
	Kroner.								
—	—	—	—	—	—	—	—	—	
47.49	2 195.85	1 150.24	2.71	10.04	148.55	870.89	179.56	3.15	10
67.35	3 669.37	1 752.84	12.98	11.92	379.37	1 470.46	217.28	54.69	11
165.29	20 725.03	9 432.75	75.80	117.83	1 498.70	9 443.00	393.47	132.03	12
—	—	—	—	—	—	—	—	—	
—	—	—	—	—	—	—	—	—	
-	9 214.35	3 024.19	22.16	30.71	640.30	5 450.31	130.70	4.94	13
34.21	3 869.32	1 819.29	6.12	17.10	342.16	1 650.44	95.68	7.23	14
42.29	7 514.23	2 687.75	12.70	77.45	672.43	3 985.30	-	3.95	15
58.44	8 927.92	3 144.69	45.92	33.28	940.17	4 678.88	168.97	18.20	16
0.45	21 808.20	9 774.61	110.52	79.21	1 357.20	10 276.45	250.73	47.55	17
-	346.75	346.75	-	-	-	-	-	-	18
-	7 181.01	3 439.22	43.99	34.18	500.37	3 125.85	54.75	21.14	19
0.19	8 093.87	3 369.52	32.56	18.97	450.00	4 153.77	63.65	-	20
0.30	2 554.32	1 107.98	4.50	35.95	128.68	1 245.51	37.52	0.60	21
9.56	21 929.18	8 540.16	149.17	114.00	1 058.00	11 850.69	151.08	-	22
3.78	1 240.06	480.51	8.98	6.02	165.68	572.97	4.98	-	23
9.36	33 978.55	15 750.09	267.66	254.55	1 337.60	15 879.06	496.39	6.90	24
-	763.76	291.86	-	1.45	40.54	429.91	203.58	0.15	25
5.83	8 955.36	2 204.34	36.77	29.98	394.86	6 215.79	15.07	0.30	26
16.75	6 669.17	2 224.11	18.27	29.35	353.87	4 011.23	48.70	-	27
47.65	86 717.15	18 514.87	341.50	230.31	2 037.22	64 732.05	2 832.01	80.53	28
16.80	2 053.03	799.73	1.80	15.95	37.28	1 185.67	88.30	1.05	29
76.35	5 297.95	1 723.73	35.10	31.35	149.41	3 336.51	707.63	3.15	30
19.80	11 279.93	2 899.37	16.15	20.25	163.88	8 092.38	1 999.79	140.20	31
47.61	3 740.59	1 620.21	5.00	35.30	203.22	1 846.73	123.42	7.20	32
9.36	7 546.15	3 184.54	9.44	46.66	336.42	3 941.38	177.52	4.00	33
9.30	3 740.91	1 419.95	7.80	7.15	245.07	2 037.51	22.00	0.15	34
0.69	1 775.29	582.55	16.20	5.25	56.00	1 108.99	0.88	11.80	35
-	1 184.88	375.64	9.76	0.80	42.28	743.80	-	27.89	36
-	3 882.74	1 779.67	19.31	19.35	82.06	1 948.19	0.99	15.28	37
4.20	2 321.29	751.96	20.80	18.30	96.50	1 417.33	18.50	-	38
1.59	5 402.67	616.95 } 1 291.38 }	26.10	15.10	166.33	3 266.16	7.68	0.53	39 40
0.87	25 487.17	10 758.57	201.59	47.83	577.44	13 561.67	90.18	3.72	41
—	—	—	—	—	—	—	—	—	
—	—	—	—	—	—	—	—	—	
-	5 221.77	2 531.89	18.00	19.50	167.28	2 410.82	16.50	0.45	42
71.09	3 459.68	1 764.10	7.01	34.65	129.25	1 475.68	32.73	0.30	43
90.74	5 280.44	3 088.49	25.35	27.65	162.40	1 901.75	69.47	4.19	44
11.33	2 443.45	1 511.40	12.15	22.75	78.69	812.62	13.55	-	45
-	1 222.91	873.59	6.80	6.90	34.62	293.11	19.38	-	46
18.70	7 385.84	4 449.45	65.22	87.05	199.37	2 484.59	302.55	-	47

Tabel IX (For

1		2	3	4	5	6	7	
		Indtægter						
		for afgaaen Trafik.						
			Heraf for					
							F	
Løbenummer.	Stationernes Navne.	Total.	Reisende.	Reise-gods.	Levende Dyr.	Ilgods.	Ialt.	Træl og Bræn
		Kroner.						
48	Nypan	1 170.32	1 050.70	1.40	2.60	13.90	97.92	
49	Heimdal a)	7 410.34	4 882.70	24.94	31.10	37.94	2 376.58	3
50	Selsbak Stoppested	2 581.42	2 581.42	-	-	-	-	
51	Skandsen Stoppested	3 588.42	3 588.42	-	-	-	-	
52	Trondhjem *Fællesst.*	*565 703.84*	*209 054.38*	*4 894.48*	*7 467.22*	*25 636.00*	*315 219.35*	*66*
	Heraf							
	Røroshanen	379 891.31	170 829.93	3 889.66	6 261.10	20 332.90	176 276.85	2
	Tils. Rørosbanen	**920 554.29**	**394 957.82**	**6 207.42**	**18 525.19**	**41 286.20**	**447 618.25**	**40 4**
	Hvoraf Lokaltrafik	677 263.46	255 591.55	2 865.30	6 114.17	18 382.31	386 604.37	30 2
	« Samtrafik	243 290.83	139 366.27	3 342.12	12 411.02	22 903.89	61 013.88	1 2
	nemlig Trafik over:							
	Hamar	240 610.50	138 499.58	3 331.57	12 239.54	22 867.20	59 503.13	1
	Trondhjem	2 680.33	866.69	10.55	171.48	36.69	1 510.75	1 0
	Merakerbanen.							
	Gjennemgangstrafik.	[1]) **1 622.57**	**1 237.87**	-	**22.86**	**10.91**	**351.48**	
	Lokal- og Samtrafik:							
1	Tr hjem, denne Bane.	1 5 812.53	38 224.45	1 004.82	1 206.12	5 303.10	138 942.50	4
2	Leangen	2 265.62	2 203.65	3.98	19.20	11.99	21.58	
3	Ranheim	11 717.92	6 591.83	16.10	25.59	68.22	4 788.94	1
4	Vikhammer Stoppest.	375.14	375.14	-	-	-	-	
5	Malvik	3 800.56	3 004.09	4.10	56.75	8.82	665.61	1
6	Hommelviken	32 117.24	7 281.27	53.44	124.51	240.70	23 783.70	2 1
7	Hell a)	23 722.18	13 095.20	81.69	892.34	359.20	8 765.27	1 5
8	Hegre	8 355.38	3 762.40	24.27	257.13	75.48	4 155.37	1 8
9	Floren	3 248.91	1 089.38	5.10	64.95	34.19	2 005.25	1 7
10	Gudaaen	1 776.30	1 277.32	37.40	94.35	28.86	269.81	1
11	Meraker	14 715.63	2 797.76	17.80	231.12	63.20	11 393.79	
12	Storlien	5 139.02	4 453.25	146.60	25.90	14.65	157.41	
	Tilsammen	**293 046.43**	**84 155.74**	**1 395.30**	**2 997.96**	**6 208.41**	**194 949.22**	**8 13**
	Hvoraf Lokaltrafik	163 911.58	76 981.71	807.70	1 861.84	2 850.20	78 449.12	8 0
	« Samtrafik	129 134.85	7 174.03	587.60	1 136.12	3 358.21	116 500.11	
	nemlig Trafik over:							
	Trondhjem	1 154.01	355.10	3.78	43.78	61.22	336.90	
	Storlien	127 980.84	6 818.93	583.82	1 092.34	3 296.99	116 163.21	
	Jæderbanen. a)							
1	Stavanger	55 147.36	38 998.23	205.40	392.11	1 459.63	13 587.83	
2	Hinna	1 960.71	1 901.91	3.80	4.43	0.75	30.52	
3	Sandnes	21 428.15	12 534.60	66.90	174.77	322.38	7 465.76	1
4	Høiland	1 478.42	1 005.97	-	61.31	8.50	402.64	
5	Klep	3 451.19	2 025.65	-	135.40	4.80	1 232.10	
6	Time	11 708.00	6 409.09	8.40	769.29	68.68	3 969.45	
7	Nærbø	8 972.87	4 918.01	13.20	633.44	33.56	3 191.48	
8	Varhoug	2 456.84	1 616.83	2.90	161.82	9.36	647.93	
9	Vigrestad	4 660.90	2 587.41	6.00	345.35	5.45	1 705.70	
10	Ogne	3 797.80	1 806.56	7.00	254.36	18.05	1 629.02	
11	Helvig	2 090.98	1 126.15	4.80	33.21	3.60	905.22	
12	Egersund	29 350.80	23 597.21	241.30	923.74	420.51	4 021.72	14
	Tilsammen	**146 504.02**	**98 527.62**	**559.70**	**3 889.28**	**2 355.27**	**38 789.36**	**1 27**

[1]) Afgaaet: Indtægt af Trafik i Retning fra Trondhjem.

…onernes Indtægter.

Jernbaner 1893—94.

	10	11	12	13	14	15	16	17	
	Indtægter for ankommen Trafik.								
			Heraf for						
						Fragtgods.			
							Deraf		
…k.	Total.	Reisende.	Reisegods.	Levende Dyr.	Ilgods.	Ialt.	Trælast og Brænde.	Melk.	Løbenummer.
	Kroner.								
-	1 283.11	1 104.26	11.80	9.35	21.49	133.57	-	-	48
5.23	11 890.03	5 317.38	77.20	98.06	155.68	6 130.96	161.87	-	49
-	2 653.76	2 653.76	-	-	-	-	-	-	50
-	2 275.77	2 275.77	-	-	-	-	-	-	51
5.72	*533 276.17*	*201 189.66*	*5 523.58*	*3 452.59*	*13 984.45*	*302 992.76*	*72 008.21*	*1 388.51*	52
2.22	385 137.18	160 167.52	4 661.43	1 720.34	13 044.50	201 092.02	11 466.64	657.01	
.10	**932 945.97**	**386 044.43**	**7 469.27**	**6 903.25**	**34 961.85**	**487 714.41**	**40 008.98**	**4 232.40**	
81 27	677 263.46	255 591.55	2 865.30	6 114.17	18 382.31	386 604.37	39 239.82	4 231.27	
48.83	255 682.51	130 452.88	4 603.97	789.08	16 579.54	101 110.04	769.11	1.13	
48.83	253 893.76	129 399.83	4 601.63	759.79	16 472.12	100 533.13	684.52	1.13	
-	1 788.75	1 053.05	2.34	29.29	107.42	576.91	84.59	-	
-	*) **1 374.84**	**1 237.86**	-	-	**15.47**	**121.51**	-	-	
3 5[illegible]	148 138.99	41 022.14	862.15	1 732.25	939.95	101 900.74	60 541.57	731.50	1
-	2 741.94	2 362.96	3.20	17.90	28.18	323.06	118.70	93.24	2
14.60	45 973.76	6 506.65	32.55	28.06	192.33	39 113.17	27 008.48	0.35	3
-	378.26	378.26	-	-	-	-	-	-	4
28 51	3 736.16	2 940.50	25.20	55.05	101.42	577.79	38.47	81.61	5
34 31	82 447.71	7 067.60	74.94	59.08	519.42	74 301.28	64 586.58	13.60	6
20.50	22 400.74	12 792.28	145.95	138.84	623.76	8 433.59	213.16	21.[illegible]	7
57.12	7 028.73	3 772.07	61.52	36.77	187.18	2 884.50	21.76	70.16	8
74.57	1 871.34	1 142.78	12.30	9.45	61.13	633.46	2.36	-	9
-	2 441.09	1 239.99	20.00	7.05	131.41	1 007.87	56.21	4.80	10
0.15	8 755.32	2 773.80	22.54	18.35	332.35	5 477.05	1 993.87	40.60	11
-	21 975.01	3 427.74	84.78	85.01	74.44	18 092.95	0.90	76.54	12
3.56	**347 889.05**	**85 426.77**	**1 345.18**	**2 187.81**	**3 191.57**	**252 745.46**	**154 582.06**	**1 133.56**	
33.56	163 911.58	76 981.71	807.70	1 861.84	2 850.20	78 449.12	8 070.94	1 133.56	
-	183 977.47	8 445.06	537.43	325.97	341.37	174 296.34	146 511.12	-	
-	1 186.62	428.77	6.98	19.22	53.14	665.23	390.71	-	
-	182 790.85	8 016.29	530.45	306.75	288.23	173 631.11	146 120.41	-	
-	56 900.[illegible]	39 651.51	255.10	2 828.95	389.94	12 216.65	—	—	1
-	2 228.82	2 078.07	4.80	17.97	6.45	109.84	—	—	2
62 43	16 204.64	12 894.80	69.40	102.52	658.18	2 287.10	—	—	3
-	1 477.84	1 049.54	0.80	39.87	19.80	367.43	—	—	4
-	3 894.69	2 107.26	6.80	65.07	61.11	1 600.27	—	—	5
92.22	11 758.82	6 439.08	15.40	374.31	220.86	4 532.18	—	—	6
37.75	9 664.27	4 965.40	21.90	118.00	173.24	4 281.01	—	—	7
10.80	3 016.11	1 706.06	3.70	39.57	59.83	1 197.26	—	—	8
14.91	4 628.38	2 614.70	11.10	37.68	60.46	1 888.23	—	—	9
20.50	3 305.24	2 004.79	11.00	27.56	58.73	1 153.90	—	—	10
-	1 826.14	1 216.02	7.50	8.57	15.70	577.95	—	—	11
-	31 589.10	21 800.39	152.20	229.16	630.97	8 577.54	—	—	12
8.61	**146 504.02**	**98 527.62**	**559.70**	**3 889.23**	**2 355.27**	**38 789.86**	**1 278.75**	**1 638.61**	

Ankommet: Indtægt af Trafik i Retning til Trondhjem.

Løbenummer.	Stationernes Navne.	Total.	Reisende.	Reise-gods.	Levende Dyr.	Ilgods.	Ialt.	Tr[illegible] Bræ[illegible]
1	2		3	4	5	6	7	
		Indtægter for afgaaen Trafik.						
			Heraf for					
		Kroner.						
	Bergen-Vossb. b)							
1	Bergen	143 854.[illegible]	94 961.84	1 073.70	667.05	6 528.89	38 686.35	1 01[illegible]
2	Solheimsviken Stoppest.	—	3 091.45	—	—	—	—	
3	Minde Stoppested	—	1 411.04	—	—	—	—	
4	Fjøsanger	10 721.32	10 545.77	25.10	42.45	92.90	2.25	
5	Hop Stoppested	—	4 074.00	—	—	—	—	
6	Nesttun	22 040.02	20 249.30	37.30	101.05	1 386.85	161.85	
7	Heldal Stoppested	—	452.30	—	—	—	—	1[illegible]
8	Haukeland	—	2 289.00	—	—	—	—	
9	Arne	—	2 958.45	—	—	—	—	
10	Garnes	5 137.70	4 774.20	21.80	31[illegible]	128.90	126.45	
11	Trengereid	—	2 704.85	—	—	—	—	
12	Vaksdal	—	3 335.30	—	—	—	—	
13	Stanghelle	—	637.40	—	—	—	—	1[illegible]
14	Dale	14 017.57	8 071.20	40.80	73.65	310.40	5 178.40	
15	Bolstad	—	1 794.95	—	—	—	—	4[illegible]
16	Ævanger	—	3 158.85	—	—	—	—	1 66[illegible]
17	Bolken	—	2 729.50	—	—	—	—	5[illegible]
18	Voss	54 128.93	36 510.59	249.30	2 314.30	2 110.25	10 908.10	9[illegible]
	Tilsammen	—	**203 749.99**	—	—	—	—	**4 69[illegible]**
	Hovedbanen.							
	Gjennemgangstrafik.	[1]) **11 998.55**	**4 085.44**	**64.82**	**41.48**	**1 110.49**	**6 640.94**	**13[illegible]**
	Lokal- og Samtrafik:							
1	Kristiania, denne Bane	673 117.18	194 754.39	3 746.03	3 013.81	31 509.39	433 885.97	6 44[illegible]
2	Bryn	7 032.33	5 825.22	19.68	16.31	92.47	1 021.63	[illegible]
3	Grorud a)	16 110.01	10 730.34	24.60	21.72	58.12	5 218.14	2 53[illegible]
4	Robsrud Sidespor	3 283.71	-	-	-	-	3 283.71	3 04[illegible]
5	Strømmen a)	19 358.13	8 968.70	45.08	51.62	200.95	9 717.97	7 45[illegible]
6	Strømmen Sidespor	3 073.06	-	-	-	-	3 073.06	2 52[illegible]
7	Lillestr., denne Bane	171 219.98	21 909.80	152.85	181.55	600.85	147 878.62	[illegible]
8	Lersund	11 905.36	3 560.75	19.38	162.83	50.60	8 053.[illegible]	[illegible]
9	Frogner	9 643.96	4 128.33	30.12	235.50	75.35	5 155.[illegible]	[illegible]
10	Kløften	23 129.88	9 607.84	58.40	597.39	545.59	12 213.[illegible]	[illegible]
11	Trøgstad a)	43 654.87	17 228.20	146.11	1 081.16	881.80	24 128.[illegible]	[illegible]
12	Hauersæter Sidespor							[illegible]
13	Dal	60 615.40	9 375.78	52.94	584.61	582.24	49 912.[illegible]	[illegible]
14	Bøn	47 314.42	5 195.24	20.36	75.79	397.36	41 456.[illegible]	[illegible]
15	Eidsvold, denne Bane	125 595.96	31 491.24	769.53	5 361.81	2 989.51	84 170.[illegible]	[illegible]
	Tilsammen	**1215054.20**	**322 775.92**	**5 085.08**	**11 384.10**	**37 984.23**	**829 169.31**	**227 12[illegible]**
	Heraf Lokaltrafik	897 641.14	224 402.97	2 756.95	9 566.75	19 831.11	637 594.99	220 3[illegible]
	« Samtrafik	317 413.06	98 372.95	2 328.13	1 817.35	18 153.12	191 574.32	77[illegible]
	nemlig Trafik over:							
	Kristiania	4 675.74	1 590.34	11.08	210.84	254.44	2 275.06	30[illegible]
	Lillestrøm	99 159.96	30 162.22	675.07	346.76	5 385.83	60 311.55	[illegible]
	Eidsvold	213 577.36	66 620.39	1 641.98	1 259.75	12 512.85	128 987.71	40[illegible]

Trøgstad a) and Hauersæter Sidespor are bracketed together.

[1]) Afgaaet: Indtægt af Trafik i Retning fra Kristiania.

	10	11	12	13	14	15	16	17	
	Indtægter for ankommen Trafik.								
	Total.	Heraf for							Løbenummer.
		Reisende.	Reisegods.	Levende Dyr.	Ilgods.	Fragtgods.			
						Ialt.	Deraf		
...lk.							Trælast og Brænde.	Melk.	
	Kroner.								
·	109 477.20	79 182.20	418.85	2 955.05	6 722.70	19 917.30	—	—	1
·	—	4 713.65	—	—	—	—	—	—	2
·	—	1 309.21	—	—	—	—	—	—	3
4.25	11 381.28	10 449.48	57.10	69.40	581.20	208.10	—	—	4
4.30	—	3 873.05	—	—	—	—	—	—	5
49.70	35 197.25	32 927.10	119.05	109.95	549.20	1 469.95	—	—	6
28.90	—	426.70	—	—	—	—	—	—	7
26.80	—	2 368.80	—	—	—	—	—	—	8
52.70	—	2 916.95	—	—	—	—	—	—	9
79.95	5 552.20	4 565.55	28.20	16.10	154.55	479.50	—	—	10
3.30	—	3 037.95	—	—	—	—	—	—	11
6.30	—	3 586.20	—	—	—	—	—	—	12
73.25	—	649.00	—	—	—	—	—	—	13
1.55	19 860.69	7 692.20	69.30	99.65	2 149.59	9 828.65	—	—	14
1.05	—	1 432.75	—	—	—	—	—	—	15
2.20	—	4 148.20	—	—	—	—	—	—	16
74.90	—	2 615.80	—	—	—	—	—	—	17
12.76	62 931.89	37 855.20	639.10	514.00	2 769.89	21 089.90	—	—	18
2.41	—	**203 749.99**	—	—	—	—	**4 697.25**	**7 722.41**	
·	[*]) **13 803.48**	**3 945.67**	**58.66**	**311.29**	**1 713.83**	**7 715.80**	**301.85**	·	
45.52	785 376.50	192 821.96	2 836.92	18 964.71	20 758.25	547 270.24	263 073.63	57 825.42	1
0.25	19 839.55	6 750.63	26.76	920.06	153.46	11 957.69	10 512.66	277.80	2
·	23 687.83	11 474.39	79.84	28.37	235.47	11 817.29	3 206.76	90.17	3
·	2 247.85	·	·	·	·	2 247.85	113.96	·	4
50.04	22 567.76	8 928.63	115.30	50.35	931.43	12 443.87	2 105.24	38.84	5
·	71.55	·	·	·	·	71.55			6
92.39	41 472.39	21 728.22	203.73	82.56	1 817.77	17 486.55	3 084.41	112.65	7
81.61	5 964.18	3 607.44	23.95	135.93	218.50	1 893.86	6.93	·	8
41.40	7 296.86	4 098.47	31.29	37.30	279.82	2 822.28	172.06	0.15	9
41.12	20 684.22	9 941.04	93.10	51.73	745.68	9 739.04	138.05	·	10
85.16	39 575.59	17 606.06	231.95	1 375.67	2 522.77	17 605.23	330.68	0.44	11 12
21 89	22 989.38	9 423.50	96.73	114.80	1 345.28	11 914.24	26.46	0.50	13
59.76	54 066.74	5 320.62	36.40	8.10	1 515.79	47 108.54	19 806.27	35.50	14
48.61	184 854.39	31 893.13	711.87	161.70	5 731.02	145 862.18	2 608.63	·	15
7.95	**1230 694.79**	**323 594.09**	**4 487.84**	**21 931.28**	**36 255.24**	**840 240.41**	**305 185.74**	**58 381.47**	
24.08	897 641.14	224 402.97	2 756.95	9'566.75	19 831.11	637 594.99	226 349.77	36 424.08	
43.87	333 053.65	99 191.12	1 730.89	12 364.53	16 424.13	202 645.42	78 835.97	21 957.39	
·	4 369.06	1 618.04	24.15	165.35	447.74	2 071.82	622.89	·	
8.66	179 832.17	29 932.45	471.20	2 491.52	4 624.83	141 961.16	75 699.12	5 160.48	
35.01	148 852.42	67 640.63	1 235.54	9 707.66	11 351.56	58 612.44	2 513.96	16 796.91	

Ankommet: Indtægt af Trafik i Retning til Kristiania.

Anmærkninger til Tabel IX.

Den ved hver Station opførte Indtægt ved Baner, der staar i Samtrafik med andre, er ikke den hele Indtægt, men den Andel af samme, som tilfalder den Bane, hvortil Stationen hører (ved Fællesstationer den Bane, hvorunder Stationen er opført).

Col. 1 a) Opgaverne omfatter de Stationerne underlagte Stoppesteder og Sidespor, hvor Opgaver for disse ikke er særskilt anførte (jfr. Tab. I). Indtægten ved Nordstrands Stoppested af Reisende er delvis indbefattet i Bækkelaget og Lian (jfr. Anm. Tab. VIII).

Jæderbanen. Indtægter til og fra Stoppestederne indbefattes i Opgaverne for de nærmeste Stationer, mellem hvilke Stoppestedet er beliggende.

Col. 1 b) Bergen—Vossbanen. De opførte Indtægter (Col. 4—7 & Col. 12—15) refererer sig alene til den Trafik, som paa almindelig Maade er bleven expederet ved Stationerne.

Tabel X.

ave over Fordelingen af de Reisende paa de forskjellige Afstande særskilt for hver Klasse og for Tur & Retur for Terminen 1893—94.

rtition des voyageurs par classe des voitures sur les distances différentes pendant le terme 1893—94.

ıde. / nce.	Tur. Aller. I.	II.	III.	Ialt. Total.	Tur & Retur. Aller & Retour. I.	II.	III.	Ialt. Total.	Tilsammen. Ensemble. I.	II.	III.	Ialt. Total.
	Antal Reisende. (Nombre de voyageurs).											
5	4	4 215	158 131	162 350	6	11 944	629 970	641 920	10	16 159	788 101	804 270
10	-	6 584	242 148	248 732	-	27 308	1 413 300	1 440 608	-	33 892	1 655 448	1 689 340
15	4	4 482	84 072	88 558	8	17 974	512 906	530 888	12	22 456	596 978	619 446
20	3	2 367	36 069	38 439	14	9 304	264 744	274 062	17	11 671	300 813	312 501
25	35	2 805	38 039	40 879	50	13 318	254 294	267 662	85	16 123	292 333	308 541
30	10	1 183	18 534	19 727	50	6 886	127 766	134 702	60	8 069	146 300	154 429
35	1 098	1 882	23 325	26 305	570	7 846	120 042	128 458	1 668	9 728	143 367	154 763
40	-	871	11 288	12 159	-	3 546	69 960	73 506	-	4 417	81 248	85 665
45	20	1 786	15 591	17 397	36	8 488	94 270	102 794	56	10 274	109 861	120 191
50	2	1 479	9 086	10 567	32	3 644	42 530	46 206	34	5 123	51 616	56 773
- 55	13	2 766	16 520	19 299	24	16 100	85 068	101 192	37	18 866	101 588	120 491
- 60	48	2 084	12 426	14 558	28	8 110	56 856	64 994	76	10 194	69 282	79 552
- 65	3	1 158	8 535	9 696	10	2 726	33 028	35 764	13	3 884	41 563	45 460
- 70	210	2 058	10 500	12 768	120	4 138	32 580	36 838	330	6 196	43 080	49 606
- 75	32	528	4 077	4 637	12	1 704	15 742	17 458	44	2 232	19 819	22 095
- 80	2	2 177	9 920	12 099	2	2 790	26 506	29 298	4	4 967	36 426	41 397
- 85	-	247	1 681	1 928	-	424	5 342	5 766	-	671	7 023	7 694
- 90	-	815	4 489	5 304	2	2 636	14 590	17 228	2	3 451	19 079	22 532
- 95	6	502	5 977	6 485	14	4 066	24 492	28 572	20	4 568	30 469	35 057
-100	11	1 599	6 384	7 994	62	3 224	16 794	20 080	73	4 823	23 178	28 074
-105	1	460	2 479	2 940	-	718	6 854	7 572	1	1 178	9 333	10 512
-110	112	3 567	9 520	13 199	34	3 230	14 852	18 116	146	6 797	24 372	31 315
-115	-	950	3 676	4 626	-	2 578	8 648	11 226	-	3 528	12 324	15 852
-120	4	123	1 182	1 309	2	406	2 906	3 314	6	529	4 088	4 623
-125	2	829	3 801	4 632	-	1 452	6 994	8 446	2	2 281	10 795	13 078
130	45	1 103	7 614	8 762	40	3 694	14 706	18 440	85	4 797	22 320	27 202
-135	-	545	1 676	2 221	2	924	3 658	4 584	2	1 469	5 334	6 805
-140	28	1 225	4 670	5 923	32	3 788	11 360	15 180	60	5 013	16 030	21 103
-145	446	3 406	8 871	12 723	160	2 492	8 004	10 656	606	5 898	16 875	23 379
-150	-	104	886	990	2	670	2 744	3 416	2	774	3 630	4 406
-155	-	171	557	728	-	60	512	572	-	231	1 069	1 300
-160	-	1 323	3 414	4 737	2	2 240	8 722	10 964	2	3 563	12 136	15 701
-165	6	146	897	1 049	20	226	1 446	1 692	26	372	2 343	2 741
-170	1 306	3 088	3 992	8 386	650	2 128	1 494	4 272	1 956	5 216	5 486	12 658
-175	-	24	142	166	-	22	336	358	-	46	478	524
-180	-	35	316	351	-	18	546	564	-	53	862	915
-185	-	51	218	269	-	52	474	526	-	103	692	795
-190	2	74	599	675	-	122	1 076	1 198	2	196	1 675	1 873
-195	-	528	1 008	1 536	-	962	1 802	2 764	-	1 490	2 810	4 300
-200	-	15	208	223	-	44	316	360	-	59	524	583

Tabel X (Forts.). Opgave over Fordelingen af de Reisende paa de forskjel[illegible] Afstande særskilt for hver Klasse og for Tur & Retur for Terminen 1893—9[illegible]

Afstande.	Tur.				Tur & Retur.				Tilsammen.			
	I.	II.	III.	Ialt.	I.	II.	III.	Ialt.	I.	II	III.	Ialt.
	Antal Reisende.											
201—210	2	1 023	2 038	3 063	-	1 762	3 112	4 874	2	2 785	5 150	7
211—220	2	78	567	647	-	80	976	1 056	2	158	1 543	1
221—230	1	75	619	695	-	102	1 376	1 478	1	177	1 995	2
231—240	1	42	227	270	-	54	450	504	1	96	677	
241—250	6	82	373	461	12	118	556	686	18	200	929	1
251—260	-	32	131	163	-	22	170	192	-	54	301	
261—270	-	11	138	149	-	16	166	182	-	27	304	
271—280	3	37	257	297	-	36	250	286	3	73	507	
281—290	3	6	137	146	6	22	230	258	9	28	367	
291—300	-	1	27	28	-	4	38	42	-	5	65	
301—315	6	11	61	78	2	10	114	126	8	21	175	
316—330	7	80	422	509	2	28	436	466	9	108	858	
331—345	2	12	64	78	-	6	30	36	2	18	94	
346—360	7	84	399	490	4	90	316	410	11	174	715	
361—375	2	9	77	88	-	4	78	82	2	13	155	
376—390	-	4	98	102	-	6	64	70	-	10	162	
391—410	25	81	435	541	-	84	382	466	25	165	817	1
411—430	3	5	43	51	-	2	44	46	3	7	87	
431—450	31	311	832	1 174	6	122	578	706	37	433	1 410	1
451—470	-	13	37	50	-	6	32	38	-	19	69	
471—490	7	7	34	48	-	-	14	14	7	7	48	
491—515	24	53	146	223	2	28	102	132	26	81	248	
516—540	-	1	38	39	-	-	38	38	-	1	76	
541—565	303	1 450	5 971	7 724	72	1 224	3 156	4 452	375	2 674	9 127	12
566—590	4	8	55	67	-	2	28	30	4	10	83	
591—640	-	11	134	145	-	14	80	94	-	25	214	
641—690	-	7	109	116	-	14	58	72	-	21	167	
691—740	-	3	48	51	-	14	52	66	-	17	100	
741—775	-	3	35	38	-	8	22	30	-	11	57	
	3 892	62 895	786 070	852 857	2090	185880	3 95[illegible] 178	4 139 148	5 982	248775	4 737 248	4 992[illegible]
Hertil kommer:												
Rundreisebilletter									665	4 026	2 011	[illegible]
Turistbilletter									676	4 002	-	4[illegible]
									7 323	256803	4 739 259	5 003[illegible]

Tabel XI.

Opgave

over

Transportmængde af de væsentligste Varesorter.

Renseignement

sur

Le mouvement des articles principaux de marchandises.

Tabel XI. Opgave over Transp

Løbenummer.	Varesorter.	Transportens Retning.	Gjennemgangstrafik.	Smaalensban S Afsendt Ankomme Hovedbanen.	Kongsvingerbanen.	Sv. Baner over Charlottenb.	Kongsvinger Flisenb.	Eidsvold—Hamarbanen.	Rørosbanen.
			Antal Ton. (2 Decimaler).						
1	Brændevin paa Træer	Afs.	1.28	-	-	-	-	-	-
		Ank.		-	-	-	-	-	0.21
2	Gjødning, alle Slags	Afs.	2.30	-	-	-	-	-	-
		Ank.		296.30	-	-	-	-	-
3	Hø og Halm	Afs.	-	10.00	-	-	-	-	-
		Ank.		-	21.40	55.10	-	-	-
4	Jern og Staal og Arbeide deraf, undtagen Spiger	Afs.	62.87	37.73	2.45	-	0.08	104.90	0.16
		Ank.		12.33	1.62	0.58	0.06	1.05	24.53
5	Kjød og Flesk, alle Slags	Afs.	0.90	0.23	0.03	-	-	0.03	0.02
		Ank.		0.28	0.57	0.04	0.03	0.36	0.75
6	Kornvarer og Mel, alle Slags	Afs.	14.94	21.90	70.67	528.40	6.84	28.10	72.73
		Ank.		1.00	6.94	-	0.08	1.16	0.21
7	Kul (Sten-, Træ-), Cokes og Cinders	Afs.	-	-	-	-	-	-	-
		Ank.		-	6.50	-	-	-	-
8	Malme, Erts og Kis a)	Afs.	17.62	0.05	10.00	-	6.50	-	-
		Ank.		9.20	0.30	-	-	-	22.78
9	Melk	Afs.	-	-	-	-	-	-	-
		Ank.		-	-	-	-	-	-
10	Mursten, Tagsten og Drainsrør	Afs.	-	-	11.00	-	-	-	-
		Ank.		24.00	-	-	-	-	0.02
11	Poteter	Afs.	-	4.63	1.79	-	0.09	0.06	0.85
		Ank.		3.98	2.93	-	0.12	0.96	1.23
12	Salt	Afs.	-	-	8.80	-	1.87	-	-
		Ank.		-	-	-	-	-	-
13	Sild og Fisk	Afs.	8.18	0.49	0.45	35.26	0.57	-	0.05
		Ank.		0.67	0.19	-	-	0.10	81.30
14	Smør og Ost	Afs.	1.02	0.10	0.02	0.22	-	0.08	-
		Ank.		10.16	0.50	0.32	0.28	2.01	11.12
15	Spiger	Afs.	-	-	0.05	-	-	-	-
		Ank.		0.69	-	-	-	-	1.67
16	Trælast & Brænde. Planker, Bord, Lægter og Stav	Afs.	-	17.70	-	-	-	-	-
		Ank.		300.10	74.40	144.50	27.20	-	-
17	Trælast & Brænde. Tømmer, alle Slags, O og □	Afs.	-	1 160.60	-	-	-	-	-
		Ank.		101.94	-	-	163.30	-	-
18	Trælast & Brænde. Brænde og Baghun	Afs.	-	-	-	-	-	-	-
		Ank.		39.50	5.00	-	-	-	-
19	Træmasse	Afs	-	0.15	-	-	-	-	-
		Ank.		-	-	-	-	-	-
20	Øl, alle Slags	Afs.	-	-	-	-	-	-	-
		Ank.		-	-	-	0.16	-	-
21	Øvrige Varer (Ilgods indbef.)	Afs.	303.21	132.37	57.42	34.33	4.00	93.16	92.90
		Ank.		211.09	63.68	11.45	3.29	48.29	72.34
	Tilsammen	Afs.	412.32	1 385.95	162.68	598.21	19.95	226.33	166.77
		Ank.		1 011.24	184.03	211.99	194.52	53.93	216.16

…istiania—Grændsen).

…fik.

…aalensbanen.

do.

…	…stiania.			over Moss-Horten.					Lokaltrafik. Afs. til Kr.ania fra Stat.: Ank. fra do. til do.			
…stolien	Kristiania —Drammenbanen.	Drammen —Skienbanen.	Drammen -Randsfj.-banen.	Kristiania —Drammenbanen.	Drammen —Skienbanen. b)	Drammen -Randsfj.-banen.	Over Kornsjø. Svenske Baner.	Tilsammen.	Bækkelaget.	Ljan.	Oppegaard.	Løbenummer
Antal Ton. (2 Decimaler).												
- -	- -	- -	- -	- -	- -	- -	- 0.08	- 0.29	- -	- -	- 0.14	1
- -	- -	- -	- -	- -	- -	- -	106.95 19.22	106.95 315.52	- 0.21	- 56.72	- 579.66	2
- -	- -	- -	- -	- -	- -	- -	5.40 4.54	15.40 81.04	- 0.66	- 0.07	31.40 1.08	3
- …06	0.89 0.73	1.15 3.66	1.29 10.53	- -	4.57 12.50	- -	1 884.94 2 945.27	2 038.16 3 012.92	- 3.23	- 10.07	0.35 5.04	4
- -	0.11 -	- -	- 0.11	- -	0.12 0.19	- -	5.98 510.26	6.52 512.59	- 0.19	- 0.75	0.04 0.96	5
- -	1.26 0.11	0.08 0.15	0.32 1.73	- -	1.94 -	- -	1 163.73 281.23	1 895.97 292.61	- 3.84	- 84.29	22.09 67.22	6
- -	- -	- -	- -	- -	- -	- -	2 361.63 143.70	2 361.63 150.20	- 1.92	- 2.17	- 19.11	7
- -	- -	- -	- -	- -	- -	- -	191.30 316.12	207.85 348.40	- 21.47	0.15 166.90	- 1.31	8
- -	- -	- -	- -	- -	0.36 -	- -	1.50 28.51	1.86 28.51	- -	- -	37.94 -	9
- -	- -	- -	- -	- -	- -	- -	357.92 41.76	368.92 65.78	- -	- 44.84	- 28.60	10
- -	1.29 0.35	0.54 -	0.08 1.54	- -	1.24 0.67	- -	0.26 13.89	10.83 25.67	- 0.90	0.93 2.49	6.58 0.44	11
- -	- -	- -	- -	- -	- -	- -	167.50 -	178.17 -	- -	- 2.55	- 2.49	12
- -	- -	- -	0.06 -	- -	0.02 1.66	- -	745.27 8.42	782.17 92.52	- 0.67	- 1.95	- 2.73	13
- …04	0.08 -	0.40 0.04	0.02 0.80	- -	8.66 15.62	0.02 -	52.16 166.08	61.76 207.06	- 0.02	- 0.18	- 1.17	14
- -	- -	- -	- -	- -	- -	- -	450.44 5.24	450.49 7.60	- -	- 1.32	- 0.73	15
- -	- -	- -	- -	- -	- -	- -	139.24 36 363.86	156.94 36 910.06	- -	264.80 185.30	1 182.90 10.00	16
- -	- -	- -	- -	- -	- -	- -	- 18 125.10	1 160.60 18 390.34	- 29.00	65.80 72.00	242.00 -	17
- -	- -	- -	- -	- -	- -	- -	- 1 026.00	- 1 070.50	- -	- -	463.20 -	18
- -	2.00 -	- -	- -	- -	- -	- -	- 4 703.84	2.15 4 703.84	- -	- -	- -	19
- -	- -	- -	- -	- -	- -	- -	0.17 0.36	0.17 0.52	- 0.05	- 0.54	- 3.65	20
…23 …01	46.17 65.21	17.13 1.39	19.85 30.10	0.18 -	104.91 185.91	1.53 0.06	1 535.54 4 389.36	2 141.46 5 087.81	1.99 18.79	5.14 81.33	28.37 83.60	21
…23 …11	51.80 66.40	19.30 5.24	21.62 44.81	0.18 -	121.82 216.55	1.55 0.06	9 169.93 69 092.84	11 948.00 71 303.78	1.99 80.95	336.82 713.47	2 014.87 807.93	

Tabel XI (Forts.). Opgave over Trans

Løbenummer.	Varesorter.	Transportens Retning.	Ski.	Aas.	Vestby.	Saaner.	Moss.	Dilling.
			Smaalensb					
			Afs… / Ankom…					
			Antal Ton. (2 Decimaler).					
1	Brændevin paa Træer	Afs.	-	-	-	-	1.68	-
		Ank.	0.13	0.13	-	5.54	24.84	0.03
2	Gjødning, alle Slags	Afs.	1.60	-	-	5.50	-	-
		Ank.	3 499.60	3 333.60	1 301.85	470.52	371.30	109.50
3	Hø og Halm	Afs.	134.00	100.20	34.67	110.81	21.50	-
		Ank.	8.00	-	-	-	-	-
4	Jern og Staal og Arbeide deraf, undtagen Spiger	Afs.	0.04	4.11	-	1.58	37.00	-
		Ank.	16.48	28.02	8.34	5.71	77.00	7.25
5	Kjød og Flesk, alle Slags	Afs.	0.56	0.17	0.06	0.02	-	0.06
		Ank.	7.85	9.66	1.53	3.89	2.99	0.69
6	Kornvarer og Mel, alle Slags	Afs.	206.22	202.39	161.24	16.77	4.79	4.70
		Ank.	395.03	238.67	110.74	35.71	10.60	37.39
7	Kul (Sten-, Træ-), Cokes og Cinders	Afs.	-	-	-	-	-	-
		Ank.	122.00	202.97	0.64	2.40	119.90	-
8	Malme, Erts og Kis a)	Afs.	-	-	-	-	400.60	-
		Ank.	4.09	5.50	0.51	5.68	238.52	-
9	Melk	Afs.	352.36	557.43	342.66	7.45	18.78	82.41
		Ank.	-	-	-	-	-	-
10	Mursten, Tagsten og Drainsrør	Afs.	-	-	-	-	-	-
		Ank.	13.40	7.90	9.68	-	9.50	-
11	Poteter	Afs.	118.43	41.63	19.91	3.81	13.14	28.67
		Ank.	1.33	0.97	0.29	0.05	0.30	-
12	Salt	Afs.	-	-	-	-	-	-
		Ank.	19.85	4.53	0.96	5.79	-	0.77
13	Sild og Fisk	Afs.	0.28	0.30	-	-	-	-
		Ank.	20.39	9.67	3.09	4.52	0.71	0.66
14	Smør og Ost	Afs.	0.02	0.68	-	0.12	-	12.67
		Ank.	4.89	7.81	1.40	2.23	15.29	1.85
15	Spiger	Afs.	-	-	-	-	-	-
		Ank.	3.17	1.40	1.90	0.96	0.26	1.47
16	Trælast & Brænde. Planker, Bord, Lægter og Stav	Afs.	128.00	1 039.60	107.85	-	79.90	-
		Ank.	16.00	2.50	5.00	3.70	-	10.00
17	Trælast & Brænde. Tømmer, alle Slags, ○ og □	Afs.	746.80	2 270.60	835.40	-	153.60	-
		Ank.	-	-	-	-	-	-
18	Trælast & Brænde. Brænde og Baghun	Afs.	181.20	288.50	177.70	13.20	11.20	-
		Ank.	-	-	-	-	-	-
19	Træmasse	Afs.	-	-	-	-	2 640.60	-
		Ank.	-	-	-	-	-	-
20	Øl, alle Slags	Afs.	-	-	-	-	-	-
		Ank.	13.68	26.65	15.65	23.67	0.91	0.28
21	Øvrige Varer (Ilgods indbef.)	Afs.	95.88	98.84	62.70	54.06	285.99	12.18
		Ank.	301.26	329.23	180.82	98.06	397.35	49.03
	Tilsammen	Afs.	1 965.39	4 604.45	1 742.19	213.32	3 668.78	140.69
		Ank.	4 447.15	4 209.21	1 642.40	668.43	1 269.47	218.92

...gde af de væsentligste Varesorter.

...tiania—Grændsen) (Forts.).

...ania fra Stationerne:
... til do.

	Onsø.	Fredriks-stad.	Greaaker.	Sande-sund.	Sarpsborg.	Skjeberg.	Berg.	Fredriks-hald.	Tiste-dalen.	Aspe-dammen.	Præste-bakke.	Løbenummer.
	Antal Ton. (2 Decimaler).											
·	-	-	-	-	-	-	-	-	-	-	-	1
7	-	1.81	0.06	0.09	53.32	0.11	0.20	1.89	0.32	-	0.22	
	-	-	-	-	-	-	-	-	-	-	2.60	2
0	19.80	0.32	48.10	22.15	6.25	95.15	2.60	0.02	2.10	-	1.00	
·	0.12	-	-	-	6.50	-	15.10	-	-	-	-	3
·	-	-	-	-	-	0.02	-	-	-	-	-	
·	0.02	-	0.80	-	27.16	1.44	0.31	2.04	8.67	-	0.02	4
3	1.36	47.54	6.48	52.00	279.96	24.28	1.62	38.83	46.49	0.05	2.44	
6	0.03	1.19	0.02	0.04	0.26	0.20	-	12.19	2.57	0.07	35.33	5
1	1.54	3.61	7.33	1.67	8.86	6.05	0.17	3.72	1.36	1.98	4.77	
9	9 27	-	0.05	0.31	0.25	11.05	0.12	-	1.30	-	0.22	6
8	12.65	3.95	41.26	2.57	22.45	63.81	11.60	2.46	2.12	2.85	3.20	
·	-	-	-	-	-	-	-	24.90	-	0.08	-	7
4	0.10	47.36	-	7.00	22.39	10.70	-	22.60	0.36	-	-	
0	0.19	-	-	0.07	0.70	0.15	0.38	1.74	1.44	-	-	8
6	0.71	1.36	0.28	-	10.70	3.28	0.10	1.36	7.14	-	-	
3	174.72	-	-	132.60	-	-	-	7.31	-	-	-	9
·	-	-	-	-	-	-	-	-	-	-	-	
·	-	-	-	-	-	-	-	-	-	-	-	10
·	-	0.20	-	-	13.30	-	-	14.63	0.54	-	-	
1	0.82	0.33	2.57	0.39	0.60	3.20	0.83	0.43	1.65	0.20	1.20	11
·	0.27	0.47	-	0.64	0.17	-	-	0.41	-	-	-	
·	-	-	-	-	-	-	-	-	-	-	-	12
)	0.20	0.08	0.61	0.20	2.67	0.83	-	-	-	-	-	
	-	0.55	-	-	-	0.15	-	1.01	-	-	-	13
)	0.43	1.31	1.82	0.48	3.00	0.62	-	1.35	0.88	-	0.10	
'	0.12	0.80	0.06	0.80	0.38	2.43	-	39.84	0.21	-	0.04	14
·	0.83	76.06	8.52	6.95	42.33	3.07	-	73.99	5.71	0.02	0.45	
	-	-	0.06	-	-	-	-	0.57	-	-	-	15
	0.05	4.03	3.88	2.06	17.78	4.22	-	2.12	0.23	-	0.49	
	-	92.70	-	-	-	25.20	-	-	-	-	-	16
	-	91.00	-	-	-	-	5.00	20.00	-	-	-	
	-	-	-	-	-	-	-	-	-	-	-	17
	-	-	-	-	-	-	-	87.30	-	-	-	
	-	-	-	-	2.60	-	-	-	-	-	-	18
	-	-	-	-	-	-	-	-	-	-	-	
	-	-	-	-	266.90	-	-	-	35.02	-	-	19
	-	-	-	-	-	-	-	-	-	-	-	
	-	-	-	-	0.05	-	-	-	-	-	-	20
	0.23	11.80	0.92	5.25	30.06	0.60	0.08	1.07	0.27	-	-	
	4.75	283.80	17.26	120.65	174.40	13.10	2.52	1 312.73	25.18	7.84	260.07	21
	26.38	736.70	74.75	410.59	843.20	95.82	16.09	791.94	169.21	8.77	32.32	
	190.04	379.37	20.82	254.86	479.80	56.92	19.26	1 402.76	76.04	8.19	299.48	
	64.55	1 027.60	194.01	511.65	1 356.44	308.56	37.46	1 063.69	236.73	13.67	44.99	

Tabel XI (Forts.). Opgave over Tra…

Løbenummer.	Varesorter.	Transportens Retning.	Smaalensba… Afsend… Ankomme… Kornsjø.	Kraakstad.	Tomter.	Spydeberg.	Askim.	Slitu.
			Antal Ton. (2 Decimaler).					
1	Brændevin paa Træer	Afs.	-	-	-	-	-	-
		Ank.	-	0.07	0.29	0.77	1.68	1.17
2	Gjødning, alle Slags	Afs.	-	-	-	-	-	-
		Ank.	0.80	2 014.50	563.92	1 318.15	324.97	144.90
3	Hø og Halm	Afs.	-	93.79	351.20	386.63	180.58	271.28
		Ank.	-	-	1.67	-	5.00	-
4	Jern og Staal og Arbeide deraf, undtagen Spiger	Afs	0.37	2.36	25.01	0.50	-	10.02
		Ank.	1.75	12.33	59.79	37.61	54.56	64.09
5	Kjød og Flesk, alle Slags	Afs.	75.45	0.05	0.26	2.90	6.95	19.59
		Ank.	1.39	4.13	9.95	12.12	7.42	5.90
6	Kornvarer og Mel, alle Slags	Afs.	0.25	186.71	233.81	503.42	436.60	342.36
		Ank.	0.15	148.55	556.64	440.39	287.19	269.62
7	Kul, (Sten-, Træ-), Cokes og Cinders	Afs.	-	-	-	-	-	-
		Ank.	-	45.73	166.15	148.33	81.04	82.92
8	Malme, Erts og Kis a)	Afs.	-	0.55	-	0.59	-	-
		Ank.	-	4.83	2.30	7.26	10.35	10.28
9	Melk	Afs.	-	661.14	967.69	831.90	683.16	678.75
		Ank.	-	-	-	-	-	-
10	Mursten, Tagsten og Drainsrør	Afs.	-	-	-	-	-	-
		Ank.	-	10.91	15.80	2.33	2.01	0.24
11	Poteter	Afs.	0.42	45.14	76.31	28.82	28.33	10.98
		Ank.	-	0.49	0.43	0.66	1.26	0.28
12	Salt	Afs.	-	-	-	0.19	-	-
		Ank.	-	11.15	45.89	48.47	23.53	36.73
13	Sild og Fisk	Afs.	-	-	0.03	-	-	-
		Ank.	0.15	7.49	29.66	29.43	23.54	14.89
14	Smør og Ost	Afs.	0.32	-	23.30	1.63	3.14	9.52
		Ank.	0.10	2.27	4.01	1.58	4.00	1.30
15	Spiger	Afs.	-	-	-	-	-	-
		Ank.	1.33	1.53	6.31	8.16	7.54	5.30
16	Trælas & Brænde. Planker, Bord, Lægter og Stav	Afs.	-	990.80	1 298.30	709.49	8.20	24.84
		Ank.	-	-	5.00	8.00	2.50	-
17	Trælas & Brænde. Tømmer, alle Slags, O og □	Afs.	-	1 674.90	1 933.90	796.90	174.20	303.80
		Ank.	-	-	-	-	-	-
18	Trælas & Brænde. Brænde og Baghun	Afs.	-	1 012.00	839.00	647.10	98.00	34.50
		Ank.	-	-	-	-	-	-
19	Træmasse	Afs.	-	-	-	-	6 935.70	-
		Ank.	-	-	-	-	-	-
20	Øl, alle Slags	Afs.	-	-	-	-	-	-
		Ank.	-	5.06	11.59	70.31	9.73	12.96
21	Øvrige Varer (Ilgods indbef.)	Afs.	110.31	45.39	124.93	206.14	379.34	158.73
		Ank.	35.95	221.21	364.85	412.62	365.55	218.84
	Tilsammen	Afs.	187.12	4 712.83	5 873.74	4 116.21	8 934.20	1 864.37
		Ank.	41.62	2 490.25	1 844.25	2 546.19	1 211.87	869.42

…ristiania—Grændsen) (Forts.).

…fik.							Samlet Trafik.			
…stiania fra Stationerne: / do. til do.					Øvrige Lokaltrafik, afsendt eller ankommet. b)	Tilsammen, afsendt eller ankommet. b)	Op.	Ned.	Hovedsum. Afsendt eller ankommet. b)	Løbenummer.
Eidsberg.	Rakkestad.	Gautestad.	Ise.	Sum.						
Antal Ton. (2 Decimaler).										
-	-	-	-	1.68	0.64	105.01	104.78	1.80	106.58	1
0.74	4.52	0.64	0.06	102.69						
-	0.30	-	-	10.00	1 355.82	16 652.00	16 397.07	679.70	17 076.77	2
…4.46	113.73	20.60	34.90	15 286.18						
…7.38	194.01	1.80	-	2 131.19	404.51	2 552.20	349.35	2 299.29	2 648.64	3
-	-	-	-	16.50						
0.10	6.00	-	7.99	135.89	496.47	1 763.35	3 377.26	3 500.04	6 877.30	4
…2.33	47.43	1.82	49.64	1 130.99						
…4.23	199.75	17.39	2.94	677.33	119.26	956.37	186.75	1 289.63	1 476.38	5
…6.35	12.56	2.09	2.26	159.78						
…0.43	276.08	59.85	9.18	3 146.57	4 640.43	12 496.85	8 670.47	6 029.90	14 700.37	6
…1.51	354.69	101.22	27.83	4 709.85						
-	-	-	-	24.98	1 548.12	3 192.02	5 018.48	685.37	5 703.85	7
…1.87	107.13	13.48	39.30	1 618.92						
-	5.40	-	0.27	446.61	2 738.67	3 709.66	2 000.60	2 282.93	4 283.53	8
2.37	7.41	1.14	-	524.38						
…7.94	148.71	147.84	9.78	7 696.29	4 183.34	11 879.63	1 327.05	10 582.95	11 910.00	9
-	-	-	-	-						
-	-	-	-	-	2 118.45	2 304.30	1 571.87	1 167.13	2 739.00	10
0.09	1.00	-	-	185.85						
3.55	3.96	1.49	0.64	528.36	346.22	886.94	237.66	685.78	923.44	11
0.18	0.08	0.20	-	12.36						
-	-	-	-	0.19	212.92	564.45	635.78	106.84	742.62	12
…7.46	36.98	5.63	7.17	351.34						
-	-	-	-	3.07	151.53	441.72	1 232.72	91.87	1 324.59	13
…1.04	14.84	1.55	7.10	287.12						
0.76	21.88	0.11	0.30	221.50	143.64	650.35	430.82	489.37	920.19	14
0.64	3.72	0.65	0.67	285.21						
0.08	-	-	-	0.71	16.68	126.07	567.56	16.60	584.16	15
2.53	9.15	0.45	3.07	108.68						
…5.00	101.70	-	12.90	6 636.98	14 536.64	21 580.12	2 807.61	55 839.51	58 647.12	16
-	-	-	-	406.50						
…7.80	501.70	163.30	-	10 723.10	9 990.17	20 901.57	2 749.77	37 702.74	40 452.51	17
-	-	-	-	188.30						
-	-	104.20	7.00	4 151.06	1 566.98	5 718.04	1 004.08	5 784.46	6 788.54	18
-	-	-	-	-						
-	-	-	-	10 635.62	9 834.40	20 470.02	59.60	25 116.41	25 176.01	19
-	-	-	-	-						
-	-	-	-	0.05	58.34	380.86	345.92	35.63	381.55	20
…0.36	13.17	3.16	0.81	322.47						
…1.92	54.32	10.17	10.00	4 695.17	4 075.02	16 611.74	12 316.49	11 827.73	24 144.22	21
…5.23	368.14	35.03	63.53	7 841.55						
…9.19	1 513.81	506.15	61.00	51 866.35	58 538.25	143 943.27	61 391.69	166 215.68	227 607.37	
…7.16	1 094.55	187.66	236.34	33 538.67						

Tabel XI (Forts.). Opgave over Transpo[illegible]

Løbenummer.	Varesorter.	Transportens Retning.	Gjennemgangstrafik. Ialt.	Gjennemgangstrafik. Hvorat afs. fra & ank. til Kristiania.	Kongsv.—Flisenbanen.	Smaalensbanen.	Sv. Baner over Kornsø.	Hovedbanen.	Eidsvold—Hamar-
			Antal Ton. (2 Decimaler).						
1	Brændevin paa Træer	Afs. Ank.	45.94	32.25 -	- -	- -	- -	0.05 91.50	
2	Gjødning, alle Slags	Afs. Ank.	1 044.80	998.61 0.11	- -	- -	- -	5.25 8 789.23	
3	Hø og Halm	Afs. Ank.	113.14	- 58.04	43.93 -	21.40 -	- -	2 021.45 0.94	
4	Jern og Staal og Arbeide deraf, undtagen Spiger	Afs. Ank.	12 668.57	897.79 11 011.96	31.93 0.28	1.62 2.45	- -	1 412.39 692.33	
5	Kjød og Flesk, alle Slags	Afs. Ank	3 251.22	1 083.60 2 160.30	0.10 0.20	0.57 0.03	- -	144.64 92.30	
6	Kornvarer og Mel, alle Slags	Afs. Ank.	3 627.50	2 988.18 75.83	19.74 1.98	6.94 70.67	- -	1 655.57 5 415.30	
7	Kul (Sten, Træ-) Cokes og Cinders	Afs. Ank.	1 157.64	1 156.94 0.70	0.05 -	6.50 -	- -	67.81 3 232.72	
8	Malme, Erts og Kis a)	Afs. Ank.	291.62	251.35 5.96	- 75.00	0.30 10.00	- -	790.33 1 466.17	
9	Melk	Afs. Ank.	8.13	- 8.13	- -	- -	- -	2 316.45 -	
10	Murstén Tagsten og Drainsrør	Afs. Ank	25.02	- 25.02	105.66 -	- 11.00	- -	75.30 354.55	
11	Poteter	Afs. Ank.	18.00	0.21 16.09	0.08 0.50	2.93 1.79	- -	226.53 10.27	
12	Salt	Afs. Ank.	172.22	170.35 -	- -	- 8.80	- -	- 692.13	
13	Sild og Fisk	Afs. Ank.	3 781.31	2 276.09 29.36	0.44 0.31	0.19 0.45	- -	3.63 519.44	
14	Smør og Ost	Afs. Ank.	503.86	233.23 265.39	0.02 0.07	0.50 0.02	- -	127.07 47.[illegible]	
15	Spiger	Afs. Ank.	428.72	305.75 66.68	2.08 -	- 0.05	- -	27.0[illegible] 64.5[illegible]	
16	Trælast & Brænde. Planker, Bord, Lægter og Stav	Afs. Ank.	25 741.80	- 24 979.90	39.65 1 448.90	74.40 -	- -	22 091.[illegible] 3.6[illegible]	
17	Trælast & Brænde. Tømmer, alle Slags O og □	Afs. Ank.	5 621.30	- 5 349.60	- 33.00	- -	- -	21 74[illegible] [illegible]	
18	Trælast & Brænde. Brænde og Baghun	Afs. Ank.	229.70	- 229.70	- 5.00	5.00 -	- -	9 57[illegible] [illegible]	
19	Træmasse	Afs. Ank.	16 882.16	- 16 882.16	- -	- -	- -	8 [illegible] [illegible]	
20	Øl, alle Slags	Afs Ank.	5.42	4.33 -	99.75 0.08	- -	[illegible]	[illegible]	
21	Øvrige Varer (Ildgods indbf.)	Afs. Ank.	8 565.49	5 044.87 2 793.63	24.43 71.23	63.68 57.4[illegible]	[illegible]	[illegible]	
	Tilsammen	Afs. Ank.	84 183.56	15 443.55 63 958.56	367.86 1 636.55	184.0[illegible] [illegible]	[illegible]	[illegible]	

…ængde af de væsentligste Varesorter.

…nen.

…afik.

…Kongsvingerbanen. do.								Hvoraf: Afs. til **Kristiania** fra Stationerne: Ankommet fra do. til do.					
…llestrøm.												
…banen.	Meraker-banen.	Kristiania—Drammenbanen.	Drammen—Skien-banen.	Drammen—Randsfj.-banen.	Over Charlottenberg. (Sv. Baner).	Tilsammen.	Nerdrum Sidespor.	Fetsund & Øierstenerne over Fetsund	Varaaen Sidespor.	Sørumsanden.	Blaker.	Løbenummer.
Antal Ton. (2 Decimaler).												
0.19	-	-	-	-	-	0.24	-	-	-	-	-	
9.55	-	-	-	-	0.06	92.15	-	1.00	-	-	6.35	1
.	-	-	-	-	-	5.25	-	1.55	-	-	1.00	
.	-	-	10.00	-	9.98	8 810.41	186.00	844.20	-	312.20	653.44	2
.00	-	-	-	-	-	2 106.78	-	108.67	-	46.00	437.22	
-	-	-	-	-	-	1.07	-	-	-	-	-	3
7.08	-	1.01	0.73	0.95	0.72	1 658.42	-	9.81	2.80	-	-	
9.00	-	-	3.42	0.83	4.89	777.34	-	68.01	-	-	115.20	4
0.10	-	0.05	0.20	0.03	-	145.69	-	0.68	-	-	2.31	
0.30	-	-	-	-	-	93.08	-	13.80	-	-	9.25	5
3.36	0.27	0.54	0.14	0.25	0.17	1 687.37	-	245.09	-	20.20	406.85	
0.15	-	-	0.37	-	16.60	5 508.43	12.57	730.06	-	35.10	673.30	6
-	-	-	-	-	130.90	205.26	14.60	15.20	-	-	-	
-	-	-	-	-	-	3 232.74	-	545.47	-	17.00	108.44	7
2.31	-	-	-	-	0.04	792.98	-	748.10	-	-	2.66	
0.04	-	-	-	-	22.10	1 573.31	405.00	27.55	-	-	13.60	8
-	-	-	-	-	-	2 316.45	-	577.50	-	99.97	527.55	
-	-	-	-	-	-	-	-	-	-	-	-	9
.00	-	-	-	-	144.64	375.60	-	-	-	-	-	
-	-	-	-	-	-	365.55	123.60	24.75	-	-	2.74	10
.27	-	0.77	0.42	0.25	0.10	231.42	-	9.56	-	-	25.17	
-	-	0.04	-	-	-	13.00	-	1.69	-	-	0.66	11
-	-	-	-	-	-	-	-	-	-	-	-	
-	-	-	-	-	0.30	706.23	-	100.70	-	5.40	70.19	12
-	-	-	-	-	6.44	10.70	-	1.65	-	-	0.08	
.53	-	-	0.11	-	1.36	897.93	-	62.18	-	-	67.31	13
-	-	0.72	0.09	-	0.08	128.52	-	14.76	-	-	18.93	
.29	0.20	-	-	0.36	0.55	51.77	-	7.87	-	-	5.72	14
.48	-	-	-	-	-	29.57	-	-	-	-	-	
.23	-	-	-	-	0.22	66.03	-	10.44	-	-	10.50	15
.80	-	-	-	-	-	22 228.82	4 143.70	44.60	-	-	1 676.60	
-	-	-	-	-	1 807.10	3 259.63	-	-	-	-	-	16
-	-	-	-	-	-	21 834.95	1 311.90	108.90	-	526.80	1 866.20	
-	-	-	-	-	-	33.00	-	-	-	-	-	17
-	-	-	-	-	-	9 581.00	1 969.40	8.00	-	25.50	154.80	
-	-	-	-	-	-	5.00	-	-	-	-	-	18
-	-	-	-	-	-	8 709.70	-	-	1 587.00	-	-	
-	-	-	-	-	18.90	18.90	-	-	-	-	-	19
.96	-	-	0.21	-	-	104.95	-	-	-	-	-	
-	-	-	0.07	-	0.42	92.15	-	21.31	-	-	42.84	20
.14	0.01	8.10	8.62	11.25	68.72	3 968.30	15.00	167.23	-	-	269.99	
.11	-	26.05	26.09	10.19	103.98	4 217.35	7.86	470.58	-	10.00	437.07	21
.09	0.28	11.19	10.41	12.73	351.81	76 121.97	7 454.60	2 061.30	1 589.80	718.47	5 389.36	
.10	0.20	26.09	40.06	11.38	1 986.46	29 815.07	735.03	2 929.61	-	379.70	2 216.61	

Tabel XI (Forts.). Opgave over Transp…

Løbenummer.	Varesorter.	Transportens Retning.	Kongsvin… Heraf: Afs… Ankom… Haga.	Aarnes.	Funnefoss Sidespor.	Sæterstøen.	Disenaaen Sidespor.	Skarnes.
			Antal Ton. (2 Decimaler).					
1	Brændevin paa Træer	Afs.	-	-	-	-	-	
		Ank.	1.29	3.17	-	1.51	-	
2	Gjødning, alle Slags	Afs.	-	-	-	-	-	
		Ank.	1 036.42	531.10	-	706.70	238.00	65
3	Hø og Halm	Afs.	672.88	473.55	-	62.50	15.00	3
		Ank.	-	-	-	-	-	
4	Jern og Staal og Arbeide deraf undtagen Spiger	Afs.	1.17	2.96	-	3.77	-	
		Ank.	22.89	30.63	-	12.30	-	5
5	Kjød og Flesk, alle Slags	Afs.	1.09	4.62	-	1.48	-	
		Ank.	3.02	8.83	-	4.05		
6	Kornvarer og Mel, alle Slags	Afs.	215.50	455.50	-	108.82	20.70	11
		Ank.	198.82	378.51	-	298.10	6.60	71
7	Kul- (Sten-, Træ-), Cokes og Cinders	Afs.	-	-	-	-	-	
		Ank.	155.34	167.86	-	13.89	-	6
8	Malme, Erts og Kis a)	Afs.	-	0.52	-	0.55	-	
		Ank.	4.15	17.43	-	23.01	-	2
9	Melk	Afs.	365.24	584.77	-	31.23	-	
		Ank.	-	-	-	-	-	
10	Mursten, Tagsten og Drainsrør	Afs.	54.80	-	-	-	-	
		Ank.	12.15	0.32	-	0.67	-	
11	Poteter	Afs.	13.75	21.18	-	20.22	-	5
		Ank.	-	0.28	-	1.58	-	
12	Salt	Afs.	-	-	-	-	-	
		Ank.	24.94	64.89	-	27.83	-	10
13	Sild og Fisk	Afs.	0.60	0.30	-	-	-	
		Ank.	21.71	29.02	-	25.15	6.02	8
14	Smør og Ost	Afs.	4.02	22.97	-	0.17	-	
		Ank.	1.71	5.97	-	2.46	-	
15	Spiger	Afs.	-	0.07	-	-	-	
		Ank.	4.27	6.68	-	2.73	-	
16	Trælast & Brænde. Planker, Bord, Lægter og Stav	Afs.	796.00	702.60	-	2 464.00	56.60	1 1
		Ank.	-	-	-	-	-	
17	Trælast & Brænde. Tømmer, alle Slags, ○ og □	Afs.	1 340.50	678.60	-	1 198.50	1 087.20	8
		Ank.	-	-	-	-	-	
18	Trælast & Brænde. Brænde og Baghun	Afs.	456.60	444.90	-	1 164.00	561.50	3
		Ank.	-	-	-	-	-	
19	Træmasse	Afs.	-	-	7 092.70	-	-	
		Ank.	-	-	-	-	-	
20	Øl, alle Slags	Afs.	-	0.02	-	-	-	
		Ank.	1.63	2.51	-	1.38	-	
21	Øvrige Varer (Ilgods indbef.)	Afs.	48.67	70.97	-	49.36	32.00	[illegible]
		Ank.	123.01	299.18	-	137.29	-	
	Tilsammen	Afs.	3 970.82	3 463.59	7 092.70	5 104.60	1 773.00	[illegible]
		Ank.	1 611.35	1 546.38	-	1 258.65	250.62	[illegible]

…en (Forts.).

…k.

…ristiania fra Stationerne:
do. til do.

	Galterud Sidespor.	Kongs-vinger.	Sjøli Sidespor.	Aabogen.	Eid-skogen.	Skotterud.	Magnor.	Eda Sidespor	Char-lottenberg	Sum.	Løbenummer.
	Antal Ton. (2 Decimaler).										
-	-	-	-	-	-	-	-	-	-	0.05	1
.38	-	54.79	-	2.41	0.96	6.60	2.19	-	0.65	91.40	
-	-	2.50	-	-	-	-	-	-	-	5.25	2
.55	208.50	421.04	-	115.32	163.40	331.55	266.50	-	45.92	7 567.48	
.72	25.90	-	6.20	-	-	13.10	-	-	-	1 992.63	3
.50	-	-	-	-	-	-	0.15	-	-	0.67	
.06	9.60	161.15	-	0.62	-	0.65	71.92	-	1 056.63	1 331.02	4
.75	-	203.77	-	13.83	4.44	15.06	15.68	-	80.01	646.62	
.91	-	2.74	-	1.60	0.30	3.92	0.29	-	117.40	143.81	5
.73	-	20.28	-	1.39	1.30	1.99	4.16	-	12.25	91.81	
.02	-	20.64	-	2.20	-	5.95	0.72	-	4.67	1 646.20	6
.91	-	1 108.24	-	201.35	98.59	332.47	282.48	-	16.34	5 377.41	
-	-	0.17	-	37.84	-	-	-	-	-	67.81	7
.53	20.90	1 567.61	-	-	18.18	6.35	60.80	-	384.06	3 232.72	
.05	-	-	-	19.00	-	1.36	-	-	0.03	772.72	8
.64	-	108.83	-	0.17	3.33	18.33	2.79	-	775.83	1 428.08	
.61	-	-	-	-	-	-	-	-	-	2 253.87	9
-	-	-	-	-	-	-	-	-	-	-	
-	-	-	-	-	-	-	-	-	-	54.80	10
-	-	12.91	-	-	-	-	0.03	-	0.04	177.21	
.45	-	25.44	-	6.05	3.81	6.03	3.80	-	1.56	218.46	11
.95	-	0.49	-	0.06	-	-	0.43	-	-	9.04	
-	-	-	-	-	-	-	-	-	-	-	12
.91	-	159.79	-	22.15	9.26	29.81	26.61	-	13.15	692.13	
.30	-	0.03	-	0.15	-	-	-	-	0.15	3.31	13
.30	-	61.05	-	16.60	5.46	28.97	15.96	-	64.84	517.93	
.28	-	42.35	-	2.62	0.03	6.29	0.37	-	10.24	124.74	14
.38	-	8.03	-	0.87	0.87	0.59	2.07	-	0.41	43.73	
-	-	-	-	-	-	-	-	-	26.94	27.01	15
.76	-	15.00	-	1.21	0.42	2.64	0.74	-	1.69	64.24	
.60	362.10	62.30	36.10	2 342.77	550.50	4 312.50	566.00	360.80	781.50	21 046.07	16
-	-	-	-	-	-	-	-	-	-	-	
.90	546.20	685.70	182.30	1 236.90	551.90	1 710.50	996.80	357.70	2 979.40	19 121.65	17
-	-	-	-	-	-	-	-	-	-	-	
.90	504.60	785.10	119.70	649.80	246.50	798.60	602.80	115.50	206.10	9 488.00	18
-	-	-	-	-	-	-	-	-	-	-	
-	-	-	-	-	-	-	-	-	-	8 679.70	19
-	-	-	-	-	-	-	-	-	-	-	
.01	-	-	-	-	-	-	-	-	-	1.09	20
.53	-	4.06	-	0.66	1.18	1.21	0.17	-	-	81.11	
.41	-	302.69	-	56.10	23.32	127.57	65.09	204.60	1 972.61	3 653.46	21
.70	-	931.78	-	75.96	44.82	162.03	120.03	-	391.80	3 783.74	
.22	1 448.40	2 090.81	344.30	4 355.65	1 376.36	6 986.47	2 307.79	1 038.60	7 157.23	70 631.65	
.52	229.40	4 677.67	-	451.98	352.21	937.60	800.79	-	1 786.99	23 805.32	

Kongsvingerbanen (Forts.).

Løbenummer.	Varesorter.	Transportens Retning.	Lokaltrafik. afsendt eller ankommet.	Samlet Trafik. Op.	Samlet Trafik. Ned.	Hoveds[um] Afsend[t] eller ankom[met]
			Antal Ton. 2 Decimaler			
1	Brændevin paa Træer	Afs. Ank.	1.22	129.39	10.16	1.
2	Gjødning, alle Slags	Afs. Ank.	91.57	9 914.74	37.29	9 9
3	Hø og Halm	Afs. Ank.	33.09	50.23	2 203.85	2 2
4	Jern og Staal og Arbeide deraf, undtagen Spiger	Afs. Ank.	172.25	1 722.23	13 554.35	15 2
5	Kjød og Flesk, alle Slags	Afs. Ank.	17.58	1 178.40	2 329.17	3 5
6	Kornvarer og Mel, alle Slags	Afs. Ank.	338.72	9 207.61	1 954.41	11 1
7	Kul, (Sten-, Træ-), Cokes og Cinders	Afs. Ank.	253.65	4 740.56	108.73	4 8
8	Malme, Erts og Kis a)	Afs. Ank.	360.69	1 766.42	1 252.18	3 0
9	Melk	Afs. Ank.	91.35	23.35	2 392.58	2 4
10	Mursten, Tagsten og Drainsrør	Afs. Ank.	1 597.18	1 611.99	751.36	2 3
11	Poteter	Afs. Ank.	42.90	33.40	271.92	3
12	Salt	Afs. Ank.	18.30	885.22	11.53	8
13	Sild og Fisk	Afs. Ank.	88.31	4 720.68	57.57	4 7
14	Smør og Ost	Afs. Ank.	6.33	288.38	402.10	6
15	Spiger	Afs. Ank.	81.48	374.51	231.29	6
16	Trælas & Brænde. Planker, Bord, Lægter og Stav	Afs. Ank.	9 900.87	383.57	60 747.55	61 1
17	Trælas & Brænde. Tømmer, alle Slags, ○ og □	Afs. Ank.	2 409.25	1 077.75	28 820.75	29 8
18	Trælas & Brænde. Brænde og Baghun	Afs. Ank.	709.10	184.60	10 340.20	10 3
19	Træmasse	Afs. Ank.	9.22	·	25 619.98	25 0
20	Øl, alle Slags	Afs. Ank.	412.12	250.53	364.11	[illegible]
21	Øvrige Varer (Ilgods indbef.)	Afs. Ank.	1 566.24	10 260.12	8 057.26	18 3
	Tilsammen	Afs. Ank.	18 201.42	48 803.68	159 518.34	208 3

Kongsvinger—Flisenbanen.

Samtrafik.

Afsendt fra **Kongsvinger—Flisenbanen**
Ankommet til do. do.

over **Kongsvinger**.

…banen.	Sv. Baner over Charlottenberg.	Smaalensbanen.	Hovedbanen.	Eidsvold—Hamarbanen.	Rørosbanen.	Merakerbanen.	Kr.ania—Drammenbanen.	Drammen—Skienbanen.	Drammen—Randsfj.-banen.	Tilsammen.	Løbenummer.
	Antal Ton. (2 Decimaler).										
-	-	-	-	-	-	-	-	-	-	-	1
-	-	-	32.25	3.10	0.17	-	-	-	-	35.52	
-	2.00	-	0.11	-	-	-	-	-	-	2.11	2
-	-	-	626.83	5.20	-	-	-	-	-	632.03	
-	-	-	0.04	-	-	-	-	-	-	0.04	3
93	-	-	-	-	-	-	-	-	-	43.93	
28	-	0.06	4.39	-	2.16	-	-	0.17	-	7.06	4
93	0.20	0.08	77.08	0.09	17.30	-	-	-	-	126.68	
20	0.28	0.03	30.13	-	-	-	0.04	-	0.03	30.71	5
10	-	-	22.83	-	0.06	-	-	-	-	22.99	
98	-	0.08	1.33	0.41	-	-	-	0.03	0.07	3.90	6
74	2.66	6.84	1 613.32	3.71	5.97	-	-	-	-	1 652.24	
-	-	-	-	-	-	-	-	-	-	-	7
05	-	-	133.54	-	-	-	-	-	-	133.59	
00	-	-	0.96	0.83	5.96	-	-	-	-	82.75	8
-	7.58	6.50	22.35	-	-	-	-	-	-	36.43	
-	-	-	8.13	-	-	-	-	-	-	8.13	9
-	-	-	-	-	-	-	-	-	-	-	
-	-	-	0.02	-	-	-	-	-	-	0.02	10
66	-	-	-	-	-	-	-	-	-	105.66	
50	-	0.12	12.42	-	0.15	-	-	-	-	13.19	11
08	-	0.09	0.21	0.60	-	-	0.10	0.25	-	1.33	
-	-	-	-	-	-	-	-	-	-	-	12
-	-	1.87	152.21	-	-	-	-	-	-	154.08	
31	-	-	-	-	-	-	-	-	-	0.31	13
44	-	0.57	38.36	3.14	83.75	0.04	-	-	-	126.30	
07	-	0.28	64.76	-	0.04	-	1.07	0.22	-	66.44	14
02	0.12	-	5.79	0.44	0.04	-	-	-	-	6.41	
-	-	-	-	-	-	-	-	-	-	-	15
08	-	-	15.93	-	2.73	-	-	-	-	20.74	
90	-	27.20	683.40	30.80	-	-	-	-	-	2 190.30	16
65		-	-	-	-	-	-	-	-	39.65	
00	-	163.30	4 533.10	-	-	-	-	-	-	4 729.40	17
-	-	-	-	-	-	-	-	-	-	-	
00	-	-	209.30	-	-	-	-	-	-	214.30	18
-	-	-	-	-	-	-	-	-	-	-	
-	-	-	-	-	-	-	-	-	-	-	19
-	-	-	-	-	-	-	-	-	1	-	
08	-	0.16	-	-	-	-	-	-	-	0.24	20
75	0.06	-	3.35	0.21	-	-	-	-	-	103.37	
23	4.91	3.29	177.37	3.29	2.77	0.28	1.40	0.84	0.32	265.70	21
43	67.90	4.00	632.88	9.63	3.26	-	1.40	0.38	0.78	744.66	
55	7.19	194.52	5 725.46	35.33	11.08	0.28	2.51	1.26	0.42	7 614.60	
86	78.52	19.95	3 376.93	26.12	113.28	0.04	1.50	0.63	0.78	3 985.61	

Tabel XI (Forts.). Opgave over Tra

Løbenummer.	Varesorter.	Transportens Retning.	Kongsvin… Hvoraf: Afsendt til Kristi… Ankommet fra do. Roverud	Nor.	Grinder.	Kirkenær.	Navn…
			Antal Ton. (2 Decimaler).				
1	Brændevin paa Træer	Afs.	-	-	-	-	
		Ank.	2.49	0.50	0.62	17.26	
2	Gjødning, alle Slags	Afs.	-	-	-	0.11	
		Ank.	210.39	41.20	23.93	97.00	2
3	Hø og Halm	Afs.	-	-	-	-	
		Ank.	-	-	-	-	
4	Jern og Staal og Arbeide deraf, undtagen Spiger	Afs.	0.24	-	1.77	0.33	
		Ank.	11.25	5.69	8.56	12.18	
5	Kjød og Flesk, alle Slags	Afs.	3.07	2.59	2.23	8.85	
		Ank.	3.52	0.18	0.08	0.88	
6	Kornvarer og Mel, alle Slags	Afs.	0.07	0.16	-	0.16	
		Ank.	337.54	60.50	93.16	200.13	7
7	Kul (Sten-, Træ-), Cokes og Cinders	Afs.	-	-	-	-	
		Ank.	10.00	-	2 30	30.62	
8	Malme, Erts og Kis a)	Afs.	-	0.37	-	-	
		Ank.	2.34	-	0.72	6.05	
9	Melk	Afs.	-	-	1.07	-	
		Ank.	-	-	-	-	
10	Mursten, Tagsten og Drainsrør	Afs.	-	-	0.02	-	
		Ank.	-	-	-	-	
11	Poteter	Afs.	2.22	0.68	1.66	2.58	
		Ank.	-	-	-	-	
12	Salt	Afs.	-	-	-	-	
		Ank.	29.51	1.05	13.39	7.19	
13	Sild og Fisk	Afs.	-	-	-	-	
		Ank.	5.27	1.11	4.75	2.78	
14	Smør og Ost	Afs.	4.76	-	4.02	0.60	
		Ank.	0.13	0.05	0.31	0.41	
15	Spiger	Afs.	-	-	-	-	
		Ank.	2.20	0.47	0.57	1.13	
16	Trælast & Brænde. Planker, Bord, Lægter og Stav	Afs.	92.00	38.10	86.60	26.40	
		Ank.	-	-	-	-	
17	Trælast & Brænde. Tømmer, alle Slags, ○ og □	Afs.	879.90	1 154.30	988.00	78.80	1 18
		Ank.	-	-	-	-	
18	Trælast & Brænde. Brænde og Baghun	Afs.	119.50	83.50	-	-	
		Ank.	-	-	-	-	
19	Træmasse	Afs.	-	-	-	-	
		Ank.	-	-	-	-	
20	Øl, alle Slags	Afs.	-	-	-	-	
		Ank.	0.10	0.10	0.29	1.16	0
21	Øvrige Varer (Ilgods indbef.)	Afs.	22.68	8.61	19.82	32.48	14
		Ank.	82.02	25.59	36.20	83.59	26
	Tilsammen	Afs.	1 124.44	1 288.31	1 105.19	150.31	1 202
		Ank.	696.76	136.44	184.88	460.38	14

…gde af de væsentligste Varesorter.

…nbanen (Forts.).

…k. …tationerne. do.			Lokal-trafik.	Samlet Trafik.			Løbenummer.
…neberg.	Flisen.	Sum.	Afsendt eller Ankommet.	Op.	Ned.	Hovedsum. Afsendt eller Ankommet.	
Antal Ton. (2 Decimaler).							
- 1.99	- 8.68	- 32.25	0.96	36.43	0.05	36.48	1
- 38.43	- 155.55	0.11 588.03	27.94	659.38	2.70	662.08	2
- -	0.04 -	0.04 -	6.76	50.69	0.04	50.73	3
0.18 9.53	1.71 24.97	4.23 74.44	14.74	140.24	8.24	148.48	4
3.46 1.41	5.84 15.99	30.13 22.81	2.31	23.74	32.27	56.01	5
- 185.97	0.83 653.15	1.33 1 608.68	57.40	1 705.42	8.12	1 713.54	6
- 17.52	- 73.10	- 133.54	21.90	155.35	0.14	155.49	7
0.05 1.40	- 10.21	0.96 22.19	1.93	38.21	82.90	121.11	8
7.02 -	0.04 -	8.13 -	0.18	-	8.31	8.31	9
- -	- -	0.02 -	-	105.66	0.02	105.68	10
1.35 -	3.32 0.21	12.17 0.21	4.93	2.14	17.31	19.45	11
- 15.82	- 85.07	- 152.21	42.21	190.49	5.80	196.29	12
- 2.90	- 19.43	- 38.36	48.14	172.00	2.75	174.75	13
52.16 0.42	2.88 2.61	64.42 4.38	2.35	6.84	68.36	75.20	14
- 2.76	- 2.61	- 15.93	0.41	21.15	-	21.15	15
1.70 -	335.70 -	580.50 -	24.35	43.45	2 210.85	2 254.30	16
- -	140.70 -	4 424.70 -	18.00	-	4 747.40	4 747.40	17
- -	6.30 -	209.30 -	35.00	13.00	236.30	249.30	18
- -	- -	- -	-	-	-	-	19
- 0.51	- 0.80	- 3.35	3.85	107.22	0.24	107.46	20
32.69 83.64	40.90 288.15	171.68 626.12	162.62	870.36	302.62	1 172.98	21
…98.61 …62.30	538.26 1 340.53	5 507.72 3 322.50	475.98	4 341.77	7 734.42	12 076.19	

Jernbaner
1893—94.

Tabel XI (Forts.). Opgave over Transp

Løbenummer.	Varesorter.	Transportens Retning.	Gjennemgangstrafik.	Kristiani… Afsen… Ankomme… Smaalensbanen.	Hovedbanen	Kongsvingerbanen.	Kongsvinger—Flisenbanen.	Eidsvold —Hamar-
				Antal Ton (2 Decimaler).				
1	Brændevin paa Træer	Afs.	0.13	-	-	-	-	
		Ank.		-	-	-	-	
2	Gjødning, alle Slags	Afs.	10.00	-	-	-	-	
		Ank.		-	-	-	-	
3	Hø og Halm	Afs.	-	-	-	-	-	
		Ank.		-	-	-	-	
4	Jern og Staal og Arbeide deraf, undtagen Spiger	Afs.	50.32	0.73	0.17	-	-	
		Ank.		0.89	2.91	1.01	-	
5	Kjød og Flesk, alle Slags	Afs.	3.57	-	-	-	-	
		Ank.		0.11	0.33	0.05	0.04	
6	Kornvarer og Mel, alle Slags	Afs	7.81	0.11	0.05	-	-	
		Ank.		1.26	0.05	0.54	-	
7	Kul (Sten-, Træ-), Cokes og Cinders	Afs.	-	-	-	-	-	
		Ank.		-	-	-	-	
8	Malme, Erts og Kis	Afs.	0.13	-	-	-	-	
		Ank.		-	-	-	-	
9	Melk	Afs.	-	-	-	-	-	
		Ank.		-	-	-	-	
10	Mursten, Tagsten og Drainsrør	Afs.	0.02	-	-	-	-	
		Ank.		-	-	-	-	
11	Poteter	Afs.	4.49	0.35	0.17	0.04	0.10	
		Ank.		1.29	0.99	0.77	-	
12	Salt	Afs.	-	-	-	-	-	
		Ank.		-	-	-	-	
13	Sild og Fisk	Afs.	16.65	-	-	-	-	
		Ank.		-	0.31	-	-	
14	Smør og Ost	Afs.	20.64	-	0.30	-	-	
		Ank.		0.08	8.02	0.72	1.07	
15	Spiger	Afs.	0.21	-	-	-	-	
		Ank.		-	-	-	-	
16	Trælast & Brænde. Planker, Bord, Lægter og Stav	Afs.	36.70	-	-	-	-	
		Ank.		-	-	-	-	
17	Trælast & Brænde. Tømmer, alle Slags, ○ og □	Afs.	-	-	-	-	-	
		Ank.		-	-	-	-	
18	Trælast & Brænde. Brænde og Baghun	Afs.	-	-	-	-	-	
		Ank.		-	-	-	-	
19	Træmasse	Afs.	-	-	-	-	-	
		Ank.		2.00	-	-	-	
20	Øl, alle Slags	Afs.	0.55	-	-	-	-	
		Ank.		-	-	-	-	
21	Øvrige Varer (Ilgods indbef.)	Afs.	369.40	65.21	43.25	26.05	1.40	1
		Ank.		46.17	25.34	8.10	1.40	
	Tilsammen	Afs.	520.62	66.40	43.94	26.09	1.50	
		Ank.		51.80	37.95	11.19	2.51	

…ængde af de væsentligste Varesorter.

…rammenbanen.

…afik. Kristiania—Drammenbanen. do do. Kristiania.		over Drammen.				Lokaltrafik. Afs. til Kr.ania fra Stat. Ank. fra do. til do.			
Røros-banen.	Meraker-banen.	Smaalens-banen.	Drammen—Skien-banen.	Drammen—Randsfjord-banen.	Tilsammen.	Bygdø.	Lysaker.	Høvik.	Løbenummer.
Antal Ton. (2 Decimaler).									
-	-	-	17.69	108.24	125.93	-	-	-	1
-	-	-	-	68.04	68.04	0.12	0.25	0.05	
-	-	-	1 634.50	1 281.90	2 916.40	-	-	-	2
-	-	-	22.70	2.50	25.20	0.50	1.35	191.15	
-	-	-	0.28	9.39	9.67	-	-	-	3
-	-	-	131.51	75.57	207.08	5.20	-	-	
-	-	-	251.72	2 776.70	3 029.37	0.15	30.23	86.39	4
0.83		-	160.29	488.13	654.13	95.56	166.52	76.87	
0.11	-	-	33.01	195.90	229.02	-	-	0.04	5
6 27	-	-	0.89	47.20	55.12	-	0.53	2.77	
0.12	-	-	228.61	3 441.48	3 670.39	0.10	-	-	6
-	-	-	66.96	44.58	114.88	3.41	133.32	106.62	
-	-	-	31.26	314.75	346.01	-	-	-	7
-	-	-	0.53	7 24	7.77	0.57	2 955.64	149.74	
-	-	-	2.41	-	2.41	-	-	-	8
-	-	-	-	5.57	5.57	-	1.05	-	
-	-	-	0.79	4.73	5.52	-	17.14	4.11	9
-	-	-	591.12	1 244.24	1 835.36	-	-	-	
-	-	-	3.61	5.12	8.73	-	-	-	10
-	-	-	4.15	71.70	75.85	11.30	-	33.25	
0.20	-	-	1.33	7.79	9.98	-	0.70	1.18	11
0 08	-	-	64.33	193.71	262.17	0.10	2.18	1.39	
-	-	-	5.66	103.77	109.43	-	-	-	12
-	-	-	0.42	-	0.42	-	4.06	4.50	
-	-	-	7.28	423.66	430.94	-	-	0.15	13
12 02	-	-	58.48	17.17	88.00	0.12	7.40	4.34	
-	-	-	286.81	137.39	424.50	-	-	0.03	14
3.73	0.03	-	245.26	263.18	523.40	0.26	1.29	3.99	
-	-	-	20.86	97.83	118.69	-	-	-	15
-	-	-	0.13	60.79	60.92	0.93	0.57	0.90	
-	-	-	153.03	14.15	167.18	0.33	-	15.60	16
-	-	-	663.05	1 507.16	2 170.21	-	48.66	95.65	
-	-	-	2.50	36.50	39.00	-	343.60	2.50	17
-	-	-	1 847.00	1 709.20	3 556.20	-	30.20	27.10	
-	-	-	-	14.00	14.00	-	121.10	7.00	18
-	-	-	355.50	2 516.20	2 871.70	-	-	-	
-	-	-	-	30.00	30.00	-	118.50	-	19
-	-	-	-	9 359.28	9 361.28	-	28.50	-	
-	-	-	14.56	401.05	415.61	-	-	-	20
-	-	-	1.08	0.85	1.93	0.18	1.51	2.55	
46.09	1.17	-	2 964.47	8 912.40	12 085.17	3.45	1 198.54	1 423.19	21
19 07	0.11	0.18	1 757.51	14 287.37	16 154.10	46.53	920.09	484.86	
46 52	1.17	-	5 660.38	18 316.75	24 187.95	4.03	1 829.81	1 540.19	
42 00	0.14	0.18	5 970.91	31 969.68	38 099.33	164.78	4 303.12	1 185.73	

Tabel XI (Forts.). Opgave over Transp[...]

Løbenummer.	Varesorter.	Transportens Retning.	Kristiania [...] Lo[...] Afsendt til Kristiania / Ankommet fra do. Sandviken.	Hvalstad.	Asker.	Heggedal.	Røken.
			Antal Ton. (2 Decimaler).				
1	Brændevin paa Træer	Afs.	-	-	-	-	-
		Ank.	0.08	0.04	0.09	0.14	0.05
2	Gjødning, alle Slags	Afs.	-	-	-	-	-
		Ank.	873.74	244.40	665.42	223.74	1 244.70
3	Hø og Halm	Afs.	-	-	0.30	3.50	341.59
		Ank.	0.23	-	2.60	10.29	-
4	Jern og Staal og Arbeide deraf undtagen Spiger	Afs.	-	0.23	1.37	6.44	0.96
		Ank.	166.93	5.25	16.36	10.43	13.18
5	Kjød og Flesk, alle Slags	Afs.	-	0.04	0.09	-	-
		Ank.	9.53	4.06	7.50	5.82	5.68
6	Kornvarer og Mel, alle Slags	Afs.	41.60	13.39	14.55	9.75	83.50
		Ank.	560.47	99.76	301.01	265.01	215.58
7	Kul (Sten-, Træ-), Cokes og Cinders	Afs.	-	-	-	-	-
		Ank.	508.18	41.57	129.14	136.34	11.82
8	Malme, Erts og Kis	Afs.	-	-	-	-	-
		Ank.	4.68	-	-	-	-
9	Melk	Afs.	241.64	192.53	450.91	141.21	846.66
		Ank.	0.35	0.57	0.50	0.86	5.24
10	Mursten, Tagsten og Drainsrør	Afs.	110.50	-	0.24	-	-
		Ank.	21.61	-	5.50	23.20	5.60
11	Poteter	Afs.	23.56	43.74	119.44	7.58	4.41
		Ank.	3.03	0.27	0.81	0.61	-
12	Salt	Afs.	-	-	-	-	-
		Ank.	28.29	9.15	13.87	10.06	2.40
13	Sild og Fisk	Afs.	0.45	-	0.02	-	-
		Ank.	16.90	4.38	12.06	7.81	3.20
14	Smør og Ost	Afs.	18.47	0.12	0.35	0.04	0.05
		Ank.	7.13	3.63	6.77	8.32	6.96
15	Spiger	Afs.	-	-	0.04	-	-
		Ank.	1.83	0.75	1.11	4.44	0.95
16	Trælast & Brænde. Planker, Bord, Lægter og Stav	Afs.	666.90	-	313.80	36.40	-
		Ank.	193.15	1.10	20.50	2.50	-
17	Trælast & Brænde. Tømmer, alle Slags, ○ og □	Afs.	1 274.30	41.20	176.70	130.50	148.10
		Ank.	6.50	-	-	3.60	-
18	Trælast & Brænde. Brænde og Baghun	Afs.	203.20	61.40	181.80	135.70	448.60
		Ank.	-	-	-	-	-
19	Træmasse	Afs.	-	-	-	-	-
		Ank.	-	-	-	-	-
20	Øl, alle Slags	Afs.	-	-	-	-	-
		Ank.	3.79	22.34	60.92	8.76	24.43
21	Øvrige Varer (Ilgods indbef.)	Afs.	8 724.06	64.96	391.55	910.44	39.07
		Ank.	722.41	103.45	304.59	307.02	174.46
	Tilsammen	Afs.	11 304.68	417.61	1 651.16	1 381.56	1 912.94
		Ank.	3 128.83	540.72	1 548.75	1 028.95	1 714.25

ngde af de væsentligste Varesorter.

ımmenbanen (Forts.).

lk.

onerne : do.		Afsendt til **Drammen** fra Stationerne: Ankommet fra do. til do.										
	Sum.	Bygdø.	Lysaker.	Høvik.	Sand-viken.	Hvalstad.	Asker.	Heggedal.	Røken.	Lier.	Sum.	Løbenummer.
		Antal Ton. (2 Decimaler).										
70	151.70	-	-	-	-	-	-	-	-	-	-	
46	146.28	-	-	-	.	-	-	.	0.17	-	0.17	1
-	-	-	7.20	-	-	-	-	-	-	2.00	9.20	
.65	3 603.95	-	-	-	-	-	7.10	-	120.00	81.60	208.70	2
57	397.27	-	-	-	-	-	-	-	10.50	-	10.50	
04	20.96	-	-	-	-	-	-	-	-	-	-	3
.09	601.86	30.38	8.03	6.13	-	-	0.25	2.91	0.13	1.76	49.59	
.66	1 062.64	6.39	0.70	0.08	19.23	0.03	0.22	4.22	5.63	71.33	107.83	4
.68	3.30	-	-	-	-	-	-	-	-	-	-	
.27	140.68	-	-	-	-	-	0.38	0.23	1.01	1.00	2.62	5
69	200.14	-	0.50	0.02	-	-	-	0.55	1.87	8.71	11.65	
74	2 069.40	-	-	0.10	3.73	0.30	39.32	16.91	116.36	584.36	761.08	6
.00	167.00	-	-	-	-	-	-	-	-	-	-	
97	4 086.61	-	-	-	0.49	-	-	27.60	33.60	135.22	196.91	7
75	0.75	-	-	-	-	-	-	-	-	-	-	
-	5.73	-	-	-	-	-	-	-	-	-	-	8
40	3 480.85	-	0.25	-	-	-	-	-	-	27.93	28.18	
-	11.69	-	88.80	-		-	-	-	-	-	88.80	9
06	110.80	-	-	-	-	-	-	-	-	-	-	
.68	118.14	-	5.40	10.80	-	18.60	45.30	65.50	159.27	110.62	415.49	10
.46	293.10	0.30	0.36	0.08	0.25	0.16	0.49	0.19	3.01	0.50	5.34	
.08	9.47	0.21	-	0.04	0.52	-	.	-	0.57	0.18	1.52	11
-	-	-	-	-	-	-	-	-	-	-	-	
.72	87.30	-	-	-	1.10	-	-	1.66	13.48	64.82	81.06	12
.89	2.51	-	-	-	-	-	-	-	-	-	-	
.72	90.63	-	-	-	4.10	0.02	0.75	3.26	7.35	28.05	43.53	13
.49	78.88	-	47.17	-	1.02	.	0.12	-	-	9.17	57 48	
.41	228.41	-	0.07	0.05	1.24	-	0.29	0.57	0.68	6.42	9.32	14
.30	5.34	-	1.50	-	-	-	-	-	-	-	1.50	
.45	87.36	-	-	-	0.02	-	0.22	0.05	0.26	1.63	2.18	15
.00	3 705.22	-	-	-	19.50	-	11.60	-	179.80	35.40	246.30	
.40	430.46	-	60.80	18.80	-	-	80.70	166.70	45.40	193.90	566.30	16
.90	2 391.70	-	-	-	47.20	-	32.50	266.90	16.70	190.80	554.10	
-	67.40	-	73.70	20.30	-	-	-	355.00	-	-	449.00	17
.50	2 414.30	-	-	-	-	-	-	-	-	-	-	
.	-	-	-	20.60	6.50		-	36.30	55.50	11.50	130.40	18
-	118.50	-	48.00	-	-	-	-	-	-	-	48.00	
-	28.50	-	-	-		-	-	-	-	-	-	19
.39	39.39	-	-	-	-	.	0.24	-	-	-	0.24	
.26	228.83	-	-	-	-	8.44	5.93	2.80	15.59	1.11	33.87	20
.74	15 203.21	9.18	10.61	91.70	10.39	4.49	9.68	44.42	17.98	126.58	325.03	
.78	5 946.10	4.69	23.13	38.92	18.32	2.60	45.02	117.35	153.10	568.54	971.67	21
61	29 365.82	39.86	123.62	97.93	78.36	4.65	54.8	314.97	229.99	402.85	1 347.11	
.29	18 470.54	11.29	252.60	109.69	55.25	29.99	225.23	798.15	727.97	1 860.28	4 070.45	

Tabel XI (Forts.). Opgave over Tra[...]

Løbenummer.	Varesorter.	Transportens Retning.	Kristiania—Drammenbanen (Forts.) Lokaltrafik. Øvrige Lokaltrafik, afsendt eller ankommet.	Tilsammen, afsendt eller ankommet.	Samlet Trafik. Op.	Ned.	Ho[...] afs[...] eller [...] komm[...]
			Antal Ton. (2 Decimaler).				
1	Brændevin paa Træer	Afs. Ank.	-	298.15	272.27	219.98	4
2	Gjødning, alle Slags	Afs. Ank.	89.32	3 911.17	6 618.27	244.50	6 8
3	Hø og Halm	Afs. Ank.	22.90	451.63	41.13	627.25	6
4	Jern og Staal og Arbeide deraf, undtagen Spiger	Afs. Ank.	6.69	1 828.61	4 169.75	1 392.68	5 5
5	Kjød og Flesk, alle Slags	Afs. Ank.	0.49	147.09	380.20	54.60	4
6	Kornvarer og Mel, alle Slags	Afs. Ank.	76.71	3 118.98	5 829.09	1 082.97	6 9
7	Kul (Sten-, Træ-), Cokes og Cinders	Afs. Ank.	0.51	4 451.03	4 432.79	372.02	4 8
8	Malme, Erts og Kis	Afs. Ank.	-	6.48	8.27	6.32	
9	Melk	Afs. Ank.	292.14	3 901.66	69.67	5 672.87	5 7
10	Mursten, Tagsten og Drainsrør	Afs. Ank.	581.95	1 226.38	219.89	1 091.09	1 3
11	Poteter	Afs. Ank.	4.99	314.42	30.70	560.36	5
12	Salt	Afs. Ank.	-	168.36	196.73	81.48	2
13	Sild og Fisk	Afs. Ank.	0.35	137.02	549.76	122.85	67
14	Smør og Ost	Afs. Ank.	17.06	391.15	759.29	600.40	1 35
15	Spiger	Afs. Ank.	15.14	111.52	222.61	68.73	29
16	Trælast & Brænde. Planker, Bord Lægter og Stav	Afs. Ank.	60.58	5 008.86	851.74	6 531.21	7 3
17	Trælast & Brænde. Tømmer, alle Slags, ○ og □	Afs. Ank.	2 088.10	5 550.30	710.70	8 434.80	9 14
18	Trælast & Brænde. Brænde og Baghun	Afs. Ank.	93.30	2 638.00	14.00	5 509.70	5 5
19	Træmasse	Afs. Ank.	-	195.00	108.50	9 477.78	9 5
20	Øl, alle Slags	Afs. Ank.	0.02	302.35	644.97	75.47	7
21	Øvrige Varer (Ilgods indbef.)	Afs. Ank.	672.44	23 118.45	18 860.77	32 866.35	51 7
	Tilsammen	Afs. Ank.	4 022.69	57 276.61	44 991.10	75 093.41	[illegible]

…gde af de væsentligste Varesorter.

Drammen—Skienbanen.

Samtrafik.

Afsendt fra **Drammen—Skienbanen.** Ankommet til do. do.

over Drammen.									over Moss-H.			
Smaalensbanen.	Kr.ania—Drammenbanen.	Drammen-Randsfj.-banen.	Hovedbanen.	Kongsvingerbanen.	Kongsvinger—Flisenb.	Eidsvold—Hamarbanen.	Rørosbanen.	Merakerbanen	Smaalensbanen. c)	Svenske Baner.	Tilsammen.	Løbenummer.
Antal Ton. (2 Decimaler)												
-	-	0.18	-	-	-	-	0.07	-	-	-	0.25	1
-	17.69	-	-	-	-	-	0.06	-	-	-	17.75	
-	22.70	144.90	-	10.00	-	-	-	-	-	-	177.60	2
-	1 634.50	5.50	-	-	-	-	-	-	-	-	1 640.00	
-	131.51	18.05	-	-	-	-	-	-	-	-	149.56	3
-	0.28	1.80	-	-	-	-	-	-	-	-	2.08	
3.66	160.29	84.32	5.20	3.42	-	1.06	3.05	-	12.50	-	273.50	4
1.15	251.72	76.18	0.20	0.73	0.17	0.62	6.17	-	4.57	0.81	342.32	
-	0.89	0.58	-	-	-	-	-	-	0.19	-	1.66	5
-	33.01	0.31	0.42	0.20	-	0.87	1.61	-	0.12	-	36.54	
0.15	66.96	250.01	-	0.37	-	0.07	0.38	-	-	-	317.94	6
0.08	228.61	7.26	0.26	0.14	0.03	0.82	0.04	-	1.94	-	239.18	
-	0.53	33.23	-	-	-	-	-	-	-	-	33.76	7
-	31.26	0.53	-	-	-	-	-	-	-	-	31.79	
-	-	0.50	-	-	-	-	-	-	-	-	0.50	8
-	2.41	0.05	-	-	-	0.13	-	-	-	-	2.59	
-	591.12	-	-	-	-	-	-	-	-	-	591.12	9
-	0.79	6.03	-	-	-	-	-	-	0.36	-	7.18	
-	4.15	65.50	-	-	-	-	-	-	-	-	69.65	10
-	3.61	37.50	-	-	-	0.02	-	-	-	-	41.13	
	64.33	0.67	-	-	0.25	-	-	-	0.67	-	65.92	11
0.54	1.33	9.86	0.37	0.42	-	0.20	-	-	1.24	-	13.96	
-	0.42	7.15	-	-	-	-	-	-	-	-	7.57	12
-	5.66	-	-	-	-	-	-	-	-	-	5.66	
-	58.48	11.28	0.39	0.11	-	0.08	0.38	-	1.66	-	72.38	13
-	7.28	0.66	0.08	-	-	-	6.16	-	0.02	-	14.20	
0.04	245.26	17.22	-	-	-	0.30	0.50	-	15.62	-	278.94	14
0.40	286.81	5.74	3.67	0.09	0.22	8.82	2.75	0.07	8.66	-	317.23	
-	0.13	0.02	-	-	-	-	-	-	-	-	0.15	15
-	20.86	27.15	0.06	-	-	-	-	-	-	-	48.07	
-	663.05	54.40	36.70	-	-	-	-	-	-	-	754.15	16
-	153.03	1 624.00	-	-	-	-	-	-	-	-	1 777.03	
-	1 847.00	169.90	-	-	-	-	-	-	-	-	2 016.90	17
-	2.50	311.90	-	-	-	-	-	-	-	-	314.40	
-	355.50	-	-	-	-	-	-	-	-	-	355.50	18
-	-	508.00	-	-	-	-	-	-	-	-	508.00	
-	-	110.30	-	-	-	-	-	-	-	-	110.30	19
-	-	0.41	-	-	-	-	-	-	-	-	0.41	
-	1.08	0.20	-	0.07	-	-	0.19	-	-	-	1.54	20
-	14.56	0.41	-	0.21	-	0.08	-	-	-	-	15.26	
1.39	1 757.51	271.20	14.07	26.09	0.37	7.39	34.62	1.51	185.91	0.09	2 300.15	21
17.13	2 964.47	471.30	26.69	8.62	0.85	10.64	34.74	0.25	104.91	5.55	3 645.15	
5.24	5 970.91	1 239.61	56.36	40.06	0.62	8.90	39.19	1.51	216.55	0.09	7 579.04	
19.30	5 660.38	3 094.59	31.75	10.41	1.27	22.20	51.53	0.32	121.82	6.36	9 019.93	

Tabel XI (Forts.). Opgave over Tran

Løbenummer.	Varesorter.	Transportens Retning.	Dramm					
			Hvoraf: Afsen Ankomme					
			Skoger.	Galleberg.	Sande.	Holme-strand.	Nykirke.	Skoppum.
			Antal Ton. (2 Decimaler).					
1	Brændevin paa Træer	Afs	-	-	-	-	-	-
		Ank.	-	0.06	0.19	1.35	0.05	0.08
2	Gjødning, alle Slags	Afs	-	-	-	-	-	-
		Ank	551.80	149.10	448.38	203.20	24.00	21.60
3	Hø og Halm	Afs.	55.41	26.52	10.10	0.16	0.04	-
		Ank.	-	-	-	-	-	-
4	Jern og Staal og Arbeide deraf, undtagen Spiger	Afs.	5.43	6.00	113.79	0.11	-	-
		Ank.	1.40	7.08	24.44	33.24	5.51	2.43
5	Kjød og Flesk, alle Slags	Afs.	-	-	0.14	-	-	-
		Ank.	0.81	1.95	6.16	0.72	1.56	2.06
6	Kornvarer og Mel, alle Slags	Afs.	1.43	1.70	15.30	0.40	1.77	9.68
		Ank.	8.17	8.14	96.57	0.62	7.84	14.45
7	Kul, (Sten-, Træ-), Cokes og Cinders	Afs.	-	-	-	0.53	-	-
		Ank.	-	-	-	-	-	-
8	Malme, Erts og Kis	Afs.	-	-	-	-	-	-
		Ank.	-	-	-	-	2.20	-
9	Melk	Afs.	19.49	260.65	227.89	11.69	-	-
		Ank.	-	0.15	0.52	-	-	-
10	Mursten, Tagsten og Drainsrør	Afs.	-	-	-	-		-
		Ank.	-	-	-	-	-	-
11	Poteter	Afs.	5.24	16.12	9.15	0.77	0.42	2.68
		Ank.	-	-	-	-	-	-
12	Salt	Afs.	-	-	-	-	-	-
		Ank.	1.14	0.28	1.69	0.08	-	-
13	Sild og Fisk	Afs.	-	-	-	0.03	-	-
		Ank.	0.34	2.31	1.12	0.17	0.74	0.21
14	Smør og Ost	Afs.	7.02	5.22	53.04	29.39	12.65	6.43
		Ank.	0.47	0.31	3.42	4.45	0.29	3.43
15	Spiger	Afs.	-	-	-	-	-	-
		Ank.	0.16	0.08	0.45	0.11	0.46	1.24
16	Trælas & Brænde. Planker, Bord, Lægter og Stav	Afs.	6.30	35.80	51.30	17.80	-	-
		Ank.	-	-	-	-	-	-
17	Trælas & Brænde. Tømmer, alle Slags, O og □	Afs.	-	-	5.00	19.60	11.00	17.60
		Ank.	-	-	-	-	-	-
18	Trælas & Brænde. Brænde og Baghun	Afs.	36.90	6.70	68.30	-	-	-
		Ank.	-	-	-	-	-	-
19	Træmasse	Afs.	-	-	-	-	-	-
		Ank.	-	-	-	-	-	-
20	Øl, alle Slags	Afs.	-	-	-	-	-	-
		Ank.	0.03	-	1.26	0.30	-	-
21	Øvrige Varer (Ilgods indbef.)	Afs.	37.30	15.73	31.57	31.35	4.80	3.69
		Ank.	39.45	48.64	93.77	138.57	27.56	31.35
	Tilsammen	Afs.	174.52	374.44	585.58	111.83	30.68	40.08
		Ank.	603.77	218.10	677.97	382.81	70.21	76.85

ıngde af de væsentligste Varesorter.

ienbanen (Forts.).

flk.

stiania fra Stationerne :
do til do.

Antal Ton. (2 Decimaler).

	Tønsberg.	Sem.	Stokke.	Raastad.	Sandefjord.	Jaaberg.	Tjølling.	Larvik.	Kjose.	Aaklungen.	Bjørkedalen.	Eidanger.	Løbenummer.
-	-	-	-	-	-	-	-	-	-	-	-	-	
.30	2.35	0.33	0.21	-	10.24	-	-	0.34	-	-	0.05	0.05	1
-	-	-	-	-	-	-	-	-	-	-	-	-	
.10	31.00	63.95	15.40	15.60	-	0.05	-	-	-	-	-	-	2
.50	-	3.50	-	-	0.21	-	-	-	-	-	-	-	
-	0.13	-	-	-	-	-	-	-	-	-	-	-	3
-	1.05	0.67	-	-	0.22	-		0.60	-	-	-	-	
.70	14.12	4.10	14.08	0.10	15.94	4.04	0.08	43.86	-	0.02	-	4.68	4
.02	0.16	-	-	-	-	-	0.05	-	-	-	-	-	
.96	0.64	3.95	4.64	0.17	4.19	-	-	2.20	-	-	-	0.40	5
-	0.29	0.09	5.71	6.10	0.83	-	0.51	-	-	-	-	-	
.56	0.72	21.60	31.93	0.31	4.72	0.10	0.95	4.02	0.05	-	0.10	2.32	6
-	-	-	-	-	-	-	-	-	-	-	-	-	
-	1.05	-	-	-	0.02	-	-	0.19	-	-	-	-	7
-	-	-	-	-	-	-	-	-	-	-	-	-	
-	-	-	-	-	-	-	-	-	-	-	-	-	8
-	-	-	0.78	-	-	-	-	-	-	-	-	-	
-	-	-	-	-	-	-	-	-	-	-	-	-	9
-	3.60	-	-	-	-	-	-	-	-	-	-	-	
-	-	-	1.01	-	-	-	-	-	2.00	-	-	-	10
.42	1.15	0.33	0.54	-	1.39	0.63	0.39	0.82	0.05	-	-	0.15	
-	-	-	-	-	-	-	-	0.02	-	-	-	-	11
-	-	-	-	-	-	-	-	0.42	-	-	-	-	
.24	-	0.40	1.67	-	0.02	-	-	0.06	-	-	-	-	12
-	0.05	-	1.64	-	51.58	-	0.04	2.16	-	-	-	-	
.05	0.03	0.10	0.17	0.33	0.17	-	-	0.31	-	0.95	-	0.04	13
.69	0.58	33.30	46.38	-	20.41	-	0.02	14.32	-	-	-	0.10	
.71	40.30	3.09	3.00	0.34	42.32	-	-	68.66	0.08	-	-	7.27	14
-	0.08	0.05	-	-	-	-	-	-	-	-	-	-	
-	10.85	2.65	0.53	-	0.90	-	-	0.54	-	-	-	0.05	15
.50	-	286.40	-	-	179.90	-	-	9.50	-	-	-	-	
-	17.00	-	-	-	7.00	-	-	7.70	-	-	-	-	16
-	-	46.20	-	-	-	-	-	-	-	-	-	-	
-	-	-	-	-	-	-	-	-	-	-	-	-	17
-	-	-	5.00	-	-	-	-	232.60	-	-	-	-	
-	-	-	-	-	-	-	-	-	-	-	-	-	18
-	-	-	-	-	-	-	-	-	-	-	-	-	
-	-	-	-	-	-	-	-	-	-	-	-	-	19
-	0.09	-	-	-	-	-	-	0.80	-	-	-	-	
-	0.09	0.36	-	0.85	9.04	-	0.05	0.53	-	-	-	0.60	20
.36	134.58	496.52	23.38	1.83	125.31	0.56	42.94	250.80	0.50	1.17	0.09	3.53	
.27	434.99	145.78	50.73	6.91	357.04	2.71	7.89	389.15	3.21	0.69	0.18	33.03	21
.49	141.63	867.06	83.43	7.93	379.85	1.19	43.95	512.02	0.55	1.17	0.09	3.78	
.89	553.27	246.31	123.37	24.61	451.60	6.90	8.97	517.58	5.34	1.66	0.33	48.44	

Tabel XI (Forts.). Opgave over Transpo

Drammen

Løbenummer.	Varesorter.	Transportens Retning.	Samtrafik. Afsendt til **Kristiania** fra Stationerne: / Ankommet fra do. til do. Porsgrund.	Skien.	Borre.	Horten.	Sum.	Skoger.	Galleberg.
			Antal Ton. (2 Decimaler).						
1	Brændevin paa Træer	Afs.	-	-	-	-	-	-	
		Ank.	0.07	1.15	-	0.38	17.69	-	0
2	Gjødning, alle Slags	Afs.	-	-	-	-	-	-	
		Ank.	-	-	6.80	0.62	1 546.60	72.35	28
3	Hø og Halm	Afs.	-	-	-	-	114.24	-	5
		Ank.	-	-	-	-	0.13	-	
4	Jern og Staal og Arbeide deraf, undtagen Spiger	Afs.	0.09	17.45	-	0.20	145.61	0.02	0
		Ank.	11.69	13.91	13.69	12.24	228.05	0.70	2
5	Kjød og Flesk, alle Slags	Afs.	-	0.02	0.40	-	0.89	-	
		Ank.	0.34	1.59	-	0.20	33.01	1.52	0
6	Kornvarer og Mel, alle Slags	Afs.	-	0.20	.	-	44.01	0.04	2
		Ank.	1.34	2.49	0.10	0.23	216.32	90.39	63
7	Kul (Sten-, Træ-), Cokes og Cinders	Afs.	-	-	-	-	0.53	-	
		Ank.	15.00	-	15.00	-	31.26	49.87	17
8	Malme, Erts og Kis	Afs.	-	-	-	-	-	-	
		Ank.	-	-	-	0.21	2.41	-	
9	Melk	Afs.	-	-	-	-	520.50	68.90	3
		Ank.	-	-	-	-	0.67	-	
10	Mursten, Tagsten og Drainsrør	Afs.	0.55	-	-	-	4.15	-	
		Ank.	-	-	-	-	3.01	5.60	12
11	Poteter	Afs.	0.34	0.14	23.16	0.06	64.05	0.51	1
		Ank.	0.11	0.40	0.02	-	0.55	0.05	
12	Salt	Afs.	-	-	-	-	0.42	-	
		Ank.	0.08	-	-	-	5.66	14.40	[illegible]
13	Sild og Fisk	Afs.	-	0.02	-	-	55.52	-	
		Ank.	-	0.11	0.08	-	7.28	4.00	[illegible]
14	Smør og Ost	Afs.	1.42	1.29	-	-	243.26	2.96	3
		Ank	11.82	4.78	0.04	16.08	210.94	1.39	0.
15	Spiger	Afs.	-	-	-	-	0.13	0.43	
		Ank.	0.33	0.36	-	0.15	18.90	0.35	0.
16	Trælast & Brænde. Planker, Bord, Lægter og Stav	Afs.	-	-	-	-	589.50	594.00	492
		Ank.	-	2.00	-	87.80	137.20	12.60	7.
17	Trælast & Brænde. Tømmer, alle Slags, ○ og □	Afs.	-	-	8.80	-	108.20	184.70	133
		Ank.	-	-	-	-	-	-	
18	Trælast & Brænde. Brænde og Baghun	Afs.	-	-	-	-	349.50	24.50	20
		Ank.	-	-	-	-	-	-	
19	Træmasse	Afs.	-	-	-	-	-	-	
		Ank.	-	-	-	-	-	-	
20	Øl, alle Slags	Afs.	-	0.19	-	-	1.08	-	
		Ank.	-	1 23	0.10	0.06	14.56	0.64	[illegible]
21	Øvrige Varer (Ilgods indbef.)	Afs.	303.85	123.37	5.92	52.60	1 700.86	4.32	11
		Ank.	193.93	448.41	7.16	169.23	2 664.85	71.38	41
	Tilsammen	Afs.	306.25	142.68	38.28	52.86	3 942.45	880.38	67
		Ank.	234.71	476.43	42.99	287.20	5 139.09	325.24	18

…ngde af de væsentligste Varesorter.

…enbanen (Forts.).

Lokaltrafik.

Afsendt til **Drammen** fra Stationerne:
Ankommet fra do. til do.

…	Holmestrand.	Nykirke.	Skoppum.	Adal.	Barkaaker.	Tønsberg.	Sem.	Stokke.	Raastad.	Sandefjord.	Jaaberg.	Tjølling.	Løbenummer.
Antal Ton. (2 Decimaler).													
-	-	-	-	-	-	-	-	-	-	-	-	-	1
.14	2.70	0.05	-	0.18	-	19.61	0.05	-	-	8.86	-	-	
.75	-	-	-	-	-	2.85	-	-	-	-	-	-	2
.75	-	-	-	-	-	1.50	0.50	-	-	-	-	2.00	
-	-	-	-	-	-	5.00	-	-	-	-	-	-	3
-	-	0.40	-	-	-	-	0.05	-	-	-	-	-	
7.30	0.08	-	-	-	-	10.01	-	0.07	-	1.45	4.15	-	4
33.32	29.33	-	0.29	0.55	0.10	13.90	4.74	1.76	-	15.56	10.49	20.00	
0.81	7.05	0.60	0.04	-	0.22	0.48	-	-	-	0.24	-	-	5
1.30	0.55	0.02	0.10	-	0.23	0.10	0.37	0.34	-	-	-	-	
10.27	1.92	-	-	-	-	11.20	1.10	-	-	6.30	-	-	6
21.66	67.57	0.28	0.40	33.27	16.70	5.97	1.23	5.88	-	5.00	-	-	
0.02	-	-	-	-	-	0.06	-	-	-	-	-	-	7
14.10	-	-	-	-	-	-	-	-	-	-	7.00	-	
-	-	-	-	-	-	-	-	-	-	1.80	-	-	8
-	-	-	-	-	-	-	-	-	-	0.11	-	-	
7.29	-	-	-	-	-	-	-	-	-	-	-	-	9
-	-	-	-	-	-	-	-	-	-	-	-	-	
-	-	-	-	-	-	7.41	-	-	-	-	-	-	10
5.10	40.40	66.47	22.82	16.40	-	7.54	149.50	6.20	11.00	14.35	-	-	
6.33	0.78	0.30	-	0.05	-	2.20	0.19	0.22	0.18	0.72	-	-	11
0.05	0.10	-	-	-	-	0.63	-	-	-	0.05	-	-	
-	-	-	-	-	-	-	-	-	-	-	-	-	12
8.51	7.16	-	-	-	0.08	0.08	-	-	-	-	-	-	
0.60	5.14	-	-	11.20	-	3.10	0.04	-	-	149.77	-	-	13
9.19	7.76	-	0.85	0.75	0.80	2.19	0.95	-	-	-	-	-	
9.73	20.84	0.48	-	0.43	0.16	0.79	-	2.67	-	0.43	-	-	14
1.87	2.85	0.05	0.03	0.15	0.04	9.98	-	0.82	-	3.49	-	-	
-	-	-	-	-	-	0.87	-	-	-	0.02	-	-	15
1.64	0.75	-	-	0.22	-	1.62	0.29	1.12	-	0.68	-	-	
1.70	32.02	-	-	-	-	-	15.10	-	-	-	-	-	16
1.30	84.90	7.80	5.00	10.10	17.70	159.40	-	15.10	-	186.40	-	5.00	
4.00	3.00	6.74	-	-	-	-	-	-	-	-	-	-	17
8.20	8.20	18.30	-	-	-	-	-	-	-	-	-	5.00	
5.30	-	-	-	-	-	-	-	-	-	-	-	-	18
-	-	-	-	-	-	95.80	-	-	-	-	-	-	
-	-	-	-	-	-	-	-	-	-	-	-	-	19
-	-	-	-	-	-	-	-	-	-	-	-	-	
-	-	-	-	-	-	-	-	-	-	-	-	-	20
5.36	1.01	-	2.78	-	-	4.07	-	-	-	0.21	-	-	
7.90	52.08	0.73	4.12	4.20	0.63	253.17	23.41	8.03	2.32	70.31	1.64	0.13	21
6.56	224.91	14.59	11.02	21.82	36.54	414.67	19.13	38.82	0.11	148.98	0.22	0.35	
2.00	122.91	8.85	4.16	15.88	1.01	297.14	39.84	10.99	2.50	231.04	5.79	0.13	
0.05	478.19	107.96	43.29	83.44	72.19	737.06	176.81	70.04	11.11	383.69	17.71	32.35	

Tabel XI (Forts.). Opgave over Transp

Løbenummer.	Varesorter.	Transportens Retning.	Dramme						
			L						
			Afsendt til Dramm Ankommet fra do.						
			Larvik.	Kjose.	Aaklungen.	Bjørkedalen.	Eidanger.	Porsgrund.	Skien.
			Antal Ton. (2 Decimaler).						
1	Brændevin paa Træer	Afs.	0.75	-	-	-	-	-	
		Ank.	2.78	-	-	-	-	12.42	[illegible]
2	Gjødning, alle Slags	Afs.	-	-	-	-	-	32.50	
		Ank.	-	-	-	-	-	0.25	
3	Hø og Halm	Afs.	-	-	-	-	-	-	
		Ank.	-	-	-	-	5.00	-	
4	Jern og Staal og Arbeide deraf undtagen Spiger	Afs.	-	-	-	-	0.35	-	
		Ank.	16.00	-	0.44	-	1.62	10.41	[illegible]
5	Kjød og Flesk, alle Slags	Afs.	4.11	-	-	-	-	-	
		Ank.	-	-	-	-	-	-	
6	Kornvarer og Mel, alle Slags	Afs.	187.25	-	-	-	-	-	
		Ank.	15.52	-	-	-	-	-	
7	Kul- (Sten-, Træ-), Cokes og Cinders	Afs.	-	-	-	-	-	-	
		Ank.	-	-	-	-	-	-	
8	Malme, Erts og Kis	Afs.	-	-	-	-	-	-	
		Ank.	-	-	-	-	-	-	
9	Melk	Afs.	-	-	-	-	-	-	
		Ank.	-	-	-	-	-	-	
10	Mursten, Tagsten og Drainsrør	Afs.	-	-	-	-	-	1.70	
		Ank.	-	-	-	-	-	1.20	
11	Poteter	Afs.	0.20	-	-	-	-	-	
		Ank.	0.10	-	-	-	-	0.02	
12	Salt	Afs.	-	-	-	-	-	-	
		Ank.	2.00	-	-	-	-	-	
13	Sild og Fisk	Afs.	3.49	-	-	-	-	-	
		Ank.	0.31	-	-	-	-	-	[illegible]
14	Smør og Ost	Afs.	12.78	-	-	-	-	0.27	[illegible]
		Ank.	4.90	-	-	-	0.07	4.40	[illegible]
15	Spiger	Afs.	-	-	-	-	-	-	
		Ank.	0.76	-	-	-	-	-	[illegible]
16	Trælast & Brænde. Planker, Bord, Lægter og Stav	Afs.	-	-	-	-	-	-	
		Ank.	125.00	-	-	-	-	-	
17	Trælast & Brænde. Tømmer, alle Slags, ○ og □	Afs.	-	-	-	-	-	-	
		Ank.	-	-	-	-	-	-	
18	Trælast & Brænde. Brænde og Baghun	Afs.	-	-	-	-	-	-	
		Ank.	-	-	-	-	-	-	
19	Træmasse	Afs.	-	-	-	-	-	-	
		Ank.	-	-	-	-	-	-	
20	Øl, alle Slags	Afs.	0.28	-	-	-	-	-	
		Ank.	0.14	-	-	-	-	-	
21	Øvrige Varer (Ilgods indbef.)	Afs.	267.25	0.02	0.11	0.01	6.07	169.8[illegible]	[illegible]
		Ank.	141.94	-	-	-	2.61	41.[illegible]	[illegible]
	Tilsammen	Afs.	476.11	0.02	0.11	0.01	6.42	[illegible]	[illegible]
		Ank.	309.45	-	0.44	-	[illegible]	[illegible]	[illegible]

...ngde af de væsentligste Varesorter.

...nbanen (Forts.).

...k. Stationerne: do. — Horre.	Horten.	Sum.	Øvrige Lokaltrafik afsendt eller ankommet.	Tilsammen, afsendt eller ankommet. c)	Samlet Trafik. Op.	Ned.	Hovedsum. Afsendt eller ankommet. c)	Løbenummer.
Antal Ton. (2 Decimaler).								
- -	- 2.62	0.75 90.89	9.51	101.15	110.00	9.15	119.15	1
- -	- -	36.10 136.70	721.38	894.18	1 980.52	731.26	2 711.78	2
- -	- -	10.87 5.45	614.07	630.39	347.14	434.89	782.03	3
0.23 1.59	1.54 0.87	37.79 180.71	564.26	782.76	754.83	643.75	1 398.58	4
- -	7.73 0.28	21.28 5.77	117.49	144.54	138.50	44.24	182.74	5
0.40 -	60.16 5.10	281.11 532.35	3 452.46	4 265.92	1 845.52	2 977.52	4 823.04	6
- 5.00	- 0.32	0.08 193.96	978.77	1 172.81	511.91	726.45	1 238.36	7
- -	- -	1.80 0.28	-	2.08	2.87	2.30	5.17	8
- -	- -	79.19 -	299.65	378.84	126.07	851.07	977.14	9
- 84.70	- 101.29	10.91 644.99	274.15	930.05	940.01	100.82	1 040.83	10
- -	- 0.70	13.30 1.70	281.99	296.99	271.15	105.72	376.87	11
- -	- 0.80	- 59.48	92.40	151.88	94.07	71.04	165.11	12
- -	7.39 0.13	180.73 32.33	524.25	737.31	430.69	393.20	823.89	13
- -	0.28 5.48	65.79 48.10	385.78	499.67	702.43	393.43	1 095.86	14
- -	- -	1.32 10.38	5.39	17.09	60.30	5.01	65.31	15
- 6.30	2.05 196.80	1 747.47 851.10	2 478.06	5 076.63	4 044.44	3 563.37	7 607.81	16
- 8.20	- 6.30	492.34 54.20	6 865.02	7 411.56	5 797.12	3 945.74	9 742.86	17
- -	- 254.50	90.30 350.30	2 939.27	3 379.87	1 923.20	2 320.17	4 243.37	18
- -	- -	- -	121.58	121.58	0.41	231.88	232.29	19
- -	11.30 -	11.58 16.07	840.83	868.48	256.31	628.97	885.28	20
0.41 14.42	207.12 177.55	1 191.43 1 762.69	6 988.42	9 942.54	8 758.72	7 130.89	15 889.61	21
...1.04 ...0.21	297.57 752.74	4 274.14 4 977.45	28 554.73	37 806.32	29 096.21	25 310.87	54 407.08	

Tabel XI (Forts.). Opgave over Transp[orten] …

Løbenummer.	Varesorter.	Transportens Retning.	Drammen … Afsendt fra Dramm[en] Ankommet til do. over Drammen: Kristiania —Dr.menbanen.	Drammen —Skienbanen.	Smaalensbanen.	Hovedbanen.	Kongsvingerbanen.	Kongsvinger —Flisenb.	Eidsvold —Hamar- …
			Antal Ton (2 Decimaler).						
1	Brændevin paa Træer	Afs.	68.04	-	-	-	-	-	
		Ank.	108.24	0.18	-	-	-	-	
2	Gjødning, alle Slags	Afs.	2.50	5.50	-	-	-	-	
		Ank.	1 281.90	144.90	-	-	-	-	
3	Hø og Halm	Afs.	75.57	1.80	-	-	-	-	
		Ank.	9.39	18.05	-	-	-	-	
4	Jern og Staal og Arbeide deraf, undtagen Spiger	Afs.	488.13	76.18	10.53	4.18	0.83	-	
		Ank.	2 776.70	84.32	1.29	0.46	0.95	-	
5	Kjød og Flesk, alle Slags	Afs.	47.20	0.31	0.11	-	-	-	
		Ank.	195.90	0.58	-	0.17	0.03	0.03	
6	Kornvarer og Mel, alle Slags	Afs.	44.58	7.26	1.73	0.26	-	-	
		Ank.	3 441.48	250.01	0.32	0.43	0.25	0.07	
7	Kul (Sten-, Træ-), Cokes og Cinders	Afs.	7.24	0.53	-	-	-	-	
		Ank.	314.75	33.23	-	-	-	-	
8	Malme, Erts og Kis	Afs.	5.57	0.05	-	-	-	-	
		Ank.	-	0.50	-	-	-	-	
9	Melk	Afs.	1 244.24	6.03	-	-	-	-	
		Ank.	4.73	-	-	-	-	-	
10	Mursten, Tagsten og Drainsrør	Afs.	71.70	37.50	-	-	-	-	
		Ank.	5.12	65.50	-	-	-	-	
11	Poteter	Afs.	193.71	9.86	1.54	0.61	-	-	
		Ank.	7.79	0.67	0.08	0.23	0.25	-	
12	Salt	Afs.	-	-	-	-	-	-	
		Ank.	103.77	7.15	-	-	-	-	
13	Sild og Fisk	Afs.	17.17	0.66	-	0.05	-	-	
		Ank.	423.66	11.28	0.06	0.26	-	-	[illegible]
14	Smør og Ost	Afs.	263.18	5.74	0.80	0.06	0.36	-	[illegible]
		Ank.	137.39	17.22	0.04	1.86	-	-	
15	Spiger	Afs.	60.79	27.15	-	-	-	-	
		Ank.	97.83	0:02	-	0.15	-	-	
16	Trælast & Brænde. Planker, Bord Lægter og Stav	Afs.	1 507.16	1 624.00	-	-	-	-	
		Ank.	14.15	54.40	-	-	-	-	
17	Trælast & Brænde. Tømmer, alle Slags, ○ og □	Afs.	1 709.20	311.90	-	-	-	-	
		Ank.	36.50	169.90	-	-	-	-	
18	Trælast & Brænde. Brænde og Baghun	Afs.	2 516.20	508.00	-	-	-	-	
		Ank.	14.00	-	-	-	-	-	
19	Træmasse	Afs.	9 359.28	0.41	-	-	-	-	
		Ank.	30.00	110.30	-	-	-	-	
20	Øl, alle Slags	Afs.	0.85	0.41	-	-	-	-	
		Ank.	401.05	0.20	-	-	-	-	
21	Øvrige Varer (Ilgods indbef.)	Afs.	14 287.37	471.30	30.17	25.41	10.19	0.78	[illegible]
		Ank.	8 912.40	271.20	21.38	43.05	11.25	0.32	[illegible]
	Tilsammen	Afs.	31 969.68	3 094.59	44.88	30.57	11.38	0.78	[illegible]
		Ank.	18 316.75	1 239.61	23.17	46.61	12.73	0.42	[illegible]

gde af de væsentligste Varesorter.

…fjordbanen.

t.

…fjordbanen. do.		Hvoraf: Afsendt til **Kristiania** fra Stationerne: Ankommet fra do. til do.									
Merakerbanen.	Tilsammen.	Gulskogen.	Mjøndalen.	Hougsund.	Burud.	Skotselven.	Aamot.	Gjeithus.	Vikesund.	Nakkerud.	Løbenummer.
	Antal Ton. (2 Decimaler).										
-	68.04	-	-	-	-	-	-	-	-	-	1
-	108.42	0.66	-	-	-	-	0.18	0.07	0.09	0.30	
-	8.00	-	2.50	-	-	-	-	-	-	-	2
-	1 426.80	18.00	15.80	95.70	53.60	32.00	35.10	0.70	40.93	10.90	
-	77.37	3.30	-	15.40	-	-	-	-	2.50	3.62	3
-	27.44	-	-	-	-	-	-	-	-	-	
-	579.85	-	8.31	5.04	-	3.56	9.00	13.98	0.81	0.02	4
-	2 870.37	2.86	199.28	17.99	0.12	19.46	328.56	45.20	17.48	0.65	
-	47.66	-	-	0.27	0.04	-	0.03	-	0.08	0.12	5
-	196.80	2.57	10.23	8.42	0.32	2.49	4.33	0.75	4.68	0.74	
-	54.10	-	0.10	2.48	0.14	0.12	7.47	-	0.12	0.30	6
-	3 694.70	18.59	37.06	73.00	2.62	47.66	60.25	3.26	83.66	13.40	
-	7.77	-	-	-	-	-	0.33	-	-	-	7
-	347.98	26.80	0.50	0.09	-	0.10	4.71	21.80	2.84	-	
-	5.62	-	-	-	-	-	0.43	-	1.40	-	8
-	0.50	-	-	-	-	-	-	-	-	-	
-	1 250.27	-	301.99	225.67	5.36	196.00	-	-	-	63.86	9
-	4.73	-	-	0.70	-	2.77	-	-	-	-	
-	109.20	-	-	-	-	-	-	-	-	-	10
-	70.62	-	-	-	-	-	-	-	-	-	
-	205.72	7.00	3.61	6.41	0.05	0.65	3.65	0.60	5.57	1.42	11
-	9.02	-	-	-	-	-	0.05	-	3.19	-	
-	-	-	-	-	-	-	-	-	-	-	12
-	110.92	-	0.56	1.45	-	-	1.46	-	1.71	-	
-	17.88	-	0.15	11.91	-	-	-	-	-	-	13
-	444.34	0.28	2.76	2.64	0.06	1.20	2.84	0.51	3.25	5.12	
-	270.16	2.71	0.21	1.94	-	0.24	20.13	0.10	9.19	8.79	14
0.04	157.17	3.03	5.60	3.34	-	3.29	3.64	2.70	7.81	0.49	
-	87.94	-	60.19	-	-	-	-	-	-	-	15
-	98.00	2.31	0.41	-	-	0.39	1.31	0.34	1.36	0.91	
-	3 131.16	94.30	81.00	-	-	-	-	-	18.90	0.02	16
-	68.55	-	-	-	-	-	-	-	-	-	
-	2 021.10	-	-	-	-	33.30	10.60	-	18.90	-	17
-	206.40	-	-	-	-	-	-	7.00	-	-	
-	3 024.20	16.00	59.80	16.50	-	39.50	-	-	44.60	162.40	18
-	14.00	-	-	-	-	-	-	-	-		
-	9 359.69	2.08	-	-	-	764.00	2 966.60	60.00	-	-	19
-	140.30	-	-	-	-	-	-	-	-	-	
-	1.26	-	-	-	-	-	-	-	0.10	-	20
-	401.25	0.33	0.12	0.10	-	1.57	4.04	0.26	10.91	0.35	
0.24	14 849.45	555.93	7 073.97	21.89	1.44	29.18	48.73	1 286.78	61.44	4.41	21
0.14	9 279.53	54.69	98.86	118.69	2.22	160.29	354.77	176.16	239.04	36.07	
0.24	35 176.44	681.32	7 591.83	307.51	7.03	1 066.55	3 066.97	1 361.46	163.61	244.96	
0.18	19 677.84	130.12	371.18	322.12	58.94	271.22	801.24	258.75	416.95	68.93	

Tabel XI (Forts.). Opgave over Trans

Løbenummer.	Varesorter.	Transportens Retning.	Dramm Hvoraf: Afsend Ankomme Skjerdalen.	Ask.	Hønefoss.	Hen.	Randsfjord.	Vestfossen.
			Antal Ton. (2 Decimaler).					
1	Brændevin paa Træer	Afs.	-	-	-	-	68.04	-
		Ank.	0.06	0.09	45.09	5.59	22.10	0.95
2	Gjødning, alle Slags	Afs.	-	-	-	-	-	-
		Ank.	5.00	40.60	112.14	17.20	201.47	119.92
3	Hø og Halm	Afs.	-	-	14.20	31.70	-	1.30
		Ank.	-	-	-	-	-	-
4	Jern og Staal og Arbeide deraf undtagen Spiger	Afs.	0.02	0.04	31.68	36.50	12.95	297.61
		Ank.	3.00	0.92	330.96	234.52	924.26	145.06
5	Kjød og Flesk, alle Slags	Afs.	0.05	-	0.97	-	8.22	0.02
		Ank	0.71	1.81	30.15	19.58	32.38	7.08
6	Kornvarer og Mel, alle Slags	Afs.	0.30	3.12	5.80	-	6.12	0.87
		Ank.	4.72	9.48	725.90	295.24	996.82	131.45
7	Kul- (Sten-, Træ-), Cokes og Cinders	Afs.	0.15	-	-	-	-	-
		Ank.	0.27	-	77.77	10.48	89.37	20.60
8	Malme, Erts og Kis	Afs.	-	-	-	-	-	-
		Ank.	-	-	-	-	-	-
9	Melk	Afs.	11.10	96.87	78.96	-	-	235.33
		Ank.	-	0.96	-	-	-	0.20
10	Mursten, Tagsten og Drainsrør	Afs.	-	-	-	-	-	-
		Ank.	-	-	-	-	-	5.12
11	Poteter	Afs.	1.89	2.00	14.01	-	115.16	24.26
		Ank.	-	-	2.05	0.10	0.18	-
12	Salt	Afs.	-	-	-	-		-
		Ank.	-	0.18	4.53	3.68	73.53	2.03
13	Sild og Fisk	Afs.	-	-	-	-	0.37	0.16
		Ank.	0.26	0.55	105.61	24.26	192.16	6.70
14	Smør og Ost	Afs.	0.21	4.26	19.95	-	71.70	5.10
		Ank.	0.90	1.40	29.48	6.85	12.36	7.96
15	Spiger	Afs.	-	-	-	-	0.60	-
		Ank.	4.82	-	18.88	6.24	38.03	0.38
16	Trælast & Brænde. Planker, Bord, Lægter og Stav	Afs.	-	-	-	174.74	15.80	38.60
		Ank.	-	-	2.50	-	-	8.70
17	Trælast & Brænde. Tømmer, alle Slags, ○ og □	Afs.	-	-	-	59.70	34.40	100.00
		Ank.	-	-	-	-	-	-
18	Trælast & Brænde. Brænde og Baghun	Afs.	-	-	-	123.80	572.50	276.90
		Ank.	-	-	-	-	-	-
19	Træmasse	Afs.	30.00	-	2 507.90	81.30	2.50	549.30
		Ank.	-	-	-	-	30.00	-
20	Øl, alle Slags	Afs.	-	-	-	-	0.17	-
		Ank.	-	0.27	33.34	2.66	36.42	33.61
21	Øvrige Varer (Ilgods indbef.)	Afs.	257.51	7.97	1 328.22	45.01	2 823.06	49.37
		Ank.	39.60	29.93	1 374.17	347.79	1 792.43	659.[illegible]
	Tilsammen	Afs.	301.23	114.26	4 001.69	552.75	3 731.59	1 578.8[illegible]
		Ank.	59.34	86.19	2 892.57	974.19	4 441.51	1 149.6[illegible]

ngde af de væsentligste Varesorter.

dsfjordbanen (Forts.).

	ik. stiania fra Stationerne: do. til do.						Lokaltrafik. Afsendt til Drammen fra Stationerne; Ank. fra do. til do.					
	Skollenborg.	Kongsberg.	Hole.	Snarum.	Krøderen.	Sum.	Gulskogen.	Mjøndalen.	Hougsund.	Burud.	Skotselven.	Løbenummer.
	Antal Ton. (2 Decimaler).											
-	-	-	-	-	-	68.04	-	-	-	-	-	1
-	0.32	25.16	-	-	7.58	108.24	-	-	0.16	0.02	0.36	
-	-	-	-	-	-	2.50	-	-	-	-	-	
.30	21.50	24.62	8.40	2.00	22.53	888.10	-	16.70	130.70	40.60	45.74	2
-	-	3.50	-	-	-	75.52	-	-	8.00	0.06	-	
-	-	-	-	-	5.00	5.00	-	-	-	-	-	3
-	0.67	28.72	-	1.00	-	449.91	-	0.61	0.67	0.14	1.48	
.26	13.85	285.89	-	10.87	46.62	2 634.54	1.04	19.59	7.10	2.86	20.96	4
-	-	1.73	-	0.05	35.40	46.98	-	-	-	0.32	0.78	
-	8.98	53.46	-	0.21	5.77	195.85	-	2.74	3.47	0.18	1.23	5
-	-	5.86	-	0.14	-	32.94	-	3.21	8.06	7.83	3.93	
.50	68.11	684.64	0.03	1.12	136.09	3 411.13	0.30	395.73	306.89	22.19	209.07	6
.10	-	-	-	-	-	0.58	-	-	-	-	0.20	
-	-	53.02	-	-	5.80	314.15	-	911.25	72.13	7.44	5 588.81	7
-	-		-	-	-	1.83	-	-	-	-	-	
-	-		-	-	-	-	-	-	3.36	-	-	8
.17	2.17	-	9.00	11.66	-	1 244.14	-	28.78	0.43	3.58	19.46	9
.06	-	-	-	0.04	-	4.73	-	-	-	-	1.63	
-	-	-	-	-	-	-	141.70	-	-	-	3.00	10
-	-	-	-	-	-	5.12	-	21.95	47.68	24.50	268.21	
.52	0.77	1.30	-	-	0.81	190.04	-	3.98	29.62	2.20	0.63	11
-	0.03	0.37	-	-	0.11	6.08	0.05	0.13	0.40	-	0.05	
-	-	-	-	-	-	-	-	-	-	-	-	
-	1.67	9.75	-	0.04	2.03	103.77	0.75	36.41	32.83	1.71	38.21	12
-	-	1.38	-	-	3.04	17.01	-	0.16	0.12	-	-	
-	1.45	34.33	-	0.89	37.93	423.54	-	21.97	28.00	3.13	20.40	13
-	74.72	2.27	0.36	0.03	32.78	258.33	-	2.85	5.21	-	0.37	14
-	1.57	26.93	-	0.16	1.23	119.08	-	5.92	3.97	0.02	1.84	
-	-	-	-	-	-	60.79	-	0.15	-	-	0.02	
-	2.38	9.65	-	-	1.04	88.49	-	1.29	1.66	0.15	1.84	15
-	18.90	548.00	-	-	-	990.26	19.30	-	-	-	0.30	16
-	-	-	-	-	-	11.20	27.40	22.80	31.90	6.30	90.20	
.10	-	1 134.50	-	-	-	1 416.50	-	-	-	18.40	300.70	17
-	-	-	-	-	-	7.00	-	-	8.20	-	6.30	
-	-	10.00	13.60	45.00	516.40	2 123.60	-	34.10	17.60	-	230.20	18
-	-	-	-		-	-	-	-	24.50	-	5.00	
-	360.00	60.00	-	-	-	7 383.68	-	-	745.50	-	1 404.30	19
-	-	-	-	-	-	30.00	-	-	-	-	-	
-	-	0.58	-	-	-	0.85	-	-	0.04	-	-	
.13	0.30	259.93	-	0.35	16.32	401.05	-	6.76	12.16	1.24	8.70	20
.86	22.31	295.56	0.34	5.07	77.13	14 076.99	0.40	744.88	42.31	4.22	46.69	21
.72	136.41	1 063.38	0.35	32.53	348.70	7 088.57	11.05	202.60	201.73	19.94	832.21	
.75	479.54	2 093.40	23.30	62.95	665.56	28 440.49	161.40	818.72	857.56	36.75	2 012.06	
.97	256.57	2 531.13	8.78	48.21	636.75	15 845.64	40.59	1 665.84	916.84	130.28	7 140.76	

Tabel XI (Forts.). Opgave over Tra[…]

Løbenummer.	Varesorter.	Transportens Retning.	Dramm[…]						
			Afse[…] Ankomme[…]						
			Aamot.	Gjeithus.	Vikesund.	Nakkerud.	Skjer-dalen.	Ask.	Hønefoss.
			Antal Ton. (2 Decimaler).						
1	Brændevin paa Træer	Afs.	-	-	-	-	-	-	
		Ank.	5.54	0.14	0.41	0.25	-	0.03	[illegible]
2	Gjødning, alle Slags	Afs.	-	-	-	0.30	-	-	
		Ank.	42.23	27.00	0.68	0.30	4.28	0.20	
3	Hø og Halm	Afs.	-	-	-	-	-	-	
		Ank.	5.80	-	-	0.08	-	-	
4	Jern og Staal og Arbeide deraf, undtagen Spiger	Afs.	0.48	9.95	6.72	0.11	0.23	1.31	[illegible]
		Ank.	43.92	47.09	17.46	3.12	4.65	2.12	3[…]
5	Kjød og Flesk, alle Slags	Afs.	0.70	-	0.44	-	0.20	0.31	[illegible]
		Ank.	6.68	3.48	3.15	1.11	1.49	0.19	[illegible]
6	Kornvarer og Mel, alle Slags	Afs.	7.00	4.16	0.88	1.82	0.13	-	
		Ank.	702.82	166.23	245.85	122.29	98.90	48.49	52[…]
7	Kul (Sten-, Træ-), Cokes og Cinders	Afs.	1.50	-	-	-	-	-	
		Ank.	89.82	3 300.57	304.58	67.60	1 119.97	15.00	2 97[…]
8	Malme, Erts og Kis	Afs.	38.10	7.00	0.87	-	-	-	
		Ank.	-	-	-	-	-	-	
9	Melk	Afs.	444.42	-	284.98	-	-	-	
		Ank.	-	-	-	-	-	-	
10	Murstcn, Tagsten og Drainsrør	Afs.	-	-	-	-	-	-	
		Ank.	568.09	122.90	107.14	-	0.86	-	20[…]
11	Poteter	Afs.	3.74	0.08	1.82	0.27	1.02	0.35	
		Ank.	0.05	0.57	2.85	0.10	0.13	-	[illegible]
12	Salt	Afs.	-	-	-	-	-	-	
		Ank.	141.61	9.12	39.41	30.46	15.19	18.63	19[…]
13	Sild og Fisk	Afs.	0.30	-	0.15	-	0.02	-	
		Ank.	54.19	10.25	31.34	8.19	13.23	7.97	8[…]
14	Smør og Ost	Afs.	2.43	-	6.66	1.76	0.03	0.12	[illegible]
		Ank.	4.29	3.99	4.94	0.74	1.20	0.25	[illegible]
15	Spiger	Afs.	-	-	-	-	-	-	
		Ank.	3.39	2.31	2.51	0.20	0.18	0.44	1[…]
16	Trælast & Brænde. Planker, Bord, Lægter og Stav	Afs.	-	-	83.80	-	244.30	-	[illegible]
		Ank.	72.50	41.70	32.70	-	204.00	-	10[…]
17	Trælast & Brænde. Tømmer, alle Slags, ○ og □	Afs.	101.10	-	246.20	-	103.40	-	-
		Ank.	-	-	-	-	-	-	
18	Trælast & Brænde. Brænde og Baghun	Afs.	19.40	-	10.50	-	35.40	19.10	
		Ank.	-	-	-	-	-	-	
19	Træmasse	Afs.	9 386.20	2 824.70	-	-	2 196.00	-	29 3[…]
		Ank.	-	-	-	-	-	-	
20	Øl, alle Slags	Afs.	-	-	-	-	-	-	[illegible]
		Ank.	59.35	23.83	51.23	0.90	15.01	0.09	[illegible]
21	Øvrige Varer (Ilgods indbef.)	Afs.	124.38	1 421.52	100.86	4.65	17.91	2.83	[illegible]
		Ank.	420.57	253.01	227.33	41.86	46.87	28.04	[illegible]
	Tilsammen	Afs.	10 129.75	4 267.41	743.88	8.91	2 598.64	24.02	29[…]
		Ank.	2 220.85	4 012.19	1 071.58	277.20	1 525.96	121.45	[illegible]

gde af de væsentligste Varesorter.

dsfjordbanen (Forts.)

k.

nmen fra Stationerne:
o til do.

...	Randsfjord.	Vestfossen.	Darbu.	Krekling.	Skollenborg.	Kongsberg.	Hole.	Snarum.	Krøderen.	Sum.	Løbenummer.
					Antal Ton. (2 Decimaler).						
-	197.18	-	-	-	-	-	-	-	-	197.18	1
11.52	12.54	0.09	0.07	-	0.87	64.69	0.04	0.17	25.46	126.66	
-	-	5.50	-	-	-	-	-	-	-	5.80	2
9.90	2.38	4.06	2.50	-	1.90	-	-	0.60	47.08	378.35	
-	-	2.76	-	-	-	1.32	-	17.90	-	30.04	3
-	-	-	-	-	-	-	-	4.21	0.31	10.40	
5.00	0.23	30.86	0.08	0.05	1.88	13.70	-	-	0.04	73.95	4
6.27	93.48	358.51	1.94	0.11	6.57	44.51	-	4.55	48.89	801.18	
-	3.16	0.16	-	-	0.11	1.71	-	0.06	9.22	17.25	5
3.30	9.33	2.84	0.52	0.17	3.15	2.77	0.15	0.82	6.65	63.15	
-	1.66	5.72	-	0.05	0.98	0.46	-	-	0.38	50.80	6
5.79	770.90	315.65	89.83	4.92	439.04	1 468.76	26.45	70.44	588.21	6 997.68	
3.50	-	-	-	0.10	-	3.36	-	-	-	8.66	7
3 44	4 838.89	3 195.47	8.97	0.73	188.05	1 252.36	17.50	2.30	62.01	24 139.43	
-	-	-	-	-	-	-	-	-	-	45.97	8
-	-	300.00	-	-	-	5.00	-	-	2.26	310.62	
-	-	-	-	0.54	-	-	-	-	-	785.61	9
-	-	-	-	-	-	-	-	-	-	1.63	
-	2.70	-	-	-	-	-	-	-	-	147.40	10
4.94	49.06	552.28	44.08	5.00	135.90	918.34	9.19	40.70	121.82	3 474.84	
-	0.74	12.98	1.37	0.12	0.41	0.44	-	0.22	0.29	64.08	11
-	0.80	0.94	-	-	0.15	0.05	-	-	0.23	6.77	
-	-	-	-	-	-	-	-	-	-	-	12
3.75	578.97	53.09	22.50	0.51	78.29	304.08	12.04	15.77	287.41	1 990.01	
-	0.53	0.10	-	-	-	0.64	-	-	1.38	3.40	13
0 63	121.07	20.42	5.25	0.78	18.46	54.87	0.30	5.91	95.11	673.04	
0 69	24.37	0.84	3.08	-	15.06	7.23	0.62	-	81.92	155.61	14
1 86	4.55	2.32	0.48	-	1.54	4.15	-	0.79	1.14	51.38	
-	0.32	-	-	-	-	-	-	-	-	0.49	15
.08	13.36	2.61	0.67	-	1.13	8.36	-	0.55	7.81	65.28	
.30	400.00	477.30	408.10	-	5.04	3 339.50	-	-	14.20	6 304.64	16
.60	406.00	23.50	5.10	-	18.90	107.40	21.90	11.40	82.10	1 480.20	
.00	359.60	317.00	430.40	589.40	163.90	696.00	-	19.30	-	3 460.40	17
.70	180.50	12.40	-	-	-	-	-	-	-	239.10	
5 00	78.00	290.10	60.50	44.68	-	-	37.10	359.10	308.80	1 549.58	18
-	-	-	-	-	-	-	-	-	-	29.50	
5.90	9 478.90	8 269.17	-	-	6 652.00	1 508.80	-	7 416.00	-	92 420.87	19
-	-	1.00	-	-	-	-	-	-	-	1.00	
-	-	-	-	-	-	2.95	-	-	-	3.08	20
4 00	43.23	13.98	0.04	0.06	0.02	5.44	0.29	7.00	111.51	420.71	
9.51	1 278.91	70.50	14.04	1.22	17.69	117.92	1.47	11.39	144.33	4 644.12	21
6.03	1 256.41	546.42	51.20	4.36	134.15	465.44	5.02	85.11	456.03	5 998.70	
9.90	11 826.30	9 482.99	917.57	636.16	6 857.07	5 694.03	39.19	7 823.97	560.56	109 968.93	
6.81	8 381.47	5 405.58	233.15	16.64	1 028.12	4 706.22	92.88	250.32	1 944.03	47 259.63	

Løbenummer.	Varesorter.	Transportens Retning.	Drammen—Randsfjordbanen (Forts.) Lokaltrafik. Øvrige Lokaltrafik, afsendt eller ankommet.	Tilsammen, afsendt eller ankommet.	Samlet Trafik. Op.	Ned.	Hovedsum, afsendt eller ankomm
			Antal Ton. (2 Decimaler).				
1	Brændevin paa Træer	Afs. Ank.	2.77	326.61	237.81	265.26	50
2	Gjødning, alle Slags	Afs. Ank.	137.48	521.63	1 879.53	76 90	1 95
3	Hø og Halm	Afs. Ank.	231.26	271.70	223.66	152 85	37
4	Jern og Staal og Arbeide deraf, undtagen Spiger	Afs. Ank.	163.73	1 038.86	3 814.65	674.43	4 48
5	Kjød og Flesk, alle Slags	Afs. Ank.	17.28	97.68	269.76	72.38	34
6	Kornvarer og Mel, alle Slags	Afs. Ank.	780.05	7 828.53	11 191.07	386.26	11 57
7	Kul, (Sten-, Træ-), Cokes og Cinders	Afs. Ank.	31.16	24 179.25	24 516.77	18.23	24 53
8	Malme, Erts og Kis	Afs. Ank.	0.46	357.05	311.58	51.59	36
9	Melk	Afs. Ank.	357.73	1 144.97	275.85	2 124.12	2 39
10	Murstén, Tagsten og Drainsrør	Afs. Ank.	2 898.51	6 520.75	4 588.89	2 111.68	6 70
11	Poteter	Afs. Ank.	61.56	132.41	49.67	297.48	34
12	Salt	Afs. Ank.	3.66	1 993.67	2 103.47	1.12	2 10
13	Sild og Fisk	Afs. Ank.	69.05	745.49	1 180.12	27.59	1 20
14	Smør og Ost	Afs. Ank.	81.56	288.55	224.62	491.26	71
15	Spiger	Afs. Ank.	20.01	85.78	183.19	88.53	27
16	Trælast & Brænde. Planker, Bord, Lægter og Stav	Afs. Ank.	2 229.02	10 013.86	2 083.69	11 129.88	13
17	Trælast & Brænde. Tømmer, alle Slags, O og □	Afs. Ank.	36 750.40	40 449.90	2 384.70	40 292.70	42
18	Trælast & Brænde. Brænde og Baghun	Afs. Ank.	2 573.00	4 152.08	325.10	6 865.18	7
19	Træmasse	Afs. Ank.	1 801.86	94 223.73	1 937.70	101 786.01	103
20	Øl, alle Slags	Afs. Ank.	333.38	757.17	1 061.23	98.45	1
21	Øvrige Varer (Ilgods indbef.)	Afs. Ank.	2 224.46	12 867.28	16 769.42	20 226.85	30
	Tilsammen	Afs. Ank.	50 768.39	207 996.95	75 612.48	187 238.75	262

…gde af de væsentligste Varesorter.

Eidsvold—Hamarbanen.

Samtrafik.

Afsendt fra Eidsvold—Hamarbanen.
Ankommet til do. do.

…n- …n- …s- …lk.	Smaalensbanen. (over Eidsvold)	Sv. Baner over Kornsjø. (over Eidsvold)	Hovedbanen. (over Eidsvold)	Kongsvingerbanen. (over Eidsvold)	Kongsvinger—Flisenb. (over Eidsvold)	Sv. Baner over Charlottenberg. (over Eidsvold)	Kristiania—Drammenbanen. (over Eidsvold)	Drammen—Skienbanen. (over Eidsvold)	Drammen—Randsfjordbanen. (over Eidsvold)	Rørosbanen. (o. Hamar)	Løbenummer.
	Antal Ton. (2 Decimaler).										
…0.92	-	-	276.82	0.04	3.10	-	-	-	-	1.38	1
	-	-	30.95	-	-	2.70	-	-	-	2.50	
…4.74	-	-	5.00	1.20	5.20	-	-	-	-	0.60	2
	-	-	1 014.97	-	-	-	-	-	-	-	
…4.26	-	-	134.50	0.13	-	-	-	-	-	201.46	3
	-	-	-	-	-	-	-	-	-	-	
…03.74	1.05	30.70	214.70	44.14	0.09	1.52	0.07	0.62	0.65	36.44	4
	104.90	-	1 451.34	191.99	-	22.96	0.05	1.06	-	34.68	
…359.65	0.36	-	71.85	0.25	-	-	0.23	0.87	0.05	0.56	5
	0.03	-	70.15	-	-	-	-	-	-	0.30	
…785.17	1.16	-	130.03	3.36	3.71	0.48	1.49	0.82	1.75	121.49	6
	28.10	14.74	3 187.76	0.39	0.41	2.80	0.02	0.07	0.20	12.62	
…9.95	-	-	0.57	0.02	-	-	-	-	-	-	7
	-	-	9 043.68	-	-	-	-	-	-	-	
…0.52	-	-	15.67	-	-	0.30	-	0.17	-	5.39	8
	-	-	256.81	-	0.83	-	-	-	-	0.63	
…9.01	-	-	3 091.39	-	-	-	-	-	-	-	9
	-	-	-	-	-	-	-	-	-	-	
…9.82	-	-	-	-	-	-	-	0.02	-	284.70	10
	-	-	887.20	-	-	-	-	-	-	-	
…45.18	0.96	-	406.73	0.40	0.60	0.04	1.00	0.20	-	193.05	11
	0.06	-	1.03	0.07	-	-	-	-	-	0.13	
…2.01	-	-	-	5.00	-	-	-	-	-	-	12
	-	-	520.45	-	-	-	-	-	-	-	
…5.73	0.10	-	3.86	0.73	3.14	0.04	0.02	-	0.03	3.76	13
	-	-	139.19	-	-	-	-	0.08	-	115.46	
…2.96	2.01	-	168.91	0.08	0.44	0.14	1.31	8.82	-	0.42	14
	0.08	-	91.60	0.04	-	0.04	-	0.30	0.02	4.62	
…1.86	-	-	-	-	-	-	-	-	-	-	15
	-	-	52.66	-	-	-	-	-	-	2.59	
…7.80	-	-	228.50	-	-	-	-	-	-	34.60	16
	-	-	133.86	-	30.80	-	-	-	-	17.50	
…3.88	-	-	814.90	-	-	-	-	-	-	31.10	17
	-	-	37.30	86.30	-	-	-	-	-	-	
-	-	-	427.60	-	-	-	-	-	-	-	18
	-	-	5.00	-	-	-	-	-	-	14.70	
0.04	-	-	-	-	-	-	-	-	-	-	19
	-	-	-	-	-	-	-	-	-	-	
…26.25	-	-	296.21	-	0.21	-	-	0.08	-	-	20
	-	-	121.09	0.18	-	-	-	-	-	-	
[illegible]	48.29	1.06	2 542.08	23.74	9.63	82.85	8.85	10 60	11.66	129.46	21
	93.16	23.59	4 615.71	11.09	3.29	108.34	25.13	7.39	9.25	48.73	
[illegible]	53.93	31.76	8 829.32	79.09	26.12	85 37	12.97	22.20	14.14	1 044.41	
	226.33	38.33	21 660.75	290.06	35.33	136.84	25.20	8.90	9.47	254.46	

Tabel XI (Forts.). Opgave over Transp

Løbenummer.	Varesorter.	Transportens Retning.	Afs. fra Eidsv.-Hamarb. Ank. til do. do. over Hamar. Merakerbanen.	Sv. Baner over Storlien.	Tilsammen.	Eidsvold … Heraf: Afs… Ankom… Minne.	Ulvin.	Espen.	Tangen.
			Antal Ton. (2 Decimaler)						
1	Brændevin paa Træer	Afs.	-	-	281.34	-	-	-	
		Ank.	-	-	36.15	2.16	0.21	-	o
2	Gjødning, alle Slags	Afs.	-	-	12.00	-	-	-	
		Ank.	-	-	1 014.97	233.04	1.60	0.55	27
3	Hø og Halm	Afs.	-	-	336.09	-	-	-	
		Ank.	-	-	-	-	-	-	
4	Jern og Staal og Arbeide deraf, undtagen Spiger	Afs.	-	-	329.98	19.83	-	-	
		Ank.	-	-	1 806.98	75.90	5.77	0.79	10
5	Kjød og Flesk, alle Slags	Afs.	-	-	74.17	12.86	0.91	0.55	6.
		Ank.	-	-	70.48	6.16	0.85	0.17	2.
6	Kornvarer og Mel, alle Slags	Afs.	0.80	-	265.09	18.15	2.82	0.13	1
		Ank.	-	-	3 247.11	380.17	62.98	41.76	188
7	Kul (Sten-, Træ-), Cokes og Cinders	Afs.	-	-	0.59	-	-	-	o
		Ank.	-	-	9 043.68	412.68	2.10	-	54
8	Malme, Erts og Kis a)	Afs.	-	-	21.53	-	-	-	o.
		Ank.	-	-	258.27	49.13	-	-	1.
9	Melk	Afs.	-	-	3 091.39	79.46	24.11	1.70	268.
		Ank.	-	-	-	-	-	-	
10	Mursten, Tagsten og Drainsrør	Afs.	-	-	284.72	-	-	-	
		Ank.	-	-	887.20	-	-	-	
11	Poteter	Afs.	-	-	602.98	107.47	29.64	19.98	20.
		Ank.	-	-	1.29	-	-	-	
12	Salt	Afs.	-	-	5.00	-	-	-	
		Ank.	-	-	520.45	111.57	10.31	11.91	45.
13	Sild og Fisk	Afs.	-	-	11.68	0.76	-	-	
		Ank.	-	-	254.73	40.89	6.22	0.67	
14	Smør og Ost	Afs.	-	-	182.13	35.06	2.12	1.43	3
		Ank.	-	-	96.70	3.94	1.02	0.89	
15	Spiger	Afs.	-	-	-	-	-	-	
		Ank.	-	-	55.25	7.00	0.43	0.15	
16	Trælast & Brænde. Planker, Bord Lægter og Stav	Afs.	-	-	263.10	6.00	147.70	-	
		Ank.	-	-	182.16	-	-	-	
17	Trælast & Brænde. Tømmer, alle Slags, ○ og □	Afs.	-	-	846.00	500.50	-	-	
		Ank.	-	-	123.60	-	-	-	
18	Trælast & Brænde. Brænde og Baghun	Afs.	-	-	427.60	34.20	116.40	-	
		Ank.	-	-	19.70	-	-	-	
19	Træmasse	Afs.	-	-	-	-	-	-	
		Ank.	-	-	-	-	-	-	
20	Øl, alle Slags	Afs.	-	-	296.50	-	-	-	
		Ank.	-	-	121.27	13.88	0.82	5.39	
21	Øvrige Varer (Ilgods indbef.)	Afs.	0.27	-	2 868.49	254.20	7.80	10.18	
		Ank.	0.07	0.28	4 946.03	354.90	28.83	23.75	
	Tilsammen	Afs.	1.07	-	10 200.38	1 068.49	331.50	[illegible]	
		Ank.	0.07	0.28	22 686.02	1 691.42	121.14	[illegible]	

ngde af de væsentligste Varesorter.

marbanen (Forts.).

ik. Kristiania fra Stationerne: do. til do.				Lokaltrafik. Afsendt til Hamar fra Stationerne: Ankommet fra do. til do.								
Stange.	Ottestad.	Hamar.	Sum.	Eidsvold.	Minne.	Ulvin.	Espen.	Tangen.	Stange.	Ottestad.	Sum.	Løbenummer.
Antal Ton. (2 Decimaler).												
-	162.89	113.89	276.78	-	-	-	-	-	-	-	-	1
0.42	3.03	24.93	30.95	0.40	0.08	-	0.16	0.30	0.41	-	1.35	
-	-	5.00	5.00	-	-	-	-	-	-	-	-	2
9.82	14.30	567.36	954.57	-	-	0.10	0.70	5.82	26.89	10.60	44.11	
7.93	7.11	59.46	134.50	2.50	-	-	-	0.32	33.05	2.00	37.87	3
-	-	-	-	-	-	-	-	-	-	-	-	
0.53	-	175.82	196.18	5.00	0.16	-	-	-	0.47	-	5.63	4
8.87	3.09	1 164.61	1 299.33	0.14	1.25	0.53	3.07	6.15	15.68	2.05	28.87	
0.65	0.81	39.51	61.37	0.08	0.04	-	0.31	1.32	0.10	-	1.85	5
7.68	3.15	49.42	69.98	0.37	0.04	-	-	0.02	0.04	0.09	0.56	
5.95	3.71	73.36	115.59	2.32	0.06	0.18	0.64	9.31	6.57	15.03	34.11	6
4.62	73.86	2 031.52	3 173.69	0.19	0.08	0.07	2.03	3.68	4.43	4.89	15.37	
-	-	-	0.57	19.10	-	-	-	-	-	-	19.10	7
8.70	55.00	8 231.20	9 043.68	-	-	-	0.06	0.74	1.44	0.10	2.34	
-	-	5.65	5.67	0.31	154.00	0.49	0.18	-	-	-	154.98	8
1.47	-	132.84	184.85	-	0.36	0.13	1.86	6.68	16.66	1.40	27.09	
5.29	79.93	1 762.33	3 091.24	-	-	-	0.18	17.45	100.43	29.37	147.43	9
-	-	-	-	-	-	-	-	0.04	7.42	-	7.46	
-	-	-	-	1.65	629.40	-	-	-	-	-	631.05	10
0.90	-	7.50	8.40	-	-	-	2.00	5.25	9.83	1.20	18.28	
9.93	57.75	114.13	399.28	0.14	0.19	0.18	0.68	2.94	3.60	0.50	8.23	11
-	-	0.15	0.15	-	-	0.10	0.05	0.02	-	-	0.17	
-	-	-	-	0.23	-	-	-	-	-	-	0.23	12
6.18	8.84	236.14	520.45	-	-	-	0.10	-	1.45	0.15	1.70	
0.04	-	0.43	1.23	-	0.09	-	-	0.14	7.72	-	7.95	13
0.51	0.17	58.19	138.08	1.48	0.77	0.15	0.45	15.42	23.67	3.81	45.75	
4.23	3.88	57.46	168.27	0.07	0.07	0.06	0.25	0.15	0.15	-	0.75	14
.28	2.46	70.76	91.21	0.20	-	0.07	0.04	0.38	1.33	0.56	2.58	
-	-	-	-	-	-	-	-	-	-	0.41	0.41	15
.18	1.34	28.80	47.03	0.98	0.08	-	0.16	0.04	0.51	-	1.77	
.00	-	11.00	228.50	6.00	-	-	-	330.10	181.20	-	517.30	16
-	-	1.34	1.34	-	-	-	-	-	5.00	-	5.00	
-	-	-	500.50	-	-	-	8.90	33.70	-	-	42.60	17
-	-	3.50	3.50	-	-	-	-	-	-	-	-	
-	-	-	158.70	-	21.00	186.10	24.50	460.40	104.90	-	796.90	18
-	-	-	-	-	-	-	-	-	-	-	-	
-	-	-	-	-	-	-	-	-	-	-	-	19
-	-	-	-	-	-	-	-	-	-	-	-	
-	-	238.84	238.84	-	-	-	-	-	-	-	-	20
1.28	0.68	98.82	121.09	9.40	21.39	2.58	2.50	8.02	19.50	1.84	65.23	
4.07	13.33	2 114.30	2 486.03	12.69	35.17	5.18	6.48	53.45	72.64	6.41	192.02	21
5.38	114.29	3 533.04	4 464.47	7.32	8.57	3.30	11.05	37.77	93.89	45.13	207.03	
9.62	329.41	4 771.18	8 068.25	50.09	840.18	192.19	42.12	909.28	510.83	53.72	2 598.41	
2.29	280.21	16 240.12	20 152.77	20.48	32.62	7.03	24.23	90.33	228.15	71.82	474.66	

Løbenummer.	Varesorter.	Transportens Retning.	Eidsvold—Hamarbanen (Forts.). Lokaltrafik. Øvrige Lokaltrafik, afsendt eller ankommet.	Lokaltrafik. Tilsammen, afsendt eller ankommet.	Samlet Trafik. Op.	Samlet Trafik. Ned.	Samlet Trafik. Hovedsu[m] afsendt eller ankomme[t]
			Antal Ton. (2 Decimaler).				
1	Brændevin paa Træer	Afs. Ank.	3.17	4.52	139.85	1 053.08	1 192
2	Gjødning, alle Slags	Afs. Ank.	5.22	49.33	1 413.29	57.75	1 471
3	Hø og Halm	Afs. Ank.	67.26	105.13	261.87	233.61	495
4	Jern og Staal og Arbeide deraf, undtagen Spiger	Afs. Ank.	17.80	52.30	3 386.74	706.26	4 093
5	Kjød og Flesk, alle Slags	Afs. Ank.	1.26	3.67	251.93	256.04	507
6	Kornvarer og Mel, alle Slags	Afs. Ank.	131.89	181.37	7 204.88	273.86	7 478
7	Kul, (Sten-, Træ-), Cokes og Cinders	Afs. Ank.	12.07	33.51	10 063.95	3.78	10 067
8	Malme, Erts og Kis a)	Afs. Ank.	105.06	287.13	1 336.16	161.29	1 497
9	Melk	Afs. Ank.	97.35	252.24	179.73	3 672.91	3 852
10	Mursten, Tagsten og Drainsrør	Afs. Ank.	159.70	809.03	2 528.95	91.82	2 620
11	Poteter	Afs. Ank.	13.36	21.76	216.01	455.20	671
12	Salt	Afs. Ank.	3.76	5.69	1 013.59	9.56	1 023.
13	Sild og Fisk	Afs. Ank.	16.78	70.48	172.98	2 609.64	2 782.
14	Smør og Ost	Afs. Ank.	3.38	6.71	367.32	1 131.18	1 498.
15	Spiger	Afs. Ank.	0.74	2.92	185.79	84.24	270.
16	Trælas & Brænde. Planker, Bord, Lægter og Stav	Afs. Ank.	834.90	1 357.20	1 392.56	537.70	1 930.
17	Trælas & Brænde. Tømmer, alle Slags, O og □	Afs. Ank.	616.80	659.40	708.60	1 054.28	1 762.
18	Trælas & Brænde. Brænde og Baghun	Afs. Ank.	1 965.50	2 762.40	2 715.60	494.10	3 209.
19	Træmasse	Afs. Ank.	-	-	-	0.04	0.0
20	Øl, alle Slags	Afs. Ank.	0.50	65.73	146.67	363.08	509.
21	Øvrige Varer (Ilgods indbef.)	Afs. Ank.	216.62	615.67	11 432.15	5 806.84	17 238.9
	Tilsammen	Afs. Ank.	4 273.12	7 346.19	45 118.62	19 056.26	64 174.8

…ngde af de væsentligste Varesorter.

Rørosbanen.

Samtrafik.

Afsendt fra **Rørosbanen.**
Ankommet til do.

over **Hamar.**

	Eidsvold —Hamarbanen.	Smaalensbanen.	Sv. Baner over Kornsjø.	Hovedbanen.	Kongsvingerbanen.	Kongsvinger — Flisenb.	Sv. Baner over Charlottenberg.	Kristiania —Drammenbanen.	Drammen —Skienbanen.	Drammen —Randsfjordbanen.	Løbenummer.
	Antal Ton. (2 Decimaler).										
-	2.50	0.21	1.28	763.19	0.55	0.17	0.64	-	0.06	-	1
	1.38	-	-	97.48	0.19	-	7.08	-	0.07	-	
-	-	-	-	-	-	-	-	-	-	-	2
	0.60	-	2.30	392.44	-	-	-	-	-	-	
-	-	-	-	34.26	-	-	-	-	-	-	3
	201.46	-	-	-	20.00	-	-	-	-	-	
30.43	34.68	24.53	-	259.04	29.00	17.30	0.08	0.83	6.17	6.00	4
	36.44	0.16	31.36	1 214.19	17.08	2.16	263.16	-	3.05	-	
2.56	0.30	0.75	0.14	171.51	0.30	0.06	0.50	6.27	1.61	0.04	5
	0.56	0.02	-	175.04	0.10	-	0.60	0.11	-	0.04	
22.75	12.62	0.21	-	33.14	0.15	5.97	-	-	0.04	0.39	6
	121.49	72.73	0.10	3 640.06	3.36	-	5.70	0.12	0.38	0.07	
-	-	-	-	0.06	-	-	-	-	-	-	7
	-	-	-	989.89	-	-	-	-	-	-	
0.13	-	-	17.62	1.11	-	-	10.22	-	-	-	8
	5.35	-	-	607.15	2.31	5.96	-	-	-	-	
-	-	-	-	509.01	-	-	-	-	-	-	9
	-	-	-	-	-	-	-	-	-	-	
-	-	0.02	-	-	-	-	-	-	-	-	10
	284.70	-	-	589.80	50.00	-	-	-	-	-	
-	0.13	1.23	-	33.59	-	-	-	0.08	-	-	11
	193.05	0.85	-	8.81	0.27	0.15	-	0.20	-	-	
-	-	-	-	0.16	-	-	-	-	-	-	12
	-	-	-	491.85	-	-	-	-	-	-	
1.56	115.46	81.30	8.18	495.70	375.53	83.75	1 353.06	12.02	6.16	9.05	13
	3.76	0.05	-	18.99	-	-	-	-	0.38	-	
49.26	4.62	11.12	0.94	875.61	3.29	0.04	0.44	3.73	2.75	0.62	14
	0.42	-	0.08	264.46	-	0.04	0.08	-	0.50	-	
10.05	2.59	1.67	-	73.84	1.23	2.73	-	-	-	-	15
	-	-	-	68.30	0.48	-	53.56	-	-	-	
-	17.50	-	-	8.50	-	-	-	-	-	-	16
	34.60	-	-	96.50	22.80	-	-	-	-	-	
0.48	-	-	-	113.40	-	-	-	-	-	-	17
	31.10	-	-	20.00	-	-	-	-	-	-	
-	14.70	-	-	-	-	-	-	-	-	-	18
	-	-	-	-	-	-	-	-	-	-	
0.04	-	-	-	-	-	-	-	-	-	-	19
	-	-	-	-	-	-	-	-	-	-	
-	-	-	-	1.25	-	-	-	-	-	-	20
	-	-	-	22.19	1.96	-	0.66	-	0.19	-	
39.65	49.36	95.12	76.97	2 431.08	20.45	3.26	67.77	19.07	34.74	8.13	21
	129.50	92.96	136.87	5 614.20	53.44	2.77	203.52	46.09	34.62	14.74	
56.91	254.46	216.16	105.13	5 804.45	430.50	113.28	1 432.71	42.00	51.53	24.23	
	1 044.41	166.77	170.71	14 311.35	171.99	11.08	534.36	46.52	39.19	14.85	

Tabel XI (Forts.). Opgave over Transp[...]

Løbenummer.	Varesorter.	Transportens Retning.	Afsendt fra **Rørosbanen.** Ankommet til do. over **Trondhjem.** Meraker-banen.	Sv. Baner over Storlien.	Tilsammen.	Hvoraf: Afs[...] Ankomm[...] Aaker.	Hjellum.	Ilseng.
			Antal Ton. (2 Decimaler).					
1	Brændevin paa Træer	Afs.	-	-	768.60	373.15	87.20	
		Ank.	-	1.36	107.56	-	0.63	0
2	Gjødning, alle Slags	Afs.	3.15	-	3.15	-	-	
		Ank.	-	-	395.34	-	28.00	32
3	Hø og Halm	Afs.	2.30	-	36.56	-	-	20
		Ank.	20.16	-	241.62	-	-	
4	Jern og Staal og Arbeide deraf undtagen Spiger	Afs.	2.51	2.80	382.94	-	0.50	0
		Ank.	0.39	2.16	1 570.15	-	19.05	1
5	Kjød og Flesk, alle Slags	Afs.	0.30	1.60	183.38	-	-	0
		Ank.	0.12	-	176.59	-	2.11	0
6	Kornvarer og Mel, alle Slags	Afs.	8.10	-	60.62	-	22.44	5
		Ank.	0.75	1.78	3 846.54	-	461.28	51
7	Kul- (Sten-, Træ-), Cokes og Cinders	Afs.	-	-	0.06	-	-	
		Ank.	7.00	-	996.89	-	490.50	5
8	Malme, Erts og Kis	Afs.	0.10	12.50	41.55	-	-	
		Ank.	22.04	-	642.81	-	-	
9	Melk	Afs.	-	-	509.01	-	190.18	64
		Ank.	-	-	-	-	-	
10	Mursten, Tagsten og Drainsrør	Afs.	2.50	-	2.52	-	-	
		Ank.	-	-	924.50	-	-	
11	Poteter	Afs.	0.84	0.10	35.97	-	21.97	1.
		Ank.	10.47	-	213.80	-	0.02	
12	Salt	Afs.	-	-	0.16	-	-	
		Ank.	-	-	491.85	-	46.72	5.
13	Sild og Fisk	Afs.	-	0.08	2 540.29	-	-	
		Ank.	0.22	-	23.40	-	-	
14	Smør og Ost	Afs.	0.53	3.22	906.91	-	0.69	0.
		Ank.	0.96	-	266.54	-	6.48	1.
15	Spiger	Afs.	0.04	-	82.10	-	-	
		Ank.	-	-	122.34	-	2.63	0.
16	Trælast & Brænde. Planker, Bord, Lægter og Stav	Afs.	12.90	-	38.90	-	2.50	
		Ank.	9.50	-	163.40	-	-	
17	Trælast & Brænde. Tømmer, alle Slags, ○ og □	Afs.	688.50	-	801.90	-	-	
		Ank.	66.00	-	117.10	-	-	
18	Trælast & Brænde. Brænde og Baghun	Afs.	5.00	-	19.70	-	-	
		Ank.	-	-	-	-	-	
19	Træmasse	Afs.	-	-	-	-	-	
		Ank.	-	-	-	-	-	
20	Øl, alle Slags	Afs.	0.02	-	1.27	-	-	
		Ank.	0.02	0.88	25.90	-	0.74	
21	Øvrige Varer (Ilgods indbef.)	Afs.	27.88	3.11	2 836.94	-	17.19	[illegible]
		Ank.	32.36	7.40	6 368.47	-	249.05	[illegible]
	Tilsammen	Afs.	754.67	23.41	9 252.53	373.15	342.67	[illegible]
		Ank.	169.99	13.58	16 694.80	-	1 307.21	[illegible]

ngde af de væsentligste Varesorter.

en (Forts.).

lk.

Kristiania fra Stationerne:
do. til do.

Hørsund.	Aadalsbrug.	Løiten.	Elverum.	Grundset.	Øksna.	Aasta.	Rena.	Stenviken.	Ophus.	Løbenummer.
Antal Ton. (2 Decimaler).										
-	-	294.85	-	-	-	-	-	-	-	1
0.10	0.07	41.95	9.06	-	0.12	0.40	2.57	0.55	0.25	
-	-	-	-	-	-	-	-	-	-	2
5.45	-	101.90	107.86	11.00	0.10	5.20	13.30	1.60	-	
5.00	-	5.00	-	-	-	-	-	-	-	3
-	-	-	-	-	-	-	-	-	-	
-	231.79	-	5.32	-	-	-	1.35	-	-	4
12.93	214.50	13.78	134.59	0.21	0.47	0.91	20.05	230.43	2.59	
-	0.18	0.43	0.71	-	-	0.27	0.10	-	-	5
0.32	2.82	6.27	75.25	-	0.52	2.57	16.70	5.57	1.94	
3.13	0.02	0.58	0.20	-	-	-	-	-	-	6
27.83	132.37	333.90	1 497.66	1.00	14.94	21.55	347.49	28.75	23.83	
-	0.06	-	-	-	-	-	-	-	-	7
5.40	240.90	45.30	126.41	-	-	1.00	3.57	22.60	-	
-	-	-	0.22	-	-	-	-	-	-	8
-	600.30	-	-	-	-	-	-	-	-	
-	17.89	204.82	-	-	-	3.78	27.59	-	-	9
-	-	-	-	-	-	-	-	-	-	
-	-	-	-	-	-	-	-	-	-	10
-	-	-	-	-	-	-	-	-	-	
-	0.33	0.16	8.29	-	-	0.32	0.34	-	-	11
-	-	-	0.25	-	-	-	-	-	-	
-	-	-	-	-	-	-	-	-	-	12
9.09	14.42	70.66	220.78	-	0.08	0.53	48.46	2.18	0.15	
-	-	-	-	-	-	-	0.08	-	-	13
0.19	1.26	12.59	3.16	-	-	-	0.11	-	-	
6.10	1.04	63.93	20.04	-	1.59	9.53	29.95	0.62	0.12	14
1.06	5.17	3.82	12.21	0.42	0.47	0.09	1.96	0.50	0.24	
-	73.22	-	-	-	-	-	-	-	-	15
0.58	10.90	3.71	16.41	-	0.04	0.12	2.51	0.27	-	
-	-	-	1.00	-	-	-	-	-	-	16
-	-	-	-	-	-	-	-	-	-	
-	-	-	-	-	-	-	-	-	-	17
-	20.00	-	-	-	-	-	-	-	-	
-	-	-	-	-	-	-	-	-	-	18
-	-	-	-	-	-	-	-	-	-	
-	-	-	-	-	-	-	-	-	-	19
-	-	-	-	-	-	-	-	-	-	
-	-	-	0.02	-	-	-	-	-	-	20
0.64	0.20	0.68	0.92	-	-	0.13	0.34	0.62	-	
23.47	570.97	45.59	143.55	0.95	1.38	3.37	23.84	18.50	1.75	21
25.36	485.46	309.50	990.09	1.46	14.47	24.49	188.56	38.88	14.05	
37.70	895.50	615.36	179.35	0.95	2.97	17.27	83.25	19.12	1.87	
88.95	1 728.37	944.06	3 194.65	14.09	31.21	56.99	645.62	331.95	43.05	

Tabel XI (Forts.). Opgave over Transp

Løbenummer.	Varesorter.	Transportens Retning.	Hvoraf: Afse… Ankom…					
			Rasten.	Stai.	Koppang.	Atna.	Hanestad.	Barkald.
			Antal Ton. (2 Decimaler).					
1	Brændevin paa Træer	Afs.	-	-	-	-	0.06	
		Ank.	0.50	1.08	1.76	0.95	0.50	
2	Gjødning, alle Slags	Afs.	-	-	-	-	-	
		Ank.	22.60	13.90	7.20	-	5.50	
3	Hø og Halm	Afs.	-	-	-	-	-	
		Ank.	-	-	-	-	-	
4	Jern og Staal og Arbeide deraf, undtagen Spiger	Afs.	-	-	0.30	-	-	
		Ank.	5.53	6.89	19.34	10.72	7.87	
5	Kjød og Flesk, alle Slags	Afs.	-	-	0.02	-	0.22	
		Ank.	8.51	4.71	14.69	2.71	1.84	
6	Kornvarer og Mel, alle Slags	Afs.	-	-	-	-	0.32	
		Ank.	79.57	128.55	167.47	35.35	21.68	
7	Kul (Sten-, Træ-), Cokes og Cinders	Afs.	-	-	-	-	-	
		Ank.	-	10.00	19.25	7.00	-	
8	Malme, Erts og Kis	Afs.	-	-	-	-	-	
		Ank.	-	-	-	-	-	
9	Melk	Afs.	-	-	-	-	-	
		Ank.	-	-	-	-	-	
10	Mursten, Tagsten og Drainsrør	Afs.	-	-	-	-	-	
		Ank.	-	-	-	-	-	
11	Poteter	Afs.	-	0.28	0.02	-	-	
		Ank.	-	-	-	-	-	
12	Salt	Afs.	-	-	0.05	-	-	
		Ank.	-	25.04	29.32	10.60	6.72	
13	Sild og Fisk	Afs.	-	-	-	-	0.34	
		Ank.	-	0.11	0.46	-	0.06	
14	Smør og Ost	Afs.	0.42	1.70	2.84	2.40	3.13	
		Ank.	0.39	0.73	1.59	0.13	0.03	
15	Spiger	Afs.	-	-	0.36	-	-	
		Ank.	0.14	0.30	0.81	0.14	-	
16	Trælast & Brænde. Planker, Bord, Lægter og Stav	Afs.	-	-	-	-	-	
		Ank.	-	-	-	-	-	
17	Trælast & Brænde. Tømmer, alle Slags, ○ og □	Afs.	-	-	-	-	-	
		Ank.	-	-	-	-	-	
18	Trælast & Brænde. Brænde og Baghun	Afs.	-	-	-	-	-	
		Ank.	-	-	-	-	-	
19	Træmasse	Afs.	-	-	-	-	-	
		Ank.	-	-	-	-	-	
20	Øl, alle Slags	Afs.	-	-	-	0.10	-	
		Ank.	0.44	1.25	2.38	0.64	0.05	
21	Øvrige Varer (Ilgods indbef.)	Afs.	5.64	156.24	18.82	3.26	6.57	
		Ank.	34.01	80.30	101.49	17.10	42.71	
	Tilsammen	Afs.	6.06	158.22	22.41	5.76	10.64	
		Ank.	151.69	272.86	365.76	85.34	86.96	

...ngde af de væsentligste Varesorter.

...nen (Forts.).

...fik.

Kristiania fra Stationerne:
do. til do.

...dal.	Auma.	Tønset.	Telneset.	Tolgen.	Os.	Røros.	Stat. mell. Røros og Tr.hjem.	Trondhjem.	Sum.	Løbenummer.
Antal Ton. (2 Decimaler).										
-	-	-	-	-	-	-	-	3.97	759.23	1
8.05	0.14	1.49	-	0.13	0.12	3.07	1.57	22.00	97.48	
-	-	-	-	-	-	-	-	-	-	2
6.03	0.50	23.70	-	-	5.00	0.50	0.70	0.10	392.44	
-	-	-	-	-	-	-	1.04	0.40	31.76	3
-	-	-	-	-	-	-	-	-	-	
0.12	0.20	-	0.03	0.20	-	0.20	-	7.32	247.35	4
15.18	4.33	22.62	0.85	7.95	2.95	43.37	20.32	379.57	1 199.87	
1.03	-	0.87	0.14	2.42	3.90	65.42	12.44	81.37	170.67	5
3.09	0.28	3.22	-	0.64	-	6.57	0.41	13.47	175.01	
-	-	-	-	-	-	-	-	1.12	32.91	6
81.94	6.18	45.65	-	11.20	10.02	86.42	13.76	8.09	3 639.67	
-	-	-	-	-	-	-	-	-	0.06	7
-	-	-	-	-	-	12.50	-	0.16	989.89	
-	-	-	-	0.24	-	0.19	-	0.32	0.97	8
-	-	-	-	-	-	-	-	-	600.30	
-	-	-	-	-	-	-	0.04	-	509.01	9
-	-	-	-	-	-	-	-		-	
-	-	-	-	-	-	-	-	-	-	10
-	-	-	-	-	-	-	-	-	-	
-	-	-	-	-	-	-	-	0.09	33.03	11
0.52	0.02	0.56	-	0.08	0.05	0.89	0.46	4.34	7.19	
-	-	-	-	-	-	-	-	0.11	0.16	12
0.38	-	-	-	0.30	0.47	0.08	-	0.07	491.85	
-	-	-	-	0.04	-	3.01	0.06	446.36	449.89	13
0.12	-	-	-	-	-	0.34	0.07	0.37	18.84	
68.88	5.51	116.87	-	59.35	46.51	18.58	305.76	108.23	874.34	14
0.21	-	0.26	-	0.09	0.03	2.58	0.61	224.30	264.46	
-	-	-	-	-	-	-	-	-	73.58	15
2.58	0.44	0.70	-	-	-	3.86	3.69	13.26	63.32	
-	-	-	-	-	-	-	-	5.00	8.50	16
-	-	-	-	-	-	-	-	-	-	
-	-	-	-	-	-	-	-	-	-	17
-	-	-	-	-	-	-	-	-	20.00	
-	-	-	-	-	-	-	-	-	-	18
-	-	-	-	-	-	-	-	-	-	
-	-	-	-	-	-	-	-	-	-	19
-	-	-	-	-	-	-	-	-	-	
-	-	-	-	-	-	-	-	1.13	1.25	20
0.90	0.24	0.66	-	0.05	0.20	0.34	0.08	10.57	22.07	
4.05	1.12	28.64	0.07	16.60	15.65	151.61	154.40	895.28	2 393.95	21
6.12	5.38	77.75	0.36	23.16	9.85	175.48	293.62	2 224.44	5 557.14	
4.08	6.83	146.38	0.24	78.85	66.06	239.01	473.74	1 550.70	5 586.66	
5.12	17.51	176.61	1.21	43.60	28.69	336.00	335.29	2 900.74	13 539.53	

Tabel XI (Forts.). Opgave over Transp[…]

Løbenummer.	Varesorter.	Transportens Retning.	Afsendt til Ha[…] / Ankommet fra do.						
			Aaker.	Hjellum.	Ilseng.	Hørsaud.	Andalsbrug.	Løiten.	[illegible]
			Antal Ton. (2 Decimaler).						
1	Brændevin paa Træer	Afs.	-	0.15	-	-	-	0.07	
		Ank.	25.30	4.19	-	-	0.29	0.06	1.
2	Gjødning, alle Slags	Afs.	-	-	-	2.00	-	0.50	
		Ank.	-	15.21	44.90	10.07	53.40	15.21	43.
3	Hø og Halm	Afs.	-	3.22	26.99	-	-	4.40	
		Ank.	-	-	0.40	-	-	-	2.
4	Jern og Staal og Arbeide deraf, undtagen Spiger	Afs.	-	1.60	3.43	3.00	284.92	-	3.
		Ank.	-	4.86	6.23	1.83	49.33	4.34	29.
5	Kjød og Flesk, alle Slags	Afs.	-		0.62	-	0.56	0.17	0.
		Ank.	-	1.49	0.32	0.20	0.08	0.58	4.
6	Kornvarer og Mel, alle Slags	Afs.	-	28.81	44.12	4.44	-	0.36	1
		Ank.	-	44.97	10.68	7.21	2.09	17.47	332
7	Kul (Sten-, Træ-), Cokes og Cinders	Afs.	-	-	-	-	-	3.00	
		Ank.	-	2.51	1.78	2.20	13.76	2.30	2.
8	Malme, Erts og Kis	Afs.	-	-	1.30	-	-	-	8
		Ank.	-	-	-	-	25.71	0.22	4
9	Melk	Afs.	-	47.01	407.32	345.24	77.02	237.81	
		Ank.	-	1.20	1.80	0.40	0.06	1.12	13
10	Mursten, Tagsten og Drainsrør	Afs.	-	-	-	-	-	-	
		Ank.	-	7.50	4.55	4.50	7.53	2.63	4.
11	Poteter	Afs.	-	2.68	2.20	-	0.54	0.48	0.
		Ank.	1 882.30	2.54	-	-	0.10	2.12	4.
12	Salt	Afs.	-	3.80	-	-	-	0.50	
		Ank.	-	0.78	3.64	0.50	7.94	2.10	0.
13	Sild og Fisk	Afs.	-	0.02	2.76	-	0.30	-	2.
		Ank.	-	16.87	10.26	2.97	5.42	9.31	19.
14	Smør og Ost	Afs.	-	0.02	0.61	-	0.20	5.79	4.
		Ank.	-	0.72	0.57	0.06	0.96	0.29	0.
15	Spiger	Afs.	-	-	-	-	30.47	-	
		Ank.	-	0.48	0.12	-	-	0.05	2.
16	Trælast & Brænde. Planker, Bord Lægter og Stav	Afs.	-	-	-	-	-	-	
		Ank.	-	-	-	-	17.40	-	32.
17	Trælast & Brænde. Tømmer, alle Slags, ○ og □	Afs.	-	-	-	-	-	-	2.
		Ank.	-	-	-	-	-	-	
18	Trælast & Brænde. Brænde og Baghun	Afs.		-	-	53.90	10.70	52.50	236.
		Ank.	-	-	-	-	-	-	
19	Træmasse	Afs.	-	-	-	-	-	-	
		Ank.	-	-	-	-	-	-	
20	Øl, alle Slags	Afs.	-	-	-	-	-	-	01
		Ank.	-	1.05	6.87	6.25	9.60	10.39	44
21	Øvrige Varer (Ilgods indbef.)	Afs.	-	7.15	19.50	14.81	76.28	34.15	122
		Ank.	-	48.38	91.32	[illegible]	463.81	114.28	253.
	Tilsammen	Afs.	-	94.46	508.85	[illegible]	480.99	339.73	38
		Ank.	1 907.60	152.75	183.44	[illegible]	657.48	182.47	[illegible]

…gde af de væsentligste Varesorter.

…en (Forts.).

…k.

…tationerne :
do

…	Øksna.	Aasta.	Rena.	Stenviken.	Ophus.	Rasten.	Stai.	Koppang.	Atna.	Hanestad.	Barkald.	Løbenummer.
					Antal Ton. (2 Decimaler).							
-	-	-	-	-	-	-	-	-	-	0.05	-	
-	0.12	0.19	1.25	0.65	0.08	0.41	0.46	1.06	0.08	1.45	0.16	1
-	-	-	-	-	-	-	-	-	-	-	-	
20	8.38	3.21	9.53	0.90	0.40	1.04	4.11	8.61	1.01	12.82	1.70	2
-	-	-	-	-	-	-	-	-	-	-	-	
-	-	2.80	21.50	5.20	4.65	2.70	-	3.00	2.24	-	5.00	3
-	11.50	47.34	19.04	-	-	0.20	-	7.97	1.73	5.00	-	
10	0.92	3.89	9.58	118.65	1.38	7.20	4.91	17.57	3.40	21.83	6.29	4
-	-	0.02	0.52	-	0.07	-	0.22	-	0.12	0.25	-	
-	-	0.03	0.82	0.39	0.27	0.47	0.90	2.22	0.03	1.15	0.07	5
-	-	-	0.19	-	-	-	-	0.28	-	-	-	
64	6.82	11.49	171.62	19.62	12.06	41.86	34.19	94.28	19.31	64.48	18.49	6
-	-	-	-	-	-	-	-	0.40	-	-	-	
-	0.42	1.33	14.56	3.87	0.30	1.90	3.32	6.18	6.63	62.89	0.10	7
-	0.50	-	-	-	-	-	-	0.07	0.25	-	3.50	
-	-	-	-	-	-	-	0.18	-	-	-	-	8
24	-	-	-	-	-	-	0.06	-	-	-	-	
-	-	-	-	-	-	-	-	-	-	-	-	9
-	-	-	-	-	-	-	-	0.12	-	-	-	
-	0.02	3.00	3.70	4.20	4.23	10.04	6.03	9.16	0.30	-	0.05	10
-	-	0.10	0.43	-	-	-	-	0.02	-	-	-	
-	-	0.50	1.54	1.78	1.76	8.07	1.16	3.50	1.00	0.05	0.25	11
-	-	-	-	-	-	-	-	-	-	-	-	
10	0.05	3.97	1.53	0.72	2.80	2.40	2.82	3.27	1.57	3.00	-	12
-	-	-	0.40	-	-	-	-	0.27	0.76	4.99	-	
-	0.88	1.69	5.26	0.48	-	-	0.07	-	-	-	-	13
-	-	0.07	3.33	0.25	-	-	0.31	0.03	3.04	0.31	-	
-	-	0.05	0.27	0.02	0.08	0.05	0.13	0.13	-	0.04	-	14
-	-	-	-	-	-	-	-	-	-	-	-	
-	0.42	0.20	0.48	0.33	0.04	0.58	0.36	0.75	0.06	0.52	-	15
-	-	-	0.11	183.94	-	40.05	10.00	-	-	27.50	-	
-	7.50	6.00	-	10.00	-	-	-	12.00	-	-	-	16
-	27.00	-	724.80	83.20	-	-	-	-	48.00	202.00	18.00	
-	5.00	-	10.00	-	-	-	-	15.00	-	-	-	17
30	535.80	59.80	70.40	26.10	676.90	48.40	-	87.00	15.00	10.00	-	
-	-	-	-	-	-	-	-	-	-	-	-	18
-	-	-	-	-	-	-	-	-	-	-	-	
-	-	-	-	-	-	-	-	-	-	-	-	19
-	-	-	0.24	-	-	-	-	-	-	-	-	
44	1.04	1.94	96.32	1.76	4.40	4.76	10.20	65.69	17.50	14.75	1.26	20
48	583.55	6.69	83.45	30.25	5.92	26.54	29.82	58.19	25.61	14.74	1.57	
65	12.99	25.79	120.76	44.62	23.26	31.94	52.78	92.80	24.29	32.00	6.06	21
52	1 158.35	114.02	902.91	323.74	682.89	115.19	40.41	154.35	94.51	264.84	23.07	
13	44.56	66.08	468.72	213.19	55.71	113.42	121.62	335.22	77.42	214.98	39.43	

Tabel XI (Forts.). Opgave over Transp…

Afsendt til Ham… / Ankommet fra do…

Løbenummer.	Varesorter.	Transportens Retning.	Lilleelvedal.	Auma.	Tønset.	Telneset.	Tolgen.	Os.
			Antal Ton. (2 Decimaler).					
1	Brændevin paa Træer	Afs.	-	-	-	-	-	-
		Ank.	1.18	0.05	0.30	0.09	0.19	0.08
2	Gjødning, alle Slags	Afs.	-	-	-	-	-	-
		Ank.	-	0.20	0.40	-	-	-
3	Hø og Halm	Afs.	-	-	-	-	-	-
		Ank.	-	-	-	-	-	-
4	Jern og Staal og Arbeide deraf, undtagen Spiger	Afs.	0.55	-	6.00	0.43	0.49	0.76
		Ank.	3.28	0.41	10.32	0.40	2.69	2.87
5	Kjød og Flesk, alle Slags	Afs.	0.21	-	0.15	-	0.38	0.10
		Ank.	0.14	-	-	-	-	-
6	Kornvarer og Mel, alle Slags	Afs.	-	-	-	-	-	-
		Ank.	29.83	0.12	20.27	0.20	5.81	5.82
7	Kul (Sten-, Træ-), Cokes og Cinders	Afs.	-	-	-	-	-	-
		Ank.	7.00	0.14	4.10	-	-	-
8	Malme, Erts og Kis	Afs.	0.31	0.16	-	-	1.13	-
		Ank.	0.89	-	0.23	-	-	-
9	Melk	Afs.	-	0.02	-	-	-	-
		Ank.	-	-	-	-	-	-
10	Mursten, Tagsten og Drainsrør	Afs.	-	-	-	-	-	-
		Ank.	2.59	-	0.02	-	-	-
11	Poteter	Afs.	-	-	-	-	-	-
		Ank.	24.97	3.72	61.12	0.02	11.70	16.35
12	Salt	Afs.	-	-	-	-	-	-
		Ank.	-	-	-	-	-	-
13	Sild og Fisk	Afs.	0.02	-	0.11	-	0.31	0.27
		Ank.	0.38	-	-	-	1.03	0.15
14	Smør og Ost	Afs.	1.06	-	0.36	0.05	0.40	0.14
		Ank.	-	-	0.06	-	-	-
15	Spiger	Afs.	-	-	-	-	-	-
		Ank.	0.16	-	0.37	-	0.04	0.31
16	Trælast & Brænde. Planker, Bord, Lægter og Stav	Afs.	143.00	-	-	-	-	-
		Ank.	-	-	-	-	-	-
17	Trælast & Brænde. Tømmer, alle Slags, O og □	Afs.	228.00	-	-	-	-	-
		Ank.	-	-	-	-	-	-
18	Trælast & Brænde. Brænde og Baghun	Afs.	-	-	-	-	-	-
		Ank.	-	-	-	-	-	-
19	Træmasse	Afs.	-	-	-	-	-	-
		Ank.	-	-	-	-	-	-
20	Øl, alle Slags	Afs.	-	-	-	-	-	-
		Ank.	19.75	0.32	18.36	0.44	0.86	1.01
21	Øvrige Varer (Ilgods indbef.)	Afs.	16.53	0.76	41.81	0.19	1.86	2.91
		Ank.	24.77	1.95	37.87	0.57	3.43	3.29
	Tilsammen	Afs.	389.68	0.94	48.43	0.67	4.57	4.18
		Ank.	114.94	6.91	153.42	1.72	25.75	29.88

…gde af de væsentligste Varesorter.

…n (Forts.).

…ationerne: do.		Afsendt til **Trondhjem** fra Stationerne: Ankommet fra do. til do.										
Trondhjem.	Sum.	Hjellum.	Ilseng.	Hørsand.	Aadalsbrug.	Løiten.	Elverum.	Grundset.	Øksna.	Aasta.	Rena.	Løbenummer.
Antal Ton. (2 Decimaler).												
3.73	4.00	22.18	-	-	-	-	-	-	-	-	-	1
205.29	245.46	0.12	0.11	-	-	-	0.10	-	-	-	0.04	
-	2.50	-	-	-	-	-	-	-	-	-	-	2
-	235.60	-	-	0.20	-	-	-	-	-	-	-	
-	34.61	-	6.34	-	-	-	-	-	-	-	-	3
-	59.98	-	-	-	-	-	-	-	-	-	-	
30.73	429.68	-	-	-	172.82	-	-	-	-	-	-	4
95.20	421.81	2.80	-	-	53.32	0.02	0.74	-	-	-	0.02	
-	8.26	-	-	-	-	-	-	-	-	-	-	5
0.28	13.67	-	-	-	-	0.10	-	-	-	-	-	
0.23	79.48	0.90	29.44	-	2.94	0.19	-	-	-	-	-	6
20.14	1 009.40	-	-	-	-	-	-	-	-	-	-	
-	3.40	-	-	-	-	-	-	-	-	-	-	7
-	139.10	-	-	-	-	-	-	-	-	-	-	
-	17.03	-	-	-	-	-	-	-	-	-	-	8
0.36	32.58	-	-	-	-	-	-	-	-	-	-	
-	1 114.72	-	-	-	-	-	-	-	-	-	-	9
-	18.52	-	-	-	-	-	-	-	-	-	-	
-	0.12	-	-	-	-	-	-	-	-	-	-	10
0.55	74.96	-	-	-	-	-	-	-	-	-	-	
-	6.95	0.07	5.00	25.90	-	0.30	-	-	-	0.40	-	11
24.28	2 108.01	-	-	-	-	-	-	-	-	-	-	
-	4.30	-	-	-	-	-	-	-	-	-	-	12
-	37.49	-	-	-	-	-	-	-	-	-	0.45	
917.24	935.84	-	-	-	-	-	-	-	-	-	-	13
2.76	76.55	16.46	12.26	17.49	0.99	37.70	377.94	0.15	0.13	2.40	35.94	
0.66	21.85	0.02	-	-	-	-	-	-	-	-	0.03	14
0.86	5.56	-	-	-	-	-	-	-	-	-	-	
0.14	30.61	-	-	-	10.00	-	-	-	-	-	-	15
-	8.02	-	-	-	-	-	-	-	-	-	-	
-	404.60	-	-	-	-	-	-	-	-	-	-	16
-	85.80	-	-	-	-	-	-	-	-	-	-	
-	1 333.50	-	-	-	-	-	-	-	-	-	-	17
-	30.00	-	-	-	-	-	-	-	-	-	-	
-	2 044.30	-	-	-	-	-	-	-	-	-	-	18
-	-	-	-	-	-	-	-	-	-	-	-	
-	-	-	-	-	-	-	-	-	-	-	-	19
-	-	-	-	-	-	-	-	-	-	-	-	
-	0.37	-	-	-	-	-	-	-	-	-	-	20
-	325.53	-	-	-	-	-	-	-	-	-	-	
132.39	1 389.19	0.15	0.39	0.41	26.21	1.38	6.75	0.12	0.05	0.16	0.51	21
123.02	1 708.14	3.96	0.51	0.34	8.39	1.44	8.09	0.09	0.03	0.55	2.76	
1 085.12	7 865.31	23.32	41.17	26.31	211.97	1.87	6.75	0.12	0.05	0.56	0.54	
472.74	6 636.18	23.34	12.88	18.03	62.70	39.26	386.87	0.24	0.16	2.95	39.21	

Tabel XI (Forts.). Opgave over Transp

Løbenummer.	Varesorter.	Transportens Retning.	Stenviken.	Ophus.	Rasten.	Stai.	Koppang.	Atna.
			Re					
			L					
			Afsendt til **Trondh** Ankommet fra do.					
			Antal Ton. (2 Decimaler).					
1	Brændevin paa Træer	Afs.	-	-	-	-	-	-
		Ank.	0.02	0.06	0.04	0.09	0.56	0.28
2	Gjødning, alle Slags	Afs.	-	-	-	-	-	-
		Ank.	-	-	-	-	-	-
3	Hø og Halm	Afs.	-	-	-	-	-	-
		Ank.	-	-	-	-	-	-
4	Jern og Staal og Arbeide deraf undtagen Spiger	Afs.	-	-	-	-	-	-
		Ank.	0.05	0.08	4.50	0.04	0.86	0.04
5	Kjød og Flesk, alle Slags	Afs.	-	-	-	-	-	-
		Ank.	-	-	-	0.79	0.06	0.19
6	Kornvarer og Mel, alle Slags	Afs.	-	-	-	-	-	-
		Ank.	-	-	0.17	12.10	100.13	39.84
7	Kul (Sten-, Træ-), Cokes og Cinders	Afs.	-	-	-	-	-	-
		Ank.	-	-	-	-	-	-
8	Malme, Erts og Kis	Afs.	-	-	-	-	-	-
		Ank.	-	-	-	-	-	-
9	Melk	Afs.	-	-	-	-	-	-
		Ank.	-	-	-	-	-	-
10	Mursten, Tagsten og Drainsrør	Afs.	-	-	-	-	-	-
		Ank.	-	-	-	-	-	-
11	Poteter	Afs.	-	-	-	0.06	0.10	-
		Ank.	-	-	-	-	-	-
12	Salt	Afs.	-	-	-	-	-	-
		Ank.	-	-	-	-	1.51	1.03
13	Sild og Fisk	Afs.	-	-	-	-	-	-
		Ank.	3.16	3.47	10.79	12.12	41.93	2.17
14	Smør og Ost	Afs.	-	-	-	0.14	-	-
		Ank.	-	-	-	0.45	-	-
15	Spiger	Afs.	-	-	-	-	-	-
		Ank.	-	-	-	-	-	-
16	Trælast & Brænde. Planker, Bord, Lægter og Stav	Afs.	-	-	-	-	-	-
		Ank.	-	-	-	-	-	-
17	Trælast & Brænde. Tømmer, alle Slags, ○ og □	Afs.	-	-	-	-	-	-
		Ank.	-	-	-	-	-	-
18	Trælast & Brænde. Brænde og Baghun	Afs.	-	-	-	-	-	-
		Ank.	-	-	-	-	-	-
19	Træmasse	Afs.	-	-	-	-	-	-
		Ank.	-	-	-	-	-	-
20	Øl, alle Slags	Afs.	-	-	-	-	-	-
		Ank.	-	-	-	-	-	-
21	Øvrige Varer (Ilgods indbef.)	Afs.	0.07	0.01	0.18	0.48	2.54	1.17
		Ank.	1.57	0.27	0.20	5.02	12.03	4.33
	Tilsammen	Afs.	0.07	0.01	0.18	0.68	2.64	1.1[illegible]
		Ank.	4.80	3.88	15.70	30.61	157.08	47.8[illegible]

ngde af de væsentligste Varesorter.

en (Forts.).

k.

tationerne :
do.

	Lilleelvedal.	Auma.	Tønset.	Telneset.	Tolgen.	Os.	Røros.	Ny-pladsen.	Jensvold.	Tyvold.	Reitan.	Løbenummer.
	Antal Ton. (2 Decimaler).											
-	-	-	-	-	-	-	1.61	-	-	-	-	
10	0.81	0.14	2.27	0.32	1.56	0.48	2.17	0.08	0.63	0.04	0.29	1
-	-	-	-		-	-	-	-	-	-	-	
-	-	-		-	0.28	-	1.60	1.20	0.10	-	0.16	2
-	-	-	-	-	-	-	-	-	-	-	-	
-	-	-	-	-	-	-	5.57	-	0.10	25.80	-	3
-	0.19	0.10	0.21	0.02	0.16	10 60	16.02	0.02	0.06	15.00	16.70	
60	2.39	0.04	6.29	0.34	9.57	2.28	320.02	151.36	11.26	239.64	2.22	4
-	0.75	-	2.05	-	0.02	-	14.29	-	1.94	-	0.02	
03	2.78	0.28	4.80	-	3.08	0.83	28.38	2.26	5.76	1.59	1.74	5
-	-	-	-	-	-	-	0.08	0.10	-	-	-	
40	354.88	5.82	463.22	5.45	241.38	172.46	1 498.05	29.05	196.76	23.54	72.77	6
-	-	-	-	-	-	-	-	-	-	-	-	
-	0.70	0.10	502.49	-	-	-	3 585.80	0.90	3.83	370.25	2.33	7
	-	-	-	-	-	-	37.36	-	63.00	16 357.50	5 066.60	
-	-	-	-	-	-	-	-	-	-	-	-	8
-	-	-	-	-	-	-	7.42	-	0.02	-	-	
-	-	-	-	-	-	-	-	-	-	-	-	9
-	-	-	-	-	-	-	-	-	-	-	-	
-	-	-	-	-	-	-	8.85	-	-	1.03	-	10
-	-	-	-	-	-	-	0.29	-	-	-	-	
-	-	-	2.25	-	-	0.09	7.86	0.40	0.51	0.22	0.68	11
-	-	-	-	-	-	-	0.05	-	-	-	-	
-	38.93	0.08	28.27	-	38.82	27.98	85.94	0.88	11.09	0.78	5.57	12
-	-	-	-	-		0.02	-	0.11	0.18	-	0.15	
66	56.09	1.31	103.28	0.24	33.64	21.19	167.65	2.00	13.21	3.79	5.56	13
-	3.83	0.42	1.50	-	1.21	0.32	7.53	0.06	1.07	-	0.78	
-	0.12	-	0.25	-	0.22	0.04	1.72	0.08	0.08	0.29	-	14
	-	-	-	-	-	-	-	-	-	-	-	
-	-	-	0.32	-	0.04	0.06	0.69	0.14	0.10	1.71	0.09	15
-	-	-	-	-	-	-	-	-	-	-	-	
-	-	-	-	-	1.35	-	15.00	-	-	2.50	1.50	16
-	-	-	-	-	-	-	-	-	-	-	-	
-	-	-	-	-	-	-	-	-	-	-	-	17
-	-	45.00	5.00	40.00	39.00	50.00	-	-	43.30	-	5.00	
-	-	-	-	-	-	-	-	-	-	-	-	18
-	-	-	-	-	-	-	-	-	-	-	-	
-	-	-	-	-	-	-	-	-	-	-	-	19
-	-	-	-	-	-	-	-	-	-	-	-	
-	-	-	5.18	0.41	1.19	2.36	23.88	0.17	1.16	4.15	1.40	20
17	14.20	0.89	27.85	0.64	20.17	31.94	628.51	1.47	67.75	9.29	6.00	
37	81.20	2.79	105.77	1.91	75.76	51.95	381.84	10 40	38.28	47.43	26.47	21
17	18.97	46.41	36.61	40.66	60.56	92.88	713.16	1.76	177.32	16 381.79	5 095.25	
16	537.90	10.56	1 224.39	8.67	406.89	279.72	6 135.02	198.92	282.87	722.76	120.78	

Tabel XI (Forts.). Opgave over Transp…

Rør…

Lo…

Afsendt til Trondhj… / Ankommet fra do.

Antal Ton. (2 Decimaler).

Løbenummer.	Varesorter.	Transportens Retning.	Eidet.	Holtaalen.	Langletet.	Reitstøen.	Singsaas.	Bjørgen.	K…
1	Brændevin paa Træer	Afs.	-	-	-	-	-	-	
		Ank.	1.51	1.44	0.02	0.26	0.35	0.24	(
2	Gjødning, alle Slags	Afs	-	-	-	-	-	-	
		Ank.	0.20	1.00	0.10	-	0.20	-	(
3	Hø og Halm	Afs.	-	-	-	-	-	-	
		Ank.	-	4.50	-	-	-	-	
4	Jern og Staal og Arbeide deraf, undtagen Spiger	Afs	5.48	9.06	15.16	-	12.00	0.17	
		Ank.	4.32	11.10	1.15	0.90	1.25	112.24	12
5	Kjød og Flesk, alle Slags	Afs.	1.06	0.39	-	-	-	0.30	(
		Ank.	3.12	1.84	0.57	1.03	0.21	0.47	
6	Kornvarer og Mel, alle Slags	Afs.	-	-	-	-	-	-	
		Ank.	202.51	116.61	38.85	65.01	26.33	112.71	5
7	Kul, (Sten-, Træ-), Cokes og Cinders	Afs.	-	-	-	-	-	-	
		Ank.	185.86	2.83	221.54	0.23	637.50	2.07	
8	Malme, Erts og Kis	Afs.	-	-	-	-	-	-	
		Ank.	-	-	-	-	-	-	
9	Melk	Afs.	-	-	-	-	-	0.57	
		Ank.	-	-	-	-	-	-	
10	Mursten, Tagsten og Drainsrør	Afs.	-	-	-	-	-	-	
		Ank.	-	-	-	-	-	0.25	
11	Poteter	Afs.	-	-	-	-	-	-	
		Ank.	9.98	1.66	1.09	0.61	0.02	0.56	(
12	Salt	Afs.	-	-	-	-	-	-	
		Ank.	10.61	13.39	3.49	1.34	4.03	7.26	
13	Sild og Fisk	Afs.	0.13	-	-	-	-	0.15	
		Ank.	18.78	11.03	3.76	11.79	5.27	14.88	
14	Smør og Ost	Afs.	5.91	6.14	0.05	0.67	0.38	3.88	(
		Ank.	-	0.02	-	0.23	0.02	0.35	
15	Spiger	Afs.	-	-	-	-	-	-	
		Ank.	0.40	0.08	0.14	-	0.04	0.04	(
16	Trælas & Brænde. Planker, Bord, Lægter og Stav	Afs.	-	10.10	-	-	-	-	2
		Ank.	-	-	0.40	-	-	-	(
17	Trælas & Brænde. Tømmer, alle Slags, O og □	Afs.	-	10.00	20.00	2.50	185.00	112.80	5
		Ank.	-	-	-	-	-	-	
18	Trælas & Brænde. Brænde og Baghun	Afs.	-	468.00	225.00	245.00	444.00	705.50	35
		Ank.	-	-	-	-	-	-	
19	Træmasse	Afs.	-	-	-	-	-	-	
		Ank.	-	-	-	-	-	-	
20	Øl, alle Slags	Afs.	-	-	-	-	-	0.14	
		Ank.	12.41	2.42	1.13	1.62	16.41	0.74	1
21	Øvrige Varer (Ilgods indbef.)	Afs.	18.08	9.75	5.17	8.87	15.92	23.87	31
		Ank.	50.23	51.84	14.45	12.26	13.31	26.06	19
	Tilsammen	Afs.	30.66	513.44	265.38	257.04	657.30	847.38	4
		Ank.	499.93	219.76	286.69	95.28	704.94	277.87	2

…ngde af de væsentligste Varesorter.

…en (Forts.).

…lk.

…Stationerne:
do.

…	Støren.	Hovind.	Lundemo.	Ler.	Kvaal.	Søberg.	Melhus.	Nypan.	Heimdal.	Sum.	Løbenummer.
Antal Ton. (2 Decimaler).											
.	0.05	-	-	-	-	-	.	.	-	23.84	1
1 72	20.82	2.65	0.59	0.60	0.14	0.07	0.62	-	0.68	43.18	
-	.	-	.	195.98	-	-	.	1.10	1.00	198.08	2
.	18.25	35.66	14.59	124.90	40.69	40.55	103.50	16.60	3 985.09	4 385.58	
.	0.02	0.48	33.54	167.30	55.84	14.91	240.93	20.84	154.66	694.86	3
-	-	-	-	-	-	-	-	-	0.52	36.49	
-	0.28	-	-	-	0.46	5.10	-	-	1.63	286.26	4
16 89	77.60	20.29	13.08	7.33	3.60	2.34	16.87	2.67	13.87	1 397.52	
2 59	10.73	2.64	6.58	5.59	2.11	0.12	1.33	0.15	0.14	53.07	5
1.39	7.64	3.68	2.12	1.24	0.74	0.19	2.22	-	6.63	86.05	
.	1.88	-	0.99	3.55	0.76	9.08	6.65	-	0.07	56.63	6
10.42	1 176.09	250.03	106.21	94.60	68.41	21.79	134.87	4.18	254.71	6 202.35	
.	0.11	-	-	-	-	-	.	-	.	0.11	7
4 70	33.29	2.63	45.26	52.37	24.23	1.28	21.11	0.16	39.65	5 744.11	
.	-	.	2.50	-	-	0.17	-	.	-	21 527.38	8
.	0.12	0.02	-	-	-	-	-	-	.	0.14	
0 16	0.10	-	57.47	94.19	1.16	-	5.55	-	0.24	166.88	9
-	-	.	-	-	-	-	-	-	-	-	
.	.	-	2 328.40	5.00	-	-	-	-	-	2 333.40	10
.	4.35		0.04	-	-	-	3.50	-	1.35	19.37	
1.04	5.21	4.72	7.11	3.50	3.17	0.60	3.20	0.50	1.85	63.51	11
.	1.01	0.24	0.11	0.36	0.09	0.30	1.41	0.05	2.17	32.06	
.	-	-	-	-	-	.	-	.	.	0.05	12
8 13	145.88	27.77	15.45	12.00	15.26	0.14	22.63	0.24	11.30	552.68	
.	0.07	0.94	-	0.06	0.38	-	1.72	-	5.57	9.48	13
9.38	200.75	47.39	27.35	26.26	20.07	2.74	37.92	0.62	47.58	1 526.58	
1 47	88.37	6.14	3.01	4.61	0.72	1.48	0.84	-	0.65	141.80	14
0 02	1.62	0.24	0.06	0.07	0.13	-	0.37	-	1.73	8.17	
.	-	-	-	-	-	-	-	-	-	10.00	15
0.28	3.17	1.16	0.52	0.90	0.53	0.02	1.17	-	0.52	12.85	
7 30	43.80	350.50	115.00	77.60	-	-	20.00	-	20 00	706.80	16
-	15.15	-	5.00	0.30	-	2.80	.	-	4.10	53.50	
3 00	15.00	46.00	16.00	594.20	24.00	-	7.50	-	158.00	1 289.00	17
-	-	.	-	-	.	.	5.00	-	-	5.00	
5.00	248.00	240.50	102.00	130.00	10.00	7.10	20.00	-	30.00	3 922.40	18
-	.	-	-	.	-	.	.	-	. .	.	
-	.	-	-	-	-	-	-	.	-	. -	19
.	-	-	-	-	-	-	-	-	-	-	
.	0.35	-	.	-	0.02	-	-	-	0.07	0.58	20
0.63	50.84	1.95	0.81	0.45	0.79	0.66	5.35	0.51	26.57	164.34	
5.00	631.62	905.94	96.89	50.83	27.25	11.72	191.25	1.45	332.80	3 489.74	21
1 75	465.93	102.84	86.78	122.72	68.49	19.05	151.66	13.66	151.49	2 302.93	
5 56	1 045.59	1 557.86	2 769.49	1 332.41	125.87	50.28	498.97	24.04	706.68	34 973.87	
5 31	2 222.51	496.55	317.97	444.10	243.17	91.93	508.20	38.69	4 547.96	22 572.90	

Tabel XI (Forts.). Opgave over Transp[…]

Løbenummer.	Varesorter.	Transportens Retning.	Rørosbanen (Forts.). Lokaltrafik. Øvrige Lokaltrafik, afsendt eller ankommet.	Lokaltrafik. Tilsammen, afsendt eller ankommet.	Samlet Trafik. Op.	Samlet Trafik. Ned.	Samlet Trafik. Hovedsum, afsendt eller ankommet.
			Antal Ton. (2 Decimaler).				
1	Brændevin paa Træer	Afs. Ank.	77.73	394.21	446.93	823.44	1 27
2	Gjødning, alle Slags	Afs. Ank.	104.75	4 926.51	905.50	4 419.50	5 32
3	Hø og Halm	Afs. Ank.	1 257.98	2 083.92	1 967.53	394.57	2 36
4	Jern og Staal og Arbeide deraf, undtagen Spiger	Afs. Ank.	533.67	3 068.94	2 470.97	2 581.49	5 05
5	Kjød og Flesk, alle Slags	Afs. Ank.	47.57	208.62	268.63	302.52	57
6	Kornvarer og Mel, alle Slags	Afs. Ank.	1 549.03	8 896.89	6 214.43	6 612.37	12 82
7	Kul (Sten-, Træ-), Cokes og Cinders	Afs. Ank.	210.64	6 097.36	1 142.19	5 952.12	7 09
8	Malme, Erts og Kis	Afs. Ank.	6 938.18	28 515.31	22 220.75	6 979.05	29 19
9	Melk	Afs. Ank.	166.82	1 466.94	271.12	1 704.83	1 97
10	Mursten, Tagsten og Drainsrør	Afs. Ank.	650.27	3 078.12	3 652.63	352.51	4 00
11	Poteter	Afs. Ank.	289.90	2 500.43	2 563.95	186.25	2 75
12	Salt	Afs. Ank.	25.61	620.13	545.61	566.53	1 11
13	Sild og Fisk	Afs. Ank.	78.27	2 626.72	136.34	5 055.63	5 191
14	Smør og Ost	Afs. Ank.	62.63	240.01	435.81	1 026.91	1 46
15	Spiger	Afs. Ank.	29.85	91.33	173.98	131.84	305
16	Trælast & Brænde. Planker, Bord Lægter og Stav	Afs. Ank.	1 562.44	2 813.14	1 740.50	1 274.94	3 015
17	Trælast & Brænde. Tømmer, alle Slags, ○ og □	Afs. Ank.	2 331.61	4 989.11	3 509.55	2 399.04	5 90
18	Trælast & Brænde. Brænde og Baghun	Afs. Ank.	7 881.56	13 848.26	4 921.30	8 946.66	13 86
19	Træmasse	Afs. Ank.	-	-	-	0.04	0.
20	Øl, alle Slags	Afs. Ank.	146.57	637.39	453.00	211.5[illegible]	664
21	Øvrige Varer (Ilgods indbef.)	Afs. Ank.	5 378.65	14 268.65	14 685.74	8 [illegible]27.97	23 613
	Tilsammen	Afs. Ank.	29 323.73	101 371.99	68 726.46	58 849.77	127 576

Merakerbanen.

Samtrafik.

Afsendt fra Merakerbanen.
Ankommet til do.

…n- …n- …s- …k.	Røros-banen.	Eidsvold—Hamar-banen.	Hoved-banen.	Kongs-vingerb.	Kongs-vinger—Flisenb.	Smaalens-banen.	Kristiania-Dr.menb.	Drammen—Skienb.	Drammen-Randsfj.-banen.	Ialt. (Svenske Baner).	hvoraf Trondhjem.	Tilsammen.	Løbenummer.
	over Trondhjem.									over Storlien			
	Antal Ton. (2 Decimaler).												
…36	-	-	-	-	-	-	-	-	-	14.01	14.01	14.01	1
	-	-	-	-	-	-	-	-	-	-	-	-	
.	-	-	-	-	-	-	-	-	-	73.75	73.75	73.75	2
	3.15	-	-	-	-	-	-	-	-	-	-	3.15	
.	20.16	-	-	-	-	-	-	-	-	76.43	21.57	96.59	3
	2.30	-	-	-	-	-	-	-	-	7.20	7.20	9.50	
…36	0.39	-	0.23	-	-	-	-	-	-	121.34	101.90	121.96	4
	2.51	-	13.00	-	-	-	-	-	-	603.11	587.71	618.62	
4.16	0.12	-	-	-	-	-	-	-	-	1 456.81	1 456.29	1 456.93	5
	0.30	-	-	-	-	-	-	-	-	3.57	3.57	3.87	
1.78	0.75	-	-	-	-	-	-	-	-	2 876.42	2 736.14	2 877.17	6
	8.10	0.80	22.48	0.27	-	-	-	-	-	3.25	2.75	34.90	
.	7.00	-	-	-	-	-	-	-	-	103.26	103.26	110.26	7
	-		-	-	-	-	-	-	-	85.96	7.36	85.96	
2.50	22.04	-	0.13	-	-	-	-	-	-	0.04	0.04	22.21	8
	0.10	-	-	-	-	-	-	-	-	-	-	0.10	
.	-	-	-	-	-	-	-	-	-	57.16	-	57.16	9
	-	-	-	-	-	-	-	-	-	-	-	-	
.	-	-	-	-	-	-	-	-	-	188.34	14.00	188.34	10
	2.50	-	-	-	-	-	-	-	-	-	-	2.50	
0.10	10.47	-	-	-	-	-	-	-	-	21.65	4.23	32.12	11
	0.84	-	-	-	-	-	-	-	-	0.10	-	0.94	
.	-	-	-	-	-	-	-	-	-	96.00	95.90	96.00	12
	-	-	-	-	-	-	-	-	-	-	-	-	
0.26	0.22	-	1.16	-	0.04	0.18	-	-	-	14 641.78	14 636.12	14 643.38	13
	-	-	-	-	-	-	-	-	-	0.20	0.20	0.20	
3.34	0.96	-	42.18	0.20	-	0.09	0.03	0.07	0.04	25.88	21.28	69.45	14
	0.53	-	1.53	-	-	-	-	-	-	2.67	2.67	4.73	
0.00	-	-	-	-	-	-	-	-	-	10.86	10.86	10.86	15
	0.04	-	0.05	-	-	-	-	-	-	-	-	0.09	
.	9.50	-	-	-	-	-	-	-	-	1.12	1.12	10.62	16
	12.90	-	-	-	-	-	-	-	-	48 084.60	20 840.10	48 097.50	
.	66.00	-	0.48	-	-	-	-	-	-	-	-	66.48	17
	688.50	-	-	-	-	-	-	-	-	8 572.30	49.60	9 260.80	
.	-	-	-	-	-	-	-	-	-	-	-	-	18
	5.00	-	-	-	-	-	-	-	-	239.70	214.30	244.70	
0.04	-	-	-	-	-	-	-	-	-	0.48	-	0.48	19
	-	-	-	-	-	-	-	-	-	5 385.80	5 385.80	5 385.80	
0.88	0.02	-	-	-	-	-	-	-	-	0.58	0.58	0.60	20
	0.02	-	-	-	-	-	-	-	-	-	-	0.02	
6.80	32.36	0.07	51.90	-	-	5.63	0.11	0.25	0.14	3 825.61	2 115.78	3 916.07	21
	27.88	0.28	50.08	0.01	0.28	1.68	1.17	1.51	0.24	830.23	786.27	913.36	
7.58	169.99	0.07	96.08	0.20	0.04	5.90	0.14	0.32	0.18	23 591.52	21 406.83	23 864.44	
	754.67	1.08	87.14	0.28	0.28	1.68	1.17	1.51	0.24	63 818.69	27 887.53	64 666.74	

Tabel XI (Forts.). Opgave over Transp[...]

Løbenummer.	Varesorter.	Transportens Retning.	Merak[...] L[...] Afsendt til Trondhj[...] Ankommet fra do. Leangen.	Ranheim.	Malvik.	Hommelviken.	Hell.	Hegre.
			Antal Ton. (2 Decimaler).					
1	Brændevin paa Træer	Afs.	-	-	-	-	156.32	
		Ank.	-	0.15	0.55	1.41	6.87	[illegible]
2	Gjødning, alle Slags	Afs.	-	-	-	-	3.00	
		Ank.	105.50	207.89	22.85	99.23	31.03	[illegible]
3	Hø og Halm	Afs.	-	48.32	3.50	5.50	200.54	[illegible]
		Ank.	-	-	0.40	4.05	3.23	
4	Jern og Staal og Arbeide deraf, undtagen Spiger	Afs.	-	14.24	0.69	1.71	4.16	[illegible]
		Ank.	0.02	123.08	6.32	19.07	112.25	[illegible]
5	Kjød og Flesk, alle Slags	Afs.	-	-	0.44	5.25	33.24	[illegible]
		Ank.	-	0.64	0.13	4.57	20.00	
6	Kornvarer og Mel, alle Slags	Afs.	-	68.01	29.81	0.40	24.72	[illegible]
		Ank.	9.51	154.83	27.44	307.43	1 033.73	[illegible]
7	Kul (Sten-, Træ), Cokes og Cinders	Afs.	-	-	-	-	-	[illegible]
		Ank.	-	6 656.49	8.45	21.72	14.01	[illegible]
8	Malme, Erts og Kis	Afs.	-		-	-	-	[illegible]
		Ank.	-	-	-	-	-	
9	Melk	Afs.	-	2.95	73.79	-	99.88	[illegible]
		Ank.	0.05	0.08	-	0.53	0.36	[illegible]
10	Mursten, Tagsten og Drainsrør	Afs.	-	-	-	75.60	463.50	
		Ank.	0.16	68.55	0.30	5.42	3.96	[illegible]
11	Poteter	Afs.	-	5.54	33.45	11.58	189.14	[illegible]
		Ank.	-	2.80	1.10	1.34	3.55	[illegible]
12	Salt	Afs.	-	-	-	-	-	
		Ank.	0.04	3.66	2.69	21.02	80.64	[illegible]
13	Sild og Fisk	Afs.	0.08	9.22	15.58	10.69	1.71	[illegible]
		Ank.	-	17.03	10.22	54.13	220.65	[illegible]
14	Smør og Ost	Afs.	-	-	-	5.00	43.30	[illegible]
		Ank.	-	0.80	0.06	4.08	7.27	[illegible]
15	Spiger	Afs.	-	-	-	0.04	-	
		Ank.	0.04	1.78	0.25	5.03	9.14	[illegible]
16	Trælast & Brænde. Planker, Bord, Lægter og Stav	Afs.	-	21.00	-	557.50	-	[illegible]
		Ank.	8.03	82.12	15.43	20.30	43.36	[illegible]
17	Trælast & Brænde. Tømmer, alle Slags, ○ og □	Afs.	-	9.50	-	72.50	8.00	[illegible]
		Ank.	-	163.10	-	-	0.02	
18	Trælast & Brænde. Brænde og Baghun	Afs.	-	-	14.00	275.90	35.00	[illegible]
		Ank.	-	6.20	0.38	-	-	
19	Træmasse	Afs.	-	2 691.25	-	-	-	
		Ank.	-	88.50	-	-	-	
20	Øl, alle Slags	Afs.	-	-	-	-	-	[illegible]
		Ank.	-	4.65	6.50	14.09	59.56	[illegible]
21	Øvrige Varer (Ilgods indbef.)	Afs.	0.10	565.86	44.20	117.70	701.53	[illegible]
		Ank.	1.35	2 779.32	60.55	223.74	508.97	[illegible]
	Tilsammen	Afs.	0.18	3 435.89	215.46	1 139.37	1 964.04	[illegible]
		Ank.	124.70	10 361.67	163.62	807.16	2 158.60	[illegible]

[...]ngde af de væsentligste Varesorter.

[...] (Forts.).

[...]tionerne : [...] do.	Gudaaen.	Meraker.	Storlien.	Sum.	Øvrige Lokaltrafik, afsendt eller ankommet.	Tilsammen, afsendt eller ankommet.	Samlet Trafik. Op.	Samlet Trafik. Ned.	Samlet Trafik. Hovedsum, afsendt eller ankommet.	Løbenummer.
Antal Ton. (2 Decimaler).										
- .22	- 0.33	- 1.81	- -	156.32 13.31	0.56	170.19	27.88	157.68	185.56	1
- .30	- 0.54	- 10.86	- -	3.00 509.20	4.21	516.41	589.83	3.48	593.31	2
- -	- -	- 0.31	- -	286.46 7.99	18.52	312.97	98.36	320.70	419.06	3
.92 .28	1.30 3.22	0.47 5.69	- 0.17	24.24 294.99	1.97	321.20	447.95	635.19	1 083.14	4
.52 .36	0.80 0.49	1.51 2.07	- 0.11	73.71 29.39	5.58	108.68	1 492.16	81.48	1 573.64	5
.20 2.85	- 67.37	0.10 184.69	- 14.14	133.07 2 006.62	41.28	2 180.97	4 946.72	148.10	5 094.82	6
- 1.93	- 0.59	- 110.84	- -	40.15 6 890.10	6 558.44	13 488.69	13 096.74	588.17	13 684.91	7
- -	- -	0.50 -	- -	3.12 -	0.30	3.42	12.94	25.29	38.23	8
- -	- -	0.02 -	- 0.12	207.21 1.16	115.05	323.42	82.59	297.99	380.58	9
- -	- 8.20	- -	- -	539.10 88.71	137.60	765.41	319.35	636.90	956.25	10
- 0.02	- 0.70	- 2.81	- 1.02	245.93 13.78	79.27	338.98	100.82	271.32	372.14	11
- 5.07	- 3.81	- 8.09	- 0.71	- 150.88	0.66	151.54	247.28	0.26	247.54	12
- 20.71	- 7.91	0.43 25.40	0.04 103.76	38.57 538.34	16.42	593.33	15 193.26	43.91	15 237.17	13
3.42 -	1.33 0.14	1.49 0.51	- 0.12	92.26 13.27	15.01	120.54	52.37	150.69	203.06	14
- 0.25	- 0.36	- 1.07	- -	0.04 20.48	-	20.52	41.43	0.04	41.47	15
- -	- 1.26	- 2.68	- -	639.00 173.45	123.83	936.28	286.43	48 757.97	49 044.40	16
53.00 -	15.00 -	- -	7.00 -	449.00 163.12	3 732.00	4 344.12	1 731.62	11 939.78	13 671.40	17
12.00 -	- -	- -	5.60 -	411.50 6.58	86.60	504.68	11.58	737.80	749.38	18
- -	- -	250.87 -	- -	2 942.12 88.50	3 784.26	6 814.88	118.98	12 082.22	12 201.20	19
- 2.15	- 5.59	- 9.38	- -	0.06 106.67	0.79	107.52	107.27	1.75	109.02	20
5.83 [illegible]	10.85 32.23	23.94 94.49	3.77 15.65	1 548.90 3 842.59	408.67	5 800.16	7 960.34	2 706.05	10 666.39	21
[illegible] [illegible]	29.28 132.74	279.33 460.70	16.41 135.80	7 833.76 14 959.13	15 131.02	37 923.91	46 965.90	79 586.77	126 552.67	

Tabel XI (Forts.). Opgave over Transpo[rt]

Løbenummer.	Varesorter.	Transportens Retning.	Jæde[rbanen]					
			Afsendt til Stavang[er] / Ankommet fra do.					
			Hinna.	Sandnes.	Høiland.	Klep.	Time.	Nærbø.
			Antal Ton. (2 Decimaler).					
1	Brændevin paa Træer	Afs.	-	-	-	-	-	
		Ank.	-	1.11	0.14	0.40	2.77	2.1
2	Gjødning, alle Slags	Afs.	-	0.33	-	0.40	1.60	
		Ank.	10.70	53.70	53.50	181.15	226.20	175.
3	Hø og Halm	Afs.	-	16.31	11.08	0.08	21.44	0.
		Ank.	-	-	-	-	-	
4	Jern og Staal og Arbeide deraf, undtagen Spiger	Afs.	-	3.52	0.99	0.40	7.13	
		Ank.	0.03	44.88	1.50	7.27	24.62	15.
5	Kjød og Flesk, alle Slags	Afs.	-	22.67	0.73	1.93	36.08	11.
		Ank.	-	3.42	0.55	2.78	7.61	7.
6	Kornvarer og Mel, alle Slags	Afs.	0.04	43.63	14.81	1.98	14.70	17.
		Ank.	8.08	21.42	30.22	70.39	323.77	249.
7	Kul, (Sten-, Træ-), Cokes og Cinders	Afs.	-	-	-	-	-	
		Ank.	3.21	-	-	15.00	16.36	15.
8	Malme, Erts og Kis	Afs.	-	-	-	-	-	
		Ank.	-	-	-	-	-	
9	Melk	Afs.	-	72.59	-	-	67.01	78.
		Ank.	-	-	-	-	-	
10	Mursten, Tagsten og Drainsrør	Afs.	5.00	107.85	-	-	-	
		Ank.	-	-	-	0.84	0.50	
11	Poteter	Afs.	0.10	4.76	6.67	67.32	110.71	32.
		Ank.	0.28	0.42	-	0.21	0.16	0.
12	Salt	Afs.	-	-	-	-	-	
		Ank.	-	0.78	0.38	7.56	78.02	65
13	Sild og Fisk	Afs.	-	0.92	0.03	-	4.25	8.
		Ank.	0.04	19.68	3.80	12.94	44.32	45.
14	Smør og Ost	Afs.	-	23.70	1.39	5.98	29.51	21.
		Ank.	0.10	5.92	0.47	0.82	1.06	1
15	Spiger	Afs.	-	0.37	-	-	-	
		Ank.	0.01	1.51	0.04	0.96	4.40	2.
16	Trælast & Brænde. Planker, Bord, Lægter og Stav	Afs.	10.00	221.42	-	-	-	
		Ank.	5.00	-	-	-	-	5.0
17	Trælast & Brænde. Tømmer, alle Slags, ○ og □	Afs.	-	-	-	-	-	
		Ank.	-	-	-	-	-	20 0
18	Trælast & Brænde. Brænde og Baghun	Afs.	-	0.21	-	-	0.78	
		Ank.	-	-	-	-	-	
19	Træmasse	Afs.	-	-	-	-	-	
		Ank.	-	-	-	-	-	
20	Øl, alle Slags	Afs.	-	-	-	-	-	
		Ank.	0.75	12.18	1.92	3.41	12.10	5.5
21	Øvrige Varer (Ilgods indbef.)	Afs.	0.71	212.40	30.93	332.03	436.72	146 2
		Ank.	3.59	242.37	17.33	109.80	263.80	202.0
	Tilsammen	Afs.	15.85	730.68	66.63	410.12	729.93	317 7
		Ank.	31.79	407.39	109.85	413.53	1 005.69	813 0

engde af de væsentligste Varesorter.

nen.

Stationerne: do.						Øvrige Trafik paa Banen, afsendt eller ankommet.	Samlet Trafik.			Løbenummer.
Varhoug.	Vigrestad.	Ogne.	Helvig.	Egersund.	Sum.		Op.	Ned.	Hoved-sum.	
Antal Ton. (2 Decimaler).										
- 1.71	- 0.51	- 0.23	- -	- -	- 8.98	0.04	0.04	8.98	9.02	1
5.00 32.00	- 20.30	- 18.52	- 25.56	- 32.02	7.33 829.30	512.16	15.62	1 333.17	1 348.79	2
0.10 -	- -	- -	- -	- -	49.84 -	282.26	50.22	281.88	332.10	3
- 2.41	- 4.97	- 1.17	- 0.66	- 18.81	12.04 121.44	28.61	16.35	145.74	162.09	4
13.49 0.87	9.48 3.39	2.45 4.71	0.08 0.66	5.77 3.81	104.59 34.88	127.40	110.77	156.10	266.87	5
2.31 9.54	0.22 110.51	0.15 14.90	- 5.78	0.30 10.54	96.07 914.60	667.85	156.23	1 522.29	1 678.52	6
- 0.44	- 10.05	- 0.16	- 0.16	- 205.43	- 266.57	109.08	11.33	364.32	375.65	7
- -	- -	- -	- -	- -	- -	0.08	0.08	-	0.08	8
0.78 -	- -	- -	- -	- -	219.23 -	108.35	219.23	108.35	327.58	9
- -	- -	- -	- -	- -	112.85 1.34	950.97	112.85	952.31	1 065.16	10
2.97 -	4.14 -	2.10 -	0.68 -	4.87 3.55	236.63 4.68	106.39	262.63	85.07	347.70	11
- 16.58	- 28.61	- 10.95	- 0.49	- 31.57	- 240.77	5.86	5.02	241.61	246.63	12
4.25 13.87	1.82 29.10	53.34 8.32	87.50 3.86	60.73 26.53	221.05 207.81	128.82	266.29	291.39	557.68	13
7.59 0.10	10.55 0.02	2.10 0.33	- 0.22	3.96 12.92	106.29 23.77	17.81	109.81	38.06	147.87	14
- 0.79	- 0.94	- 0.36	- 0.09	- 0.19	0.37 11.58	0.90	0.42	12.43	12.85	15
- -	- -	- -	- -	- -	231.42 10.00	888.87	377.23	753.06	1 130.29	16
- -	- -	- -	- -	- -	- 20.00	0.30	-	20.30	20.30	17
- -	- -	- -	- -	- 10.00	0.99 10.00	0.15	0.99	10.15	11.14	18
- -	- -	- -	- -	- -	- -	-	-	-	-	19
- 0.76	- 0.10	- 0.81	- -	- 68.91	- 106.49	0.75	0.59	106.65	107.24	20
0.44 9.01	173.57 64.61	240.83 78.75	13.48 37.08	248.35 205.21	1 885.68 1 263.57	1 781.64	2 620.60	2 310.29	4 930.89	21
6.93 8.08	199.78 273.11	300.97 139.21	101.74 74.56	323.98 629.49	3 284.38 4 075.78	5 718.29	4 336.30	8 742.15	13 078.45	

Tabel XI (Forts.). Opgave over Transpo…

Løbenummer.	Varesorter.	Transportens Retning.	Solheims-viken.	Minde.	Fjøsanger.	Hop.	Nestun.	Heldal.	Haukeland.	Arne.	Garnes.
			Bergen-								
			Afsendt til Berge / Ankommet fra do.								
			Antal Ton. (2 Decimaler).								
1	Brændevin paa Træer	Afs.	-	-	-	-	-	-	-	-	-
		Ank.	-	-	0.27	0.04	-	0.04	0.20	0.11	-
2	Gjødning, alle Slags	Afs.	-	-	-	-	-	-	-	-	-
		Ank.	-	-	15.00	21.50	240.40	45.00	185.00	80.00	25.00
3	Hø og Halm	Afs.	-	-	-	-	-	-	-	-	-
		Ank.	-	-	-	-	1.36	-	0.60	0.10	-
4	Jern og Staal og Arbeide deraf, undtagen Spiger	Afs.	-	-	-	0.06	4.96	-	-	0.03	-
		Ank.	-	-	0.15	30.91	11.66	-	0.31	6.92	0.04
5	Kjød og Flesk, alle Slags	Afs.	-	-	-	-	-	-	0.63	0.27	0.19
		Ank	-	-	0.02	-	-	-	-	-	0.08
6	Kornvarer og Mel, alle Slags	Afs.	-	-	-	-	0.05	-	-	-	-
		Ank.	-	-	0.63	2.60	111.60	26.72	65.33	44.19	0.36
7	Kul (Sten-, Træ-), Cokes og Cinders	Afs.	-	-	-	-	-	-	-	-	-
		Ank.	-	-	0.11	160.00	74.20	-	6.46	-	-
8	Malme, Erts og Kis	Afs.	-	-	-	-	-	-	-	-	-
		Ank.	-	-	-	-	-	-	-	-	-
9	Melk	Afs.	-	-	-	0.07	297.26	15.56	230.21	36.25	3.97
		Ank.	-	-	-	-	0.04	0.48	-	-	-
10	Mursten Tagsten og Drainsrør	Afs.	-	-	-	-	-	-	-	-	-
		Ank.	-	-	0.05	5.70	5.12	-	20.38	8.20	-
11	Poteter	Afs.	-	-	-	-	-	-	0.18	0.77	0.06
		Ank.	0.17	-	0.03	1.80	2.75	0.36	1.30	0.12	0.03
12	Salt	Afs.	-	-	-	-	-	-	-	-	-
		Ank.	-	-	0.10	0.36	0.07	-	3.64	1.57	-
13	Sild og Fisk	Afs.	-	-	-	-	-	-	-	0.09	-
		Ank	-	-	0.19	1.75	0.58	-	2.39	3.04	0.02
14	Smør og Ost	Afs.	-	-	-	-	-	-	0.10	-	-
		Ank.	-	-	0.16	0.08	0.80	0.04	0.50	1.13	-
15	Spiger	Afs.	-	-	-	-	-	-	-	-	-
		Ank.	-	-	-	0.32	0.20	-	0.23	0.04	-
16	Trælast & Brænde. Planker, Bord, Lægter og Stav	Afs.	-	-	-	-	-	-	-	-	-
		Ank	-	-	0.10	126.07	105.60	-	42.81	16.76	-
17	Trælast & Brænde. Tømmer, alle Slags, ○ og ☐	Afs.	-	-	-	-	-	-	-	-	-
		Ank.	-	-	-	-	-	-	-	-	-
18	Trælast & Brænde. Brænde og Baghun	Afs.	-	-	-	-	-	-	-	-	-
		Ank.	-	-	5.00	-	-	-	0.08	0.03	-
19	Træmasse	Afs.	-	-	-	-	-	-	-	-	-
		Ank.	-	-	-	-	-	-	-	-	-
20	Øl, alle Slags	Afs	-	-	-	-	-	-	-	0.09	0.14
		Ank.	-	-	0.05	0.14	0.45	0.33	1.56	1.15	11.22
21	Øvrige Varer (Ilgods indbef.)	Afs.	0.08	9.27	4.05	88.17	5.67	13.37	113.54	52.14	13.40
		Ank.	1.66	4.51	33.05	145.56	137.40	1.20	22.45	48.45	11.31
	Tilsammen	Afs.	0.08	9.27	4.05	88.30	307.94	28.93	344.66	89.64	17.76
		Ank.	1.83	4.51	54.91	496.83	692.23	74.17	353.24	211.81	48.06

…ngde af de væsentligste Varesorter.

…sbanen.

…stationerne: do.	Stanghelle.	Dale.	Bolstad.	Ævanger.	Bolken.	Voss.	Sum.	Øvrige Trafik paa Banen, afs. eller ank.	Samlet Trafik. Op.	Ned.	Hovedsum.	Løbenummer.
Antal Ton. (2 Decimaler).												
- .46	- 0.09	- 0.55	- 0.39	- 0.92	- 1.38	0.04 8.70	0.04 13.15	-	0.04	13.15	13.19	1
- .00	- -	- -	- -	- -	- -	0.10 0.25	0.10 622.15	-	0.10	622.15	622.25	2
- -	- -	3.40 0.40	- -	0.24 -	- 0.10	- 12.16	3.64 14.72	25.97	3.64	40.69	44.33	3
.19 .63	- 0.18	4.38 33.21	- 1.90	- 6.78	0.08 3.05	2.34 91.40	12.04 188.14	2.58	13.98	188.78	202.76	4
- .10	- -	1.19 2.65	0.46 0.03	50.94 0.97	1.84 0.68	0.35 6.01	55.87 10.54	1.66	56.54	11.53	68.07	5
- .57	- 0.80	0.60 207.60	- 6.33	- 106.49	0.10 126.25	0.95 963.09	1.70 1 662.63	7.59	3.06	1 668.86	1 671.92	6
- .10	- -	- 404.71	- 0.22	- 8.77	- 3.52	- 155.40	- 813.49	0.75	0.75	813.49	814.24	7
- -	- -	- -	- -	- -	- -	0.46 -	0.46 -	-	0.46	-	0.46	8
- -	- -	- -	- -	0.01 -	136.81 -	86.30 -	806.68 0.52	22.25	823.15	6.30	829.45	9
- .40	- 5.00	- 21.25	- -	- -	- 62.67	- 85.83	- 215.60	1.80	-	217.40	217.40	10
.04 .20	- -	0.10 20.25	0.08 0.34	0.12 0.30	1.40 0.05	3.14 3.30	5.89 31.00	13.72	12.56	38.05	50.61	11
- .07	- -	- 6.41	- -	- 19.48	- 12.23	- 76.30	- 120.23	0.12	-	120.35	120.35	12
- .14	- -	0.18 31.54	- 7.84	- 34.27	- 27.30	5.04 128.44	5.31 237.65	2.41	5.32	240.05	245.37	13
- .50	- -	0.32 7.30	2.32 0.16	18.97 0.53	0.73 0.18	18.09 5.57	40.64 16.95	1.91	42.05	17.45	59.50	14
- -	- -	- 1.16	- 0.23	- 1.05	- 1.94	0.04 12.91	0.04 18.10	-	0.04	18.10	18.14	15
- .48	- 0.50	0.05 71.68	- -	- 0.35	10.00 -	30.69 44.40	40.74 441.45	43.22	83.76	441.65	525.41	16
- -	- -	- -	- -	5.00 -	- -	121.20 -	126.20 -	76.75	202.95	-	202.95	17
- -	- -	- -	80.00 -	175.00 -	25.00 -	- -	280.00 5.11	5.03	280.00	10.14	290.14	18
- -	- -	- -	- -	- -	- -	- -	- -	-	-	-	-	19
- .92	- 0.07	- 71.59	- 0.36	0.16 12.04	0.09 9.49	0.63 159.65	1.11 279.38	0.56	1.45	279.60	281.05	20
.86 .32	1.07 7.17	2 028.53 893.18	241.19 12.25	60.08 63.59	199.02 61.85	2 907.17 559.21	6 948.85 2 037.75	518.47	7 378.23	2 126.84	9 505.07	21
.09 .89	1.07 13.81	2 038.75 1 773.48	324.05 30.05	310.52 255.54	375.07 310.69	3 176.54 2 312.62	8 329.31 6 728.56	724.79	8 908.08	6 874.58	15 782.66	

Tabel XI (Forts.). Opgave over Transp…

Løbenummer.	Varesorter.	Transportens Retning.	Gjennemgangstrafik.	over Kristiania: Smaalensbanen.	Sv. Baner over Kornsjø.	Kristiania-Dr.menb.	Dr.men—Skienb.	Dr.men—Randsfjb.	over Lillestrø…: Kongsvingerbanen.	Kongsvinger…
			Antal Ton. (2 Decimaler).							
1	Brændevin paa Træer	Afs.	16.09	-	-	-	-	-	91.50	3
		Ank.		-	-	-	-	-	0.05	
2	Gjødning, alle Slags	Afs.	57.73	296.30	-	-	-	-	8 789.23	62
		Ank.		-	-	-	-	-	5.25	(
3	Hø og Halm	Afs.	96.63	-	-	-	-	-	0.94	
		Ank.		10.00	-	-	-	-	2 021.45	(
4	Jern og Staal og Arbeide deraf, undtagen Spiger	Afs.	812.64	12.33	-	2.91	0.20	0.46	692.33	7
		Ank.		37.73	-	0.17	5.20	4.18	1 412.39	
5	Kjød og Flesk, alle Slags	Afs.	13.35	0.28	-	0.33	0.42	0.17	92.30	2
		Ank.		0.23	0.76	-	-	-	144.64	3
6	Kornvarer og Mel, alle Slags	Afs.	763.32	1.00	0.10	0.05	0.26	0.43	5 415.30	1 01
		Ank.		21.90	-	0.05	-	0.26	1 655.57	
7	Kul (Sten-, Træ-), Cokes og Cinders	Afs.	6.52	-	-	-	-	-	3 232.72	13.
		Ank.		-	-	-	-	-	67.81	
8	Malme, Erts og Kis a)	Afs.	81.15	9.20	-	-	-	-	1 466.17	2
		Ank.		0.05	-	-	-	-	790.33	(
9	Melk	Afs.	-	-	-	-	-	-	-	
		Ank.		-	-	-	-	-	2 316.45	
10	Mursten Tagsten og Drainsrør	Afs.	61.04	24.00	-	-	-	-	354.55	
		Ank.		-	-	-	-	-	75.30	(
11	Poteter	Afs.	12.87	3.98	-	0.99	0.37	0.23	10.27	(
		Ank.		4.63	-	0.17	-	0.61	226.53	1
12	Salt	Afs.	15.67	-	-	-	-	-	692.13	15
		Ank.		-	-	-	-	-	-	
13	Sild og Fisk	Afs.	1 970.35	0.67	-	0.31	0.08	0.26	519.44	3
		Ank.		0.49	-	-	0.39	0.05	3.63	
14	Smør og Ost	Afs.	41.18	10.16	-	8.02	3.67	1.86	47.20	5
		Ank.		0.10	-	0.30	-	0.06	127.07	6
15	Spiger	Afs.	59.72	0.69	-	-	0.06	0.15	64.53	15
		Ank.			-	-	-	-	27.01	
16	Trælast & Brænde: Planker, Bord, Lægter og Stav	Afs.	299.70	300.10	-	-	-	-	3.63	
		Ank.		17.70	-	-	36.70	-	22 091.97	68
17	Trælast & Brænde: Tømmer, alle Slags, O og ▢	Afs.	249.60	101.94	-	-	-	-	-	
		Ank.		1 160.60	-	-	-	-	21 748.65	4 53
18	Trælast & Brænde: Brænde og Baghun	Afs.	5.00	39.50	-	-	-	-	-	
		Ank.		-	-	-	-	-	9 576.00	20
19	Træmasse	Afs.	-	-	-	-	-	-	-	
		Ank.		0.15	-	-	-	-	8 709.70	
20	Øl, alle Slags	Afs.	3.72	-	-	-	-	-	91.58	3
		Ank.		-	-	-	-	-	2.85	
21	Øvrige Varer (Ilgods indbef.)	Afs.	1 603.42	211.09	41.33	25.34	26.69	43.05	3 878.10	63
		Ank.		132.37	17.60	43.25	14.07	25.41	3 718.95	17
	Tilsammen	Afs.	6 169.70	1 011.24	41.43	37.95	31.75	46.61	25 441.92	3 37
		Ank.		1 385.95	18.36	43.94	56.36	30.57	74 721.60	5 72

ngde af de væsentligste Varesorter.

en.

k.

edbanens Stationer:
do. do.

lotten-berg.	Eidsvold—Hamar-banen.	Røros-banen.	Meraker-banen.	Svenske Baner over Storlien.	Til-sammen.	Bryn.	Grorud.	Robsrud Sidespor.	Laasby Sidespor.	Løbenummer.
over Eidsvold.						Lokaltrafik. Afsendt til Kr.ania fra Stationerne: / Ankommet fra do. til do.				
Antal Ton. (2 Decimaler).										
-	30.95	97.48	-	-	252.18	-	-	-	-	1
-	276.82	763.19	-	-	1 040.06	-	-	-	-	
10.66	1 014.97	392.44	-	-	11 530.43	-	31.10	-	-	2
-	5.00	-	-	-	10.36	0.50	8 973.05	588.10	2 108.00	
-	-	-	-	-	0.94	-	-	-	15.00	3
8.00	134.50	34.26	-	-	2 258.25	15.00	-	-	-	
14.65	1 451.34	1 214.19	13.00	11.90	4 300.39	-	-	-	6.10	4
54.09	214.70	259.04	0.23	4.44	13 396.56	33.91	4.56	16.70	-	
30.79	70.15	175.04	-	2.56	1 424.87	0.02	-	-	-	5
35.89	71.85	171.51	-	-	2 555.01	0.31	0.19	-	-	
79.56	3 187.76	3 640.06	22.48	-	15 260.32	0.64	30.25	-	5.00	6
76.14	130.03	33.14	-	-	1 918.42	110.53	66.70	-	-	
23.40	9 043.68	989.89	-	-	14 423.23	-	-	-	-	7
0.70	0.57	0.06	-	-	69.14	1 735.83	1 066.76	750.10	6.30	
29.42	256.81	802.27	0.07	-	2 786.29	-	12.50	-	-	8
5.00	15.67	65.00	0.13	-	877.14	35.30	0.96	41.50	-	
31.68	-	-	-	-	131.68	-	-	-	-	9
-	3 091.39	509.01	-	-	5 924.98	-	-	-	-	
-	887.20	589.80	-	-	1 855.55	-	-	-	-	10
25.00	-	-	-	-	100.32	-	4.58	15.20	-	
-	1.03	8.81	-	-	25.89	0.02	0.58	-	-	11
4.02	406.73	33.59	-	-	688.70	0.37	0.67	-	-	
18.14	520.45	491.85	-	-	1 874.78	-	-	-	-	12
-	-	0.16	-	-	0.16	5.60	5.60	-	-	
6.05	139.19	18.99	-	0.18	2 823.53	-	-	-	-	13
29.36	3.86	495.70	1.16	-	534.64	2.14	-	-	-	
8.89	91.60	264.46	1.53	5.04	668.22	-	-	-	-	14
0.97	168.91	875.61	42.18	0.04	1 480.00	0.11	0.12	-	-	
9.82	52.66	68.30	0.05	10.00	502.19	-	-	-	-	15
6.68	-	73.84	-	-	167.53	-	0.66	-	-	
-	133.86	96.50	-	-	534.09	-	383.70	1 199.30	1 926.00	16
5.90	228.50	8.50	-	-	47 922.67	15.00	35.10	61.10	-	
-	37.30	20.00	-	-	159.24	17.40	1 866.60	759.60	473.10	17
4.90	814.90	113.40	0.48	-	29 296.03	5 501.70	1 763.60	5.00	-	
-	5.00	-	-	-	44.50	-	359.00	169.90	1 309.20	18
0.40	427.60	-	-	-	10 233.30	-	-	-	-	
-	-	-	-	-	-	-	281.12	-	-	19
2.16	-	-	-	0.04	25 592.05	-	-	-	-	
0.98	121.09	22.19	-	-	239.19	-	-	-	-	20
-	296.21	1.25	-	-	300.31	-	2.74	-	-	
3.73	4 610.94	5 419.08	50.01	24.87	19 417.11	4.52	17.62	66.38	5.00	21
1.30	2 542.08	2 367.19	51.90	0.91	11 782.40	141.42	446.45	346.20	10.60	
7.77	21 655.98	14 311.35	87.14	54.55	78 254.62	22.60	2 982.47	2 195.18	3 739.40	
0.51	8 829.32	5 804.45	96.08	5.43	156 148.03	7 597.72	12 371.74	1 823.90	2 124.90	

Tabel XI (Forts.). Opgave over Transp

Løbenummer.	Varesorter.	Transportens Retning.	Fjeld-hammer Sidespor.	Strømmen.	Lille-strøm.	Lersund.	Frogner.
			Antal Ton. (2 Decimaler).				
1	Brændevin paa Træer	Afs.	-	-	-	-	
		Ank.	-	-	0.60	0.19	(
2	Gjødning, alle Slags	Afs.	-	-	-	-	
		Ank.	9.30	1 540.15	727.31	842.65	76
3	Hø og Halm	Afs.	-	70.92	137.87	95.50	
		Ank.	-	-	0.61	-	(
4	Jern og Staal og Arbeide deraf undtagen Spiger	Afs.	-	93.99	67.52	0.75	
		Ank.	44.30	417.18	696.20	4.00	2
5	Kjød og Flesk, alle Slags	Afs.	-	-	0.74	0.15	(
		Ank.	-	7.38	34.51	2.13	
6	Kornvarer og Mel, alle Slags	Afs.	-	54.57	170.45	37.70	6
		Ank.	-	368.96	1 020.62	89.84	11
7	Kul (Sten-, Træ-), Cokes og Cinders	Afs.	-	-	-	-	
		Ank.	377.90	509.51	1 631.44	10.56	8
8	Malme, Erts og Kis a)	Afs.	-	-	-	2 646.30	
		Ank.	65.60	98.56	58.53	1.31	1
9	Melk	Afs.	-	27.31	12.95	246.57	66
		Ank.	-	-	-	-	
10	Mursten, Tagsten og Drainsrør	Afs.	-	-	-	-	
		Ank.	160.60	6.77	9.87	8.30	
11	Poteter	Afs.	-	2.39	22.22	15.26	
		Ank.	-	4.77	2.14	1.01	
12	Salt	Afs.	-	-	-	-	
		Ank.	-	11.38	68.51	13.42	1
13	Sild og Fisk	Afs.	-	0.02	-	-	
		Ank.	-	15.28	73.03	5.44	9
14	Smør og Ost	Afs.	-	0.02	1.24	-	2
		Ank.	-	15.75	46.34	2.27	1
15	Spiger	Afs.	-	-	-	-	
		Ank.	-	7.14	15.61	1.30	2
16	Trælast & Brænde. Planker, Bord, Lægter og Stav	Afs.	8.00	417.44	56 274.20	-	56
		Ank.	5.00	27.50	41.00	-	5
17	Trælast & Brænde. Tømmer, alle Slags, ○ og □	Afs.	-	360.60	16 077.30	896.20	191
		Ank.	43.60	35.00	32.00	-	
18	Trælast & Brænde. Brænde og Baghun	Afs.	-	1 298.30	13 568.70	662.10	117
		Ank.	-	-	-	-	
19	Træmasse	Afs.	-	0.02	11.00	-	
		Ank.	-	-	-	-	
20	Øl, alle Slags	Afs.	-	-	-	-	
		Ank.	-	86.32	129.07	3.26	3
21	Øvrige Varer (Ilgods indbef.)	Afs.	104.90	589.40	1 318.26	16.69	20
		Ank.	306.10	467.07	957.11	58.36	113
	Tilsammen	Afs.	112.90	2 914.98	87 662.45	4 617.22	1 143
		Ank.	1 012.40	3 618.72	5 544.50	1 044.04	1 166

…ngde af de væsentligste Varesorter.

…en (Forts.).

…k.

…stiania fra Stationerne:
do. til do.

Kløften.	Trøgstad.	Hauersæter Sidespor.	Dal.	Bøn.	Eidsvold.	Mjøsstationerne.	Sum.	Løbenummer.
Antal Ton. (2 Decimaler).								
-	-	-	-	-	1 686.[illegible]	312.04	1 998.66	1
0.73	1.90	-	2.26	1.22	30.40	63.53	100.99	
-	-	-	-	0.20	-	-	31.30	2
2 712.11	1 481.98	609.40	899.02	131.80	668.00	237.35	22 294.27	
265.52	213.57	11.70	42.40	-	219.29	4.11	1 075.88	3
-	0.05	-	-	-	-	-	15.72	
2.17	7.36	-	4.73	117.32	54.72	154.69	509.35	4
29.70	78.87	-	239.13	142.13	2 064.77	3 287.16	7 082.98	
1.02	3.48	-	7.95	1.53	72.07	57.85	144.93	5
6.44	30.77	-	12.35	5.09	73.81	35.95	211.86	
247.13	199.83	-	142.70	13.15	177.44	47.65	1 193.14	6
491.40	745.61	-	625.26	216.00	4 030.50	1 709.92	9 589.88	
-	-	-	-	-	-	-	-	7
238.94	685.66	22.60	337.64	4 467.53	6 096.22	1 900.70	19 926.67	
67.65	2.52	-	0.36	-	8.70	15.51	2 753.54	8
14.83	56.48	-	94.52	761.59	885.30	98.07	2 228.61	
1 273.84	1 606.36	-	713.79	97.43	578.38	-	5 220.19	9
-	-	-	-	-	-	-	-	
-	-	-	-	18.00	-	-	18.00	10
5.26	1.88	-	-	0.98	0.32	69.03	287.79	
24.65	245.33	-	232.45	22.60	144.07	56.32	770.25	11
1.79	-	-	10.02	0.56	8.23	2.81	32.84	
0.10	-	-	0.05	-	-	-	0.15	12
43.09	120.84	5.70	56.50	236.80	713.01	893.37	2 186.67	
0.35	0.15	-	0.36	-	2.01	4.06	6.95	13
-	50.96	-	49.07	11.88	170.99	60.45	511.03	
7.77	60.68	-	39.26	2.03	1 083.72	397.55	1 614.58	14
8.97	26.17	-	15.70	10.39	26.73	43.90	198.15	
-	-	-	-	270.61	0.02	-	270.63	15
8.04	10.34	-	5.35	6.08	40.21	111.77	208.93	
-	16.03	8.40	9 297.40	-	817.10	765.30	71 169.57	16
-	-	-	-	-	-	6.00	195.90	
77.10	1 173.00	739.80	1 846.80	-	369.80	2.80	24 851.50	17
-	-	-	-	-	-	-	7 380.90	
123.00	67.00	15.00	3 604.50	-	97.90	-	21 391.90	18
-	-	-	-	-	-	-	-	
-	-	-	-	9 218.50	5 769.43	36.92	15 316.99	19
-	-	-	-	-	-	-	-	
0.17	-	-	-	-	0.17	-	0.34	20
31.33	241.57	-	57.76	20.85	182.93	125.60	884.84	
97.83	334.78	-	126.95	2 029.79	1 016.96	1 533.26	7 282.96	21
358.55	858.17	0.50	498.47	1 746.97	4 786.08	2 920.14	13 953.33	
2 188.30	3 930.09	774.90	16 059.70	11 791.16	12 098.40	3 388.06	155 620.81	
3 951.18	4 391.25	638.20	2 903.05	7 759.87	19 777.50	11 565.75	87 291.36	

Tabel XI (Forts.). Opgave over Transpo

Løbenummer.	Varesorter.	Transportens Retning.	Hovedbanen (Forts.).				
			Lokaltrafik.		Samlet Trafik.		
			Øvrige Lokal-trafik, afsendt eller an-kommet.	Til-sammen, afsendt eller an-kommet.	Op.	Ned.	Hoved-sum, afsendt eller an-kommet
			Antal Ton. (2 Decimaler)				
1	Brændevin paa Træer	Afs. Ank.	0.09	2 099.74	363.20	3 044.87	3 408.
2	Gjødning, alle Slags	Afs. Ank.	837.80	23 163.37	34 412.38	349.51	34 761.
3	Hø og Halm	Afs. Ank.	70.91	1 162.51	46.64	3 471.69	3 518.
4	Jern og Staal og Arbeide deraf, undtagen Spiger	Afs. Ank.	217.26	7 809.59	12 608.52	13 710.66	26 319.
5	Kjød og Flesk, alle Slags	Afs. Ank.	3.69	360.48	1 639.34	2 714.37	4 353.
6	Kornvarer og Mel, alle Slags	Afs. Ank.	82.40	10 865.42	25 665.42	3 142.06	28 807.
7	Kul (Sten-, Træ-), Cokes og Cinders	Afs. Ank.	10.51	19 937.18	34 351.09	84.98	34 436.
8	Malme, Erts og Kis a)	Afs. Ank.	500.46	5 482.61	5 365.01	3 862.18	9 227.
9	Melk	Afs. Ank.	83.04	5 303.23	131.84	11 228.05	11 359.
10	Mursten, Tagsten og Drainsrør	Afs. Ank.	1 348.04	1 653.83	2 826.97	843.77	3 670.
11	Poteter	Afs. Ank.	23.36	826.45	66.67	1 487.24	1 553.
12	Salt	Afs. Ank.	-	2 186.82	4 072.12	5.31	4 077.
13	Sild og Fisk	Afs. Ank.	32.04	550.02	3 399.73	2 478.81	5 878.
14	Smør og Ost	Afs. Ank.	8.93	1 821.66	844.43	3 166.63	4 011.
15	Spiger	Afs. Ank.	49.73	529.29	812.88	445.85	1 258.
16	Trælast & Brænde. Planker, Bord, Lægter og Stav	Afs. Ank.	4 463.98	75 829.45	1 970.41	122 615.50	124 585.
17	Trælast & Brænde. Tømmer, alle Slags, ○ og □	Afs. Ank.	17 774.80	50 007.20	15 842.00	63 870.07	79 712.
18	Trælast & Brænde. Brænde og Baghun	Afs. Ank.	1 367.90	22 759.80	176.20	32 866.40	33 042.
19	Træmasse	Afs. Ank.	24.80	15 341.79	0.15	40 933.69	40 933.
20	Øl, alle Slags	Afs. Ank.	17.85	903.03	1 146.16	300.09	1 446.
21	Øvrige Varer (Ilgods indbef.)	Afs. Ank.	812.83	22 049.12	34 518.55	20 333.50	54 852.
	Tilsammen	Afs. Ank.	27 730.42	270 642.59	180 259.71	330 955.23	511 214.

ngde af de væsentligste Varesorter.

Sammendrag for samtlige Baner. d)

Afsendt til Svenske Baner Ankommet fra do. do. er Kornsjø.	over Charlottenberg.	over Storlien.	Tilsammen.	Lokaltrafik, afsendt eller ankommet.	Samlet Trafik.	Løbenummer.
Antal Ton. (2 Decimaler).						
1.28 0.08	0.64 9.84	14.01 1.36	15.93 11.28	5 018.63	5 045.84	1
106.95 21.52	412.66 9.98	73.75 -	593.36 31.50	66 967.43	67 592.29	2
5.40 4.54	- 113.10	76.43 7.20	81.83 124.84	10 733.90	10 940.57	3
1 915.64 2 976.63	826.97 11 745.88	136.04 609.77	2 878.65 15 332.28	27 060.43	45 271.36	4
6.12 511.02	1 061.57 2 136.53	1 460.97 3.57	2 528.66 2 651.12	3 453.91	8 633.69	5
1 163.83 296.07	1 908.61 103.90	2 876.42 5.03	5 948.86 405.00	73 725.50	80 079.36	6
2 361.63 143.70	1 154.30 0.70	103.26 85.96	3 619.19 230.36	87 886.67	91 736.22	7
208.92 316.12	239.98 34.68	12.54 -	461.44 350.80	42 229.15	43 041.39	8
1.50 28.51	131.68 -	57.16 -	190.34 28.51	33 671.74	33 890.59	9
357.92 41.76	144.64 25.00	188.34 -	690.90 66.76	22 739.96	23 497.62	10
0.26 13.89	0.14 4.02	21.75 0.10	22.15 18.01	6 976.39	7 016.55	11
167.50 -	18.14 0.30	96.00 -	281.64 0.30	8 259.50	8 541.44	12
753.45 8.42	3 500.85 30.72	14 642.04 0.20	18 896.34 39.34	9 278.51	28 214.19	13
53.10 166.16	229.77 202.08	34.14 2.75	317.01 370.99	6 974.71	7 662.71	14
450.44 5.24	289.82 120.46	20.86 -	761.12 125.70	1 618.27	2 505.09	15
139.24 36 363.86	- 26 807.50	1.12 48 084.60	140.36 111 255.96	163 531.36	274 927.68	16
- 18 125.10	- 924.90	- 8 572.30	- 27 622.30	170 639.23	198 261.53	17
- 1 026.00	- 20.40	- 239.70	- 1 286.10	70 489.31	71 775.41	18
- 4 703.84	- 16 901.06	0.48 5 385.84	0.48 26 990.74	155 388.06	182 379.28	19
0.17 0.36	0.98 1.14	0.58 0.88	1.73 2.38	5 886.39	5 890.50	20
1 654.91 4 567.56	4 712.31 3 186.49	3 853.82 838.83	10 221.04 8 592.88	175 866.23	194 680.15	21
9 348.26 69 320.38	14 633.06 62 378.68	23 669.71 63 838.09	47 651.03 195 537.15	1 148 395.28	1 391 583.46	

Anmærkninger til Tabel XI.

Med «Op» betegnes overalt Retningen fra Kristiania; ved Jæderbanen og Bergen—Vossbanen, der ikke staar i direkte Forbindelse med Kristiania, betegner følgelig «Op» Retningen henholdsvis fra Egersund til Stavanger og fra Voss til Bergen.

a) Heri for 1ste Distrikt, Eidsvold—Hamarbanen og Hovedbanen indbefattet Kalk, Kalksten, Jord, Ler, Sand og Sten.

Smaalensbanen:

b) Trafik mellem 1ste, 3die & 4de Trafikdistrikt samt Hovedbanen paa den ene Side og Horten pr. Dampskibet «Bastø» paa den anden Side er behandlet som Trafik vedkommende Smaalensbanen, hvilken Trafik har udgjort:

Afsendt fra Horten 23.94 Ton, hvoraf til Smaalensbanen 23.03 Ton.
Ankommet til —«— 17.32 « —«— fra —«— 15.21 «

ligeledes er Trafik mellem 2det Trafikdistrikt paa den ene Side og Moss pr. Dampskibet «Bastø» paa den anden Side behandlet som Trafik vedkommende Drammen—Skienbanen, hvilken Trafik har udgjort:

Afsendt fra Moss 153.29 Ton, hvoraf til Drammen—Skienbanen 135.94 Ton.
Ankommet til —«— 115.79 « —«— fra —«— 60.50 «

Drammen—Skienbanen:

c) Se Anmærkning b) ovenfor.

Samtlige Baner:

d) Det bemærkes, at Opgaverne, over hvad der er transporteret paa samtlige Baner, refererer sig til den virkelige Transportmængde, idet hvad der er ført over to eller flere Baner, kun er medregnet én Gang.

Tabel XII.

Opgave over hvorledes Togene har været besatte med Reisende[1]) og belastede med Gods mellem Stationerne.

Renseignement sur l'occupation des trains par des voyageurs[1]) et des marchandises entre les stations.

Mellem Stationerne. Entre les stations.		Antal Reisende. (Ordinære Tog). Nombre des voyageurs. (Trains ordinaires).			Antal Ton II- & Fragtgods. Tonnes de marchandises.		
		Op.[2]) Aller.[2])	Ned. Retour.	Tilsammen Total.	Op.[2]) Aller.[2])	Ned. Retour.	Tilsammen. Total.
Smaalensbanen. (Kistiania—Rigsgrændsen). Vestre Linie:							
Kristiania	og Bækkelaget	413 692	425 081	838 773	37 361	60 081	97 442
Bækkelaget	- Nordstrand	344 147	350 869	695 016	37 125	60 110	97 235
Nordstrand	- Ljan	241 796	241 775	483 571			
Ljan	- Oppegaard	136 982	137 256	274 238	36 307	60 118	96 425
Oppegaard	- Ski	130 818	130 953	261 771	35 598	58 107	93 705
Ski	- Aas	77 480	77 434	154 914	18 488	22 838	41 326
Aas	- Vestby	67 513	67 194	134 707	15 066	18 620	33 686
Vestby	- Saaner	64 548	64 268	128 816	13 888	17 048	30 936
Saaner	- Kambo	64 372	64 234	128 606	13 468	17 104	30 572
Kambo	- Moss				14 221	16 538	30 759
Moss	- Dilling	77 298	75 247	152 545	13 475	13 642	27 117
Dilling	- Rygge	72 863	71 015	143 878	13 064	13 469	26 533
Rygge	- Raade	66 331	64 630	130 961	11 926	12 635	24 561
Raade	- Onsø	66 728	65 055	131 783	11 680	11 635	23 315
Onsø	- Fredrikstad	71 432	69 968	141 400	11 726	11 215	22 941
Fredrikstad	- Lisleby	66 289	65 730	132 019	10 561	33 521	44 082
Lisleby	- Greaaker	68 051	66 978	135 029	10 483	33 593	44 076
Greaaker	- Sandesund	65 468	64 513	129 981	10 071	32 907	42 978
Sandesund	- Sarpsborg	63 908	62 998	126 906	9 574	35 473	45 047
Sarpsborg	- Skjeberg	56 174	54 791	110 965	6 983	27 996	34 979
Skjeberg	- Døle	49 920	49 032	98 952	6 565	26 618	33 183
Døle	- Berg	51 879	50 770	102 649	6 564	26 239	32 803
Berg	- Fredrikshald	61 079	60 514	121 593	6 668	26 284	32 952
Fredrikshald	- Tistedalen	41 003	37 035	78 038	12 147	92 226	104 373
Tistedalen	- Aspedammen	30 006	28 709	58 715	11 089	76 444	87 533
Aspedammen	- Præstebakke	27 363	26 491	53 854	11 059	76 124	87 183
Præstebakke	- Mosekasa[3])	21 242	20 303	41 545	10 194	73 884	84 078
Mosekasa[3])	- Kornsjø				10 186	72 754	82 940
Kornsjø	- Rigsgrændsen	17 230	16 419	33 649	9 348	69 327	78 675
Østre Linie:							
Ski	og Kraakstad	46 020	46 245	92 265	14 623	35 131	49 754
Kraakstad	- Skodbo[3])	40 188	40 319	80 507	12 249	30 242	42 491
Skodbo[3])	- Tomter				11 968	30 242	42 210
Tomter	- Spydeberg	33 278	33 300	66 578	10 029	23 951	33 980
Spydeberg	- Askim	24 943	24 929	49 872	12 057	19 546	31 603
Askim	- Slitu	21 110	21 228	42 338	6 340	10 665	17 005
Slitu	- Mysen	18 427	18 289	36 716	5 592	8 562	14 154
Mysen	- Eidsberg	11 883	11 382	23 265	4 304	4 252	8 556
Eidsberg	- Rakkestad	9 837	9 826	19 663	4 129	3 193	7 322
Rakkestad	- Gautestad	12 346	12 202	24 548	6 741	1 839	8 580
Gautestad	- Ise	11 816	11 913	23 729	8 275	1 406	9 681
Ise	- Sarpsborg	18 572	19 027	37 599	8 477	1 420	9 897
Kongsvingerbanen.							
Lillestrøm	og Nerdrum[3])	61 013	61 036	122 049	45 467	154 824	200 391
Nerdrum[3])	- Fetsund				44 715	147 037	191 552
Fetsund	- Varaaen[3])	49 061	49 216	98 277	41 420	145 149	186 569
Varaaen[3])	- Sørumsanden[3])				40 341	143 549	183 890
Sørumsanden[3])	- Blaker	47 055	47 372	94 427	39 820	142 374	182 194

[1]) Antal Reiser paa Maanedsbilletter ikke medregnede. Nombre des voyages avec billets de saison non compris).

[2]) «Op» betegner Retningen fra Kristiania. «Aller» signifie la direction de Kristiania. [3]) Sidespor.

Tabel XII (Forts.). Opgave over hvorledes Togene har været

Mellem Stationerne.			Antal Reisende. (Ordinære Tog).			Antal Ton Il- & Fragtgods.		
			Op.	Ned.	Tilsammen.	Op.	Ned.	Tilsammen.
Blaker	og	Haga	38 127	38 550	76 677	37 194	135 018	172 212
Haga	-	Aarnes	35 572	36 019	71 591	35 492	130 233	165 725
Aarnes	-	Funnefoss *)	31 202	31 682	62 884	33 926	126 505	160 431
Funnefoss *)	-	Sæterstøen				33 951	119 413	153 364
Sæterstøen	-	Disenaaen *)	29 277	29 739	59 016	32 685	113 727	146 412
Disenaaen *)	-	Skarnes	29 268	29 637	58 905	32 409	111 821	144 230
Skarnes	-	Sander	27 929	28 496	56 425	30 134	109 129	139 263
Sander	-	Galterud *)	27 495	27 910	55 405	29 581	106 241	135 822
Galterud *)	-	Kongsvinger	27 572	28 039	55 611	29 670	104 692	134 362
Kongsvinger	-	Sjøli *)	19 704	19 563	39 267	19 933	96 411	116 344
Sjøli *)	-	Aabogen				19 882	95 948	115 830
Aabogen	-	Eidskogen	16 351	16 580	32 931	19 445	90 332	109 777
Eidskogen	-	Skotterud	16 893	16 358	33 251	19 096	86 683	105 779
Skotterud	-	Magnor	14 241	14 311	28 552	18 088	77 363	95 451
Magnor	-	Eda	11 942	12 130	24 072	17 117	72 760	89 877
Eda *)	-	Charlottenberg				17 541	72 355	89 896
Kongsvinger—Flisenbanen.								
Kongsvinger	og	Roverud	8 763	8 747	17 510	4 293	7 705	11 998
Roverud	-	Nor	6 278	6 490	12 768	3 432	5 312	8 744
Nor	-	Grinder	6 436	6 564	13 000	3 198	3 977	7 175
Grinder	-	Kirkenær	5 626	5 730	11 356	2 978	2 679	5 657
Kirkenær	-	Navnaaen	6 828	6 379	13 207	2 389	2 062	4 451
Navnaaen	-	Arneberg	6 052	5 811	11 863	2 224	804	3 028
Arneberg	-	Flisen	4 615	4 167	8 782	1 727	675	2 402
Kristiania—Drammenbanen.								
Kristiania	og	Skarpsno	460 913	467 081	927 994	39 871	62 223	102 094
Skarpsno	-	Bygdø	458 758	463 451	922 209			
Bygdø	-	Bestum	408 234	412 503	820 737	39 824	62 575	102 399
Bestum	-	Lysaker	362 518	366 711	729 229			
Lysaker	-	Stabæk	294 821	300 066	594 887	36 737	66 519	103 256
Stabæk	-	Høvik	258 867	264 478	523 345			
Høvik	-	Sandviken	218 248	223 713	441 961	35 729	65 551	101 280
Sandviken	-	Slæpenden	152 228	156 118	308 346	33 248	52 709	85 957
Slæpenden	-	Hvalstad	143 317	146 838	290 155			
Hvalstad	-	Asker	130 228	132 942	263 170	32 696	52 321	85 017
Asker	-	Heggedal	114 590	117 243	231 833	31 145	50 985	82 130
Heggedal	-	Røken	109 218	111 327	220 545	30 266	51 609	81 875
Røken	-	Spikkestad	108 166	110 706	218 872	28 949	50 260	79 209
Spikkestad	-	Lier	107 908	110 260	218 168	28 585	47 981	78 566
Lier	-	Brageröen	120 622	123 248	243 870	30 053	48 394	78 447
Brageröen	-	Drammen	117 758	119 665	237 423			
Drammen—Skienbanen.								
Drammen	og	Gundesø	60 085	60 540	129 625	13 929	11 678	25 607
Gundesø	-	Skoger	59 585	60 018	119 603	13 081	10 575	23 656
Skoger	-	Galleberg	54 170	55 362	109 532			
Galleberg	-	Sande	52 270	53 087	105 357	12 861	9 487	22 348
Sande	-	Holm	45 481	46 595	92 076	12 038	7 736	19 774
Holm	-	Holmestrand	44 639	45 892	90 531			
Holmestrand	-	Nykirke	46 139	46 504	92 643	11 876	7 504	19 380
Nykirke	-	Skoppum	49 342	49 896	99 238	11 584	7 723	19 307
Skoppum	-	Adal	60 768	60 398	121 166	10 059	7 909	17 978
Adal	-	Barkaaker	60 967	60 597	121 564	9 660	7 958	17 618
Barkaaker	-	Tønsberg	65 797	65 742	131 539	9 579	8 039	17 618
Tønsberg	-	Sem	76 004	75 770	151 774	8 191	9 858	18 049
Sem	-	Stokke	57 974	57 963	115 937	7 979	7 697	15 676
Stokke	-	Raastad	52 440	52 726	105 166	7 882	7 831	15 713
Raastad	-	Sandefjord	54 138	54 791	108 929	8 222	7 732	19 754

*) Sidespor.

besatte med Reisende og belastede med Gods mellem Stationerne.

Mellem Stationerne.	Antal Reisende. (Ordinære Tog)			Antal Ton Il- & Fragtgods.		
	Op.	Ned.	Tilsammen.	Op.	Ned.	Tilsammen.
Sandefjord og Jaaberg	50 186	49 390	99 576	7 039	9 396	16 435
Jaaberg - Tjølling	49 850	49 327	99 177	7 116	9 389	16 505
Tjølling - Grøtting	52 652	53 079	105 731	7 636	9 485	17 121
Grøtting - Larvik	53 131	53 468	106 599	-	-	-
Larvik - Kjose	27 851	28 123	55 974	3 996	5 002	8 998
Kjose - Aaklungen	25 802	26 107	51 909	3 884	4 528	8 412
Aaklungen - Bjørkedalen	28 279	28 582	56 861	6 981	4 144	11 125
Bjørkedalen - Eidanger	29 832	30 480	60 312	8 323	4 157	12 480
Eidanger - Porsgrund	50 133	51 114	101 247	8 484	3 476	11 960
Porsgrund - Osebakke	69 598	69 957	139 555			
Osebakke - Borgestad	85 900	85 930	171 830	6 392	2 067	8 459
Borgestad - Bøle	93 822	94 141	187 963			
Bøle - Skien	99 210	99 654	198 864			
Skoppum - Borre	48 023	49 350	97 373	3 210	1 766	4 976
Borre - Horten	49 182	50 025	99 207	2 966	1 716	4 682
Drammen-Randsfjordb.						
Drammen og Gulskogen	84 386	84 371	168 757	66 937	145 145	212 082
Gulskogen - Mjøndalen	85 431	85 132	170 563	67 927	144 289	212 216
Mjøndalen - Hougsund	75 364	74 997	150 361	67 450	135 869	203 319
Hougsund - Burud	51 127	50 747	101 874	48 869	107 979	156 848
Burud - Skotselven	49 618	49 269	98 887	48 630	107 946	156 576
Skotselven - Aamot	44 470	44 151	88 621	41 775	104 661	146 436
Aamot - Gjeithus	41 154	40 903	82 057	38 247	92 863	131 110
Gjeithus - Vikesund	42 692	42 069	84 761	33 677	88 875	122 552
Vikesund - Nakkerud	27 209	27 130	54 339	28 667	76 252	104 910
Nakkerud - Skjærdalen	27 880	27 824	55 704	28 382	75 931	104 313
Skjærdalen - Ask	29 299	29 086	58 385	26 852	73 109	99 961
Ask - Hønefoss	31 471	31 092	62 563	26 784	73 064	99 848
Hønefoss - Hen	32 180	30 180	62 360	18 766	63 396	82 162
Hen - Randsfjord	18 883	18 422	37 305	16 073	44 475	60 548
Hougsund - Vestfossen	28 900	28 654	57 554	20 418	30 172	50 590
Vestfossen - Darbu	20 647	20 401	41 048	10 332	21 958	32 290
Darbu - Krekling	18 680	18 484	37 164	10 078	20 322	30 400
Krekling - Skollenborg	18 381	18 124	36 505	10 313	18 657	28 970
Skollenborg - Kongsberg	20 955	20 004	40 959	8 439	10 244	18 683
Vikesund - Hære	13 528	12 435	25 963			
Hære - Hole	12 848	12 032	24 880	3 666	11 095	14 761
Hole - Snarum	10 503	10 154	20 657			
Snarum - Ula	10 496	9 843	20 339			
Ula - Ramfoss	10 421	9 717	20 138	3 139	3 468	6 607
Ramfoss - Krøderen	8 032	7 869	15 901			
Eidsvold—Hamarbanen.						
Eidsvold og Baadshaug*)	46 254	46 041	92 295	38 413	18 064	56 477
Baadshaug*) - Minne				38 280	18 090	56 370
Minne - Ulven	38 331	38 616	76 947	37 885	16 460	54 345
Ulven - Strandløkken*)	35 154	35 440	70 594	37 934	15 853	53 787
Strandløkken*) - Espen				38 592	15 868	54 460
Espen - Tangen	38 286	38 366	76 652	40 415	15 947	56 362
Tangen - Stensrud*)	40 082	40 491	80 573	40 482	15 755	56 237
Stensrud*) - Stange	41 232	41 499	82 731	41 274	15 575	56 849
Stange - Ottestad	47 096	47 427	94 523	39 084	14 509	53 593
Ottestad - Gubberud*)	49 283	49 920	99 203	37 657	14 225	51 882
Gubberud*) - Hamar				37 438	14 225	51 663
Rørosbanen.						
Hamar og Aaker	43 976	43 521	87 497	23 304	16 450	39 754
Aaker - Hjellum	43 784	42 974	86 758	21 397	16 596	37 993
Hjellum - Ilseng	40 396	40 727	81 123	20 365	17 455	37 820

*) Sidespor.

Tabel XII (Forts.). Opgave over hvorledes Togene har været

Mellem Stationerne.		Antal Reisende. (Ordinære Tog).			Antal Ton Il- & Fragtgods.		
		Op.	Ned.	Til. sammen.	Op.	Ned.	Til. sammen.
Ilseng	og Hørsand	36 113	36 604	72 717	20 775	17 605	38 380
Hørsand	- Aadalsbrug	33 878	34 455	68 333	20 854	17 593	38 447
Aadalsbrug	- Løiten	32 736	33 577	66 313	18 939	19 732	38 671
Løiten	- Midtskog *)	30 338	31 134	61 472	18 125	20 035	38 160
Midtskog *)	- Elverum				18 125	20 040	38 165
Elverum	- Grundset	23 513	23 716	47 229	12 856	18 243	31 099
Grundset	- Øxna	23 119	23 409	46 528	12 831	17 659	30 490
Øxna	- Rustad *)	21 414	21 885	43 299	12 680	16 872	29 552
Rustad *)	- Aasta				14 460	14 869	29 329
Aasta	- Rena	22 383	22 563	44 946	14 266	14 939	29 205
Rena	- Sætre *)	18 796	18 938	37 734	12 569	14 028	26 597
Sætre *)	- Stenviken				12 675	12 595	25 270
Stenviken	- Ophus	16 766	17 068	33 834	10 099	12 144	22 243
Ophus	- Kroken *)	16 301	16 528	32 829	9 813	11 414	21 227
Kroken *)	- Neta *)				9 794	11 414	21 208
Neta *)	- Rasten				9 794	9 430	19 224
Rasten	- Stai	15 436	15 731	31 167	9 708	9 239	18 947
Stai	- Koppang	15 514	15 619	31 133	9 038	9 043	18 081
Koppang	- Tresa *)	14 972	15 037	30 009	8 073	8 732	16 805
Tresa *)	- Bjøraanesset				8 073	8 756	16 829
Bjøraanesset	- Atna	14 258	14 483	28 741	8 041	8 756	16 797
Atna	- Hanestad	12 996	13 324	26 320	7 868	8 715	16 583
Hanestad	- Barkald	12 582	12 977	25 559	7 600	8 419	16 019
Barkald	- Lilleelvedal	12 878	13 278	26 156	7 540	8 456	15 996
Lilleelvedal	- Auma	12 390	12 993	25 383	7 128	8 345	15 473
Auma	- Tønset	12 351	12 960	25 311	7 367	8 352	15 719
Tønset	- Telneset	11 845	12 478	24 323	7 146	9 335	16 481
Telneset	- Tolgen	11 898	12 498	24 396	7 516	9 277	16 793
Tolgen	- Os	12 252	12 891	25 143	7 583	9 649	17 232
Os	- Røros	12 873	13 536	26 409	7 877	9 912	17 789
Røros	- Nypladsen	16 851	17 805	34 656	7 869	23 223	31 092
Nypladsen	- Jensvold	14 560	14 903	29 463	7 793	23 416	31 209
Jensvold	- Tyvold	13 887	14 075	27 962	7 860	23 637	31 497
Tyvold	- Reitan	14 740	15 923	30 663	23 094	18 005	41 099
Reitan	- Eidet	13 267	14 162	27 429	28 149	18 130	46 279
Eidet	- Holtaalen	12 130	12 694	24 824	28 145	18 686	46 831
Holtaalen	- Langletet	11 942	12 507	24 449	28 658	18 582	47 240
Langletet	- Reitstøen	12 027	12 552	24 579	28 923	18 861	47 784
Reitstøen	- Singsaas	12 270	12 804	25 074	29 227	18 635	47 862
Singsaas	- Bjørgen	12 561	13 160	25 721	29 883	19 227	49 110
Bjørgen	- Kotsøien	12 779	13 272	26 051	30 788	19 487	50 275
Kotsøien	- Rognes	12 766	13 316	26 082	31 286	19 687	50 973
Rognes	- Støren	13 468	13 999	27 467	32 175	20 144	52 319
Støren	- Hovind	17 960	18 762	36 722	33 196	22 438	55 634
Hovind	- Lundemo	19 295	20 145	39 440	35 269	22 645	57 914
Lundemo	- Ler	20 508	21 200	41 708	38 471	22 521	60 992
Ler	- Kvaal	22 563	23 296	45 859	39 864	22 884	62 748
Kvaal	- Søberg	23 796	24 499	48 295	39 977	23 077	63 054
Søberg	- Melhus	24 376	25 103	49 479	39 963	23 152	63 115
Melhus	- Nypan	28 012	28 676	56 688	39 970	23 439	63 409
Nypan	- Heimdal	28 921	29 620	58 541	39 976	23 469	63 445
Heimdal	- Selsbak	41 426	43 167	84 593	40 316	27 823	68 139
Selsbak	- Skandsen	55 359	57 363	112 722			
Skandsen	- Trondhjem	48 947	48 436	97 383			
Merakerbanen.							
Trondhjem	og Leangen	74 902	76 527	151 429	37 292	36 014	73 306
Leangen	- Ranheim	65 679	67 717	133 396	37 170	36 118	73 288
Ranheim	- Vikhammer	37 267	38 709	75 976	36 487	44 708	71 195

*) Sidespor.

besatte med Reisende og belastede med Gods mellem Stationerne.

Mellem Stationerne.			Antal Reisende. (Ordinære Tog). Op.	Ned.	Tilsammen.	Antal Ton Il- & Fragtgods. Op.	Ned.	Tilsammen.
Vikhammer	og	Malvik	36 408	37 886	74 294	26 487	44 708	71 195
Malvik	-	Hommelviken	30 893	32 204	63 097	26 327	44 410	70 737
Hommelviken	-	Hell	23 408	24 309	47 717	32 977	72 209	105 186
Hell	-	Hegre	8 881	9 671	18 552	32 050	69 976	102 026
Hegre	-	Floren	6 748	7 402	14 150	31 622	68 500	100 122
Floren	-	Gudaaen	5 437	6 178	11 615	31 505	67 494	98 999
Gudaaen	-	Meraker	5 308	5 969	11 277	31 321	67 425	98 746
Meraker	-	Storlien	3 938	4 653	8 591	29 950	63 869	93 819
Jæderbanen.								
Stavanger	og	Hillevaag	51 746	52 684	104 430	3 284	4 076	7 360
Hillevaag	-	Hinna						
Hinna	-	Sandnes	47 026	47 459	94 485	3 300	4 057	7 357
Sandnes	-	Høiland	27 984	27 801	55 785	2 843	6 948	9 791
Høiland	-	Klep	26 650	26 362	53 012	2 816	6 801	9 617
Klep	-	Time	23 872	23 538	47 410	2 515	6 057	8 572
Time	-	Nærbø	19 154	18 774	37 928	1 867	4 512	6 379
Nærbø	-	Varhoug	15 745	15 395	31 140	1 739	3 504	5 243
Varhoug	-	Vigrestad	14 142	13 607	27 749	1 642	3 137	4 779
Vigrestad	-	Ogne	12 819	12 195	25 014	1 468	2 870	4 338
Ogne	-	Helvig	14 508	13 633	28 141	946	2 627	3 573
Helvig	-	Egersund	16 258	15 126	31 384	828	2 492	3 320
Bergen—Vossbanen.								
Bergen	og	Solheimsviken	177 611	176 603	354 214	8 329	6 729	15 058
Solheimsviken	-	Minde	169 574	168 628	338 202	8 336	6 729	15 065
Minde	-	Fjøsanger	161 270	160 697	321 967	8 333	6 724	15 057
Fjøsanger	-	Hop	105 166	105 095	210 261	8 350	6 670	15 020
Hop	-	Nesttun	91 529	92 216	183 745	8 325	6 173	14 498
Nesttun	-	Heldal	24 385	24 537	48 922	8 029	5 491	13 520
Heldal	-	Haukeland	23 482	23 733	47 215	8 000	5 417	13 417
Haukeland	-	Arne	19 296	19 538	38 834	7 699	5 063	12 762
Arne	-	Garnes	17 048	17 380	34 428	7 644	4 851	12 495
Garnes	-	Trængereid	14 168	14 784	28 952	7 723	4 819	12 542
Trængereid	-	Vaksdal	13 572	13 905	27 477	7 749	4 798	12 547
Vaksdal	-	Stanghelle	14 684	14 594	29 278	6 581	4 729	11 310
Stanghelle	-	Dale	15 265	15 213	30 478	6 629	4 716	11 345
Dale	-	Bolstad	11 000	12 108	23 108	4 612	3 005	7 617
Bolstad	-	Ævanger	11 465	13 697	25 162	4 334	2 961	7 295
Ævanger	-	Bolken	11 908	12 277	24 185	4 087	2 696	6 783
Bolken	-	Voss	12 762	13 697	26 459	3 728	2 387	6 115
Hovedbanen.								
Kristiania	og	Bryn	219 299	213 591	432 890	163 521	306 345	469 866
Bryn	-	Grorud	203 127	201 969	405 096	155 415	309 530	464 945
Grorud	-	Robsrud*)	175 031	175 459	350 490	145 347	307 844	453 191
Robsrud*)	-	Laasby*)				144 205	305 776	449 981
Laasby*)	-	Fjeldhammer*)				142 540	302 060	444 600
Fjeldhammer*)	-	Strømmen				141 540	302 125	443 665
Strømmen	-	Lillestrøm	164 030	164 354	328 384	138 921	302 055	440 976
Lillestrøm	-	Lersund	89 223	88 678	177 901	98 527	75 918	174 445
Lersund	-	Frogner	83 151	82 786	165 937	97 550	71 070	168 620
Frogner	-	Kløften	78 300	77 857	156 157	96 206	70 012	166 218
Kløften	-	Trøgstad	70 239	70 127	140 366	91 820	67 781	159 601
Trøgstad	-	Hauersæter*)	58 284	58 461	116 745	87 742	63 175	150 917
Hauersæter*)	-	Dal				87 173	61 716	148 889
Dal	-	Bøn	54 366	54 529	108 895	84 468	44 900	129 368
Bøn	-	Eidsvold	56 394	56 693	113 087	71 868	44 741	116 609

*) Sidespor.

Tabel XIII.

Opgave over Maanedsbilleter*) i Terminen 1893—94.

Billets de saison, terme 1893—94.

Mellem Stationerne. Entre les stations.	Billetternes Varighed. Durée des billets de saison.		Antal. Nombre. II Kl.	III Kl.	Indtægt. Recettes. II Kl. Kr.	III Kl. Kr.	Tilsammen. Total. Kr.
Smaalensbanen.							
Kristiania—Ljan.	Helbillet	12 Maaneder	58	226	3 625.00	8 437.50	12 062.50
	Halvbillet	12 —	8	91	300.00	2 002.50	2 302.50
	Helbillet	11 —	1	2	60.00	72.00	132.00
	Halvbillet	11 —	-	1	-	21.60	21.60
	Helbillet	10 —	-	7	-	235.20	235.20
	Halvbillet	10 —	2	10	67.20	201.60	268.80
	Helbillet	9 —	-	4	-	124.80	124.80
	Halvbillet	9 —	-	-	-	-	-
	Helbillet	8 —	2	3	96.00	86.40	182.40
	Halvbillet	8 —	1	1	28.80	34.56	63.36
	Helbillet	7 —	2	5	88.00	132.00	220.00
	Halvbillet	7 —	-	1	-	15.84	15.84
	Helbillet	6 —	7	70	280.00	1 680.00	1 960.00
	Halvbillet	6 —	-	34	-	489.60	489.60
	Helbillet	5 —	2	14	70.00	294.00	364.00
	Halvbillet	5 —	-	6	-	75.60	75.60
	Helbillet	4 —	5	27	150.00	486.00	636.00
	Halvbillet	4 —	1	2	18.00	21.60	39.60
	Helbillet	3 —	6	127	150.00	1 905.00	2 055.00
	Halvbillet	3 —	-	23	-	207.00	207.00
	Helbillet	2 —	5	73	90.00	810.00	900.00
	Halvbillet	2 —	1	26	10.80	174.96	185.76
	Helbillet	1 —	31	646	310.00	3 870.00	4 180.00
	Halvbillet	1 —	-	141	-	507.60	507.60
		Sum	132	1 540	5 343.80	21 885.36	27 229.16

*) Fra og med 1ste Juni 1891 udstedes Maanedsbilletter (Saisonbilletter) for Voxne til alle 3 Vognklasser, forsaavidt de føres i Togene, efter følgende Taxter og Regler:

For 1 Maaned beregnes for Afstande indtil 15 km. for første, anden og tredie Vognklasse henholdsvis Kr. 1.50, 1.00 og 0.60 pr. km. For Afstande over 15 km gjælder følgende Taxter for 1 Maaned (Mindste Pris pr. Billet, respekt. Kr. 15.00. 10.00 og 6.00):

Km.	16—20	21—25	26—30	31—35	36—40	41—45	46—50	51—55	56—60
I Kl. Kr.	25.20	27.90	30.40	32.70	34.90	37.00	38.80	40.60	42.40
II » »	16.80	18.60	20.30	21.80	23.30	24.70	25.90	27.10	28.30
III » »	10 10	11.20	12.20	13.10	14.00	14.80	15.50	16.30	17.00

Km.	61—65	66—70	71—75	76—80	81—85	86—90	91—95	96—100
I Kl. Kr.	44.20	46.00	47.80	49.50	50.80	52.20	53.50	54.90
II » »	29.50	30.70	31.90	33.00	33.90	34.80	35.70	36.60
III » »	17.70	18.40	19.10	19.80	20.30	20.90	21.40	22.00

o. s. v. saaledes, at der tillægges henholdsvis Kr. 1.30, 0.90 og 0.50 for hver overskydende 5 km. eller Dele deraf.

For 2 indtil 12 Maaneder beregnes:

for Maaneder:	2	3	4	5	6	7	8	9	10	11	12
til respektive	1.8	2.5	3.0	3.5	4.0	4.4	4.8	5.2	5.6	6.0	6.25

Gange Taxten for 1 Maaned.

For Skolebørn, dog ikke over 18 Aar, udstedes Maanedsbilletter til 0.6 Gange forstaaende Taxter (Halvbilletter).

Maanedsbilletter udstedes kun for et helt Antal Maaneder, indtil et Aar ad Gangen og gjælder blot for navngiven Person.

Tabel XIII (Forts.). Opgave over Maanedsbilletter i Terminen 1893—94.

Mellem Stationerne.	Billetternes Varighed.	Antal.		Indtægt.		
		II. Kl.	III Kl.	II Kl.	III Kl.	Tilsammen.
				Kr.		
Kristiania-Oppegaard	Helbillet 12 Maaneder	3	-	315.00	-	315.00
	do. 6 —	-	6	-	40.40	40.40
	do. 4 —	-	2	-	60.60	60.60
	do. 3 —	-	2	-	50.50	50.50
	Halvbillet 3 —	-	2	-	30.30	30.30
	Helbillet 1 —	-	5	-	50.50	50.50
	Sum	3	17	315.00	232.30	547.30
do. —Ski	Helbillet 6 Maaneder	-	6	-	44.80	44.80
	do. 4 —	1	-	55.80	-	55.80
	do. 3 —	-	3	-	84.00	84.00
	do. 2 —	1	-	33.48	-	33.48
	do. 1 —	-	1	-	179.20	179.20
	do. 1 —	-	1	-	6.72	6.72
	Sum	2	11	89.28	314.72	404.00
do. —Aas	Helbillet 1 Maaned	-	2	-	26.20	26.20
do. —Vestby	do. 1 —	-	1	-	14.00	14.00
do. —Moss	do. 12 Maaneder	1	-	176.88	-	176.88
	do. 6 —	-	2	-	136.00	136.00
	Sum	1	2	176.88	136.00	312.88
do. —Fredrikstad	Helbillet 6 Maaneder	1	-	142.80	-	142.80
do. —Sarpsborg	do. 12 —	1	-	240.00	-	240.00
do. —Kraakstad	do. 1 —	-	1	-	12.20	12.20
Ski—Tomter	do. 3 —	-	4	-	78.00	78.00
do.—Sarpsborg	do. 12 —	-	1	-	126.88	126.88
Moss—Saaner	do. 12 —	-	1	-	45.00	45.00
Dilling—Sarpsborg	do. 5 —	-	1	-	51.80	51.80
Sarpsb.—Fredrikstad	Halvbillet 12 —	-	1	-	33.75	33.75
do. —Skjeberg	do. 12 —	-	2	-	45.00	45.00
	do. 6 —	-	1	-	14.40	14.40
	do. 4 —	-	1	-	10.80	10.80
	Sum	-	4	-	70.20	70.20
Greaker-Fredrikstad	Helbillet 4 Maaneder	-	1	-	18.00	18.00
	do. 1 —	-	2	-	12.00	12.00
	Sum	-	3	-	30.00	30.00
Berg—Fredrikshald	Helbillet 12 Maaneder	-	1	-	37.50	37.50
Fr.hald—Tistedalen	do. 12 —	-	1	-	37.50	37.50
do. —Aspedam.	do. 6 —	-	1	-	31.20	31.20
do. —Præstebakke	do. 12 —	-	1	-	42.00	42.00
	Hovedsum Smaalensbanen	140	1 593	6 307.76	23 204.61	29 512.37
Kongsvingerbanen.						
Kristiania—Fetsund	Helbillet 12 Maaneder	2	-	71.06	-	71.06
	do. 5 —	-	1	-	11.96	11.96
	do. 3 —	-	1	-	8.54	8.54
	Halvbillet 1 —	7	-	23.87	-	23.87
	do. 1 —	*) 1	-	5.11	-	5.11
	Helbillet 1 —	1	-	5.68	-	5.68
	Sum	11	2	105.72	20.50	126.22
Kr.ania—Sæterstøen	Helbillet 12 Maaneder	*) 1	-	198.37	-	198.37
do. —Roverud	do. 6 —	1	-	112.13	-	112.13
Fetsund—Lillestrøm	Halvbillet 12 —	-	3	-	67.50	67.50
Blaker —do.	do. 3 —	-	3	-	50.40	50.40
	do. 1 —	-	1	-	6.72	6.72
	Sum	-	4	-	57.12	57.12
Skarnes—Aarnes	Helbillet 1 Maaned	-	1	-	11.20	11.20
	Hovedsum Kongsvingerb.	13	10	416.22	156.32	572.54

*) I Klasse.

Tabel XIII (Forts.). Opgave over Maanedsbilletter i Terminen 1893—94.

Mellem Stationerne.	Billetternes Varighed.	Antal.		Indtægt.		
		II Kl.	III Kl.	II Kl.	III Kl.	Tilsammen.
				Kr.		
Kongsvinger—Flisenbanen.						
Kristiania—Roverud	Helbillet 6 Maaneder	1	-	12.29	-	12.29
Flisen—Arneberg	Halvbillet 8 —	-	2	-	34.56	34.56
	Hovedsum Kongsv.-Flisenb.	1	2	12.29	34.56	46.85
Kristiania—Drammenbanen.						
Kristiania—Høvik	Helbillet 12 Maaneder	73	71	4 562.50	2 662.50	7 225.00
	Halvbillet 12 —	9	75	337.50	1 687.50	2 025.00
	Helbillet 11 —	-	2	-	72.00	72.00
	Halvbillet 11 —	-	1	-	64.80	64.80
	Helbillet 10 —	-	3	-	100.80	100.80
	Halvbillet 10 —	-	9	-	181.44	181.44
	Helbillet 9 —	1	3	52.00	93.60	145.60
	Halvbillet 9 —	-	5	-	93.60	93.60
	Helbillet 8 —	-	4	-	115.20	115.20
	Halvbillet 8 —	-	2	-	34.56	34.56
	Helbillet 7 —	2	2	88.00	52.80	140.80
	Halvbillet 7 —	-	1	-	15.84	15.84
	Helbillet 6 —	13	42	520.00	1 008.00	1 528.00
	Halvbillet 6 —	-	26	-	374.40	374.40
	Helbillet 5 —	3	7	105.00	147.00	252.00
	Halvbillet 5 —	-	2	-	12.60	12.60
	Helbillet 4 —	12	22	360.00	396.00	756.00
	Halvbillet 4 —	3	9	54.00	86.40	140.40
	Helbillet 3 —	13	69	325.00	1 035.00	1 360.00
	Halvbillet 3 —	-	18	-	162.00	162.00
	Helbillet 2 —	9	35	162.00	378.00	540.00
	Halvbillet 2 —	4	25	43.20	162.00	205.20
	Helbillet 1 —	25	224	250.00	1 344.00	1 594.00
	Halvbillet 1 —	5	96	30.00	345.60	375.60
	Sum	172	753	6 889.20	10 625.64	17 514.84
do. —Sandviken	Helbillet 12 Maaneder	9	10	731.25	487.50	1 218.75
	Halvbillet 12 —	1	5	48.75	146.25	195.00
	do. 11 —	4	-	187.20	-	187.20
	Helbillet 10 —	-	2	-	87.36	87.36
	Halvbillet 10 —	-	1	-	26.21	26.21
	do. 9 —	-	1	-	24.34	24.34
	Helbillet 8 —	-	1	-	37.44	37.44
	do. 6 —	1	8	52.00	249.60	301.60
	Halvbillet 6 —	-	2	-	37.44	37.44
	Helbillet 5 —	1	2	45.50	54.60	100.10
	Halvbillet 5 —	-	1	-	16.38	16.38
	Helbillet 4 —	6	4	234.00	93.60	327.60
	Halvbillet 4 —	-	2	-	28.08	28.08
	Helbillet 3 —	7	11	227.50	214.50	442.00
	Halvbillet 3 —	-	2	-	23.40	23.40
	Helbillet 2 —	7	11	163.80	154.44	318.24
	Halvbillet 2 —	8	1	112.32	8.43	120.75
	Helbillet 1 —	6	62	78.00	483.60	561.60
	Halvbillet 1 —	5	25	39.00	117.00	156.00
	Sum	55	151	1 919.32	2 290.17	4 209.49
Kristiania-Slæpenden	Helbillet 12 Maaneder	-	1	-	56.25	56.25
	do. 9 —	1	-	78.00	-	78.00
	Halvbillet 8 —	1	-	43.20	-	43.20
	Helbillet 6 —	1	2	60.00	72.00	132.00

Tabel XIII (Forts.). Opgave over Maanedsbilletter i Terminen 1893—94.

Mellem Stationerne.	Billetternes Varighed.	Antal. II Kl.	Antal. III Kl.	Indtægt. II Kl.	Indtægt. III Kl.	Indtægt. Tilsammen.
				Kr.		
	Halvbillet 6 —	-	1	-	21.60	21.60
	Helbillet 4 —	1	3	45.00	81.00	126.00
	Halvbillet 4 —	1	-	27.00	-	27.00
	Helbillet 3 —	1	10	37.50	225.00	262.50
	do. 2 —	-	7	-	113.40	113.40
	Halvbillet 2 —	-	-	-	-	-
	Helbillet 1 —	-	20	-	180.00	180.00
	Halvbillet 1 —	3	8	27.00	43.20	70.20
	Sum	9	52	317.70	792.45	1 110.15
Kr.ania—Hvalstad	Helbillet 12 Maaneder	3	5	315.00	315.65	630.65
	Halvbillet 12 —	-	4	-	151.52	151.52
	do. 10 —	-	1	-	33.94	33.94
	Helbillet 5 —	-	2	-	70.70	70.70
	do. 4 —	1	6	50.40	181.80	232.20
	do. 3 —	1	9	42.00	227.25	269.25
	do. 2 —	1	-	30.24	-	30.24
	Halvbillet 2 —	-	1	-	10.91	10.91
	Helbillet 1 —	2	23	33.60	232.30	265.90
	Halvbillet 1 —	-	9	-	54.54	54.54
	Sum	8	60	471.24	1 278.61	1 749.85
do. —Asker	Helbillet 12 Maaneder	1	2	116.25	140.00	256.25
	do. 6 —	-	1	-	44.80	44.80
	Halvbillet 6 —	-	1	-	26.88	26.88
	do. 5 —	3	2	100.44	47.04	147.48
	Helbillet 3 —	-	3	-	84.00	84.00
	Halvbillet 3 —	-	1	-	16.80	16.80
	do. 2 —	-	1	-	12.10	12.10
	Helbillet 1 —	1	10	93.00	112.00	205.00
	Halvbillet 1 —	-	7	-	47.04	47.04
	Sum	5	28	309.69	530.66	840.35
Sandviken—Bygdø	Helbillet 1 Maaned	-	1	-	37.50	37.50
do. —Asker	Halvbillet 12 —	-	1	-	22.50	22.50
	do. 6 —	-	2	-	28.80	28.80
	do. 1 —	-	16	-	57.60	57.60
	Sum	-	19	-	108.90	108.90
Hvalstad—Høvik	Helbillet 6 Maaneder	-	1	-	24.00	24.00
	Halvbillet 1 —	-	3	-	10.80	10.80
	Sum	-	4	-	34.80	34.80
do. —Sandviken	Halvbillet 12 Maaneder	-	1	-	22.50	22.50
	do. 1 —	-	8	-	28.80	28.80
	Sum	-	9	-	51.30	51.30
do. —Drammen	Helbillet 1 Maaned	-	1	-	13.10	13.10
Kristiania-Heggedal	do. 3 Maaneder	-	1	-	18.30	18.30
	do. 1 —	-	3	-	36.60	36.60
	Sum	-	4	-	54.90	54.90
Kristiania—Lier	Helbillet 5 Maaneder	-	1	-	54.25	54.25
do. —Drammen	do. 12 —	-	1	-	101.88	101.88
	do. 6 —	1	-	108.40	-	108.40
	Sum	1	1	108.40	101.88	210.28
Heggedal—Røken	Halvbillet 3 Maaneder	-	1	-	9.00	9.00
Røken—Drammen	Helbillet 8 —	-	1	-	48.48	48.48
	Halvbillet 1 —	-	1	-	10.10	10.10
	Sum	-	2	-	58.58	58.58

Tabel XIII (Forts.). Opgave over Maanedsbilletter i Terminen 1893—94.

Mellem Stationerne.	Billetternes Varighed.			Antal. II Kl.	Antal. III Kl.	Indtægt. II Kl. Kr.	Indtægt. III Kl. Kr.	Indtægt. Tilsammen. Kr.
Lier—Drammen	Helbillet	12	Maaneder	-	1	-	37.50	37.50
	Halvbillet	12	—	-	3	-	67.50	67.50
	do.	9	—	-	1	-	18.72	18.72
	Helbillet	8	—	-	1	-	28.80	28.80
	do.	3	—	-	3	-	45.00	45.00
	de.	1	—	-	2	-	12.00	12.00
			Sum	-	11	-	209.52	209.52
Kristiania-Vikesund	Helbillet	10	Maaneder	-	1	-	40.66	40.66
	Hovedsum Kr.ania-Dr.menb.			250	1 099	10 015.55	16 291.92	26 307.47
Drammen—Skienbanen.								
Drammen—Skoger	Helbillet	1	Maaned	-	1	-	6.00	6.00
do. —Galleberg	do.	1	—	-	1	-	10.10	10.10
do. —Sande	do.	1	—	-	1	-	10.10	10.10
do. —Holm	do.	2	—	1	1	33.48	20.16	53.64
	do.	1	—	2	3	37.20	33.60	70.80
			Sum	3	4	70.68	53.76	124.44
do. —Holmestrand	Helbillet	2	Maaneder	-	1	-	23.58	23.58
	do.	1	—	-	4	-	52.40	52.40
			Sum	-	5	-	75.98	75.98
do. Horten	Helbillet	3	Maaneder	-	1	-	40.75	40.75
Holmestr.-Tønsberg	do.	1	—	1	-	20.30	-	20.30
Nykirke—Adal	do.	12	—	-	1	-	37.50	37.50
do. —Horten	Halvbillet	9	—	-	1	-	20.59	20.59
Adal—Borre	do.	1	—	-	2	-	7.20	7.20
Skoppum—Horten	Helbillet	1	—	-	1	-	6.00	6.00
	Halvbillet	1	—	-	1	-	3.60	3.60
			Sum	-	2	-	9.60	9.60
Horten—Adal	Helbillet	12	Maaneder	-	1	-	37.50	37.50
	Halvbillet	10	—	-	1	-	20.16	20.16
	Helbillet	6	—	-	1	-	24.00	24.00
	Halvbillet	4	—	-	1	-	10.80	10.80
	Helbillet	3	—	-	2	-	30.00	30.00
	Halvbillet	3	—	-	1	-	9.00	9.00
	Helbillet	1	—	-	4	-	24.00	24.00
	Halvbillet	1	—	-	9	-	32.40	32.40
			Sum	-	20	-	187.86	187.86
Horten—Tønsberg	Helbillet	2	Maaneder	1	-	33.48	-	33.48
Tønsberg-Barkaaker	do.	12	—	-	1	-	37.50	37.50
	do.	2	—	-	2	-	10.80	10.80
	do.	1	—	-	1	-	6.00	6.00
			Sum	-	4	-	54.30	54.30
do. —Sem	Halvbillet	2	Maaneder	-	1	-	6.48	6.48
do. —Sandefjord	Helbillet	1	—	-	2	-	22.40	22.40
Stokke—Sandefjord	do.	1	—	-	1	-	6.60	6.60
Sandefjord-Tjølling	do.	1	—	-	10	-	60.00	60.00
Larvik—Tønsberg	do.	6	—	-	1	-	98.80	98.80
do. —Sandefjord	do.	12	—	-	1	-	63.13	63.13
	do.	6	—	-	1	-	40.40	40.40
	do.	3	—	-	1	-	25.25	25.25
	do.	1	—	-	4	-	40.40	40.40
			Sum	-	7	-	169.18	169.18

Tabel XIII (Forts.). Opgave over Maanedsbilletter i Terminen 1893—94.

Mellem Stationerne.	Billetternes Varighed.	Antal.		Indtægt.		
		II Kl.	III Kl.	II Kl.	III Kl.	Tilsammen.
				Kr.		
Larvik —Kjose	Helbillet 2 Maaneder	-	1	-	11.88	11.88
	do. 1 —	-	5	-	33.00	33.00
	Halvbillet 1 —	-	4	-	15.84	15.84
	Sum	-	10	-	60.72	60.72
Tjølling—Larvik	Helbillet 1 Maaned	-	1	-	6.00	6.00
Eidanger—do.	do. 1 —	1	-	21.80	-	21.80
Jaaberg—Raastad	do. 11 —	-	1	-	36.00	36.00
	do. 3 —	-	1	-	15.00	15.00
	Sum	-	2	-	51.00	51.00
Eidanger-Porsgrund	Halvbillet 11 Maaneder	-	1	-	21.60	21.60
	do. 10 —	-	4	-	80.64	80.64
	Helbillet 2 —	-	1	-	10.80	10.80
	Sum	-	6	-	113.04	113.04
do. —Skien	Helbillet 12 Maaneder	2	-	150.00	-	150.00
	Halvbillet 12 —	-	1	-	27.00	27.00
	do. 10 —	-	1	-	24.20	24.20
	Helbillet 4 —	2	1	72.00	21.60	93.60
	do. 3 —	-	7	-	126.00	126.00
	do. 2 —	-	2	-	25.92	25.92
	do. 1 —	-	6	-	43.20	43.20
	Halvbillet 1 —	-	10	-	43.20	43.20
	Sum	4	28	222.00	311.12	533.12
Porsgrund—do.	Helbillet 12 Maaneder	-	3	-	112.50	112.50
	Halvbillet 12 —	-	4	-	90.00	90.00
	do. 7 —	1	-	26.40	-	26.40
	Helbillet 6 —	-	3	-	72.00	72.00
	Halvbillet 6 —	1	-	24.00	-	24.00
	do. 5 —	-	1	-	12.60	12.60
	do. 4 —	-	1	-	10.80	10.80
	Helbillet 4 —	-	1	-	18.00	18.00
	do. 3 —	-	10	-	150.00	150.00
	do. 2 —	-	12	-	129.60	129.60
	do. 1 —	-	59	-	354.00	354.00
	Halvaillet 1 —	-	5	-	18.00	18.00
	Sum	2	99	50.40	967.50	1 017.90
	Hovedsum Dr.men-Skienb.	12	211	418.66	2 386.58	2 805.24
Drammen—Randsfjordbanen.						
Vikesund—Kr.ania	Helbillet 10 Maaneder	-	1	-	33.26	33.26
Drammen-Hougsund	do. 12 —	1	1	105.00	63.13	168.13
	do. 3 —	-	1	-	25.25	25.25
	Sum	1	2	105.00	88.38	193.38
Skotselven—do.	Helbillet 12 Maaneder	1	-	62.50	-	62.50
	Halvbillet 3 —	-	1	-	9.00	9.00
	Helbillet 1 —	-	1	-	6.00	6.00
	Sum	1	2	62.50	15.00	77.50
Drammen-Hønefoss	Helbillet 12 Maaneder	1	-	199.38	-	199.38
Hønefoss-Skjærdalen	do. 1 —	-	1	-	7.80	7.80
Hen—Hønefoss	Halvbillet 10 —	-	1	-	20.16	20.16
do. —Randsfjord	do. 1 —	-	1	-	6.60	6.60

Tabel XIII (Forts.). Opgave over Maanedsbilletter i Terminen 1893—94.

Mellem Stationerne.	Billetternes Varighed.	Antal. II Kl.	Antal. III Kl.	Indtægt. II Kl.	Indtægt. III Kl.	Indtægt. Tilsammen.
				Kr.		
Hougsund-Vestfossen	Helbillet 1 Maaned	-	1	-	6.00	6.00
Darbu—Vestfossen	Halvbillet 6 Maaneder	-	2	-	28.80	28.80
	do. 3 —	-	1	-	9.00	9.00
	Sum	-	3	-	37.80	37.80
	Hoveds. Dr.men-Randsfj.b.	3	12	366.88	215.00	581.88
Eidsvold—Hamarbanen.						
Minne—Eidsvold	Helbillet 3 Maaneder	-	2	-	30.00	30.00
	Halvbillet 3 —	-	2	-	18.00	18.00
	do. 2 —	-	1	-	6.48	6.48
	do. 1 —	-	5	-	18.00	18.00
	Sum	-	10	-	72.48	72.48
Stange—Hamar	Halvbillet 12 Maaneder	-	3	-	81.00	81.00
	do. 11 —	-	8	-	207.36	207.36
	do. 10 —	-	2	-	48.38	48.38
	Helbillet 5 —	-	1	-	25.20	25.20
	do. 1 —	-	5	-	43.20	43.20
	Sum	-	19	-	405.14	405.14
Ottestad—do.	Halvbillet 11 Maaneder	-	4	-	86.40	86.40
	do. 10 —	-	2	-	40.32	40.32
	do. 6 —	-	1	-	14.40	14.40
	do. 2 —	-	1	-	6.48	6.48
	do. 1 —	-	1	-	3.60	3.60
	Sum	-	9	-	151.20	151.20
	Hovedsum Eidsv.—Hamarb.	-	38	-	628.82	628.82
Rørosbanen.						
Hamar—Hjellum	Halvbillet 11 Maaneder	-	6	-	129.60	129.60
	Helbillet 10 —	-	1	-	33.60	33.60
	Sum	-	7	-	163.20	163.20
do. —Ilseng	Helbillet 12 Maaneder	-	1	-	37.50	37.50
	Halvbillet 12 —	-	1	-	22.50	22.50
	do. 11 —	-	16	-	345.60	345.60
	do. 10 —	-	1	-	20.16	20.16
	do. 3 —	-	1	-	9.00	9.00
	Sum	-	20	-	434.76	434.76
do. —Hørsand	Halvbillet 11 Maaneder	-	3	-	84.24	84.24
	Helbillet 4 —	-	1	-	23.40	23.40
	Halvbillet 2 —	-	3	-	25.26	25.26
	Helbillet 1 —	-	2	-	15.60	15.60
	Halvbillet 1 —	-	2	-	9.36	9.36
	Sum	-	11	-	157.86	157.86
Hørsand—Hjellum	Halvbillet 6 Maaneder	-	1	-	14.40	14.40
	do. 3 —	-	1	-	9.00	9.00
	Sum	-	2	-	23.40	23.40
do. —Ilseng	Halvbillet 2 Maaneder	-	2	-	12.96	12.96
Hamar—Aadalsbrug	do. 11 —	-	5	-	162.00	162.00
	do. 6 —	-	1	-	21.60	21.60
	Helbillet 4 —	-	1	-	27.00	27.00
	Halvbillet 4 —	-	1	-	16.20	16.20
	Helbillet 1 —	-	1	-	9.00	9.00
	Sum	-	9	-	235.80	235.80

Tabel XIII (Forts.). Opgave over Maanedsbilletter i Terminen 1893—94.

Mellem Stationerne.	Billetternes Varighed.	Antal. II Kl.	Antal. III Kl.	Indtægt. II Kl. Kr.	Indtægt. III Kl. Kr.	Indtægt. Tilsammen. Kr.
Hjellum-Aadalsbrug	Helbillet 5 Maaneder	-	1	-	21.00	21.00
Løiten—Hamar	Halvbillet 10 —	-	2	-	67.88	67.88
	do. 6 —	-	1	-	24.24	24.24
	do. 1 —	-	2	-	12.12	12.12
	Sum	-	5	-	104.24	104.24
do. —Hørsand	Halvbillet 11 Maaneder	-	1	-	21.60	21.60
Ophus—Rasten	Helbillet 3 —	-	1	-	15.00	15.00
Trondhjem-Singsaas	do. 12 —	-	1	-	126.88	126.88
do. —Støren	Halvbillet 1 —	-	1	-	9.78	9.78
do. —Søberg	Helbillet 1 —	-	1	-	11.20	11.20
do. —Nypan	do. 1 —	1	1	18.18	10.10	28.28
do. Heimdal	do. 4 —	-	2	-	39.60	39.60
	do. 3 —	-	2	-	33.00	33.00
	do. 2 —	-	6	-	71.28	71.28
	do. 1 —	-	5	-	33.00	33.00
	Halvbillet 1 —	-	4	-	15.84	15.84
	Sum	-	19	-	192.72	192.72
Trondhjem—Selsbak	Helbillet 3 Maaneder	-	2	-	30.00	30.00
	do. 2 —	-	2	-	21.60	21.60
	Halvbillet 2 —	-	1	-	6.48	6.48
	Helbillet 1 —	-	1	-	6.00	6.00
	Sum	-	6	-	64.08	64.08
	Hovedsum Rørosbanen	1	88	18.18	1 604.58	1 622.76
Merakerbanen.						
Trondhjem-Ranheim	Helbillet 12 Maaneder	3	1	187.50	37.50	225.00
	Halvbillet 12 —	-	1	-	22.50	22.50
	do. 10 —	-	2	-	40.32	40.32
	Helbillet 8 —	-	2	-	57.60	57.60
	do. 6 —	2	1	80.00	24.00	104.00
	Halvbillet 6 —	-	1	-	14.40	14.40
	Helbillet 5 —	-	2	-	42.00	42.00
	Halvbillet 5 —	-	1	-	12.60	12.60
	Helbillet 4 —	1	-	30.00	-	30.00
	Halvbillet 4 —	-	2	-	21.60	21.60
	Helbillet 3 —	-	4	-	60.00	60.00
	Halvbillet 3 —	-	6	-	54.00	54.00
	Helbillet 2 —	-	2	-	21.60	21.60
	Halvbillet 2 —	-	7	-	45.36	45.36
	Helbillet 1 —	1	25	10.00	150.00	160.00
	Halvbillet 1 —	-	19	-	68.40	68.40
	Sum	7	76	307.50	671.88	979.38
do. —Vikhammer	Helbillet 3 Maaneder	-	3	-	58.50	58.50
do. —Malvik	Halvbillet 6 —	-	1	-	21.60	21.60
	Helbillet 4 —	-	1	-	27.00	27.00
	do. 3 —	-	4	-	90.00	90.00
	do. 2 —	-	1	-	16.20	16.20
	do. 1 —	-	6	-	54.00	54.00
	Halvbillet 1 —	-	7	-	37.80	37.80
	Sum	-	20	-	246.60	246.60
do. —Hommelviken	Halvbillet 12 Maaneder	-	1	-	42.00	42.00
	do. 11 —	-	1	-	40.32	40.32
	do. 6 —	-	1	-	26.88	26.88
	do. 4 —	-	1	-	20.16	20.16

Tabel XIII (Forts.). Opgave over Maanedsbilletter i Terminen 1893—94.

Mellem Stationerne.	Billetternes Varighed.	Antal. II Kl.	Antal. III Kl.	Indtægt. II Kl. Kr.	Indtægt. III Kl. Kr.	Indtægt. Tilsammen. Kr.
	Helbillet 3 Maaneder	-	1	-	28.00	28.00
	do. 2 —	-	1	-	20.16	20.16
	Halvbillet 2 —	-	-	*) 7.99	-	7.99
	Helbillet 1 —	-	1	-	11.20	11.20
	Halvbillet 1 —	1	1	11.16	6.72	17.88
	Sum	1	8	19.15	195.44	214.59
Ranheim—Malvik	Helbillet 2 Maaneder	-	1	-	10.80	10.80
Gudaaen—Meraker	Halvbillet 1 —	-	6	-	21.60	21.60
	Hovedsum Merakerbanen	8	114	326.65	1 204.82	1 531.47
Jæderbanen.						
Stavanger—Hinna	Helbillet 1 Maaned	-	2	-	12.00	12.00
Bergen—Vossbanen.						
Bergen—Nesttun	Helbillet 12 Maaneder	28	71	1 750.00	2 662.50	4 412.50
	Halvbillet 12 —	7	37	262.50	832.50	1 095.00
	Helbillet 11 —	1	2	60.00	72.00	132.00
	do. 10 —	-	3	-	100.80	100.80
	Halvbillet 10 —	-	2	-	40.40	40.40
	Helbillet 9 —	3	2	156.00	62.40	218.40
	Halvbillet 9 —	3	7	93.60	131.25	224.85
	Helbillet 8 —	-	1	-	28.80	28.80
	do. 7 —	-	3	-	79.20	79.20
	Halvbillet 7 —	-	3	-	47.55	47.55
	Helbillet 6 —	8	30	320.00	720.00	1 040.00
	Halvbillet 6 —	4	14	96.00	201.60	297.60
	Helbillet 5 —	5	17	175.00	357.00	532.00
	Halvbillet 5 —	-	14	-	176.40	176.40
	Helbillet 4 —	19	22	570.00	396.00	966.00
	do. 3 —	5	47	125.00	705.00	830.00
	Halvbillet 3 —	-	7	-	63.00	63.00
	Helbillet 2 —	3	66	54.00	712.80	766.80
	Halvbillet 2 —	2	16	21.60	104.00	125.60
	Helbillet 1 —	7	165	70.00	990.00	1 060.00
	Halvbillet 1 —	-	70	-	252.00	252.00
	Sum	95	599	3 753.70	8 735.20	12 488.90
do. —Haukeland	Helbillet 2 Maaneder	-	1	-	18.20	18.20
	do. 1 —	-	2	-	20.20	20.20
	Halvbillet 1 —	-	2	-	12.20	12.20
	Sum	-	5	-	50.60	50.60
do. —Arne	Helbillet 3 Maaneder	-	1	-	28.00	28.00
	do. 2 —	-	2	-	40.40	40.40
	do. 1 —	-	3	-	33.60	33.60
	Sum	-	6	-	102.00	102.00
do. —Garnes	Helbillet 4 Maaneder	-	1	-	36.60	36.60
	do. 1 —	-	1	-	12.20	12.20
	Sum	-	2	-	48.80	48.80
do. —Dale	Helbillet 12 Maaneder	1	-	191.90	-	191.90
	do. 4 —	2	-	184.20	-	184.20
	Sum	3	-	376.10	-	376.10
do. —Ævanger	Helbillet 3 Maaneder	-	1	-	52.30	52.30
	Hovedsum Bergen-Vossb.	98	613	4 129.80	8 988.90	13 118.70
Hovedbanen.						
Kristiania—Bryn	Helbillet 12 Maaneder	1	-	62.50	-	62.50
	Halvbillet 12 —	-	8	-	180.00	180.00
	do. 10 —	-	1	-	20.16	20.16
	do. 8 —	-	1	-	17.28	17.28

*) Prisforskjel mellem en II og III Kl.'s Billet.

Tabel XIII (Forts.). Opgave over Maanedsbilletter i Terminen 1893—94.

Mellem Stationerne.	Billetternes Varighed.	Antal. II Kl.	Antal. III Kl.	Indtægt. II Kl.	Indtægt. III Kl.	Indtægt. Tilsammen.
				Kr.	Kr.	Kr.
	Helbillet 6 Maaneder	-	3	-	72.00	72.00
	do. 4 —	-	2	-	36.00	36.00
	Halvbillet 4 —	-	1	-	10.80	10.80
	Helbillet 3 —	-	1	-	15.00	15.00
	do. 2 —	-	1	-	10.80	10.80
	Halvbillet 2 —	-	1	-	6.48	6.48
	Helbillet 1 —	1	2	10.00	12.00	22.00
	Halvbillet 1 —	-	1	-	3.60	3.60
	Sum	2	22	72.50	384.12	456.62
Kristiania—Grorud	Helbillet 12 Maaneder	3	1	206.25	41.25	247.50
	Halvbillet 12 —	-	2	-	49.50	49.50
	Helbillet 6 —	2	2	88.00	52.80	140.80
	do. 3 —	-	1	-	16.50	16.50
	Halvbillet 3 —	-	1	-	9.90	9.90
	Helbillet 2 —	-	1	-	11.88	11.88
	do. 1 —	3	35	33.00	231.00	264.00
	Halvbillet 1 —	-	15	-	59.40	59.40
	Sum	8	58	327.25	472.23	799.48
do. —Strømmen	Helbillet 12 Maaneder	1	-	105.00	-	105.00
	do. 4 —	-	1	-	30.30	30.30
	do. 3 —	-	6	-	151.50	151.50
	do. 2 —	-	1	-	18.18	18.18
	do. 1 —	-	18	-	181.70	181.70
	Halvbillet 1 —	-	1	-	24.24	24.24
	Sum	1	27	105.00	405.92	510.92
do. —Lillestrøm	Helbillet 6 Maaneder	-	1	-	44.80	44.80
	do. 3 —	-	1	-	28.00	28.00
	Halvbillet 3 —	-	1	-	16.80	16.80
	Helbillet 1 —	-	3	-	33.60	33.60
	Halvbillet 1 —	-	7	-	47.04	47.04
	Sum	-	13	-	170.24	170.24
do. —Lersund	Helbillet 1 Maaned	-	1	-	12.20	12.20
do. —Frogner	do. 1 —	-	1	-	12.20	12.20
do. —Kløften	do. 3 Maaneder	-	1	-	22.00	22.00
do. —Dal	do. 4 —	¹) 1	-	127.20	-	127.20
do. —Eidsvold	do. 12 —	2	-	383.76	-	383.76
Lillestrøm—Kløften	do. 6 —	-	1	-	40.40	40.40
Bøn—Eidsvold	do. 5 —	-	1	-	21.00	21.00
	do. 3 —	-	2	-	18.00	18.00
	do. 2 —	-	2	-	21.60	21.60
	do. 1 —	-	3	-	18.00	18.00
	Sum	-	8	-	78.60	78.60
Kristiania—Fetsund	Helbillet 12 Maaneder	2	1	182.70	-	182.70
	do. 5 —	-	1	-	30.74	30.74
	do. 3 —	-	-	-	21.96	21.96
	do. 1 —	1	-	14.62	-	14.62
	do. 1 —	*) 8	-	*) 74.52	-	74.52
	Sum	11	2	271.84	52.70	324.54
do. —Sæterstøen	Helbillet 12 Maaneder	¹) 1	-	89.13	-	89.13
do. —Roverud	do. 6 —	1	-	29.18	-	29.18
	Hovedsum Hovedb.	27	134	1 405.86	1 650.61	3 056.47
	Sum samtlige Baner	553	3 916	23 417.85	56 378.72	79 796.57

¹) I Klasse. *) Hvoraf en I Klasse, Kr. 13.13.

Tabel XIV.

Opgave over Befordring af Reisende med Familiebilletter*).

Billets des familles.

Mellem Stationerne. Entre les stations.	Antal Reisende. Nombre de voyageurs.	Indtægt. Recettes. Kr.
Smaalensbanen.		
Kristiania—Bækkelaget . .	57 750	6 930.00
Do. —Nordstrand . .	38 550	5 397.00
Do. —Ljan	17 500	2 625.00
Do. —Oppegaard . . .	50	18.00
Do. —Ski	225	108.00
Sum	114 075	15 078.00
Kr.ania—Drammenb.		
Kristiania—Skarpsno . . .	6 950	695.00
Do. —Bygdø	46 850	5 153.50
Do. —Bestum	41 775	5 013.00
Do. —Lysaker	20 900	2 926.00
Do. —Stabæk	6 450	967.50
Do. —Høvik	15 450	3 090.00
Do. —Sandviken . . .	14 400	3 744.00
Do. —Slæpenden . . .	950	285.00
Do. —Hvalstad	2 550	1 020.00
Do. —Asker	2 775	1 276.50
Do. —Heggedal	600	348.00
Drammen—Røken	100	38.00
Do. —Lier	425	63.75
Sum	160 175	24 620.25
Drammen—Skienb.		
Drammen—Gundesø	125	22.50
Do. —Skoger	375	75.00
Do. —Galleberg	275	88.00
Do. —Sande	159	60.00
Do. —Holm	175	84.00
Do. —Holmestrand .	200	132.00
Tønsberg—Barkaaker . . .	525	73.50
Do. —Sem	400	56.00
Do. —Stokke	100	26.00
Laurvik—Grøtting	1 000	110.00
Eidanger—Osebakke	50	6.50
Porsgrund—Eidanger	2 550	280.00
Do. —Osebakke	100	10.00
Do. —Borgestad	450	49.50
Do. —Bøle	50	6.50
Do. —Skien	4 000	720.00
Osebakke—Skien	325	48.75
Skien—Eidanger	1 350	302.40
Do. —Porsgrund	2 375	427.50
Do. —Osebakke	400	60.00
Do. —Borgestad	925	129.50
Do. —Bøle	1 725	207.00
Sum	17 625	2 974.65

Mellem Stationerne.	Antal Reisende.	Indtægt. Kr.
Drammen-Randsfj.b.		
Drammen—Gulskogen . . .	25	2.75
Do. —Mjøndalen . . .	2 825	621.50
Do. —Hougsund . . .	1 100	374.00
Sum	3 950	998.25
Rørosbanen.		
Trondhjem—Ler	275	176.00
Do. —Kvaal	125	67.50
Do. —Søberg	425	204.00
Do. —Melhus	450	186.30
Do. —Nypan	250	77.00
Do. —Heimdal	4 900	980.00
Do. —Selsbak	1 625	227.50
Sum	8 050	1 918.30
Merakerbanen.		
Trondhjem—Leangen . . .	10 825	1 190.75
Do. —Ranheim	5 925	888.75
Do. —Vikhammer . .	500	130.00
Do. —Malvik	1 950	585.00
Do. —Hommelviken	1 700	782.00
Do. —Hell	550	352.00
Sum	21 450	3 928.50
Jæderbanen.		
Stavanger—Hinna	850	127.50
Do. —Sandnes	5 525	1 657.50
Sum	6 375	1 785.00
Bergen-Vossbanen.		
Bergen—Solheimsviken . .	15 000	1 500.00
Do. —Minde	7 425	891.00
Do. —Fjøsanger . . .	29 575	4 140.50
Do. —Nesttun	51 550	10 310.00
Sum	103 550	16 841.50
Hovedbanen.		
Kristiania—Bryn	5 500	770.00
Do. —Grorud	1 275	344.25
Do. —Strømmen . . .	975	390.00
Do. —Lillestrøm	1 775	834.25
Sum	9 525	2 338.50
Hovedsum	444 775	70 482.95

*) Familiebilletter til III Klasse i Bøger à 25 Stk. sælges til et begrændset Antal Stationer og paa kortere Afstande (Reisende med Familiebilletter er indbefattet i Specifikationen under Tabel VII).

Tabel XV.

Trafikindtægternes Fordeling paa hver Maaned.

La distribution des recettes à chaque mois.

Tabel XV. Trafikindtægterne [cut off]
La distribution d[cut off]

Maaned.	Persontrafik. Trafic des voyageurs. Reisende. Voyageurs.	Reisegods. Bagages.	Post-befordring. Poste.	Sum. Total.	Kjøre[tøier og Be]redskab[er] Equipage[s]
	Kroner.				
Smaalensbanen.					
1893 Juli	85 795.69	1 206.95	5 991.86	92 994.90	235.
— August	83 163.70	1 221.09	6 021.16	90 405.95	259.
— September	80 130.49	1 176.65	6 390.38	87 697.52	346.
— Oktober	74 917.96	1 240.96	6 782.08	82 941.00	110.
— November	56 983.01	991.01	6 613.13	64 587.15	151.
— December	74 323.09	1 007.52	6 775.80	82 106.41	100.
1894 Januar	52 476.05	863.93	6 338.20	59 678.18	119.
— Februar	54 763.04	882.65	5 578.47	61 224.16	317.
— Marts	72 114.56	883.22	6 455.21	79 452.99	561.
— April	67 426.85	1 088.48	6 606.85	75 122.18	152.
— Mai	80 254.55	1 040.55	6 778.94	88 074.04	221
— Juni	84 343.26	1 273.87	6 613.12	92 230.25	235.
Sum for Terminen	866 692.25	12 876.88	76 945.20	956 514.33	2 811.
Kongsvingerbanen.					
1893 Juli	26 383.86	519.60	1 361.52	28 264.98	122.
— August	24 334.14	608.59	1 361.52	26 304.25	91.
— September	18 557.92	538.75	1 317.60	20 414.27	73.
— Oktober	18 008.70	461.13	1 361.52	19 831.35	280.
— November	11 612.80	358.75	1 317.60	13 289.15	405.
— December	19 524.81	262.79	1 361.52	21 149.12	87.
1894 Januar	10 150.38	209.49	1 361.52	11 721.39	25.
— Februar	11 541.76	265.95	1 229.76	13 036.87	334.
— Marts	15 397.32	256.40	1 361.52	17 015.24	324.
— April	15 332.78	343.01	1 317.60	16 993.39	41.
— Mai	18 307.25	393.66	1 361.52	20 062.43	100.
— Juni	26 057.63	618.66	1 317.60	27 993.89	91
Sum for Terminen	215 208.75	4 836.78	16 030.80	236 076.33	1 97
Kongsvinger-Flisenbanen.					
1893 November	2 191.28	11.56	126.00	2 328.84	13
— December	3 026.63	18.95	139.50	3 185.08	[illegible]
1894 Januar	1 811.78	14.30	139.50	1 965.58	[illegible]
— Februar	1 596.75	10.47	126.00	1 733.22	10
— Marts	2 379.89	16.26	139.50	2 535.65	[illegible]
— April	1 809.22	16.38	135.00	1 960.60	5
— Mai	1 894.46	10.78	143.25	2 048.49	[illegible]
— Juni	2 803.82	14.52	143.00	2 961.34	[illegible]
Sum for Terminen	17 513.83	113.22	1 091.75	18 718.80	[illegible]
Kristiania-Drammenbanen.					
1893 Juli	62 424.36	541.83	1 832.92	64 799.11	[illegible]
— August	60 233.36	582.75	1 833.72	62 649.83	148
— September	47 390.12	402.75	1 767.29	49 560.16	119.
— Oktober	41 480.49	377.83	1 811.19	43 669.51	132.
— November	33 193.38	263.95	1 770.81	35 228.14	62.
— December	42 229.72	304.48	1 766.34	44 300.54	87.

[1]) Nemlig Indtægter af Telegrammer og Leie (Leie af overliggende Gods, Husleie, Pakhusle[ie] [cut off]

ɔrdeling paa hver Maaned.
cettes à chaque mois.

Godstrafik. Trafic des marchandises.				Andre Trafik-Indtægter [1]). Revenus autres de l'exploitation.	Hovedsum Trafik-Indtægter. Recettes totales de l'exploitation	Procent paa hver Maaned af den hele Trafik-Indtægt. Proportion p. % des recettes totales.
Levende Dyr. Animaux.	Ilgods. Grande vitesse.	Fragtgods. Petite vitesse.	Sum. Total.			
Kroner.						
931.24	5 051.20	43 438.94	49 656.91	2 782.80	145 434.21	9.1
1 541.41	5 795.97	43 314.89	50 911.50	2 286.90	143 604.35	9.0
1 834.92	5 763.90	39 538.91	47 484.19	2 488.46	137 670.17	8.6
1 171.68	6 985.75	38 595.65	46 863.85	3 062.99	132 867.84	8.3
1 126.09	7 399.55	43 092.70	51 769.35	2 248.82	118 605.32	7.4
856.94	7 843.59	37 548.04	46 349.13	3 108.69	131 564.23	8.3
1 105.05	5 870.36	34 862.13	41 957.05	2 673.19	104 308.42	6.6
1 052.19	5 794.73	44 302.80	51 467.64	2 178.90	114 870.70	7.2
1 692.66	5 792.86	44 363.00	52 410.44	2 445.45	134 308.88	8.4
1 364.73	5 522.77	50 728.31	57 767.93	2 990.92	135 881.03	8.5
1 664.51	6 511.92	41 814.60	50 212.49	2 184.37	140 470.90	8.8
2 507.16	9 393.86	47 808.83	59 945.34	3 541.56	155 717.15	9.8
16 848.58	77 726.46	509 408.80	606 795.82	31 993.05	1 595 303.20	100.0
434.16	1 344.30	50 085.61	51 986.18	837.51	81 088.67	9.4
575.75	1 505.53	49 424.22	51 597.32	550.44	78 452.01	9.1
388.99	1 555.75	55 276.11	57 294.05	456.05	78 164.37	9.0
1 328.22	1 847.89	48 191.43	51 648.00	583.89	72 063.24	8.4
788.85	1 824.44	46 560.61	49 579.70	460.66	63 329.51	7.4
305.26	2 307.32	35 821.08	38 520.66	580.10	60 249.88	7.0
417.03	1 353.73	46 525.43	48 321.97	441.55	60 484.91	7.0
650.70	1 288.51	53 763.05	56 036.29	319.52	69 392.68	8.1
688.32	1 479.84	60 616.95	63 109.75	401.16	80 526.15	9.4
386.69	1 294.81	51 172.86	52 895.74	549.47	70 438.60	8.2
685.96	1 527.05	46 086.29	48 399.64	592.67	69 054.74	8.0
644.82	1 577.29	46 186.67	48 500.73	724.00	77 218.62	9.0
7 294.75	18 906.46	589 710.31	617 890.03	6 497.02	860 463.38	100.0
89.22	198.01	2 196.23	2 496.87	101.30	4 927.01	12.0
27.16	259.78	1 669.48	1 959.06	74.94	5 219.08	12.8
69.42	154.20	2 761.76	2 991.81	53.74	5 011.13	12.3
23.29	174.88	2 834.26	3 042.61	68.17	4 844.00	11.9
62.13	188.68	3 616.05	3 875.86	71.68	6 483.19	15.9
41.57	171.76	2 432.45	2 651.67	77.90	4 690.17	11.5
43.63	221.07	1 824.42	2 096.72	59.05	4 204.26	10.3
60.56	203.09	1 964.54	2 244.41	244.99	5 450.74	13.3
416.98	1 571.47	19 299.19	21 359.01	751.77	40 829.58	100.0
383.68	4 038.57	20 394.30	25 072.59	1 535.26	91 406.96	10.1
665.63	4 129.48	22 143.02	27 086.99	1 477.46	91 214.28	10.1
696.94	3 772.84	22 373.61	26 962.92	1 306.04	77 829.12	8.6
323.37	2 894.70	21 398.71	24 756.22	1 831.96	70 257.69	7.8
325.40	4 094.65	22 799.49	27 282.32	1 228.64	63 739.10	7.0
345.66	4 472.81	20 440.08	25 345.98	1 360.13	71 006.65	7.9

mteleie og Bryggeleie).

Tabel XV (Forts.). Trafikindtægter[illegible]

Maaned.	Persontrafik. Reisende.	Reisegods.	Postbefordring.	Sum.	Kjøre-redsk[illegible]
	Kroner.				
1894 Januar	32 556.91	321.46	1 747.39	34 625.76	[illegible]
— Februar	34 141.16	331.37	1 709.64	36 182.17	[illegible]
— Marts	43 562.02	376.19	1 767.56	45 705.77	[illegible]
— April	39 460.29	362.30	1 727.19	41 549.78	[illegible]
— Mai	48 974.93	374 33	1 789.06	51 138.32	[illegible]
— Juni	52 225.47	490.80	1 770.90	54 487.17	[illegible]
Sum for Terminen	537 872.21	4 730.04	21 294.01	563 896.26	[illegible]
Drammen-Skienbanen.					
1893 Juli	51 775.76	859.95	3 181.70	55 817.41	[illegible]
— August	49 027.70	786.94	3 236.69	53 051.33	[illegible]
— September	38 799.26	550.94	3 138.54	42 488.74	[illegible]
— Oktober	32 122.65	540.81	3 789.20	36 452.66	[illegible]
— November	27 906.95	484.91	2 496.66	30 888.52	[illegible]
— December	39 134.03	452.23	3 119.06	42 705.32	[illegible]
1894 Januar	29 566.80	503.18	3 197.24	33 267.22	[illegible]
— Februar	28 369.91	490.98	2 915.84	31 776.73	[illegible]
— Marts	37 364.72	542.36	3 086.78	40 993.86	[illegible]
— April	29 609.95	611.80	3 029.64	33 251.39	[illegible]
— Mai	34 765.82	454.16	3 142.25	38 362.23	[illegible]
— Juni	38 211.52	668.29	3 113.16	41 992.97	[illegible]
Sum for Teminen	436 655.07	6 946.55	37 446.76	481 048.38	[illegible]
Drammen-Randsfjordbanen.					
1893 Juli	35 914 26	390.43	1 140.95	37 445.64	[illegible]
— August	30 972.69	385.68	1 140.96	32 499.33	[illegible]
— September	21 067.65	246.21	1 104.15	22 418.01	[illegible]
— Oktober	18 923.95	217.33	1 140.95	20 282.23	[illegible]
— November	12 972.52	120.65	1 119.62	14 212.79	[illegible]
— December	16 972.05	115.09	1 149.02	18 236.16	[illegible]
1894 Januar	12 223.55	108.91	1 149.01	13 481.47	[illegible]
— Februar	15 166.41	131.45	1 037.82	16 335.68	[illegible]
— Marts	18 154.02	145.14	1 149.02	19 448.18	[illegible]
— April	15 384.23	154.20	1 111.95	16 650.38	[illegible]
— Mai	21 698.07	222.21	1 149.01	23 069.29	[illegible]
— Juni	26 883.63	345.31	1 108.36	28 337.30	[illegible]
Sum for Terminen	246 333.03	2 582.61	13 500.82	262 416.46	[illegible]
Eidsvold-Hamarbanen.					
1893 Juli	18 955.85	326.90	979.91	20 262 66	[illegible]
— August	18 125:64	331.29	979.91	19 436.84	[illegible]
— September	12 091.43	254.23	948.30	13 293.96	[illegible]
— Oktober	10 786.94	241.09	979.91	12 007.94	[illegible]
— November	7 535.53	156.75	948.30	8 640.58	[illegible]
— December	12 036.20	209.65	979.91	13 225.76	[illegible]
1894 Januar	7 633.02	201.55	979.91	8 814.48	[illegible]
— Februar	7 858.49	129.77	898.13	8 886.39	[illegible]
— Marts	11 129.85	160.12	988.90	12 278.87	[illegible]
— April	10 284.75	197.54	957.00	11 439.29	[illegible]
— Mai	12 991.39	223.57	988.90	14 203.86	[illegible]
— Juni	16 440.81	239.79	948.30	17 628.90	[illegible]
Sum for Terminen	145 869.90	2 672.25	11 577.38	160 119.53	[illegible]

…rdeling paa hver Maaned.

Godstrafik.				Andre Trafik-Indtægter [1]).	Hovedsum Trafik-Indtægter.	Procent paa hver Maaned af den hele Trafik-Indtægt.
Levende Dyr.	Ilgods.	Fragtgods.	Sum.			
Kroner.						
240.19	2 585.37	21 560.36	24 450.87	1 524.58	60 601.21	6.7
354.95	3 462.17	23 809.41	27 950 14	1 182.25	65 314.56	7.2
377.82	3 695.67	25 316.68	29 473.25	1 279.00	76 458.02	8.5
449.51	3 677.62	22 301.00	26 580.07	2 852.72	70 982.57	7.9
653.91	3 305.14	23 956.14	28 120.77	1 564.33	80 823.42	8.9
421.16	4 788.42	22 283.06	27 730.10	2 182.42	84 399.69	9.3
5 238.22	44 917.44	268 775.86	320 812.22	19 324.79	904 033.27	100.0
200.84	2 240.92	9 296.76	11 946.59	788.90	68 552.90	10.3
282.45	2 128.08	10 365.00	12 984.66	666.86	66 702.85	10.1
446.40	2 440.52	10 074.84	13 049 35	1 167.53	56 705.62	8.6
259.76	2 263.72	10 788.27	13 395.43	921.88	50 769.97	7.7
159.24	2 432.28	12 345.98	15 054.25	458.00	46 400.77	7.0
201.45	3 413.31	9 451.13	13 189.79	358.39	56 253.50	8.5
104.16	2 149.19	9 631.21	11 984.76	934.90	46 186.88	7.0
226.32	2 082.44	11 979.99	14 442.03	1 115.43	47 334.19	7.1
247.62	2 615.32	11 952.56	14 922.04	392.67	56 308.57	8.5
296.91	2 148.30	11 672.72	14 235.03	1 372.95	48 859.37	7.4
239.55	2 713.68	12 881.70	16 073.78	1 006.60	55 442.61	8.4
240.53	3 148.03	12 620.25	16 268.72	4 004.69	62 266.38	9.4
2 905.23	29 775.79	133 060.41	167 546.43	13 188.80	661 783.61	100.0
215.89	2 110.57	60 703.47	63 245.14	1 315.70	102 006.48	11.0
502.24	1 983.27	55 663.16	58 326.41	1 147.81	91 973.55	9.9
777.51	1 825.45	60 370.56	63 123.94	992.58	86 534.53	9.3
423.18	1 734.19	58 099.01	60 352.05	879.89	81 514.17	8.8
322.16	1 955.77	54 668.82	57 029.03	997.50	72 239.32	7.8
269.82	2 305.81	43 891.80	46 575.26	868.23	65 679.65	7.1
258.65	1 135.48	45 945.93	47 390.83	797.99	61 670.29	6.6
216.13	1 688.25	43 149.20	45 300 55	866.07	62 502.30	6.7
399.38	1 961.64	44 662.46	47 131.09	958.60	67 537.87	7.3
321.53	1 644.37	46 860.48	48 972.82	942.22	66 565.42	7.2
694.87	2 021.36	57 949.23	60 921.30	976.37	84 966.96	9.2
288.27	2 349 73	52 421.64	55 309.36	1 003.77	84 650.43	9.1
4 689.63	22 715.89	624 385.76	653 677.78	11 746.73	927 840.97	100.0
579.09	1 298.50	12 338.49	14 318.21	279.60	34 860.47	9.8
1 151.34	1 065.92	13 227.07	15 541.00	282.07	35 259.91	9.9
1 520.59	1 103.71	14 779.34	17 446.79	298.98	31 039.73	8.8
1 203.49	1 314.13	14 560.34	17 136.37	270.44	29 414.75	8.3
622.02	1 501.58	13 539.41	15 699.84	226.94	24 567.36	6.9
311.55	2 018.42	12 095.20	14 466.04	252.26	27 944.06	7.9
311.80	1 292.59	14 203.15	15 834.43	230.90	24 879.81	7.0
490.20	1 230 30	16 535.64	18 488 66	216.85	27 591.90	7.8
575 42	1 458.08	15 616.96	17 701.23	261.11	30 241.21	8.5
550.36	1 167.42	12 671.83	14 456.66	271.84	26 167.79	7.4
1 070.29	1 461.96	12 095.99	14 734.82	276.93	29 215.61	8.2
565.28	2 666.96	12 216.13	15 745.91	286.92	33 661.73	9.5
8 951.43	17 579.57	163 879.55	191 569.96	3 154.84	354 844.33	100.0

[1]) Jfr. Anm. Pag. 242.

Maaned.	Persontrafik. Reisende.	Reisegods.	Post-befordring.	Sum.	Kjø… redska…
	Kroner.				
Hamar—Grundset.					
1893 Juli	12 658.17	208.17	636.12	13 502.46	13
— August	10 357.02	188.05	636.12	11 181.19	7
— September	7 226.32	147.09	615.60	7 989.01	5
— Oktober	6 663.37	137.13	636.12	7 436.62	3
— November	3 712.31	70.03	615.60	4 397.94	3
— December	6 526.84	92.84	636.12	7 255.80	3
1894 Januar	3 981.07	78.54	636.12	4 695.73	3
— Februar	3 920.50	56.70	574.56	4 551.76	13
— Marts	7 287.50	91.53	636.12	8 015.15	
— April	4 987.61	76.88	615.60	5 680.09	
— Mai	6 717.68	98.27	636.12	7 452.07	8
— Juni	10 946.72	145.36	615.60	11 707.68	1
Sum for Terminen	84 985.11	1 390.59	7 489.80	93 865.50	8
Grundset—Aamot.					
1893 Juli	6 494.09	119.01	435.24	7 048.34	
— August	5 449.22	109.02	435.24	5 993.48	
— September	3 784.77	81.73	421.20	4 287.70	
— Oktober	2 675.08	57.95	435.24	3 168.27	
— November	1 520.66	35.93	421.20	1 977.79	
— December	2 718.67	40.72	435.24	3 194.63	
1894 Januar	1 854.22	41.88	435.24	2 331.34	
— Februar	1 647.87	27.82	393.12	2 068.81	
— Marts	2 774.63	31.15	435.24	3 241.02	
— April	2 250.09	40.37	421.20	2 711.66	
— Mai	3 364.03	53.08	435.24	3 852.35	
— Juni	4 996.91	81.39	421.20	5 499.50	
Sum for Terminen	39 530.24	720.05	5 124.60	45 374.89	3
Støren—Aamot.					
1893 Juli	57 701.83	1 182.55	5 356.80	64 241.18	3
— August	48 471.12	1 083.23	5 356.80	54 911.15	1
— September	31 557.36	864.79	5 184.00	37 606.15	
— Oktober	18 364.55	550.47	5 356.80	24 271.82	
— November	7 994.64	372.55	5 184.00	13 551.19	
— December	20 688.47	403.87	5 356.80	26 449.14	
1894 Januar	14 170.12	431.69	5 356.80	19 958.61	
— Februar	14 410.25	268.22	4 838.40	19 516.87	10
— Marts	16 343.58	299.05	5 356.80	21 999.43	
— April	18 670.55	393.11	5 184.00	24 247.66	
— Mai	29 959.50	586.75	5 356.80	35 903.05	1
— Juni	42 160.58	886.35	5 184.00	48 230.93	6
Sum for Terminen	320 492.55	7 322.63	63 072.00	390 887.18	28
Trondhjem—Støren.					
1893 Juli	16 749.46	232.00	870.48	17 851.94	1
— August	12 813.76	216.21	870.48	13 900.45	
— September	8 115.09	187.37	842.40	9 144.86	
— Oktober	5 515.47	107.06	870.48	6 493.01	
— November	3 569.56	84.13	842.40	4 496.09	
— December	5 518.48	79.76	870.48	6 468.72	
1894 Januar	3 899.38	78.43	870.48	4 848.29	
— Februar	3 704.88	47.41	786.24	4 538.53	1
— Marts	4 997.09	59.31	870.48	5 926.88	
— April	5 579.90	74.58	842.40	6 496.88	
— Mai	8 852.08	122.43	870.48	9 844.99	
— Juni	13 858.16	166.80	842.40	14 867.36	1
Sum for Terminen	93 173.31	1 455.49	10 249.20	104 878.00	7

rdeling paa hver Maaned.

Godstrafik.				Andre Trafik-Indtægter[1]).	Hovedsum Trafik-Indtægter.	Procent paa hver Maaned af den hele Trafik-Indtægt.
...vende Dyr.	Ilgods.	Fragtgods.	Sum.			
Kroner.						
148.93	1 061.68	5 598.80	6 942.66	357.03	20 802.15	10.8
403.84	936.83	5 799.46	7 218.16	304.04	18 703.39	9.7
598.06	870.43	7 697.13	9 222.21	300 16	17 511.38	9.1
437.53	850.98	7 209.92	8 530.11	376.81	16 343.54	8.5
267.41	922.34	6 608.68	7 835.35	290.65	12 523.94	6.5
66.34	1 220.32	6 878.59	8 202.04	291.68	15 749.52	8.2
61.48	825.14	6 523.54	7 441.73	262.50	12 399.96	6.4
126.67	779.13	8 458.17	9 499.11	210.22	14 261.09	7.4
187.32	891.59	7 936.11	9 065.81	319.14	17 400.10	9.1
140.96	695.79	6 094.93	6 989.60	276.24	12 945.93	6.7
140.71	976.03	5 231.15	6 437.44	307.97	14 197.48	7.4
194.10	2 166.89	5 111.50	7 615.37	296.46	19 619.51	10.2
2 773.35	12 197.15	79 147.98	94 999.59	3 592.90	192 457.99	100.0
65.73	398.06	2 516.93	3 025.39	45.20	10 118.93	11.9
264.04	340.04	2 703.43	3 342.63	74.22	9 410.33	11.1
394.22	317.41	3 623.19	4 357.43	50.48	8 695.61	10.3
274.89	312.79	3 340.35	3 938.88	34.23	7 141.38	8.4
170.61	338.47	2 926.81	3 441.46	44.50	5 463.75	6.5
40.11	484.72	2 078.81	2 615.15	39.15	5 848.93	6.9
30.81	338.48	2 251.05	2 631.38	41.84	5 004.56	5.9
45.88	304.40	3 501.82	3 942.01	24.30	6 035.12	7.1
85.34	364.66	3 420.43	3 880.70	28.15	7 149.87	8.5
87.95	249.18	2 272.10	2 625.74	34.03	5 371.43	6.3
87.99	362.25	1 971.40	2 453.55	34.52	6 340.42	7.5
145.61	553.08	1 809.82	2 571.17	28.22	8 098.89	9.6
[illegible] 693.18	4 363.54	32 416.14	38 825.49	478.84	84 679.22	100.0
692.91	2 775.54	21 675.91	25 488.37	508.72	90 238.27	12.2
1 614.27	2 069.92	26 219.73	30 097.58	472.68	85 481.41	11.6
2 438.59	2 039.30	29 849.92	34 412.96	336.07	72 355.18	9.8
1 839.09	2 019.74	29 403.31	33 319.52	396.66	57 988.00	7.9
1 235.86	2 210.23	29 296.61	32 781.64	290.62	46 623.45	6.3
428.78	3 208.46	19 685.06	23 415.62	334.78	50 199.54	6.8
339.99	2 459.70	22 363.48	25 236.10	362.08	45 556.79	6.2
513.05	2 175.74	27 259.92	30 951.91	327.81	50 796.59	6.9
658.45	2 595.52	25 682.57	29 011.60	389.05	51 400.08	7.0
736.91	1 726.32	24 270.66	26 828.05	397.32	51 473.03	7.0
769.12	2 588.20	19 826.78	23 370.21	348.52	59 621.78	8.1
1 576.36	4 220.88	20 511.82	26 925.06	449.83	75 605.82	10.2
12 843.38	30 089.55	296 045.77	341 838.62	4 614.14	737 339.94	100.0
255.10	1 142.19	11 413.79	12 949.84	512.14	31 313.92	11.6
216.07	768.08	12 873.43	13 927.94	496.57	28 324.96	10.5
298.87	772.04	12 076.81	13 176.08	432.34	22 753.28	8.4
224.98	797.49	12 850 78	13 891.17	379.55	20 763.73	7.7
263.60	766.28	13 261.08	14 307.33	369.41	19 172.83	7.1
120.25	1 270.84	10 202.30	11 611.18	413.90	18 493.80	6.9
96.29	766.51	10 738.65	11 615.07	400.22	16 863.58	6.3
100.10	703.27	11 834.03	12 829.69	349.86	17 718.08	6.6
140.78	877.15	12 534.00	13 572.16	368.01	19 867.05	7.3
173.02	620.98	12 436.69	13 248.94	375.37	20 121.19	7.5
204.25	1 104.85	11 801.46	13 170.52	447.08	23 462.59	8.7
405.92	1 991.30	12 933.26	15 503.73	434.34	30 805.43	11.4
2 499.23	11 580.98	144 956.28	159 803.65	4 978.79	269 660.44	100.0

[1]) Jfr. Anm. Pag. 242.

Tabel XV (Forts.). Trafikindtægter

Maaned.	Persontrafik. Reisende.	Reisegods.	Post-befordring.	Sum.	Kjøre-redskab…
Rørosbanen. (Hamar—Trondhjem).					
1893 Juli	93 603.55	1 741.73	7 298.64	102 643.92	660[illegible]
— August	77 091.12	1 596.51	7 298.64	85 986.27	377.[illegible]
— September	50 683.54	1 280.98	7 063.20	59 027.72	142[illegible]
— Oktober	33 218.47	852.61	7 298.64	41 369.72	117[illegible]
— November	16 797.17	562.64	7 063.20	24 423.01	[illegible]
— December	35 452.46	617.19	7 298.64	43 368.29	159[illegible]
1894 Januar	23 904.79	630.54	7 298.64	31 833.97	129.[illegible]
— Februar	23 683.50	400.15	6 592.32	30 675.97	1 420[illegible]
— Marts	31 402.80	481.04	7 298.64	39 182.48	156[illegible]
— April	31 488.15	584.94	7 063.20	39 136.29	186[illegible]
— Mai	48 893.29	860.53	7 298.64	57 052.46	[illegible]
— Juni	71 962.37	1 279.90	7 063.20	80 305.47	[illegible]
Sum for Terminen	538 181.21	10 888.76	85 935.60	635 005.57	4 800.[illegible]
Merakerbanen.					
1893 Juli	14 839.32	398.62	591.48	15 829.42	55
— August	12 174.04	327.13	591.48	13 092.65	63
— September	8 161.61	199.61	572.40	8 933.62	19
— Oktober	6 368.92	110.01	591.48	7 070.41	14
— November	4 383.86	93.35	572.40	5 049.61	11
— December	5 726.05	109.46	591.48	6 426.99	4
1894 Januar	4 631.89	64.53	591.48	5 287.90	
— Februar	4 126.23	81.87	534.24	4 742.34	4
— Marts	6 162.46	84.28	591.48	6 838.22	7
— April	6 682.02	70.51	572.40	7 324.93	30
— Mai	8 714.23	156.86	591.48	9 462.57	73
— Juni	13 105.90	236.50	610.80	13 953.20	[illegible]
Sum for Terminen	95 076.53	1 932.73	7 002.60	104 011.86	36[illegible]
Jæderbanen.					
1893 Juli	11 779.19	61.00	518.72	12 358.91	[illegible]
— August	11 342.66	54.30	522.36	11 919.32	[illegible]
— September	9 061.94	63.70	505.04	9 630.68	[illegible]
— Oktober	10 116.35	43.80	534.32	10 694.47	[illegible]
— November	5 187.39	33.20	520.64	5 741.23	[illegible]
— December	6 256.45	27.30	560.12	6 843.87	[illegible]
1894 Januar	5 198.84	52.20	993.36	6 244.40	[illegible]
— Februar	4 824.22	30.70	624.64	5 479.56	[illegible]
— Marts	7 653.68	40.60	525.84	8 220.12	[illegible]
— April	6 206.25	41.00	654.32	6 901.57	[illegible]
— Mai	9 809.96	53.50	2 516.60	12 380.06	[illegible]
— Juni	11 090.69	58.40	505.04	11 654.13	[illegible]
Sum for Terminen	98 527.62	559.70	8 981.00	108 068.32	[illegible]
Bergen—Vossbanen.					
1893 Juli	35 058.53	253.95	525.96	35 838.44	[illegible]
— August	31 515.85	185.60	305.64	32 007.09	[illegible]
— September	13 248.45	156.80	403.92	13 809.17	[illegible]
— Oktober	11 665.06	97.65	2 550.11	14 312.80	[illegible]
— November	7 844.07	58.50	2 882.74	10 785.31	[illegible]
— December	9 031.75	75.20	2 570.63	11 677.58	[illegible]

rdeling paa hver Maaned.

Godstrafik.				Andre Trafik-Indtægter[1]).	Hovedsum Trafik-Indtægter.	Procent paa hver Maaned af den hele Trafik-Indtægt.
Levende Dyr.	Ilgods.	Fragtgods.	Sum.			
Kroner.						
1 162.67	5 377.47	41 205.43	48 406.26	1 423.09	152 473.27	11.9
2 498.22	4 114.87	47 596.05	54 586.31	1 347.51	141 020.09	11.0
3 729.74	3 999.18	53 247.05	61 168.68	1 119.05	121 315.45	9.4
2 776.49	3 981.00	52 804.36	59 679.68	1 187.25	102 236.65	8.0
1 937.48	4 237.32	52 093.18	58 365.78	995.18	83 783.97	6.5
655.48	6 184.34	38 844.76	45 843.99	1 079.51	90 291.79	7.0
528.57	4 389.83	41 876.72	46 924.28	1 066.64	79 824.89	6.2
785.70	3 962.54	51 053.94	57 222.72	912.19	88 810.88	6.9
1 071.89	4 728.92	49 573.11	55 530.27	1 104.35	95 817.10	7.5
1 138.84	3 292.27	45 074.38	49 692.33	1 082.96	89 911.58	7.0
1 202.07	5 031.33	38 830.79	45 431.72	1 138.09	103 622.27	8.1
2 321.99	8 932.15	40 366.40	52 615.33	1 208.85	134 129.65	10.5
19 809.14	58 231.22	552 566.17	635 467.35	13 664.67	1 284 137.59	100.0
176.26	529.96	33 005.62	33 767.35	805.34	50 402.11	10.2
108.06	425.33	36 272.79	36 870.16	1 801.70	51 764.51	10.5
403.32	447.50	42 136.57	43 007.06	705.98	52 646.66	10.7
271.09	596.08	45 943.46	46 825.43	590.26	54 486.10	11.0
271.53	610.61	40 778.59	41 672.53	460.39	47 182.53	9.6
189.46	590.21	20 567.12	21 351.19	895.25	28 673.43	5.8
166.97	574.85	25 387.11	26 128.93	1 743.99	33 160.82	6.7
166.85	634.75	32 866.78	33 672.38	436.99	38 851.71	7.9
382.02	809.58	24 695.71	25 894.35	435.09	33 167.66	6.7
242.27	329.48	23 985.25	24 587.73	811.71	32 724.37	6.6
216.20	324.96	17 087.67	17 702.22	674.11	27 838.90	5.6
752.26	702.85	26 991.84	28 527.03	672.24	43 152.47	8.7
3 346.29	6 576.16	369 718.51	380 006.36	10 033.05	494 051.27	100.0
150.39	182.88	2 539.75	2 890.33	425.22	15 674.46	9.9
409.69	194.12	2 986.74	3 609.30	439.55	15 968.17	10.1
467.73	196.55	3 245.19	3 941.94	462.51	14 035.13	8.8
642.75	163.35	3 524.88	4 341.17	538.22	15 573.86	9.8
464.41	168.14	3 159.50	3 808.67	404.20	9 954.10	6.3
236.34	221.23	2 206.86	2 670.85	488.07	10 002.79	6.3
218.91	181.02	2 373.83	2 777.56	569.05	9 591.01	6.0
260.48	176.86	2 492.27	2 929.61	365.19	8 774.36	5.5
329.17	182.90	3 725.53	4 267.32	577.68	13 065.12	8.2
267.15	213.58	4 263.54	4 750.87	378.41	12 030.85	7.6
262.34	251.62	3 754.48	4 286.13	415.59	17 081.78	10.8
179.87	223.02	4 516.79	4 935.28	437.73	17 027.14	10.7
3 889.23	2 355.27	38 789.36	45 209.03	5 501.42	158 778.77	100.0
103.60	1 204.12	5 198.70	6 596.27	760.39	43 195.10	13.7
138.15	1 246.34	5 525.85	6 984.34	1 030.26	40 021.69	12.7
203.70	895.73	6 757.65	7 926.83	496.42	22 232.42	7.0
463.40	752.60	6 611.10	7 836.80	365.79	22 515.41	7.1
329.90	750.87	5 686.05	6 774.27	302.53	17 862.11	5.6
193.40	975.50	5 434.00	6 613.50	321.90	18 612.98	5.9

Jfr. Anm. Pag. 242.

Tabel XV (Forts.). Trafikindtægter

Maaned.	Persontrafik.				Kjø redsk
	Reisende.	Reisegods.	Post-befordring.	Sum.	
	Kroner.				
1894 Januar	7 432.78	43.85	2 570.63	10 047.26	43
— Februar	6 648.45	78.60	2 483.15	9 210.20	28
— Marts	11 552.90	52.50	2 570.62	14 176.02	14
— April	15 128.66	125.80	534.60	15 789.06	46
- Mai	22 928.69	126.25	517.32	23 572.26	60
— Juni	31 694.80	179.60	516.24	32 390.54	86
Sum for Terminen	203 749.99	1 434.20	18 431.56	223 615.75	539
Statsbanerne.					
1893 Juli	436 530.37	6 300.96	23 423.66	466 254.99	1 962
— August	397 980.90	6 079.88	23 292.08	427 352.86	1 517
— September	299 192.41	4 870.62	23 210.82	327 273.85	1 134
— Oktober	257 609.49	4 183.22	26 839.40	288 632.11	920
— November	186 607.96	3 135.27	25 431.10	215 174.33	1 002
— December	263 713.24	3 199.86	26 312.02	293 225.12	731
1894 Januar	187 586.79	3 013.94	26 366.88	216 967.61	570
— Februar	192 719.32	2 833.96	23 730.01	219 283.29	3 071
— Marts	256 874.22	3 038.11	25 935.07	285 847.40	1 450
— April	238 813.15	3 595.96	23 709.75	266 118.86	952
— Mai	309 232.64	3 916.40	26 276.97	339 426.01	1 654
— Juni	374 819.90	5 405.54	23 709.72	403 935.16	2 565
Sum for Terminen	3 401 680.39	49 573.72	298 237.48	3 749 491.59	17 534
Hovedbanen.					
1893 Juli	62 138.98	1 044.86	1 325.16	64 509.00	249
— August	53 437.23	1 134.37	1 325.16	55 896.76	104
— September	37 078.99	721.50	1 325.16	39 125.65	120
— Oktober	30 485.48	539.10	1 325.16	32 349.74	155
— November	22 376.66	342.56	1 325.16	24 044.38	268
— December	36 707.58	472.52	1 325.16	38 505.26	[illegible]4
1894 Januar	19 926.62	332.00	1 325.16	21 583.78	107
— Februar	21 865.98	255.02	1 325.16	23 446.16	504
— Marts	30 496.73	314.72	1 325.16	32 136.61	250
— April	26 976.80	440.89	1 325.16	28 742.85	199
— Mai	36 736.32	538.84	1 325.16	38 600.32	204
— Juni	51 770.78	803.07	1 325.20	53 899.05	614
Sum for Terminen	429 998.15	6 939.45	15 901.96	452 839.56	2 063
Samtlige Baner.					
1893 Juli	498 669.35	7 345.82	24 748.82	530 763.99	2 211
— August	451 418.13	7 214.25	24 617.24	483 249.62	1 711
— September	336 271.40	5 592.12	24 535.98	366 399.50	1 255
— Oktober	288 094.97	4 722.32	28 164.56	320 981.85	1 070
— November	208 984.62	3 477.83	26 756.26	239 218.71	1 270
— December	300 420.82	3 672.38	27 637.18	331 730.38	825
1894 Januar	207 513.41	3 345.94	27 692.04	238 551.39	678
— Februar	214 585.30	3 088.98	25 055.17	242 729.45	3 575
— Marts	287 370.95	3 352.83	27 260.23	317 984.01	1 701
— April	265 789.95	4 036.85	25 034.91	294 861.71	1 151
— Mai	345 968.96	4 455.24	27 602.13	378 026.33	1 854
— Juni	426 590.68	6 208.61	25 034.92	457 834.21	3 17[illegible]
Sum for Terminen	3 831 678.54	56 513.17	314 139.44	4 202 331.15	20 495

...deling paa hver Maaned.

Godstrafik.				Andre Trafik-indtægter [1]).	Hovedsum Trafik-indtægter.	Procent paa hver Maaned af den hele Trafik-indtægt.
...evende Dyr.	Ilgods.	Fragtgods.	Sum.			
Kroner.						
199.40	588.67	4 874.60	5 706.02	306.27	16 059.55	5.1
259.30	543.10	4 843.10	5 673.50	247.00	15 130.70	4.8
333.30	803.06	5 796.35	6 946.91	331.37	21 454.30	6.8
326.25	736.05	6 624.55	7 733.10	302.73	23 824.89	7.5
420.55	984.50	6 658.05	8 123.20	400.39	32 095.85	10.2
263.75	1 074.60	8 756.03	10 180.93	636.11	43 207.58	13.6
3 234.70	10 555.14	72 766.03	87 095.67	5 501.16	316 212.58	100.0
4 337.82	23 378.49	278 207.07	307 885.83	10 953.81	785 094.63	10.3
7 872.94	22 588.91	286 518.79	318 497.99	11 030.56	756 881.41	9.9
10 469.84	22 001.13	307 799.83	341 405.75	9 493.60	678 173.20	8.9
8 863.43	22 533.41	300 517.21	332 835.00	10 232.57	631 699.68	8.3
6 436.30	25 173.22	296 920.56	329 532.61	7 884.16	552 591.10	7.3
3 592.52	30 592.32	227 969.55	262 885.45	9 387.47	565 498.04	7.4
3 620.15	20 275.29	250 002.23	274 468.51	10 342.80	501 778.92	6.6
4 486.11	21 038.53	287 630.44	316 226.13	7 908.56	543 417.98	7.2
6 159.73	23 716.55	289 935.36	321 262.51	8 258.16	615 368.07	8.1
5 385.81	20 198.43	277 787.37	304 323.95	11 633.83	582 076.64	7.7
7 153.88	24 354.59	262 939.36	296 102.79	9 288.50	644 817.30	8.5
8 245.65	35 060.00	276 132.18	322 003.14	14 943.28	740 881.58	9.8
76 624.18	290 910.87	3 342 359.95	3 727 429.66	121 357.30	7 598 278.55	100.0
1 744.50	5 083.93	89 388.91	96 466.85	6 561.39	167 537.24	10.1
2 540.92	4 605.15	89 366.22	96 706.31	6 547.56	159 150.63	9.6
3 068.19	4 420.49	93 722.13	101 331.25	6 480.59	146 937.49	8.9
2 718.10	4 518.37	92 623.79	100 015.93	6 415.37	138 781.04	8.4
1 780.97	4 536.40	92 411.08	98 996.83	6 358.21	129 399.42	7.8
1 077.75	5 908.01	86 526.06	93 606.07	6 479.42	138 590.75	8.3
1 099.25	3 888.29	81 851.63	86 946.64	6 378.07	114 908.49	6.9
1 465.21	3 681.95	83 282.77	88 934.84	6 331.20	118 712.20	7.1
1 794.74	4 421.23	85 585.66	92 055.27	6 398.07	130 589.95	7.9
1 740.20	3 669.79	79 517.04	85 126.21	6 386.52	120 255.58	7.2
2 888.18	5 599.75	81 707.78	90 400.38	6 415.74	135 416.44	8.2
2 183.34	6 896.32	90 188.40	99 882.55	6 523.56	160 305.16	9.6
24 101.35	57 232.68	1 046 171.47	1 130 469.13	77 275.70	1 660 584.39	100.0
6 082.32	28 462.42	367 595.98	404 352.68	17 515.20	952 631.87	10.3
10 413.86	27 194.06	375 885.01	415 204.30	17 578.12	916 032.04	9.9
13 538.03	26 421.62	401 521.96	442 737.00	15 974.19	825 110.69	8.9
11 581.53	27 051.78	393 141.00	432 850.93	16 647.94	770 480.72	8.3
8 217.27	29 709.62	389 331.64	428 529.44	14 242.37	681 990.52	7.4
4 670.27	36 500.33	314 495.61	356 491.52	15 866.89	704 088.79	7.6
4 719.40	24 163.58	331 853.86	361 415.15	16 720.87	616 687.41	6.7
5 951.32	24 720.48	370 913.21	405 160.97	14 239.76	662 130.18	7.1
7 954.47	28 140.78	375 521.02	413 317.78	14 656.23	745 958.02	8.1
7 126.01	23 868.22	357 304.41	389 450.16	18 020.35	702 332.22	7.6
10 042.06	29 954.34	344 647.14	386 503.17	15 704.24	780 233.74	8.4
10 428.99	41 956.32	366 320.58	421 885.69	21 466.84	901 186.74	9.7
100 725.53	348 143.55	4 388 531.42	4 857 898.79	198 633.00	9 258 862.94	100.0

[1]) Jfr. Anm. Pag. 242.

Tabel XV (Forts.). Fordeling af Indtægter ved Dampskibsfart[1]) paa hver Maaned.

Maaned.	Persontrafik. Ialt.	Persontrafik. Hvoraf Reisende.	Godstrafik. Ialt.	Godstrafik. Hvoraf Fragtgods.	Hovedsum Trafikindtægter.	Procent paa hver Maaned af den hele Trafikindtægt.
	Kroner.					
1893 Juli	3 248.24	3 240.20	590.47	560.06	3 838.71	21.3
— August	2 982.44	2 967.51	1 005.89	953.41	3 988.33	22.1
— September	398.64	397.19	214.19	198.26	612.83	3.4
— Oktober	680.22	678.54	2 465.28	2 427.40	3 145.50	17.4
— November	146.15	145.50	621.87	590.04	768.02	4.3
1894 Mai	1 068.00	1 065.25	1 223.63	1 188.84	2 291 63	12.7
— Juni	2 524.40	2 008.70	870.31	811.04	3 394.71	18.8
Sum for Terminen	11 048.09	10 502.89	6 991.64	6 729.05	18 039.73	100.0

Trafik af Reisende og Gods i Lokal- og Samtrafik har udgjort:

Reisende.		Op.	Ned.	Sum.
1ste Plads	Antal	1 170	1 241	2 411
2den do.	do.	2 522	2 406	4 928
	Tilsammen	3 692	3 647	7 339

Il- og Fragtgods.				
Lokaltrafik	kg.	129 937	7 339	137 276
Samtrafik med Kristiania—Drammenbanen, Drammen—Skienbanen og Drammen—Randsfjordbanen	kg.	731 665	49 076	780 741
	Tilsammen	861 602	56 415	918 017

Gjennemsnitsindtægten for hver Reisende har været Kr. 1.43 og pr. Ton Gods Kr. 7.33.

Udgifter til Drift og Vedligehold har udgjort Kr. 12 213.35, hvoraf til Lønninger Kr. 5 073.84 til Forbrugssager Kr. 3 423.54, til Vedligehold af Skibet Kr. 3 303.74 samt til Vedligehold af Brygger og Kanalværker Kr. 412.23. Dampskibet har havt Fyr oppe i 1 420 Timer og gjennemløbet 15 168 km. Det har forbrugt 98 700 kg. Kul, Kostende Kr. 1 600.70 foruden 36 $m.^3$ Brænde, Kostende Kr. 31.80. Forbruget pr. km. har været 6.51 kg Kul, 0,102 l. Olie, 0.003 kg. Talg og 0.010 kg. Pudsegarn.

[1]) Drammen--Randsfjordbanens Dampskib «Bægna» paa Indsøen Spirillen. Dampskibet var i Fart fra Terminens Begyndelse indtil 11te November, samt fra 4de Mai til Terminens Udgang. Fra 29de August til 8de September, fra 27de September til 1ste Oktober og fra 26de Oktober til 11te November gik Skibet kun til Næs paa Grund af for lav Vandstand. Farten var helt indstillet fra 19de—24de August, fra 9de—26de September paa Grund af Vandstanden.

Tabel XVI.

Oversigt over Pensions- og Understøttelseskassernes Status pr. 30te Juni 1894.

Situation financière des caisses de pensions et de secours au 30 juin 1894

Tabel XVI. Oversigt over Pensions- og Under-
Situation financière des caisses d

1	2	3	4	5	6	7	8
	Trafikdistrikter. Sections de ligne.	Beholdning pr. 30. Juni 1893. Situation au 30. Juin 1893.	Indtægter. Recettes.				
			Tilskud fra Banen. Allocations des compagnies.		Bidrag fra Personalet. Cotisations des membres de la caisse.	Renter & tilfældige Indtægter. Intérêts.	Sum. Indtægter. Total.
			Direkte. Directement.	Indirekte. Indirectement.			
		Kroner.					
Pensionskasserne. Caises de pension.	Statsbanerne.	2 396 568.54	105 633.99	-	35 200.10	103 064.34	243 898.
	Hovedbanen.	764 798.99	[1]) 20 603.77	-	6 825.69	36 247.49	63 676.
	Samtlige Baner.	3 161 367.53	126 237.76	-	42 025.79	139 311.83	307 575.
Understøttelseskasserne. Caisses de secours.	1ste Trafikdistrikt.	219 894.35	3 560.13	5 583.23	8 553.48	10 568.13	28 264.
	2det Trafikdistrikt.	288 308.85	3 917.04	7 199.58	6 687.73	12 818.09	30 622.
	3die og 4de Trafikd.	173 016.85	3 458.21	4 737.88	6 170.83	7 859.75	22 226.
	5te Trafikdistrikt.	22 197.42	341.67	269.76	64.81	965.16	1 641
	6te Trafikdistrikt.	27 032.94	548.95	852.67	581.58	1 291.66	3 274.
	Statsbanerne.	730 450.41	11 826.00	18 643.12	22 058.43	33 502.79	86 030.
	Hovedbanen.	141 020.42	[1]) 2 506.22	5 695.60	3 676.28	6 431.84	18 309.
	Samtlige Baner.	871 470.83	14 332.22	24 338.72	25 734.71	39 934.63	104 340

[1]) Heri Tilskud for Hovedbanens særskilte Formue og fra Statsbanerne for Værkstedet og Kri-stiania Fællesstation.
[2]) Heraf tilbagebetalte Bidrag Kr. 2 452.80.
[3]) Tilbagebetalte Bidrag.
[4]) Heri Bidrag for Personale, der er overgaaet fra Hovedbanen til Statsbanerne Kr. 17 035.79.
[5]) Efter Fradrag af ovenomhandlede Bidrag Kr. 17 035.79.

tøttelseskassernes Status pr. 30te Juni 1894.
ensions et de secours au 30. juin 1894.

9	10	11	12	13	14	15	16	17
Udgifter. Dépenses.					**Af Fondet henstaar:** Des fonds sont restants:			
ensioner eller Under-øttelser. Pensions secours.	Andre Udgifter. Dépenses diverses.	Sum. Udgifter. Total.	**Overskud i Terminen.** Excédant.	**Beholdning pr. 30. Juni 1894.** Solde au 30. juin 1894.	mod Pant i faste Eiendomme. avec nantissement de propriétés solides.	hos Banerne. chez les compagnies.	**Antal Medlemmer pr. 30. Juni 1894.** Nombre de membres au 30. juin 1894.	**Antal Personer, der nød Pension eller Understøttelse pr. 30. Juni 1894.** Nombre de personnes avec pension ou secours au 30. juin 1894.
				Kroner.				
5 265.47	[2]) 2 504.49	27 769.96	216 128.47	[4]) 2 629 732.80	996 650.00	[8]) 1 633 082.80	2 650	[9]) 70
3 432.54	[3]) 559.10	13 991.64	49 685.31	[5]) 797 448.51	778 300.00	19 148.51	507	[10]) 29
8 698.01	3 063.59	41 761.60	265 813.78	3 427 181.31	774 950.00	1 652 231.31	3 157	99
3 477.89	-	13 477.89	14 787.08	[6]) 241 464.08	224 947.50	16 516.58	779	43
3 782.48	-	23 782.48	6 839.96	295 148.81	276 550.00	18 598.81	913	52
3 946.58	-	13 946.58	8 280.09	181 296.94	182 450.00	÷ 1 153.06	768	45
1 705.64	-	1 705.64	÷ 64.24	22 133.18	21 320.00	813.18	73	6
840.00	-	840.00	2 434.86	29 467.80	21 850.00	7 617.80	117	4
3 752.59	-	53 752.59	32 277.75	[7]) 769 510.81	727 117.50	42 393.31	2 650	150
3 426.17	[3]) 253.70	13 679.87	4 630.07	138 867.84	117 925.00	20 942.84	507	66
7 178.76	253.70	67 432.46	36 907.82	908 378.65	845 042.50	63 336.15	3 157	216

[6]) Heri Bidrag for Personale, der er overgaaet fra Hovedbanen til Statsbanerne Kr. 6 782.65.
[7]) Efter Fradrag af ovennævnte Bidrag Kr. 6 782.65.
[8]) Heraf i Henhold til Storthingets Beslutning af 1891 Laan til Kristiania—Drammenbanen og Støren—Aamotbanen mod Statens Garanti Kr. 1 240 000.00.
[9]) Heraf erholdt 29 tillige Bidrag af Understøttelseskassen.
[10]) Heraf erholdt 3 do. do. - do.

Tabel XVII.

Personale.

Personnel.

	Statsbanerne. Chemins de fer de l'état.								Hovedbanen. Chemin de fer principal.	Tilsammen for samtlige Baner. Tous le chemins de fer.
	Styrelsen. Direction générale.	1ste Trafikdistrikt.	2det Trafikdistrikt.	3die Trafikdistrikt.	4de Trafikdistrikt.	5te Trafikdistrikt.	6te Trafikdistrikt.	Tilsammen. Total.		
		km. *) 413	km. 352	km. 280	km. 314	km. 76	km. 108	km. 1 543	km. 68	km. 1 611
	Antal. Nombre.									
Bureauafdelingen	21	-	1	1	1	1	1	26	20	46
Generaldirektør	1	-	-	-	-	-	-	1	-	1
Direktører	-	-	-	-	-	-	-	-	6	6
Overbestyrer	-	-	-		-	-	-	-	1	1
Bureauchef	1	-	-		-	-	-	1	-	1
Kontorchef	-	-	-	-		-	-	-	1	1
Hovedkasserer	1	-	-	-	-	-	-	1	1	2
Hovedbogholder	1	-	-	-	-	-	-	1	1	2
Forstander for det statistiske Kontor	1	-	-	-	-	-	-	1	-	1
Sekretær	1	-	-	-	-	-	-	1	-	1
Assistent hos Hovedbogholderen	1	-	-	-	-	-	-	1	-	1
Underkasserer	1	-	-	-	-	-	-	1	-	1
Distriktskasserere	-	1) -	1	1	1	1	1	5	-	5
Fuldmægtige	4	-	-	-	-	-	-	4	-	4
Kontorister	5	-	-	-	-	-	-	5	9	14
Kontoristlærlinge og Bud	4	-	-	-	-	-	-	4	1	5
Trafikafdelingen	45	2) 306	440	126	127	27	40	1111	280	1 391
Direktør for Trafikafdelingen	1	-	-	-	-	-	-	1	-	1
Driftsbestyrere	-	1	1	3) 1	1	1	1	6	-	6
Overtrafikkontrollør	1	-	-	-	-	-	-	1	-	1
Assistent hos Direktøren	1	-	-	-	-	-	-	1	-	1
Driftsassistenter	-	2	2	1	1	-	-	6	-	6
Togkontrollør	1	-	-	-	-	-	-	1	-	1
Billetforvalter	1	-	-	-	-	-	-	1	-	1
Trafikkontrollører	4	-	-	-	-	4) -	4) -	4	-	4

*) For Maskinafdelingens Vedkommende refererer det opførte Personale sig til 380 km., idet Fredrikshald—Grændsen ikke er indbefattet.
1) Som Distriktskasserer fungerer Hovedkassereren.
2) Heri Stationsbetjening for Strækningen Fredrikshald—Kornsjø.
3) Tillige Distriktsingeniør.
4) Stillingen er forbunden med Bogholderens.

Tabel XVII (Forts.). Personale.

	Styrelsen.	Statsbanerne. 1ste Trafikdistrikt.	2det Trafikdistrikt.	3die Trafikdistrikt.	4de Trafikdistrikt.	5te Trafikdistrikt.	6te Trafikdistrikt.	Tilsammen.	Hovedbanen.	Tilsammen for samtlige Baner.
		km. *) 413	km. 352	km. 280	km. 314	km. 76	km. 108	km. 1 543	km. 68	km. 1 611
	Antal.									
Forstander for Rundreisekontoret	1	-	-	-	-	-	-	1	-	1
Fuldmægtige	6	1	1	1	-	-	-	9	-	9
Kontorister	26	3	2	-	2	1	1	35	-	35
Bud	3	1	1	1	1	-	-	7	-	7
Stationsmestere	-	51	50	24	27	6	6	164	12	176
Stations- og Stoppestedsexpeditører	-	4	9	4	3	1	7	[1]) 28	2	30
Understationsmestere	-	-	2	-	-	-	-	2	2	4
Fuldmægtige ved Stationerne	-	-	6	1	3	-	-	10	3	13
Kontorister » do.	-	11	36	11	15	1	4	78	39	117
Kontoristlærlinge	-	-	-	-	-	-	-	-	-	-
Telegrafister	-	48	44	17	12	3	1	125	40	165
Telegrafistinder	-	5	22	-	-	1	-	28	8	36
Formænd og Vognskrivere	-	8	16	5	2	-	2	33	39	72
Faste Sporskiftere	-	9	39	6	8	-	6	68	8	76
Pakkekjørere	-	-	4	1	-	-	-	5	3	8
Telegrafkyndige Stationsbetjente	-	30	21	13	3	1	1	69	4	73
Andre Stationsbetjente	-	57	77	13	10	4	3	164	60	224
Portner	-	-	-	-	-	-	-	-	1	1
Vagtmænd	-	-	7	-	-	-	-	7	-	7
Lampe- og Vognpudsere	-	-	1	-	2	-	-	3	-	3
Lærlinge og Bud	-	7	29	-	7	3	1	47	15	62
Overkonduktører	-	21	24	9	11	2	4	71	10	81
Underkonduktører	-	44	40	16	19	3	3	125	18	143
Skiftekonduktører	-	3	6	2	-	-	-	11	14	25
Billetkontrollører	-	-	-	-	-	-	-	-	2	2
Maskinafdelingen	3	211	253	71	120	17	31	706	160	866
Direktør for Maskinafdelingen	1	-	-	-	-	-	-	1	-	1
Maskiningeniører	-	1	1	-	[2]) 1	-	-	3	1	4
Værksmestere	-	-	1	-	-	-	-	1	1	2
Bogholdere	-	1	1	-	1	[3]) 1	[3]) 1	5	1	6
Materialforvaltere	-	1	1	1	1	-	-	4	1	5
Lokomotivmestere	-	1	1	-	1	1	1	5	-	5
Værkstedsformænd	-	2	2	1	3	-	-	8	3	11

*) For Maskinafdelingens Vedk. 380 km., (jfr. Anm. Pag. 256).

[1]) Expeditionen ved 2 Stoppesteder i 1ste Distrikt, 13 i 2det, 3 i 3die, 6 i 4de og 5 i 5te Distrikt besørges af Udenforstaaende; ved 3 Stoppesteder i 5te Distrikt og 5 i 6te besørges Expeditionen af Betjente ved Baneafdelingen og ved 1 Stoppested i 5te Distrikt af en Telegrafist.

[2]) Tillige for 3die Distrikt.

[3]) I 5te og 6te Distrikt tillige Materialforvaltere.

Tabel XVII (Forts.). Personale.

	Styrelsen.	Statsbaner. 1ste Trafikdistrikt.	2det Trafikdistrikt.	3die Trafikdistrikt.	4de Trafikdistrikt.	5te Trafikdistrikt.	6te Trafikdistrikt.	Tilsammen.	Hovedbanen.	Tilsammen for samtlige Baner.
		km. *)413	km. 352	km. 280	km. 314	km. 76	km. 108	km. 1 543	km. 68	km. 1 611
	Antal.									
Tegner	-	-	-	-	-	-	-	-	1	1
Kontorister	1	5	6	1	2	-	-	15	3	18
Lokomotivførerformænd	-	-	1	-	-	-	-	1	-	1
Lokomotivførere	-	39	45	16	25	4	6	135	26	161
Fyrbødere	-	26	40	16	24	2	6	114	24	138
Pudsere	-	29	40	9	15	-	4	97	30	127
Faste Værkstedsarbeidere	-	100	100	25	45	8	12	290	55	245
Kullempere	-	-	-	-	-	-	-	-	3	3
Vagtmænd	-	1	-	-	1	-	-	2	2	4
Vandpumpere	-	-	-	-	-	-	-	-	2	2
Vognvisitører	-	5	12	1	1	1	1	21	5	26
Maskinister	-	-	1	-	-	-	-	1	1	2
Materialbetjente	-	-	1	1	-	-	-	2	-	2
Bud	1	-	-	-	-	-	-	1	1	2
Baneafdelingen	5	288	221	159	190	31	56	950	54	1 004
Direktør for Baneafdelingen	1	-	-	-	-	-	-	1	-	1
Distriktsingeniører	-	1	1	[1]) -	1	-	-	3	-	3
Sektionsingeniører	-	3	3	2	2	-	-	10	[2]) 1	11
Telegrafinspektør	1	-	-	-	-	-	-	1	1	2
Assistenter	-	-	-	-	1	-	-	1	1	2
Tegner	1	-	-	-	-	-	-	1	1	2
Fuldmægtige	-	1	1	1	-	-	-	3	-	3
Kontorister	1	2	2	2	2	-	-	9	1	10
Telegrafmestere	-	1	1	-	-	-	-	2	-	2
Telegraftilsynsmænd	-	1	1	-	-	-	-	2	-	2
Banemestere	-	9	7	5	6	1	2	30	-	30
Baneformænd	-	72	61	47	56	11	17	264	13	277
Banevogtere	-	159	118	95	109	18	37	536	24	560
Broformænd	-	5	-	1	2	-	-	8	1	9
Brotømmermænd	-	-	5	2	2	1	-	10	1	11
Snedkere og Smede	-	7	3	4	2	-	-	16	-	16
Brovogtere	-	3	5	-	4	-	-	12	-	12
Sporskiftere	-	-	1	-	-	-	-	1	-	1
Grind- og Tunnelvogtere	-	23	12	-	2	-	-	37	8	45
Maskinist	-	1	-	-	-	-	-	1	-	1
Bud	1	-	-	-	1	-	-	2	1	3
Gartner	-	-	-	-	-	-	-	-	1	1
Totalsum	74	805	915	357	438	76	128	2 793	514	3 307

*) For Maskinafdelingens Vedk. 380 km. (jfr. Anm. 256).
[1]) Distriktsingeniørens Forretninger er tillagt Driftsbestyreren.
[2]) Benævnes Overbanemester.

Tabel XVIII.

Opgave

over

Uheld eller Ulykkestilfælde i Driftsaaret 1893—94.

Renseignement

sur

Les accidents pendant le terme 1893—94.

Tabel XVIII. Opgave over Uheld elle
Renseignement sur les accide

1	2	3	4	5	6	7	8	9	10	11	12
	To… Accidents des trai…										
	Afsporinger. Déraillements.										
	Sted. Lieu.										
Baner. Désignation des chemins de fer.	Paa fri Bane. Sur la ligne.	Ved Station. Dans les stations.	Synkninger etc. af Banelegemet. Enfoncements &c. du corps de la ligne.	Mangler ved Overbygningen. Défectuosités de la superstructure.	Jord- og Stenras, Sneskred. Glissements de terre et de pierres, avalanches de neige.	Sne- og Ishindringer. Obstacles de neige et de glace.	Paakjøring af Traller, Kjøretøier & Kreaturer, Tømmer etc. Ecrasements, de draisines, véhicules, bétail, bois &c.	Mangler ved rullende Materiel, Axelbrud etc. Avaries au matériel roulant, ruptures d'essieux &c.	Feilagtig Udøvelse af Stationstjenesten. Fautes commises dans le service des stations.	Feilagtig Udøvelse af Togtjenesten. Fautes commises dans le service des trains.	Andre Aarsager. …
Smaalensbanen.	-	-	-	-	-	-	-	-	-	-	-
Kongsvingerbanen.	-	-	-	-	-	-	-	-	-	-	-
Kongsv.-Flisenb.	-	-	-	-	-	-	-	-	-	-	-
1ste Trafikdistrikt.	-	-	-	-	-	-	-	-	-	-	-
Kr.ania-Drammenb.	-	-	-	-	-	-	-	-	-	-	-
Drammen-Skienb.	1	1	-	-	-	-	1	-	1	-	-
Drammen-Randsfj.b.	-	1	-	-	-	-	-	-	1	-	-
2det Trafikdistrikt.	1	2	-	-	-	-	1	-	2	-	-
Eidsvold-Hamarb.	-	-	-	-	-	-	-	-	-	-	-
Rørosbanen.	4	1	-	-	-	-	-	2	2	-	1
Merakerbanen.	-	-	-	-	-	-	-	-	-	-	-
3die & 4de Trafikd.	4	1	-	-	-	-	-	2	2	-	1
5te Trafikdistrikt.	-	-	-	-	-	-	-	-	-	-	-
6te Trafikdistrikt.	-	-	-	-	-	-	-	-	-	-	-
Statsbanerne.	5	3	-	-	-	-	1	2	4	-	1
Hovedbanen.	-	-	-	-	-	-	-	-	-	-	-
Samtlige Baner.	5	3	-	-	-	-	1	2	4	-	1

…lykkestilfælde i Driftsaaret 1893—94.
…endant le terme 1893—94.

14	15	16	17	18	19	20	21	22	23	24	25	26
…eld. …dant la route.											Andre Uheld. Autres accidents.	
	Sammenstød. Collisions.						Andre Toguheld. Accidents divers.					
Sted. Lieu.							Sted. Lieu.					
Ved Station. Dans les stations.	Feilagtige Dispositioner af Stationsbefalet. Fautes commises dans la disposition des chefs des stations.	Feilagtig Pointsstilling eller Signalisering. Fautes commises dans la position de l'aiguille ou dans les signalements.	Feilagtigt Forhold af Togpersonalet. Fautes commises par le personnel des trains.	Uforsigtig Rangering eller feilagtig Opstilling af Materiel. Fautes commises dans la formation ou dans la disposition du matériel.	Deling af Tog. Séparation d'un train.	Andre Aarsager. Causes diverses.	Paa fri Bane. Sur la ligne.	Ved Station. Dans les stations.	Ild i Toget. Incendie dans le train.	Andre Aarsager. Causes diverses.	Uheld tilstødt Person under Togdrift. Accidents survenus à des personnes dans l'exploitation des trains.	Uheld tilstødt Person eller Materiel under Rangering. Accidents survenus à des personnes ou au matériel dans la formation des trains.
1	-	-	-	1	-	-	-	-	-	-	4	-
1	-	-	-	1	-	-	-	-	-	-	1	-
-	-	-	-	-	-	-	-	-	-	-	-	-
2	-	-	-	2	-	-	-	-	-	-	5	-
2	-	1	1	-	-	-	-	1	-	1	2	-
1	-	1	-		-	-	-	-	-	-	2	2
-	-	-	-	-	-	-	-	-	-	-	1	7
3	-	2	1	-	-	-	-	1	-	1	5	9
-	-	-	-	-	-	-	-	1	-	1	-	1
-	-	-	-	-	-	-	-	-	-	-	1	3
-	-	-	-	-	-	-	-	-	-	-	-	1
-	-	-	-	-	-	-	-	1	-	1	1	5
-	-	-	-	-	-	-	-	-	-	-	-	1
-	-	-	-	-	-	-	-	-	-	-	1	-
5	-	2	1	2	-	-	-	2	-	2	12	15
-	-	-	-	-	1	-	-	-	-	-	3	2
5	-	1	1	2	1	-	-	2	-	2	15	17

Tabel XVIII (Forts.). Opgave over Uheld elle[r]
Renseignement sur les acciden[ts]

1	27	28	29	30	31	32	33	34	35	36	37	38
	Døde og Kvæstede samt beskadiget Materie[l] Personnes tués ou blessés, avaries au materi[el]											
	Reisende. Voyageurs.											
					Tilsammen. Ensemble.							
Baner. Désignation des chemins de fer.	Ved Toguheld. Accidents des trains pendant la route.		Ved Paa- og Afstigning eller paa Tog. En montant sur le train ou en descendant ou en passant.		Ialt. (Col. 27—30). En tout.		Pr. 1 000 000 Reisende. Par 1 000 000 de voyageurs.		Pr. 1 000 000 Person-kilometer. Par 1 000 000 de kilomètres de voyageurs.		Ved Toguheld. Accidents des trains pendant la route.	
	Døde. tués.	Kvæstede. blessés.	Døde. tués.	Kvæstede. blessés.	Døde. tués.	Kvæstede. blessés.	Døde. tués.	Kvæstede. blessés.	Døde. tués.	Kvæstede. blessés.	Døde. tués.	Kv[æstede.] bles[sés.]
Smaalensbanen.	-	-	-	-	-	-	-	-	-	-	-	
Kongsvingerbanen.	-	-	-	-	-	-	-	-	-	-	-	
Kongsv.-Flisenb.	-	-	-	-	-	-	-	-	-	-	-	
1ste Trafikdstr.	-	-	-	-	-	-	-	-	-	-	-	
Kr.ania-Dr.menb.	-	-	-	-	-	-	-	-	-	-	-	
Dr.men-Sklenb.	-	-	-	-	-	-	-	-	-	-	-	
Dr.men-Randsfj.b.	-	-	-	-	-	-	-	-	-	-	-	
2det Trafikdstr.	-	-	-	-	-	-	-	-	-	-	-	
Eidsvold-Hamarb.	-	-	-	-	-	-	-	-	-	-	-	
Rørosbanen.	-	-	-	-	-	-	-	-	-	-	-	
Merakerbanen.	-	-	-	-	-	-	-	-	-	-	-	
3die & 4de Trafikd.	-	-	-	-	-	-	-	-	-	-	-	
5te Trafikdistr.	-	-	-	-	-	-	-	-	-	-	-	
6te Trafikdistr.	-	-	1	-	1	-	1.72	-	0.15	-	-	-
Statsbanerne.	-	-	1	-	1	-	0.18	-	0.01	-	-	-
Hovedbanen.	-	-	-	-	-	-	-	-	-	-	-	-
Samtlige Baner.	-	-	1	-	1	-	0.17	-	0.01	-	-	-

lykkestilfælde i Driftsaaret 1893—94.
ndant le terme 1893—94.

ıder den egentlige Jernbanedrift[1]).
ıs l'exploitation.

Jernbanebetjente ved Tog- og Rangeringstjeneste.
Agents des chemins de fer dans le service des trains et de la formation.

39	40	41	42	43	44	45	46	47	48	49	50	51	52	53	54
ɛd Paa- og Afstigning ɛr paa Tog. En montant ɪ le train ou ı descendant ı en passant.		Ved Rangeringstjeneste. Dans le service de la formation. Ved Tilkobling. En accrochant des véhicules.		Ved Afkobling. En décrochant des véhicules.		Paa anden Maade. Autres causes.		Ved Ophold paa eller Gang over Spor. En s'arrêtant ou en passant sur la voie.		Ved andre Uheld. Accidents divers.		Tilsammen. Ensemble. Ialt. (Col. 37—50). En tout.		Pr. 1 000 000 Tog-kilometer. Par 1 000 000 de kilomètres de train.	
ɵde. ıés	Kvæstede. blessés.	Døde. tués.	Kvæstede. blessés	Døde. tués.	Kvæstede. blessés	Døde. tués.	Kvæstede. blessés	Døde. tués.	Kvæstede. blessés	Døde. tués	Kvæstede. blessés	Døde. tués.	Kvæstede. blessés	Døde. tués.	Kvæstede. blessés
-	-	-	-	-	-	-	-	-	-	-	-	-	-	-	-
-	-	-	-	-	-	-	-	-	-	-	-	-	-	-	-
-	-	-	-	-	-	-	-	-	-	-	-	-	-	-	-
-	-	-	-	-	-	-	-	-	-	-	-	-	-	-	-
-	-	-	-	-	-	-	-	-	-	-	-	-	-	-	-
-	-	-	-	-	-	-	-	-	-	-	-	-	-	-	-
-	1	-	1	-	-	-	1	-	-	-	1	-	4	-	9.91
-	**1**	-	**1**	-	-	-	**1**	-	-	-	**1**	-	**4**	-	**2.95**
-	-	-	-	-	-	-	-	-	-	-	-	-	-	-	-
-	-	-	-	-	1	-	-	-	-	-	-	-	1	-	1.16
-	-	-	-	-	-	-	-	-	-	-	-	-	-	-	-
-	-	-	-	-	**1**	-	-	-	-	-	-	-	**1**	-	**0.77**
-	-	-	-	-	-	-	-	-	-	-	-	-	-	-	-
-	-	-	-	-	-	-	-	-	-	-	-	-	-	-	-
-	**1**	-	**1**	-	**1**	-	**1**	-	-	-	**1**	-	**5**	-	**1.14**
-	-	-	-	-	-	-	-	-	-	-	-	-	-	-	-
-	**1**	-	**1**	-	**1**	-	**1**	-	-	-	**1**	-	**5**	-	**1.05**

[1]) Følgerne af de under Col. 2—26 anførte Uheld.
Effets des accidents compris dans les colonnes 2—26.

Tabel XVIII (Forts.). Opgave over Uheld eller
Renseignement sur les accidents

1	55	56	57	58	59	60	61	62	63	64
	Døde og Kvæstede samt beskadiget Materiel Personnes tués ou blessés, avaries au materie									
	Tjenestemænd i Tjeneste. Agents dans le service.				Andre Personer og Tjenestemænd udenfor Tjeneste. Autres personnes et agents en dehors de tout service					
Baner. Désignation des chemins de fer.	Ved Toguheld. Accidents des trains pendant la route.		Ved andre Uheld. Accidents divers.		Ved Toguheld. Accidents des trains pendant la route.		Ved andre Uheld. Accidents divers.		Ved Sindssygdom Drukkenskab Selvmord etc. Folie, ivresse, suicide etc.	
	Døde. tués.	Kvæstede. blessés.	Døde. tués.	Kvæstede. blessés.	Døde. tués.	Kvæstede. blessés.	Døde. tués.	Kvæstede. blessés.	Døde. tués.	Kvæstede. blessés.
Smaalensbanen..	-	-	-	-	-	-	1	-	2	1
Kongsvingerbanen.	-	-	-	-	-	-	-	-	-	1
Kongsv.-Flisenbanen.	-	-	-	-	-	-	-	-	-	-
1ste Trafikdistrikt.	-	-	-	-	-	-	1	-	2	2
Kr.ania-Drammenb.	-	-	-	-	-	-	1	-	-	1
Drammen-Skienb.	-	-	1	-	-	-	1	-	-	1
Drammen-Randsfj.b.	-	-	-	-	-	-	-	-	-	-
2det Trafikdistrikt.	-	-	1	-	-	-	2	-	-	2
Eidsvold-Hamarb.	-	-	-	-	-	-	-	-	-	
Rørosbanen.	-	-	-	-	-	-	-	-	1	-
Merakerbanen.	-	-	-	-	-	-	-	-	-	-
3die & 4de Trafikd.	-	-	-	-	-	-	-	-	1	-
5te Trafikdistrikt.	-	-	-	-	-	-	1	-	-	-
6te Trafikdistrikt.	-	-	-	-	-	-	-	-	-	-
Statsbanerne.	-	-	1	-	-	-	4	-	3	4
Hovedbanen.	-	-	-	-	-	-	2	-	-	-
Samtlige Baner.		-	1	-	-	-	6	-	3	4

lykkestilfælde i Driftsaaret 1893—94.
ndant le terme 1893—94.

65	66	67	68	69	70	71	72	73	74	75	76
…r den egentlige Jernbanedrift[1]). …l'exploitation.								Omkomne og Kvæstede udenfor den egentlige Jernbanedrift[2]). Personnes tués ou blessés au dehors de l'exploitation.			
Døde og Kvæstede. Tués et blessés.				Beskadiget Materiel. Avaries au matériel.							
Ialt. …ol. 31 + 33 …51 + 53 + …55—64). Total.		Pr. 1 000 000 Togkilometer. Par 1 000 000 de kilomètres de train.		Betydeligt. Considérables.		Ubetydeligt. Inconsidérables.		Tjenestemænd og Arbeidere i Tjeneste. Agents et ouvriers dans le service.		Andre Personer og Tjenestemænd udenfor Tjeneste. Autres personnes et agents en dehors de tout service.	
…de. …s.	Kvæstede. blessés.	Døde. tués.	Kvæstede. blessés.	Lokomotiver. locomotives.	Vogne. voitures et wagons.	Lokomotiver. locomotives.	Vogne. voitures et wagons.	Døde. tués.	Kvæst. blessés.	Døde. tués.	Kvæstede. blessés.
3	1	3.15	1.05	-	-	1	1	-	-	-	-
-	1	-	3.00	-	-	-	1	-	-	-	-
-	-	-	-	-	-	-	-	-	-	-	-
3	**2**	**2.25**	**1.50**	-	-	**1**	**2**	-	**21**	-	-
1	1	2.48	2.48	-	-	3	3	-	-	-	-
2	1	3.65	1.82	-	-	1	4	-	-	-	-
-	4	-	9.91	-	-	1	5	-	-	-	-
3	**6**	**2.21**	**4.42**	-	-	**5**	**12**	-	**41**	-	-
-	-	-	-	-	2	-	2	-	-	-	-
1	1	1.16	1.16	-	-	1	4	-	-	-	-
-	-	-	-	-	-	-	2	-	-	-	-
1	**1**	**0.77**	**0.77**	-	**2**	**1**	**8**	-	**32**	-	-
1	-	**5.74**	-	-	-	-	-	-	-	-	-
1	-	**4.10**	-	-	-	-	-	-	-	-	-
9	**9**	**2.04**	**2.04**	-	**2**	**7**	**22**	-	**94**	-	-
3	-	8.70	-	-	5	-	5	-	-	-	-
12	**9**	**2.53**	**1.90**	-	**7**	**7**	**27**	-	**94**	-	-

[1] Følgerne af de under Col. 2—26 anførte Uheld.
Effets des accidents compris dans les colonnes 2—26.

[2] Heromhandlede Uheld staar ikke i nogen Forbindelse med de under Col. 2—26 anførte Uheld.
Ces accidents ne se rapportent pas à ceux des colonnes 2—26.

Anmærkning til Tabel XVIII.

Under Col. 2—26 opføres ethvert Uheld, der er indtruffet under den egentlige Jernbanedrift, altsaa ved Trafiktogenes eller dermed i Klasse staaende Extratogs Fremdrift (routegaaende Tog) og den til sammes Opstilling og Deling fornødne Rangering (Col. 26).

Følgerne heraf med Hensyn til Personer er angivne i Col. 27—68 og med Hensyn til Materiel i Col. 69—72. Under Rubriken 73—76 er opført Ulykkeshændelser, der er foranledigede ved Gjøremaal under Jernbanedriften, hvilke ikke staar i direkte Forbindelse med den egentlige Tog- og Rangeringstjeneste, f. Ex. Hændelser vedkommende Arbeidstog, Extratog for Grusning, Sneplougkjørsel etc., under Rangering i Grustag og paa Værkstedstomter etc., under Arbeide i Grustag, ved Liniens Vedligehold, Bygningers og Broers Opførelse og Vedligehold, Værkstedsarbeider, Renhold af Materiellet, Paa- og Aflæsning af Gods i Godshuse og Tomter m. m

Som Toguheld (Col. 2—24) opføres alene de Slags Uheld, der har medført eller efter sin Art kunde medføre Fare for Personer og Materiel, saaledes enhver Afsporing i Tog, Axelbrud etc., men ikke Uheld, der alene medfører Togforsinkelser, saasom Sprængning af Kjedelrør eller mindre Brækager paa Lokomotivet, Snehindringer, Ophold paa Grund af Sten- og Jordras etc. Har en af de sidst nævnte eller lignende Aarsager foranlediget Skade paa Personer eller Materiel, bliver Tilfældet at opføre som Toguheld.

Col. 26 omfatter foruden Rangeringen paa Stationerne ogsaa Trafiken paa Sidelinier. Uheld under denne Col. opføres kun, naar Personer eller Materiel er kommen til Skade.

Kollisioner mellem rangerende Materiel og Trafiktog opføres under Col. 13—20.

Under Col. 25 opføres alene Tilfælde, hvorved Personer forulykker eller kommer til Skade under den egentlige Jernbanedrift, uden at Tilfældet kan henføres under Col. 2—24 og 26.

Under «Reisende», Col. 27—36, føres foruden samtlige betalende Reisende, der kommer tilskade ved Uheld under den egentlige Jernbanedrift, ogsaa saadanne Reisende, der er forsynede med Fribillet, naar Reisen foretages i eget Anliggende, altsaa ogsaa Tjenestemænd. Under «Jernbanebetjente ved Tog- og Rangeringstjeneste», Col. 37—54, føres alene de ved Tog eller ved Rangering tjenstgjørende Personer, ved Stationer eller paa Linie for Anledningen tjenstgjørende Betjente.

Under «Tjenestemænd i Tjeneste», Col. 55—58, føres Jernbanefunktionærer, der reiser eller forøvrigt befinder sig ved eller paa Jernbanens Omraade i Tjenesteanliggende, men ikke er tjenestegjørende ved Tog eller Rangering, men t. Ex. befinder sig paa Inspektion eller er beskjæftigede paa anden Maade med et eller andet Arbeide vedrørende Jernbanen og herunder omkommer eller bliver skadede ved eller i Trafiktog eller under Rangering.

Under «Andre Personer og Tjenestemænd udenfor Tjeneste», Col. 59—64, opføres saadanne Tjenestemænd, der ikke gjøre Tjeneste eller kan henregnes til Reisende efter foranstaaende Forklaring, altsaa saadanne, der tilfældig er tilstede. Videre henføres hid Post- og Toldfunktionærer etc. saavel tjenstgjørende som ikke tjenstgjørende, naar de reiser uden at erlægge særskilt Betaling. Endvidere enhver Person, som ikke kan opføres i nogen af de foran nævnte Rubriker, naar Vedkommende er kommen til Skade eller omkommen ved Trafiktog eller under Rangering for samme. Forsaavidt en Reisende under Ophold paa Stationen etc., men ikke paa Tog, omkommer eller kommer til Skade ved Driftsmateriellet, bliver han at henføre til denne Afdeling. I Col 63 og 64 føres Personer, der ikke kan ansees tilregnelige, herunder ogsaa Døve og Blinde samt mindre Børn.

Ulykker ved Jernbanens Dampskibe eller mulige andre i Forbindelse med den staaende Transportindretninger vedrører ikke denne Statistik.

Under Col. «Døde» henføres saadanne, der er døde strax eller inden 24 Timer «Kvæstede» opføres alene, naar Skaden er saavidt stor, at Lægehjælp maa ansees fornøden.

Naar Skade paa Materiellet anslaaes til ca. $^1/_{10}$ af dets Kostende, anføres Tilfældet som «betydeligt»; er Skaden mindre, men større end 10 Kroner, som «ubetydeligt». Mindre Skade end 10 Kroner opføres ikke.

Tabel XIX.

Sammendrag for Aarene 1889—94.

Résumé 1889—94.

Tabel XIX. 1. Sammendrag for Aaren
Résumé 1889—94

1	2	3	4	5	6	7	8
			Anvendt Kapital. Capital total employé.				
				Hvoraf: Dont:			Anvendt Kapital pr. km. Ban. Capital employé par kilomètre de ligne
				Til Udvidelser og Forbedringer. Pour agrandissements et améliorations pendant l'exploitation.			
Banernes Navn. Désignation des chemins de fer.	Driftsaar. Année d'exploitation.	Midlere Driftslængde. Longueur moyenne exploitée.	Ialt ved Driftsaarets Udgang. Total à la fin du terme. (Tab. II. 2, Col 13).	Betalte. Payés.	Kapitalkonto. Amortissement.	Sum. Total.	(Tab. II. Col. 13/2a)
		km.	Kroner.				
Smaalensbanen.	1889—90	250	28 062 177	275 577	-	275 577	112 6
	1890—91	250	28 089 350	302 550	-	302 550	112 7
	1891—92	250	28 200 768	414 168	-	414 168	113 2
	1892—93	250	28 554 035	623 135	-	623 135	114 6
	1893—94	250	29 159 672	924 072	136 300	1 060 372	117 0
Kongsvingerbanen.	1889—90	122	8 996 769	960 769	620 000	1 580 769	78 5
	1890—91	122	9 025 544	1 019 544	590 000	1 609 544	78 7
	1891—92	122	9 276 676	1 322 281	538 395	1 860 676	80 9
	1892—93	122	9 330 734	1 406 734	508 000	1 914 734	81 4
	1893—94	122	9 399 899	1 513 999	469 900	1 983 899	82 0
Kongsv.-Flisenb.	1893—94	33	2 702 800	-	-	-	54 9
Kr.ania-Dr.menb.	1889—90	53	6 274 636	529 852	1 188 784	1 718 636	118 6
	1890—91	53	6 295 429	621 345	1 116 484	1 737 829	119 0
	1891—92	53	6 345 934	724 050	1 064 284	1 788 334	119 9
	1892—93	53	6 532 199	919 998	1 054 600	1 974 598	123 4
	1893—94	53	6 564 187	1 022 687	983 900	2 006 587	124 0
Dr.men-Sklenb.	1889—90	158	11 846 057	128 657	-	128 657	75 9
	1890—91	158	11 865 009	136 109	-	136 109	76 1
	1891—92	158	11 895 927	164 621	-	164 621	76 3
	1892—93	158	11 903 773	173 673	-	173 673	76 3
	1893—94	158	12 040 609	272 206	27 303	299 509	77 2
Dr.men-Randsfj.b.	1889—90	143	7 741 592	548 692	420 000	968 692	53 8
	1890—91	143	7 852 705	679 805	400 000	1 079 805	54 7
	1891—92	143	7 932 662	895 262	264 500	1 159 762	55 2
	1892—93	143	7 947 650	925 850	248 900	1 174 750	55 3
	1893—94	143	8 161 374	1 020 674	367 800	1 388 474	56 8
Eidsvold-Hamarb.	1889—90	58	5 001 785	17 385	-	17 385	85 6
	1890—91	58	5 029 116	43 216	-	43 216	86 1
	1891—92	58	5 074 807	88 907	-	88 907	86 8
	1892—93	58	5 120 738	133 838	-	133 838	87 6
	1893—94	58	5 140 869	135 469	-	135 469	88 0
Hamar-Gr.setb.	1889—90	38	1 757 700	190 500	-	190 500	46 1
	1890—91	38	1 770 706	203 506	-	203 506	46 4
	1891—92	38	1 770 706	203 506	-	203 506	46 4
	1892—93	38	1 784 302	217 102	-	217 102	46 8
	1893—94	38	1 855 202	288 002	-	288 002	48 6
Gr.set-Aamotb.	1889—90	26	649 081	2 001	1 780	3 781	24 6
	1890—91	26	650 252	2 001	2 951	4 952	24 7
	1891—92	26	661 963	2 001	14 662	16 663	25 1
	1892—93	26	661 963	2 001	14 662	16 663	25 1
	1893—94	26	707 524	2 001	60 223	62 224	26 9

…89—94: Trafik, Indtægter og Udgifter.
…afic, recettes et dépenses.

9	10	11	12	13	14	15	16	17	18
	Befordring af Reisende. a) Transport de voyageurs.						**Befordring af Gods.** Transport des marchandises.		
		Personkilometer. Parcours kilométrique des voyageurs.						Tonkilom. Il- & Fragtgods. Tonnes kilométriques	
Driftslængde. Trains-kilomètres par km. exploité.	Antal Reisende. Nombre des voyageurs.	Ialt. Total.	Pr. km. Driftslængde. Par kilomètre exploité.	Midlere Reiselængde pr. Person. Parcours moyen d'un voyageur. km.	Procent af Vognenes Pladse benyttede. Rapport des places occupées aux places disponibles. pCt.	Nettov. i pCt. af Bruttovægt. Rapport o/o du poids net au poids brut.	Antal Ton Il- & Fragtgods. Tonnes de marchandises.	Ialt. Total.	Pr. km. Driftslængde. Par kilomètre exploité.
3 256	1 016 194	24 359 757	97 439	24.0	14.3	4.3	183 668	8 611 553	34 446
3 364	1 088 494	25 996 508	103 986	23.9	15.8	4.4	214 253	9 790 772	39 163
3 835	1 196 220	28 525 775	114 103	24.4	16.2	4.6	225 997	10 351 605	41 406
3 803	a) 1 596 730	a) 32375 398	129 502	20.3	17.7	4.8	230 156	10 783 282	43 133
3 803	» 1 700 257	» 33 053 602	132 214	19.4	19.9	5.4	227 607	10 469 917	41 880
2 385	138 148	5 565 370	45 618	40.3	11.5	4.0	204 588	17 445 796	142 998
2 741	151 518	6 130 075	50 247	40.5	11.4	3.9	207 700	17 181 111	140 829
2 762	170 733	6 854 202	56 182	40.1	12.3	4.0	201 750	17 231 923	141 245
2 737	a) 182 040	a) 6 976 068	57 181	38.3	13.0	4.0	213 191	17 579 869	144 097
2 736	» 196 726	» 7 369 996	60 410	37.5	13.8	4.0	208 322	17 209 082	141 058
1 528	a) 33 876	a) 653 199	19 794	19.3	11.4	3.3	12 076	343 058	10 396
7 035	816 430	15 157 125	285 983	18.6	24.4	8.9	109 425	4 051 542	76 444
7 169	906 162	16 556 080	312 379	18.3	24.7	8.8	110 246	4 229 772	79 807
7 456	984 916	17 534 866	330 847	17.8	24.7	8.9	112 090	4 208 733	79 410
7 509	a) 1308 898	a) 20558 060	387 888	15.7	27.6	9.6	121 025	4 697 111	88 625
7 616	» 1356 154	» 20 908 979	394 509	15.4	28.3	9.8	120 085	4 583 097	86 474
3 348	592 313	13 696 514	86 687	23.1	22.3	8.0	61 958	2 869 754	18 163
3 344	634 150	15 172 145	96 026	23.9	23.7	8.4	58 514	2 800 502	17 725
3 472	707 368	17 895 839	113 265	25.2	25.1	8.9	57 616	2 559 706	16 201
3 533	a) 703 810	a) 16352 276	103 495	23.2	23.9	8.3	56 970	2 990 531	18 927
3 474	» 741 938	» 16 398 595	103 789	22.1	23.5	8.2	54 407	2 462 096	15 583
2 402	304 143	8 390 314	58 674	27.6	24.4	9.1	266 750	12 834 945	89 755
2 672	315 576	8 389 688	58 669	26.6	21.5	7.9	248 700	11 822 423	82 675
2 725	337 576	8 707 355	60 891	25.8	21.6	8.0	255 857	11 995 050	83 881
2 757	a) 344 272	a) 8 690 522	60 773	25.2	21.5	7.9	258 338	12 291 673	85 956
2 823	» 382 610	» 9 518 684	66 564	24.9	22.5	8.3	262 851	12 539 420	87 688
2 339	111 539	3 651 728	62 961	32.7	17.3	5.7	53 762	2 761 547	47 613
2 365	120 866	4 110 197	70 865	34.0	18 9	6.1	57 468	2 909 306	50 160
2 430	134 274	4 550 441	78 456	33.9	20.8	6.6	68 907	3 401 709	58 650
2 573	a) 147 027	a) 4 614 934	79 568	31.4	21.2	6.4	70 864	3 571 217	61 573
3 109	» 161 078	» 4 899 777	84 479	30.4	19.5	5.8	64 175	3 178 963	54 810
—	104 867	2 197 825	57 838	21.0	—	—	41 528	1 132 849	29 812
—	115 164	2 404 788	63 284	20.9	—	—	43 465	1 201 677	31 623
—	122 853	2 518 753	66 283	20.5	—	—	47 329	1 300 262	34 217
—	a) 123 690	a) 2 703 828	71 153	21.9	—	—	52 071	1 410 489	37 118
—	» 140 585	» 2 741 492	72 145	19.5	—	—	52 297	1 412 822	37 180
—	41 413	919 753	35 375	22.2	—	—	23 747	590 213	22 701
—	46 737	1 058 871	40 726	22.7	—	—	24 423	599 551	23 060
—	46 744	1 055 214	40 585	22.6	—	—	25 839	629 731	24 220
—	a) 47 580	a) 1 081 918	41 612	22.7	—	—	28 876	710 986	27 346
	» 51 990	» 1 167 905	44 919	22.4	—	—	32 778	771 050	29 656

Tabel XIX. I (Forts.). Sammendrag for Aaren[illegible]

1	2	3	4	5	6	7	8
			Anvendt Kapital.				
			Ialt ved Driftsaarets Udgang.	Hvoraf: Til Udvidelser og Forbedringer.			Anvendt Kapital p[illegible] km. Ban[illegible]
Banernes Navn.	Driftsaar.	Midlere Driftslængde.	Tab. II, 2, Col. 13).	Betalte.	Kapital-konto.	Sum.	(Tab. II. [illegible] Col. 13/2a).
		km.	Kroner.				
Støren-Aamotb.	1889—90	321	16 280 123	-	186 723	186 723	51 22
	1890—91	321	16 456 689	-	363 489	363 489	51 78
	1891—92	321	16 466 721	-	373 521	373 521	51 81
	1892—93	321	16 471 582	-	578 482	378 482	51 83
	1893—94	321	16 533 732	-	440 631	440 631	52 02
Tr.hjem-Størenb.	1889—90	51	4 104 672	202 072	-	202 072	80 32
	1890—91	51	4 188 386	288 286	-	288 286	81 96
	1891—92	51	4 190 165	290 265	-	290 265	81 99
	1892—93	51	4 191 705	294 305	-	294 305	82 02
	1893—94	51	4 194 286	296 786	-	296 786	82 08
Rørosbanen.	1889—90	436	22 791 577	394 573	188 503	583 076	52 6[illegible]
	1890—91	436	23 066 033	493 793	366 440	860 233	53 2[illegible]
	1891—92	436	23 089 555	495 772	388 183	883 955	53 2[illegible]
	1892—93	436	23 109 552	513 408	393 144	906 552	53 3[illegible]
	1893—94	436	23 290 744	586 789	500 854	1 087 643	53 75
Merakerbanen.	1889—90	106	11 303 458	49 358	-	49 358	110 49
	1890—91	106	11 331 933	76 333	-	76 333	110 77
	1891—92	106	11 342 579	86 979	-	86 979	110 87
	1892—93	106	11 355 801	97 901	-	97 901	111 00
	1893—94	106	11 386 444	125 544	-	125 544	111 30
Jæderbanen.	1889—90	76	5 176 893	-	12 493	12 493	64 84
	1890—91	76	5 188 960	-	24 560	24 560	68 00
	1891—92	76	5 188 960	-	24 560	24 560	68 00
	1892—93	76	5 197 522	-	33 122	33 122	68 11
	1893—94	76	5 236 813	-	35 513	35 513	68 63
Bergen-Vossb.	1889—90	108	10 042 437	18 437	-	18 437	92 98
	1890—91	108	10 044 255	20 255	-	20 255	93 00
	1891—92	108	10 052 217	28 217	-	28 217	93 07
	1892—93	108	10 089 115	65 115	-	65 115	93 41
	1893—94	108	10 203 430	112 730	-	112 730	94 46
Statsbanerne.	1889—90	1 510	117 237 380	2 923 299	2 429 781	5 353 080	78 43
	1890—91	1 510	117 788 334	3 392 950	2 497 484	5 890 434	78 82
	1891—92	1 510	118 400 085	4 220 257	2 279 922	6 500 179	79 23
	1892—93	1 510	119 141 119	4 859 652	2 237 767	7 097 419	79 73
	1893—94	1 543	123 286 841	5 714 170	2 521 570	8 235 740	79 87
Hovedbanen.	1889—90	68	10 949 897	1 827 489	395 795	2 223 084	161 50
	1890—91	68	11 419 128	2 316 720	375 794	2 692 514	168 42
	1891—92	68	11 569 816	2 503 202	340 000	2 843 202	170 64
	1892—93	68	11 627 279	2 580 666	320 000	2 900 666	171 49
	1893—94	68	11 699 920	2 673 307	300 000	2 973 307	172 5[illegible]
Samtlige Baner.	1889—90	1 578	128 187 278	4 750 789	2 825 575	7 576 364	82 0[illegible]
	1890—91	1 578	129 207 462	5 709 670	2 873 278	8 582 948	82 7[illegible]
	1891—92	1 578	129 969 901	6 723 459	2 619 922	9 343 381	83 [illegible]
	1892—93	1 578	130 768 398	7 440 318	2 557 767	9 998 085	83 7[illegible]
	1893—94	1 611	134 986 761	8 387 477	2 821 570	11 209 047	83 [illegible]

9	10	11	12	13	14	15	16	17	18
Trafiktogkilometer pr. km. Driftslængde.	Befordring af Reisende. a)						Befordring af Gods.		
	Antal Reisende	Personkilometer.		Midlere Reiselængde pr. Person.	Procent af Vognenes Pladse benyttede.	Nettovægt i Procent af Bruttovægt.	Antal Ton Il- & Fragtgods.	Tonkilom. Il- & Fragtgods.	
		Ialt.	Pr. km. Driftslængde.	km.	pCt.	pCt.		Ialt.	Pr. km. Driftslængde.
—	86 170	7 201 527	22 435	83.6	—	—	75 840	8 364 169	26 057
—	95 460	8 945 759	27 868	93.7	—	—	73 813	8 157 919	25 414
—	98 703	8 410 024	26 199	85.3	—	—	72 652	8 165 849	25 439
—	a) 104 026	a) 8 805 150	27 430	84.6	—	—	76 048	9 022 444	28 107
—	» 104 148	» 8 959 412	27 911	86.0	—	—	80 208	8 675 116	27 025
—	101 673	2 656 449	52 087	26.1	—	—	68 308	3 282 180	64 356
—	118 935	3 092 762	60 602	26.0	—	—	68 009	3 213 249	63 005
—	116 332	2 948 365	57 811	25.3	—	—	65 911	3 058 794	59 976
—	a) 129 777	a) 3 127 961	61 333	24.1	—	—	70 586	3 282 194	64 357
—	» 136 993	» 3 084 856	60 487	22.5	—	—	70 839	3 236 836	63 467
1 794	254 952	12 975 554	29 760	50.9	18.4	6.0	112 852	13 369 411	30 664
1 839	277 363	15 502 180	35 555	55.9	20.4	6.9	113 457	13 172 396	30 212
1 811	292 752	14 932 356	34 249	51.0	20.1	6.8	115 094	13 154 637	30 171
1 823	a) 325 848	a) 15 718 852	36 052	48.2	20.8	6.8	122 598	14 426 113	33 087
1 975	» 330 073	» 15 953 665	36 591	48.5	18.2	6.7	127 576	14 095 824	32 330
1 490	151 108	3 389 164	31 973	22.4	16.6	4.9	121 685	9 555 996	90 151
2 046	290 155	4 047 436	38 183	21.3	17.9	4.0	120 582	8 813 017	83 142
2 216	189 750	4 052 641	38 232	21.4	16.9	3.7	103 238	7 425 487	70 052
2 250	a) 206 124	a) 4 105 205	38 728	19.9	17.7	4.7	127 320	9 888 791	93 290
2 394	» 196 520	» 3 596 803	33 932	18.3	14.1	4.1	126 553	9 836 466	92 797
1 702	122 546	2 964 647	39 009	24.2	30.0	13.1	10 946	380 684	5 009
1 937	130 534	3 300 283	43 425	25.3	27.3	12.0	12 995	473 407	6 229
1 984	140 841	3 453 838	45 445	24.5	28.9	12.4	13 347	460 055	6 053
1 941	a) 142 220	a) 3 533 170	46 489	24.8	30.0	12.6	13 111	451 786	5 945
2 294	» 152 185	» 3 658 350	48 136	24.0	27.8	12.0	13 078	458 760	6 036
2 090	352 801	5 243 256	48 549	14.9	23.8	7.8	15 015	994 554	9 209
2 123	377 930	5 176 386	47 930	13.7	22.0	7.1	16 225	1 109 411	10 272
2 232	415 280	5 768 385	53 411	13.9	22.5	7.3	14 470	999 454	9 254
2 276	a) 556 432	a) 6 827 944	63 222	12.3	25.4	8.0	12 958	1 032 062	9 556
2 268	» 582 603	» 6 773 152	62 714	11.6	25.3	8.0	15 783	1 135 428	10 513
2 504	3 735 390	95 393 429	63 714	25.5	18.3	-	1 057 509	72 875 782	48 262
2 648	4 048 752	104 380 978	69 926	25.8	19.2	-	1 069 722	72 302 117	47 882
2 772	4 381 913	112 275 698	74 355	25.6	19.6	-	1 076 986	71 788 359	47 542
2 789	a) 5 351 298	a) 119 752 429	79 306	22.4	20.7	-	1 122 532	77 712 496	51 465
2 855	» 5 662 539	» 122 784 802	79 575	21.7	20.8	-	1 120 941	76 312 111	49 457
4 195	389 598	11 464 468	168 595	29.4	20.5	7.1	495 910	16 143 356	237 402
4 545	435 807	12 752 052	187 530	29.3	21.5	7.4	503 016	16 450 545	241 920
4 550	466 485	13 603 521	200 052	29.2	22.4	7.4	500 446	16 119 909	237 057
4 504	a) 502 141	a) 14 323 627	210 642	28.5	23.4	7.3	516 635	16 519 532	242 934
5 069	» 540 553	» 14 980 725	220 305	27.7	22.5	7.1	511 215	16 739 752	246 173
2 577	3 989 447	106 857 897	67 717	26.8	18.5	-	1 325 770	89 019 138	56 413
2 729	4 334 225	117 133 030	74 229	27.0	19.4	-	1 337 498	88 752 662	56 244
2 849	4 680 174	125 879 219	70 771	26.9	19.9	-	1 337 093	87 908 268	55 709
2 863	a) 5 686 410	a) 134 076 056	84 966	23.6	20.9	-	1 389 435	94 232 028	59 716
2 949	» 6 020 624	» 137 765 527	85 516	22.9	21.0	-	1 391 583	93 051 863	57 760

Tabel XIX. I (Forts). Sammendrag for Aar[illegible]
Résumé 1889—[illegible]

1	2	19	20	21	22	23
		Befordring af Gods. Transport des marchandises.			**Samlet Trafik.** Mouvement total.	
Banernes Navn. Désignation des chemins de fer.	**Driftsaar.** Année d'exploitation.	Midlere Transportlængde pr. Ton Il- & Fragtgods. Parcours moyen d'une tonne.	Midlere Belastning pr. Godsvognaxel. Charge moyenne par essieu.	Nettovægt i pCt. af Bruttovægt. Rapport o/o du poids net au poids brut.	Samlet Bruttovægt, Lokomotiver & Tendere incl., pr. km. Driftslængde. Poids brut total, locomotives et tenders incl., par km. exploité.	Nettovægt i pCt af Bruttovægt. Rapport o/o du poids net au poids brut
		km.	t.	pCt.	Tonkm.	pCt.
Smaalensbanen.	1889—90	46.9	1.26	25.6	491 295	10.5
	1890—91	45.7	1.31	26.7	514 775	11.1
	1891—92	45.8	1.40	27.0	564 842	11.0
	1892—93	46.9	1.48	27.5	587 589	11.0
	1893—94	46.9	1.44	26.1	567 777	11.1
Kongsvingerbanen.	1889—90	85.4	1.92	40.2	565 154	27.7
	1890—91	82.7	1.89	39.5	589 470	26.4
	1891—92	85.4	1.93	39.9	603 720	26.1
	1892—93	82.5	1.98	39.6	614 119	25.0
	1893—94	82.7	1.93	38.6	639 194	24.3
Kongsv.-Flisenb.	1893—94	28.4	1.27	25.4	155 323	10.7
Kr.ania-Dr.menb.	1889—90	37.0	1.57	33.6	670 476	16.2
	1890—91	38.4	1.52	33.3	716 756	15.8
	1891—92	37.5	1.52	32.9	748 517	15.3
	1892—93	38.8	1.55	33.7	802 157	15.8
	1893—94	38.2	1.49	32.9	821 586	15.4
Dr.men-Skienb.	1889—90	46.3	1.08	24.9	251 506	12.5
	1890—91	47.9	1.03	24.1	261 338	11.8
	1891—92	44.4	0.97	22.0	280 745	10.9
	1892—93	52.5	1.05	23.3	280 708	11.5
	1893—94	45.3	0.97	21.9	272 123	10.7
Dr.men-Randsfj.b.	1889—90	48.1	1.67	43.4	328 667	30.2
	1890—91	47.5	1.69	43.1	329 457	28.2
	1891—92	46.9	1.77	43.5	333 803	28.3
	1892—93	47.6	1.77	43.3	337 516	28.3
	1893—94	47.7	1.84	43.9	349 472	28.2
Eidsvold-Hamarb.	1889—90	51.4	1.53	29.2	358 710	15.4
	1890—91	50.6	1.52	25.5	372 806	15.7
	1891—92	49.4	1.68	31.6	403 211	17.4
	1892—93	50.4	1.61	30.8	440 057	16.8
	1893—94	49.5	1.51	29.3	482 673	15.0
Hamar-Grundsetb.	1889—90	27.3	—	—	— —	—
	1890—91	27.7	--	—	— —	—
	1891—92	27.5	—	—	— —	—
	1892—93	27.1	—	—	— —	—
	1893—94	27.0	—	—	—	—
Grundset-Aamotb.	1889—90	24.9	—	—	— —	—
	1890—91	24.5	—	—	— —	—
	1891—92	24.3	—	—	— —	—
	1892—93	24.7	—	—	— —	—
	1893—94	23.5	—	—	—	—

[illegible]89—94: **Trafik, Indtægter og Udgifter.**
[illegible]c, recettes et dépenses.

24	25	26	27	28	29	30	31	32
Indtægter. Recettes.								
Persontrafik. b) Trafic des voyageurs.		Godstrafik. b) Trafic des marchandises.		Øvrige Indtægter. Autres recettes.	Sum. Total.	Pr. km. Driftslængde. Par kilomètre exploité.	Indtægt pr. Personkilometer. Recettes par le parcours kilométrique des voyageurs.	Indtægt pr. Tonkilometer Fragtgods. Recettes par tonne kilométrique (petite vitesse).
Ialt. Total.	Pr. km. Driftslængde. Par kilomètre exploité.	Ialt. Total.	Pr. km. Driftslængde. Par kilomètre exploité.					
Kroner.							Øre.	
[illegible]2 509	3 330	574 908	2 300	79 667	1 487 084	5 948	3.1	5.7
[illegible]1 366	3 525	615 917	2 464	61 556	1 558 839	6 235	3.1	5.4
[illegible]9 345	3 558	611 192	2 445	46 035	1 546 572	6 186	2.8	5.1
[illegible]913 921	3 656	632 584	2 530	42 053	1 588 558	6 354	2.6	5.2
956 514	3 826	606 796	2 427	33 193	1 596 503	6 386	2.6	5.1
205 844	1 687	657 257	5 387	7 106	870 207	7 133	3.5	3.6
219 830	1 802	658 442	5 397	7 757	886 029	7 263	3.4	3.6
223 837	1 835	641 237	5 256	8 753	873 827	7 162	3.0	3.5
223 357	1 831	633 727	5 195	6 985	864 069	7 083	3.0	3.4
236 076	1 935	617 890	5 065	7 079	861 045	7 058	2.9	3.4
18 719	567	21 359	647	854	40 932	1 240	2.7	5.7
506 693	9 560	307 048	5 793	19 626	833 367	15 724	3.1	6.6
548 685	10 353	316 423	5 970	19 613	884 721	16 693	3.1	6.4
536 268	10 118	310 006	5 849	21 195	867 469	16 367	2.7	6.2
557 090	10 511	324 008	6 114	18 666	899 764	16 977	2.6	6.0
563 897	10 639	320 812	6 053	20 023	904 731	17 070	2.6	5.9
432 500	2 737	180 365	1 142	15 020	627 885	3 974	2.9	5.3
474 667	3 004	182 194	1 153	14 938	671 799	4 252	2.9	5.4
515 912	3 265	172 947	1 095	14 307	703 166	4 450	2.6	5.5
478 759	3 030	186 094	1 178	13 777	678 630	4 295	2.7	5.2
481 048	3 045	167 546	1 060	13 879	662 473	4 193	2.7	5.6
273 653	1 914	730 464	5 108	14 884	1 019 001	7 126	3.1	5.5
273 942	1 916	667 368	4 667	15 723	957 033	6 692	3.1	5.4
252 761	1 768	652 858	4 565	14 588	920 207	6 435	2.7	5.2
251 080	1 756	640 180	4 476	13 134	904 394	6 324	2.7	5.0
262 416	1 835	653 678	4 571	12 481	928 575	6 493	2.6	5.0
139 868	2 412	179 379	3 093	10 489	329 736	5 685	3.4	5.8
150 596	2 596	190 478	3 284	11 012	352 086	6 070	3.3	5.8
147 695	2 546	205 000	3 534	8 313	361 008	6 224	2.9	5.3
[illegible]0 227	2 590	212 028	3 656	4 602	366 857	6 325	3.0	5.3
160 120	2 761	191 570	3 303	4 818	356 508	6 147	3.0	5.3
80 570	2 120	87 195	2 295	11 520	179 285	4 718	3.4	6.7
83 786	2 205	92 321	2 430	13 345	189 452	4 986	3.2	6.5
83 684	2 202	94 992	2 500	8 357	187 033	4 922	3.0	6.2
84 646	2 228	96 948	2 551	4 988	186 582	4 910	2.9	6.0
93 865	2 470	95 000	2 500	5 159	194 024	5 106	3.1	5.8
38 428	1 478	32 721	1 259	1 005	72 154	2 775	3.7	4.3
39 748	1 529	35 097	1 350	1 821	76 666	2 949	3.3	4.3
38 789	1 492	36 098	1 388	619	75 506	2 904	3.2	4.5
39 311	1 512	37 769	1 453	551	77 631	2 986	3.2	4.7
45 375	1 745	38 825	1 493	716	84 916	3 266	3.4	4.4

Tabel XIX. 1 (Forts.). Sammendrag for Aar[illegible]

1	2	19	20	21	22	23
		Befordring af Gods.			Samlet Trafik.	
Banernes Navn.	Driftsaar.	Midlere Transportlængde pr. Ton Il- & Fragtgods. km.	Midlere Belastning pr. Godsvognaxel. t.	Nettovægt i Procent af Bruttovægt. pCt.	Samlet Bruttovægt. Lokomotiver & Tendere incl., pr. km. Driftslængde. Tonkm.	Nettovægt i pCt. af Bruttovægt. pCt.
Støren-Aamotb.	1889—90	110.3	—	—	—	—
	1890—91	110.5	—	—	—	—
	1891—92	112.4	—	—	—	—
	1892—93	118.7	—	—	—	—
	1893—94	108.2	—	—	—	—
Tr.hjem-Størenb.	1889—90	48.0	—	—	—	—
	1890—91	47.2	—	—	—	—
	1891—92	46.5	—	—	—	—
	1892—93	46.6	—	—	—	—
	1893—94	45.7	—	—	—	—
Rørosbanen.	1889—90	118.5	1.41	38.5	167 159	21[illegible]
	1890—91	116.1	1.31	36.5	175 518	20[illegible]
	1891—92	114.3	1.36	36.5	176 477	20[illegible]
	1892—93	117.7	1.39	37.3	187 461	20.[illegible]
	1893—94	110.5	1.38	36.9	192 039	20[illegible]
Merakerbanen.	1889—90	78.5	2.46	43.9	361 650	20.[illegible]
	1890—91	73.1	2.49	42.7	388 040	23.[illegible]
	1891—92	71.9	2.49	41.1	373 692	21[illegible]
	1892—93	77.7	2.55	43.2	414 146	24.[illegible]
	1893—94	77.7	2.64	43.7	406 710	24.[illegible]
Jæderbanen.	1889—90	34.8	0.78	23.4	75 685	12[illegible]
	1890—91	36.4	0.86	23.9	87 156	12.[illegible]
	1891—92	34.5	0.81	22.9	88 821	12.[illegible]
	1892—93	34.5	0.86	23.7	89 014	12[illegible]
	1893—94	35.1	0.82	23.0	100 150	11.[illegible]
Bergen-Vossb.	1889—90	66.2	1.20	25.0	129 235	11.[illegible]
	1890—91	68.4	1.29	27.3	134 702	12[illegible]
	1891—92	69.1	1.17	28.0	136 583	12.[illegible]
	1892—93	79.7	1.17	25.2	151 887	1[illegible]
	1893—94	71.9	1.30	26.9	149 421	1[illegible]
Statsbanerne.	1889—90	68.9	-	35.5	308 461	18[illegible]
	1890—91	67.6	-	34.9	322 817	1[illegible]
	1891—92	66.7	-	34.7	336 470	[illegible]
	1892—93	69.2	-	35.1	351 838	1[illegible]
	1893—94	68.1	-	34.5	350 065	17[illegible]
Hovedbanen.	1889—90	32.6	1.91	38.9	1 098 311	23[illegible]
	1890—91	32.7	1.93	38.9	1 146 863	23[illegible]
	1891—92	32.2	1.92	38.4	1 163 866	[illegible]
	1892—93	32.0	1.94	38.5	1 195 131	[illegible]
	1893—94	32.7	1.99	38.6	1 279 132	[illegible]
Samtlige Baner.	1889—90	67.1	-	36.1	342 497	19[illegible]
	1890—91	66.4	-	35.5	358 327	[illegible]
	1891—92	65.7	-	35.3	372 125	[illegible]
	1892—93	67.8	-	35.7	388 177	1[illegible]
	1893—94	66.9	-	35.2	389 280	[illegible]

—94: Trafik, Indtægter og Udgifter.

4	25	26	27	28	29	30	31	32
Indtægter.								
Persontrafik. b).		Godstrafik. b)						
Ialt.	Pr. km. Drifts-længde.	Ialt.	Pr. km. Drifts-længde.	Øvrige Indtægter.	Sum	Pr. km. Drifts-længde.	Indtægt pr. Person-kilometer.	Indtægt pr. Ton-kilometer Fragtgods.
Kroner.							Øre.	
40 600	1 061	354 579	1 105	18 949	714 128	2 225	4.1	3.9
62 721	1 130	355 349	1 107	20 030	738 100	2 299	3.5	3.8
66 426	1 142	329 359	1 026	5 424	701 209	2 184	3.6	3.5
75 555	1 170	352 799	1 099	5 704	734 058	2 287	3.5	3.6
90 887	1 218	341 839	1 065	5 537	738 263	2 300	3.6	3.6
96 540	1 893	157 736	3 093	8 714	262 990	5 157	3.3	4.5
103 181	2 023	156 625	3 071	8 197	268 003	5 255	3.1	4.5
106 076	2 080	149 976	2 925	4 922	260 974	5 117	3.2	4.5
107 812	2 114	166 230	3 260	5 882	279 924	5 489	3.1	4.7
104 878	2 057	159 804	3 133	5 258	269 940	5 293	3.1	4.6
556 137	1 276	632 231	1 450	40 188	1 228 556	2 818	3.8	4.3
589 438	1 352	639 391	1 466	43 392	1 272 221	2 918	3.4	4.2
594 973	1 365	610 426	1 400	19 323	1 224 722	2 809	3.3	4.1
607 324	1 393	653 745	1 500	17 125	1 278 194	2 932	3.3	4.1
635 005	1 456	635 468	1 458	16 670	1 287 143	2 952	3.4	4.1
107 228	1 012	381 971	3 604	11 395	500 594	4 723	2.8	3.9
128 197	1 209	346 279	3 267	11 726	486 202	4 587	2.8	3.8
115 156	1 077	301 093	2 841	11 292	427 541	4 033	2.6	3.9
118 990	1 123	390 069	3 680	10 811	519 870	4 905	2.7	3.8
104 012	981	380 006	3 585	10 502	494 520	4 665	2 6	3.8
85 875	1 130	35 762	471	4 951	126 588	1 666	2.8	8.3
99 770	1 313	41 013	540	5 166	145 949	1 921	2.8	7.8
103 084	1 356	42 456	559	5 036	150 576	1 981	2.8	8.1
102 404	1 348	42 354	557	5 253	150 011	1 974	2.7	8.3
108 068	1 422	45 209	595	5 588	158 865	2 090	2.7	8.5
200 097	1 853	81 628	756	15 308	297 033	2 750	3.5	6.6
201 491	1 866	86 964	805	15 953	304 408	2 819	3.5	6.3
219 319	2 031	80 907	749	15 572	315 798	2 924	3.4	6.5
216 601	2 005	88 572	820	16 594	321 767	2 979	3.0	7.0
223 616	2 071	87 096	806	5 747	316 459	2 930	3.0	6.6
350 404	2 219	3 761 012	2 491	208 634	7 320 050	4 848	3.2	4.7
567 981	2 363	3 744 470	2 480	206 836	7 519 287	4 980	3.1	4.7
608 351	2 390	3 628 110	2 403	154 414	7 390 875	4 895	2.8	4.6
619 754	2 397	3 803 361	2 519	149 000	7 572 115	5 015	2.8	4.5
749 491	2 430	3 727 430	2 416	130 834	7 607 755	4 930	2.8	4.5
380 201	5 583	1 254 318	18 419	62 538	1 697 057	24 957	3.1	7.4
414 866	6 092	1 256 064	18 444	71 764	1 742 694	25 628	3.0	7.2
418 088	6 139	1 141 504	16 762	75 905	1 635 497	24 051	2.9	6.6
429 246	6 313	1 112 644	16 362	74 650	1 616 540	23 773	2.8	6.3
452 840	6 659	1 130 469	16 625	78 042	1 661 351	24 432	2.9	6.3
730 505	2 364	5 015 430	3 178	271 172	9 017 107	5 714	3.2	5.2
982 847	2 524	5 000 534	3 169	278 600	9 261 981	5 870	3.1	5.2
026 439	2 552	4 769 614	3 023	230 319	9 026 372	5 720	2.9	4.9
049 000	2 566	4 916 005	3 115	223 650	9 188 655	5 823	2.8	4.8
202 331	2 608	4 857 899	3 015	208 876	9 269 106	5 754	2.8	4.8

Tabel XIX. 1 (Forts.). Sammendrag for Aare[...]
Résumé 1889—9[...]

1	2	33	34	35	36	37	38	39
		Udgifter (Drift og Vedligehold). Dépenses (exploitation et entretien).						
		Bureauafdeling. Administration générale.		Trafikafdeling. Service commercial et des trains.		Maskinafdeling. Exploitation et entretien du matériel roulant.		Baneafdeling. Entretien et surveillance de la voie.
Banernes Navn. Désignation des chemins de fer.	**Driftsaar.** Année d'exploitation.	Ialt. Total.	Pr. km. Driftslængde. Par kilomètre exploité.	Ialt. Total.	Pr. km. Driftslængde. Par kilomètre exploité.	Ialt. Total.	Pr. km. Driftslængde. Par kilomètre exploité.	Ialt. Total.
		Kroner.						
Smaalensbanen.	1889—90	14 479	58	351 598	1 406	297 176	1 189	394 781
	1890—91	15 416	62	397 562	1 590	348 835	1 395	460 591
	1891—92	16 340	65	416 804	1 667	425 696	1 703	494 931
	1892—93	17 857	71	450 145	1 801	406 231	1 625	460 389
	1893—94	15 340	62	468 678	1 875	388 984	1 556	460 995
Kongsvingerbanen.	1889—90	7 622	63	129 574	1 062	207 159	1 698	190 218
	1890—91	7 984	66	139 361	1 142	248 137	2 034	186 687
	1891—92	8 782	72	139 690	1 145	199 855	1 638	197 749
	1892—93	9 024	74	150 218	1 230	215 158	1 764	197 288
	1893—94	7 894	65	152 221	1 248	202 839	1 663	178 696
Kongsv.-Flisenb.	1893—94	1 511	46	33 234	1 007	19 401	588	22 625
Kr.ania-Dr.menb.	1889—90	7 646	144	185 106	3 493	163 107	3 078	134 747
	1890—91	7 949	150	206 106	3 889	187 992	3 547	143 201
	1891—92	7 763	146	220 438	4 159	207 534	3 916	169 067
	1892—93	8 095	153	236 096	4 455	216 087	4 077	163 093
	1893—94	6 509	123	250 290	4 722	212 646	4 012	173 539
Dr.men-Skienb.	1889—90	8 942	57	168 331	1 065	197 718	1 251	203 584
	1890—91	9 835	62	185 297	1 173	216 578	1 371	209 927
	1891—92	10 460	66	198 287	1 255	239 845	1 518	224 836
	1892—93	10 776	68	211 168	1 336	241 278	1 527	217 392
	1893—94	9 181	58	217 075	1 374	226 499	1 434	226 338
Dr.men-Randsfj.b.	1889—90	10 782	76	159 769	1 117	177 138	1 239	219 404
	1890—91	10 635	74	175 948	1 230	200 838	1 405	263 867
	1891—92	10 717	75	183 937	1 286	207 615	1 452	272 556
	1892—93	11 108	77	193 467	1 353	210 365	1 471	270 812
	1893—94	9 528	67	206 993	1 447	225 302	1 575	284 867
Eidsvold-Hamarb.	1889—90	4 160	72	58 653	1 011	58 786	1 014	63 277
	1890—91	4 416	76	63 032	1 087	79 967	1 379	71 599
	1891—92	4 613	79	65 863	1 136	84 347	1 454	68 686
	1892—93	4 790	82	75 261	1 298	93 195	1 607	80 384
	1893—94	4 169	72	77 188	1 331	95 761	1 651	94 200
Hamar-Grundsetb.	1889—90	3 283	87	48 567	1 278	30 488	802	43 162
	1890—91	3 446	91	52 837	1 390	30 766	810	57 430
	1891—92	3 428	90	53 579	1 410	33 007	869	38 780
	1892—93	3 520	93	60 762	1 599	36 027	948	35 083
	1893—94	3 105	82	66 333	1 745	43 011	1 132	52 434
Grundset-Aamotb.	1889—90	1 636	63	12 199	469	14 157	545	23 301
	1890—91	1 707	66	12 859	494	15 058	579	28 467
	1891—92	1 777	68	14 044	540	14 735	567	30 040
	1892—93	1 833	71	15 325	589	14 799	569	21 921
	1893—94	1 654	64	16 781	646	17 298	665	24 337

…9—94: Trafik, Indtægter og Udgifter.

…fic, recettes et dépenses.

41	42	43	44	45	46	47	48	49	50	51	52
…mlede Udgifter. Dépenses totales.			Udgift i pCt. af Indtægt. Rapport % de la dépense totale à la recette brute.	Overskud. (Forskjel mellem Indtægt og Udgift). Excédant. (Différence entre les recettes et les dépenses).							Oplagte Fonds. Fonds.
Ialt. Total.	Pr. km. Driftslængde. Par kilomètre exploité.	Pr. Trafiktogkm. Par train-kilomètre.		Ialt. Total.	Pr. km. Driftslængde. Par kilomètre exploité.	Forrenter den i Banen nedlagte Kapital. Intérêts du capital total d'établissement.	Af Overskudet har været anvendt til — Emploi de l'excédant pour: Afsætning til Fonds. Fonds.	Afdrag paa Kapitalkonto. Amortissement.	Dividende. Dividende. Ialt. Total.	Dividende. pCt. Pour cent.	
			pCt.	Kroner.	Kroner.	pCt.	Kroner.	Kroner.	Kroner.		Kr.
…061 498	4 246	1.30	71.4	425 586	1 702	1.53	171 066	-	277 866	1.00	755 576
…1 224 268	4 897	1.46	78.5	334 571	1 338	1.19	72 625	-	277 868	1.00	579 477
…1 359 098	5 436	1.42	87.9	187 473	750	0.66	16 458	-	166 720	0.60	215 057
…1 339 664	5 359	1.41	84.3	248 894	995	0.88	60 862	-	195 516	0.70	199 052
…1 339 680	5 359	1.41	83.9	256 823	1 027	0.89	84 686	-	168 596	0.60	214 138
…536 442	4 397	1.84	61.6	333 765	2 736	3.25	62 521	30 000	200 232	2.70	463 010
…582 620	4 776	1.74	65.8	303 409	2 487	2.92	26 593	30 000	200 232	2.70	299 623
…546 601	4 480	1.62	62.6	327 217	2 682	3.15	50 469	34 027	207 648	2.80	175 704
…2 645	4 694	1.71	66.3	291 424	2 389	2.75	28 982	30 495	185 400	2.50	167 728
…3 570	4 456	1.63	63.1	317 475	2 602	2.96	122 110	53 059	192 816	2.60	178 611
…6 825	2 328	1.52	187.7	÷ 35 893	÷ 1 088	÷ 1.44	-	-	÷ 27 094	-	-
…3 190	9 306	1.32	59.2	340 177	6 418	5.30	77 326	77 300	32 340	1.50	254 654
…5 701	10 315	1.43	61.8	338 020	6 378	5.19	72 219	72 300	43 152	2.00	273 566
…422	11 498	1.54	70.3	258 047	4 869	3.94	22 225	52 200	43 152	2.00	187 475
…507	11 821	1.57	69.6	273 257	5 156	4.05	24 062	59 186	43 152	2.00	147 793
…6 554	12 199	1.60	71.5	258 177	4 871	3.86	5 646	70 700	43 152	2.00	144 842
…1 332	3 679	1.10	92.6	46 553	295	0.40	÷ 3 564	-	58 587	0.50	299 890
…603	3 941	1.18	92.7	49 196	311	0.42	÷ 2 533	-	58 644	0.50	266 636
…6 153	4 279	1.23	96.2	27 013	171	0.23	29 897	-	-	-	256 982
…5 419	4 338	1.23	101.0	÷ 6 790	÷ 43	÷ 0.06	÷ 11 285	-	-	-	117 005
…1 681	4 314	1.24	102.9	÷ 19 208	÷ 121	÷ 0.16	÷ 22 185	-	-	-	89 837
…0 794	3 992	1.66	56.0	448 207	3 134	5.83	176 012	15 000	263 256	3.80	452 074
…3 135	4 567	1.70	68.2	303 898	2 125	3.93	47 964	20 000	242 473	3.50	329 988
…7 999	4 741	1.74	73.7	242 208	1 694	3.13	43 894	15 600	193 978	2.80	105 990
…9 902	4 824	1.75	76.3	214 492	1 500	2.79	38 812	15 600	166 267	2.40	95 005
…9 213	5 099	1.81	78.5	199 363	1 394	2.48	42 412	19 611	138 556	2.00	90 074
…6 044	3 208	1.37	56.4	143 691	2 477	2.91	÷ 305	-	159 501	3.20	272 222
…9 781	3 789	1.60	62.4	132 305	2 281	2.59	÷ 19 800	-	159 549	3.20	169 288
…3 853	3 859	1.59	62.0	137 155	2 365	2.73	÷ 10 354	-	159 549	3.20	140 952
…4 208	4 383	1.70	69.3	112 649	1 942	2.08	4 646	-	99 738	2.00	110 269
…2 002	4 690	1.51	76.3	84 506	1 457	1.60	÷ 2 956	-	85 092	1.70	95 280
…9 333	3 325	—	70.5	52 952	1 393	3.17	16 167	5 000	39 180	2.50	109 081
…731	3 809	1.58	76.4	44 721	1 177	2.62	11 963	-	39 180	2.50	94 617
…93	3 392	1.41	68.9	58 139	1 530	3.41	21 640	-	43 882	2.80	94 239
…733	3 572	1.43	72.7	50 850	1 338	2.92	13 080	-	43 882	2.80	58 373
…349	4 351	1.45	85.2	28 675	755	1.53	2 395	-	28 210	1.80	56 068
…635	1 986	—	71.6	20 519	789	2.68	12 995	-	-	-	÷ 18 255
…[illegible]	2 243	1.33	76.1	18 343	706	2.35	10 394	-	-	-	÷ 7 887
…58	2 333	1.42	80.3	14 848	571	1.88	7 070	-	-	-	÷ 822
…50	2 083	1.28	69.7	23 481	903	2.95	15 785	-	-	-	14 963
…63	2 318	1.11	71.0	24 653	948	2.91	16 905	-	-	-	31 539

Tabel XIX. (Forts.). Sammendrag for Aaren

1	2	33	34	35	36	37	38	39	40
		Udgifter (Drift og Vedligehold).							
		Bureauafdeling.		Trafikafdeling.		Maskinafdeling.		Baneafdeling.	
Banernes Navn.	Driftsaar.	Ialt.	Pr. km. Drifts-længde.	Ialt.	Pr. km. Drifts-længde.	Ialt.	Pr. km. Drifts-længde.	Ialt.	Pr. km. Driftslængde.
		Kroner.							
Støren-Aamotb.	1889—90	10 240	32	118 223	368	176 622	550	317 956	99
	1890—91	10 742	33	127 851	398	189 000	589	335 374	1 04
	1891—92	12 323	38	134 985	421	188 894	588	330 406	1 02
	1892—93	14 064	44	144 782	451	184 844	576	348 763	1 08
	1893—94	12 991	41	148 996	464	199 304	620	355 401	1 10
Tr.hjem-Størenb.	1889—90	4 266	84	55 315	1 085	61 161	1 199	80 853	1 58
	1890—91	4 447	87	60 075	1 178	66 153	1 297	84 500	1 65
	1891—92	4 505	88	61 841	1 213	61 113	1 098	89 663	1 75
	1892—93	4 705	92	65 485	1 284	63 837	1 252	95 870	1 88
	1893—94	4 010	79	70 025	1 373	63 875	1 252	95 603	1 87
Rørosbanen.	1889—90	19 425	45	234 303	537	282 428	648	465 272	1 06
	1890—91	20 342	47	253 622	582	300 977	690	505 771	1 16
	1891—92	22 032	51	264 448	607	297 750	683	488 889	1 12
	1892—93	24 122	55	286 354	657	299 507	687	501 637	1 15
	1893—94	21 761	50	302 135	693	323 489	742	527 775	1 21
Merakerbanen.	1889—90	5 902	56	74 690	705	106 273	1 002	127 717	1 20
	1890—91	6 001	57	85 195	804	110 088	1 039	121 687	1 14
	1891—92	6 057	57	86 572	817	123 681	1 167	119 939	1 13
	1892—93	6 770	64	95 413	900	141 959	1 339	117 764	1 11
	1893—94	5 860	55	105 256	993	129 654	1 223	123 504	1 16
Jæderbanen.	1889—90	3 922	52	39 642	522	29 374	386	50 441	66
	1890—91	4 182	55	43 065	567	36 709	483	48 303	63
	1891—92	4 073	53	45 238	595	35 028	461	52 060	68
	1892—93	4 237	56	46 266	609	34 452	453	55 615	73
	1893—94	4 682	62	50 716	667	38 545	507	66 146	87
Bergen-Vossb.	1889—90	5 009	46	58 866	545	67 142	622	110 420	1 02
	1890—91	5 172	48	64 027	593	70 692	655	110 736	1 02
	1891—92	4 412	41	73 854	684	78 548	727	126 130	1 16
	1892—93	4 573	42	77 569	718	80 244	743	146 463	1 35
	1893—94	5 008	46	77 219	715	82 278	762	142 395	1 31
Statsbanerne.	1889—90	87 888	58	1 460 533	967	1 586 300	1 051	1 959 860	1 29
	1890—91	91 933	61	1 613 215	1 068	1 800 813	1 193	2 122 339	1 40
	1891—92	95 248	63	1 695 131	1 123	1 899 900	1 258	2 214 884	1 40
	1892—93	103 352	67	1 821 767	1 207	1 938 476	1 284	2 210 817	1 46
	1893—94	91 441	59	1 941 007	1 258	1 945 397	1 261	2 301 080	1 40
Hovedbanen.	1889—90	31 654	465	268 889	3 954	306 037	4 501	178 177	2 62
	1890—91	33 700	495	302 189	4 444	325 462	4 786	191 124	2 81
	1891—92	35 558	523	313 813	4 615	319 306	4 695	179 140	2 63
	1892—93	36 079	531	338 531	4 979	336 200	4 944	225 707	3 319
	1893—94	36 743	540	361 752	5 320	371 796	5 468	177 277	2 607
Samtlige Baner.	1889—90	117 541	76	1 729 421	1 096	1 892 337	1 199	2 138 037	1 355
	1890—91	125 633	80	1 915 404	1 214	2 126 275	1 347	2 313 463	1 466
	1891—92	130 806	83	2 008 944	1 273	2 219 206	1 407	2 394 024	1 517
	1892—93	137 431	87	2 160 298	1 369	2 274 676	1 442	2 436 524	1 544
	1893—94	128 183	80	2 302 759	1 430	2 317 194	1 438	2 478 357	1 53[illegible]

41	42	43	44	45	46	47	48	49	50	51	52
Samlede Udgifter.			Udgift i pCt. af Indtægt.	Overskud. (Forskjel mellem Indtægt og Udgift).							Oplagte Fonds.
						Forrenter den i Banen nedlagte Kapital.	Af Overskudet har været anvendt til:				
Ialt.	Pr. km. Driftslængde.	Pr. Trafiktogkm.		Ialt.	Pr. km. Driftslængde.		Afsætning til Fonds.	Afdrag paa Kapitalkonto.	Dividende. Ialt.	Dividende. pCt.	
			pCt.	Kroner.		pCt.	Kroner.				Kr.
626 202	1 951	—	87.7	87 926	274	0.54	41 615	-	-	-	÷ 688 017
664 159	2 069	1.28	90.0	73 941	230	0.45	24 289	-	-	-	÷ 664 187
668 080	2 081	1.32	95.3	33 130	103	0.20	÷ 16 010	-	-	-	÷ 680 286
694 598	2 164	1.37	94.6	39 460	123	0.24	÷ 9 909	-	-	-	÷ 690 195
718 944	2 240	1.33	97.4	19 319	60	0.12	÷ 36 835	-	-	-	÷ 727 293
202 349	3 968	—	76.9	60 641	1 189	1.43	16 834	-	39 026	1.00	116 960
215 317	4 222	1.47	80.3	52 686	1 033	1.24	12 586	-	39 001	1.00	90 152
217 396	4 263	1.47	83.3	43 577	854	1.04	13 613	-	31 199	0.80	86 558
231 294	4 535	1.55	82.6	48 629	954	1.16	18 390	-	31 179	0.80	78 407
234 640	4 601	1.59	86.9	35 300	692	0.85	12 520	-	27 283	0.70	62 807
006 519	2 309	1.29	81.9	222 037	509	0.97	87 611	5 000	78 206	-	—
082 530	2 483	1.35	85.1	189 691	435	0.82	59 232	-	78 181	-	—
075 027	2 466	1.36	87.8	149 694	343	0.65	26 314	-	75 081	-	—
115 775	2 559	1.40	87.3	162 420	373	0.70	37 346	-	75 061	-	—
179 196	2 705	1.37	91.6	107 947	247	0.46	÷ 5 015	-	55 492	-	—
315 826	2 980	2.00	63.1	184 768	1 743	1.59	÷ 20 157	-	225 082	2.00	448 273
323 345	3 051	1.49	66.5	162 857	1 536	1.40	÷ 38 639	-	225 112	2.00	380 750
336 585	3 175	1.43	78.7	90 956	858	0.78	935	-	112 556	1.00	365 730
363 888	3 433	1.53	70.0	155 982	1 472	1.33	÷ 9 483	-	180 126	1.60	331 275
365 845	3 451	1.44	74.0	128 675	1 214	1.10	2 691	-	146 392	1.30	264 673
124 252	1 635	0.96	98.2	2 336	31	0.05	c) 124	-	-	-	÷ 5 013
132 816	1 748	0.90	91.0	13 133	173	0.25	10 909	-	-	-	5 762
136 543	1 796	0.91	90.7	14 033	185	0.27	12 995	-	-	-	18 731
140 845	1 853	0.95	93.9	9 166	121	0.18	5 811	-	-	-	24 542
160 878	2 117	0.92	101.3	÷ 2 013	÷ 27	÷ 0.04	÷ 4 919	-	-	-	18 778
242 028	2 241	1.07	81.5	55 005	509	0.55	57 374	-	-	-	165 965
251 849	2 332	1.10	82.7	52 559	487	0.52	58 577	-	-	-	219 594
283 264	2 623	1.18	89.7	32 534	301	0.32	41 847	-	-	-	215 953
309 351	2 864	1.26	96.1	12 417	115	0.12	19 648	-	-	-	185 403
307 693	2 849	1.26	97.2	8 766	81	0.09	13 162	-	-	-	99 051
117 925	3 389	-	69.9	2 202 125	1 459	1.85	608 009	127 300	1 295 070	-	2 626 410
639 648	3 735	-	75.0	1 879 639	1 245	1.57	287 147	122 300	1 285 211	-	2 037 379
924 545	3 924	-	80.2	1 466 330	971	1.22	234 680	101 827	958 684	-	1 182 263
098 204	4 039	-	80.5	1 473 911	976	1.22	199 402	105 181	945 261	-	839 621
303 137	4 085	1.43	82.9	1 304 618	845	1.06	150 947	143 370	803 001	-	618 404
806 773	11 864	2.83	47.5	890 284	13 093	8.25	293 049	23 055	d) 569 869	e) 6.50	312 790
870 467	12 801	2.82	49.9	872 227	12 827	7.86	286 915	20 000	» 569 363	» 6.50	314 884
865 279	12 724	2.80	53.0	770 218	11 327	6.77	160 087	38 045	» 569 025	» 6.50	318 821
955 644	14 054	3.12	59.1	660 897	9 719	5.84	90 947	20 563	» 570 037	» 6.50	319 173
970 665	14 275	2.82	58.4	690 686	10 157	5.91	112 610	20 000	» 568 856	» 6.50	322 423
924 698	3 755	-	65.7	3 092 409	1 959	2.38	901 059	150 355	d) 1 864 939	-	2 939 200
510 115	4 126	-	70.3	2 751 866	1 744	2.10	574 062	142 300	» 1 854 574	-	2 352 263
789 824	4 303	-	75.2	2 236 548	1 417	1.70	394 767	139 872	» 1 527 709	-	1 501 084
053 848	4 470	-	76.8	2 134 808	1 353	1.61	290 379	125 745	» 1 515 298	-	1 158 794
273 802	4 515	1.53	78.5	1 995 304	1 239	1.48	263 557	163 370	» 1 371 857	-	940 827

Tabel XIX. 2 (Forts.). Sammendrag for Aare

Résumé 1889—

Banernes Navn. Désignation des chemins de fer.	Driftsaar. Année d'exploitation.	Brændevin paa Træer. Eau-de-vie.	Gjødning, alle Slags. Engrais de toute espèce.	Hø og Halm. Foin et paille.	Jern og Staal og Arbeider*) deraf. Fer et ouvrage de fer.	Kjød og Flesk, alle Slags. Viande et lard.	Kornvarer og Mel. Céréales et farine.	Kul, Cokes og Cinders. Houille, coke.	Malme, Erts og Kis**). Minerai.	Melk.
		Ton. Tonnes.								
Smaalensbanen.	1889—90	151	9 885	1 004	4 090	1 598	13 249	6 357	5 244	8
	1890—91	136	9 333	426	4 150	1 737	12 915	5 389	12 995	9
	1891—92	133	12 018	1 435	3 381	1 546	10 201	5 956	10 382	9
	1892—93	121	13 694	1 852	6 129	1 738	15 100	8 064	6 022	11
	1893—94	107	17 077	2 649	6 877	1 476	14 700	5 704	4 283	11
Kongsvingerbanen.	1889—90	117	6 085	1 239	15 227	1 781	10 217	3 901	981	1
	1890—91	124	7 857	302	15 145	2 308	8 387	4 512	4 551	1
	1891—92	130	9 060	682	17 018	2 173	8 492	3 492	3 107	2
	1892—93	129	9 258	1 638	21 000	2 317	9 661	6 592	3 348	2
	1893—94	140	9 952	2 254	15 277	3 508	11 162	4 849	3 019	2
Kongsv.-Flisenb.	1893—94	37	662	51	149	56	1 714	156	121	
Kr.ania-Dr.menb.	1889—90	467	4 617	655	5 812	529	4 803	4 173	173	3
	1890—91	538	4 403	452	4 526	774	4 588	4 434	375	4
	1891—92	456	5 010	1 142	4 101	599	4 846	4 203	359	5
	1892—93	670	6 160	1 105	4 149	599	8 301	4 389	83	6
	1893—94	492	6 863	668	5 562	435	6 912	4 805	15	5
Dr.men-Skienb.	1889—90	153	1 486	907	1 645	233	6 959	780	16	1
	1890—91	224	1 637	413	1 668	255	7 623	789	2	1
	1891—92	190	1 501	1 187	1 674	175	6 110	784	8	1
	1892—93	132	2 487	930	1 705	340	6 946	2 262	23	1
	1893—94	119	2 712	782	1 399	183	4 823	1 238	5	9
Dr.men-Randsfj.b.	1889—90	459	1 134	1 087	5 139	533	13 210	12 501	1 403	1
	1890—91	511	1 200	484	3 877	664	10 974	17 801	556	1
	1891—92	494	1 184	911	3 002	543	10 213	20 444	423	2
	1892—93	511	1 489	659	2 850	320	12 181	23 201	204	2
	1893—94	503	1 956	376	4 489	342	11 577	24 535	363	2
Eidsvold-Hamarb.	1889—90	1 332	1 030	888	3 862	578	6 252	9 149	1 283	[1]) 1
	1890—91	1 571	1 183	567	3 398	737	5 813	10 594	1 429	[1]) 1
	1891—92	1 657	1 996	825	4 165	854	6 891	10 874	1 959	[1]) 1
	1892—93	1 422	1 467	886	3 415	585	8 728	11 911	2 025	[1]) 2
	1893—94	1 193	1 471	495	4 093	508	7 479	10 068	1 497	[1]) 3

*) Undtagen Spiger.
**) For 1ste Trafikdistrikts samt Hovedbanens og Eidsvold—Hamarbanens Vedkommende till
omfattende Kalk, Ler, Sand, Sten.

9—94: Specifikation af Varesorter.
cification des marchandises.

Briques, tuiles, drains.	Poteter. Pommes de terre.	Salt. Sel.	Sild og Fisk. Hareng et poisson.	Smør og Ost. Beurre et fromages.	Spiger. Clous.	Trælast og Brænde. Bois de construction et bois à brûler. Planker, Bord, Lægter og Stav. Planches.	Tømmer, alle Slags, O og □. Bois de construction.	Brænde og Baghun. Bois à brûler.	Træmasse. Pulpe de bois.	Øl, alle Slags. Bière.	Øvrige Varer. Marchandises non dénommées.	Sum. Total.
Ton. Tonnes.												
200	847	831	1 089	838	471	51 204	31 510	4 863	20 373	359	18 540	183 668
589	655	723	1 060	955	437	60 929	37 280	8 449	25 022	406	19 326	214 253
312	885	747	887	924	485	69 244	47 112	5 640	21 016	433	20 511	225 997
442	927	836	2 956	1 285	562	51 410	50 077	6 250	25 039	528	24 069	230 156
739	923	743	1 325	920	584	58 647	40 452	6 789	25 176	382	24 144	227 607
123	315	911	4 667	613	459	84 325	27 410	8 423	20 154	399	14 414	204 588
138	603	797	3 949	461	305	73 452	33 172	11 032	21 466	430	15 955	207 700
980	594	810	3 907	582	439	68 653	32 709	8 471	20 163	468	17 772	201 750
136	468	827	4 890	623	473	64 839	34 942	11 167	17 926	465	17 907	213 191
363	305	897	4 778	690	606	61 131	29 898	10 525	25 620	615	18 317	208 322
106	19	196	175	75	21	2 254	4 747	249	-	107	1 173	12 076
275	249	208	560	986	212	8 476	10 556	6 057	7 946	996	45 722	109 425
534	293	288	501	1 155	359	10 140	8 301	8 742	7 152	1 190	46 052	110 246
505	310	242	527	1 221	227	9 593	10 897	4 726	7 804	951	46 877	112 090
747	425	481	811	1 677	339	7 437	8 085	5 417	9 413	905	51 739	121 025
311	591	278	673	1 360	291	7 383	9 146	5 524	9 586	720	51 727	120 085
248	348	229	262	585	91	15 213	13 116	3 541	280	772	12 761	61 958
078	217	203	230	819	58	12 351	11 284	4 002	260	923	13 433	58 513
551	275	337	476	914	60	10 150	12 727	3 754	248	905	13 278	57 616
040	304	330	1 096	1 251	172	8 186	7 016	3 540	362	1 110	16 428	56 970
041	377	165	824	1 096	65	7 608	9 743	4 243	232	885	15 890	54 407
117	252	1 797	1 095	476	196	35 548	56 753	4 034	93 836	1 197	25 640	266 750
783	352	2 018	852	528	303	28 883	48 096	5 870	91 432	1 166	28 013	248 700
570	536	1 942	862	559	166	18 876	50 311	5 527	101 040	1 058	31 013	255 857
756	337	2 022	1 374	626	422	18 196	44 757	5 854	101 657	966	34 657	258 338
701	347	2 105	1 208	716	272	13 214	42 677	7 190	103 724	1 160	36 996	262 851
495	521	891	1 523	972	212	715	2 003	2 480	7	309	17 162	53 762
925	1 242	1 098	1 261	1 231	244	774	1 851	1 880	242	304	17 567	57 468
309	1 948	940	1 536	1 723	236	1 282	1 575	2 572	620	360	19 647	68 907
455	1 387	947	2 412	2 016	263	1 997	1 232	2 954	517	452	19 191	70 864
621	671	1 023	2 783	1 498	270	1 930	1 763	3 210	-	510	17 239	64 175

[1]) Desuden kondenseret Melk i 1889—90 3 081 t., 1890—91 3 325 t., 1891—92 2 255 t., 1892—93 2 121 t., 1893—94 1 547 t. (Indbefattet i Øvrige Varer).

Tabel XIX. 2 (Forts.). Sammendrag for Aaren

Banernes Navn.	Driftsaar	Brændevin paa Træer.	Gjødning, alle Slags.	Hø og Halm.	Jern og Staal og Arbeide deraf, undtagen Spiger.	Kjød og Flesk, alle Slags.	Kornvarer og Mel, alle Slags.	Kul (Sten-, Træ-), Cokes og Cinders.	Malme, Erts og Kis *).	Melk
		Ton.								
Rørosbanen.	1889—90	1 208	1 625	1 053	4 817	675	11 173	5 547	34 916	1 4
	1890—91	1 440	1 800	2 004	3 911	822	11 151	8 803	31 191	1 6
	1891—92	1 244	2 724	3 420	4 303	809	11 344	7 579	29 181	1 6
	1892—93	1 455	4 030	3 147	3 396	525	14 255	8 242	28 457	1 7
	1893—94	1 270	5 325	2 362	5 052	571	12 827	7 094	29 200	1 9
Merakerbanen.	1889—90	126	462	117	1 059	2 206	3 285	9 174	2 849	1
	1890—91	94	305	223	1 415	1 297	2 734	13 966	6 689	2
	1891—92	45	726	269	1 256	1 626	2 617	11 730	4 429	2
	1892—93	223	850	541	1 408	1 093	7 991	15 384	327	4
	1893—94	186	593	419	1 083	1 574	5 095	13 685	38	3
Jæderbanen.	1889—90	12	789	287	120	191	1 757	138	-	3
	1890—91	8	1 267	603	123	220	1 744	151	-	3
	1891—92	10	1 537	387	262	193	1 459	158	-	3
	1892—93	90	1 235	271	160	287	1 563	155	-	3
	1893—94	9	1 349	332	162	267	1 679	376	-	3
Bergen-Vossb.	1889—90	16	915	72	404	76	1 196	420	-	1 4
	1890—91	14	731	54	306	52	1 446	540	11	1 3
	1891—92	13	723	89	448	56	1 357	597	1	1 2
	1892—93	11	561	244	198	119	1 747	729	2	1 1
	1893—94	13	622	44	203	68	1 672	814	1	8
Hovedbanen.	1889—90	3 013	27 505	2 206	22 020	2 783	27 833	30 134	4 059 [1])	7 1
	1890—91	3 362	30 917	466	21 411	3 847	23 320	32 889	10 190 [1])	7 2
	1891—92	2 865	34 091	1 240	23 076	3 489	21 974	32 742	8 993 [1])	8 1
	1892—93	3 010	33 775	2 365	29 523	3 283	27 359	39 212	8 969 [1])	9 3
	1893—94	3 408	34 762	3 518	26 319	4 354	28 807	34 436	9 227 [1])	11 3
Samtlige Baner f).	1889—90	4 284	46 183	6 667	39 641	8 046	77 631	68 798	45 649	25 1
	1890—91	4 910	49 290	4 951	36 896	8 676	71 164	84 598	57 371	25 8
	1891—92	4 256	57 318	9 744	37 223	8 212	65 672	83 587	52 084	28 2
	1892—93	5 104	61 660	10 729	45 252	7 557	86 751	98 958	43 567	31 5
	1893—94	5 046	67 592	10 941	45 271	8 634	80 079	91 736	43 041	33 8

*) For 1ste Trafikdistrikts samt Hovedbanens og Eidsvold—Hamarbanens Vedkommende tillg
indbefattet Kalk, Ler, Sand, Sten.

… og Drainsrør.	Poteter.	Salt.	Sild og Fisk.	Smør og Ost.	Spiger.	Trælast og Brænde. Planker, Bord, Lægter og Stav.	Tømmer, alle Slags, O og □.	Brænde og Baghun.	Træmasse.	Øl, alle Slags.	Øvrige Varer.	Sum.
Ton.												
3 215	2 505	1 150	4 053	985	255	3 260	5 057	9 141	12	510	20 226	112 852
3 027	1 164	1 183	3 025	1 139	286	3 496	4 942	10 723	105	574	21 045	113 457
3 366	1 758	1 194	3 785	1 270	231	2 823	3 720	12 111	18	630	21 970	115 094
2 521	2 878	1 264	5 387	1 564	244	3 155	3 754	12 657	38	690	23 191	122 598
4 005	2 750	1 112	5 192	1 463	306	3 015	5 909	13 868	-	665	23 614	127 576
1 674	275	432	12 888	281	62	58 792	7 576	1 978	10 371	126	7 760	121 685
2 206	318	1 265	8 477	171	33	46 338	12 118	2 809	9 595	210	10 071	120 582
2 006	735	957	9 956	172	42	38 455	6 838	1 997	9 341	173	9 624	103 238
1 138	328	441	13 491	687	26	48 346	9 658	1 652	11 116	151	12 040	127 320
956	372	248	15 237	203	42	49 044	13 672	749	12 201	109	10 666	126 553
1 104	382	277	501	133	10	1 015	49	20	-	31	3 775	10 946
1 119	600	340	771	147	7	982	60	57	-	26	4 469	12 995
1 188	571	235	421	148	9	995	98	38	-	39	5 286	13 347
1 171	668	248	430	152	8	1 138	48	18	-	41	5 040	13 111
1 065	348	247	558	148	13	1 130	20	11	-	107	4 931	13 078
701	40	105	209	73	29	1 137	261	394	-	153	7 323	15 015
785	48	89	181	65	19	987	397	367	-	233	8 541	16 225
180	41	82	243	53	20	539	153	478	-	245	7 916	14 470
302	49	109	225	48	17	396	106	320	-	318	6 340	12 958
217	51	120	245	60	18	526	203	290	-	281	9 505	15 783
2 998	2 120	3 721	5 413	3 019	1 251	135 455	102 560	31 367	34 651	1 029	45 652	495 918
3 711	3 956	3 684	4 593	3 255	1 120	126 471	100 012	37 400	35 658	1 019	48 459	503 016
7 015	3 818	3 736	4 657	3 444	1 318	124 730	92 893	33 995	35 400	1 247	51 612	500 446
5 667	2 688	3 819	5 690	3 958	1 091	122 409	88 900	35 553	33 354	1 373	54 297	516 635
3 671	1 554	4 077	5 879	4 011	1 259	124 586	79 712	33 043	40 934	1 446	54 852	511 215
4 498	6 929	8 244	24 651	6 073	2 342	318 581	223 032	63 017	159 737	4 952	161 656	1 325 770
586	7 365	9 218	18 464	6 581	2 215	269 424	217 557	77 576	162 254	5 530	169 997	1 337 498
4 902	8 526	8 931	20 371	6 807	2 341	281 973	217 941	69 771	167 158	5 634	176 396	1 337 093
1 881	8 243	8 868	29 062	8 496	2 416	270 550	209 369	71 355	171 436	5 906	190 716	1 389 435
3 498	7 016	8 541	28 214	7 663	2 505	274 928	198 262	71 775	182 379	5 891	194 680	1 391 583

[1] Desuden kondenseret Melk i Driftsaaret 1889—90 3 081 t., 1890—91 3 325 t., 1891—92 2 255 t., 1892—93 2 121 t., 1893—94 1 547 t. (Indbefattet i Øvrige Varer).

Tabel XX. Driftsresultater ved norske
(Renseignement sur l'exploitation des chemins de fer de l

1	2	3	4	5	6	7	8
	Banernes Længde, Konstruktion og anvendt Kapital. Longueur, construction et capital employé.				**Rullend** Matéri		
Banernes Navn. Désignation des chemins de fer.	Længde. Longueur totale.	Midlere Driftslængde. Longueur moyenne exploitée.	Sporvidde. Largeur de la voie.	Anvendt Kapital pr. Kilometer. Capital employé par kilomètre.	Lokomotiver. Locomotives.	Personvogne. Voitures à voyageurs.	Gods-, Kreatur-, Heste- og Bagagevogne. Wagons à marchandises, bestiaux, fourgons et
	Kilomètres.		Mètres.	Francs.	Antal. Nombre.		
I. Norvége.							
Chemin de fer de Smaalenene	249.1	250	1.435	162 713	30	111	[illegible]
—»— « « « Kongsvinger	114.6	7) 122	»	114 013	13	44	[illegible]
—»— « « « Kongsvinger—Flisen	49.2	33	»	76 360	3	4	[illegible]
—»— « « « Kristiania—Drammen	52.9	53	1.067	172 481	12	71	[illegible]
—»— « « « Drammen—Skien	155.9	158	»	107 354	14	40	[illegible]
—»— « « « Drammen—Randsfjord	143.5	143	»	79 055	17	43	[illegible]
—»— « « « Eidsvold—Hamar	58.4	58	1.435	122 360	5	14	[illegible]
—»— « « « Røros	433.3	436	1.067	74 717	31	69	[illegible]
—»— « « « Meraker	102.3	8) 106	1.435	154 713	9	21	[illegible]
—»— « « « Jæderen	76.3	76	1.067	95 403	5	29	[illegible]
—»— « « « Bergen—Voss	108.0	108	»	131 312	6	23	[illegible]
—»— « » « Principal (Kr.ania—Eidsv.)[2]	67.8	68	1.435	249 595	25	62	[illegible]
Total	1 611.3	1 611	-	116 447	170	531	[illegible]
II. Suède.							
Chemins de fer de l'Etat[3])	2 916	2 825	1.435	131 309	408	862	[illegible]
Chemin « « « Bergslagerna[4])	486	486	»	124 084	43	74	[illegible]
—»— « « « Dalsland[4])	69	70	»	93 523	6	16	[illegible]
III. Danemark.							
Chemins de fer de l'Etat[5])	6)1 729	1 689	1.435	—	284	805	[illegible]

[1]) Driftsterminen er: (Terme de exploitation).
ved norske Baner: fra 1/7 1893—30/6 94. (Chemins de fer norvégiens: 1/7 1893—30/6 94).
« svenske do. - 1/1—31/12 1893. (— « « suédois: 1/1—31/12 1893).
« danske do. - 1/4 1893—31/3 94. (— « « danois: 1/4 1893—31/3 94).

[2]) Privatbane. (Chemin de fer privé).

[3]) Banestrækningen Luleå—Gellivare 211 km., er ikke indbefattet. (Non compris la ligne de Luleå Gellivare).

[4]) Privatbaner, der forbinder Smaalensbanen med det svenske Jernbanenet; Privatbanernes samlede Længde udgjorde pr. 31te Decbr. 1893 5 866 km. (Chemins de fer privés, qui communiquent avec chemin de fer de Smaalenene; la lougueur totale des chemins de fer privés au 31. décbr. 1893 était 5 8[illegible] kilomètres).

...venske og danske Jernbaner 1893—94[1]).

...orvége, de la Suède et du Danemark 1893—94[1]).

9	10	11	12	13	14	15	16	17	18	19	20
...aterlel. ...roulant.							**Trafik.** Mouvement.				
		Antal Pladse. Nombre de places.		Godsvognenes Lasteevne. Capacité de charge des wagons à marchandises.				Befordring af Reisende. Transport de voyageurs			
									Personkilometer. Parcours kilométrique des voyageurs.		
Postvogne. Wagons-poste	Tilsammen Person-, Post- og Godsvogne. Total des voitures et des wagons.	Sum. Total.	Pr. Kilometer. Par kilomètre.	Sum. Total.	Pr. Kilometer. Par kilomètre.	Midlere Længde gjennemløbet pr. Lokomotiv. Parcours kilométrique moyen de chaque locomotive.	Togkilometer pr. Kilometer Driftslængde. Rapport des kilomètres de parcours des trains à un kilomètre.	Antal Reisende. Nombre des voyageurs.	Sum. Total.	Pr. Kilometer Driftslængde. Par kilomètre exploité.	Midlere Reiselængde pr. Person. Parcours moyen d'un voyageur.
Antal. Nombre.				Ton. Tonnes.		km.					km.
11	722	4 911	19.6	6 360	25.4	33 804	3 803	1 700 257	33 053 602	132 214	19
3	525	1 328	10.9	4 482	36.7	27 956	2 736	196 726	7 369 996	60 410	37
2	75	376	7.5	727	14.5		1 528	33 876	653 199	19 794	19
1	293	2 217	41.8	1 370	25.8		7 616	1 356 154	20 908 979	394 509	15
5	315	1 947	12.3	1 809	11.4	41 735	3 474	741 938	16 398 595	103 789	22
2	562	1 296	9.0	3 215	22.5		2 823	382 610	9 518 684	66 564	25
-	124	582	10.0	1 067	18.4	33 232	3 109	161 078	4 899 777	84 479	30
8	575	2 270	5.2	3 232	7.4	36 150	1 975	330 073	15 953 665	36 591	48
3	233	904	8.5	2 158	20.4	36 306	2 394	196 520	3 596 803	33 932	18
-	71	806	10.7	207	2.7	36 192	2 294	152 185	3 658 350	48 136	24
2	76	1 086	10.1	327	3.0	44 382	2 268	582 603	6 773 152	62 714	12
1	749	1 660	24.4	6 474	95.2	25 811	5 069	540 553	14 980 725	220 305	28
38	4 320	19 383	11.9	31 428	19.3	35 047	2 949	6 020 624	137 765 527	85 516	23
42	10 337	26 352	9.0	95 471	32.7	29 401	3 104	5 017 758	216 958 497	76 799	43
-	1 416	2 465	5.1	13 631	28.0	30 964	2 455	479 102	18 447 704	37 958	39
2	148	646	9.2	1 308	18.7	25 261	2 755	55 841	2 074 831	29 640	37
76	5 260	33 932	19.6	37 800	21.9	27 079	4 286	11 384 208	329 932 541	195 342	29

[5]) Fra 1ste Oktober 1885 er Driften af samtlige Statsbaner samlet under en Bestyrelse. (Les chemins de fer de l'Etat sont du 1. oct 1885 administrés d'une direction générale de l'exploitation)

[6] Ved Udgangen af 1893—94 desuden 427 Kilometer Privatbaner og 30 Kilometer Statsbaner under privat Drift. (Il y avait de plus 427 kilomètres chemins privés et 30 km. chemins de l'Etat exploites par des compagnies).

[7]) Heri medregnet 7 Kilometer mellem Rigsgrændsen og Charlottenberg). (Y compris 7 kilomètres entre la frontière et la station suédoise Charlottenberg)

[8]) Heri medregnet 4 Kilometer mellem Rigsgrændsen og Storlien. (Y compris 4 kilomètres entre la frontière et la station suédoise Storlien).

Tabel XX (Forts.). Driftsresultater ved norsk
(Renseignement sur l'exploitation des chemins de fer de

1	21	22	23	24
	Trafik. Mouvement.			
	Befordring af Gods. Transport de marchandises.			
		Tonkilometer. Tonnes kilométriques.		
Banernes Navn. Désignation des chemins de fer.	Antal Ton. Nombre des tonnes.	Sum. Total.	Pr. Kilometer Driftslængde. Par kilomètre exploité.	Midlere Transportlængde pr. Ton. Parcours moyen d'une tonne de marchandises. km.
I. Norvége.				
Chemin de fer de Smaalenene	242 474	13 253 052	53 012	46
—«— « « « Kongsvinger	218 553	18 425 360	151 028	81
—«— « « « Kongsvinger—Flisen	13 927	498 815	15 116	29
—«— « « « Kristiania—Drammen	124 052	5 125 594	96 709	38
—«— « « « Drammen—Skien	61 723	3 365 547	21 301	45
—«— « « « Drammen—Randsfjord	274 085	13 354 894	93 391	48
—«— « « « Eidsvold—Hamar	69 012	3 819 582	65 855	49
—«— « « « Røros	134 868	15 575 526	35 724	109
—«— « « « Meraker	128 207	10 389 133	98 011	77
—«— « « « Jæderen	15 088	629 690	8 285	36
—«— « « « Bergen—Voss	18 504	1 509 064	13 973	70
—«— « « « Principal (Kr.ania—Eidsv.)	527 822	17 994 663	264 627	33
Total	1 467 678	103 940 [illegible]	64 520	66
II. Suède.				
Chemins de fer de l'Etat	3 442 290	340 796 526	120 636	100
Chemin « « « Bergslagerna	591 050	65 604 453	134 989	111
—«— « « « Dalsland	90 741	3 989 361	56 848	44
III. Danemark.				
Chemins de fer de l'Etat	1 856 643	139 540 016	82 617	74

venske og danske Jernbaner 1893—94.

orvége, de la Suède et du Danemark 1893—94).

Økonomiske Resultater.

Résultats financiers de l'exploitation.

25	26	27	28	29	30	31	32	33	34
Indtægter. Recettes.				Udgifter. Dépenses.		Udgift i Procent af Indtægt. Rapport de la dépense totale à la recette brute.	Overskud. Produit net.		
Sum. Total.	Pr. Kilometer Driftslængde. Par kilomètre exploité.	Indtægt pr. Personkilometer. Produit kilométrique d'un voyageur.	Indtægt pr. Tonkilometer Fragtgods. Produit kilométrique d'une tonne de marchandises.	Sum. Total.	Pr. Kilometer Driftslængde. Par kilomètre exploité.		Sum. Total.	Pr. Kilometer Driftslængde. Par kilomètre exploité.	I pCt. af den anvendte Kapital. Rapport du produit net au capital employé.
Francs.	Francs	Cents	Cents.	Francs.	Francs.	Pour cent.	Francs.	Francs.	Pour cent.
2 219 139	8 877	3.6	7.1	1 862 155	7 449	83.9	356 984	1 428	0.89
1 196 852	9 811	4.0	4.7	755 562	6 194	63.1	441 290	3 617	2.96
56 896	1 724	3.8	7.9	106 787	3 236	187.7	÷ 49 891	÷ 1512	÷ 1.44
1 257 576	23 728	3.6	8.2	898 710	16 957	71.5	358 866	6 771	3.86
920 838	5 828	3.8	7.8	947 537	5 996	102.9	÷ 26 699	÷ 168	÷ 0.16
1 290 720	9 026	3.6	7.0	1 013 606	7 088	78.5	277 114	1 938	2.48
495 546	8 544	4.2	7.4	378 083	6 519	76.3	117 463	2 025	1.60
1 789 128	4 104	4.7	5.7	1 639 082	3 760	91.6	150 046	344	0.46
687 383	6 485	3.6	5.3	508 525	4 797	74.0	178 858	1 688	1.10
220 822	2 906	3.8	11.8	223 620	2 943	101.3	÷ 2 798	÷ 37	÷ 0.04
439 878	4 073	4.2	9.2	427 693	3 960	97.3	12 185	113	0.09
2 309 278	33 960	4.0	8.8	1 349 224	19 842	58.4	960 054	14 118	5.91
12 884 056	7 998	3.9	6.7	10 110 584	6 276	78.5	2 773 472	1 722	1.48
32 002 829	11 828	4.9	6.3	22 848 577	8 088	71.4	9 154 252	3 240	2.47
4 457 889	9 173	5.6	5.2	1 832 635	3 771	41.1	2 625 254	5 402	4.36
483 653	6 909	6.4	5.7	304 936	4 357	63.1	178 717	2 552	2.73
24 822 530	14 699	3.9	7.6	19 792 127	11 721	79.7	5 030 403	2 978	—

Anmærkninger til Tabel XIX.

ad Tabel XIX. 1.

Col. 10—15 a) For tidligere Driftsaar end 1892—93 er der i Opgaverne ikke taget noget Hensyn til Reisende med Maanedsbillet.

Col. 24—27 b) Fra Driftsaaret 1892—93 er Indtægter af Heste, Hunde og Lig samt af Kjøretøier overført fra Indtægter af Persontrafik til Indtægter af Godstrafik, hvilket ogsaa er udført i Sammendraget for de sammenstillede Driftsaar.

Col. 48 c) Afdrag paa Driftskontoen.

Col. 50 d) Heri medregnet Hovedbanens særskilte Formues Driftsoverskud.

Col. 51 e) Uprioriterede Aktier, prioriterede 1 pCt. høiere.

ad Tabel XIX. 2.

f) Opgaverne over, hvad der er transporteret paa de samlede Baner, er den virkelige Transportmængde, idet, hvad der er ført over to eller flere Baner, kun er medregnet én Gang.

Observations:

1 Krone (100 Øre) = 1 Franc 39 Centimes.

Fortsættelse. (Suite.)

No. 189. Sindssygeasylernes Virksomhed 1892. *(Statistique des hospices d'aliénés.)*
— 190. Skiftevæsenet 1891. *(Tableaux des successions et faillites.)*
— 191. Norges Handel 1893. *(Statistique du commerce.)*
— 192. Norges Skibsfart 1892. *(Statistique de la navigation.)*
— 193. Norges Sparebanker 1893. *(Statistique des caisses d'épargne.)*
— 194. Distriktsfængsler 1892. *(Prisons départementales.)*
— 195. Skolestatistik 1890. *(Statistique de l'instruction publique.)*
— 196. Norges kommunale Finantser 1891. *(Finances des communes.)*
— 197. Veterinærvæsenet 1892. *(Compte rendu du service vétérinaire.)*
— 198. Strafarbeidsanstalter 1891/92. *(Statistique des maisons centrales pénitentiaires.)*
— 199. Rekruteringsstatistik 1893. *(Statistique du recrutement.)*
— 200. Den norske Statstelegraf 1893. *(Statistique des télégraphes de l'État.)*
— 201. Norges Postvæsen 1893. *(Statistique postale.)*
— 202. Folketællingen i Kongeriget Norge 1 Januar 1891. — Folkemængde i Rigets forskjellige administrative Inddelinger. *(Recensement du 1er Janvier 1891: Population des Divisions administratives.)*
— 203. Norges Fiskerier 1893. *(Grandes pêches maritimes.)*
— 204. Civil Retspleie 1892. *(Statistique de la justice civile.)*
— 205. Fattigstatistik 1890. *(Statistique de l'assistance publique.)*
— 206. Beretninger om Amternes økonomiske Tilstand i Femaaret 1886—1890. I—II *(Rapports sur l'état économique des préfectures.)*
— 207. Skiftevæsenet 1892. *(Tableaux des successions et faillites.)*
— 208. De offentlige Jernbaner 1893/94. *(Rapport sur les chemins de fer publics.)*

Det statistiske Centralbureau har derhos bl. a. udgivet følgende Værker:

Statistique internationale; Navigation maritime. I, II, III, IV. Christiania 1876, 1881, 1887, 1892.

International Skibsfartsstatistik: Tabeller vedkommende Handelsflaaderne i Aarene 1850—1886. Kristiania 1887.

Statistisk Aarbog for Kongeriget Norge. Senest udkommet: Fjortende Aargang, 1894. Kristiania 1894. *(Annuaire statistique de la Norvège.)*

Meddelelser fra Det statistiske Centralbureau. Senest udkommet: Ellevte Bind, 1893. Kristiania 1894. *(Journal du Bureau central de Statistique.)*

Oversigt over Kongeriget Norges civile, geistlige og judicielle Inddeling. Afsluttet 31 Januar 1893. Kristiania 1893.

Foreløbige Resultater af Folketællingen i Kongeriget Norge den 1ste Januar 1891. Kristiania 1891. *(Aperçu préliminaire des résultats du recensement du 1er janvier 1891.)*

Fortegnelse over Norges officielle Statistik m. v. 1828—30 Juni 1889. Kristiania 1889. Do. for Tidsrummet 1 Juli 1889—31 December 1891, trykt som Tillæg til Meddelelser fra Det statistiske Centralbureau, Niende Bind.

Angaaende andre statistiske Værker henvises til ovennævnte Fortegnelser.

Samtlige Værker er at erholde tilkjøbs hos H. Aschehoug & Co., Kristiania.

18 Februar 1895.

1895.

Lightning Source UK Ltd.
Milton Keynes UK
UKHW020832190421
382245UK00007B/489